Arno Heimgartner, Josef Scheipl (Hg.)

Geschichte und Entwicklung der Sozialen Arbeit in Österreich

Soziale Arbeit – Social Issues

herausgegeben von

Univ.-Prof. Mag. Dr. Arno Heimgartner
(Universität Graz)
und
FH-Prof. Mag. Dr. Maria Maiss
(Fachhochschule St. Pölten GmbH)

Band 25

LIT

Arno Heimgartner, Josef Scheipl (Hg.)

Geschichte und Entwicklung der Sozialen Arbeit in Österreich

LIT

Umschlagbild: Arno Heimgartner

Gefördert durch
Institut für Erziehungs- und Bildungswissenschaft der Universität Graz
Institut für Soziale Arbeit / FH Joanneum
Land Steiermark / Abteilung 12 Wirtschaft, Tourismus, Wissenschaft und Forschung
Österreichischer Fachverband für akademische Sozialpädagogik

Bibliografische Information der Deutschen Nationalbibliothek
Die Deutsche Nationalbibliothek verzeichnet diese Publikation in der Deutschen Nationalbibliografie; detaillierte bibliografische Daten sind im Internet über http://dnb.dnb.de abrufbar.

ISBN 978-3-643-51111-9 (gb.)
ISBN 978-3-643-66111-1 (PDF)

Wien 2022
Garnisongasse 1/19
A-1090 Wien
Tel. +43 (0) 1-409 56 61 Fax +43 (0) 1-409 56 97
E-Mail: wien@lit-verlag.at https://www.lit-verlag.at

Auslieferung:
Deutschland: LIT Verlag, Fresnostr. 2, D-48159 Münster
Tel. +49 (0) 2 51-620 32 22, E-Mail: vertrieb@lit-verlag.de

Inhalt

Geschlechtsbezogene Entwicklungen

Erinnerungen und Assoziationen

I Einleitung

Die Motive, ein Buch zur „Geschichte und Entwicklung der Sozialen Arbeit in Österreich“ zu veröffentlichen, sind vielfältig. Erstens steckt darin das Bemühen, Personen zu würdigen, die in der Vergangenheit mit ihrem sozialbezogenen Handeln zur Verbesserung der Lebenssituation der Menschen in der Gesellschaft beigetragen haben. Die Leistungen und Einrichtungen, die sie angestoßen oder entwickelt haben, lenkten den Fokus auf die Bedürfnisse von Menschen und deren Bewältigung ihrer sozialen Probleme. Sie haben mitunter zu einer Wissenschaft Sozialer Arbeit in den Strängen sowohl der Sozialpädagogik als auch der Sozialarbeit beigetragen. Zweitens findet sich dabei die Idee, die in einer Gesellschaft immer wieder auftretenden Grundfragen der sozialen Herausforderungen aufzuschlüsseln, um der heutigen Sozialen Arbeit wichtige Fundamente zu bieten und sie zu gesellschaftlich adäquaten Lösungen zu ermutigen. Auf diese Weise hat Geschichte auch mit Gegenwart und Zukunft zu tun. Sie macht aus einer gewachsenen Distanz Denkparadigmen sichtbar, die auch gegenwärtig bedeutsam sind. Drittens bedingt die Beschäftigung mit der Entwicklung der Sozialen Arbeit das Statement, dass soziale Themen und Beziehungen über die Lebensalter einen Kernbereich unseres Lebens ausmachen. Soziale Leistungen haben besonders seit dem „sozialpädagogischen Jahrhundert“ eine beachtliche Entwicklung genommen und damit einen Beitrag zum sozialen Fortschritt der Gesellschaft geleistet. Das Sozialsystem, die soziale Infrastruktur eines Landes mit ihren sozialen Einrichtungen und damit vor allem auch die sozial handelnden Menschen, um deren Geschichte und Entwicklung es hier geht, tragen zu unserem gemeinsamen Wohlergehen bei. Dabei haben wir es nicht mit der Bewältigung von Ausnahmen zu tun, sondern mit dem sozialen Aufwachsen, der Orientierung in einer entgrenzten Gesellschaft, dem unvorhersagbaren Leben insgesamt. Es werden also Zugänge zu sozialen Phänomenen beschrieben, die vielleicht ohne die erwähnten Personen und Einrichtungen – im Rahmen der historischen und gegenwärtigen Situation – zu weniger zufriedenstellenden Lösungen geführt hätten.

Unser Augenmerk zielt auf die österreichische Soziallandschaft. In einer regional- und nationalstaatlich strukturierten Sozialszene ermöglicht dies, unser Wissen über die nahen Entwicklungslinien unter Beachtung internationaler Bezüge zu vertiefen. Zugleich ist es auch der Versuch, spezifischen österreichischen Ansätzen und Anliegen eine angemessene Breitenwirkung zu verschaffen.

Als unüberschreitbare Grenze des Schreibbaren war zur Kenntnis zu nehmen, dass Geschichtsschreibung auf Erinnertes angewiesen ist. Zum einen sind es Erinnerungen im Gedächtnis von Personen – vielfach haben die Autorinnen und Autoren dabei auf eigene Lebenserinnerungen zurückgegriffen. Zum anderen sind es Erinnerungen, die durch Quellen und Publikationen gestützt werden und auf die sich die Analysen beziehen können. Darüber hinaus bleibt vieles, was berichtenswert wäre, im Dunkeln, weil sich niemand mehr daran erinnert oder weil zumindest für uns keine Aufzeichnungen zugänglich sind. Dieses Buch ist deshalb auch als Impuls zu sehen, in der Sozialen Arbeit die Archiv- und Erinnerungsarbeit nicht zu vernachlässigen. Die verwendeten Quellen, Publikationen und öffentlich sichtbaren Erinnerungen wie Straßennamen, Denkmäler oder Gedenktafeln verdienen angesichts der begrenzt verfügbaren Materialien umso mehr eine entsprechende Wertschätzung.

Deshalb kann das Buch auch als Spurensuche verstanden werden. Es bezieht sich auf unterschiedliche Biografien und Handlungsfelder und verzichtet auf den Anspruch einer abschließenden Systematik. Es erschließt zahlreiche Perspektiven, und die verschiedenen Themen der Geschichte der Sozialen Arbeit in Österreich erweisen sich mit ihren verschlungenen Wurzeln als derart verästelt, dass wir mit dem vorliegenden Werk davon entfernt sind, eine Gesamtschau liefern zu können.

Aus den unterschiedlichen Perspektiven auf Geschichte haben sich acht Kapitel herauskristallisiert. Sie beziehen sich auf individuelle Herangehensweisen, also die Betrachtung von Biografie und Werk von Personen, auf gesetzliche Entwicklungen, die auch als generationenbezogene Fundamente anzusehen sind, und auf die Betrachtung von Ausbildungsformen in

Bereichen Sozialer Arbeit. Generell haben sie Organisationen und Handlungsfelder im Blick, wovon einige herausgehoben werden: Die Kinder- und Jugendhilfe sowie die Verbandliche und Offene Kinder- und Jugendarbeit machen den Anfang. Erfreulicherweise konnten auch Beiträge zur Klinischen und sozialpsychiatrischen Sozialen Arbeit sowie zur Drogenarbeit einbezogen werden. Die Entwicklung im Bereich Inklusion – hier ist die Selbstbestimmt-Leben-Bewegung besonders hervorzuheben – schließt die Reihe der Handlungsfelder. Mit der Beachtung der Geschlechterperspektive wird zum einen exemplarisch auf die Pionierinnen beim SOS-Kinderdorf eingegangen, zum anderen sind Motive und Wege der Männerarbeit und -politik nachgezeichnet. Persönliche Assoziationen mit Fotografien zu historischen Orten und Personen der Sozialen Arbeit in Österreich lassen das Buch ausklingen.

Weitere Bereiche der Entwicklung der Sozialen Arbeit in Österreich sollten folgen. Themenfelder wie die Arbeit mit alten Menschen, Mädchen- und Frauenarbeit, die Vielfalt der Arbeitsansätze mit Flüchtlingen und MigrantInnen, um nur einige herauszugreifen, warten auf ihre Erschließung.

Wir danken allen Autorinnen und Autoren für ihre beeindruckende Arbeit. Sie haben es ermöglicht, dieses, wie wir meinen, doch grundlegende Werk zu schaffen! Zur gendergerechten Formulierung ist anzumerken, dass deren Form im Ermessen der Autorinnen bzw. Autoren liegt. Besonders freut es uns, dass mit fast allen Autorinnen und Autoren eine jahrelange, manchmal jahrzehntelange Zusammenarbeit besteht, die sich immer wieder als fruchtbringend erweist. Für das Korrekturlesen bedanken wir uns bei Reinhard Czar und für die Unterstützung im Office bei Anneliese Pirs.

Josef Scheipl und Arno Heimgartner

Individuelle Konzepte aus der Geschichte

II Maria Theresia toppt Pestalozzi: Neue Ansätze zur Vermeidung von Kindsmord in der Regierungszeit Maria Theresias – erste Andeutungen zur Gleichstellung von unehelichen mit ehelichen Kindern in Österreich

Josef Scheipl

1 Die „justizpolitische Grundsatzdebatte" um Kindsmord in den 1780er-Jahren

„Welches sind die besten ausführbaren Mittel, dem Kindsmorde Einhalt zu thun?"
(Rheinische Beiträge zur Gelehrsamkeit, 1780; zit. n. Michalik, 1997, S. 295)

Diese mit 100 Dukaten dotierte Preisfrage lobte der am Mannheimer Oberappellationsgericht tätige Jurist Freiherr Ferdinand A. v. Lamezan im Jahr 1780 in verschiedenen Zeitschriften aus. Die Gesamtzahl der Antworten belief sich auf ca. 400, was das umfassende Interesse an dem Sachverhalt demonstriert. Damit befassten sich *„Juristen ebenso wie Mediziner, Kameralisten ebenso wie Theologen und vor allem die Praktiker ebenso wie die Theoretiker"* (Ulbricht, 1992, S. 122). Untersucht man die Frage, warum die Kindsmordproblematik in der Spätaufklärung auf so großes Interesse stieß, dürfte der wichtigste Grund wohl darin zu finden sein, dass dieses Delikt als unzivilisierter Rest in einer Zeit verstanden wurde, die nach immer größerer Vollkommenheit des Menschengeschlechts strebte: *„Solange dieses Verbrechen, das man ganz wesentlich als durch staatliche und gesellschaftliche Sanktionen verursacht begriff, noch in größerer Zahl* *vorkam, konnte man nicht beanspruchen, eine höhere Stufe der Sittlichkeit erreicht zu haben"* (Ulbricht, 1992, S. 123).

Auf die *„Preißaufgabe"* reagiert hat auch J. H. Pestalozzi, *„die Mutter aller Schlachten um die Sozialpädagogik"* (Niemeyer, 1998, S. 15). Er verfasste dazu seine umfassende Publikation *„Ueber Gesetzgebung und Kindermord"* (Pestalozzi, 1783[1]). Seine Schrift hatte er jedoch nicht den Preisrichtern vorgelegt, sondern auf *„eigne Rechnung"* drucken lassen (Pestalozzi, 1781/1782, Briefe, S. 231).

2 Pestalozzis Analyse

In seiner Analyse gelangte der Schweizer Pädagoge zur grundsätzlichen Auffassung,

> *„dass der allgemeine Endzweck aller unverehelichten schwangeren Mädchen, ihre Schande zu decken und ihrer Kinder los zu werden, bei allen Kindermörderinnen die veranlassende Ursache ihrer That ist. Ich sehe ferner, dass diese Elenden, sowie überhaupt alle unverehelichten Schwangeren ebenso allgemein noch mit unendlich beunruhigenden äußeren Umständen belastet werden, welche sie unaussprechlich abschwächen, verwirren und an den Rand der Verzweiflung führen. (…) Noch mehr, der Staat, der Pflicht halber aller Waisen Vater, (…) der seine Vaterpflicht gegen alle seine Waisen erkennt, erkennt sie nicht gegen diese Elenden, sondern überläßt sie in dunkler Unberatenheit ganz sich selber"* (Pestalozzi, 1783, S. 365 und S. 367).

---

[1] Die gegenwärtige Pestalozzi-Rezeption scheint dieser Schrift keine bemerkenswerte Bedeutung in seinem Gesamtwerk zuzumessen. So fehlt bspw. jeglicher Hinweis darauf in der überaus kritischen Darstellung Pestalozzis von Osterwalder (2012) in einem Sammelwerk über „Klassiker der Pädagogik". Überraschenderweise findet sich auch in der „engeren" sozialpädagogischen Historiografie, z. B. bei Niemeyer, nur eine marginale Erwähnung (1998, S. 35); Reyer (2002) nennt dieses Werk überhaupt nicht. Die „Entmythologisierung" Pestalozzis seit den 1960er-Jahren (Blankertz, 1982, S. 106) hat offenbar nachhaltig gegriffen. Es könnte nach der vorgestellten Pestalozzi-Bewertung daher durchaus die Frage aufgeworfen werden, ob es überhaupt noch erstrebenswert sei, einen Vergleich mit diesem Werk Pestalozzis anzustellen. Der Autor des Beitrags wertet aber die in Rede stehende Schrift Pestalozzis aufgrund der individual-, sozial- und gesellschaftskritischen Analysen und Reflexionen jedenfalls als „klassisch" (vgl. Herrmann, 1995), so dass ein Abgleich mit dessen Überlegungen und Erkenntnissen für die sozialpädagogische Historiografie als gewinnbringend eingeschätzt wird.

Der Staat ganz allgemein kam nach den Analysen Pestalozzis nicht nur seinen Aufgaben, Hilfe zu leisten, nicht nach, sondern mischte sich auf ungebührliche und schlussendlich schädliche Weise in die intimsten Angelegenheiten seiner Bürger*innen ein – und der Autor fragte:

„Ist der Wille des Staates, dass unverheiratete Mädchen nie schwanger werden sollen, insofern er sich strafend äußert, recht, und gehört es sich, dass der Richterstuhl des Staates sich in diesen Fehler mische? Ich glaube nein und meine, der Staat müsse freilich die Reinigkeit der Sitten begünstigen und beschützen, aber nicht durch Hinderung des befruchtenden Beischlafs. (...) Die unbedingte Forderung des Staates, dass unverheiratete Mädchen seinetwegen nicht schwanger werden sollen, ist ganz gewiß nicht gerecht. Dass er aber eine Strafe und Buße darauf setzt, bei welcher er es denselben verbietet, (...) ist noch etwas mehr, nämlich eine vorzügliche Quelle des Kindermords" (S. 368 f.).

Letztlich verlangte der Autor vom Staat, dass dieser *„seine Vaterpflicht (...) im ausgedehntesten Sinne treu und wahrhaft erfülle"* (S. 375), und er meinte grundsätzlich, *„das Wesentliche, so die Pflicht des Staats gegen Waisen und uneheliche Kinder fordert, ist warme teilnehmende, aber erleuchtete und feste Aufmerksamkeit auf das Personal dieser Elenden"* (S. 378). Als „Personal" votierte er für „Pflegeeltern", wobei er aber einer unkritischen und naiven Dorf-Idylle verhaftet blieb, wenn er dazu aufforderte, *„gemeine Leute (...) Weiber auf den Dörfern"* auszusuchen, *„denen ihre armen Kinder mit Lachen und Freuden nachlaufen (...), und Männer, die in aller Einfalt und Stille ihre gemeinen Berufe ordentlich treiben"* (ebd.). Finanzielle Unterstützung sprach er nicht explizit an. Eine solche durfte aber in der o. a. *„Vaterpflicht im ausgedehntesten Sinne"* als impliziert gelten. Den Einsatz von finanziellen Mitteln thematisierte er, indem er eine Bezuschussung von Findelhäusern mit einer direkten Förderung von unehelichen Kindern bei Pflegefamilien verglich und diese als deutlich effizienter einschätzte (vgl. S. 383).

Seine zentralen Vorschläge, um Kindermorde zu verhüten, betrafen *„Detaileinrichtungen"* im Ganzen des Staates. Sie beruhten auf seiner Grundauffassung: Die Schwangeren sind *„vor äußerer Schande zu bewahren, (...) denn Schande pflanzt keine Tugend"* (S. 379). Neben der Errichtung eines *„Sittentribunals"* und *„Sittengerichts"* schlug er die Etablierung von *„Gewissensräten"* vor. Sie sollten zur Verschwiegenheit verpflichtet sein, den schwangeren Mädchen mit Rat und Hilfe zur Seite stehen und dafür

Sorge tragen, dass diese *„bei gemeinen Landleuten im stillen sicher und unentdeckt, aber auch ungebrandschatzt kindbetten können"* (S. 379); den Gewissensräten war untersagt, Geschenke oder Gebühren anzunehmen.

Und schließlich betonte er den Wert von unehelichen Kindern für den Staat und die Eltern ganz allgemein, thematisierte aber auch die Ambivalenzen, die sich aufgrund der gesellschaftlichen Einstellung zu diesem Thema auftun konnten:

> *„... für den Staat ist ein uneheliches Kind nur insofern ein Schaden, als es nicht recht erzogen wird. Für die Menschheit ist ein uneheliches Kind unzweideutig ein Gewinn, wenn es recht erzogen wird. Und für seinen Vater und für seine Mutter ist ein uneheliches Kind ein Band ihrer Menschlichkeit und ein Mittel ihrer Besserung, so lange sie es ungekränkt lieben dürfen; es wird ihnen aber zur Quelle ihrer letzten Verheerung, wenn sein Dasein ihnen ihr Leben vergiftet"* (S. 386).

Solche *„Quellen des Kindermords"* sah Pestalozzi (vgl. S. 401–430) zunächst einmal in der Untreue und im Betrug der die Mädchen verführenden Männer. Ferner wies er auf die offenbare Ungerechtigkeit der Strafgesetze bei Unzucht hin, welche die verführenden Männer begünstigten: *„... die Gerichte [sind] beim Schreien der Armut nicht barmherzig, beim Fühlen des Unglücks nicht milde, beim Verbrechen der Bosheit nicht gerecht und beim Klagen über greuliche Thaten der Männer nicht helfend und schützend"* (S. 407). In diesem Zusammenhang thematisierte er die Armut, hob als besonderes Risiko die persönlichen und sozialen Umstände vieler im Dienst stehenden Mädchen hervor, wie er auch die heuchlerischen Ehrbarkeitsvorgaben im *„Ehrbarkeitstanz"* der Gesellschaft *„unter der Larve der Frommheit"* (S. 423) demaskierte. Die Furcht vor Strafen ihrer oft unmenschlich hartherzigen Eltern, Verwandten und Vormünder, die selbst den sozialen und religiösen Zwängen der Gesellschaft unterworfen waren, sowie ein *„liederlicher und unzüchtiger"* Lebenswandel, brachten – nach seiner Kenntnis der Dinge – vor allem jene Mädchen in Bedrängnis, die aufgrund gesellschaftlicher Umstände nicht heiraten konnten (S. 426). Und schließlich spitzte er einfühlend wie aufrüttelnd zu: *„Die Verwirrung, die Beunruhigung, das Entsetzen, die unmenschliche Verlassung, Verstoßung und Vernachlässigung dieser Elenden vor, während und gerade nach ihrer Geburtsstunde ist in den weit meisten Fällen die entscheidende Quelle des Kindermordes"* (S. 428). All diese Gründe für Kindstötungen konnte er schließlich durch Fallanalysen empirisch gut belegen (vgl. S. 434–449).

Damit brachte er nachweislich zum Ausdruck, dass soziale Bedingungen des menschlichen Lebens wesentlich in Rechnung gestellt werden müssen für individuelles schuldhaftes Handeln bzw. Unterlassen.

Er war von der aktuellen gesellschaftlichen und somit politischen Relevanz seiner Überlegungen überzeugt, so dass er schon während der Abfassung seiner Schrift politische Ambitionen hegte:

„Ich hoffe, mein Versuch über den Kindermord werde entscheiden, dass ich bei Regierungsstellen brauchbar. Ich kann nicht bergen, bei dem leidenden Gefühl der allgemeinen Fehlerhaftigkeit der Gesetze gegen die Bedürfnisse der Menschen ist meine Sehnsucht, thätlich gebraucht zu werden, fast unüberwindlich" (Pestalozzi, 1781, Briefe, S. 231).[2]

3 Skizze eines ausgewählten „Vorläufer-Diskurses": Preußen

Zwar stellte Pestalozzis Abhandlung einen Kulminationspunkt in den damaligen Auseinandersetzungen um die Kindsmordthematik dar. Dass er aber mit seiner Schrift *„den Regierenden seiner Zeit, ob in der Schweiz, in Österreich oder Preußen, weit voraus"* war (Liedtke, 2002, S. 89), lässt sich angesichts der historischen Fakten so nicht mehr halten.

Dies sei nachfolgend zunächst am Beispiel Preußens anhand der grundlegenden Studie von Michalik (1997) skizziert. Sie kann zeigen, dass das Delikt bereits Anfang der 1730er-Jahre im Zusammenhang mit der rechtlichen Benachteiligung nicht ehelicher Kinder thematisiert wurde. Um 1740 etwa verstand v. Ludewig, Rechtsprofessor an der Universität in Halle, die Kindstötung als Ergebnis der *„christlichen Policey"* und deren harter Ahndung von Ehebruch und *„Hurerei"*. Er forderte die *„christlichen"* Obrigkeiten auf, *„nicht allein Unthaten, wenn sie verbracht werden, mit dem Le-*

2 Die Beachtung, welche Pestalozzi dem Delikt des Kindsmords widmete, wie sie aber auch in der damaligen Gesetzgebung in Preußen und in Österreich zum Ausdruck kam (s. u.), erfährt in der Aufarbeitung der Geschichte der Familie kaum eine Entsprechung. Es findet lediglich über die Kindesaussetzung und die damit verbundene Findelkind-Problematik marginale Erwähnung: „Die Findelhäuser brachten, wo sie im 18. Jhdt. neu eingerichtet wurden, ein Problem an den Tag, das zuvor nicht ganz verborgen war, das bis dahin aber doch wenig diskutiert worden war, den Infantizid" (Gestrich 2003, S. 376 f.).

ben zu bestrafen (…); sondern vielmehr auf Mittel und Wege zu gedencken, solche zu verhüten, und allen Ursachen und Gelegenheiten dazu, abzuhelfen" (zit. n. Michalik, 1997, S. 194).

Im aufgeklärten Absolutismus siedelten sich diese Diskussionen *„zwischen Humanismus und Pragmatismus"* an (Michalik, 1997, S. 210 ff.): Neben dem *„ideellen Hintergrund der Strafrechtsphilosophie"* der Aufklärung – Verbrechen galten nicht mehr als Sünden gegen Gott, die zu vergelten und zu sühnen waren, sondern als das allgemeine Wohl und den Staat gefährdende Handlungen; sie waren allein vom Staat zu verhüten und zu ahnden – war *„das Interesse des Staates am Erhalt weiblichen Gebärpotentials für die Produktion zukünftiger Untertanen [orientiert], das nicht nur die Verhütung des Deliktes mit besonderer Dringlichkeit gebot, sondern hier sogar indirekt zum Argument gegen die Todesstrafe für die Kindstötung wurde"* (S. 215 f.). Dahinter standen bevölkerungspolitische Zielsetzungen Friedrichs II., die wirtschaftlichen und militärischen Prämissen folgten. *„Kindstötung [trat] weniger als soziales, geschweige denn ethisches oder religiöses, sondern in erster Linie als staatspolitisches Problem in das Blickfeld der Obrigkeit"* (S. 211).

Trotz alledem ist festzuhalten, dass der Preußenkönig (Friedrich II.) auf diesem Gebiet mit dem *„Kindsmordedikt von 1765 (…), einer der spektakulärsten Gesetzesmaßnahmen des gesamten 18. Jahrhunderts"* (S. 229), allen deutschen Staaten voranging, indem er

> *„die staatlichen Unzuchtstrafen für den außerehelichen Geschlechtsverkehr ersatzlos abschaffte und nicht nur anordnete, dass ‚dergleichen Weibs-Leuthen ihres begangenen Fehltritts halber zu keiner Strafe ferner gezogen' werden sollten, sondern darüber hinaus verfügte, dass ‚ihnen nicht der geringste Vorwurf deshalb oder einige Schande gemacht werde'. Bekräftigt wurde letzteres durch die Androhung einer ‚willkürlichen Strafe' [d. h., der Richter war an keine Strafart und an kein Strafmaß gebunden; d. A.] für Eltern und Dienstherrschaften, wenn sie ‚durch unzeitige und unbillige Härten gefallene Weibs-Persohnen zur Verzweiflung und Verübung eines größeren Übels' verleitet hatten"* (S. 229).

Die nachfolgenden vier Zitate beziehen sich schwerpunktmäßig auf weitere von Michalik (1997) hervorgehobene Aspekte des Edikts:

> .) *„Was das Edikt in seiner Gesamtheit betrifft, so blieben die Neuerungen auf dem Gebiet der vorsorgenden Maßnahmen nicht allein auf die Aufhebung der Schandstrafen beschränkt. Einen breiten Raum nahmen Bestimmungen zur Verhütung*

heimlicher Schwangerschaften und Geburten ein. Sie zeichneten sich gegenüber der Vorzeit vor allem durch das Bemühen um Diskretion aus, indem weder von den Schwangeren selbst noch den mit Aufsichtspflichten betrauten Personen eine Anzeige bei den Obrigkeiten verlangt wurde. Gefordert war nur noch, daß ,eine in Unehren schwanger gehende Weibes-Persohn' ihre Schwangerschaft oder die bevorstehende Geburt ,wenigstens einer ehrbaren und verständigen Frau, die selber Kinder gehabt, offenbahren und durch selbige sich die zu ihrer Geburt nöthige Hilfe zu verschaffen suchen sollte'" (S. 233 f.).

.) *„Ob diese Verordnung in Rücksicht auf die Verhütung von Kindstötungen erfolgte, geht aus dem Gesetzestext nicht vor (sic!). Dies liegt jedoch nahe"* (S. 230). Das Edikt lässt auch nicht ohne Weiteres erkennen, ob damit den unehelichen Schwangeren eine *„goldene Brücke"* gebaut wurde, auf der sie in die bürgerliche Gesellschaft zurückkehren konnten. Die Autorin weist jedenfalls darauf hin, *„dass der Wert dieser goldenen Brücke nur begrenzt war, wenn Mutter und Kind hernach Hunger und Elend preisgegeben waren, denn dieser Problematik trug das Edikt in keinerlei Hinsicht Rechnung"* (S. 236).

.) *„Der Erlass des Kindermordediktes im Jahre 1765, zwei Jahre nach dem Ende des Siebenjährigen Krieges, dürfte vor allem auch als Folgenbewältigungsstrategie zu werten sein. Der Dritte Schlesische Krieg, der (...) mit der allgemeinen Erschöpfung aller kriegführenden Mächte beendet worden war, hatte den preußischen Landen bedeutende Bevölkerungsverluste zugefügt"* (S. 231).

.) Demnach war es nicht verwunderlich, dass im Kindsmordedikt von 1765

„die Aufhebung der Strafbestimmungen für den außerehelichen Verkehr mit einer gravierenden Verschärfung des Strafmaßes für mutmaßliche, aber nicht überführte Täterinnen (Kindsmörderinnen, d. A.) kombiniert wurde. Diese Strafverschärfung zeugte weniger von einem humanistischen Enthusiasmus als von dem Willen zu rücksichtsloser, das Individuum den Staatsinteressen aufopfernden Härte und führte zu einer Rechtsprechung, die gegenüber der Vorkriegszeit nur als ein deutlicher Rückschritt zu bezeichnen ist" (S. 233).

Einen nachhaltigen Durchbruch bezüglich der Kindstötung schuf man in Preußen – und damit greifen wir der Zeit, um welche es sich in diesem Beitrag handelt, um Jahrzehnte vor – mit dem „Allgemeinen Landrecht" von 1794. Dieses galt *„als die bedeutendste gesetzgeberische Leistung des aufgeklärten Absolutismus"* (Michalik, 1997, S. 239). Darin erstreckten sich die Bestimmungen zur Kindstötung *„auf rund 100 Einzelparagraphen, die zur Hälfte vorbeugenden, den Strafbestimmungen vorangestellten polizei-*

lichen Maßnahmen gewidmet waren". Solcherart wurde ein *„Fokuswechsel von der Bestrafung zur Verhütung von Delikten"* (ebd.) vollzogen.

Die Autorin (vgl. S. 287) betont zusammenfassend, dass die preußischen Gesetzesmaßnahmen als Höhepunkt in Bezug auf die vorbeugende Verhütung von Kindstötung zu würdigen wären – vor allem das Allgemeine Landrecht von 1794. Darüber hinaus hätten sie auch ein Musterbeispiel für eine staatliche Interessenpolitik abgegeben, welche zumindest theoretisch zur Revision und Liberalisierung überkommener christlicher Sittenvorstellungen führte.

In ihrem über Preußen hinausgehenden Rundblick resümiert sie knapp: *„In anderen Staaten waren Verordnungen ergangen, nach denen die ‚Unzucht' diskret, unter Ausschluss der Öffentlichkeit geahndet werden sollte (Österreich 1769 und Schweden 1778)"* (S. 288).

4 Zur allgemeinen Situation in Österreich[3]

In den ersten Regierungsjahren Maria Theresias war die Rechtssituation in den österreichischen Ländern durch eine Vielfalt verschiedener regionaler Rechtstraditionen (Rechte der Länder, der Grundherren etc.) gekennzeichnet. Die Regentin erkannte die Notwendigkeit einer Vereinheitlichung der Gesetzgebung für die österreichischen Erblande. In großem Stil ging sie schließlich daran, legistische Reformen einzuleiten, und richtete u. a. im Jahr 1752 eine Kompilationskommission zur Kodifikation des Strafrechts ein. Als deren Ergebnis wurde *„am 31. Dezember 1768 die ‚Constitutio Criminalis Theresiana"*[4] *[im Folgenden: CCTh] publiziert, mit 1. Jänner*

[3] Das „heterogene Länderbündel", über welches Maria Theresia herrschte, verbanden zu Beginn ihrer Regentschaft *„keine gemeinsamen Behörden, keine einheitlichen Gesetze, kein gemeinsamer höchster Gerichtshof, keine gemeinsame Krone, nicht einmal ein gemeinsamer Name"* (Stollberg-Rilinger, 2017, S. 766; die Anregung zum vorliegenden Beitrag verdanke ich der Lektüre dieses ausgezeichneten Buches). In der Zeit Maria Theresias begann die Entwicklung in Richtung hin auf einen zentralen Staat mit einer einheitlichen Staatsidee.

[4] Die Theresianische Halsgerichtsordnung war nunmehr alleinige Grundlage des Straf- und Strafverfahrensrechts für Böhmen und die Erblande (Erzherzogtum Österreich unter und ob der Enns; Innerösterreich mit Steiermark, Kärnten und Krain sowie Vorderösterreich mit Tirol und Vorarlberg); sie galt nicht für Ungarn, die Niederlande und die italienischen Territorien. Ihr Ergebnis wurde in der aufgeklärten Öffentlich-

1770 trat sie in Kraft“ (Hammer, 1997, S. 33). Das Delikt des Kindsmordes[5] wurde darin in Artikel 87 abgehandelt: *„Von dem Kinderverthun[6], oder Mordthat, so an neugebohrnen Kindern beschiehet“* (CCTh, S. 236–240). Hammer (1997, S. 27 f.) beschreibt das besagte Delikt im Rahmen der österreichischen Strafrechtsentwicklung eher knapp. Die *„Theresianische Halsgerichtsordnung“* stellte insgesamt keinen Fortschritt in der österreichischen Strafrechtsentwicklung dar; sie erntete in der aufgeklärten Öffentlichkeit vielmehr *„beißenden Spott“* (vgl. Stollberg-Rilinger, 2017, S. 720–726, hier S. 721).

Als Beispiele für eine rückwärtsgewandte, bereits überwunden geglaubte Strafpraxis konnten für das in Rede stehende Delikt die Paragrafen fünf *(„Bestraffung dieser Missethat“)* und sechs *(„Beschwerende Umstände“)* der CCTh gelten: § 5: Hatte eine Mutter ihr Neugeborenes durch eine absichtliche Tathandlung getötet, sollte sie *„mit dem Schwerd hingerichtet, nach der Enthauptung ihr Körper ins Grab geleget, ein Pfahl durch das Herz geschlagen, und sodann verscharret werden“* (§ 5/1). Kam das Kind durch vorsätzliche Unterlassung der Kindsmutter ums Leben, war ebenfalls der Schwertschlag vorgesehen, allerdings ohne die vorhin angeführten Verschärfungen (§ 5/2); dies galt auch für Mittäterinnen und Mittäter (§ 5/4). Konnte die Kindsmutter hingegen *„auch in der strengen Frage“* eine glaubhafte Entschuldigung bezüglich ihrer Unterlassung beim Tod des Neugeborenen anführen, war sie *„willkürlich nach Gestalt der Sachen*

---

keit höchst missgünstig aufgenommen. *„Sie enthielt immer noch das ganze Spektrum der vormodernen Gräuelstrafen, vom Herausreißen der Zunge bei Gotteslästerung über Abhacken der Hand bei Meineid und Feuertod bei Pakt mit dem Teufel bis hin zum Zwicken mit glühenden Zangen, Rädern und Vierteilen bei Majestätsverbrechen“* (Stollberg-Rilinger, 2017, S. 720 f.). (Zur weiteren damaligen Diskussion in Österreich über Folter und Todesstrafe bezogen auf die „Theresiana“: siehe ebd., S. 723–726.).

5 Für die Behandlung der gegenständlichen Thematik werden in diesem Beitrag folgende drei Rechtsquellen herangezogen (hier in chronologischer Reihenfolge genannt): 1.: Codex Austriacus, Bd. V, für das Patent von 1743; 2.: Kropatschek, Joseph (Hrsg.): Sammlung aller k. k. Verordnungen und Gesetze vom Jahre 1740 bis 1780. Sammlung III Gesetze und Verordnungen 1755–1759, für die Verordnungen Nr. 415 und 416 von 1755; 3.: Constitutio Criminalis Theresiana (CCTh) von 1768.

6 „Kinderverthun“ meint „Schwangerschaftsabbruch/Abtreibung“ (vgl. § 4); auch: „Vertilgung der Leibesfrucht“ (vgl. § 8). Beide Delikte (Schwangerschaftsabbruch und Kindsmord/Infantizid) werden in den besagten Gesetzen begrifflich nicht streng getrennt.

schärffer, oder gelinder zu bestraffen" (§ 5/3). Als erschwerende Umstände (§ 6) galten, wenn die *„Unthat öfters begangen"*, *„das Kind ohne vorhin ertheilte Tauff ums Leben gebracht"* oder *„die Mordthat mit besonderer Grausamkeit vollbracht"* wurde. In solchen Fällen wurden *„der Thäterin Hand, und Kopf abgeschlagen, sodann beydes auf das Rad gestecket; letzteren Falls aber dieselbe mit glüenden Zangen gezwicket, oder in anderweg die Todesstraffe verschärffet"* (§ 6).[7] Mildernde Umstände waren für minderjährige Mädchen vorgesehen (vgl. § 7).

5 Maria Theresias Vorgaben[8] von 1755 und das „Neue" in der CCTh von 1768

Die bisherigen Ausführungen lassen also nicht darauf schließen, dass die CCTh besonders neu oder fortschrittlich gewesen wäre. Das oben ausge-

[7] Es ist davon auszugehen, dass die genannten Verschärfungen eher „theoretisch" zur Abschreckung dienten; de facto dürften sie nicht zur Anwendung gekommen sein. Die Todesstrafe hob allerdings erst Josef II. 1781 auf (vgl. Hammer, 1997, S. 34). Sie wurde aber unter Franz II. (I.) wieder eingeführt.

[8] Dass Maria Theresia in diesem Beitrag in gewisser Weise ein Alleinstellungsmerkmal zugewiesen bekommt, obwohl natürlich ihr Stab von Beratern für die Ausformulierung von Gesetzen zuständig war, erklärt sich aus ihrem absoluten Herrschaftsanspruch, der sich in der rechtlichen Materie besonders ausdrückt: Sie nahm „ihre eigene Rolle als höchste Richterin und Gesetzgeberin ihrer Länder dagegen umso ernster" (Stollberg-Rilinger 2017, S. 715). Besonders deutlich wurde der absolutistische Gestaltungsanspruch im legistischen Bereich bei Joseph II. Er verweigerte bspw. dem von der Kommission bezüglich des Kindsmords erarbeiteten Vorschlag seine Zustimmung, so dass dieses Delikt im Josephinischen Strafgesetzbuch von 1787 nicht aufscheint, sondern unter Verwandtenmord geregelt wird. Das Delikt findet sich wieder im Franziszeischen Strafgesetzbuch 1803, im Strafgesetzbuch 1852 und schlussendlich als § 79 im Strafgesetzbuch (StGB) von 1974 (vgl. Hammer, 1997, S. 38 ff.). Siehe zum neo-absoluten Herrscherverständnis auch das Verhalten des Kaisers bezüglich der Durchsetzung der Gleichstellung von unehelichen mit ehelichen Kindern (s. u. Anm. 12; vgl. Leineweber 1978, S. 242).
[Das StGB von 1974 (BGBl. Nr. 60/1974) sieht gem. §79 für die „Tötung eines Kindes bei der Geburt" als Strafrahmen eine „Freiheitsstrafe von einem bis zu fünf Jahren" vor; seit 1.1. 2016 (BGBl. I Nr. 112/2015) gilt als Strafrahmen: „Freiheitsstrafe von sechs Monaten bis zu fünf Jahren". Babyklappe, anonyme Geburt, Adoption dürften überdies keine endgültige Lösung dieser Problematik sein; sie sollten als wichtige Stationen auf dem langen Weg beim Aufbau einer gesellschaftlich verantworteten Mutter- bzw. Elternschaft betrachtet werden.]

führte Beispiel Preußen belegt zunächst für das Kindsmorddelikt vielmehr die auch sonst geäußerte Rückständigkeit des Theresianischen Strafgesetzbuches von 1768 (vgl. Anm. 4). Doch Hammer (1997, S. 34) verweist in ihrer Analyse auch auf die zwei gegenüber der bisherigen Gesetzeslage neu aufgenommenen Paragrafen acht und neun in Artikel 87. Diese befassten sich mit den Ursachen des Kindsmordes, mit möglichen vorbeugenden Maßnahmen und dem Umgang der *„Obrigkeiten"* mit diesem Verbrechen. Unter Berufung auf einschlägige Literatur (vgl. dort Anm. 26) hebt sie hervor, dass manche der Bestimmungen in diesen beiden Paragrafen als *„einzigartig in der Strafgesetzgebung"* bewertet wurden. Die Autorin betont zwar die Bedeutung des *„Neuen"*, *„Einzigartigen"*, bringt aber keine Belege für die Entwicklung dieser Neuerungen in der bisherigen Strafrechtsentwicklung in Österreich bei. Diese finden sich direkt – und darauf für die sozialpädagogische Historiographie aufmerksam zu machen ist das zentrale Anliegen des vorliegenden Beitrags – in zwei Verordnungen[9] Maria Theresias aus dem Jahr 1755 (Nr. 415 und 416) (Kropatschek 1787, III, S. 248–256; vgl. auch Stollberg-Rilinger, 2017, S. 290 f.) sowie indirekt in einem Patent aus 1743.[10] Die Beweggründe für die Haltung Maria Theresias vermutet Stollberg-Rilinger (2017, S. 291) weniger im Wohl der unehelich schwanger gewordenen Frauen als vielmehr in der *„Rettung*

[9] Die Terminologie in den Gesetzesquellen ist uneinheitlich: Im Text von 1743 finden sich die Begriffe „Verordnung" und „Patent"; die Quelle „415" von 1755 wurde als „Patent", jene am selben Tag erlassene „Nr. 416" als „Verordnung" bezeichnet. Diese Begriffe werden im Folgenden synonym verwendet bzw. übergeordnet auch als „Gesetzesmaterie" oder als „Gesetz" bezeichnet.

[10] Hier ist die wichtige „Vorläufer"-Verordnung aus dem Jahr 1743 (18. Oktober) zur „Kindermordsstrafe – Verschärfung" für das „Erzherzogtum Österreich unter- und ob der Enns" zu erwähnen (vgl. Leuchtenmüller-Bolognese, 1981, S. 205 ff.). Diese war im Wesentlichen als Erinnerung an die Niederösterreichische Landesgerichtsordnung (1656) und an weitere Patente von 1734 und 1736 gedacht. Die grundlegende Tendenz war, worauf die Bezeichnung hinwies, an Strafverschärfung ausgerichtet: dass also Kindsmörderinnen *„mit dem Schwerdte vom Leben zum Tode hingerichtet"* werden, sie bei Strafverschärfung (bspw. wegen besonderer Grausamkeit oder Wiederholung der Tat) zusätzlich mit *„Handabhauen"* bzw. Zwicken *„mit gluenden Zangen"* vor der Enthauptung zu bestrafen waren. Ebenso sollte nicht ungestraft bleiben, wenn die Schwangerschaft verheimlicht bzw. von Mitwissern nicht angezeigt wurde, was ausdrücklich auch die Kindsväter betraf und ebenso die Obrigkeiten und Richter, wenn sie nicht den gesetzlichen Vorgaben entsprechend vorgingen (Codex Austriacus, V, S. 140 f.).

der Seelen Neugeborener". Ob aber nicht doch auch eine Aufwertung der Person der jungen Mütter eine Rolle gespielt hat, sollte nicht völlig ausgeblendet bleiben.

Im Folgenden werden die in Rede stehenden Gesetzestexte von 1755 und 1768 unter Einbeziehung des Patents von 1743 abschnittweise paraphrasierend vorgestellt und hinsichtlich der wesentlichen Aussagen verglichen.

5.1 Die Verordnung Nr. 415 von 1755

Das Patent vom 13. Oktober 1755 bezüglich der „*Verhütung von Kindermordthaten*" (vgl. Kropatschek, 1787, S. 248–253) eröffnete die Problematik des Kindsmords mit dem Hinweis, dass das Bemühen, die Schwangerschaft zu verleugnen, häufig zur Tatbegehung führt: „*Da die mehresten Kindermordthaten ihren Ursprung von daher nehmen, weilen die Kindermörderinnen ihre Schwangerschaft verschwiegen halten; dahero um diesen vorzubeugen, und den zu Fall gebrachten Personen alle Ursach zur Verlaugnung ihrer Schwangerschaft zu benehmen.*"

Dazu wurden nähere Einzelheiten in acht Punkten ausgeführt (vgl. S. 249 f.). Sie werden im Folgenden kurz dargestellt und erörtert:

1. Machte die Schwangere ihren Zustand den Eltern etc. bekannt, so erfolgte keine öffentliche, sondern eine geheime Bestrafung, die gering ausfallen sollte; ansonsten war eine strenge Bestrafung vorgesehen:
   „*Sollen dieienige (...) geschwächte Weibspersonen, welche ihre Schwangerschaft ihren Aeltern, Freunden, oder sonst iemand verläßlich entdecket, mit keiner öffentlichen Bestrafung angesehen, sondern in Geheim auf leidentliche Art bestrafet*[11]*, iene aber, welche ihre Schwangerschaft verhehlen, nicht nur wegen getriebener Unzucht, sondern auch wegen Vertuschung ihrer Schwangerschaft mit einer Ernstgemessenen Strafe beleget werden*".

Besondere Beachtung verdienen die Punkte zwei und drei:

> „*Damit aber derlei geschwächten Weibspersonen ihre allzuspäte, und unzeitige Schamhaftigkeit benommen werde; so sind*

[11] Strafen waren üblicherweise körperliche Strafen und reichten von z. B. einer mehr oder weniger harten Züchtigung bis hin zur Vollstreckung der Todesstrafe. Sie wurden i. d. R. aus generalpräventiven und sozialdisziplinierenden Gründen öffentlich (coram publico) ausgeführt. Eine Bestrafung „in Geheim" erfolgte unter Ausschluss der Öffentlichkeit und stellte eine mildere Form der Bestrafung dar.

2. *alle und iede geschworne Hebammen bei ihren Eidespflichten verbunden, die ihnen sich vertrauende, und ihre Hilf zur Geburt ansuchende Weibspersonen, geheim, und verschwiegen zu halten, und solche niemanden bei Strafe des Meineides zu offenbaren.*
3. *Sind auch Se. Majestät geneigt, die geschwängerten Weibspersonen, welche von ihren Buhlern durch Eheligung nicht wieder zu Ehren gebracht worden, sonsten aber sich ehrlich verhalten, auch ihre Schwangerschaft nicht vertuschet zu haben erweisen können, nebst ihrem Kind durch Ertheilung eines Diploms wiederum in den Stand der Ehre herzustellen, wessentwegen dieselbe sich bei den Landesstellen anzumelden, und die mittellose solche unentgeltlich zu erhalten haben werden (...)".*

Der Inhalt dieses Passus wurde bereits im Patent aus dem Jahr 1743 (siehe Anm. 9, 10) in wesentlichen Grundzügen vorgeformt: Dieses sollte nämlich *„mit dem Beysatze kundgemacht werden, daß Wir hingegen nach dem Beispiele Unserer glorreichen Vorfahren nicht ungeneigt seyn werden, den geschwängerten Weibspersonen, welche von ihren Buhlern durch Eheligung nicht wieder zu Ehren gebracht worden, sonst aber sich ehrlich verhalten, nebst ihrem Kinde durch Ertheilung eines Diplomatis wiederum den Stand der Ehre herzustellen"* (Codex Austriacus V, S. 141).

Eine völlige Gleichstellung von nicht ehelichen mit ehelichen Kindern war damit wohl nicht intendiert.[12] Wohl aber konnte eine solche Maßnahme zu-

---

12 Die Gleichstellung von unehelichen mit ehelichen Kindern gestaltete sich in Österreich als langwieriger Prozess: Kaiser Joseph II. unternahm einen ersten massiven Vorstoß: Als *„geradezu revolutionäre Maßnahmen, die er mit der Kraft seiner kaiserlichen Autorität gegen den erbitterten Widerstand der gesamten Gesetzgebungskommission"* zugunsten unehelicher Kinder durchsetzte (Leineweber, 1978, S. 242), wurden in den §§ 15 bis 17 des IV. Hauptstückes des Josephinischen Gesetzbuches die unehelichen Kinder den ehelichen weitestgehend gleichgestellt. Unmittelbar nach dem Tod des Kaisers kam es zu einer Rücknahme dieser Bestimmungen (detailreich: Wesener, 1976, S. 4 f.). Die völlige Gleichstellung wird erst ab den 1970er-Jahren endgültig in Angriff genommen. Das BG über die „Neuordnung der Rechtsstellung des unehelichen Kindes" (BGBl. 1970/342) hebt die Ungleichbehandlung mit ehelichen Kindern auf. Im § 155 ABGB wird der diskriminierende Satz gestrichen: *„Die unehelichen Kinder genießen nicht die gleichen Rechte mit den ehelichen"* (Ent, 1997, S. 3). Das Kindschaftsrecht-Änderungsgesetz von 1989 (BGBl. 1989/162) beendet die ex lege verfügte Vorgabe, mit der Geburt eines unehelichen Kindes automatisch das Jugendamt mit der Obsorge zu betrauen. Weitere Schritte der Gleichstellung im Erbrecht folgten. Und schließlich beseitigt das Kindschafts- und Namensrechts-Änderungsgesetz (BGBl.2013/15) im ABGB die Unterscheidung von „ehelichen" und „unehelichen" Kindern – bspw. auch bezüglich der Obsorgebestimmungen von nicht verheirateten Eltern (§ 177(2)); es spricht nur mehr von „Eltern" und „Kindern".

nächst einem möglichen Kindsmord vorbeugen und so die Überlebenschancen von unehelich Geborenen verbessern. Daneben trug dies auch zu deren gesellschaftlicher und wirtschaftlicher Besserstellung bei, da Beschränkungen im Erbrecht oder hinsichtlich der Berufsausübung von unehelich Geborenen verringert werden konnten.[13]

Eine „*Ehrenverwahrung*" wurde jenen, welche Schwangerschaft und Geburt verheimlichten, nicht zuteil (vgl. S. 250).

4. Darüber hinaus waren jene „*Verhehler oder Vertuscher der Schwangerschaft*" und insbesondere „*iene, welche zur Vertuschung der Schwangerschaft Beistand leisten, ohne versichert zu sein, daß zur gefahrlosen Niederkunft das Behörige veranstaltet seie, wann sodann ein Kindermord erfolget, mit ernstgemessener Strafe zu belegen*" (S. 250).
5. Eltern, „*und besonders die Mütter, welche ihren Töchtern einen allzu freien Umgang mit ihren Buhlern gestatten*", bezüglich der Niederkunft aber nicht vorsorgten oder die Schwangerschaft vertuschten, waren „*nach Ermessung des Gerichts zu bestrafen; iedoch sollen die Aeltern, wann sie zur sicheren Niederkunft ihrer Tochter die behörige Obsorge tragen, nicht verbunden sein, derenselben Schwangerschaft zu entdecken*". Trafen sie keine entsprechende Vorsorge, machten sie sich schuldig und strafbar.

Den Grund vieler Kindsmorde sah man offensichtlich darin, dass die Kindsväter die geschwängerten Frauen verlassen haben. Dies betraf den Inhalt von Punkt sechs:

6. „*Die Kindesväter selbst, welche durch Versprechung der Ehe, oder doch in der Hofnung Weibspersonen zum Beischlaf verführen, nach deren Schwängerung aber selbe entweder boßhaft verlassen, oder doch zu ihrer künftigen Niederkunft, und Versorgung ihres Kindes das Behörige ihrer Schuldigkeit nach nicht veranstalten, mit einer Spinnhaus- oder herrschaftlichenarbeit [meint: Arbeit*

Als Bonmot sei ergänzt, dass erst im Jahr 2013 im § 162 ABGB, der die „Ehelichenerklärung" eines unehelichen Kindes abhandelt, aus dem Satz „*Zu diesem Ende bedarf es keiner besonderen Begünstigung des Landesfürsten, wodurch das Kind als ein eheliches erklärt wird*" der Passus „*des Landesfürsten*" gestrichen wurde. Solcherart schließt sich der Kreis zu 1743 bzw. 1755. (Wichtige Hinweise zur aktuellen Entwicklung verdanke ich Herrn Mag. Josef Hiebl; Magistrat der Stadt Wien – MA 11 – Amt für Jugend und Familie.)

[13] „Unehelich Geborene" hatten gegenüber ihren Vätern und väterlichen Verwandten kein Erbrecht. Sie konnten in jener Zeit weder ein Handwerk erlernen noch Meister werden oder einer Zunft beitreten (vgl. Schulz, 2017, S. 147); auch die geistlichen Weihen blieben ihnen verwehrt bzw. waren nur gegen Dispens zu erlangen.

für die Öffentlichkeit; d. A.], oder auch einer andern dem Verbrechen angemessenen Bestrafung beleget werden sollen" (S. 251).
Gleiches war für Kupplerinnen und Kuppler vorgesehen.

7. Dieser Punkt verfügte, dass Wirts- und Hausleute, welche von der Schwangerschaft Kenntnis hatten, diese *„so viel möglich, in Geheim den Aeltern und Vormündern, Anverwandten, Hausvätern, oder Müttern anzuzeigen"* verpflichtet waren; unterließen sie solches und war eine sichere Niederkunft nicht gewährleistet, waren sie *„nach Ermessen des Gerichts zu bestrafen"* (S. 252).
8. In diesem letzten Abschnitt des Patents Nr. 415 aus 1755 wurden die *„Obrigkeiten"* und *„vorgesetzte Richter"* in zweifacher Weise angesprochen: Zunächst wurde ihnen *„exemplarische Bestrafung"* angedroht, sollten sie entsprechend den Vorgaben *„die erforderliche Gerechtigkeit (…) nicht administrieren"* und *„zur Verhütung aller für die Leibesfrucht besorglichen übeln Erfolgs vorzukehren unterlassen"*. Darüber hinaus war ihnen *„ernstlich anbefohlen, derlei geschwächten Weibspersonen, damit sie nicht in Kleinmüthigkeit verfallen, alle thunliche Hilfe zu leisten"*. Ferner hatten sie *„genau [zu] examinieren"*, wer von der Schwangerschaft oder dem eventuellen Kindsmord gewusst hatte,

   „damit alle an diesem oder ienem einige Schuld tragende zur gehörigen Bestrafung gezogen werden können. Daferne aber derlei schwangere Weibspersonen sich freiwillig bei Gericht angäben, diese sollen nicht nur gelinder, und wie hier oben schon § 1. die Vorsehung geschehen, bestrafet, sondern auch nach Beschaffenheit der Umständen derselben zu dem, was Rechtens ist, wider den Buhler schleunig verholfen werden" (S. 253).

   Dieser Passus wurde in den § 9 Art. 87 der CCTh verschoben (s. Abschn. 5.4).

5.2 *Artikel 87/ § 8 im Theresianischen Strafgesetzbuch von 1768*

Die Verordnung Nr. 415 aus 1755 bereitete im Wesentlichen § 8 in Artikel 87 der CCTh von 1768 vor (vgl. S. 239 f.). Dort fasste man in § 8 einleitend aufgrund *„der bisherigen Erfahrenheit"* drei hauptsächliche Gründe für den Kindsmord zusammen:

1. *„Die zum Fall gebrachten Weibspersonen [fürchten] die ihnen bevorgestandene öffentliche Schandstraffen"*.
2. *„Sie [gerathen] in Kleinmuth und Verzweiflung, weilen ihre Buhler sie treulos verlassen"*.

3. *Sie hegen die Hoffnung, „daß ihre Schwangerschaft gänzlich verborgen seye, und durch Vertilgung ihrer Leibesfrucht verhüllet bleiben möge“.*

Bezüglich des zentralen Anliegens der Vorbeugung wurde zur weiteren Erläuterung im „Vorspann“ folgende Formulierung gewählt:

„Wir [sind] zwar keinerdings gesinnet, das Laster der Unzucht, durch welches Gott so sehr beleidiget wird, ungeahndet dahin gehen zu lassen, sondern Wir wollen vielmehr, daß solchem Übel auf all-mögliche Weise gesteuret, und gebührend abgehüffet werde. Damit aber den vorbemeldeten Anlaßgebungen nach Thunlichkeit vorgebogen, und alles, was nur die Verheelung der Schwangerschaft verursachen kann, aus dem Wege geraumet werde, so ordnen Wir hiemit, daß Erstlich: die aus menschlicher Schwachheit zum Fall gebrachte Weibspersonen, welche ihre Schwangerschaft ihren Eltern, Freunden oder sonst Jemanden verläßlich entdecken (…) mit keiner öffentlichen Bestrafung angesehen, sondern in geheim auf eine leidentliche Art bestraffet werden sollen.“

Darüber hinaus waren *„Hebammen bey ihrer Eydespflicht verbunden (…), die ihnen sich vertrauende, und ihre Hülff zur Geburt ansuchende Weibspersonen geheim, und verschwiegen zu halten, und solche Niemanden bey Straffe des Meineydes zu offenbaren.“*

„Andertens“ waren *„die Zuhalter*[14]*, und Kindsvätter, welche durch Versprechung der Ehe, oder sonst Weibsbilder zum Beyschlaf verführen“*, diese *„nach der Schwängerung boshaft verlassen“* und sich der Versorgungspflicht ihres Kindes entzogen, nach *„§ 5 vers. 4 (…) mit einer empfindlichen Leibesstraffe“* zu belegen, wie etwa *„Gefängniß, Anstellung auf eine Zeit zur öffentlichen Arbeit“* (§ 5 vers. 4).

Und schließlich wurden drittens jene Personen (z. B. Hausleute, Dienstherren), die von der Schwangerschaft wussten, gehalten, *„solche zuförderist, so viel wie möglich, in geheim den Eltern, Vormündern, Anverwandten, Hausvättern, oder Hausmüttern anzuzeigen“*. Sollten diese darüber hinaus befürchten, *„daß zur Niederkunft keine Fürsorge getragen werde, solches der weltlichen Obrigkeit, oder Gericht zu entdecken verbunden seyn; widrigen Falls aber nach Maßgab des obigen §5 vers.4. einer willkürlich gemessenen Straffe unterliegen sollen.“* Den Eltern wiederum wurde aufgetragen, *„daß sie nach geschehener Sache wider die geschwächte Tochter*

[14] Die Formulierungen in diesem Absatz legen nahe, dass durch dieses Gesetz auch Prostituierte angesprochen waren.

nicht allzuhart verfahren, und durch ihre übermäßige Strenge zu derenselben Kleinmuth, Verzweiflung, und bösen Folgen keine Ursach geben, sondern vielmehr zu deren sicheren Niederkunft das Nöthige besorgen werden."

5.3 Die Verordnung Nr. 416 von 1755

Die Verordnung Nr. 416 von 1755 (Kropatschek, 1787, III, S. 254–256) lässt sich als Vorläufer für Paragraf 9 in Artikel 87 der CCTh von 1768 verstehen. Als Instruktion richtete sie sich mit ihren sechs Abschnitten an die Obrigkeiten und Richter, „*wie dieselbe inskünftige zur Vorbiegung und Unterbrechung des dermalen so sehr in Schwung gehenden grausamen Lasters des Kindermordes sich zu verhalten haben*".

Die ersten drei Abschnitte bezogen sich auf die Eltern bzw. deren „Erziehungsmethoden": So sollten Obrigkeiten und Gerichte darauf achten, ob Eltern, deren Töchter ungewollt schwanger wurden, „*dieselben entweder gar zu hart halten, und über die Maß strafen*". Den Beamten waren keine strengen Strafen erlaubt. Sie waren bei Strafandrohung gehalten, die schwangeren Frauen zwar abzumahnen, solches aber nicht in der Öffentlichkeit vorzunehmen, um die Frauen nicht zu beschämen. Jedenfalls war ihnen nachdrücklich aufgetragen, den Gebärenden und ihren Kindern entsprechende Hilfe zu leisten. Auch den um ihre Ehre bemühten Eltern hatten sie unter möglichster Geheimhaltung die nötige Hilfe zu gewähren.

Die nächsten beiden Abschnitte thematisierten „*den Unterhalt für die zum Falle gekommene Weibsperson mit ihrem Kinde.*" Dazu wurden in Abschnitt vier zunächst der Kindsvater und dann dessen Eltern angehalten. Sollte sich dies als nicht möglich erweisen, hatten die Eltern der Gebärenden einzuspringen. Die Gerichte waren angehalten, ihnen „*auf das kürzeste und schleunigste*" zu einem „*vollkommenen Regreß*" zu verhelfen.

Bestand allerdings „*allseitige Mittellosigkeit*" oder betraf es eine „*ganz fremde Person*", dic „*wegen der gar zu nahen Niederkunft in ihr Heimat nicht geschoben werden könnte, in solchem Falle wird die Gemeinde des Orts [hier ist gemeint: die Ortsgemeinschaft bzw. die Bewohnerschaft eines Ortes; i. d. R. aber wohl auch die Grundherrschaften; d. A.] einer dergleichen Person, wie das Unterkommen, so auch andere nöthige Hilfe und den Unterhalt samt dem Kinde, für die Zeit des Wochenbettes, und so weit, als es nach billiger Erkenntniß der Obrigkeit nöthig befunden werden wird, gleich anderen Ortsarmen unfehlbar, und nothdürftig verschaffen.“*

Ein nochmaliger ausdrücklicher Verweis – auch an die Geistlichkeit –, Strafen „*gänzlich [zu] unterlassen, und nur mit geheimer Ermahnung (...) leidentlich bestrafen*“, erfolgte im sechsten Abschnitt. Es war auch darauf zu achten, „*bei anderweit verspürendem Wohlverhalten solcher Personen allen unter gemeinen Leuten sonst gewöhnlichen Vorwurf (...) abzuhalten.*“ Dies lässt sich als abgeschwächte Form der in Verordnung 415/3 verfügten „*Ehrenverwahrung*“ interpretieren.

Eine entschiedene Klarstellung bildete den Abschluss: Es war bei „*scharfer Ahndung untersaget, und verboten*“, von den betroffenen Frauen „*Geldstrafen oder andere Geldakzidenzien zu nehmen*“.

5.4 Artikel 87/ § 9 im Theresianischen Strafgesetzbuch von 1768

Dieser Paragraf (vgl. CCTh S. 240) umfasste vier Absätze und betraf die Tätigkeiten der „*Civil-Obrigkeiten*“ und Richter. Erhielten sie Kenntnis von der Schwangerschaft einer ledigen Frau, hatten sie erstens „*so viel möglich, in geheim*“, in zweifelhaften Fällen auch gerichtlich zu ermitteln und dafür zu sorgen, dass

> *„darüber das weitere zu Verhütung allen wider die Leibesfrucht besorglich üblen Erfolgs vorgekehret werden solle. Wobey Wir den Obrigkeiten, und Gerichten zugleich ernstlich eingebunden haben wollen, derley geschwächten Weibspersonen, damit sie nicht in Kleinmüthigkeit verfallen, nicht nur alle thunliche Hülffe zu leisten, und, da sie ihre Schwängerung freywillig bey Gericht angeben, selbe gelinder, als sonst zu straffen, sondern auch nach Beschaffenheit der Umständen denenselben gegen ihre Buhler nach dem, was Rechtens ist, schleunig Hülff zu verschaffen.“*

Im zweiten Absatz sprach man die Eltern an. Sie sollten, wie bereits in § 8 Art. 87 kurz angeschnitten, ihre Töchter zwar abmahnen, dies jedoch ohne übertriebene Strenge und nicht in der Öffentlichkeit, um die Schwangeren nicht unnötig bloßzustellen, was schließlich auch zur eigenen Ehrverwahrung beitrug. Daran hatten sich auch die Obrigkeiten zu orientieren. Vorrangig war die entsprechende Hilfeleistung bei der Entbindung.

Der dritte Absatz regelte die Unterhaltspflicht. Diese war zunächst vom Kindsvater zu leisten; bei dessen Unvermögen waren die Eltern der Gebärenden dazu angehalten. Hier war auch die Heranziehung der Ortsgemeinde zur Linderung der Not wiederum entsprechend verankert:

„Bey allseitiger Mittellosigkeit hingegen solle der nothleidenden schwangeren Person, besonders wenn sie fremd, und wegen allzunaher Niederkunft in ihr Heimath nicht geschoben werden könnte, das nöthige Unterkommen, Hülff und Unterhalt für sie, und das Kind auf die Zeit des Wochenbetts, und soweit es nach billiger Erkenntniß der Obrigkeit für nöthig befunden wird, von der daselbstigen Gemeinde gleich anderen Armen des Orts unfehlbar, und bey ansonst zu befahren habend schwerester Verantwortung verschaffet werden."

Wurden die in den §§ 8 und 9 verfügten Maßnahmen von den Verantwortlichen nicht umgesetzt, waren diese entsprechend § 5 Abs. 4 (z. B. mit Gefängnis oder öffentlicher Arbeit) zu bestrafen.

6 Vergleichende Diskussionen

Die folgende vergleichende Diskussion bezieht sich zunächst auf die entsprechenden Gesetzesmaterien von 1755 und 1768 (6.1). In weiterer Folge werden die daraus gewonnenen Erkenntnisse mit den zentralen Aussagen Pestalozzis aus „Über Gesetzgebung und Kindermord" – in erster Linie bezogen auf die Verordnungen aus 1755 – abgeglichen (6.2).

6.1 Vergleich der Rechtsdokumente von 1755 und 1768

Die leitende Idee sowohl der Patente von 1755 (im Folgenden: Patent 415 und 416) als auch der §§ 8 u. 9 des Artikels 87 der CCTh galt der Vorbeugung des Kindermords. Beide Materien strichen dieses Bemühen ausführlich heraus; die CCTh schlüsselte dieses Detail in der Einleitung von § 8 etwas differenzierter auf.

Die Ursache des Delikts sah man zuallererst im Bemühen der Beteiligten, ungewollte Schwangerschaften zu verheimlichen, um Strafen und öffentlicher Schande zu entgehen. Daraus folgte in beiden Materien fast wortgleich, dass bei Mitteilung einer Schwangerschaft durch die Betroffene diese jedenfalls keine Bestrafung in der Öffentlichkeit (z. B. am Pranger) mehr zu gewärtigen hatte, und wenn doch bestraft wurde, dann hatte eine solche Strafe milde auszufallen. Ferner war zu gewährleisten, und darauf wurde mehrmals hingewiesen, dass der Sachverhalt mit Diskretion zu behandeln war. Diesbezüglich wurden – wiederum beinahe wortgleich – die Hebammen unter Eid zur Verschwiegenheit bei sonstiger Strafe des Meineids verpflichtet. Bei Verheimlichung der Schwangerschaft drohte das Patent 415 allerdings den schwangeren Frauen zusätzlich wegen Unzucht mit deutlichen Strafen.

Beide Materien machten (Patent 415 umfassender und nachdrücklicher als die CCTh) auch klar, dass jene Personen, welche trotz Kenntnis zur Verheimlichung der Schwangerschaft beitrugen und nicht für eine gefahrlose Niederkunft sorgten, streng zu bestrafen waren.

Die CCTh verlangte überdies von solchen Personen, die von der Schwangerschaft Kenntnis hatten, ihr Wissen aktiv auf möglichst diskrete (geheime) Weise den Eltern, Vormündern, Verwandten etc. mitzuteilen, um solcherart einem möglichen Kindsmord vorzubeugen. Bestand Anlass zur Befürchtung, dass für die Niederkunft unzureichend vorgesorgt wurde, waren sie verpflichtet, dies der Obrigkeit bzw. dem Gericht zur Kenntnis zu bringen.

Den Eltern war in beiden Gesetzen klar aufgetragen, für eine sichere Niederkunft zu sorgen. Das Patent 415 sah darüber hinaus dann, wenn die Eltern – speziell die Mütter – ihren Töchtern einen allzu freien Umgang mit Männern erlaubten, entsprechende Strafen vor. Unterstützten Eltern sie bei ihrer Niederkunft, waren sie nicht angehalten, die Schwangerschaft der Obrigkeit bekannt zu machen. Die CCTh sprach die Mitverantwortung der Mütter beim Umgang der Töchter mit Männern nicht mehr an.

Beide Gesetze (Patent 416; CCTh §§ 8 und 9 Art. 87) problematisierten fast übereinstimmend eine übermäßige Strenge der Eltern und empfahlen unter Strafandrohung, ihren Töchtern in dieser schwierigen Situation helfend beizustehen. Die Obrigkeiten wurden angehalten, durch Einflussnahme auf die Eltern die Niederkunft der Töchter möglichst im Geheimen zu arrangieren, um solcherart einer Ehrabschneidung der Beteiligten in der Öffentlichkeit vorzubeugen. Z. T. wortidentisch wurde in beiden Gesetzen formuliert, dass Kindsväter, die sich der Versorgungspflicht ihres Kindes entzogen, entsprechend zu bestrafen waren; Gefängnis oder öffentliche Arbeit (1755: Spinnhaus oder herrschaftliche Arbeit) wurden angedroht.

In einem letzten Punkt ging das Patent 415 ausführlich auf die zweifache Verpflichtung der Obrigkeiten und Richter ein. Diese hatten unter exemplarischer Strafandrohung den Vorschriften entsprechende Maßnahmen zu veranlassen und darüber hinaus zur Verhütung einer Gefährdung des Neugeborenen beizutragen sowie Hilfe zu leisten; bei freiwilliger Angabe ihrer Schwangerschaft sollte – wenn überhaupt – die Kindesmutter gelinder als sonst bestraft werden; überdies hatten Obrigkeiten und Gerichte sie in ihren Forderungen gegen den Kindesvater entsprechend zu unterstützen. Diese Inhalte finden sich in mehreren Passagen nahezu wortgleich im ersten Absatz des § 9 der CCTh.

Bezüglich der Unterhaltspflicht stimmten beide Gesetze überein, zunächst den Kindsvater dazu heranzuziehen. Patent 416 nahm auch dessen Eltern in die Pflicht. Davon war in der CCTh nicht mehr die Rede. Beide Gesetze sahen aber die Eltern der Gebärenden in der Verantwortung, sollte der Unterhalt von kindsväterlicher Seite nicht aufgebracht werden. Patent 416 hielt die Gerichte dazu an, der Kindsmutter bzw. deren Eltern zu einem vollkommenen Regress zu verhelfen. Diesbezügliche Hinweise fehlten in der CCTh. Beide Gesetze (Patent 416; CCTh § 9) aber bestimmten in weitgehend übereinstimmenden Formulierungen, dass sich bei völliger Mittellosigkeit der Gebärenden die „Gemeinde" (Gemeinschaft) des Ortes der Gebärenden und ihres Kindes mit Unterkunft und Unterhalt, gleich den anderen Ortsarmen, anzunehmen hatte. Auch notleidende, nicht ortsansässige Gebärende *(„ganz fremde Person")* waren – in der CCTh: bei sonstiger Verantwortung für negative Folgen – zu versorgen.

Das Patent 416 nahm schließlich noch einmal Bezug darauf, dass öffentliche Strafen gänzlich einzustellen und durch „geheime Ermahnung" zu ersetzen seien. Dabei bezog man ausdrücklich die Geistlichkeit mit ein. Vielmehr sollten bei Wohlverhalten der betreffenden Personen überhaupt keine weiteren Vorwürfe mehr zugelassen werden. Eine solche ausdrückliche Vorgabe sah die CCTh nicht vor, was in Übereinstimmung mit der Eliminierung des Passus Nr. 3 aus dem Patent Nr. 415 steht (s. u.).

Das Patent 416 schloss mit dem Verbot an die Obrigkeiten sowie Gerichte und deren Beamte, Geld oder entsprechende Geschenke von den betroffenen Frauen anzunehmen. Die CCTh verlangte indes von den Obrigkeiten und Gerichten bei sonstiger Strafe die gehorsamste Umsetzung der verfügten Maßnahmen. Diese nachdrückliche Ermahnung offenbart sehr deutlich das Bemühen der staatlichen Zentralgewalt, eine überregionale Rechtsvereinheitlichung gegenüber den zahlreichen unterschiedlichen herrschaftlichen (obrigkeitlichen) Rechten durchzusetzen.

Die bisherigen Punkte des Vergleichs zeigen, dass beide Materien einander in weiten Bereichen entsprachen und Formulierungen aus den beiden Patenten von 1755 z. T. wortidente Vorgaben für die Fassung der §§ 8 und 9 in Artikel 87 der CCTh von 1768 bildeten. Ein entscheidender Unterschied bestand jedoch darin, dass die zukunftsweisende Bestimmung in Nr. 3 des Patents 415 von 1755, wonach ledige Frauen, die ihre Schwangerschaft nicht verheimlicht hatten, mit ihrem Kind durch ein spezielles Diplom wieder in den Stand der Ehre versetzt werden konnten, 13 Jahre später keine Aufnahme in die CCTh von 1768 fand. Bemerkenswert ist dies auch deshalb, weil dieser Passus aufgrund eines Patents aus 1743 bereits eine gewisse Tradition in einem offeneren Umgang mit der Kindsmordproblematik im engeren und mit unehelichen Kindern im weitesten Sinn aufzuweisen hatte. Daraus dürfte zu schließen sein, dass der Stab der Berater Maria Theresias, der für die Gestaltung der Patente von 1743 und 1755 zuständig gewesen war, mit weniger Widerständen gegenüber Neuerungen konfrontiert war, als es die Mitglieder der Kompilationskommission gewesen sind, bei denen es schließlich um das „große Ganze“ ging: Mit der Kodifikation des Zivil- und Strafrechts riefen sie zahlreiche Gegner auf den Plan, die eine Bedrohung ihrer hergekommenen Partikularrechte bzw. ihrer tradierten Gerechtigkeits- und Strafvorstellungen befürchtetet hatten und somit umfassende Neuerungen erschwerten bzw. teilweise unmöglich machten (vgl. Stollberg-Rilinger, 2017, S. 717 ff; bes. S. 720 ff.).

6.2 Vergleich mit zentralen Aussagen Pestalozzis

Zunächst sollen Bezüge in den Patenten von 1755 zu Pestalozzis Quellen des Kindermords (s. o.) aufgespürt werden. Im Großen und Ganzen lassen sich diese bereits in den beiden Patenten von 1755 auffinden: Strenge Strafen für uneheliche Schwangerschaft, die als Folge von „Unzucht“ galt, wurden in Patent 415 als Ursache für deren Verleugnung benannt und konnten nach damaliger Erkenntnis häufig aus Verzweiflung über den Ehrverlust immer wieder zum Kindsmord führen. Damit ist auch der *„heuchlerische Ehrbarkeitsschnitt“* bei Pestalozzi angesprochen, der damals als eine reale soziale Größe galt. Dies war schon Maria Theresia und ihren Beratern bewusst und man thematisierte dies bereits 28 Jahre vorher mit dem Diplom zur Wiederherstellung der Ehre im Patent 415/3. Mit diesem Gesetz war damals, wenn auch sehr allgemein und unspezifisch, das Bemühen verbunden, den unehelichen Schwangeren und ihren Kindern positive Perspektiven in ihrem sozialen Umfeld zu eröffnen. Natürlich waren verführende Männer (Buhler) im Patent von 1755 ein Thema, sowohl was ihre betrügerischen Verführungen als auch ihre Unterhaltsverpflichtungen betraf; sie waren mit konkreten Strafen bedroht, sollten sie für die Niederkunft und die Versorgung des Kindes nicht die nötige Vorsorge treffen. Die Furcht der schwangeren Töchter vor Eltern, Vormündern und Verwandten wurde in der Verordnung von 1755 mehrmals thematisiert, wenn es darum ging, diesen die Schwangerschaft *„zu entdecken"*, bzw. wenn die Furcht vor der elterlichen Strenge zur Verheimlichung der Schwangerschaft führte und damit den Kindsmord wahrscheinlicher werden ließ. Armut wurde insofern angesprochen, als bei Mittellosigkeit die Ortsgemeinschaft – allerdings nicht der übergeordnete Staat wie bei Pestalozzi –, für Unterkunft und Unterhalt der Gebärenden und ihres Kindes zu sorgen hatte, womit den Betroffenen eine positive Perspektive in einer verzweifelten Situation eröffnet werden sollte. Die *„äußeren Umstände der Mädchen während ihrer Geburtsstunde"* wurden in beiden Patenten indirekt mehrmals über die Vorsorge für eine *„sichere Niederkunft"* thematisiert, direktere Hinweise finden sich in der CCTh § 5 (2), besonders in (3): *„... nicht gewußt zu haben, wie mit dem neugebohrnen Kind umzugehen seye? oder dass das Kind in währenden Geburtsschmerzen vergangen"*. Hinsichtlich des Ortes der Niederkunft wurden keine konkreten Angaben gemacht. Aus § 8 der CCTh lässt sich schließen, dass man diesbezüglich häufig das elterliche Heim annahm. Pestalozzi sprach sich konkret für das *„Kindbetten bei gemeinen Landleuten"* aus, wofür die Gewissensräte vorzusorgen hatten. Mit den *„dienenden Schloss- oder Stadtmädchen"* hatte Pestalozzi eine ganz bestimmte „Hochrisikogruppe" bezüglich einer unehelichen Schwangerschaft im Auge; die theresianischen Gesetze hingegen blieben allgemein und zielten nicht auf soziale Gruppierungen ab.

Im Hinblick auf Pestalozzis zentrale Vorschläge zur Verhütung des Kindermordes sahen die beiden Patente von 1755 ebenfalls bereits Aufschlussreiches vor: Pestalozzis Grundüberzeugung zur Verhütung des Kindermords bestand umfassend zunächst darin, vorbeugende Maßnahmen zu setzen.

Dem Kindsmord vorzubeugen, das war auch die ausführlich angesprochene Leitidee der Patente von 1755: *„... Dahero um diesen vorzubeugen, und [...] alle Ursach zur Verlaugnung der Schwangerschaft zu benehmen.“* – Diese Generallinie durchzog beide Patente, auch wenn dort bei Zuwiderhandeln (z. B. Verschweigen der Schwangerschaft) weiterhin mit empfindlichen Strafen gedroht wurde. Im Detail ging es vordergründig immer wieder darum, die Schwangeren *„vor äußerer Schande“* zu bewahren (s. o.). Diese Auffassung fand sich grundlegend bereits im Patent von 1755/3 mit der oben zitierten Vorgabe, die unehelich geschwängerten Frauen mit ihrem Kind *„durch Ertheilung eines Diploms wiederum in den Stand der Ehre“* (s. o.) zu versetzen. Besonderes Gewicht erhielt diese Vorgabe Maria Theresias durch ihr bereits 1743 erlassenes Patent mit derselben Intention.

Pestalozzis Vorschlag, Gewissensräte einzurichten, die zur Verschwiegenheit verpflichtet sind und den schwangeren Mädchen mit Rat und Hilfe zur Seite stehen, fand sich in dieser Form in den Patenten von 1755 nicht. Allerdings wurden in Patent 415 die Hebammen *„unter Eidespflichten“* bei sonstiger Strafe des Meineids zur Verschwiegenheit verpflichtet. Patent 416 betonte Geheimhaltung und Verschwiegenheit als Pflicht der Obrigkeiten, Gerichte und deren Beamten bei Beratung und Hilfeleistung für die Eltern. In beiden Dokumenten von 1755 wurde der Diskretion eine prominente Rolle zuerkannt; Strafen in der Öffentlichkeit waren zu unterlassen.

Patent 416 verbot den Richtern und Obrigkeiten bei *„scharfer Ahndung“*, sich in irgendeiner Form, z. B. durch die Annahme von Geschenken, auf Kosten der Schwangeren zu bereichern, und nahm somit Pestalozzis Anspruch vorweg.

Seine Forderung, dass *„der Staat der Pflicht halber aller Waisen Vater“* sei (s. o.), ist in dieser Eindeutigkeit in den Patenten von 1755 nicht zu erkennen. Es lässt sich in dieser Angelegenheit aber mit einigem Recht auf das Patent 416, aber auch auf die CCTh verweisen, wo bereits ausdrücklich die Ortsgemeinschaft angehalten wurde, bei Mittellosigkeit für die Mutter und ihr Kind mit Unterkommen, Hilfe und Unterhalt zu sorgen, *„als es nach billiger Erkenntniß der Obrigkeit nöthig befunden werden wird“* (s.o.). Auch die Wiederherstellung der Ehre durch die *„Landesstellen“*, wie in Patent 415 (3) bestimmt, lässt sich vom Prinzip her als ein „Vorläufer“ der Intention Pestalozzis werten, den Staat für die Waisen in die Pflicht zu nehmen. Trotz aller Verdienste, welche Maria Theresia mit ihren Gesetzesinitiativen zukommen, ist festzuhalten, dass sie die Weite und Tiefe der Problemsicht Pestalozzis noch nicht erreicht hatte.

7 Zusammenfassung und Ausblick

Maria Theresia nimmt in der österreichischen sozialpädagogischen Historiografie durch ihre Unterstützung bei der Errichtung des Waisenhauses in Wien am Rennweg im Jahr 1742[15] (vgl. u. a. Scheutz, 2014) eine prominente Stellung ein. Die Herrscherin wurde im vorliegenden Beitrag unter Bezugnahme auf eine weitere Thematik vorgestellt, die sie durch ihre Gesetzgebung zukunftsweisend beeinflusst hat: das Bemühen, dem Kindsmord vorzubeugen und ihn nicht nur zu bestrafen. Ihre diesbezüglich erste Initiative rührte aus dem Jahr 1743, als sie anlässlich einer neuerlichen Kundmachung zur Strafverschärfung bei Kindsmord diese mit dem *„Beysatze"* verlautbaren ließ, dass sie bereit war, die Ehre von unehelichen schwangeren Frauen, die sich sonst aber *„ehrlich verhalten"*, mit ihrem Kind mittels eines Diploms wiederherzustellen. Diese Überlegung erhielt in zwei Verordnungen aus dem Jahr 1755 Gesetzeskraft und wurde dort weiter ausgebreitet. Diese beiden Patente verfolgten nachdrücklich das Ziel, dem Kindsmord vorzubeugen. Kindstötung resultierte nach damaliger Erkenntnis wesentlich aus der Verheimlichung der Schwangerschaft, um dem drohenden Ehrverlust durch eine uneheliche Geburt zuvorzukommen. Daher schuf man als besonderen Anreiz zur Vorbeugung und in Weiterverfolgung des Gedankens von 1743 eine weitgehende Straffreiheit bei Bekanntmachung der Schwangerschaft. Die Erteilung eines persönlichen Diploms zur Wiederherstellung der Ehre für Mutter und Kind sollte diesen Anreiz akzentuieren. In die beiden Paragrafen 8 und 9 des Artikels 87 der CCTh von 1768 fanden zahlreiche dieser Maßnahmen von 1755 zur Verhinderung des Verschweigens einer unehelichen Schwangerschaft neben Ratschlägen an die Eltern, Obrigkeiten und Richter z. T. wortident Eingang. Dabei wurde immer wieder die Pflicht zur Geheimhaltung der involvierten Personen eingemahnt. Nicht aufgenommen wurde der zukunftsorientierte Passus über die Wiederherstellung der Ehre.

---

[15] Anlässlich der endgültigen Fertigstellung und Eröffnung im Jahr 1768 komponierte W. A. Mozart die „Waisenhausmesse" (KV 139/47a). Im selben Jahr begann man im Waisenhaus übrigens auch mit erfolgreichen eigenen Impfexperimenten zur Pockenimpfung (vgl. Stollberg-Rilinger, 2017, S. 513).

So ist die CCTh insgesamt zwar als rückwärtsgewandt und auch bezüglich des in Rede stehenden Delikts des Kindermords im Vergleich zu Preußen von den aufgeklärten Zeitgenossen kritisiert und zurückgewiesen worden. Trotzdem lässt sich in Bezug auf den Kindsmord in den Paragrafen 8 und 9 Art. 87 in der österreichischen Strafrechtstradition ein Fortschritt erkennen, der aber hinter dem bereits 1755 Erreichten doch auch teilweise wieder zurückblieb.

Überdies ließ sich zeigen, dass die in den beiden Verordnungen von 1755 erlassenen Maßnahmen einige von Pestalozzi in seiner Schrift „Über Gesetzgebung und Kindermord" von 1783 geäußerten Überlegungen und Vorschläge in Teilen sogar ziemlich detailgenau vorwegnahmen. Sie erreichten als Gesetzestexte natürlich nicht die Differenziertheit und Tiefe seiner als klassisch zu wertenden Analysen und Argumentationen. Doch die Grundlage für weiterführende Diskussionen und entsprechende staatliche Maßnahmen auf diesem Gebiet wurde demnach um mehr als ein Vierteljahrhundert vor Pestalozzi auch in Österreich geschaffen. Diese mündeten hier u. a. in den Aufbau des Gebär- und Findelhauses in Wien unter dem Sohn und Nachfolger Maria Theresias, Joseph II. (vgl. Pawlowsky, 2001). Diesen Einrichtungen wiederum stand Pestalozzi äußerst skeptisch gegenüber. Er setzte auf das Modell der „Pflegefamilie", welche er unter der Obsorge des Staates dachte und die von diesem zu unterstützen war (vgl. Pestalozzi, 1783, S. 378 und 381 f.). In gewisser Weise hat das Modell des Gebär- und Findelhauses in Wien durch die Weitergabe der Kinder an Pflegefrauen in der „Außenpflege" (vgl. Pawlowsky, 2001, S. 151–198) auch diese Gedanken aufgenommen, wenngleich in der Praxis höchst dürftig umgesetzt.

Literaturverzeichnis

Blankertz, H. (1982). *Die Geschichte der Pädagogik. Von der Aufklärung bis zur Gegenwart.* Wetzlar: Büchse der Pandora.

Codex Austriacus, Bd. V (1777). *Chronologische Sammlung aller vom 20. Oktober 1740 bis zum letzten Dezember 1758 erlassenen Generalien, Patente etc., die das Erzherzogtum Österreich unter, und ob der Enns betreffen.* Wien 1777. (https://homepage.univie.ac.at/josef.pauser; digital in der BSB /Bayerische Staats Bibliothek digital) (13.2.2020)

Constitutio Criminalis Theresiana oder der Römisch-Kaiserl. zu Hungarn und Böheim etc. Königl. Apost. Majestät Mariä Theresiä Erzherzogin zu Österreich etc. peinliche Gerichtsordnung (gegeben den 31. Dezember 1768) (1769). Gedruckt bey Johann Thomas Edlen von Trattnern. Trattnersche Erstausgabe, Wien 1769. (https://archive.org/details/ConstitutioCriminalisTheresiana-1768) (13.2.2020)

Ent, H. (1997). *Österreichisches Familienrecht – Fünf Jahrzehnte Reform. Beitrag zur Festschrift „50 Jahre Fachverband der österreichischen Standesbeamten."* S. 1–16 (www.ris.at/company/standesbeamte/download/Familienrecht_50_Jahre_Herbert_Ent.pdf.) (25.2.2020)

Gestrich, A. (2003). Neuzeit. In: Andreas Gestrich/Jens-Uwe Krause u. Micheal Mitterauer (Hrsg.), *Geschichte der Familie.* Band 1. Stuttgart: Alfred Kröner Verlag, S. 364–652.

Hammer, E. (1997). *Kindsmord. Seine Geschichte in Innerösterreich von 1787 bis 1849.* Frankfurt/M: Peter Lang.

Herrmann, U. (1995). Pädagogische Klassiker und Klassiker der Pädagogik. In: *Zeitschrift f. Pädagogik,* 41 (2), S. 161–165.

Kropatschek, J. (Hrsg.) (1755). *Sammlung aller k. k. Verordnungen und Gesetze vom Jahre 1740 bis 1780.* Sammlung III Gesetze und Verordnungen 1755–1759 (späterhin „Theresianisches Gesetzbuch" 8 Bde. Wien 1786 (2. Auflage 1787). Verordnung Nr. 415 vom 13. Oktober 1755; (S. 248–253) und Nr. 416 vom 13. Oktober 1755; (S. 254–256)). (alex.onb.ac.at/tab_tgb.htm) (13.2.2020)

Leineweber, A. (1978). *Die rechtliche Beziehung des nichtehelichen Kindes zu seinem Erzeuger in der Geschichte des Privatrechts.* Königstein/Taunus: Hanstein.

Leuchtenmüller – Bolognese, B. (1981). Bevölkerungspolitik zwischen Humanität, Realismus und Härte. In: Matis, Herbert (Hrsg.), *Von der Glückseligkeit des Staates. Staat, Wirtschaft und Gesellschaft in Österreich im Zeitalter des aufgeklärten Absolutismus.* Berlin: Duncker & Humblot, S. 177–208.

Liedtke, M. (2002). *Johann Heinrich Pestalozzi – mit Selbstzeugnissen und Dokumenten.* Reinbek bei Hamburg: Rowohlt Taschenbuch Verlag (16. Auflage; Erstauflage: 1968).

Ludewig von, J. P. (1740/1745). Gründliche Ursachen zur christlichen Policey, in Anlegung der Findelhäuser. In: *Gelehrte Anzeigen* 3, S. 11–40; hier S. 12 f. (zit. n. Michalik 1997, S. 194)

Michalik, K. (1997). *Kindsmord. Sozial- und Rechtsgeschichte der Kindstötung im 18. und beginnenden 19. Jahrhundert am Beispiel Preußen.* Pfaffenweiler: Centaurus-Verlagsgesellschaft.

Niemeyer, Chr. (1998). Johann Heinrich Pestalozzi (1746–1827): Die Mutter aller Schlachten um die Sozialpädagogik. In: Christian Niemeyer (1998), *Klassiker der Sozialpädagogik. Einführung in die Theoriegeschichte einer Wissenschaft.* Weinheim und München: Juventa Verlag, S. 15–43.

Osterwalder, F. (2012). Johann Heinrich Pestalozzi (1746–1827). In: Dollinger, Bernd (Hrsg.), *Klassiker der Pädagogik. Die Bildung der modernen Gesellschaft.* Wiesbaden: VS Verlag für Sozialwissenschaften, S. 53–74. (3. Aufl.).

Pawlowsky, V. (2001). *Mutter ledig – Vater Staat. Das Gebär- und Findelhaus in Wien 1784–1910.* Innsbruck, Wien, München, Bozen: Studien Verlag.

Pestalozzi, J. H. (1781/1782). Briefe an Iselin. In: L. W. Seyffarth (Hrsg.), *Pestalozzi's sämtliche Werke.* Erster Band. Liegnitz 1899. Verlag Carl Seyffarth, S. 206–235.

Pestalozzi, J. H. (1783). „Ueber Gesetzgebung und Kindermord." „Wahrheiten und Träume, Nachforschungen und Bilder. Vom Verfasser Lienhards und Gertrud. Geschrieben 1780. Herausgegeben 1783. Frankfurt und Leipzig. Auf Kosten des Verfassers, und in Kommission bey der Buchhandlung der Gelehrten." In: L. W. Seyffarth (Hrsg.), *Pestalozzi's sämtliche Werke.* Fünfter Band. Liegnitz 1900. Verlag Carl Seyffarth, S. 343–487. (Vollständiger Buchtitel in Faksimile, in: Liedtke, 2002, S. 90.)

Reyer, J. (2002). *Kleine Geschichte der Sozialpädagogik.* Baltmannsweiler: Schneider Verlag Hohengehren.

Scheutz, M. (2014). Pater Kindergeneral und Janitscharenmusik. Österreichische Waisenhäuser der Frühen Neuzeit im Spannungsfeld von Arbeit, Erziehung und Religion. In: Ralser, Michaela/Sieder, Reinhard (Hrsg.), *Die Kinder des Staates.* Österreichische Zeitschrift für Geschichtswissenschaften, 1–2/2014, S. 41–81.

Schulz, K. (2017). Handwerk. In: Melville, Gert und Staub, Martial (Hrsg.), *Enzyklopädie des Mittelalters,* Bd. 2. Darmstadt: Wissenschaftliche Buchgesellschaft, S. 142–147.

Stollberg-Rilinger, B. (2017). *Maria Theresia. Die Kaiserin in ihrer Zeit.* München: C. H. Beck Verlag (3. Auflage).

Ulbricht, O. (1992). Reformvorschläge und Reformmaßnahmen auf dem Gebiet der Illegitimität und des Kindesmordes in Nordwestdeutschland. In: Vierhaus, Rudolf (Hrsg.), *Das Volk als Objekt obrigkeitlichen Handelns.* Tübingen: Max Niemeyer Verlag, S. 121–169.

Wesener, G. (1976). *Die Rechtsstellung des unehelichen Kindes in Österreich (vom Mittelalter bis zur Gegenwart).* Transkription Speer 2012 (http://repertorium.at/sl/wesener_1976_stellungunehelich.html; 25.2.2020)

III Franz Michael Vierthaler – ein „verkannter“ Vorläufer[1] sozialpädagogischen Denkens in Österreich?

Birgit Bütow

Auf der Suche nach den Anfängen sozialpädagogischen Denkens in Österreich findet man – abgesehen von dem grundlegenden Mangel an historisch-systematischen Analysen – solche Namen wie Vincenz Eduard Milde (1777–1853), mitunter auch Franz Michael Vierthaler (1758–1837) (z. B. Gönner, 1969; Scheipl, 2007). Die Forschungen zu weiteren Protagonisten und Vorläufern, aber auch die Analyse der Bedeutung von bspw. bereits ansatzweise bekannten wie Vierthaler in seiner Zeit und darüber hinaus gestaltet sich aus mindestens drei Gründen schwierig. *Erstens* sind seine Originalwerke aus dem 18./19. Jahrhundert zwar für die Pädagogik ansatzweise bibliografisch erschlossen und dokumentiert (als Übersicht: Anthaller, 1880; Prillinger, 1958). Sie finden sich in Herausgeberreihen Ende des 19., Anfang des 20. Jahrhunderts, in denen jeweils einige Änderungen vorgenommen wurden. Hierin geht nicht hervor, um welche von Vierthaler selbst überarbeitete und ergänzte Texte es sich handelt (Glöckl, 1883; von der Fuhr, 1904, 1909)[2]. Diese bilden ebenso wichtige historische Quellen für die Rekonstruktion des sozialpädagogischen Diskurses wie auch an-

[1] Ich verwende die männliche sprachliche Form, weil es sich in diesem Text ausschließlich um männliche Wissenschaftler handelt.

[2] In den Zitaten aus Werken von Vierthaler werden daher die Jahreszahlen der jeweiligen Herausgeberbände genannt sowie das Jahr der Ersterscheinung des Originaltextes, das der Festschrift für Vierthaler (Laireiter, 1958 bzw. Prillinger, 1958) entnommen wurde.

dere Formen der Rezeption von Werken Vierthalers (z. B. Moertl, 1911; Laireiter, 1958; Brezinka, 2008). *Zweitens* ist die Entstehung sozialpädagogischen Denkens und seiner Vorläufer ebenso eng mit der Pädagogik verknüpft und zugleich schwer davon zu trennen wie die damit zusammenhängende „Soziale Frage“, die besonders seit Ende des 19. Jahrhunderts auch in Österreich ihre Dynamiken entfaltete (Scheipl, 2007; Schröer, 1999). Überdies: (Sozial-)Pädagogik entwickelte sich immer auch in und durch wissenschaftliche Debatten und Auseinandersetzungen der Philosophie, Politik und Sozialwissenschaften (Winkler, 2010, S. 913–914). Daraus ergibt sich die Schwierigkeit zu bestimmen, was an Denkansätzen „sozialpädagogisch“ ist und was (noch) nicht. Gleichzeitig kann in historischen Studien immer wieder festgestellt werden, dass eine Gefahr von disziplinären Engführungen und somit das Problem besteht, etwas an möglicherweise bedeutsamen Diskursen zu übersehen oder gar zu „verkennen“. So ist bspw. die Bedeutung und Differenzierung des Herbart'schen (Nach-) Wirkens für die Entwicklung der Sozialpädagogik erst vor einigen Jahren genauer herausgearbeitet worden (z. B. Dollinger, 2009; Dollinger, Eßer, Müller Schabdach u. Schröer, 2010, S. 19). Und *drittens* schließlich kann aus systematisch-disziplinären Gründen gegenwärtig von einer Vielfalt an sozialpädagogischen Diskursen und Kernthemen im deutschsprachigen Raum ausgegangen werden, die sich auf Profession, Disziplin, Theorie und Praxis der Sozialen Arbeit beziehen (Thole, 2012) und jeweils nationalstaatlich-sozialpolitisch gerahmt werden (Bütow, 2018). Für Österreich gibt es immer wieder Versuche der Systematisierung des gegenwärtigen Spektrums (Sting, 2015), jedoch mangelt es heute immer noch an historischen Rekonstruktionen (Bütow, 2018a). Offenbar handelt es sich hier um ein Dauerthema, das bereits von Anthaller (1880) in einer ersten systematischen Studie über die Bedeutung von Vierthaler beklagt wurde.

Vor all diesen Herausforderungen stehend, soll mit diesem Beitrag ein Versuch unternommen werden, das Werk von Vierthaler als Vordenker und Praktiker in der Sozialpädagogik etwas genauer sichtbar zu machen und Überlegungen zu seiner Bedeutung für weitere Entwicklungen in Österreich anzustellen. Dabei wird es vor dem Hintergrund der skizzierten Probleme und nach einer methodologischen Grundlegung der Analyse (1) unerlässlich sein, nicht nur die biografische und zeitgenössische Einordnung seiner Gedanken vorzunehmen (2) und wesentliche davon zu skizzieren

(3), sondern diese auch in die Kontexte der jeweiligen historischen Rezeptionsweisen und Diskurslinien zu stellen. Exemplarisch werden dabei im Anschluss an Forschungen zum „österreichischen Herbartianismus" (Dollinger, 2009; Dollinger et al., 2010; Dollinger u. Müller, 2007; Schröer, 1999) sowie an Diskursen der (Sozial-)Pädagogik nach dem Zweiten Weltkrieg mögliche Bezüge kurz skizziert (4). Gleichzeitig muss es mit Rekurs auf die historische Vierthaler-Rezeption darum gehen, zeitgenössische Markierungen seines Wirkens als „verkannter Denker" zu entschlüsseln und die in der Überschrift dieses Beitrages aufgeworfene Frage zu beantworten. Dies soll am Schluss versucht werden, worin einmal mehr gezeigt werden kann, dass die Rekonstruktion eines kontingenten, spannungsvollen Feldes wie der Sozialpädagogik weiterer Analysen bedarf (5).

1 Vorüberlegungen und Grundlagen

Mit Bezug auf Bellmann und Ehrenspeck (2006) kann die enge Wechselwirkung von historischer und systematischer Analyse als ein zentraler methodologischer Ausgangspunkt umrissen werden: Sozialpädagogisches Wissen, seine Modi von Darstellung und Rezeption verweisen darauf, wie und unter welchen Kontextbedingungen dieses entstand und sich weiterentwickelte. Zudem ist davon auszugehen, dass sozialpädagogische Frage- und Problemstellungen nicht allein aus innerdisziplinären pädagogischen Gründen entstehen, sondern auch daraus, dass diese *gesellschaftlich* als notwendige Fragen anerkannt und letztendlich als pädagogische Fragen begründet werden können (Eßer, 2018; Schröer, 1999; Winkler, 2010). Mit der Entwicklung des Kapitalismus und seinen Auswirkungen auf die Gesellschaft kam es insbesondere seit Mitte des 19. Jahrhunderts durch Verstädterung und Proletarisierung zu massenweiser Not, die als Soziale Frage dringend angemessener Lösungen bedurfte. In Auseinandersetzung damit war auch die Pädagogik gefordert, entsprechende Reflexionen anzustellen und Antworten darauf zu geben, wie Erziehung (neu) zu denken ist. Dollinger et al. (2010, S. 23) haben für die Analyse von Texten der „Herbartianer" aus der zweiten Hälfte des 19. Jahrhunderts „Subjektivität und soziale Orte" als mögliche Referenzpunkte für sozialpädagogische Diskurse entwickelt, in denen es in Abgrenzung zur Individualpädagogik um die soziale Theoretisierung von Bildung und Erziehung ging. Vierthaler aber lebte und wirkte vor dieser Zeit bzw. in einer Zeit, wo erste Anzeichen des sozialen, wirtschaftlichen und politischen Wandels in ganz Europa mit der Französischen Revolution und ihren Denkern sichtbar wurden.

Sozialpädagogische Vordenker wie Pestalozzi, Diesterweg, Mager u. a. reflektieren die gesellschaftlichen Lebensverhältnisse des aufkommenden Kapitalismus. Die Soziale Frage sei für sie eine pädagogische, die in entsprechenden sozialen Institutionen zu bearbeiten wäre. Seinen symbolischen Ausdruck findet dies in der deutschsprachigen Erwähnung des Begriffs „Social-Pädagogik“ als Synthese von Individual- und Kollektivpädagogik, die dem deutschen Schulpädagogen Karl Mager im Jahr 1844 zugeschrieben wird (Kronen, 2010), während der Begriff weitaus früher bereits von Diesterweg genannt wurde, ohne ihn genauer zu entfalten (Marburger, 1979, S. 40–41). Hinter diesem Begriff steckt die Idee – ganz allgemein formuliert –, der massenhaften sozialen Not und den gesellschaftlichen Krisenphänomenen wie jenen des „sittlichen Verfalls“ oder der sozialen Spaltung der Gemeinschaft durch gemeinschaftliche Bildung entgegenzuwirken. Dieser Gedanke wurde von Paul Natorp (1898) in seiner Grundlegung der Sozialpädagogik erstmals explizit entfaltet. Die in Folge der Industrialisierung und Verstädterung seit dem 19. Jahrhundert entstandenen Phänomene brauchten entsprechende (sozial-)pädagogische Reaktionen und Institutionen, die im weitesten Sinne „gemeinschaftsbildend“ auf Einzelne einwirken sollten. Im Gegensatz zu den Analysen von Marx und Engels zu den Ursachen und Folgen des aufkommenden und sich entwickelnden Kapitalismus sahen die Begründer der Sozialpädagogik diese nicht in den sozioökonomischen Wurzeln, sondern in der „Individualpädagogik“ – Gemeinschaft könne daher nur über die „Erziehung zur Gemeinschaft“ wiederhergestellt werden. Dies könne eine so begründete Sozialpädagogik leisten.

Für die deutsche Sozialpädagogik und ihre gesellschaftliche Bedeutung im 19. Jahrhundert kommt Winkler (2010) daher zur Einschätzung, ein Teil der „doppelten“ Revolution zu sein (S. 910): Sie fungiere als soziale Befriedungsinstanz einer weithin gescheiterten politischen Revolution: Jene brachte nämlich keine Freiheit und Gleichheit für alle. Das Gegenteil trat ein: Die nunmehr erfolgreiche industrielle Revolution brachte mehr Not und Elend und erforderte daher entsprechende soziale Lösungen. Das dann im Zuge sozialreformerischer und sozialstaatlicher Bewegungen entwickelte System der Wohlfahrtspflege fußt zunächst auf dem Gedanken, durch Bildung und Erziehung den „sozialen Gefahren" in dieser Zeit entgegenwirken zu können (Marburger, 1979, S. 39–45).

Doch wie zeigen sich jene Entwicklungen zu Zeiten von Vierthaler in Österreich? Vierthaler wirkte als Pädagoge beim Aufbau und bei einer Professionalisierung des Schulwesens und später als Leiter von Waisenhäusern in Salzburg und Wien Ende des 18., Anfang des 19. Jahrhunderts, ebenso beziehen sich seine Werke auf diese Zeit. Nach entsprechenden Begriffen und Inhalten von Sozialpädagogik (etwa „sociale Frage", „sociale Politik" oder „sociale Wissenschaft"; vgl. Reyer, 2002, S. 13–26) sucht man folglich vergebens, wenn man sich dem Werk von Vierthaler zuwendet, denn diese entwickeln sich erst nach seinem Tod. Mit Bezug auf den oben skizzierten Zusammenhang historisch-systematischen Vorgehens muss daher ein Blick auf die damaligen Entwicklungen in Österreich geworfen werden.

Etwa mit dem 17./18. Jahrhundert beginnt in Europa, somit auch im absolutistischen Österreich, das Zeitalter der katholischen Aufklärung, das u. a. als Folge der Reformation weitere umfassende Umwälzungen in den Bereichen von Schule, Strafrecht, Zensur sowie Armenwesen nach sich zog. Letztendlich bestand das Ziel darin, die Macht des Adels und der (katholischen) Religion zu restaurieren. Im Vergleich zu anderen europäischen Staaten gab es in der Habsburgermonarchie keine starke aus dem kritisch-aufgeklärten Bürgertum herrührende geistige Gegenbewegung (Bütow, 2018a, S. 112). Eine der wichtigsten Neuerungen war die Einführung der allgemeinen Schulpflicht vom sechsten bis zum zwölften Lebensjahr[3]. Mit der Reform der Volksschule 1774 durch den Abt Johann Ignaz von Felbiger entstanden viele staatliche Schulen mit Klassenunterricht anstatt Einzelunterricht sowie Religionsunterricht. Die Gründung von Lehrerseminaren wurde in dieser Zeit ebenso unabdinglich wie die Entwicklung entsprechender Lehrpläne. Gleichzeitig wurde die immer drängender werdende Soziale Frage mit der gerade aufkommenden Bevölke-

[3] Dem vorangegangen waren in Europa vielfältige Versuche, Lern- und Bildungsprozesse von Kindern in Philanthropien zu entwickeln – insbesondere auch inspiriert von den Aufklärungsphilosophen wie Rousseau und Kant – und damit auch das generationale Verhältnis von Kindheit und Erziehung pädagogisch zu begründen (Benner, 1999).

rungswissenschaft verknüpft: Im Dienste der absolutistischen Ausbeutung stehend, konnte eine entsprechende Legitimation von Kontrolle und Verwaltung geliefert werden. Dabei spielte Vierthalers Zeitgenosse und wichtiger Diskursprotagonist Joseph von Sonnenfels eine zentrale Rolle, der den Lehrstuhl für „Kameral- und Polizeywissenschaft" von 1764 bis 1798 innehatte und als politischer Berater von Kaiserin Maria Theresia fungierte. In seiner maßgeblichen Ausgestaltung der „Polizeygesetze" – v. a. hinsichtlich der „Wohlfahrtspolizei"– verquickte Sonnenfels den Gedanken von Kontrolle, Disziplinierung und Sanktionen durch Arbeit gegenüber Armen auf eine sehr differenzierte Weise und weitete diese auf Waisenhäuser aus. Als Gegner von „Pein" und Todesstrafe favorisierte er anstelle dessen den Nützlichkeitsgedanken gegenüber all jenen Delinquenten, Straftätern, Landstreichern, Waisen: Diese seien zur Arbeit jeglicher Couleur und zum öffentlichen Wohle heranzuziehen (Bütow, 2018a, S. 111–112). Die Einführung der Pflichtschule und die Verknüpfung der „Armen- und Waisenfrage" mit Kontrolle und Zwang qua Arbeit beförderten die Entwicklung und Differenzierung der Pädagogik. Allerdings konnte sich der Bildungsgedanke in dieser Frage lange Zeit nicht gegenüber dem Zwang zur Arbeit durchsetzen.

Vierthalers Zeitgenossen wie Pestalozzi, Herbart, Salzmann, Basedow, Milde oder Overberg – um nur einige im breiten Spektrum an Diskurslinien zu nennen – haben sich intensiv in Theorie und Praxis damit auseinandergesetzt, mitunter in gegenseitiger Bezugnahme oder auch Abgrenzung. Eine ganz offenkundige Trennlinie aber war die der Religion, die gleichsam als rhetorischer Imperativ für Auseinandersetzungen in der Pädagogik jener Zeit zwischen „Individual- und Socialpädagogik" zu stehen scheint – ohne dass dies als solches bereits markiert werden konnte. Dieser These soll im Folgenden genauer nachgegangen werden.

2 Kurzvorstellung von Vierthalers Biografie[4]

Franz Michael Vierthaler wurde 25.9.1758 in Mauerkirchen (Oberösterreich) als fünftes Kind einer Handwerkerfamilie geboren. Nach Besuch der örtlichen Pfarrschule wurde er mit elf Jahren auf das Gymnasium der Be-

---

[4] An dieser Stelle werden nur wichtige Aspekte skizziert. Die bislang am akribischsten recherchierte Biografie von Vierthaler findet sich bei Brezinka (2008, S. 36–41). Wei-

nediktiner in Salzburg geschickt. Ab dem Jahr 1775 studierte er Philologie und Rechtswissenschaften, später dann zusätzlich Geschichte in Salzburg. Seinen Lebensunterhalt verdiente er als Privat- und Hauslehrer. Zwischen 1787 und 1789 wandte sich Vierthaler als „Privatgelehrter" der Geschichte der Philosophie zu und brachte drei der insgesamt sieben Bände heraus – er genoss dadurch hohes Ansehen. Dies war auch der Grund dafür, dass er 1790 in Salzburg zum Lehrerbildner und Schulorganisator berufen wurde (Brezinka, 2008, S. 37). Mit dieser Tätigkeit wendete er sich nun der wissenschaftlichen Begründung und der Lehre in der Pädagogik zu. Im Jahr 1791 veröffentlichte er dazu sein Grundlagenwerk „Elemente der Methodik und Pädagogik", das bis 1810 in mehreren jeweils erweiterten und differenzierten Auflagen erschien. Hierin setzte er sich mit Werken von Platon, Salzmann, Pestalozzi und Kant auseinander – und bildete gleichsam den Auftakt für seine Begründung einer Pädagogik, die das „Seelenleben der Kinder, ihre individuellen Eigenarten und ihre wohlwollend ermutigende Erziehung" (Brezinka, 2008, S. 37) in den Mittelpunkt stellte. Im Jahr 1793 erschien sein zweites pädagogisches Grundlagenwerk, in dem er sich mit der Lehre von Sokrates auseinandersetzte, der „Geist der Sokratik". In Ermangelung von entsprechenden Lehr- und Schulbüchern verfasste Vierthaler diese z. T. selbst. Zudem engagierte er sich in mehreren Zeitungen. Anfang des 19. Jahrhunderts besetzte die Napoleonische Armee Salzburg und es folgte eine Säkularisierung der vormals unter der Erzdiözese stehenden Schulen und Heime. In diesen politisch schwierigen Zeiten gründete Vierthaler seine Familie: Er heiratete 1802 Josefa Kleimayrn, die Tochter des Oberjustizpräsidenten. Im Jahr 1803 bekam Vierthaler die Oberaufsicht über alle Salzburger Schulen und 1804 über beide Erziehungsheime sowie über die Hofbibliothek. Als Salzburg im Jahr 1806 an Österreich fiel, übersiedelte er mit seiner Familie nach Wien und übernahm dort die Leitung eines Waisenhauses. Hier übte er massive, akribische Kritik an den materiellen und geistigen Zuständen: Es fehle der Unterricht, die Aufsicht der Kinder durch Invaliden sei nicht angemessen, überdies seien die hygienischen Zustände, die Ernährung und die Kleidung mangelhaft. Er forderte als Erstes den Ersatz der Aufsichtskräfte durch Lehrer und ordnete die tägliche Reinigung an (Fadrus, 1958, S. 23–25). Viele sei-

terhin finden sich viele Hinweise in der von Laireiter (1958) herausgegebenen Schrift zum 200. Jubiläum von Vierthaler.

ner Forderungen konnten umgesetzt werden. Dafür galt er in der Rezeption seines Lebenswerkes Ende des 19. Jahrhunderts als Reformator, der die Professionalisierung im Waisenhaus einführte. Anthaller, einer der Ersten, die sein Werk als Herausgeber rezipierten, schrieb in seinem Vorwort:

> Als Vierthaler 1807 die Direktion übernahm, hatte das Waisenhaus eine rein militärische Verfassung. Alle Aufseher waren Invaliden, und Knuthe und Stock führten die Herrschaft. Mit vieler Mühe, und nicht ganz ohne Anfeindung, schaffte er die militärischen Aufseher ab, und stellte solche an, welche mit den Grundstützen der Erziehung und des Unterrichts vertraut, und im Stande waren, die Aufgaben der Zöglinge zu überwachen und den Unterricht zu wiederholen. (1880, S. 53)

Bis zu seinem Tod widmete sich Vierthaler insbesondere der Reformierung der Waisenhauserziehung. Seinen Rezipienten zufolge sei diese ein großer Erfolg gewesen, der mit den pädagogischen Versuchen des Philanthropinum in Dessau unter Leitung von Johann Bernhard Basedow (1724–1790) vergleichbar sei (Glöckl, 1993a, S. 21), und „alle Welt" des Wiener Kongresses 1814/15 habe sich davon überzeugen können. Vierthalers Zeit in Wien ist jedoch nicht nur durch die Waisenhausarbeit gekennzeichnet, sondern auch durch die Publikation seiner Forschungen in der „Philosophischen Geschichte der Menschen und Völker". So kamen 1818 und 1819 die Bände 6 und 7 heraus, im Jahr 1824 die zweite Auflage seines dritten pädagogischen Hauptwerkes, „Entwurf einer Schulerziehungskunde".

Am 3.10.1827 stirbt Vierthaler mit 69 Jahren in Wien.

3 Eckpunkte seines Denkens

In der Kurzbiografie von Vierthaler wird bereits deutlich, dass er insbesondere in seiner Salzburger Zeit bis 1806 vieles an Pionierarbeit zur Professionalisierung und wissenschaftlichen Fundierung der Schulbildung geleistet hat. Mit dem Wechsel nach Wien verlagerte sich sein beruflicher Schwerpunkt auf die Waisenhausarbeit. Diese gehörte zwar auch in Salzburg seit 1803 zu seinem Aufgabenspektrum, jedoch erst in Wien widmete er sich der grundlegenden Reformierung in der Sorge um Erziehung und Bildung von (armen) Waisenkindern. An seiner Person kann demnach gezeigt werden, welche Verbindungslinien zwischen der praktischen sozialpädagogischen Herausforderung – der Fürsorge für Waisenkinder – und seinen theoretischen Grundlagen von Erziehung gezogen werden können.

In seinen pädagogischen Schriften setzt sich Vierthaler neben Klassikern der griechischen Philosophie mit zeitgenössischen Ideen und Kontroversen um Bildung sowie mit praktischen Bildungsexperimenten der Philanthropen auseinander. Ganz explizit kritisch wendet sich Vierthaler in seinen Schriften gegen die Aufklärungsideen von Rousseau und Kant, während er bspw. Pestalozzis Gedanken des Lernens mit „Kopf, Herz und Hand" durchaus versteht in seine Überlegungen zur Erziehung zu integrieren. Als zentrale Prämissen seines Denkens sind folgende Aspekte herauszustellen, die als Vorläufer sozialpädagogischer Entwicklungen gelten könnten:

1. Im Mittelpunkt seiner pädagogischen Grundlegungen steht die Erziehung zur Sittlichkeit durch Religion. Religion und Erziehung bilden eine untrennbare Einheit: Religion konstituiert dabei die unabdingbare, vorgängige Grundlage.
2. Kinder sind als unterschiedliche Individuen zu fördern, die unter bestimmten Bedingungen aufgewachsen sind.
3. Aufgabe der Pädagogik ist es nicht nur, zur Sittlichkeit zu erziehen, sondern auch Lebenswege zu ermöglichen. Erziehung bedeutet, Geist und Körper gleichermaßen anzusprechen. Somit gehören auch sportliche Ertüchtigung und Hygiene dazu.
4. Pädagogik habe nicht die Aufgabe, Politik und Gesellschaft zu kritisieren, sondern im Erziehungswesen dafür zu sorgen, dass Ordnung hergestellt und bewahrt wird.

Diese Aspekte sollen nun im Folgenden anhand von Zitaten genauer differenziert werden.

3.1 Die „innigste Synthesis" von Religion und Erziehung

In seinem Werk „Entwurf der Schulerziehungskunde in einer Reihe von Vorlesungen und zum Gebrauche derselben" (1794/1893) formuliert Vierthaler die sein Denken durchziehende zentrale Maxime der engen Verbindung von Religion und Erziehung:

Der Zweck der Erziehung liegt nämlich, wie der Zweck der Religion, von welcher sie sich ohne Nachteil nicht trennen läßt, von welcher sie sogar ihre höchste Weihe empfängt, jenseits der Grenzen der sinnlichen Welt. Die

Erziehung kann uns nicht höheres liefern als einen Menschen und Bürger, durch die Religion zur innigsten Synthesis vereint. (S. 247)

Die Religion sei aus zwei Gründen gegenüber der Erziehung vorgängig: Zum einen gelte die Religion als höherer sittlich-moralischer Imperativ, der außerhalb der Menschen stünde, zum anderen könne mit Bezug auf Sokrates der Religion gleichzeitig auch eine mäeutische Bedeutung in der Hervorbringung von Wissen zugebilligt werden und sie damit als Grundlage für „Gemeinschaftlichkeit" im Vergleich zum vermeintlichen „Individualismus" Rousseau'scher Prägung gelten, dem bereits schon die Philanthropen wie Salzmann in ihren Lernexperimenten „fälschlicher Weise" folgten (Vierthaler, 1793/1904, S. 114).

Zum ersten Aspekt:

Religion ist die stärkste Triebfeder der Moralität. Wenn zu jenem dunklen Gefühle, das uns lehrt, was Recht und was Unrecht ist, und was uns antreibt zu thun, was Pflicht ist, auch noch die große Sanktion: ‚So will es Gott' hinzukommt, so ermannt sich selbst der schwache Mensch, und der störrige beugt sich. Da gehen Kenntnisse in Gesinnungen, Gesinnungen in Handlungen über .... Kein Kind (wagt es), uns entgegen zu streben. Eine Art heiliger Schauder, durch die dunkle Idee einer Gottheit noch verstärkt, ergreift es und macht es denken, wie wir wollen, und handeln, wie wir wollen. (Vierthaler, 1791/1893, S. 150)

Da die „Entwicklung der menschlichen Seele (…) ganz mit blindem Glauben" anfange (ebd., S. 151), müssten Kinder so früh wie möglich an Religion heranzuführen sein. Diese Position entwickelt Vierthaler an mehreren Stellen seiner Werke und in expliziter Abgrenzung und als Kontraposition zu Rousseau.

Zum zweiten Aspekt:

Das Kind, so wie es aus der Hand der Natur kommt, ist ein organisiertes Tier und bedarf der Hilfe des Menschen, um ein Mensch zu werden. Ohne diese Hilfe ist es nur des physischen Wachstums fähig und erhebt sich, wie der litauische Knabe und ähnliche Waldmenschen, nie über den Grad der Sinnlichkeit. Er wird Eindrücke von außen erhalten, seinen Körper durch Auge und Ohr, vor welchen der Raum sich ausdehnt, von anderen Gegenständen unterscheiden, ohne sich noch eines anderen Organismus bewußt zu sein. Die höchste Stufe der Tierheit ist auf der Leiter der Menschheit die niedrigste. (Vierthaler, 1794/1893, S. 167)

In seinem Werk „Geist der Sokratik“ begründet er die Funktion des (religiösen) Erziehers als „Geburtshelfer“ eines sittlichen Verhaltens, eines Verhaltens, das Vierthaler dann auch auf das schulische Lernen ausweitet:

> Alles, was in dem ewigen, uns von Gott geschenkten Gesetzbuche der Vernunft liegt, was recht und unrecht, gut oder böse ist, Pflicht, Tugend und sittliches Gefühl, sind auch Gegenstände der Mäeutik. Begriffe dieser Art gehen aller Erfahrung vorher; sie lagen von jeher in der Seele des Menschen; wir haben sie, um mit Sokrates zu sprechen, aus einer anderen Welt mit uns herübergebracht. (Vierthaler, 1793/1904, S. 57)

Vierthaler positioniert sich explizit gegen die französische Aufklärungsidee der kindlichen Selbstentwicklung und der dafür nötigen Frei- und Entwicklungsräume, die „Individualismus“ und Konkurrenz untereinander befördere statt Gemeinschaftlichkeit. „Unsere Kinder sollen uneigennützige, edle Menschen, Christen werden, die ihre Taten nicht zur Schau tragen, die beten im verschlossenen Kämmerlein zu Hause, die ihre linke Hand nicht wissen lassen, was die rechte tut, und Samariterwerke üben, wo niemand sie sieht außer Gott!“ (Vierthaler, 1791/1893, S. 149)

3.2 Kinder in ihrer Unterschiedlichkeit des Aufwachsens fördern

Bei aller Kritik von Vierthaler an den Philanthropen und anderen emanzipatorischen Ansätzen gibt es doch eine wesentliche Gemeinsamkeit, nämlich die der besonderen Beachtung von Kindern in ihren Bedürfnissen. Diese seien in den Mittelpunkt pädagogischer Bemühungen zu stellen.

> Wer die Menschen bessern will, muß die Menschen kennen. Der Weg zum Kopfe und zum Herzen derselben steht nicht allen, steht auch nicht immer offen. Der Lehrer wisse, welche unter seinen Schülern Zügel und welche des Spornes bedürfen. Er wisse nicht nur ihre Namen, sondern auch ihre Charaktere auswendig. Wer alle seine Schüler auf eine und dieselbe Art behandeln zu können glaubt, der verdient den Namen eines denkenden Lehrers nicht. Die Kinder sind verschieden; verschieden muß auch die Art sein, sie zu behandeln. (ebd., S. 127)

In diesem Zusammenhang fordert Vierthaler einen „psychologischen Lehrer“, der durch einfühlende Beobachtung die Kinder in ihrer Eigenart durch erziehende Maßnahmen zu lenken weiß. Lehrer seien aber keine „Richter der Kinder, sondern ihr Seelenarzt. Ihre Fehler sind nicht Beleidigungen, die er rächen, sondern Krankheiten, die er heilen soll. Wer diesen Gesichtspunkt im Auge hat, bringt es soweit als es Rousseau selbst nicht brachte, als es aber Archytas und Plato brachten“ (ebd., S. 144). Interessant ist in diesem Zusammenhang der Gedanke von Vierthaler, dass die „Fehler“ von Kindern oder gar „bösartige Kinder“ nicht von „Natur“ aus bestehen, sondern unter bestimmten Verhältnissen entstanden sind. Gleichzeitig relativiert er das „Schwierige“ oder „Böse“, womit Erziehung einerseits auch bei scheinbar aussichtslosen Fällen einen Sinn bekommt, zum anderen begründete er, dass pädagogisches Handeln keine Grenzen hat und demnach alle Kinder – egal wie „schwierig“ sie sind – hierin eingeschlossen werden.

> „Ein denkender Lehrer forscht den Quellen des Übels nach, wirft einen Blick auf die Natur, das Alter, die Erziehungsart und die individuellen Verhältnisse der Kinder, und nun wundert er sich nicht mehr, daß sie so böse sind, sondern darüber erstaunt er, daß sie noch so gut sind“ (ebd., S. 145–146).

Wie weiter vorn bereits skizziert, hat die Religion bei der Erziehung „schwieriger Kinder“ eine zentrale Rolle. Doch Religion und Gläubigkeit des Pädagogen allein sind keine Garanten für die Umsetzung dieser Gedanken. Vielmehr braucht es professionell ausgebildete Erzieher, die erforschen können, was die Besonderheiten von Kindern ausmacht und worin die Ursachen kindlicher Problematiken liegen. Unstrittig ist demnach, dass auch Vierthaler damit sowohl einen wichtigen Beitrag zur Institutionalisierung von Kindheit und kindlichen Entwicklungsräumen geleistet hat (Benner, 1999) als auch zur Professionalisierung in (sozial-)pädagogischen Kontexten, etwa in Waisenhäusern. Gleichzeitig scheinen seine Ansätze damit durchaus auch Bezugs- und Entwicklungsmöglichkeiten zur Sozialpädagogik im Anschluss an Herbart zu bieten. Ob und wie sich dies konkret zeigen lässt, muss weiteren Forschungen vorbehalten bleiben.

3.3 „Lebenswege ermöglichen“ als Aufgabe der Pädagogik: Förderung von Tugenden

Bereits zu Anfang seines pädagogischen Wirkens war es Vierthaler wichtig, dass Kinder nach der Schule ein Auskommen hatten und ihren Lebensunterhalt bestreiten konnten – freilich unter den damals gegebenen Umständen, Geschlechter- und anderen Ungleichheitsverhältnissen. In seinem 1772 erstmals erschienenen Werk „Lehr- und Lesebuch für Mädchen, vorzüglich solche, welche in Dienste treten wollten" beschreibt er „Arbeitsamkeit" und unbedingten Gehorsam gegenüber der Herrschaft als eine der höchsten Tugenden, die ein Mädchen neben einem Grundwissen im Lesen, Schreiben und Rechnen haben sollte (Vierthaler, 1772, S. 12).

Am Beispiel dieser Dienstmädchen wird eine zeitgenössische klare Geschlechtertrennung in den Lebenswegen und -aufgaben deutlich. Interessanterweise werden dabei dem weiblichen Geschlecht unabhängig vom sozialen Stand verallgemeinerbare Rollenmuster und entsprechende Tätigkeiten zugewiesen, während „Jünglinge" doch das Recht auf individualisierte Entfaltung ihrer Fähigkeiten hätten. In der früheren Waisenhauserziehung habe man den Fehler begangen, diese Unterschiede nicht zu berücksichtigen – scheinbar mit fatalen Folgen, so zumindest von Vierthaler behauptet:

„Die weiblichen Arbeiten tragen einen Charakter der Allgemeinheit, welcher die Sanktion ganzer Jahrhunderte führt; alles spinnt, strickt, näht usw., von der Gräfin bis zur Dienstmagd herab" (Vierthaler, 1794/1893, S. 180) Männliche Arbeiten seien nicht verallgemeinerbar, dennoch mutete man Jünglingen in den meisten Waisenhäusern auch solche weiblichen Arbeiten zu: Dies widerspräche der „männlichen Natur", so dass Burschen aus Waisenhäusern körperliche Gebrechen bekamen und in Krankenhäuser mussten. Ein „schlechter Wuchs, aufgedunsener Körper und Hautkrankheiten waren die gewohnten Erscheinungen" (ebd.).

Alternativ dazu schlägt er mit Bezug auf die „alten Perser" vor, dass Jünglinge sich in frischer Luft betätigen sollten, insbesondere in der „Gärtnerei und Baumzucht":

> Sie geschehen in freier Luft, verschaffen uns die wohltätige Erquickung derselben und gewöhnen unsern Körper zugleich an die mannigfaltigen Veränderungen derselben. Sie überspannen nicht so sehr wie manche Leibesübungen, lassen unserer Einbildungskraft weniger Spielraum und ziehen unsere Aufmerksamkeit mit sanfter Gewalt auf ebenso nützliche und belehrende als angenehme Gegenstände hin. (ebd.)

Diese Betätigungen hatten für Burschen eine doppelte Funktion: Zum einen wären es unmittelbare Übungen für den späteren Lebensunterhalt in der frischen Natur, zum anderen würden diese (scheinbar) vor „unsittlichem", triebhaftem Verhalten infolge der psychosexuellen Entwicklung in der Pubertät schützen. Dieses Thema wird bei Vierthaler an mehreren

Stellen seiner Werke problematisiert und vornehmlich an Burschen adressiert, um sportlich-physische Gegenmaßnahmen innerhalb seines pädagogischen Ansatzes zu begründen[5]. Bei Mädchen als Dienstmägden hingegen gibt es von ihm vielfache moralische Appelle, sich sittsam zu verhalten und die „Unschuld" nicht zu verlieren.

„In deinem Anzuge sei ehrbar und in deinem Betragen sittsam. Ehrbarkeit und Sittsamkeit zieren ein Mädchen mehr als Gold- und Silberstoff. Mit umherfliegenden Haaren, entblößter Brust oder blossen Füßen lasse dich nie sehen" (Vierthaler, 1772, S. 23). Er fordert: „Bewahre deine Unschuld, sie ist das köstlichste Kleinod deines Lebens" (ebd., S. 37) und „hüte dich vor dem ersten Schritte zur Sünde, so klein er ist, er führt dich endlich ins Verderben" (ebd.).

Dafür hat Vierthaler ein Extra-Traktat geschrieben, das mehrfach aufgelegt und immer weiter fortentwickelt wurde – eine explizite Nennung von Mädchen in seinen drei pädagogischen Grundlagenwerken findet sich nicht. Aus der Dokumentation seiner Waisenhausarbeit in Wien auf der Grundlage einer Aktensichtung geht jedoch hervor, dass Vierthaler die Verbesserung der gesundheitlichen und hygienischen Lage der Kinder und die Förderung beider Geschlechter im Blick hatte (Fadrus, 1958). Daher kann auf der Grundlage der Auswertung bisheriger Quellen lediglich davon ausgegangen werden, dass Vierthaler in seinem Erziehungskonzept zeitgenössischen Geschlechtervorstellungen folgt und beiden Geschlechtern des „niederen Standes" einen entsprechenden Weg ins Leben sichern will.

3.4 Soziale Ordnung herstellen und bewahren

In seinem „Entwurf der Schulerziehungskunde" postuliert Vierthaler – gleichsam als würde sich der Kreis zur „innigsten Verbindung von Religion und Erziehung" hierin schließen –, dass alle Pädagogik dazu dienen solle, die soziale Ordnung zu schaffen und zu bewahren, nicht aber jene zu kritisieren oder gar politische Utopien zu entwickeln (wie es in seinen Augen Rousseau in seinen Schriften tat):

---

[5] Mit Bezug auf die griechischen Philosophenschulen sah Vierthaler im Sport einen wichtigen Teil der Pädagogik: Gymnastik, aber auch olympische Disziplinen sollten mit der Überwindung des eigenen Körpers die Seele stärken. Denn es gäbe den Zusammenhang „reine Seele und reiner Leib" (Vierthaler, 1794/1893, S. 189).

Der Pädagoge, nicht berufen, Politiker zu bilden und Grundrisse zu Staatsgebäuden zu entwerfen, huldigt dem Staate, welcher ihn unter seine Bürger aufgenommen hat, mit treuer Anhänglichkeit und hütet sich, gegen ihn anzustoßen. Die Grundsätze, die ihn leiten, sind allgemein und schließen weder irgendein Klima noch irgend eine Menschenfarbe und irgend eine Staatsform aus. (Vierthaler, 1794/1893, S. 247)

Die Aufgabe der Pädagogik sei allgemeiner Natur und nicht abhängig von der jeweiligen Staatsordnung – sie habe die Aufgabe der generationalen Weitergabe und damit der generationalen Sicherung der jeweiligen Ordnung: „Wer gelernt hat, ein Mensch zu sein, passt in jede Regierungsform. Er ist die Stütze der Republiken und der Stolz der Monarchien und, was immer sein Schicksal sei, den kommenden Generationen ein Muster“ (ebd.).

Mit Bezug auf die in der Einleitung formulierte These kann zusammengefasst werden, dass Vierthaler mit seiner fest im katholischen Glauben verwurzelten Pädagogik durchaus eine entsprechende Antwort auf die drängenden sozialen Fragen seiner Zeit geben und zugleich eine Begründung für die Funktion einer Pädagogik zur Stabilisierung von auf katholischen Grundfesten ruhenden gesellschaftlichen Verhältnissen im damaligen Österreich liefern konnte. Mit dem Ziel der Erziehung zur religiös fundierten Sittlichkeit verband Vierthaler jedoch keine rigorose Indoktrination – vielmehr waren es der geschulte pädagogische Blick und das Einfühlen in die Lebenssituation der Kinder, die pädagogischen Interventionen vorangingen. Damit begründete Vierthaler – obschon er sich kritisch von anderen Aufklärungspädagogen und -philosophen abgrenzte – sowohl eine Professionalisierung als auch auf Kinder zugeschnittene Erziehungskonzepte. Sein Werk bleibt damit ambivalent und bot in der Folgezeit vielfältige Rezeptionsweisen.

4 „Kämpfe um Vierthaler“

Mit Blick auf die vergleichsweise intensive weitere Rezeptionsgeschichte von Vierthalers Werk, etwa Ende des 19. bis Anfang des 20. Jahrhunderts (Anthaller, 1880; Glöckl, 1893; von der Fuhr, 1904, 1909) sowie nach dem Zweiten Weltkrieg (Laireiter, 1958; Gönner, 1969), wird sichtbar, dass es immer wieder Phasen gab, wo man sich mit seinem Werk auseinandersetzte. Es gab wiederholte Versuche, seine Person und sein Denken besonders zu würdigen, ihn mit anderen historischen Persönlichkeiten aus der „katholischen Pädagogik" (wie etwa mit dem im Münsterland von 1754 bis 1826 wirkenden ebenfalls katholischen Pädagogen Bernhard Heinrich Overberg) auf eine Stufe zu stellen oder gar als „österreichischen Pestalozzi" zu inthronisieren. Die entsprechenden Herausgeberwerke erschienen sämtlich im Kontext einer sich katholisch verstehenden Pädagogik. Jene beabsichtigten mit der Publikation von Vierthalers Schriften, einem offenkundig in der pädagogischen Debatte „verkannten Pädagogen" gerecht zu werden und sein Werk angemessen zu würdigen. Sowohl Anthaller (1880) als auch Glöckl (1893) und von der Fuhr (1904, 1909) beklagten eine zu geringe Kenntnisnahme und Weiterentwicklung des Werkes von Vierthaler, insbesondere des Gedankens einer explizit katholisch begründeten Pädagogik. Diese Linie konnte sich in Österreich offenbar nicht durchsetzen: Im „Kampf um Vierthaler" obsiegte der „Kampf um Herbart" (Schröer, 1999, S. 119–152) und ermöglichte fachliche Differenzierungen auf die soziale(n) Frage(n), die im 20. Jahrhundert immer drängender wurden. Die in der österreichischen Monarchie wirkenden Pädagogen Gustav Adolf Lindner und Otto Willmann haben zwar Vierthaler zitiert, aufgegriffen haben sie aber Gedanken von Herbart und entwickelten diese in Richtung einer „Sozialpädagogik" weiter (Dollinger, 2009). Dies ist naheliegend, denn Herbart steht für eine „Loslösung der Disziplin aus der theologisch-philosophischen Einheitswissenschaft" (Gönner, 1969, S. 43), während Vierthaler für das Gegenteil, nämlich für die enge Verbindung zum Katholizismus, steht.

In den Bezugnahmen auf Vierthaler im 20. Jahrhundert nach dem Zweiten Weltkrieg, etwa von Laireiter (1958), Hörburger (1958) sowie von Gönner (1969) und Wolf (1969), steht wieder der „katholische Schulmann und Pädagoge" im Vordergrund – offenbar mit dem Bestreben, katholische Grundhaltungen als passende Antworten auf soziale Fragen in der Nachkriegszeit (wieder) zu stärken. Beispielhaft dafür sei ein seltsam schlicht anmutendes Zitat von Landesschulinspektor Franz Hörburger angeführt, der die Lebenswerke von Vierthaler und Pestalozzi vergleicht: Während der Katholik Vierthaler Erfolg in seinem Lebenswerk der Waisenhäuser gehabt hätte, sei der protestantische Pestalozzi auf halbem Wege gescheitert:

> Beide stammen aus der kindlich-gläubigen Familie, aus der protestantisch-reformierten der eine, aus der katholischen der andere, und beide sind im Bildungsgang von der Aufklärung erfaßt worden. Pestalozzi ist mit dem inneren Zwiespalt nie fertig geworden: er, der in allen Schriften den Glauben an das Fundament der Erziehung predigte, konnte selbst nicht gläubig sein. Für Vierthaler gab es keine Halbheiten; er hatte eine fundierte katholische Überzeugung und bleibt doch in den wesentlichen kulturellen Motiven seines Wirkens der *Aufklärung* verpflichtet, allerdings ohne in deren Plattheiten und überhebliche Anmaßung zu verfallen. (Hörburger, 1958, S. 89)

Bei diesen Vierthaler-Rezeptionen scheint es sich um Kämpfe der Anerkennung einer katholisch fundierten Pädagogik zu handeln, insbesondere um das katholische Erbe. Hier gibt es durchaus Parallelen zum „Kampf um Herbart" (Schröer, 1999), wenngleich die Konsequenzen – nämlich die Weiterentwicklung der sozialen Seite der Pädagogik – bei der Ersteren wesentlich bescheidener ausfallen und sich in der Neuzeit lediglich für die Nachkriegszeit und die Entwicklung eines Teiles von Kinderdörfern nachweisen lassen (Bütow, 2021). Eine von der Religion getrennte Entwicklung des Herbart'schen Erbes in der Pädagogik nahm auch in Österreich mit der „Prager Sozialpädagogik" im 19./20. Jahrhundert ihren (zeitlich begrenzten) Lauf (Dollinger, 2009). Die nochmals nach dem Zweiten Weltkrieg aufflammenden „Kämpfe um Vierthaler" enden in den 1960er-Jahren endgültig. Vierthaler scheint sodann und bis dato eher als historische Randfigur zu gelten, der allenfalls als „Waisenhausvater" eine Bedeutung für die Entwicklung der Sozialpädagogik in Österreich habe.

5 Zusammenfassung und Ausblick: Vierthaler als „verkannter" Vordenker der Sozialpädagogik

Das Werk und die in der Analyse herausgearbeiteten Eckpunkte des pädagogischen Denkens von Vierthaler müssen in einer doppelten Ausrichtung hinsichtlich seines Beitrages für die Sozialpädagogik diskutiert werden: zum einen im Ensemble seiner Zeit und der drängenden sozialen Fragen im 18./19. Jahrhundert, zum anderen in der Rezeption im 19. und 20. Jahrhundert in Zeiten sozialer Verunsicherungen und krisenhafter Entwicklungen. *Zum Ersten:* Unstrittig kann Vierthaler das Verdienst zugeschrieben werden, Kindern und Jugendlichen eine besondere Aufmerksamkeit zukommen zu lassen. Dazu braucht es eine fundierte, feinfühlige Pädagogik, aber auch eine entsprechende Sicherung und Sorge um körperliche und geistige Bedürfnisse sowie eine Förderung von Fähigkeiten und Tugenden, die ein selbstständiges Leben ermöglichen. Dies kann nur über eine entsprechende Ausbildung von Fachkräften gesichert werden. Damit kann Vierthaler als wichtiger Wegbereiter der Professionalisierung, aber auch einer psychologisch fundierten Arbeit mit Kindern gelten. Seine Waisenhausreformen verweisen zudem auf Versuche einer kindgerechten Fremdunterbringung, die mit Bildung gekoppelt war. Diese können im Vergleich zu den vormaligen Armen- und Arbeitshäusern als fortschrittliche Antworten auf die soziale Not von Kindern in Kriegs- und gesellschaftlichen Umbruchzeiten gelten. Vierthaler entwickelte diese aus dem katholischen Glauben und in Auseinandersetzung und in Abgrenzung zu denjenigen zeitgenössischen pädagogischen Ansätzen heraus, die seiner Ansicht nach „Individualismus" mit allen negativen Konnotationen und sozialen Folgen nach sich zögen. Im katholisch begründeten Glauben hingegen scheinen soziale Tugenden und ein soziales Miteinander möglich, weswegen die pädagogische Aufgabe eine religiös fundierte sein müsse. Von dieser Seite her kann Vierthaler als ein Vorläufer einer Sozialpädagogik mit der *Chiffre* einer sich katholisch verstehenden Pädagogik *als* Gegenpart zur Individualpädagogik gelten (Reyer, 2002, S. 101–119). Gleichzeitig legitimiert er mit seinem katholisch konnotierten Erziehungskonzept die bestehende gesellschaftliche Ordnung von absolutistischen Ungleichheitsverhältnissen. Das Ziel einer Pädagogik ist nicht die Kritik gesellschaftlicher Zustände und die Erziehung von Kindern zur Mündigkeit und Emanzipation, sondern zur Sittlichkeit unter gegebenen Bedingungen. In der Rezeptionsgeschichte im 19./20. Jahrhundert dokumentiert sich offenbar *zweitens*, gleichsam in einer Ironie der Geschichte, dass der „Kampf um Vierthaler" immer wieder in der Nichtanerkennung und dem (zeitweiligen) Verschwinden seines Werkes endet – gerade weil diese Chiffre einer katholisch konnotierten Pädagogik zu eng und lediglich in offenbar geschlossenen pädagogischen Diskursen ausgelegt und funktionalisiert wurde, statt diese zu entschlüsseln. Mit den hier versuchten Analysen kann Vierthaler durchaus als „verkannter", wichtiger und interessanter Vordenker sozialpädagogischen Denkens in Österreich gelten. Für Differenzierungen und genauere wechselseitige Bezüge zu europäischen Diskursnetzwerken (Dollinger et al., 2010, S. 24–30) braucht es jedoch weitere Forschungen.

Literaturverzeichnis

Anthaller, F. (1880). *Franz Michael Vierthaler, der Salzburger Pädagoge. Ein Beitrag zur Geschichte der Pädagogik* (Separatausdruck aus dem vierten Programm der k. k. Lehrerbildungsanstalt in Salzburg). Salzburg: Selbstverlag des Autors, Zaunrith'sche Buchdruckerei.

Bellmann, J. u. Ehrenspeck, Y. (2006). Historisch/systematisch – Anmerkungen zur Methodendiskussion in der pädagogischen Historiographie. *Zeitschrift für Pädagogik*, *52*, S. 501–533.

Benner, D. (1999). Der Begriff moderner Kindheit und Erziehung bei Rousseau, in Philanthropismus und in der deutschen Klassik. *Zeitschrift für Pädagogik, 45*, S. 1–18.

Brezinka, W. (2008). *Pädagogik in Österreich. Die Geschichte des Faches an den Universitäten vom 18. bis zum 21. Jahrhundert* (Bd. 3). Wien: Verlag der Österreichischen Akademie der Wissenschaften.

Bütow, B. (2018). Soziale Arbeit in Österreich. Herausforderungen und Potentiale als sozialpolitische Akteurin. In: S.-F. Blumenthal, K. Lauermann u. S. Sting (Hrsg.), *Soziale Arbeit und soziale Frage(n)* (S. 19–34). Opladen, Toronto: Verlag Barbara Budrich.

Bütow, B. (2018a). Sozialpädagogik in Österreich. (Dis-)Kontinuitäten und Verkanntes. *Rassegna di Pedagogia*, 1/2., S. 109–126.

Bütow, B. (2021 i. E.). Fürsorgeerziehung und dezentrale Fremdunterbringung in Österreich (1945 bis 2020). In: B. Bütow u. M. Holztrattner, *Von der familienähnlichen Fremdunterbringung zum Jugendwohnen in Österreich. Historische und biographische Analysen*. Opladen, Toronto: Verlag Barbara Budrich.

Dollinger, B. (2009). Die „Prager Sozialpädagogik" und die soziale Dimension des Herbartianismus. In: E. Adam u. G. Grimm (Hrsg.), *Die Pädagogik des Herbartianismus der Österreichisch-Ungarischen Monarchie* (S. 55–80). Wien, Berlin: Lit-Verlag.

Dollinger, B., Müller, C. (2007). Gibt es eine Herbartianische Sozialpädagogik? – oder: soziale Aspekte der Pädagogik Herbarts in der Wahrnehmung durch die Sozialpädagogik. In: R. Bolle u. G. Weigand (Hrsg.), *Johann Friedrich Herbart. 200 Jahre Allgemeine Pädagogik. Wirkungsgeschichtliche Impulse* (S. 73–96). Münster: Waxmann-Verlag.

Dollinger, B., Eßer, F., Müller, C., Schabdach, M. u. Schröer, W. (2010). *Sozialpädagogik und Herbartianismus. Studien zu einem theoriegeschichtlichen Zusammenhang*. Bad Heilbrunn: Klinkhardt.

Eßer, F. (Hrsg.) (2018). *Geschichte der Sozialen Arbeit* (Reihe: Einführung in die Soziale Arbeit, Bd. 1). Baltmannsweiler: Schneider Hohengehren.

Fadrus, V. (1958). F. M. Vierthalers Wirken in Wien. In: M. Laireiter (Hrsg.), *Franz Michael Vierthaler 1758–1958* (2. Sonderheft, S. 19–35). Veröffentlichungen des Salzburger Pädagogischen Instituts.

Glöckl, L. (Hrsg.) (1893). *Michael Vierthalers Ausgewählte pädagogische Schriften* (Reihe „Bibliothek der katholischen Pädagogik", Bd. VI). Freiburg im Breisgau: Herdersche Verlagsbuchhandlung.

Glöckl, L. (1893 a). Franz Michael Vierthaler, der „salzburgische Overberg". In: Glöckl, L. (Hrsg.), *Michael Vierthalers Ausgewählte pädagogische Schriften* (Reihe „Bibliothek der katholischen Pädagogik", Bd. VI, S. 1–29). Freiburg im Breisgau: Herdersche Verlagsbuchhandlung.

Gönner, R. (1969). Der Herbartianismus in Österreich. In: Österreichische Pädagogische Gesellschaft (Hrsg.), *Jahrbuch als Festschrift zum 70. Geburtstag von o. ö. Universitätsprofessor Hofrat Dr. Ulrich Schöndorfer* (S. 41–53). Wien: Österreichischer Bundesverlag für Unterricht, Wissenschaft und Kunst.

Hörburger, F. (1958). Vierthaler, der Reformator der Lehrerbildung in der Pädagogik seiner Zeit. In: M. Laireiter (Hrsg.), *Franz Michael Vierthaler zum 200. Geburtstag (1758–1958)* (2. Sonderheft, S. 36–43). Veröffentlichungen des Pädagogischen Instituts Salzburg.

Kronen, H. (2010). Sozialpädagogik. Geschichte und Bedeutung des Begriffs. In: C. Müller u. H. Kronen (Hrsg.), *Sozialpädagogik nach Karl Mager. Quellen und Diskussion* (S. 193–326). Bad Heilbronn: Klinkhardt.

Laireiter, M. (Hrsg.) (1958). *Franz Michael Vierthaler zum 200. Geburtstag (1758–1958)* (2. Sonderheft). Veröffentlichungen des Pädagogischen Instituts Salzburg.

Laireiter, M. (1958 a). Das Kinderdorf, ein neuer Weg der Waisenerziehung. In: Laireiter, M. (Hrsg.), *Franz Michael Vierthaler zum 200. Geburtstag (1758–1958)* (2. Sonderheft, S. 51–65). Veröffentlichungen des Pädagogischen Instituts Salzburg.

Marburger, H. (1979). *Entwicklung und Konzepte der Sozialpädagogik*. München: Juventa-Verlag.

Moertl, L. (1911). *Franz Michael Vierthaler*. [Unveröffentlichte Inauguraldissertation]. München.

Natorp, P. (1899). *Sozialpädagogik: Theorie der Willenserziehung auf der Grundlage der Gemeinschaftlichkeit*. Stuttgart: Frommans (E. Hauff).

Prillinger, F. (1958). Werke von Franz Michael Vierthaler. In: M. Laireiter (Hrsg.), *Franz Michael Vierthaler 1758–1958* (2. Sonderheft, S. 68–74). Veröffentlichungen des Pädagogischen Instituts Salzburg.

Reyer, J. (2002). *Kleine Geschichte der Sozialpädagogik. Grundlagen der Sozialen Arbeit* (Bd. 6). Hohengehren: Schneider-Verlag.

Scheipl, J. (2007). Geschichte der Sozialpädagogik in Österreich – unter besonderer Berücksichtigung der Jugendwohlfahrt. In: G. Knapp u. S. Sting (Hrsg.), *Soziale Arbeit und Professionalität im Alpen-Adria-Raum* (S. 134–157). Klagenfurt: Hermagoras Verlag.

Schröer, W. (1999). *Sozialpädagogik und die soziale Frage. Der Mensch im Zeitalter des Kapitalismus um 1900.* Weinheim u. München: Juventa Verlag.

Sting, S. (2015). Disziplin und Differenz. Soziale Arbeit in Österreich jenseits disziplinärer Identitätszwänge. *soziales_kapital. wissenschaftliches journal österreichischer fachhochschul-studiengänge soziale arbeit*, (14), S. 194–202.

Thole, W. (2012). Die Soziale Arbeit – Praxis, Theorie, Forschung und Ausbildung. Versuch einer Standortbestimmung. In: W. Thole (Hrsg.), *Grundriss Soziale Arbeit. Ein einführendes Handbuch* (4. Aufl., S. 19–70). Wiesbaden: VS Verlag für Sozialwissenschaften.

Vierthaler, F. M. (1772). *Lehr- und Lesebuch für Mädchen, vorzüglich solche, welche in Dienste treten wollten.* https://books.google.de/books/about/Lehr_und_Lesebuch_f%C3%BCr_M%C3%A4dchen_vorz%C3%BCgl.html?id=431iAAAAcAAJ&redir_esc=y [download 15.10.2021]

Vierthaler, F. M. (1791/1893). Elemente der Methodik und Pädagogik, nebst kurzen Erläuterungen derselben. In: L. Glöckl (Hrsg.), a. a. O. (S. 27–186).

Vierthaler, F. M. (1793/1904). Geist der Sokratik. In: W. von der Fuhr (Hrsg.), *Franz Michael Vierthalers pädagogische Hauptschriften* (S. 41–116). Paderborn: Verlag Ferdinand Schöningh.

Vierthaler, F. M. (1794/1893). Entwurf der Schulerziehungskunde in einer Reihe von Vorlesungen und zum Gebrauche derselben. In: L. Glöckl (Hrsg.), a. a. O. (S. 167–251).

Von der Fuhr, W. (Hrsg.) (1904). *Franz Michael Vierthalers pädagogische Hauptschriften.* Paderborn: Verlag Ferdinand Schöningh.

Von der Fuhr, W. (1909). *Franz Michael Vierthaler und seine Zeit. Eine vergleichende Studie der Pädagogik des 18. und beginnenden 19. Jahrhunderts.* Berlin: Gerdes & Hödel Pädagogische Verlagsbuchhandlung.

Winkler, M. (2010). Sozialpädagogik. In: D. Benner u. J. Oelkers (Hrsg.), *Historisches Wörterbuch der Pädagogik* (Studienausgabe, S. 903–929). Weinheim, Basel: Beltz-Verlag.

Wolf, K. (1969). Die Position des Glaubens in der neuen Aufklärung. In: Österreichische Pädagogische Gesellschaft (Hrsg.), *Jahrbuch als Festschrift zum 70. Geburtstag von o. ö. Universitätsprofessor Hofrat Dr. Ulrich Schöndorfer* (S. 167–175). Wien: Österreichischer Bundesverlag für Unterricht, Wissenschaft und Kunst.

IV Vincenz Eduard Milde – ein Wegbereiter der Sozialen Arbeit in Österreich im frühen 19. Jahrhundert

Gerald Grimm

1 Vincenz Eduard Milde (1777–1853): ein vergessener Pädagoge?

In den neueren und neuesten Standardwerken zur Geschichte der Pädagogik scheint der Name des ersten Lehrstuhlinhabers für „Erziehungskunde“ an der Universität Wien (1806–1810) nicht auf.[1] Dabei zählt der österreichische Pädagoge und Theologe Vincenz Eduard Milde mit seinem umfangreichen (insgesamt 964 Seiten starken) zweibändigen „Lehrbuch der allgemeinen Erziehungskunde“ (vgl. Milde 1811/1813; Band I: 575 Seiten, Band II: 389 Seiten) zweifellos zu den bedeutendsten Systematikern der Erziehungswissenschaft im frühen 19. Jahrhundert, hat er doch „ein System der Pädagogik entwickelt, das innerhalb der Richtungen der Aufklärung, der Philosophie Kants und der Pädagogik Pestalozzis die Eigenstellung bewahrt“ (Hörburger, 1967, S. 124). Die Bedeutsamkeit von Mildes innovativer pädagogischer Konzeption für die Genese der Erziehungswissenschaft im 19. Jahrhundert hat bereits Hildegard Holtstiege 1971 in einer Monografie über den Wiener Pädagogikprofessor aufgezeigt, die sich durch umfassende Quellenstudien und systematische Analyse von Mildes

[1] So fehlt ein Hinweis auf Milde etwa bei Blankertz, 1982, März, 1998, Reble, 1999 und Tenorth, 2008. Auch in den neuesten Darstellungen von Lischewski, 2014, Koerrenz, Kenklies, Kauhaus u. Schwarzkopf, 2017, Caruso, 2019 und Fuchs, 2019 scheint der Name Mildes nicht auf.

pädagogischem Opus auszeichnet (vgl. Holtstiege, 1971). Auch Helmut Engelbrecht hebt die Relevanz von Mildes Lehrbuch hervor: „V. E. Milde war der einzige Pädagoge dieser Zeit [frühes 19. Jahrhundert, der Verf.] der eine systematische Pädagogik entwarf und sich nicht mit einer eher aphoristischen Behandlung pädagogischer Probleme [...] begnügte" (Engelbrecht, 1984, S. 216). Ebenso hat Wolfgang Brezinka in mehreren Publikationen auf die Bedeutung Mildes als Systematiker der Erziehungswissenschaft und erster Universitätsprofessor für Pädagogik in Österreich hingewiesen und dabei Desiderate der Milde-Forschung aufgezeigt (vgl. Brezinka, 1995a, S. 408–410; 1995b, S. 67–68 und 2000, S. 233–248), deren Bearbeitung für die Sozialpädagogik zumindest partiell schon erfolgt ist (vgl. Grimm, 2003). Systematisch versucht diese Forschungsdesiderate der vom Verfasser des vorliegenden Beitrags anlässlich des 200-Jahre-Jubiläums der ersten selbstständigen Lehrkanzel für „Erziehungskunde" an der Universität Wien mitherausgegebene Sammelband über Milde aufzuarbeiten, in dem erstmals auch dessen Bedeutung für die Schulpädagogik, die Heilpädagogik, die Religionspädagogik, die Kriminalpädagogik, die Pädagogische Psychologie und Anthropologie umfassend aufgezeigt wird (vgl. Breinbauer, Grimm u. Jäggle, 2006).

2 Mildes Curriculum vitae unter besonderer Berücksichtigung seiner Lehrtätigkeit an der Wiener Universität

Der am 11. Mai 1777 in der mährischen Landeshauptstadt Brünn als ältester Sohn eines Buchbinders geborene V. E. Milde studierte nach dem Besuch des Gymnasiums in seiner Heimatstadt und der Absolvierung der allgemeinbildenden philosophischen Studien am Lyzeum Olmütz ab 1794 Theologie an der Universität Wien. Im Jahr 1798 schloss er sein Theologiestudium „mit ausgezeichneten Leistungen in allen Fächern" (Brezinka, 2000, S. 234) ab. Da er das für die Priesterweihe kirchenrechtlich vorgeschriebene Mindestalter von 24 Jahren noch nicht erreicht hatte – Milde war beim Abschluss seiner theologischen Studien erst 21 Jahre alt –, konnte er erst im Jahr 1800 die Priesterweihe empfangen und als Seelsorger in Wien tätig werden. Die Zeit bis dahin überbrückte er als Korrepetitor der orientalischen Sprachen und Studienpräfekt am Wiener Priesterseminar sowie als Religionslehrer an Vorstadtschulen der Reichshauptstadt. In diesen Jahren (1798–1800) dürften Mildes pädagogische Neigungen und Interessen geweckt worden sein, die schließlich auch für seine Ernennung zum Katecheten an der Normalschule St. Anna und am Zivilmädchenpensionat in Wien im Jahr 1802 ausschlaggebend waren. Wegen seiner Verdienste in diesen beiden Ämtern wurde er im Sommer 1805 zum „Hofcaplan und Hofburg-Pfarrvicar“ befördert. In dieser Funktion gewann er das besondere Vertrauen Kaisers Franz I., der im März 1806 den erst 28-jährigen Milde an die neu geschaffene Lehrkanzel für „Erziehungskunde“ an der Philosophischen Fakultät der Universität Wien berief. Neben seiner Universitätsprofessur lehrte Milde weiterhin Katechetik für Theologie-Studenten an der Wiener Normalschule und war in diesen Ämtern somit für die pädagogische Ausbildung sowohl angehender Gymnasiallehrer als auch künftiger Geistlicher verantwortlich. Mildes Vorlesungen über Erziehungskunde an der Universität Wien sind von „insgesamt 428 Hörern besucht worden. Davon waren 133 Theologen, 183 Philosophen, 89 Juristen und 23 Mediziner. Die Zahl der Teilnehmer schwankte zwischen 44 (1806/07) und 127 (1809/10)“ (Brezinka, 2000, S. 237–238). Zur Prüfung im Freifach Erziehungskunde erschienen freilich weniger, worin Milde jedoch keinen Nachteil sah: „Dem Staate muß nicht daran gelegen sein, daß viele Menschen mit Zeugnissen versehen werden, sondern daß die wenigen etwas lernen. Sobald die Schüler gezwungen wären, so würden die Nachlässigen ein Zeugnis zu erschnappen suchen, und ich würde oft in Verlegenheit kommen, Zeugnisse ausstellen zu müssen, wo es besser ist, keines zu geben“ (Bericht Mildes vom 17. September 1810, zit. n. Krebs, 1925, S. 35).

Obwohl sein Wirken als erster Universitätsprofessor für Pädagogik in Österreich nur fünf Jahre währen sollte – im Dezember 1810 musste Milde aus gesundheitlichen Gründen seine akademische Lehrtätigkeit aufgeben –, prägte er dennoch die Entwicklung der Erziehungswissenschaft in der Habsburgermonarchie in der ersten Hälfte des 19. Jahrhunderts nachhaltig. Denn aus seinen Vorlesungen an der Wiener Universität ist sein richtungweisendes zweibändiges Werk „Lehrbuch der allgemeinen Erziehungskunde zum Gebrauche der öffentlichen Vorlesungen“ (vgl. Milde, 1811/1813) entstanden, das bis 1848 für alle pädagogischen Lehrkanzeln in Österreich als Vorlesebuch vorgeschrieben war, 1827 ins Italienische übersetzt und 1965 von Kurt Gerhard Fischer vollständig neu ediert wurde (vgl. Milde, 1811/1965). Im Jahr 1821 publizierte Milde auf Wunsch der Regierung zudem eine gekürzte Fassung seines Lehrbuches, um auch bedürftigen Studenten, „denen das allerhöchst vorgeschriebene Lehrbuch [...] zu kostspielig sein dürfte" (Milde, 1821, S. III), den Kauf dieses immerhin noch 450 Seiten starken „Auszuges" zu ermöglichen. Mit seinem Lehrbuch wollte Milde der noch jungen akademischen Disziplin Erziehungswissenschaft im katholischen Österreich das bieten, was bislang nur für das protestantische Deutschland in Form von Ernst Christian Trapps „Versuch einer Pädagogik" (Berlin 1780) vorlag (vgl. Trapp, 1780/1977), und zwar ein „vollständiges, systematisches Werk, welches auch auf die neueren Entdeckungen in der Psychologie und auf die neueren Vorschläge in der Erziehungskunde Rücksicht" nimmt (Milde, 1811/1965, S. 10). Milde löste diese diffizile Aufgabe bravourös:

> Es war ein Glück für das neue Fach, daß ein dafür so hervorragend geeigneter Mann diese Aufgabe übernommen hat. Er hat ein auf die politischen und kirchlichen Verhältnisse Österreichs abgestimmtes Werk von klassischem Rang geschaffen. Sein Lehrbuch bildet ein klares und lebensnahes System der Praktischen Pädagogik im besten Aufklärungsgeist. Es berücksichtigt die umfangreiche pädagogische Literatur der Zeit in souveräner Auswahl des Wesentlichen. Es ist nicht spekulativ, sondern erfahrungswissenschaftlich-technologisch orientiert. (Brezinka, 2000, S. 236–237)

Mildes Nachfolger als Professoren für Erziehungskunde in Wien konnten freilich sein hohes Niveau nicht halten und begnügten sich zumeist damit, aus Mildes Lehrbuch vorzulesen, ohne selbst produktiv tätig zu sein. Von 1817 bis 1848 wurde zudem das Fach Pädagogik zum Großteil bloß von „Supplenten" (Ersatzlehrern), hauptsächlich katholischen Priestern, gelehrt (vgl. Brezinka, 2000, S. 248–268).

Milde selbst zog sich nach seinem gesundheitsbedingten Rücktritt als Universitätslehrer im Dezember 1810 als Seelsorger in die kleine niederösterreichische Pfarre Wolfpassing im Viertel unter dem Manhartsberg zurück. Dort verfasste er den zweiten Band seines Lehrbuches, der 1813 veröffentlicht wurde. Im Jahr 1814 wurde Milde Pfarrer resp. Dechant in Krems und übernahm die Leitung der dortigen philosophischen Lehranstalt. Außerdem hatte er als „Schul-Districts-Aufseher" (entspricht dem heutigen Bezirksschulinspektor) das Volksschulwesen im Bezirk Krems zu administrieren und zu kontrollieren. In beiden Ämtern musste Milde seinen Vorgesetzten jährlich Bericht erstatten und wurde dabei wiederum mit Fragen der pädagogischen Theorie und Praxis konfrontiert, was seinen Interessen und Neigungen durchaus entsprach. Zehn Jahre war Milde in Krems tätig und übte in diesem Zeitraum seine Ämter mit Umsicht und Weitblick zur vollsten Zufriedenheit der übergeordneten Behörden aus (vgl. Engelbrecht, 1967, 1968). In Krems verfasste Milde auch den bereits erwähnten „Auszug“ aus seinem „Lehrbuch der allgemeinen Erziehungskunde“, der am 28. März 1821 von Kaiser Franz I. als Vorlesebuch an Universitäten und Lyzeen vorgeschrieben wurde (vgl. Holtstiege, 1971, S. 64).

Im Jahr 1823 – Milde befand sich damals im 46. Lebensjahr – erfolgte seine Ernennung zum Bischof von Leitmeritz. Die Übernahme dieses hohen Kirchenamtes bedeutete eine entscheidende Wende in Mildes Leben, denn von nun an „überwogen die geistlichen Führungstätigkeiten“ wie Repräsentation, Administration, Leitungs- und Lenkungsmaßnahmen, die ihn voll beanspruchten und die bis dahin „vorherrschenden pädagogischen Interessen“ schließlich gänzlich in den Hintergrund treten ließen (Engelbrecht, 1984, S. 213). Milde führte allerdings in seinem neuen Amt als Bischof von Leitmeritz auch Schulvisitationen in seiner Diözese durch, worüber er eigene Berichte verfasste (vgl. Holtstiege, 1971, S. 70). Das kaiserliche Handschreiben vom 8. Dezember 1831, in dem der Monarch ihm mitteilte, dass er die Absicht habe, Milde zum Fürsterzbischof von Wien zu ernennen, bedeutete jedoch das endgültige Aus für seine pädagogischen Tätigkeiten. Zwar erteilte er sogar nach seinem Amtsantritt als Erzbischof von Wien am 31. Mai 1832 anlässlich von Pfarrvisitationen noch selbst Religionsunterricht, worüber ein Augenzeuge berichtete, der das pädagogische Einfühlungsvermögen des Kirchenfürsten in den höchsten Tönen lobte: „Kein Bischof [...] hat es so verstanden mit Kindern umzugehen, wie Milde“ (zit. n. Wotke, 1902a, S. 38). Die Anforderungen des höchsten Kirchenamtes in Österreich ließen ihm jedoch bald keine Zeit mehr dafür. Als Erzbischof von Wien bewegte er sich nämlich im Zeitalter des Bündnisses von Thron und Altar „auf dem Boden der großen Politik. Auf diesem glatten Parkett bereitete ihm seine geradlinige, konsequente Art viele Schwierigkeiten. Er geriet in seinen letzten Lebensjahren in den Mittelpunkt scharfer Kritik und mancher unberechtigter Vorwürfe“ (Engelbrecht, 1984, S. 212). Kritisiert wurde der erste Fürsterzbischof von Wien bürgerlicher Provenienz insbesondere von den konservativ gesinnten Anhängern des an Rom orientierten Ultramontanismus wegen seiner offenen Sympathien für den Josephinismus, den österreichischen Reformkatholizismus im Zeitalter des aufgeklärten Absolutismus. Die Kardinalswürde blieb Milde wohl aufgrund dieser Unstimmigkeit mit Rom versagt. Der bürgerlich-liberalen Revolution des Jahres 1848 stand Milde als Repräsentant des Spätjosephinismus und der Franziszeischen Restauration, dem die Eintracht zwischen geistlicher und weltlicher Macht („concordatio inter sacerdotium et imperium“, Milde, zit. n. Holtstiege, 1971, S. 78) ein Anliegen war, eher skeptisch gegenüber, da er Gewalt in jeglicher Form ablehnte.

Am 14. März 1853 starb Milde im 76. Lebensjahr in Wien und wurde wie seine Amtsvorgänger im Stephansdom beigesetzt. Fast die gesamte österreichische Presse brachte mehr oder weniger ausführliche Nachrufe auf den Verstorbenen, wobei insbesondere die „Wiener Zeitung“ ihren LeserInnen eine umfangreiche und angemessene Würdigung Mildes darbot (vgl. Holtstiege, 1971, S. 47). Mildes Leben war geprägt durch sein großes soziales Engagement, dem er seine Begabungen und Neigungen sowie seine persönlichen Interessen stets unterordnete:

> Es fällt an Milde besonders auf, daß er seine vielfache Begabung nicht zur Erreichung persönlicher Ziele nützte, sondern bewußt in den Dienst an seinen Mitmenschen stellte. Seine Verbindungen zu Menschen zeichneten sich aus durch Vertrauen, Liebe und Treue sowie Gewährung von Hilfe und Beistand in jeglicher Form – fundiert in einer gründlichen Menschenkenntnis. (Holtstiege, 1971, S. 79)

Diese Charaktereigenschaften – Milde galt zudem als „freisinnig, tolerant“ und (nomen est omen) „milde“ (Brezinka, 2000, S. 244) – lassen Milde ohne Zweifel als eine der sympathischsten und bemerkenswertesten Persönlichkeiten der österreichischen Bildungs- und Kirchengeschichte erscheinen und prädestinierten ihn geradezu, Wegbereiter der Sozialen Arbeit in der Habsburgermonarchie zu werden.

3 Mildes Erziehungsbegriff sowie sozialpädagogische Fragestellungen in seinem „Lehrbuch der allgemeinen Erziehungskunde"

Wie bereits erwähnt, stellt Milde in seinem umfangreichen zweibändigen „Lehrbuch der allgemeinen Erziehungskunde" (1811/1813) ein vollständiges System der Pädagogik dar, wobei freilich der Großteil seiner Ideen und Konzepte nicht substanziell neu war, sondern vielmehr auf dem Gedankengut der europäischen, insbesondere deutschen Aufklärungspädagogik basierte.[2] Als typischer Eklektiker übernahm Milde nämlich Theorien und Programme seiner Fachkollegen, ergänzte diese durch empirische Befunde, passte sie den österreichischen Gegebenheiten resp. der christlich-katholischen Sozial- und Erziehungslehre an und entwickelte so dennoch auf dem festen ideologischen Fundament des aufgeklärten Reformkatholizismus josephinischer Prägung eine weitgehend eigenständige pädagogische Systematik spätaufklärerischer Prägung. In der „Vorrede" zum ersten Band seines Lehrbuches schreibt Milde diesbezüglich: „Ich habe [...] die mir bekannten vorzüglichsten Schriften über Erziehung gelesen, meine Erfahrungen, die ich in früheren Jahren als Privat-Lehrer und Erzieher und in späteren als Lehrer an mehreren öffentlichen Anstalten, an niederen und höheren, zu machen Gelegenheit hatte, benützet" (Milde, 1811/1965, S. 10). Zu Mildes Gewährsmännern zählen neben den Aufklärern Locke, Wolff, Kant, Rousseau, Pestalozzi, Campe, Trapp, Heusinger, Niemeyer und Schwarz auch katholische Pädagogen wie Sailer oder romantische Schriftsteller wie Jean Paul und sogar antike Klassiker wie Platon, Aristoteles, Quintilian, Horaz und Augustinus (vgl. Milde, 1811/1965, S. 48–50). Toleranz, Religiosität und Humanität stellen dabei wichtige Leitbegriffe der Pädagogik Mildes dar – Prinzipien, die auch im Josephinismus zum Tragen kamen. Gerade für die Beurteilung Mildes als Wegbereiter der Sozialen Arbeit in Österreich ist diese „Verwurzelung Mildeschen pädagogischen Denkens in der ‚humanitas austriaca'" (Fischer, 1965, S. 696) konstitutiv.

---

[2] Zu Mildes Quellen und Gewährsmännern vgl. Brezinka, 2000, S. 237, Fußn. 11; zudem hat Milde in seinem Lehrbuch selbst immer wieder Hinweise auf einschlägige Literatur gegeben (vgl. insbesondere Milde, 1965, S. 48–50).

Der Wiener Professor für Erziehungskunde plädiert in seinem Lehrbuch für die Grundlegung der Pädagogik auf der Psychologie, denn die Psychologie „ist die einzige Grundlage, auf welche eine Erziehungskunde sich bauen läßt" (Milde, 1811/1965, S. 11). Mildes Erziehungsbegriff ist demnach weitgehend psychologisch bestimmt. Er stellt die „Entwickelung und Tätigkeit der natürlichen Anlagen" in den Mittelpunkt seiner Reflexionen über die „Erziehung des Menschen" und gelangt so zu folgender Definition: „Diese absichtliche Einwirkung auf die Entwickelung und Richtung der vorhandenen Anlagen des Menschen nenne ich Erziehung" (ebd., S. 16–17.). Obwohl Milde in seinem Lehrbuch den Fokus auf die intentionale Erziehung legt, thematisiert er dennoch auch die funktionale Erziehung, wenn er von einer „Erziehung durch Zufall, durch Schicksale, durch Umstände" (ebd., S. 17) schreibt. Der Heranwachsende ist nämlich von Geburt an „dem Einflusse äußerer Umstände und der Einwirkung anderer Menschen ausgesetzt", deren Relevanz für die individuelle Persönlichkeitsentwicklung der erste Professor für „Erziehungskunde" an der Universität Wien sehr hoch einschätzt: „Das Kind wird das werden, was die Umstände aus demselben machen, denn Umstände regieren die Welt, Umstände sind die Erzieher der Kinder" (ebd., S. 42). Damit relativiert Milde den für das Aufklärungszeitalter so charakteristischen Erziehungsoptimismus, der sich primär im Glauben an die Allmacht der geplanten Erziehung manifestierte und den John Locke bereits im späten 17. Jahrhundert formuliert hatte: „[…] ich darf wohl sagen, daß von zehn Menschen, denen wir begegnen, neun das, was sie sind, gut oder böse, nützlich oder unnütz, durch ihre Erziehung sind. Sie ist es, welche die großen Unterschiede unter den Menschen schafft" (Locke, 1693/1966, S. 8).

Intentionale Erziehung besteht für Milde „im Erregen", „im Leiten" sowie „im Fähigmachen zur Selbstbildung" und „nicht im Mitteilen und Abrichten" (vgl. Milde 1811/1965, S. 17–22), wobei der Erfolg der Erziehung für ihn primär „von der Selbsttätigkeit des Zöglings" abhängt: „Ich kann den Zögling lehren, was er soll, ihn ermuntern zu dem, was er kann, aber zwingen kann ich ihn nicht, daß er wollen muß, was er kann und soll. Der Erfolg wird allezeit von seiner freien Selbsttätigkeit abhängen" (ebd., S. 43). Mit dem Postulat der Selbsttätigkeit des Edukanden formuliert Milde bereits zu Beginn des 19. Jahrhunderts ein auch heute noch aktuelles pädagogisch-didaktisches Prinzip und erteilt einer Pädagogik des bloßen

Abrichtens und Disziplinierens eine entschiedene Absage. Auch die von ihm in seinem Lehrbuch konsequent und stringent durchgeführte Differenzierung zwischen theoretischer Pädagogik („Erziehungswissenschaft“) und praktischer Pädagogik („Erziehungskunst“, vgl. ebd., S. 44–46) mutet erstaunlich modern an.

„Zu Zeiten V.E. Mildes gibt es keine explizite Sozialpädagogik“ (Stipsits, 2006, S. 222). Sozialpädagogische Fragestellungen werden in Mildes Lehrbuch dennoch an mehreren Stellen behandelt. Seiner christlichen Weltanschauung sowie seinen Sympathien für die europäische Aufklärungspädagogik entsprang sein Postulat der Bildung für alle – auch für arme bzw. mittellose oder geistig und körperlich behinderte Menschen. Diese waren bis ins 18. Jahrhundert von jeglicher Erziehung und Unterweisung ausgeschlossen. Im Zeitalter der Aufklärung hatte sich jedoch die Behandlung von resp. die Einstellung gegenüber diesen Außenseitern der Gesellschaft grundlegend gewandelt. Österreich übte diesbezüglich eine Vorreiterrolle aus, was vor allem auf das Wirken des aus Oberösterreich stammenden Jesuiten Ignaz Parhamer (1715–1786) zurückzuführen ist, der die Waisenerziehung in Österreich grundlegend reformierte (vgl. Engelbrecht, 1984, S. 89–90) und damit ein neues (sozial-)pädagogisches Praxisfeld begründete. Milde ging Anfang des 19. Jahrhunderts noch einen Schritt weiter, indem er auch geistig und/oder körperlich behinderte Kinder und Jugendliche in den Erziehungsprozess integrieren wollte. Die Motive dafür waren für ihn nicht nur christliche Nächstenliebe, sondern auch pädagogisch-psychologische und medizinische Reflexionen und Erkenntnisse. In Mildes „Lehrbuch der allgemeinen Erziehungskunde“ befinden sich deshalb eigene Abschnitte über die „Heilkunde der formellen Gebrechen der intellektuellen Anlagen“ (vgl. Milde, 1811/1965, S. 293–313), über „Heilkunde der Gebrechen des materiellen Zustandes des Geistes“ (vgl. ebd., S. 387–395), über „Heilkunde des Gefühlsvermögens“ (vgl. Milde, 1813/1965, S. 449–458) und „Heilkunde des Begehrungsvermögens“ (vgl. ebd., S. 583–620). Milde betont hier die enge inhaltliche Beziehung von Pädagogik/Psychologie und Medizin und kann diesbezüglich auch als Pionier interdisziplinären Denkens angesehen werden, hält er doch medizinische und psychologische Kenntnisse für Lehrer und Erzieher als unerlässlich und sieht überhaupt Parallelen in der Tätigkeit des

Pädagogen und des Arztes, wenn er auch beide Sozialberufe voneinander deutlich abgrenzt:

Ist der Zustand eine eigentliche Geisteskrankheit, so ist die psychische Heilmethode notwendig, und die Heilung wird eine Sache des Erziehers; hat der Zustand dagegen im Körper seinen Grund, so ist die Heilung eine Sache des Arztes und kann nur durch physische Mittel bewirket werden. (Milde, 1811/1965, S. 294)

Im Folgenden wird exemplarisch Mildes „Heilkunde der formellen Gebrechen der intellektuellen Anlagen“ analysiert. Der österreichische Pädagoge differenziert hier zwischen „Geistes- und Seelenkrankheiten“ und betont dabei die Einheit von Physis und Psyche:

Der Grund der Gebrechen der intellektuellen Anlagen lieget oft in dem Zustande des Körpers, der durch seine enge Verbindung mit der Seele und durch seinen mächtigen, nicht zu hindernden Einfluß die Funktionen der Geisteskräfte zu stören und zu hindern im Stande ist. (Milde, 1811/1965, S. 293)

Milde kritisiert in diesem Zusammenhang die Vernachlässigung sonder- und heilpädagogischer Aspekte in der erziehungswissenschaftlichen Literatur und hebt die „Wichtigkeit dieses Zweiges der Erziehung“ hervor: „Man hat bisher selten in der Erziehungslehre an die Gebrechen der intellektuellen Anlagen gedacht, und noch seltener in der Wirklichkeit die Heilung derselben sich angelegen sein lassen“ (ebd., S. 294). Der Wiener Professor für Erziehungskunde entwickelt in seinem Lehrbuch eine der ersten systematischen Theorien der Sonder- und Heilpädagogik, wobei er die Ursachen der Behinderungen nicht nur im Individuum, sondern auch im sozialen Umfeld des Betroffenen sucht und damit erstmals die sozialpädagogische Dimension der Behinderten-Problematik in den Mittelpunkt der Betrachtung stellt:

Der Stumpfsinn des äußern, der Schlummer des innern Sinnes, die Gedankenlosigkeit, die Vergeßlichkeit, die Einfalt sind bei vielen Kindern nur die Folge des Mangels an Erregung und Übung. Der Geist bedarf so wie der Körper einer Nahrung, nur der Nahrung einer andern Art; mangelt diese, so wird er geschwächet und entkräftet werden oder ganz zu Grunde gehen. Man glaube ja nicht, daß die Natur die Kinder der Landleute stiefmütterlich mit Geistesgaben ausgerüstet hat. Hätten sie die Kultur und Nahrung der Kinder vornehmer Familien, wir würden oft die Stärke des Geistes derjenigen bewundern, deren Einfalt wir bemitleiden. (ebd., S. 301)

Nach Mildes Vorstellungen sollte jeder Lehrer und Erzieher über ein Mindestmaß sonder- und heilpädagogischer Kenntnisse verfügen, denn „Gebrechen des Geistes“ sind bei Kindern und Jugendlichen ziemlich häufig zu finden, zumal sie nicht selten eine Konsequenz der geistigen und kulturellen Verarmung breiter Teile der Bevölkerung, vor allem auf dem Lande, sind:

> Diesen Gebrechen könnte man oft vorbeugen, oft mit leichter Mühe denselben abhelfen, wenn diejenigen, in deren Händen die Bildung des Kopfes der Jugend ist, vertraut mit der Natur des menschlichen Geistes die Gebrechen erkennen würden und zu heilen verständen. Allein wie selten ist dies der Fall! (ebd., S. 245)

Die Lehrer- und Erzieherbildung sollte deshalb um heilpädagogische Kenntnisse erweitert werden, ohne dabei um Vollständigkeit resp. Detailwissen bemüht zu sein:

> Es kann zwar nicht von jedem Erzieher eine vollständige Kenntnis der Kennzeichen, der Quellen, der Heilmittel und der Heilmethode aller auch der seltensten und schweresten Geisteskrankheiten gefordert werden; allein ganz sollte doch keiner von denen, die die Bildung des Kopfes zu ihrem Geschäfte machen, ein Fremdling in der Pathologie des menschlichen Geistes sein. So viel könnte und sollte jeder wissen, als erfordert wird, um wenigstens das Übel zu erkennen, dasselbe nicht zu vergrößern, um das Bedürfnis zu fühlen, andere um Rat zu fragen, wenn man dem Übel abzuhelfen nicht im Stande ist. (ebd., S. 295)

Mildes Forderung nach einer stärkeren Integration sonder- und heilpädagogischen Wissens in die Lehrer- und Erzieherbildung wurde zu seinen Lebzeiten zwar nicht realisiert, er hat jedoch wesentlich dazu beigetragen, „daß Österreich sich schon früh der Lernbehinderten annahm und in unserem Land beispielhafte heilpädagogische Theorien entwickelt wurden“; darüber hinaus hat er überhaupt „auf dem Gebiete der Sozialpädagogik“ in weiterem Sinne „beachtenswerte Anregungen“ gegeben (Engelbrecht, 1984, S. 216).

Milde behandelt in seinem Lehrbuch nicht nur die Ursachen und Behandlungsmöglichkeiten intellektueller Defizite der Schüler, sondern thematisiert auch das weite Feld von emotionalen Störungen im Kindheits- und Jugendalter, in seiner Terminologie die „Gebrechen des Gefühlsvermögens“. Auch darüber sollte der Lehrer und Erzieher Bescheid wissen, um situativ adäquat pädagogisch-didaktisch handeln resp. intervenieren zu können:

> Der Erzieher muß daher sich eine richtige Kenntnis der Ausartungen der Gefühle und der Kennzeichen dieser Ausartungen erwerben, er muß die Quellen derselben und die Heilmittel kennen zu lernen suchen, damit er seinem Amte auch bei dieser an sich und wegen ihres mächtigen Einflusses auf die Denk- und Gesinnungsart des Menschen so wichtigen Anlage Genüge leisten kann. (Milde, 1813/1965, S. 449)

Defizite in der emotionalen Entwicklung von Kindern und Jugendlichen haben nach Mildes Theorie nicht selten ihre Ursachen im sozialen Umfeld der Heranwachsenden:

> In dem Herzen vieler Kinder werden die sympathetischen oder moralischen Gefühle durch eine zweckwidrige Behandlung, durch das Beispiel der Ältern, durch Lektüre und Schauspiele oder durch widrige Schicksale erstickt. Keinen Menschen hat die Natur, aber manchen hat sein Schicksal zum Menschenfeinde gemacht. (ebd., S. 452)

Auch dieses Zitat belegt, in welch hohem Maße Mildes sonder- und heilpädagogische Theorie als integrierender Bestandteil seiner tendenziell umfassend angelegten sozialpädagogischen Konzepte, denen auch seine tiefgreifenden und empirisch fundierten schulpädagogischen und unterrichtstheoretischen Reflexionen untergeordnet sind, anzusehen ist. Denn gerade der sozialpädagogischen Institution Schule als öffentlicher Bildungseinrichtung ordnet Milde hier eine sozialpolitisch wichtige Funktion zu, nämlich „Kindern armer Ältern [...] einen besonders zweckmäßigen Unterricht unentgeltlich" zu erteilen, wobei die positive Wirkung der allgemeinen öffentlichen Volksschule im Sinne humanistischer und emanzipatorischer Menschenbildung nicht durch die „erniedrigende und parteiische Behandlung der armen Mitschüler" zunichtegemacht werden dürfe (Milde, 1811/1965, S. 386). Jedenfalls sollte nach Mildes Konzeption nicht zuletzt aus sozialen resp. sozialpädagogischen Erwägungen dem öffentlichen Unterricht gegenüber der Privaterziehung der Vorzug gegeben werden.

4 Soziale Arbeit in der Praxis: Mildes Beiträge zur Humanisierung des Strafvollzuges in Österreich

Wie aus Mildes Biografie und Schriften hervorgeht, ergänzten sich Theologie und Pädagogik im Lebenswerk des Wiener Professors auf fruchtbare

Weise. Insbesondere stehen Mildes sozialpädagogische Aktivitäten in engem Zusammenhang mit seinem Beruf als Seelsorger, durch den er auch mit der Problematik des Strafvollzuges konfrontiert wurde. Am 20. April 1810 hatte nämlich Kaiser Franz I. angeordnet, in allen österreichischen Gefängnissen Geistliche anzustellen, und Milde mit der Ausarbeitung einer Instruktion für die Gefängnisseelsorger beauftragt (vgl. Stipsits, 2006, S. 225). Milde kam diesem Auftrag nach und avancierte zum Begründer der Kriminalpädagogik in Österreich, die insofern als Teil der Sozialen Arbeit anzusehen ist, als es dabei doch primär um die Resozialisierung von Strafgefangenen geht. Milde sah darin in der Hauptsache eine pädagogische und erst in zweiter Linie eine seelsorgerische Aufgabe, und zwar die „Erziehung“ der Strafgefangenen zu rechtschaffenen Bürgern, die durch die geistliche Arbeit unterstützt werden sollte. In seinen drei Schriften zur Gefängnisseelsorge beschäftigte sich Milde eingehend mit dieser „Sonderform der Erziehung“ (Bauer, 1928, S. 28). Mildes Elaborate zur Kriminalpädagogik und Gefangenenseelsorge basierten nicht nur auf umfassender Kenntnis der einschlägigen Literatur, sondern auch auf der Grundlage persönlicher Nachforschungen in den Wiener Gefängnissen. Er hatte nämlich Gespräche mit Seelsorgern, Aufsehern, Verwaltern und Gefangenen geführt und darüber Protokolle angelegt (vgl. Holtstiege, 1971, S. 61). Auf der Basis dieser Vorarbeiten verfasste Milde seine „Ehrfurchtsvolle Darstellung der Hindernisse der Besserung der Polizey und Criminal-Sträflinge“, die er am 12. August 1810 dem Monarchen vorlegte.[3] Darin kritisiert er insbesondere „die äußre Einrichtung der Straförter“, deren Verbesserung „die erste Bedingnis der inneren Besserung der Sträflinge“ darstelle (Milde, zit. n. Wotke, 1902b, S. 33). Freisinnig und offen listet Milde darin die Ursachen für das Scheitern der Besserungsversuche auf: „bloße ‚Aufbewahrung‘ der Verbrecher, körperliche Züchtigung und Arbeit als einziges Besserungsmittel, Gruppen- statt Einzelzellen, negative Auslese und Passivität der Gefängnis-Seelsorger […] keinerlei Übergangshilfen bei der Entlassung“ (Brezinka, 2000, S. 241–242). Milde fordert abschließend den Kaiser auf, die notwendigen Reformen bezüglich der „äußren Organisation“ der Gefängnisse unverzüglich in Angriff zu nehmen, da sonst die moralische Besserung der Strafgefangenen nicht erreicht und die hohe Rückfälligkeitsquote („Ist es nicht traurig, […] daß von 10 Sträflin-

3 Abgedruckt in Krebs, 1922, S. 23–46.

gen, welche Einmahl im Hause sind, gewiß 9 wieder kommen", Milde, zit. n. Wotke, 1902b, S. 3) nicht gesenkt werden könne. Erst wenn dies geschehen ist, sei er bereit, eine „zweckmäßige Instruction für die anzustellenden Geistlichen und eine ordentliche Anleitung der Heilkunde der Krankheiten des menschlichen Herzens" vorzulegen (ebd., S. 39).

Die von der Devise „Bessern statt Strafen" (Stipsits, 2006, S. 227) geleitete kriminalpädagogische Abhandlung Mildes blieb zunächst unbearbeitet, denn erst im Februar 1813 nahm die Hofkanzlei dazu Stellung und bewertete in ihrem Gutachten „diesen Aufsatz (als) vortrefflich; der Verfasser hat darin Beweise seiner Menschenkenntniß, Wahrheitsliebe und Humanität gegeben" und sich als „erfahrener, praktisch und wissenschaftlich gebildeter Mann" erwiesen (zit. n. Wotke, 1902b, S. 40). Mildes Abhandlung war also durchaus positiv aufgenommen worden, die von ihm vorgeschlagenen Reformen wurden allerdings nicht realisiert. Als er deshalb im Oktober 1815 von der Hofkanzlei aufgefordert wurde, eine Instruktion für die Seelsorger in den Gefängnissen zu verfassen, äußerte er in einem Schreiben an Fürsterzbischof Graf Hohenwart seine diesbezüglichen Bedenken, an einer „bloßen Scheinverbesserung mitzuwirken", denn „wenn Seine Majestät nicht eine gänzliche Verbesserung der äußern Umstände im Zuchthaus beschlossen haben, wovon ich aber nichts weiß, so wird mit meiner Instruction wenig geholfen sein" (Milde, zit. n. Krebs, 1922, S. 9). Nach mehrmaligem Drängen der Hofkanzlei reichte er schließlich im November 1817 zwei Entwürfe ein, und zwar eine „Allgemeine Anleitung zur Seelsorge in Strafhäusern"[4] und eine „Spezielle Instruction für die Seelsorger des niederösterreichischen Provinzialstrafhauses"[5]. Wie schon in seiner Abhandlung von 1810 plädierte Milde auch in diesen beiden Schriften für eine Humanisierung des Strafvollzuges. Sein primäres Ziel war die Resozialisierung der Strafgefangenen, die er durch seelsorgliche Betreuung, Unterricht, psychologische Behandlung und Entlassenenfürsorge erreichen wollte. Dabei betonte er außerdem die Bedeutsamkeit der „äußeren Zucht" für eine erfolgreiche Resozialisierung von Strafgefangenen:

> Die äußere Zucht, welche negative, schädliche Einwirkungen hindern und die Sträflinge positiv an ein bestimmtes äußeres Verhalten durch physischen Zwang anhalten, ihnen gewisse äußere Handlungen, z. B. Reinlichkeit, Schamhaftigkeit,

---

4 Abgedruckt in Krebs, 1922, S. 67–177.

5 Abgedruckt in Krebs, 1922, S. 47–66.

Gehorsam, Arbeitsamkeit, Ordnungslieben, Verträglichkeit, Mäßigkeit, Genügsamkeit zur Gewohnheit machen soll, bis sie innerlich gebessert aus eigenen und höheren Antrieben gut und pflichtmäßig zu handeln im Stande sind. Die äußere Zucht ist die Vorläuferin und Begleiterin der inneren Besserung und soll daher stets in Harmonie mit dieser sein. (Milde, zit. n. Krebs, 1922, S. 102)

Milde regte aber auch die Schaffung von Büchersammlungen für Gefängnisse an, wobei er primär aus (sozial-)pädagogischen Erwägungen allgemeinbildenden Werken den Vorzug gegenüber religiös-erbaulichen gab: „Ich habe absichtlich keine Predigten oder Meditationsbücher vorgeschlagen, weil diese Faulenzer die Tätigkeit der Seelsorger lähmen und sie von den eigenen Ausarbeitungen abhalten könnten, welches unerläßlich ist, wenn etwas Zweckmäßiges geleistet werden soll". (Milde, zit. n. Krebs, 1922, S. 12)

Die Entwürfe des österreichischen Pädagogen und Theologen fanden wiederum die Anerkennung der Regierungsstellen. Staatsrat Martin Lorenz etwa lobte in seinem Gutachten insbesondere die „ausgebreitete Sachkenntnis und tiefe Gründlichkeit" des Verfassers, der sich hier – wie in „allen von ihm noch gelieferten pädagogischen, religiösen und sittlichen Bildungsschriften" – als ein „tief und gründlich denkender, in den Charakter und die Gemütsart der gewöhnlichen Sträflinge, denen der Unterricht in der Religions- und Sittenlehre mit Erfolg in Absicht auf ihre künftige Besserung erteilt werden soll, ganz einstudierter Mann" erwiesen habe (Lorenz, zit. n. Krebs, 1922, S. 14). Trotz dieser positiven Aufnahme durch die Regierungsbehörden hatten Mildes Entwürfe keine konkreten Auswirkungen auf die Strafrechtspflege und den Strafvollzug in Österreich. Die einzige effektive Maßnahme bestand in der Pensionierung der beiden bisherigen bereits über 60 Jahre alten Wiener Gefängnisseelsorger und der Ernennung neuer, jüngerer durch Kaiser Franz I. (vgl. Krebs, 1922, S. 8)

Milde war mit seinem sozialen Engagement, seinen sozial- und kriminalpädagogischen Entwürfen und Konzepten seiner Zeit offenbar zu weit voraus: „Sein [Mildes, der Verf.] Verständnis und sein Einsatz für die Armen, Schwachen, Lernbehinderten und sogar die Außenseiter der Gesellschaft überschritten freilich häufig die Vorstellungsmöglichkeiten vieler seiner Zeitgenossen" (Engelbrecht, 1995, S. 202). Denn erst 1844 wurden seine Gedanken zumindest partiell realisiert (vgl. Strack, 1971, S. 140). Mildes Schriften zur Gefangenenseelsorge blieben jedenfalls durch ihre geradezu vorbildhafte Verbindung von Theorie und Praxis sowohl für die Theologie als auch für die Pädagogik bis ins 20. Jahrhundert richtungsweisend, denn „sie haben wissenschaftlichen und praktischen Wert und tragen dazu bei, die Persönlichkeit Mildes gründlicher, als bisher möglich war, kennen zu lernen" (Krebs, 1922, Vorwort, o. S.). Sie sind auch als frühe Zeugnisse für die theoretische und praktische Grundlegung des Fachbereichs Soziale Arbeit in Österreich anzusehen. Jedenfalls definieren sie die Funktion des (Gefangenen-)Seelsorgers im 19. Jahrhundert weitgehend ident mit jener einer Sozialpädagogin/eines Sozialpädagogen im 21. Jahrhundert, weshalb bis zur Gegenwart partielle Nachwirkungen von Mildes Schriften zur Kriminalpädagogik auf die Betreuung von Straftätern in Österreich (vgl. dazu Brucker, 2019) zu konstatieren sind.

Literaturverzeichnis

Bauer, M. (1928). *Vincenz Eduard Milde. Gehalt, Quellen und Wirkungen seiner Pädagogik*. Langensalza: Bayer.

Blankertz, H. (1982). *Die Geschichte der Pädagogik. Von der Aufklärung bis zur Gegenwart*. Wetzlar: Büchse der Pandora.

Breinbauer, I. M., Grimm, G. u. Jäggle, M. (Hrsg.) (2006). *Milde revisited. Vincenz Eduard Mildes Wirken aus der Sicht der modernen Erziehungswissenschaft,* Wien: Lit.

Brezinka, W. (1995a). Die Geschichte des Faches Pädagogik an den österreichischen Universitäten von 1805 bis 1970. *Paedagogica Historica. International Journal of the History of Education. New Series*, *XXXI*(2), 407–444.

Brezinka, W. (1995b). Geschichte des Faches Pädagogik an der Universität Wien von 1805 bis 1956. *Mitteilungen der Österreichischen Gesellschaft für Wissenschaftsgeschichte*, *15*, 67–78.

Brezinka, W. (2000). *Pädagogik in Österreich. Die Geschichte des Faches an den Universitäten vom 18. bis zum Ende des 20. Jahrhunderts. Band 1: Einleitung: Schulwesen, Universitäten und Pädagogik im Habsburger-Reich und in der Republik. Pädagogik an der Universität Wien.* Wien: Österreichische Akademie der Wissenschaften.

Brucker, L. (2019). *Die Nachwirkungen von Vincenz Eduard Mildes Konzeption der Kriminalpädagogik auf die heutige Betreuung von jugendlichen Straftätern mit besonderem Blick auf die Justizanstalt Gerasdorf* [unveröffentliche Masterarbeit]. Alpen-Adria-Universität Klagenfurt.

Caruso, M. (2019). *Geschichte der Bildung und Erziehung. Medienentwicklung und Medienwandel*. Paderborn: Schöningh.

Engelbrecht, H. (1967). Die Philosophische Lehranstalt zu Krems unter der Direktion Vincenz Eduard Mildes. *Mitteilungen des Kremser Stadtarchivs, 7*, 131–176.

Engelbrecht, H. (1968). Vincenz Eduard Milde als Schul-Districts-Aufseher. *Mitteilungen des Kremser Stadtarchivs, 8*, 41–76.

Engelbrecht, H. (1984). *Geschichte des österreichischen Bildungswesens. Erziehung und Unterricht auf dem Boden Österreichs. Band 3: Von der frühen Aufklärung bis zum Vormärz*. Wien: Österreichischer Bundesverlag.

Engelbrecht, H. (1995). *Erziehung und Unterricht im Bild. Zur Geschichte des österreichischen Bildungswesens*. Wien: ÖBV Pädagogischer Verlag.

Fischer, K. G. (1965). Vincenz Eduard Milde – Ein Pädagoge? In: V. E. Milde (Hrsg.), *Lehrbuch der allgemeinen Erziehungskunde (I. und II. Teil in einem Band)* (S. 691–711). Paderborn: Schöningh.

Fuchs, B. (2019). *Geschichte des pädagogischen Denkens*. Opladen u. Toronto: Barbara Budrich.

Grimm, G. (2003). Vincenz Eduard Milde als Pionier der Sozialpädagogik in Österreich im frühen 19. Jahrhundert. In: K. Lauermann u. G. Knapp (Hrsg.), *Sozialpädagogik in Österreich. Perspektiven in Theorie und Praxis* (S. 43–61). Klagenfurt, Ljubljana u. Wien: Mohorjeva Hermagoras.

Holtstiege, H. (1971). *Die Pädagogik Vincenz Eduard Mildes 1777–1853*. Wien: Wiener Domverlag.

Hörburger, F. (1967). *Geschichte der Erziehung und des Unterrichts*. Wien: Österreichischer Bundesverlag.

Koerrenz, R., Kenklies, K., Kauhaus, H. u. Schwarzkopf, M. (2017). *Geschichte der Pädagogik*. Paderborn: Schöningh.

Krebs, L. (Hrsg.) (1922). *Vinzenz Eduard Milde und die Seelsorge in Strafhäusern. Mildes Schriften über die Seelsorge in Strafhäusern*. Wien: Herold.

Krebs, L. (1925). *Vinzenz Eduard Milde in seiner Bedeutung für den Religionsunterricht*. Wien: Mayer.

Lischewski, A. (2014). *Meilensteine der Pädagogik. Geschichte der Pädagogik nach Personen, Werk und Wirkung*. Stuttgart: Kröner.

Locke, J. (1693/1966). *Gedanken über Erziehung* (Übersetzt und hrsg. von H. Wohlers, 2. Auflage). Bad Heilbrunn/Obb.: Klinkhardt.

März, F. (1998). *Personengeschichte der Pädagogik. Ideen – Initiativen – Illusionen*. Bad Heilbrunn/Obb.: Klinkhardt.

Milde, V. E. (1811/1813). *Lehrbuch der allgemeinen Erziehungskunde zum Gebrauche der öffentlichen Vorlesungen. Erster Theil: Von der Cultur der phy-*

sischen und der intellectuellen Anlagen. Zweyter Theil: Von der Cultur des Gefühls- und Begehrungsvermögen. Wien: Kaulfuß und Armbruster.

Milde, V. E. (1821). *Lehrbuch der allgemeinen Erziehungskunde im Auszuge. Als Leitfaden bey den öffentlichen Vorlesungen. 2 Theile.* Wien: Kaulfuß und Armbruster.

Milde, V. E. (1811/1813/1965). *Lehrbuch der allgemeinen Erziehungskunde (I. und II. Teil in einem Band)* (Besorgt von K. G. Fischer). Paderborn: Schöningh.

Reble, A. (1999). *Geschichte der Pädagogik* (19. durchgesehene Auflage). Stuttgart: Klett-Cotta.

Stipsits, R. (2006). Milde im Strafvollzug. Eine Sozialpädagogische Deutung der Criminalpädagogischen Schriften V. E. Mildes. In: I. M. Breinbauer, G. Grimm u. M. Jäggle (Hrsg.), *Milde revisited. Vincenz Eduard Mildes Wirken aus der Sicht der modernen Erziehungswissenschaft* (S. 221–237). Wien: Lit.

Strack, G. (1971). *Vinzenz Eduard Milde. Biographische Darstellung seines pädagogischen Denkens und seines Systems.* [Phil. Dissertation]. Karl-Franzens-Universität Graz.

Tenorth, H.-E. (2008). *Geschichte der Erziehung. Einführung in die Grundzüge ihrer neuzeitlichen Entwicklung* (4. erweiterte Auflage). Weinheim u. München: Juventa.

Trapp, E. C. (1780/1977). *Versuch einer Pädagogik* (Unveränderter Nachdruck der 1. Ausgabe Berlin 1780, besorgt von U. Herrmann). Paderborn: Schöningh.

Wotke, K. (1902a). *Vincenz Eduard Milde als Pädagoge und sein Verhältnis zu den geistigen Strömungen seiner Zeit. Eine cultur- und quellengeschichtliche Einleitung in seine „Erziehungskunde“.* Wien u. Leipzig: Braumüller.

Wotke, K. (1902b). Zwei Milde-Reliquien. I. Milde als Reformator des Gefängniswesens. II. Milde als Historiker. *Zeitschrift des deutschen Vereines für die Geschichte Mährens und Schlesiens, 6*(1), S. 29–46.

V Die Wirklichkeit des Nichtbenannten – Sozialpädagogik im Wien des beginnenden 20. Jahrhunderts

Michael Winkler

Immerhin: Josef Manner hatte die Neapolitaner-Schnitten schon erfunden, die feinen Waffeln in mehreren Lagen, gefüllt mit feiner Haselnuss-Schokoladencreme. 1890 hatte er die „Chokoladenfabrik Josef Manner" gegründet, keine zehn Jahre später war das feine Gebäck mit seiner Rezeptur urkundlich registriert. Sein Siegeszug ließ sich kaum aufhalten, allzumal dank des Geniestreichs, mehrere Einzelwaffeln so miteinander in einer Packung zu verbinden, dass an ein Aufhören nicht zu denken war. Selbst im Kaiserhaus waren sie beliebt, obwohl Manner der Status des Hoflieferanten verwehrt wurde. Eine höhere Instanz hatte das Gebäck jedoch schon ausgezeichnet: Manner durfte seit 1899 den Stephansdom als Firmenlogo verwenden.

Die Manner-Schnitte, ein Dessert so zwischendurch, gerne im Café. Sie sollte bleiben, bis heute, Symbol einer Kontinuität, die sich ansonsten nicht so leicht zu erkennen gibt: Österreich, Wien insbesondere, wird gerne mit dem Etikett der Moderne, wenigstens des Aufbruchs zu ihr, manchmal mit dem vom Ende verbunden. Aber das suggeriert eine Einheit und Eindeutigkeit, einen Zusammenhang, den es so nicht gibt – oder vielleicht doch. Österreichs Geschichte, die Wiener ganz besonders, lässt sich nur als die einer Verbindung von Unterschieden begreifen, als Gleichzeitigkeit des Ungleichzeitigen. Eine Geschichte der Brüche, des Auseinanderstrebens in Anziehung, Möglichkeit des Unmöglichen. Vielleicht sogar als die einer Sichtbarkeit des Latenten, des Hervordrängens eines diffus Hintergründigen auf die Vorderbühne, um in den Orchestergraben abzustürzen, das im heiligen Schauder zu genießen wusste, lustvoll ablehnend, wie Arthur Schnitzler vielfach das erleben musste. Wiederum bis zur Gegenwart: „Heite grob ma Tote aus", erinnert Voodoo Jürgens, der jedoch aus Tulln stammt.

Was das alles mit Sozialpädagogik zu tun hat? Manner-Schnitten? Wenn sie nicht vorher aufgegessen sind, ein paar Brösel auf dem Tisch und der Hose zurückbleiben, ein Hauch der Schokolade an den Fingern Spuren hinterlässt, stehen sie für den roten Faden, den es eben doch nicht gibt, zumindest nicht in der seriösen Weise, die gemeinhin als Wissenschaft bezeichnet wird. Eine Geschichte der Sozialpädagogik Österreichs fehlt noch (vgl. aber Scheipl, 2018, bes. S. 1424, Scheipl, 2007). Vielleicht aus dem seltsamen Grund, dass häufig ein deutscher Blick die historiografischen Darstellungen verzerrt, wenn sie sich mit Österreichs Pädagogik befassen. Sieht man nämlich davon ab, dass Herbarts immenser Einfluss auf die Debatten um Schule im gesamten Habsburger-Reich inzwischen erkannt ist, blieb bislang die Eigenständigkeit unbegriffen, die sich in Philosophie, Pädagogik, Medizin und Naturwissenschaften um die Wende zum 20. Jahrhundert in diesem gezeigt hat, nach dem Krieg in dem Rumpfstaat – den niemand haben wollte, der aber vielleicht unterschätzt wurde (vgl. Portisch, 1989) – übrig blieb. Österreich denkt und handelt anders, nutzt andere Begriffe und andere organisatorische wie sozialpolitische Vorstellungen, als dies im Deutschen Reich in der Weimarer Republik der Fall war.

Politisch überrascht das kaum. In philosophischer, wissenschaftlicher und kultureller Hinsicht aber muss es hervorgehoben werden, ebenso wie in pädagogischen Fragestellungen und Perspektiven. Obwohl eine Gemeinsamkeit darin zu erkennen ist, die freilich weltweit anzutreffende Reformpädagogik als wichtiges Motiv und Antrieb zu verfolgen, zeigt sich diese zumindest in Wien pragmatischer ausgerichtet, näher zu den Lebenswelten und zur Lebenswirklichkeit. Vor allem aber fehlt nahezu vollständig der Begründungszusammenhang, der in Deutschland mit der Geisteswissenschaftlichen Pädagogik bestand und dann länger als ein halbes Jahrhundert wirksam werden sollte. Selbst wenn man die großartige, einmalige und vorbildliche Leistung in Rechnung stellt, die in der Weimarer Republik durch das Reichsjugendwohlfahrtsgesetz und die Schaffung einer eigenen Jugendbehörde in Gestalt des Jugendamts verwirklicht wurde, möchte man doch spöttisch notieren, dass in Deutschland die Pädagogik stets kulturphilosophisch aufgeladen war, während man in Wien Häuser für die Arbeiterschaft baute und ihrer Jugend Schwimmbäder einrichtete.

Warum aber die Manner-Schnitte? Zwei Gründe legen nahe, diese als einen – wenn man so will – Running Gag für die Darstellung zu wählen[1]:

Zum einen stellt die Waffelschnitte ein kulturelles Artefakt dar, kulinarisch zuerst, damit den wesentlichen menschlichen Lebensfunktionen näher als manch andere Vorstellung von Sozialpädagogik. Ein wenig emphatisch formuliert hat sie zu tun mit dem, was man ein besseres Leben nennen könnte, einen – wie es Hans Thiersch formuliert – gelingenderen Alltag; einen Alltag, der lebensweltlich geerdet und eingebettet sich vollzieht zwischen den Anforderungen von Leiblichkeit und Gesundheit für alle und jeden Einzelnen; einen Alltag, den seelisches Wohlbefinden, sicheres Wohnen, gute Ernährung und nicht zuletzt Perspektiven für den eigenen Nachwuchs auszeichnen; kein Reichtum, doch so etwas wie eine Normalität des Glücks (vgl. neuerdings: Noack Napoles, 2020). Um Begriffe aufzugreifen, die in der Sozialen Arbeit fast keine Rolle mehr spielen, weil sie sich zunehmend an der Produktion von Wohlfahrt ausrichtet, möglichst gewinnbringend. Es geht um eine Idee des guten Lebens. Einen Alltag, wie ihn Henri Lefèbvre schon vor Jahrzehnten (1972) andeutete und der kürzlich von Richard Sennett als Ethik der Stadt entworfen wurde. Die kleine Manner-Schnitte mag dafür als Symbol gelten.

Der andere Grund klingt ironisch. Die Waffel stellt hier das methodologisch gemeinte Bindeglied zwischen Entwicklungen dar, welche sich fast parallel vollzogen haben, ohne dass die Verbindungen bislang sichtbar wurden; Netzwerkanalysen fehlen, die einen Zusammenhang zwischen dem in sich noch vielfach differenzierten Epochenbruch, dem nur vordergründig bloß philosophischen Gespräch, das als Wiener Kreis bekannt ist, dem Roten Wien und endlich der pädagogischen Praxis und Theorie des Siegfried Bernfeld herstellen. Soll der Zeitgeist in Anspruch genommen werden? Das wäre ein heikler Ansatz, weil die Dokumente fehlen, die wenigstens eine Verbindung zwischen den Beteiligten nahelegen. Vermutlich

[1] In Wirklichkeit verdanke ich die Anregung den schönen Kriminalromanen um den jungen Arzt und Anhänger Freuds Max Liebermann sowie den Polizeiinspektor Oskar Rheinhardt, die Frank Tallis geschrieben hat; dort kommen die Manner-Schnitten immerhin schon vor.

erweist sich das Café Central als der Ort (Edmonds, 2020), an dem sich alle Personen über den Weg liefen, in jener Institution also, von der Stefan Zweig in „Die Welt von Gestern“ schwärmte, dass zu diesem demokratischen Klub jeder für den Preis einer Tasse Kaffee Zugang hatte. Dennoch kann man die Zusammenhänge nur behaupten, um am Ende eine Geschichte zu erzählen, die sich um die Manner-Schnitten rankt. Ansonsten muss man sich eigentlich dem Satz verpflichten, mit dem Ludwig Wittgenstein seinen Tractatus beendete: „Wovon man nicht sprechen kann, darüber muß man schweigen“ (Wittgenstein, 1969, S. 83). Karl Kraus hätte indes entgegengehalten: Man muss zumindest widersprechen.

Wittgenstein macht es einem nicht wirklich leicht. Vielleicht spielt eben deshalb die hier gewählte Überschrift auf ihn an: Die Wirklichkeit des Nichtbenannten. Das ist erneut methodologisch gemeint, als Aufforderung, Verbindungen zu denken, die sich nicht belegen lassen. Es muss sie aber geben, zumal die engagierten Kreise kleiner waren, als man sich das vorstellt. Wittgensteins Satz lässt sich daher als Aufforderung lesen, in Worte zu fassen, was sich nicht so sicher nachweisen lässt – die später von ihm entwickelte Idee des Sprachspiels erweist sich im *Tractatus* angelegt: Es ist wahrscheinlich, dass zwischen den Modernisten unter den Künstlern und Architekten wie Otto Wagner oder Adolf Loos Kontakte bestanden haben – und sei es nur in der gemeinsam erlittenen Ablehnung durch den Hof; Denker wie Popper (der als Lehrer den Reformprojekten Glöckels folgte) oder Neurath kannten sich. Tandler und Glöckel standen sich nahe, waren mit den Universitätskreisen kraft ihres Amtes vertraut, Bernfeld war den Psychoanalytikern verbunden, zudem den zionistischen Kreisen mit ihren sozialistischen Ideen. Es liegt nahe, dass das kleine Gebäck sie zumindest in den Cafés näherbrachte, die Heim- und Begegnungsstätten der Kultur und Intelligenz, aber auch der Politik geworden waren; sie fanden hier das zweite, das eigentliche Wohnzimmer, wie das viele Wiener taten. Ein Raum der Begegnung war der sogenannte Sprechsaal, den Bernfeld in der (familiären) Firma im Stoß im Himmel gründete, dem Beispiel zahlreicher anderer Schüler- und Studentenorganisationen folgend; er wollte ein „Zentrum freier geistiger Betätigung der Wiener Mittelschülerschaft“ schaffen (Bernfeld, 1913/1994, SW 2, S. 35). Es sollte den „freien Verkehr“ zwischen Schülern, Studierenden und nicht zuletzt jungen Wissenschaftlern ermöglichen, die hier erstmals Entwürfe ihrer später wegweisenden Forschungsprojekte präsentierten. Der Wiener Sprechsaal wurde Anziehungspunkt für viele Intellektuelle, so etwa auch für Norbert Elias.

Die Wirklichkeit des Nichtbenannten – zu ihr gehört schließlich die bittere Einsicht, dass vieles nicht (mehr) bekannt ist, weil der Holocaust nachwirkt: Die Protagonisten des Geschehens waren häufig, sogar meist Juden. Nicht nur, dass sie schrecklichste Angriffe erleiden mussten, wie Julius Tandler. Sie wurden vertrieben – und als ob das nicht schrecklich genug war, wurde die Erinnerung an sie getilgt.

1 Der Epochenbruch

Der historische Zusammenhang kann nur angedeutet werden, ein paar Stichworte sollen reichen: Die entscheidende Formel hat wohl Jacques Le Rider geprägt, wenn er vom Ende der Illusion spricht (Le Rider, 1990) und die vielgerühmte Moderne des beginnenden 20. Jahrhunderts als eine Krise der Identitäten bezeichnet. Die k. u. k. Monarchie war längst ein Land der zugespitzten Widersprüche geworden, in mancher Hinsicht eine Kulissenwirklichkeit, in der seltsamen Paradoxie, dass mit dieser doch Prosperität und Wohlstand, künstlerischer Glanz und Lebensglück einhergingen. Für manche. Johnston spricht das in seiner herausragenden und maßgebenden Geistesgeschichte „The Austrian Mind“ aus: „The Longevity of Fragility: The World of Security and its Cassandras“ (Johnston, 1983, S. 30).

Die Zeit um 1900 galt schon für die Zeitgenossen als Epochenbruch. Ambivalenz prägte sie: Einerseits bestand das alte Österreich fort, ein Weltreich mit eigener Kriegsflotte, höfisch geprägt, autoritär und durch das Militär bestimmt; längst zur Fassade geworden, in glänzenden Uniformen, die einer vergangenen Zeit angehörten, dennoch brutal aufrechterhalten – Robert Musil hat darüber geschrieben. Nebenbei: Musil hatte über Ernst Mach promoviert, mithin über den Physiker, der als eigentlicher Begründer der modernen österreichischen Philosophie und Namensgeber des Wiener Kreises gilt. Der Hofstaat zeigte sich prachtvoll, des Kaisers Bilder und Worte waren geradezu omnipräsent, klangen aber schon hohl. Das Reich war Hülle, aus der Verwesungsgestank hervorquoll. Andererseits technischer Aufbruch, symbolisiert in der 1873 zur Weltausstellung im Prater errichteten Rotunde, bis über die Mitte des 19. Jahrhunderts hinaus größter Kuppelbau der Welt. Eine Sensation – so schlecht gebaut, dass der Bau

1937 innerhalb kurzer Zeit einem Brand zum Opfer fiel, der selbst von der ältesten Berufsfeuerwehr der Welt nicht gelöscht werden konnte. Doch schon 1881 hatte ein Brand mit Symbolcharakter das Land erschüttert. Am 8. Dezember fiel das Ringtheater einem verheerenden Feuer zum Opfer, über 300 Tote sind offiziell zugestanden worden, angeblich waren bis zu 1.000 Tote zu beklagen – und doch verkündete man: Alle gerettet!

Die Apokalypse war präsent wie der Fortschritt, oft umstritten wie die Wiener Stadtbahn, die noch Verbindungsbahn hieß. Der Architekt Otto Wagner hatte ihre Bauten als ein urbanes Großkunstwerk geschaffen (vgl. Varnedoe, 1993), ebenso wie die Entwürfe für die Heil- und Pflegeanstalt Steinhof mit ihrer einmaligen Kirche – die noch bis in jedes Detail den Versuch unternahm, den schwer beeinträchtigten Patienten einen sicheren und guten Raum zu schaffen. Selbst auf die Kreuzigungsdarstellung wurde verzichtet, weil sie Ängste auslösen hätte können; über den Bau kam es endgültig zum Zerwürfnis zwischen Otto Wagner und dem Kaiserhaus. Dabei war das schon zum Anziehungspunkt geworden, was als Wiener Moderne dann geradezu weltweit die Kunst bestimmte. Mahler, Schönberg, Loos, Wagner, die Philosophen des Wiener Kreises, Schnitzler, Musil, Klimt – die Liste der Namen will gar nicht enden, die das begründeten, was als die Wiener Moderne gilt (Historisches Museum der Stadt Wien, 1984). Wobei viele Künstler das Schicksal aller teilten: Die überwiegende Mehrheit der Bevölkerung sah sich einer extrem belastenden Situation ausgesetzt, die mit wachsendem Elend und einem massiven Druck einherging. Überlebensnot, die überforderte. Sie eröffnete kaum Perspektiven und machte doch viele sehend, als Künstler, aber auch als politisch interessierte Intellektuelle.

Längst war die Bruchsituation allgegenwärtig. Sie öffnete den Blick, ermöglichte Erkenntnisse und setzte Energien frei – so bitter solches in den Ohren jener klingen würde, die das als Zeitgenossen erlebt haben, die den Ersten Weltkrieg erlebten, den Zusammenbruch des Habsburger-Reichs, revolutionäre Stimmung, die in die verkannte und unterschätzte Republik mündete; wieder Straßenkämpfe, Sozialisten und eine pragmatische Sozialdemokratie, eine galoppierende Inflation, 1927 das Fanal des Justizpalast-Brandes und den langsamen Aufstieg des Faschismus im Ständestaat des Dollfuß. Dennoch: Energien der Erkenntnis und des Handelns: Die Zeitdiagnostiker in der Literatur ahnten ein tief liegendes Drama, den anderen Zustand, eine Existenz ohne Eigenschaften, um auf Robert Musils Werk anzuspielen. Sie sprachen von einem Scheitern des Subjekts, von einem Verlust des Zusammenhangs von Einzelnen und Ganzem, der je nach Perspektive als Zerstörung des Individuums oder als Zusammenbruch des Sozialen gesehen wurde. Die Wiener Kultur der Moderne versucht, „auf den Ruinen des Subjekts eine Identität zu rekonstruieren“ (vgl. Le Rider, 1990, S. 61). Oder auch nicht, wie Arthur Schnitzler in seiner Novellette „Ich“ zeigte: In ihr bleibt das Ich als letzte Vokabel zurück, im pathologischen Falle einer Auflösung aller Momente von Identität.

Ein wenig akademisch klingt das, Literatur eben, Kunst, bei Schnitzler schon medizinisch-psychoanalytisch gefärbt, bei Egon Schiele in eine provozierende und erschütternde ästhetische Sprache gebracht. Denn spätestens mit dem Ende des Ersten Weltkrieges war Wien zu einer tragischen Weltmetropole geworden: Zentrum eines Reiches, das mit dem Untergang der Habsburgermonarchie zusammengebrochen war, eine Großstadt in einem zur Bedeutungslosigkeit geschrumpften Land, kulturell herausragend, sozusagen im Überbau, im Unterbau eine Säule von Flüchtlingen und Verelendeten aus allen Kronländern. Sie hatten Mühe zu überleben. Die andere Säule: Das geschrumpfte Österreich beherbergte rund zwölf Prozent der Gesamtbevölkerung in der Monarchie, war aber doch wirtschaftlich stark, ein Industriestandort mit weiterhin hoher Anziehungskraft (Portisch, 1989, S. 155). Der Reichtum war verführerisch sichtbar, ein Grund vielleicht auch dafür, politische Fantasien eines neuen Großreichs anzufachen, deutschnational. Das alles erzeugte Widersprüche: Karl Lueger wirkte von 1897 bis 1910 als Bürgermeister Wiens und prägte das bis heute wirkende Bild der Stadt – von der Ringstraße bis zum Zentralfriedhof. Metropole. Grüße, aus der Vergangenheit gerettet und nun in eine neue Gestalt gebracht. Lueger stand aber zugleich für einen massiven Antisemitismus. Dabei war Wien durch eine jüdische, meist säkular gewordene Kultur bestimmt, basierend auf wirtschaftlichem Erfolg in Industrie und Bankenwesen. Die Projektion auf andere lag nahe, genauer: eine Konstruktion von anderen, um von einem glanzvollen Elend abzulenken, um an eine Figur von Gerd Ueding anzuknüpfen. Nur hatte das Elend längst katastrophale Ausmaße angenommen; es war Trauma und Wende (Janik u. Toulmin, 1987, S. 319). Obwohl die Bevölkerung Wiens kaum mehr zu ernähren war, strömten weiterhin Migranten in die Stadt, hungrig, verzweifelt und oft vergeblich hoffnungsvoll. In den Vorstädten waren in leer stehenden Fabrikhallen ganze Lager für Arbeiter entstanden, die verzweifelt nach Beschäftigung suchten. Faktisch waren die Märkte für Produkte aller Art zusammengebrochen, in den verlorenen Ländern des Habsburger-Reichs gab es keine oder kaum Nachfrage nach Industrieprodukten, im Rest Österreichs wie in Wien konnte von einem Binnenmarkt keine Rede mehr sein, selbst wenn manche Zahlen erstaunlich waren, die der Autoindustrie etwa oder die der Papierindustrie (Portisch, 1989, S. 157 ff.). Dennoch stand eine Notwirtschaft an, die viererlei zu leisten hatte: Versorgung sicherzustellen, dann eine Perspektive des Lebens zu entwerfen, dazu aber vor allem die Wirtschaft wieder in Gang zu bringen. Endlich aber auch die Ungerechtigkeiten wenigstens so weit zu mildern, die wie überall nach einer sozialen Katastrophe sich wuchernd ausbreiteten. Waren es die letzten Tage der Menschheit?

Hat dieser Blick auf die Katastrophe(n) der Zeit eine Bedeutung für die Soziale Arbeit und ihre Geschichte? Die Antwort lautet schlicht: Ja. Zumindest wenn man zugesteht, dass nicht allein die materiellen, die politisch-ökonomischen Verhältnisse, Macht- und Herrschaftsbeziehungen, sondern eben auch Ideen, geistige Konstellationen, die „Welt 3“ eine Rolle spielen, wie Karl Raimund Popper, einer der Protagonisten im Geschehen, in einem seiner späteren Werke begriff: objektive Erkenntnis, sie hat zu tun mit Ideen, ihrer Kontinuität und ihrem herausfordernden Charakter (Popper, 1973). Denn die Zeitgenossen, die Bevölkerung als Ganze nahmen diese Ereignisse in ihr Alltagsleben, in ihre Gespräche und ihre Deutungen der eigenen Lebensschicksale in der Welt auf. So seltsam das klingt: Die Katastrophe formte den Sinn (übrigens in jeder Hinsicht des Ausdrucks). Insbesondere die Literatur erwies sich als Seismograf für Stimmungen jenseits der materiellen sozialen Situation. Es wäre abwegig, nicht auch für das (sozial-)pädagogische Denken an Karl Kraus zu erinnern, den „spiritus rector“ einer „fundamentalen, aber auf ein positives Neues orientierten Kritik der tradierten und akzeptierten Ausdrucksformen“ (Janik u. Toulmin, S. 81). Karl Kraus erfand in diesem Untergang nicht nur die Satire neu, in aller bisher unbekannten Schärfe, er entwickelte eigentlich die Sprache neu, verschob die Linien zwischen Fortschrittsfreundlichkeit und Konservativität. Vor allem kommentierte er die Zeit, die Gegebenheiten und ihre möglichen Entwicklungen, wirkte zugleich als das, was heute ein

Netzwerker genannt werden würde (vgl. Fischer, 2020, S. 437). Man kann sich kaum vorstellen, dass jemand *Die Fackel* zur Seite legt, allzumal in den Kreisen der Sozialreformer, die sich möglicherweise von einem Konservativen angegriffen fühlten. Aber die Vorzeichen waren ohnehin unklar. Ob es Bezüge zwischen Karl Kraus und dem Roten Wien gab, zu seinen Protagonisten, bleibt offen; selbst die jüngste Biografie nennt keine. Aber Kraus stimmte eine Tonlage an, die der Melancholie und der Raunzerei einen neuen Unterton gab. Ja, vielleicht ein wenig aggressiv, wie er noch heute zu vernehmen ist, wenn man sich abends am Würschtelstand die *Haße* holt und ihr Fett auf den Pullover spritzt.

Am Ende steht das berühmte vom radikalen Modernisten Adolf Loos geschaffene Haus am Michaeler Platz für diesen Epochenbruch, vielleicht sogar mehr als das, was die Künstler der Secession für sich und die Wiener sowie die europäische Kultur geleistet haben. Wobei, bei den Vernissagen wurden wohl die Manner-Schnitten in Schalen bereitgestellt. Zu verführerisch, um nicht im Vorbeigehen doch die eine oder andere zu naschen. Das Loos-Haus war jedenfalls ein Affront: gegenüber der Hofburg, in einem weltbekannten Ensemble, gegenüber der Habsburgermonarchie, gegenüber den Symbolen der Traditionalität, die sich in den neu errichteten Häusern zeigten, die als Ringstraßen-Architektur bis heute den Blick der Touristen auf sich ziehen, mit Kapitälchen über den Fenstern, die an griechische Tempel erinnern sollten (vgl. Abrihan, 2013). Seit der Gründerzeit, genauer von 1840 an, hatte sich die Architektur neu entfaltet, dekorativ. Doch: Ornament ist Mord. Loos machte Ernst mit der von ihm selbst verkündeten Devise. Schnörkellos, funktional, aber eben doch ästhetisch durchdacht, stimmig, mit den besten Materialen realisiert, wie sich den Besuchern schon in der Eingangshalle zeigt. Das Loos-Haus war Symbol: für das Ende der Habsburger-Ära, den Zusammenbruch eines Weltreichs, das nun als kleiner, spärlicher Rest übrig blieb, für Krieg, Not, Elend, für einen Strom von Menschen, die in dieses reiche Wrack einer imperialen Großstadt zogen, die ihnen keine Arche zu bieten hatte. Doch Loos war eben nicht bloß Provokateur. Er hatte zugleich ein fast beispielloses ästhetisches und soziales Programm vor Augen, das als neues Wohnen, bei Loos als Siedlerzeit, bezeichnet wird (vgl. Rukschcio u. Schachel, 1982, S. 229 ff.). Günstige Wohnhäuser für Arbeiter sollten entstehen, mit Küchen und Einbaumöbeln, Badezimmern und Gärten, groß genug, um Selbstversorgung zu ermöglichen. Genial die sogenannte Frankfurter Küche, entworfen von Margarete Schütte-Lihotzky, die übrigens erst 2000 im Alter von 103 Jahren in Wien verstorben ist.

2 Der Wiener Kreis

Der historische und soziale Bruch bildet den Hintergrund und markiert die Problemlage. Doch die Soziale Arbeit, die Sozialpädagogik in ihrer Theorie und in ihrer Praxis lassen sich nur verstehen, wenn man den Ich- und Identitätsverlust vor Augen hat, den am Ende alle erlebten. In der durchaus makabren Form, der Ernst Mach Ausdruck verliehen hatte, nämlich als unrettbares Ich. Manche sahen dies positiver: Zwar spricht Endre Kiss von einem „Tod der k. u. k. Weltordnung", der spätestens mit dem Ersten Weltkrieg eingetreten war, sich aber schon Jahrzehnte davor abzeichnete. Zugleich vollzog sich jedoch eine geistige Entwicklung, eine „zweite Aufklärung" als „Emanzipation auf anthropologischer Grundlage", wie Kiss das Anliegen etwa von Friedrich Jodl beschreibt (Kiss, 1986, S. 76, vgl. 65–193).

Das trifft die Lage, wenn man sich einerseits vergegenwärtigt, wie Emanzipation sich auf die Situation der Juden in Wien bezieht, wobei diese Emanzipation tatsächlich einen universalhumanistischen Anspruch hatte. Andererseits aber – später spricht das Bernfeld aus – meint diese Emanzipation kein abstrakt-philosophisches Programm. Sie wollte konkret verstanden und verwirklicht werden. Fast technokratisch, technisch wenigstens, jedenfalls auf Veränderung menschlichen Lebens gerichtet, auf Rationalisierung, um noch einmal Bernfeld zu bemühen, mit seiner doppeldeutigen Formulierung aus dem *Sisyphos*. Josef Popper-Lynkeus, einer der Wegbereiter solcher Sozialtechnik (vgl. Kiss, 1986, S. 65 ff.), versieht 1899 ein kleines Buch mit einem Titel, der die Sachlage trifft: „Phantasien eines Realisten" (Popper-Lynkeus, 1986); es wurde ein Bestseller, vielleicht weil es wegen seiner pazifistischen Notizen Anstoß erregte und in Österreich-Ungarn verboten war. Die Sammlung von Anekdoten greift große Themen ebenso auf wie Alltagssituationen. Bemerkenswert ist eine kurze Passage zur Pädagogik, weil der Autor mit einer Metapher arbeitet, die der französische Begründer der Soziologie, Emile Durkheim, nahezu gleichzeitig einführte: Erziehung als vollständige Umwandlung in einem Vorgang der

Hypnose. Popper-Lynkeus fordert gleich eine doppelte Hypnose, nämlich die durch die Gesellschaft und eine durch den Gesang (Popper-Lynkeus, 1986). Das klingt zunächst, als ob er Rousseau Reverenz erweisen will, zumindest gegenüber dem des Enzyklopädie-Artikels oder der *Considerations Sur le Gouvernement Pologne*. Dann scheint es auf die Wiener Musik und Walzer-Mentalität anzuspielen. Die Grundidee lautet indes: Menschlichkeit entsteht aus den realen sozialen Verhältnissen in ihrer materialen Objektivität, aber sie kann nicht getrennt werden von den gemeinsam geteilten Denkmustern, die ausgesprochen und lebenspraktisch realisiert werden müssen – eine Einsicht übrigens, die heute der modernen Anthropologie selbstverständlich ist.

Der *Wiener Kreis*, eine lockere Vereinigung von Philosophinnen und Philosophen, eigentlich ein Zirkel, erstmals 1907 gegründet, dann 1923 offiziell etabliert, mit immensem Einfluss auf das philosophische Denken weltweit, initiierte ein wissenschaftliches Programm, das sich vor allem in den angelsächsischen Ländern und in Holland durchsetzte; das moderne Wissenschaftsverständnis und die analytische Philosophie in ihren unterschiedlichen Spielarten haben hier ihren Ursprungsort – in der Wiener Universität oder eher im Café Central, vermutlich bei Manner-Schnitten. Die hier entstandene Denkweise stand im deutlichen Unterschied zur geisteswissenschaftlichen Denkweise in Deutschland und dem strikt methodischen Rationalismus in Frankreich; dem folgte dann später eine intensive Rezeption der Phänomenologie und eines existenzialphilosophischen Denkens mit eigenwilligen Anleihen an den Marxismus, seinerseits wiederum beeinflusst durch den aus der Linguistik stammenden Strukturalismus. Während dieser Einsatz kaum Einfluss auf die Pädagogik (die in Frankreich umfassend als Aufgabe des Staates betrachtet wurde und wird) hatte, wurde in Deutschland die Geisteswissenschaftliche Pädagogik denkverbindlich. Über den Einfluss des im *Wiener Kreis* entwickelten Denkens auf die Pädagogik gibt es bislang keine starken Befunde. Der *Wiener Kreis* verpflichtete sich wissenschaftstheoretisch dem *logischen Empirismus*. Dem ging es um eine naturwissenschaftliche, physikalisch ausgerichtete Denkweise einerseits und andererseits die präzise, auf logische Ordnung gerichtete Sprachkritik. Die so gesicherte Erkenntnis sollte universell verbindlich werden – damit auch für die Sozialwissenschaften und eine wissenschaftlich geleitete Praxis, zu der dann auch die Pädagogik gehörte. Es ging um die „grundsätzliche Einstellung" einer „wissenschaftlichen Weltauffassung", die darauf abzielte, das Denken und Handeln, jegliche menschliche Lebenspraxis von aller Spekulation, von aller sprachlichen Mehrdeutigkeit, von aller Spiritualität und Transzendenz zu lösen und konkret zu gestalten. Protagonisten waren Moritz Schlick, Rudolf Carnap, Friedrich Waismann, Victor Kraft und andere in dem – wie er offiziell nach dem Physiker und Philosophen genannt wurde – *Verein Ernst Mach*. Kritiker bezeichneten das Vorhaben als „Neopositivismus" (vgl. Haller, 1993), Lenin fertigte es als Empiriokritizismus ab. Dabei ging es nicht um Faktenhuberei, sondern um ein realistisches Denken, das welt- und lebensgewandt ein politisches Ziel verfolgte, nämlich die klare Aufklärung aller Menschen über ihre Wirklichkeit. Forschung, Denken, Sprechen sollten strikt antimetaphysisch Probleme und Lösungsmöglichkeiten identifizieren, „unlösbare Rätsel" oder gar Vorstellungen von einem „Wesen" überwinden, das hinter allem liege und sich der Erkenntnis entziehe. Das Denken und Handeln sollte auf Erfahrungszusammenhänge zurückgeführt werden, diese waren nachvollziehbar sprachlich darzustellen, zugleich sollte die Spaltung der Disziplinen überwunden und die Einheit der wissenschaftlichen Überlegungen wiederhergestellt werden: „Als Ziel schwebt die Einheitswissenschaft vor", schreibt Otto Neurath 1929. Verwirklicht werden sollte sie in einer „Enzyklopädie der Einheitswissenschaft", die als ein fortlaufendes, kollektives Vorhaben alle wissenschaftlich gesicherte Erkenntnis in einer einheitlichen und eindeutigen Sprache zur Darstellung bringen sollte.

Die Mitstreiter des *Wiener Kreises* suchten nach beobachtbaren Gegebenheiten im raum-zeitlichen Zusammenhang, die präzise, formelhaft auszudrücken waren. Sie gehorchten einerseits einem Physikalismus, dem alle Tatsachen auch des sozialen, mentalen und geistigen Lebens gehorchen, durchaus in enger Beziehung zum Sozialbehaviorismus (vgl. Neurath 2, S. 547, 563 ff.), insbesondere von Charles William Morris, dessen Semiotik Neurath offensichtlich angeregt hat. Andererseits ging dieser Physikalismus mit strikter Sprachanalyse und Sprachkritik einher. Er widersetzte sich all dem, was Wittgenstein in der Formel verdammte: Die Sprache feiert. Was an Befunden auszudrücken war und unklar schien, sollte und musste auf empirische und logische Sachverhalte zurückgeführt werden, ein strikter Reduktionismus war vorgeschrieben, der die Überlegungen in das einfügte, was Carnap als „logischen Aufbau der Welt" bezeichnete.

Für Irrationalismus war kein Platz, wobei wieder an Karl Kraus zu denken ist, der die Sprache und die von ihr zuweilen verschleiernd benutzten Ausdrucksweisen geradezu messerscharf untersuchte und verwendete; eigentlich könnte man seine Beiträge in der *Fackel* als das konsequente Projekt einer Ideologiekritik verstehen.

Objektive Erkenntnis rückte ein, methodisch, gradlinig wie das Loos-Haus, strikt naturwissenschaftlich, Sinnesdaten präzise denotiert, gefangen in der Unmöglichkeit einer sprachlichen Dekonstruktion des Subjekts (Le Rider, 1990, S. 75). Man hätte dieses erkenntnistheoretisch gerne losgehabt. Von Descartes bis Kant entkam man bislang nicht dem Problem des Erkenntnissubjekts und der mit ihm verbundenen Entobjektivierungen – und der Einsicht, dass sich im Nichtsagen, im Schweigen doch etwas andeutete. Eine Verrücktheit, die ein Heidegger auszuspinnen vermochte. Aber das war im Schwarzwald. Die Wiener Philosophie blieb hingegen kühl, vermutlich weil es genügend Kompensation in den überschwänglichen, noch höfisch zelebrierten Ereignissen gab. Theater, Oper, Bälle, geselliges Beisammensein, Kulissen eben wieder für Menschen, die dann eigenschaftslos blieben – reduziert vielleicht auf ihre Triebhaftigkeit, im Reigen. Aber eben schon nicht mehr Subjekt, sondern fast ein wenig mechanisch. Das galt es erst einmal zu begreifen, fleißig notiert im Wunderblock einerseits. Andererseits aber dann doch die Suche danach, Gemeinschaft wiederherzustellen, vielleicht nur im Zeigen auf jene, denen man eigentlich vieles, wenn nicht alles verdankte, die aber als fremd stigmatisiert sein sollten. Im Geschrei, das skandierte: „Jud". Othering würde man heute sagen, wobei bei manchen schon wieder ein Antisemitismus anklingt, die sich gegen Rassismus oder Kolonialismus aussprechen – aber das führt in einen Diskurs hinein, der ausführlich geführt werden müsste.

Die Wiener Moderne war ohne Juden nicht zu denken: Es war ihre konstruktive Leistung, aus der ein moderner liberaler und sozialistischer Staat hätte entstehen können; eine konstruktive Leistung, die andeutete, was eine gute Sozialpolitik sein konnte. Dass die deutschen Nazis fast erstaunt nach Berlin telegrafierten, dass die Pogrome in Wien sogar heftiger ausfielen als in Deutschland, lässt sich als das Menetekel lesen. Jedenfalls sollte dies nicht vergessen werden, wenn es um die Anfänge der Sozialpädagogik in Österreich geht; auf eigentümliche Weise müssen sie nämlich doch sogleich als ein Ende gesehen werden, das mit Flucht und Vertreibung einherging, vom systematischen Mord ganz abgesehen. Nüchtern betrachtet: Alle, die heute für eine moderne Sozialpädagogik stehen, allzumal in dieser Verbindung von Sozialwissenschaften, unterschiedlichsten Spielarten der klugen Diagnostik und Therapie der Seele, im Blick auf Kinder und Jugendliche zwischen schwierigsten Lebenslagen, Aggression und Selbstbehauptung in der Tantalus-Situation, endlich einer klugen Politik, hatten das Land verlassen müssen. Alle, allen voran aber diejenigen, die mit dem Judentum verbunden wurden – oftmals zur eigenen Überraschung, weil der Antijudaismus von ihnen selbst nicht nachvollzogen werden konnte. Viele verstanden sich als säkular, wenigstens als Agnostiker (man weiß ja nie!), wenn nicht als Atheisten. Auch das schuf übrigens eine Spannung: „For the majority of Austrians regular church attendance was the norm. The Vienna Circle, on the other hand, denounced most statements about God as cognitively meaningless" (Edmonds, 2020, S. 142). Bei anderen war die Religion eher tragendes Moment einer sozialistischen Utopie, die diesseitsorientiert blieb. Schon deshalb hatten Theodor Herzl und die zionistische Bewegung erheblichen Einfluss auf die radikale Jugendbewegung. Aber selbst diese speiste sich zumindest aus mehreren, aus unterschiedlichen Motiven. Ohnedies war die jüdische Bevölkerung keineswegs so einheitlich (vgl. Schwarz, 2014). Wie die Gesellschaft insgesamt war das Judentum zutiefst heterogen, Siegfried Bernfeld wusste davon ein Lied anzustimmen; nicht zuletzt weil ihm einerseits deutlich wurde, dass und wie die jüdische Bevölkerung von den kapitalistisch geformten Machtstrukturen in ihrem Leben bestimmt war, in jeder Hinsicht, dass auf der anderen Seite wenigstens in der zionistischen Bewegung eine sozialistische Bewegung entstanden war, die eben eine religiöse Begründung und – das ist wichtig – Denkweise und Haltung geltend machte, der es um einen demokratischen Sozialismus ging.

Jüdische Aktivisten, Denker, Künstler, Politiker stehen am Anfang der Wiener Sozialpädagogik – und besonders ist an die Frauen zu erinnern, die das Geschehen bestimmten: Bertha von Suttner muss an erster Stelle stehen, als Figur des Friedens, übrigens auch des sozialen. Charlotte Bühler, Maria Jahoda, Ilse Arlt vor allem. Sie hat eine eigene Professionstheorie der Sozialen Arbeit ausgearbeitet. Dann darf die katholische Kirche nicht vergessen werden, in deren Hand die Wohltätigkeit lag – was zu Recht als Formulierung mit zynischem Beiklang zu lesen ist: Viele karitative Einrichtungen wurden von der Kirche getragen, insbesondere solche, die – wie Internate und Schulen – in einem Zwischenfeld standen, das zwischen normalen Mustern des Aufwachsens und der Jugendfürsorge angesiedelt ist. Handfest, wie das in den Bildungsanstalten verbreitet war – im Scheitern des jungen Wittgenstein als Lehrer ist es überliefert, noch lange nach dem Zweiten Weltkrieg waren Kinder Lehrern ausgesetzt, die durchaus ordentlichen Unterricht hielten, aber dennoch damit drohten, wie sie die Achtjährigen schon als Bettler in der Kärntner Straße sähen. Was man durchaus als eine Adelung sehen konnte, wie STS mit „Fürstenfeld" Ende der Siebzigerjahre dann aussprachen.

Wichtig wurde aber die Philosophie des Wiener Kreises. Bei aller naturwissenschaftlichen und logischen Ausrichtung verstanden sich seine Mitglieder als pragmatische Sozialisten. Selbst Karl Raimund Popper, eher zum äußeren Kreis gehörend, bekannte sich zunächst als Marxist und war in der Bewegung zur Schulreform engagiert, Otto Neurath vertrat kommunistische Positionen, mit Loos entwarf er Arbeitersiedlungen, war später in der Münchener Räterepublik aktiv. 1919 wurde die Stadt als „Rotes Wien" beispielgebend für eine Vielzahl von sozialistisch bestimmten Reformen im Wohnungsbau, Gesundheitswesen und Bildungssystem, bis hin zu einem differenzierten psychosozialen Versorgungsangebot. Die Spannungen aber blieben, bis sie sich in den Straßenkämpfen entluden – an deren Ende dann der Anschluss Österreichs an Nazideutschland stand, verbunden mit der Vertreibung des Geistes aus Europa.

Das Wort vom *Wiener Kreis* trügt allerdings zugleich wie alles, was mit dem Wien der Moderne zu tun hat. Die Akteure waren sich wohl in herzlicher Abneigung zugetan, für Studenten kaum erreichbar, Halbgötter, wie Popper notierte (Edmonds, 2020, S. 66). Otto Neurath behauptete dennoch, dass seine Mitglieder überwiegend dem Marxismus zuneigen würden. Vielleicht eben doch wenigstens Kaffeehaus-Demokraten, im Denken radikal, antimetaphysisch, logischer Klarheit verpflichtet, insofern ablehnend gegenüber der Dialektik und mehr noch gegen alle Formen von Substanzialismus eingestellt. Der drohte rasch, sich in einen menschenverachtenden Dogmatismus zu verwandeln – wie am Schicksal von Moritz Schlick zu erkennen ist: 1936 wurde er in der Universität von seinem ehemaligen Doktoranden Hans Nelböck erschossen. Prinzipiell beschworen die Mitglieder des Wiener Kreises lebenspraktisch mit aller Radikalität eine Toleranz, wie sie gegenwärtig in dieser Schärfe erst in der Debatte um die Anerkennung von Minderheiten verlangt wird (vgl. Neurath 3, S. 648 f.). Zumindest den linken Flügel des Wiener Kreises zeichnete ein philosophisch fundiertes und zugleich wissenschaftlich aufgeklärtes soziales, politisches und kulturelles Engagement aus, das den Aufbruch in eine Moderne ermöglichte, die auf eine umfassende wohlfahrtsstaatliche Ordnung gerichtet war, lebenspraktisch ausgerichtet und in ihrer Dynamik offen angelegt. Es ging um den Eintritt in die Geschichte einer komplexen Infrastrukturpolitik, die von den Mauern der Häuser über die Schienen der Straßenbahn, das Wasser der öffentlichen Badeanstalten in den Magen der Menschen, in ihre Köpfe und Seelen reichte. Nicht als Form der Beherrschung, sondern als Ermöglichung eines freien, selbstbestimmten Lebens. Dieses Projekt reichte vom sozialen Wohnungsbau über das von Otto Glöckel, ausgehend vom Einheitsschulgedanken, mitgestaltete neue Schulsystem, eine präventive Gesundheitspolitik bis zu einem psychosozialen Beratungssystem, in welchem die Psychoanalyse in beide Richtungen aufgespannt wurde: in einen kollektiv hilfreichen Versorgungszusammenhang wie in ein individuelles Angebot nicht zuletzt für die Jugendlichen, die – wie Bernfeld schrieb – in eine Tantalussituation geraten waren, eigentlich gebrochen in einer Gesellschaft, die für sie nicht erreichbar war. Auf unterschiedlichsten Ebenen wirkten Sozial- und Erziehungsreformer, Architekten, Publizisten, Literaten und bildende Künstler zusammen; dazu zählten Alfred Adler, der Begründer des Austromarxismus Max Adler, August Aichhorn, Siegfried Bernfeld, Karl Kraus und Adolf Loos. Sie alle betrieben etwas, was Bernfeld später ein wenig dunkel mit dem wissenschaftlichen und zugleich pädagogisch praktischen Projekt einer *Instituetik* umschreibt: Rahmenbedingungen für das Leben zu schaffen, Institute des Sozialen und der biografischen Entwicklung, materiell und geistig zugleich. Das war das Projekt des Roten Wien, entstanden im Geist des Wiener Kreises.

Der war mehr als ein esoterischer Zirkel von Gelehrten, die sich den Kopf darüber heiß redeten, wie man die Welt verstehen könnte. Ob man sie überhaupt verstehen kann. Aber vielleicht war darin schon der entscheidende Ansatz zu sehen, es ging um einen Denkstil im Sinne von Ludwik Fleck: kritische Prüfung des Gegebenen, logische Analyse seiner Daseinsberechtigung, Prüfung der Sprache, die jene verwendeten, die die Wirklichkeit als unvermeidlich oder als unbedingt zu verändern betrachteten. So gesehen brach ein Zweifrontenkrieg aus, der vielleicht die Sozialpädagogik bis heute auszeichnet, zumindest wenn sie sich ihrer selbst zu besinnen versucht: Sie blickt auf die banale Faktizität der Welt, auf die realen Lebensgeschichten und sucht zugleich doch, sehr pragmatisch, manchmal technisch, aber stets konkret diese so zu gestalten, dass die Menschen zu wissenden Akteuren in dieser werden können. Heute und hier – nicht vertröstet auf eine Zukunft, zu der eine dann doch meist grausame Revolution führt, nicht verführt von Ideologien, sondern selbst aufgeklärt. In einer Sprache, die Unklarheit, Mehrdeutigkeit vermeidet. Möglicherweise bestimmte die Klarheit (und Zerbrechlichkeit) der Manner-Schnitte dieses Weltbild.

Mit ihrem empirisch und sprachkritisch ausgerichteten Denken begründeten die Protagonisten eine Sozialwissenschaft und – unter dem Einfluss der Reformpädagogik – eine Sozialpädagogik, die sich umfassend den realen Verhältnissen zuwendet, dabei die Denkweisen, Haltungen, den – modern gesprochen – Habitus der Menschen aufnimmt, Mentalitäten ebenso befragt wie individuelle Verhaltensmuster in den Blick nimmt. Die berühmte Studie von Lazarsfeld und Jahoda zu den Arbeitslosen von Marienthal entstand aus diesem Geist, der übrigens nicht zuletzt die hochgradig spekulative und geschichtsmetaphysische Soziologie des 19. Jahrhunderts überwunden hat. Ein kommunales Bauprogramm mit – in jeder Hinsicht – fast unvorstellbaren Ausmaßen. Ein Gesundheitsprogramm, das sich von nahezu allen verfügbaren wissenschaftlichen Erkenntnissen leiten ließ – mit, wie sich bei Julius Tandler zeigt, den Irrtümern, die Wissenschaft eben auch auszeichnen: Seine eugenischen, nahe der Rassenideologie angesiedelten Vorstellungen entsprachen der zeitgenössischen Wissenschaftspolitik. Insbesondere zeichnete dieses Gesundheitsprogramm aus, dass es sich von der zufälligen privaten Wohltätigkeit verabschiedete, klug durch Abgaben und Steuern finanziert jeder bzw. jedem Einzelnen das Recht auf medizinische Versorgung garantierte – weil eine hinreichende institutionelle Infrastruktur geschaffen wurde (Schwarz, 2017, S. 26). Das war geradezu paradigmatisch für das politische Denken im Wiener Kreis: Ein zweifellos sozialistischer Ansatz, der zugleich aber die Freiheit der Einzelnen wahrte und sicherte; denn medizinische Versorgung ermöglichte überhaupt erst Freiheit. Ein Ansatz, der nicht bloß ein Ideal propagierte, sondern dieses realisierte.

Die Anhänger des Wiener Kreises waren daran interessiert, die Lebensbedingungen der Menschen umfassend und gründlich so zu verändern, dass politisch motivierte Konflikte zumindest zivilisiert werden konnten; historisch war das weitsichtig, blieb aber vergeblich. Man kann dies als eine antirevolutionäre Pazifizierungsstrategie verurteilen, sollte sich aber dann bewusst werden, dass Soziale Arbeit, dass Sozialpädagogik immer geradezu systematisch dieser Tendenz unterliegt; sie ist aus einem humanistischen Geist geboren, dem es um das erträgliche Leben in der Gegenwart geht, deshalb vorsichtig gegenüber Ideologien, die auf einen nachtranszendentalen Zustand verweisen. Damit verweigert sie sich nicht den utopischen Energien, aber die Utopie soll doch gegenwärtig, sozusagen topisch, am gegebenen Ort, als eine solche verwirklicht werden.

3 Otto Neurath

Zur Ironie der Denkgeschichte gehört, dass insbesondere Karl Raimund Popper als ein wichtiger und als Lehrer auch pädagogisch interessierter Vertreter dieses Denkens genannt werden muss; dass er mit seinem – schlechtesten – Buch „Die offene Gesellschaft und ihre Feinde“ meist die Falschen attackierte, sei nur nebenbei erwähnt. Die Ablehnung Platons teilten wohl viele im Kreis. Hätten sie Hegel gelesen, wären sie kaum mit Popper mitgegangen; zu den Eigentümlichkeiten des Kreises gehörte eine konsequente Blindheit gegenüber Denkern, die als spekulativ galten. Vorrangig aber muss Otto Neurath Beachtung finden, von seinem Biografen Günther Sandner als „lustigster Mann Wiens“ bezeichnet (Sandner, 2014). Im Kontext der Sozialen Arbeit und Sozialpädagogik findet er kaum Erwähnung. Vermutlich weil er durch seine Zugehörigkeit zum Wiener Kreis stigmatisiert scheint, zudem wegen seiner Vorstellungen einer Kriegswirtschaft als anstößig gilt – obwohl er diese für die Münchener Räterepublik entwickelt hatte. Und zugleich eine Ökonomie andachte, die auf die Versorgung der Bevölkerung gerichtet war, nicht jedoch auf die Generierung von Profit.

Neurath hat ein wichtiges Konzept entwickelt, das über die Soziologie hinausgreift; Lothar Böhnisch bezieht sich gelegentlich auf ihn, wenn er den Begriff der *Lebenslage* benutzt. Lebenslage wird meist auf Karl Marx und Friedrich Engels mit ihren Versuchen zurückgeführt, die Lage der arbeitenden Klasse zu begreifen, mithin die Situation des Proletariats – übrigens nicht bloß als die einer wachsenden Ausbeutung und Verelendung, sondern in ihren Möglichkeiten und Kräften. Marx und Engels waren weder Deterministen noch Pessimisten, sondern hatten im Blick, dass und wie sich ein Subjekt der Veränderung entdecken ließ. Schon vor ihnen war allerdings die Frage nach den Lebenslagen in einer bemerkenswerten Spannung zwischen Reallage und Individuallage von Pestalozzi aufgenommen worden, übrigens mit der dialektischen Konsequenz des Ringens um Sozialpädagogik als Bildung des Subjekts. Neurath war zu dem Begriff der Lebenslage wohl durch den Nestor des Austromarxismus inspiriert worden: Max Adler, neben Bauer und Renner herausragender Theoretiker der Sozialdemokratie, bekannt mit Lazarsfeld und den Bühlers, hatte den Begriff des *vergesellschafteten Daseins* geprägt (vgl. Johnston, 1983, 109 f.).

Neurath will die reale sozialökonomische Lage erfassen, im strikten Sinne, nämlich als Haushalt (oikos) jenseits einer bloß finanzpolitischen Überlegung. Die kriegswirtschaftliche Planwirtschaft scheint ihm effizienter als eine marktwirtschaftliche „Verkehrswirtschaft", weil sie einer „Naturalwirtschaft" näherkommt – heute würde man Nachhaltigkeit in einer ökologischen Ökonomie anschließen. Jedenfalls reicht für sein Verständnis der Lebenslage nicht hin, diese im Bruttosozialprodukt zu erfassen; ähnliche Gedanken haben Amartya Sen den Nobelpreis eingebracht. Neurath richtet die Aufmerksamkeit auf die „Gesamtlage einer Menschengruppe", mit Seitenblicken auf die subjektive Verfasstheit der Einzelnen: „Die Lebenslage ist der Inbegriff aller Umstände, die verhältnismäßig unmittelbar die Verhaltensweisen eines Menschen, seinen Schmerz, seine Freude bedingen. Wohnung, Nahrung, Kleidung, Gesundheitspflege, Bücher, Theater, freundliche menschliche Umgebung, all das gehört zur Lebenslage" (Neurath 1, S. 423–527, hier S. 512). Lebenslagen gründen auf einem „Lebensboden", der die physikalischen, geopolitischen sowie die demografischen Bedingungen einer Gesellschaft strukturiert; sie sind zugleich eingebettet in eine „Lebensordnung", in welcher sich die Struktur einer Gesellschaft abbildet. Diese entsteht aus der Kohärenz unterschiedlicher Kombinationen von Gewohnheiten, die ihrerseits mit Verhaltensreizen wirken. Jede Lebensordnung stabilisiert sich dabei durch die Erziehung „als mehr oder weniger systematische(r) Übertragung bestimmter Traditionen von einer Person auf eine andere, von einer Personengruppe auf eine andere, besonders von einer Generation auf die nächste“ (Neurath 3, S. 648).

Neurath beschränkt sich also nicht auf Strukturanalysen; er will vielmehr ermöglichen, dass Menschen sich in ihrer Lebenslage begreifen und aus Einsicht versuchen, die Verhältnisse und sich selbst zu verändern. Um Revolution geht es ihm nicht, obwohl er sie – wie zuerst bei den Sozialisierungsversuchen in Sachsen, dann in München – unterstützt, eher schwebt ihm eine Ermöglichung von Gemeinschaft vor, wie sie Ferdinand Tönnies thematisiert, mit dem er im engen Briefkontakt steht. Wissenschaftliches Denken und eine planmäßige, sozialtechnologisch durchgeführte Gesellschaftsreform sollen dem Proletariat eine humane Lebensform ermöglichen; der als ungestüm, unkonventionell und durchaus hedonistisch geltende Neurath erinnert an Epikur und vertritt die Idee einer Steigerung des Glücks hin zu einem „Lustmaximum“.

Bis heute ist er sozusagen unbekannt bekannt, weil er eine international gültige Bildsprache entwirft, das International System of Typographic Picture Education ISOTYPE. Mit seiner Hilfe werden statistische Daten und empirische Befunde so sichtbar und nachvollziehbar, dass sich die Bevölkerung über ihre tatsächliche Lebens- und Versorgungslage informieren kann. Er wendet die zweite Aufklärung des ausgehenden 19. Jahrhunderts und des Wiener Kreises volkspädagogisch bis hin zur Entwicklung eines neuen Typus von Museum.

Sozialpädagogik findet eine Grundlegung sowohl der Theorie wie der Praxis als Verbindung von Sozialreform, Sozialtechnologie und sozialer Aufklärung, bemerkenswert dabei die Differenz etwa zu den reformpädagogischen Forderungen der unmittelbaren Praxiserfahrung. Neurath setzt auf „Transformationen“, auf Aufklärung durch Informationen und Nachdenken, plädiert für die Nutzung von Medien. Soziale Aufklärung kann von der Werbung lernen, mehr noch: Sie muss besser sein als diese. Das ISOTYPE-Konzept und die Idee eines Museums gesellschaftlicher Entwicklung fördern die rationale Auseinandersetzung aller Beteiligten (vgl. Neurath 2, S. 967 ff.) und regen das „argumentierende Nachdenken“ an (Neurath 3, S. 600). Bildpädagogik und Bildstatistik machen Wirklichkeit sinnfällig und ermöglichen Selbstaufklärung; Menschen werden Subjekte, indem sie informiert, wissend und bedacht sich mit ihrer eigenen Situation und den Möglichkeiten ihrer Veränderungen auseinandersetzen. Wieder denkt man an Pestalozzi – es gibt offensichtlich strukturelle Merkmale von Sozialpädagogik, ihre Rationalität und Logik lassen sich identifizieren.

Neurath stützt sich auf eine eigenwillige Vorstellung von Sozialismus – vielleicht erfindet er damit die sozialpädagogische Einstellung schlechthin, nämlich als eine Heuristik der Veränderung. Der Sozialismus erscheint ihm als eine wirkliche Tendenz, die ein „Soll" innerhalb der sozialen Gruppen artikuliert (vgl. Neurath 1, S. 432). Indizien dafür findet er reichlich, wenngleich unter dem Vorbehalt, dass es sich um Einzelerscheinungen handeln könnte. Deshalb sieht er eine auch reformpolitisch wichtige Aufgabe des Wissenschaftlers darin, die generellen Tendenzen zu beobachten und insbesondere in ihrem statistisch relevanten Ausmaß zu erfassen: „Die Aufmerksamkeit auf solche Vorwegnahme sozialistischer Zukunft zu lenken, ist mit eine *seelische Vorbereitung der Sozialisierung*" (Neurath 1, S. 231, Hervorh. i. O.). Wie ihre politische Gestalt aussehen soll, lässt Neurath allerdings offen. Sowohl eine Räterepublik wie auch eine parlamentarische Repräsentationsform sind denkbar. Wiederum zeigt sich eine pädagogische Wendung des Programms einer empirisch-logischen Denkweise. Sichere Erkenntnis erhofft sich Neurath nämlich von der Statistik. Sie eignet sich als Instrument einer sozialen Veränderung, die von den Subjekten selbst aus Einsicht in die eigene Lage betrieben werden sollte: „Statistik ist Freude für die Erfolgreichen! Statistik ist Notwendigkeit für planmäßige Wirtschaft, daher ist Statistik Sache des sozialistischen Proletariats! [...] Aber Statistik ist für jeden denkenden Arbeiter auch ein wesentlicher Bestandteil der sozialistischen Ordnung" (Neurath 3, S. 78). Neurath treibt sie voran zu einem Indikatorenkonzept, das er als ein „Lebenslagenkataster" (Hegselmann, 1979, S. 25) und Lebenslagenrelief anlegt, um die Gegebenheiten des sozialen Lebens, mithin auch Produktions- und Wohnformen, die Versorgung mit Nahrung, Gesundheitsdiensten und Bildungsangeboten festzuhalten; 1937 fasst er sie im Buch „Inventory of the Standard of Living" zusammen, das man parallel zur Sozialdiagnose von Mary Richmond, Alice Salomon und Ilse Arlt stellen kann und heute als Grundlage einer Sozialraumanalyse nutzen könnte. So entsteht für ihn eine umfassend angelegte Gesellschaftstheorie, die er noch mit historischen Befunden fortschrittsoptimistisch absichert (vgl. Neurath 3, S. 421 ff.). Sie erlaubt ihm eine „Ethologie unseres Zeitalters" (Neurath 1, S. 424), die er als Instrument und „ungefähre Theorie", also heuristisch, einsetzen will, „um überhaupt richtig Fragen an die Beobachtungen stellen, um erfolgreich statistische Daten verbinden zu können“ (Neurath 1, S. 500).

Das Konzept trägt bis heute. Neurath hat eine ambitionierte, praktisch und didaktisch interessierte Theorie der Gesellschaft entwickelt, die eine Grundlegung von Sozialpädagogik ermöglicht. Sein empirischer Anspruch, aber auch die zentralen Kategorien wie Lebenslage, Lebensordnung oder Lebensrelief tragen einen allgemeinen und zugleich konkreten Entwurf der Sozialpädagogik, der sich nicht auf Reflexion beschränkt, sondern sozialtechnologisch genutzt werden kann. Übrigens weder gouvernemental oder paternalistisch, sondern realistisch: Neurath begreift, dass Menschen Informationen zugänglich gemacht werden müssen, um Lernprozesse zu initiieren, die eine Selbstbefreiung ermöglichen; Sozialpädagogik braucht eine Didaktik des Sozialen, im Allgemeinen wie auch im Konkreten. Freilich unter der Voraussetzung, dass Menschen überhaupt sichere Bedingungen ihrer Existenz vorfinden. Nur nebenbei: 2012 hat ARCH+ den Versuch gemacht, angesichts einer zunehmenden Fragmentierung moderner Gesellschaften und ihrer sozialwissenschaftlichen Darstellungen mit Neurath eine projektorientierte Präsentation des städtischen Wohnens sichtbar zu machen. Out of balance – Sennett spricht von einer Ethik der Stadt, man beginnt nicht nur neu über Wohnviertel nachzudenken, über Plätze als age-inclusive, sondern über ein die Vielfalt verbindendes gemeinsames (Er-)Leben.

4 Das Rote Wien

Neuraths Lebenslage umfasst die Säulen dessen, was als *Rotes Wien* bis heute für Furore sorgt (vgl. Sandner, 2014, S. 156 ff.), politisch einer radikalen und doch humanistischen Sozialdemokratie verpflichtet, wissenschaftlich dem Denken des Wiener Kreises, im methodischen Zugang, nämlich wissenschaftsbasiert, technologisch und pragmatisch Rahmenbedingungen für das zu schaffen, was ein gutes Leben genannt werden kann. In aller Banalität, zu der eine konkrete Prävention gehört, nicht bloß die wohlfeile, den Professionsbedarf schaffende Behauptung von Risiken und Dunkelziffern, sondern eben die Versorgung mit guter Nahrung – die eigene Werbekampagne für die Errungenschaften des Roten Wien begann häufig mit der Darstellung moderner Schlachthöfe und ihres fachkundigen

Personals. Dann, prägend für die Architektur Wiens: Wohnraum sowie eine sichere Verfügbarkeit medizinischer und therapeutischer Diagnose und Behandlung, in der Verbindung kollektiver Versorgung und individueller Hilfe. Hinreichende Verkehrsinfrastrukturen, dann vor allem Bildung, nicht zuletzt im Zusammenhang mit Muße, wie das 1948 die „Allgemeine Erklärung der Menschenrechte“ übrigens verdeutlicht hat. „Red Vienna was the perfect laboratory for those, like Neurath, with the motivation and drive to experiment. Some enthusiasm of the SDAP – opposition to alcohol, promotion (for some reason) of bobbed hair – he regarded as merely frivolous. What he wanted was to overturn the whole social order“ (Edmonds, 2020, S. 59).

Das *Rote Wien* wurde ein unbedingt notwendiges und unumgängliches Vorhaben, ein Modell für sozialdemokratisches Regieren (Portisch, 1989, S. 230), für eine radikale Ablösung einer ständisch-feudalen Gesellschaftsordnung, die von innen gleichermaßen verfault und schon durch die Moderne gesprengt war, im Guten wie im Bösen, zugleich aber auch die Überwindung von Revolutionsromantik durch eine wissenschaftlich fundierte und ethisch begründete Strategie. Nüchtern betrachtet: weiter gedacht als das, was sich als kommunistische Revolution andeutete, dem Wissen als Macht verschrieben, dem Können, wie Otto Wagner das geltend machte. Geist siegt über Gewalt – die Gespräche klingen an, die von den Mitgliedern des Wiener Kreises geführt wurden, ehe die tiefgreifenden philosophischen und erkenntnistheoretischen Kontroversen sich vordrängen. Vorher und nachher, da ging es schon darum, wie sich das Leben der Menschen verbessern ließe, alltäglich, geerdet. Wenn sie sich nicht streiten mussten. Man kann jedoch vieles über die Professoren und Intellektuellen sagen, dem wirklichen Leben waren sie keineswegs entrückt. Es war schließlich präsent: Überbevölkerung, veraltete Wohnungen, Toilette am Gang, Bassena – in manchen Altbauten gab es das noch deutlich später, im ersten Jahrzehnt nach dem Zweiten Weltkrieg. Jetzt, Anfang der 1920er-Jahre, hatten überhaupt nur 15 Prozent der Wohnungen ihr eigenes „Häusl“. „Es ist die Obdachlosigkeit vieler Tausender, die sich besonders drückend bemerkbar macht. Mehr aus dieser Not geboren als aus programmatischen Gründen verkündet die sozialdemokratische Gemeindeverwaltung 1923 ein ehrgeiziges Ziel: Sie will in fünf Jahren 25000 neue Wohnungen errichten“ (Portisch, 1989, S. 231).

Dabei bleibt es nicht, obwohl die Finanzierung von der Inflation und Wirtschaftskrise aufgefressen wurde: Mieteinnahmen dienten sofort dem Bau neuer Häuser und Wohnungen. Daneben werden Schulen errichtet, Glöckel führt die Koedukation ein, lässt neue Lehrbücher drucken, realistisch im Inhalt, zugleich auf Selbstständigkeit und Selbstbewusstsein gerichtet. Reformpädagogik in gut ausgestatteten Schulen, die bis zum 14. Lebensjahr als Einheitsschule und wirkliche Volksschule geführt werden sollten. Eine zentrale Position nimmt der sozialdemokratische Professor für Medizin an der Wiener Universität, Julius Tandler, ein, der den Staatsregierungen unter Karl Renner und Michael Mayr angehört (vgl. Schwarz, 2017). Tandler reformiert das Gesundheitswesen umfassend und richtet es auf frühzeitige Prävention einerseits, leichte Zugänglichkeit andererseits aus. Die Erwachsenenbildung wird intensiv mit Volkshochschulen ausgestattet, an der Lehrer wirken, die später prominent werden, ebenso wie die Schüler. Selbst die Einrichtungen der Kinderfürsorge werden auf eine gute Pädagogik umgestellt, sogar die schreckliche Einrichtung von Eggenburg, die aber dennoch ihren Ruf nicht verlieren wird. Kultur und Freizeit werden zu selbstverständlichen Angeboten und Leistungen.

Das Projekt wird realisiert, mit Nachklängen bis in die Gegenwart, in Gestalt der kommunal finanzierten Gemeindebauten (vgl. Autengruber u. Schwarz, 2013). Ihre Eigenart besteht darin, dass sie als Vielfamilienhäuser errichtet wurden, im Unterschied zu den Siedlungsbauten, wie sie in der Gartenstadt-Bewegung vorgeschlagen wurden. Die sogenannte Kleinwohnungsfrage sollte in Europa meist in kleinen Reihenhäusern und Werkswohnungsanlagen eher in neu erschlossenen Gebieten bewältigt werden, durchaus mit pädagogischen Impulsen durch ästhetische Erziehung; es ging tendenziell um eine Verbürgerlichung der Arbeiter, möglichst durch Verwirklichung eines Ideals von Familienleben. Um nicht missverstanden zu werden – und den familienkritischen Tendenzen in der Sozialen Arbeit ins Stammbuch geschrieben: Das entsprach dem Wunsch und der Hoffnung vieler, die mit Mühe eine Schlafmöglichkeit ohne Privatheit gefunden hatten (Kastorff-Viehmann, 1987/1988). Das Wiener Projekt gehorchte einer konkret sozialen, das gemeinschaftliche Miteinander ermöglichenden Tendenz – man könnte es in Parallele setzen zu den Versuchen des republikanischen Frankreich, die auf soziale Ordnung abzielten. Wiener Gemeindebauten zeichnen Hofanlagen aus, die Begegnung ermöglichen, sie haben

Gemeinschaftseinrichtungen wie Räume für den Waschtag, zuweilen sogar Krankenstationen. Ein Geist der Solidarität entsteht, der heute mit seiner kontrollierend-zivilisierenden Wirkung in einer individualisierten und zerrissenen Gesellschaft zuweilen als anstößig empfunden wird.

Zum Symbol und zur Ikone wurde der Karl-Marx-Hof, am Rande des als gehoben geltenden Döbling auf einem morastigen Gelände erbaut. In seiner monumentalen Architektur verbindet er Elemente der Moderne mit solchen einer mittelalterlich anmutenden Trutzburg. Das kilometerlange Gebäude signalisiert Wehrhaftigkeit und Kampfbereitschaft der Arbeiterschaft, zu Recht, wie sich im Februar 1934 zeigte. Sozialisten, Arbeiter und Angehörige des Republikanischen Schutzbundes wehrten sich gegen den Austrofaschismus und die diktatorische Regierung von Engelbert Dollfuss. Der Karl-Marx-Hof wurde beschossen, in ihm waren bewaffnete Verteidigungsposten eingerichtet, wenigstens gab es keine Toten, anders als in Döbling.

Die Gemeindebauten trugen und tragen bis heute dazu bei, dass das Mietniveau erträglich bleibt. Dass viele Bauten über lange Jahre vernachlässigt und nicht im erforderlichen Maße renoviert oder modernisiert wurden, lässt sich nicht übersehen; moniert wird auch, dass die günstigen Wohnungen längst von der Mittelschicht okkupiert werden. Dennoch lässt sich die Wirkung auf das Leben in der Stadt kaum überschätzen. Das gilt ebenso für die Entwicklung eines umfassenden Systems des öffentlichen Nahverkehrs, das wenigstens europaweit als beispielhaft gilt, nicht bloß als kostengünstige Alternative zu einem jede Stadt zerstörenden individuellen Straßenverkehr, sondern vor allem mit Blick auf die Möglichkeiten der Luftreinhaltung und der ökologischen Nachhaltigkeit. Die Pointe liegt dabei darin, dass eine Idee am Anfang stand, die dann methodisch realisiert wurde, nämlich die Vorstellung, in rationaler Weise, wissenschaftsbasiert ein humanes Leben zu verwirklichen. Der Kampf um das Überleben sollte überwunden werden, und zwar in allen Bereichen: Wohnen, Ernährung – das Rote Wien warb für sich selbst mit der Einrichtung von Schlachthöfen, in denen Fachpersonal und sorgfältige Lebensmittelkontrolle wirkten –, Gesundheit, Schule. Es ging um sozialen Frieden, durchaus um Freiheit und Autonomie, nicht zuletzt um umfassende Angebote für Bildung und Freizeit.

Maßgebend wirkte Julius Tandler, der engen Kontakt zu analytisch denkenden Psychologen und Pädagogen wie August Aichhorn hatte. Seine Konzepte fügten sich in den Denkhorizont, der den Wiener Kreis auszeichnete. Tandler leitete einerseits eine humanistische und sozialistische Einstellung. Sie zeigte sich nicht zuletzt darin, dass er ein abgaben- und steuerfinanziertes Gesundheitssystem ebenso wie eine umfassende Reform der Einrichtungen für die Jugendwohlfahrt durchsetzte. Die Waisenhäuser und Heime sollten ihren gefängnisähnlichen Charakter verlieren, Prügel und Strafen abgeschafft werden, um Disziplinierung oder Besserung sollte es nicht mehr gehen, stattdessen sollten sie Ausbildungsmöglichkeiten bieten, die den Kindern ein selbstständiges Leben eröffneten. Familienähnlichkeit wurde angestrebt (Schwarz, 2017, S. 91). Andererseits diente Tandler als Begründung ein „lamarckistisch-konditionshygienischer" Ansatz, der sich mit eugenischen Untertönen auf menschenökonomische Überlegungen stützte. Es ging um eine Förderung und Verbesserung des genetischen Menschenmaterials, das er als Humankapital verstand (vgl. Schwarz, 2017, bes. S. 88). Das hat in jüngerer Zeit für erhebliche Kritik gesorgt, wobei die eugenischen, auf Optimierung der menschlichen Gattungsmitglieder gerichteten Überlegungen eine lange Tradition aufweisen; sie finden sich bei Platon wie bei Aristoteles. Vermutlich provozieren sie den durch Foucault inspirierten Vorbehalt einer Biopolitik.

Zudem galten die heute als rassistisch verworfenen Zugänge um 1900 als wissenschaftlich anerkannt und förderungswürdig, ökonomische Überlegungen zur Versorgung von Menschen sind heute verbreitet – so etwa die in Großbritannien üblichen (und in Deutschland ebenfalls diskutierten) Erwägungen, ob und wie weit hochaltrige Menschen aufwendige Operationen oder teure Prothesen erhalten sollen. Im Zusammenhang der Covid-19-Pandemie wurden Modellrechnungen darüber angestellt, ob ein durch einen Lockdown erzielter Gewinn an Überlebenden, allzumal an älteren Menschen mit geringer Lebenserwartung, den Schaden rechtfertige, der für die gesamte Wirtschaft davon zu erwarten sei. Die Bildungsökonomie spricht schon lange vom Humankapital, die Soziale Arbeit versteht sich als wesentlicher Beitrag zur Wohlfahrtsproduktion und bemisst ihre Leistung daran, ob und wie sie das Wohlbefinden von Menschen steigert. Das mag empören, doch wird der nüchterne Blick Tandlers verständlicher, wenn man sich die reale Notlage der Menschen ansieht – nur angemerkt sei, wie ähnlich Neurath dachte, wenn er sein Konzept einer Kriegswirtschaft entfaltete.

Dies alles hilft, wenigstens ein historisch angemessenes Verständnis von Sozialpädagogik zu entwickeln. Entscheidend bleibt, wie das *Rote Wien* geradezu idealtypisch verkörpert, was als Idee und Konzept von Sozialpädagogik gelten kann – wieder darf von Rationalität und Logik der Sozialpädagogik gesprochen werden. Denn alle notwendigen Dimensionen und Perspektiven scheinen erfasst, gestützt auf umfassendes Erfahrungswissen – noch einmal sei an die Studien zu den Arbeitslosen von Marienthal erinnert, die 1933 veröffentlicht wurden. Forschungsmethodisch haben sie mit Feldforschung, teilnehmender Beobachtung im Alltag und intensiven Tiefeninterviews, mit der Triangulation von Daten, der Einführung von Katastern und Reliefs Standards der Sozialforschung etabliert. Maria Jahoda, Paul Lazarsfeld, Hans Zeisel konnten zeigen, dass und wie langdauernde Arbeitslosigkeit das soziale und kulturelle Leben insgesamt zerstört, die Beteiligten in tiefste Depression führt, Resignation in der Gemeinschaft und bei Einzelnen auslöst, die nicht nur in absolute Perspektivlosigkeit führt. Sie lässt jegliche Aktivität erstarren, mit dem Effekt, dass eine Selbstbemächtigung kaum mehr möglich scheint. Bei den Forschern haben die Beobachtungen und Befunde tiefste Betroffenheit und den Wunsch ausgelöst, ein solches Sozialexperiment niemals wieder erleben zu müssen.

Das *Rote Wien* steht bis heute als Paradigma zunächst für eine sozialdemokratische Politik, die diesen Namen verdient, weil sie das Unmögliche versucht. Die finanziellen Bedingungen waren alles andere als rosig, die Weltwirtschaftskrise brachte es fast zum Stillstand. Dennoch blieb es in Gang. Vielleicht weil es nicht bloß politisch gedacht war, sondern tatsächlich – so könnte man vorsichtig als These formulieren – vor allem für eine Sozialpädagogik steht. Für eine Sozialpädagogik, die als ernsthafter Versuch gelten darf, jenseits von Utopie nicht nur die Lebensverhältnisse von Menschen zu verbessern, sondern dies in einer Spannung zwischen Kollektivität und Individualität leistet, verbunden damit, menschliche Entwicklung so zu ermöglichen, dass sich Menschen durch und in Erkenntnis ihrer selbst vergewissern können. Die Merkmale sind klar: Im Hintergrund steht die Idee eines umfassenden und universellen Humanismus, man könnte sagen eine Philosophie menschlich-sozialer Existenz; vielleicht als Ausdruck eines wahren Sozialismus, der ohne das jüdisch-christliche Ethos nicht zu denken wäre. Diese Idee treibt voran, allzumal wenn sie mit der bitteren Erfahrung getränkt ist, was Menschen an Humanität verlieren, wenn sie sicherer Lebensbedingungen beraubt werden. Dem muss entgegengetreten werden, politisch engagiert, in Ausarbeitung der Idee mit methodisch-empirischer Forschung und pragmatisch, solide handwerklich, als Gestaltung vor allem eines urbanen Lebensraums, der als pädagogischer Ort erlebt werden kann: solidarisch, gemeinsam, als Lernmöglichkeit, mit Aufmerksamkeit auf die leibliche Verfasstheit und psychische Gesundheit. So gesehen eigentlich schon eine ganze Theorie der Sozialpädagogik. Oder auch eine ganze Packung Manner-Schnitten.

5 Siegfried Bernfeld

Die Manner-Schnitten also. Ob Siegfried Bernfeld sie mochte, weiß man nicht; über das Private bei ihm fehlen die Informationen. Obwohl es zuweilen doch auf solche ankommt, will man Motive und Konzepte angemessen verstehen. 1892 in Lemberg geboren, wächst er in Wien auf, macht seine Matura und studiert dann in wilder Mischung: Biologie, Zoologie, Geologie, Pädagogik, Psychologie und – notabene – Philosophie sowie Soziologie. Die Soziologie hörte er bei Wilhelm Jerusalem, der selbst in der Gehörlosenpädagogik aktiv war und als Wegbereiter der österreichischen Reformpädagogik wirkte, zudem aber Anhänger der Lehre Emile Durkheims war. Daniel Barth hat 2010 in seiner großartigen Studie zum „Kinderheim Baumgarten" überzeugend nachgewiesen, dass Bernfeld wohl weniger Marxist war, sondern eher ein besonnener Anhänger Durkheims; nicht zuletzt Bernfelds Forderung nach „Tatbestandsgesinnung" mahnt keine platte Empirie ein, sondern eine Haltung gegenüber gesellschaftlicher Wirklichkeit als einer – wie das bei Durkheim bekanntlich heißt – Welt der faits sociaux, der sozialen Tatbestände mit eigener Qualität. Das gilt denn nun auch für die Erziehung: Bernfeld insistiert darauf, dass sie ein eigener Sachverhalt sei, der sich von anderen sozialen Aktivitäten unterscheidet. Einer Auflösung von Pädagogik in Politik verweigert er sich, „das ist nicht Pädagogik – das ist Antipädagogik" (W 3, S. 483).

Bernfeld war in der Schüler- und Studentenbewegung aktiv, initiierte den „Sprechsaal", eine Vereinigung, in der die bürgerlich-jüdische Jugend sich zu hitzigen Diskussionen traf (vgl. Dudek, 2002, S. 122 ff.), dem Beispiel bald im ganzen deutschsprachigen Raum folgend. Die Jugendbewegung bietet für ihn den ersten Referenzpunkt wissenschaftlicher Forschung, fast könnte man von teilnehmender Beobachtung oder gar vor Handlungsforschung sprechen. Bei allem eigenen politischen Engagement bleibt er so weit distanziert, dass er mit seiner Untersuchung „Über den Begriff der Jugend" (Bernfeld, 1915/1991, SW 1, S. 43 ff.) promoviert wird, unter den Argusaugen der Wiener Professorenschaft, die einem jüdischen Sozialisten mit Skepsis begegnet – übrigens selbst oder erst recht, wenn man diesem Projekt gar nicht so fremd gegenübersteht. Schon ein Jahr vorher setzt er sich für das Aufwachsen junger Menschen in einer Jugendgemeinschaft ein, da die Familie als Sozialisationsinstanz nicht mehr hinreiche; ein Gedanke, den man schon beim Philosophen Johann Gottlieb Fichte findet. Die Jugendgemeinde erfüllt für Bernfeld eine „unersetzbare Aufgabe in der Kultur [...] Sie ist der Ort, an dem die jugendliche Begeisterungsfähigkeit und jugendlicher Gemeinschaftswille permanent eine Gesellschaftsinstitution werden" (Bernfeld, 1914/1991, SW 1, S. 35) – damit klingt das Thema der Instituetik an, das ihn zeitlebens beschäftigen wird, die Frage nämlich nach den sozialen Institutionen und Orten, an welchen – die seltsame Formulierung ist notwendig – sich das Aufwachsen organisiert. Durch pädagogische Gestaltung, eigenes Handeln der Akteure, geleitet immer von Entwicklungsprozessen.

Bernfeld engagiert sich in der zionistischen Jugendarbeit, kommt mit Gustav Wyneken in Kontakt, kennt Walter Benjamin. Zwischen 1917 und 1921 wirkt er im *Zionistischen Zentralrat für West-Österreich*. 1919 ernennt man ihn zum Leiter des Kinderheims Baumgarten. Nach dessen aufschlussreichem Scheitern verlässt Bernfeld Wien, um 1921 kurze Zeit als Mitarbeiter Martin Bubers in Heidelberg die Zeitschrift *Der Jude* zu betreuen. Zurückgekehrt nach Wien nimmt er Kontakt mit Sigmund Freud und der psychoanalytischen Bewegung auf, um für die Wiener Vereinigung pädagogische Kurse anzubieten. Ab 1925 wirkt er in Berlin mit Kurt Lewin, 1929 scheitert die Berufung auf eine Professur an die Technische Hochschule Braunschweig, nachdem vorher schon Lehraufträge in Berlin unterbunden wurden. Er findet keinen Platz in der Universitätswissenschaft (vgl. Tenorth, 1992), weder zu Lebzeiten noch später. 1934 flüchtet Bernfeld nach San Francisco, wo er 1953 stirbt, ein weiteres Opfer der Nazis (vgl. Herrmann, 1992).

Was verhinderte den akademischen Erfolg Bernfelds? Zwar schreibt er als glänzender Stilist, tritt aber häufig als hartgesottener Polemiker auf, der mit seiner Auffassung selten hinterm Berg hält. Übrigens weniger in politischer Hinsicht, sondern genervt von der bildungsbürgerlich durchgeistigten Attitüde der Geisteswissenschaflichen Pädagogik. Eduard Spranger deutet Jugend vielleicht aus Selbstbeobachtung, vor allem jedoch fantasievoll. Bernfeld hält dagegen: Man dichtet nicht die Pädagogik, sondern erkennt sie. Was in seinem Fall so gar nicht zutrifft. Denn eigentlich ist er der fiktionalen Welt verfallen, mit der die Psychoanalytiker ganz besonders, die meisten Zeitgenossen der Kunst auch im Allgemeinen spielten, nämlich der antiken Mythologie. Ob Oedipus, Tantalus, Sisyphos – diese Figuren tauchen in seinem Werk regelmäßig auf wie beim großen Meister Freud ebenfalls. Erfindungen des menschlichen Geistes, gedichtet. Nur: Bei Spranger, so notiert er hämisch, finden wir einen „wehleidigen, romantischen und ressentimentalen Begriff von Wissenschaft" mit „dunkler Tiefe" (Bernfeld, 1927/1991, SW 1, S. 176 f.). Bernfeld wirft demgegenüber unprätentiös ernsthaft die Frage nach den angemessenen sozialisatorischen Lebenszusammenhängen auf, welche für das Aufwachsen von Jugendlichen nötig scheinen. Manchmal argumentiert er ungerecht, insbesondere wenn er den großen „Pädagogikern" vorwirft, sie würden nur normativ und idealistisch denken. Das ist schlicht falsch. Denn sie haben mit den ihnen zugänglichen Mitteln beobachtet, beschrieben und analysiert – das selbst von Bernfeld verkannte Problem liegt eher darin, dass sie als Programmatiker und kaum als Forscher rezipiert worden sind. (Besonders lässt sich dies bei Fröbel erkennen, den er nur durch die Brille seiner Verehrerinnen wahrnimmt, nicht als einen der wichtigsten pädagogischen Forscher.)

Vor allem aber hadert Bernfeld mit drei Attributen, die ihm zugeschrieben werden: Marxist, Psychoanalytiker und Jude. Das hat ihm das Leben niemals leicht gemacht. Am Ende gehörte er zu den vielen, die von den Nationalsozialisten ins Exil vertrieben wurden. Für lange Zeit übrigens. Gefunden wurde Bernfeld nämlich erst im Kontext der 68er-Bewegung, in der sich ein radikal neues Interesse an Pädagogik formulierte. Sie war keineswegs – wie schnell behauptet – bloß antiautoritär ausgerichtet. Vielmehr bewegte sie der Anspruch, die Grundlagen der Erziehung neu zu erkennen und zu begreifen. In diesem Zusammenhang wurden vor allem die Psychoanalytikerinnen wiederentdeckt, die sich mit jungen Menschen befasst hatten: Anna Freud, Dorothy Burlingham, Melanie Klein und endlich eben Siegfried Bernfeld. Dennoch blieben seine Schriften weiterhin kaum zugänglich. Lutz von Werder und Reinhart Wolf haben 1969 einige Texte unter dem Titel „Antiautoritäre Erziehung und Psychoanalyse“ zugänglich gemacht, Bernfelds pädagogisches Hauptwerk, der „Sisyphos“, wurde 1967 im Suhrkamp-Verlag veröffentlicht. Anfang der Neunzigerjahre gibt Ulrich Herrmann Bernfelds „Sämtliche Werke“ im Beltz-Verlag heraus, doch endet dieses Unterfangen nach drei Bänden. Seit etwa 2010 erscheint eine Ausgabe der „Werke“, die auf Abschluss hoffen lässt und erstmals eine wissenschaftliche Edition des *Sisyphos* zugänglich macht. Immerhin wird Bernfeld heute häufig als der pädagogische Klassiker schlechthin gelobt, wenn nicht als Begründer einer modernen Erziehungswissenschaft. Was wenig bedeutet, denn die Soziale Arbeit hat sich von der Pädagogik verabschiedet, eine große Bereitschaft fehlt, mit der Selbstverständlichkeit Klassiker zu lesen, wie das inzwischen in Deutschland angehenden Soziologinnen vorgeschrieben ist.

Bernfeld holt jedenfalls die Pädagogik gegen alle Hypertrophie auf den Boden der Tatsachen zurück. Er begreift sie gegenüber Fantasien über die Veredelung des Menschengeschlechts in banaler Funktionalität; was sich ein wenig gegen jene richten könnte, die heute Soziale Arbeit als Menschenrechtsprofession feiern. Geht nicht, würde Bernfeld argumentieren. *Einerseits.* Schon eingangs seiner Dissertation umreißt er sein wissenschaftliches Credo, das unweigerlich an den Wiener Kreis, an Neurath, an Julius Tandler erinnert. Ihr Thema sei die „Lehre von der Jugend und [...] die Lehre von der gesellschaftlichen Wurzel der Erziehung. Die Kenntnis des physischen und psychischen Organismus der Jugend ist die Grundlage der Pädagogik. Sie darf freilich nicht allein für sich stehenbleiben, sondern sie muß als gleichwertiger Teil und als Ergänzung neben eine wissenschaftliche Erkenntnis der tatsächlichen und möglichen Arten von Reaktionen der erwachsenen Gesellschaft auf diese jugendliche Eigenart gestellt sein“ (Bernfeld, SW 1, 1915/1991, S. 43). Sein berühmtestes pädagogisches Werk, der *Sisyphos*, greift dies als Definition von Erziehung auf. Die Doktorarbeit fordert den „Fortschritt der Pädagogik als empirischer Wissenschaft" (Bernfeld 1914/1991, SW 1, S. 44), um mit Blick auf Jugend kritisch festzuhalten, was er im *Sisyphos* ebenfalls wieder vorhält: Auch „die großen Pädagogen hatten ausnahmslos einen naiv gebildeten Begriff von Jugend" (Bernfeld 1915/1991, SW 1, S. 68); sie mögen großartige Intuitionen gehabt haben, doch um mehr als subjektive Verallgemeinerungen geht es bei ihnen nicht.

Andererseits bleibt unklar, was er als sozialistische Pädagogik verspricht; sie fällt wohl in eins mit seiner Vorstellung von Wissenschaft, die aber keine marxistische ist. Es geht ihm um ein revolutionäres Erziehungskonzept, politisch ausgerichtet auf den noch utopischen Entwurf eines neuen, zionistischen Staates in Palästina. Zugleich aber im Bewusstsein darum, eine neue Erziehung zu entwickeln, genauer eine Erziehung, die als solche wahr und objektiv wirklich ist und Geltung gewinnt, weil sie ihre eigene Logik begriffen hat. Die heute gegebene Erziehung erzieht jedenfalls nicht den Menschen, sondern bloß den Bürger, „sie dient der Erhaltung des Kapitalismus und der Verhinderung des Sozialismus" (Bernfeld, 1921/2011, W 3, S. 287). Sie ist eigentlich keine Erziehung, sondern eigentlich nur Erziehung als Nicht-Erziehung, als Abrichtung. Vor allem, wiederum klingt der Geist eines wissenschaftlichen Denkens an, wie er den Wiener Kreis bewegte: „Die bürgerliche Pädagogik ist aber nicht nur keine Wissenschaft, sondern sie kann niemals eine werden".

Das hat zwei Gründe. Erstens ist die „Fragestellung, die der Pädagogik zugrunde liegt und ihr als bürgerliche zugrunde liegen muß, so, daß eine wissenschaftliche Beantwortung unmöglich ist". Viel wichtiger ist der zweite Grund: Die bürgerliche Pädagogik erfüllt ihre Aufgabe eben wegen ihrer Unwissenschaftlichkeit. Sie ist ein „Instrument des Klassenkampfes zugunsten des herrschenden Bürgertums" (Bernfeld, 1926/2016, W 8, S. 13). Pädagogik ist im Kern und nahezu unvermeidlich affirmativ, sie leistet Erziehung für die gegebene Gesellschaft, durchaus als Rechtfertigung im Scheingewand der Wissenschaft (Bernfeld, 1926/2016, W 8, S. 14). Erst die sozialistische Erziehung, die revolutionärer Gesinnung entspringe, sei überhaupt Erziehung. Erziehung, die „der Philosophie jener Revolution entspricht", die für „die Rechte des Menschen schlechthin kämpfte. Sie ist also die Erziehung der sozial befreiten Menschheit und ist als Theorie in der Revolution, die zur sozialen Befreiung führen sollte, geboren" (Bernfeld 1921/2011, S. 269). Nicht um Lernen für einen höheren Lohn oder zur Steigerung der Wirtschaftsleistung gehe es in einer sozialistischen Erziehung, sondern um „Lernen als Selbstzweck", um eine „Lernfreiheit", die den ganzen Reichtum menschlichen Wissens zugänglich macht, die aufwachsende Generation mit Menschen umgibt, die mit „geistiger Gewalt zu Kunst und Wissenschaft" hinreißt (Bernfeld 1921/2011, S. 276 f.). Aber wie kann eine andere Pädagogik überhaupt erst entstehen, wenn sie doch unweigerlich auf den gegebenen Verhältnissen beruht? Irgendwie bleibt sie eingeklemmt in eine banale Funktionalität der Erziehung, die zugleich nicht minder banale Beschränkungen erzeugt. Wir entkommen weder dem Kind in uns noch den Eigentümlichkeiten der Einzelnen, schon gar nicht den gesellschaftlichen Zwängen. Dennoch: Denkend könnte man das Bewusstsein von Veränderung entwickeln. Kritik kann uns voranbringen, vielleicht aus der Malaise befreien. Sie schafft „überhaupt erst den Boden für Pädagogik (für *die* Pädagogik)" (Bernfeld, 1926/2016, W 8, S. 14).

Klingt da doch der Wiener Kreis nach? Jedenfalls wird Bernfeld bis heute als politischer Kopf einer Kritischen Pädagogik gewürdigt; er ist, wie Christian Niemeyer formuliert, „der ‚entdeckteste' aller Sozialpädagogen" (Niemeyer, 1998). Bernfeld gilt als Theoretiker von außerordentlichem Rang, vor allem als einer, der die empirische Forschung vortreibt, in einem Gebiet, das er als das „undurchsichtige[.] Ganze" bezeichnet, „das wir Erziehung nennen" (Bernfeld, 1925/2013, W 5, S. 111). Er richtet den Blick auf junge Menschen in ihrer realen Verfasstheit, in kollektiver Erfahrungswelt wie in ihrem individuellen Erleben, im Leiden an den Verhältnissen und den Versuchen, diesen zu entkommen. Oft genug in Aktivitäten, die als deviant verurteilt wurden. Bernfeld beschreibt sie als Tantalus-Situation – umgeben von größtem Reichtum ohne Chance, das Lebensnotwendige zu erhalten. Die österreichische Bruchsituation also. Wenn man so will: ohne Manner-Schnitte. So beschäftigt ihn Literatur, „deren Gemeinsames ist, daß sie die Erziehung auf wissenschaftliche Erfahrung, anstatt wie bisher auf ungeprüftes und unprüfbares Meinen und Glauben gründen wollen; und daß sie eine bestimmte Einstellung der Erwachsenen zur Kindheit und Jugend verlangen: die beobachtende, einfühlende, die Eigenart jedes Alters liebende und berücksichtigende" (Bernfeld, 1921/2011, S. 255). Vor allem jedoch: Bernfeld geht es dann doch um eine praktische Kritik, um das Experiment, den konkreten Versuch einer neuen Erziehung – wie in dem Laboratorium, das Neurath im Roten Wien fand. Das macht deutlich, dass es ihm über die präzise, methodisch kontrollierte Beobachtung und Analyse hinaus auch um offene, eher phänomenologische und hermeneutische Untersuchungen geht; wichtig ist ihm Datenmaterial, das durch Fragen erschlossen und in Theorien überführt werden kann. Intensiv nutzt er Tagebuchaufzeichnungen von Jugendlichen oder literarische Werke, das dichterische Schaffen der Jugend (Bernfeld, 2014), nicht zuletzt übrigens um Fantasien auf die Spur zu kommen, die über das jugendliche Triebleben Auskunft geben. Bloß statistische Daten, reduzierte mithin, reichen dem psychoanalytisch geschulten Forscher nicht, um Jugend in ihrer Aktivität und Produktivität, in den Affekten und den Rationalitätsmustern zu begreifen, die sich bei ihr entwickeln; stets mit der Frage, warum sie sich so und nicht anders herausbilden. Dahinter treibt ihn eine Frage an, die von der Pädagogik eigentlich nie gestellt worden ist. Die Frage nämlich danach, wie es überhaupt dazu kommt, dass sich Menschen erziehen lassen. „Bernfeld entdeckt im Problem der >Erziehbarkeit< einen blinden Fleck der Pädagogik, den sie selbst nicht thematisiert, gleichwohl als die Conditio sine qua non pädagogischen Handelns stillschweigend voraussetzt" (Barth, 2010, S. 202). Bernfeld ahnt, dass es eine Erziehung vor der Erziehung gibt, allgemein: die Erziehung durch die bürgerliche Gesellschaft, dann die wahre durch eine sozialistische Gesellschaft. Im Besonderen aber die, mit der die Spuren vorangegangener Verwahrlosung weggewischt werden, so dass die Kinder überhaupt erst „bildungs- und erziehungsfähig und -willig" werden konnten (Bernfeld, 1921/1996, SW 11, S. 41). Nicht genug damit: Bei aller sozialistischen Gesinnung bleibt Bernfeld dem Gedanken der Freiheit verpflichtet. Erziehung gelingt nur im institutionellen Rahmen, wenn „von Anfang an ein Kern für Freiheit und Verfassung reifer Kinder" vorhanden ist (SW 11, S. 30).

Als Praktiker ist er politischer Akteur und dann erst recht Theoretiker: In der zionistischen Bewegung geht es ihm politisch und pädagogisch „um den Aufbau eines genuin jüdischen Erziehungswesens" (Barth, 2010, S. 82), das für ihn als sozialistisches die Grundsachverhalte von Erziehung erkennen lässt. „So sehr es aber tatsächlich um diese durch Not und Rettung gleich gefährdeten Kinder ging, handelte es sich zugleich um mehr noch: um das jüdische Erziehungswesen überhaupt. Dieses vor Assimilation an alles Überlebte in Europa zu bewahren, ist die absolute Aufgabe für uns sozialistische Erzieher" (Bernfeld, 1921/1996, SW 11, S. 15). Zugleich aber greift er weiter aus. Seine Ambition richtet sich auf die Auflösung der bürgerlichen Hegemonie, übrigens besonders der bürgerlich-jüdischen Hegemonie (vgl. Barth, 2010, S. 839). Denn ihm schwebt die „Rettung für den proletarischen Teil des jüdischen Volkes“ vor, was demnach notwendigerweise Inhalt und Ziel des gesamten Erziehungs- und Fürsorgewesens wäre (Bernfeld, 1921/1996, GW 11, S. 18). Das steht für ihn im Zentrum der Sozialpolitik und Sozialpädagogik – man hört wieder die Stimme Neuraths, das ganz eigene Verständnis einer sozialen Revolution, die eine kulturelle sein muss. Bernfeld beharrt auf der Schaffung neuer kultureller Tatsachen.

Dabei bedeutet der Erste Weltkrieg für ihn eine Zäsur. Sie stürzt die zu Kriegswaisen gewordenen Kinder in eine chaotische Situation, materiell, kulturell, geistig und seelisch. Eigentlich wird ihnen die eigene Gesellschaftlichkeit, werden ihnen die sozialen, materiellen und kulturellen Tatsachen entzogen, die überhaupt erst Erziehung zulassen. Das ähnelt dem, was Anton Makarenko als Ausgangspunkt einer Erziehung wählt, bei der die zu Erziehenden die Voraussetzung aller Pädagogik selbst schaffen müssen. Von 1919 bis 1920 leitete Bernfeld das Kinderheim Baumgarten, das für jüdische Kriegswaisen gedacht war und zugleich ein Gegenmodell zu einer Gesellschaft bieten sollte, die menschliche Existenz geradezu notorisch vernichtet; eigentlich eine Grundlage in Gestalt einer kollektiven Selbsterziehung in einer Kinderrepublik, gegen jede Form von erdrückender Fremdversorgung. Bernfeld erwartet ein hohes Maß an Selbstorganisation und Selbststeuerung bis hinein in das Kinderparlament und das Kindergericht: 1921 veröffentlichte er über seine Erfahrungen einen nüchternen Aufsatz: *Kinderheim Baumgarten – Bericht über einen ernsthaften Versuch mit neuer Erziehung.* Sein pädagogisch zentrales Werk, der *Sisyphos,* gibt dem eine weiter reichende Theorie, die den bis heute noch nicht wirklich ausgeschöpften Versuch darstellt, soziale, psychische Tatbestände, soziologische und psychologische Erkenntnis zu verbinden – in einer Weise, in der die Sozialpädagogik als ein Geschehen zu begreifen ist, das nun tatsächlich eine ganz eigene Qualität hat.

Diese Theorie, die Arbeiten zur Jugendforschung, der Bericht über das Kinderheim Baumgarten und der *Sisyphos* fügen sich zusammen zu einem Meilenstein sozialpädagogischer Reflexion. Freilich: Eindeutig sind Bernfelds Überlegungen nicht, manche Ungenauigkeit provoziert jene, die sich im Wiener Kreis geschult hatten. Er will den Sachverhalt Erziehung freilegen und präzise fassen, aber schon beim Begriff der Pädagogik öffnet er einen weiten Denkraum. Deutungsoffen bleibt der Satz aus dem *Sisyphos:* „Sinn und Funktion der Pädagogik ist die Rationalisierung der Erziehung" (Bernfeld, 1925/2013, W 5, S. 21) – das lässt sich psychoanalytisch interpretieren, erlaubt ein Verständnis von Zweck-Mittel-Relationen, könnte auf Ideologiekritik abheben. Zudem ist die Praxis gar nicht so singulär, wie Bernfeld sie darstellt. Das teilt er allerdings mit allen großen Sozialpädagoginnen und Sozialpädagogen, mit Pestalozzi schon, mit Makarenko, Korczak, mit allen, die Formen kollektiver Erziehung mit Selbstregierung entwickeln, aber auch mit Maria Montessori, die übrigens nicht minder zu einem leicht hypertrophen Selbstbewusstsein tendiert. Geniale Entdeckerinnen und Erfinderinnen eben, die angeblich alles neu erfinden und in genialer Einsamkeit verwirklichen. Bernfeld gesteht wenigstens zu, wie andere Erzieherinnen mit ihm zusammenarbeiten, nennt George's Junior Republic als Vorbild. Heroisch tritt er dennoch auf, stellt alles als seine Erfindung dar. Dabei fügt sich der Versuch mit dem Kinderheim Baumgarten in den Kontext, den Julius Tandler für das *Rote Wien* entworfen hatte, bei allen Differenzen zu einem pädagogischen oder psychoanalytischen Verständnis von Sozialpädagogik: Tandler dachte vorrangig an den Zusammenhalt einer Gesellschaft, sah die Menschen in ihrer Rolle als Arbeitskraft für das Ganze, folgte einem inklusiven Verständnis. Demgegenüber rückten die Pädagoginnen und Pädagogen das Individuum in den Mittelpunkt, sahen das Subjekt in seiner besonderen Verfasstheit (vgl. Schwarz, 2017, S. 93). Aichhorn wie Bernfeld folgten einem multidisziplinären Ansatz, sahen als Sozialpädagogen die Spannung zwischen gesellschaftlicher Individualität und individueller Sozialität, wie Natorp als Grundmerkmal von Sozialpädagogik hervorhebt. Erstaunlich übrigens dabei ist, dass Natorp in Wien wohl nicht rezipiert worden ist, obwohl er in seinem philosophischen Ansatz gar nicht so fern schien; immerhin hatte Max Adler den Versuch unternommen, Marx und Kant zu verbinden, ein Ansatz, der den Marburger Neukantianern gar nicht so fern schien. Aber vielleicht schien Natorps Vorstellung von Sozialidealismus zumindest oberflächlich zu weit entfernt von den dann doch viel realistischeren Denkweisen im Roten Wien.

Das Kinderheim Baumgarten nahm seinen Betrieb mit einer beträchtlichen Anzahl von fast 300 Kindern auf (jedoch immer noch weniger, als

Bernfeld sich in seinen Vorüberlegungen gewünscht hätte). Die Altersspanne war groß, zwischen drei und 16 Jahren sollten sie im Internat und als freie Schulgemeinde miteinander leben. Es sollte ein Lernort werden, mit „einem breiten System landwirtschaftlicher gewerblicher und industrieller Lehrwerkstätten und eine von Grund auf durchgeführte, ernsthafte Schulgemeinde" (Bernfeld, 1921/1996, SW 11, S. 20). Größe und Lage der Baracken ließen nur ein gutes jüdisches Kinderheim zu, das die eigentliche Schulsiedlung vorbereiten sollte. Die Kinder kamen aus unterschiedlichen anderen Heimen bzw. Flüchtlingslagern – sie unterschieden sich deutlich im Zustand ihrer Deprivation. Ähnliches hatte Pestalozzi in Stans erlebt. Nach einem halben Jahr, so berichtet Bernfeld, war jedoch bei den meisten jede Spur von Verwahrlosung verschwunden. Faktisch gelang die Erziehung der Kinder, selbst schwerste psychische Beeinträchtigungen konnten wenigstens gemindert werden. Aber: Wie bei vielen ähnlichen Projekten brachen schwere Konflikte mit den Trägern und der Verwaltung der Einrichtung auf, die finanziellen Grundlagen konnten nicht gesichert werden, die für den Erhalt des Kinderheims nötig waren. Der pädagogische Ort ließ sich als solcher nicht stabilisieren. 1920 führte das schließlich zu einer solidarischen Kündigung aller Pädagoginnen.

War das *Rote Wien* mehr auf die äußerliche, objektive und rahmende soziale und kulturelle Infrastruktur des Lebens der Menschen und ihrer Gemeinschaften gerichtet, war im Kinderheim Baumgarten die interne Struktur der Sozialpädagogik zu besichtigen. Beide zusammen konstituieren die Logik der Sozialpädagogik. Baumgarten bietet den unmittelbaren meso- und mikrologischen Raum, nämlich den sicheren, geschützten Ort für Kinder, die in unvorstellbarem Elend leben, sich zugleich in einer tiefen seelischen Krise befinden; schließlich waren ihre sozialisatorischen Kontexte zusammengebrochen, übrigens sowohl in materieller Hinsicht wie in der ihrer seelischen Verfasstheit. Nicht zuletzt brauchen sie Personen, die für sie da sind, der Projektion und der Übertragung ihrer emotionalen affektiven Belastungen dienen, sie motorisch und kognitiv voranbringen. Bernfeld blickt immer auf die einzelnen Subjekte, auch hinsichtlich der Möglichkeit tiefgreifender emotionaler Spannung und einer aus dieser wachsenden Aggressivität. Es geht um Gemeinsamkeit, Solidarität, um Kooperation bei den Lernprozessen, nicht zuletzt um Muße und die Entwicklung von Autonomie. Die Kinder sollten im Heim einen guten Ort finden, der ihnen gestattete, die libidinösen Bedürfnisse zu befriedigen. Vor allem sollten sie die Möglichkeit finden, aus den narzisstischen Störungen herauszuwachsen, die durch die Umstände ihres Lebens erzwungen waren. So belastend das schien: Sie sollten ihre Affekte auf andere Personen projizieren, um sich zu sozialen und solidarischen Personen zu entwickeln (vgl. z. B. Bernfeld, 1921/1996, SW 11, S 92). Dazu mussten die Erzieher bereit sein, schwierigste Emotionen zu ertragen und auszuhalten, bei den Kindern wie auch bei sich selbst; kein leichtes Unterfangen, stets von Krisen bedroht, für die Lösungen erst erfunden werden mussten. Auch dem pragmatisch-rational denkenden Bernfeld war klar, wie Erziehung in einem hohen Maße von Zufälligkeiten bestimmt ist. Erziehungsmittel wirken, spottet Bernfeld, Medikamenten gleich: „... es gibt keine absolut wirksamen" (Bernfeld, 1918/2011, W 3, S. 473). Kein Wunder also, wenn Erzieher sich an feste pädagogische Programme und Konzepte klammern: Sie wollen eben Sicherheit. Im Kinderheim Baumgarten diente das Spiel als Kompensation für die Unsicherheit, es half den Kindern, die eigenen Verhärtungen zu überwinden; Bruno Bettelheim, Fritz Redl und David Wineman, allesamt Emigranten aus Wien, erproben später in den USA ähnliche Modelle erfolgreich, auch bei Kindern, die von einem fast unbegrenzten Hass besetzt waren. Bettelheim, Redl und Wineman zählen zu den großen Figuren einer psychoanalytisch inspirierten Sozialpädagogik, die professionell mit seelisch zutiefst verstörten Kindern arbeiten; Bettelheim, wegen seiner fatal falschen Äußerungen zum Autismus zu Recht gescholten, hatte die Aussage geprägt: Liebe allein genügt nicht.

Baumgarten soll als eine vorweggreifende Utopie verstanden werden, als ein zionistisch-sozialistisches Modell des Zusammenlebens, das aber zugleich die Wahrheit von Erziehung hervortreten lässt: „Selbstbestimmung, Gerechtigkeit und Liebe sind die Grundlagen des Gemeinschaftslebens in der pädagogischen Provinz des sozialistischen Staates" (Bernfeld, 1921/2011, W 3, S. 277) – und das macht die Grundkonzeption Bernfelds deutlich: Sie besagt, dass Erziehung nötig und unvermeidlich ist, weil eben Kinder in einer Erwachsenengesellschaft aufwachsen; das kann nur gelingen, wenn Kinder eine *pädagogische* Einrichtung mit einer guten Atmosphäre (Bernfeld, 1921/1996, SW 11, S. 141) vorfinden, in der absichtsvoll das gemeinsame Leben als Lebens- und Erfahrungszusammenhang mit Erwachsenen gestaltet wird, die sich ihrer selbst als Erwachsene durchaus bewusst sind. Denn nur an solche Erwachsene können Kinder sich libidinös binden, weil und wenn diese ihnen erlauben, sie lieben zu dürfen – am Ende, weil sie selbst Kinder lieben (sofern sie ein gutes Verhältnis zur eigenen Kindheit gewonnen haben) (vgl. z.B. Bernfeld, 1921/1996, SW 11, S. 50). Das mag heute angesichts der Debatten um Übergriffigkeit irritieren, erinnert aber an die Naturbedingung aller menschlichen Entwicklung. Kinder unterliegen in ihrer Entwicklung eigenen Gesetzen, die nur um den Preis narzisstischer Störung unbeachtet bleiben (vgl. Bernfeld, 1921/1996, SW 11, S. 92).

Und die Theorie? Sie ist im Bericht über den Versuch im Kinderheim Baumgarten längst ausgesprochen. Aber Bernfeld legt nach, in einem Ton, der an manch anderen österreichischen Autor denken lässt, an Karl Kraus als Zeitgenossen, an Thomas Bernhard als späteren. Der *Sisyphos* gilt als das pädagogische Hauptwerk Bernfelds, knüpft an die zeitgenössische Debatte um die Grenzen der Erziehung an. Diese ist heikel, weil sie auf eine fatale Weise eine vorgebliche Nichterziehbarkeit von Kindern behauptet. Die Nationalsozialisten nehmen das auf. Bernfeld meldet gegenüber solchen Annahmen massive Zweifel an. Die drei Kapitel des *Sisyphos* treiben die Überlegungen in eine andere Richtung, überlagert durch das Leitmotiv, dass Erziehung eben eingeschränkt bleibt, solange sie keine sozialistische sein kann.

So spricht das erste Kapitel „von der Pädagogik" über die systematische Anfälligkeit aller Pädagogik für große Erwartungen und noch mehr für überlaute Versprechen; weshalb sie in Politik und Öffentlichkeit wenig Ansehen genießt – was sich heute verändert, wenn nicht sogar pervertiert hat. Inzwischen betreiben die gesellschaftlichen Mächte geradezu einen Hype um die Pädagogik und behaupten, von dieser hänge die Zukunft aller ab. Bernfeld karikiert die Anhänger Fröbels, Pestalozzi, die Pädagogen der Aufklärung und die Reformpädagogen, macht ihnen zum Vorwurf, wie sie Pädagogik und Humanität verkoppeln, ohne auch nur ernsthaft den Blick auf die Sachstruktur von Erziehung und ihre Grundbedingungen zu richten. Das zweite Kapitel über „Voraussetzung und Funktion der Erziehung" macht nun den Erziehungssachverhalt zum Gegenstand (vgl. Bernfeld, 1925/2013, W 5, S. 17). Erziehung hat eine eigene Qualität, weil sie auf komplexe Weise Momente sogar als Konstanten verbindet, die in unterschiedlichen disziplinären Bereichen anzusiedeln sind. Nicht um einen

„flachen Psychologismus in der Soziologie" geht es (Bernfeld, 1925/2013, W 5, S. 79), sondern um die Einsicht, dass und wie Erziehung einerseits in den menschlichen Naturverhältnissen gründet, in einer biologischen Evolution, die zu den „Ureinrichtungen der Erziehung" (Bernfeld, 1925/2013, W 5, S. 65) geführt hat. Sie sichern den „physischen Bestand, die Fortpflanzung der Gesellschaft" (Bernfeld, 1925/2013, W 5, S. 65). Andererseits gibt es Erziehung nur dort, wo Kindheit in Gesellschaft abläuft. Die These der Dissertation wird wieder aufgenommen: „Ihre Voraussetzungen sind diese zwei: die biologische und die soziale Tatsache" (Bernfeld, 1925/2013, W 5, S. 47). Diesen Zusammenhang gilt es zu begreifen, der die Tatbeständlichkeit von Erziehung ausmacht: „Die Erziehung ist demnach die Summe der Reaktionen einer Gesellschaft auf die Entwicklungstatsache"; vergessen wird meist der Folgesatz, nach welchem „Erziehung als gesellschaftliche[r] Prozeß und nicht wie die Pädagogik als System von Normen und Anweisungen" zu betrachten sei (Bernfeld, 1925/2013, W 5, S. 48).

Auf fünferlei kommt es also an, wenn wir Erziehung verstehen wollen, die in ihrer Organisation „aufs Genaueste bestimmt" ist (W 5, S. 101). Erstens ist sie strukturell betrachtet „konservativ. Ihre Organisation ist es insbesondere. Niemals ist sie die Vorbereitung für eine Strukturänderung der Gesellschaft gewesen" (W 5, S. 101). Dennoch: In ihrer Konservativität kommt sie doch erst unter veränderten Bedingungen zu sich, wenigstens in Bedingungen, wie sie das *Rote Wien* ermöglichen wollte. Zweitens hat Erziehung zu tun mit Natur, mit einem biologischen Vorgang, mit Entwicklung, die sich gleichsam gattungsbezogen, die Evolution der Menschheit nachvollziehend, vollzieht; Bernfeld spricht von der Urhorde, moderne Evolutionsbiologie hebt stärker auf angeborenen Altruismus, auf Kooperation und Differenzierung der Tätigkeiten sowie die daraus entstehenden Zwänge, auf Symbol- und Moralsysteme ab (vgl. Tomasello, 2020). Banal heißt das aber: Es kommt auf Gesundheitsfürsorge an. Drittens geht es um die damit schon gleichsam in der Natur wurzelnden gesellschaftlich-kulturellen Objektivationen, die als Institutionen einen Ort des Aufwachsens und eine Struktur für dieses bieten, in welchem sich das Denken, Fühlen und Handeln vollziehen. Um diese Objektivationen zu wahren, braucht es – viertens – Erziehung als eine besondere Praxis, die gewissermaßen das Zusammentreffen von Natur und Geist moderiert, im Wissen darum, dass eigentlich zwei Prozesse gestaltet werden müssen, die Gattungsentwicklung wie auch die individuelle Entwicklung. Ein Wissen, das – fünftens – die Einsicht in Grenzen beinhaltet: Grenzen, die durch die Natur des Kindes gegeben sind, durch die Erzieher selbst, durch Gesellschaft. Grenzen, die aber nicht sicher auszumachen sind, selbst noch verschoben werden können. Kontingenz spielt eine Rolle, Mühseligkeit nicht minder. Man agiert eben wie Sisyphos – und hat eigentlich nur eine Möglichkeit, sich gegen die Grenzen aufzulehnen, nämlich gegen die Grenzen, die eine gesellschaftliche Verfasstheit geben. Bei der Natur sollte man hingegen nicht naiv sein: Sie schlägt gelegentlich zu, trifft das Ganze als Naturkatastrophe oder die Einzelnen nicht zuletzt in seelischer Erkrankung.

6 Ein Fazit für die Sozialpädagogik

Was kann man nun aus all dem lernen, gleichermaßen für die Praxis der Sozialpädagogik wie für ihre Theorie? Zunächst wurde eigentlich an keiner Stelle von den Protagonisten das Wort Sozialpädagogik gebraucht. Wir reden besser von den Manner-Schnitten, begegnen diesen an den verschiedenen Stationen der Überlegung, die Sozialpädagogik bleibt als Wirklichkeit aber im Nichtbenannten. Dürfen wir dann von ihr reden, müssen wir nicht schweigen? Also: Machen wir halt das Packerl mit den Neapolitaner-Schnitten auf, den originalen, bitte!

Banal klingt, auf den ersten Blick wenigstens, zweierlei: Sozialpädagogik ist *zum einen* nicht gleich Sozialpädagogik, ihre Geschichte in Österreich, insbesondere in Wien, unterscheidet sich deutlich von der, die in anderen Ländern geschrieben werden kann, in Deutschland besonders. Die historischen Kontexte der Entstehung dürfen nicht gleichgesetzt werden; selbst wenn die Situation, insbesondere die revolutionären Bewegungen nach dem Ersten Weltkrieg, ähnlich erscheinen, darf das österreichische Trauma nicht unterschätzt werden. Ein über Jahrhunderte währendes Reich war zusammengebrochen, das in wechselvoller Geschichte nicht zuletzt nachhaltig von Aufklärung bestimmt war, wie sie durch Josef II. verkörpert war. Die Dramatik dieses Bruchs lässt sich gar nicht überschätzen, es war eine der vielen Katastrophen, die das 20. Jahrhundert bestimmten. Dennoch: Die daraus entstehende soziale und kulturelle Konstellation war eine eigenartige, nachhaltig wirksam, vielleicht auch weil sie sich schon lange andeutete in dem, was als Wiener Moderne weltbedeutend wurde. Darin klingt eine *zweite* Einsicht an: Wie fast immer, wenn es um die Einsicht in Gesellschaft und Pädagogik geht, eröffnen Brüche besondere Erkenntnismöglichkeiten. Die Merkmale von Erziehung etwa sind im Übergang von der alten, feudalen zur bürgerlichen Gesellschaft erkannt worden, es ist kein Zufall, wenn um 1800 mit der Allgemeinen Pädagogik ein neues Denkformat entsteht. Das gilt nun auch für die Sozialpädagogik, die in Wien um 1900, besonders aber nach 1918 in einer ganz eigenen Formation begriffen wird. Man könnte sagen: The Austrian Mind führt in das, was man ein spezifisches Mindset nennen kann, eine eigene Haltung. Sozialpädagogik, so könnte man festhalten, braucht beides: eine eigene, sehr umfassende Theorie und eben das, was sich als *dritte* Erkenntnis zeigt. Nämlich dass und wie für diese Gestalt der Sozialpädagogik ein konkretes, gleichsam technisch zupackendes Denkmodell wichtig wird. Das hält sich nicht bei abstrakten sozialpolitischen Programmen auf, die von Armutsbekämpfung oder Bildungsgerechtigkeit schwärmen, aber vergessen, welche Wirklichkeit dazu geschaffen werden muss. Noch einmal sei das Wort von den Fantasien eines Realisten aufgenommen, das man politisch als radikale Sozialdemokratie fassen könnte – vorangetrieben von dem, was sich in Anlehnung an das von Ralf Koerrenz (2001 a, b) festgehaltene hebräische Paradigma als zionistisches Paradigma bezeichnen lässt. Es geht in diesem um Lebensbedingungen und Lebenswirklichkeiten von Menschen in ihrer leiblich-geistig-seelischen Verfasstheit, um sicheres Wohnen, sichere Ernährung, körperliches Wohlbefinden, um ein umfassend funktionierendes Gesundheitssystem, das sich modernen Standards verpflichtet und nicht haltmacht vor Zugriffen, die als überwachend bezeichnet werden können; und es geht um ein Schulsystem, das zwar auf die Eigentätigkeit und Selbstständigkeit der lernenden Subjekte setzt, aber doch der Aufklärung und einer doch tiefgreifenden Verbindlichkeit verpflichtet ist. Dabei deutet sich eine zusätzliche Besonderheit an: Diese Sozialpädagogik hat – *viertens* – viel mit einem städtischen Lebensfeld zu tun. Sie richtet sich auf einen Ort aus, kann als ein Ortshandeln verstanden werden, das jedoch vorrangig mit der Stadt zu tun hat, vielleicht sogar mit der Großstadt – das verweist auf aktuelle Debatten, die mehr denn je auf eine Neufassung der Städte gerichtet sind, auf ein neues Verständnis von Urbanität, in welchem sich das Verhältnis von vielen, früher hämisch als Masse abgewertet, und Einzelnen neu formt. Es geht um die Architektur der Stadt, um eine soziale Praxis, mit eigener Ethik und Ästhetik, die das Seelenleben der Einzelnen berühren. Das setzt eine weitere, eine *fünfte* Einsicht frei, nämlich die in die Gestaltung des Ganzen und die Ermöglichung des Einzelnen, um Kollektivität und Individualität zu ermöglichen – übrigens eingebunden in Lernprozesse – eben doch durch eine Pädagogik, die sich daran macht, die Handlungsfähigkeit der Einzelnen zu sichern, durch hygienisch-aktivierende, durch diagnostische und therapeutische Angebote für die Gesundheit der ganzen leibseelischen Verfasstheit, durch Aufklärung, durch Wissen und durch die Muße der Erholung. Ja, vielleicht durch die Manner-Schnitte.

So gesehen: Das Rote Wien, die mit ihm verbundenen Akteure, Philosophen, Politiker, Mediziner, Neurath und Bernfeld haben eine Sozialpädagogik entworfen, die vorbildlich sein kann. Paradigmatisch. Feinstes Waffelgebäck.

Literaturverzeichnis

Abrihan, C. (2013). *Dekorative Fassadenelemente in der Gründerzeit zwischen 1840 und 1918 Gestaltungsgrundsätze.* Werkstattberichte. Nr. 133. Hrsg.: Stadtentwicklung Wien, Magistratsabteilung 18. https://www.wien.gv.at/stadtentwicklung/studien/pdf/b008347.pdf [13.7.2021].

Autengruber, P. / Schwarz, U. (2013): Lexikon der WIENER Gemeindebauten. Namen – Denkmäler – Sehenswürdigkeiten. Wien – Graz – Klagenfurt: Pichler – Styria

Barth, D. (2010). *Kinderheim Baumgarten, Siegfried Bernfelds >Versuch mit neuer Erziehung< aus psychoanalytischer und soziologischer Sicht.* Gießen: Psychosozial-Verlag.

Bernfeld, S. (1980). *Antiautoritäre Erziehung und Psychoanalyse.* Ausgewählte Schriften Band 1–3. Hrsg. von L. V. Werder u. Reinhart Wolf. Frankfurt am Main: März-Verlag. 3. Auflage 1980. (Zit. AE Band, Seite).

Bernfeld, S. (1991). *Sämtliche Werke in sechzehn Bänden.* Hrsg. von U. Herrmann. Weinheim: Beltz 1991 ff. Erschienen sind: Band 1, 3 und 11. (Zit. SW Band, Seite).

Bernfeld, S. (2010). *Werke* (in zwölf Bänden). Hrsg. v. U. Herrmann. Gießen: Psychosozial-Verlag 2010 ff. (Zit. W Band, Seite).

Dudek, P. (2002). *Fetisch Jugend. Walter Benjamin und Siegfried Bernfeld – Jugendprotest am Vorabend des Ersten Weltkriegs.* Bad Heilbrunn: Klinkhardt 2002.

Dudek, P. (2012). *„Er war halt genialer als die anderen". Biographische Annäherungen an Siegfried Bernfeld.* Gießen: Psychosozial-Verlag 2012.

Edmonds, D. (2020). *The Murder of Professor Schlick. The Rise and Fall of the Vienna Circle.* Princeton and Oxford: Princeton University Press.

Fischer, J. M. (2020). *Karl Kraus. Der Widersprecher.* Biographie. Darmstadt: Wissenschaftliche Buchgesellschaft.

Haller, R. (1993). *Neopositivismus. Eine historische Einführung in die Philosophie des Wiener Kreises.* Darmstadt.

Hegselmann, R. (1979). *Otto Neurath – Empiristischer Aufklärer und Sozialreformer.* In: Neurath 1979, S. 7–73.

Herrmann, U. (1992). Bernfelds pädagogische Themen und ihr „Sitz im Leben" – Ein biographischer Essay. In: R. Hörster u. B. Müller (Hrsg.), *Jugend, Erziehung und Psychoanalyse. Zur Sozialpädagogik Siegfried Bernfelds.* Neuwied, Berlin, Kriftel: Luchterhand 1992, S. 9–21.

Historisches Museum der Stadt Wien (Hrsg.) (1984). *Wien 1870–1930. Traum und Wirklichkeit.* Salzburg und Wien: Residenz-Verlag.

Jahoda, M., Lazarsfeld, P. F. u. Zeisel Hans (1975). *Die Arbeitslosen von Marienthal. Ein soziographischer Versuch über die Wirkungen langandauernder Arbeitslosigkeit.* [EA 1933] Frankfurt am Main: Suhrkamp.

Janik, A. u. Toulmin, St. (1987). *Wittgensteins Wien.* München, Zürich: Piper.

Johnston, W. M. (1983). *The Austrian Mind. An Intellectual and Social History 1848–1938.* Berkely, Lo Angeles, London. University of California Press.

Kastorff-Viehmann, R. (1987/1988). Kleinwohnung und Werkssiedlung. Zur Erziehung des Arbeiters durch Umweltgestaltung. In: J. Rodríquez-Lores u. G. Fehl (Hrsg.), *Die Kleinwohnungsfrage. Zu den Ursprüngen des sozialen Wohnungsbaus in Europa.* Hamburg: Christians, S. 221–241.

Kiss, E. (1986). *Der Tod der K.u.K. Weltordnung in Wien.* Wien – Köln – Graz: Böhlau.

Koerrenz, R. (2001). Das hebräische Paradigma der Pädagogik. In: H. U. Hyams u. a. (Hrsg.), *Jüdisches Kinderleben im Spiegel jüdischer Kinderbücher.* Oldenburg. Bibliotheks- und Informationssystem, S. 293–304. (b).

Koerrenz, R. (2001). *Die Grundlegung der Sozialpädagogik im Alten Israel.* Oldenburger Universitätsreden. Oldenburg. (a).

Le Rider, J. (1990). *Das Ende der Illusion. Zur Kritik der Moderne.* Wien: Österreichischer Bundesverlag.

Lefèbvre, H. (1972). *Das Alltagsleben in der modernen Welt.* Frankfurt am Main: Suhrkamp.

Neurath, O. (1979). *Wissenschaftliche Weltauffassung, Sozialismus und Logischer Empirismus.* Herausgegeben von Rainer Hegselmann. Frankfurt am Main 1979.

Neurath, O. (1981). *Gesammelte philosophische und methodologische Schriften.* Herausgegeben von Rudolf Haller und Heiner Rutte. In: Otto Neurath: Band 1 und Band 2. Wien 1981: Verlag Hölder-Pichler-Tempsky. (zit.: „Neurath 1" und „Neurath 2" mit Seitenangabe).

Neurath, O. (1991). *Gesammelte bildpädagogische Schriften.* Herausgegeben von Rudolf Haller und Robin Kinross. In: O. Neurath: Band 3. Wien 1991. Verlag Hölder-Pichler-Tempsky. (zit.: „3" mit Seitenangabe).

Neurath, P. u. Nemeth, E. (1994). *Otto Neurath. Oder: Die Einheit von Wissenschaft und Gesellschaft. Hrsg. v. Monographien zur österreichischen Kultur- und Geistesgeschichte* Bd. 6. Hrsg. v. P. Kampits. Wien, Köln Weimar: Böhlau Verlag.

Niemeyer, Chr. (1998). *Klassiker der Sozialpädagogik. Einführung in die Theoriegeschichte einer Wissenschaft.* Weinheim und München: Juventa 1998.

Noack N., J. (2020). Sozialpädagogik eudaimogenetisch denken. In: B. Birgmeier, E. Mührel, M. Winkler (Hrsg.), *Sozialpädagogische SeitenSprünge.* Weinheim und Basel: Beltz-Juventa, S. 186–190.

Popper, K. R. (1973). *Objektive Erkenntnis. Ein evolutionärer Entwurf.* Hamburg: Hoffmann und Campe.

Popper-Lynkeus, J. (1986). *Phantasien eines Realisten.* Gustav Kiepenheuer Bücherei 77. Leipzig und Weimar: Gustav Kiepenheuer Verlag.

Portisch, H. (1989). *Österreich I. Die unterschätzte Republik.* Wien: Kremayr & Scheriau.

Rukschcio, B. u. Schachel, R. (1983). *Adolf Loos. Leben und Werk.* Veröffentlichung der Albertina Nr. 17. Salzburg und Wien: Residenz Verlag.

Sandner, G. (2014). *Otto Neurath. Eine politische Biographie.* Wien: Zsolnay.

Scheipl, J. (2007). Geschichte der Sozialpädagogik in Österreich. In. G. Knapp, S. Sting (Hrsg.), *Soziale Arbeit und Professionalität im Alpen-Adria-Raum.* Hermagoras/Klagenfurt, S. 134–157.

Scheipl, J. (2018). Soziale Arbeit in Österreich. In: H. U. Otto u.a. (Hrsg.), *Handbuch Soziale Arbeit.* 6. Auflage. München, Reinhardt, S. 1423–1429.

Schwarz, E. (2014). *Wien und die Juden. Essays zum Fin de siècle.* München: Beck.

Schwarz, P. (2017). *Julius Tandler. Zwischen Humanismus und Eugenik.* Wien: Edition Steinbauer.

Tenorth, H.-E. (1992). „Unnötig" und „unerwünscht" – Siegfried Bernfeld und die Universitätswissenschaft. In: R. Hörster u. B. Müller (Hrsg.), *Jugend, Erzie-*

hung und Psychoanalyse. Zur Sozialpädagogik Siegfried Bernfelds. Neuwied, Berlin, Kriftel: Luchterhand, S. 23–40.

Tomasello, M. (2020). *Mensch werden. Eine Theorie der Ontogenese.* Berlin: Suhrkamp.

Varnedoe, K. (1993). *Wien 1900. Kunst, Architektur, Design.* Köln: Taschen-Verlag.

Von Horn, F. (2016). Talmudische Dialektik in Siegfried Bernfelds „Sisyphos oder die Grenzen der Erziehung". In: A. Blichmann u. K. Kenklies (Hrsg.), *Pädagogische Kultur des Judentums als moderne Tradition.* Paderborn: Schöningh 2016, S. 99–113.

Winkler, M. (1995). [Otto Neurath] Klassiker der Sozialen Arbeit – neu gelesen. Michael Winkler las Otto Neurath. In: *GiSA. Rundbrief Gilde soziale Arbeit 49, Heft 2,* 68–75.

Winkler, M. (2016). Siegfried Bernfeld. In: B. Paul-Siewert, R. Pfützner, M. Winkler (Hrsg.), *Sozialistische Pädagogik.* Baltmannsweiler: Schneider-Verlag Hohengehren, S. 37–48.

Wittgenstein, L. (1969). Tractatus logico-philosophicus. In: L. Wittgenstein. *Schriften 1.* Frankfurt am Main: Suhrkamp, S. 9–83.

VI Die Sozialpädagogik der Wiener Individualpsychologie

Lothar Böhnisch

In den 1920er-Jahren formierte sich im sozialistisch regierten Wien ein einzigartiges bildungspolitisches Reformprojekt, die „Wiener Schulreform" (vgl. dazu Spiel, 1979). Die Stadtregierung organisierte bis in die Mitte der 1930er-Jahre hinein eine Bildungs- und Erziehungsreform, die quer durch alle Erziehungsfelder und Bildungsbereiche – vom Gymnasium bis zur Heimerziehung – unter ein gemeinsames erziehungspolitisches Leitthema gestellt wurde: die Bekämpfung sozialer Ungleichheit durch Erziehung und Bildung. Allen Kindern und Jugendlichen sollten größtmögliche biografische Entwicklungs- und Entfaltungschancen so gegeben werden, dass dies im Sinne einer gemeinschaftsorientierten Erziehung auch der politischen Gestaltung des Gemeinwesens zugutekommen konnte. Dies sollte wissenschaftlich erschlossen und begleitet werden und dafür bot sich die sich damals in Wien formierende Individualpsychologie an, die gerade diese Gemeinschaftsorientierung im sozialen Wesen des Menschen angelegt und sie deshalb als pädagogisch förderbar und gestaltbar sah. In diesem individualpsychologischen Magnetfeld entwickelte sich auch ein interdisziplinär rückgebundener sozialpädagogischer Diskurs, der in die pädagogischen Felder der Kindererziehung, der Erziehungs- und Berufsberatung, der Schule, der Fürsorge- und Heimerziehung und der Straffälligen-Hilfe hineinwirkte.

1 Das Kernparadigma: Ermutigung in der Gemeinschaft

Die Individualpsychologie nahm für sich in Anspruch, die Freud'sche Psychoanalyse ziel- und handlungsorientiert zu überschreiten. Sie betonte die „soziale Seite des seelischen Problems“ und differenzierte sich daher „immer mehr zu einem sozialen Erziehungssystem“ aus (vgl. Jung, 1930). Die heute missverständliche Bezeichnung „individual“ bezieht sich dabei auf die ursprüngliche Bedeutung des Begriffs des Individuums als des „unteilbaren Ganzen“, auf den Menschen in seiner Einheit von Psyche und Sozialität. Die an der Individualpsychologie orientierte Pädagogik geht in diesem Sinne von einer tiefendynamischen Spannung zwischen endogenem Entwicklungs- und Behauptungsvermögen und sozial ausgelöstem Bewältigungsdruck aus.

Am Anfang vieler neurotischer Verhaltensstörungen und damit verbundenen aggressiven bis destruktiven Sozialverhaltens „steht drohend das Gefühl der Unsicherheit und Minderwertigkeit und verlangt mit Macht eine leitende, sichernde, beruhigende Zwecksetzung, um das Leben erträglich zu machen. Was wir das Wesen der Neurose nennen, besteht aus dem vermehrten Aufwand der verfügbaren psychischen Mittel“ (Adler, 1922/1997, S. 6).

Der Begriff Neurose umfasst dabei einen multiplen Komplex psychischer Störungen und abweichender Verhaltensmuster, die aus der Überkompensation erfahrener Wert- und Hilflosigkeit entstehen können.

> Es ist daher auch nur zu helfen, wenn man die ganze Persönlichkeit, ihr aus einem Minderwertigkeitsgefühl hervorgewachsenes Kompensationsstreben, den Lebensplan, der zur Überlegenheit führen soll, die unbewussten Sicherheitstendenzen […] erfaßt. Wenn man ferner erreicht, das schlummernde Gemeinschaftsgefühl zu wecken und so zu stärken, daß der Mensch sich künftig nicht mehr seinen ungelöst vor ihm stehenden menschlichen Aufgaben entzieht. (Rühle-Gerstel, 1924, S. 87)

„Die Individualpsychologie sieht also den ganzen Menschen in seiner Beziehung zu sich selbst in engster Verknüpfung mit der Gemeinschaft“ (Sumpf, 1926, S. 81). Daraus ergibt sich auch ihr interdisziplinärer Charakter: Denn wenn

> das Seelenleben des Menschen unlöslich verknüpft [ist] mit seinen Gemeinschaftsbeziehungen, dann findet man auch in den Gemeinschaftsbeziehungen der

Menschen Stoff genug für unsere Menschenkenntnis. Ein Gebiet, das bisher der Soziologie vorbehalten war, wird auch der individualpsychologischen Betrachtung zwanglos zugänglich. [...] Die Individualpsychologie ist also wie keine andere psychologische Methode geeignet, auch die Psychologie der Gemeinschaft im Kleinen wie im Großen, also der Gruppen und der Masse zu beleuchten. (ebd., S. 51)

Die individualpsychologisch inspirierte Sozialpädagogik und Sozialarbeit gab damals einer neuen, jungen Generation von SozialarbeiterInnen jene zeitgemäße professionelle Orientierung, die sie von der nun älter gewordenen Generation der jugendbewegten Pädagogen und der frauenbewegten Fürsorgerinnen absetzte. Statt gleichsam intuitiver Beziehungspädagogik und jugendbewegten Führertums sollten nun wissenschaftlich fundierte tiefenpsychische Diagnostik und soziale Aktivierung hin zur Gemeinschaft die Sozialarbeit auf eine professionelle Ebene heben. Das, was das sozialpädagogische Denken der späteren Weimarer Zeit quer durch die verschiedenen Ansätze bestimmte und vor allem auch von Carl Mennicke theoretisch pointiert wurde – die Hinwendung zur Bewältigungsperspektive –, schien hier empirisch einlösbar. Die Chancen und Risiken der Selbstbehauptung des Menschen in einer machtstrukturierten sozialen Umwelt sollten – von der frühen Kindheit an – nicht nur pädagogisch-programmatisch, sondern in der sozialen Wirklichkeit bis hinein in die Tiefenschichten des Unbewussten aufgeschlossen und pädagogisch thematisiert werden können. Dieser individualpsychologisch-sozialpädagogische Diskurs und die mit ihm verbundenen Forschungs- und Modellansätze gediehen – vor allem in Wien, aber auch in München, Dresden und Berlin sowie anderen deutschen Großstädten – in politischen und pädagogischen Milieus, in denen die Idee der Emanzipation des Menschen in einer sozial aktivierenden Gemeinschaft ein Leitthema war.

Dass die Individualpsychologie einen solchen Einzug in die Praxis der Sozialarbeit der Weimarer Zeit hielt, war vor allem darauf zurückzuführen, dass ihr „Herangehen an die Klientel dem [...] Grundsatz der Sozialpädagogik entgegenkommt, die Menschen so anzunehmen wie sie sind“ (Schille, 1997, S. 218), d. h. erst einmal ihre subjektive Bewältigungskonstellation zu akzeptieren.

Die Individualpsychologie wurde zur Praxistheorie weiter Kreise der deutschen Sozialarbeit, weil sie sich als interdisziplinär und empirisch ausgerichtete Sozialpädagogik verstand. Dies kommt besonders in dem von Sophie Lazarsfeld herausgegebenen „Kursbuch“ der individualpsychologischen Pädagogik – „Technik der Erziehung“ (1929) – zum Ausdruck und zeigt, wie interdisziplinär die individualpsychologisch fundierte Pädagogik ausgerichtet war und sich in diesem Sinne gleichsam als Querschnittspädagogik für Kindergarten, Jugendhilfe, Schule, Berufshilfe und Anstaltserziehung verstand. Vor allem waren es die Erziehungsberatungsstellen, die nach dem Wiener Vorbild gleichsam als individualpsychologische Basisstationen auch in deutschen Großstädten eingerichtet wurden (vgl. Handlbauer, 1984). Auch die Kinderfreunde-Bewegung, die sich damals in Österreich schon zur Massenbewegung entwickelt hatte und die Kinder- und Jugendarbeit mitprägte, war individualpsychologisch orientiert. Sie etablierte sich bald auch in Deutschland. Schon im Band „Sozialpädagogik“ des damals prominenten Handbuchs der Pädagogik von Nohl/Pallat war sie mit einem eigenen Beitrag vertreten:

> Die Theorie der Kinderfreunde geht von folgendem gesellschaftlichen Tatbestande aus: Die Klassengliederung der gegenwärtigen Gesellschaft erstreckt sich nicht nur auf die Erwachsenen und Jugendlichen, sondern sie erfaßt auch die Kinder von frühester Jugend an. Die Lage der Arbeiterkinder und der Kinder der sonstigen proletarischen Schichten bedeutet nicht nur objektiv eine starke Benachteiligung, sondern wird auch subjektiv als Zurücksetzung empfunden, und sie wirkt sich gesellschaftlich als Minderwertigkeit aus. [...] Die Kinderfreunde sehen in diesem Zustand eine Gefährdung der gesellschaftlichen Entwicklung. (Löwenstein, 1929, S. 142–143)

Im Bereich der Fürsorge waren es vor allem die Fürsorgewissenschaftlerin Siddy Wronsky und der individualpsychologisch orientierte Berliner Psychiater Arthur Kronfeld, die in ihrer Zusammenarbeit die Verbindung von Sozialer Arbeit und Individualpsychologie suchten.

> Der Fürsorger [...] wird oft zu der im Einzelfalle erschütternden Erkenntnis kommen, daß die Wirksamkeit seiner sozialen Fürsorge an dem persönlichen Faktor im Befürsorgten versagt. Dieser persönliche Faktor kann sich der Erfassung und Inrechnungstellung durch rein fürsorgerische Methoden entziehen. [...] In den allgemeinen Grundlagen, Zielsetzungen und Anwendungsobjekten der Psychotherapie und der sozialen Fürsorge findet sich also eine starke Gemeinsamkeit, dass die Trennung und vollständig unabhängige Entwicklung beider, so wie sie bisher erfolgte, fragwürdig wird. [...] Der leidende Mensch im Sinne eines individuell bedingten Leidenszustandes ist Objekt der Psychotherapie, der leidende

Mensch im Sinne eines sozial bedingten Leidenszustandes ist Objekt der Fürsorge. Aber diese Unterscheidung gilt nur vergleichsweise. Wir wissen aus der [individualpsychologischen, L.B.] Neurosenlehre, dass eine Fülle, vielleicht die Mehrzahl neurotischer Zustände, geradezu den Sinn hat, einen Bruch zwischen dem Selbstbewußtsein und dem Gemeinschaftsbewußtsein des einzelnen zur Erscheinung zu bringen – wie denn auch die zugrunde liegenden Konflikte der Neurotiker fast stets milieuhafte oder soziale Auslösungen ausweisen. (Wronsky u. Kronfeld, 1932, S. 66–67)

An ihrem Versuch wird aber auch deutlich, dass in Deutschland die Individualpsychologie erst schrittweise in eine bereits gewachsene Sozialarbeit integriert werden musste, während sich in Wien die IndividualpsychologInnen von vornherein – so Sophie Lazarsfeld – genauso als SozialpädagogInnen verstanden. Wronsky hat die individualpsychologische Expertise erst einmal in die soziale Anamnese eingeführt, für Kornfeld war ein fürsorgerischer Zugang zu den KlientInnen, das „Einfühlen in ihre Leidenssituation“, ohne die Kenntnis individualpsychologischer Gesetzmäßigkeiten nicht denkbar. Die Weiterentwicklung dieser Ansätze wurde dann durch Faschismus und Emigration verhindert.

Auch Herman Nohl, einer der wohl einflussreichsten (Sozial-)Pädagogen der 1920er-Jahre, kam immer wieder auf die Individualpsychologie zurück, der er eine grundlegende Reformkraft bescheinigte:

Die Grundeinstellung dieser neuen Pädagogik ist entscheidend dadurch charakterisiert, daß sie ihren Ausgangspunkt unbedingt im Zögling hat, das heißt, dass sie sich nicht als Vollzugsbeamten irgendwelcher objektiver Mächte dem Zögling gegenüber fühlt […] und daß sie ihre Aufgabe nicht in dem Hinziehen des Zöglings zu solchen bestimmten objektiv vorgegebenen Zielen erblickt, sondern […] daß sie ihr Ziel zunächst im Subjekt und seiner körperlich-geistigen Entfaltung sieht. Daß dieses Kind hier zu seinem Lebensziel komme, das ist ihre selbständige Aufgabe, die ihr niemand abnehmen kann. Die Folgen dieser eigentümlichen Umdrehung, die den anderen Berufen natürlich sehr fremdartig erscheinen muß, z. B. dem Richter als Vertreter der objektiven Gerechtigkeit, und die damit die Pädagogik oft in Konflikt mit ihnen bringt, sind dann sehr tiefgreifend und gestalten noch jedes einzelne Moment der Erziehung. Von hier aus wurde der Eigenwert jeder Lebensstufe des Kindes erkannt, ja jedes Augenblicks in diesem seinem Leben, der nicht bloß der Zukunft geopfert werden darf, sondern nach seiner selbständigen Erfüllung verlangt. Von hier aus ergab sich auch die Umdrehung in der Verwahrlosten-Pädagogik, die nun in dem Zögling nicht mehr den Gegner sieht, der niedergeworfen werden muß, damit er sich in die soziale Ordnung einfüge, sondern den in Schwierigkeiten Befangenen dem man zur Hilfe kommt. Wo er pädagogisch denkt, sieht der Richter auf den Täter und nicht bloß auf die Tat, ist Jugendgerichtshilfe nicht Hilfe des Richters, sondern Hilfe des Jugendlichen. Es ist die große Bedeutung der Freud-Schule wie der Adler-Schule, daß sie diese Wendung der Pädagogik mit besonders klarem Bewußtsein gefördert haben. (Nohl, 1949, S. 152)

Die Individualpsychologie fand also ihre Resonanz in der Breite der sozialpädagogischen Praxis der damaligen Zeit, sie trat gleichsam in

eine innige Verbindung mit dem Fürsorgewesen in Deutschland [...]; hingegen hat die Psychoanalyse von Sigmund Freud weder in der Schule und der Erziehungsfürsorge noch im allgemeinen Wohlfahrtswesen große Wirkung gehabt [...]. Und da es sich im Fürsorgewesen meistens um Menschen handelt, die ihre Bindung an die Gemeinschaft verloren haben, war die adlersche Lehre wie geschaffen, die Hilfsmaßnahmen zu bestimmen. (Ottenheimer, 1959, S. 894)

Diese „innige Verbindung mit dem Fürsorgewesen“ fand ihren fachpublizistischen Ausdruck in den Jahrgängen der „Zeitschrift für Individualpsychologie“ und im umfangreichen von Erwin Wexberg 1926 herausgegebenen „Handbuch der Individualpsychologie“. Neben dem Wiener Zentrum war es vor allem die „Münchner individualpsychologische Fürsorgegemeinschaft“, die neben anderen großstädtischen Arbeitsgruppen das fachliche Bild der individualpsychologisch fundierten Sozialarbeit prägte. Der Beitrag der Individualpsychologie „zur Lösung der Aufgaben der Jugendfürsorge“ wurde dabei ganzheitlich definiert: „Die Individualpsychologie sieht in jedem jungen – und erwachsenen – [...] Rechtsbrecher, Asozialen und Verwahrlosten einen Menschen mit gestörtem Gemeinschaftsgefühl, einen Entmutigten“ (Freudenberg, 1926, S. 370). Im Mittelpunkt der Diagnostik standen die je biografische Erfahrung der Minderwertigkeit und die paradoxen Formen ihrer Kompensation als Versuche der *Selbstbehauptung*, die hinter den Symptomen der „Verwahrlosung“ und „Auffälligkeit“ stehen.

In der „äußersten Bedrängnis erwächst gerade ein Drang zur Selbstbehauptung um jeden Preis, zur Selbstbehauptung mit allen Mitteln, zur Selbstbehauptung auch auf krummen Wegen, wenn einem der gerade versperrt scheint. Je gedrückter seine Stellung, desto größer wird der Hunger nach Geltung und Anerkennung“ (Credner, 1926, S. 212). „Dem Erstreben nach der vermeintlichen Erhöhung des Selbstwertgefühls dienen alle sog. unbewußten Arrangements [...] Dahin gehört auch der sog. ‚dialektische Formenwandel', der die Umkehrung einer Verhaltensweise in ihr Gegenteil bedeutet, wenn dies dem Persönlichkeitsideal dienlich zu sein scheint" (Sumpf, 1926, S. 80).

In diesem Zusammenhang konnte die individualpsychologische Sozialpädagogik gerade auch die Geschlechtsspezifik des Bewältigungsverhaltens thematisieren: In „unserer Kultur fallen Männlichkeit und Überlegenheit zum größten Teil zusammen, weshalb sich Männlichkeit dem Persönlichkeitsideal jedes Kindes, der Knaben wie der Mädchen eignet" (Kaus, 1926, S. 165). Dies stellt eine „Generalentmutigung" für die Mädchen dar, eine „Entwicklungshemmung", der gegenüber sich die Mädchen früh auflehnen. Dieser „männliche Protest" (Adler) als „Überlegenheitsstreben im Sinne des Strebens nach fiktiv verstandener Männlichkeit" (Sumpf, 1926, S. 80) kann sich dann, wenn sie das männliche Ideal nicht erreichen, bei den Mädchen als dissoziales Verhalten äußern, mit dem sie auf sich aufmerksam machen wollen.

2 Das sozialpädagogische Netzwerk

Der zentral gesetzte Gemeinschaftsbezug (der Mensch als soziales Wesen) verlangte von der Sozialarbeit eine soziologische Analyse der Gemeinschaftspotenziale des Jugendlichen und seiner Umweltbeziehungen. Dreh- und Angelpunkt – auch im Sinne der Prävention – waren die Erziehungsberatungsstellen, von denen aus ein Netzwerk mit Familien, Schulen, offenen Jugendhilfeeinrichtungen und Heimen aufgebaut werden konnte. Die individualpsychologisch orientierten Sozialarbeiterinnen und Sozialarbeiter machten die sozialen Verhältnisse, welche gerade bei sozial benachteiligten Kindern zu einem Minderwertigkeits- und gestörten Gemeinschaftsgefühl führten, aber auch die geschlechtshierarchische Familien- und Sozialordnung als Hintergrund für autoritäres Macht- und Geltungsstreben bzw. autoritäre Unterwerfung aus. In der Gemeinschaftserziehung sahen sie deshalb das geeignete Mittel der Behandlung und Heilung „autoritärer Charaktere". Diese pädagogische Perspektive war auch in den schulpädagogischen Modellen – Schule als Arbeits- und Lebensgemeinschaft (s. u.) – lebendig.

Im Umkreis der Wiener Schulreform versammelte sich über den Kern der individualpsychologischen Pädagogik hinaus eine Pluralität psychoanalytischer, psychologischer, soziologischer und pädagogischer Ansätze, die durch das politische Band der Bildungs- und Sozialreform zusammengehalten wurden und die sich im Ziel des Abbaus sozialer Benachteiligung, lebenslagenorientierter Chancenentwicklung und Gemeinschaftsorientierung trafen. Im Bereich der Heimerziehung war es vor allem August Aichhorn (1925), der – zwar mehr psychoanalytisch orientiert, aber doch im Einklang mit individualpsychologischen Prinzipien – die innere Reform des Fürsorgewesens vorantrieb. Er behandelte aggressive Zöglinge verstehend aus der Erkenntnis heraus, dass antisoziale Aggressivität meist durch gestörtes Selbstwertgefühl – sei es durch Liebesentzug oder durch missbrauchte Autorität verursacht – entstanden ist. Das kriminelle Kind ist ein entmutigtes Kind – so lautete damals ein individualpsychologischer Leitsatz (vgl. Rühle, 1929). Die Trennung von Person und Delikt, die erst den pädagogischen Zugang zu delinquenten Jugendlichen ermöglicht und die heute Grundmaxime jeder sozialpädagogischen Krisenintervention ist, war damit theoretisch und praktisch fundiert. Der Erfolg einer Resozialisierung entschied sich weiter darin, wie und inwieweit den jugendlichen Zöglingen ein positives Gruppen- und Gemeinschaftsgefühl vermittelt werden konnte.

Die konzeptionelle Umsetzung dieses individualpsychologischen Ansatzes im allgemeinen Bereich der Sozialpädagogik war vor allem das Verdienst von *Sophie Lazarsfeld*. Hier stoßen wir auf eine wirklich „Vergessene". Bekannt geblieben sind ihr Sohn, der Soziologe Paul Lazarsfeld, und ihre Schwiegertochter, die Sozialpsychologin Marie Jahoda. Weder die Sozialpädagogik noch die Frauenforschung haben die Bedeutung der Wiener Psychologin und Sozialpädagogin bisher gewürdigt.

In einem Grundsatzbeitrag zum Verhältnis von Individualpsychologie und Sozialpädagogik (1926) versuchte sie, den wissenschaftlichen Ort einer individualpsychologisch inspirierten Sozialpädagogik im Kontrast zu Paul Natorps Konzeption der Sozialpädagogik zu klären:

> Wer einmal Natorps Sozialpädagogik gelesen hat, in der die Forderungen der Gemeinschaftserziehung aus den Grundbegriffen des Neukantianismus abgeleitet sind, der kann sich – trotz aller Ehrfurcht vor der Arbeit dieses großen Denkers – der verblüffenden Analogie [...] mit der zögernden Attitude der Einzelneurose

nicht entziehen; so sehr sind hier die formelle Anerkennung des Ziels und die selbstgewählten Umwege darum zu finden.[...] Demgegenüber kann die Individualpsychologie sich Schritt für Schritt an der Wirklichkeit orientieren, und alles rein begriffliche Denken nur als widerrufbare Leitlinie auffassen, ohne der Bedeutung ihrer Erkenntnisse etwas zu vergeben.[...] Für den Erziehungsprozess, soll er planmäßig vor sich gehen und nicht dem Zufall überlassen sein, muß, unabhängig zu welchem Ziel er vorgenommen wird, die Gemeinschaft im Mittelpunkt stehen. Demnach unterscheiden wir uns prinzipiell von der [natorpschen, L.B.] Sozialpädagogik dadurch, daß wir zur zentralen Berücksichtigung der Gemeinschaft nicht von einem apriorischen Gesichtspunkt aus kommen [...], sondern aus der Analyse des Erziehungsprozesses selber. (Lazarsfeld, 1926, S. 324–325)

Sophie Lazarsfeld kam es darauf an, den ganzen Menschen in seiner (sozial gerichteten) Individualität zu betrachten, um seine Stärken, die biografisch bisher nicht zum Zuge gekommen sind, herauszufinden und an ihnen mit ihm zu arbeiten. Das gehe aber nur, wenn dieser pädagogische Schritt nicht beim Einzelnen stehen bleibe, sondern mit und in der Gemeinschaft gemacht werde:

Von allen im Kind vorhandenen Fähigkeiten [sind] jene zu fördern, deren Entfaltung nötig ist für seine [sozial] gesunde Entwicklung, die wieder gleichen Schrittes geht mit seiner Einfügung in die menschliche Gemeinschaft, denn nur in der Erfüllung der für diese Gemeinschaft nötigen Erfordernisse kann der Erfolg eines Lebens verankert sein. (Lazarsfeld, 1929, S. 2)

Jede noch so verborgene Fähigkeit sei immer Ausdruck des gesamten Wesens des Menschen und aus dieser Erkenntnis müsse sich auch der pädagogische Optimismus speisen, dass über sie der Mensch insgesamt sich wandeln kann; genauso wie die Beurteilung von Verhaltensproblemen nicht an diesen allein stehen bleiben darf, sondern dahinter der ganze Mensch (in seiner Individualität) gesucht werden muss. Allerdings darf man dabei das gerade beim sozial zurückgedrängten Menschen besonders wirkende Geltungs- und Sicherungsstreben nicht übergehen, mit dem er der offenen pädagogischen Ansprache erst einmal mit Abwehr begegnet. Nicht nur deshalb sei die Erziehung über und in der Gemeinschaft so wichtig, denn die gefühlten Minderwertigkeiten resultieren aus Zuschreibungen aus der Gemeinschaft und können nur wieder über neue Gemeinschaften aufgefangen und aufgelöst werden. Entsprechend müsse die milieubildende Gruppe im Mittelpunkt der sozialpädagogischen Arbeit stehen. „Darum ist es über alles hinaus wichtig, die Erziehung des Kindes von seiner Jugend an so zu leiten, dass es von Anbeginn an den Anspruch auf Geltung in jene Kanäle lenkt, die für den einzelnen wie für die menschliche Gemeinschaft gleichermaßen nutzbringend sind“ (ebd., S. 8).

In dem von ihr herausgegebenen Sammelband „Technik der Erziehung“ (1929) lässt sie individualpsychologisch-sozialpädagogische Ansätze zu Kindheit, Jugend und Schule zu Wort kommen. Mit dem Begriff „Technik“ meinte sie aber nicht sozialtechnologische Verfahren, sondern die Systematik individualpsychologischer Gesetzmäßigkeiten, die von Sozial- und SchulpädagogInnen gekannt werden müssen, wenn sie Zugang zu den Kindern und Jugendlichen finden wollen. Gleichzeitig müssen die benachteiligenden sozialen Verhältnisse, welche zu einem Minderwertigkeits- und darin gestörten Gemeinschaftsgefühl führen können, wissenschaftlich aufgeklärt werden.

3 Die individualpsychologische Versuchsschule

Die Versuchsschule wurde 1931 als „Sprengelschule“ im 20. Wiener Bezirk eingerichtet. Selbstbestimmung und Gemeinschaftlichkeit der Kinder sollten gefördert, die Eltern einbezogen werden (vgl. Kenner, 2000). Die Schule sollte nicht mehr Ort des Zwanges sein, sondern

> jetzt mehr und mehr zu der Stätte [werden], die den mannigfaltigen Interessen des Kindes, seinem Betätigungsdrang und seinem Geselligkeitstrieb die beste Erfüllung bietet. Diese neue Erscheinung der „Schulfreudigkeit“ der Wiener Kinder ist so in die Augen springend, daß sie auch von den Gegnern der Schulerneuerung nicht geleugnet wird. Ganz von selbst ist damit eine gänzlich veränderte innere Haltung des Lehrers zu den Schülern gegeben. [...] So wird dem Lehrer durch die neue Situation zwangsläufig die große Rolle des Ermutigers zugewiesen. [...] Je weiter die innere Umstellung des Lehrers fortschreitet, desto bewußter baut er seine ganze Arbeit auf den Gemeinschaftsgedanken auf. Hat man früher die Ordnung der Schule dadurch sicherstellen wollen, daß man die Schüler an die Regeln einer papiernen „Schulordnung“ band, so geht der moderne Lehrer den längeren aber wirksameren Weg, die Klasse das Bedürfnis nach Ordnung selbst erleben und so allmählich die notwendigen Ordnungsregeln als Gesetz entstehen zu lassen, die die Gemeinschaft gibt. So gewöhnt die Klasse sich von Anfang an, ihre Angelegenheiten selbst zu besorgen, und je weiter sie heranwächst, umso mehr kann auch bei der eigentlichen Unterrichtsarbeit das, was früher notwendigerweise dem Lehrer allein vorbehalten schien, von der Klassengemeinschaft übernommen werden.

Die Festlegung eines Arbeitsplanes auf kürzere oder längere Zeit. (Furtmüller, 1929, S. 201 ff.)

Der Autor dieser konzeptionellen Darstellung, Carl Furtmüller, war einer der zentralen Persönlichkeiten der Wiener Schulreform. Um wertschätzende Beziehungen zwischen Lehrenden und Lernenden aufbauen zu können, muss die Schule, seiner Meinung nach, nicht nur zu einer „Arbeitsgemeinschaft", sondern auch zu einer „Erholungsgemeinschaft" werden. Zugrunde liegt diesem Ansinnen die Annahme Furtmüllers, dass „grundsätzlich jedem Menschen die Möglichkeit der Entfaltung zu einer ‚sittlichen Persönlichkeit' zuzusprechen ist. […] Erziehung zu Autoritätshörigkeit und Gehorsam würden hierdurch durch die ‚Macht der Gemeinschaft und der Einordnung' abgelöst und bedingten Unterrichtsformen wie das ‚freie Klassengespräch' sowie die Festlegung der nachfolgenden Unterrichtsziele durch die ‚Klassengemeinschaft'" (ebd., S. 365). Furtmüller hatte die Vision einer „lebendigen Schulgemeinde".

4 Exemplarische Studien

Die enge Verbindung von Wissenschaft und Praxis drückte sich auch in den empirischen Arbeiten aus, die in den 1920er-Jahren bis in die 1930er-Jahre hinein in Wien entstanden. Exemplarisch hervorheben möchte ich zwei Studien zu Kindheit und Jugend, die bis heute ihren reflexiven Wert haben: „Kindheit und Armut" von Hildegard Hetzer und „Jugend und Arbeit" von Paul Lazarsfeld. Die Kindheitsstudie entstand aus Materialien der damals in Wien eingerichteten Erziehungsberatungsstellen, die Jugendstudie vor dem Hintergrund der Gründung der Berufsschulen.

Hildegard Hetzer stellte das Wissen um die sozialstrukturell bedingten Prozesse der Selbstbehauptung und Bewältigung vor die normative Frage pädagogisch abgeleiteter Erziehungsziele und Erziehungsverfahren. In ihrer empirischen Studie *Kindheit und Armut* (1929), in der sie Kinder und Jugendliche aus dem proletarischen Armutsmilieu und aus bürgerlichen Familien im Hinblick auf die alltägliche Lebensführung, das Sozial- und Erziehungsverhalten und die Entwicklung von Lebenssinn miteinander verglich, arbeitete sie die Grundzüge eines kindlichen Bewältigungsmodells im Armutsmilieu heraus: Das Streben nach subjektiver Handlungsfähigkeit (auch um den Preis der Abweichung von der sozialen Normalität) strukturiert die individuelle Befindlichkeit und soziale Orientierung der Kinder und Jugendlichen. Entsprechend spürt man durch das ganze Buch hindurch die implizite pädagogische Botschaft: Objektiv negativ eingeschätzte Lebenslage Armut und subjektive Armutsbewältigung dürfen nicht gleichgesetzt werden. Verallgemeinert: In pädagogischen und sozialen Beziehungen sei deshalb immer auch das Bewältigungserlebnis aufzuschließen. Erst so werde es möglich, die Haltung der Kinder und Jugendlichen gegenüber den ErzieherInnen, die Einstellung gegenüber Erziehungs- und Hilfsangeboten und die Motivation, sich am Erziehungs- und Hilfeprozess zu beteiligen, einzuschätzen und darin eine erzieherische Balance zu finden:

> Das Erlebnis der Armut ist [...] kein spezifisches. Jeder Mangel, der einen Menschen trifft, den der Betroffene auszugleichen sich bemüht, wird prinzipiell auf dieselbe Weise erlebt, wie der Mangel, der dadurch entsteht, dass die unumgänglich gewordenen Lebensbedürfnisse infolge materieller Notlage unbefriedigt bleiben [...] Der Umstand, dass das Armutserlebnis kein spezifisches ist, zeitigt in vielen Fällen praktisch recht unerquickliche Folgen. Der Arme beurteilt beispielsweise die ihm gebotene Hilfe, die objektiv betrachtet völlig ausreichend zu sein scheint, als eine ganz und gar unzureichende. (Hetzer, 1929, S. 157)

Hetzer zeigt auf, dass das Armutserlebnis sich nicht auf das Erleiden der materiellen Not beschränkt, sondern dass sich im *Bewältigungserlebnis* dieser Notlage ganz unterschiedliche leibseelische und soziale Mängelgefühle – als gefühlte Selbstwerteinbußen und erfahrener Mangel an sozialer Anerkennung – entfalten. Auf diese Bewältigungsdimension gilt es pädagogisch genauso einzugehen wie auf die unmittelbaren Bezüge, um die materiellen Notlagen zu beheben. Es muss dort geholfen werden, „wo Mangel anderer Art erlebt wird“, so Hetzer, dies kann „den Erfolg der gebotenen Hilfe um ein Vielfaches erhöhen“ (ebd.).

Beispielhaft zeigt Hetzer auf, dass arme Kinder vergleichbare Konsum- und Erlebnisbedürfnisse entwickeln wie die Kinder aus bürgerlichen Familien. Sie wehrte sich damit vehement gegen die damals immer noch in Erziehung und Fürsorge verbreitete Ansicht, dass mit der eingeschränkten materiellen Lage der Armen zwangsläufig verengte und beschränkte Bedürfnisse einhergehen müssen. Obwohl sie keine gesellschaftliche Kontextanalyse liefert, findet man in *Kindheit und Armut* eine Reihe von Indikatoren dafür, dass sie die Bedürfnisse und Lebenseinstellungen der Kinder als gesellschaftlich freigesetzte erkannt hat. Diese konsumgesellschaftliche Freisetzung in den 1920er-Jahren hatte die Kinder aller sozialer Schichten, vor allem in den Großstädten, erfasst. Deshalb waren die konsumtiven Wünsche ebenfalls bei armen Kindern ausgeprägt, auch wenn sie nicht erfüllt werden konnten. Das vom Kindes- zum Jugendalter hin zunehmende Bewusstsein von diesem anomischen Zustand steigert, so Hetzer, vielmehr noch das Gefühl der „Unterbefriedigung", denn die Kinder und Jugendlichen setzen sich auch bewusst mit ihrer Armutslage auseinander.

> Wir wollen hier nicht noch einmal alle Einzelheiten anführen, in denen [das arme Kind, L.B.] im Nachteil mit den Schwierigkeiten des praktischen Lebens fertig wird. (Es) übt sich von klein auf im Überwinden derartiger Schwierigkeiten [...] Alles muss das Kind zu einem Zeitpunkt tun, zu dem es die Lage, in der es sich befindet, nach allem vorher Gesagten noch gar nicht richtig zu überblicken vermag. Es versteht oft durchaus nicht, warum überhaupt und gerade auf diese Weise eingegriffen werden muss. Es lernt ganz ohne jegliches Verständnis für die Zusammenhänge in einer bestimmten Situation handeln und wiederholt geradezu mechanisch einmal eingeübte Verhaltensweisen so, wie sie ihm auszuüben vorgeschrieben wurden, wenn bestimmte Bedingungen sich einstellen. [...] Diese Gedankenlosigkeit dem eigenen Tun gegenüber, deren Wurzeln wir schon allenthalben aufdeckten, wird bestimmend für seine ganze Einstellung zu den Aufgaben, die das Leben ihm stellt. Allerdings konnten wir auch nachweisen, dass das Kind sich auch gedanklich mit seinem Armutszustand auseinandersetzt, nach dessen Ursachen fragt, Möglichkeiten der Abhilfe ausfindig zu machen sich bemüht. (Hetzer, 1929, S. 167–168)

Der gegenwärtige sozialwissenschaftliche Kindheitsdiskurs bewegt sich – so habe ich den Eindruck – in einem kontroversen Diskursfeld: Das Kind als „kompetenter Akteur" auf der einen und das Kind als ein zu erziehendes auf der anderen Seite. Die Sozialpädagogik/Sozialarbeit hat es in ihrem KlientInnenspektrum aber meist mit sozial benachteiligten Kindern zu tun, deren Lage durch beide Begriffe nicht signifikant erreichbar ist. Sie sind zwar Akteure, aber unter Bewältigungszwang, sie stehen in einem Erziehungsverhältnis, das sich aber oft als Vernachlässigung oder gar Gewaltverhältnis darstellt. Wir brauchen also einen *sozialpädagogischen Kindheitsbegriff*, der dem gerecht werden kann. Hier kann man sich durchaus von den oben vorgestellten Kindheitsbefunden der 1920er-Jahre leiten lassen: Hetzers Begriff von *Kindheit in der Spannung von Ausgesetzt-Sein und Selbstbehauptung* hat auch heute noch seinen sozialpädagogischen Wert.

Auch die proletarischen Jugendlichen als Zielgruppe der Jugendhilfe hatten damals wenig Zeit, um ihre Jugend so wie die meisten bürgerlichen Jugendlichen auszuleben. Empirisch beschrieb das der ehemalige Mittelschullehrer und später in den USA als Sozialforscher berühmt gewordene Paul F. Lazarsfeld (der Sohn von Sophie Lazarsfeld) in seiner Studie zum Thema des Übergangs Jugendlicher in den Beruf. Sie bezog sich vor allem auf die proletarische Wiener Großstadtjugend im berufsschulreifen Alter. Die Studie war dem Problem geschuldet, dass mit Beginn der 1920er-Jahre Berufsschulen eingerichtet wurden, aber man herzlich wenig über die Jugendlichen wusste, die nun in diese Schulen hineindrängten. Man musste also mehr über die Lebensbedingungen dieser Klientel wissen, um mit ihr auch pädagogisch umgehen zu können. Lazarsfeld sah die jungen Proletarier aber nicht nur als BerufsanfängerInnen, sondern eben auch als Jugendliche. Und hier ist vor allem der Befund bedeutsam, nach dem junge Menschen gerade aus den unteren Schichten ihre Jugend kaum ausleben und jugendkulturell experimentieren konnten. Proletarische Jugendliche hatten wenig Zeit, ihre Pubertät als „Kulturpubertät" zu erfahren, sich entsprechend jugendkulturell zu entfalten. Er umschrieb dies mit dem Begriff der „verkürzten Pubertät":

> Der sozial benachteiligte Jugendliche ist in Zeit und Raum außerordentlich beschränkt und ist in einem Alter in die Lebensformen der Erwachsenen versetzt, in denen er ihnen der Entwicklung seiner Persönlichkeit nach nicht gewachsen ist; einer der Bereiche, in die er zu früh und dadurch unter besonders falschen Voraussetzungen kommt, ist die Berufsarbeit [...]. Die Pubertät des Proletariers ist relativ verkürzt und dadurch entgeht ihm ein Teil jener Quellen an Energien, Umwelterweiterungen und Zielsetzungen, die zu speisen die [...] Funktion der Pubertät in der freien Entwicklung ist. (P. Lazarsfeld, 1931, S. 54)

In diesem Paradigma der verkürzten Pubertät wurde damals aber auch für die Jugend insgesamt diskutiert, dass sie immer weniger Raum für ihr Jugenderleben in der Gesellschaft habe.

Die Tendenz zur „verkürzten Pubertät" ist auch heute wieder zu beobachten. Allerdings nun in einem anderen, eher paradoxen Zusammenhang. Denn Jugend als Bildungs- und Ausbildungszeit hat sich inzwischen deutlich verlängert, Jugend als unbefangene Zeit des Experimentierens steht aber deutlich unter Druck. Bildungskonkurrenz, offene und riskante Übergangsphasen und frühe Belastung mit psychosozialen Problemen stehen dahinter. Das betrifft nicht nur sozial benachteiligte, sondern auch Jugendliche aus der Mittelschicht und besonders die Jugendlichen mit Migrationshintergrund. Jugend muss also auch heute wieder *ermöglicht* werden. Das schlage ich auch als *das* Leitthema besonders für die Offene Jugendarbeit vor, in der sich viele sozial benachteiligte Jugendliche finden. Sozialpädagogisch geht es dabei allgemein um die Erweiterung von Spielräumen des geschützten Experimentierens, die Vermittlung von Erfahrungen der Wirksamkeit, um offene Milieubildung und die Schaffung von Anerkennungskulturen in den Projekten der Jugendhilfe und Jugendarbeit. Jugendlichen sollen aber auch Beziehungen und Räume angeboten werden, damit sie sich zurücknehmen, vom Stress der Pubertät und der wechselnden Anforderungs- und Aufforderungskulturen, in die die Bildungs- und Konsumgesellschaft die Jugendlichen immer wieder hineinzieht, entspannen können.

5 Bilanz

Die Verbindung von sozialpädagogischem Denken und gesellschaftlicher Praxis blieb bei den meisten Individualpsychologinnen und Individualpsychologen der Jugendhilfe und Sozialarbeit auf die Thematisierung der sozialen Umwelt, d. h. der sozialen Herkunft der Kinder und Jugendlichen sowie des sozialen und pädagogischen Milieus, in dem sie aufwachsen, beschränkt. Weit darüber hinaus aber ging eine Gruppierung, die sich in der „Arbeitsgemeinschaft für Marxismus und Individualpsychologie" mit ihren Zentren in Wien, Dresden und Berlin zusammengeschlossen hatte. Sie argumentierten, dass die neurotischen Persönlichkeitsstrukturen in ihrem Minderwertigkeitsgefühl, Geltungsstreben und ihrer Gemeinschaftsfeindlichkeit ihre soziologische Entsprechung in den „neurotisierten" Machtstrukturen einer individualistischen Gesellschaft kapitalistischer und patriarchalischer Prägung haben. Die Menschen könnten die ihnen innewohnenden Lebensaufgaben nur sozial produktiv entwickeln, wenn gleichzeitig gesellschaftliche Verhältnisse angestrebt werden, welche Solidarität, Geschlechterdemokratie und gerechte Verteilung der Produktionsmittel zum Ziel haben (vgl. Rühle-Gerstel, 1924).

Die Individualpsychologie ist in der modernen Sozialpädagogik/Sozialarbeit der zweiten Hälfte des 20. Jahrhunderts bis in die letzten Jahre hinein nicht mehr rezipiert worden. Was durch den Faschismus liquidiert wurde (nur kleine politisch gefügige Gruppen existierten weiter; vgl. Bruder-Bezzel, 1999), wurde nach dem Zweiten Weltkrieg in Deutschland und Österreich nicht oder so nicht mehr aufgenommen. Der Sozialpädagoge Henry Jacoby, Anfang der 1930er-Jahre Sekretär der deutschen Vereinigung für Jugendgerichte und Jugendgerichtshilfen in Berlin, bilanzierte später im Rückblick auf diese Reformströmung:

Als 1933 die nationalsozialistische Herrschaft begann, war in Mitteleuropa die Individualpsychologie im Begriff, Schule, Jugendfürsorge, Verbrechens- und Verwahrlosungstherapie sowie das pädagogische Denken im Allgemeinen zu beeinflussen. [...] Die These der Individualpsychologie, daß das Unzulängliche das Produktive sei, daß die Schöpfung des Menschen, ja dessen eigene Existenz, sich aus Positionen biologischer Schwäche ergeben, war für die im Rassenwahn Befangenen unerträglich. Adlers Entlarvung des Machtstrebens als fehlgeleiteter Ausgleich eines Minderwertigkeitsgefühls wandte sich gegen die herrschenden Gestalten. Die pädagogische Zielsetzung der Individualpsychologie, der bewußte Abbruch des Strebens nach Macht, stand in offenem Gegensatz zu jeglichem System der Diktatur. So verschwanden auf dem europäischen Kontinent die Institutionen und Bücher der Individualpsychologie sowie ihre Theoretiker und Praktiker für viele Jahre, und jene Lücke entstand, in der das aktive Vergessen gedeihen konnte. (Jacoby, 1974, S. 11)

Die meisten VertreterInnen der Wiener Individualpsychologie wurden in der Zeit von 1934 bis 1938 ins Exil vertrieben. Viele gingen in die USA, manche wurden in die ganze Welt verstreut. Einige kehrten nach dem Krieg zurück. Die Bedeutung, die die Individualpsychologie in der Zwischenkriegszeit hatte, wurde nach dem Zweiten Weltkrieg „einerseits durch die personellen Veränderungen, andererseits durch die veränderten sozialökonomischen und politischen Verhältnisse, nie wieder erreicht. Heute gehört die Individualpsychologie zu den seit 1990 durch ein eigenes Gesetz geregelten und offiziell anerkannten Psychotherapieeinrichtungen in Österreich“ (Kenner, 2000, S. 74).

Literaturverzeichnis

Adler, A. (1922/1997). *Über den nervösen Charakter* (Textkritische Ausgabe). Göttingen: Vandenhoek & Ruprecht.

Aichhorn, A. (1971). *Verwahrloste Jugend. Die Psychoanalyse in der Fürsorgeerziehung*. Bern: Huber.

Bruder-Bezzel, A. (1999). *Geschichte der Individualpsychologie*. Göttingen: Vandenhoeck & Ruprecht.

Credner, L. (1926). Verwahrlosung. In: E. Wexberg (Hrsg.), *Handbuch der Individualpsychologie* (Bd. 1, S. 209–234). München: Bergmann Verlag.

Freudenberg, S. (1926). Individualpsychologie und Jugendwohlfahrtspflege. In: E. Wexberg (Hrsg.), *Handbuch der Individualpsychologie* (Bd. 1, S. 367–381). München: Bergmann Verlag.

Furtmüller, C. (1929). Die pädagogischen und psychologischen Auswirkungen der österreichischen Schulreform. In: S. Lazarsfeld (Hrsg.), *Technik der Erziehung* (S. 198–205). Leipzig: Hirzel.

Handlbauer, B. (1984). *Die Entstehungsgeschichte der Individualpsychologie Adlers*. Wien/Salzburg: Geyer Edition.

Hetzer, H. (1929). *Kindheit und Armut*. Leipzig: Hirzel.

Jacoby, H. (1974). *Alfred Adlers Individualpsychologie und dialektische Charakterkunde*. Frankfurt a. M.: Fischer-Taschenbuch-Verlag.

Jung, C. G. (1930). Einführung. In: W. M. Kranefeldt (Hrsg.), *Die Psychoanalyse* (S. 2–10). Leipzig: Göschen.

Kaus, G. (1926). Die seelische Entwicklung des Kindes. In: E. Wexberg (Hrsg.), *Handbuch der Individualpsychologie* (Bd. 1, S. 137–168). München: Bergmann Verlag.

Kenner, C. (2000). *Der Wiener Verein für Individualpsychologie* [unveröffentliche Dissertation]. Universität Wien.

Lazarsfeld, P. (1931). *Jugend und Beruf*. Jena: G. Fischer.

Lazarsfeld, S. (1926). Familien- und Gemeinschaftserziehung. In: E. Wexberg (Hrsg.), *Handbuch der Individualpsychologie* (Bd. 1, S. 328–335). München: Bergmann Verlag.

Lazarsfeld, S. (Hrsg.) (1929). *Technik der Erziehung*. Leipzig: Hirzel.

Löwenstein, K. (1929). Die Kinderfreundebewegung. In: H. Nohl u. L. Pallat (Hrsg.), *Sozialpädagogik. Sonderdruck aus dem Handbuch der Pädagogik* (S. 141–146). Langensalza: Beltz.

Nohl, H. (1949). Gedanken für die Erziehungstätigkeit des Einzelnen mit besonderer Berücksichtigung der Erfahrung von Freud und Adler. In: H. Nohl (Hrsg.), *Pädagogik aus dreißig Jahren* (S. 151–160). Frankfurt a. M.: Schulte-Bulmke.

Ottenheimer, H. (1959). Soziale Arbeit. In: S. Kaznelson (Hrsg.), *Juden im deutschen Kulturbereich* (S. 891–896). Berlin: Jüdischer Verlag.

Rühle, O. (1929). Kindliche Kriminalität. In: S. Lazarsfeld (Hrsg.), *Technik der Erziehung* (S. 211–218). Leipzig: Hirzel.

Rühle-Gerstel, A. (1924). *Freud und Adler*. Dresden: Verlag am anderen Ufer.

Schille, H. J. (1997). Zu Einflüssen der Individualpsychologie auf die Sozialpädagogik zwischen 1914 und 1933. In: C. Niemeyer, W. Schröer u. L. Böhnisch (Hrsg.), *Grundlinien historischer Sozialpädagogik* (S. 217–225). Weinheim und München: Juventa.

Spiel, O. (1979). *Am Schaltbrett der Erziehung*. Bern: Huber.

Sumpf, E. (1926). Methodik und Erkenntnisquellen der Menschenkenntnis. In: E. Wexberg (Hrsg.), *Handbuch der Individualpsychologie* (Bd. 1, S. 47–82). München: Bergmann Verlag.

Wexberg, E. (Hrsg.) (1926). *Handbuch der Individualpsychologie*. München: Bergmann Verlag.

Wronsky, S. u. Kronfeld, A. (1932). *Sozialtherapie und Psychotherapie in den Methoden der Fürsorge*. Berlin: Heymann.

VII Zur Frage der gesellschaftlichen und volkswirtschaftlichen Bedeutung der Fürsorge und Volkspflege: Positionen von Christian J. Klumker und Ilse Arlt

Maria Maiss

Der Beitrag widmet sich der Darstellung und dem Vergleich zentraler Inhalte zweier nach Ende des Ersten Weltkriegs im deutschsprachigen Raum erstellter Theorien der Fürsorge, dem 1918 von Christian J. Klumker in Deutschland vorgelegten Werk „Fürsorgewesen. Einführung in das Verständnis der Armut und der Armenpflege“ sowie dem 1919 fertiggestellten, der Nachkriegsnot geschuldet erst 1921 erschienenen Werk Ilse Arlts, „Die Grundlagen der Fürsorge“.

Klumkers Anspruch, eine allgemeine Theorie der Fürsorge zu entwickeln, gründet wie jener Arlts in der Suche nach damals weitgehend fehlenden klaren Begriffen und Maßstäben zur Ordnung und Beurteilung der Fülle an beobachtbaren Armutsmanifestationen und uneinheitlichen Hilfsweisen innerhalb der Armenpflege bzw. Fürsorge. Das vermisste Ordnungssystem galt beiden als notwendige Voraussetzung für die wissenschaftliche und gesellschaftliche Verortung der Fürsorge sowie für die Bestimmung wissenschaftlich begründeter Fürsorgemethoden und -mittel. Die theoretische Arbeit zugunsten einer effektiveren und effizienteren Gestaltung des Fürsorgewesens erwies sich für beide nicht zuletzt angesichts der kriegsbedingt drastisch angestiegenen Nöte als notwendig.

1 Christian J. Klumker: Armenpflege/Fürsorge als Gebiet wirtschaftlichen Handelns

„Große Gebiete der Fürsorge hat erst der Krieg uns wieder verstehen gelehrt; möchte er helfen eine neue, zielbewusste Fürsorgearbeit nach dem Kriege gedeihen zu lassen." (Klumker, 1918, S. 1)

Klumkers Begründung einer allgemeinen Theorie der Fürsorge startet mit folgender Überlegung: Da die konkreten Nöte Einzelner in vielfältiger Weise mit den Erscheinungen des Wirtschafts- und Gesellschaftslebens verknüpft sind, hat die Darstellung der „Kunst der Fürsorge" auf einen „wissenschaftlichen Nachweis ihrer gesellschaftlichen Bedeutung und ihrer volkswirtschaftlichen Beziehungen" aufzubauen (vgl. ebd., S. 8). Unter Armen versteht Klumker in Abgrenzung zu Malthus keine „homogene Masse Bedürftiger", sondern Personen aus unterschiedlichen Gesellschaftsschichten, deren Lagen mit unterschiedlichen seelischen Nöten und sittlichen Mängeln verbunden sein können. Das wesentliche Kennzeichen Armer ortet Klumker im Mangel an wirtschaftlichen Gütern bzw. im Verlust oder Fehlen wirtschaftlicher Selbstständigkeit, weshalb ihre Untersuchung vom Begriff der Wirtschaftlichkeit auszugehen habe. Unter „Wirtschaftlichkeit" im Hinblick auf die Lebensführung des Einzelnen versteht er persönliche Eigenschaften und Fähigkeiten, die mit der Versorgung des Lebens mit wirtschaftlichen Gütern zu tun haben und ermöglichen, sich selbstständig im Wirtschaftsleben zu erhalten. „Unwirtschaftlichkeit" hingegen ziehe wirtschaftliche Misserfolge nach sich und führe zu Verarmung, demzufolge die Armen, allgemein gefasst, „der unwirtschaftliche Teil der Bevölkerung" wären (vgl. ebd., S. 13).

Klumker unterscheidet drei Typen von Wirtschaftlichkeit, die „schaffende", die „erwerbende" und die „haushälterische". Der „schaffende" Typ umfasst Arbeiten, welche wirtschaftliche oder geistig-kulturelle Güter oder Werte generieren, welchen aber durch fehlenden oder vernachlässigten „Erwerbssinn" oder mangelnde Erwerbsmöglichkeit kein einträgliches Auskommen erwächst. Der „erwerbende" Typ repräsentiert den Bereich der Produktion und der Einkommen generierenden Arbeit, während der „haushälterische" Typ den Bereich des Güterverbrauchs und der Verteilung des Einkommens auf die Bedürfnisse der in einem Haushalt Lebenden bezeichnet. Jeder der drei Wirtschaftlichkeitstypen kann als Unwirtschaftlichkeit im Lauf eines Menschenlebens oder mehrerer Generationen zur Verarmung führen (vgl. ebd., S. 15–18).

Als Ursachen von Unwirtschaftlichkeit nennt Klumker körperliche oder geistige Gebrechen, die das Erbringen wirtschaftlicher Arbeit verunmöglichen, sowie wirtschaftliche und gesellschaftliche Ordnungen, innerhalb deren bestimmte menschliche Kräfte keine oder zu geringe Berücksichtigung finden. Wirtschaftliche Selbstständigkeit sei insofern variabel, als bestimmte gesellschaftliche und wirtschaftliche Gegebenheiten zu unterschiedlichen Zeiten unterschiedliche Maße bestimmter Wirtschaftlichkeit verlangen. So seien bspw. unterschiedliche haushälterische Fähigkeiten gefordert, je nachdem ob eine Arbeiterfamilie in ein System der Hofwirtschaft eingebunden ist oder rein in Geld entlohnt wird. Im letzteren Fall erfordere wirtschaftliche Selbstständigkeit zuallererst, die Bedürfnisse in Geld zu werten und mit Geld haushälterisch umzugehen. Die wirklichen Ursachen einer konkreten Verarmung könnten somit nur in Verbindung mit einer genauen Analyse der Wirtschaftlichkeits- und Unwirtschaftlichkeitsformen einer Zeit bestimmt werden (vgl. ebd., S. 18–19). Zu berücksichtigen sei zudem, dass Verarmung häufig als Begleiterscheinung gesellschaftlicher, volkswirtschaftlicher und beruflicher „Wandlungen“ auftritt. Ändert sich der wirtschaftliche Aufbau eines Berufs, einer Klasse oder eines Standes, entstehen Fragen dahingehend, wer sich im alten Beruf halten und wer in einem anderen Bereich, für den die eigene Wirtschaftlichkeit ausreicht, unterkommen oder in die Selbstständigkeit wechseln kann, wer auf wessen Kosten zum Gewinner und wer mangels Neuanpassung in die Reihen der Unwirtschaftlichen hinübergedrängt wird, d. h. seine wirtschaftliche Leistungsfähigkeit für sich und die Gesamtheit verliert und zum Unterstützungsbedürftigen wird (vgl. ebd., S. 20–21).

Klumker gibt in diesem Zusammenhang zu bedenken, dass bei jedem Menschen von gewissen persönlichen Grenzen der Anpassung auszugehen sei, die weiter oder enger sein können, dass berufliche Übergänge in auf- und absteigender Richtung längere Zeiträume, ja Generationen in Anspruch nehmen könnten und berufliche Änderungen grundsätzlich in einem freieren Wirtschafts- und Gesellschaftsleben günstiger seien, wenngleich bisher noch keine Gesellschaft allen Wirtschaftlichkeitstypen Raum geboten hätte. Zu bedenken sei auch, dass in Zeiten freier Wirtschaftsordnung der Erfolg in erster Linie von der erwerblichen Wirtschaftlichkeit abhänge.

Unter solchen Umständen fänden sich in der Gruppe der Unwirtschaftlichen vermehrt Personen mit starker schaffender oder haushälterischer Wirtschaftlichkeit, aber geringem Erwerbssinn, was dem Problem der Armut „eine besondere Färbung“ verleihen würde. Die Erwartung, dass die infolge eines Wandels der Wirtschaftsform in einem Zweig brotlos Gewordenen für an anderen Stellen freie Arbeitsplätze ohne Weiteres verwendbar sein müssten, erweise sich, so Klumker, oft als zu kurz gegriffen. Aus der Tatsache, dass andere Anforderungen an Arbeitsweisen und Formen, sich wirtschaftlich zu bewegen, überfordernd wirken können, resultierten vor allem in Zeiten rascher ökonomischer Änderungen nicht selten ein Nebeneinander von Verarmenden (diverser Schichten und Berufe) und eine starke Nachfrage nach Arbeitskräften. Die Abneigung gegenüber einer Arbeit trotz vorhandener Arbeitsgelegenheit dürfe demnach, so Klumker, nicht voreilig als Faulheit oder Arbeitsscheu ausgelegt werden, vielmehr gelte es zu verstehen, dass bestimmte Personen ihren Platz nicht finden können, weil „für ihre Wirtschaftlichkeit (…) gar kein Platz da ist“ (vgl. ebd., S. 21–23).

Da Unwirtschaftlichkeit als Ursache von Verarmung unlöslich mit der Wirtschafts- und Gesellschaftsordnung verbunden sei, dürfe lt. Klumker aus dem Faktum der erwerbsbezogenen Unwirtschaftlichkeit weder ein Urteil über die wirtschaftliche Leistungsfähigkeit und die tatsächliche Leistung einer betroffenen Person gefällt werden noch über deren Gesamtpersönlichkeit. So müssten auch wiederkehrend beobachtbare Charakterzüge von Armenpflegebedürftigen wie Neigung zu Schwindelei, Lüge, Faulheit oder Leichtsinn als infolge der Verarmung erworbene psychologische Wirkungen unzuträglicher wirtschaftlicher und gesellschaftlicher Lagen verstanden werden. Klumker vermerkt in diesem Zusammenhang, dass erst ein gründliches Studium unterschiedlicher verarmender und verarmter Personen die Psychologie der Verarmenden verstehbar machen würde (vgl. ebd., S. 18–19).

1.1 Die volksökonomische und sozialpolitische Bedeutung der Fürsorge

Ein abträgliches Urteil über unwirtschaftliche Personen verbiete sich lt. Klumker auch deshalb, weil Unwirtschaftlichkeit in einem der drei Bereiche mit beträchtlicher Wirtschaftlichkeit in den anderen einherzugehen vermag. Abhängig von deren Gewichtung gehe der Weg einer Person entweder hinauf oder hinunter. Klumker streicht heraus, dass auch bei Personen auf der tiefsten Stufe öffentlicher Armenpflege oft noch beträchtliche „Aktivposten wirtschaftlicher Fähigkeiten“ einem oder mehreren „Posten von Unwirtschaftlichkeit“ gegenüberstehen würden. Demnach gelte es, anstatt Unwirtschaftliche als schlechthin wertlos für die Wirtschaft und Gesellschaft abzutun, die in ihnen enthaltenen Werte und Fähigkeiten im Rahmen der armenpflegerischen Behandlung zu berücksichtigen (vgl. ebd., S. 18).

Dieser Forderung stehe lt. Klumker allerdings die Tatsache entgegen, dass die volkswirtschaftliche Rolle der Fürsorge „als Gesamtheit aller Maßnahmen für die Armen, die unterstützungsbedürftigen Unwirtschaftlichen“ meist übersehen werde (vgl. ebd., S. 23). In diesem Zusammenhang kritisierte er die damals gängige Verortung der Fürsorge im Sektor der Widmungswirtschaft, die neben der Privatwirtschaft (auf Eigentum der Einzelnen und Güteraustausch beruhende arbeitsteilige freie Wirtschaft) und der Gemeinwirtschaft (Befriedigung von Gemeinbedürfnissen gesellschaftlicher Verbände bis hin zum Staat) als dritte Organisationsform der Bedürfnisbefriedigung innerhalb der modernen Wirtschaft betrachtet wurde. Ihre Aufgabe wurde darin gesehen, Leistungen unentgeltlich jenen zu gewähren, die keinen Gegenwert dafür geben können, d. h. jene mit Einnahmen zu versorgen, die sich selbst keine oder nur unzureichende verschaffen können. Klumker zufolge bringe diese Einteilung zwar jenes Merkmal der Fürsorge zum Ausdruck, dass ihre Schützlinge sich nicht allein erhalten können, blende aber das ebenso zentrale Merkmal aus, dass die Unwirtschaftlichen häufig über Kräfte verfügen, die in der gegenwärtigen Wirtschaftsform von ihnen selbst nicht oder nicht genügend verwertet werden können. Die Einteilung blende damit die „eigenste Fürsorgeaufgabe“ aus, nämlich nicht nur zu versorgen, sondern „die vielfachen Kräfte in der großen Masse ihrer Schützlinge verwerten, (...) sie volkswirtschaftlich nutzbar machen“ zu sollen (vgl. ebd., S. 25).

Auf diesem Missverständnis bauen nach Klumker die meisten künstlichen Unterscheidungen auf, mit denen die Fürsorge von anderen Gebieten politischer Tätigkeit, besonders der Sozialpolitik, zu scheiden versucht werde. Während die allgemeine Wirtschaftspolitik nur mit denen rechne,

„die selbständig, allein oder organisiert ihren Platz auszufüllen wissen", bestimme sich, so Klumker, der zentrale Inhalt aller Fürsorge dadurch, dass sie mit Unwirtschaftlichen rechnet und ihnen das gibt, was ihnen fehlt: „die wirtschaftliche Überlegung und Leitung ihres Lebens" (ebd., S. 26). Alle Fürsorge sei demnach „Bevormundung und Leitung", während die allgemeine Wirtschaftspolitik diese nicht brauche, da sie „selbständige Elemente" voraussetzte. Trotz dieser klaren Grenzziehung müssten nach Klumker viele Maßnahmen von beiden Seiten betrachtet werden. Da Verarmung nicht als gesonderte Erscheinung vom Wirtschaftsleben abgetrennt werden könne, würden viele sozialpolitische Einrichtungen einen mitunter beträchtlichen fürsorglichen Charakter aufweisen. So setze etwa der Zwangscharakter der Versicherung voraus, dass die Versicherten zu unwirtschaftlich seien, um aus eigenen Kräften Vorsorge zu treffen. Verbindungen wie diese ortet Klumker grundsätzlich überall dort, wo es sich um heilbare, vorübergehende Unwirtschaftlichkeit handelt und Erziehung zur Selbstständigkeit infrage kommt, wie u. a. in der Kinderfürsorge, die ein „vollwertiges System sozialpolitischer Maßregeln" sei (vgl. ebd.). Vor dem Hintergrund dieser Erwägungen betont Klumker, dass es sich bei der Fürsorge um keine Ansammlung minderer politischer Maßnahmen handle, die nur geringe nebensächliche Beachtung erfordern würden, sondern um „ein vollwertiges, gleichberechtigtes Gebiet der praktischen Politik" (ebd., S. 27).

1.2 Fürsorge als „gründliche Hilfe"

Klumker zieht eine klare Grenze zwischen armenpflegerischen und präventiven Maßnahmen. Letztere seien in der gesetzlichen Armenfürsorge nicht vorgesehen, zumal diese erst eingreifen dürfe, wenn jemand sich den „notdürftigen Lebensunterhalt" nicht mehr verschaffen kann, d. h. bereits arm ist (vgl. ebd., S. 38).

Dem mit präventiven Maßnahmen verbundenen Wert meint Klumker mit seinem Fürsorgeverständnis, das dem Imperativ einer „gründlichen Hilfe" folgt, insofern nahe zu kommen, als diese nicht warte, bis das Übel sich „eingefressen" hätte, sondern seinen Anfängen intensiv entgegenwirke. Im Sinne einer gründlichen, durchgreifenden und rechtzeitigen Hilfe gelte es, wo eine „Heilung, eine wirtschaftliche Selbständigkeit" möglich ist, danach zu trachten, dass die arme Person nach eingehender Prüfung ihrer Verhältnisse durch ernsthafte und sorgfältige fürsorgerische Behandlung möglichst bald und möglichst dauerhaft wieder auf eigene Füße gestellt wird. Auch wenn die gründliche Hilfe größere Mittel erfordern sollte, würde sie sich letztlich als die sparsamste erweisen, da der Rückkehr der Bedürftigkeit entgegengewirkt werde, während bei kleinen Gaben in Kauf genommen werde, dass dem Unterstützten „die Lust und die Fähigkeit zur Selbständigkeit schwinden" (vgl. ebd., S. 90). Der Anspruch an eine gründliche Hilfe i. S. der Hilfe zur Selbsthilfe oder Selbstständigkeit hätte, wie Klumker anmerkt, immer wieder dazu geführt, als Mittel der Hilfe die Arbeit zu bevorzugen, sei es durch Beschaffung von Arbeits- und Absatzgelegenheiten, die Gewährung von Arbeitsmitteln oder Darlehen (vgl. ebd., S. 42) oder in Form der gesetzlich verankerten Pflicht zur Erziehung und Berufsbefähigung armer Kinder, um sie für das Leben tüchtig zu machen und der Hilflosigkeit und Armut zu entreißen (vgl. ebd., S. 39). In den bestehenden armengesetzlichen Angaben über Art und Ausmaß der Hilfen ortet Klumker durchgehend Spielraum für Anpassungen an die fortschreitende gesellschaftliche und wirtschaftliche Gesamtentwicklung. Neben der Beschränkung auf den Notbedarf würden sie unter dem Gesichtspunkt einer gründlichen Hilfe „eine reichliche Beachtung der Bedürfnisse, die unsere Kultur auch dem Armen unentbehrlich erscheinen läßt", ermöglichen (vgl. ebd., S. 40). Nichtsdestotrotz mahnte Klumker für den weiteren Ausbau des Armenwesens eine bessere Verbindung zwischen ausreichender sachverständiger Versorgung der Bedürftigen und einer sparsamen Verwaltung ein (vgl. ebd., S. 42).

1.3 Die wirtschaftliche Erziehung, Versorgung und Verwertung Unwirtschaftlicher

Für eine zweckmäßige Versorgung und Erziehung Armer fordert Klumker – auf der Höhe des damaligen internationalen Fachdiskurses – ein individualisierendes Vorgehen, das sich in allen Organisationsformen der Fürsorge wiederfinden müsse. „Dieses Eingehen auf den Einzelnen, diese Individualisierung der Armenpflege, diese Prüfung, bevor man eingreift, um richtig eingreifen zu können, ist daher das Kennzeichen, daß es sich überhaupt um Fürsorge handelt." (Klumker, 1918, S. 47)

Um die Unwirtschaftlichkeit, „das Kennzeichen jedes Armen", beheben zu können bedarf es lt. Klumker neben der fürsorgenden Unterstützung eines zusätzlichen Einflusses, den der „wirtschaftlichen Erziehung". Um Armen Rat oder Anleitung geben zu können, sei es unabdingbar, sich in ein persönliches Verhältnis zu ihnen zu setzen, was den „Kern der Armenpflege" ausmache und erfordere, sich in sie hineinzuversetzen, mit anderen Worten „mit anderer Leut' Köpf' denken" zu können (vgl. ebd., S. 76 u. 86). Charakteristisch für diese Beziehung sei, dass sie auf der Tatsache der Unselbstständigkeit und einer gewissen Abhängigkeit des Bedürftigen vom Armenpfleger aufbaue: Der Arme „muß sich beraten und führen, muß sich meist Mittel anderer ohne Entgelt schenken lassen" (vgl. ebd., S. 76.). Daraus erwachse aufseiten des Helfers eine „im Wesen der Fürsorge mitgegebene" Herrschaft über den Armen, die so zu gestalten sei, dass die Achtung der Persönlichkeit des Armen nicht unterlaufen werde, da ohne diese keine „wahrhaft menschliche Beziehung zum Pfleger" bestehen könne (vgl., ebd.). Diesem Zweck hätten alle zum Einsatz kommenden Fürsorgemittel zu dienen, als deren wichtigstes Klumker den persönlichen Einfluss auf den Armen durch Rat und Führung, freundschaftliche und ernste Leitung ausweist. Nur in Verbindung mit diesem würden alle anderen Mittel wie Geld-/Sachgaben, Obdach, Arbeitsvermittlung, Arbeiterkolonie, Hausarmenpflege, volle Versorgung etc. ihren Wert gewinnen (vgl. ebd., S. 89).

Um die richtige Art der Hilfe und ihre zweckmäßige Verwendung zu sichern, habe sich der Armenpfleger, „bevor er gibt", ein genaues Bild von der bedürftigen Person zu machen und eine sorgsame Prüfung ihrer Verhältnisse (sofern erforderlich auch durch Hausbesuche, Erkundigungen bei Nachbarn, Verwandten, Arbeitgebern usw.) vorzunehmen, in einer Weise, die des Armen Misstrauen weder stärkt noch ihn bloßstellt. Die Notwendigkeit der Prüfung ergibt sich für Klumker aus dem Wesen der Fürsorge selbst, da dem Armen nicht ohne Weiteres gegeben werden dürfe, „was er fordert, sondern was ihn fördert" (vgl. ebd., S. 76–77). Die Gefahr eines Missbrauchs der Fürsorge lasse sich lt. Klumker am besten durch das Bemühen beeinflussen, von vornherein in ein „nahes, ernstes persönliches Verhältnis" zum Armen zu gelangen. Da der ganze persönliche Einfluss des Pflegers auf dem Vertrauen seines Schützlings beruhe, dürfe es nicht erschüttert werden. Wirklich gedeihen könne dieses Vertrauen nur, wenn der Bedürftige das Gefühl habe, „dass die fürsorgende Person seine Persönlichkeit, seine Anschauungen genau so achtet und ehrt, als ob er wirtschaftlich selbständig wäre" (vgl. ebd., S. 78).

Alle Einwirkungen seitens des Pflegers müssten zudem soweit wie möglich als Hilfe zur Selbsthilfe oder Selbstständigkeit gestaltet werden. Dies verlange, den Schützling nur führen und gängeln zu dürfen, soweit dieser es bedürfe, alles, was seiner Selbstständigkeit dienen kann, sorgsam zu schonen und zu fördern und alles zu vermeiden, was ihn herunterdrücken könnte. Alles, was ein Armer an Ehrgefühl, Wille zur Unabhängigkeit und Selbstständigkeit noch aufweist, müsse erhalten und, wo dies erlahmt sei, gestärkt werden. Diese „Achtung vor der Persönlichkeit des Armen, muß das Verhalten des Pflegers überall durchdringen" (ebd., S. 84), d. h. auch dort, wo er im Prozess der Abklärung der Lage eines Bittstellers mit dessen (lt. Klumker meist unbeabsichtigt) verzerrt oder falsch dargestellten Selbstbeurteilungen umzugehen hat. Das auch hierbei nötige Vertrauen lasse sich, wie Klumker kritisch anmerkt, letztlich nur gewinnen, wenn der Arme dem Armenpfleger „unbedingt vertrauen darf", was voraussetzen würde, dass dieser alles, was er vom und über den Armen erfährt, als sein Amtsgeheimnis betrachten kann. Da, so Klumker, das persönliche Verhältnis unabhängig davon, ob es sich um religiöse, gesundheitliche, rechtliche oder wirtschaftliche Beratung oder Erziehung handelt, dasselbe bleibe, müsste auch dem Fürsorger gesetzlich dasselbe Recht auf Zeugnisverweigerung für ihm im Beruf Anvertrautes zugesprochen werden, wie es Seelsorger, Ärzte oder Rechtsanwälte hätten. Erst wenn die Notwendigkeit dieses unbedingten Vertrauens zwischen Fürsorger und Armen allgemein erkannt und anerkannt sei, könne die gesetzliche Armenpflege/Fürsorge als Leister gesellschaftlicher Pflichten den ihr zukommenden Platz im gesellschaftlichen Gewebe einnehmen und das Verhältnis des Pflegers zum Armen seine endgültige Gestaltung finden (vgl. ebd., S. 86–87).

Wichtig ist Klumker darüber hinaus zu betonen, dass die Abhängigkeit des Armen nicht missbraucht werden darf, um ihn für eine bestimmte weltanschauliche, religiöse, moralische oder politische Gesinnung zu gewinnen. Sie dürfe lediglich dafür genutzt werden, seine wirtschaftliche Schwäche aufzuheben, zu verringern und vorübergehend oder dauernd durch Fürsorge zu ergänzen (vgl. ebd., S. 75–76). „Die wirtschaftliche Hilfe, die Fürsorge soll (…) nur ein Hindernis wegräumen, damit sich die Persönlichkeit von falschem Druck frei gestalten könne" (ebd., S. 79). Insofern als diesem Ziel neben äußeren auch innere, die Unselbstständigkeit beeinflussende Ursachen entgegenstehen können – Klumker nennt Charakterfehler, Willensschwäche, Trägheit u. ä., die von der Frage der Schuld zu trennen seien –, hätte die wirtschaftliche Erziehung in gewissen Fällen über ihr Hauptziel hinauszugehen. Denn um die spezifische Unselbstständigkeit einer Person verstehen und die Hilfe entsprechend gestalten zu können, brauche es manchmal Einblicke in deren persönliche wirtschaftliche Einstellung. Da die „Unfähigkeit, sich wirtschaftlich zum Leben zu stellen (…) manchmal auf einer Unfähigkeit sich überhaupt richtig zum Leben zu stellen" beruhe, setze der Versuch, den Menschen „wieder richtig einzustellen", nicht selten eine Änderung seines Charakters und mancher seiner Anschauungen und Empfindungen voraus. Klumker weist darauf hin, dass sich diese Herausforderung oft leichter gestalten lässt, wenn es gelingt, die „seelische Stimmung zu heben" und eine „feste Lebensauffassung" im Bedürftigen zu wecken. In diesem Zusammenhang räumt er einer „Weltanschauungsarbeit" die Rolle einer Vorarbeit der Fürsorge ein. Abgegrenzt von der Fürsorge, könne sie eine Unterlage schaffen, auf der die wirtschaftliche Erziehung weiterbauen könne, was allerdings nur für Personen gelte, die einer entsprechenden angebotsinhärenten Weltanschauung nahestehen oder sie unbedingt brauchen würden (vgl. ebd.).

Während Klumker „Bevormundung" und „Leitung" als Merkmale fürsorglicher Erziehung und Behandlung herausstreicht, weist er historisch verbreitete armenpolizeiliche Maßnahmen, die das Ziel verfolgen, Arme mittels Strafe (bspw. in Zwangsarbeitsanstalten oder Korrektionshäusern) zur Wirtschaftlichkeit zwingen zu wollen, zurück (vgl. ebd., S. 43). Solche Besserungsversuche würden selten Änderungen in der Lebensführung nach sich ziehen und seien grundsätzlich falsch gedacht, da viele dieser „Arbeitshausgäste", wie Klumker mit Verweis auf psychiatrische Erkenntnisse betont, aufgrund von geistigen Schwächen und Erkrankungen oder anderen „nicht genug aufgeklärten Gründen" ihre Angelegenheiten nicht allein besorgen könnten. Sie „können draußen im Leben nicht bestehen; sie kommen (…) auf die Landstraße, weil für sie in unserer Gesellschafts- und Wirtschaftsordnung kein Platz ist" (ebd., S. 46). Bei vielen dieser Menschen sei demnach keine Besserung im landläufigen Sinn angesagt, sondern, um sie vor Ausbeutung am freien Markt zu bewahren, geschützte Versorgung und sofern möglich fürsorglich gestützte Verwertung ihrer Arbeitskraft. Von diesem Zweck her müsse das Ziel der Fürsorge bestimmt werden, wobei einzelne Zwangsmittel lediglich als Hilfsmittel einer pflegerischen Behandlung von Bedeutung sein könnten. Unter Berufung auf Heilerfolge in der erzieherischen Behandlung Trunksüchtiger schlägt Klumker in diesem Zusammenhang vor, auch für Personen, die sich „zum freien Leben unfähig" erweisen, die Möglichkeit der Entmündigung zu schaffen, entweder vorübergehend zum Zwecke der Erziehung und Heilung oder, sofern keine Heilung möglich ist, dauernd, um sie menschlich versorgen zu können (vgl. ebd., S. 47). Das gesamte Aufgabengebiet und Ziel der Fürsorge definiert Klumker folglich als:

„Erziehung Unwirtschaftlicher, Versorgung Unwirtschaftlicher, Verwertung Unwirtschaftlicher. Ihr Ziel ist rein wirtschaftlich bestimmt; darin liegt ihre Selbständigkeit und Unabhängigkeit, (…) ihre sichere Umgrenzung." (ebd., S. 73)

1.4 Die fürsorgende Person

Aus der Einstellung auf das eine wirtschaftliche Ziel ergeben sich für Klumker spezifische Forderungen an die Persönlichkeit einer fürsorgenden Person. Diese benötige vor allem wirtschaftliches und rechtliches Verständnis und Lebenserfahrung. Er/sie müsse „fest in den eigenen Schuhen stehen", um fähig zu sein, einen Menschen durch persönliche Beeinflussung etwa zu einer besseren Haushaltsführung zu bewegen, ihn entweder in der alten wirtschaftlichen Umgebung und Lage zu festigen oder einen neuen Platz in neuer Umgebung zu suchen, wo seine Anlagen verwendbar sind oder seine Schwächen und Unzulänglichkeiten ihm nicht mehr gefährlich werden. Betreffend Menschen, die „keinen Platz im Leben finden", gelte es, diese nicht nur zu versorgen, sondern nach Möglichkeiten zu suchen, ihre Kräfte unter geschützten Bedingungen verwertbar zu machen und besondere Arbeitsformen und Betriebseinrichtungen dafür anzuregen bzw. zu schaffen (vgl. ebd., S. 82–84). All diese Fähigkeiten müssten getragen sein von

„eine[r] selbstlose[n], wahrhaft menschliche[n] Güte (…), die jene wirtschaftliche Unfreiheit des Armen beheben will, (…) nur um in der wirtschaftlichen Hülfe ihm die Grundlage zu seiner Gestaltung persönlichen Lebens zu schaffen. Wie sich dies gestaltet zu bestimmen ist nicht Aufgabe der Armenpflege." (Klumker, 1918, S. 79)

Diese klare Positionierung der Fürsorge ist für Klumker nicht zuletzt in jenen Bereichen zentral, wo Armenpfleger (z. B. in Fürsorgebetrieben) mit einer stärker fremdbestimmten Verwertung der Kräfte Unwirtschaftlicher befasst sind. Denn um diese zur Verwertung ihrer Kräfte zu führen, müsse die Fürsorge sie stärker und in anderen Formen abhängig machen, als in der freien, gewinnorientierten Wirtschaft üblich und erlaubt sei, bspw. indem statt eines Entgelts in bar Sachleistungen oder völlige Versorgung gewährt werden. Ein Ausgleich würde lt. Klumker in der Verwendung der Erträge zum Nutzen des Ganzen und aller Beteiligten zu finden sein. Der hohen Entlohnung der Versorgten würde der Grundsatz der sparsamen Verwaltung und der Notwendigkeit starker Rücklagenbildung für größere Risiken entgegenstehen. Die vorrangige „sittliche Aufgabe der Fürsorge“ bestehe in solchen Kontexten folglich darin, „Unwirtschaftliche wirtschaftlich zu versorgen und zu verwerten, um sie all dem sittlich-schädlichen Einfluß wirtschaftlicher Abhängigkeit zu entziehen“ (ebd., S. 79–80).

Neben der vertrauensvollen Beziehung als zentrales Mittel der Fürsorge streicht Klumker die Bedeutung des Zusammenwirkens mehrerer helfender Personen und Einrichtungen heraus, um die jeweils geeignetsten Mittel und Einrichtungen für einen Armen heranziehen zu können (vgl. ebd., S. 98 u. 102). Da die Fürsorge als rechtlich verankerte auch von einem breiten Verständnis, Mitfühlen und Mitwirken der Gesellschaft getragen werden müsse, gelte es, neben fortwährend zu betreibender Lobbyarbeit und Mittelakquise auch so viele „Ehrenbeamte“ einzubeziehen, als „willige und leistungsfähige“ zu gewinnen seien. Diesen müssten Einarbeitung und Schulung abverlangt werden, um ein zweckmäßiges Zusammenarbeiten mit den beruflichen Beamten und eine planmäßige, einheitliche Gestaltung des zersplitterten Fürsorgewesens erzielen zu können (vgl. ebd., S. 108). Für jede Aufgabe und Position gelte es persönliche Anlage und Schulung zu prüfen und „die beste Person – Frau oder Mann – dahin zu stellen“ (vgl. ebd., S. 101–103). Zur Frage der Schulung bemerkte Klumker, dass erst vereinzelte Kurse für einzelne Fürsorgezweige wie Kinderfürsorge bestünden, dass die sozialen Frauenschulen und jene Hochschulen, welche Fürsorge lehren, meist nur die beamteten Arbeiter und Frauen ansprechen würden, dass insgesamt mehr von konfessioneller Seite her geschehe und v. a. für die Ehrenamtlichen noch viel zu tun bleibe (vgl. ebd., S. 99).

1.5 Die gesellschaftliche Bedeutung der Fürsorge

Klumker weist als Basis der Fürsorge den Fortschritt in Kultur und Wirtschaft aus, welcher aus dem Zusammenwirken der Menschen resultiere. Als zentrale Grundlage dieses Zusammenwirkens betrachtet er das Gemeinschaftsgefühl und die gegenseitige Hilfe, welche, wie er anmerkt, nicht nur im menschlichen, sondern auch „im Pflanzen- und Tierleben eine längst nicht genug erkannte Rolle spielen“ (vgl. ebd., S. 28). Armut und Bedürftigkeit der Mitmenschen würden, so Klumker, nach wie vor den unmittelbarsten und wirksamsten Anlass für diese Gefühle geben. Da in Gestalt der Armenpflege und Fürsorge die gegenseitige Hilfe nach wie vor am anschaulichsten zum Ausdruck gebracht werde, könne ihr Wert nicht allein daran gemessen werden, was sie an Versorgung, Erziehung und wirtschaftlicher Verwertung für ihre Schutzbefohlenen leiste. In ihrer höchsten und besten Gestaltung verschaffe sie darüber hinaus der gesamten Gesellschaft „höchste, notwendigste, unentbehrlichste Werte“ (vgl. ebd.), allen voran „ernste menschliche Güte“ und die „Empfindungen gesellschaftlicher Verpflichtung“ (ebd., S. 112). Aufgrund dieser Doppelfunktion sei die Fürsorge, so Klumkers abschließende Forderung, als vollberechtigtes Glied gesellschaftlicher Betätigungen anzuerkennen und in den Rahmen allgemeiner volkswirtschaftlicher und soziologischer Auffassungen einzufügen (vgl. ebd., S. 8).

Seinen Ausführungen zum Fürsorgewesen fügte Klumker eine Liste mit Leseempfehlungen an, worin sich die Anmerkung findet: „Die stiefmütterliche Behandlung der Fürsorge in der Wissenschaft zeigt sich besonders in der ungenügenden Bearbeitung der grundlegenden Fragen …“ (ebd., S. 113).

Ilse Arlt, die in Klumkers Leseempfehlungen nicht aufscheint, war zum damaligen Zeitpunkt mit genau diesen Fragen bereits seit vielen Jahren befasst. Ihre vorläufigen Antworten legte sie in ihrem Werk „Die Grundlagen der Fürsorge“ 1921 der Öffentlichkeit vor.

2 Ilse Arlts „Volkspflege"-orientierte Fürsorge – im Verhältnis zu Klumkers Fürsorgetheorie

„Das Gesamtergebnis der Fürsorge bleibt weit hinter der vor 1914 vorhandenen Not zurück. (…) Die Fürsorge und die Armenpflege können weder in Österreich noch in Deutschland hoffen, das Verkommen breiter Volksschichten auch nur zu verlangsamen, wenn nicht neue Arbeitsweisen auch die Hilfe vervielfältigen." (Arlt, 1921/2010, S. 24)

Als Arlt ihr Werk „Die Grundlagen der Fürsorge" veröffentlichte, hatte ihr darin begründetes Fürsorge- und Volkspflegekonzept bereits eine mehrjährige praktische Erprobung erfahren, sowohl als Teil des Ausbildungsprogramms ihrer 1912 gegründeten Fürsorgerinnenschule (*Vereinigte Fachkurse für Volkspflege*) als auch in der von ihren ersten Absolventinnen geleisteten Fürsorgearbeit. Da in ihrer Schule die Grundlagen diverser Volkspflege- und Fürsorgeaufgaben vermittelt wurden, sei „Österreich bei Kriegsausbruch das einzige Land [gewesen], das über Fürsorgerinnen verfügte, die für jede Art Leistung vorgebildet waren und sofort die schwierigen neuen Fürsorgeaufgaben meistern konnten" (Arlt, o. J., S. 90).

Anders als Klumker, der sein Konzept der „gründlichen Hilfe" klar von präventiven Maßnahmen abgrenzte, konzipierte Arlt die „neu zu gestaltende Fürsorgeart", die sie vorläufig als „Volkspflege" bezeichnete, als eine sowohl auf bereits eingetretene Nöte reagierende als auch Armut vorbeugende Hilfe zugunsten des gesamten Volkes. Dabei stand für sie die von Klumker eingemahnte sozialpolitische Relevanz der Fürsorge außer Frage. Zur Volkspflege im weiteren Sinn zählen für Arlt „alle Durchführungsmaßnahmen der Sozialpolitik, besonders des Arbeiterschutzes, alle behördlichen Gesundheitsvorkehrungen und ein großer Teil der wirtschaftlichen Verwaltungsmaßnahmen" (Arlt, 1921/2010, S. 117). Zum einen lasse sich die Volkspflege, so Arlt, nicht ohne diese Bereiche denken, zum anderen würden diese der Volkspflege bedürfen, um bestehende Unzulänglichkeiten in den Bereichen ihres Zusammenwirkens, ihrer Nutzbarkeit und folglich ihrer Wirksamkeit beheben zu können (vgl. ebd.).

Im Unterschied zu Klumker, der Armut als Abweichung von der wirtschaftlichen Lebensweise definiert, lässt sich für Arlt der Begriff Armut nicht rein wirtschaftlich bestimmen.

„Das volkswirtschaftliche Kennzeichen ‚nicht ausreichendes Einkommen' besagt nichts: denn es setzt voraus: 1. daß „ausreichendes Einkommen" eine bestimmte Größe sei, 2. daß einem bestimmten Einkommen ein bestimmter Nutzeffekt für das Gedeihen entspreche." (Arlt, 1921, S. 37)

Der Ausgangs- und Ziel- sowie inhaltliche Dreh- und Angelpunkt der Fürsorge (als positive Arbeit) müsse nach Arlt im menschlichen Gedeihen liegen, dessen Kehrseite oder Negation Armut bedeute (vgl. ebd., S. 47). Um den Sollwert „Gedeihen" für die praktische Fürsorge verwendbar zu machen, musste Arlt ihn zuerst auf seine empirischen Bestandteile hin ergründen:

„Die genaue Einsicht in die Erfordernisse menschlichen Gedeihens – ein Ergebnis wissenschaftlicher Arbeit der letzten Jahrzehnte – *zieht den Kreis der Hilfsbedürftigkeit unendlich viel weiter, als je zuvor.* Seit man weiß, welche Nahrungsmenge, welche Wohnungsbeschaffenheit, welches Ausmaß an Erholung usw. nicht dauernd unterboten werden darf, ohne Gesundheit und Leben eines Menschen zu gefährden, erscheint die Zahl der Hilfsbedürftigen mit einem Schlag vervielfacht." (Arlt, 1921, S. 46–47)

Die aufgespürten Einzelheiten ordnete Arlt entlang von 13 „Gedeihenserfordernisse[n]" bzw. zentralen menschlichen Bedürfniskategorien: Ernährung; Wohnung; Körperpflege; Kleidung; Erholung; Luft, Licht, Wasser, Wärme; Erziehung; Geistespflege (darunter Religion); Rechtsschutz (darunter Freiheit); Familienleben; ärztliche Hilfe und Krankenpflege; Unfallverhütung und Erste Hilfe sowie Ausbildung zu wirtschaftlicher Tüchtigkeit (vgl. ebd., S. 59).

Diese Gedeihenserfordernisse gelten für alle Menschen und variieren lediglich geringfügig hinsichtlich unterschiedlicher Altersklassen und besonderer Lebenslagen. Eine immer wieder herzustellende Harmonie des Gedeihens ist nach Arlt dann möglich, wenn jedes dieser Bedürfnisse auf einem hinreichenden Niveau – bis zur sog. „Notschwelle" – befriedigt werden kann, mittels vernünftig gestalteten Einsatzes von: a) materiellen Mitteln, b) Kenntnissen und Fertigkeiten, c) Zweckstreben (richtiger Verwertung von Dingen) und d) Zeit (eigene und fremde) (vgl. ebd., S. 71). Die unzähligen Gesichter der Armut, verstanden als Abstand vom Gedeihen, resultieren aus der Dauer und Intensität eines oder mehrerer unter der Notschwelle befriedigter Gedeihenserfordernisse, die in einem ab- oder aufsteigenden Prozess schwächend oder stärkend aufeinander wirken und über das Individuum hinaus auch dessen Umwelt beeinträchtigen (vgl. ebd., S. 46).

Eine sowohl nach menschlichen als auch wirtschaftlichen Gesichtspunkten sorgfältig gestaltete Hilfe setzt nach Arlt ein präzises Erfassen des Hilfebedarfs in Form der Messung der Bedürfnisbefriedigungsgrade und -weisen am Individuum voraus. Ein Beispiel:

> „Ein 15jähriger (...) entläuft der Lehre, ist trotzig und keck gegen seine Umgebung. Ursache seiner ‚Verwahrlosung' ist eine starke Begabung, die weder Verständnis noch Pflege findet und sich irgendwie durch Über-die-Stränge-Schlagen Luft macht. Nach wiederholten Warnungen wird er an eine Besserungsanstalt abgegeben. Das heißt, nach Bedürfnisbefriedigungen betrachtet: zu Hause wurde für Wohnung und Essen, für Anzug und auch für Unterhaltung, kurz für alle Bedürfnisse in kleinbürgerlich-enger Weise, aber immerhin ordentlich gesorgt (...) nur für *eines* nicht, die Pflege seines Geistes. Nun kommt er in die Anstalt, deren ödes Einerlei ihm etwa folgendes bietet: Nahrung schlechter als zu Hause, Wohnung teils schlechter, teils besser, Kleidung schlechter, Erziehung je nach den Persönlichkeiten der Eltern und der Anstaltskräfte teils besser, teils schlechter, jedenfalls aber durch das Zusammensein mit anderen oft wirklich Schlechten sehr gefährdet; aber das Eingehen auf seine geistige Persönlichkeit – auf das allein es ankäme – das bietet man ihm nicht. So hat die Allgemeinheit die ganze Erhaltung eines Menschen auf sich genommen, um ihm zu bieten, was er ohnedies hat, und ohne ihm das Fehlende zu geben. (...) ein anderer ‚Verwahrloster', bei dem es zu Hause an den dringendsten leiblichen Befriedigungen und an Ordnung fehlt, konnte [aufgrund von Überfüllung] nicht aufgenommen werden." (Arlt, 1921/2010, S. 126)

In diesem Beispiel zeigt die Bedürfnisbefriedigungserhebung, dass die eingeleitete Hilfe verfehlt, was Arlt in ihrer Definition von Volkspflege im engeren Sinn fordert: eine „Hilfsweise, welche nach genauer Erfassung der Not die Hilfe stets unter gleichzeitiger Berücksichtigung aller Grundbedürfnisse volkswirtschaftlich richtig aufbaut und bei der Durchführung Volksart und Volkssitte berücksichtigt" (Arlt, ebd., S. 117). Obwohl das Instrument der Bedürfniserhebung auch zur Überprüfung eingeleiteter Hilfen gedacht ist, hätte es im obigen Fall zuerst der präzisen Bedarfserhebung dienen und im besten Fall bereits in prophylaktischer Hinsicht zum Einsatz kommen sollen; denn das Orientieren entlang der zentralen Bedürfnisse versteht sich auch als Richtschnur zur Planung und Einrichtung vorbeugender Maßnahmen.

„Die künftige Verarmung oder das Hindernis für den Aufstieg aus der Armutsschichte liegt in einer Zeit, die der armenpflegerischen Behandlung meist nicht zugänglich ist, vor allem dort, wo die Betroffenen sich nicht als arm fühlen oder mindestens den eigentlichen Grund ihres Elends nicht kennen. Das Wohl des Staates erfordert aber, daß schon in diesem Zustande eingeschritten wird; und es gilt daher, eine Notgrenze im Sinne des Volksgedeihens festzusetzen." (Arlt, 1921/2010, S. 47)

Der Not des im Beispiel geschilderten Jugendlichen hätte wahrscheinlich vorgebeugt werden können, hätte man dessen besondere geistige Begabung rechtzeitig erkannt und gefördert, sei es durch aufmerksame Lehrer oder den Besuch eines „Spezialisierten Hortes", einer von Arlt angeregten Volkspflegeeinrichtung, in welcher ehrenamtlich tätige Personen ihre jeweiligen Fachkenntnisse mit Jugendlichen aus ärmeren Schichten teilen, um auch diesen zu ermöglichen, ihre Talente und damit einhergehend ihre Persönlichkeit und ihren Charakter zu bilden (vgl. Arlt, 1913). Für das Anheben der „Notgrenze" i. S. des Volksgedeihens setzte Arlt nicht nur auf die in ihrer Schule ausgebildeten Fürsorgerinnen und Volkspflegerinnen, sondern auch auf eine breite ehrenamtliche Beteiligung: Jeder Einzelne sollte dafür „auf seinem Arbeitsfeld oder in seiner Erholungsweise eine bestimmte Leistung für die Enterbten übernehmen" (Arlt 1921/2010, S. 169).

Eine zentrale Aufgabe der Volkspflege sah Arlt darin, „die wissenschaftlichen Forschungsergebnisse im vollen Ausmaße zur Verwertung für das Volkswohl zu bringen" und „dort eigene Forschungen zu unternehmen, wo sich Forschung und Forschung oder Forschung und Anwendungsgebiet noch nicht berühren" (Arlt, ebd., S. 208). Diese Forschungsarbeit forcierte Arlt seit 1902 und ab 1912 im Rahmen der an ihre Schule angegliederten *Forschungs- und Versuchsanstalt der Volkspflege*, in welcher unter der Bezeichnung *Sammlungen Ilse Arlt* empirisches Wissen zu diversen Aspekten von Gedeihen/Armut aus unterschiedlichen Zeiten und Kulturen zusammengetragen, ausgewertet und zu Lehr- und Ausstellungsmaterial ausgearbeitet wurde.[1] In diesem Rahmen wurde auch die damals weitgehend fehlende wissenschaftliche Aufklärung des Bereichs der Menschen-/Le-

[1] Der erhalten gebliebene Bestand der Sammlungen (s. Maiss, 2011) wird auf der Website des „Archivs für die Geschichte der Soziologie in Österreich" zugänglich sein.

bens-/Haushaltspflege vorangetrieben, ein Bereich, in welchem tagtäglich in vielfältiger Weise über das Wohl der Einzelnen mitentschieden wird.

Durch das allgemeine Vermitteln der Vielfalt an Möglichkeiten Gedeihen fördernder Lebenspflege einschließlich bewussten Güterverbrauchs – auch unter Bedingungen kriegs- und nachkriegsbedingter Mangelwirtschaft – sollten Menschen zu einer angemessenen, möglichst selbstbestimmten und kreativen Bedürfnisbefriedigungsweise angeregt und „Glücks-Hemmnissen" (Arlt, 1911, S. 5) vorgebeugt werden. Im Fokus standen dabei jene Handlungsspielräume, die sich durch unterschiedliche Kombinationen und Gewichtungen in der Verwendung von individuell verfügbaren oder u. a. durch Fürsorge-/Volkspflegemaßnahmen zu ergänzenden zentralen Befriedigungsmitteln (materielle Güter, Fähigkeiten, Zweckstreben und Zeit) eröffnen. Arlt sprach in diesem Zusammenhang auch von der produktiven Kraft schöpferischen Konsumhandelns, welchem nicht zuletzt Selbstwirksamkeit und auch Lebensfreude entspringen (vgl. 1958/2010, S. 76). Sie rekurrierte in diesem Zusammenhang auf Lorenz von Steins Konzept der „physiologischen Individualität", die „zugleich erzeugende und verzehrende Kraft" ist (Stein, 1878, zit. in Arlt, 1921/2010, S. 19), ohne aber dessen geschlechterrollenspezifische Festschreibung des erwerbsmäßigen Produzierens als männliches und des Konsumierens (i. S. der Hauswirtschaft) als weibliches Zuständigkeitsfeld (vgl. von Stein, 1890, S. 337) zu perpetuieren.

Arlt begründete ihr Engagement zugunsten des individuellen und gesellschaftlichen Gedeihens mit ihrer Zielvorstellung eines „Individualismus für alle" (E. M., 1956). Ein wechselseitig ermöglichter Individualismus, der die notwendigen materiellen Bedingungen (Gedeihenserfordernisse) für seine Entfaltungsmöglichkeit konsequent in Rechnung stellt, ist nur denk- und realisierbar, wenn die Mittel für die angemessene Befriedigung der zentralen Bedürfnisse hinreichend gerecht verteilt werden. Das verlangt nach Arlt ein Überwinden zweier in der Menschheitsgeschichte verbreiteter Weisen, sich von den Sorgen für den nächsten Tag zu befreien: über das Streben nach Macht, Gewalt und Reichtum und damit verbundene Unterknechtung fremder Arbeitskraft einerseits und über das asketische Beschneiden der Bedürfnisse zur Reduzierung des Befriedigungsaufwandes andererseits. Arlt forderte einen „dritten Weg": das Schaffen eines „neuen Lebensstils, der vernunftgemäß die körperlichen Bedürfnisse derart befriedigte, daß für alle geistige Arbeit und für geistige Genüsse Zeit, Geld und Kraft übrig bliebe“ (Arlt, 1921/2010, S. 17–19).

Diesen neuen Weg bahnte Arlt nicht zuletzt auch durch ihr Mitwirken am Abbau traditioneller geschlechterrollengebundener Benachteiligungen: sowohl durch die Schaffung einer Ausbildung für Fürsorgerinnen und Volkspflegerinnen als neue, anfänglich für Frauen gedachte und 1921 (vgl. ebd., S. 167) auch für Männer eingeforderte Berufsmöglichkeit als auch durch die wissenschaftliche Aufklärung und Auf-/Umwertung des Gebiets der Menschen-/Lebens-/Haushaltspflege (verstanden als Grundlagen der weiter auszubauenden „menschlichen Ökologie“) als ein für alle Menschen relevantes Gestaltungsfeld, aus dem sich, wie sie aufzeigte, auch zahlreiche neue Berufsfelder nicht zuletzt für Frauen ableiten ließen (vgl. Arlt, o. J./2011, S. 128–130).

3 Vergleichendes Resümee

Die von Arlt ins Zentrum gerückte Aufmerksamkeit auf die dem menschlichen Konsumieren inhärenten Gestaltungsräume, insbesondere im Kontext der Menschen-/Lebens-/Haushaltspflege, markiert einen deutlichen Unterschied zu Klumkers Fürsorgetheorie, in welcher primär der Typus der erwerbenden Wirtschaftlichkeit fokussiert wird. Die der „schaffenden“ und „haushälterischen“ Wirtschaftlichkeit inhärenten Potenziale, nicht zuletzt auch für eine Lebensgestaltung unter Bedingungen gering(er)en, sozial gestützten oder ersetzten Erwerbseinkommens, erfahren in Klumkers Theorie keine nähere Betrachtung. Das könnte daran liegen, dass er als Hauptmerkmale selbstständiger Existenz die „Gründung einer eigenen Familie und eines eigenen Haushalts“ ausweist, welche, wie er vermerkt, von Armen aufgrund erschwerter Lebensbedingungen wenn überhaupt erst viel später und seltener als von anderen erreicht würden (vgl. Klumker, 1918, S. 22–23). So gesehen erweist sich der erwerbende Wirtschaftstypus als Voraussetzung für die anderen und, zumal dieser, wie Klumker betont, in Zeiten freier Wirtschaftsordnung für den Erfolg einer Person zentral sei, auch als primäres Aufgabenfeld der Fürsorge. Klumkers Unterbelichtung der „haushälterischen Wirtschaftlichkeit“ könnte auch darin gründen, dass diese damals üblicherweise als weibliche im Unterschied zur stark männlich konnotierten erwerbenden Wirtschaftlichkeit gesehen wurde. Die zahlreichen damit einhergehenden gerechtigkeits- und armutsbezogenen Probleme, die Arlts Konzept von Grund auf durchdringen, werden in Klumkers Versuch, die Fürsorge „rein ökonomisch“ zu bestimmen, nicht thematisiert.

In ihren jeweils ausgewiesenen Zielorientierungen der Fürsorge überschneiden sich Arlts und Klumkers Ansätze insofern, als es in beiden darum geht, Hindernisse zu beseitigen, um – in Klumkers Worten – die Grundlage für die Gestaltung der Persönlichkeit und des persönlichen Lebens zu schaffen, wobei es nicht mehr Aufgabe der Armenpflege sei zu bestimmen, wie sich dieses gestalte. Während Klumker das entscheidende Hindernis in der fehlenden Wirtschaftlichkeit sieht, tritt diese in Arlts Konzept als lediglich eine von zwölf weiteren gleichermaßen zentralen potenziellen Hindernissen gedeihlichen Lebens in Erscheinung. Zumal die 13 Erfordernisse im Fall ihrer Unterbefriedigung vielfach hindernd und schädigend aufeinander wirken und den Armutsprozess intensivieren können, erweitert sich in diesem Ansatz im Bereich unterhalb der Notschwelle auch die fürsorgende Zuständigkeit und Einflussnahme auf die persönliche Lebensgestaltung.

Beide Ansätze weisen einen Kern-Bereich der praktischen Fürsorgegestaltung aus. Bei Arlt handelt es sich um zwei „Kernstücke“: erstens die „Lebensfreude“ (als unumstößliches Ziel anstatt eines bloßen Leiden-Linderns) und zweitens die „Gegenleistung“ im Sinne „der Kunst der Demütigung vorzubeugen, indem man den Befürsorgten seinerseits irgendwie helfen lässt“ (Arlt, 1958/2010, S. 42). Im Schaffen von Möglichkeiten zur Mithilfe durch die befürsorgte Person drückt sich u. a. auch das von Klumker betonte Prinzip der Hilfe zur Selbsthilfe aus, das stellvertretendes Eingreifen überall dort untersagt, wo Ansätze zu Selbstbestimmung und Selbstständigkeit gegeben sind. Klumker weist als Kern oder zentrales Mittel der Fürsorge die einfühlsame, verständnisvolle und verschwiegenheitsverpflichtete Vertrauensbeziehung aus. Die Forderung nach Verständnis und Einfühlsamkeit ist bei Arlt u. a. dort enthalten, wo sie betont, dass die „ungeheure Verantwortung als Fürsorger in das Leben anderer einzugreifen“ nur tragen könne, wer „die Grundlage aller Fürsorge, die genaue Kenntnis der Bedingtheit menschlichen Gedeihens, aus eigener Anschauung und im Geiste der Wissenschaft erworben hat“ (Arlt, 1921/2010, S. 6).

In beiden Ansätzen wird die individualisierende Vorgehensweise als zugrunde liegendes Merkmal der Fürsorge ausgewiesen. Das Einüben in diese Haltung und Methode verstand sich in Arlts Schule als Weg und Ziel gleichermaßen, um, wie sie rückblickend festhielt, „in einer zunehmend vermassten Welt Mannigfaltigkeit, nicht Masse zu sehen, Eigenartigkeit und nicht Gleichförmigkeit und dadurch jedem Einzelfall gerecht zu werden“ (Arlt, o. J./1953/2010, S. 127).

Ich beende meine vergleichende Darstellung mit der Frage, inwieweit Arlts Ansatz jenen Klumkers dort bereichernd ergänzen könnte, wo er „die Unfähigkeit, sich wirtschaftlich zum Leben zu stellen“ mit einer „Unfähigkeit sich überhaupt richtig zum Leben zu stellen“ verknüpft sieht und eine „Weltanschauungsarbeit“ im Vorfeld der Fürsorge als sinn- und zweckvoll erachtet. An dieser Stelle tut sich die Frage auf, ob für Personen der betreffenden Gruppe unabhängig davon, ob sie einer bestimmten weltanschaulichen Richtung nahestehen oder nicht, eine Auseinandersetzung mit Arlts lebensreformorientiertem Konzept hilfreich sein könnte. Eine Besinnung auf die zentralen menschlichen Gedeihenserfordernisse, die der unaufhörlichen Pflege und hinreichenden harmonischen Gestaltung bedürfen, könnte vielleicht auch für diese Personen eine halt- und sinngebende Wirkung entfalten; mitunter ließen sich im Einüben in ein schöpferisches Antworten auf die zentralen Gedeihenserfordernisse auch deren Lebensfreude wecken und im Zuge dessen auch Potenziale für erwerbsmäßiges Schaffen erschließen.

Literaturverzeichnis

Arlt, I. (1911). Die Not der mutterlosen Kinder. *Der Bund. Zentralblatt des Bundes österreichischer Frauenvereine,* Wien, 3 (6), S. 5–7.

Arlt, I. (1913). Spezialisierte Horte. In: *Hefte für Volkswirtschaft, Sozialpolitik, Frauenfrage, Rechtspflege und Kulturinteressen*: *Kultur und Fortschritt. Neue Folge der Sammlung „Sozialer Fortschritt“*, Leipzig: Felix Dietrich, S. 3–10.

Arlt, I. (1921/2010). *Die Grundlagen der Fürsorge.* Neuauflage herausgegeben und mit einem Nachwort versehen von M. Maiss. Werkausgabe Ilse Arlt, Band 1. Wien: Lit.

Arlt, I. (o. J./vermutl. 1953/2010). Mein Leben. In: I. Arlt, *Wege zu einer Fürsorgewissenschaft.* Neuauflage, herausgegeben und mit einem Nachwort versehen von M. Maiss. Werkausgabe Ilse Arlt, Band 1 (S. 125–128). Wien: Lit.

Arlt, I. (1958/2010). *Wege zu einer Fürsorgewissenschaft.* Neuauflage herausgegeben und mit einem Nachwort versehen von M. Maiss. Werkausgabe Ilse Arlt, Band 2. Wien: Lit.

Arlt, I. (o. J./2011). Mein Lebensweg. In: Maiss, M. u. Ertl, S. U. (Hrsg.), *Ilse Arlt – (Auto-)biographische und werkbezogene Einblicke mit Beiträgen von Ilse Arlt, Silvia Ursula Ertl und Maria Maiss*. Werkausgabe Ilse Arlt, Band 3 (S. 81–130). Wien: LIT.

E. M. (1956). Ilse Arlt – 80 Jahre. *Die Presse* vom 1. Mai 1956.

Klumker, Ch. J. (1918). *Fürsorgewesen. Einführung in das Verständnis der Armut und der Armenpflege*. Leipzig: Quelle & Meyer.

Maiss, M. (2011). Bestandsaufnahme und Dokumentation der Lehr- und Forschungssammlung der Vereinigten Fachkurse für Volkspflege: "Sammlung Ilse Arlt" (SIA). In: M. Maiss u. S. U. Ertl (Hrsg.) *Ilse Arlt – (Auto-)biographische und werkbezogene Einblicke.* Werkausgabe Ilse Arlt, Band 3 (S. 133–170). Wien: LIT.

Stein, L. von (1890). *Die Frau. Ihre Bildung und Lebensaufgabe.* (3. Auflage), Berlin und Dresden: A. Dieckmann.

VIII „Wir müssen den reformierenden Willen zuerst auf unser eigenes, ungeordnetes Inneres wirken lassen“ (August Aichhorn) – kritische Anmerkungen zur Geschichte der psychoanalytischen Sozialarbeit in der Steiermark

Klaus Posch

1 Am Anfang stehen Widerstand und Abwehr

Die Psychoanalyse fand von ihren Anfängen an begeisterte Anhänger einerseits und heftige Kritik andererseits – sowohl unter Wissenschaftlern als auch unter den gebildeten Bürgern (Tichy u. Zwettler-Otte, 1999). In erster Linie hängt dies mit dem primären Forschungsgegenstand der Psychoanalyse zusammen, dem Unbewussten. Alle Menschen machen die Erfahrung, dass ihr Erleben und Verhalten sich häufig nicht aus bewussten Gründen erklären lässt, und zugleich lösen solche Erfahrungen meist heftigste Widerstände aus, wenn andere uns darauf aufmerksam machen. Die Erkenntnis, wonach das Ich im eigenen Haus nicht nur Herr, sondern auch Knecht ist, wirkt beunruhigend und beschämend. Umgekehrt bereitet es jenen, die vermeinen, dass man mit der Psychoanalyse sich selbst erkennen und andere über die unbewussten Gründe ihrer Fehlleistungen und Neurosen aufklären könne, erheblichen sadistischen Lustgewinn. Erst die vertiefte und langdauernde Auseinandersetzung mit dem eigenen Unbewussten, dem Begehren und seiner Abwehr in der Eigenanalyse ermöglicht es, Erleben und Verhalten anderer psychoanalytisch bzw. tiefenhermeneutisch zu verstehen. Suchendes Forschen in allen Bereichen menschlichen Verhaltens und Erlebens folgt wenig den Logiken instrumenteller Vernunft, sondern der Logik konjekturaler Vernunft, sie will nicht beherrschen, sondern verstehen.

Dies gilt auch für die psychoanalytische Sozialarbeit, nur findet sie dort Gegner unter den Sozialarbeitern auch bei jenen, die für sich den Anspruch erheben, mit Sozialarbeit fortschrittliche Sozialpolitik betreiben zu können.

Allgemein folgt die Rezeption von Sozialarbeit als Praxis und Theorie einem Muster von Ambivalenz: Von Bewunderung bis Verachtung, und auch Angst spielt dabei eine bedeutende Rolle (Posch, 1987).

2 Psychoanalyse und Sozialarbeit – eine „unglückliche Ehe"?

Von Ernst Federn stammt das Bonmot: „Psychoanalyse und Sozialarbeit bilden eine Ehe, die leider unglücklich verlaufen ist." (Kuschey, 2012) Diese Metapher beeindruckt, wie jede Metapher verdunkelt sie aber auch die Verhältnisse. Versuchen wir, die Beziehung zu erhellen, was anhand zweier Handbuchartikel aus den Jahren 1998 und 2005 recht einfach möglich ist. D. Ohlmeier verfasste 1998 in der 2. Auflage des Handbuchs Sozialarbeit/Sozialpädagogik, U. Finger-Trescher 2005 in der 3. Auflage dieses Handbuchs die Artikel über Psychoanalyse. Es zeigen sich deutliche Unterschiede. Demnach bildeten sich nach der Pionierzeit der Psychoanalyse zwischen Psychoanalyse und Sozialarbeit zwei Beziehungsmuster heraus, die derzeit nebeneinander bestehen:

A. Die selbstidealisierend-paternalistische Position der Psychoanalyse und die kritisch-abwertende Position der Sozialarbeit (Ohlmeier, 1998);
B. Die kritisch-kooperative Beziehung „auf Augenhöhe" (Finger-Trescher, 2005).

Die selbstidealisierend-paternalistische Position der Psychoanalyse und die kritisch-abwertende Position der Sozialarbeit lassen sich mit folgenden Aussagen übereinander beschreiben:

Tabelle 1: Sozialarbeit und Psychoanalyse im paternalistischen Konflikt:

Psychoanalyse über Sozialarbeit	**Sozialarbeit über Psychoanalyse**
Sozialarbeiter sind keine Psychoanalytiker und verfügen über keinerlei psychoanalytische Handlungskompetenz.	Die P. hat bei uns irrationale Hoffnungen geweckt, die enttäuscht wurden.
Die Frage nach dem Transfer von psychoanalytischem Wissen in die Sozialarbeit lässt sich nicht klären.	Wir vermissen die Arbeit der Psychoanalytiker mit Unterschicht- und Randgruppenangehörigen. Daraus ergibt sich auch ein theoretisches Defizit.
Die Psychoanalyse kann der Sozialarbeit die Übernahme ihrer „Krankheits- und Störungslehre“ anbieten.	Die psychoanalytische Krankheits- und Störungslehre negiert den sozialen Ort des Entstehens und ist nicht brauchbar.
Die Psychoanalyse kann der Sozialarbeit die Übernahme ihrer „Entwicklungslehre“ anbieten.	Die psychoanalytische Entwicklungslehre geht von der Annahme aus, wonach Entwicklung unabhängig von der sozialen Umwelt erfolgt.
Wir verfügen über das „reine Gold der Analyse“, das mit dem „Kupfer der direkten Suggestion“ legiert wird.	
	Kritik an der „Medizinalisierung der Psychoanalyse“, der „strengen, der tendenzlosen Psychoanalyse“ und an der klinischen Verengung der Psychoanalyse.
	Abschottung vom neurotischen Elend, das es in der Welt gibt, in einem Elfenbeinturm und künstliches Fernhalten von der sozialen Realität.
Die Sozialarbeiter neigen bei der Arbeit mit Klienten zu „Gegenagieren“, es fehlt ein Konzept von „Abstinenz“ und „Neutralität“; es fehlt der Sozialarbeit ein Übertragungs- und Gegenübertragungsmodell. Es fehlt weiters ein Konzept von Widerstand (Konfliktmodell).	

Wenn es „hart auf hart“ hergeht, beschuldigen Psychoanalytiker die Sozialarbeit, dass sie nur über „unsaubere“ Methoden verfüge, und Sozialarbeiter bezichtigen die Psychoanalytiker einer „elitären“ Haltung. Nur in einem, aber wichtigen Punkt sind sich die Kontrahenten einig: Beide betonen für ihre Profession, dass in der Arbeit mit Klienten die Beziehung zum eigenen Selbst laufend einer Analyse und Klärung unterzogen werden und das Interaktionsgeschehen von Selbstreflexion begleitet sein muss. Hierin zeigt sich auch die Anerkennung für die jeweils andere Profession.

Im kritisch-kooperativen Beziehungsmuster verläuft die Debatte zwischen Sozialarbeit und Psychoanalyse etwas anders:

Tabelle 2: Sozialarbeit und Psychoanalyse in selbstreflexiv-kritischer Kooperation:

Psychoanalyse über Sozialarbeit	**Sozialarbeit über Psychoanalyse**
	Durch die Medizinalisierung der PSA hat sie ihr emanzipatorisches und gesellschaftskritisches Selbstverständnis aufgegeben.
	Sozialarbeit wirkt am „sozialen Ort relativer Chancenlosigkeit" und trifft dort hin und wieder auch Psychoanalytiker.
Neurosenprophylaxe hat sich als Mythos herausgestellt.	
Psychoanalytisch orientierte Sozialarbeit wird als Teil der Psychoanalyse anerkannt.	
	Die Psychoanalyse ist in erster Linie Erkenntnistheorie und Methodologie und erst in zweiter Linie Psychotherapie.
Psychoanalyse versteht sich als kritische Theorie des Subjekts.	Sozialarbeit kann auf der Psychoanalyse als kritischer Theorie des Subjekts aufbauen.
Das „So-geworden-Sein" des Subjekts ist ein Ergebnis des Zusammenwirkens von inneren und äußeren Bedingungen.	Das „So-geworden-Sein" des Subjekts ist ein Ergebnis des Zusammenwirkens von inneren und äußeren Bedingungen.
Das Unbewusste ist ein Strukturelement von menschlicher Psyche und Kultur.	Das Unbewusste als ein Strukturelement von menschlicher Psyche, Organisationen und Kultur.

Die funktionale Einheit von Übertragung und Gegenübertragung zeigt sich in allen Begegnungen zwischen Menschen und ist nicht an die analytische Situation gebunden.	In der Interaktion zwischen Sozialarbeitern und Klienten finden Übertragungs-Identifizierungen statt. Klienten und Sozialarbeiter handeln nicht nur zielorientiert, sondern ihr Handeln wird durch unbewusstes Begehren mitbestimmt.
Trauma, Wiederholungszwang und projektive Identifikation usw. sind gemeinsamer Untersuchungsgegenstand.	Trauma, Wiederholungszwang und projektive Identifikation usw. sind gemeinsamer Untersuchungsgegenstand.
Unbewusste Inszenierung und szenisches Verstehen als „Kern“ der Methode.	Unbewusste Inszenierung und szenisches Verstehen als „Kern“ der Methode.
Erweiterung psychoanalytischen Verstehens unbewusster Prozesse in Gruppen und Institutionen.	
	Die affektive „Beteiligung“ der Sozialarbeiter als Untersuchungsfeld zur Erkenntnisgewinnung.

Zusammenfassend zeigt sich, dass sich dort, wo Sozialarbeiter und Psychoanalytiker in der Praxis und/oder in der Forschung zusammenarbeiten, eine neue Beziehungsstruktur entwickelt hat, die durch wechselseitige Anerkennung charakterisiert werden kann (vgl. ausführliche Überlegungen dazu bei Posch, 2010).

3 Psychoanalytische Sozialarbeit im Kontext gesellschaftlicher Strukturen

Kehren wir nochmals zur Ausgangsfrage zurück: Warum folgte die Sozialarbeit nicht der Psychoanalyse? Durch die Antwort auf diese Frage anhand eines konkreten Beispiels, nämlich warum das Wiener Jugendamt seinem Erziehungsberater August Aichhorn nicht folgte (Sieder, 2015), lassen sich die immer wiederkehrenden Gründe gut aufzeigen:

1. Das medikalisierende Paradigma des Fürsorgewesens sah die Auseinandersetzung mit den narrativierten Erfahrungen von Kindern nicht vor. Während August Aichhorn davon ausging, dass das Kind zunächst anzuhören, seine Erzählungen ernst zu nehmen und eine Beziehung zwi-

schen dem Kind und dem Erzieher herzustellen ist, die erst eine Nacherziehung ermöglichen werde, blieben Kinder im Erstkontakt mit den Fürsorgerinnen in der Kinderübernahmsstelle und bei ihrer Vorstellung auf der heilpädagogischen Station weitgehend stumm. Sie wurden somit zu klassifizierten Fällen in einer medikalisierenden und pathologisierenden Kasuistik – und in der Folge zu Opfern sehr oft exzessiver Gewalt.

2. Der zweite Widerspruch bestand in der psychoanalytisch begründeten Forderung nach liebevoller und gütiger Nacherziehung Aichhorns und dem total verwalteten Leben der „Zöglinge“ in den Erziehungsheimen.
3. Der dritte Widerspruch bestand in Aichhorns Theorie der libidinösen Bindung einerseits und dem systematischen Abbruch von Bindungen in der Fürsorgeerziehung.
4. Der vierte Widerspruch bestand in Aichhorns differenzierten Kategorien der Verwahrlosten und dem simplen und kruden Begriff der Verwahrlosung in der praktischen Kinder- und Jugendfürsorge.

Diese vier Gründe spielen auch heute noch die entscheidende Rolle bei der Ablehnung der psychoanalytischen Sozialarbeit im System des individualisierten Sozialwesens. Hinzuzufügen wäre noch, dass vonseiten psychoanalytischer Sozialarbeit dieses einer dauerhaften Kritik unterzogen wird und werden muss. Im Blick auf die Gegenwart stellt sich die Frage, inwieweit die schon totgeglaubten Gespenster einer rassistischen, selektionierenden Sozialpolitik nur in neue Gewänder geschlüpft sind.

4 Was ist psychoanalytische Sozialarbeit?

4.1 Das Grundproblem der Sozialarbeit

Am 27. Februar 1924 hielt die aus Philadelphia (USA) angereiste Caroline Newton (1893–1975) in der Wiener Psychoanalytischen Vereinigung einen Vortrag mit dem Titel „Die Anwendung der Psychoanalyse auf die soziale Fürsorge“. Der Vortrag wurde ein Jahr darauf in der Zeitschrift „Imago“ abgedruckt.

Newton wagte dabei u. a. die Hypothese, dass Fürsorge das Symptom einer neurotischen Gesellschaft sei, und konstatiert abschließend: „Die breiten Volksschichten, die ungeheuer schwer unter den Neurosen leiden (Freud,

1919, S. 192) kommen zum Fürsorger um Hilfe, aber der Fürsorger selbst ist im Allgemeinen neurotisch und wenn dies nicht erkannt wird, haben wir einen *circulus vitiosus* vor uns. Viele der Irrtümer und Misserfolge der Fürsorge sind darauf zurückzuführen. Ihre eigene Einstellung zu ihren Klienten wird erst durch das Verständnis ihres eigenen Unbewussten eine freie und sachliche werden.“

Aus diesem „circulus vitiosus“ skizziert Newton folgenden Ausweg: „Wenn sich aber zeigen sollte, dass die neuerdings gewünschte, auf wesentliche Vereinfachung und auf Verkürzung ihrer Dauer (etwa sechs Monate) zielende Technik der Analyse berechtigt ist, so wird man gewiss eine solche Analyse von jedem Fürsorger als einen wesentlichen Teil seines Studiums verlangen können.“ (Newton, S. 251) In ihrem Vortrag von 1924 hatte Newton eine Reihe von Themen abgesteckt, mit denen wir uns bis heute in der Sozialarbeit als Praxis, Handwerk, Organisation, Forschung und Wissenschaft auseinandersetzen (vgl. Günter u. Bruns, 2010).

4.2 Zur Geschichte der psychoanalytischen Sozialarbeit in Österreich

Nach dem für Österreich verlorenen Ersten Weltkrieg litten zahllose Menschen unter bitterer Armut, verbunden mit seelischen Qualen. Aber es gab auch wie in den Jahren vor dem großen Krieg unter den FürsorgerInnen eine Aufbruchsstimmung:

1912 hatte **Ilse Arlt** (Maiss, 2013) eine zweijährige privat geführte Fürsorgerinnenschule eröffnet, die „Vereinigten Fachkurse für Volkspflege“, welche auch als Forschungsstätte geführt wurde. Im Fokus der empirischen und sozialphilosophischen Forschung standen Armuts-, Wohlergehens-, Konsum-, Haushaltshilfe-, Wohlfahrts- und Fürsorgefragen. Im Frühjahr **1915** traf **Rosa Dworschak** Ilse Arlt und stellte ihr die Frage, was man lernen müsse, um ein Kinderheim führen zu können. Arlts Antwort sei einfach und klar gewesen: „Besuchen Sie zuerst meine Schule.“ Daraufhin begann Dworschak im Herbst 1915 mit der Ausbildung an Arlts Schule. Sie berichtete, dass der Unterricht trotz der vielfältigen und unterschiedlichen Anregungen nicht zu verwirrend wurde, weil es Arlt verstand, in ihren eigenen Vorträgen Zusammenhänge herzustellen. Arlt habe, so Dworschak, immer wieder die einzelne Persönlichkeit des Hilfsbedürftigen in den Mittelpunkt gestellt und betont, dass man lernen müsse, ihn richtig zu sehen, um ihn und seine Notlage erfassen zu können. Arlt sei der Ansicht gewesen, dass nur sachverständige Helfer radikale Besserung bringen könnten. Um solche auszubilden, bedürfe es aber eines bisher noch nicht vorhandenen Wissens. Da es damals noch keinen vorgegebenen Lehrstoff gegeben habe, musste er im Unterricht gemeinsam mit den Schülerinnen entwickelt werden. Die Schülerinnen seien mit Begeisterung mitgegangen und hätten sich mit großem Eifer all den hygienischen, pädagogischen, nationalökonomischen, sozialpolitischen und volkskundlichen Vorträgen gewidmet. Ungefähr zur selben Zeit beschäftigte sich Mary Richmond in den USA mit ähnlichen Gedanken wie Ilse Arlt. Richmonds wegweisendes Buch über die Casework-Methode war 1917 erschienen (Aichhorn, 2014, S. 13 f.).

Den Bericht über die Ausbildung an Arlts Schule schloss Dworschak folgendermaßen ab (ebd., S. 50): „Die Vereinigten Fachkurse für Volkspflege waren der Anfang zur Ausbildung zum Beruf des Sozialarbeiters. Wenn sich seither auch vieles geändert hat, ist doch eines gleich geblieben. Die Einstellung zum einzelnen Menschen der Hilfe braucht verbunden mit dem nie erlahmenden Versuch ihn zu verstehen, um ihm besser helfen zu können. Nie wird daher die Frage des Sozialarbeiters an die verschiedenen Zweige der Wissenschaft verstummen: Was gebt ihr uns, was könnt ihr uns für unsere Arbeit geben? Es sind anspruchsvolle Fragen und berechtigt sie zu stellen ist nur der, der nicht nur für den Hilfsbedürftigen Antworten sucht, sondern auch bereit ist, sich selber besser kennen zu lernen. Im Vordergrund wird wohl die Frage nach der Motivation stehen, die ihn zu diesem Beruf treibt.“

1917 wurde die Wiener Jugendgerichtshilfe initiiert, **Grete Löhr** (1878–1934), ihre erste Leiterin, entwickelte Hilfemethoden, in die sie den üblichen restriktiven „Erziehungsmethoden“ strikt entgegenhielt. Diese fanden in den ersten Jugendgerichtsgesetzen von 1920 und 1929 ihren Niederschlag (Kufner-Eger, 2016).

1918 ging **August Aichhorn** – so in seinem Bericht aus dem Jahr 1946 (zit. n. Aichhorn 2011, S. 53) – „mit einer Schar junger, für ihre Arbeit begeisterter Lehrer und Lehrerinnen nach Oberhollabrunn. … Die Gemeinde Wien hatte diese Einrichtung geschaffen und das Jugendamt mit der Durchführung betraut. Wir sind der Gemeinde Wien noch heute dankbar, dass sie uns damals die Möglichkeit gab, den Nachweis zu liefern: In der Besserungsanstalt sind der prügelnde Aufseher und die Einzelzelle mit Arrestantenkost nicht notwendig, wenn diese mit tiefenpsychologischer Einsicht geführt wird. Uns war Freuds Lehre maßgebend: Nur dann gibt es eine wirkliche Behebung der Verwahrlosung, sonst: Das andere Verfahren führt letzten Endes nur zu einem Dissimulieren der Verwahrlosung, zu einem Vortäuschen des sozialen Seins aus Angst.“ Ca. 1.300 Kinder und Jugendliche wurden in Oberhollabrunn versorgt und nach Grundsätzen der Psychoanalyse betreut. Doch bereits 1921 wurde Oberhollabrunn nicht zuletzt auf Anordnung Julius Tandlers wieder geschlossen.

1919/1920 begann **Rosa Dworschak** mit der Gemeinwesenarbeit in Ottakring, in einem Viertel, das „Negerdörfl“ benannt wurde: Ihr Bericht darüber erschien erstmalig 2014 unter dem Titel „Dorfgeschichten aus der Großstadt“ und beginnt mit den Sätzen: „Am Rande eines Großstadtbezirkes gab es vor einigen Jahrzehnten eine Siedlung, die aus zwölf Baracken ähnlichen Häusern bestand. Sie waren bereits vor dem Ersten Weltkrieg erbaut worden und bildeten die Notlösung eines bestimmten Wohnbedarfes. Es gab damals wie heute Familien, die entweder durch ihren Kinderreichtum oder durch ein anstößiges Verhalten oder aus sonstigen Gründen für Hausbesitzer und andere Mieter untragbar schienen. Die Wurzel aller dieser Gründe lag wohl in ihrer Armut.“ (Dworschak, 2014, S. 22)

1921 veröffentlichte **Ilse Arlt** ihr erstes Hauptwerk: „Die Grundlagen der Fürsorge“. **1925** veröffentlichte **August Aichhorn** sein Hauptwerk „Die Verwahrloste Jugend“, auf das Sigmund Freud mit bei ihm selten bekannter Begeisterung reagierte (Aichhorn, 1925, S. 7). Er anerkannte, dass die „analytischen Situation“ auch die Variante der Psychoanalyse in den Lebenswelten der Not-Leidenden umfassen kann und soll, und legte nahe, dass sich einerseits „Erzieher“ einer Analyse „unterwerfen“ und andererseits man ihnen folglich die Ausübung der Psychoanalyse „freigeben“ möge. Zu dieser Zeit lernten sich August Aichhorn und Rosa Dworschak kennen und arbeiteten bis zum Tod Aichhorns 1949 eng zusammen.

Im „Roten Wien“ kam es in den 1920er-Jahren zu Auseinandersetzungen zwischen den Theoretikern des Austromarximus und den Sozial-Reformern um Julius Tandler. Diese formulierten den gesellschaftspolitischen Grundsatz eines „allgemeinen Anrechts auf Fürsorge“, aber auch den Grundsatz, wonach Fürsorgeleistungen für „Gebrechliche, Alte und Irre“

möglichst geringgehalten werden sollen (vgl. Wolfgruber, 2013, S. 30 f.). **Nach 1933**, dem Beginn des Austrofaschismus, verschärften sich die gesellschaftspolitischen Konflikte naturgemäß. Gesellschaftliche Werte des Katholizismus traten in den Vordergrund und wurden von einem großen Teil der Fürsorgerinnen aktiv vertreten.

Aichhorns Konzept der Erziehungsberatung fand in Wien wohl weiterhin Verbreitung, doch mehr und mehr setzte sich die Auffassung durch, wonach FürsorgerInnen „Beauftragte der Gesellschaft" seien. Aichhorn hatte dagegengehalten: „Oberster Grundsatz ... blieb: ... nicht Anwalt der Gesellschaft, sondern Anwalt des Verwahrlosten zu sein." (Aichhorn, 2011, S. 7)

Die große Katastrophe für die Psychoanalyse und die psychoanalytische Sozialarbeit trat in Österreich im Jahre **1938** mit der Machtergreifung durch den Nationalsozialismus ein. Psychoanalyse und psychoanalytische Sozialarbeit galten als jüdische Wissenschaft. Sigmund Freud und einem großen Teil der PsychoanalytikerInnen gelang die Flucht, einige wurden in den KZs ermordet, drei blieben in Wien, u. a. August Aichhorn, dessen Sohn ins Konzentrationslager Dachau verbracht worden war. Die Vereinigten Fachkurse Ilse Arlts wurden geschlossen, sie wurde mit Schreibverbot bedacht, ihre Schriften und Teile der Lehr- und Forschungssammlung waren nicht mehr zugänglich. Der Sohn des prominenten Psychoanalytikers Paul Federn, Ernst, wurde wegen seiner politischen Tätigkeit u. a. beim VSSTÖ durch die Gestapo verhaftet und während der gesamten Zeit der Schreckensherrschaft der Nationalsozialisten in KZs angehalten (Kuschey, 2012). Er überlebte und schrieb **1945/1946** einen Aufsatz mit dem Titel „Versuch einer Psychologie des Terrors", in dem er die Beziehung zwischen den „Terroristen" und den „Leidenden" in den Konzentrationslagern analysierte. Ernst Federn ging kurz nach seiner Befreiung in die USA und arbeitete dort nach dem Studium für Sozialarbeit als Sozialarbeiter. Nach seiner Rückkehr nach Österreich 1972, die von Christian Broda und Bruno Kreisky initiiert worden war, wurde er auch zu einem bedeutenden Theoretiker der Psychoanalytischen Sozialarbeit. Für die Entwicklung der Idee eines humanen Strafvollzugs, die politisch von Christian Broda in den 1960er- und 1970er-Jahren vorangetrieben wurde, leistete er sowohl praktische als auch theoretische Beiträge.

In der NS-Zeit passten sich große Teile der FürsorgerInnen den Nationalsozialisten an, viele versuchten, so gut es ging, Widerstand zu leisten, manche vertraten nationalsozialistisches Gedankengut. Die Psychoanalyse war weitgehend ausgelöscht und überlebte in der Emigration und im Untergrund. August Aichhorn überlebte beruflich in der „Wiener Arbeitsgemeinschaft des Reichsinstituts für psychologische Forschung und Psychotherapie“, welches von Matthias Heinrich Göring, dem Vetter des Reichsmarschalls, geführt wurde. Er führte „Lehrbehandlungen“ durch und hielt in seiner Wohnung illegale psychoanalytische Seminare ab.

Nach der endgültigen Niederlage der Nationalsozialisten im **Mai 1945** übernahm Aichhorn die Leitung der wiedergegründeten Wiener Psychoanalytischen Vereinigung und begann im Herbst 1945 mit Vorlesungen zur Einführung in die Psychoanalyse für Erziehungsberatung und Soziale Arbeit, die 2015 veröffentlicht wurden. Ilse Arlt verfasste ihr zweites Hauptwerk „Wege zu einer Fürsorgewissenschaft“, welches 1954 erschien. Rosa Dworschak komponierte und publizierte bis zu ihrem Tod bedeutende Beiträge zur Sozialarbeit, u. a. 1969 das Buch „Der Verwahrloste und seine Helfer. Aus der Praxis des Sozialarbeiters“.

Nicht unerwähnt bleiben soll das Schicksal einer weiteren Frau, die für Psychoanalyse, Fürsorge und Sozialarbeit Großes geleistet hat: **Berta Pappenheim** (1859–1936). Einerseits war sie es, die als Patientin von Josef Breuer 1880 bis 1882 eine fundamentale Veränderung in der Arzt-Patienten-Beziehung auslöste: Nicht der Patient befolgt im Heilungsprozess die Aufträge des Arztes, sondern der Arzt folgt den Erzählungen der Patienten und bewirkt mit Deutungen Besserung. Sie war die Mit-Erfinderin der „Talking Cure“, die sich als Psychoanalyse etablierte – als Ausdruck des „radikal aufklärerischen Ansatzes der Psychoanalyse“ (Lorenzer, 1984). Andererseits war Berta Pappenheim maßgeblich an der Errichtung jüdischer Wohlfahrtseinrichtungen, insbesondere der Kinder- und Jugendwohlfahrt, beteiligt und um die Zentralisierung der jüdischen Wohlfahrt bemüht. International engagierte sich die Mitbegründerin des jüdischen Frauenbundes innerhalb der jüdischen Frauenbewegung um Gleichberechtigung sowie im Kampf gegen Mädchenhandel und Prostitution. Sie starb 1936 nach einem Verhör durch die Gestapo in Frankfurt/M.

Noch einmal zurück zu **Caroline Newton** (1893–1975): Sie kehrte nach ihrem Aufenthalt in Wien wieder in die USA zurück, wo sie während des

Zweiten Weltkriegs unermüdlich EmigrantInnen wie Thomas Mann und seine Familie unterstützte und an der weiteren Ausarbeitung einer Theorie der psychoanalytischen Sozialarbeit gemeinsam mit Otto Rank arbeitete. Mit dabei waren die Sozialarbeiterinnen Jessie Taft (1882–1960) und Virginia Robinson (1883–1977). Sie alle agierten in einer Aufbruchsstimmung, in der neue Formen von Lebenspraxis erprobt und neue Konzepte und Theorien entwickelt wurden. In erster Linie ging es um die Etablierung einer Methode des „Zuhörens" als Grundlage einer gestärkten professionellen Identität und eines gestärkten Selbstbewusstseins als Sozialarbeiter (Fallend, 2012, S. 109), bei der auch die Auseinandersetzung mit der sehr mächtigen amerikanischen Ärzteschaft nicht ausgespart blieb. Diese vier Personen hatten erheblichen Einfluss u. a. auf die „Pennsylvania School of Social Work" sowie die „Pennsylvania Child Guidance Clinic". Ihr Hauptaugenmerk lag auf der Sensibilisierung für die Beziehungsdynamik Sozialarbeiter-Klient im Kontext der Rahmenbedingungen, die Institutionen für den Hilfsprozess zur Verfügung stellten. „Die SozialarbeiterInnen selbst, die neurotischen Anteile ihrer Arbeit, ihre Ängste, Motivationen, Bedürfnisse, sollen zum Gegenstand der Reflexion werden" (a. a. O., S. 145). Es ging ihnen um die Erweiterung des Hilfepotenzials der Sozialarbeit durch das Wahrnehmen und methodische Reflektieren ihrer Grenzen im jeweiligen Fall unter den jeweiligen institutionellen und gesellschaftlichen Bedingungen.

Im Österreich der Nachkriegszeit fand die psychoanalytische Sozialarbeit wenig Anklang. Zur Anwendung kam sie in der Wiener Child Guidance Clinic und in ihrer Gründungsphase 1957 als „Arbeitsgemeinschaft Bewährungshilfe" bis etwa ins Jahr 2000 in der Bewährungshilfe unter der Federführung von Sepp Schindler (Bernegger, 2017) und Elisabeth Schilder (Hauch u. Fallend, 2020). Die Child Guidance Clinic, die 1949 von Rosa Dworschak als „Institut für Erziehungshilfe" in Wien gegründet wurde, war einer der wenigen geschützten Orte, an dem das vergangene Leid eine Sprache finden konnte, an dem KollegInnen zusammentrafen, die ein gemeinsames theoretisches und praktisches Verständnis von sozialer Arbeit entwickelten, das von August Aichhhorn geprägt wurde – ein Verständnis, das auch die Grundlage für jahrzehntelange Beziehungen darstellte. In den 1950er-Jahren war Case-Work in allen deutschsprachigen Ländern revolutionär, vor allem weil es in der Konsequenz dazu führen musste, mit den Klienten einen Dialog aufzunehmen.

Unter anderem lag das auch am Verständnis von Fürsorgewissenschaft, heute Sozialarbeitswissenschaft, wie es von Ilse Arlt entwickelt wurde. Rosa Dworschak, eine ihrer Schülerinnen, schreibt dazu: Ilse Arlt „… blieb trotz ihrer, sie befriedigenden Arbeit, ein bestimmtes Verhalten zu Eigen: Eine Scheu vor der Begegnung mit dem Einzelfalle, mit den Menschen für die sie arbeiten wollte. Sie hielt den Anblick großer Not oder krasser Verwahrlosung nicht aus, sie war in die Theorie der Hilfeleistung geflüchtet. Dafür gab sie aber den Schülern ihr beträchtliches Wissen auf den Weg mit …“ (Aichhorn, 2014, S. 190). Diese Haltung hat sich in der Sozialarbeit in Österreich durchgesetzt, besonders stark in der Steiermark: Es kam nie zur Etablierung einer Einrichtung wie der Child Guidance Clinic und auch in der Bewährungshilfe wurde weitgehend erfolglos versucht, eigene Wege zu gehen. Es fehlte weitgehend an einer kritischen Reflexion des Fürsorgewesens und der Sozialarbeit in der Steiermark. Die Geschehnisse während der Herrschaft des Nationalsozialismus bleiben in Erinnerungsveranstaltungen häufig ausgeblendet: Als 2017 das Amt für Jugend und Familie Graz seinen 100. Geburtstag feierte, wurde „100 Jahre Miteinander“ als Grundthema gewählt. Mit keinem Wort wurde im dazu erschienenen Festbeitrag in der Zeitschrift Sozialarbeit in Österreich – SiÖ auf die Ermordung angeblich psychisch kranker Kinder und Jugendlicher in den Jahren 1938 bis 1945 eingegangen. In der Arbeit von Oelschläger, Danzinger u. Benzenhöfer (2015, S. 123) über die Ermordung psychiatrischer Patienten aus der Steiermark in der NS-Zeit werden 19 Minderjährige und deren Schicksal angeführt, die als sogenannte „Reichsausschuss-Minderjährige“ in der NS-Zeit im psychiatrischen Krankenhaus „Feldhof“ in Graz ermordet wurden. Das ging nicht ohne Mitwirkung von Fürsorgerinnen und Fürsorgern und dem Fürsorgesystem der Steiermark.

In der nationalen wie internationalen Psychoanalyse fand die Psychoanalytische Sozialarbeit auch in der Nachfolge der gesellschaftlichen Umbrüche der 1970er-Jahre wenig Rezeption und Anerkennung. In Österreich waren es vor allem Hans Strotzka und Igor A. Caruso, die sich für einen Dialog von Psychoanalyse und Sozialarbeit engagierten. Strotzka, ein Psychoanalytiker, erwähnte in seiner „Einführung in die Sozialpsychiatrie“ (1972) weder die Psychoanalyse noch die Sozialarbeit. Der Psychoanalytiker, Sozialpsychologe und Mitgründer des Randgruppenseminars am Psychologischen Institut der Universität Salzburg, Caruso, entwickelte in dem 1972 erschienenen Buch „Soziale Aspekte der Psychoanalyse“ wohl ein Konzept einer in zweifacher Weise sich gesellschaftskritisch verstehende Psychoanalyse, erwähnte aber dabei gleichfalls weder die Sozialarbeit noch die Psychoanalytische Sozialarbeit.

5 „Leuchtturmprojekte“ von Psychoanalytischer Sozialarbeit in der Steiermark

5.1 Psychoanalytische Sozialpsychiatrie

„Seit Mai 1978 gibt es in Graz ein gemeindepsychiatrisches Beratungszentrum, in dem weitgehend nach psychoanalytischen Grundsätzen gearbeitet wird“ (Danzinger u. Pakesch, 1980, S. 212). Von Beginn an waren im „Beratungszentrum Griesplatz“ im multiprofessionellen Team auch zwei Sozialarbeiterinnen tätig. Jeder Mitarbeiter übernahm psychotherapeutische, soziotherapeutische und organisatorische Aufgaben in den verschiedenen Arbeitsbereichen wie Tagesklinik, Krisenintervention, Nachbetreuung, Gruppentherapien usw. Die multiprofessionelle Zusammensetzung des Arbeitsteams sollte der Komplexität der psychischen Störungen gerecht werden. In der täglichen Praxis entwickelten sich dabei häufig spezifische Übertragungs-Gegenübertragungs-Kombinationen, die sich als unterschiedliche Konflikte manifestierten: oral-narzisstische Übertragungskollisionen, anale Konflikte um Ordnung und Pünktlichkeit, hysterionische Konflikte um fantasierte und agierte Geschlechterbeziehungen usw. Aufseiten der Mitarbeiterinnen und Mitarbeiter manifestierten sich häufig Konfliktmuster, die unter dem Begriff „Helfersyndrom“ von Wolfgang Schmidbauer (1977) trefflich umschrieben wurden.

Bereits in ihren Anfängen verweist die Psychoanalytische Sozialpsychiatrie, in welcher Psychoanalytische Sozialarbeit eine der Grundsäulen war, auf den Doppelcharakter psychischer Erkrankungen und somit auf die Notwendigkeit, mit bifokalen Konzepten vorzugehen:

„Die Gemeindepsychiatrie fokussiert die realen, gegenwärtigen Probleme der Patienten. Besonders der krankmachende und heilende Aspekt der Arbeitswelt wird betont. Genau hier hat aber die Psychoanalyse eher einen blinden Fleck. … Um-

gekehrt übersieht die Sozialpsychiatrie die tiefenpsychologische Bedeutung der meisten gesellschaftlichen und politischen Fragen. … Aufgabe des Therapeuten ist es, immer wieder einzuschätzen, ob der Widerstand eher im individualtherapeutischen oder im sozialtherapeutischen Bereich liegt. … Die Analyse gewinnt damit eine neue sozialpolitische Dimension, die Sozialpsychiatrie aber erlernt den therapeutischen Umgang mit Widerständen gegen die Teilnahme am gemeinsamen Leben.“ (Danzinger u. Pakesch, 1980, S. 216)

Nahezu ein Vierteljahrhundert später verweist Danzinger als Gründer des Beratungszentrums auf die Notwendigkeit, in sozialpsychiatrischer Theorie und Praxis Psychoanalyse und kritische Gesellschaftstheorie miteinander in Beziehung zu setzen und dabei nicht auf das Kontroversielle dieser beiden Zugangsweisen zu vergessen. Dementsprechend arbeitet das multiprofessionelle Team in der Sozialpsychiatrie nicht nach dem Muster „konfliktfreier Kooperation“. In vielen Bereichen der alltäglichen Praxis gilt es, professionelle Routinen der eigenen und der anderen Professionen infrage zu stellen, Statushierarchien aufzubrechen, neue Lösungen zu finden und nicht zuletzt die Fragmentierungen der psychisch Leidenden als Objekte professioneller Zugriffe in Teilobjekte – als kaputte Hirnstoffwechsel, Gewebekultur, Träger von psychischen Eigenschaften, Charakterstrukturen oder Diagnosen aller Art (auch soziale Diagnosen!) – zu überwinden:

„Ohne Selbstreflexion, Selbsterfahrung, Supervision etc., ohne diesen Spiegel, den sich die Betreuer immer wieder selbst vorhalten müssen, verkommt Sozialpsychiatrie. … Am ehesten lässt sich das verhindern, wenn wir dem lauschen, was die Klienten selbst wollen und dabei immer wieder in uns selbst hineinhören.“ (Danzinger, 2014, S. 18 f.)

5.2 Psychoanalytische Sozialarbeit in der Bewährungshilfe

In organisatorischer Hinsicht wurde die Durchführung der Bewährungshilfe in der Steiermark zunächst einem eigenen Verein – „Rettet das Kind“ – übertragen. Aufgrund erheblicher Missstände bei der Durchführung wurde die Bewährungshilfe 1984 direkt dem Justizministerium unterstellt. Ab 1999 wurde sie in der Steiermark dem Nachfolgeverein des „Vereins für Bewährungshilfe“, „NEUSTART“, übertragen.

In methodischer Hinsicht wurde ab 1985 auch in der Steiermark das von Schindler entwickelte Konzept einer psychoanalytisch orientierten Sozialarbeit (vgl. Bernegger, 2016) umgesetzt. Parallel mit der Übertragung an den Verein „NEUSTART“ verlagerte sich die Diskussion allerdings auf die Optimierung organisatorischer Strukturen im Sinne neoliberaler Budgetrestriktionen. Die Konzepte von verhaltensorientierten Kurzinterventionen nahmen überhand. Alles in allem ein Vorhaben, das als

„erheblicher Beitrag von Neustart zur Rationalisierung und Effizienzsteigerung im öffentlichen Bereich [interpretiert wurde]. Vor dem Hintergrund eines Personalabbaus seit 1999 um ca. 20 Prozent, der uneingeschränkten Befriedigung der Nachfrage nach Straffälligenhilfeleistungen durch Neustart und nach einem Fallzahlanstieg in der Bewährungshilfe auf durchschnittlich 45 Fälle, war dies ein anerkennenswertes Zeichen der Einsicht in ökonomische Notwendigkeiten.“

So die retrospektiven Ausführungen der Generalversammlung im Jahr 2012 (Kufner-Eger, 2018, S. 192). Empirisch betrachtet, zeigen die zahllosen in den letzten Jahren abgewickelten formellen oder unechten Privatisierungen, das sind Ausgliederungen und Verselbstständigungen von ehemaligen staatlichen Dienststellen bei Beibehaltung der Eigentümerstruktur, bisweilen Gegenteiliges, paradoxerweise erhöhten sie häufig die Zugriffsmöglichkeiten der Politik (Prisching, 1996). Hingegen wird eine Reduktion parlamentarischer Einfluss- und Kontrollleistungen beobachtet (Boessenecker et al., 2004, S. 35).

Gegenwärtig erscheint es notwendig, neue rechtliche Instrumente der Kontrolle von Privatisierungen zu schaffen, denn Kontrollierbarkeit im Bereich von unechten Privatisierungen liegt zunehmend nicht mehr in notwendigem Ausmaß vor, was in keinem Verhältnis zum möglichen Schaden steht.

Für die Sozialarbeit mit Klienten der Bewährungshilfe bedeutete das, dass die in der Nachkriegszeit auch im Hinblick auf den Umgang mit „Außenseitern“ im Nationalsozialismus entwickelten Grundsätze einer auf die Verbesserung der psychosozialen Lebenslagen psychisch Leidender – und als solche wurden die „Schützlinge“ der Bewährungshilfe betrachtet – ausgerichteten Psychoanalytischen Sozialarbeit zunehmend zugunsten eines Neo-Institutionalismus aufgegeben wurden. Das System dienstleistungsorientierter Sozialarbeit sollte dazu herhalten, ein möglichst umfassendes System von einander konkurrenzierenden Anbietern zu finanzieren, die darauf achten, dass „evidenzbasierte“ kurzfristige Erfolge erzielt werden. In der Lebensperspektive von Individuen allerdings, die von Geburt an in prekären Verhältnissen lebten und leben, werden jedoch nur noch selten langfristig wirkende Hilfen geleistet. Die allgemeine Verkürzung von Betreuungszeiten diente dazu, dass psychisch Leidende als Klienten erhalten bleiben. Dementsprechend werben soziale Einrichtungen gegenwärtig zunehmend damit, dass sie ihre Leistungen für die gesamte Lebensspanne – also von der Geburt bis zum Tod – anbieten.

Ein weiterer Aspekt Psychoanalytischer Sozialarbeit in der Bewährungshilfe ist das Arbeitsprinzip einer „nachgehenden“ Betreuung in den Lebenswelten der Klienten. Die dabei sichtbar werdende nicht zu verleugnende Asymmetrie einer Betreuungsbeziehung bringt es mit sich, dass die für die erwünschten Änderungen erforderliche Verlässlichkeit und das Durchhaltevermögen zunächst primär von den SozialarbeiterInnen eingebracht werden. Nachgehende Betreuung hat auch den Aspekt einer sozialen Kontrolle, die in ihrer ursprünglichen Form jedoch positive Zuwendung bedeutet. Nicht zuletzt beruht das Prinzip der nachgehenden Betreuung auf der Erfahrung, dass nachhaltige Veränderungen ihre Zeit brauchen.

Die „klassischen“ Fragen an die Sozialarbeit in strafrechtlichen Handlungsfeldern traten in den Hintergrund: Auf welche Weise wird im Strafrecht das Fremde ausgegrenzt? Was legitimiert Bestrafung, wo sind die Grenzen der Legitimierbarkeit? Was ist die Rolle der „Verbrecher“ in modernen Gesellschaften? Worin besteht ihr sozialintegrativer Beitrag zur Konfliktbearbeitung in Gesellschaften? Wie kann das Leiden der Opfer eingegrenzt werden? Wie entsteht Dissozialität als individuelles und allgemeines Geschehen? Wie kann Wiedergutmachung durch Täter und Dritte geleistet werden? Usw.

Für die Psychoanalytische Sozialarbeit, wie sie über viele Jahre theoretisch in der Auseinandersetzung mit der Alltagspraxis der Bewährungshelferinnen und Bewährungshelfer im Dialog ausgearbeitet wurde, bedeutete dies u. a., ihre Grundpfeiler als Orientierungen festzulegen, nicht im Sinne eines starren Dogmatismus, sondern im Sinne der Ermöglichung, zwischen Wahrnehmung im Einzelfall, kritischer Analyse und zielorientiertem Einschreiten, vor allem mittels sprachlicher Äußerungen, eine dynamische Balance zu erhalten.

5.3 *Das Projekt Wohnungslosenhilfe*

Psychoanalytische Sozialarbeit in der Wohnungslosenhilfe berücksichtigt nicht nur die Folgen von Wohnungslosigkeit als soziales Phänomen, sondern folgt auch dem Sachverhalt, dass Wohnungslosigkeit von den davon betroffenen Personen als spezifisches Trauma erlebt wird. Diese Überlegungen werden im Projekt „Steirische Wohnplattform" für Personen, die unter schweren und mittelschweren Erkrankungen leiden, auf der Basis eines umfassenden Konzeptes realisiert.

Für die Psychoanalyse bedeutet es eine Schwierigkeit anzuerkennen, dass Wohnungsverlust und Wohnungslosigkeit ein gesellschaftliches Risiko darstellen und nicht ausschließlich als individuelles Schicksal betrachtet werden. Diese Zuschreibung erfolgt, um die Tatsache zu tabuisieren, dass vonseiten staatlicher Institutionen wenig zur Risikoabsicherung gegen Wohnungslosigkeit beigetragen wird. Über das Phänomen Wohnungslosigkeit wird jedoch in noch stärkerem Ausmaß als über das Phänomen Arbeitslosigkeit Herrschaft ausgeübt. Während die psychischen Folgen von Arbeitslosigkeit noch stärker im Bereich der Verletzung der sozialen Identität liegen, liegen diese bei der Wohnungslosigkeit im zentralen Bereich des Selbst dort, wo die Entwicklung und der Bestand des Selbst von zuverlässigen Umwelten abhängig sind. Im Konzept der Psychoanalytischen Sozialarbeit sind beide Aspekte in einer Theorie von Wohnungslosigkeit integriert.

Ausführlich wird darüber im Beitrag „Die ‚Wohnplattform Steiermark': ein Paradigma für die Reform der Wohnungslosenhilfe" in diesem Band berichtet.

6 Ausblicke

Ein Rückblick auf die Geschichte der Psychoanalytischen Sozialarbeit in Österreich bedarf nicht zuletzt der Erwähnung ihrer Zukunftsperspektiven, wie sie gegenwärtig diskutiert werden: Was soll, was kann neben der Weiterentwicklung der bereits bestehenden Einrichtungen in Angriff genommen werden? Stichwortartig gesprochen, wird es um ihre Entwicklung in vier Bereichen gehen:

a. Weiterentwicklung ihrer Theorie als reflexiv-kritische Psychoanalyse,

b. Weiterentwicklung der Forschungsperspektiven als kritisch-reflexive Sozialwissenschaft,
c. Weiterentwicklung als Ethnopsychoanalytische Sozialarbeit sowie
d. Einrichtung einer Ausbildung in Psychoanalytischer Sozialarbeit.

Dazu wurden bereits wichtige Vorarbeiten geleistet und das Konzept eines Masterstudiengangs entwickelt. Dieses sieht u. a. vor, dass sich die Studierenden verpflichten, während des Studiums eine Eigenanalyse im Einzel- und/oder Gruppensetting im Umfang von mindestens 150 Stunden bei einem/r anerkannten PsychoanalytikerIn zu absolvieren. In der Theorieausbildung sollten u. a. folgende Themen behandelt werden: Geschichte der Psychoanalytischen Sozialarbeit, psychoanalytische Theorien, Theorien der Lebenswelt, Biografie und Entwicklung im Lebenszyklus, allgemeine und spezielle Neurosenlehre, allgemeine und spezielle Soziologien (Kulturen, Gesellschaften, Organisationen, Institutionen, Sozialräume, Religionen, Medien, Gruppen, Familien, Gender und Diversity usw.) sowie Soziologie der Sozialarbeit. In der Vermittlung von Methoden sollen neben der Eigenanalyse als Einzel- und Gruppenanalyse Supervision und Intervision der eigenen Fallarbeit, theoriegeleitete Beobachtung und Dokumentation, ethnopsychoanalytisches Beobachten von Lebenswelten, Organisations- und Auftragsanalyse usw. behandelt werden. Eine Einführung in die speziellen Handlungsfelder sowie Psychoanalytische-Sozialarbeits-Forschung sollen das Studium abrunden.

Das Junktim von Forschen und Heilen in der Psychoanalyse (Freud, 1927, S. 293) besagt, dass Heilen und Forschen in der Durchführung von Psychoanalysen untrennbar und sich wechselseitig bedingend miteinander verbunden sind, d. h., dass das eine ohne das andere nicht geht:

„In der Psychoanalyse bestand von Anfang an ein Junktim zwischen Heilen und Forschen, die Erkenntnis brachte den Erfolg, man konnte nicht behandeln, ohne etwas Neues zu erfahren, man gewann keine Aufklärung, ohne ihre wohltätige Wirkung zu erleben. Unser analytisches Verfahren ist das Einzige, bei dem dies kostbare Zusammentreffen gewahrt bleibt. Nur wenn wir analytische Seelsorge betreiben, vertiefen wir unsere eben dämmernde Einsicht in das menschliche Seelenleben. Diese Aussicht auf wissenschaftlichen Gewinn war der vornehmste, erfreulichste Zug der analytischen Arbeit.“

Das kann auch für die Psychoanalytische Sozialarbeit gelten.

Literaturverzeichnis

Aichhorn, A. (1925). *Verwahrloste Jugend.* Bern: Hans Huber.

Aichhorn, Th. (Hrsg.) (2011). *August Aichhorn Pionier der Psychoanalytischen Sozialarbeit.* Wien: Löcker, Schriftenreihe zur Geschichte der Sozialarbeit und Sozialarbeitsforschung Bd. 1.

Aichhorn, Th. (Hrsg.) (2014). *Rosa Dworschak zur Praxis und Theorie der psychoanalytischen Sozialarbeit.* Wien: Löcker, Schriftenreihe zur Geschichte der Sozialarbeit und Sozialarbeitsforschung Bd. 6.

Bernegger (Hrsg.) (2017). *Sepp Schindler. Psychologie – Psychoanalyse – Bewährungshilfe.* Wien: Löcker Schriftenreihe zur Geschichte der Sozialarbeit und Sozialarbeitsforschung Bd. 11.

Boessenecker, K-H., Trube, A. u. Wohlfahrt, N. (Hrsg.) (2004). *Privatisierung im Sozialsektor.* Münster: Votum.

Caruso, I. A. (1972). *Soziale Aspekte der Psychoanalyse.* Reinbek bei Hamburg: rororo studium Bd. 10.

Danzinger, R. (2014). Ein psychoanalytischer Blick auf die Sozialpsychiatrie. In: *Texte – Psychoanalyse, Ästhetik, Kulturkritik. Wien 34, Heft 4*, S. 7–22.

Danzinger, R. u. Pakesch, E. (1980). Psychoanalyse und Gemeindepsychiatrie. In: H. Gastager et al., *Psychoanalyse als Herausforderung. Festschrift Caruso* (S. 211–218). Wien: Verband wissenschaftlicher Gesellschaften Österreichs.

Dworschak, R. (1969). *Der Verwahrloste und seine Helfer. Aus der Praxis des Sozialarbeiters.* München/Basel: Reinhardt.

Dworschak, R. (2014). *Dorfgeschichten aus der Großstadt.* Wien: Löcker, Schriftenreihe zur Geschichte der Sozialarbeit und Sozialarbeitsforschung Bd. 7.

Fallend K. (2012). Caroline Newton, Jessie Taft, Virginia Robinson: *Spurensuche in der Geschichte der Psychoanalyse und Sozialarbeit.* Wien: Löcker, Schriftenreihe zur Geschichte der Sozialarbeit und Sozialarbeitsforschung Bd. 3.

Finger-Trescher, U. (2005). Psychoanalytische Sozialarbeit. In: *Handbuch Sozialarbeit/Sozialpädagogik.* 3. Auflage. Frankfurt/M.: Luchterhand.

Freud, S. (1919). *Wege der psychoanalytischen Therapie.* GW Bd. XII, S. 181–194.

Freud, S. (1927). *Nachwort zur Frage der Laienanalyse.* GW 14, S. 287–296.

Günter, M. u. Bruns, G. (2010). *Psychoanalytische Sozialarbeit. Praxis, Grundlagen, Methoden.* Stuttgart: Klett-Cotta.

Hauch, G. u. Fallend, K. (Hrsg.) (2020). *„Aus der Sintflut einige Tauben“ Zu Leben und Werk von Elisabeth Schilder.* Wien: Löcker, Schriftenreihe zur Geschichte der Sozialarbeit und Sozialarbeitsforschung Bd. 12.

Kufner-Eger, J. (2018). *Alte Stärken – Neue Wege. Zur Organisations- und Methodengeschichte der NEUSTART-Straffälligenhilfe in Österreich.* Wien: LIT Verlag.

Kufner-Eger, J. (Hrsg.) (2016). *Verschüttete Fachlichkeit. Grete Löhr und die Ursprünge der Bewährungshilfe in Österreich.* Wien: Löcker, Schriftenreihe zur Geschichte der Sozialarbeit und Sozialarbeitsforschung Bd. 10.

Kuschey, B. (Hrsg.) (2012). *Ernst Federn Sozialismus, KZ, Psychoanalyse und Sozialarbeit.* Wien: Löcker, Schriftenreihe zur Geschichte der Sozialarbeit und Sozialarbeitsforschung Bd. 2.

Lorenzer, A (1984). *Intimität und soziales Leid. Archäologie der Psychoanalyse.* Frankfurt/M.: S. Fischer.

Maiss, M. (Hrsg.) (2013). *Ilse Arlt Pionierin der wissenschaftlich begründeten Sozialarbeit.* Wien: Löcker, Schriftenreihe zur Geschichte der Sozialarbeit und Sozialarbeitsforschung Bd. 4.

Newton, C. (1925): *Die Anwendung der Psychoanalyse auf die soziale Fürsorge.* In: Imago 11, S. 239–253.

Oelschläger, Th., Danzinger, R. u. Benzenhöfer, U. (2015). *Die Ermordung psychiatrischer Patienten aus der Steiermark in der NS-Zeit.* Linz: pro mente edition Sozialpsychiatrie.

Ohlmeier, D. (1998). Psychoanalyse und Sozialarbeit. In: *Handbuch Sozialarbeit/Sozialpädagogik*, 2. Aufl. Frankfurt/M.: Luchterhand.

Posch, K. (1987). Angst und Methode in der Sozialarbeit. In: L. M. Falzeder u. A. Pabst, *Wie Psychoanalyse wirksam wird. Sepp Schindler zum 65. Geburtstag,* S. 168–201. Salzburg: Eigenverlag.

Posch, K. (2010). „Was mich an der Psychoanalyse stört, ist, dass sie mir etwas zu dogmatisch ist …“ Psychoanalyse und Sozialarbeit auf der Suche nach einer „Theorie der Praxis“. In: Manuela Brandstetter u. a. (Hrsg.), *Von der Fürsorgeschule zum Lehrstuhl Soziale Arbeit,* S. 158–176. Wiesbaden: VS-Verlag.

Prisching, M. (1996). *„Bilder des Wohlfahrtsstaates“,* S. 158–176. Marburg 1996 (Metroplis: Beiträge zur Sozialökonomie Bd. 4).

Rauchfleisch, U. (1996). *Menschen in psychosozialer Not. Beratung-Betreuung-Psychotherapie.* Göttingen und Zürich: Vandenhoek und Ruprecht.

Schmidbauer, W. (1972). *Hilflose Helfer: Über die seelische Problematik der helfenden Berufe.* Reinbek bei Hamburg: rororo.

Sieder, R. (2015). Warum das Wiener Jugendamt seinem Erziehungsberater nicht folgte. In: T. Aichhorn u. K. Fallend (Hrsg.), *August Aichhorn – Vorlesungen. Einführung in die Psychoanalyse für Erziehungsberatung und Soziale Arbeit* (S. 201–226). Wien: Löcker.

Strotzka, H. (1972). *Einführung in die Sozialpsychiatrie.* Reinbek bei Hamburg.

Tichy, M. u. Zwettler-Otte, S. (1999). *Freud in der Presse. Rezeption Sigmund Freuds und der Psychoanalyse in Österreich 1895–1938.* Wien: Sonderzahl.

Wolfgruber, G. (Hrsg.) (2015). *Bertha Pappenheim. Soziale Arbeit, Frauenbewegung, Religion.* Wien: Löcker, Schriftenreihe zur Geschichte der Sozialarbeit und Sozialarbeitsforschung Bd. 8.

Gesetzliche Entwicklungen

IX Die geschichtliche Entwicklung des österreichischen Kinderschutzrechtes. Ein kurzer Abriss

Josef Hiebl

Österreich verfügt über ein entwickeltes und differenziertes Kinderschutzrecht. Kinderschutzbestimmungen finden sich in unzähligen Gesetzen, internationalen Abkommen, und eine Vielzahl von Behörden ist für verschiedenste Aufgaben des Kinderschutzes zuständig (Polizei, Strafgerichte, Gewerbe-, Kino-, Veranstaltungs-, Glücksspielbehörde, Krankenanstalten u. v. m.). In den 1920er-Jahren bildete sich eine starke Kinderschutzbehörde heraus: das Jugendamt (Jugendfürsorge, Jugendwohlfahrt, heute: Kinder- und Jugendhilfe – KJH). In Etappen entwickelten sich in Österreich wie in anderen Ländern vier zentrale rechtliche Kinderschutzinstrumente: die ambulante Kinderschutzmaßnahme (früher: Erziehungsaufsicht), die Kinderschutzmaßnahme bei Gefahr in Verzug (früher: vorläufige Unterbringung, Sofortmaßnahme), die Betreuung außerhalb der Familie (in Heimen, später Wohngemeinschaften oder bei Pflegeeltern) und die Obsorgeausübung durch die KJH (früher: Berufs-, Anstalts-, General-, Amtsvormundschaft). Abgesehen davon entwickelten sich in dieser Zeit auch das Jugendstrafrecht (Erziehung statt Strafe), der Unterhaltsschutz, der Kinderarbeitsschutz und der Jugendschutz. Überraschend viele der heutigen Kinderschutzregelungen wurden in den 1920er-Jahren erfunden bzw. grundgelegt.

Frühe Ansätze zur Verrechtlichung des Kinderschutzes finden sich bereits im 19. Jahrhundert, das erste Jugendamt entstand 1913, in den 1920er-Jahren wurde in den Bundesländern schrittweise und in unterschiedlicher

Ausprägung ein entwickeltes Jugendfürsorgesystem errichtet. Bis zum ersten demokratischen Jugendwohlfahrtsgesetz dauerte es allerdings bis 1954. In Deutschland fand die Verrechtlichung des Kinderschutzes früher statt, die deutschen Entwicklungen beeinflussten die österreichischen in mannigfaltiger Weise.

1 Wer ist für den Kinderschutz zuständig?

Seit Beginn des Kinderschutzes wird darüber debattiert, wer für diesen zuständig sein soll. Der Staat oder private Organisationen? Der Gesamtstaat, die Bundesländer oder die Gemeinden? In der zweiten Hälfte des 19. Jahrhunderts wurden vorerst die Gemeinden zuständig gemacht, welche dieser Aufgabe häufig nur mangelhaft nachkamen. Mit dem Bundesverfassungsgesetz 1920 (B-VG)[1] fiel die Zuständigkeit überwiegend den Bundesländern zu (Art. 15 B-VG). Dem Bund wurde allerdings eine Richtlinien-Kompetenz im Rahmen einer Grundsatzgesetzgebung eingeräumt (Art. 12 Abs. 1 (2) B-VG), von welcher dieser allerdings erst 1954 mit dem Jugendwohlfahrtsgesetz 1954 (JWG 1954) Gebrauch gemacht hat. Mit der Verfassungsnovelle 2019[2] entledigte sich der Bund dieser Kompetenz allerdings wieder. Auch welche Behörde innerhalb einer Verwaltungsorganisation für welche Agenden am besten geeignet wäre, wurde immer wieder heftig diskutiert (im Falle der Landesverwaltung z. B.: Die Bezirksverwaltung oder die Landesregierung?). Hintergrund dieser Diskussionen waren fachliche und politische Erwägungen, häufig allerdings die Frage, wer für welche Kosten im Kinderschutz aufzukommen habe (siehe dazu: z. B. Ralser et al., 2015, S. 155).

2 Entwicklungen bis 1945

2.1 *Die Zeit vor 1918*

Eine wegweisende Kinderschutzbestimmung findet sich im **Allgemeinen Bürgerlichen Gesetzbuch 1811** (ABGB 1811)[3], welches stark von den

[1] Die Kompetenzverteilung erfolgte mit der Bundesverfassungsnovelle 1925.

[2] B-VG-Novelle BGBl I Nr. 14/2019.

[3] JGS 1811/946.

Ideen der Aufklärung getragen war und heute noch in Geltung steht (allerdings mit häufigen Novellen im Familienrecht). 1811 wurden Kinder erstmals als Rechtssubjekte anerkannt (§ 139 alt), ihnen kam ein Recht auf Erziehung und auf Unterhalt zu. Die Eltern waren zur Förderung ihrer Kinder verpflichtet. Standen Kinder nicht unter väterlicher Gewalt, musste ein Vormund bestellt werden. Missbrauchten Eltern ihre Erziehungsrechte, konnten ihnen diese vom Gericht entzogen und ein Vormund bestellt werden. Die Pflichten der Eltern wurden erstmals somit zumindest grob gesetzlich umschrieben, die Erziehung der Kinder wurde damit zu einer staatlichen Pflicht. Auch uneheliche Kinder waren angemessen zu fördern, für sie war ein männlicher Vormund zu bestellen (§166 alt).

In Österreich kam es zudem früh zu Bestrebungen, die Kinderarbeit zu beschränken. Josef II. verbot bereits 1787 die Kinderarbeit unter neun Jahren[4] (dieses Verbot trat 1790 allerdings wieder außer Kraft). 1842 wurde die **Fabriksarbeit**[5] unter zwölf Jahren verboten; Neunjährige durften jedoch arbeiten, wenn sie drei Jahre die Schule besucht hatten. 1885[6] wurde die Fabrikarbeit für Kinder gänzlich verboten, in anderen Bereichen war Kinderarbeit ab zwölf Jahren weiterhin erlaubt. Nach Diskussionen im Zweiten Österreichischen Kinderschutzkongress und auf Ebene der Internationalen Arbeitsorganisation wurde mit dem **Gesetz über die Kinderarbeit** 1918[7] die Kinderarbeit schließlich unter zwölf Jahren verboten (in der Landwirtschaft durften Kinder ab zehn Jahren arbeiten)[8] und zur Kontrolle der gesetzlich vorgegebenen Arbeitsbedingungen wurden Arbeitskarten für Kinder eingeführt. Mit dem Arbeiterkammergesetz 1920[9] wurden Jugendschutzstellen zur Überwachung der Arbeitsbedingungen etabliert.

Vor 1919 wurde der Kinderschutz bloß als ein Teil der Armenfürsorge angesehen, für welche sich überwiegend karitative oder kirchliche Organisationen zuständig fühlten. Der staatliche Kinderschutz entwickelte sich nur langsam. In der liberalen Ära der Monarchie wurden mit dem **Heimatge-**

4 Hofkanzleidekret vom 18.2.1787.

5 Hofdekret vom 11.6.1842; mit der GewO v. 20.12.1859 wurde Kinderarbeit unter zehn Jahren verboten.

6 Gewerbeordnung 1885, Kaiserliches Patent vom 20.12.1859, RGBl 1859/227.

7 BG über die Kinderarbeit, StGBl 1918/141.

8 Mit BGBl 1935/298 wurde die Kinderarbeit unter 14 Jahren verboten.

9 Arbeiterkammergesetz, StBl 1920/100.

setz 1863[10] (das bis 1938 in Kraft blieb) die Gemeinden für das Armenwesen zuständig. Nach diesem Gesetz musste jeder Staatsbürger das Heimatrecht einer Gemeinde besitzen, welches ein Recht auf Aufenthalt und auch auf Armenversorgung zusicherte. Der Anspruch auf Unterstützung war allerdings an die Geburt in der Gemeinde oder eine Verehelichung geknüpft (später, nach steigendem Zuzug in größere Gemeinden, reichte der zehnjährige Aufenthalt in der Gemeinde aus). Arme, für welche eine Gemeinde nicht zuständig war, konnten in ihre Heimatgemeinden abgeschoben werden. Kinder sollten nicht nur Unterhalt und Pflege, sondern auch Erziehung erhalten (§ 24). Nach dem **Reichsvolksschulgesetz 1869**[11] konnten für Volksschulkinder besondere Erziehungsanstalten errichtet werden. Nach dem **Gesetz betreffend Zwangsarbeit- und Besserungsanstalten**[12], welches strafrechtliche Normen enthielt, sollten unter 18-jährige straffällige und verwahrloste Minderjährige nicht mehr in Zwangsarbeits-, sondern in Besserungsanstalten eingewiesen werden. In einigen Ländern wurden gegen Ende der Monarchie (wie 1916 in Niederösterreich inklusive Wien – Österreich unter der Enns[13]) frühe Jugendschutzverordnungen gegen die Verwahrlosung der Jugend erlassen.

2.2 *Erste Republik*

Nach dem Ersten Weltkrieg wurden in ganz Österreich Jugendämter errichtet und es etablierte sich (v. a. in Wien) ein differenziertes Jugendfürsorgesystem. Für die Institutionalisierung einer eigenen Jugendfürsorge gilt die Einführung der **Berufsvormundschaft** 1910 sowie insbesondere der **Generalvormundschaft** 1914[14] (in § 208 ABGB alt) als entscheidender Schritt. Mit der Generalvormundschaft konnte nämlich ein öffentliches Amt zum Vormund bestellt werden. Mit dem **Ziehkindergesetz 1919**[15]

---

[10] RGBl 1863/105.

[11] RGBl 1869/62.

[12] RGBl 1885/89 (§ 5) und RGBl 1885/90 (§§13–16).

[13] Verordnung des k. k. Statthalters im Erzherzogtume Österreich unter der Enns vom 13. Juni 1916, Pr. Z. 500/3, betreffend die Erlassung polizeilicher Verbote zur Hintanhaltung der Verwahrlosung der Jugend, LGVBl. 1916/70.

[14] Teil-Novelle zum ABGB 1914.

[15] Gesetz zum Schutz von Ziehkindern und unehelichen Kindern, StGBl 1919/76.

wurde eine Aufsicht für Pflegekinder eingeführt, zudem wurden alle Pflegekinder und unehelichen Kinder unter Generalvormundschaft gestellt.

In der Folge der Österreichischen Kinderschutzkongresse in Wien 1907 und in Salzburg 1913 erhöhte sich der Druck zur Schaffung eines eigenen Jugendfürsorgegesetzes und eines eigenen Jugendstrafrechtes. Verschiedene Konzepte und Entwürfe fanden Eingang in die parlamentarische Debatte, zuletzt beeinflusste insbesondere das in Deutschland bereits 1922 erlassene **Reichsjugendwohlfahrtsgesetz** (RJWG) die Diskussion in Österreich. Dieses verpflichtete die Kommunen, eigenständige Jugendämter einzurichten, und regelte u. a. die öffentliche Unterstützung hilfsbedürftiger Minderjähriger, das Pflegekinderwesen, die Amtsvormundschaft, die Schutzaufsicht (ambulante Maßnahme) sowie die Fürsorgeerziehung. Wie Neuwirth (Neuwirth, 2017, S. 348–349) darlegt, hatte sich der frühe Entwurf aus 1908 noch ausschließlich auf Fürsorgeerziehung, Pflegeaufsicht sowie deren administrative und budgetäre Abwicklung bezogen, während der Entwurf aus dem Jahre 1928 weiter ging und auch die Vormundschaft für uneheliche Kinder und vor allem die allgemeine Gesundheitsfürsorge für Kinder, Jugendliche, Schwangere sowie junge Mütter und deren Säuglinge beinhaltete. Wie schon der Entwurf aus der Monarchie scheiterte auch der Entwurf aus dem Jahr 1928 an Finanzierungsfragen (weil die Länder alleine die Kosten tragen sollten) (Neuwirth, 2017, S. 347; Ralser et al., 2015, S. 82). 1928 wurde allerdings das reformorientierte **Jugendgerichtsgesetz 1928**[16] beschlossen, welches neben der Strafe den Erziehungsgedanken hervorhob (Errichtung von eigenen Jugendgerichten mit Jugendrichtern und -schöffen, Einführung der Jugendgerichtshilfe, bedingte Entlassung und Schutzaufsicht, Halbierung der Strafen für Jugendliche, keine Kerkerstrafe, wohl aber strenge Arbeit). Die Strafmündigkeit wurde auf 14 Jahre angehoben, bis dahin lag diese bei zehn Jahren. Außerdem waren statt der Haft Anstalten für Schwererziehbare vorgesehen, welche als Bundesanstalten in Kaiserebersdorf und in Wiener Neudorf bis 1974 bestanden.

Mit dem ersten **Unterhaltsschutzgesetz** 1925[17] konnten säumige Unterhaltspflichtige bestraft werden und andere Personen mithaften, wenn sie

---

16 Gesetz über die Einrichtung von Jugendgerichten, StGBl 1919/46; Gesetz über die bedingte Verurteilung, StGBl 1929/373.

17 BG zum Schutz des gesetzlichen Unterhaltsanspruches, BGBl 1925/69.

sich an der Vereitelung des Unterhaltes beteiligten. 1919 wurde die **Minderjährigkeit** von 24 auf 21 Jahre herabgesetzt[18]. Der Bundes- und die Landesgesetzgeber widmeten sich in den 1920er-Jahren in vielfacher Weise dem Jugendschutz. Mit dem Gesetz gegen die Verabreichung von geistigen Getränken an Jugendliche[19] wurde ein **Alkoholverbot** für unter 16-Jährige festgelegt und detaillierte Bestimmungen über die Verabreichung von Alkohol erlassen. Zudem wurde Jugendlichen der Aufenthalt an bestimmten Orten wie Branntweinstuben verboten. Das Gesetz über die **Presse**[20] verbot Druckwerke, welche das Wohl der Jugend gefährdeten (dem Jugendamt kam ein Antragsrecht im Verbotsverfahren zu). Die Bundesländer erließen **Kinogesetze**, wie z. B. Wien 1926[21], welche Altersbeschränkungen nach Befassung eines Filmbeirates vorsahen. Mit der **Entmündigungsverordnung 1916**[22] wurde zwar eine zwingende gerichtliche Kontrolle geschaffen, wenn Personen in der Psychiatrie angehaltenen wurden. Die Voraussetzungen einer zwangsweisen Aufnahme wie auch die näheren Regelungen des Aufenthaltes fehlten jedoch. Eine diesbezügliche Regierungsvorlage für die Neuregelung des Krankenanstaltsrechtes scheiterte.

2.2.1 Die Reformen in Wien von 1918 bis 1934

Wien führte bereits 1910 die Berufsvormundschaft[23] ein, vorher bestanden nur ehrenamtliche Einzelvormünder. Zur gleichen Zeit wurde in Wien die Zentralstelle für Kinderschutz und Jugendfürsorge geschaffen. Bereits 1912 gründete Ilse Arlt die erste Fürsorgerinnenschule der österreichisch-ungarischen Monarchie, die Vereinigten Fachkurse für Volkspflege. 1913 wurde im Arbeiterbezirk Ottakring das erste Jugendamt in Österreich eingerichtet, später ein weiteres im Bezirk Penzing. Noch während des Krieges beschloss der Wiener Gemeinderat 1917 den **Ausbau des Jugend-**

[18] Gesetz über die Herabsetzung der Altersgrenze der Minderjährigkeit, StGBl 1919/96.
[19] BG betreffend die Einschränkung der Verabreichung geistiger Getränke an Jugendliche, BGBl 1922/448.
[20] BG über die Presse, BGBl 1922/218.
[21] Wiener Gesetz vom 11. September 1926 betreffend die Vorführung von Lichtbildern, LGBl 1926/35.
[22] Kaiserliche Verordnung über die Entmündigung (Entmündigungsverordnung), RGBl 1916/207.
[23] Gemeinderatsbeschluss vom 20.12.1910 über die städtische Berufsvormundschaft.

amtes[24], zu den bestehenden zwei Fürsorgestellen (Vorläufer der Bezirksjugendämter) sollten zehn weitere geschaffen werden. Diese sollten drei Bereiche, die Gesundheitsfürsorge, die Unterhaltsfürsorge und die Erziehungsfürsorge, umfassen. Geplant waren 150 Fürsorgerinnenstellen. Zwölf Erziehungsberatungsstellen sowie ein geplantes Beobachtungsheim wurden vorerst nicht verwirklicht. In der Reformphase 1918–1934 nimmt sich der Staat immer stärker der Fürsorge an. Der Sozialpolitiker Julius Tandler postulierte ein Recht auf Fürsorge, also eine Verpflichtung des Staates, hilfsbedürftige Bürger zu unterstützen. 1921 wird das **Wiener Wohlfahrtsamt**[25] gegründet mit drei Fachbereichen: der Armenpflege, dem Gesundheitswesen und der Jugendfürsorge. Die Jugendfürsorge war u. a. zuständig für die Generalvormundschaft, die Ziehkinderaufsicht, die Mitüberwachung der Kinderarbeit[26], die Schulfürsorge, die Erziehungsberatung, die Anstaltsfürsorge, das Kindergartenwesen, die Erholungsfürsorge, die Führung von Schwangeren- und Mütterberatungsstellen, die Schülerausspeisung, die Organisation des Säuglingswäschepakets, die Krankenhausfürsorge, die Mitwirkung bei der polizeilichen Jugendhilfe und der Jugendgerichtshilfe. 1931 verfügte das Jugendamt bereits über 1.395 Mitarbeiter (Magistrat der Stadt Wien, 1933, S. 3–35). Für die inhaltliche Reform der Wiener Jugendwohlfahrt standen Namen wie August Aichhorn, Siegfried Bernfeld und Fritz Redl (Winkler, 2001, S. 156) sowie Anna Freud oder Charlotte Bühler (Rudolf u. Benetka, 2007, S. 69). Diese psychoanalytisch und individualpsychologisch beeinflusste Jugendfürsorge begann die Auswirkungen auf Kinder zu begreifen, welche Armut, Krankheit, andere Mangelerfahrungen und Demütigungen eines Aufwachsens am Rande der Gesellschaft nach sich zogen (Schreiber, 2010, S 36). 1919 gründete Siegfried Bernfeld das Kinderheim Baumgarten, welcher in seiner Pädagogik gesellschaftskritische und psychoanalytische Ansätze berücksichtigte und auf Selbstverwaltung setzte. August Aichhorn wurde als erster Erziehungsberater eingesetzt, später wurde er u. a. Leiter der Ferienerholung Oberhollabrunn, das Heim Eggenburg wurde unter Winkelmayer und Lassar zu einem modernen Kinderheim umgestaltet u. v. m.

---

[24] Gemeinderatsbeschluss vom vom 27.4.1917.

[25] Gemeinderatsbeschluss vom 30.6.1921Bg.

[26] StGBl 1918/141.

2.2.2 *Austrofaschismus*

In der Fürsorgepolitik des Ständestaates gewann die religiöse Motivation (Nächstenliebe) gegenüber der staatlichen Verpflichtung wieder stärker an Bedeutung. Die Jugendwohlfahrt wurde in der oktroyierten Maiverfassung 1934[27] zur alleinigen Aufgabe der Bundesländer. Die Jugendwohlfahrt stagnierte weitgehend, die teuren Anstalten sollten möglichst privatisiert oder konfessionalisiert werden (Ralser et al., 2015, S. 87). Die Kontrollfunktion der Jugendwohlfahrt wurde verstärkt, und zunehmend wurden nur noch kinderreiche, nach konservativ-christlicher Einschätzung geordnete Familien als unterstützungswürdig angesehen (Wolfgruber, 2013, S. 40). Nach dem Gesetz zur vaterländischen Erziehung der Jugend außerhalb der Schule[28] benötigten Vereine (abgesehen von katholischen Organisationen) eine Genehmigung des Unterrichtsministeriums zur Aufnahme einer außerschulischen Erziehung (§ 1).

2.3 *Nationalsozialistische Diktatur*

Nach der Machtübernahme der Nationalsozialisten trat 1940 die **Jugendwohlfahrtsverordnung für die Ostmark** (JWVO) in Kraft[29]. Diese baute auf dem deutschen RJWG auf, implementierte allerdings die Ideologie des Nationalsozialismus und stellte paradoxerweise das erste Jugendwohlfahrtsgesetz dar, welches in ganz Österreich galt. Es kam zu einer Instrumentalisierung der Familie und der Jugendwohlfahrt, diese dienten in erster Linie der Herstellung des völkischen Gemeinschaftslebens. Obwohl andere Gesetze[30] die erbbiologische Aussonderung von Kindern betrieben (Ralser et al., 2015, S. 100), wurde die Jugendwohlfahrt Teil der rassistischen Fürsorgepolitik, was zu einer Disziplinierungs-, Ausgrenzungs- und letztlich Vernichtungspolitik führte (Konzentrationslager für Kinder in Moringen und Uckermark, Arbeitserziehungslager, NS-Euthanasie in Hartheim bei Linz).

---

[27] Verordnung der Bundesregierung vom 24. April 1934 über die Verfassung des Bundesstaates Österreich, BGBl. 1934 I. Nr. 239.

[28] BG über die vaterländische Erziehung der Jugend außerhalb der Schule, BGBl 1936/293.

[29] RGBl 1940/52.

[30] Z. B. Gesetz zur Verhütung erbkranken Nachwuchses, RGBl I 1933 /S. 529.

3 Die Zweite Republik

Die JWVO 1940 wurde nach 1945 von der nationalistischen Ideologie befreit und galt weiter bis zum **Jugendwohlfahrtsgesetz 1954** (JWG 1954), welches sich als Grundsatzgesetz des Bundes an die Länderparlamente richtete. Das JWG 1954 ist somit das erste demokratische Kinderschutzgesetz in Österreich. Es baute, soweit es die Struktur und Instrumente des Gesetzes betrifft, auf der JWVO 1940 auf (diese wiederum auf dem deutschen RJWG 1922). Im Vorfeld wurde diskutiert, als Grundlage den österreichischen Entwurf zu einem Jugendfürsorgegesetz aus 1928 zu verwenden, wovon aber abgegangen wurde (Ralser et al., 2015, S. 154–157).

Im JWG 1954 wurden zentrale Kinderschutzinstrumente festgeschrieben, welche im Wesentlichen in modernisierter Form noch heute bestehen:

- die freiwillige Erziehungshilfe § 26 (mit Zustimmung der Eltern),
- die gerichtliche Erziehungshilfe § 28 (gegen den Willen der Eltern aufgrund einer Entscheidung des Gerichtes),
- die Erziehungsaufsicht § 29 (als ambulante Erziehungshilfe) und
- die Fürsorgeerziehung (als stärkste Intervention, jedenfalls Betreuung außerhalb der Familie, aber nur auf Antrag des Jugendamtes).

Es enthielt Bestimmungen zur Amtsvormundschaft § 16 (gesetzliche Vormundschaft für uneheliche Kinder und Findelkinder sowie bestellte Vormundschaft) und zur Mutterschafts- und Säuglingsfürsorge sowie ausführliche Regelungen zum Pflegekinderrecht und Regelungen über Pflegekinderheime. Generell leuchtet ein gewisser Ausschluss der Eltern aus den gesetzlichen Bestimmungen hervor (Schutz vor deren verderblichem Einfluss § 29), welcher in der Praxis oft mit der sog. „Kilometertheorie“ (so weit wie möglich von den Eltern entfernt betreuen) umschrieben wurde. Arrest für Kinder und Jugendliche als auch die Züchtigung blieben weiter erlaubt. Eine Beendigung der Hilfen war möglich, wenn diese als aussichtslos beurteilt wurden (§ 29). In § 26 war eine Gefahr-in-Verzug-Intervention des Jugendamtes vorgesehen, ähnlich der heutigen Bestimmung in § 211 ABGB. Das JWG 1954 enthielt zudem bereits den Gedanken der partnerschaftlichen Ausübung des Erziehungsrechtes durch beide Eltern anstelle des Konzeptes des Pater familias (Ent, 1997, S. 3).

In der Folge erließen die Bundesländer aufgrund des Grundsatzgesetzes JWG 1954 ihre **Ausführungsgesetze**, z. B. Wien das WrJWG 1955. Wien wie andere Bundesländer auch erließ eine Durchführungsverordnung, in welcher Richtlinien für den Betrieb von Heimen[31] festgelegt wurden. Bemerkenswert an dieser ist, dass in § 16 ein frühes, für diese Zeit streng formuliertes Gewaltverbot formuliert war (Verbot, zu beschimpfen, zu schlagen, Verbot von demütigenden Strafen). Diese Vorschrift wurde in erschreckendem Ausmaß nicht beachtet, wie die von der Wiener KJH beauftragten Studien eindringlich dargestellt haben. Diese dokumentieren, dass in den ersten Jahrzehnten der Zweiten Republik systematisch strukturelle, psychische und physische Gewalt an Kindern und Jugendlichen ausgeübt wurde (Sieder u. Smioski, 2012; Helige et al., 2013; Raab-Steiner u. Wolfgruber, 2014).

In Wien blieb nach dem Krieg auch die **Polizeiverordnung zum Schutze der Jugend** aus dem Jahre 1943, bereinigt um nationalsozialistische Inhalte, noch bis zum Wiener Jugendschutzgesetz 1963 in Kraft. Alle Bundesländer erließen schrittweise nach dem Krieg Jugendschutzgesetze, welche vor allem Kinder und Jugendliche in der Öffentlichkeit schützen sollten, indem z. B. Mindestalter für den Konsum von Tabak und Alkohol, den Aufenthalt an bestimmten Orten und zur Nutzung von bestimmten Medien festlegt wurden. Mit dem **Kinder- und Jugendbeschäftigungsgesetz 1948**[32] wurde die Kinderarbeit (mit wenigen Ausnahmen) unter 14 Jahren verboten. Nach dem Krieg blieb das deutsche Fürsorgerecht übergangsweise in bereinigter Weise in Kraft, die Bundesländer begannen, die Sozialhilfe und die Behindertenhilfe immer differenzierter zu regeln, so erließen diese nach und nach eigene Behindertenhilfegesetze, wie z. B. Wien 1966[33].

3.1 Demokratisierung der Familie, Kindeswohl, Unterhaltsvorschuss

Mit der Novellierung des **Adoptionsrechtes 1960** begann im Familienrecht ein Prozess der Stärkung des Gedankens des Kindeswohls. Durch die

---

31 LGBl für Wien 1976/27.

32 BG über die Beschäftigung von Kindern und Jugendlichen, BGBl 1948 Stück 33 Nr. 146.

33 Wiener Landesgesetz über die Hilfe für Behinderte LGBl 1966/22.

Adoption[34] wurde nun ein echtes Kindschaftsverhältnis hergestellt, Mütter mussten nun auch der Adoption zustimmen (vorher lag dieses Recht allein beim Vater). 1967[35] wurden die vormundschaftsrechtlichen Bestimmungen erneuert und bei der Bestellung eines Vormundes auf das Kindeswohl stärker eingegangen (statt der Einhaltung starrer patriarchaler gesetzlicher Rangordnungen) und die **Mitvormundschaft** für Frauen beseitigt (bis dahin konnten Frauen nicht alleine die Vormundschaft übernehmen, es wurde ihnen ein männlicher Mitvormund zur Seite gestellt). 1970 wurden **uneheliche Kinder** in Unterhaltsfragen[36] gleichgestellt und die Bestimmung beseitigt, dass uneheliche Kinder nicht die gleichen Rechte besitzen (§ 155 ABGB alt). Die **Volljährigkeit**[37] wurde 1973 von 21 auf 19 herabgesetzt. 1975 kam es endlich zu einer **Demokratisierung**[38] der Familie, so wurde § 91 ABGB alt gestrichen, welcher bis dahin den Mann als Oberhaupt der Familie vorsah. Nun konnten auch Mütter Lehrverträge u. ä. unterschreiben. Mit dem **Unterhaltsvorschussgesetz** 1979[39] gewährte der Staat einen Vorschuss, wenn säumige Elternteile ihrer Unterhaltspflicht nicht nachkamen. 1977 kam es zu einer weitreichenden Neuordnung des Familienrechtes (BG über die Neuordnung des Kindschaftsrechtes)[40], insbesondere wurde als zentraler Maßstab das **Kindeswohl** (§ 178a ABGB alt) eingeführt. Kinder wurden immer mehr als Rechtssubjekte mit eigenen Rechten wahrgenommen und nicht bloß als Objekte der Erziehung durch die Eltern. 1978 wurde das Eherecht[41] modernisiert, zudem wurde 1975 der Schwangerschaftsabbruch unter bestimmten Voraussetzungen straffrei gestellt (Fristenlösung).

Die Entmündigung wurde 1978 durch die modernere **Sachwalterschaft** ersetzt. Jene Regelungen der Entmündigungsordnung 1916, welche die Anhaltung in der Psychiatrie beinhalteten, blieben allerdings noch bis zum Unterbringungsgesetz 1991 weiter in Kraft. Die **Sterilisierung** von Min-

34 BG Neuordnung des Rechtes der Annahme an Kindestatt, BGBl 1960/58.

35 BGBl 1967/122.

36 BG über die Neuordnung der Rechtsstellung des unehelichen Kindes, BGBl 1970/342.

37 BG, mit dem Bestimmungen über die Geschäftsfähigkeit und die Ehemündigkeit geändert werden, BGBl 1973/108.

38 BG über die Neuordnung der persönlichen Rechtswirkungen der Ehe, BGBl 1975/412.

39 Unterhaltsvorschussgesetz 1976, BGBl 1976/250.

40 BG über die Neuordnung des Kindschaftsrechts, BGBl 1977/403.

41 BG über eine Änderung des Ehegesetzes, BGBl 1978/303.

derjährigen wurde erst 2001[42] gänzlich untersagt sowie die Sachwalterschaft für Minderjährige beseitigt.

3.2 *Obsorge, Gewaltschutz*

1987 wurde ein Eilverfahren zur Erlangung eines vorläufigen Unterhaltes eingeführt. 1989 wurden uneheliche Kinder erbrechtlich[43] gleichgestellt und das Institut der **Obsorge**[44] (früher: väterliche Gewalt, elterliche Rechte und Pflichten) eingeführt. Das erste **Gewaltschutzgesetz** 1987[45] gegen Gewalt in Familien führte zu einem Paradigmenwechsel: Nicht die Opfer, sondern der Täter musste nun bei Gewalt die Wohnung verlassen. Polizei und Gerichte konnten nun in einem Eilverfahren Wegweisungen und einstweilige Verfügungen aussprechen. 2011 erhielt die KJH zum Schutz der Kinder ein subsidiäres Antragsrecht im Namen der Kinder, falls deren gesetzliche Vertreter die Einstweilige Verfügung nicht selbst beantragten. Zudem wurde eine eigene Schadenersatzbestimmung wegen Verletzung der geschlechtlichen Selbstbestimmung festgelegt (§ 1328 ABGB).

3.3 *Das wichtige Jahr 1989*

3.3.1 *Kinderschutz – JWG 1989*

Das **Jugendwohlfahrtsgesetz 1989** (JWG 89) sowie die Ausführungsgesetze der Länder stellen in vielerlei Hinsicht einen Paradigmenwechsel im Kinderschutz dar. Das noch obrigkeitsstaatlich geprägte JWG 1954 wurde durch ein neues, bürger- und serviceorientiertes Gesetz ersetzt: Die KJH sollte nun primär Kinder und Familien unterstützen, ihnen präventiv Hilfen (Soziale Dienste) anbieten und mit den Eltern zusammenarbeiten. Das Gesetz war geprägt vom Grundsatz des gelindesten Eingriffes in die Familiensphäre. Unter anderem wurden die fachlichen Standards und die Aus-

[42] Kindschaftsrechts-Änderungsgesetz 2001 (KindRÄG 2001), BGBl I 2000/135.

[43] BG über die Gleichstellung des unehelichen Kindes im Erbrecht und die Sicherung der Ehewohnung für den überlebenden Ehegatten (Erbrechtsänderungsgesetz 1989), BGBl 1989/656.

[44] Kindschaftsrechts-ÄnderungsG, BGBl 1989/162.

[45] BG zum Schutz vor Gewalt in der Familie, BGBl 1996/759 idF BGBl I 2009/40 (2. Gewaltschutzgesetz).

bildung des Personals erhöht sowie eine spezifische psychosoziale Verschwiegenheitspflicht geschaffen. Erstmals wurde jede Form von körperlicher und seelischer Gewalt gegen Kinder verboten, wobei Österreich im internationalen Vergleich ein strenges Gewaltverbot festlegte. Geschlossene Einrichtungen waren ab 1989 in der KJH nicht mehr erlaubt (hier übernahm Österreich eine Vorreiterfunktion). Die Amtsvormundschaft für uneheliche Kinder wurde beseitigt. Bis 1989 hatte mit Geburt automatisch das Jugendamt die Obsorge für diese inne, nicht verheiratete Mütter standen bis dahin unter dem Generalverdacht, ihre Kinder nicht erziehen zu können. Die zentralen Kinderschutzinstrumente wurden modernisiert: Die Gefahr-in-Verzug-Maßnahme wurde aus dem JWG 1954 ins ABGB überführt (§215 ABGB alt) und der KJH ein umfassendes Recht (bzw. Pflicht) eingeräumt, Sofortmaßnahmen zu treffen. Zudem war diese nun verpflichtet, zum Wohle des Kindes gegebenenfalls im gesamten Bereich der Obsorge Verfügungen bei Gericht zu beantragen. Als ambulante Kinderschutzmaßnahme wurde die Unterstützung der Erziehung eingeführt und für Betreuungen außerhalb der Familie die Volle Erziehung. Erziehungshilfen konnten mit Zustimmung der Eltern zustande kommen (freiwillige Erziehungshilfen) oder mit Entscheidung des Gerichtes (Erziehungshilfen gegen den Willen der Erziehungsberechtigten). Weiters wurden das Pflegekinderwesen, die Betreuung in sozialpädagogischen Einrichtungen sowie die nationale wie internationale Adoption geregelt.

3.3.2 Die Kinderrechtekonvention der Vereinten Nationen

Das **Haager Abkommen zur Vormundschaft** 1902[46] sowie das **Abkommen zur Bekämpfung des Mädchenhandels** 1910[47] stellen frühe internationale Kinderschutzabkommen dar. Erste Ansätze zur Festlegung von Kinderrechten lieferte der Kinderschutzkongress in Brüssel 1913. Die **Genfer Erklärung des Völkerbundes** 1914 nahm erste Leitlinien zum Kinderschutz auf. Als frühe Vorkämpferin gilt die Gründerin des britischen „Save the Children Fund", Eglantyne Jebb. Später postulierte Janusz Korczak die Selbstständigkeit von Kindern und das Recht der Kinder auf

[46] Vollzugsanweisung der Staatsregierung, betreffend das Inkrafttreten gewisser internationaler Kollektivverträge, 1929/304.

[47] Internationales Übereinkommen zur Bekämpfung des Mädchenhandels, RGBl 1913/26.

Mitbestimmung (Neuwirth, 2017, S. 338–339). 1919 verabschiedete die Internationale Arbeitsorganisation (ILO) ein Abkommen zum Verbot der Kinderarbeit[48] unter 14 Jahren. 1959 veröffentlichten die Vereinten Nationen die Erklärung der Rechte des Kindes, welche allerdings noch kaum verbindlich war. 1989 wurde schließlich die **Kinderrechtekonvention** der Vereinten Nationen von der Vollversammlung angenommen (von Österreich 1992 ratifiziert[49]), welche Kindern und Jugendlichen eigenständige politische, soziale, ökonomische, kulturelle und bürgerliche Rechte zuerkannte. In der Folge wurden u. a. in den Bundesländern weisungsfreie Kinder- und Jugendanwaltschaften errichtet, welche mit einer Berichtspflicht gegenüber den Landesparlamenten bzw. den Landesregierungen ausgestattet wurden. 2011 erhob Österreich mit dem **B-VG über die Rechte des Kindes** wichtige Kinderrechte in die Verfassung[50]. Seither steht das Kindeswohl in Verfassungsrang und ist vorrangig zu behandeln, Kinder mit Behinderung stehen unter einem besonderen Schutz.

3.3.3 Das Gewaltverbot in der Erziehung

Das ABGB 1811 stärkte zwar die Rechtsstellung des Kindes im Sinne des Naturrechtes erheblich, es enthielt jedoch explizit ein elterliches Züchtigungsrecht (§ 145 alt). Allerdings mussten die Eltern (insbesondere der Vater) bei Missbrauch der elterlichen Gewalt mit Konsequenzen rechnen, es konnte ihm diese entzogen werden (gemäß § 178 alt), zudem konnten strafrechtliche Konsequenzen drohen. Zwar wurde das Züchtigungsrecht der Eltern 1977 aus dem ABGB entfernt, dennoch wurde weiterhin die Ansicht vertreten, dass ungehorsame Kinder in wohlverstandener pädagogischer Absicht in angemessener Weise gezüchtigt werden durften. Erst 1989 führte Österreich als viertes Land der Welt (nach Schweden 1979, Finnland 1983 und Norwegen 1987) ein strenges Gewaltverbot in der Erziehung ein (§ 146a ABGB alt, § 2 JWG 1989). Schon 1974 wurde die Züchtigung im Schulunterrichtsgesetz verboten, 1982 im Kinder- und Jugendbeschäftigungsgesetz.

---

[48] ILO, Abkommen Nr. 5 über das Mindestalter für die Zulassung von Kindern zur gewerblichen Arbeit vom 1.10.1919.

[49] BGBl 1993/7.

[50] B-VG über die Rechte von Kindern BGBl 2011/4.

4 Weitere Entwicklungen

Mit der Einführung der **Diversion** mit dem neuen Jugendgerichtsgesetz 1988 gelang auch eine Modernisierung des Jugendstrafrechts. Statt bloß zu strafen, konnte nun das Jugendgericht auch sozialpädagogisch reagieren: mit einem außergerichtliche Tatausgleich, mit Schadenswiedergutmachung, mit gemeinnützigen Arbeiten, mit Probezeiten oder Geldbußen. 1999 wurde die Diversion im Wesentlichen auch für Erwachsene übernommen. Seit 1993 werden Kinder und Opfer von Sexualdelikten im Strafverfahren in **schonender Weise** einvernommen (z. B. über Video) und nicht mehr in der Gegenwart des Täters. In der Folgezeit wurde das Opferschutzrecht nur langsam weiterentwickelt, bis mit der Strafprozessreform 2004 die Opferrechte wesentlich verbessert wurden, insbesondere durch die psychosoziale und juristische Prozessbegleitung.

Mit dem **Unterbringungsgesetz 1991** wurden strenge Regelungen für die zwangsweise Aufnahme (Selbst- und Fremdgefährdung, keine gelindere Behandlungsalternative) und die Rahmenbedingungen der Anhaltung in der Psychiatrie sowie dic gerichtliche Kontrolle und die Vertretung der Patienten durch die Patientenanwaltschaft geschaffen (bereits 1956 wurden im Krankenanstaltengesetz (KAG) die Anhaltebestimmungen der Entmündigungsordnung von 1916 ergänzt).

Aus Opferschutzerwägungen und zum Schutz der Verschwiegenheitspflicht entfiel 1993 die strafrechtliche **Anzeigepflicht**[51] der KJH bei Kindesmisshandlung. Dieses Opferschutzprinzip wurde 1998 auch im Ärztegesetz verankert, obwohl es dort 2001 in Teilbereichen wieder zurückgenommen wurde. Der medizinische Kinderschutz wurde 2004 mit der verpflichtenden Einrichtung von **Kinderschutzgruppen**[52] in Krankenhäusern wesentlich ausgebaut.

Mit dem Suchtmittelgesetz 1997 wurde der Grundsatz **Therapie statt Strafe** im Suchtmittelrecht wesentlich ausgebaut. Zwar fand sich dieser

---

[51] Strafprozessrechtsänderungsgesetz 1993 – StPRÄG 1993, BGBl 1993/526.

[52] BG, mit dem das Arzneimittelgesetz, das Bundesgesetz über Krankenanstalten und Kuranstalten, das Arzneiwareneinfuhrgesetz 2002 und das Bundesgesetz über die Errichtung eines Fonds „Österreichisches Bundesinstitut für Gesundheitswesen" geändert werden, BGBl 2004/35.

Ansatz schon seit 1971[53] im früheren Suchtgiftgesetz, nun wurde das Behandlungsspektrum differenziert und erweitert und die gesundheitsbezogenen Maßnahmen auch außerhalb der Justiz ausgebaut.

Mit einer Novelle zum ABGB wurden 2001 die **Rechte von Kindern**[54] erweitert, die Volljährigkeit auf 18 herabgesetzt, der Wille des Kindes gestärkt und 14-Jährigen Entscheidungsbefugnisse in medizinischen Fragen sowie die Verfahrensfähigkeit im Obsorgeverfahren zuerkannt. Für nicht verheiratete Eltern wurde die **gemeinsame Obsorge** ermöglicht und die Rechte der Nichtobsorgeberechtigten erweitert. 2009 kam es zu ersten zaghaften Ansätzen, Patchworkfamilien rechtlich zu erfassen, weiters wurde der **Kinderbeistand** zur Unterstützung von Kindern in belastenden Obsorgeverfahren eingeführt. 2013 wurde das Obsorgeverfahren weiter verbessert, insbesondere durch die Schaffung der **Familiengerichtshilfe** als Hilfsorgan der Pflegschaftsgerichte.

Um Kinderweglegungen bzw. Kindestötungen zu verhindern, wurden 2001 die **anonyme Geburt**[55] und die Einrichtung von Babyklappen in Krankenhäusern ermöglicht. § 197 StGB alt[56], der das Verlassen eines/einer Unmündigen unter gerichtliche Strafe stellte, wurde aufgehoben.

Ausgehend von europarechtlichen Vorgaben[57] schlossen 2004 der Bund und die Länder die Art. 15a B-VG **Grundversorgungsvereinbarung**[58] ab, welche Asylsuchenden endlich eine Mindestabsicherung (Wohnmöglichkeit, Verpflegung, Krankenversicherung) sicherstellte und Betreuungsstandards für unbegleitete minderjährige Flüchtlinge festlegte.

2007 wurde das **Wahlrecht** für Jugendliche ab 16 eingeführt, seither dürfen diese bei Nationalrats-, Bundespräsidenten- und Wahlen zum europäischen Parlament wählen (einige Bundesländer hatten dieses Wahlrecht für Jugendliche auf Landtags- und Gemeindeebene schon früher eingeführt, wie z. B. Wien 2003).

---

53 Novelle zum Suchtgiftgesetz 1971, BGBl 1971/271 (siehe auch die Novellen zum Suchtgiftgesetz 1980 und 1985).

54 Kindschaftsrechts-Änderungsgesetz 2001 (KindRÄG 2001), BGBl I 2000/135.

55 BGBl 2019/14; siehe auch Erlass des BMJ zur anonymen Geburt und zum Babynest, JMZ 4.600/42-I.1/2001.

56 BGBl.I Nr. 19/2001 (Änderung § 197 StGB).

57 Richtlinie 2003/9/EG des Rates vom 27. Jänner 2003 zur Festlegung von Mindestnormen für die Aufnahme von Asylwerbern in den Mitgliedstaaten.

58 Grundversorgungsvereinbarung, Art. 15a B-VG, BGBl 2004/80.

4.1 Bundes-Kinder- und Jugendhilfegesetz 2013 (B-KJHG 2013)

Mit dem B-KJHG 2013, welches im Wesentlichen den Bestand des JWG 1989 übernahm und dieses modernisierte, wurden die Kinderrechte stärker betont (stärkere Beteiligungsrechte der Kinder und Jugendlichen, aber auch der Eltern) und das Abklärungsverfahren, die fachliche Dokumentation, die Verschwiegenheit, die Einsichtsrechte sowie die Meldepflichten im Kinderschutz näher geregelt. Zudem erhielt die KJH unter bestimmten Voraussetzungen Einsichtsrechte ins Strafregister bzw. in die Sexualtäterdatei. Generell wurde ein stärkeres Augenmerk auf fachliche Standards gelegt, wie z. B. auf das Vier-Augen-Prinzip. Weiters wurde die Kooperationsnotwendigkeit der KJH mit Systempartnern besonders hervorgehoben.

4.2 Verfassungsnovelle 2019

Bei der Kinder- und Jugendhilfe handelte es sich seit dem B-VG 1920 um eine Materie nach Art. 12 B-VG. Den Bundesländern kam zwar sowohl die Gesetzgebung als auch die Vollziehung in der KJH zu, der Bund konnte jedoch, wie eingangs dargestellt, ein Grundsatzgesetz erlassen und somit Rahmenbedingungen festlegen, an welche sich die Landesparlamente bei der Gestaltung ihrer Landes-Kinder- und Jugendhilfegesetze zu halten hatten. Art. 12 B-VG bietet somit die Möglichkeit, die Stärken des Föderalismus zu nutzen (regionale Nähe, BürgerInnennähe, mehr Demokratie etc.) und dessen Schwächen, v. a. die Uneinheitlichkeit der Rechtslage, auszugleichen. Überraschend wurde 2019 die Grundsatzgesetzgebungskompetenz des Bundes in Angelegenheiten der Kinder- und Jugendhilfe beseitigt. Seither ist die Kinder- und Jugendhilfe allein Aufgabe der Länder und der Bund kann keine einheitlichen Rahmenbedingungen mehr vorgeben. Aufgrund heftiger Kritik, welche eine Auseinanderentwicklung des Kinder- und Jugendhilferechtes und ein Dumping der Qualitätsstandards befürchtete, schlossen die Länder eilig unter Einbeziehung des Bundes einen Staatsvertrag nach **Art. 15a B-VG über die Kinder- und Jugendhilfe**[59] ab, welcher sämtliche Standards des B-KJHG 2013 mit hoher Bestandskraft

[59] Vereinbarung gemäß Artikel 15a B-VG über die Kinder- und Jugendhilfe, BGBl 2019/149.

festschrieb und die Länder verpflichtete, gemeinsam und in abgestimmter Weise das Recht der Kinder- und Jugendhilfe weiterzuentwickeln.

Literaturverzeichnis

Ent, H. (1997). *Österreichisches Familienrecht – Fünf Jahrzehnte Reform.* Beitrag zur Festschrift „50 Jahre Fachverband der österreichischen Standesbeamten", S. 1–16.

Helige, B., John, M., Schmucker, H., Wörgötter, G. u. Wisinger, M. (2013). *Endbericht Kommission Wilhelminenberg, Forschungsbericht im Auftrag der Stadt Wien.* Wien: Institut für Rechts- und Kriminalsoziologie.

Magistrat der Stadt Wien (Hrsg.) (1933). *Das Jugendamt der Stadt Wien.* Verlag der Magistratsabteilung 7.

Neuwirth, K. (2017). Die österreichischen Kinderschutzkongresse der Jahre 1907 und 1913 und ihr Einfluss auf die Jugendwohlfahrtsgesetzgebung nach Ende der Monarchie. *Österreichisches Archiv für Recht und Religion,* (1–2), 338–349.

Raab-Steiner, E. u. Wolfgruber, G. (2014). *Wiener Pflegekinder in der Nachkriegszeit (1955–1970), Forschungsbericht im Auftrag der Stadt Wein.* Wien: facultas.wuv.

Ralser, M., Bischoff, N., Jost, C. u. Leitner, U. (2015). *Das System der Fürsorgeerziehung, Forschungsbericht erstellt im Auftrag der Länder Tirol und Vorarlberg.* Innsbruck: Universität für Erziehungswissenschaft, Leopold-Franzens-Universität Innsbruck.

Rudolf, C. u. Benetka, G. (2007). Zur Geschichte des Wiener Jugendamtes. In: E. Berger (Hrsg), *Verfolgte Kindheit, Kinder und Jugendliche als Opfer der NS-Sozialverwaltung.* Wien, Köln, Weimar: Böhlau.

Sieder, R. u. Smioski, A. (2012). *Der Kindheit beraubt. Gewalt in den Erziehungsheimen der Stadt Wien, Forschungsbericht im Auftrag der Stadt Wien.* Innsbruck: Studienverlag.

Schreiber, H. (2010). *Im Rahmen der Ordnung.* Innsbruck: Studienverlag.

Winkler, M. (2001). Heimerziehung, Hilfen zur Erziehung – Wien. In: G. Knapp u. J. Scheipl (Hrsg.), *Jugendwohlfahrt in Bewegung.* S. 148–186, Mohorjeva: Hermagoras.

Wolfgruber, G. (2013). *Von der Fürsorge zur Sozialarbeit, Wiener Jugendwohlfahrt im 20. Jahrhundert* (Schriftenreihe zur Geschichte der Sozialarbeit und Sozialarbeitsforschung Band 5). Wien: Löcker.

X Der mühsame Weg bis zum Beschluss des ersten österreichischen Jugendwohlfahrtsgesetzes

Helga Neuninger

Der folgende Beitrag beruht auf der Dissertation „Der lange Weg zum ersten Jugendwohlfahrtsgesetz in Österreich". Dieses Gesetz wurde im April 1954 nach jahrzehntelangem Ringen um Inhalt und Finanzierung auf Drängen der alliierten Besatzungsmächte fertiggestellt und beschlossen.

Solange in der Monarchie die Liberalen regierten, wurden für den Kinderschutz so gut wie keine Gesetze erlassen; die steigende Anzahl der verwahrlosten Kinder und Jugendlichen wurde zunehmend zu einem gesellschaftlichen Problem. Ihr Augenmerk lag mehr auf der Förderung der Wirtschaft und der Füllung der leeren Staatskassen. Erst als die Erhebungen zum Ersten Kinderschutzkongress vorlagen, sah man, dass dringend etwas gegen die Verwahrlosung und die Ausbeutung der Kinder und Jugendlichen getan werden musste. Obwohl sich viele Privatpersonen und vor allem private und kirchliche Vereine um solche Kinder kümmerten, war es doch noch immer zu wenig. Auch die Jugendgerichtsbarkeit musste geändert werden, denn Kinder und Jugendliche wurden bis dahin wie Erwachsene be- und verurteilt. Für den Aufbau der Jugendämter, die man für den Kinderschutz benötigte, war die Einführung der Berufsvormundschaft Voraussetzung. Deshalb wurde sie 1916 gesetzlich geregelt. Die Vorarbeiten für das Jugendwohlfahrtsgesetz waren schwierig, weil das Gesetz einerseits so umfassend wie möglich werden sollte, andererseits durften die Kosten nicht zu hoch sein. Die Entwürfe wurden immer wieder geändert und verworfen, weil niemand für die Folgekosten aufkommen wollte.

Während des Zweiten Weltkrieges galt das deutsche Jugendwohlfahrtsgesetz, erst nach dem Krieg kam es endlich zum Beschluss eines österreichischen Gesetzes.

1 Politik, Wirtschaft und Kinderschutz

In der zweiten Hälfte des 19. Jahrhunderts nahm die Zahl der verwahrlosten Kinder zu. Einerseits verwahrlosten sie, weil der Staat sie nicht durch Gesetze davor schützte, andererseits weil die Eltern sich wegen deren Berufstätigkeit nicht um ihre Kinder kümmern konnten. Es fehlten entsprechende Einrichtungen vor allem für Schulkinder und Jugendliche, in denen sie beaufsichtigt werden konnten (Neuninger, 2011, S. 71).

1.1 Politik und Wirtschaft

Zwischen 1859 und 1878 gab es aufgrund des Wirtschaftsliberalismus und der Machtübernahme durch die Liberalen einen wirtschaftlichen Aufschwung. Die Regierung kümmerte sich vorrangig um die Lösung aktueller Probleme, z. B. um den Abbau der österreichischen Schutzzölle für den Außenhandel, sie mischte sich jedoch nicht in wirtschaftliche Angelegenheiten direkt ein. Die Probleme des Armenwesens und der Jugendwohlfahrt wurden beiseitegeschoben, man setzte nur die notwendigsten Maßnahmen (Feldbauer, 1980, S. 119–120).

Ein weiterer Grund, auf sozialpolitischem Gebiet nichts zu unternehmen, war die leere Staatskasse. Dazu kam 1863 eine schwere Wirtschaftskrise als Folge des amerikanischen Bürgerkrieges. Es wurde wesentlich weniger Baumwolle geliefert, deshalb wurden Menschen, die in der Baumwollindustrie arbeiteten, arbeitslos. Außerdem gab es 1863 und 1864 sehr schlechte Ernten, die Bauern hatten dadurch kaum Einkommen. Die Sparpolitik, die die Regierung eingeschlagen hatte, verschärfte die Situation zusätzlich (Sandgruber, 2005, S. 243–244).

Ab 1867 wurden die Ernten wieder besser, durch den Verkauf der Überschüsse wurde die Konjunktur angeregt, es konnte investiert und Produktionen konnten ausgeweitet werden. 1873 kam der nächste Zusammenbruch der Wirtschaft. Es gab einen Kurssturz an der Wiener Börse, eine Missernte, eine Choleraepidemie und die Weltausstellung in Wien war wegen Dauerregens schlecht besucht. Die Schuld am Zusammenbruch schob man den Liberalen zu, sie wurden von einer konservativen Regierung abgelöst. Dieser Regierungswechsel bewirkte noch im selben Jahr einen Wendepunkt in der Sozial- und Wirtschaftspolitik. Es entstanden Massenparteien, die drei Lager bildeten, dazu kamen Interessenvertretungen der UnternehmerInnen und der ArbeiterInnen, weiters wurden Sozialversicherungen und das Amt der Gewerbeinspektoren geschaffen (Sandgruber, 2005, S. 246–251).

In Österreich gab es aber auch soziale Bestrebungen von Personen, die sahen, wie sehr die ArbeiterInnen ausgebeutet wurden. Eine dieser Personen war der Deutsche Carl Freiherr von Vogelsang. Er verlangte nicht nur eine bessere Behandlung der ArbeiterInnen, sondern eine Gesamtlösung der sozialen Frage. Die Arbeitenden sollten vom Arbeitnehmer zum Partner werden (Brusatti, Haas u. Pollak, 1962, S. 30–31). Auch einige andere vorwiegend aus dem Adel stammende Männer arbeiteten an diesem Modell mit. Sie konnten sich aber mit ihren Ideen einer Harmonisierung der Klassengegensätze und einer Bejahung des Privateigentums als politische Partei nicht durchsetzen. Erst als sich 1888 Dr. Karl Lueger der Bewegung anschloss, hatte die Partei bei den Wahlen Erfolg (Vocelka, 2002, S. 242–244).

Als die Liberalen 1879 gestürzt wurden, bildete sich eine politische Gruppe, die vorher Gegenspieler der Liberalen war. Dazu gehörten die Deutsch-Klerikalen, die Konservativen und die Vertreter der slawischen Nationalitäten. Eduard Graf Taaffe bildete mit diesen Gruppen eine Regierung, die von 1879 bis 1893 an der Macht blieb. Diese konservative Regierung realisierte eine patriarchalisch motivierte Sozialgesetzgebung. Sie vertrat in erster Linie das Kleingewerbe und den bäuerlichen Mittelstand (Vocelka, 2002, S. 247–248). Die von Vogelsang geforderten Sozialgesetze wie Arbeitszeitbegrenzung, Sonntagsruhe, Unfall- und Krankenversicherung und das Genossenschaftsgesetz wurden unter Taaffe trotz des Widerstandes der Liberalen umgesetzt. Das war die Basis der österreichischen Sozialgesetzgebung (Vocelka, 2002, S. 247). Nachdem 1907 die Christlichsozialen unter Lueger nach der Wahlreform die stärkste Partei wurden, trat der soziale Gedanke in den Hintergrund. Sie vertraten nun mehr die Interessen der Wirtschaftstreibenden und der Bauern (Vocelka, 2002, S. 243–244).

1.2 Schutz vor Verwahrlosung

Durch die Ausweitung der Industrialisierung in Österreich in der zweiten Hälfte des 19. Jahrhunderts arbeiteten immer mehr Menschen außer Haus, auch viele Frauen, die Kinder hatten. Während der Arbeitszeit waren diese Kinder und Jugendlichen ohne Aufsicht, deshalb verwahrlosten sie oft. Der Staat reagierte darauf weder mit entsprechenden Gesetzen noch mit dem Bau von Einrichtungen, in denen diese Kinder betreut werden konnten. Er fühlte sich nur für die Errichtung von Besserungsanstalten für bereits kriminelle Jugendliche zuständig (Neuninger, 2011, S. 91).

Da die Regierung kein Geld für den Schutz der Kinder und Jugendlichen ausgeben konnte oder wollte, gründeten verschiedene Personen Vereine, die dafür sorgten, dass so viele Schutzbedürftige wie möglich in den von ihnen geschaffenen Einrichtungen versorgt werden konnten. Es gab zwar bereits Findelhäuser und Waisenheime für verlassene Kinder, aber der Bedarf an Kinderkrippen für Säuglinge und Kleinkinder, an Bewahranstalten für Kinder von drei bis sechs Jahren, an Horten und Tagesheimen für Schulkinder sowie Einrichtungen für schulentlassene Jugendliche war sehr groß. Wichtig waren auch sogenannte Rettungshäuser, in denen verwahrloste Kinder und Jugendliche wieder auf den richtigen Weg gebracht werden sollten (Neuninger, 2011, S. 115).

Es gab Vereine, die sich vor allem der Säuglinge und deren Mütter annahmen. Sie stellten Milch zur Verfügung, berieten die Frauen in Fragen der Säuglingsbetreuung und -ernährung, manche errichteten auch Stillkrippen und für größere Kinder Bewahranstalten (Goldbaum, 1912, S. 343). Jene Vereine, die sich der Schulkinder und Jugendlichen annahmen, errichteten Horte, Tagesheime, Heime für verwahrloste und misshandelte Kinder und Jugendliche sowie Erholungsheime für kranke und schwächliche Kinder und Jugendliche. Sie sorgten auch für Lehrlingsheime, wenn Jugendliche nicht in ihrem Heimatort einen Beruf erlernen konnten (Trauttmansdorff-Weinsberg, 1909, S. 10–12). Weiters gab es Mädchenschutzvereine, die sich vor allem um weibliche Jugendliche kümmerten, die in die Stadt kamen, um hier zu arbeiten, oder auch um Mädchen, die ins Ausland zur Prostitution verschleppt worden waren (Suchanek, 1924, S. 215).

Eine dieser Personen, die einen Verein gründeten, um misshandelte und verwahrloste Kinder zu schützen, war Lydia von Wolfring-Meran. Sie kam

1899 aus Polen mit dem Vorsatz nach Österreich, der Gesellschaft zu zeigen, dass es auch hier Missstände in der Behandlung von Kindern und Jugendlichen gab und um mithilfe eines Vereines, den sie nach ihren Vorstellungen gründete, so vielen Kindern wie möglich zu helfen. Mit ihren Büchern und Vorträgen versuchte sie die Menschen aufzurütteln und sie dazu zu bringen, nicht wegzuschauen, wenn einem Kind Unrecht geschah (Radner u. Seeber, 2007, S. 10–12).

Wolfring wollte aber nicht nur karitativ tätig sein, sondern sie forderte im Sinne einer Strukturreform immer wieder Gesetze, die die Kinder besser vor Verwahrlosung und Misshandlung schützen sollten. Sie überzeugte viele andere Personen, sich für den Kinderschutz einzusetzen. Um sich zu informieren, besuchte sie ausländische Behörden und Kongresse und regte an, auch in Österreich einen Kinderschutzkongress abzuhalten, bei dem sie dann als eine der Vizepräsident/inn/en fungierte (Hainisch, 1910, S. 7).

2 Der Erste Kinderschutzkongress 1907 und seine Ergebnisse

Während man in mehreren europäischen Staaten bereits Anfang des 20. Jahrhunderts an Gesetzen für den Kinder- und Jugendschutz arbeitete, erkannte man in Österreich erst jetzt, dass es höchste Zeit sei, etwas gegen die Missstände, die sehr viele Kinder betrafen, zu unternehmen. Man versuchte zwar, das Fürsorgewesen für Kinder und Jugendliche zu regeln, aber man konnte sich nicht dazu entschließen, bessere Gesetze für ihren Schutz auszuarbeiten (Herzfelder, 1907, S. 4–5).

Anfang des 20. Jahrhunderts überlegte man, in Wien einen Kinderschutzkongress abzuhalten. Es gab immer mehr Interessierte und die Themen, die behandelt werden sollten, wurden immer deutlicher (Ursachen, Erscheinungsformen, Ausbreitung der Verwahrlosung in Österreich, 1907, S. V). Man benötigte ausreichende Informationen für den Kongress, deshalb wurden in allen Kronländern Erhebungen durchgeführt, um die Situation der Kinder und Jugendlichen im gesamten Staatsgebiet zu erfassen. Die ausgefüllten Fragebögen wurden im jeweiligen Kronland ausgewertet und die Ergebnisse nach Wien geschickt. Diese Erhebungen waren die Basis für die Diskussionen auf dem Kongress (Gutachten des Ersten Österreichischen

Kinderschutzkongresses in Wien, 1907, S. V; im Folgenden: Gutachten, 1907).

Durch den Kongress, meinte Justizminister Klein, wolle man einerseits den Gedanken des Jugendschutzes verbreiten und letzte Zweifel an der Notwendigkeit eines Kinderschutzgesetzes ausräumen, andererseits wolle man mittels der gewonnenen Erkenntnisse die Vorbereitung auf das Gesetz beeinflussen. Wichtig waren nicht nur der Kinderschutz und die Fürsorge für die Kinder, sondern auch die Verbesserung der Strafgesetze für Jugendliche und die Errichtung von Erziehungsanstalten. Vor allem wollte man erfahren, welche Maßnahmen am dringendsten waren und wie man am besten gegen die Jugendverwahrlosung vorgehen könne (Protokoll des Ersten Österreichischen Kinderschutzkongresses, 1907, S. 10–12; im Folgenden: Protokoll, 1907).

Die drei Grundthemen, die auf dem in Wien tagenden Kongress behandelt wurden, waren der Kinderschutz, die Fürsorgeerziehung und die Jugendgerichtsbarkeit. Das Thema Kinderschutz wurde wegen seines Umfangs in mehrere Teilbereiche aufgeteilt, z. B. Pflegekinder, Übertragung von Vormundschaften an Personen und Einrichtungen, Errichtung von Pflegschaftsbehörden sowie die Gesundheit vor allem der Pflegekinder. Weiters beschäftigte man sich auch mit der körperlichen und moralischen Integrität der Kinder (Neuninger, 2011, S. 159).

Es wurde darüber beraten, ob Pflegeeltern für ein Pflegekind die Vormundschaft übernehmen sollten: Manche hatten Bedenken, dass dies ein Nachteil für das Kind sein könnte. Außerdem drängte man auch auf eine strengere Auswahl der Pflegeeltern, da die Kinder oft schlecht behandelt und ausgenutzt wurden. Auch die Gesundheit und die Erziehung der Pflegekinder sollten regelmäßig überprüft werden. Weiters ging es um die Übertragung von Vormundschaften an Vereine, Anstalten und Körperschaften. Da es meist schwer war, gute Vormünder für Kinder zu finden, entschied man sich, dass Vereine, die für ein Kind sorgten, auch die Vormundschaft übernehmen sollten, weil Eltern das Kind oft, wenn es alt genug war, erwerbstätig zu werden, wieder zurückhaben wollten (Gutachten, 1907, S. 1–48).

In einer weiteren Frage ging es auch um die Einführung von Vormundschaftsräten, die eine Vermittlerrolle zwischen Gericht und Mündel innehaben sollten. Außerdem machten Vormundschaftsräte Gerichte darauf aufmerksam, dass Kinder, wenn sie den Eltern abgenommen werden sollten, einen Vormund benötigten. Mit solchen Maßnahmen waren viele Kongressteilnehmer einverstanden (Protokoll, 1907, S. 79–98).

Der nächste Punkt behandelte die Gesundheit sowie die körperliche und moralische Integrität der Kinder. Es wurde darüber diskutiert, ab wann eine Bestrafung des Kindes zu weit ging und als Misshandlung bezeichnet werden musste, und ob die Gesetze dafür verschärft werden sollten. Außerdem wurde nicht nur die körperliche Züchtigung, sondern auch die Vernachlässigung von Kindern besprochen. Die Diskutanten waren sich in diesem Bereich nicht einig, wie am besten vorzugehen wäre (Gutachten, 1907, S. 137–156).

In der fünften Frage ging es ebenfalls um die Gesundheit von Kindern. Man wollte etwas gegen die Säuglingssterblichkeit unternehmen, zusätzlich war eine ärztliche Überwachung der Kost- und Ziehkinder geplant, außerdem forderte man die Einführung von Schulärzten. Weiters wollte man den Bau von Kinder- und Säuglingskrankenhäusern forcieren (Gutachten, 1907, S. 157–184).

Die Kindesmisshandlung wurde ebenfalls nach einem Gutachten von Lydia von Wolfring behandelt. Man sprach über die Motive und was man machen könne, um zumindest die Zahl der Fälle zu verringern (Wolfring, 1907, S. 46–125). Es wurden verschiedene Vorschläge gemacht, z. B. eine Kindesabnahme. Da es sich in den meisten Fällen um uneheliche Kinder handelte, die nicht von Anfang an bei der Mutter aufwuchsen, wurde angeregt, dass man Mutter und Kind nie wirklich trennen sollte (Protokoll, 1907, S. 120–126).

Die letzte Kinderschutzfrage betraf noch einmal die Misshandlung, aber aus der Sicht der Gerichtsärzte. Diese meinten, dass in den meisten Fällen „nichts dahinter“ sei, dass dieses Thema vielmehr zu sehr aufgebauscht würde. Aber Dr. Schattenfroh, ein Arzt, meinte, dass es Methoden gebe, ein Kind zu töten, um einen natürlichen Tod vorzutäuschen, und ein Arzt, der diese Methoden nicht kenne, ließe sich dadurch täuschen (Protokoll, 1907, S. 129–130).

Das Gutachten über die Organisation der Fürsorgeerziehung stammte von Heinrich Reicher, einem Grazer Wissenschaftler und Politiker. Er war der Meinung, dass die geltenden Gesetze nicht ausreichten, um Kinder und

Jugendliche wirklich zu schützen. Sie berücksichtigten nicht, dass verwahrloste Minderjährige oft straffällig wurden und dass die Besserungsanstalten eigentlich keine Erziehungsanstalten im Sinne der Fürsorge seien (Protokoll, 1907, S. 135–136). Eine Ersatzerziehung sollte dann angewandt werden, wenn ein Kind oder Jugendlicher bereits Anzeichen von Verwahrlosung zeigt und dadurch eine Gefahr für sich oder andere sein könnte. Kommen die Eltern ihrer Erziehungsaufgabe nicht nach, so sollte der letzte Schritt die Kindesabnahme sein. Der Gutachter vertrat auch die Ansicht, dass man Fürsorgeerziehungsanstalten von den Besserungsanstalten trennen müsse, weil sie verschiedenen Zwecken dienten. Außerdem sollte die Erziehung der verwahrlosten Kinder auf Staatskosten geschehen (Gutachten, 1907, S. 230–239).

Reicher zählte drei Gründe auf, warum ein Kind Fürsorgeerziehung erhalten sollte: Missbrauch der elterlichen Gewalt bzw. Misshandlung, Anleitung zum Schlechten sowie totale Vernachlässigung der elterlichen Pflichten. Ferner sollte ein Kind dann eine Ersatzerziehung erhalten, wenn es aufgrund seines Verhaltens von der Schule verwiesen wurde, denn dann wäre der Unterricht auch in Zukunft gesichert. Ein weiterer Grund wäre, wenn das Kind straffällig geworden war. Das Thema „Fürsorgeerziehung" war sehr umfangreich und konnte deshalb nicht zur Gänze behandelt werden (Protokoll, 1907, S. 136–137).

Der letzte besprochene Punkt waren die Kosten für die Fürsorgeerziehung. Reicher meinte dazu, dass die Kosten umso höher wären, je niedriger das Kriterium für die Verwahrlosung liege. Einige meinten, dass es schwierig sein werde, das Geld für die Fürsorgeerziehung aufzubringen, denn weder der Staat noch die einzelnen Kronländer oder die Gemeinden hätten genug Mittel dafür. Außerdem wisse man noch nicht, wie hoch die Kosten sein würden, weil die Zahl der Kinder, die eine Ersatzerziehung benötigten, nicht bekannt sei (Protokoll, 1907, S. 210).

3 Wichtige Bereiche des Jugendschutzes

3.1 Das Jugendgerichtsgesetz

Auch das Jugendstrafrecht wurde auf dem Kinderschutzkongress besprochen. Es wurde zwar als Teil des Jugendschutzes gesehen, aber als eigenständiger Bereich behandelt, später gab es dafür auch einen eigenen Gesetzesvorschlag. Adolf Lenz, der das Gutachten für diesen Bereich schrieb, erklärte, was man unter Jugendstrafrecht verstehen sollte. Es ging darum, wieweit das normale Strafrecht gegenüber jugendlichen Delinquenten angewandt werden dürfe und ob es nicht andere Möglichkeiten der Strafen geben sollte. Er trat für Erziehung statt Strafe ein (Protokoll, 1907, S. 224).

Der erste Gesetzentwurf sah vor, entsprechende zusätzliche Paragrafen für das Jugendstrafrecht im Strafgesetzbuch bzw. in der Strafprozessordnung einzufügen. Das Herrenhaus war aber der Meinung, dass man die Änderungen in einem eigenen Jugendstrafgesetz zusammenfassen sollte. Der Entwurf des neuen Jugendstrafgesetzes wurde im Herbst 1907 dem Herrenhaus vorgelegt. Er konnte aber nicht begutachtet werden, da der Entwurf des Jugendfürsorgegesetzes, das die Voraussetzung für das Jugendstrafgesetz bildete, noch nicht ausgearbeitet war. Es mussten beide Gesetzesvorschläge vorliegen, um begutachtet und aufeinander abgestimmt werden zu können. Denn im Jugendfürsorgegesetz sollte festgelegt werden, wann und unter welchen Umständen ein Jugendlicher in eine Fürsorgeerziehungsanstalt einzuweisen war. Außerdem sollte mit diesem Gesetz beschlossen werden, wer für die Errichtung einer ausreichenden Anzahl von Fürsorgeerziehungsanstalten zuständig war und wer sie erhalten sollte (Baernreither, 1909, S. 197).

Nach einigen Änderungen des Entwurfs wurde das Jugendgerichtsgesetz, das die Art der Gerichtsverfahren gegen Jugendliche behandelte, im Jahr 1919 von der Nationalratsversammlung angenommen (Die gesetzliche Einführung von Jugendgerichten, 1919, S. 47–48). Eine Novelle zum Strafgesetz, die die Art und das Ausmaß der Bestrafung von Jugendlichen regelte, wurde 1921 vorgelegt. Es ging vor allem um die Hinaufsetzung des Alters, in dem ein Jugendlicher strafmündig wurde (Suchanek, 1926, S. 102). Nachdem weitere Änderungen und Verbesserungen erfolgt waren, wurde das Jugendgerichtsgesetz einschließlich des Strafgesetzes für Jugendliche 1928 beschlossen und trat mit 1. Jänner 1929 in Kraft. Es war noch immer nicht das Gesetz, das man sich wünschte, aber es bedeutete einen großen Fortschritt gegenüber der früheren Strafgesetzgebung (Das neue Jugendgerichtsgesetz 1928, S. 166).

3.2 Die Berufsvormundschaft

Da sich die Regierung mit dem Beschluss eines Fürsorgeerziehungsgesetzes bzw. eines Jugendschutzgesetzes Zeit ließ, behalfen sich viele Gemeinden damit, einer Amtsperson die Vormundschaft für mehrere Kinder zu übertragen. Auf dieser Grundlage konnte man im Ort einerseits die armen Kinder besser versorgen, andererseits war es die Basis für die Errichtung eines Jugendamtes. Diesem Beispiel folgten immer mehr Städte in Österreich.

Vor der Einführung der Berufsvormundschaft wurden für Kinder, die ihren Vater verloren hatten, nur Einzelvormünder bestimmt. Das galt auch für uneheliche Kinder und für jene, deren Eltern die elterliche Gewalt entzogen wurde. Anfang des 20. Jahrhunderts war diese Bestimmung veraltet und entsprach nicht mehr den Erfordernissen. Die Regierung versuchte dies durch Verordnungen zu verbessern (Neuninger, 2011, S. 257; Suchanek, 1924, S. 52–53).

In den Findelhäusern wurde schon 1822 die Generalvormundschaft (= Anstaltsvormundschaft) eingeführt, weil man eine Einzelvormundschaft für überflüssig hielt. Im Rahmen der Teilnovelle zum ABGB von 1916 wurden die Paragrafen 207 und 208, welche die Vormundschaft regelten, neu gefasst. Die Anstaltsvormundschaft wurde auf Zwangsarbeits- und Besserungsanstalten ausgedehnt. Auch in öffentlichen und privaten, aber staatlich genehmigten Fürsorgeerziehungsanstalten hatte der Leiter der Anstalt die Vormundschaft für die Kinder inne. Besaß ein Kind Vermögen, wurde ein Einzelvormund bestellt, der allerdings nur das Vermögen verwaltete. Andererseits gab es die Berufsvormundschaft (= Sammelvormundschaft), die vor allem in Städten eingeführt wurde. Eine Amtsperson übernahm die Vormundschaft für arme, uneheliche sowie den Eltern abgenommene Kinder; dies war der Ausgangspunkt für die Errichtung von Stadtjugendämtern. Diese Berufsvormundschaften breiteten sich in Österreich in der ersten Hälfte des 20. Jahrhunderts zunehmend aus, es entstanden Landesberufsvormundschaften, auf deren Basis Landesjugendämter mit stetig wachsenden Aufgabenbereichen errichtet wurden (Suchanek, 1924, S. 53; Neuninger, 2011, S. 258).

Ursprünglich durften nur Männer eine Vormundschaft übernehmen; da es aber ständig einen Mangel an Vormündern gab, erst recht während des

Krieges, erhielten durch die Teilnovelle von 1914 auch Frauen die Erlaubnis, Vormundschaften zu übernehmen. Sie durften nicht nur über ihre eigenen Kinder bestimmen, sondern erhielten auch, wenn der Partner damit einverstanden war, die Vormundschaft für Kinder, die nicht mir ihnen verwandt waren (Roller, 1915, S. 249).

4 Vom Jugendfürsorgeerziehungsgesetz zum Jugendwohlfahrtsgesetz

4.1 Das Jugendfürsorgeerziehungsgesetz

Ursprünglich forderte man ein Fürsorgeerziehungsgesetz, weil man der Ansicht war, dass der Staat die Pflicht habe, für verwahrloste Kinder und Jugendliche Anstalten zu schaffen, in denen sie erzogen werden konnten (Müller, 1909, S. 17).

Die große Anzahl verwahrloster Kinder wurde spätestens zu Beginn der Industrialisierung von einigen Personen als soziales- und jugendpolitisches Problem gesehen. Reicher etwa war der Meinung, dass dringend etwas dagegen getan werden müsste. Er entwarf ein Jugendschutzgesetz, das er 1901 dem Parlament vorlegte. Man verwarf es allerdings mit der Begründung, dass die geforderten Maßnahmen überzogen und viel zu teuer wären. Erst als die Ergebnisse der Erhebungen für den Kinderschutzkongress vorlagen, erkannte man, dass es tatsächlich höchste Zeit war, etwas zu unternehmen (Herzfelder, 1911, S. 2–3).

Anfangs wollte man nur die entsprechenden Paragrafen im ABGB so ausweiten, dass man mehr Handlungsspielraum im Falle einer Verwahrlosung oder Misshandlung hätte. Man entschloss sich dann aber doch, ein eigenes Jugendfürsorgeerziehungsgesetz zu entwerfen. Dieses neue Gesetz wurde im November 1908 zusammen mit dem Jugendgerichtsgesetz im Herrenhaus besprochen und an die Spezialkommission weitergegeben (Gutachten, Berichte, Materialien, Zweiter Österr. Kinderschutzkongress, 1913, S. 5). Mit diesem Fürsorgeerziehungsgesetz wollte man die Voraussetzungen für eine Fürsorgeerziehung, die Altersgrenzen, den Zweck und die Art der Erziehung, die Anordnung bzw. das Ende der Erziehung, die Durchführung der Erziehung und vor allem die Errichtung von entsprechenden

Anstalten sowie die Kosten der Fürsorgeerziehung regeln. Außerdem sollten auch Vereine und Organisationen, die sich mit Kinderschutz befassten, miteinbezogen werden (Müller, 1909, S. 18–21).

Die beiden Entwürfe wurden schon am 27. Juni 1910 vom Herrenhaus zum Beschluss freigegeben, sie konnten aber aufgrund der Auflösung des Parlaments nicht erledigt werden. Ende November 1911 kamen die beiden Gesetzentwürfe neuerlich vor das Herrenhaus, die Kammer musste sich erneut damit beschäftigen. Danach gingen die Gesetzesvorschläge an das Parlament, dort sollten sie einem Beratungsausschuss vorgelegt werden (Die Gesetzentwürfe über die Fürsorgeerziehung und das Jugendstrafrecht, 1912, S. 34–35).

Anlässlich einer Konferenz der Ländervertretungen am 8. November 1911 wurde der Gesetzentwurf für die Fürsorgeerziehung besprochen. Es gab Einwände der Landesverwaltungen im Hinblick auf die Kostenverteilung, so wie sie im Fürsorgeerziehungsgesetz geplant war. Die Länder sollten die Fürsorgeerziehung durchführen und dafür auch die entsprechenden Einrichtungen zur Verfügung stellen. Man entdeckte noch weitere Unstimmigkeiten. Es war zum Beispiel nicht klar, wie die Erziehung schwer Verwahrloster von nur Gefährdeten getrennt werden sollte. Außerdem sollte die Fürsorgeerziehung eines Kindes von seinen Bedürfnissen abhängen und nicht davon, was das Gericht vorschrieb. Ein weiterer strittiger Punkt war die Kostenverteilung in den Anstalten zwischen dem Staat und den Ländern. Die Länder hätten zwei Drittel der Kosten zu tragen gehabt, das hätte ihre finanziellen Möglichkeiten bei Weitem überschritten (Konferenz der Landesausschüsse über den Gesetzentwurf, betreffend die Fürsorgeerziehung, 1911, S. 366). Die Staatsvertreter machten den Vorschlag, dass sich die Länder auf bestimmte Forderungen einigen und diese zu Papier bringen sollten. Die Ländervertreter berücksichtigten dabei aber auch die Standpunkte der Regierung und hofften nun auf einen Kompromiss (Konferenz der Landesausschüsse über das Fürsorgeerziehungsgesetz, 1912, S. 132–133).

Im April 1912 tagten die Vertreter der Länder und der Regierung wieder, um die Kostenfrage der Fürsorgeerziehung endgültig zu klären. Das Angebot der Regierung war für die Ländervertreter noch nicht ganz zufriedenstellend, deshalb wurde ein weiteres Gespräch vereinbart (Konferenz der Landesausschüsse über das Fürsorgeerziehungsgesetz, 1912, S. 163–164).

Das nächste Treffen mit den Regierungsvertretern am 10. Mai 1912 war erfolgreich, man einigte sich auf den von den Ländern verlangten Kostenanteil des Staates. Nur der Beitrag der Gemeinden zu den Kosten musste noch geklärt werden (Beratungen über das Fürsorgeerziehungsgesetz, 1912, S. 196–197).

Die bis dahin behandelten Punkte waren die Grundlage für die künftigen Verhandlungen. Geändert wurde auch die Position „Art und Zweck der Fürsorgeerziehung", es wurde darüber gesprochen, dass der Staat nicht nur Besserungsanstalten, sondern auch Erziehungsanstalten für schwer erziehbare Jugendliche errichten solle, die eine besondere Behandlung brauchten. Zudem sollte der Staat nicht nur für die Errichtungskosten, sondern auch für die Unterhaltskosten aufkommen (Lederer, 1914, S. 121–122).

Die beiden Gesetzesentwürfe blieben kriegsbedingt liegen, bis im Mai 1917 anlässlich einer Tagung verkündet wurde, dass sie im nächsten Jahr behandelt werden sollten. Im gleichen Jahr wurde im Innenministerium ein Jugendamt geschaffen, das für SchülerInnen und Jugendliche im gesundheitlichen Bereich verantwortlich war (Neue Gesetzesvorlagen auf dem Gebiete der Jugendfürsorge, 1917, S. 170).

Mit 1. Jänner 1918 nahmen die neu gegründeten Ministerien für Volksgesundheit und Soziale Fürsorge ihre Arbeit auf. Der Kinderschutz und die Jugendfürsorge gehörten nun zum Aufgabenbereich des Ministeriums für Soziale Fürsorge. Dazu zählten auch die Durchführung der Fürsorgeerziehung, die Ausübung der staatlichen Aufsicht über die Anstalten und Einrichtungen zum Schutz der verwaisten, verlassenen, misshandelten, verwahrlosten oder von Verwahrlosung bedrohten Kinder und Jugendlichen sowie die fachliche Aus- und Fortbildung des Personals für Kinderschutz- und Jugendfürsorgeanstalten (Das Ministerium für soziale Fürsorge, 1917, S. 290–291). Das Ministerium plante die Schaffung eines allgemeinen Jugendfürsorgegesetzes, das die hilfsbedürftigen Kinder und Jugendlichen in großem Umfang unterstützen sollte. Man war zu der Erkenntnis gelangt, dass die Betreuung und die Erziehung eines Kindes nicht nur die Angelegenheit der Eltern sei. Minister Viktor Mataja meinte, dass die Sache des Kindes auch die Sache des ganzen Volkes und des Staates sei und die Allgemeinheit dort eingreifen müsse, wo der gute Wille oder die Fähigkeit der Eltern versagen (Das Ministerium für soziale Fürsorge, 1917, S. 318–319).

Im September 1917 wurden die Gesetzentwürfe für die Fürsorgeerziehung und für das Jugendstrafrecht dem Herrenhaus übermittelt. Im neuen Entwurf des Fürsorgeerziehungsgesetzes gab es keine Besserungsanstalten mehr, sondern nur mehr Erziehungsanstalten für verschiedene Bedürfnisse. Die privaten Erziehungsanstalten wurden in die Fürsorgeerziehung miteinbezogen. Die Länder sollten bei Bedarf weitere Anstalten errichten, der Staat war für Anstalten für den Strafvollzug zuständig (Einbringung der Gesetzentwürfe über Fürsorgeerziehung und Jugendstrafrecht im Parlament, 1917, S. 259).

Im neuen Entwurf orientierte man sich bei der Kostenfrage am Gesetz von 1885, es legte auch die Kostenaufteilung für die Besserungsanstalten fest. Der Staat kam für die Errichtung der Strafanstalten auf, für die Fürsorgeerziehungsanstalten steuerte er 40 Prozent der Errichtungskosten bei, die Betriebskosten mussten die Länder übernehmen. Die Fürsorgeanstalten entlasteten die Armenpflege und beugten der Straffälligkeit der Jugendlichen vor, deshalb ging man davon aus, dass der Staat, das Land und die Gemeinden damit einverstanden waren. Außerdem übernahm der Staat die Hälfte der Kosten der Erziehung (Einbringung der Gesetzentwürfe über Fürsorgeerziehung und Jugendstrafrecht im Parlament, 1917, S. 260).

Das Fürsorgeerziehungsgesetz wurde so, wie es geplant war, vom Justizausschuss des Parlaments abgelehnt, weil es seiner Meinung nach zu eng gefasst war. Die Regierung wurde aufgefordert, ein großes Gesetz zu schaffen, das alle hilfsbedürftigen Kinder umfasst. Das Gesetz sollte nicht nur für verwahrloste und von Verwahrlosung bedrohte Kinder gelten, sondern für alle, die von ihren Eltern vernachlässigt wurden. Man wollte Pflegschaftsräte einführen, die sich um die Kinder kümmerten. Sie sollten aus Ärzten, Pädagogen und Angehörigen verschiedener Berufszweige bestehen, die Regierung müsste sie beaufsichtigen (Neuninger, 2011, S. 238–239).

1918 schuf man im Ministerium für Soziale Fürsorge einen Jugendbeirat, der Gutachten über Jugendfürsorgefragen zu erstellen, Anträge einzubringen und die Verbindung zwischen Regierung und der privaten Jugendfürsorge herzustellen hatte. In der ersten Sitzung bildete man Arbeitsausschüsse; geplant waren ein legislativer Ausschuss, ein Organisations-Ausschuss, ein Ausschuss für Angelegenheiten der schulentwachsenen Jugend und ein allgemeiner Ausschuss. Der legislative Ausschuss befasste sich sofort mit dem Entwurf des Jugendfürsorgegesetzes (Der Jugendbeirat des k. k. Ministeriums für soziale Fürsorge, 1918, S. 194).

Im Oktober 1918 wurde aus dem Ministerium für Soziale Fürsorge das Bundesministerium für Soziale Verwaltung. Im Herbst 1921 hielt man dort eine Tagung der Fachkommission für Landesfürsorge ab. TeilnehmerInnen waren die Vertreter der interessierten Ministerien, aller Landesregierungen, Landes- und städtischen Jugendämter sowie der großen Jugendfürsorgevereinigungen. Beraten wurde über den vom Ministerium für Soziale Verwaltung neu ausgearbeiteten Entwurf eines Jugendschutzgesetzes. Dieses Gesetz sollte ein Grundgesetz sein, die Durchführung wurde den Ländern überlassen (Beratungen der Fachkommission für Jugendfürsorge …, 1922, S. 38). Die Vertreter der Bundesländer waren sich einig, dass sie diesen Entwurf nicht akzeptieren könnten, weil die Kostenaufteilung, die zwischen Staat und Ländern 1917 ausgehandelt worden war, nicht mehr enthalten war. Im neuen Entwurf schienen diese Vereinbarungen nicht mehr auf, deshalb befürchtete man, dass die gesamten Kosten auf die Länder abgewälzt würden. Der Vertreter des Finanzministeriums erklärte, dass der Bund aus verfassungsrechtlichen und finanziellen Gründen diese Verpflichtung nicht eingehen könne. Man beschloss, die einzelnen Punkte des Gesetzes trotzdem zu besprechen, aber keine Beschlüsse zu fassen (Beratungen der Fachkommission für Jugendfürsorge …, 1922, S. 38–39). 1928 wurde das Bundesjugendwohlfahrtsgesetz vom Bundesministerium für soziale Verwaltung erneut konzipiert und interministeriell beraten, man hoffte, dass es noch im selben Jahr beschlossen werde (Zehetner, 1928, S. 94). In diesem neuen Entwurf wurde auch die private Jugendwohlfahrt berücksichtigt. Sie sollte zur Mitarbeit herangezogen und dafür auch entsprechend gefördert werden (Ein Bundesjugendwohlfahrtsgesetz, 1928, S. 120).

Als 1933 eine politische Umgestaltung zum autoritären Ständestaat erfolgte, wurde 1934 auch die Verfassung geändert. Ab jetzt war die Jugendfürsorge nur mehr eine Sache der Länder. Das hieß, dass die Jugendwohlfahrtspflege vom Ermessen der jeweiligen Landesführung abhing. Die Weiterentwicklung der öffentlichen Jugendwohlfahrt war dadurch gefährdet. Es war zu befürchten, dass durch die geplanten Einsparungsmaßnahmen vieles von dem, was bereits aufgebaut worden war, wieder verloren gehen würde (Jugendfürsorge und Verfassung, 1934. S. 42). Alles, was in der Verfassung von 1920 festgeschrieben stand, was man bereits durch Verhandlungen erreicht hatte, war mit der neuen Verfassung hinfällig geworden (Hornek, 1934, S. 78).

Ab 1936 gab es eine Reihe von Gesetzen, welche die Erziehung der Jugend und die Jugendarbeit neu regelten. Vieles geschah über Jugendgruppen, denen Jugendliche beizutreten hatten und die vom Staat kontrolliert wurden (Neiser, 1938, S. 4). Ab 13. März 1938 übernahmen die Nationalsozialisten in Österreich die Macht, danach gab es auch keine österreichische Gesetzgebung mehr.

4.2 Jugendwohlfahrt und -fürsorge im Nationalsozialismus

Die Fürsorge, die nach dem Ersten Weltkrieg in Österreich aufgebaut worden war, sollte vor allem die Familien unterstützen. Die Gemeinden übernahmen immer mehr Familienfunktionen, die Familien wurden kontrolliert. Selektion und Ausgrenzung begannen aber schon zu dieser Zeit. Mithilfe von Entwicklungstests trennte man bevölkerungspolitisch „produktives Menschenmaterial" von unproduktivem (Berger, 2007, S. 44–45). In den 1930er-Jahren brauchten wegen der Weltwirtschaftskrise mehr Menschen Hilfe, aber gerade zu dieser Zeit wurden die Mittel dafür stark gekürzt. Deshalb wurde mehr kontrolliert, es bekamen nur mehr jene Unterstützung, die später dadurch wieder arbeiten konnten (Lienhart, 2008, S. 17–18).

Im NS-Staat verstand man unter Fürsorge nicht Wohlfahrt, weil man der Meinung war, dass der Gesunde sie nicht brauche und die anderen diesen Aufwand nicht wert seien. Das Wohlfahrtssystem wurde geändert, denn es zählte nun nicht mehr der Einzelne, sondern nur mehr das Kollektiv. Unterstützungen gab es nur mehr für außergewöhnliche Leistungen. Diese Unterstützungen wurden über Spenden an die Volkswohlfahrt, die verpflichtend waren, finanziert (Ziering, 2003, S. 23–24).

Nach dem Anschluss Österreichs an Deutschland wurden die österreichischen Gesetze nach und nach den deutschen angepasst bzw. es wurden die deutschen Gesetze übernommen. Auch in der Wohlfahrt wurden die österreichischen Gesetze an die deutschen angeglichen. Die Jugendwohlfahrt wurde erst am 20. März 1940 durch Gesetz eingeführt. Auf diesem Gebiet bestanden vorher nur Landesgesetze, deshalb konnte die Nationalsozialistische Volkswohlfahrt beinahe uneingeschränkt eine eigene Jugendfürsorge aufbauen. Wegen der langen Zeitspanne von 1938 bis 1940 gab es ausreichend Möglichkeiten, die Jugendhilfe nach eigenen Vorstellungen zu gestalten. Nach Abschluss dieser Entwicklung waren die Kompetenzen der Jugendämter auf die Verwaltungsarbeit reduziert, die Betreuungsarbeit wurde von der NS-Volkswohlfahrt durchgeführt (Kreitner, 2002, S. 32–34).

Die wichtigsten Aufgaben der Fürsorge waren die Überwachung der Minderjährigen und die Unterstützung der Eltern. So wollte man Verwahrlosung und als deren Folge Fremdunterbringung verhindern und dadurch Kosten sparen. Die NS-Volkswohlfahrt übernahm auch die Leitung der öffentlichen Kindergärten, private wurden geschlossen. Damit hatte sie die außerfamiliäre Erziehung der Kleinkinder ebenfalls unter Kontrolle. Vereine und Organisationen, die eine andere politische oder weltanschauliche Einstellung vertraten, wurden entweder geschlossen oder selbst verwaltet (Ziering, 2003, S. 28).

Die Erziehung dieser Zeit war restriktiv, man gewöhnte die Kinder schon früh an Einordnung und Unterordnung. Kinder, die sich nicht anpassen konnten oder wollten, wurden ausgesondert. Das Erziehungsideal des Nationalsozialismus war Ordnung und Unterordnung. Die Erziehung sollte den ganzen Menschen erfassen, ein Kind musste verstehen, dass die Gemeinschaft wichtiger sei als der Einzelne (Malina, 2007, S. 91–92).

4.3 Das Jugendwohlfahrtsgesetz nach dem Zweiten Weltkrieg

Die deutsche Jugendwohlfahrtsverordnung von 1940 behielt nach 1945 ihre Geltung, wurde aber von den nationalsozialistischen Passagen befreit. 1948 lag dem österreichischen Parlament ein Entwurf für ein neues Jugendwohlfahrtsgesetz vor, über den beraten wurde. Nach der Verfassung von 1929 (Art. 12 B-VG), die nun wieder in Geltung war, hätte es für die Regelung der Jugendwohlfahrt ein Grundsatzgesetz des Bundes geben müssen, das die Länder auszuführen gehabt hätten. Das Problem war, dass das Gesetz vier Ministerien gerecht werden sollte, die sich nicht auf ein Gesetz einigen konnten. Man stritt darüber, was Grundsatz und was nicht Grundsatz sei, zusätzlich machten auch verschiedene Stellen wie das Sozial-, Innen-, Unterrichts- und das Finanzministerium sowie der Verfassungsdienst ihre Zuständigkeit für bestimmte Teile des Gesetzentwurfs geltend. Josef Zehetner, der darüber berichtete, meinte, dass das Gesetz dazu dienen solle, den Kindern eine geordnete Erziehung zu sichern und nicht um Ministerien oder andere Stellen zu befriedigen (Zehetner, 1948, S. 24–25). Man beschloss das Gesetz nicht, aber man reaktivierte die Bestimmungen der Jugendwohlfahrtsverordnung von 1945 für die Bundesländer durch Landesgesetze (Zehetner, 1954, S. 440).

Der Rat der Alliierten verlangte, dass der Nationalrat ein Grundgesetz zur Regelung der Jugendwohlfahrt beschließt, das auf Artikel 12 des Bundesverfassungsgesetzes beruhte. Die Landtage sollten dann innerhalb eines halben Jahres die Ausführungsgesetze beschließen und das Gesetz vollziehen. Der Nationalrat sollte sich beim Beschluss des Jugendwohlfahrtsgesetzes auf jene gesetzlichen Anordnungen beschränken, die grundsätzliche Fragen betrafen und die deshalb für das Bundesgebiet geregelt werden mussten. Die Detailregeln sollten die Länder beschließen (Zehetner, 1954, S. 442).

Zehetner fand den vorliegenden Entwurf unvollständig. Er enthielt keine genaueren Bestimmungen über wesentliche Punkte, er meinte, dass es keinen Sinn hätte, ein solches Gesetz durchzupeitschen, nur weil die Alliierten das so wollten, ohne vorher Experten anzuhören (Zehetner, 1954, S. 444–445).

Trotzdem wurde dieser Entwurf am 28. Oktober 1953 im Parlament besprochen und dem Sozialausschuss zur Begutachtung zugewiesen. Dieses Gremium ernannte einen Unterausschuss, der sich mit zwei Fachbeamten des Ministeriums über den Entwurf beriet. Am 6. April 1954 legte er einen Bericht über das Ergebnis der Beratungen vor. Die ausgearbeiteten Ergänzungen und Änderungen der Regierungsvorlage wurden vom Sozialausschuss akzeptiert und die Vorlage entsprechend abgeändert. Am 9. April 1954 wurde im Parlament über das Gesetz abgestimmt. Da es keine Gegenstimme gab, wurde es einstimmig beschlossen (Parlamentsprotokoll vom 28.10.1953, S. 1558; vom 9.4.1954, S. 1559–1566, VII. Gesetzgebungsperiode).

Die Arbeiter-Zeitung vom 10. April 1954 verkündete, dass dieses Gesetz eines der wichtigsten war, die am 9. April 1954 beschlossen worden waren. Sie berichtete auch, dass man Unklarheiten vermeiden wollte, indem man eine Zweiteilung der Gesetzesvorlage vornahm. Die vom Bund aufgestellten Grundsätze bezüglich der Förderung der Jugendfürsorge nahmen den ersten Teil ein, der zweite umfasste das unmittelbar anzuwendende Bundesrecht. Mittels dieses Jugendwohlfahrtsgesetzes konnte man überall dort eingreifen, wo es notwendig war, ohne eine Grenze zu überschreiten, die als Eingriff in die Privatsphäre der Familie gesehen werden konnte (Das neue Jugendwohlfahrtsgesetz, 1954, S. 1).

Bei der Erstellung des Entwurfs des Jugendwohlfahrtsgesetzes orientierte man sich stark am deutschen Jugendwohlfahrtsgesetz, das schon in der Zwischenkriegszeit als Vorbild für ein österreichisches Gesetz gesehen wurde. Einige Bereiche mussten allerdings anders festgelegt werden, weil die Kompetenzverteilung in der österreichischen Verfassung anders geregelt war als im deutschen Grundgesetz. Dies war auch der Grund für die Zweiteilung des Gesetzes (Parlamentsprotokoll vom 09.04.1954, S. 1560–1561, VII. Gesetzgebungsperiode).

Nach 1954 wurde das Gesetz immer wieder modifiziert, z. B. wurden 1971 die unehelichen Kinder den ehelichen gleichgestellt. Fünf Jahre später wurde das Unterhaltsvorschussgesetz eingeführt. Als 1977 das Kindschaftsrecht in das Gesetz integriert wurde, sollte das eine neue Norm für das Kindeswohl werden. Das Kind galt nun nicht mehr als „Besitz" seiner Eltern, sondern als eigenständige Person. Gleichzeitig wurde auch das Züchtigungsrecht aufgehoben. Auch das Unterhaltsrecht wurde neu gefasst, ab nun mussten beide Elternteile gleichermaßen zum Unterhalt beitragen (Geschichte der Tiroler Jugendwohlfahrt, S. 76).

Wegen des gesellschaftlichen Wandels zwischen 1954 und den 1980er-Jahren wurde ein neues Jugendwohlfahrtsgesetz notwendig. Ziel des Gesetzes von 1989 war eine Anpassung an veränderte gesellschaftliche Verhältnisse und Familienrechtsnormen. Im neuen (zweiten) Jugendwohlfahrtsgesetz sollte der Dienstleistungscharakter in der Jugendwohlfahrt verstärkt werden. Man wollte freie Jugendwohlfahrtsträger einbinden und eine Sozialarbeit nach neuesten Erkenntnissen anbieten. Anstoß dazu waren die Heimreformbewegungen; man suchte nach Alternativen zur Unterbringung der Kinder und Jugendlichen in Heimen. In diesem Zusammenhang wurde auch eine „Kinder- und Jugendanwaltschaft" eingerichtet mit der Aufgabe, Minderjährige und Erziehungsberechtigte zu beraten (Geschichte der Tiroler Jugendwohlfahrt, S. 76).

5 Schlussbemerkung

Es gab mehrere Gründe, warum man in Österreich nicht früher ein Gesetz zur Beseitigung der Verwahrlosung und zum Schutz von Kindern und Jugendlichen vor Ausbeutung und Misshandlung beschloss. Bis zum Ende des 19. Jahrhunderts glaubte man nicht daran, dass ein Schutzgesetz notwendig sei. Erst als Lydia von Wolfring sich in Österreich einen Überblick über die Situation verschaffte und feststellte, dass die Gesellschaft nicht bereit war, die Nöte der Jugend zur Kenntnis zu nehmen, als sie in ihren Büchern über Missstände berichtete und nachdem besonders auch auf ihre Anregung hin 1907 der Erste Kinderschutzkongress stattfand, wurden maßgebliche Personen auf das Schicksal der österreichischen Kinder und Jugendlichen aufmerksam. Wolfring forderte ein Gesetz, das im Gegensatz zu den bis dahin geltenden und dafür bestimmten Paragrafen im ABGB Kinder und Jugendliche effektiv schützen sollte. Ein Gesetz, das vor Gericht im Sinne der Jugend angewandt wurde, denn Misshandlungsfälle wurden vor Gericht fast immer zugunsten der Eltern entschieden, der Schutz des Kindes wurde nicht berücksichtigt. Auch viele Fälle von Verwahrlosung wurden erst sichtbar, wenn ein Jugendlicher oder eine Jugendliche vor Gericht stand, weil er/sie aufgrund der Vernachlässigung seiner/ihrer Erziehung mit dem Gesetz in Konflikt geriet. Ein weiterer Grund für das Nichtbeschließen eines Schutzgesetzes war, dass man die Kinder in der Industrie und im Gewerbe für die Arbeit benötigte. Zum Teil setzte man sie ein, weil sie geschicktere Hände hatten als Erwachsene, aber hauptsächlich verwendete man sie deshalb, weil sie billigere Arbeitskräfte waren. Auch in der Landwirtschaft wurden viele Kinder für die Arbeit gebraucht und ausgebeutet. Zunehmende Verwahrlosung, Misshandlungen und Ausbeutung von Kindern und Jugendlichen waren für die Regierungen lange Zeit kein Grund, sie durch ein entsprechendes Gesetz zu schützen.

Als es endlich einen Gesetzesvorschlag gab, der zumindest der Verwahrlosung vorbeugen sollte, scheiterte er an der Frage der Kostenaufteilung zwischen Bund und Ländern. Auch der Erste Weltkrieg verhinderte eine Weiterentwicklung des Gesetzes, danach war die Staatskasse wegen der Wirtschaftskrise leer. Weder der Staat noch die Länder hatten genug Mittel, um ein solch aufwendiges Unternehmen zu finanzieren. Erst 1920 einigte man sich über die Aufteilung der Kosten betreffend die Errichtung der Einrichtungen, deren Unterhalt und die Erziehung der Jugendlichen.

Doch das Gesetz blieb weiterhin unausgeführt, die Vorlagen wurden immer wieder geändert, aber nicht beschlossen. 1934 trat aufgrund einer Änderung der Regierungsform eine neue Verfassung in Kraft, damit war das geplante Gesetz überholt. Während des Zweiten Weltkrieges galt ab 1940 das deutsche bzw. nationalsozialistische Jugendwohlfahrtsgesetz. Es dauerte bis 1948, bis endlich ein neues, umfassendes Jugendwohlfahrtsgesetz entworfen wurde, aber erst 1954 wurde es nach einigen Ergänzungen und Abänderungen auf Druck der alliierten Besatzungsmächte beschlossen.

Literaturverzeichnis

Baernreither, J. (1909). Unser Jugendstrafrecht. *Zeitschrift für Kinderschutz und Jugendfürsorge, 1(7/8)*, S. 196–205.

Bartsch, R. (1928). Das Jugendwohlfahrtsgesetz. *Zeitschrift für Kinderschutz, Familien- und Berufsfürsorge, 20(11)*, S. 173–175.

Beratung der Fachkommission für Jugendfürsorge im Bundesministerium für soziale Verwaltung über den Entwurf eines Fürsorgeerziehungsgesetzes. (1922). *Zeitschrift für Kinderschutz und Jugendfürsorge, 14(2/3)*, S. 38–40.

Beratungen über das Fürsorgeerziehungsgesetz. (1912). *Zeitschrift für Kinderschutz und Jugendfürsorge, 5(6)*, S. 196–197.

Berger, E. (2007). Exkurs: Zur historischen Entwicklung der Jugendfürsorge. In: E. Berger (Hrsg.), *Verfolgte Kindheit. Kinder und Jugendliche als Opfer der NS-Sozialverwaltung* (S. 41–45). Wien, Köln, Weimar: Böhlau Verlag.

Brusatti, A., Haas, W., Pollak, W. (1962). *Geschichte der Sozialpolitik mit Dokumenten.* Hrsg. Dr. Brusatti. Wien, Linz, München. Verlag Ueberreuter.

Das Gesetz über die Einführung von Jugendgerichten. (1919). *Zeitschrift für Kinderschutz und Jugendfürsorge, 11(3)*, S. 71–72.

Das Jugendschutzgesetz. (1918). *Zeitschrift für Kinderschutz und Jugendfürsorge, 10(7)*, S. 196–197.

Das Ministerium für soziale Fürsorge. (1917). *Zeitschrift für Kinderschutz und Jugendfürsorge, 9(11)*, S. 290–308.

Das Ministerium für soziale Fürsorge. (1917). *Zeitschrift für Kinderschutz und Jugendfürsorge, 9(12)*, S. 318–319.

Das neue Jugendgerichtsgesetz. (1928). *Zeitschrift für Kinderschutz, Familien- und Berufsfürsorge, 20(10)*, S. 166–167.

Das neue Jugendwohlfahrtsgesetz. (1954). *Arbeiter-Zeitung, gegr. 1889, Nr. 84, 1.*

Der Jugendbeirat des k. k. Ministeriums für soziale Fürsorge. (1918). *Zeitschrift für Kinderschutz und Jugendfürsorge, 10(7)*, S. 194.

Die Entwicklung der politischen Parteien in Österreich. Parteien und Interessensverbände der Ersten Republik. Internet: http://www.bergheiden.net/content/content_2_4_1.htmlvom05.12.2010/1.

Die gesetzliche Einführung von Jugendgerichten. (1919). *Zeitschrift für Kinderschutz und Jugendfürsorge, 11(2)*, S. 47–48.

Die Gesetzentwürfe über die Fürsorgeerziehung und das Jugendstrafrecht. (1912). *Zeitschrift für Kinderschutz und Jugendfürsorge, 4(1)*, S. 34–35.

Einbringung der Gesetzentwürfe über Fürsorgeerziehung und Jugendstrafrecht im Parlament. (1917). *Zeitschrift für Kinderschutz und Jugendfürsorge, 9(10)*, S. 258–267.

Ein Bundesjugendwohlfahrtsgesetz. (1928) *Zeitschrift für Kinderschutz, Familien- und Berufsfürsorge, 21(7)*, S. 120.

Feldbauer, P. (1980). *Kinderelend in Wien. Von der Armenkinderpflege zur Jugendfürsorge. 17.–19. Jahrhundert.* Österreichische Texte zur Gesellschaftskritik, Band 1. Wien: Verlag für Gesellschaftskritik.

Amt der Tiroler Landesregierung (Hrsg.) (2006). *Geschichte der Tiroler Jugendwohlfahrt.* Abt. Jugendwohlfahrt in Zusammenarbeit mit dem MCI. Innsbruck.

Goldbaum, H. (1912). Fürsorgeeinrichtungen für vorschulpflichtige Kinder in Wien. *Zeitschrift für Kinderschutz und Jugendfürsorge, 4(12)*, S. 342–344.

Hainisch, M. (1910). Lydia von Wolfring. *Der Bund, 5(2)*, S. 6–7.

Herzfelder, H. (1907). Der I. österreichische Kinderschutzkongress. *Der Bund, 2(2)*, S. 4–5.

Herzfelder, H. (1911). † Dr. Heinrich Reicher. *Der Bund, 6(1)*, S. 2–3.

Hanisch, E. (2005). *Der lange Schatten des Staates. Österreichische Gesellschaftsgeschichte im 20. Jahrhundert.* Reihe: Österreichische Geschichte 1890–1990. Wolfram, H. (Hrsg.). Wien: Verlag Ueberreuter.

Hornek, R. (1934). Die Verfassung 1934 und die Jugendfürsorge. *Zeitschrift für Kinderschutz, Familien- und Berufsfürsorge 26(9/10)*, S. 78–79.

Jugendfürsorge und Verfassung. (1934). *Zeitschrift für Kinderschutz, Familien- und Berufsfürsorge,* 26(5/6), S. 42–43.

Karl von Vogelsang. Internet: http://de.wikipedia.org/wiki/Karl_von_Vogelsang vom 05.12.2010/2.

Konferenz der Landesausschüsse über den Gesetzentwurf, betreffend die Fürsorgeerziehung. (1911). *Zeitschrift für Kinderschutz und Jugendfürsorge 3(12)*, S. 366–367.

Konferenz der Landesausschüsse über das Fürsorge-Erziehungsgesetz. (1912). *Zeitschrift für Kinderschutz und Jugendfürsorge 4(4)*, S. 132–133.

Konferenz der Landesausschüsse über das Fürsorgeerziehungsgesetz. (1912). *Zeitschrift für Kinderschutz und Jugendfürsorge 4(5)*, S. 163–164.

Kreitner, Ch. (2002). *Öffentliche „Jugendfürsorge" während des Nationalsozialismus in Österreich (1938–1945)*. Klagenfurt: Diplomarbeit.

Lederer, M. (1914). Der Gesetzentwurf über die Fürsorgeerziehung. *Zeitschrift für Kinderschutz und Jugendfürsorge, 6(5)*, S. 121–122.

Lienhart, Ch. (2008). Nicht wir, die Verhältnisse haben sich geändert … *SIÖ – Sozialarbeit in Österreich, Nr. 3*, S. 17–21.

Malina, P. (2007). „Erziehungs"-Terror: Politische und gesellschaftliche Voraussetzungen von Kindsein im Nationalsozialismus. In: E. Berger (Hrsg.), *Verfolgte Kindheit. Kinder und Jugendliche als Opfer der NS-Sozialverwaltung* (S. 91–106). Wien, Köln, Weimar: Böhlau Verlag.

Müller, L. (1909). Das Gesetz über die Fürsorgeerziehung. *Zeitschrift für Kinderschutz und Jugendfürsorge 1(1)*, S. 17–27.

Neiser, I. (1938). Ein Rückblick. *Pestalozzi-Zeitung, 22(8–9)*, S. 4–11.

Neue Gesetzesvorlagen auf dem Gebiete der Jugendfürsorge. (1917). *Zeitschrift für Kinderschutz und Jugendfürsorge, 9(6)*, S. 170.

Neuninger, H. (2011). *Der lange Weg zum ersten Jugendwohlfahrtsgesetz in Österreich. Initiativen und Hindernisse um die Einführung eines Gesetzes zum Schutze der österreichischen Jugend.* Graz: Dissertation.

Parlamentsprotokoll vom 9.4.1954, VII. Gesetzgebungsperiode, S. 1558–1566.

Radner, C., Seeber, U. (2007). Der Beginn des Kinderschutzes in Österreich. Spurensuche nach Lydia von Wolfring. In: Kinderschutzzentrum Wien (Hrsg.), *Vom alten Schlag. Geschichten über Kindheit und Gewalt.* (S. 10–22). Wien: Kinderschutzzentrum.

Roller, J. (1915). Der Krieg und die Frauenvormundschaft. *Zeitschrift für Kinderschutz und Jugendfürsorge, 7(10)*, S. 249–250.

Sandgruber, R. (2005). *Ökonomie und Politik. Österreichische Wirtschaftsgeschichte vom Mittelalter bis zur Gegenwart.* Reihe: Österreichische Geschichte. Herwig Wolfram (Hrsg.). Wien: Verlag Ueberreuter.

Schriften des Ersten Österreichischen Kinderschutzkongresses in Wien 1907:

Die Ursachen, Erscheinungsformen und die Ausbreitung der Verwahrlosung von Kindern und Jugendlichen in Österreich. Band I. Einzeldarstellungen aus allen Teilen Österreichs (1906). Wien: Manz.

Gutachten zu den Verhandlungsgegenständen des Ersten Österreichischen Kinderschutzkongresses in Wien, 1907. Band II. (1907). Wien: Manz.

Protokoll über die Verhandlungen des Ersten Österreichischen Kinderschutz-

kongresses in Wien, 18. bis 20. März 1907. Band III (1907). Wien: Manz.
Schriften des Zweiten Österreichischen Kinderschutzkongresses in Salzburg 1913.
Gutachten, Berichte und Materialien zu den Verhandlungsgegenständen des Zweiten Österreichischen Kinderschutzkongresses in Salzburg, 1913. Band I. Wien: Manz.
Protokoll über die Verhandlungen des Zweiten Österreichischen Kinderschutzkongresses in Salzburg, 4. bis 6. September 1913. Band II. Wien: Manz.

Suchanek, V. (1924). *Jugendfürsorge in Österreich.* Wien: Österreichischer Schulbücherverlag.

Suchanek, V. (1926). Der neue Jugendgerichtsgesetz-Entwurf. *Zeitschrift für Kinderschutz, Familien- und Berufsfürsorge, 18(6)*, S. 101–109.

Trauttmansdorff-Weinsberg, F. (1909). Kinderschutz-Stationen. Charitativer Verein für arme Kinder. *Zeitschrift für Kinderschutz und Jugendfürsorge 1(1)*, S. 9–17.

Vocelka, K. (2002). *Geschichte Österreichs. Kultur – Gesellschaft – Politik.* München: Styria Verlag.

Wolfring, L. (1907). *Die Kindermisshandlungen, ihre Ursachen und die Mittel zu ihrer Abhilfe.* Wien: Erster Österreichischer Kinderschutzkongress.

Zehetner, J. (1928). Ein Bundes-Jugendwohlfahrtsgesetz. *Zeitschrift für Kinderschutz, Familien- und Berufsfürsorge. 20(5/6)*, S. 92–94.

Zehetner, J. (1948). *Themen aus der sozialen Fürsorge.* Schriftenreihe der Fürsorgeabteilung des Amtes der o.ö. Landesregierung, Nr. 3. Linz.

Zehetner, J. (1954). *Handbuch der Fürsorge und Jugendwohlfahrtspflege.* Amt der o.ö. Landesregierung (Hrsg.), Linz.

Ziering, G. (2003). *90 Jahre Ottakring 1913 bis 2003. Von der Berufsvormundschaft zur Jugendwohlfahrt der MAG ELF.* Internet: www.wien.gv.at/mensche n/magelf/pdf/90jahre.pdf vom 03.10.2010.

Zöllner, E. (1966). *Geschichte Österreichs. Von den Anfängen bis zur Gegenwart.* 3. Auflage. Wien: Verlag für Geschichte und Politik.

XI Gewerbeordnung 1859 – zwischen Ausbildung, Erziehung und Ausbeutung von Kindern

Markus Steppan

1 Allgemeine Entwicklung von Gewerbe, Handel und Industrie

Bereits Leopold I. (1640–1705) hatte erkannt, dass der Handel und die Industrie wesentliche Faktoren für einen ausgeglichenen Staatshaushalt und damit für den Wohlstand im Lande waren. Er beschränkte die Einfuhr fremder Manufakturwaren, die „[...] mehr zur überflüssigen Pracht, als zur Nothwendigkeit dienen [...]"; betroffen waren davon insbesondere französische Waren. Gleichzeitig wurden der heimischen Industrie, hier vor allem der Wolle verarbeitenden Industrie, Privilegien erteilt, die unter anderem die Verpflichtung von inländischen Händlern enthielten, Mindestabnahmemengen in Österreich zu garantieren (Harkup, 1829, S. 6–8).

Im Jahr 1699 wurde eine Verordnung erlassen, welche die Industrie im Allgemeinen und die Errichtung von Fabriken, besonders die *Seidenmanufakturen*[1], fördern sollte (Czeike, 1997, S. 194; Schachinger, 1938, S. 207–271). Damit sollte erreicht werden, dass wichtige Güter im Inland erzeugt werden und nicht im Ausland gekauft werden mussten. Um diese Ziele zu erreichen, wurde eine ganze Reihe von protektionistischen Maßnahmen

---

[1] Die Seidenraupenzucht war bereits im 16. Jahrhundert ein ganz wesentlicher Wirtschaftsfaktor. Einen massiven Aufschwung erlebte die Seidenraupenzucht in Österreich im 18. und 19. Jahrhundert.

gesetzt, die auf die Etablierung und Stärkung heimischer Industriebetriebe gerichtet waren. Eine dieser Maßnahmen war die Gewährung von staatlich gestützten Darlehen mit vergünstigten Zinssätzen. Daneben wurden aber auch Einfuhrbeschränkungen für Waren – nicht nur für Luxusgüter – erlassen, die auch im Inland produziert werden konnten, und ausschließlich Privilegien für den Verkauf von importierten, nicht im Inland verfügbaren Waren erteilt (Harkup, 1829, S. 7). Diese Maßnahmen könnte man heute unter dem Begriff Maßnahmen zur Reduzierung des Handelsdefizits, zur Sicherung von Arbeitsplätzen bzw. der Amerika-First-Politik des Ex-Präsidenten der USA, Donald Trump, subsumieren.

Leopolds Nachfolger Joseph I. (1678–1711) bestätigte die bisher erteilten Fabriks-Privilegien und ging sogar noch einen Schritt weiter, indem er ihm wirtschaftlich besonders wichtig erscheinende Industriebetriebe, wie z. B. die Erzeugung von Wollprodukten oder die Herstellung von Speiseölen, mit einer Monopolstellung für Jahrzehnte bedachte.

Der Vater von Maria Theresia, Karl VI. (1685–1740), erkannte, dass neben der Förderung der Industriebetriebe in Österreich zunehmend auch der Seehandel an Bedeutung gewinnen würde. Um den Seehandel zu forcieren, erklärte er Triest, Fiume (Rijeka) und Porto-Re (heute Kraljevica in Kroatien) zu Freihäfen, wo jedermann, In- und Ausländer, ohne Beschränkungen Niederlassungen und Warenlager errichten konnte. Von staatlicher Seite wurden in den genannten Städten „[…] öffentliche Magazine, Contumaz-Anstalten und Lazarethe […]“ errichtet (Harkup, 1829, S. 9). Diese Contumaz-Anstalten waren nichts anderes als Quarantänestationen, die sicherstellen sollten, dass weitgereiste Handelsleute und Seefahrer keine Seuchen ins Land brachten[2]. Gleichzeitig wurden in den genannten Hafenstädten *Mercantil- und Wechselgerichte*, also Handelsgerichte, eingerichtet, um streitige Verfahren zwischen Handelsleuten rasch entscheiden zu können. Neben der Förderung des Seehandels wurde unter Karl VI. auch ein weitverzweigtes Netz an *Kunststraßen* angelegt, so beispielsweise von Innerösterreich nach Triest und auch zwischen Carlsstadt (Karlo-

2 Der Begriff Quarantäne leitet sich vom lateinischen Zahlwort „quadraginta“, im Italienischen „quaranta“, vierzig, ab. Vierzig Tage mussten verstreichen, bevor Lebewesen, Waren und Güter von Schiffen an Land gebracht bzw. die Contumaz-Anstalten in den Häfen oder an den Außengrenzen verlassen werden durften und eine Weiterreise bzw. der Transport von Waren ins Landesinnere erlaubt war.

vac/Kroatien) und Fiume (Rijeka), welche den Transport von Waren zu den Seehäfen und damit den Export erleichtern sollten (Harkup, 1829, S. 10). Eine weitere Maßnahme, um insbesondere den Handel mit den östlichen Landesteilen und den Nachbarstaaten der Monarchie zu forcieren, war die Erteilung von zusätzlichen Privilegien, welche die Errichtung von Waren- und Handelsniederlassungen, aber auch von Gewerbe- und Industriebetrieben (z. B. Schiffswerften, Kupferfabriken, Holzhandel, Herstellung von Seilen, Tauen und Segeltuch) fördern sollten. Damit sollte die Versorgung der Bevölkerung mit Produkten, die bisher in der Monarchie nicht verfügbar waren, gewährleistet werden (Harkup, 1829, S. 10–12). Mit diesen Privilegien waren aber noch weitere Vergünstigungen verbunden, wie beispielsweise das Führen des kaiserlichen Adlers auf Fabriksgebäuden und Warenlagern, die Befreiung von Militäreinquartierungen, das Recht, in allen Städten und Märkten Handelsstützpunkte zu errichten, die Befreiung von bestimmten Zöllen und das Recht, „[...] eine unbeschränkte Anzahl zünftiger und unzünftiger Arbeiter in ihren Fabriken zu verwenden, Lehrlinge aufzunehmen und Gesellen zu fördern“[3] (Harkup, 1829, S. 17; Kulisch, 1905, S. 43–46).

Die hier begonnene Zurückdrängung des Einflusses der Zünfte auf Handel und Gewerbe setze sich unter Maria Theresia (1717–1780) fort bzw. wurde noch intensiviert[4]. So wurden unter der Regentschaft von Maria Theresia die Gewerbe der Spinnerei, Strickerei, Leinenweberei und andere zugehörige Gewerbe für „frey erklärt“, sodass deren Ausübung jedermann ohne Unterschied des Geschlechts als Gegenstand des freien Haus- und Nebenverdienstes ermöglicht wurde. Andere Gewerbe hingegen, die in Form von Manufakturen – wo Handwerker verschiedener Professionen die Fertigung eines gemeinsamen Endproduktes vornehmen – betrieben wurden (Flachs-, Wolle-, Seide- und Ledererzeugung bzw. -verarbeitung), wurden

3 Unter dem Begriff *zünftige und unzünftige Arbeiter aufzunehmen* ist die Zugehörigkeit oder eben Nichtzugehörigkeit der Arbeiter zu einer Zunft zu verstehen. Zum Begriff Zunft: Eine Zunft ist ein Zusammenschluss von Mitgliedern bestimmter Gewerbe, die intern mit staatlicher Billigung Regeln aufstellen, unter welchen Voraussetzungen der Zugang und die Ausübung eines Gewerbes erlaubt sind. Gleichzeitig sollten damit auch Qualitätsstandards für gewerbliche Tätigkeiten aufgestellt werden, welche den Schutz der Konsumenten gewährleisten sollten.

4 Vgl. dazu etwa das Handwerksgenerale und Fundamentalpatent vom 16. November 1731, das von Maria Theresia im Hofreskript von 15. August 1750 wortwörtlich wiederverlautbart wurde.

zu Commerzial-Gewerben erklärt, die nur mit einem vorhandenen Bürger- oder Meisterrecht, aber in unbeschränkter Anzahl betrieben werden durften[5]. Als zuständige Behörde in Polizei- und Commerzialangelegenheiten[6] wurden die Magistrate und Ortsobrigkeiten als Behörden erster Instanz für die Verleihung der Berechtigung und Überwachung der Ausübung betraut (Harkup, 1829, S. 19–20; Kulisch, 1912, Band I, S. 96–101). Das Fabrikswesen wurde durch „ansehnliche Geldvorschüsse" gefördert, ausschließliche Privilegien für die Produktion wurden aber nicht mehr erteilt[7].

Unter Joseph II. (1741–1790) wurde die Leibeigenschaft aufgehoben (Patent vom 1. November 1781). In Punkt 3 des Dokuments wird ausdrücklich erklärt, dass die Untertanen frei sind, nach ihrem Willen ein Handwerk oder sonstige Fertigkeiten zu erlernen, und ohne Losbrief (eine behördliche Bestätigung und Genehmigung des Ortswechsels) ihrer Tätigkeit, wo immer sie wollen, nachgehen können (Hauer, 1824, S. 50–53; Harkup, 1829, S. 25). Auch unter Joseph II. wurden massive protektionistische Maßnahmen zum Schutz der Industrie gesetzt, teilweise Schutzzölle in der Höhe von 60 Prozent auf ausländische Waren erhoben. Gleichzeitig wurde aber auch versucht, neue Absatzmärkte für heimische Waren zu erschließen, so beispielsweise in Galizien und Lodomerien[8]. Um den Warentransport zu erleichtern, ließ Joseph II. große Handelsstraßen von Wien über Mähren und Schlesien bis nach Lemberg in Galizien und von dort bis nach Brody an der russischen Grenze und bis zur Moldau errichten. Über diese Handelsstraßen wurden vor allem Leder- und Pelzwaren

---

5 Handwerksgenerale und Fundamentalpatent vom 16. November 1731 bzw. Hofreskript von 15. August 1750.

6 Die Unterscheidung in Polizei- und Commerzialgewerbe bedeutete, dass Gewerbetreibende, die ein Polizeigewerbe ausübten, einerseits über einen Gebietsschutz verfügten, die Anzahl der ansässigen Gewerbetreibenden orientierte sich aber am örtlichen Bedarf, andererseits war es ihnen aber gleichzeitig nicht erlaubt, Waren, Erzeugnisse und Dienstleistungen außerhalb ihres zugewiesenen Gebietes zu verkaufen. Gewerbetreibende, die ein Commerzialgewerbe betrieben, hatten keinen Gebietsschutz und konnten dafür ihre Erzeugnisse auch außerhalb ihres Standortes verkaufen (z. B. Anstreicher, Leimsieder, Essighändler, Kappelmacher usw.).

7 Handwerksgenerale und Fundamentalpatent vom 16. November 1731 bzw. Hofreskript von 15. August 1750.

8 Das Königreich Galizien und Lodomerien kam 1772 an die Habsburger, ab 1804 war es Bestandteil des Kaisertums Österreich und von 1867 bis 1918 Teil Cisleithaniens der österreichisch-ungarischen Monarchie und umfasste das heutige Südpolen und Teile der Westukraine.

aus Russland importiert und ungarische Weine nach Russland exportiert (Harkup, 1829, S. 26–28). In den späten Achtzigerjahren des 18. Jahrhunderts gab es weitere staatliche Fördermaßnahmen der heimischen Gewerbe- und Industrieproduktion. Hier wurden vor allem jene *Manufacturen* unterstützt, die in den jeweiligen Provinzen Waren des täglichen Bedarfs aus dort vorhandenen Rohstoffen herstellten. So zum Beispiel in Österreich ob der Enns und der Steiermark Eisen- und Stahlwaren und in Böhmen und Mähren Baumwoll-, Leinen- und Tuchwaren. Ausschließliche Privilegien wurden nur mehr für sogenannte *Kunst- und Prachtwaren* und auch nur mehr für relativ kurze Dauer vergeben (Harkup, 1829, S. 29–30, Otruba, 1960, S. 165–176).

Unter Franz II. (I.) (1768–1835) wurde mit Hofdekret vom 14. April 1802 ein System eingeführt, nach dem ausschließliche Privilegien (Erteilung von Monopolstellungen) nur mehr für die Verwertung und Umsetzung neuer Erfindungen erteilt wurden. Es gab insofern Handlungsbedarf, als in den altösterreichischen Erbländern noch immer das Zunftwesen dominierte, hingegen in den neu erworbenen Provinzen Lombardei, Tirol und Teilen von Österreich ob der Enns schon weitgehend Gewerbefreiheit herrschte. Nach und nach wurden ein einheitliches Ein- und Ausfuhrwesen und ein einheitliches Zollsystem für die gesamte Monarchie eingeführt, indem ein einheitlicher Zollverband für sämtliche Provinzen innerhalb einer Zolllinie geschaffen wurde. Damit wurden aber nicht nur der Warenverkehr und die Beschaffung von Rohstoffen für die industrielle Verarbeitung innerhalb der Monarchie, sondern auch der Absatz und Transport von landwirtschaftlichen Produkten gefördert. Vollständig ist die Gleichstellung jedoch nicht umgesetzt worden; Ungarn und die dazugehörigen Nebenländer hatten ein davon abweichendes System. Ähnlich dem Zollwesen sollten auch Vorschriften für Handel und Gewerbe innerhalb der Monarchie vereinheitlicht werden (Harkup, 1829, S. 32–37).

2 Konkrete Vorarbeiten zur Gewerbeordnung 1859

Mit dem „Hofkanzley-Decret vom 20. August 1816“ an die niederösterreichische Regierung wurde die Umsetzung des „Allerhöchsten Cabinets-Schreiben vom 11. Julius 1816“ von Kaiser Franz I., nämlich die Errichtung einer eigenen Hofkommission zur „Regulierung der Commerz-

Angelegenheiten“, angeordnet (PGS 109/1816). Aufgabe dieser *K.K. Commerz-Hofcommission* war eine Bestandsaufnahme aller in den Provinzen vorhandenen gewerblichen Einrichtungen. Die Ergebnisse der Arbeit der Kommission sollten nicht zu einer radikalen Abänderung und Vereinheitlichung der in den Provinzen bestehenden gewerblichen Regelungen führen. Vielmehr sollte in den Provinzen eine Anpassung der bestehenden gewerblichen Regelungen an die durch den Fortschritt veränderten Grundsätze des gewerblichen Systems erfolgen. Dabei sollten aber jedenfalls regionale Besonderheiten weiter Berücksichtigung finden. Die Bestandserhebung der gewerbe- und handelsrechtlichen Bestimmungen erfolgte in den einzelnen Landesteilen jeweils durch ausgewählte hohe Staatsbeamte, welche die Ergebnisse ihrer Arbeit an den Präsidenten der Commerz-Kommission weiterzuleiten hatten. 1824 wurde die Commerz-Kommission aufgelöst und die Agenden wurden an die allgemeine Hofkammer übertragen. Diese baute auf die Arbeiten der vorangegangenen Kommission auf und veröffentlichte 1826 die Ergebnisse der Arbeiten unter dem Titel „[…] die Grundsätze der bestehenden Gewerbsgesetzgebung […]“ (Kopetz, 1829, Band I, S. III–XII). Basierend auf diesen Erkenntnissen, setzte eine Wachstumsphase des Gewerbes, des Handels und der Industrie ab den Zwanzigerjahren des 19. Jahrhunderts ein.

1835 wurde Kaiser Ferdinand I. (1793–1875) von der noch unter seinem Vorgänger errichteten Kommission ein erster Entwurf für eine Gewerbeordnung vorgelegt, der unter anderem neben den konzessionierten Gewerben auch freie Gewerbe – es bedurfte zur Gewerbeausübung keiner behördlichen Genehmigung, sondern nur einer Anmeldung der beabsichtigten Gewerbeausübung bei der Behörde – und die Aufhebung der Zünfte als Zwangsverbände vorsah. Dieser Entwurf musste wegen heftiger Widerstände zurückgezogen werden (Garhofer, 1949, S. 485). Unter Franz Joseph I. (1830–1916; regierte ab 1848) wurde 1851 ein Entwurf der Wiener Handelskammer vorgelegt, der nicht besonders weitreichend war. So sollte beispielsweise nur die Organisation des Zunftwesens reformiert, der Zugang zur Gewerbeausübung aber weiterhin sehr restriktiv gehandhabt werden (Garhofer, 1949, S. 488; Wimmer, 2011, S. 48–49).

Im Jahr 1854 wurde ein weiterer Entwurf für eine Gewerbeordnung vorgelegt, der aber auf breite Ablehnung stieß und somit nicht in Kraft gesetzt wurde, weil er die Gewerbefreiheit massiv einschränkte, indem der Zugang zur Gewerbeausübung erheblich erschwert werden sollte (Garhofer 1949, S. 488). Ebenso wenig wurde der diesem Entwurf diametral entgegenstehende liberale Entwurf aus dem Jahr 1856 in Kraft gesetzt (N.N., 1855; Kulisch, 1905 S. 65–67; Arbeitsgemeinschaft Österreichische Rechtsgeschichte, 2016, S. 195–210). Dieser Entwurf entspricht vom Aufbau, der Gliederung in neun *Hauptstücke* und einen Anhang, und den darin behandelten Bereichen vollständig der Gewerbeordnung, welche mit 1. Mai 1860 (RGBl. 227/1859) dann tatsächlich in Kraft gesetzt wurde. Auch die Präambel stimmt wortwörtlich überein. Ein ganz wesentlicher Punkt in der Gesetzgebung ganz allgemein, der auch hier in der Präambel berücksichtigt wurde, besteht darin, dass anders- und entgegenlautende Rechtsvorschriften mit dem Datum des Inkrafttretens eines Gesetzes außer Wirksamkeit gesetzt werden. Dies ist hier erfolgt und sollte verhindern, dass nebeneinander verschiedene, teils divergierende gesetzliche Regelungen bestehen, welche die Rechtsanwendung erschweren und der Rechtssicherheit abträglich sind[9]. Dass man sich in Juristenkreisen zur Mitte des 19. Jahrhunderts mit der absoluten Geltung von Rechtsvorschriften und der Zurückdrängung des Gewohnheitsrechts als subsidiärer Rechtsquelle noch nicht wirklich anfreunden konnte, belegen die Ausführungen von Seltsam und Posselt zu Art III. der Präambel der GewO 1859 (Seltsam-Posselt, 1885, S. 2).

3 Rechte und Pflichten aus dem Beschäftigungsverhältnis – zwischen Obsorge- und Treuepflicht

Sowohl im Entwurf von 1854 als auch in der Gewerbeordnung von 1859 finden sich Vorschriften das gewerbliche Hilfspersonal betreffend im 6. Hauptstück. Unter gewerblichem Hilfspersonal werden sowohl die Gehilfen als auch die Lehrlinge verstanden.[10] Gleichzeitig wird in § 72 GewO auch ausdrücklich darauf verwiesen, dass, sofern keine Regelungen dazu in der Gewerbeordnung enthalten sind, subsidiär, also in einem zweiten Schritt, zur Lückenfüllung das ABGB aus dem Jahre 1812 heranzuziehen

[9] Präambel, Punkt III, Kaiserliches Patent vom 20. December 1859.

[10] § 72 GewO 1859.

ist[11]. Ähnliche Regelungen finden sich heute beispielsweise im Arbeitsrecht und im Unternehmensrecht, auch hier ist das ABGB als subsidiäre Rechtsquelle heranzuziehen.

3.1 Gehilfen

Unter dem Sammelbegriff *Gehilfen* werden in der GewO 1859 „Handlungsdiener, Gesellen, Fabriksarbeiter und die in gleichen Dienstverhältnissen stehenden weiblichen Hilfsarbeiter verstanden" (§ 73 GewO). In § 76 GewO ist ausdrücklich vorgesehen, dass die Gehilfen gegenüber ihren Dienstgebern Treuepflichten – wie es sie auch heute im Arbeitsrecht gibt – wahrzunehmen haben. Darunter fallen „Folgsamkeit und Achtung", anständiges Betragen, Einhaltung der vereinbarten Arbeitszeiten, Verschwiegenheitspflichten und sich gegenüber den Kollegen, aber auch den Hausgenossen „verträglich zu benehmen". Darüber hinaus hatten Lehrlinge und unter der Aufsicht von Gesellen arbeitende Kinder von diesen „gut" behandelt zu werden. Ein Anstellungs- bzw. Ausbildungsverhältnis bedeutete zur Mitte des 19. Jahrhunderts auch in vielen Fällen die Aufnahme und Eingliederung in den erweiterten Familienverband des Arbeitgebers. Im Gegenzug hatte der Dienstgeber die Verpflichtung, die Bezüge rechtzeitig auszuzahlen, die Gesellen anständig zu behandeln und diesen beim Austritt ein „wahrheitsgetreues" Dienstzeugnis auszustellen – diese Pflichten entsprechen heute großteils den Fürsorgepflichten des Arbeitgebers. In den Paragrafen 82 bis 84 GewO 1859 werden Sonderregelungen für gewerbliche Betriebe dargestellt, die mehr als 20 Arbeiter – unabhängig von deren Geschlecht und Alter – beschäftigen. Hier gelten insofern besondere Vorschriften, als zwingend Verzeichnisse der beschäftigten Arbeitskräfte anzufertigen sind und eine Dienstordnung, welche beispielsweise Art und Dauer der Tätigkeit und Entlohnungsbestimmungen zu enthalten hat, im Betrieb angeschlagen werden muss. Diese Verzeichnisse sind vor Inkrafttreten der Behörde vorzulegen und können von dieser überprüft werden. In den Paragrafen 86 und 87 der GewO 1859 wird auf die Beschäftigung von Kindern in größeren „Gewerbsunternehmungen", also mit mehr als 20 Arbeitern, eingegangen.

---

11 Allgemeines bürgerliches Gesetzbuch für die gesamten Deutschen Erbländer der Oesterreichischen Monarchie, Wien 1811; K.K. Hof-und Staatsdruckerei; Patent vom 1. Juni 1811, JGS 946/1811.

An dieser Stelle bedarf es einer Klarstellung des Begriffs *Kind*.

Im ABGB von 1812 werden in § 21 die Personengruppen aufgezählt, die unter dem „besonderen Schutz der Gesetze“ stehen, unter anderem auch „Kinder“. Hier werden sie bis zur Vollendung des 7. Lebensjahres als Kinder, vom vollendeten 7. Lebensjahr bis zur Vollendung des 14. Lebensjahres als Unmündige, vom vollendeten 14. Lebensjahr bis zum vollendeten 24. Lebensjahr als Minderjährige und ab dem vollendeten 24. Lebensjahr als Volljährige bezeichnet[12].

Die Ausführungen Franz von Zeillers in seinem Kommentar zum ABGB aus dem Jahr 1811 zu § 151 veranschaulichen deutlich, dass der Einsatz von „Kindern“ als Arbeitskraft in Gewerbebetrieben alltäglich war. Er führt dazu aus: „Kinder, die mechanischen Beschäftigungen, einem Gewerbe oder einer Handlung gewidmet sind, können sich schon in der Minderjährigkeit, oder wohl auch während der Unmündigkeit durch eigenen Fleiß erwerben. Empfangen sie noch den Unterhalt von dem Vater, so gehört ihm auch der Erwerb, weil zu vermuthen ist, daß selber den Aufwand auf die Erziehung nicht übersteige. Nur wenn das Gegentheil offenbar und der Überschuß beträchtlich wäre, könnte ihn das Kind in Anspruch nehmen“ (Zeiller, 1811, zu § 151).

Das heißt nichts anderes, als dass auch Kinder, in diesem Fall also Minderjährige und Unmündige, in Gewerbebetrieben arbeiten dürfen und damit ein eigenes Einkommen erzielen können. Dieses erwerbstätige Einkommen des Kindes steht aber dem Vater zu, weil die rechtliche Vermutung besteht, dass das erwirtschaftete Einkommen des Kindes die Unterhaltsaufwendungen, die der Vater für das Kind tätigt, nicht übersteigt. Nur wenn das Gegenteil bewiesen werden kann und das Einkommen des Kindes deutlich höher ist als die Unterhaltsaufwendungen des Vaters, kann das Kind das selbstständig erwirtschaftete Einkommen abzüglich der Unterhaltsaufwendungen des Vaters für sich beanspruchen.

In den Paragrafen 170 bis 174 ABGB i. d. F. 2020 wird die Handlungsfähigkeit, worunter auch die Geschäftsfähigkeit fällt, wie folgt definiert: Kinder unter sieben Jahren sind geschäftsunfähig, Jugendliche zwischen sieben und 14 Jahren gelten als unmündige Minderjährige und können ausschließlich altersübliche Geschäfte des täglichen Lebens abschließen.

---

[12] § 21 ABGB 1812, JGS 946/1811.

Mündige Minderjährige zwischen dem 14. und vollendeten 18. Lebensjahr können sich selbstständig zu Dienstleistungen verpflichten und selbstständig über ihre Einkünfte verfügen[13]. Wie hieraus zu erkennen ist, deckt sich der umgangssprachliche Begriff Kind nicht mit dem rechtlichen Begriff im ABGB. Aber auch im ABGB wird der Begriff nicht einheitlich verwendet. So wird beispielsweise bei der Geschäftsfähigkeit, wie soeben dargestellt, als Kind die Altersgruppe von null bis sieben Jahren verstanden, im Erbrecht werden hingegen unter Kind (§ 681 ABGB) die Töchter und Söhne eines Verstorbenen bzw. deren Nachkommen, unabhängig von deren Alter, verstanden.

Unter Einfluss der englischen Sozialgesetzgebung wurde im Hofkanzleidekret vom 11. Juni 1842 die Beschäftigung von Kindern unter neun Jahren gänzlich untersagt, für Kinder zwischen neun und zwölf Jahren wurde die Maximalarbeitszeit mit zehn Stunden festgesetzt und für die Altersgruppe der Minderjährigen, die das 16. Lebensjahr noch nicht vollendet hatten, wurde die Maximalarbeitszeit mit zwölf Stunden begrenzt. Zusätzlich dazu wurde für diese Altersgruppe ein ausdrückliches Beschäftigungsverbot während der Nachtstunden erlassen (Weber, 1949, S. 578; Hawelka, 1913, S. 5)[14].

In § 86 GewO 1859 werden die Bedingungen, unter denen Kinder in Gewerbebetrieben mit mehr als 20 ArbeitnehmerInnen beschäftigt werden dürfen, näher ausgeführt. Kinder unter zehn Jahren dürfen gar nicht beschäftigt werden, Kinder zwischen zehn und zwölf Jahren nur mit Erlaubnisschein, der vom Vater oder Vormund bei der Gemeinde beantragt wer-

---

[13] Vgl. dazu auch die Definitionen in § 21 Abs 2 ABGB i. d. F. 2020.

[14] Vgl. dazu auch Weber (1949), S. 577–600; Bericht des volkswirtschaftlichen Ausschusses über die Vorlage des Staatsrates (44 der Beilagen), betreffend das Gesetz über die Kinderarbeit in 88 der Beilagen der provisorischen Nationalversammlung, Wien 1918, S. 1–3. Trotz intensivster Recherchen in den einschlägigen Gesetzessammlungen (Josephinische Gesetzessammlung – Justizgesetzsammlung und die private Gesetzessammlung Kropatschek) konnten das Hofdekret vom 18. Februar 1787 und das Hofkanzleidekret vom 11. Juni 1842, welche die Kinderarbeit erstmals normierten, nicht aufgefunden werden. Diese beiden Hofdekrete werden zwar in der Literatur immer wieder zitiert, jedoch ohne Fundstellennachweis. An dieser Stelle bedanke ich mich herzlich bei Hofrat Mag. Just, Direktor des Haus-, Hof- und Staatsarchivs, und seinem Mitarbeiter, Herrn Fliri BA MA, die versucht haben, mir in dieser Causa zu helfen. Wie es aussieht, sind die angesprochenen Hofdekrete leider im Zuge des Justizpalastbrandes 1927 zerstört worden.

den muss. Kinder dürfen aber nur zu solchen Arbeiten herangezogen werden, welche weder für ihre Gesundheit noch die körperliche Entwicklung nachteilig sind. Der Erlaubnisschein darf aber nur dann ausgestellt werden, wenn sichergestellt werden kann, dass die Kinder trotz Beschäftigung im Gewerbebetrieb eine „ordentliche Schule“ besuchen können, oder wenn der Gewerbeinhaber besondere Schulen für den Unterricht der beschäftigten Kinder eingerichtet hat[15]. Aus dieser Regelung in § 86 GewO 1859 kann aber im Wege des Umkehrschlusses abgeleitet werden, dass eine Beschäftigung von Kindern unter zehn Jahren in Gewerbebetrieben, welche weniger als 20 Personen beschäftigen, zulässig war. Dies wird vor allem bei kleinen Familienbetrieben der Fall gewesen sein, wo die Schutzvorschriften nicht anwendbar waren.

§ 87 GewO 1859 legt die täglich zulässige maximale Arbeitszeit für „Individuen“, Kinder unter 14 Jahren, mit zehn Stunden und für die Altersgruppe zwischen 14 und 16 Jahren mit zwölf Stunden fest, wobei eine entsprechende Einteilung der Arbeitszeit mit Ruhepausen vorzusehen war. Dass unter diesen Vorgaben und Bedingungen ein sinnvoller und zumutbarer regulärer Schulbesuch für Kinder neben ihrer Erwerbstätigkeit stattfinden sollte, darf angezweifelt werden. Nachtarbeit im Zeitraum zwischen 21 Uhr und 5 Uhr Früh war für Kinder unter 16 Jahren nicht erlaubt. In jenen Gewerbebetrieben, wo die Erbringung der Arbeitsleistung rund um die Uhr erforderlich war, konnte die Behörde für Kinder unter 16 Jahren Ausnahmen genehmigen. Dabei war aber auf eine angemessene Abwechslung zwischen Tag- und Nachtarbeit zu achten. Eine Beschäftigung in der Nacht für Kinder unter 14 Jahren war aber ausnahmslos verboten. Eine weitere Ausnahmemöglichkeit, allerdings befristet auf vier Wochen, sah die Erhöhung der Tagesarbeitszeit für Arbeiter unter 16 Jahren von zwölf auf 14 Stunden vor.[16]

---

15 § 86 GewO 1859.

16 Vgl. dazu das Hofkanzleidekret vom 11. Juni 1842 – siehe dazu die Ausführungen zu FN 14.

3.2 Lehrlinge

Für Lehrlinge, das sind Personen, die bei einem selbstständigen Gewerbetreibenden zur praktischen Erlernung des Gewerbes beschäftigt wurden[17], galten wiederum eigene Bestimmungen. So hatte der Gewerbeinhaber, der minderjährige Lehrlinge ausbilden wollte, zumindest das 24. Lebensjahr vollendet zu haben und durfte nicht wegen eines Verbrechens, eines aus Gewinnsucht begangenen oder gegen die Sittlichkeit gerichteten Vergehens, verurteilt worden sein.[18] Darüber hinaus war die Befugnis, minderjährige Lehrlinge auszubilden bzw. Kinder zu beschäftigen, Gewerbeinhabern behördlich zu untersagen, wenn die „Anvertrauung von Minderjährigen" wegen Verstößen gegen gesetzliche Vorschriften geboten erschien[19]. Die politische Behörde konnte jedoch auch in diesen Fällen Ausnahmen gestatten. Zu Beginn des Lehrverhältnisses wurde in der Regel eine Probezeit vereinbart, die nicht länger als zwei Monate dauern durfte und innerhalb deren sowohl der Lehrherr als auch der angehende Lehrling jederzeit das Lehrverhältnis ohne Angabe von Gründen aufkündigen konnten[20]. Dieser Lehrvertrag war vom Lehrherrn seiner Genossenschaft (Standesvertretung) oder, sofern keine Genossenschaft für das Gewerbe eingerichtet war, der Gemeinde zur Genehmigung vorzulegen und dort zu verwahren[21]. Die Dauer des Lehrverhältnisses war nach den örtlichen Gegebenheiten zu bemessen und durfte nicht willkürlich verlängert werden. Der freien Übereinkunft hingegen waren die Bedingungen für die Verköstigung und für die Zurverfügungstellung von Wohnraum usw. vorbehalten. War nichts diesbezüglich vereinbart, so war bei Streitigkeiten darüber der Ortsgebrauch als Maßstab heranzuziehen[22].

3.3 Folgsamkeit und häusliche Zucht

In den Paragrafen 93 bis 95 GewO 1859 werden die Pflichten des Lehrlings, aber auch die Pflichten des Lehrherrn näher definiert. So war der

17 § 88 GewO 1859.
18 § 89 GewO 1859.
19 § 137 GewO 1859.
20 § 91 GewO 1859.
21 § 90 GewO 1859.
22 § 92 GewO 1859.

Lehrling seinem Lehrherrn zu „Folgsamkeit, Treue, Fleiß, anständigem Betragen und Verschwiegenheit“ verpflichtet und musste den Anweisungen des Gewerbeinhabers Folge leisten. Als Teil dieser umfassenden persönlichen Verpflichtungen waren minderjährige Lehrlinge auch der „häuslichen Zucht des Lehrherrn“ unterworfen und standen unter dessen Schutz und Obsorge[23].

Um diese Begriffe, insbesondere den Umfang der „häuslichen Zucht“, aber auch den der Schutz- und Obsorgepflicht des Lehrherrn, näher zu erläutern und zu verstehen, bedarf es wiederum eines Blickes in das ABGB von 1812.

In § 139 ABGB 1812 werden die Pflichten der Eltern näher ausgeführt. Sie haben ihre ehelichen Kinder gemeinsam zu erziehen, sich um Leben und Gesundheit der Kinder zu sorgen, ihnen den anständigen Unterhalt zu gewähren, ihre körperliche und geistige Entwicklung zu fördern, sie in Religion zu unterrichten und ihnen nützliche Kenntnisse zu vermitteln, damit sie ihre Zukunft in Wohlstand erleben können. Zeiller konkretisiert diese Bestimmung insofern, als er von physischer, moralischer, religiöser und technischer Erziehung spricht; unter Letzterem versteht er die Erlangung von Fertigkeiten, worunter das Erlernen eines Berufes zu verstehen ist (Zeiller, 1811, Band I, § 139). Die Aufgaben bei der Erziehung und Versorgung der Kinder wurden zwischen Vater und Mutter im ABGB 1812 wie folgt verteilt: Die vorzügliche Pflicht des Vaters bestand in der Leistung des Unterhalts, die Pflege von Körper und Gesundheit oblag primär der Mutter (ABGB § 141). Wie lange die Unterhaltsverpflichtung des Vaters gegenüber seinen Kindern bestand, hing von verschiedenen Faktoren ab. Neben dem Alter spielten auch die körperliche und geistige Gesundheit des Kindes eine Rolle, daneben aber auch die „künftige Bestimmung des Kindes“, der Stand der Eltern und nicht zuletzt deren Vermögensverhältnisse (Zeiller, 1811, zu § 140 ABGB). „Ein unvermögender Arbeitsmann wird mit Recht auch schon sein unmündiges, gesundes, zu dem nähmlichen Stande bestimmtes Kind zum eigenen oder gemeinschaftlichen Erwerb anhalten ...“ Im Gegensatz dazu wird ein vermögender Vater von höherem Stand länger Unterhalt leisten müssen, da dessen Kind auf „einen edleren, längere Vorbereitung erfordernden Erwerb Anspruch hat“ (Zeiller, 1811, zu § 141). § 144 ABGB 1812 sieht vor, dass die Eltern einvernehm-

[23] § 93 GewO 1859.

lich das Recht haben, die Handlungen ihrer Kinder zu leiten, im Gegenzug dazu sind die Kinder verpflichtet, den Eltern Ehrfurcht und Gehorsam entgegenzubringen. Im Falle divergierender Ansichten der Eltern in Erziehungsfragen spricht sich Zeiller ausdrücklich für das abschließende Entscheidungsrecht des Mannes aus (Zeiller, 1811, zu § 144). Um die Erziehungsmaßnahmen um- und durchzusetzen, sind die Eltern berechtigt, „[…] unsittliche, ungehorsame oder die häusliche Ordnung und Ruhe störende Kinder auf eine nicht übertriebene und ihrer Gesundheit schädliche Art zu züchtigen“ (§ 145 ABGB 1812). Diese Rechte der Eltern stellen laut Zeiller ein notwendiges Mittel dar, um die Kinder zu erziehen, zu leiten und sie unter „genauer Aufsicht“ zu halten. Dieses Recht implizierte auch das Recht der Eltern, ihre Kinder zu züchtigen, wobei das Züchtigungsrecht allerdings nur so weit gehen durfte, als es notwendig war, um die Ordnung innerhalb der Familie wiederherzustellen. Der Begriff Familie ist in diesem Zusammenhang durchaus weit gefasst zu verstehen, da auch das Gesinde und das Dienstpersonal davon umfasst waren. Bei gravierenden Überschreitungen des Züchtigungsrechts drohten den Eltern sowohl zivil- als auch strafrechtliche Konsequenzen (Zeiller, 1811, zu § 145).

3.4 Fürsorgepflicht des Lehrherrn

Als Teil dieser Schutz- und Obsorgeverpflichtung des Lehrherrn gegenüber seinen Lehrlingen sind auf Basis und in Anlehnung an die soeben dargestellten Bestimmungen das ABGB 1812, welche die wechselseitigen Rechte und Pflichten der Eltern und Kinder regeln, die Paragrafen 94 und 95 GewO 1859 zu verstehen. § 94 GewO 1859 bestimmt ausdrücklich, dass im Krankheitsfall die im selben Haushalt mit dem Lehrherrn lebenden Lehrlinge die gleichen Ansprüche auf medizinische Hilfe und Versorgung haben wie deren Dienstboten. Der Lehrherr ist darüber hinaus ausdrücklich dazu verpflichtet, den Lehrling in der gewerblichen Tätigkeit entsprechend auszubilden und ihm dafür die erforderliche Zeit zur Verfügung zu stellen sowie ihm fachliche Anleitung zu geben. Lehrlinge dürfen daher nicht zu anderen Dienstleistungen herangezogen werden, sofern diese die Ausbildung beeinträchtigen können. Auf die umfassende Verpflichtung des Lehrherrn zur Ausbildung, aber auch zur Erziehung der ihm anvertrauten minderjährigen Lehrlinge wird in § 95 GewO 1859 näher eingegangen. Minderjährige Lehrlinge haben vom Lehrherrn zu Fleiß, zum sittlichen Lebenswandel, zur Erfüllung der religiösen Pflichten, zum Besuch des gesetzlich vorgeschriebenen Unterrichts und im Falle, dass im Ort eine gewerbliche Fachschule für Lehrlinge besteht, mit Nachdruck zum Besuch derselben angehalten zu werden[24]. Die körperliche Misshandlung der anvertrauten minderjährigen Lehrlinge ist den Lehrherrn ausdrücklich untersagt, auch haben sie diese vor Übergriffen und Misshandlungen durch „Dienst- und Hausgenossen", vor Arbeits- und Ausbildungskollegen und den übrigen Personen im gemeinsamen Hausverband zu schützen. Sollte ein minderjähriger Lehrling erkranken, sich unbefugt aus dem Lehrverhältnis entfernen („entlaufen") oder andere wichtige Vorkommnisse eintreten, so hat der Lehrherr die Eltern, allenfalls bestellte Vormünder oder andere Angehörige des Lehrlings darüber unverzüglich zu verständigen.

3.5 Erlaubte/unerlaubte Beendigung des Ausbildungsverhältnisses

Im folgenden Paragrafen (§ 96 GewO 1859) werden die Gründe taxativ (abschließend) aufgezählt, welche den Lehrherrn einerseits, aber auch den Lehrling andererseits in die Lage versetzen, das Lehrverhältnis vor Ablauf der vorgegebenen bzw. vereinbarten Lehrzeit aufzulösen. Diese außerordentliche vorzeitige Beendigung des Lehrverhältnisses ist an das Vorliegen wichtiger Gründe geknüpft. Auflösungsgründe sind aufseiten des Lehrherrn, wenn der Lehrling „zum Dienste unbrauchbar befunden wird" oder eine Handlung während des aufrechten Dienstverhältnisses setzt, die ihn in begründeter Weise vertrauensunwürdig macht, bzw. wenn der Lehrherr von solch einer Handlung nach bereits erfolgter Aufnahme erfährt. Diese Bestimmungen sind ident mit jenen, die in § 78 GewO 1859 für „Gehilfen" gelten. Weitere Gründe zur vorzeitigen Auflösung sind, wenn der Lehrling mehr als sechs Monate an der Erbringung seiner Arbeitsleistung verhindert ist und wenn der Lehrling länger als einen Monat Gefängnisstrafe zu verbüßen hat. Der Lehrling bzw. seine gesetzlichen Vertreter sind zur unverzüglichen Auflösung des Lehrverhältnisses berechtigt: Wenn der Lehrherr die ihm obliegenden Pflichten grob vernachlässigt oder versucht, den Lehrling zu unsittlichen oder gesetzwidrigen Handlungen zu verleiten, oder das Recht der „häuslichen Zucht" mißbraucht; wenn der Lehr-

24 Vgl. dazu auch: Wimmer (2015), S. 114–116.

herr eine Gefängnisstrafe zu verbüßen hat, die für länger als einen Monat verhängt wurde, aber auch für kürzere Gefängnisstrafen, sofern während der Verbüßung der Haftstrafe nicht für den Lebensunterhalt des Lehrlings gesorgt ist; wenn die Gewerbebehörde dem Lehrherrn die Ausübung des Gewerbes befristet oder ganz untersagt und wenn der Lehrherr mit seinem Betrieb in eine andere Gemeinde übersiedelt. In diesem Fall kann die sofortige Auflösung des Lehrverhältnisses binnen zwei Monaten nach der erfolgten Übersiedelung begehrt werden.[25] Ein automatisches Erlöschen des Ausbildungsvertrages ist für den Fall des Todes des Lehrherrn oder des Lehrlings, aber auch für die Zurücklegung der Gewerbeausübung durch den Lehrherrn vorgesehen[26].

Sollte die Beendigung des Lehr- und Ausbildungsverhältnisses einseitig durch den Lehrherrn ohne Vorliegen von zu rechtfertigenden Gründen erfolgen, hat der Lehrling, gleich wie die Gehilfen, Anspruch auf den ausständigen Lohn und auch auf Auszahlung des Lohnes innerhalb der gesetzlich vorgesehenen Kündigungsfrist.[27] Verlässt ein Lehrling – auch hier wird auf die entsprechende Bestimmung für Gehilfen verwiesen – ohne Vorliegen wichtiger Gründe seinen Lehrherrn, so kann dieser verlangen, dass der Lehrling durch die Behörde zur Rückkehr gezwungen wird, um die noch ausständigen Arbeiten zu erledigen. Außerdem wird der Lehrling verpflichtet, dem Lehrherrn den durch den unerlaubten Austritt entstandenen Schaden zu ersetzen, und ist für sein Verhalten „angemessen zu bestrafen“[28]. Bei Einstellung des Gewerbebetriebes, ebenso im Falle des Todes des Lehrlings erlischt das Lehr- und Ausbildungsverhältnis sofort. Wird aus anderen Gründen der Gewerbebetrieb mit sofortiger Wirkung beendet, sind die Lehrlinge wie die Gehilfen für den entgangenen Lohn während der ihnen zustehenden Kündigungsfrist zu entschädigen[29].

3.6 Arbeitsbücher

Die Arbeitsbücher hatten den Zweck, die Beschäftigungsverhältnisse, aber auch das Betragen des gewerblichen Hilfspersonals zu dokumentieren,

25 § 96 GewO 1859, ident mit § 96 Entwurf der GewO von 1854.

26 § 98 GewO 1859.

27 § 79 GewO 1859.

28 § 80 GewO 1859; vgl. dazu auch § 101 GewO 1859.

29 § 81 GewO 1859.

und sollten die Dienstzeugnisse ersetzen. Die Arbeitsbücher wurden von der Genossenschaft oder dem Gemeindevorsteher ausgestellt, nachdem der Gewerbeinhaber sich bereit erklärt hatte, den Gehilfen aufzunehmen – also noch vor dem Beginn der eigentlichen Tätigkeit. Die kostenpflichtigen Arbeitsbücher bestanden aus 40 fadengehefteten Blättern und waren

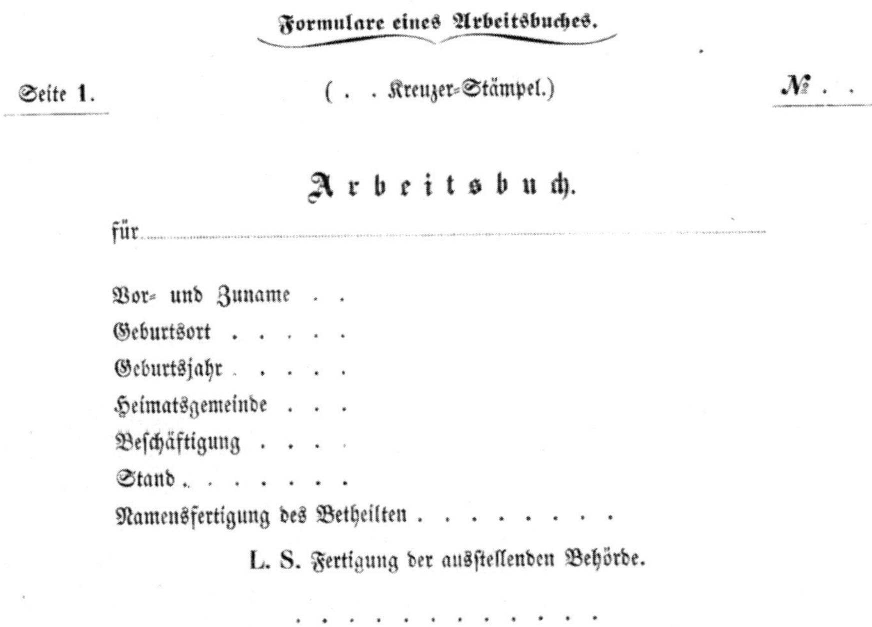
Formulare eines Arbeitsbuches.

Seite 1. (. . Kreuzer-Stämpel.) № . .

Arbeitsbuch.

für ......

Vor- und Zuname . .
Geburtsort . . . . .
Geburtsjahr . . . . .
Heimatsgemeinde . . .
Beschäftigung . . . .
Stand . . . .
Namensfertigung des Betheilten . . . .

L. S. Fertigung der ausstellenden Behörde.

. . . .

Abbildung 1: Formular eines Arbeitsbuches zur GewO 1859.

mit dem Siegel der ausstellenden Behörde versehen, um Fälschungen zu verhindern. Jeder Gehilfe hatte sich von der Behörde seines Aufenthaltsortes oder seiner Heimatbehörde, falls der Aufenthaltsort nicht mit dem Wohnort übereinstimmte, ein Arbeitsbuch ausstellen zu lassen. Die ausstellende Behörde hatte die Arbeitsbücher genau zu erfassen und Buch darüber zu führen; dies nicht zuletzt deshalb, weil die Arbeitsbücher auch als Reisedokumente dienten. Beim Wechsel der Anstellung hatte der Gehilfe Anspruch auf die Aushändigung des in der Regel beim Gewerbeinhaber verwahrten Arbeitsbuches. Im Arbeitsbuch wurde neben den persönlichen Daten wie Name, Geburtsort, Geburtsjahr usw. auch über „die Treue und Sittlichkeit, Fleiß und Geschicklichkeit“ des Gehilfen Auskunft gegeben. Diese weiterführenden Angaben sollten aber nur dann in das Arbeitsbuch aufgenommen werden, wenn diese für den Gehilfen günstig waren; andernfalls hatten diese zu unterbleiben. Für wahrheitswidrige Eintragungen durch den Gewerbeinhaber waren „angemessene Strafen“ vorgesehen. Die Eintragungen des Gewerbeinhabers im Arbeitsbuch konnten – im Falle der Weigerung, eine Eintragung vorzunehmen – auch von der zuständigen Behörde ersatzweise vorgenommen werden; diese hatten jedoch den Zusatz „nach gepflogener Untersuchung“ zu enthalten.

4 Organisation der Gewerbetreibenden

Gewerbetreibende gleicher oder verwandter Gewerbe in derselben oder einer benachbarten Gemeinde hatten sich verpflichtend zu Genossenschaften zusammenzuschließen (§ 106–112 GewO 1859). Gehilfen und Lehrlinge der Gewerbetreibenden waren automatisch den Statuten der jeweiligen Genossenschaft unterworfen (§ 113 GewO 1859). Die Aufgaben dieser Genossenschaften waren vielfältig und reichten von Regelungen zur Beschäftigung von Lehrlingen und Gehilfen über die Streitbeilegung zwischen Gewerbetreibenden untereinander und mit ihren Lehrlingen und Gehilfen sowie die Gründung und Förderung von Fachschulen bis zur Erstattung von Auskünften und Gutachten an Behörden und Kammern (§ 114 GewO 1859). Ausdrücklich wird in § 116 GewO 1859 bestimmt, dass die Errichtung von Genossenschaften in keiner Weise den Zugang zu bzw. die Ausübung von einzelnen Gewerben einschränken darf. Die Grenzen der Gewerbeausübung – von der Aufnahme der Tätigkeit über die Ausübung bis zur Beendigung – werden ausschließlich von der Gewerbeordnung bestimmt (§ 115 GewO 1859). Diese Bestimmung ist eine klare Absage an die Weiterführung zunftähnlicher Zustände und gleichzeitig eine nochmalige Bekräftigung des Absolutheitsanspruches der Gewerbeordnung, der bereits in der Präambel zum Ausdruck kommt.

4.1 Gewerbebehörden

Für die Anmeldung eines Gewerbes, für die Ausstellung einer Konzession – sofern erforderlich – und für die Überwachung der Vorschriften und die Verhängung von Strafen bei Verstößen gegen die Gewerbeordnung sind in erster Instanz die politischen Verwaltungsbehörden als „Gewerbsbehörden“ zuständig (§ 141 GewO 1859). Als zweite Instanz fungieren die „politischen Länderstellen“, welche in besonderen Fällen auch als „unmittelbare Verleihungsbehörden“ fungieren. Das heißt, für Anträge auf Erteilung einer Gewerbeberechtigung für das „Pressgewerbe“, den Betrieb von Leihbüchereien und „Lesecabinetten“, das Baumeistergewerbe, für den Betrieb von „periodischen Personentransports-Unternehmungen“ auf Poststraßen, für Gewerbebetriebe, die in mehreren Bezirken tätig sind, und für Betriebe von besonderer Bedeutung für den Staat und dessen Wirtschaft (§ 61 GewO 1859) sind die politischen Länderstellen als Behörde erster Instanz zuständig (§ 142 GewO 1859). Damit wird klar zum Ausdruck gebracht, dass die Obrigkeit besonders sensible Bereiche, wie eben die Herstellung und Verbreitung von Druckwerken, die Errichtung von Bauwerken und die Beförderung von Personen, einer besonders qualifizierten Kontrolle unterwerfen wollte. Dies geschah aus mehreren Gründen: für die staatliche Sicherheit, um beispielsweise sofort auf staatsfeindliche Publikationen reagieren zu können, zum Schutz von Menschenleben und nicht zuletzt wegen der herausragenden Bedeutung der genannten Bereiche für die Wirtschaft und damit den Staatshaushalt. Als oberste Instanz fungierte das Ministerium für Inneres, welches gleichzeitig als erste Instanz in Angelegenheiten des Pressgewerbes (für Orte, wo keine politische Behörde ihren Sitz hatte) und für die Bewilligung des Personentransportgewerbes zuständig war, welches über die Grenzen einzelner Kronländer hinaus betrieben wurde, also den Fernreiseverkehr (§ 143 GewO 1859).

4.2 Strafbestimmungen

Die GewO 1859 sieht ein abgestuftes Strafensystem für Übertretungen vor. Die Strafen reichen vom Verweis über Geldstrafen sowie Arreststrafen von bis zu drei Monaten bis hin zur befristeten oder auch unbefristeten Entziehung der Gewerbeberechtigung (§ 131 GewO 1859). Gegen Gewerbetreibende sind primär Geldbußen zu verhängen, gegenüber Gehilfen und Lehrlingen hingegen Arreststrafen (§ 135 GewO 1859). Dies ist einerseits aus der unterschiedlichen sozialen Stellung von Gewerbetreibenden und Hilfspersonal bzw. Lehrlingen zu erklären, andererseits aber auch mit der wirtschaftlichen Leistungsfähigkeit. Aus heutiger Sicht ist dies zweifelhaft, aber aus damaliger Sicht war eine kurze Arreststrafe für den Großteil der Bevölkerung das geringere Übel, als mit einer Geldbuße belegt zu werden, die das wirtschaftliche Überleben gefährden konnte (Steppan, 2002, S. 112–123). Neben diesen erwähnten Strafen bestand für die Gewerbebehörde bei Verstößen gegen die Vorschriften zur „Behandlung der Lehrlinge oder der in Arbeit stehenden Kinder“ auch die Möglichkeit, dem Gewerbeinhaber das Recht, Lehrlinge oder Kinder in seinem Betrieb zu beschäftigen, für einen bestimmten Zeitraum oder für immer zu entziehen. Diese Rechtsfolgen waren ausdrücklich unabhängig von allfälligen zivil- oder strafrechtlichen Konsequenzen auszusprechen (§ 137 GewO 1859).

5 Zusammenfassung

Bereits in der Neuzeit und zur Zeit des aufgeklärten Absolutismus erkannten österreichische Herrscherpersönlichkeiten die Bedeutung der Wirtschaft in Form von Handel, Gewerbe und Industrie. Diese waren Garanten für einen ausgeglichenen Staatshaushalt und gleichzeitig Arbeitgeber für breite Bevölkerungsschichten. Maria Theresia sowie ihr Sohn und Nachfolger, Joseph II., waren bestrebt, das Zunftwesen zurückzudrängen und diese wichtigen Produktionszweige unter staatliche Kontrolle zu bringen. Dies erfolgte einerseits durch die schrittweise Liberalisierung des Gewerberechts und andererseits durch die Einrichtung von staatlichen Bewilligungs- und Kontrollbehörden. Gleichzeitig wurden sowohl der Handel innerhalb der Monarchie als auch der Fernhandel ausgebaut, wobei man darauf achtete, die Importe so gering wie möglich zu halten. Als geeignetes rechtliches Steuerungsmittel wurde unter Ferdinand I. die Schaffung einer Gewerbeordnung initiiert, welche 1859 unter Franz Joseph I. beschlossen wurde und die mit 1. Mai 1860 in Kraft trat. Die Gesetzgebung im Bereich des Arbeitsrechts, beispielsweise bezüglich Anstellungsverhältnissen, Arbeitszeiten, Kündigungsschutz usw., war bei Weitem nicht so weit gediehen wie die unternehmerfreundlichen Vorschriften für Handel, Gewerbe und Industrie. Hatten bereits Maria Theresia und Joseph II. Vorschriften zum Schutz von minderjährigen Gehilfen und Lehrlingen eingeführt, stagnierten diese Bestrebungen gegen Mitte des 19. Jahrhunderts als Folge des großen Bedarfs an billigen Arbeitskräften in den aufstrebenden Wirtschaftsbetrieben. Dennoch konnten sich einige Mindeststandards herausbilden, welche das Mindestalter von Kindern und Jugendlichen in Betrieben mit über 20 ArbeitnehmerInnen normierten, die maximale Arbeitszeit einschränkten und die Nachtarbeit für Jugendliche und Frauen gänzlich verboten. Gleichzeitig wurde in der Gewerbeordnung von 1859 auch das Verhältnis Lehrherr und Lehrling normiert. Auch hier lassen sich bereits Bestimmungen ausmachen, die den Auszubildenden gewisse Rechte gegenüber ihren Lehrherren zusprachen. So finden sich neben den Treuepflichten des Lehrlings – wie Folgsamkeit, Pünktlichkeit, Fleiß, Verschwiegenheit und anständiges Betragen – auch bereits Fürsorgepflichten des Lehrherrn gegenüber seinen minderjährigen Lehrlingen wie Schutz und Obsorge, ärztliche Versorgung im Krankheitsfall, aber auch noch das Züchtigungsrecht des Gewerbeinhabers gegenüber seinen Lehrlingen. Einen weiteren wesentlichen Schritt in Richtung staatlicher Gewerbehoheit stellten die Arbeitsbücher dar, die von den Gewerbebehörden in erster Instanz auszustellen waren. Ohne Vorlage eines Arbeitsbuches durfte das Beschäftigungs- bzw. Ausbildungsverhältnis nicht aufgenommen werden. Die Arbeitsbücher fungierten als Dokumentation der bisherigen Arbeits- und Dienstverhältnisse, aber auch als Ausweis- und Reisedokumente. Darin wurden die persönlichen Daten des Inhabers, die vorangegangenen Dienst- und Ausbildungsverhältnisse, aber auch das Betragen des Gehilfen oder Lehrlings bzw. die Zufriedenheit des Arbeitsgebers vermerkt.

Die Gewerbeordnung von 1859 stellte einen wichtigen Schritt in Richtung Sicherstellung von Mindeststandards in Hinblick auf die Ausübung von einzelnen Gewerben, gestaffelt nach potenzieller Gefährdung für Leib, Leben und Güter der VerbraucherInnen, dar. Gleichzeitig lassen sich Ansätze von arbeitsrechtlichen Vorschriften zum Schutz von MitarbeiterInnen, insbesondere von Minderjährigen (Altersgrenzen, Arbeitszeiten, Beschäftigungsverbote), erkennen.

Es sollte in Folge noch bis zum Ende des 19. Jahrhunderts (GewO-Novelle 1885) bzw. bis zum ersten Drittel des 20. Jahrhunderts (GewO-Novellen 1919, 1925, 1933 und 1935) dauern, bis signifikante rechtliche Verbesserungen in diesem Bereich umgesetzt wurden.

Literaturverzeichnis

Allgemeines bürgerliches Gesetzbuch für die gesamten Deutschen Erbländer der Oesterreichischen Monarchie (1811). *Patent vom 1. Juni 1811*. JGS 946/1811. Wien: K.K. Hof-und Staatsdruckerei. In Kraft getreten am 1.1.1812.

Arbeitsgemeinschaft Österreichische Rechtsgeschichte (2016). *Rechts- und Verfassungsgeschichte.* 4. Auflage. Wien: facultas Verlag.

Bericht des volkswirtschaftlichen Ausschusses über die Vorlage des Staatsrates (44 der Beilagen), betreffend das Gesetz über die Kinderarbeit (1918). In: *88 der Beilagen der provisorischen Nationalversammlung* (S. 1–3). Wien.

Brockhaus (1841). *Bilder-Conversations-Lexikon.* Zunft. Band 4. Leipzig.

Czeike, F. (1997). Seidenmanufakturen. In: *Historisches Lexikon Wien.* Band 5 (S. 194). Wien: Verlag Kremayr & Scheriau.

Errichtung der Hofcommission in Commerz-Sachen. In: *Politische Gesetzessammlung* (PGS), Nr. 109 vom 20. August 1816. Wien.

Garhofer, E. (1949). Hundert Jahre österreichische Gewerbepolitik. In: *Hundert Jahre österreichische Wirtschaftsentwicklung 1848–1948.* Hans Mayer (Hrsg.), (S. 480–517). Wien.

Hauer, F. Edler von (1824). *Praktische Darstellung der in Oesterreich unter der Enns für das Unterthansfach bestehenden Gesetze.* Band 1, 3. Auflage. Wien.

Handwerksgenerale und Fundamentalpatent vom 16. November 1731, wiederverlautbart im Hofreskript vom 15. August 1750, JGS 110/1750.

Harkup, J. (1829). *Handels- und Gewerbsverfassung des österreichischen Kaiserstaates.* Wien.

Hawelka, F. (1913). *Die gesetzlichen Bestimmungen über die Kinderarbeit in Österreich, Ungarn, dem Deutschen Reiche, der Schweiz, England, Frankreich und Italien.* Wien: k. k. Hof- und Staatsdruckerei.

Kaiserliches Patent vom 20. December 1859, womit eine Gewerbe-Ordnung für den ganzen Umfang des Reiches, mit Ausnahme des venetianischen Verwaltungsgebietes und der Militärgrenze, erlassen und vom 1. Mai 1860 angefangen in Wirksamkeit gesetzt wird. RGBl. 227/1859.

Kopetz, W. G. (1829). *Allgemeine österreichische Gewerbs-Gesetzkunde, oder systematische Darstellung der gesetzlichen Verfassung der Manufacturs- und Handelsgewerbe des österreichischen Kaiserstaates.* Band I. Wien: Verlag Friedrich Volke.

Kropatschek, J. (Hrsg.) (1786). *Handbuch aller unter der Regierung des Kaisers Joseph des II. für die K.K. Erbländer ergangenen Verordnungen und Gesetze in einer Sistematischen Verbindung.* Band 1. Wien.

Kulisch, M. (1905). *System des österreichischen Gewerberechtes mit Berücksichtigung des neuesten Regierungsentwurfes.* Band I. Innsbruck: Verlag der Wagner'schen Universitätsbuchhandlung.

Kulisch, M. (1912). System des österreichischen Gewerberechts, Band I, 2. Auflage. Innsbruck: Verlag der Wagner'schen Universitätsbuchhandlung.

N.N. (1855). *Entwurf einer Gewerbe-Ordnung.*

Otruba, G. (1960). Zur Geschichte der Frauen- und Kinderarbeit im Gewerbe und den Manufakturen Niederösterreichs. In: *Jahrbuch für Landeskunde für Niederösterreich*. Band 34 (S. 143–179). Wien: Selbstverlag des Vereines für Landeskunde von Niederösterreich und Wien.

Schachinger, A. (1938). Die Entwicklung der Maulbeerbaum- und Seidenkultur in Wien und Niederösterreich bis in die Mitte des 19. Jahrhunderts. In: *Jahrbuch für Landeskunde von Niederösterreich*. XXVII. Jahrgang (S. 207–271). Wien.

Seltsam, F., Posselt, E. (1885). *Die Oesterreichische Gewerbe-Ordnung*, 2. Auflage. Wien: Manz Verlag.

Steppan, M. (2002). *Die österreichische Strafrechtsentwicklung im mitteleuropäischen Konnex*. Habilitationsschrift. Graz.

Weber, W. (1949). Die sozialpolitische und sozialrechtliche Entwicklung in Österreich 1848 bis 1948. In: *Hundert Jahre österreichische Wirtschaftsentwicklung 1848–1948*. Hrsg. Hans Mayer, (S. 577–600). Wien.

Wimmer, A. W. (2011). *Staatliche Wirtschafts- und Sozialpolitik im Spiegel des Gewerberechts: Von der Gewerbeordnung 1859 zu den GewO-Novellen 1883 und 1885*. Diplomarbeit Universität Salzburg. Salzburg.

Wimmer, G. (2015). *Kinderarbeit – ein Tabu, Mythen, Fakten, Perspektiven*. Wien: Verlag mandelbaum.

Zeiller, F. Edler von (1811). *Commentar über das allgemeine bürgerliche Gesetzbuch für die gesamten Deutschen Erbländer der Oesterreichischen Monarchie*. Band I. Wien und Triest: Verlagsbuchhandlung Geistlinger.

Entwicklung von Ausbildungen und Organisationen

XII Entwicklung der Ausbildungen in Sozialpädagogik und Sozialarbeit in Österreich[1]

Josef Scheipl und Arno Heimgartner

Der vorliegende Beitrag bezieht sich auf Ausbildungsbereiche im Rahmen des österreichischen Bildungssystems, deren berufspraktische Entsprechung in den Arbeitsfeldern der Sozialpädagogik bzw. Sozialen Arbeit liegen. Eine abrisshafte Darstellung der Entwicklung der Ausbildung für (traditionelle) Sozialarbeit führt bis zur Vorstellung der aktuellen Entwicklung auf akademischem Niveau im Rahmen von Fachhochschulstudiengängen. Eine systematische Übersicht über die Vielfalt der Ausbildungsangebote für soziale Berufe auf höherem und mittlerem Niveau des berufsbildenden Schulwesens erweitert diese erste Schiene. Für Arbeitsbereiche der Sozialpädagog*innen und der Elementarpädagogik lassen sich nach einem historischen Überblick gegenwärtig Ausbildungsniveaus auf dem Niveau der Sekundarstufe II sowie auf der Tertiärstufe als z. T. sehr unterschiedlich organisierte universitäre Studien bis hin zum Doktorat finden. Einblicke in eine Auswahl aktueller Lehrgänge runden den Beitrag ab.

Klinisch-psychologische, psychotherapeutische oder gesundheitspsychologische Ausbildungsgänge sind nicht Gegenstand dieses Beitrages.

---

[1] Der vorliegende Beitrag fußt auf dem Artikel der beiden Autoren mit dem Titel „Ausbildung für Soziale Berufe in Österreich". In: Hamburger/Hirschler/Sander/Wöbcke (Hrsg.) (2004). Ausbildung für soziale Berufe in Europa, Bd. 1, S. 114–139.

1 Das gegenwärtige österreichische Bildungssystem

Den Bezugsrahmen für die Ausbildungsgänge bildet die Struktur des österreichischen Bildungssystems (vgl. Abb. 1).

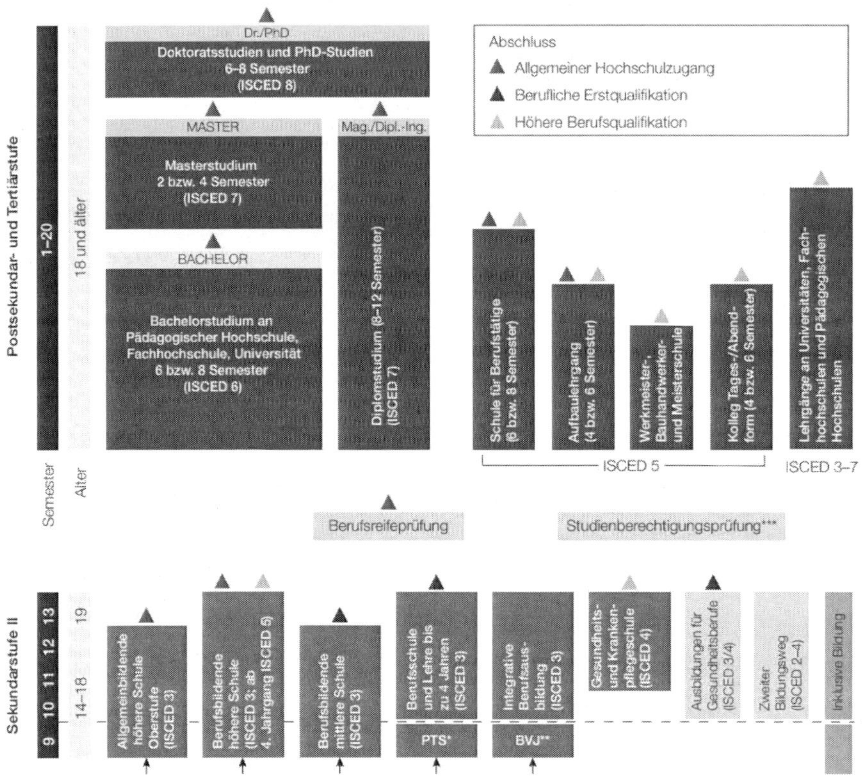

Abb. 1: Österreichisches Bildungssystem ab Sekundarstufe II (aus: Nationaler Bildungsbericht Österreich 2018, Bd. 2, S. 10).

Die Strukturen des Primar- und Sekundarbereichs (Sekundarstufe I und II) fußen auf dem grundlegenden Schulgesetzeswerk von 1962 mit seinen zahlreichen Novellierungen bis in die Gegenwart, die Postsekundar- und die Tertiärstufe durchliefen in organisatorischer und studienrechtlicher Hinsicht seit den 1990er-Jahren massive Veränderungen (Seel/Scheipl, 2004). Für die vorliegende Thematik relevant sind die Bereiche Sekundarstufe II sowie Postsekundar- und Tertiärstufe. Im Abschnitt „Sekundarstufe II“ finden sich die Ausbildungsgänge für das mittlere und höhere Berufsniveau (ISCED III – ISCED V) der vielen Facetten der Sozialen Arbeit, im Abschnitt „Postsekundar- und Tertiärstufe" die berufsausbildenden Studiengänge an den Fachhochschulen für die (klassische) Soziale Arbeit bzw. die berufsvorbildenden Studiengänge für Sozialpädagogik an den Universitäten (ISCED V – ISCED VII) und die PhD-Studien (ISCED VIII). Eine Übersicht über einschlägige Lehrgänge bzw. Ausbildungsangebote ergänzt und differenziert diese Systematik (vgl. Abb. 2).

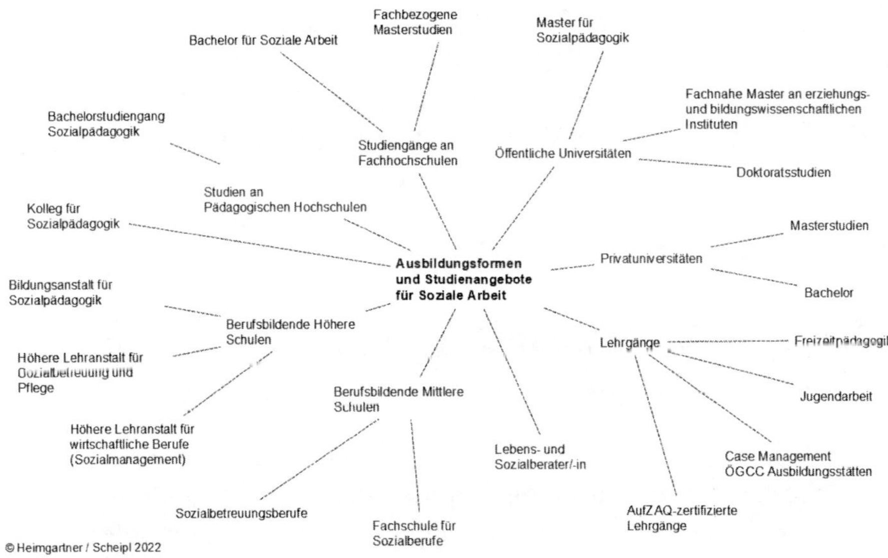

Abb. 2: Ausbildungsformen bzw. Studienangebote für Soziale Arbeit/Sozialpädagogik in Österreich.

2 Entwicklung der Ausbildung im traditionell fürsorgerisch-sozialarbeiterischen Bereich

2.1 Vom „gehobenen Niveau" der klassischen Anfänge …

In Österreich beginnt die Entwicklung der Ausbildung im Bereich der Fürsorge/Sozialarbeit auf „gehobenem" Ausbildungsniveau mit der Einrichtung der „Vereinigten Fachkurse für Volkspflege" durch Ilse Arlt im Jahr 1912 in Wien (vgl. Maiss, 2013, S. 26–30). Der zweijährige Lehrgang sollte „für berufliche und ehrenamtliche Arbeit in Fürsorge und Armenpflege" qualifizieren (Arlt, 1957; zit. n. Steinhauser, 1994, S. 112) und Frauen ab einem Mindestalter von 18 Jahren – denkbare Vorbildung: Gymnasium oder Lyzeum, mindestens aber Bürgerschule – aufnehmen. Nach der Einrichtung der ersten Ausbildungsstätte der Welt 1898 durch Mary Richmond in New York folgte 1908 Alice Salomon in Berlin; die Schule von Ilse Arlt in Wien war die dritte (vgl. Simon, 1995, S. 17). Die weitere Entwicklung der „Fürsorgeschulen" erfolgte bis zum Schulgesetzeswerk von 1962 bundesländerspezifisch und wenig koordiniert (vgl. Abb. 3/1 und 3/2).

Einblicke in die damaligen Realitäten der Schulentwicklung bietet die Berufsbiografie über Berta Pichl, eine der weniger bekannten Gründerpersönlichkeiten und spätere langjährige Direktorin der 1916 gegründeten „Social-Caritativen Frauenschule" (Fürsorgerinnenschule der Caritas der Erzdiözese Wien). Sie werden durch autobiografische Darstellungen des Schulalltags in der Nachkriegszeit durch die Autorin anschaulich ergänzt (Veran, 1920).

2.2 *… über die „Lehranstalten für gehobene Sozialberufe" zu den „Akademien für Sozialarbeit"*

Bis auf die Privatschule von Ilse Arlt (aufgelöst 1950) mündete die Entwicklung der übrigen Ausbildungseinrichtungen in die bundesweit vereinheitlichten schulgesetzlichen Regelungen von 1962. Sie wurden bundeseinheitlich (ausgenommen zunächst Oberösterreich bis 1971) im postsekundären Bereich der berufsbildenden Ausbildungsgänge als viersemestrige, „den (Pädagogischen; d. A.) Akademien verwandte" „Lehranstalten für gehobene Sozialberufe" angesiedelt. Auch für die Neugründungen in Wien (1970, Bundeslehranstalt), Niederösterreich/St. Pölten (1974, Bundeslehranstalt), Vorarlberg/Bregenz (1974, privater Trägerverein) und Salzburg (1984, privater Trägerverein) galten diese schulgesetzlichen Bestimmungen. Lediglich Kärnten und das Burgenland vermochten damals keine Standorte für Sozialakademien aufzubauen, zogen später aber mit Bachelor-Ausbildungen nach. Demnach bestanden um die Wende zum 21. Jh. in Österreich neun sechssemestrige Akademien für Sozialarbeit (vgl. Abb. 3/1 und 3/2).

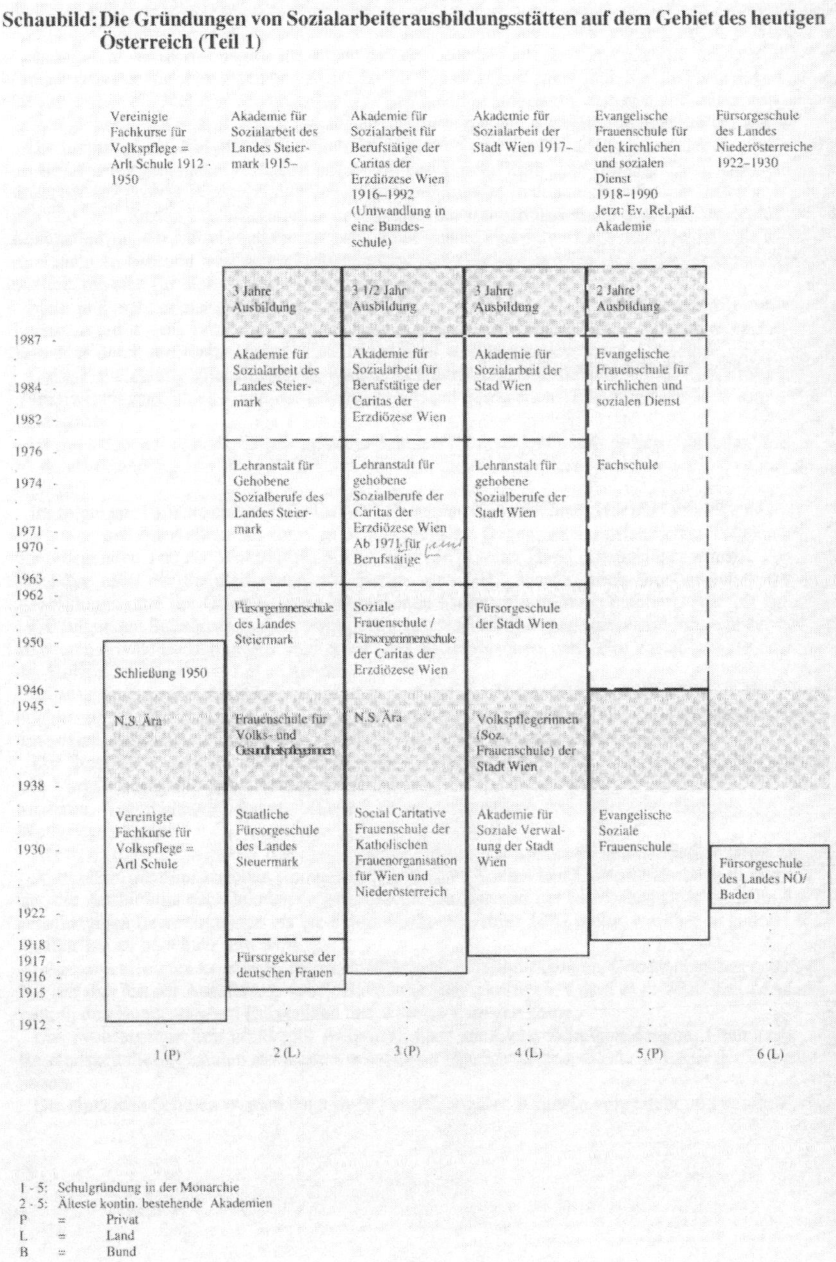

Abb. 3/1: Entwicklung der Ausbildungseinrichtungen für Sozialarbeit in Österreich 1912 bis 1987 (Steinhauser, 1994, S. 110 und 111).

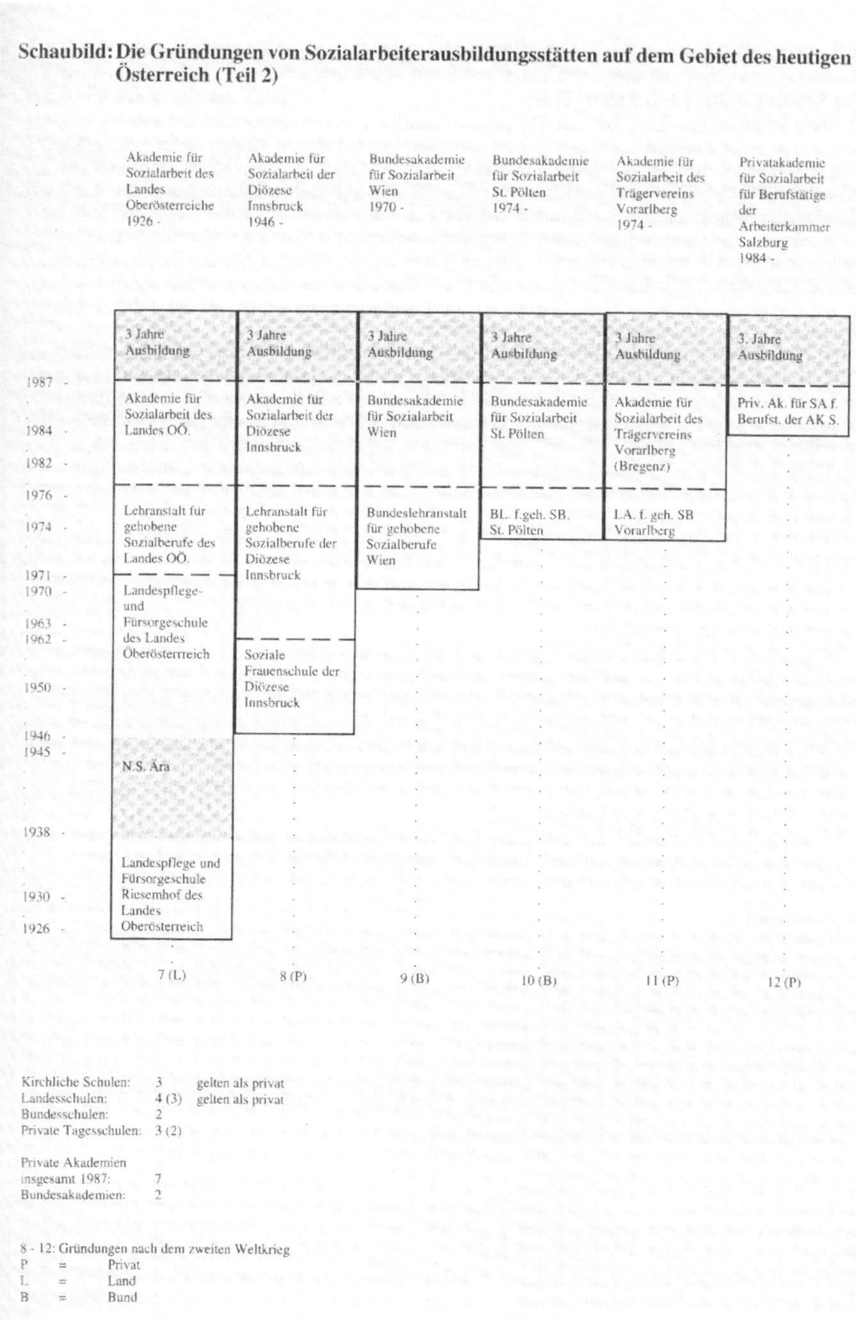

Abb. 3/2: Entwicklung der Ausbildungseinrichtungen für Sozialarbeit in Österreich 1912 bis 1987 (Steinhauser, 1994, S. 110 und 111).

Auf der Grundlage der fünften SchOG-Novelle (1975) wurden die „Lehranstalten“ als zunächst viersemestrige, ab der neunten SchOG-Novelle (1987) als sechssemestrige „Akademien für Sozialarbeit“ geführt. Der Anstoß für den Aufbau der Sozialakademien kam zunächst nicht von den Schulen selbst, sondern wurde durch die gesellschaftlichen Entwicklungen im Gefolge der 68er-Bewegung und die damit verbundene Erschließung neuer Arbeitsfelder angeregt, was auch zur Erprobung neuer Lehr- und Lernformen animierte (vgl. Simon, 1995, S. 21–23). Die Lehrplanreform von 1994 ermöglichte selbstständige Schwerpunktsetzungen in den Ausbildungsprogrammen. Mit dem Abschluss wurde der geschützte Berufstitel „Diplomierte Sozialarbeiterin/Diplomierter Sozialarbeiter“ verliehen.

2.3 Die Entwicklung der Studienrichtung „Soziale Arbeit“ an den Fachhochschulen

Die Fachhochschule wurde als Ausbildungsschiene im tertiären Sektor in Österreich im Jahr 1993 mit dem Fachhochschulstudiengesetz (FHStG: BGBl. I Nr. 340/1993) eingeführt. Sie dient einer wissenschaftlich fundierten Berufsausbildung. Fachhochschul-Studiengänge waren aufgrund der Interessen der Wirtschaft zunächst aber ausschließlich naturwissenschaftlich-technisch und wirtschaftlich-ökonomisch ausgerichtet (Seel/Scheipl, 2004). Im FHStG wurde das Monopol des Staates als Träger von Universitäten und Hochschulen durchbrochen und ein erster Schritt der Privatisierung des tertiären Bildungsbereichs gesetzt. Dementsprechend sind die Studiengänge an den Fachhochschulen privatrechtlich organisiert.

Bemühungen von Leitenden und Lehrenden an den Akademien für Sozialarbeit in den frühen 1990er-Jahren um ein bundeseinheitliches „Akademie-Studiengesetz“ (vgl. Bittner, 2010) oder auch um eine „Fachhochschule für Sozial- und Gesundheitsberufe“ (vgl. Wilfing, 1995) blieben erfolglos. Sie wurden abgelöst von einem „Lobbying für die Umwandlung der Akademien für Sozialarbeit in Fachhochschulstudiengänge“ (Fürst, 2010, S. 245), wofür „letztlich die feasibility den Ausschlag gegeben hat“ (Wilfing, 2005, S. 202). Die Zielstellung einer Neuausrichtung der Ausbildung auf tertiärem Niveau der Fachhochschule war, eine deutlichere Wissenschaftsorientierung des Fachbereichs über eine Akademisierung der Ausbildung zu erreichen.

Als besondere Rahmenbedingungen für Studiengänge an Fachhochschulen, denen auch die Studiengänge für Soziale Arbeit verpflichtet sind, gelten: private Trägerschaft mit Studienplatzfinanzierung (teilweise Kofinanzierung durch die Bundesländer); Curricula werden jeweils nur für die Dauer von fünf Jahren genehmigt (Neubeantragung beim Fachhochschulrat, seit 2012: Agentur für Qualitätssicherung und Akkreditierung Austria); Anbindung der Ausbildungsinhalte an die Anforderungen der beruflichen Praxis (berufsausbildend; integriertes Berufspraktikum); Aufnahmeverfahren, wenn die Anzahl der Bewerber*innen die finanzierte Studienplatzanzahl überschreitet (vgl. Bittner, 2010, S. 228–229).

Ab 2001 (Wintersemester) begann die schrittweise Umstellung der Akademien für Sozialarbeit in Fachhochschul-Studiengänge, die zunächst als achtsemestrige Diplomstudiengänge angelegt waren: Im Jahr 2001 starteten Graz, Linz, Salzburg und St. Pölten; Feldkirchen, Dornbirn und Wien (zwei Standorte: Vollzeit und berufsbegleitend) folgten 2002, Innsbruck 2003, als neuer Standort schließlich im Jahr 2014 Eisenstadt. Abgeschlossen wurde dieses Studium mit *Mag. (FH) für sozialwissenschaftliche Berufe*.

Mit einer Novellierung des FHStG (BGBl. 58/2002) wurde die Studienstruktur an den Fachhochschulen der EU-weiten Entwicklung im tertiären Sektor angepasst (Umstellung von der zweistufigen Diplom- und Doktoratsstudienordnung auf ein dreistufiges System, auch als „Bologna-Struktur“ bekannt – Bachelor: sechs Semester; im Anschluss Master: zwei bis vier Semester; PhD: sechs Semester). Für die Ausbildung im Bereich der Sozialarbeit bedeutete dies, dass nun ein zweistufiges Studienkonzept umzusetzen war: Auf ein sechssemestriges (Fachhochschul-)Bachelorstudium für „Soziale Arbeit“ (bundesweit einheitliche Benennung) als wissenschaftlich-berufsqualifizierende Ausbildung (Abschluss: BA – *Bachelor of Arts in Social Sciences*) kann ein viersemestriger wissenschaftlich vertiefender Master-Studiengang folgen (Abschluss: MA – *Master of Arts in Social Sciences*). Mit dem Jahr 2006 wurde diese Studienstruktur aufsteigend umgesetzt. (Das grundlegende Studium, welches für die Berufsausübung in den Feldern der Sozialen Arbeit vorgeschrieben ist, wurde damit gegenüber dem seit 2001 geltenden achtsemestrigen Diplomstudium wieder auf sechs Semester verkürzt.) Die Ausrichtung der Studieninhalte ist weitgehend „generalistisch“ und es herrscht österreichweit Übereinstimmung hinsichtlich grundlegender Module. Dies entspricht dem Ansinnen eines „Austro-Bachelorkonzeptes“, wie es in Form eines Dachcurriculums verwirklicht ist. Daneben gibt es aber auch bereits im Bachelor-Studium standortspezifische Schwerpunktsetzungen (vgl. Bittner, 2010, S. 231–236; Bittner, 2012, S. 23–25).

Auf dem Bachelor-Studium aufbauende Master-Studien sind viersemestrig, überwiegend thematisch berufsfeldbezogen ausgerichtet und werden oftmals auch so bezeichnet, wie etwa: „Sozialraumorientierung und Klinische Soziale Arbeit“; „Soziale Arbeit: Entwickeln und Gestalten“; „Soziale Arbeit mit Vertiefungsgebieten der Klinischen Sozialen Arbeit bzw. der Sozialraumorientierung“; an einem Studienort ist die Zusammenstellung des Masterstudienplans aus mehreren Modulen möglich: „International-interkulturelle Sozialarbeit, Sozialpolitik/Sozialwirtschaft/Sozialmanagement und Sozialarbeit mit Menschen in prekären Lebenslagen“. Neben Vollzeitstudien werden die Master-Studiengänge vielfach berufsbegleitend angeboten. Aufgrund der „Bologna-Doktrin“ sind Studienabgänger*innen mit gleichwertigen Bachelor-Vorstudien zum Master-Studium berechtigt, so dass ein solches auch Absolvent*innen aus anderen Studienrichtungen (z. B. aus Bezugsdisziplinen wie Pädagogik, Psychologie, Soziologie etc.) ergreifen können. Dies wird mitunter auch kritisch gesehen (vgl. Bittner, 2010, S. 233–234). Dementsprechend gibt es in der praktischen Umsetzung hin und wieder komplizierte „Anrechnungsprozeduren“ zu durchlaufen.

Anschließende Doktoratsstudien (PhD – Doktoratsschulen mit verbindlichen Curricula) sind an den Fachhochschulen in Österreich selbst nicht möglich; solche werden an den Universitäten naheliegenderweise vorwiegend in den genannten Bezugsdisziplinen absolviert. An der Universität Graz besteht etwa die Möglichkeit, das Fach Sozialpädagogik im Rahmen der Doktoratsschule Erziehungswissenschaften zu wählen.

Neben der Ausbildung für Soziale Arbeit an den Fachhochschulen werden Lehrgänge an Privatuniversitäten angeboten, welche sich um ähnliche Ausbildungsstandards bemühen. Die Donau-Universität Krems führt seit 2008 zwei fünfsemestrige Universitätslehrgänge durch: den berufsbegleitenden fünfsemestrigen Universitätslehrgang *„Social Work“* mit umfassenden Fernstudienanteilen neben Präsenzintensivphasen (Abschluss: MSc. – *Master of Science in Social Work*) sowie den vergleichbar organisierten Lehrgang „*Social Management*" (Abschluss: MSc. – *Master of Science in Social Management*). Die Bertha-von-Suttner-Privatuniversität in St. Pölten bietet seit 2020 sechssemestrige berufsbegleitende Bachelor-Lehrgänge „*Soziokulturelle Arbeit*" sowie „*Soziale Arbeit*" an (Abschluss: BA – *Bachelor of Arts*).

3 Ausbildung für Sozialberufe an berufsbildenden mittleren und höheren Schulen (BMHS) (Sekundarbereich II)

Das berufsbildende mittlere und höhere Schulwesen umfasst neben den technisch-gewerblichen und kaufmännischen Bereichen auch die humanberuflichen Bereiche. Humanberufliche Schulen vermitteln Qualifikationen in den Bereichen Wirtschaft, Tourismus, Mode, Kunst und Soziales. Die „Schulen für Soziales" sind vielfältig gegliedert und bieten Ausbildungsmöglichkeiten für soziale Berufe auf verschiedenen Niveaus.

3.1 Ausbildung für Sozialberufe auf dem Niveau der berufsbildenden höheren Schulen (BHS)

Die berufsbildenden höheren Schulen sind fünfjährig organisiert. Sie schließen mit einer Reife- und Diplomprüfung ab und eröffnen den Zugang zu allen Bildungseinrichtungen im tertiären Bereich.

Eine sozialberufliche Ausbildung auf dem Niveau einer höheren Berufsbildung war in Österreich mit dem SchOG 1962 zunächst nicht vorgesehen. Seit der Jahrhundertwende hat sich jedoch im humanberuflichen Bereich, nämlich in den höheren Lehranstalten für Wirtschaft (HLW), die Ausbildung für soziale Berufe zu etablieren begonnen, zunächst als Ausbildungsschwerpunkt „*Soziales*" mit einschlägig sozial orientierten Fachinhalten (Psychologie der helfenden Berufe, Beratung etc.) im Ausmaß von acht Wochenstunden (aufsteigend ab der dritten Klasse = 11. Schulstufe). Dieses Modell, zunächst versuchsweise an einigen HLW-Standorten eingerichtet, ist nicht mehr vertreten.

Daneben hat sich die Fachrichtung *„Sozialmanagement"* mit Schwerpunktsetzungen im Bereich des Sozialen bereits ab der ersten Klasse (9. Schulstufe) herausgebildet und etabliert. Sie vermittelt in einem fünfjährigen Bildungsgang eine höhere allgemeine und fachliche Bildung, die zur Ausübung gehobener Berufe in den Bereichen Wirtschaft und Verwaltung – insbesondere in Organisationen im Sozial- und Gesundheitsbereich – befähigt. Die Schwerpunktsetzung für Soziales erfolgt durch Lehrinhalte im Bereich „Gesellschaft und Soziales" mit den Unterrichtsgegenständen Sozialmanagement und angewandtes Projektmanagement, den Fächern Psychologie, Pädagogik, Philosophie und Soziologie sowie Kommunikation, Supervision und Mediation und im Bereich „Wirtschaft" mit dem Fachbereich angewandtes Informationsmanagement mit einem Volumen von insgesamt 38 Stunden (bei einem Gesamtvolumen von 175 Stunden) (vgl. Lehrplan BGBl. II 340/2015).

Seit 2020/21 wird an mehreren Standorten die *„höhere Lehranstalt für Sozialbetreuung und Pflege (HLSP)"* als neues fünfjähriges Modell mit Reife- und Diplomprüfung sowie integrierten Sozialbetreuungsberufsabschlüssen als Schulversuch gem. § 7 SchOG angeboten (vgl. BMBWF, 2020). Nach dem dritten Jahrgang erfolgt zunächst der Abschluss in „Pflegeassistenz". Ab dem vierten Jahrgang kann i. d. R. aus zwei Schwerpunkten gewählt werden: entweder der „Schwerpunkt Pflegeassistenz" oder der „Schwerpunkt Sozialbetreuung" (Familien- oder Altenbetreuung) mit den Berufsabschlüssen: Diplomsozialbetreuer*in Altenarbeit oder Familienarbeit bzw. Pflegefachassistent*in. Mit dieser Schulform scheint sich eine in engerem Sinne „höhere Lehranstalt für Soziales" im Rahmen des berufsbildenden höheren Schulwesens zu festigen.

Bei all diesen Ausbildungsformen (aber auch bei den Sozial- und Elementarpädagog*innen, s. u.) wäre aber der Übergang von der Ausbildung in die berufliche Praxis hinsichtlich möglicher Überforderungen näher zu untersuchen (vgl. Fuchs-Rechlin, Kammermeyer, Roux u. Züchner, 2017).

3.2 Ausbildung für Sozialberufe auf dem Niveau der berufsbildenden mittleren Schulen (BMS)

Im Bereich des berufsbildenden mittleren Schulwesens sind zwei Schulformen vorgesehen, welche berufliche Qualifikationen für den Sozialbereich vermitteln: Schule für *„Sozialbetreuungsberufe (SOB)"* (zwei- bis dreijährig) und *„Fachschule für Sozialberufe (FSB)"* (dreijährig).

Die dreijährige *„Fachschule für Sozialberufe (FSB)"* schließt an die erfolgreich abgeschlossene achte Schulstufe an. Sie ist im Bereich der BMS die einzige Schulform für Soziale Berufe, welche im Regelschulwesen konzipiert wurde und auf dem SchOG 1962 fußt. Sie soll Fähigkeiten und Fertigkeiten vermitteln, die zur Ausübung eines Berufs auf sozialem und wirtschaftlichem Gebiet befähigen, insbesondere aber jene Kompetenzen, welche die Absolvent*innen auf Tätigkeiten und Ausbildungen im Sozial- und Gesundheitsbereich vorbereiten. Trotz der Abschlussprüfung (diese berechtigt zum Einstieg in das Berufsleben als Betriebsdienstleistungskaufmann/-frau) gilt sie im Wesentlichen als Vorbereitungsschule für diverse Ausbildungen im Sozial- und Gesundheitsbereich – z. B. Erfüllung der Aufnahmebedingungen für die Schulen für Sozialbetreuungsberufe (SOB-Schulen, wie z. B. Altenarbeit, Familienarbeit, Behindertenarbeit), aber auch als Vorbereitung für die weitere Ausbildung für medizinische Assistenzberufe u. a.

Die berufsausbildenden *„Schulen für Sozialbetreuungsberufe (SOB)"* vermitteln jene Kompetenzen, „die für eine zeitgemäße Begleitung, Förderung, Unterstützung und Pflege von Menschen im Alter, bei Krankheit und Behinderung sowie in Not- und Krisensituationen notwendig sind" (§ 1 (1) Organisationsstatut 2018). Die Ausbildungsschwerpunkte betreffen Altenarbeit, Familienarbeit, Behindertenarbeit und Behindertenbegleitung mit integrierter Pflegeassistenz (vgl. BGBl. II 301/2016 – Pflegeassistenzverordnung). Sie sind zweijährig auf Fachniveau (Fachsozialbetreuer*in (FSB); ausgenommen: Familienarbeit) und dreijährig auf Diplomniveau (Diplomsozialbetreuer*in (DSB)) konzipiert. Sie können als Tagesform oder als Berufstätigenform absolviert werden. Das Einstiegsalter beträgt 17 Jahre, in der Berufstätigenform 19 Jahre (vgl. Organisationsstatut – Neufassung 2018). Sie werden in privater Trägerschaft geführt (v. a. Caritas, Diakonie).

Dieser Ausbildungsbereich hat einen etwas komplexeren historischen Hintergrund: Im Wesentlichen hat er sich aus den einjährigen Schulen für Soziale Dienste und aus den Familienhelfer*innen-Schulen der Caritas aus den 1950er-Jahren heraus entwickelt. Diese waren dazu gedacht, den Mädchen nach dem Pflichtschulabschluss eine hauswirtschaftliche Ausbildung und ein Familienpraktikum zu vermitteln. Da sie im SchOG keine Entsprechung fanden, waren sie mittels eigener Statuten zu regeln. Solche Organisationsstatuten wurden unter Bezugnahme auf § 14 Abs. 2, lit. b des Privatschulgesetzes (BGBl. 244/1962) abgeschlossen, und die Ausbildungseinrichtungen erhielten aufgrund des mit dem Statut verbundenen Lehrplanes ohne weiteres Anerkennungsprozedere das Öffentlichkeitsrecht. Da in der geltenden Kompetenzverteilung der Bundesverfassung die Gesetzgebungskompetenz im Bereich „Soziales" den einzelnen Bundesländern zukommt, war es diesen vorbehalten, über Landesgesetze eine eigene Ausbildung – z. B. Altenbetreuungsausbildungsgesetz – einzurichten. Diese mussten von den übrigen Bundesländern nicht anerkannt werden, was die Regel war. Unter Mitwirkung des österreichweiten „Direktorenverbandes" der betreffenden Schulen in den Bundesländern und unter Federführung des Bundesministeriums für Bildung, Wissenschaft und Kultur konnte in den 1990er-Jahren zunächst österreichweit für die einzelnen Ausbildungsbereiche eine einheitliche Ausbildung durch eine vergleichbare Schulorganisation mit vergleichbaren Lehrplänen bis zum Jahr 2000 geschaffen werden[2].

Die Regelung über Statuten und vergleichbare Lehrpläne vereinheitlichte zunächst die Ausbildungsgänge. Um darüber hinaus die entsprechenden Berufsbilder und Tätigkeitsfelder nach vergleichbaren Zielsetzungen und Grundsätzen festzulegen, wurde eine Vereinbarung gem. Art. 15a B-VG zwischen dem Bund und den Ländern über Sozialbetreuungsberufe abgeschlossen (BGBl. I 55/2005). Sie harmonisiert die Berufsbilder und Berufsbezeichnungen und legt einheitliche Ausbildungs- und Qualitätsstandards für den Bereich der Sozialbetreuungsberufe fest. Entsprechende Ländergesetze („Sozialbetreuungsberufe-Gesetze") folgten.

Angesichts der doch beträchtlichen Dauer dieser Entwicklung dürfte es nicht uninteressant sein zu erwähnen, dass die Kostenfrage der Ausbildungseinrichtungen eine entsprechend wichtige Rolle bei den Verhandlungen spielte. Die Statutarschulen in den Bundesländern, die sich nahezu aus-

---

2 Statut für FS für heilpädagogische Berufe: V-Bl. des BMBWK vom 1.12.1998, 12. Stück, 111. Erlass; für FS für Altendienste und Pflegehilfe-Organisationsstatut: V-Bl. des BMBKW vom 1.4.2000, 4. Stück, 44. Erlass; für FS für Familienhilfe und Pflegehilfe-Organisationsstatut: V-Bl. des BMBKW vom 1.4.2000, 4. Stück, 45. Erlass.

schließlich in kirchlicher Trägerschaft befanden (z. B. Caritas), brachten den Ländern nicht unbeträchtliche Ersparnisse: Die Lehrerkosten in kirchlichen Privatschulen wurden nämlich aufgrund des Konkordats vom Bund refinanziert, so dass den Bundesländern keine Personalkosten für die Lehrpersonen erwuchsen, obwohl sie neben den Gemeinden zu den wesentlichen Abnehmern der entsprechend qualifizierten Absolvent*innen zählten.

4 Die Entwicklung der Ausbildung für Erzieher*innen/Sozialpädagog*innen

Auf dem Niveau der Sekundarstufe II der berufsbildenden Schulen sind im Schulgesetzeswerk von 1962 zunächst „mittlere Anstalten für Lehrer- und Erzieherbildung" als *„Bildungsanstalten für Kindergärtnerinnen"* und *„Bildungsanstalt für Erzieher"* organisiert.

Im Unterschied zu den *„Bildungsanstalten für Kindergärtnerinnen"* war die *„Bildungsanstalt für Erzieher"* im damaligen Schulgesetzeswerk eine echte gesetzliche Neuerung. Als ihre unmittelbaren Vorläufer fungierten die 1953 von der Caritas Wien auf Anregung von Berta Pichl (vgl. Veran, 2020) eingerichtete *„Sozialpädagogische Erzieherschule"* (vgl. Steinhauser, 1994, S. 128) und das 1960 in Baden eröffnete *„Bundesinstitut für Heimerziehung"* (Engelbrecht, 1988). Die ausführliche Darstellung der Details der vorangehenden Entwicklung und die Spezifika der nachfolgenden Neuerungen sind Gegenstand des Beitrages von Karin Lauermann in diesem Band.

5 Die Entwicklung der Ausbildung in der Elementarpädagogik (vgl. Abb. 4)

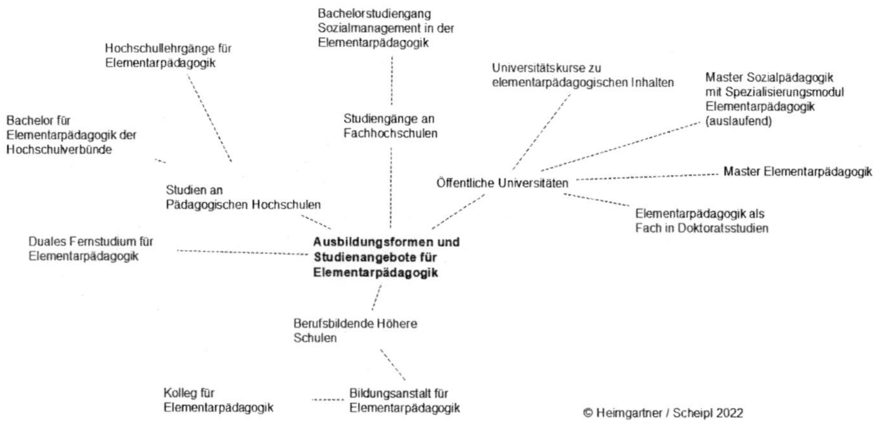

Abb. 4: Ausbildungsformen und Studienangebote für die Elementarpädagogik in Österreich.

5.1 *Von den „Cursen“ …*

Erste „Kinderbewahranstalten“ im Kaisertum Österreich wurden 1828 in Buda (Ofen), gefolgt von Wien (1830) und Prag (1832), eingerichtet (vgl. Vag, 1993). Die Idee des Fröbel’schen Kindergartens (wesentlich gekennzeichnet durch das freie Spiel und die Spielgaben) verbreitete sich in der Monarchie ab den 1860er-Jahren vor allem in bürgerlichen Schichten. Damit setzte auch die Ausbildung der Kindergärtnerinnen ein. Nach anfänglichen unkoordinierten Ausbildungskursen legte das Unterrichtsministerium im Jahr 1872 fest, „einjährige Lehrcurse für Kindergärtnerinnen“ an Lehrerinnenbildungsanstalten anzubieten. Solche Einrichtungen gab es auf dem Gebiet des heutigen Österreich zunächst nur in Wien und Graz sowie in Kufstein. Die Verlängerung der Ausbildung auf zwei Jahre wurde noch vor dem Ersten Weltkrieg diskutiert (vgl. Engelbrecht, 1986 und 1988).

5.2 … über die Bildungsanstalten für Kindergärtnerinnen …

Ab 1914 wurden die „Curse“ in *„Bildungsanstalten für Kindergärtnerinnen“* mit zweijähriger Bildungsdauer umgewandelt (Diemert, 1995). Während das Kindergartenwesen nach der geltenden Bundesverfassung (1920/1929) in der Gesetzgebung ausschließlich Landessache ist, ist der Bund zuständig für die Ausbildung des Kindergartenpersonals. Das ermöglichte weiterhin deren einheitliche Entwicklung, als in den 1950er-Jahren wieder Bewegung in die Gestaltung der Ausbildung kam. Zunächst erfolgte ab 1953/54 versuchsweise deren Verlängerung auf drei Jahre. Mit dem SchOG 1962 kam dann die vierjährige Ausbildung in den nun verselbstständigten *„Bildungsanstalten für Kindergärtnerinnen“* (vgl. Knapp, Salzmann, 1995). Sie wurden als „mittlere Anstalten der Lehrer- und Erzieherbildung“ geführt und schlossen mit der Befähigungsprüfung (ohne Reifeprüfung) zum Beruf der Kindergärtnerin ab (vgl. Engelbrecht, 1988).

5.3 … zu den Bildungsanstalten für Kindergartenpädagogik (BAKIP)/Elementarpädagogik (BAfEP)

Mit der 7. SchOG-Novelle (1982) wurde die auf der Bildungshöhe einer Fachschule eingestufte Ausbildung nun als *„Bildungsanstalt für Kindergartenpädagogik“* in den Status einer berufsbildenden höheren Schule mit Befähigungs- und Reifeprüfungsabschluss übergeführt und ab dem Schuljahr 1985/86 aufsteigend umgesetzt. Die Neutralisierung der Schulbezeichnung sollte im Sinn von „Mehrgeschlechtergerechtigkeit“ die Öffnung dieses Ausbildungsweges auch für männliche Interessierte signalisieren (vgl. Diemert, 1995).

Das SchOG ermöglichte schon 1962 die Ausbildung als Erzieherin an Horten durch zusätzliche Ausbildungsangebote an den Bildungsanstalten für Kindergärtnerinnen (Didaktik der Horterziehung, der Lernhilfe etc.). Außerdem bestand für ausgebildete Kindergartenpädagoginnen die Möglichkeit, „an Bildungsanstalten für Kindergartenpädagogik viersemestrige Lehrgänge für Sonderkindergartenpädagogik zu besuchen und mit der Befähigungsprüfung für Sonderkindergärten und Frühförderung abzuschließen“ (Diemert, 1995, S. 311). Lehrplannovellierungen von 1992 und

1993 ermöglichten schulautonome Freiräume und Gestaltungsmöglichkeiten auch in Bezug auf lokale Erfordernisse (ebda.).

Ebenso konnten gem. der 7. SchOG-Novelle viersemestrige Kollegs für Kindergartenpädagogik für Maturant*innen eingerichtet werden, um eine berufseinschlägige Ausbildung für Kindergartenpädagogik zu absolvieren.

Mit dem Schulrechtsänderungsgesetz 2016 (BGBl. I 56/2016) wurde u. a. neben einer Ausweitung der Ausbildung für alle Schüler*innen bzw. Studierenden an Bildungseinrichtungen für die Arbeit mit Kindern vom 1. bis zum 6. Lebensjahr auch eine Umbenennung dieser in *„Bildungsanstalten für Elementarpädagogik"* vorgenommen. Für die Lehrenden der berufsspezifischen Unterrichtsgegenstände (Praxis, Didaktik und Pädagogik) sind seit dem Schuljahr 2018/19 verpflichtende Lehramts-Bachelorstudien („Fachbereich Erziehung – Bildung – Entwicklungsbegleitung") vorgesehen (vgl. Hartel, Hollerer, Smidt, Walter-Laager u. Stoll, 2019, S. 196).

5.4 Zur Ausbildungsdiskussion im Kontext der Elementarpädagogik

Österreich ist eines der letzten Länder Europas ohne grundständige tertiäre Ausbildung für den Elementarbereich. In ihrer Expertise zur Elementarpädagogik in Österreich im Nationalen Bildungsbericht 2018 kann das Fachgremium aber erste akademische Ausbildungsangebote im Bereich der Elementarpädagogik auch in Österreich ausmachen. Die Formen sind allerdings sehr heterogen und reichen von kleineren Schwerpunktsetzungen, Kursen und Studienergänzungen an Universitäten (seit 2011 kann etwa das Spezialisierungsmodul „Elementarpädagogik" im Rahmen des Masterstudiums Sozialpädagogik an der Universität in Graz zugewählt werden; Kurse sind an den Universitäten Innsbruck und Salzburg eingerichtet) bis zu dem derzeit an der FH Campus Wien angebotenen BA-Studiengang „Sozialmanagement in der Elementarpädagogik". Als einziges grundständiges tertiäres Ausbildungsformat wird von „Kinder in Wien" (KIWI), einem privaten Rechtsträger, in Kooperation mit der Hochschule Koblenz ein duales Fernstudium angeboten. Als jüngste Entwicklungen sind die Einführung von Hochschullehrgängen sowie die Schaffung von berufsbegleitenden Bachelor-Studiengängen an Pädagogischen Hochschulen zu nennen. Diese richten sich überwiegend an das berufstätige pädagogische Personal in elementaren Bildungseinrichtungen (Hartel, Hollerer, Smidt, Walter-Laager u. Stoll, 2019, S. 197 und S. 208–209). Die Autor*innen empfehlen schließlich trotz teilweise inkonsistenter Forschungsbefunde, in Österreich Bachelor- und Masterstudiengänge im Bereich der Elementarpädagogik verstärkt anzubieten und neben den eher praxisorientierten Bachelorstudiengängen an den Pädagogischen Hochschulen zusätzlich stärker wissenschaftsorientierte Masterstudiengänge an den Universitäten aufzubauen. Ein erstes Masterstudium für Elementarpädagogik tritt 2022 an der Universität Graz in Kraft. Für Assistenzkräfte sollte darüber hinaus die Reife- und Diplomprüfung an den BAfEP die Grundausbildung darstellen. Und schließlich sollte als Anstellungserfordernis für gruppenführende Pädagoginnen und Pädagogen und für leitendes Personal die Ausbildung durch verpflichtende akademische Ausbildungsgänge erweitert und vertieft werden (vgl. Abb. 4).

6 Sozialpädagogik an den österreichischen Universitäten

6.1 Aktuelle Ausbildungsangebote aus Sozialpädagogik

Das Fach Sozialpädagogik kann an den öffentlichen Universitäten in Österreich nur auf eine kurze Tradition zurückblicken und ist als Studienangebot gegenwärtig durchaus unterschiedlich organisiert.

Das Studium der Sozialpädagogik bzw. Studienanteile der Sozialpädagogik oder auch sozialpädagogisch relevante Lehrveranstaltungen werden zurzeit an den Universitäten in Graz, Klagenfurt, Innsbruck, Salzburg und Wien im Rahmen der folgenden Institute angeboten: „Erziehungs- und Bildungswissenschaft“ (Graz), „Institut für Erziehungswissenschaft und Bildungsforschung“ (Klagenfurt), „Fakultät für Bildungswissenschaften“ (Innsbruck), „Institut für Bildungswissenschaft“ (Wien) bzw. Fachbereich „Erziehungswissenschaft“ (Salzburg). Das Institut für Pädagogik und Psychologie an der Universität in Linz bietet zwar keine Studienabschlüsse oder Studienanteile aus Sozialpädagogik an, wohl aber ist an der Universität ein sozialwirtschaftliches Studium eingerichtet.

Im Rahmen von Masterstudien (Abschluss: Master of Arts – MA), die selbstverständlich auf sechssemestrigen Bachelor-Studien aufbauen, sind inhaltliche Unterschiede und Schwerpunktsetzungen an den einzelnen Studienorten zu finden. An der Universität Graz kann das „Masterstudium Sozialpädagogik" am Institut für Erziehungs- und Bildungswissenschaft als eigenständiges Fach aus einem von drei Masterstudien gewählt werden.[3] An den weiteren Universitäten wird das Fach mit einem zusätzlichen Fach(gebiet) zusammengefasst, wie etwa an der Universität in Klagenfurt. Sie bietet seit 2009/2010 den Masterstudiengang „Sozial- und Integrationspädagogik" an, der sukzessive ab dem Studienjahr 2020/2021 vom Masterstudiengang „Sozialpädagogik und soziale Inklusion" abgelöst wird.[4] An der Universität Innsbruck wird das Masterstudium „Erziehungs- und Bildungswissenschaft" mit Vertiefungsmöglichkeiten in sechs Wahlmodulen organisiert. Diese beinhalten sozialpädagogisch affine Themenbereiche (z. B. Ungleichheit und Inklusion, Konflikt-Trauma-Gewalt in der Erziehung); der Terminus „Sozialpädagogik" findet jedoch keine explizite Verwendung.[5] Vergleichbar ist die Lage an der Universität in Wien. Dort kann im Masterstudium „Bildungswissenschaft" neben der Pflichtmodulgruppe zusätzlich aus vier alternativ wählbaren Pflichtmodulgruppen („Bildung, Medien und gesellschaftliche Transformation"; „Lehren und Lernen"; „Inklusive Pädagogik bei speziellem Bedarf" und „Bildung, Beratung und Entwicklung über die Lebensalter") gewählt werden.[6] Die beiden Letztgenannten können – ähnlich wie in Innsbruck – als „sozialpädagogisch affin" bezeichnet werden. Der Fachbereich „Erziehungswissenschaft" in Salzburg verlangt im „Masterstudium Erziehungswissenschaft" neben zwei Pflichtmodulen zwei Wahlpflichtmodule, wovon eines „Sozialpädagogik" sein kann.[7] An der Universität in Linz werden im Fachbereich Sozial- und Kulturwissenschaften/Studienbereich Gesellschaft ein Bachelorstudium und ein Masterstudium in Sozialwirtschaft angeboten (Abschlüsse: Bachelor of Science – BSc; Master of Social Sciences – MSSc.), welche interdisziplinär orientiert sind, aber keine explizit als sozialpädagogisch ausgewiesenen Fächer enthalten.[8]

3 vgl. https://erziehungs-bildungswissenschaft.uni-graz.at/de/studieren/
4 vgl. https://www.aau.at/studien/master-sozialpaedagogik
5 vgl. https://www.uibk.ac.at/fakultaeten/bildungswissenschaften/studium/master/
6 vgl. https://studieren.univie.ac.at/studienangebot/masterstudien/bildungswissenschaft-master/
7 vgl. https://www.uni-salzburg.at/index.php?id=210389&MP=210369-201259
8 vgl. https://www.jku.at/studium/studienarten/bachelordiplom/ba-sozialwirtschaft/ bzw. https://www.jku.at/studium/studienarten/master/ma-sozialwirtschaft/

6.2 Historischer Abriss zur Einrichtung sozialpädagogischer Studiengänge

Ähnlich heterogen wie das derzeitige Studienangebot in Sozialpädagogik stellt sich seine kurze Geschichte an Österreichs Universitäten dar. An den einzelnen Hochschulstandorten fand das Studienangebot zu verschiedenen Zeitpunkten und in unterschiedlicher Weise Aufnahme in das damalige Diplomstudium „Pädagogik": In Graz 1978, Innsbruck folgte 1984, Wien 1986 und Klagenfurt sowie Salzburg im Jahr 1994 (vgl. Scheipl, 2004, S. 935–936). Die achtsemestrigen Diplomstudiengänge sahen im zweiten Studienabschnitt (5. bis 8. Semester) als Vertiefungsgebiete sogenannte „Spezielle Pädagogiken" (z. B. Sozialpädagogik) im Ausmaß von zehn Semester-Wochenstunden (SWS) vor. Zusätzlich waren „Schwerpunktfächer" zu wählen. Die Möglichkeit, anstelle einer zweiten Studienrichtung (Pädagogik war als Zweifachstudium mit einem zweiten Fach zu kombinieren) ein „Fächerbündel" selbst zusammenzustellen, erlaubte es den Studierenden, auch in dieses Fächerbündel entsprechende sozialpädagogikrelevante Fächer aus dem Studienangebot einzuplanen. Bei entsprechenden Angeboten konnte demnach von interessierten Studierenden ein umfassendes Studienprogramm in Sozialpädagogik im zweiten Studienabschnitt des Faches „Pädagogik" absolviert werden. Die diesbezüglichen Vorgangsweisen waren in Wien, Graz und Klagenfurt ähnlich. Das mögliche spezielle Fach im zweiten Studienabschnitt wurde in Abstimmung mit der Begrifflichkeit der Deutschen Gesellschaft für Erziehungswissenschaften in Graz und in Klagenfurt als „Sozialpädagogik" bezeichnet. In Innsbruck wählte man hingegen die weniger bestimmte Bezeichnung „Psychosoziale Arbeit und Integrative Pädagogik". Dort richtete man noch 2002 (bis 2008) im Rahmen des zweiten Studienabschnittes des Diplomstudiums Pädagogik u. a. einen eigenen Studienzweig (Ausmaß: 24 SWS) mit der Bezeichnung „Integrative Pädagogik und Psychosoziale Arbeit" ein.

Mit dem Umstieg vom zweistufigen Studienmodell (Diplom, Doktorat) auf das dreistufige Bologna-Modell (Bachelor, Master, PhD) wurden bisherige Studienangebote häufig in modifizierter Form weitergeführt. Jedenfalls waren sechssemestrige Bakkalaureats-Studiengänge für Pädagogik als Grundausbildung einzuführen und für anschließende Vertiefungs- bzw. Spezialisierungsmöglichkeiten entsprechende Masterstudiengänge aufzubauen. Für Graz bedeutete dies beispielsweise, dass mit der Einrichtung des sechssemestrigen Bakkalaureats-Studienganges „Pädagogik", aufsteigend ab dem Studienjahr 2003/2004, die Diplomstudienordnung sukzessive durch die „Bologna-Struktur" abgelöst wurde. Das viersemestrige „Masterstudium Sozialpädagogik" wurde dann ab dem WS 2006/2007 aufgebaut, die anderen Universitäten folgten mit den oben genannten Masterausbildungen. In Graz konnte das Masterstudium ab 2007/2008 bis WS 2011/2012 um das Spezialisierungsmodul „Inklusive Pädagogik" erweitert werden; gegenwärtig kann auslaufend das Spezialisierungsmodul „Elementarpädagogik" zugewählt werden. Ein interdisziplinäres PhD-Studium oder ein geisteswissenschaftliches Doktoratsstudium können jeweils mit dem Fach Sozialpädagogik im Rahmen einer sechssemestrigen Doktoratsschule der Erziehungswissenschaften (mit verbindlichem Curriculum) absolviert werden.

6.3 Organisatorische Unterstützung bei der Etablierung des Faches

Neben der inhaltlichen Ausrichtung des Faches ist auch seine Absicherung im Rahmen einer organisatorischen Struktur von Bedeutung, erleichtert eine solche doch den gezielten Auf- und Ausbau einer Fachrichtung.

Die längste diesbezügliche Institutionalisierungsgeschichte weist die „Sozialpädagogik" an der Universität Graz auf (vgl. Scheipl, 2004, S. 928–934). Dort wurde am Institut für Pädagogik im Jahr 1975 Hans Wurzwallner zum Ao. Univ.-Prof für Pädagogische Soziologie und Sozialpädagogik bestellt. Im Jahr 1978 wurde „Sozialpädagogik" als „Spezielle Pädagogik" im zweiten Studienabschnitt des Diplomstudiums „Pädagogik" und im Verlauf der organisatorischen Umgliederung des Instituts für Erziehungswissenschaften im Jahr 1982 die „Abteilung für Sozialpädagogik" als selbstständige Abteilung (neben „Schulpädagogik", „Heil- und Integrationspädagogik", „Erwachsenenbildung") im Rahmen des Instituts eingerichtet. Die Leitung hatte Wurzwallner bis zu seinem Tod 1986 inne; es folgten von 1989 bis 2011 Josef Scheipl und ab Oktober 2011 Arno Heimgartner. Im Rahmen einer Reorganisation wurde zuletzt die Abteilungsgliederung durch „Arbeitsbereiche" abgelöst, die der sogenannten Subeinheit „Institut für Erziehungs- und Bildungswissenschaft" und der URBI-

Fakultät (Umwelt-, Regional- und Bildungswissenschaftliche Fakultät) als Einheit zugeordnet sind.

An der Alpen-Adria-Universität Klagenfurt wurde im Jahr 1997 eine „Abteilung für Sozialpädagogik" am Institut für Erziehungs- und Bildungsforschung eingerichtet. Sie wurde im Jahr 2002 mit der Abteilung für Integrationspädagogik zur „Abteilung für Sozial- und Integrationspädagogik" zusammengelegt.

Die Universität Wien organisierte im Rahmen des Instituts für Pädagogik bis zum Auslaufen des Diplomstudiums das Fach Sozialpädagogik im Verbund mit der „Humanistischen Pädagogik" als „Abteilung für Humanistische Pädagogik und Sozialpädagogik". Das derzeitige Institut für Bildungswissenschaft mit seinen vier Abteilungen und sechs Arbeitsbereichen lässt im Arbeitsbereich „Bildung und Beratung im Lebenslauf" (Abteilung: Bildung, Biografie, Medien) wesentliche sozialpädagogische Bezüge erkennen.

In Innsbruck erfolgte insofern eine bemerkenswerte Neustrukturierung, als im Jahr 2004 die Fakultät für Bildungswissenschaften eingerichtet wurde, welche neben dem Institut für Lehrer*innenbildung und Schulforschung das Institut für Erziehungswissenschaft und das Institut für Psychosoziale Intervention und Kommunikationsforschung ohne weitere organisatorische Subeinheiten umfasst.

Die Kultur- und Geisteswissenschaftliche Fakultät der Universität Salzburg gliedert sich in Fachbereiche. Demnach ist dort die Erziehungswissenschaft als Fachbereich organisiert; eine eigene institutionelle Einrichtung für die Sozialpädagogik in diesem Fachbereich war schon bisher nicht vorgesehen.

Das Institut für Pädagogik und Psychologie an der Universität in Linz weist zwar drei Abteilungen, aber keine eigene Organisationseinheit für Sozialpädagogik auf. Die „sozialpädagogiknahen" Ausbildungsgänge in Sozialwirtschaft (s. o.) sind im Fachbereich „Sozial- und Kulturwissenschaften" angesiedelt.

7 Lehr- und Ausbildungsgänge – eine Auswahl

Die große und schwer überschaubare Anzahl an Lehr-, Weiterbildungs- und Ausbildungsgängen, welche für sozialpädagogische Berufs- und Arbeitsfelder relevant sind, werden an sehr verschiedenen Institutionen und auf unterschiedlichen Niveaus angeboten.

Zunächst sind wegen ihrer zukunftsweisenden Konsequenzen einige dieser Lehrgänge noch aus den 1990er-Jahren erwähnenswert:

- Der dreisemestrige „Lehrgang für interdisziplinäre Frühförderung und Familienbegleitung“, welcher 1986 in Graz außeruniversitär eingerichtet und aufgrund der großen Nachfrage im Jahr 2003 als dreisemestriger Universitätslehrgang an der Medizinischen Universität Graz eingeführt wurde.
- Der 1994 an der Universität Graz eingerichtete sechssemestrige Universitätslehrgang für „Sozialpädagogische Arbeit und soziokulturelle Animation in Handlungsfeldern der offenen Jugendarbeit“, mit zwei Durchläufen ab 1997 (vgl. Scheipl, 2002). Er kann als nachhaltige Anregung für die weitere Ausbildung in diesem Bereich gelten, nicht nur für die vier nachfolgenden viersemestrigen Lehrgänge an den beiden Pädagogischen Hochschulen in Graz, sondern auch für den Lehrgang für „Akademische Jugendsozialarbeiter*innen“ an der FH in Feldkirchen und den für „Inklusive Kinder-, Jugend- und Gemeinwesenarbeit“ an der FH-Joanneum in Graz.
- Der an der Universität in Klagenfurt eingerichtete Universitätslehrgang „Soziale Arbeit“ (Knapp, Salzmann, Tietze, 2002) hat wesentlich zur Aufbereitung des Feldes für die Einrichtung des Fachhochschulstudienganges „Soziale Arbeit“ an der FH Kärnten beigetragen.

Die offene Frage, wohin sich die Sozialpädagogik im Bachelorsegment entwickeln wird, besteht nicht nur für die Kollegs der Sozialpädagogik, sondern dies symbolisiert auch der Lehrgang zum „Akad. Sozialpädagogischen Fachbetreuer“ bzw. zur „Akademischen Sozialpädagogischen Fachbetreuerin“. Dieser 165-ECTS-Lehrgang, der an der FH Oberösterreich angesiedelt ist, kommt dem Personalbedarf nach, der insbesondere in der Kinder- und Jugendhilfe besteht, ohne bisher jedoch die Berechtigung für einen 180-ECTS-Bachelor erlangt zu haben. Der reichhaltige Lehrplan, der neben den pädagogischen, rechtlichen und sozialwissenschaftlichen

Grundlagen eine ganze Reihe von Inhalten im Bereich der Methodik und Selbsterfahrung anzubieten hat, ist jedenfalls einem Bachelor äquivalent. Trotz der bemühten Zwischenlösungen um eine Durchlässigkeit zum Bachelor und zum Masterstudium „Soziale Arbeit“ sollten im Sinne der Studierenden bald die Bremsen gelöst werden.

Anders sieht es beim Projekt der FICE zum „Weiterbildungscurriculum entlang der Qualitätsstandards für die stationäre Kinder- und Jugendhilfe“ aus. Hier handelt es sich, aufbauend auf die kooperative Entwicklung der Qualitätsstandards für die stationäre Kinder- und Jugendhilfe, um ein Weiterbildungsbemühen, das der Implementation des dafür nötigen Wissens und Könnens dient. Überdies wird dadurch die organisations- und bundesländerübergreifende Kooperation intensiviert (FICE, 2019).

Im Bereich Case und Care Management haben sich von der ÖGCC (Österreichischen Gesellschaft für Case und Care Management) zertifizierte Weiter- bzw. Ausbildungen entwickelt. Interessant ist dabei die geleistete Verschränkung von den Gesellschaftsbereichen Gesundheit, Pflege und Soziale Arbeit. Derzeit bestehen 21 anerkannte Ausbildungsstätten (u. a. dabeiaustria, BFI Wien, Salzburg und Steiermark, pro mente, Proges). Hervorzuheben ist auch die Verknüpfung mit dem Kolleg für Sozialpädagogik in Salzburg. Diese Ausbildungsstätten besitzen die Berechtigung, zertifizierte Case und Care Manager*innen auszubilden. Zudem bestehen Richtlinien für die Vergabe des Titels einer zertifizierten Case-Management-Ausbilderin bzw. eines zertifizierten Case-Management-Ausbilders. Durch die Netzwerktreffen mit der DGCC (Deutsche Gesellschaft für Case und Care Management) und dem Netzwerk Case Management Schweiz sind zudem die Ausbildungsinhalte und Qualitätsstandards in diesen Ländern vergleichbar. Eine Arbeitsgruppe innerhalb der OGSA intensiviert derzeit die Einbettung und Anbindung in die Soziale Arbeit.

Als wichtige Qualitätssicherungsstelle in der außerschulischen Jugendarbeit agiert aufZAQ (aufZAQ, 2021). Anhand von Qualitätskriterien und Expert*innengutachten werden Lehrgänge u. a. in den Bereichen Erlebnis- und Outdoorpädagogik, Leitung von Kinder- und Jugendgruppen, Offene Jugendarbeit sowie Sexualpädagogik zertifiziert. Anerkennungen gehen auch hin zur Musik- und Theaterpädagogik sowie zu Umwelt- und Nachhaltigkeitslehrgängen. Ein Teil der zertifizierten Lehrgänge befasst sich mit Organisation und Management, Teamleitung sowie der Weiterbildung von

Trainer*innen. Ein wichtiges Anliegen von aufZAQ ist, im Rahmen der Jugendarbeitslehrgänge erworbene Qualifikationen innerhalb des nationalen Qualifikationsrahmens einem Level zuzuordnen und dadurch anzuerkennen. Der NQR gewährleistet wiederum eine Vergleichbarkeit mit dem europäischen Qualifikationsrahmen. Dafür wurde auch gemeinsam von Vertreter*innen der Offenen und der Verbandlichen Jugendarbeit ein Kompetenzmodell entwickelt.

Vor allem durch den Bedarf an Betreuungspersonal im Rahmen der eingeführten schulischen Ganztagesbetreuungen wurden an Pädagogischen Hochschulen niederschwellige Lehrgänge für Freizeitpädagog*innen eingerichtet. Für die Zulassung sind das 18. Lebensjahr, deutsche Sprachkenntnisse sowie eine allgemeine pädagogische Eignung erwähnt. Die 60-ECTS-Lehrgänge berechtigen nach erfolgreicher Absolvierung zur Führung der Bezeichnung „Akademische Freizeitpädagogin/Akademischer Freizeitpädagoge“. Im Curriculum, etwa an der Pädagogischen Hochschule Steiermark (PH Steiermark, 2021), sind rechtliche, pädagogische sowie freizeitpädagogische Grundlagen, Persönlichkeitsentwicklung und Kommunikation sowie Themen der Diversität enthalten. Bezüge zu Kunst, Musik und Sport sind selbstverständlich berücksichtigt. Spätestens im Laufe des Lehrgangs ist ein Erste-Hilfe-Kurs zu absolvieren (vgl. PH Steiermark, 2019). In der SchOG-Novelle 2011 ist die prominente Rolle der Freizeitpädagog*innen festgelegt, die sie neben den Erzieher*innen einnehmen, die als Absolvent*innen der Bildungsanstalten und Kollegs für Sozialpädagogik definiert sind: „Für die gegenstandsbezogene Lernzeit sind die erforderlichen Lehrer, für die individuelle Lernzeit die erforderlichen Lehrer oder Erzieher und für die Freizeit die erforderlichen Lehrer, Erzieher oder Freizeitpädagogen zu bestellen“ (SchOG-Novelle 2011 § 13 Abs. 2a).

Der Trend zu handlungsfeldspezifischen Lehrgängen lässt sich anhand der sozialpsychiatrischen Grundkurse wahrnehmen. Die allgemein orientierten tertiären Ausbildungen für Soziale Arbeit und Sozialpädagogik sind mit diesem mindestens 100 UE umfassenden Grundkurs zu ergänzen, wenn man in sozialpsychiatrischen mobilen Leistungen, Tagesstrukturen oder Wohnformen arbeiten will. Anbieter für diesen Grundkurs sind beispielsweise die Caritas, pro mente oder alpha nova, also durchgängig Organisationen, die Praxisleistungen anbieten und dadurch zugleich Lehraufgaben übernehmen. Inhalte des an 14 über ein halbes Jahr gestreuten Einzel- und Doppeltagen angebotenen Lehrganges der alpha nova Akademie sind psychologische und rechtliche Grundlagen, die Förderung von Handlungskompetenz, insbesondere für herausfordernde Situationen und Krisen, diagnostische und therapeutische Ansätze (inkl. Kenntnisse zu Psychopharmaka) sowie Selbstreflexion und Beziehungsgestaltung (vgl. alpha nova Akademie, 2020). Interessant ist auch die Zusammensetzung der Zielgruppe, wie sie bei pro mente erwähnt ist. Neben hauptamtlichen Personen und Personen, die eine bezahlte Tätigkeit im sozialpsychiatrischen Bereich anstreben, sind auch ehrenamtliche Mitarbeiter*innen sowie Angehörige psychisch erkrankter Personen als Zielgruppe erwähnt. Verankert ist die für Psycholog*innen, Sozialarbeiter*innen und Pädagog*innen gleichermaßen verpflichtend bis 24 Monate nach Berufsbeginn vorzuweisende Grundausbildung in der Steiermark in den Leistungsbeschreibungen zum StBHG mit der Stammfassung von 2015 und Novellen bis ins Jahr 2021 (LGBl. Nr. 47/2020, Anlage 1).

Etwas alleinstehend bzw. von den einschlägigen Fachgesellschaften der Sozialen Arbeit wenig eingebunden erscheinen die Lebens- und Sozialberater*innen. Als Gewerbe sind die zahlreichen Standorte der Ausbildungsinstitutionen über Österreich weit gestreut (vgl. WKO, 2021). Neben der regionalen Vielfalt zeigt sich vor allem auch eine diverse Kultur in den fachlichen Hintergründen, die mitunter von der disziplinären Wissenschaftskultur entfernt zu sein scheint. Einzelne Ansätze wie der verknüpfte Weiterbildungsmaster zu Beratung bei der Weiterbildungsinstitution Uni For Life der Universität Graz oder der Bakkalaureats-Zweig „Beratung zum/zur Lebens- und SozialberaterIn“ der Sigmund-Freud-Universität verdeutlichen hingegen das akademische Interesse.

8 Resümee und Ausblicke

Die Ausbildungsgänge für Soziale Arbeit können in Österreich auf unterschiedlich lange Traditionen zurückblicken (vgl. Abb. 3/1 und 3/2). Die *gehobene Ausbildung* für Sozialarbeiter*innen reicht bis in die Zeit der Monarchie. Ihre eher zögerliche Entwicklung bis zum Beginn der Zweiten Republik erfolgte teils in privater, teils in länderspezifischer Trägerschaft. Nach einer Konsolidierungsphase in den 1960er-Jahren im Gefolge des Schulgesetzeswerkes von 1962 haben sich die im postsekundären Sektor angesiedelten *Lehranstalten* zu *Akademien für Sozialarbeit* weiterentwickelt. Mit der Jahrhundertwende – nach dem Ende des „sozialpädagogischen Jahrhunderts" – erfolgte die Akademisierung der Ausbildung. Über die Umstrukturierung zu *Fachhochschulstudiengängen für Soziale Arbeit* (Bachelor- und Masterstudiengänge) wurde die Einbindung in den tertiären Bildungssektor erreicht. Damit können jahrzehntelange Bestrebungen als erfüllt gelten, wenngleich das Grundstudium mit sechs Semestern begrenzt blieb. Die Bestrebungen nach einem eigenständigen PhD-Studium sind wohl von den weiteren studienrechtlichen Entwicklungen des gesamten tertiären Sektors abhängig.

In der Sekundarstufe II war im berufsbildenden höheren Schulwesen eine Ausbildung für soziale Berufe im SchOG 1962 zunächst nicht vorgesehen. Erst seit der Jahrhundertwende hat sich im humanberuflichen Sektor, in den höheren Lehranstalten für Wirtschaft (HLW), eine soziale Ausbildungsschiene mit der Fachrichtung *Sozialmanagement* zu etablieren begonnen. Seit 2020 ist eine vermehrte versuchsweise Einrichtung von *höheren Lehranstalten für Sozialbetreuung und Pflege* zu beobachten. Diese integrieren neben der Reife- und Diplomprüfung zusätzlich Abschlüsse in Sozialbetreuungsberufen. Damit scheint der Aufbau einer in engerem Sinne „höheren Lehranstalt für Soziales" im Rahmen der BHS in Gang zu kommen.

Auf dem Niveau der BMS hat sich die bereits im SchOG 1962 vorgesehene *Fachschule für Sozialberufe*, die als Vorbereitungsschule für diverse Ausbildungen im Sozial- und Gesundheitsbereich gedacht ist, als dreijährige Schulform gefestigt. Die berufsausbildenden *Schulen für Sozialbetreuungsberufe (SOB)* (Altenarbeit, Familienarbeit, Behindertenarbeit, Behindertenbegleitung) auf Fachniveau (zweijährig, ausgen. Familienarbeit) bzw. Diplomniveau (dreijährig) waren zunächst statutarische Schulen in privater (meist kirchlicher) Trägerschaft und der Gesetzgebungskompetenz der Bundesländer zugeordnet. Die gemäß Art. 15a B-VG zwischen dem Bund und den Ländern abgeschlossene Vereinbarung über Sozialbetreuungsberufe (BGBl. I 55/2005) legte einheitliche Ausbildungs- und Qualitätsstandards für den Bereich der Sozialbetreuungsberufe fest und harmonisierte die Berufsbilder und Berufsbezeichnungen. Entsprechende Ländergesetze („Sozialbetreuungsberufe-Gesetze") folgten. Gegenwärtig gilt die Neufassung des Organisationsstatuts aus 2018. Mit diesen Entwicklungen dürften die Ausbildungsangebote für soziale Berufe im Rahmen des berufsbildenden mittleren und höheren Schulwesens mittelfristig tragfähige Strukturen erreicht haben.

Die Lehranstalten für Erzieherbildung auf der Sekundarstufe II, die *Bildungsanstalt für Erzieher/Sozialpädagogik* und die *Bildungsanstalt für Kindergartenpädagogik/Elementarpädagogik*, haben vergleichbare Entwicklungen genommen:

Das 1960 gegründete *Bundesinstitut für Heimerziehung* mit ein- bis zweijährigen Lehrgängen, ab 1962 als *Bildungsanstalt für Erzieher,* wird seit der 7. SchOG- Novelle (1982) im Rahmen der *Anstalten der Lehrer- und Erzieherbildung* als fünfjährige *Bildungsanstalt für Erzieher,* ab 1993 für *Sozialpädagogik*, mit Reife- und Diplomprüfung geführt; viersemestrige *Kollegs für Sozialpädagogik* mit Diplomabschluss konnten eingerichtet werden. 2016 wurden diese Schulformen dem berufsbildenden höheren Schulwesen zugeordnet. Gegenwärtig werden drei *Bildungsanstalten für Sozialpädagogik* angeboten; an 13 Kollegs für Sozialpädagogik wird eine praxisorientierte Grundausbildung für Sozialpädagogik vermittelt, die mit einer Diplomprüfung abschließt.

Die *Bildungsanstalt für Kindergärtnerinnen* wurde nach einer traditionsreichen Entwicklung mit dem SchOG 1962 verselbstständigt und zu einem vierjährigen Ausbildungsgang auf mittlerem Niveau (Diplomprüfung, keine Reifeprüfung) aufgewertet. Mit der 7. SchOG-Novelle erhielt die nun als *Bildungsanstalt für Kindergartenpädagogik* bezeichnete Schulform den Status einer berufsbildenden höheren Schule mit Befähigungs- und Reifeprüfungsabschluss; viersemestrige *Kollegs für Kindergartenpädagogik* konnten eingerichtet werden. Eine neuerliche Umbenennung (2016) in *Bildungsanstalten für Elementarpädagogik* ging mit einer Ausweitung der Ausbildung für die Arbeit mit Kindern vom ersten bis zum sechsten Lebensjahr einher. Verpflichtende Lehramts-Bachelor-Studien sind ab 2018/19 für die berufsrelevanten Ausbildungsfächer (Erziehung – Bildung – Entwicklungsbegleitung) vorgesehen. Insgesamt ist in den nächsten Jahren mit weiteren Neuorientierungen zu rechnen.

Hinsichtlich der Entwicklung des Faches „Sozialpädagogik“ an den österreichischen Universitäten ist Vielfalt angesagt. Seine bisher längste fachliche und institutionelle Verankerung genießt das Fach am Institut für Erziehungs- und Bildungswissenschaft der Universität in Graz, wo es auch im Rahmen des Masterstudiums als eigenständiges Fach studiert werden kann. In Klagenfurt ist die Sozialpädagogik ein Teilfach eines spezialisierten Masterstudiums, in Salzburg ist sie als Modul im Rahmen eines allgemeinen erziehungswissenschaftlichen Masterstudiums enthalten, und in Innsbruck und Wien sind die im Rahmen eines bildungswissenschaftlichen Masterstudiums einschlägigen wählbaren Fächer nicht (mehr) explizit als „sozialpädagogisch" ausgewiesen.

Die an den Universitäten Innsbruck und Wien erkennbare Tendenz, die Disziplin „Sozialpädagogik" in vielseitig kombinierbare Teilaspekte aufzulösen, entspricht dem Trend, offen zu bleiben, sich nicht festzulegen. Solches wäre im Rahmen eines aufgeklärten Fachdiskurses jedenfalls auch innerhalb des Fachganzen der Sozialpädagogik möglich, ohne dieses der Gefahr auszusetzen, über zeitgeistige Bestrebungen die kohäsionsbildende Systematik zu verlieren. Das ist für die Studien der Sozialen Arbeit aufgrund der eindeutigen institutionellen Etablierung an den Fachhochschulen, auch im Rahmen der vielfältigen thematisch berufsfeldbezogenen Masterstudiengänge, kaum zu befürchten. Die Masterstudien an den Universitäten in Graz und Klagenfurt und die daran anschließenden Doktoratsschulen versuchen in ähnlicher Weise, die Sozialpädagogik mit ihren vielfältigen Handlungsfeldbezügen als disziplinäres und daher gemeinschaftlich geprägtes Gesellschaftsprojekt zu gestalten. Dies hat nicht zuletzt auch Relevanz für die Forschungslandschaft, die ebenfalls vor der Weggabelung steht, sich in viele kleine empirische Forschungsvorhaben zu zersplittern oder doch eine überlagernde Forschungssystematik ausfindig zu machen. In diesem Sinn ist auch die verstärkte Kooperation der Ausbildungsstätten, der Gesellschaften und der Berufsverbände der universitären Sozialpädagogik mit der Sozialen Arbeit der Fachhochschulen zu begrüßen.

Es zeichnen sich bei den Lehrgängen ebenfalls unterschiedliche Dynamiken ab. Erstens finden immer spezifischere Lehrgänge Eingang in die Sozialszene, die praxisbezogen auf die Berufstätigkeit vorbereiten bzw. diese begleiten und dadurch die allgemeineren Ausbildungen ergänzen. Als Beispiel dafür kann der sozialpsychiatrische Grundkurs genannt werden. Zweitens entwickelt sich durch die Lehrgänge, Weiterbildungsinstitutionen und Privatuniversitäten eine immer bedeutsamere kommerzielle Ebene der Aus- und Weiterbildungen im Sozialbereich und darüberhinausgehend auch etwa in den psychotherapeutischen Fachspezifika. Drittens ist auch das Thema der Monopolisierung weiterhin nicht vom Tisch. Während sich die Sozialarbeit und die Sozialpädagogik zunehmend angenähert bzw. bis auf die weitgehend reservierte behördliche Sozialarbeit großteils erfolgreich zur Sozialen Arbeit subsummiert haben, tritt etwa mit der Freizeitpädagogik ein Leistungserbringer in der Pädagogik auf, der sich bereits in seiner Konzeption berufliche Vorrechte gesichert hat. Dies ist insofern überraschend, als der Lehrgang mit 60 ECTS begrenzt ist und bedarfsorientiert eingeführt wurde, weshalb man davon ausgehen kann, dass der Bedarf bei einem pluraleren Verständnis besser abzudecken wäre.

Mit dem Hochschullegistikpaket (2021) erfährt die Weiterbildung im Rahmen aller vier Hochschulsektoren (Universitäten, Fachhochschulen, Pädagogische Hochschule, Privatuniversitäten) eine aufgewertete und einheitliche Positionierung. Es erfolgt die Angleichung an die Bologna-Struktur. Neben der Einführung von Bachelorstudien im Umfang von 180 ECTS ist auch die Anhebung der Weiterbildungsmaster auf 120 ECTS umzusetzen (vgl. BMBWF, 2021).

Letztlich wird darauf zu achten sein, inwiefern es den Ausbildungen der Sozialen Arbeit gelingt, gesellschaftliche Entwicklungen aufzunehmen und zu bearbeiten. Bemühungen, die digitalen Entwicklungen abzubilden, dem Thema der Nachhaltigkeit gerecht zu werden oder die globalen Umbrüche mit der transnationalen Sozialen Arbeit zu bewältigen, gehen jedenfalls in diese Richtung. Demografisch müsste in Europa auch die veränderte Altersverteilung zunehmend ein Thema werden, das im Spektrum der Leistungen nicht nur dem Gesundheits- oder Pflegebereich überantwortet werden sollte. Insgesamt ist es wünschenswert, wenn sich die Ausbildungen der Sozialen Arbeit in der gesellschaftlichen Verantwortung sehen, die Themen der Armut, Diskriminierung oder Ausbeutung auch gestalterisch zu begreifen und in ihrer professionellen Autonomie Lösungsvorschläge einzubringen, die wiederum ein starkes und zeitgemäßes Ineinandergreifen von Praxis, Lehre und Forschung initiieren.

Literaturverzeichnis

alpha nova Akademie (2020). *Bildungsangebote.* Download: https://akademie.alphanova.at/angebote/bildungsangebote/ [12.08.2021].

Arlt, I. (1957). Schreiben vom 21.1.1957 von Ilse Arlt an die Direktorin der städtischen Fürsorgeschule in Wien, zit. in Steinhauser, W. (o. J./1994), *Geschichte der Sozialarbeiterausbildung.* Wien: Österreichisches Komitee für Soziale Arbeit.

aufZAQ (2021). *Ausbildungsqualität und Kompetenz für die Kinder- und Jugendarbeit.* Online: www.aufzaq.at [6.9.2021].

Bittner, B. (2010). Die Entwicklung der Ausbildungsstruktur in der Sozialen Arbeit in Österreich und deren Auswirkungen auf die AdressatInnen Sozialer Arbeit. In: M. Brandstetter u. M. Vyslouzil (Hrsg.), *Soziale Arbeit im Wissenschaftssystem. Von der Fürsorgeschule zum Lehrstuhl.* (S. 225–242). Wiesbaden: VS Verlag für Sozialwissenschaften.

Bittner, B. (2012). Alles wie immer oder doch ganz anders? Die Entwicklung der Ausbildung für SozialarbeiterInnen in den letzten 35 Jahren in Wien. In: *Sozialarbeit in Österreich* 2/2012, S. 23–25.

BMBWF (2020). *Höhere Lehranstalt für Sozialbetreuung und Pflege. Einrichtung von neun Standorten als Schulversuche gem. § 7 SchOG. Erledigungsschreiben 1083/AB vom 27.4. 2020 zu 1050 J* (XXVII. GP).

BMBWF (2021). Reformpakte der hochschulischen Weiterbildung. Online: https://www.bmbwf.gv.at/Themen/HS-Uni/Studium/Lehrg%C3%A4nge /Reformpaket_Weiterbildung.html [Download am 07.10.2021].

Breit, S., Eder, F., Kreiner, K., Scheiner, Cl., Seel, A. u. Spiel, Chr. (Hrsg.) (2019). *Nationaler Bildungsbericht Österreich 2018*, Bd. 2. Graz: Leykam.

Diemert, K. P. (1995). Von den einjährigen „Bildungscursen für Kindergärtnerinnen" zur fünfjährigen „Bildungsanstalt für Kindergartenpädagogik" bzw. zum „Kolleg für Kindergartenpädagogik". In: G. Knapp (Hrsg.), *Kindergarten und Familie als Lebens- und Erfahrungsraum* (S. 307–312). Wien, Köln: Böhlau.

Engelbrecht, H. (1986). *Geschichte des österreichischen Bildungswesens, Bd. 4. Von 1848 bis zum Ende der Monarchie.* Wien: Österreichischer Bundesverlag.

Engelbrecht, H. (1988). *Geschichte des österreichischen Bildungswesens, Bd. 5. Von 1918 bis zur Gegenwart.* Wien: Österreichischer Bundesverlag.

FICE Austria (2019). *Qualitätsstandards für die stationäre Kinder- und Jugendhilfe.* Freistadt: Verlag Plöchl.

Fuchs-Rechlin, K., Kammermeyer, G., Roux, S. u. Züchner, I. (Hrsg.) (2017). *Was kommt nach Ausbildung und Studium? Untersuchungen zum Übergang von Erzieherinnen und Kindheitspädagoginnen in den Arbeitsmarkt*. Wiesbaden: Springer VS.

Fürst, R. (2010). Sozialarbeit – Ausbildung an den Fachhochschulen in Österreich und Auswirkungen auf Identität und Berufsbild. Eine kritische Analyse zur Gegenwart und Forderungen zur Zukunft. In: M. Brandstetter u. Vysloucil

(Hrsg.), *Soziale Arbeit im Wissenschaftssystem. Von der Fürsorgeschule zum Lehrstuhl* (S. 243–260). Wiesbaden: VS Verlag für Sozialwissenschaften.

Hartel, B., Hollerer, L., Smidt, W., Walter-Laager, C. u. Stoll, M. (2019). Elementarpädagogik in Österreich. Voraussetzungen und Wirkungen elementarer Bildung. In: S. Breit, F. Eder, K. Kreiner, Cl. Scheiner, A. Seel u. Chr. Spiel (Hrsg.), *Nationaler Bildungsbericht Österreich 2018, Bd. 2* (S. 183–224). Graz: Leykam.

Knapp, G., Salzmann, G. (1995). Zur Entwicklung und gegenwärtigen Situation der Kindergärtnerinnenausbildung. In: G. Knapp (Hrsg.), *Kindergarten und Familie als Lebens- und Erfahrungsraum* (S. 313–347). Wien, Köln: Böhlau.

Knapp, G., Salzmann, G., Tietze, W. (2002). Universitätslehrgang „Soziale Arbeit". In: G. Knapp (Hrsg.), *Wissenschaftliche Weiterbildung im Aufbruch* (S. 126–181). Klagenfurt: Hermagoras.

Maiss, M. (2013). Über Leben und Werk von Ilse Amalia Maria Arlt (1876–1960). In: M. Maiss (Hrsg.), *Ilse Arlt. Pionierin der wissenschaftlich begründeten Sozialarbeit* (S. 7–78). Wien: Löcker.

Organisationsstatut 2018. *Schule für Sozialbetreuungsberufe, Organisationsstatut – Neufassung 2018*; (MVBl. Nr. 30/2018; Erlass vom 5.6.2018, BMBWF -21-635/0006-BS/5/2018).

PH-Steiermark (2021). *Hochschullehrgang Freizeitpädagogik.* Online: https://www.phst.at/ausbildung/studienangebot/freizeitpaedagogik/ [06.09.2021].

Scheipl, J. (2002). Universitätslehrgang „Sozialpädagogische Arbeit und Soziokulturelle Animation in offenen Handlungsfeldern". In: G. Knapp (Hrsg.), *Wissenschaftliche Weiterbildung im Aufbruch* (S. 182–201). Klagenfurt: Hermagoras.

Scheipl, J. (2004). Das Institut für Erziehungswissenschaft an der Universität Graz: 1904–2004. In: *Erziehung und Unterricht*, 9–10 (2004), 154. Jg. S. 925–943.

Scheipl, J., Heimgartner, A. (2004). Ausbildung für Soziale Berufe in Österreich. In: F. Hamburger, S. Hirschler, G. Sander u. M. Wöbcke (Hrsg.), *Ausbildung für soziale Berufe in Europa,* Bd. 1 (S. 114–139). Frankfurt/Main: ISS-Eigenverlag.

Seel, H., Scheipl, J. (2004). *Das österreichische Bildungswesen am Übergang ins 21. Jahrhundert.* Graz: Leykam.

Simon, M. D. (1995). Von Akademie zu Akademie. Zur historischen Entwicklung der Sozialarbeiterausbildung am Beispiel der Schule der Stadt Wien. In: H. Wilfing (Hrsg.), *Konturen der Sozialarbeit. Ein Beitrag zu Identität und Professionalisierung der Sozialarbeit* (S. 15–24). Wien: WUV-Universitätsverlag.

Steinhauser, W. (o. J./1994). *Geschichte der Sozialarbeiterausbildung.* Wien: Österreichisches Komitee für Soziale Arbeit.

Vag, O. (1993). Österreichisch-ungarische Beziehungen in der frühen Epoche der institutionalisierten Klein-Kinder-Erziehung. In: J. Scheipl u. O. Vag (Hrsg.), *Über die Geschichte der Vorschulerziehung in Österreich und in Ungarn* (S. 21–41). Miskolc: Veröffentlicht von der „Bildungsgeschichte diesseits und jenseits der Leitha" und der „Redaktion Historica Infantiae".

Veran, T. (vormals Dr. Gertraud Schleichert) (2020). *Berta Pichl. Eine Frau zwischen den Zeiten.* Wien: Verlagshaus Hernals. (Erstmals: online Journal „soziales kapital", wissenschaftliches journal österreichischer fh-studiengänge soziale arbeit, 2012, Bd. 8.).

Wilfing, H. (1995). Fachhochschulentwicklung im Sozial- und Gesundheitsbereich – ein notwendiger Schritt. In: Ch. Dorninger u. E. Koller (Hrsg.), *Fachhochschulen als Innovationspotentiale in der österreichischen Bildungslandschaft? Zeitschrift für Hochschuldidaktik,* 3–4/1995, S. 147–157.

Wilfing, H. (2005). *Zur Ausbildung in Österreich. Evidence based social work.* In: Soziale Arbeit (5–6 (2005), S. 202–208.

WKO (2021). *Personenbetreuung und Personenberatung.* Download: https://www.wko.at/branchen/gewerbe-handwerk/personenberatung-betreuung/start.html [12.08.2021].

XIII Von der Heimerziehung zur Sozialpädagogik – die Entwicklung der Ausbildung für Sozialpädagogik im (post)sekundären Bildungssektor in Österreich

Karin Lauermann

Das Feld der Ausbildungslandschaft für Soziale Arbeit zeigt in Österreich vielfältige Qualifikationen und verwirrende Implikationen. Ausbildungswege für Sozialpädagogik finden sich auf unterschiedlichem Bildungsniveau sowohl im tertiären als auch im (post)sekundären Bildungssektor, in dem die *Bildungsanstalt für Sozialpädagogik* und das *Kolleg für Sozialpädagogik* angesiedelt sind, die in diesem Beitrag im Fokus stehen. Mit der Eröffnung des *Bundesinstituts für Sozialpädagogik* (vormals *Bundesinstitut für Heimerziehung*) in Baden im Spätherbst 1960 wurde in Österreich den langjährigen Forderungen nach einer qualifizierten Ausbildung für Berufserzieher*innen entsprochen und ein Meilenstein in der Genese der sozialpädagogischen Berufsausbildung gesetzt (vgl. Gnant u. Lauermann, 2000, S. 13). Diesem Schritt ist ein langwieriger Etablierungsprozess vorangegangen. Ein Rückblick auf die Geschichte der sozialpädagogischen Berufsbildung mag die komplexe Gestalt der aktuellen Ausbildungslandschaft erhellen. Daher lenkt der Beitrag zunächst den Blick auf das historische Werden des Professionalisierungsprozesses der Ausbildung für Sozialpädagogik, um in einem zweiten Schritt die sozialpädagogische Berufsbildung an der *Bildungsanstalt für Sozialpädagogik* und am *Kolleg für Sozialpädagogik* zu beleuchten.

1 Frühe Formen institutioneller Ausbildung

Erste öffentliche Forderungen nach einer beruflichen Ausbildung für Hort- und Heimerzieher*innen traten bereits um die Mitte des 19. Jahrhunderts auf. Doch erst Anfang des 20. Jahrhunderts wurden berufsorientierte pädagogische Ausbildungsgänge für Heim- und Internatserzieher*innen eingerichtet: Erziehertage und Fachkurse der Gemeinde Wien für Angestellte, die in Kinder- und Jugendheimen als Erzieher*innen tätig waren; Halbjahreskurse zur Umschulung von Junglehrer*innen zu „Erzieher*innen in Horten und Ferienheimen"; Kurse zur Ausbildung von Heimleiter*innen; Präfektenscholastik zur Heranbildung der im Erzieherdienst tätigen Mitarbeiter der Schulbrüder Wien (vgl. Lauermann, 1997, S. 154–155; Lauermann, 1998, S. 147).

Zu Beginn der 1920er-Jahre führte die *Höhere Lehranstalt für soziale Frauenberufe* der Zentralorganisation der Katholischen Frauenbewegung in Wien die ersten Hortnerkurse und in den Folgejahren die ersten Erzieherkurse durch (Osztovits, 1975, S. 31–32). Die Ausbildung erfolgte schulmäßig und beinhaltete schon damals Praktika in Fröbel- oder Montessori-Kindergärten und in Heimen. Unterrichtet wurden Fächer wie Pädagogik, Psychologie, Krankenpflege im Haus, Handfertigkeit, Nahrungsmittellehre und Kinderpflege sowie ein Katalog an Kursen und Vorträgen, von denen eine bestimmte Anzahl frei gewählt werden konnte (Knapp, 1990, S. 14–15; Lauermann, 1998, S. 155; Veran, 2012, S. 13–14).

Etwa zur gleichen Zeit veranstalteten führende Sozialdemokraten im damaligen Kinderheim Schönbrunn Kurse zur Qualifikation der pädagogischen Mitarbeiter*innen der Kinderfreunde und Erzieher*innen in den Wiener Erziehungsheimen und folgten damit dem Bestreben des austromarxistischen Kulturtheoretikers Max Adler, der aus sozialer Not heraus eine Ausbildungsstätte für sozialistische Erzieher*innen forderte: „Erzieher wachsen nicht – von einzelnen genialen Ausnahmen abgesehen – wild auf wie das Unkraut auf dem Felde, sie müssen gebildet und gezogen werden" (Adler, 1924, S. 101). Geleitet wurde diese Ausbildungsstätte für sozialistische Erzieher*innen von Otto F. Kanitz; unterrichtet haben neben Max Adler und Otto F. Kanitz u. a. Anton Tesarek, Alfred Adler, Karl Popper (vgl. Pawlik, 2010, S. 32–33). Die „Schönbrunner Erzieherschule" erstreckte sich zuerst über zwei, dann über drei Jahre. Der Fächerkanon war sowohl pädagogisch-psychologisch als auch politisch ausgerichtet. Die Lernorte waren die Schule für den theoretischen und das angegliederte Kinderheim für den praktischen Ausbildungsteil. Die Absolvent*innen sollten als Multiplikator*innen die sozialistische Erziehung in die Horte hinaustragen und von dort ganze „Generationen von Proletarierkindern mit der Glut des sozialen Ideals“ (Kotlan-Werner, 1982, S. 94–96) erfüllen. Die Schule musste nach einigen Jahren (1919–1924) aus finanziellen Gründen eingestellt werden (vgl. Weidenholzer, 1981, S. 97–98).

Bereits im Jahr 1921 wurden in Wien die in Kinder- und Jugendheimen tätigen Angestellten als „Erzieher“ bezeichnet. Für diese Gruppe wurden Fach- bzw. Fortbildungskurse auf Initiative und unter Leitung von August Aichhorn installiert (vgl. Rückert, 2000, S. 134). Motor dieser Ausbildungsinitiative waren Aichhorns praktische Erfahrungen in den Wiener Horten, in der Erziehungsberatung und als Heimleiter in Oberhollabrunn von 1919 bis 1921. Inhaltlich spiegelt sich seine konsequente Auseinandersetzung mit der psychoanalytischen Theorie von Sigmund Freud und der Reformpädagogik wider (vgl. Osztovits, 1989, S. 27–28; Sieder, 2014, S. 162–163; Sieder, 2015, S. 214–215; Institut für Erziehungswissenschaft der Universität Innsbruck, 2015, S. 504; siehe auch Aichhorn, 1929/1977). Die Erzieher*innen lernten in einem Vorbereitungskurs in rund 150 Stunden Pädagogik, Allgemeine Psychologie, Heilpädagogik, Gesundheitslehre, Erste Hilfe, Wohlfahrtswesen, Anstaltsverwaltung u. a. m. und legten abschließend eine Fachprüfung ab (Osztovits, 1975, S. 32).

Der Zweite Weltkrieg setzte diesen Bestrebungen ein jähes Ende. An eine Fortsetzung konnte erst im Jahr 1945 gedacht werden.

2 Die Etablierungsphase

Nach dem Zweiten Weltkrieg lässt sich zunächst keine kontinuierliche Professionalisierung im Bereich der Ausbildung für Sozialpädagogik erkennen. Auch wenn bereits im Jahr 1948 in einem Entwurf für ein „Schul- und Erziehungsgesetz“ des Bundesministeriums für Unterricht ein eigener Abschnitt den *Bildungsanstalten für Erzieher* gewidmet war (vgl. Osztovits, 1975, S. 49–50; Lauermann, 2011, S. 176), erfolgte erst im Jahr 1962 mit dem Inkrafttreten des Schulorganisationsgesetzes eine gesetzliche Regelung der Erzieheraus- und -fortbildung (vgl. Gnant, 2003, S. 463; Bundesgesetzblatt der Republik Österreich, 1962). Eine erste österreichweite Verberuflichung der Erziehertätigkeit zeichnete sich Anfang der 1960-Jahre mit der Einführung einer Fachschulausbildung ab. Bis dahin lag die Ausbildung im autonomen Bereich von Gemeinden, Ländern oder Ordensgemeinschaften. Sie führten in Entsprechung ihrer Erziehungsinstitutionen Kurzkurse sowie Mitarbeiterschulungen, Fachkurse, Lehrgänge und Fortbildungsveranstaltungen nach Eigenbedarf durch (siehe beispielsweise „Schönbrunner Erzieherschule" oder Fachkurse für Erzieher*innen der Gemeinde Wien unter der Leitung von Aichhorn). Die inhaltlichen Schwerpunkte und die Qualität des Ausbildungsniveaus der einzelnen Trägerinstitutionen waren sehr unterschiedlich, eine Abhängigkeit der sogenannten Erzieher*innen von ihren Arbeitgebern vielfach inkludiert (vgl. Gnant, 2003, S. 464–465). Die berufliche Anerkennung als Erzieher*in war damit von der Akzeptanz einzelner Erziehungsinstitutionen oder von behördlichen Instanzen der Gemeinden und Länder abhängig. Die Mehrzahl der als Erzieher*innen tätigen Mitarbeiter*innen hatte nach wie vor keine Ausbildung.

Nach 1945 nahm zunächst die höhere Lehranstalt für soziale Frauenberufe als *Soziale Frauenschule* ihre Tätigkeit unter der Trägerschaft des Caritasverbandes Wien wieder auf und installierte eine Erzieher- und Hortnerschule, ab 1953 auch eine *Sozialpädagogische Erzieherschule* als Vorläufer des späteren *Instituts für Heimerziehung* in Wien, das bis 1963 Bestand hatte (vgl. Steinhauser, 1993, S. 128).

Die Kalasantiner-Kongregation begründete eine zweijährige *Soziale Männerschule*. Das Land Niederösterreich und die Gemeinde Wien veranstalteten Kurse, die mit Erzieherdienstprüfungen abgeschlossen wurden. Auch das Bundesministerium für Kunst und Kultur sowie die Länder veranstalteten Heimerzieherkurse zur Vorbereitung auf die „Amtsprüfung für Erzieher". Zweijährige Erzieherlehrgänge wurden an der Bundeslehrerbildungsanstalt Graz eingerichtet (vgl. Osztovits, 1975, S. 35–36).

Schließlich begannen sich vor allem in den 1950er- und 1960er-Jahren Länder und Gemeinden, Körperschaften und Organisationen auf breiter Basis um eine Erzieherausbildung zu bemühen. Gleichzeitig wurde auf Tagungen und Enqueten der Ruf nach qualifizierter Erzieherausbildung immer deutlicher artikuliert: Tagung zur „Jugendverwahrlosung" 1947 in Salzburg; „Erste Tagung der Heimleiter und Erzieher" in Hartberg 1951;

Arbeitsbericht des Österreichischen Bundesjugendringes in Wien 1954; Kongress des Katholischen Bildungswerks Salzburg „Erziehung als Beruf" 1954; Enquete „Jugend in Not" in Salzburg 1958; Enquete „Jugend und Gesellschaft" in Wien 1962 (vgl. Sieder, 2015, S. 158; Schneider, 1950; Knapp, 1990, S. 117; Amt für Jugend und Familie der Stadt Wien, 1991; Brezinka, 1955; Osztovits, 1975, S. 45–46).

Die Erziehungswissenschaftler Friedrich Schneider und Leopold Prohaska machten von der Universität Salzburg aus auf die „Probleme der Jugendverwahrlosung" aufmerksam und forderten angesichts eines prognostizierten „allgemeinen Erziehungsnotstandes" eine geregelte Erzieherausbildung in Österreich (vgl. Osztovits, 1975, S. 45–46). Bereits 1947 und 1948 hatte Schneider am Institut für Vergleichende Erziehungswissenschaft in Salzburg einen einjährigen Lehrgang zur Ausbildung für „Erzieher von Schwererziehbaren und Jugendgerichtshelfern" eingerichtet. Von 1958 bis 1960 wurde ein „Erzieherlehrgang für Erzieher aus kirchlichen Internaten" durchgeführt (vgl. Gnant, 2000, S. 15–44). Die Lehrgänge am Institut für Vergleichende Erziehungswissenschaft in Salzburg sollten eine akademisch-wissenschaftliche Ausbildung für Erzieher*innen befördern (vgl. Gnant, 2000, S. 23–24). Schließlich gründete Prohaska 1964 einen Verein zur Förderung der Erzieher- und Erwachsenenausbildung (vgl. Prohaska, 1957, S. 163–166).

Trotz der immer drängenderen Forderungen nach einer gehobenen und gesicherten Ausbildung für Erzieher*innen konnte eine Etablierung der Erzieherausbildung in Österreich noch nicht erreicht werden. Gründe dafür lagen im Fehlen einer gesetzlichen Grundlage und in einer Verkomplizierung durch die äußerst enge Verflechtung von Gemeinde- und Landeskompetenzen.

3 Bemühungen des Bundesministeriums für Unterricht

Auch wenn, wie bereits angesprochen, in einem Entwurf für ein „Schul- und Erziehungsgesetz" des Bundesministeriums für Unterricht bereits im Jahr 1948 ein eigener Abschnitt den *Bildungsanstalten für Erzieher* gewidmet war, erfolgte erst mit Inkrafttreten des Schulorganisationsgesetzes (= SchOG) 1962 (vgl. Bundesgesetzblatt der Republik Österreich, 1962) eine österreichweite gesetzliche Regelung der Erzieherausbildung. Bereits zu dieser Zeit war die *Bildungsanstalt für Erzieher* als fünfjährige höhere Schule konzipiert. In Reaktion auf den eklatanten Mangel an geprüften Erzieher*innen wurde im Herbst 1960 in Baden bei Wien das *Bundesinstitut für Heimerziehung* (heute *Bundesinstitut für Sozialpädagogik*) gegründet. Zunächst wurden zweijährige Lehrgänge für Bewerber*innen ohne Reifeprüfung bzw. einjährige Lehrgänge für Maturant*innen eingerichtet. Das Provisorium der ein- bzw. zweijährigen Ausbildung hielt sich 20 Jahre. Erst mit dem Schuljahr 1980/81, zunächst als Schulversuch und ab 1985 im Rahmen des Regelschulwesens, erfolgte die Realisierung der bereits in den 1960er-Jahren konzipierten fünfjährigen höheren Schule für Hort- und Heimerzieher*innen. Die 7. SchOG-Novelle 1982 (vgl. Bundesgesetzblatt der Republik Österreich, 1982) führte *Kollegs für Sozialpädagogik* ein. Diese räumen Bewerber*innen mit Reifeprüfung, Berufsreifeprüfung oder Studienberechtigungsprüfung in vier Semestern (Vollzeitschule) bzw. in bis zu sechs Semestern berufsbegleitend die Möglichkeit ein, die Ausbildung für Sozialpädagogik im postsekundären Bildungsbereich zu absolvieren.

Die *Bildungsanstalt für Erzieher* bzw. *Bildungsanstalt für Sozialpädagogik* wurde bis 2016 gemeinsam mit der Lehrerbildungsanstalt (ausgelaufen 1967/68) und der Bildungsanstalt für Kindergartenpädagogik als *Höhere Anstalt der Lehrer- und Erzieherbildung* geführt und mit dem Schuljahr 2016/17 in das berufsbildende höhere Schulwesen überführt (vgl. Bundesgesetzblatt der Republik Österreich, 2016). Die Umbenennung der *Bildungsanstalt für Erzieher* in *Bildungsanstalt für Sozialpädagogik* im Jahr 1993 folgte dem Berufsfeldwandel und dem zeitgemäßen Paradigma sozialpädagogischer Arbeit (vgl. Bundesgesetzblatt der Republik Österreich, 1993). Die Diskussion, die berufspraktisch ausgerichtete Ausbildung für Sozialpädagogik auf tertiäres Niveau anzuheben, schwelt seit dem Bestreben von Schneider und Prohaska an der Universität Salzburg in den 1950er-Jahren. Im Zuge der Überführung der Lehrerbildungsanstalten in Pädagogische Akademien in der zweiten Hälfte der 1960er-Jahre blieb die *Bildungsanstalt für Erzieher* ebenso unberücksichtigt wie bei den Umgestaltungsprozessen der Pädagogischen Akademien zu Pädagogischen Hochschulen. Die *Bildungsanstalt für Sozialpädagogik* sowie das *Kolleg für Sozialpädagogik* sind damit weiterhin bis in die Gegenwart im (post)sekundären Bildungsbereich platziert.

Der Gründung des *Bundesinstituts für Heimerziehung* in Baden im Jahr 1960 folgten sukzessive weitere Institutsgründungen in öffentlicher sowie in privater Trägerschaft: das *Institut für Heimerziehung* der Stadt Wien (1963, seit 1992 *Kolleg für Sozialpädagogik* der Arge Bildungsmanagement Wien), die *Bildungsanstalt für Erzieher* in Tirol (1973, zunächst in Baumkirchen, dann in Pfaffenhofen, ab 1985 in Zams und heute angeschlossen an die Kirchliche Hochschule der Diözese Innsbruck in Stams), die *Bundesbildungsanstalt für Erzieher* in St. Pölten (1982), ein *Kolleg für Sozialpädagogik* in Graz-Eggenberg am Pädagogischen Zentrum der Diözese Graz-Seckau und an der Kirchlichen Pädagogischen Hochschule in Linz der Diözese Linz (beide 1990). Nach 2000 folgten weitere *Kollegs für Sozialpädagogik* an den Bildungsanstalten für Elementarpädagogik in Liezen und in Oberwart, zwei weitere in Wien in privater Trägerschaft sowie in privater Trägerschaft in Linz, der Caritas in Salzburg und der Diakonie in Feldkirchen sowie eine *Bildungsanstalt für Sozialpädagogik* in Zwettl. Damit führen aktuell drei *Bildungsanstalten für Sozialpädagogik* als berufsbildende höhere Schulen mit dem Abschluss der Reife- und Diplomprüfung (Baden, St. Pölten, Zwettl) Jugendliche ab der neunten Schulstufe gleichermaßen zur Universitätsreife und zum höheren Berufsabschluss für Sozialpädagogik. An 13 *Kollegs für Sozialpädagogik* (Baden, St. Pölten, Wien (3), Linz (2), Salzburg, Stams, Feldkirchen, Graz, Liezen, Oberwart) absolvieren junge Erwachsene und Erwachsene in später(er) Berufung eine praxisorientierte Grundausbildung für Sozialpädagogik im (post)sekundären Bildungsbereich. *Kollegs für Sozialpädagogik* schließen mit einer Diplomprüfung ab.

An einer *Bildungsanstalt für Sozialpädagogik* bzw. an einem *Kolleg für Sozialpädagogik* können auch auf die Grundausbildung aufbauende viersemestrige Lehrgänge für *Inklusive Sozialpädagogik* (vormals *Lehrgang für Sondererzieher*) als Zusatzqualifikation eingerichtet werden.

Die konzeptionelle Grundstruktur der *Bildungsanstalt für Sozialpädagogik* ist generalistisch als eine für alle sozialpädagogischen Arbeitsfelder qualifizierende Ausbildung angelegt, die auf eine selbstständige und verantwortungsvolle Berufstätigkeit vorbereitet. Die fachtheoretische und die fachpraktische Auseinandersetzung mit der Breite der Themen und Problemlagen der Handlungsfelder der Sozialpädagogik ist im verordneten Lehrplan in fachtheoretischen, musisch-kreativen und bewegungspädagogischen Unterrichtsfächern sowie in der Praxis der Sozialpädagogik inkludiert.

Das besondere Charakteristikum der Ausbildung machen intensiv begleitete Pflicht- und Ferialpraktika in unterschiedlichen Handlungsfeldern der Sozialpädagogik aus. In den letzten zwei Schuljahren haben die Auszubildenden die Möglichkeit, sich in zwei Handlungsfeldern fachtheoretisch und praxisorientiert vertiefend zu spezialisieren. In Kleingruppen werden die Schüler*innen von Praxislehrer*innen – ausgebildeten Sozialpädagog*innen mit mindestens vierjähriger Berufserfahrung und einem fachspezifischen akademischen Studium – an der Bildungsanstalt vorbereitet, begleitet und vor Ort an den Praxisstellen visitiert. In den Einrichtungen werden die Auszubildenden von (qualifizierten) Praxisanleiter*innen begleitet. Eine an der Theorie reflektierte Praxisdokumentation wird im Anschluss an jedes Praktikum in Einzel- und Gruppensettings nachbereitet. Supervisorische Begleitung komplementiert die intensive praxisorientierte Ausbildung.

Im *Kolleg für Sozialpädagogik* wird den Studierenden der berufliche Ausbildungsteil der *Bildungsanstalt für Sozialpädagogik* vermittelt. Der parallel zur *Bildungsanstalt für Sozialpädagogik* gefasste Lehrplan fokussiert auf die fachtheoretischen, musisch-kreativen und bewegungspädagogisch relevanten Inhalte und umfasst gleichermaßen generalistisch auf alle Handlungsfelder der Sozialpädagogik ausgerichtete Pflicht- und Ferialpraktika in unterschiedlichen Handlungsfeldern. In den letzten beiden Semestern haben die Studierenden ebenfalls die Möglichkeit, sich in ein bis zwei Handlungsfeldern vertiefend zu spezialisieren. Form und Ausführung der Praktika werden parallel zu jenen der *Bildungsanstalt für Sozialpädagogik* geführt.

Die verbindlichen Lehrpläne gewährleisten eine kontinuierliche und österreichweit einheitliche Ausbildungsqualität an *Bildungsanstalten für Sozialpädagogik* und *Kollegs für Sozialpädagogik*. Vor Aufnahme der Ausbildung an einer *Bildungsanstalt für Sozialpädagogik* oder an einem *Kolleg für Sozialpädagogik* ist eine gesetzlich vorgegebene Eignungsprüfung abzulegen, die die lehrplangemäße Ausbildbarkeit der Bewerber*innen in den Bereichen musikalische Bildbarkeit, Fähigkeit zum schöpferischen Gestalten, körperliche Gewandtheit und Belastbarkeit sowie Kontakt- und Kommunikationsfähigkeit überprüft (vgl. Bundesgesetzblatt der Republik

Österreich, 1975). Eine kommissionelle Prüfung auf Diplomniveau (NQR 5) am Ende der Ausbildung führt zu einem öffentlich-rechtlich anerkannten Abschluss inklusive eines Certificate Supplements, das die Anerkennung der Ausbildung im EU-Raum gewährleistet (vgl. europass 2021). Aufgrund der Einstufung in die Qualifikationsstufe 5 gilt die Ausbildung nicht als akademische Ausbildung, was Anschlüsse an weiterführende akademische Qualifikationen erschwert.

4 Resümee und Ausblick

Die Ausbildung für Sozialpädagogik in Österreich blickt auf eine lange Tradition zurück, die weit in das letzte Jahrhundert reicht. Eine brüchige Etablierungsphase hat ihren Platz im (post)sekundären Bildungsbereich zugeordnet und verfestigt. Einem sozialpädagogischen Aufbruch im „Roten Wien" der Zwischenkriegszeit folgte eine langwierige Konsolidierungsphase in den 1960er-Jahren, befördert vom Schulorganisationsgesetz 1962. Auf dem Niveau der Sekundarstufe II der berufsbildenden Schulen sind in diesem Schulgesetzwerk zunächst mittlere „Anstalten der Lehrer- und Erzieherbildung" als *Bildungsanstalten für Erzieher* eingerichtet worden, die 1985 als maturaführende Schulen in das höhere Schulwesen integriert worden sind. Die *Bildungsanstalten für Sozialpädagogik* bzw. die *Kollegs für Sozialpädagogik*, die auf Maturaniveau ausbilden bzw. in viersemestrigen Lehrgängen zum gesetzlich nicht geschützten Berufstitel „Sozialpädagog*in" qualifizieren, bilden heute den professionellen Kern einer auf das Berufsfeld der Sozialen Arbeit fokussierten praxisorientierten Ausbildung. Neben den durch die Schulorganisation geregelten Ausbildungsgängen existiert eine bunte Palette von Lehr- und Ausbildungsgängen, deren Breite und Vielfalt eben durch den fehlenden Titelschutz „Sozialpädagog*in" befördert werden (vgl. Gnant, 2003; Scheipl, 1998).

Literaturverzeichnis

Adler, M. (1924). *Neue Menschen. Gedanken über sozialistische Erziehung*. Berlin: Laub'sche Verlagsbuchhandlung.

Aichhorn, A. (1925/1977). *Verwahrloste Jugend. Zehn Vorträge zu Ersten Einführung*. Mit einem Vorwort von Sigmund Freud. 1. Auflage 1925. 9. Auflage 1977. Leipzig, Wien, Zürich: Internat. Psychoanalytischer Verlag[1]. Bern, Stuttgart, Wien: Hans Huber[9].

Amt für Jugend und Familie der Stadt Wien (Hrsg.) (1991). *Aktuelle Probleme der Heimerziehung 1997, 1998–1991.* Referate anlässlich der 20. Enquete des Amtes für Jugend und Familie der Stadt Wien am 24. Jänner 1991. Wien: Jugend und Volk.

Brezinka, W. (Hrsg.) (1955). *Erziehung als Beruf.* Bericht über die Internationale Werktagung in Salzburg. Wien: ÖBV.

Bundesgesetzblatt der Republik Österreich, Jg. 1962. Ausgegeben am 25. Juli 1962. 242. Bundesgesetz über die Schulorganisation (Schulorganisationsgesetz).

Bundesgesetzblatt der Republik Österreich, Jg. 1975. Ausgegeben am 4. Juni 1975. 201. Bundesgesetz über die Aufnahms- und Eignungsprüfungen in Anstalten der Lehrerbildung und der Erzieherbildung, berufsbildenden mittleren und berufsbildenden höheren Schulen sowie allgemeinbildenden höheren Schulen und Hauptschulen.

Bundesgesetzblatt der Republik Österreich, Jg. 1982. Ausgegeben am 22 Juli 1982. 365. Bundesgesetz. 7. Schulorganisationsgesetz-Novelle.

Bundesgesetzblatt der Republik Österreich, Jg. 1993. Ausgegeben am 13. Mai 1993. 323. Bundesgesetz. 14.Schulorganisationsgesetz-Novelle.

Bundesgesetzblatt der Republik Österreich, Jg. 2016. Ausgegeben am 11. Juli 2016. 56. Bundesgesetz. Schulrechtsänderungsgesetz 2016.

Europapass (2021). *Certificate Supplement.* Online: https://www.europass.at/en/what-iseuropass/certificate-supplement/) [12.01.2021].

Gnant, I. (2000). Erzieherausbildung als öffentliches Anliegen. (S. 15–44). In: I. Gnant u. K. Lauermann (Hrsg.): *40 Jahre Bildungsanstalten für Sozialpädagogik. Eine Dokumentation.* Innsbruck, Wien, München: Studienverlag.

Gnant, I. (2003). Die geschichtliche Entwicklung der sozialpädagogischen Berufsausbildung in Österreich. In: K. Lauermann u. G. Knapp (Hrsg.): *Sozialpädagogik in Österreich.* (S. 460–479). Klagenfurt, Ljubljana, Wien: Hermagoras.

Gnant, I. u. Lauermann, K. (Hrsg.) (2000). *40 Jahre Bildungsanstalten für Sozialpädagogik: Eine Dokumentation.* Wien/Innsbruck: Studienverlag.

Institut für Erziehungswissenschaft der Universität Innsbruck (Hrsg.) (2015). *Das System der Fürsorgeerziehung. Zur Genese, Transformation und Praxis der Jugendfürsorge in Tirol und Vorarlberg.* Forschungsbericht. Innsbruck.

Knapp, G. (1990). *Soziale Probleme im österreichischen Erzieherberuf. Eine empirische Untersuchung zu den Lebens- und Arbeitsbedingungen, Forschungs-*

und Entwicklungsarbeiten zur Schulpädagogik und Sozialpädagogik. Klagenfurt: Hermagoras.

Kotlan-Werner, H. (1982). *Otto Felix Kanitz und der Schönbrunner Kreis. Die Arbeitsgemeinschaft der sozialistischen Erzieher 1923–1934.* Wien: Europaverlag.

Lauermann, K. (1997). *Sozialpädagogische Berufsbildung. Die Ausbildung für Sozialpädagogik und für das Arbeitsfeld der SozialpädagogInnen – Entwicklungstendenzen in Europa.* Wien: Dissertation.

Lauermann, K. (1998). *Sozialpädagogische Berufsbildung. Genese Gegenwart – Zukunftsperspektiven:* Wien, Innsbruck: Studienverlag.

Lauermann, K. (2011). Sozialpädagogische relevante Ausbildungen in Österreich. In: M. Anastasiadis, A. Heimgartner, H. Kittl-Satran u. M. Wrentschur (Hrsg.). *Sozialpädagogisches Wirken.* (S. 172–184). Wien, Berlin: Lit.

Osztovits, O. (1975). *Geschichte und Effektivität der Erzieherausbildung in Österreich.* Wien: Dissertation.

Osztovits, O. (1989). Aichhorns Experiment mit den aggressiven Jugendlichen. In: *DU – Fachzeitschrift für die Arbeit in Hort und Heim,* S. 27–28.

Pawlik, M. (2010). PROvokativpädagogik in der Tradition der österreichischen Reformpädagogik. In: R. Perner u. M. Pawlik (Hrsg.). *Provokationspädagogik.* 2. Aufl. (S. 19–52). Wien, Berlin: Lit.

Prohaska, L. (1957). Arbeitskreis: Erzieherausbildung. In: L. Prohaska (Hrsg.). *Kind und Jugendliche in der Gemeinschaft.* (S. 163–166). Wien: ÖBV.

Rückert, K. (2000). Institut für Heimerziehung der Stadt Wien. In: I. Gnant u. K. Lauermann (Hrsg.). *40 Jahre Bildungsanstalten für Sozialpädagogik. Eine Dokumentation.* (S. 133–137). Wien, Innsbruck: Studien Verlag.

Scheipl, J. (1998). Sozialpädagogik in der Ausbildung. Pädagogik und Sozialpädagogik in den Lehr- und Ausbildungsplänen sozialpädagogisch relevanter Ausbildungsgänge in Österreich. In: W. Lenz (Hrsg.). *Bildungswege. Festschrift für Helmut Seel.* (S. 173–195). Innsbruck, Wien: Studienverlag.

Schneider, F. (Hrsg.) (1950). *Die Jugendverwahrlosung und ihre Bekämpfung. Vorträge des ersten internationalen Kongresses über Probleme der Jugendverwahrlosung.* Salzburg: Otto Müller.

Sieder, R. (2014). Das Dispositiv der Fürsorgeerziehung in Wien. In: M. Ralser u. R. Sieder (Hrsg.). *Die Kinder des Staates/Children oft he state.* (ÖZG 25, 2014/1+2). (S. 156–193). Innsbruck, Wien, Bozen: Studienverlag.

Sieder, R. (2015). Warum das Wiener Jugendamt seinem Erziehungsberater nicht folgte In: Th. Aichhorn u. K. Fallend (Hrsg.). *August Aichhorn-Vorlesungen. Einführung in die Psychoanalyse für Erziehungsberatung und soziale Arbeit.* (S. 201–225). Wien: Löcker.

Steinhauser, W. (1993). *Geschichte der Sozialarbeiterausbildung*. Wien: Österreichisches Komitee für Soziale Arbeit.

Veran, T. (2012). Berta Pichl. Eine Frau zwischen den Zeiten. In: *soziales_kapital*. Wissenschaftliches journal österreichischer fachhochschul-studiengänge soziale arbeit, Nr. 2/2012. Online: http://www.soziales-kapital.at/index.php/sozialeskapital/article/viewFile/230/392.pd [29.12.2020].

Weidenholzer, J. (1981). *Auf dem Weg zum „Neuen Menschen". Bildungs- und Kulturarbeit der österreichischen Sozialdemokratie in der Ersten Republik.* Wien, München, Zürich: Europaverlag.

XIV Industria und Caritas. Soziale Arbeit am Rande des Wienerwaldes und im Industrieviertel. Vom Jungarbeiterdorf Hochleiten bis ins Steinfeld

Reinhold Stipsits

Der folgende Beitrag unternimmt einen Streifzug durch die Geschichte der Jungarbeiterbewegung. Üblicherweise lässt sich eine chronologisch-historisierende Darstellung zu vielen Bereichen der Sozialen Arbeit durchführen, mit einer Würdigung der verdienstvollen Beiträge von charismatischen Persönlichkeiten, die der Geschichte ihren Stempel aufgedrückt haben. Ein weiter Begriff von Arbeit ist hier veranschlagt. In diesem Sinne wäre die Aufgabe, das Phänomen Arbeit als Lohnerwerb oder als unbezahlte Tätigkeit im Sinne der Freiwilligenarbeit oder des Ehrenamtes hinsichtlich ihrer Verteilung zu sehen: Dann rücken Ungleichheit und Teilhabe, Pflichten, Erwerbsarbeit und freiwilliges Engagement in den Blick. Soziale Arbeit ist dem obersten Ziel verpflichtet, für das *Bonum Commune*, das *Gemeinwohl*, einen Beitrag zu leisten. Methoden der Sozialen Arbeit mögen gelegentlich auch Einzelfallarbeit im Sinne der Unterstützung individueller Bedürfnisse und Benachteiligungen sein, klassisch als Fürsorge bezeichnet, doch das Wesentliche der Arbeit scheint in der Arbeit für die Gemeinschaft zu liegen. Soziale Dienstleistungen (Staub-Bernasconi, 2018, S. 3) schließen auch Ehrenamt und Freiwilligenarbeit ein. Eine Gruppe von Arbeitern etwa, die neben der Erledigung von Lohnarbeit auch durch pädagogisch gelenkte Interventionen zu mehr angehalten wird als bloßer Auftragserfüllung einer Arbeitsanweisung, trägt zum Gemeinwohl in mehrfacher Weise bei: zum einen als Erfüllungsgehilfen von anstehenden Aufgaben, zum anderen durch die Freisetzung von Gemeinschaftssinn. Soziale Arbeit ist Arbeit in der Gemeinschaft und für die Gemeinschaft, sie geht über die ökonomische Profitorientierung hinaus. Entgegen den Vorhaltungen, die gegenüber den Vertretern des Liberalismus eines Adam Smith und seiner Epigonen, den Anhängern neoliberaler Theorien, vorgebracht werden, es ginge nur um die Schaffung von Gewinn und die Maximierung von Profit, sieht bereits Adam Smith die Notwendigkeit gegeben, Arbeiter auch zu schulen, zu bilden.[1] Und, gesetzt den Fall, auch dieses Anliegen entspringe nur dem Profitinteresse und sei nur aufgekommen, um Arbeiter über die Eintönigkeit ihrer Arbeit aufgrund von arbeitsteiliger Entwicklung und Produktionsvorgängen hinwegzutäuschen: Faktum ist, ohne Bildung und Ausbildung geht es der (sozialen) Arbeit nicht gut. Soziale Arbeit ist Dienst an der Gemeinschaft unter Wahrung der Einzelinteressen.

In einer Gemeinschaft können Werte wie Solidarität erwachsen, Kooperationsbereitschaft oder Hilfsbereitschaft, getragen vom Gedanken „Zusammen sind wir mehr als die Summe der Teile". Gerade bei Arbeitern im klassischen Sinne, damit meine ich Bauarbeiter ebenso wie Arbeiter in der Produktion oder im Schichtbetrieb, oder Arbeitnehmern in Dienstleistungssektoren im privaten oder öffentlichen Bereich, etwa im Verkehrswesen wie Bahn oder Bus, ist diese Erfahrungsgemeinschaft relevant für Gemeinschaftsgefühle und den Gemeinschaftssinn. Für Firmen wie auch die öffentliche Hand ist die Corporate Identity einigendes Band. Mit der aufkommenden Differenzierung der Gesellschaft in diverse Teilarbeitsbereiche sind diese gemeinschaftsstiftenden Erfahrungen in der spätindustriellen oder postmodernistischen Gesellschaft den Human-Resources-Abteilungen im Management zugefallen oder schlicht abgedrängt und vergessen.

Gleichwohl, das Anliegen dieses Beitrags ist, mit Bezug und Würdigung von historischen Leistungen im Rahmen der *Jungarbeiterbewegung* Soziale Arbeit anhand von exemplarischen Beispielen klassischer „Arbeit" zu zeigen. Durch Schaffung von Wohnheimen und Hilfs-Arbeit im Wiederaufbau nach dem Zweiten Weltkrieg entstand bis heute eine Verschrän-

---

1 Adam Smith warnt vor der Monotonie, die entstünde, wenn Arbeiter sich in Routine ergehen würden, und schlägt – für seine Zeit in Schottland unüblich – gezielte Lehrlingsausbildung über mehrere Jahre vor.

kung von *Industria* und *Caritas*. Im ursprünglichen Sinne war *Industria* eine Auffassung von Fleiß und jenes fundamentale Anliegen der *Caritas* im Sinne gelebter Nächstenliebe oder – in einem anderen Sprachgewand – der Solidarität.

Industria, Fleiß, als ein stetes individuelles Bemühen, einen Beitrag für das Gelingen eines Ganzen zu liefern, ist durch die neuzeitliche Arbeitsteilung, durch die industrielle Fertigung vom Menschen abgerückt, ja losgelöst. Maschinen arbeiten eben rund um die Uhr, kein Mensch kann das, und kein Mensch will das nach den Kämpfen um die Arbeiterrechte. Die Digitalisierung hat noch einmal das Rad der Zeit weitergedreht, und inzwischen überwachen Maschinen andere Maschinen ob ihrer Funktionstüchtigkeit und ihrer ständigen Einsatzfähigkeit. Niemand käme auf die Idee, mechanische Maschinen oder digitale Tools als fleißig zu bezeichnen.[2]

Nicht immer war bekanntlich die „gute alte Zeit" eine wirklich gute Zeit, wenn man die Arbeiterrechte und die sozialen Absicherungen der arbeitenden Menschen in den Blick nimmt. Dennoch, in diesem Beitrag wird auf Symbole der Arbeiterschaft fokussiert, entstanden in den Jahren des Wiederaufbaus, die als grundlegend und einigend für Generationen von Jungarbeitern ideellen Werten verpflichtet waren und sind. So kann auch im Rückblick von einer „Bewegung" gesprochen werden, die sich einem „Ehrenkodex" verpflichtet wusste und diesen noch pflegt.

Industria und *Caritas* als zentrale Tugenden der Österreichischen Jungarbeiterbewegung (ÖJAB) werden auf vielfältige Weise hochgehalten bzw. sind in die Geschichte der Bewegung eingeschrieben. Die Symbole im Wappen der ÖJAB sprechen eine deutliche Sprache. Es ist die Sprache der Zeit des Wiederaufbaus, der im Ansatz bemühten sozialen Gerechtigkeit und der Zeit, in der beruflicher Aufstieg an Vorstellungen von Charakterbildung und Erziehung festhält. Ein Mission Statement, in heraldischer Form ausgedrückt, sucht gewissermaßen eine Brücke aus den Anfängen bis zu einer immer erst zu schreibenden Geschichte. In allen Publikatio-

2 Man kann die Entwicklung zu einer entpersönlichenden Tendenz darin festmachen, dass in Zeiten großer akuter Krisen in einem postkapitalistischen System gesamtgesellschaftliche Bemühungen zu beobachten sind, in denen der Zusammenhalt der Gesellschaft durch die Initiative Einzelner ermöglicht wird. Wegweisende Projekte aufgestellt, die als unverzichtbar und systemrelevant gelten, sind für die Wahrung eines gewissen Mindestniveaus wichtig, wie zum Beispiel Umgang mit Neuen Medien.

nen der ÖJAB findet sich die Beschreibung des Wappens und damit der Grundidee wie folgt:

- Das rot-weiß-rote Feld für die österreichische Fahne: als Bekenntnis zu Österreich.
- Das schwarze, rote und blaue Feld für die drei politischen Richtungen in Österreich in der Anfangszeit der ÖJAB: als Zeichen parteipolitischer Unabhängigkeit.
- Das Zahnrad: als Symbol für die gemeinsame Arbeit, die vom Hauptziel getragen ist, der Jugend eine Chance zu geben.
- Das Kreuz in der Mitte des Wappens: als Symbol für Humanismus auf der Basis einer christlichen Weltanschauung (ÖJAB, 2016, S. 9).

Man kann bemerken, dass die zur Gründungszeit vorhandene und auch politisch in Bundesländern aktive sowie partiell erfolgreiche Kommunistische Partei hier nicht vertreten ist. Von der zeitgeschichtlichen Markierung abgesehen, werden in der Gegenwart viele Symbole des Zusammenhaltes oder auf Gründerideen zurückgehende Symbole einer zumindest vordergründig kritischen Revision unterzogen. Es ist ein nur allzu bekanntes Diktum, dass die Geschichte einer Bewegung oder die Geschichte einer nationalen Bewegung immer von den Siegern bzw. den Lenkern geschrieben wird, die sich in den Gremien mehrheitlich durchsetzen. Einige Interpretationen gehen davon aus, dass die blaue Farbe im Wappen den Himmel symbolisiere und daher für Freiheit stehe.[3]

Die ÖJAB ist traditionell in den folgenden drei Bereichen tätig: Jugend, SeniorInnen, Bildung und Integration (ÖJAB, 2016, S. 9). Dementsprechend geschehen auch laufende Adaptionen des Corporate Designs, der Management-Strukturen und der Öffentlichkeitsarbeit sowohl in Planung als auch in anhaltender Umsetzung. So weist die Homepage auch EZA, Entwicklungszusammenarbeit, als vierten Schwerpunkt aus (www.oejab.at).

[3] Wenngleich sich inzwischen die Parteienlandschaft in Österreich seit der Gründung der ÖJAB gewandelt hat, mit neuen Parteien wie den Grünen, die auch Regierungsbeteiligung erreicht haben, oder liberalen Parteien wie den NEOS, so bleibt das Anliegen der ÖJAB, politische Äquidistanz zu wahren, in den Statuten fest verankert. Auch alle Interviewpartner äußerten sich in gewisser Weise ähnlich.

1 Notizen zur Geschichte und Gründung der ÖJAB

Die Vorgangsweise in diesem Beitrag ist chronologisch, problematisierend und resümierend intendiert. Die Abfolge von Geschichten ist hier allemal auch die Geschichte von Personen. Und die Geschichte des Vereines ÖJAB ist zunächst von einer starken Persönlichkeit als Gründerfigur geprägt, Dr. Bruno Buchwieser (1919–1993). Sein Vater, Bruno Buchwieser senior, war Baumeister, der in Wien u. a. das Preyersche Kinderspital, den Neubau der Confraternität, das Spital St. Josef, das Spital zum Göttlichen Heiland und eine Reihe von Kirchen fertigstellte.[4] Familiär dem Bauwesen früh verbunden ebenso wie der Ordenswelt (Buchwieser senior war auch Generalordensbaumeister des Ordens der Unbeschuhten Karmeliter), prägte das die Zeitumstände von Buchwieser junior, der selbst ein tiefgläubiger Mensch war. Vom damaligen Kardinal Theodor Innitzer zum Einsatzleiter für den Wiederaufbau des Wiener Stephansdomes bestellt, war die Firma Buchwieser nahe am Geschehen. Arbeit in Wien war 1946 an den Nachweis eines Quartiers in Wien gebunden, kein einfaches Unterfangen in einer Stadt mit Bombenruinen. Genau diese Vorgabe veranlasste Bruno Buchwieser, mit Bauarbeitern ein Gebäude in der Wiener Himmelpfortgasse 19 als Wohnheim für diese Arbeiter zu adaptieren. In nächster Nähe zum Arbeitsplatz, *nomen est omen*, war dieses Wohnheim auch der Standort der gemeinsamen Freizeitgestaltung. Nahe am Arbeitsplatz und nahe dem biblischen Auftrag: Durch der Hände Arbeit soll man leben können – und dabei eine sichere Wohnung haben. Idealiter schwebte Buchwieser gleich eine ganze Dorfgemeinschaft vor, in der neben den Wohnbedürfnissen auch für das Seelenheil der Arbeiterschaft gesorgt werden konnte. Dem ersten Jungarbeiterinternat, so ausgewiesen auf dem Eingangsschild, folgte ein zweites 1949 in Greifenstein, Niederösterreich. Dieses Haus, heute ÖJAB-Haus Greifenstein, trug von 1949 bis 1959 den Namen seines „Big Spenders“: „John Schleifer Jungarbeiterinternat Greifenstein“ (ÖJAB, 2016, S. 11). 1952 wurde ein ganzes Dorf, „Hochleiten“ in Gießhübl am Rande des Wienerwaldes, eröffnet. Die Jungarbeiterbewegung wurde als gemeinnütziger Verein konstituiert, dem Buchwieser als Präsident bis 1993 vorstand.

[4] Eine ausführliche Biografie zu Bruno Buchwieser und eine Würdigung des Lebenswerkes stammen von Karl Heinz Ritschel (1977).

2 Boys Town – ein „ideologisches“ Vorbild für Jungarbeiterdörfer

Jugendsozialarbeit im Wien der Nachkriegsjahre kannte ein amerikanisches Vorbild: Boys Town. Boys Town, eine Gründung von Father Flanagan in Omaha, Nebraska, in den USA im Jahr 1917, steht als Beispiel einer pädagogischen Idee der jugendbewegten Zwanzigerjahre quer durch das politische Spektrum und weltanschauliche Positionierungen diverser Richtungen.

Bei der Lektüre der Guide Lines, der Statuten der „Boys Town“, ist über das erzieherische Konzept zu erfahren: „The Boys Town Education Model® is a school-based intervention strategy that focuses on managing behavior, building relationships, and teaching social skills. It emphasizes preventive and proactive practices rather than reactive responses to deal with student behavior“ (Father Flanagan's Boys' Home, 2020). Anstatt auf die Schule zu setzen, fokussiert man auf Fertigkeiten und Fähigkeiten für das Leben. Daraus wurde umstandslos eine Kompetenzorientierung bezüglich praktischer Fertigkeiten. In Konfliktfällen gibt es eine „Administrative Intervention“, die Möglichkeit, aus Sicht der Leitung heraus störendes Verhalten zu unterbinden, unter anderem durch Vorladungen vor den Board jenseits der Klassengemeinschaft (Father Flanagan's Boys' Home, 2018). Die eigene Form einer Gerichtsbarkeit beruht auf einem Mechanismus der öffentlichen Kontrolle (siehe Foucault und Gouvernmentalität bei Lemke, 2014), auf Ehre und Schande. Letztlich besteht in diesem System auch die Möglichkeit des Ausschlusses. Buchwieser sah im Ansatz von Boys Town ein attraktives Modell für die Jungarbeiterinternate. Und er war nicht wenig stolz, dass ihm Father Flanagan für seine Initiative persönlich dankte.

Das zweite Wohnheim der inzwischen als Verein gegründeten ÖJAB errichtete Buchwieser in Greifenstein in Niederösterreich. John Schleifer, der Mäzen, war mit Father Flanagan befreundet. Aus diesem Internat wurde mittlerweile ein Heim für Asylwerber*innen. Die Grundideen der Hausordnung der Internate wurden auf eine größere Einheit, eben ein Dorf, umgelegt, und das Jungarbeiterdorf Hochleiten in der Ortschaft Gießhübl verpflichtete sich diesem Code of Ethics. Soziale Fertigkeiten und Tugenden würden am besten gelehrt, indem man sie im Jungarbeiterdorf praktiziert: Mitbestimmung bei der Wahl eines Hausleiters, eines Kanzlers im Jungarbeiterdorf, von Regierungsmitgliedern, bei der Ernennung eines Erziehungsleiters. An Ämtern und Positionen waren etwa 1956 folgende Personen vertreten: Präsident Dr. Buchwieser, Kanzler Richard Prinner (ein Baumeister, aufgewachsen in Rust im Burgenland), Innenminister Rudolf Knopf (später langjähriger Bürgermeister der Gemeinde Gießhübl). Dazu gab es Finanzminister, Kultusminister, Sportminister, Heimleiter, Verwalter, jeweils einen Hausvater für das jeweilige Haus. Sie waren in „Regierungssitzungen" verpflichtet.[5] Alle hatten Aufgaben der Selbstverwaltung und der Unterstützung von Freizeitaktivitäten, wie zum Beispiel einer eigenen freiwilligen Feuerwehr, eines Fußballklubs, eines Segelfliegerklubs namens österreichischer Aero-Club. Erwartet und gefördert wurde Mitarbeit bei der Gestaltung gemeinsamer Feste und Feierlichkeiten im Jahreskreis, nicht zuletzt dem jährlichen Erntedankfest. Jeweils zweihundert Jungarbeiter wohnten in den Häusern des Dorfes Hochleiten mit großzügigen Freizeitanlagen, Schwimmbad, Fußballplatz, Festplatz. Aufgereiht „wie Perlen an einer Kette" (ein Verweis auf den früheren Grundbesitz eines adeligen Gutsherrn und ein barockes Schloss, genannt Perlhof), wurden nach Plänen der Architektin Hella Koller-Buchwieser nach und nach sechs Häuser errichtet. Für die Flüchtlinge der ungarischen Revolution von 1956 wurde 1957 mit holländischen Geldern das sogenannte Hollandhaus errichtet. Insgesamt waren an die viertausend Jungarbeiter als Bewohner des Dorfes Hochleiten von 1952 bis 1997 auf ihrem Weg ins Berufsleben gemeldet (Linsbauer, 2015, S. 40.).

Ein Ausdruck der Zusammengehörigkeit ist der Mitgliedsausweis. Der Erhalt dieses Ausweises war auch verbunden mit dem Wissen um die zehn Pflichten eines Jungarbeiters. Man fühlt sich bei der Lektüre von Rundbriefen des Vereins der „Freunde des Jungarbeiterdorfes Hochleiten" wie in eine andere Zeit versetzt, in der das Wort „Erziehung" einen sehr hohen Stellenwert hatte. Die etwas abhandengekommenen Begriffe wie Handschlagqualität und Freiwilligkeit wurden hochgehalten. Und man ahnt die Bedeutung eines Gelöbnisses, das man einzuhalten bereit war.

---

5 In einer ausgezeichneten Masterarbeit am Institut für Europäische Ethnologie an der Universität Wien, verfasst von Elfriede Linsbauer 2015, werden in fünfzehn Interviews Persönlichkeiten der frühen Jahre bis 1997 vorgestellt. In allen zeigt sich ein Korpsgeist, eine starke Identifikation mit den Ideen der Jungarbeiterbewegung. Und nicht unwichtig, eine Erinnerung an eine, zumindest im Nachhinein bewertet, unbeschwerte Jugendzeit.

Die Pflichten des Jungarbeiters

1. Der Jungarbeiter hat Ehrfurcht vor Gott und dem Menschen, weil er Gottesebenbild ist.
2. Der Jungarbeiter liebt sein Vaterland auch in den Tagen der Not und Gefahr.
3. Der Jungarbeiter ist ein guter Kamerad, er ist treu, tapfer und opferwillig.
4. Der Jungarbeiter ist selbstbewußt und stolz auf sein handwerkliches Können.
5. Der Jungarbeiter achtet das erarbeitete Eigentum und ist bestrebt, selbst solches redlich zu erwerben.
6. Der Jungarbeiter kämpft für den sozialen Fortschritt.
7. Der Jungarbeiter ist „ein Mann des guten Willens“. Er tritt für die Einheit und Selbständigkeit Europas ein.
8. Der Jungarbeiter ist zu seinem Mädchen aufrichtig, treu, selbstlos und ritterlich.
9. Der Jungarbeiter bemüht sich, immer wahrheitsliebend und ehrlich zu sein.
10. Der Jungarbeiter vollbringt täglich eine gute Tat.

(Seltenreich, o. J., S. 29; Zoder, 2017, S. 3).

Gemeinsam etwas zu schaffen, ein Werk zu vollbringen ist für die Jungarbeiterbewegung ein hoher Anspruch.

Nach den großen Gegensätzen der Zwischenkriegszeit, nach dem furchtbaren Chaos der Kriegs- und Nachkriegszeit hieß die Forderung des Tages, über alle parteipolitischen Interessen hinweg eine Gemeinschaft von jungen Menschen zu gründen, die geeint sind durch gemeinsame Arbeit, gemeinsames Leben und die Liebe zu ihrem Vaterland (Seltenreich, o. J., S. 27).

Hohe Bedeutung haben gemeinsame Feiern für den Zusammenhalt und für das Schaffen einer Erinnerungskultur. Der Aufmarsch von Musikkapellen und das Tragen der Vereinsfahne zu diversen Festen haben historische Anleihe in den Dreißigerjahren und den Zeiten der Jugendbewegung, waren vor allem auf Außenwirkung bedacht, haben aber ebenso zu einer Festigung einer kameradschaftlichen Beziehung nach innen gewirkt. Ein Beleg für dieses Hochhalten der Pionierzeit ist das heute noch aktive Vereinsleben der „Freunde des Jungarbeiterdorfes Hochleiten“.[6]

---

[6] Dessen derzeitiger Präsident, Dittmar Zoder, hat freundlicherweise Informationsmaterial und Zeit für ein Gespräch zur Verfügung gestellt. So auch Wolfgang Mohl, zuständig für Öffentlichkeitsarbeit der ÖJAB.

3 Exemplarische Ausschnitte aus der Biografie eines ehemaligen Jungarbeiters

Zeitzeugen berichten über die Gründerfigur, ihre Erinnerungen an ihren Werdegang, ihre Ausbildungsmöglichkeiten und beachtlichen Karrieren. Diese Dokumente sind u. a. in einer Schrift der Freunde des Jungarbeiterdorfes Hochleiten abgedruckt (Zoder, 2019). Nicht zuletzt zeigen diese Rundbriefe etwas von dem Ethos, das die Jungarbeiter erfüllte: Eine starke Verbundenheit untereinander, das Festhalten an einer Idee, es im Leben zu etwas zu bringen und andere dabei zu unterstützen.

Aus den dokumentierten Erinnerungen an die Kindheit von Dittmar Zoder[7] (Zoder, 2017, S. 29–32) lässt sich – exemplarisch auch für andere ehemalige Jungarbeiter – folgendes Bild zeichnen:

Aufgewachsen in Weidenhahn, einem kleinen Bauerndorf im Westerwald, verbrachte er die ersten Jahre der Kindheit während des Zweiten Weltkriegs. Neben all den Entbehrungen, die ein armes Dorf und seine Bewohner im Krieg erfuhren, sind Kriegsgeschichten vom Hörensagen bleibende Momente. Zoder erinnert sich an Bilder, wie etwa abgeschossene Jagdflieger oder die Zerstörung auch durch amerikanische Soldaten in den rheinischen Städten, viele Vorkommnisse, die jedenfalls die Jahre nach dem Krieg mit Wiederaufbau notwendig machten.

Aus der eigenen Erziehung bleibt eine gravierende Erinnerung an ein durch und durch christlich-katholisches Weltbild. Der Alltag war von einem Rhythmus geprägt, der durch Kirchenglocken getaktet war. Ungeachtet der teilweise problematischen Stellung der Amtskirche zum Regime des Nationalsozialismus, ist ein Halt im Glauben auszumachen und wird einbekannt. Nächstenliebe hat sich dem Kind Dittmar Zoder als praktische Tätigkeit gegenüber Benachteiligten ausgeformt. Teilen, was man hat, war ein Gebot der Stunde und wohl auch ein Wert, der ins Erwachsenenleben mitgegeben wurde.

Der regelmäßige Besuch der Sonntagmesse, eine tiefe Gläubigkeit sind aus der bodenständigen Umgangsform auf dem Dorf erwachsen. Bemerkenswert ist, dass diese Grundhaltung, Respekt vor dem Leben, Rücksicht auf andere, schwächere Mitglieder der Gesellschaft und ausdrückliche Be-

[7] Interview mit Dittmar Zoder am 29.07.2020.

reitschaft zur Kooperation, im Berufsleben und der Zeit danach nachhaltig gelebt wird. Wohl nicht zufällig nennt Zoder eine Referenzperson zur Region Westerwald, Friedrich Wilhelm Raiffeisen, einen großen Sozialreformer. Der genossenschaftliche Gedanke ruht bekanntlich auch auf dem gemeinsamen Verwalten von Vermögen, das durch fleißige Arbeit erworben wurde, nach dem Motto: Was einer allein nicht schafft, das schaffen viele.

Als Österreicher mit Migrationshintergrund – wie das in neueren biografischen Zuschreibungen genannt wird – hat Zoder bereits in den Sechzigerjahren des vorigen Jahrhunderts das Abenteuer Afrika gesucht. Mit einigen anderen Mitstreitern (darunter Kurt Ganahl, später Honorarkonsul, Hans Seidl und Fritz Lehr) war er in Ouagadougou, der Hauptstadt von Burkina Faso, damals Obervolta, als „Entwicklungshelfer" beschäftigt, um vor allem jungen Männern das Handwerk in diversen Berufen zu vermitteln. Bei der Arbeit am Hochbau waren auch Gemeinschaftsräume für Veranstaltungen und ein Schulungssaal für die Weiterbildung von Frauen geplante und erfolgreich umgesetzte Projekte.

Als einer der Senioren aus dem Jungarbeiterdorf steht Dittmar Zoder dem Verein der Freunde des Jungarbeiterdorfes Hochleiten vor. Seit der Gründung im Jahr 2000, drei Jahre nach der Schließung des Dorfes Hochleiten 1997, ist dieser Verein noch immer aktiv. Der Verein tritt mit dem gelebten Erbe der Gründergeneration als Veranstalter diverser Festlichkeiten und Feiern, die den Jahreslauf gestalten, in Erscheinung. Das Grundmuster der öffentlichen Auftritte zeigt die Stärke eines persönlichen Netzwerkes, das über parteipolitische Grenzen hinaus funktioniert.

4 Arbeiter und ihre soziale Situation während der Wiederaufbaujahre in Wien und ihr „pay back"

Soziale Arbeit ist auch politische Reaktion auf Umstände, seien sie von lokalen oder internationalen Ereignissen ausgelöst. Schon seit den Zeiten der Monarchie waren Arbeitsmigranten aus den österreichischen Provinzen auf dem Weg in die Großstadt Wien. Durchaus ist die Situation vergleichbar mit heutigen Flüchtlingen und Asylwerber*innen, die in den städtischen Ballungsräumen konzentrierter zu finden sind, wenngleich sie in den ländlichen Gemeinden eher im Alltag auffallen.

Eine nicht unerhebliche Motivation war: Für Burgenländer in Wien waren Arbeitsplätze vorhanden, die im Dorf fehlten. Aus Familien mit kümmerlicher Kleinlandwirtschaft machten sich vorwiegend junge Männer auf den Weg in die Stadt. Es waren sehr viele Arbeiter aus dem Waldviertel und aus dem Burgenland am Wiederaufbau in Wien beschäftigt. Alle benötigten Quartiere in Wien aufgrund des Arbeitsrechts, das temporäre Ansässigkeit am Arbeitsort wenigstens während der Arbeitswoche verlangte. So entstanden Schicksale von Arbeitspendlern und die dazugehörenden Familienmythen. Verifiziert ist, dass im Süden Wiens, am Wienerberg, ein Hauptquartier der Burgenländer war, dementsprechend Arbeiten in der Region dort verrichtet wurden. Darunter war auch der Flughafen Wien, bei dem die erste Piste gebaut wurde. Ein anderes Hauptquartier der Arbeiter aus dem Burgenland war eben im Zentrum der Stadt, nahe dem Stephansdom in der Himmelpfortgasse.

Aufzeichnungen aus Briefen oder privaten Erinnerungen meines Vaters legen jedenfalls nahe, dass der Arbeitsplatz in Wien auch Prestige im Dorf mit sich brachte, wenngleich der Preis hoch war, wenn man seine Herkunftssprache (wenn sie Kroatisch oder Ungarisch war) verleugnen musste. Oder wenn man für den starken Akzent aus dem Burgenländischen in der Stadt oft genug verlacht wurde.[8]

Gerade die Kohorte aus dem Burgenland, die sich in jenen Jahren in Wien auf Baustellen verdingte, genoss bei Arbeitgebern einen guten Ruf: Sie galten als fleißig. Und nebenbei waren Arbeitnehmer auch konfessionell geprägt, meist katholisch aufgewachsen oder im Fall der Protestanten mit der evangelischen Gemeinde stark verbunden. Insbesondere Burgenlandkroaten inkorporierten das, was man im österreichischen Wiederaufbau nach dem Zweiten Weltkrieg „eine Brücke bauen“ nannte, zwischen jenen ideologischen Gruppierungen, die in den Dreißigerjahren schlicht aneinander vorbei agierten und Gräben aufrissen: Arbeiterschaft und Kirche.

---

8 Bei allen Schattierungen des lokalen Idioms, allein im kleinen Burgenland sind Sprecher der cajkavischen und stojkavischen Dialekte im Kroatischen vorhanden – was die Burgenländer vereinte, war eben die gemeinsame „andere Sprache“ als diejenige der Stadtmenschen.

Eine über vierhundert Jahre alte Tradition der Burgenlandkroaten in Österreich[9] belegt die Nähe zu Gott, seinen institutionellen Einrichtungen, sprich der Kirche und ihrem Personal, und die Nähe zum Vaterland. Wenn die Pflicht ruft, kommt man ihr nach. Das war und ist jenes „Gen", das man gerne als charakteristisch ansah und durch Weitergabe in der Erziehung hochschätzte. Fleiß war also anerzogen, und die Aufopferungsbereitschaft für eine gemeinsame Sache groß. Und darüber hinaus folgte der Jahreslauf den von der Kirche und vom Staat vorgegebenen Festtagen. Ein Tag der Arbeit, der Erste Mai, hatte eine ebenso große Bedeutung wie die Fronleichnamsprozession. Man nahm selbstverständlich an beiden Aufmärschen teil. Auch wenn man in der Großstadt dafür gelegentlich scheel angesehen wurde, weil das politische Erbe aus der Zeit vor dem Zweiten Weltkrieg noch nicht recht gedeihlich verarbeitet worden war.

Die Beziehungen der Arbeiterschaft zur Kirche waren im Österreich der Nachkriegsjahre nicht ganz unproblematisch, belastet durch das Erbe aus der Zwischenkriegszeit und dem Ständestaat.[10] Die Jungarbeiterbewegung war diesbezüglich ein Novum. Die Achse zu Kardinal Innitzer war gewissermaßen ein erster Schritt zu einer Aussöhnung. Und mit der Nähe zu dieser hoch angesehenen und mächtigen Person war auch der Gründer der Jungarbeiterbewegung, Dr. Buchwieser, dem allgemeinen Trend seiner Zeit voraus, ja man kann auch sagen, er war ein Trendsetter. Wechselseitiger Respekt und Interesse an der gesellschaftlichen Positionierung brauchen immer Vertrauen und auch Zeit und gemeinsame Erfahrungen, Vertrauen, das beim Wiederaufbau Österreichs erst wachsen musste. Es bedurfte einiger Bemühungen hin zur Arbeiterschaft, die von der Kirche erst unter dem späteren Kardinal Franz König als gelungen wahrgenommen wurden. Sozialer Wohnbau und der Neubau von Kirchen waren frühe gemeinsame Arbeitsbereiche. Nicht von ungefähr entstand bereits 1954 im

---

9 https://www.hkd.at/index.php?option=com_content&view=article&id=71&Itemid=246&lang=deehe

10 Zyrill Fischer schreibt 1925 das Werk „Kelle und Schwert", ein Buch über den Wiederaufbau nach den Verheerungen des Ersten Weltkriegs. Soziale Arbeit hat in jenen Jahren eine sehr anschauliche, geradezu auf das Werkzeug gerichtete, präzise Ausrichtung. 1926 verfasst er ein Werk über „Sozialistische Erziehung". Fischer ist Franziskanerpater, setzt sich als einer der Ersten kritisch mit dem Nationalsozialismus auseinander, räsoniert über das Verhältnis von katholischer Kirche und Judentum und muss aus Österreich flüchten. In den USA unterstützt er Franz Werfel bei seinem Roman „Das Lied der Bernadette".

Dorf Hochleiten die erste ökumenische Kirche Österreichs, die im Jungarbeiterdorf gebaut und von Kardinal Theodor Innitzer für den katholischen Teil und von Bischof Gerhard May für den evangelischen Teil geweiht wurde. Im Beisein des damaligen Nationalratspräsidenten Felix Hurdes und unter Mitwirkung der Wienerwaldsängerknaben aus St. Gabriel fand der erste ökumenische Gottesdienst statt. Die Kirche ist als Christkönigskirche geweiht, mit einem Altarbild, das im Zentrum Christus zeigt, der in seinen Händen auch die Fahne hält, auf der das Wappen der Jungarbeiter abgebildet ist.

Über das Jahr gestreut gibt es bis heute die Tradition von gemeinsamen Gottesdiensten, darunter auch der ökumenische Gottesdienst zum Erntedankfest, das alljährlich an einem Sonntag im September oder Oktober gefeiert wird. Betreut wurde die Kirche lange Jahre von den Geistlichen des Missionshauses St. Gabriel. Inzwischen betreut die Pfarre Gießhübl auch die Gemeinde der Kirche Hochleiten. Insgesamt lässt sich sagen, die Jungarbeiter der Gründergeneration haben ihre Herkunft nicht vergessen und sind auch bei inzwischen verändertem gesellschaftlichen Status ihren christlichen Wurzeln verbunden. Das sozialpädagogische Anliegen der Jungarbeiteridee hat gegriffen. Indes, erst 1970 erfolgte die Aufnahme in den Österreichischen Bundesjugendring als gemeinsame Plattform demokratisch ausgerichteter Organisationen. Die ausdrückliche Anerkennung und Wertschätzung zeigt sich in zahlreichen Reden und Danksagungen von Bundespräsidenten und Landeshauptleuten mehrerer Bundesländer, die zum Teil selbst in ihrer Ausbildung in Wohnstätten der ÖJAB Unterkunft fanden. Der Aufstieg der Jungarbeiter, über Studium und Qualifikation auch einen gewissen Wohlstand zu erlangen, ist über die Jahre geglückt. Ist es eine Ironie des Schicksals oder ist es dem Zynismus des Marktes zuzuschreiben, dass die Lage Hochleiten, der Sitz des ersten Jungarbeiterdorfs, über Bodenspekulation die Grundstückspreise derart anzogen hat, dass sie für Wohnungen von Neuansiedlern aus dem Arbeitermilieu geradezu unerschwinglich geworden sind? Aus diesem Grunde wurden bestehende Objekte verkauft und 1997 das Jungarbeiterdorf Hochleiten geschlossen.

Jedenfalls würde man dem Werk von Buchwieser und dem Vermächtnis seiner Ideen nicht gerecht werden, beschränkte man sich bloß auf die Geschichte des Jungarbeiterdorfes in Hochleiten am Gießhübl. Seine „Mission“ oder seine „Visionen“ gingen über die nationalen Bauprojekte hinaus.[11]

Der weit gefasste Begriff von Arbeiterschaft des Dr. Buchwieser fand eine schlüssige Fortsetzung in der Idee, auch Studierende sollten in der Nähe ihres Arbeitsplatzes, der Universitäten oder anderer höherer Schulen, Wohnmöglichkeiten haben. Nicht zu übersehen ist die Aktivität im Bereich Heime für Studierende. Offenkundig vom gleichen Geist inspiriert, Wohnraum in der Nähe des Arbeitsplatzes zu ermöglichen, wurden Heime für Studierende in mehreren Bundesländern gebaut. Die ÖJAB bietet Zimmer zum Wohnen in 21 Studentinnen- und Studentenheimen und Jugendheimen in Wien, Graz, Salzburg, Eisenstadt, Krems, Mödling und Bad Gleichenberg. Davon sind 14 Studentenheime in Wien. Gegenwärtig ist diese Organisation, als Verein konstituiert, einer der größten Träger von Einrichtungen zum Wohnen für Studierende. Die Grundidee war, Arbeiter und Studierende nicht zu trennen. Vielmehr war und ist die Vorstellung präsent, sozialer Aufstieg ist möglich und kann gefördert werden. Das Grundmuster von Fleiß und Caritas in erweiterter Form wiederholt sich. Dazu kommt noch eine Einstellung des „pay back“. Was einem von einer Gemeinschaft in jungen Jahren gegeben wurde, gibt man auch wieder an eine Gemeinschaft zurück, spätestens dann, wenn man „arriviert“ ist.

Der „europäische Gedanke“ ist aus der „Aufklärung“ entsprungen und bleibt in Ansätzen nicht auf Europa beschränkt. Zeitzeugen und Karl Heinz Ritschel (1977) bezeichnen Buchwieser als jemand, der, vom Glauben getrieben, handelte und das Ziel verfolgte, unabhängig von konfessioneller und von parteipolitischer Bindung eine Gemeinschaft zu bieten. Wie man den Schwachen einer Gemeinschaft helfen kann, so ist das auch in Form einer Unterstützung für Menschen in anderen Kontinenten möglich. In dieser Weise ist das Engagement der Jungarbeiter in Obervolta, heute Burkina Faso, zu sehen. Zoder und seine Kollegen sind dafür auch Gewährsleute.

Über seine Erinnerungen an das erste Baubüro in Ouagadougou liest man:

Täglich fanden sich junge Männer oder auch schon ältere Familienväter vor meinem „Büro“ ein und baten mich auf der Baustelle einige Tage ganz ohne Be-

[11] Bedeutsam war das Engagement von Buchwieser bezüglich des Gedankens an ein Vereintes Europa, das sich unter anderem in der Gründung von Europahäusern niederschlug. Bildungsveranstaltungen mit dem Bezug zu Europa sind das Markenzeichen dieser Häuser. Auch hier war Bruno Buchwieser über zwanzig Jahre lang Präsident.

zahlung mitarbeiten zu dürfen, damit ich sähe, wie gut und fleißig sie arbeiten würden. Sie hofften, dass ich sie dann einstellen würde. Der Lohn für einen Tag schwere körperlicher Arbeit in sengender Hitze betrug etwa so viel wie ein bis zwei Kilogramm Reis kostete (Zoder, 2019, S. 12).

Respekt vor der autochthonen Kultur drückt sich in der Bemerkung aus, man habe viele Verhaltensregeln lernen müssen, etwa dass es nicht gut ankomme, einen Tropenhelm zu tragen. Zu sehr sei der Tropenhelm mit der Kolonialzeit verbunden (Zoder, 2019, S. 13).

Im Jahr 1966 war diese „Mission nach Obervolta" von einem Gedanken der Nächstenliebe inspiriert, gepaart mit einer Aufregung, eine neue Welt kennenzulernen, und der Vorstellung, eine technische Schule in einem der ärmsten Länder Afrikas zu errichten.

Den Aufzeichnungen zufolge sei die Idee, sich dort zu engagieren, durch einen afrikanischen Kaplan gekommen, der auf der Suche nach Ausbildungsplätzen für seine Schützlinge auch bei der ÖJAB landete und in Buchwieser einen Fürsprecher fand. Mit dem Ergebnis, dass zehn junge Afrikaner erfolgreich zu Handwerkern und Meistern ausgebildet wurden.

Der karitative Aspekt der Afrika-Mission ist unübersehbar. Wiewohl in der Gegenwart ein erhöhtes sprachkritisches Bewusstsein aufgekommen ist, wie die Rolle der Weißen gegenüber der afrikanischen Bevölkerung im Allgemeinen – nachträglich – problematisiert wird, so kann die ÖJAB dieser Kritik mit Verweis auf humanitäre Aktionen Paroli bieten. „Black Lives Matter" ist nicht erst in der Gegenwart als Slogan ernst genommen worden. In zahlreichen Dokumenten wird auf die Wichtigkeit der Entwicklungshilfe (früher) und der Entwicklungszusammenarbeit (heute) hingewiesen. Wenn man die Biografien der Pioniere in der Jungarbeiterbewegung in Afrika anschaut, erkennt man eine durchgängige Bereitschaft, etwas von dem weiterzugeben, was man selbst auch als positive Erfahrung durch eine Art Mentoren-System erfahren hat. Dieses buchstäbliche Sich-nach-oben-Arbeiten ist mit Fleiß zu beschreiben. Dabei aber den Blick auf die anderen Schwachen nicht zu verlieren, sondern oft unentgeltlich zu helfen ist diese christlich-humanitäre Gesinnung, an der man sich auch messen lassen möchte.

Die Anerkennung von afrikanischer Seite für diese Unterstützungen blieb nicht aus: Wegen seines Engagements für Obervolta wurde Dr. Buchwieser bereits 1966 zum Generalkonsul ernannt und 1977 wurde ihm der Orden der Nation der Republik Obervolta verliehen. Auch seinen Nachfolgern, Eduard Schüssler, Peter Zehndorfer, wurde diese Ehre zuteil, Generalkonsul von Burkina Faso zu werden. Österreich selbst hat erst 1997 eine eigene Botschaft in diesem afrikanischen Staat errichtet.

4.1 Soziale Arbeit und sozialer Wohnbau im Steinfeld, einer anderen Region des Industrieviertels

Das Modell der Jungarbeiterbewegung ist in gewisser Hinsicht einmalig und unverwechselbar in Größe und Umfang und dennoch sind Parallelen und Ableger dieser Ideen eines Dr. Buchwieser in seiner Zeit aufzuspüren.

Das Industrieviertel, die Region vom Süden Wiens bis zum Semmering, kennt andere Beispiele auch, in denen sehr ähnliche Ideen in den Zeiten des Wiederaufbaus der Nachkriegsjahre und in den Fünfziger- und Sechzigerjahren Platz greifen konnten. An einem Dreigespann, bestehend aus einem Pfarrer, einem Architekten und einem Arbeiter aus dem Burgenland, lässt sich diese Parallele nachzeichnen. Die Nachkriegsjahre und die Jahre des Wiederaufbaus sind auch im Steinfeld (namentlich zwischen Wiener Neustadt und Gloggnitz) von den Bemühungen um Ausgleich zwischen Kirche und Arbeiterschaft gekennzeichnet. Der soziale Wohnbau rückte neben dem Wiederaufbau zerstörter Kirchen auch in den Blick der Erzdiözese Wien, die den lokalen Wohnbau, betrieben von den Gemeinden mit hohen Anteilen an Arbeiterschaft im Industrieviertel, unterstützte. Das Bauamt der Erzdiözese wurde 1945 gegründet.[12] Die Genossenschaft „Frieden" wurde 1947 gegründet und steht heute noch der Kirche nahe.

Als Protagonisten seien drei Namen genannt: Paulas, Stipsits, Vytiska. Michael Paulas (1927–2003) wurde 1951 in der Arbeiterhochburg Ternitz als Pfarrer ernannt. Und just dort, wo im Jahr 1934 am 12. Februar Arbeiter und Christlichsoziale, im Ständestaat verblendet und verfeindet, in den Bürgerkrieg verwickelt waren, sollten Siedlungen für Arbeiter und ein großer Kirchenneubau gestaltet werden. Nicht zufällig befindet sich heute, von der Kirche wegführend bis nahe an den städtischen Friedhof, die

---

[12] Die Amtszeit von Erzbischof-Koadjutor Dr. Franz Jachym (1910–1984) ist von einer intensiven Bautätigkeit ab Mitte der Fünfzigerjahre geprägt. Er wird gar als Baubischof bezeichnet (siehe: https://www.erzdioezese-wien.at/site/home/nachrichten/article/86992.html).

Straße des 12. Februar. Zwei Siedlungen, damals eher in städtischer Randlage, entstanden Mitte der Fünfzigerjahre, Einfamilienhäuser mit Garten. Die Zuteilung der einzelnen Häuser erfolgte durch Losentscheid der Käufer bzw. ergab sich aus den nachbarschaftlichen Kooperationen bei der Errichtung. Jeder künftige Besitzer war zur Mitarbeit bei den Nachbarn angehalten. Im Zuge der Ungarnkrise kamen ungarische Familien als Flüchtlinge nach Ternitz, und auch für diese Neuankömmlinge wurden drei Häuser ausgerichtet. Pfarrer Michael Paulas kooperierte beim Bau all dieser Siedlungen eng mit dem von den Arbeitern gewählten Siedlungsobmann Ignaz Stipsits (Vater des Verfassers).

Ein Kirchenneubau unter der Planung von Architekt Josef Vytiska[13] war das nächste Projekt. Und es wurde alsbald in die Tat umgesetzt. Die 1957 bis 1959 entstandene Herz-Jesu-Kirche in Ternitz kann als Beispiel der Moderne stehen. Zur Initiative für den Kirchenneubau gesellte sich in den nämlichen Jahren der von der Gemeinde beauftragte Bau einer neuen Stadthalle. Durch einen gemeinsamen Parkplatz sind die beiden baulichen Projekte räumlich verbunden. Im Auftrag der Stadtgemeinde Ternitz wurde Roland Rainer Architekt der Stadthalle und des Volksheimes (1956–1957). Die Wiener Stadthalle (1953–1958) erhielt somit eine kleine Schwester (1959–1963), sehr ähnlich in Design und Form. *Caritas* und *Industria*, ideell und baulich manifestiert, rückten in unmittelbare Nähe, zumal der Haupteingang des damaligen Stahlwerkes nur einen Katzensprung weit weg war. Durch die Mächtigkeit der Neubauten wurde hier ein Zentrum geschaffen, das seither das Ortsbild nachhaltig prägt. Gemeinnützige Genossenschaften und Vereine waren auch die Träger von Wohnsiedlungen, die dem Bedarf von Arbeitern entgegenkamen.[14] Die Idee, den Arbeitern

13 Josef Vytiska (1905–1986) war, als bekennender Tscheche, wegen politischer Unzuverlässigkeit 1942 mit einem Berufsverbot von den Nazis belegt. Zu seinen bedeutenden Werken gehören Kirchenbauten, so entwarf er unter anderem 1936 justament im Arbeiterbezirk Ottakring die Kirche Sandleitengasse. Vytiska hat auch nach dem Krieg in zahlreichen Neubauten im Bereich von Kirchen und Wohnungsanlagen im Sozialbau gewirkt. Seine künstlerische Handschrift ist Ausdruck der Moderne und sein Ethos über jeden Verdacht erhaben. Persönliche Genugtuung muss ihm bereitet haben, dass er anstelle des ehemaligen Gestapo-Hauptquartiers in Wien, „Hotel Métropole" am Morzinplatz, in dem er von der Gestapo verhört wurde, nach dessen Abriss 1948 eine Wohnhausanlage, den „Leopold-Figl-Hof", dort 1963–1967 verwirklichen konnte.

14 Ignaz Stipsits (1926–2007), Stahlarbeiter, Burgenlandkroate aus Stinatz, Vater des

des Stahlwerkes günstige Wohnmöglichkeiten in der Nähe des Arbeitsplatzes zu schaffen, brachte mit sich, alte Wohnbaracken abzureißen und ebenso auf freien Flächen in der Gemeinde verdichteten Flachbau zu gestalten. Dafür war Roland Rainer bekannt – Reihenhäuser waren voll im Trend der Zeit. Die Siedlungen, von Arbeitern für Arbeiter gebaut, waren aus einer Art Selbsthilfebewegung entstanden und von einer genossenschaftlichen Struktur während des Baus begleitet. Die Selbstverwaltung war unter anderem für die Einhaltung gewisser baulicher und sanitärer Mindeststandards zuständig (vielfach war in den ersten Jahren des Wiederaufbaus ein modernes Bad als Luxus angesehen, und gar manche hätten auch ohne Bedenken auf die komplette Ausstattung verzichtet).

All diesen Wohnsiedlungen, zwischen 1956 und 1961 von Roland Rainer geplant und gebaut, mindestens ebenbürtig waren die Wohnsiedlungen, die neben anderen in der Lichtenwörthergasse (um 1968) von Vytiska entworfen und wiederum mit dem Siedlungsreferenten Stipsits abgewickelt wurden. Generell waren die Wohnungsbauten, geplant von Architekt Vytiska, am Eigentumsgedanken orientiert.

Das Spannungsverhältnis zwischen Staat und Kirche fand lange Zeit eine lokale Ausprägung. Beiden Institutionen gemeinsam war, dass der soziale Wohnbau, auch von anderen Einrichtungen wie Kindergärten, Schulen, Heimen für Senioren, Pflegeheimen für ältere Mitbewohner flankiert, durch Vereine getragen werden sollte. Eine dezidierte Zuordnung der sozialen Einrichtung zu den ideologischen Gründervätern ist *grosso modo* zwar möglich, doch seit gemeinsamen Barbara-Feiern, der Schutzpatronin der Berg- und Hüttenarbeiter, ab 1980 nahezu unerheblich geworden. Der soziale Wohnbau im südlichen Niederösterreich erlaubt die Behauptung, dass Soziale Arbeit sich in ihm manifestierte. Der personelle Brückenschlag zur Jungarbeiterbewegung, wie unter Buchwieser entstanden, kann mit dem Hinweis auf die Söhne des Architekten Josef Vytiska, Gerold und Werner Krakora, untermauert werden. Wie Gerold Krakora in Ternitz beim sozialen Wohnbau im Büro Vytiska höchst aktiv war, so war unter der Ägi-

---

Verfassers, war als „Gopher", Mittelsmann, zwischen Bauträgern, Diözese, den Wohnungswerbern und künftigen Eigentümern vor Ort bei ca. zweihundert Wohnungen ehrenamtlich aktiv. Seine Arbeit wurde unter anderem mit dem Stephanus Orden gewürdigt.

de von Bruno Buchwieser eben Werner Krakora in zahlreiche Wohnbauprojekte der ÖJAB gewichtig involviert.[15]

Die beiden in diesem Beitrag angesprochenen Tugenden von *Industria* und *Caritas* sind in wirtschaftlich schwierigen Zeiten auf dem Prüfstand. In einer Region wie dem südlichen Niederösterreich ist nach der Schließung des Stahlwerks 1986, der VEW und damit der Verstaatlichten Industrie 1988 das Prekariat angewachsen. Der Strukturwandel in der Region mit erfolgreichen Nachfolgefirmen, wie etwa der Schoeller-Bleckmann Edelstahlrohr (SBER) oder der Schoeller-Bleckmann Oilfield Equipment (SBO), ist ebenso ein Faktum, wie auch ein höheres Ausbildungsniveau als in den Jahren des Wiederaufbaus zu bemerken ist, sofern in den nachfolgenden Generationen Ausbildung als Vehikel zur Verbesserung des Status genutzt wurde. Das Streben nach mehr und Engagement für Statusverbesserungen durch materielle Anreize, bessere Bezahlung, höheres Einkommen sind kein alleiniges städtisches Phänomen. Schon Adam Smith wusste um den Fleiß in peripheren Zonen:

> Wie die reichliche Belohnung der Arbeit den gemeinen Mann zur Fortpflanzung ermuntert, so spornt sie ihn auch zum Fleiße an. Der Arbeitslohn ist die Aufmunterung zum Fleiß, der, wie jede andere menschliche Eigenschaft, in dem Grade zunimmt, als er Aufmunterung erfährt. … Darum findet man da, wo der Arbeitslohn hoch ist, die Arbeiter immer tätiger, fleißiger und rüstiger als da, wo er niedrig ist: In England z. B. sind es mehr als in Schottland, in der Umgebung großer Städte mehr als an entlegenen Orten in der Provinz (Smith, o. J., S. 89).

Dennoch, Modernisierungsverlierer, Arbeitsmigrantinnen, Menschen in Pflegeberufen bleiben heute auch in der Region im Süden Niederösterreichs vielfach auf das Vorhandensein von Sozialmärkten angewiesen. Der SOMA in Ternitz ist der größte in Niederösterreich. Diese Verwertungsstätten von abgelaufenen Gütern erscheinen wie ein Barometer auf der Landkarte der Beschäftigten: Wenn der wirtschaftliche (Luft-)Druck steigt, wächst die Käuferschicht in den Sozialmärkten. Der Schwarzataler Social-Club hat in der Industrieregion ein wichtiges Betätigungsfeld. Und Soziale Arbeit verlagert ihren Einsatzort, wie auch die Freizeitkultur einhergeht mit dem Vorhandensein von Einrichtungen für die aus der Produktion frei-

---

[15] Werner Krakora war über Jahrzehnte Präsidiumsmitglied der ÖJAB. 1993 wurde ihm die Ehrenmitgliedschaft der ÖJAB in Form des Goldenen Ehrenschilds verliehen. Interview mit Gerold und Werner Krakora am 13.10.2020.

gesetzten Arbeiter. Statt präventiver Maßnahmen und Wohnbauten werden kurative Einrichtungen notwendig. Einher geht damit auch eine Tendenz zur Kontrolle der Maßnahmen. Soziale Arbeit kennzeichnet die Entwicklung zu Bürokratisierung, Individualisierung und Pädagogisierung (Sagebiel, 2016). Die Aufgaben von Support, Supervision, Coaching und Überwachung werden neu verteilt.

5 Aktuelle Einsatzfelder der Sozialen Arbeit der ÖJAB

Geschichte wird üblicherweise als Rückblick geschrieben. Geschichte ist, was Menschen aus ihrem Leben gemacht haben und wie sie darüber erzählen. Man kann aber Geschichte auch lesen als einen Beitrag für die Zeit, die kommt, beginnend mit der Gegenwart.

So soll an dieser Stelle nach der Erzählung zur Vergangenheit auch ein Blick in die Gegenwart und Zukunft gemacht werden. Die ÖJAB ist in unterschiedlichen Feldern Sozialer Arbeit tätig. Die ÖJAB – Österreichische JungArbeiterBewegung ist ein gemeinnütziger Verein, der Studierenden und Jugendlichen ein Zuhause am Ausbildungsort zur Verfügung stellt, stationäre und mobile Pflege anbietet und in den Bereichen Bildung, Integration, Flüchtlingshilfe und Entwicklungszusammenarbeit tätig ist (www.oejab.at).

Neben den Heimen für Studierende sind namentlich zwei Projekte unmittelbar mit Sozialer Arbeit in Verbindung: zum einen die Entwicklungszusammenarbeit mit Burkina Faso, die auf einer Tradition aufbaut, die, wie schon beschrieben, schlechthin bemerkenswert ist, zum anderen regionale und ganz Österreich abdeckende Schwerpunktprojekte.

Die Projekte und Aktivitäten der ÖJAB in Burkina Faso bestehen seit 1961 und werden von einem eigenen Honorarkonsulat seit 1966 unterstützt. Vorwiegend im Bildungsbereich wurden und werden Maßnahmen gesetzt: technische Grundausbildungen in diversen Lehrberufen, Basisschulbildung und etwa Schneiderhandwerk für weibliche Klientel. Offenkundig ist ein sozialer Aufstieg mit diesen Tätigkeiten in Verbindung. Es zeigt sich, dass die nachfolgende Generation auch Ambitionen zum Studium entwickelt und dieses meist erfolgreich in Angriff nimmt.

Langjährige Erfahrung und Expertise ist der ÖJAB auch im Bereich Sprachvermittlung zuzuerkennen. Für Flüchtlinge und Migrantinnen besteht die Möglichkeit, das Österreichische Sprachdiplom Deutsch zu erhalten. Es werden in diesem westafrikanischen Land Schulen gebaut und Basisbildung betrieben. Eine technische Berufsschule legt den Schwerpunkt auf Elektrotechnik und Metallbearbeitung sowie auf Wasseraufbereitung und basale Sanitärversorgung. Dazu liegt ein Augenmerk auf sprachlicher Bildung in den Sprachen Englisch und Französisch. Vernünftigerweise fokussiert dieser Einsatz auch ausdrücklich auf Mädchenbildung als Maßnahme der Armutsbekämpfung. Eine Qualifikation für den Beruf der Schneiderin ist allemal als praktisch nützlich anzusehen, und dazu gibt es noch Kurse in hygienischer Unterweisung, die für die Existenz von Familien hochrelevant sind. Hilfe vor Ort ist das zentrale Anliegen, das durch österreichische Spenden auch unterstützt wird und bei der die Expertise aus Österreich vor Ort genutzt wird.

Das aktuelle Projekt unmittelbarer Sozialer Arbeit ist das Vorhaben einer Pflegeausbildung, die in Österreich, von der ÖJAB organisiert, mit Herbst 2020 startet. Soziale Arbeit sucht auch hier nach neuen Feldern ihres Einsatzes bzw. nach Ausweitung oder Veränderung des etablierten Ausbildungsangebotes. Schulische Anreize sind oft nicht genug, was schon in den Jahren früher Industrialisierung klar war:

> Die Anordnung einer langen Lehrzeit hat nicht den Erfolg, die jungen Leute zum Fleiße zu gewöhnen. Ein Geselle der nach dem Stück arbeitet, wird wahrscheinlich fleißig sein, weil er von der Ausübung seines Fleißes einen Vorteil hat; ein Lehrling wird voraussichtlich faul sein und ist es fast immer, weil er kein unmittelbares Interesse hat, es nicht zu sein. In den niederen Geschäften besteht der Reiz der Arbeit durchaus nur in dem Lohn derselben. Diejenige, welche am raschesten instandgesetzt werden, die Reize derselben zu kosten, werden auch am raschesten Geschmack daran finden und sich frühzeitig an Fleiß gewöhnen (Smith, o. J., S. 130).

Bestehende Soziale Arbeit wird geleistet im Rahmen der Unterstützung der ÖJAB für benachteiligte Jugendliche, die am Arbeitsmarkt keine Chance haben, wenn sie nicht über die Einstiegsqualifikation wie einen Schulabschluss verfügen. Die Region Industrieviertel ist im Schwerpunkt der Jungarbeiterbewegung mit den Standorten Mödling, Bruck an der Leitha und

Wiener Neustadt sowie Neunkirchen heute vertreten.[16] In Räumlichkeiten der ehemaligen Kammgarnfabrik in Bad Vöslau findet ein Qualifizierungsprogramm für Jugendliche statt, die den Schulabschluss nicht schaffen. Für 15- bis 21-Jährige werden hier Coaching und Arbeitstraining und auch Sportmöglichkeiten bereitgestellt. Unter dem Titel „AusbildungsFit Industrieviertel SÜD“ beinhalten diese Angebote schulische, soziale und persönliche Hilfen sowie Kooperationen mit dem Kindernetzwerk Industrieviertel.[17]

Die Jungarbeiterbewegung hat von ihren Anfängen her und in Derivaten im Inland und Ausland eine beachtliche Leistungsgeschichte. *Industria* und *Caritas* sind gewissermaßen unabschließbare Aufgaben. Soziale Arbeit bringt im Kern einen fundamentalen Ansatz in aller Vielschichtigkeit der Bedeutung des Wortes zur Geltung: Wiederaufbau!

Literaturverzeichnis

Architekturzentrum Wien (2007). *Vytiska, Josef.* Online: http://www.architektenlexikon.at/de/666.htm [22.10.2020].

Father Flanagan's Boys' Home (2018). *The Boys Town Education Model®. The most transformational training program for school staff (K-12) available today! Online:* https://www.boystowntraining.org/assets/EducationSerivesOverview2018.pdf [22.10.2020].

Father Flanagan's Boys' Home (2020). *The Boys Town Education Model®.* Online https://www.boystowntraining.org/boys-town-education-model.html [22.10.2020].

Fischer, C. (1925). *Kelle und Schwert. Ein Buch über den Wiederaufbau. Von Zyrill Fischer*. Typograph. Anstalt.

Gruber, M. (2012). *Das Europahaus der ÖJAB in Wien*. Dissertation, Universität Wien.

Hrvatsko kulturno društvo u Gradišću (HKD) – Kroatischer Kulturverein im Burgenland (2020). *Übersicht: Die Burgenlandkroaten*. Online: https://www.

[16] Die Gesamtzahl der im Rahmen von der ÖJAB beschäftigten Personen beträgt in Österreich 650 MitarbeiterInnen, die insgesamt an 38 Standorten tätig sind (laut Homepage ÖJAB).

[17] Interview mit Irene Luhn, einer langjährigen Mitarbeiterin der ÖJAB mit Leitungserfahrung in Projekten in Burkina Faso und in der Region Niederösterreich Süd, am 16.10.2020.

hkd.at/index.php?option=com_content&view=article&id=71&Itemid=246&lang=de [10.10.2020].

Lemke T. (2014). Gouvernementalität. In: C. Kammler, R. Parr, U. J. Schneider u. E. Reinhardt-Becker (Hrsg), *Foucault-Handbuch*. (S. 260–263). Stuttgart: J.B. Metzler.

Linsbauer, E. (2015). *Alltag im Jungarbeiterdorf Hochleiten (von 1952–1997)*. Masterarbeit, Universität Wien.

ÖJAB – Österreichische JungArbeiterBewegung (2016). *Festschrift 70 Jahre ÖJAB 1946–2016*. Wien: ÖJAB – Österreichische JungArbeiterBewegung.

ÖJAB – Österreichische JungArbeiterBewegung (2020). Online: https://www.oejab.at/ [15.09.2020].

Ritschel, K.-H. (1977). *Bruno Buchwieser. Auftrag und Ziel*. Salzburg: Edition Reinartz.

Sagebiel, J. (2000). Geschichte der Sozialen Arbeit – Die Mütter der Sozialen Arbeit. *Online*: https://w3-mediapool.hm.edu/mediapool/media/fk11/fk11_lokal/forschungpublikationen/publikationen_4/dokumente_44/sagebiel/Sagebiel-Geschichte_der_Sozialen_Arbeit.pdf [10.10.2020].

Seltenreich, S. (o. J.). *Die Zukunft beginnt heute*. Wien: Druckerei Metten.

Smith, A. (o. J.). *Reichtum der Nationen. Hauptwerke großer Denker*. Paderborn: Voltmedia.

Staub-Bernasconi, S. (2018). *Soziale Arbeit als Handlungswissenschaft: Soziale Arbeit auf dem Weg zu kritischer Professionalität*. (2., vollständig überarbeitete und aktualisierte Ausgabe). UTB Soziale Arbeit. Opladen: Verlag Barbara Budrich.

Zoder, D. (2017). Erinnerungen an meiner Kindheit Tage. In: Verein der Freunde des Jungarbeiterdorfes Hochleiten (Hrsg.), *Rundbrief Nr. 12/26* (S. 26–32). Gießhübl.

Zoder, D. (2019). Erinnerungen an Dr. Buchwieser. In: Verein der Freunde des Jungarbeiterdorfes Hochleiten (Hrsg.), *Rundbrief Nr. 12/28* (S. 6–19). Gießhübl.

XV Soziale Arbeit bewegt, bewegt sich, wird bewegt. Entwicklungsprozesse von sozialen Organisationen in Österreich

Maria Anastasiadis

1 Einleitung

Soziale Organisationen werden in diesem Beitrag als spezifische Orte der Sozialen Arbeit verstanden, die als Drittsektor-Organisationen nicht unter öffentlicher Trägerschaft agieren und auf nicht gewinnmaximierender Basis soziale Dienstleistungen unterschiedlichster Art für eine Vielzahl von Personengruppen anbieten (vgl. Anastasiadis, 2019). Aufgrund ihrer intermediären Position zwischen Staat, Markt und Nachbarschafts- bzw. Familienökonomie (vgl. Evers u. Olk, 1996) ist davon auszugehen, dass in ihnen sowohl lebensweltliche als auch strukturelle Gestaltungspotenziale liegen. Wie sich diese Organisationen in Österreich im Spannungsfeld zwischen wohlfahrtsstaatlichen Entwicklungen und sozialen Bewegungen entfalten und wie die Profession der Sozialen Arbeit in dieser Dynamik ihr Profil herausbildet, wird in diesem Beitrag auf Basis einer systematischen Literaturanalyse auf den Grund gegangen.

Dazu werden in einem ersten Schritt die zentralen Merkmale von sozialen Organisationen und gesellschaftlichen Institutionen definiert, um unter Rückgriff auf ausgewählte theoretische Zugänge Modi ihres Zusammenwirkens zu spezifizieren. Im Weiteren werden wesentliche Erkenntnisse aus der Literaturanalyse präsentiert. Der Entwicklungsprozess von sozialen Organisationen in Österreich wird in vier Phasen schematisch nachgezeichnet:

1. Ursprünge der konservativen Wohlfahrtsstaatsbildung,
2. staatszentrierter Korporatismus sowie
3. daran anschließender Wohlfahrtspluralismus und
4. Übergang vom Wohlfahrtspluralismus zum Welfare Market.

In diesen Rekonstruktionen ist erkennbar, dass Soziale Arbeit *bewegt*. Sie generiert auf gesellschaftliche Bedürfnislagen hin ausgerichtete Angebote und gestaltet sozialpolitische Rahmenbedingungen mit. Gleichzeitig *bewegt sich* die Soziale Arbeit in dieser dynamischen Rahmung. Das Ausbalancieren der Anliegen ihrer Adressat*innen und der gesellschaftlichen Normvorstellungen ist ein ihr immanenter Handlungswiderspruch, der sich im Zusammenhang mit repressiven sozialpolitischen Tendenzen der letzten Jahrzehnte zuspitzt. Diese Entwicklungen deuten an, dass Soziale Arbeit zusehends sozialpolitisch instrumentalisiert respektive *bewegt wird*. Als Reaktion darauf ist eine neue kritische Wende in der Sozialen Arbeit zu beobachten, mit der eine Rückbesinnung auf ihre politische Gestaltungsfunktion verfolgt wird. Wie sich diese in Österreich realisiert, wird abschließend an Beispielen skizziert.

2 Soziale Organisationen und gesellschaftliche Institutionen

Um die Wechselwirkung von sozialen Organisationen und gesellschaftlichen Institutionen nachzuzeichnen, ist es zunächst notwendig, die dem Beitrag zugrundeliegenden Begriffsverständnisse zu schärfen.

Wie einleitend bereits angedeutet, umfasst der Begriff *soziale Organisationen* die Gesamtheit aller am Gemeinwohl orientierten Unternehmungen und Initiativen, die in Handlungsfeldern der Sozialen Arbeit agieren und sich im bzw. in der Nähe des Dritten Sektors verorten (siehe Abbildung 1). In der Literatur werden sie auch als soziale Drittsektor-Organisationen oder soziale Non-Profit-Organisationen bezeichnet (vgl. Simsa, Schober u. Schober, 2004; Bono, 2010; Gruber, 2014). Damit wird eine handlungsfeldspezifische und sektorale Eingrenzung vorgenommen.

Der Organisationsbegriff bezieht sich dabei auf kollektive Zusammenschlüsse von Menschen zur Erreichung ihrer Ziele (vgl. Ortmann, Sydow u. Türk, 2000). Im Falle von sozialen Organisationen sind es soziale Ziele, die sich in der Regel in der sozialen Dienstleistungserbringung realisieren. Diese umfassen ein breites Spektrum, das nach Heimgartner (2009a) folgende Dimension umschließt: In der biografischen Dimension finden sich erstens Kinder- und Jugendarbeit, zweitens Jugendwohlfahrt, drittens Soziale Arbeit in Beziehungen und Familien sowie 4. Soziale Arbeit für das Älterwerden und im Alter. Zur problemorientierten Dimension zählen 5. Soziale Arbeit in Arbeitslosigkeit, 6. Soziale Arbeit bei Armut und Schulden, 7. Soziale Arbeit bei körperlichen und psychischen Krankheiten, 8. Soziale Arbeit bei Gewalt und Kriminalität sowie 9. Soziale Arbeit und Katastrophen. Die thematische Dimension umfasst 10. Soziale Arbeit bei Asyl und Migration, 11. Soziale Arbeit und Gesundheit, 12. Soziale Arbeit bei Arbeit und Berufstätigkeit, 13. Soziale Arbeit und Behinderung, 14. Soziale Arbeit für Umwelt und Ressourcen sowie 15. Soziale Arbeit und Kunst. Die genderperspektivische Dimension beinhaltet 16. Soziale Arbeit für Mädchen und Frauen sowie 17. Soziale Arbeit für Burschen und Männer. In der räumlich-kulturellen Dimension wird differenziert zwischen 18. Sozialraum- und Soziokulturarbeit, 19. transnationaler Arbeit und 20. medialer Sozialer Arbeit. Zur generalistischen Dimension zählen 21. allgemeine koordinierende Attribute der Sozialen Arbeit, wie z. B. Case Management. Diese Klassifizierung schafft einerseits ein Bewusstsein für die „Breite der Sozialen Arbeit in Österreich" (Heimgartner, 2009b, S. 21), andererseits wird dadurch ein Rahmen bereitgestellt, in dem soziale Organisationen nach ihren inhaltlichen Primärzuordnungen platziert werden können.

Ein weiteres Kennzeichen von Organisationen allgemein und sozialen Organisationen im Speziellen ist ihre formelle Konstituierung. Sie agieren unter spezifischen Rechtsformen, weisen i. d. R. einen Ortsbezug auf und sind durch interne Strukturen gekennzeichnet (vgl. Ortmann, Sydow u. Türk, 2000). Dadurch unterscheiden sie sich von informellen Zusammenschlüssen, wie z. B. Nachbarschaftsnetzwerken oder Selbsthilfegruppen, die dem privaten, informellen Familien- und Gemeinschaftssektor zuzuordnen sind.

Als Drittsektor-Organisationen grenzen sich soziale Organisationen von öffentlich-staatlichen des Ersten Sektors durch ihre Autonomie ab. Während staatliche Organisationen des Bundes, der Länder und Gemeinden hoheitliche Aufgaben erfüllen und sich über Steuern und Abgaben finanzieren, tragen soziale Organisationen das finanzielle Risiko selbst, auch wenn sie Dienstleistungen im Auftrag öffentlicher Träger erbringen und sich u. a. über öffentliche Förderungen und Leistungsentgelte finanzieren. Zudem sind sie eigenständig verwaltet und verfügen über die Kontrolle ihrer Tätigkeiten (vgl. Salamon u. Anheier, 1997).

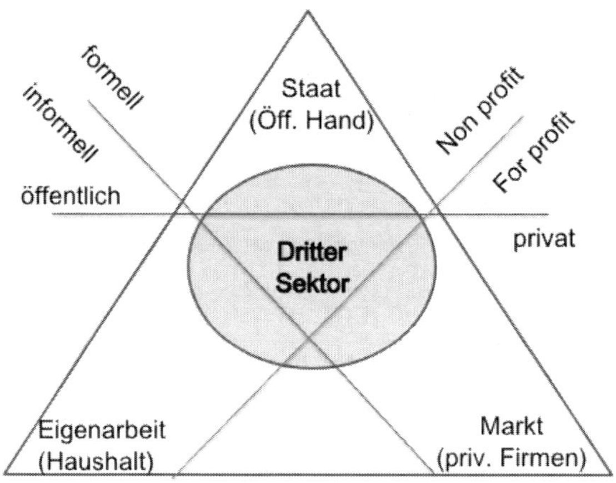

Abbildung 1: Sektorale Verortung sozialer Organisationen
Quelle: Eigene Darstellung in Anlehnung an Pestoff (1992).

Vom Markt, dem Zweiten Sektor, unterscheiden sich soziale Organisationen durch das Kriterium der Gewinnorientierung bzw. -maximierung. Soziale Organisationen handeln zum Teil nicht gewinnorientiert, was bedeutet, dass keine Gewinne erwirtschaftet werden und die Finanzierung über öffentliche Förderungen, Spenden und Mitgliedsbeiträge erfolgt, was typisch für Non-Profit-Organisationen (NPOs) ist. Ein anderer Teil agiert nicht gewinnmaximierend. Diese erwirtschaften zusätzlich zu den benannten Einnahmequellen Gewinn über Aktivitäten am Markt, reinvestieren diesen allerdings für den sozialen Zweck in die Organisation, um damit z. B. neue Projekte zu finanzieren. Diese sozialen Organisationen werden auch als Social Enterprises resp. soziale Unternehmen bezeichnet (vgl. Anastasiadis, 2019).

Mit Blick auf die ökonomischen Handlungsprinzipien identifizieren Defourny und Nyssens (2012) in Anlehnung an Polany (1944) – ähnlich wie Schaarschuch (1996) für soziale Dienstleistungen – die Redistribution als Maxime des Staates, wobei sich der Staat als zentrale Autorität für die Wohlstandsproduktion und -verteilung verantwortlich zeigt. Kontrastierend folgt die Logik des Marktes dem Ausgleich von Angebot und Nachfrage. Das Prinzip der Reziprozität wird dem privaten und informellen Gemeinschaftssektor zugeordnet. Dieses stützt sich auf ein normativ geleitetes Geben und Nehmen. Als intermediäre Organisationen sind Drittsektor-Organisationen mit diesen unterschiedlichen wirtschaftlichen Handlungsweisen und Vorstellungen gleichsam konfrontiert. „They must act under the influence of and are dependent on different logics" (Defourny u. Nyssens, 2012, S. 13). Da sich die Organisationen je nach ihrer ökonomischen Ausrichtung in unterschiedlichen Nähen und Distanzen zu den einzelnen Sektoren positionieren – manche in der Nähe des Staates, manche in der Nähe des Marktes und andere in der Mitte –, sind sie mit diesen Logiken in verschiedenen Ausmaßen konfrontiert. Diese Positionierung resultiert im Wesentlichen aus ihren Organisationsbiografien. Sie hängt zusammen mit den gewachsenen Partnerschaften, Zielen und Finanzierungsstrukturen und – das ist entscheidend – sie ist keinesfalls als statisch zu betrachten. Die Organisationen bewegen sich innerhalb des Sektors und in Extremfällen auch übersektoral. Das ist beispielsweise der Fall, wenn sich eine Organisation auflöst und im informellen Bereich weiteragiert. Umgekehrt kann sich eine informelle, zivilgesellschaftliche Initiative organisatorisch formalisieren und als Drittsektor-Organisation weiter operieren. Auch nicht gewinnmaximierende Einrichtungen können die Grenze zum For-Profit-Bereich überschreiten (vgl. Anastasiadis, 2019).

An dieser Stelle wird deutlich, dass sich Organisationen allgemein und soziale im Speziellen in Wechselbeziehung mit anderen Organisationen sowie mit den Sektoren in Verbindung zu bringenden *gesellschaftlichen Institutionen* entwickeln (vgl. Ortmann et al., 2000). Mit dem Begriff Institutionen werden in diesem Beitrag in Anlehnung an Giddens (1997) über große Zeiträume dauerhaft gewordene Merkmale der Gesellschaft verstanden – wie z. B. Staat, Markt, Zivilgesellschaft und Familie –, die, wie bereits erwähnt, je eigenen Logiken folgen. Sie wirken insgesamt stabilisierend auf die Gesellschaft, sind weitgehend veränderungsresistent (vgl. Türk, 2000) und bilden zentrale Umwelten von Organisationen (vgl. Ortmann et al., 2000).

Um das *Zusammenwirken von Organisationen und Institutionen* zu spezifizieren, liegt eine Vielzahl von theoretischen Ansätzen vor. Dabei ist zu differenzieren zwischen Ansätzen, die eher einseitig nach dem Einfluss von Institutionen auf Organisationen fragen – wie z. B. der Social Origins Approach (Salamon u. Anheier, 1998; Salamon u. Sokolowski, 2010), der Stakeholder-Ansatz (Freeman, 1984; Haddad, 2003) oder der Neoinstitutionalismus (DiMaggio u. Powell, 1983) –, und jenen, die die Wechselbeziehung verstärkt in den Blick nehmen – wie z. B. das Intermediaritätskonzept (Evers u. Olk, 1996) und die an die Strukturierungstheorie von Giddens (1997) angelehnte Variante der rekursiven Konstitution von Organisation (Ortmann et al., 2000). Aus diesem Potpourri werden im Folgenden drei herausgegriffen, die auch in der Analyse von sozialen Organisationen resp. der sozialen Dienstleistungserbringung rezipiert werden.

Der *Social Origins Approach* zeichnet den Einfluss von nationalen sozialen, ökonomischen, kulturellen sowie politischen Institutionen und Mustern auf die Entwicklung von Drittsektor-Organisationen nach. Ihre Größe, Zusammensetzung und Funktion wird historisch vor dem Hintergrund differenter Wohlfahrtsregime begründet (siehe dazu Esping-Andersen, 2007) und typisiert. Auf Basis von Makroanalysen (Beschäftigungszahlen im Dritten Sektor, staatliche Sozialausgaben und staatliche Steuerungsmodelle) haben die Autoren in einer 22 Länder umschließenden Vergleichsstudie fünf Typen von Drittsektor-Modellen generiert: das liberale (liberal), das wohlfahrtspartnerschaftliche (welfare partnership), das sozialdemokratische (social democratic), das verzögerter Demokratisierung (deffered democratization) und das traditionelle (traditional) (vgl. Salamon et al., 2010). Organisationen in Österreich werden aufgrund ihrer strukturellen Einbettung und Ausgestaltung dem wohlfahrtspartnerschaftlichen Typus zugeordnet (vgl. Simsa et al., 2004). Kritisiert wird an diesem Ansatz, dass der Entwicklungsprozess als linear von gesellschaftlichen Institutionen bestimmt interpretiert wird. Die Rolle, die Drittsektor-Organisationen in der Ausgestaltung wohlfahrtsstaatlicher Formationen einnehmen, wird nicht explizit herausgestrichen.

Das *Intermediaritätskonzept* konzentriert sich weitestgehend auf eine Verortung von Drittsektor-Organisationen im gesellschaftlichen Gefüge und fragt zum einen nach Nähe der Organisationen zu den jeweiligen Institutionen und zum anderen nach ihren Bewegungen – wie sich z. B. staatsnahe in eher marktnahe transformieren. Darin eingelagert sind auch Fragen, wie Organisationen die differenten Logiken bzw. Ansprüche integrieren und ausbalancieren. In diesem Zusammenhang spricht Simsa (2013) vom Potenzial der Mehrsprachigkeit, wodurch Organisationen zwischen den Ansprüchen vermitteln und zur sozialen Innovation beitragen können. Damit verbunden sind aber auch Konflikte, die sich in der Sozialen Arbeit in den Diskursen zum „Tripelmandat“, also in der Spannung zwischen professioneller Selbstbestimmung, Hilfe und Kontrolle, verdichten (vgl. Staub-Bernasconi, 2007). Das Ausbalancieren dieses Spannungsverhältnisses, das aus der gleichzeitigen Wahrung und Vertretung professioneller, institutioneller und adressat*innenbezogener Interessen resultiert, stellt eine der Sozialen Arbeit immanente Herausforderung dar (vgl. Olk, Rauschenbach u. Sachße, 1995).

Ergänzend zu dieser Intermediarität betont die zirkulär denkende Konzeption der *rekursiven Konstitution von Organisation* stärker die wechselseitige Beeinflussung von gesellschaftlichen und organisationalen Strukturen. Ortmann et al. (2000) zufolge sind Organisationen Teil der Gesellschaft, sie sind Ausdruck gesellschaftlicher Aktivität, sie sind Produkt des gesellschaftlichen Wandels und sie bestimmen gesellschaftliche Entwicklungen mit. Im Konkreten fragt dieser Zugang, der sich an der Strukturierungstheorie von Giddens (1997) anlehnt, nach Entwicklungs- und Gestaltungsprozessen innerhalb von Organisationen als auch zwischen Organisationen und gesellschaftlichen Institutionen. Zentral dabei ist die rekursive wechselseitige Einflussnahme. Langer (2014) arbeitet diese mit Blick auf die Gestaltung von Infrastrukturelementen sozialer Dienstleistungen heraus, die durch soziale Dienstleistungserbringer*innen in Interaktion mit politischen und steuernden Verantwortlichen produziert und reproduziert werden. Hierzu erscheint insbesondere die Mehrebenenverflechtung im Politikbereich interessant. Das Zusammenspiel von Bund, Ländern und Gemeinden ist durch regulative und normative Steuerungsaspekte geprägt. So sind neben Gesetzen und Verordnungen die politischen Leitlinien und Akteur*innenkonstellationen entscheidend. Aber auch die Ausgestaltung von Verhandlungsarenen in der politischen Willensbildung, parteipolitische Prägungen und die gegebene Definitions- und Deutungsmacht sind wichtige Einflussgrößen. Sozialplanungsprozesse finden in dieser Dynamik statt ebenso wie Stadt- und Sozialraumentwicklungen, die durch formelle und informelle Partizipation durch Träger- und diverse Betroffenenorganisationen beeinflussbar sind. Langer konkludiert, dass

> [e]ine Infrastruktur sozialer Dienstleistungen erstens gleichzeitig handlungseinschränkend und handlungsermöglichend [wirkt]. Zweitens wird Dienstleistungserstellung durch die Strukturen in gewisser Weise determiniert, obwohl gleichzeitig die Dienstleistungshandlung strukturgebend wirkt; Sozialunternehmer reproduzieren und produzieren Dienstleistungsstrukturen. (ebd., S. 70)

Diese rekursive Dynamik aufgreifend, wird nun der Frage nach der Entwicklung von sozialen Organisationen in Österreich nachgegangen.

3 Entwicklungsprozesse von sozialen Organisationen in Österreich

Vorauszuschicken ist, dass Entwicklungsprozesse sozialer Organisationen und die der darin agierenden Profession Sozialer Arbeit stets in der Rahmung zwischen sozial- und wirtschaftspolitischen Ausrichtungen sowie dem zivilgesellschaftlichen Klima, das sich in sozialen Bewegungen realisiert, zu fassen sind. Es gilt also zu fragen, welchen Einfluss politische Entwicklungen auf die Profession und Organisationen haben, welchen Einfluss soziale Bewegungen auf diese haben und wie die Profession in ihren und durch ihre Organisationen umgekehrt gesellschaftliche Bedingungen mitgestalten kann.

In Anbetracht der schmalen und auch wenig systematisierten Forschungs- und Publikationslage können insbesondere die historischen Entwicklungslinien nur fragmentarisch angedeutet werden. Auch bilden die folgenden Ausführungen lediglich eine selektive Auswahl der in einer umfassenden Literaturanalyse gewonnenen Erkenntnisse ab. Eine ausführlichere Darstellung und Diskussion findet sich in Anastasiadis (2019). Die betreffende systematische Literaturanalyse (vgl. Tranfield, Denyer u. Smart, 2003) wurde im Zeitraum 2015 bis 2018 durchgeführt und stützte sich auf einen interdisziplinären Literaturkanon. Einbezogen wurden Publikationen aus dem Feld des Dritten Sektors (NPO-Forschung, Social-Enterprise-Forschung sowie Forschungen zur Sozialwirtschaft und sozialen Diensten), Publikationen zur Geschichte der Sozialen Arbeit und politikwissenschaftliche Veröffentlichungen, die wohlfahrtsstaatliche Entwicklungen nachzeichnen. Es wurde auf Zeitschriftenartikel, Monografien, Beiträge in Sammelwerken und Studien zurückgegriffen, wobei auch graue Literatur verwendet wurde. Dementsprechend war das Kriterium „peer reviewed“ nicht zwingend. Die Recherche erfolgte über diverse Datenbanken und Bibliothekskataloge sowie mittels der Schneeballtechnik. Die Quellen wurden in Citavi 4 kategorisiert. Auf dieser Basis ließen sich grundlegende Tendenzen innerhalb der einleitend bereits genannten vier Entwicklungsperioden abbilden. Innerhalb dieser wurde in der Analyse wiederum differenziert zwischen Entwicklungen

a) des Wohlfahrtsstaates,
b) sozialer Bewegungen und sozialer Organisationen sowie
c) die Profession Soziale Arbeit betreffend.

3.1 Ursprünge in der konservativen Wohlfahrtsstaatsbildung (ca. Ende 19. Jh. bis 1945)

Soziale Organisationen haben wie in vielen europäischen Ländern auch in Österreich eine lange, bis ins 19. Jahrhundert zurückreichende Tradition (vgl. Anastasiadis, 2006; Pennersdorfer, Schneider u. Badelt, 2013). Ihre Ursprünge fallen in eine Zeit sozialer Notlagen, die im Wesentlichen aus der Industrialisierung und zweier Weltkriege resultierten. Soziale Bewegungen reagierten auf diese (z. B. Jugend-, Frauen-, Arbeiterbewegung) und forderten u. a. soziale Rechte und Sicherungssysteme ein (vgl. Roth, 2011).

Diese Forderungen bildeten einen zentralen Ausgangspunkt für *wohlfahrtsstaatliche Entwicklungen*, die in Österreich durch konservative Sozialreformer, wie beispielsweise Eduard Taaffe, in der Bismarck’schen Tradition geprägt wurden (vgl. Tálos, 2005). Österreich wird mit Deutschland zu den wohlfahrtsstaatlichen Pionierländern gezählt (vgl. Tálos u. Wörister, 1994). Es wurden bereits im ausgehenden 19. Jahrhundert erste Gesetze zur sozialen Sicherung und zu den Arbeitsbedingungen verankert, wobei zwei Sicherungsnetze entstanden, in denen sich die heute noch gültige Trennung zwischen Sozialpolitik sowie Armen- und Fürsorgepolitik begründet. Während für Letztere Gemeinden und Länder zuständig sind und sie im Wesentlichen auf monetärer Hilfegewährung nach eingehender Bedarfsprüfung beruhen (vgl. Scheipl, 2003), stellt die Sozialpolitik ein umfassendes gesetzlich geregeltes Netz dar. Erwähnenswert sind hier das erste Kranken- und Unfallversicherungsgesetz (1887), die Einführung der Pensionsversicherung (1906), auch die Grundsteine für ein umfassendes

Arbeitsrecht wurden in der Ersten Republik gelegt. Als weiterer Meilenstein gilt die Einrichtung der Arbeiterkammer (vgl. Tálos, 2005). Die Entwicklungen stagnierten in der Phase des Austrofaschismus (1933–1938) und des Nationalsozialismus (1938–1945). In der Zweiten Republik wurden sie jedoch in expansiver Weise vorangetrieben (siehe dazu nächste Periode).

Wie bereits erwähnt, sind diese wohlfahrtsstaatlichen Entwicklungen durch den Druck entstanden, den *soziale Bewegungen* ausübten. Diese aus der bürgerlichen, kirchlichen und gewerkschaftlichen Selbsthilfe entstandenen Initiativen formalisierten sich zusehends zu *sozialen Organisationen*, die pionierhaft auf soziale Probleme reagierten und dementsprechende Leistungen in der Bildungsarbeit, Verwahrlosenerziehung und Gemeinwesenarbeit anboten (vgl. Melinz, 2004). Beispielhaft zu erwähnen ist die Gründung der Kinderfreunde 1908, eine aus der Arbeiterbewegung heraus erwachsene Organisation (vgl. Müller, 1988), durch welche die Jugendarbeit wichtige Anregungen erfuhr (vgl. Scheipl, 2010). Mit der Entwicklung des konservativen Wohlfahrtsstaates nahmen diese und andere Initiativen eine wichtige ergänzende Leistungserbringerrolle ein, worin sich bereits in dieser frühen Periode tendenziell der wohlfahrtspartnerschaftliche Typus des Zusammenwirkens zwischen Staat und sozialen Organisationen abzeichnete. Zudem übten soziale Organisationen Einfluss auf die Ausgestaltung sozialpolitischer Strukturen aus. Exemplarisch zu nennen ist die Einrichtung einer Zentralstelle für Kinderschutz, die als ein Ergebnis der Kinderschutzkongresse 1907 und 1913 hervorging. Damit wurde gleichzeitig der Grundstein für die Errichtung des Ministeriums für Soziale Fürsorge und Volksgesundheit (1918) gelegt, das 1919 in das Bundesministerium für Soziale Verwaltung umbenannt wurde und die Basis für den Ausbau von sozialen Dienstleistungen in der Ersten Republik bildete (vgl. Scheipl, 2011).

Parallel zu diesen Entwicklungen etablierte sich die *Profession der Sozialen Arbeit*. Ilse Arlt begründete beispielsweise bereits 1912 die Sozialarbeiter*innenausbildung (vgl. Scheipl, 2010) und leistete darüber hinaus wichtige Beiträge zur Armutsforschung. Weitere wichtige Impulsgeber*innen dieser Zeit waren Aichhorn, Dworschak, Bühler, Lazarsfeld, Jahoda, Zeisel und Redl, deren Erkenntnisse die sozialpädagogische Arbeit entscheidend vorantrieben.

Insgesamt kann festgehalten werden, dass Akteur*innen aus sozialen Bewegungen und sozialen Organisationen in dieser Periode einen relevanten Einfluss auf die Entwicklung der politischen Bedingungen ausübten. In diesem Sog konnte sich auch die Profession der Sozialen Arbeit etablieren und Impulse setzen.

3.2 Staatszentrierter Korporatismus (ca. 1945 bis 1970/80)

Zu Zeiten des Nationalsozialismus wurden jegliche legalen Entfaltungsmöglichkeiten sozialer Bewegungen und sozialer Organisationen unterbunden. Die Agenden wurden im Wesentlichen durch den „Nationalsozialistischen Volksverband“ übernommen.

Nach dem Zweiten Weltkrieg wurden zunächst die *wohlfahrtsstaatlichen* Regelungen der Ersten Republik wiedereingeführt. Begünstigt durch den wirtschaftlichen Aufschwung, folgte daraufhin eine expansive Entwicklung des konservativ-korporatistischen Wohlfahrtsstaates, dessen Grundsteine bis ca. Mitte der 1990er-Jahre weitgehend unverändert blieben (vgl. Tálos, 2005). Wesentliche Kennzeichen dieses sind:

a) Das System beruht auf umfassenden Versicherungsleistungen und ist im Wesentlichen an die Erwerbsarbeit und Einkommenshöhe gekoppelt, wodurch Statusungleichheiten reproduziert werden (vgl. ebd.).
b) Die 1971 als Landessozialhilfegesetze weitestgehend angeglichen Fürsorgegesetze der Länder zielen auf Hilfe in Notlagen ab und bieten soziale Dienste für ältere oder beeinträchtigte Personen an (vgl. ebd.).
c) Basis ist ein Zwei-Parteien-System, das auf Kompromissfindung zwischen ÖVP und SPÖ beruhte und konsensuell die Steuerung von ökonomischen und sozialen Entwicklungen durch den Staat verfolgte (vgl. ebd.).
d) Interessenvertretungen, die wiederum an die politischen Parteien rückgebunden sind, waren als Sozialpartner intensiv in politische Entscheidungen eingebunden (vgl. Tálos, 2006).

In den unmittelbaren Nachkriegsjahren reagierten die einst bestehenden und auch neu gegründeten *sozialen Organisationen* auf soziale und wirtschaftliche Problemlagen. Neben der Caritas und dem Roten Kreuz sind die Innere Mission (heute Diakonie), das Hilfswerk und die Volkshilfe zu nennen. Damit ist das Spektrum der in Österreich agierenden fünf großen

Wohlfahrtsträger vervollständigt. Dieses wurde durch weitere mittelgroße Träger mit einem spezifischeren Fokus ergänzt (z. B. Lebenshilfe 1967; Jugend am Werk 1945, Rettet das Kind 1956; pro mente 1965). Deutlich wird darin die Ausweitung der Organisationslandschaft und der Handlungsfelder. Dies kann als ein Indiz für die Wahrnehmung spezifischer sozialer Bedarfe gelesen werden, auf die insbesondere freie Träger in ihrer intermediären Position antworteten (vgl. Anastasiadis, 2019). Mit dem Ausbau des Wohlfahrtsstaates reduzierte sich ihre Funktion allerdings vermehrt auf das Anbieten von weitgehend staatlich finanzierten Wohlfahrtsleistungen (vgl. Melinz, 2004), wodurch sie sich deutlich in Richtung Staatsnähe bewegten. Hinzuzufügen ist, dass die Organisationen ähnlich wie die Interessenvertretungen an politische Parteien ideell rückgebunden waren. Es herrschte so ein Klientilismus vor, was auch zu einer Unterentwicklung des parteiunabhängigen zivilgesellschaftlichen Engagements beitrug (vgl. Pantucek, 2005).

Die Expansion von sozialen Diensten prägte auch die *Profession Soziale Arbeit*. Ihre Entwicklung lässt sich grob in zwei Strängen nachzeichnen: Soziale Arbeit war bis in die 1970er-Jahre durch ein Negativbild geprägt, nicht zuletzt durch die Häufung von Skandalen in Erziehungsheimen. Personalmangel sowie der Einsatz rigider Erziehungsmethoden führten in den 1970er-Jahren schließlich zu Heimaufständen, wie beispielsweise der „Spartakusbewegung“ (vgl. Schorn, 2018). Parallel wurde im Ausbildungswesen Kritik an bestehenden Einrichtungen geübt und neue aus Großbritannien und den USA importierte Methoden sowie Haltungen wurden erprobt (z. B. Case Work, Supervision) (vgl. Pantucek, 2005; Moritz, 2012). Auch kam es 1956 zur Gründung der ÖKSA – ein Dialogforum zwischen freien Trägern und sozialpolitischen Akteur*innen, das auf eine bedarfsorientierte Entwicklung von sozialpolitischen Maßnahmen abzielte (vgl. Melinz, 2006).

Insgesamt bildet sich in dieser Phase eine markante Verstaatlichung von sozialen Organisationen heraus bzw. wurden diese in das behördliche und parteipolitische System inkorporiert. Kritisch-reflexive Entwicklungen zeichnen sich v. a. im Bereich der Professionsentwicklung ab, mit der wichtige Grundsteine für die Aufbruchsstimmung und die Reformen in der nächsten Periode gelegt wurden.

3.3 Wohlfahrtspluralismus (ca. 1970/80 bis 1990/2000)

Die Phase des Wohlfahrtspluralismus ist im Wesentlichen durch den beginnenden gesellschaftlichen Wandel geprägt, der sich in den 1990er-Jahren zuspitzen wird. *Wohlfahrtsstaatlich* betrachtet, wurde mit Nachbesserungen auf wirtschaftliche und demografische Veränderungen reagiert. So wurde in der Novelle des Allgemeinen Sozialversicherungsgesetzes (ASVG-Novelle) 1984 der Bemessungszeitraum für die Pension von fünf auf zehn Beitragsjahre ausgeweitet, der in der Fassung von 1988 nochmals auf 15 Jahre ausgedehnt wurde. Zudem wurde die beitragsfreie Anrechnung von Schul- und Studienzeiten zur Pensionshöhe abgeschafft. Im Arbeitslosenversicherungsgesetz 1989 wurden mit dem Arbeitskräfteüberlassungsgesetz arbeits- und sozialrechtliche Regelungen für die wachsende Zahl an Leiharbeitskräften geschaffen (vgl. Tálos, 2005). Während das politische Klima also weitgehend konstant blieb und auf Kompromiss zwischen den beiden Großparteien beruhte, reagierten v. a. soziale Bewegungen auf gesellschaftliche Veränderungen und setzten neue Akzente.

Die *Soziale Bewegungsoffensive* kann als Ausdruck der Unzufriedenheit des überwiegend staatlich gesteuerten Systems bewertet werden. Sie griff zum einen neue gesellschaftliche Themen auf, die auf neue soziale Problemlagen verweisen (z. B. steigende Arbeitslosigkeit). Zum anderen setzte sie auf alternative Organisationsformen, die an die Tradition der Selbsthilfe und Selbstverwaltung anknüpfen. Zudem übernahm sie weitgehend parteiunabhängig gesellschaftliche Verantwortung (vgl. Wagner, 2009). Dieses Engagement blieb nicht unerkannt und wurde im Sinne des Wohlfahrtspluralismus sozialpolitisch genutzt – oder wie es Böhnisch (2016, S. 191) formuliert: „Der Sozialstaat als Moderator des gesellschaftlichen Konflikts transformierte diese Bewegungen in Modernisierungsprojekte der Sozialen Arbeit." So wurden partnerschaftlich politische Reformen eingeleitet und Projekte subventioniert, insbesondere solche mit konflikteindämmender Wirkung (vgl. Melinz, 2004). Dadurch begann sich das bereits weit entwickelte Spektrum *sozialer Organisationen* in den 1980er-Jahren nochmals auszudehnen und auszudifferenzieren. So setzte die Heimreform, die in den 1970er-Jahren ihren Ausgang nahm und sukzessive zu einer Umstrukturierung von ehemaligen Großheimen in Kleinheime, Wohngemeinschaften und mobil betreutes Wohnen führte (vgl. Scheipl, 2011), Impulse für die Weiterentwicklung der freien Trägerszene in diesem Segment. Auch im Bereich der aktiven Arbeitsmarktpolitik wurden in den 1980er-Jahren neue Wege beschritten (vgl. Pantucek, 2005). In enger Kooperation zwischen Politik und neu gegründeten sozialökonomischen Betrieben wurde nach europäischem Vorbild ein „zweiter Arbeitsmarkt“ geöffnet (vgl. Zauner, 2006). Mit Blick auf die Jugendarbeit etablierten sich offene Formen in Ergänzung zu und Kritik an der bis dato weitestgehend verbandlich organisierten Jugendarbeit. Die autonome Jugendzentrumsbewegung grenzte sich von diesen mehrheitlich konfessionellen und parteipolitisch gebundenen Organisationen ab. Sie forderte offene und freie Räume, die sich im Laufe der 1980er-Jahre österreichweit realisierten (vgl. Maier u. Wonisch, 1991).

Diese und andere Innovationen wurden durch die Ausbildungen zur Sozialen Arbeit mitgetragen, denn dort wurden, wie bereits erwähnt, seit Mitte der 1950er-Jahre alternative Modelle und Methoden auf Projektbasis entwickelt und erprobt (vgl. Moritz, 2013). Durch diese Öffnung und die damit einhergehenden Reformen konnte die *Profession* schließlich ihre zivilgesellschaftlichen Bezüge zurückgewinnen (vgl. Pantucek, 2005). Demgemäß erhielt auch das Berufsbild ein neues Selbstbewusstsein (vgl. Moritz, 2013). Soziale Arbeit wird nicht mehr ausschließlich als behördliche Fürsorge und Kontrolle, sondern vor allem als an Bedürfnissen ausgerichtete Unterstützungsleistung begriffen. In der Folge wurde die Fürsorgeschule 1985 zur Akademie für Sozialarbeit umfunktioniert (vgl. Pantucek, 2005). Ergänzend dazu wird an den Universitäten seit den 1970er-Jahren Sozialpädagogik als Schwerpunktbereich im Rahmen des erziehungswissenschaftlichen Studiums angeboten (vgl. Scheipl, 2011; siehe auch Scheipl/Heimgartner in diesem Band). Das Nachwuchsinteresse an diesem Berufsfeld nimmt seither stetig zu. In diesen Ausbildungssträngen wurde auch der Boden für eine an Partizipation orientierte Fachlichkeit gelegt (Moritz, 2013), die ein Kernelement der Lebenswelt- und Sozialraumorientierung bildet.

Zusammenfassend kann festgehalten werden, dass in dieser Phase die Innovations- und Gestaltungspotenziale von sozialen Organisationen besonders deutlich wurden. Das rekursive Zusammenwirken von Organisation und Institution spiegelt sich in den Entwicklungen. Flankiert durch die „neue soziale Bewegung“, reagierten sie auf gesellschaftliche Bedürfnislagen und prägten wichtige Reformen entscheidend mit. Im Gefolge ihrer zunehmenden Institutionalisierung lösten sich diese Experimentierfelder allerdings langsam wieder auf.

3.4 Übergang vom Wohlfahrtspluralismus zum Welfare Market (ca. ab 2000)

Angesichts der sich seit Mitte der 1990er-Jahre zuspitzenden gesellschaftlichen Veränderungen stellt sich erneut die Frage nach der Haltbarkeit des weitgehend auf Versicherungsleistungen beruhenden österreichischen Wohlfahrtsstaates. Die Veränderungen stellen aber auch neue Herausforderungen an soziale Organisationen, die eng an politische Entwicklungen und wachsende Bedürfnislagen ihrer Adressat*innen gekoppelt sind.

Waren die *wohlfahrtsstaatlichen Entwicklungen* bis Mitte der 1980er-Jahre durch eine Expansion geprägt, dominiert seither eine restriktive Ausrichtung. Während bis 2000 noch moderate Modifikationen mit teilweisen Erweiterungen und Umstrukturierungen zu verzeichnen sind, setzte mit dem Amtsantritt der ÖVP-FPÖ-Regierung 2000 eine neoliberal-konservative Wende ein (vgl. Tálos, 2005), die auch durch die Große Koalition, die von 2007 bis 2017 amtierte, nicht wesentlich zurückgenommen wurde und mit der Neuauflage der ÖVP-FPÖ-Regierung 2017 eine massivere Fortsetzung erfuhr (vgl. Regierungsprogramm, 2017; Stelzer-Orthofer u. Tamesberger, 2018). Kennzeichen dieser Wende sind staatliche Rückzugstendenzen mit gleichzeitiger Erweiterung der Spielräume für die Wirtschaft und damit einhergehenden Einschränkungen der Mitgestaltungsoptionen durch die Sozialpartner (vgl. Tálos, 2006). Diese von Crouch (2008) als Merkmale der Postdemokratie identifizierten Phänomene konkretisieren sich für die Soziale Arbeit in restriktiven Aktivierungs- und Ökonomisierungstendenzen. Erstere sind erkennbar in der Erhöhung der Eigenverantwortung durch Zugangsbeschränkungen zu wohlfahrtsstaatlichen Leistungen und deren Kürzungen. Sie lassen sich beispielsweise in den kontinuierlichen Reformen des Pensions-, Gesundheits- und Arbeitslosenversicherungssystems nachweisen, die die Lebensstandardsicherung im Alter gefährden, neue Belastungen für Patient*innen erzeugen und Leistungskürzungen sowie Verschärfungen der Kontrollen und Sanktionen bei Arbeitsuchenden nach sich ziehen (vgl. Tálos, 2005; Stelzer-Orthofer, 2011). Ökonomisierungstendenzen zeigen sich in der fortschreitenden Privatisierung von sozialen Dienstleistungen. Dazu werden marktähnliche Bedingungen implementiert, mit dem Ziel, diese effizienter, wettbewerbsorientierter, kostengünstiger und transparenter zu gestalten (vgl. Dahme u. Wohlfahrt, 2005a und b; Galuske, 2008; Seithe, 2012). Spätestens mit der Novelle des Bundesvergabegesetzes 2002 setzte in Österreich ein Kosten- und Qualitätswettbewerb ein. Aber auch Verhandlungen bezüglich Leistungsvereinbarungen sind durch die gegebenen budgetären Mittel der öffentlichen Verwaltung limitiert (Diebäcker, Ranftler, Strahner u. Wolfgruber, 2009a und b). In den Vereinbarungen selbst werden die Art und das Ausmaß der Leistung definiert, die Qualitätskriterien bestimmt, wie z. B. die Qualifikation des Personals, die dafür zur Verfügung stehenden finanziellen Ressourcen inklusive Betreuungsschlüssel festgesetzt, die Berichterstattung und die zu erzielenden Ergebnisse bestimmt, wobei diese zumeist in Kennzahlen respektive Quoten quantifiziert sind (vgl. ebd.). Darin sind deutliche Eingriffe in die Fachlichkeit erkennbar. Zudem sind bei Nichterreichung der Ziele Sanktions- und Eingriffsmöglichkeiten durch die Auftraggeber*innen enthalten (vgl. ebd.).

Beide Tendenzen, die Aktivierung und Ökonomisierung, wirken in das alltägliche Handeln *sozialer Organisationen* hinein. Auf der einen Seite steigen aufgrund neuer Problemlagen die gesellschaftlichen Bedarfe und die damit verbundenen Bewältigungsherausforderungen. Individualisierte und flexibilisierte Unterstützungsstrukturen für immer breiter werdende Anspruchsgruppen werden benötigt. Gleichzeitig zieht sich der Staat aus dieser Problembewältigung zusehends zurück und verlagert die Verantwortung in die individuelle und organisationale private Sphäre. Diese Verantwortungsübertragung wird begleitet von einer ideellen Aufwertung des zivilgesellschaftlichen Engagements und des Dritten Sektors. Badelt (2000, S. 51) hält mit Blick auf NPOs in Österreich dazu Folgendes fest:

> Überspitzt formuliert entsteht der Eindruck, dass die öffentliche Wirtschafts- und Sozialpolitik nach einer Phase der Vernachlässigung des Nonprofit-Sektors nun eher auf eine Phase des Idealisierens und Delegierens setzt. Vertreter des Nonprofit-Sektors werden deshalb darauf achten müssen, nicht als billige Lückenbüßer für die politische Rechtfertigung einer Strategie des Rückzugs des Staates aus Wirtschaft und Sozialpolitik zu agieren.

Der Widerspruch zwischen Idealisierung und Rationalisierung ist in der österreichischen sozialen Organisationslandschaft längst angekommen. Auf der einen Seite führt die fortgeschrittene Privatisierung öffentlicher Dienstleistungen zu sektoralen Wachstumsschüben. Ein Indikator dafür sind die Beschäftigungszahlen. So stieg einer Studie zufolge die Zahl der Vertragsverhältnisse im österreichischen Dritten Sektor zwischen 2000 und 2010 um 39 Prozent von 152.882 auf 212.175. Das größte Wachstum verzeichneten dabei die Branchen Kindergärten (93 %) und Sozialwesen (76 %) (vgl. Pennerstorfer et al., 2013). Im Weiteren ist durch das heterogener werdende Problemlagenspektrum eine erneute Ausdifferenzierung der Angebotslandschaft und somit auch der Handlungsfelder der Sozialen Arbeit beobachtbar. Pantucek (2005) nennt exemplarisch frauenspezifische Angebote und Schuldnerberatungsstellen. Scheipl (2011) hebt ergänzend migrationsbezogene Aktivitäten, Schulsozialarbeit, Arbeitsmarktintegration, Soziale Arbeit im Alter, in Krankenanstalten, mit Wohnungslosen, Drogenberatung und Sachwalterschaft hervor. Auf der anderen Seite wirft die durch den staatlich initiierten Wettbewerb bedingte finanzielle Planungsunsicherheit Bestehensfragen einzelner Organisationen auf. Weiters wird, wie bereits erwähnt, durch das wirkungsorientierte Kontraktmanagement die *professionelle Fachlichkeit der Sozialen Arbeit* empfindlich berührt. Stärkung der Eigenverantwortung, Hilfe zur Selbsthilfe, Ressourcenorientierung, Empowerment und Partizipation sind grundlegende Handlungsprinzipien der Sozialen Arbeit (vgl. Heimgartner, 2009a). Sie werden aktivierungspolitisch adaptiert, allerdings mit einer gänzlich anderen Intention. Im Licht der Sozialen Arbeit soll damit die Lebensbewältigung der Adressat*innen unterstützt werden (vgl. Dahme u. Wohlfahrt, 2005b), im Schatten der Aktivierung gilt es, sie mit diesen Mitteln zur Normalisierung zur führen (vgl. Galuske, 2008). Auch Stelzer-Orthofer (2008) betont die Gefahr der Instrumentalisierung der Sozialen Arbeit, die sich in einer kritiklosen Verbeugung zu einer Erfüllungsgehilfin suppressiver Aktivierung entwickeln kann. Dem gilt es im Modus einer kritischen und gestaltenden Sozialen Arbeit entgegenzuwirken mit dem Ziel

a) eine größtmögliche Inklusion der Menschen zu erwirken,
b) sich für eine demokratische und gerechte Ausgestaltung der sozialen Sicherheit einzusetzen und
c) die Soziale Arbeit als gesellschaftsrelevante Profession

zu profilieren.

Die von Seithe (2012, S. 405–422) entwickelten vier Strategieebenen kritischer Sozialer Arbeit stellen hierfür Handlungsanleitungen bereit.

1. *Reflexivität als Gegenbild einer sozialtechnologischen Anpassung:* Sich aktiv gegen nicht zufriedenstellende Situationen in der Sozialen Arbeit zu stellen und diese reflektierend und wissenschaftlich begründet zu kritisieren.
2. *Beharren auf sozialpädagogischen Positionen:* Sich über die Reflexivität hinaus bewusst gegen die „Herrschenden" zu stellen und die eigene Position offensiv zu vertreten.
3. *Das politische Mandat der Sozialen Arbeit wiederaufnehmen:* Sich die politischen Implikationen und Absichten der Sozialen Arbeiten wieder bewusst zu machen und in der konkreten Arbeit mit den Adressat*innen sowie auch nach außen hin in die Öffentlichkeit und Politik hinein wirksam werden zu lassen.
4. *Solidarisches, vernetztes, politisches Handeln*: Sich zu vernetzen und zu organisieren, um gemeinsam Forderungen zu stellen, ist ein unerlässlicher Bestandteil allen kritischen Agierens, denn politische Aktionen oder alternative Projekte erzielen nur dann Wirkung, wenn sie von vielen getragen werden.

Spuren dieser kritischen Wende sind in Österreich insbesondere in der wachsenden Netzwerkstruktur sowie in ihren öffentlichen und politischen Aktionen zu finden. Beispielhaft erwähnt sind

1. *Plattform 25*[1] – ein von 2011 bis 2014 wirkender loser Zusammenschluss von fast 600 sozialen Organisationen in der Steiermark, der mittels Protesten, Petitionen und Aktionen den umfassenden Sparmaßnahmen der steirischen Landesregierung in zentralen gesellschaftlichen Bereichen gegenzusteuern suchte;
2. *Verein kritische Soziale Arbeit Österreich* (KRISO) – eine 2008 gegründete Plattform, die in Form von Gesprächsreihen, Tagungen und Publikationen Bedingungen der Sozialen Arbeit in Österreich kritisch reflektiert;
3. *Soziale Arbeit ist politisch*[2] – ein Kollektiv aus kritisch denkenden Sozialarbeiter*innen, das sich Mitte 2017 aus engagierten Studierenden,

---

[1] http://www.plattform25.at/category/allgemein/

[2] https://sozialearbeitistpolitisch.wordpress.com/so-verstehen-wir-uns/

Absolvent*innen und Lehrenden des Studienganges Soziale Arbeit an der FH JOANNEUM Gesellschaft mbH gegründet hat mit dem Ziel, Forschende und Lehrende und in der Praxis der Sozialen Arbeit Tätige zu vernetzen;
4. *Berufsverband für Soziale Arbeit*[3] (obds) und der *Österreichische Berufsverband für akademische Soziale Arbeit*[4] – vertreten die Interessen von Sozialarbeiter*innen und Sozialpädagog*innen in ganz Österreich und setzen sich gleichsam für Berufspolitik und Sozialpolitik ein.

Ergänzend sind nationale Netzwerke mit internationaler Anbindung zu nennen, wie z. B. *Sozialwirtschaft Österreich*[5], *arbeit plus*[6] oder *Armutskonferenz*[7].

Insgesamt betrachtet sind die Entwicklungen in der gegenwärtigen Periode wesentlich durch Aktivierungs- und Ökonomisierungstendenzen geprägt sowie durch sich diesen gegenüber kritisch positionierende Zusammenschlüsse und Initiativen aus Praxis und Wissenschaft, die notwendige wohlfahrtsstaatliche Modifizierungen einmahnen. Da der Staat seine Funktion auf die Gewährleistung sozialer Dienste mit geringerer Gestaltungskompetenz reduziert, ist die Soziale Arbeit umso mehr gefordert, ihre gestaltenden Kräfte einzubringen, ein proaktives und professionelles Lobbying für soziale Dienste und deren Adressat*innen zu betreiben und so Innovation zu leisten (vgl. Schneider, 2012).

4 Zusammenfassung und Ausblick

Aus diesen Befunden ist abzulesen, dass die Entwicklung von sozialen Organisationen als soziale Dienstleistungserbringer*innen im und in der Nähe vom Dritten Sektor eng im Zusammenhang mit sich wandelnden wohlfahrtsstaatlichen Strukturen und den sich darin als zivilgesellschaftlicher Ausdruck formierenden sozialen Bewegungen steht. Die Profession der Sozialen Arbeit ist in dieses Gefüge unweigerlich hineinzudenken (vgl. Böhnisch, 2016). In den Entwicklungslinien sind isomorphe Anglei-

---

3 https://www.obds.at
4 http://www.berufsverband-sozialearbeit-spsa.at/?page_id=6
5 http://www.bags-kv.at
6 https://arbeitplus.at
7 http://www.armutskonferenz.at

chungen sowie kritische Öffnungen, insbesondere zu staatlichen Institutionen, erkennbar. So erfolgte nach der Herausbildung im 19. und frühen 20. Jahrhundert in den 1950er- und 1960er-Jahren sowie in den 1990er- und 2000er-Jahren eine tendenzielle Inkorporierung zahlreicher Einrichtungen in die staatliche Dienstleistungsverpflichtung. Kennzeichen sind enge Vorgabenkorsette, auf deren Grundlage die Finanzierung basiert, die zu einer „Ent-Politisierung" (Bütow, Chassé u. Lindner, 2014, S. 8) der Sozialen Arbeit beitragen. Die mit der „neuen sozialen Bewegung" einhergehende Aufbruchsstimmung in den 1970er-Jahren – auch als Phase der „expliziten Politisierung" (ebd.) bezeichnet – leitete eine Wende ein, in deren Folge sich die Profession, die Angebote und Methoden in sozialen Organisationen weiterentwickelten und politische Reformen erwirkt wurden. Solche kritischen Stimmen sind auch gegenwärtig wieder wahrnehmbar. Sie äußern sich im Lösen von politischen und konfessionellen Gebundenheiten, in der Netzwerkstruktur und in der Belebung der kritischen und gestaltenden Theorieentwicklungstradition. Vor diesen Hintergründen sprechen Bütow et al. auch von einer „Re-Politisierung" (ebd.). In diesen Entwicklungen zeigt sich deutlich der demokratische Wille und Gehalt, der in sozialen Organisationen eingelassen ist, der sich zwischen den Polen einer expliziten Politisierung und Entpolitisierung vollzieht. Als essenziell erweist sich die Rückbindung an von sozialen Bewegungen ausgehende Kritikpotenziale (vgl. Böhnisch, 2014). Es ist genau diese Kritik, die der stärker institutionalisierten, oft weniger flexiblen und in hegemoniale Machtstrukturen eingebetteten Sozialen Arbeit Alternativen aufzeigt, zur Innovation ermutigt und politische Veränderung im Sinne eines humanen Menschenbildes erwirken kann. Auch wenn dies nicht immer glückt und Beharrlichkeit sowie Energien erfordert, zeigt uns die Historie Möglichkeitspotenziale auf. Soziale Organisationen entstehen aus gesellschaftlichen Bedürfnissen heraus und es lassen sich in ihnen Räume zur Gestaltung des Sozialen erschließen. Ihr Gewordensein und Werden ist demzufolge nicht deterministisch, sondern prozessual-dynamisch zu denken – ebenso wie das der Profession. Soziale Arbeit bewegt, bewegt sich, wird bewegt und bewegt – idealistisch gedacht.

Literaturverzeichnis

Anastasiadis, M. (2006). *Die Zukunft der Arbeit und ihr Ende?* München und Mering: Rainer Hampp Verlag.

Anastasiadis, M. (2019). *Soziale Organisationen als Partizipationsräume. Zwischen Aktivierung, Ökonomisierung und Gestaltung: Perspektiven für die Soziale Arbeit*. Weinheim: Beltz Juventa.

Badelt, Ch. (2000). Der Nonprofit-Sektor im Wandel: Ansprüche der Wirtschafts- und Sozialpolitik. In: R. Schauer, E.-B. Blümle u. D. Witt (Hrsg.), *Nonprofit-Organisationen im Wandel. Herausforderungen, gesellschaftliche Verantwortung, Perspektiven* (S. 31–54). Linz: Trauner.

Bono, M. L. (2010). *Performance-Management in NPOs. Steuerung im Dienste sozialer Ziele*. Baden-Baden: Nomos.

Böhnisch, L. (2014). Drei historische Linien zur Thematisierung des Politischen in der Sozialen Arbeit: Die Integrationsfrage, die gesellschaftliche Wertigkeit von Reproduktionsarbeit und das Verhältnis der Sozialarbeit zu sozialen Bewegungen. In: B. Bütow, K. A. Chassé u. W. Lindner (Hrsg.), *Das Politische im Sozialen. Historische Linien und aktuelle Herausforderungen der Sozialen Arbeit* (S. 27–41). Leverkusen: Budrich.

Böhnisch, L. (2016). *Lebensbewältigung. Ein Konzept für die Soziale Arbeit*. Weinheim und Basel: Beltz Juventa.

Bütow, B., Chassé, K. A. u. Lindner, W. (2014). Das Politische im Sozialen – Historische Linien und aktuelle Herausforderungen der Sozialen Arbeit. In: B. Bütow, K. A. Chassé u. W. Lindner (Hrsg.), *Das Politische im Sozialen. Historische Linien und aktuelle Herausforderungen der Sozialen Arbeit* (S. 7–27). Leverkusen: Budrich.

Crouch, C. (2008). *Postdemokratie*. Frankfurt am Main: Suhrkamp.

Dahme, H.-J. u. Wohlfahrt, N. (2005a). Einleitung. In: H.-J. Dahme u. N. Wohlfahrt (Hrsg.), *Aktivierende Soziale Arbeit. Theorie – Handlungsfelder – Praxis* (S. 1–5). Baltmannsweiler: Schneider-Verlag Hohengehren.

Dahme, H.-J. u. Wohlfahrt, N. (2005b). Sozialinvestition. Zur Selektivität der neuen Sozialpolitik und den Folgen für die Soziale Arbeit. In: H.-J. Dahme u. N. Wohlfahrt (Hrsg.), *Aktivierende Soziale Arbeit. Theorie – Handlungsfelder – Praxis* (S. 6–21). Baltmannsweiler: Schneider Verlag Hohengehren.

Defourny, J. u. Nyssens, M. (2012). *The EMES Approach of Social Enterprise in a Comparative Perspective* (EMES Working Paper No. 12–03). Diebäcker, M., Ranftler, J., Strahner, T. u. Wolfgruber, G. (2009a). Neoliberale Strategien und die Regulierung sozialer Organisationen im lokalen Staat. *soziales_kapital,* (3), S. 1–20.

Diebäcker, M., Ranftler, J., Strahner, T. u. Wolfgruber, G. (2009b). Zeugnisse alltäglichen Leidens in sozialen Organisationen. *soziales_kapital,* (4), S. 1–16.

DiMaggio, P. J. u. Powell, W. W. (1983). The Iron Cage Revisited: Institutional Isomorphism and Collective Rationality in Organisational Fields. *American Sociological Review, 48*(2), S. 177.

Esping-Andersen, G. (2007). *The Three Worlds of Welfare Capitalism.* Princeton: University Press.

Evers, A. u. Olk, Th. (Hrsg.) (1996). *Wohlfahrtspluralismus. Vom Wohlfahrtsstaat zur Wohlfahrtsgesellschaft.* Opladen und Berlin: Westdeutscher Verlag.

Freeman, E. R. (1984). *Strategic Management. A Stakeholder Approach.* Boston: Pitman.

Galuske, M. (2008). Flexible Arbeit und aktivierender Staat. Soziale Arbeit zwischen Aktivierung und Ökonomisierung. In: G. Knapp u. H. Pichler (Hrsg.), *Armut, Gesellschaft und Soziale Arbeit. Perspektiven gegen Armut und soziale Ausgrenzung in Österreich* (S. 113–136). Klagenfurt: Hermagoras Verlag.

Giddens, A. (1997). *Die Konstitution der Gesellschaft. Grundzüge einer Theorie der Strukturierung.* Frankfurt am Main und New York: Campus.

Gruber, Ch. (2014). Zum Konzept der Sozialwirtschaft. Einige Klärungen zum Begriffsverständnis. *soziales_kapital,* (11), S. 1–12.

Haddad, T. (2003). Stakeholder Analyse. In: R. Eschenbach, Ch. Horak u. M. Meyer (Hrsg.), *Führung der Nonprofit-Organisation. Bewährte Instrumente im praktischen Einsatz* (S. 22–28). Stuttgart: Schäffer-Poeschel Verlag für Wirtschaft.

Heimgartner, A. (2009a). *Komponenten einer prospektiven Entwicklung der Sozialen Arbeit.* Münster, Berlin und Wien: LIT Verlag.

Heimgartner, A. (2009b). Über die Breite der Sozialen Arbeit in Österreich. In: J. Scheipl, P. Rossmann u. A. Heimgartner (Hrsg.), *Partizipation und Inklusion in der Sozialen Arbeit* (S. 11–27). Graz: Leykam.

Langer, A. (2014). Zur Einbettung des Sozialunternehmertums in die Infrastruktur sozialer Dienstleistungen. In: V. Brinkmann (Hrsg.), *Sozialunternehmertum* (S. 61–75). Baltmannsweiler: Schneider-Verlag Hohengehren.

Maier, G. u. Wonisch, M. (1991). *Einrichtungen Offener Jugendarbeit in der Steiermark. Eine Analyse der steirischen Jugendzentren, Jugendtreffs und Jugendraume.* [Unveröffentliche Diplomarbeit]. Karl-Franzens-Universität Graz.

Melinz, G. (2004). Geschichte der „Sozialwirtschaft" in Österreich: Eine historische Skizze. *Kurswechsel,* (4), S. 33–42.

Melinz, G. (2006). Österreichisches Komitee für Soziale Arbeit: Chronologie und sozialpolitischer Stellenwert. In: ÖKSA (Hrsg.), *50 Jahre ÖKSA. Eine poli-*

tische Plattform im Wandel der Zeit. Festschrift anlässlich des 50-jährigen Bestehens des Österreichischen Komitees für Soziale Arbeit (S. 9–74). Wien.

Moritz, M. (2012). Sozialarbeit in Österreich von 1945 bis heute – Geschichte und Geschichten. *Sozialarbeit in Österreich,* (1), S. 39–42.

Moritz, M. (2013). Die Entwicklung der Sozialarbeit ab 1970 bis zur Gegenwart – Teil 3. *Sozialarbeit in Österreich,* (1), S. 46–50.

Müller, C. W. (1988). *Wie Helfen zum Beruf wurde. Band 1: Eine Methodengeschichte der Sozialarbeit 1883–1945. Band 2: Eine Methodengeschichte der Sozialarbeit 1945–1990.* Weinheim und Basel: Beltz.

Olk, Th., Rauschenbach, Th. u. Sachße, Ch. (1995). Von der Wertgemeinschaft zum Dienstleistungsunternehmen. Oder: über die Schwierigkeit, Solidarität zu üben. Eine einführende Skizze. In: Th. Rauschenbach, Ch. Sachße u. Th. Olk (Hrsg.), *Von der Wertgemeinschaft zum Dienstleistungsunternehmen. Jugend- und Wohlfahrtsverbände im Umbruch* (S. 11–34). Frankfurt am Main: Suhrkamp.

Ortmann, G., Sydow, J. u. Türk, K. (2000). Organisation, Strukturation, Gesellschaft. Die Rückkehr der Gesellschaft in die Organisationstheorie. In: G. Ortmann, J. Sydow u. K. Türk (Hrsg.), *Theorien der Organisation. Die Rückkehr der Gesellschaft* (S. 15–35). Opladen: Westdeutscher Verlag,

Pantucek, P. (2005). Soziale Arbeit in Österreich. In: D. Kreft und I. Mielenz (Hrsg.), *Wörterbuch Soziale Arbeit* (S. 796–801). Weinheim und München: Juventa.

Pennersdorfer, A., Schneider, U. u. Badelt, Ch. (2013). Der Nonprofit-Sektor in Österreich. In: R. Simsa, M. Meyer u. Ch. Badelt (Hrsg.), *Handbuch der Nonprofit-Organisation. Strukturen und Management* (S. 55–75). Stuttgart: Schäffer-Poeschel.

Pestoff, V. (1992). *Between Markets and Politics. Cooperatives in Sweden.* Boulder: Campus & Westview.

Regierungsprogramm (2017). *Zusammen. Für unser Österreich. Regierungsprogramm 2017–2022.* Abgerufen am 16. April 2021, von https://www.oeh.ac.at/sites/default/files/files/pages/regierungsprogramm_2017-2022.pdf

Polany, K. (1944). *The Great Transformation. The Political and Economic Origins of Our Time*. Boston: Beacon Press.

Roth, R. (2011). Soziale Bewegungen. In: H.-U. Otto u. H. Thiersch (Hrsg.), *Handbuch Soziale Arbeit* (S. 1356–1364). München: Ernst Reinhardt.

Salamon, L. M. u. Anheier, H. K. (1997). The Civil Society Sector. *Society,* (34), S. 60–65.

Salamon, L. M. u. Anheier, H. K. (1998). Social Origins of Civil Society: Explaining the Nonprofit Sector Cross-Nationally. *Voluntas, 9*(3), S. 213–248.

Salamon, L. M. u. Sokolowski, C. W. (2010, 7. Juli). *The Social Origins of Civil Society. Explaining Variations in the Size and Structure of the Global Civil Society Sector* [Konferenzbeitrag]. 9th International Conference of the International Society for Third Sector Research, Istanbul, Türkei.

Schaarschuch, A. (1996). Dienstleistung und Soziale Arbeit. *Widersprüche,* (59), S. 1–7.

Scheipl, J. (2003). Soziale Arbeit in Österreich – Ein Torso? Brüchige Entwicklungen, angedeutete Perspektiven. In: K. Lauermann u. G. Knapp (Hrsg.), *Sozialpädagogik in Österreich. Perspektiven in Theorie und Praxis* (S. 10–43). Klagenfurt: Hermagoras Verlag.

Scheipl, J. (2010). Soziale Arbeit in Österreich. Stand in Theorie und Praxis. In: W. Thole (Hrsg.), *Grundriss Sozialer Arbeit* (S. 425–434). Wiesbaden: VS Verlag für Sozialwissenschaften.

Scheipl, J. (2011). Soziale Arbeit in Österreich. In: H.-U. Otto u. H. Thiersch (Hrsg.), *Handbuch Soziale Arbeit* (S. 1342–1348). München: Ernst Reinhardt.

Schneider, A. (2012). Forschung und Soziale Arbeit – Chancen und Grenzen zur Politikbeeinflussung. In: A. Schneider, R. Streck u. N. Eppler (Hrsg.), *Forschung, Politik und Soziale Arbeit* (S. 163–177). Opladen, Berlin und Toronto: Budrich.

Schorn, H. (2018, 21. April). „1968 hat gezeigt, dass die Gesellschaft gestaltbar ist". Interview mit Michael John. *Oberösterreichische Nachrichten.* Abgerufen am 6. Mai 2021, von https://www.nachrichten.at/oberoesterreich/1968/1968-hat-gezeigt-dass-die-Gesellschaft-gestaltbar-ist;art206713,2873458

Seithe, M. (2012). *Schwarzbuch Soziale Arbeit.* Wiesbaden: VS Verlag für Sozialwissenschaften.

Simsa, R. (2013). Gesellschaftliche Restgröße oder treibende Kraft? Soziologische Perspektiven auf NPOs. In: R. Simsa, M. Meyer u. Ch. Badelt (Hrsg.), *Handbuch der Nonprofit-Organisation. Strukturen und Management* (S. 125–142). Stuttgart: Schäffer-Poeschel.

Simsa, R., Schober, Ch. u. Schober, D. (2004). *Nonprofit Organisationen im sozialen Dienstleistungsbereich. Bedeutung, Rahmenbedingungen, Perspektiven* (Studie im Auftrag der BAG „Freie Wohlfahrt"). NPO-Institut der Wirtschaftsuniversität Wien. Abgerufen am 16. April 2021, von http://epub.wu.ac.at/3666/1/npo-institut_npos_im_sozialen_dienstleistungsbereich.pdf

Staub-Bernasconi, S. (2007). *Soziale Arbeit als Handlungswissenschaft.* Bern, Stuttgart und Wien: Haupt Verlag.

Stelzer-Orthofer, Ch. (2008). Aktivierung und soziale Kontrolle. In: J. Bakic, M. Diebäcker und E. Hammer (Hrsg.), *Aktuelle Leitbegriffe der Sozialen Arbeit. Ein kritisches Handbuch* (S. 11–25). Wien: Löcker.

Stelzer-Orthofer, Ch. (2011). Mindestsicherung und Aktivierung. Strategien der Österreichischen Arbeitsmarktpolitik. In: Ch. Stelzer-Orthofer u. J. Weidenholzer (Hrsg.), *Aktivierung und Mindestsicherung. Nationale und europäische Strategien gegen Armut und Arbeitslosigkeit* (S. 141–156). Wien: Mandelbaum.

Stelzer-Orthofer, Ch. u. Tamesberger, D. (2018). Die arbeitsmarktpolitische Agenda der schwarz-blauen Regierung: Symbolische Politik oder radikaler Umbau? *WISO, 41*(3), S. 16–43.

Tálos, E. (2005). *Vom Siegeszug zum Rückzug. Sozialstaat Österreich 1945–2005.* Innsbruck: Studienverlag.

Tálos, E. (2006). Sozialpartnerschaft. Austrokorporatismus am Ende? In: H. Dachs, P. Gerlich, H. Gottweis, H. Kramer, V. Lauber, C. W. Müller u. E.Tálos (Hrsg.), *Politik in Österreich. Das Handbuch* (S. 425–442). Wien: Manz.

Tálos, E. u. Wörister, K. (1994). *Soziale Sicherung im Sozialstaat Österreich. Entwicklung, Herausforderungen, Strukturen.* Baden-Baden: Nomos.

Türk, K. (2000). Organisation als Institution der kapitalistischen Gesellschaftsformation. In: G. Ortmann, J. Sydow u. K. Türk (Hrsg.), *Theorien der Organisation. Die Rückkehr der Gesellschaft* (S. 124–176). Opladen: Westdeutscher Verlag,

Tranfield, D., Denyer, D. u. Smart, P. (2003). Towards a Methodology for Developing Evidence-Informed Management Knowledge by Means of Systematic Review. *British Journal of Management,* (14), S. 207–222.

Wagner, L. (2009). Soziale Arbeit und Soziale Bewegungen – Einleitung. In: L. Wagner (Hrsg.), *Soziale Arbeit und Soziale Bewegungen* (S. 9–21). Wiesbaden: VS Verlag für Sozialwissenschaften.

Zauner, H. (2006). Entwicklungen und Maßnahmen der aktiven Arbeitsmarktpolitik in Österreich. In: Ch. Stelzer-Orthofer (Hrsg.), *Arbeitsmarktpolitik im Aufbruch. Herausforderungen und innovative Konzepte* (S. 204–217). Wien: Mandelbaum.

Entwicklungen in der Kinder- und Jugendhilfe

XVI 50 Jahre Pflegekinderwesen in der Steiermark

Friedrich Ebensperger

Zieheltern, Kostfamilien, Gasteltern und ähnliche Lebensformen, die sich nicht über die biologische Verwandtschaft, sondern über die psychische und soziale Beziehungsrealität definieren, sind allen Kulturen in unterschiedlichsten Ausformungen bekannt und haben auch in unseren Breiten eine lange Tradition.

1 Diskussion und Neuformulierung der Jugendfürsorge ab den 1950er-Jahren

In den Fünfzigerjahren, nach Krieg und Besatzungszeit, wurde die Aufgabe der öffentlichen Jugendfürsorge in der Steiermark neu formuliert. So stellte etwa das Steirische Jugendwohlfahrtsgesetz 1957 in § 1 die Verpflichtung zur Fürsorge für die körperliche, geistige, seelische und sittliche Entwicklung von Minderjährigen fest und sah in diesem Zusammenhang und folgerichtig die Zuständigkeit für Genehmigung und Beaufsichtigung von Pflegeverhältnissen bei den Bezirksverwaltungsbehörden. Aus der Gesetzesnovelle ging also ein klares Bekenntnis zur öffentlichen Verantwortung für schutzbedürftige Kinder hervor. Allerdings blieben die zur Durchführung des Gesetzes erforderlichen strukturellen und personellen Voraussetzungen unverändert, sodass zwischen dem gesetzlichen Anspruch und der Vollzugsrealität zunehmend eine große Diskrepanz sichtbar wurde.

Dieser Widerspruch kommt im Bericht einer steirischen Sozialarbeiterin, der sich auf die Jahre um 1970 bezieht, besonders deutlich zum Ausdruck.

Unter der Überschrift „Der Bezirk der Pflegekinder“ schilderte die Autorin die Situation in der Südoststeiermark. Sie berichtete, dass sie in ihrem Sprengel alleine für 420 Pflegekinder zuständig sei und dass darüber hinaus für alle 744 Pflegekinder im Bezirk zusätzlich ein Erziehungsberatungstag im Monat angeboten werde. Und folgt man den Ausführungen weiter, dann können wir die Mangelsituation noch deutlicher nachempfinden. Sie schreibt:

> Zum überwiegenden Teil stammen die Kinder aus Wiener Heimen (Säuglings oder Kleinkinderheime). Erst in letzter Zeit kommen auch aus Wien Schulkinder … Die Kinder: geschädigt, retardiert, frühverwahrlost: Es sind also Kinder, die von den eigenen Eltern unbeachtet wurden, längere Heimaufenthalte hinter sich haben, auf anderen Pflegeplätzen nicht geduldet waren. Bis sie zu uns kommen, hat man meistens festgestellt, dass sie zur Adoption nicht geeignet sind. Es ist daraus zu sehen, dass es sich meist um zerebral geschädigte oder früh verwahrloste Kinder handelt. (Nedwied, 1978, S. 21)

Im Zuge der gesellschaftspolitischen Auseinandersetzungen in den späten Sechzigerjahren wurden auf dem Hintergrund eines geschärften Bewusstseins über die Bedeutung sozialer Bedingungen und entwicklungspsychologischer Erkenntnisse auch die gängigen Erziehungsvorstellungen besonders leidenschaftlich diskutiert. In diesem Zusammenhang wurde die öffentlich verantwortete Fürsorgeerziehung und insbesondere die Praxis der klassischen Heimunterbringung grundsätzlich infrage gestellt. Diese Diskussion wurde auch in der medialen Öffentlichkeit geführt. Als Beispiel sei die Tageszeitung „Grazer Tagespost“ vom 5. Februar 1981 (S. 6) zitiert:

> Die Erziehung von Säuglingen und Kleinkindern in Institutionen (…) hat sich im Zuge der Hospitalisierungsforschung durch Wissenschaftler verschiedener Fachbereiche nicht nur als unzureichend, sondern sogar als schädigend erwiesen. Rückstände im Bereich der emotionalen, der Sprach- und Sozialentwicklung sowie Bindungsstörungen sind die kaum wiedergutzumachenden Folgen.

Die Diskussion wurde in Graz von einigen engagierten SozialarbeiterInnen aufgegriffen und über die Organisation „Erklärung von Graz für solidarische Entwicklung“[1] in einer Veranstaltungsreihe der Urania Steiermark

---

[1] Die Erklärung von Graz für eine solidarische Entwicklung ist ein Verein, der über konkrete Aktionen auf die Unterentwicklung in der Dritten Welt und die damit verbundene Fehlentwicklung in den Industrieländern aufmerksam machen will und dafür finanzielle Mittel vor allem aus einer „Selbstbesteuerung“ der Mitglieder verwendet.

einer breiteren Debatte zugeführt. Das Ergebnis war ein umfassendes Reformkonzept, das neben der Heimerziehung auch das Pflegekinderwesen umfasste (Baumann u. Mittelbach, 1980).

Das Drängen nach einer grundlegenden Weiterentwicklung der Jugendwohlfahrt und die öffentliche Debatte zur Heimerziehung führten schließlich zur Einberufung einer Enquete durch den für die Jugendwohlfahrt zuständigen Landesrat Josef Gruber, in der „alle bestehenden gesetzlichen und administrativen Maßnahmen von einem breiten Kreis von Fachleuten diskutiert werden mögen … um die Arbeit im Lichte neuer Erkenntnisse durchführen zu können“ (Steirische Jugendwohlfahrtsenquete 1980–1981, *Vorwort,* S. 1).

Die Enquete wurde im November 1980 mit einer Gegenüberstellung der geltenden Gesetzeslage zu der in Aussicht genommenen Novelle des neuen Bundesjugendwohlfahrtsgesetzes, das in einem Entwurf bereits seit 1979 vorlag, und einem Grundsatzreferat zum Thema „Jugendwohlfahrt zwischen Handeln und Behandeln“ von Prof. Hans Wurzwallner vom Institut für Erziehungswissenschaften der Universität Graz eröffnet (Wurzwallner, 1980) und nach einer intensiven und nicht immer konfliktfreien Diskussion in drei Arbeitskreisen im Sommer 1981 abgeschlossen.

Im Arbeitskreis C („Korrigierende und heilende Maßnahmen bei Vorliegen von Verwahrlosung, unter besonderer Berücksichtigung der Heimerziehung und die möglichen Alternativen“) wurden in zwei Untergruppen konkrete Reformvorschläge erarbeitet. Die Untergruppe „Heimerziehung“ befasste sich mit der Notwendigkeit zur Entwicklung neuer institutioneller Angebote im Rahmen der gerichtlichen Erziehungshilfe. Neben der allgemeinen Forderung, Großheime zugunsten von kleinen Wohngemeinschaften aufzulösen, wurde die Problematik der staatlich angebotenen Unterbringungsmöglichkeiten am Beispiel des Säuglings- und Kleinkinderheimes Mariagrün aufgezeigt. In einer Studie, die zu diesem Zweck verfasst wurde, kamen die Autorinnen u. a. zum Schluss, dass Durchgangsheime oder sogenannte Übernahmestellen aus sozialpädagogischer Sicht abzulehnen seien, da sie „*…ihre Legitimation lediglich aus administrativen Überlegungen beziehen, wobei pädagogische und psychologische offensichtlich vernachlässigt werden und Entwicklungsschäden der Kinder in Kauf genommen werden*“ (Poschauko u. Peuerböck, 1981, S. V).

In der Untergruppe „Pflegeeltern“ wurde der eklatante Widerspruch zwischen der Realität der Pflegeplatzunterbringung in den Siebzigerjahren und dem Wissensstand über unbedingt notwendige Voraussetzungen einer gesunden Persönlichkeitsentwicklung aufgezeigt. Daraus wurden Konsequenzen für das Pflegekinderwesen abgeleitet und die dringendsten Reformmaßnahmen formuliert[2] (Steirische Jugendwohlfahrtsenquete 1980–1981, Arbeitsgruppe C).

Die Vorschläge betrafen die Auswahl, die Vorbereitung und die Beratung von Pflegeeltern, Fragen der Vermittlung, die Arbeit mit den leiblichen Eltern und den Stellenwert der Pflegeeltern im Kontext der öffentlichen Jugendwohlfahrt. In diesem Zusammenhang und bezogen auf die erforderlichen Umsetzungsschritte wurde die Forderung nach Unterstützung und geregelter Zusammenarbeit der zuständigen Behörden mit privaten Initiativen im Bereich des Pflegekinderwesens erhoben. Zu diesem Zweck gründeten einige ProponentInnen aus dem „Arbeitskreis Pflegeeltern“ der Jugendwohlfahrtsenquete den Pflegeelternverein Steiermark, der als operative Grundlage zur Umsetzung von Reformvorhaben gedacht war. Die Vereinsgründung wurde von der Landesregierung begrüßt und durch die Zusage entsprechender finanzieller Mittel, zunächst für die Ausbildung und spätere Anstellung von Pflegefamilienberatern, maßgeblich unterstützt (vgl. Vereinszeitung des Pflegeelternvereins „Elternheft“ 2/1981, S. 2).

Der Vereinszweck des Pflegeelternvereins Steiermark, der im Wesentlichen die Ergebnisse der Jugendwohlfahrtsenquete widerspiegelte, war neben der Interessenvertretung und Werbung neuer Pflegeeltern die Unterstützung von Pflegefamilien durch Information, Beratung und die Einrichtung von Selbsthilfegruppen in der ganzen Steiermark (Vereinszeitung des Pflegeelternvereins „Elternheft“ 1/1981, S. 5).

Da die Stadt Graz über das städtische Jugendamt bereits seit 1973 über ein Unterstützungsangebot für sogenannte therapeutische Familienpflegestellen verfügte (Pöch, 1988, S. 322–328), sollte durch die Heranbildung

---

2 Mit Stand 1980 wurden von den Bezirksverwaltungsbehörden in der Steiermark 3.914 Pflegekinder (Schwerpunkt in der Ost- und Südsteiermark) genannt. Davon kamen ca. 1.000 Kinder über eine informelle Kooperation der Kinderübernahmestelle der Magistratsabteilung 11 mit einzelnen steirischen Bezirken aus Wien.

entsprechend qualifizierter PflegefamilienberaterInnen der Erziehungsalltag der knapp 4.000 Pflegekinder vor allem am Land verbessert werden.[3]

Das Konzept sah monatliche Treffen einer fortlaufenden Gruppe von Pflegeeltern vor, die von einer PflegefamilienberaterIn moderiert werden sollten. Auf diese Weise sollte ein Grundwissen in Fragen der Pflegeplatzerziehung vermittelt und dadurch die Qualität der Pflegeplätze gehoben werden. Es ging insbesondere auch darum, ein Scheitern des Pflegeverhältnisses zu verhindern und zu mehr Stabilität der Pflegeverhältnisse beizutragen (Vereinszeitung des Pflegeelternvereins „Elternheft" 2/1981, S. 3). Dass die Unterstützung von Pflegeeltern geradezu „ein Muss" ist, wurde u. a. auch in einer Forschungsarbeit im Auftrag von Landesrat Gruber überzeugend argumentiert. Im Rahmen einer Untersuchung wurden die Gründe von Pflegschaftsabbrüchen auf Basis von 246 Jugendamtsakten in sechs Bezirken der Steiermark erhoben und im Wesentlichen Überforderungsgründe der Pflegefamilien als Ursache festgestellt (Heiland, 1983).

Die Ausbildung zur PflegeelternberaterIn wurde über den neu gegründeten Pflegeelternverein organisiert und war als Zusatzqualifikation für einen Personenkreis gedacht, der bereits in einem Sozialberuf tätig war. Insbesondere sollten sich SozialarbeiterInnen, PsychologInnen und SozialpädagogInnen angesprochen fühlen. Sie war aber auch für erfahrene Pflegeeltern möglich (Vereinszeitung des Pflegeelternvereins „Elternheft" 2/1981, S. 3).

Außerdem war vorgesehen, dass die Weiterbildung in Abstimmung mit den Erfordernissen einer Psychotherapieausbildung erfolgen sollte, was als Aufwertung der Tätigkeit als PflegeelternberaterIn gedacht war. Dieses doch sehr aufwendige Ausbildungskonzept konnte letztlich nicht umgesetzt werden und so wurde ein eigenes Weiterbildungscurriculum für den Einsatz von sogenannten GruppenberaterInnen realisiert. In drei Lehrgängen, die in Zusammenarbeit mit der Akademie für Sozialarbeit durchgeführt wurden, konnten relativ zeitnah GruppenberaterInnen für durchschnittlich 25 Pflegeelterngruppen herangebildet werden. Auf diese Weise

---

[3] Die Einrichtung der therapeutischen Familienpflegestellen ging auf die Initiative der damaligen Leiterin des psychologischen Dienstes, Herta Pöch, zurück, die schon bei der Bundes-Fürsorgerinnentagung 1970 die Forderung nach einem „neuen Berufsstand", die geschulte Pflegefamilie, vor allem für die ausgebildete Pflegemutter (Tagungsprotokoll, S. 3) formulierte.

war es ab 1982 möglich, Pflegeeltern aus der ganzen Steiermark ein Basiswissen über Aufgabe und Arbeitsweise der Jugendwohlfahrt sowie über einige wichtige psychologische Gesetzmäßigkeiten der kindlichen Entwicklung und pädagogische Besonderheiten der Pflegeplatzerziehung zu vermitteln.

Gleichzeitig mit der mobilen Beratungs- und Informationstätigkeit in den Pflegeelterngruppen wurde 1984 vom Pflegeelternverein Steiermark eine zentrale Familienberatungsstelle zur individuellen Beratung mit dem Schwerpunkt „Soziale Elternschaft" eingerichtet. Da sowohl die Pflege- als auch die Adoptivelternschaft als Formen sozialer Elternschaft galten, konnte ein Teil der Informations- und Beratungsarbeit über das Familienberatungsförderungsgesetz finanziert werden, was in Anbetracht der knappen Dotierung durch die zuständigen Landesstellen eine große Hilfe darstellte.

2 Das Bundesjugendwohlfahrtsgesetz 1989 und das Stmk. JWG 1991

Das Bundesjugendwohlfahrtsgesetz, das nach einer mehr als zehnjährigen Beratung 1989 verabschiedet wurde, brachte einschneidende Änderungen im Sinne eines zeitgemäßen Verständnisses von Sozialarbeit. Es verzichtete auf Zwangsmaßnahmen zur Durchsetzung der gesetzlichen Vorgaben und rückte präventiv wirkende, sichernde und fördernde Maßnahmen in den Vordergrund. Die bisher geltende klassische Heimerziehung trat nun gegenüber dem Angebot von Pflegefamilien mit verbesserter Rechtsstellung und der Einrichtung kleiner Wohngruppen zurück. Wie der Verband der SozialarbeiterInnen (1979) feststellte, wurde damit der Anspruch auf Erziehung in einer familienähnlichen Gemeinschaft oder im Rahmen einer personalen Beziehung betont und unterstützt.

Abgesehen von der fachlichen Neuausrichtung der Jugendwohlfahrt, wurde im Bundesgesetz 1989 außerdem die Mitwirkung bzw. die Zusammenarbeit mit der „freien Jugendwohlfahrtspflege" definiert und damit die Voraussetzung für die Entwicklung einer Vielfalt von sozialen Diensten außerhalb der Hoheitsverwaltung geschaffen.

Das steirische Jugendwohlfahrtsgesetz, das die Durchführung auf Landesebene regelte, trat knapp zwei Jahre später – nach einer gründlichen Diskussion in der Fachöffentlichkeit – 1991 in Kraft.

Wesentliche Änderungen für das Pflegekinderwesen waren der Anspruch auf Hilfen zur Festigung des Pflegeverhältnisses durch Beratung sowie durch Schulung und Fortbildung, die Beschränkung der Pflegekinderzahl auf zwei pro Familie, eine Altersgrenze bei der Aufnahme des Kindes und – etwas später – die Gewährung eines Ruhegeldes, das als Anerkennung für eine langjährige Tätigkeit in der Familienpflege gedacht war.

Außerdem definierte das Gesetz verschiedene Formen von Pflegeelternschaft mit unterschiedlicher Zielsetzung. Es waren dies:

- Pflegeeltern für Pflegeverhältnisse mit Langzeitperspektive,
- passagere Pflegeeltern für Übergangssituationen und
- sozialpädagogische Pflegeeltern für schwer vermittelbare Kinder.

Das Jugendwohlfahrtsgesetz 1991 bildete mit der dazugehörigen Durchführungsverordnung eine entscheidende Grundlage für die Jugendwohlfahrt und in weiterer Folge für das heutige Pflegekinderwesen in der Steiermark. Viele Überlegungen der vorangegangenen zwanzig Jahre, insbesondere die Vorschläge der weiter oben erwähnten Jugendwohlfahrtsenquete, fanden ihren Niederschlag im neuen Gesetz. Die weitere Entwicklung der familiären Unterbringungs- und Erziehungsangebote, die in der Folge beschrieben wird, die Vorbereitung und Auswahl der Pflegefamilien, die Anerkennung als Beruf, die Hilfen zur Unterstützung des Pflegeverhältnisses und die Ausdifferenzierung unterschiedlicher Formen von Pflegeplätzen können in einem direkten Zusammenhang mit dem „*Konzept für die Arbeit mit Pflegefamilien des Landes Steiermark*“ gesehen werden (Steirische Jugendwohlfahrtsenquete, 1980–1981).

3 Die Entwicklungen nach 1991

3.1 Die Vorbereitung auf ein Pflegeverhältnis

In der informierten Öffentlichkeit und im Zusammenhang mit der Jugendwohlfahrtsenquete wurde zu Recht bemängelt, dass Pflegeeltern sehr oft gar nicht oder nur unzureichend auf ihre Aufgabe vorbereitet werden. Der

Sozialarbeiterkreis der „Erklärung von Graz für solidarische Entwicklung“ (Baumann u. Mittelbach, 1980, S. 8) forderte etwa, dass die Auswahl und die Vorbereitung potenzieller Pflegeeltern neu zu gestalten seien. Nachdem vonseiten der öffentlichen Jugendwohlfahrt diesbezüglich keine Aktivitäten gesetzt wurden, kam der erste Kurs für potenzielle Pflegeeltern als Angebot der allgemeinen Erwachsenenbildung über eine Volkshochschule zustande. Er wurde vom Pflegeelternverein nach dem Vorbild des Wiener „Vereins Initiative Pflegeeltern“ (Lutter u. Stubenvoll, 1984) in Form von 13 Themenabenden organisiert und durchgeführt.

Vorbereitungskurse für potenzielle Pflegeeltern waren zu diesem Zeitpunkt allerdings noch nicht Bestandteil der Pflegeplatzerhebung. Verpflichtende Vorbereitungskurse kamen erst im Zuge des neuen Jugendwohlfahrtsgesetzes gemeinsam mit anderen Qualitätsmaßnahmen in der Pflegeplatzunterbringung.

Ab 1991 wurden im Durchschnitt jährlich vier Vorbereitungskurse für zukünftige Pflegeeltern durchgeführt. Sie sind weiterhin als Tages- und Wochenendveranstaltungen und auf Basis informierender und erlebnisaktivierender Lernmethoden konzipiert. Auf diese Weise können sich jedes Jahr rund 50 neue PflegepersonenwerberInnen[4] mit grundlegenden Themenstellungen und Erfahrungen aus der Pflegeplatzerziehung auseinandersetzen. Mittlerweile werden die Vorbereitungskurse unter dem Titel „Qualifizierung für künftige Pflegepersonen“ als verpflichtende Voraussetzung im Rahmen des behördlichen Erhebungsverfahrens gesehen. Die Pflegeplatzerhebung selbst, die zur Feststellung einer grundsätzlichen Eignung als Pflegefamilie durchgeführt wird, ist nach wie vor Aufgabe der zuständigen SprengelsozialarbeiterInnen der Bezirksverwaltungsbehörden. Durch die Verschränkung der Vorbereitungskurse mit dem behördlichen Erhebungsverfahren entsteht eine breitere Entscheidungsgrundlage für die Planung eines konkreten Pflegeverhältnisses, indem die Überlegungen der Familie und die Wahrnehmungen aus der Pflegeplatzerhebung im Sinne einer besseren Planung der Pflegeverhältnisse berücksichtigt werden können.

---

4 Der Begriff Pflegeperson wird in neuerer Zeit aus Gründen der begrifflichen Neutralität, aber auch zur Unterscheidung von Pflegeelternschaft mit voller rechtlicher Vertretung (Pflegeeltern) und Pflegeverhältnissen mit Beauftragung im Bereich Pflege und Erziehung (Pflegepersonen) gewählt.

3.2 Hilfen zur Festigung des Pflegeverhältnisses

Neben der verpflichtenden Vorbereitung auf das Pflegeverhältnis und dem Angebot von Beratungsmöglichkeiten in der Pflegeelterngruppe ermöglichte das JWG 1991 die Inanspruchnahme von „Hilfen zur Festigung des Pflegeverhältnisses". Allmählich wurden Angebote zur individuellen Pflegefamilienberatung, Hilfen für Pflegekinder, wie z. B. Sozial- und Lernbetreuung, traumapädagogische Unterstützung, Entwicklungsbegleitung oder Biografiearbeit eingerichtet und 2012 im Zusammenhang mit dem Angebot der sozialversicherungsrechtlichen Absicherung und qualitätssichernden Maßnahmen für alle Pflegepersonen wesentlich erweitert.

Zunehmend häufiger wird von Pflegeeltern auch die Möglichkeit einer „Besuchsmoderation" zur Unterstützung der Kontakte zwischen dem Pflegekind und den leiblichen Eltern in Anspruch genommen. Hatte man in der Vergangenheit Kinder oft möglichst weit entfernt von der Herkunftsfamilie untergebracht, räumt man heute den Kontakten zwischen den leiblichen Eltern und dem Kind einen großen Stellenwert ein. Allerdings stellen die Gestaltung der Begegnungen zwischen der Herkunftsfamilie und dem fremd untergebrachten Kind bzw. die Ausübung des Umgangsrechtes der biologischen Eltern für alle Beteiligten oftmals eine große Belastung und eine besondere Herausforderung dar. Ohne Mitwirkung von neutralisierenden und moderierenden Außenpersonen ist es häufig nicht möglich, eine traumatisierende Dynamik zu vermeiden und eine kindgerechte Gestaltung der Kontakte zu gewährleisten. Daher stellt das Angebot, das nunmehr unter dem Namen „Gestaltung der Besuchskontakte" realisiert wird, eine entscheidende Hilfe im Sinne der Festigung des Pflegeverhältnisses dar.

3.3 Sozialversicherungsrechtliche Absicherung, verbunden mit qualitätssichernden Maßnahmen

Die Zahl der Pflegekinder ist in den Achtzigerjahren des vorigen Jahrhunderts und in der darauffolgenden Zeit kontinuierlich gesunken. Um 1990 lebten in der Steiermark noch rund 1.900 Kinder in Pflegefamilien. Neben demografischen und sozialen Faktoren dürften eine veränderte Haltung und Arbeitsweise in der Jugendfürsorge und – besonders in der Steiermark – das Ausbleiben der „Wiener Kinder“ ausschlaggebend gewesen sein.

Ab der Jahrtausendwende pendelte sich die Zahl der Pflegekinder in der Steiermark bei ungefähr 1.000 (+/-) ein. Bezogen auf alle Minderjährigen in „Voller Erziehung“ (ca. 2.000 Kinder und Jugendliche) bedeutet das, dass in der Steiermark knapp die Hälfte der Betroffenen in familiärer Pflege betreut werden. Für 2019 weist die Bundesstatistik einen Anteil von 52,3 Prozent an Minderjährigen in familiärer Pflege aus (KJH Statistik, 2019). Damit stellt die Pflegeplatzunterbringung das quantitativ bedeutsamste Angebot der öffentlichen Kinder- und Jugendhilfe für fremd untergebrachte Minderjährige dar, was besonders im Vergleich zu den meisten anderen Bundesländern bemerkenswert erscheint, wie schon 2009 anlässlich einer Darstellung des Pflegekinderwesens in Österreich festgestellt wurde (Scheipl, 2009).

Die Beziehungsarbeit im Rahmen eines regulären Pflegeverhältnisses wurde in der Vergangenheit, entsprechend der Konzeption von Pflegeelternschaft, als eine Art „Liebesarbeit“ für das Pflegekind gesehen und daher nicht mit einem Leistungsentgelt verbunden. Pflegeeltern erhielten lediglich einen Aufwandsersatz in Form von Pflegeeltern- bzw. später Pflegekinder-Geld.

Die sozialversicherungsrechtliche Absicherung für alle Pflegeeltern war daher nicht nur in der Steiermark eine lange und mit unterschiedlicher Vehemenz vorgetragene Forderung. Sie wurde schließlich 2012 nach einem Modell eingeführt, das den Pflegeeltern die Entscheidung überlässt, ob sie im Rahmen eines Dienstverhältnisses, verbunden mit der Verpflichtung zu sogenannten qualitätssichernden Maßnahmen (regelmäßige Kontaktnahme, Dokumentations- und Kooperationsverpflichtungen, Fortbildung), tätig sein wollen oder ob sie sich ohne entsprechende Verpflichtungen sehen und damit auf Honorierung und Sozialversicherung verzichten.

Tabelle 1 zeigt die drei Alternativen, deren Honorierung und die damit verbundenen Verpflichtungen.

Alternative 1 = freies Dienstverhältnis und sozialversicherungsrechtliche Absicherung (€ 466,– brutto 14-mal jährlich)

- 24 Stunden Begleitung durch die/den Pflegefamilien-Begleiter/in pro Jahr
- Führen einer Dokumentation (im Ausmaß von etwa 2 Stunden pro Woche)
- Fortbildungen (24 Stunden pro Jahr)
- Besuch der Pflegeelterngruppe (12 Stunden pro Jahr)
- Erstellung eines jährlichen Entwicklungsberichtes für das/die Pflegekind/er im Rahmen der Begleitung

....

Alternative 2 = freies Dienstverhältnis unter der Geringfügigkeitsgrenze (€ 181,– brutto 14-mal jährlich; € 58,– pro Monat bei Bedarf, wenn eine freiwillige Selbstversicherung gewünscht wird)

- 12 Stunden pro Jahr Begleitung durch die/den Pflegefamilien-Begleiter/in
- Führen einer Dokumentation (im Ausmaß von etwa 2 Stunden pro Woche)

....

Alternative 3 = kein Dienstverhältnis

- 12 Stunden pro Jahr Begleitung durch die/den Pflegefamilien-Begleiter/in
- Freiwillige Teilnahme an Pflegeelterngruppen und am Fortbildungsangebot

Tabelle 1: Dienstverhältnisse. Quelle: www.affido.at (22.12.2010)

Grafik 1 zeigt, dass die Möglichkeit eines Dienstverhältnisses mit sozialversicherungsrechtlicher Absicherung und Honorierung im Zeitraum von 2012 bis 2019 nicht von allen Familien in Anspruch genommen wird (Tätigkeitsberichte von Pflegeelternverein Stmk. und Nachfolgeorganisationen)[5]. Das bedeutet, dass es offensichtlich unterschiedliche Motive und Vorstellungen von Pflegeelternschaft gibt. Manche Pflegeeltern sind der Meinung, dass sich ein „professionelles" Dienstverhältnis mit ihrer Art, Familie zu leben, „nicht gut verträgt" und die „Normalität" ihrer Lebensform stören würde. Unabhängig davon welches Modell Pflegeeltern wählen, haben seit 2012 alle Pflegepersonen die Möglichkeit zur freiwilligen Teilnahme an Fortbildungsveranstaltungen, zur Einzelberatung und zur Teilnahme an den Pflegeelterngruppen.

---

[5] Die Folgeorganisationen des Pflegeelternvereins Stmk., zuständig für die operative Durchführung der Aufträge, waren ab 2013 die a:pfl gmbh und ab 2019 die affido gmbh.

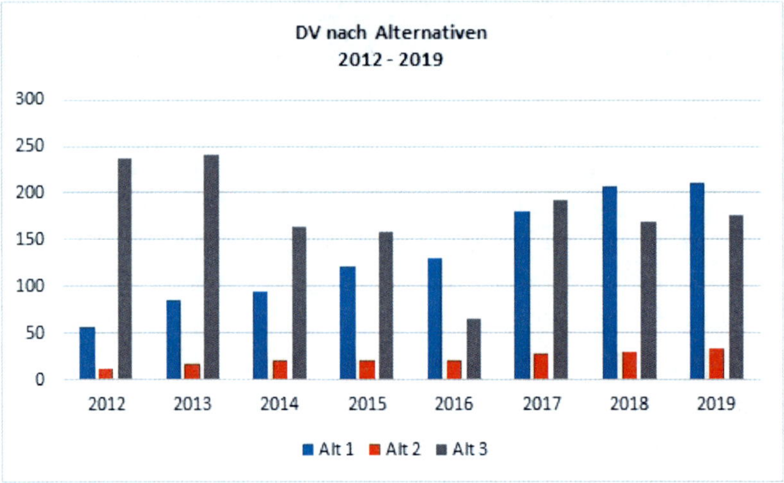

Grafik 1: Dienstverhältnisse nach Alternativen 2012–2019.

3.4 Die Ausdifferenzierung familiärer Unterbringungsangebote

Wie bereits weiter oben erwähnt, wurde schon anlässlich der Jugendwohlfahrtsenquete erkannt, dass die Ursachen für eine Fremdunterbringung und die davon betroffenen Kinder sehr vielfältig sind und dass daher auch die Pflegeplatzangebote vielgestaltig sein müssen.

Dieser sozialpädagogische Grundsatz hatte bereits 1986 eine erste Initiative zur Ausdifferenzierung von Pflegeverhältnissen durch das Angebot von professionellen Pflegeplätzen für eine bestimmte Gruppe von Minderjährigen zur Folge. Diese besonderen Pflegeplätze bzw. Erziehungsstellen waren für Jugendliche in Fürsorgeerziehung gedacht, die aufgrund ihrer Symptomatik professionelles Erziehungshandeln im Rahmen familiärer Normalität angeboten bekommen sollten (Baumann, 1986, S. 3).

Das Projekt, das zunächst für zehn sozialpädagogische Erziehungsstellen konzipiert war, konnte wegen der damals fehlenden gesetzlichen Bestimmungen und wohl auch aufgrund einer defensiven Haltung der sozialpolitischen Entscheidungsträger nicht erfolgreich umgesetzt werden. Auch für die von der Jugendwohlfahrtsenquete empfohlenen Kurzzeit- und Sofortpflegestellen als eine Art familiär gestaltete Kriseneinrichtung schien die Zeit noch nicht reif.

1991 schuf das Stmk. Jugendwohlfahrtsgesetz durch die Definition passagerer Pflegeverhältnisse für vorübergehende Unterbringungen in Pflegefamilien die Voraussetzung für die Entwicklung der späteren Krisenpflege. Passagere Pflegeeltern sollten den Bedarf in Not- und Krisensituationen abdecken und über die jeweiligen Bezirksverwaltungsbehörden administriert werden. Obwohl passagere Pflegeeltern für die Zeit der Unterbringung das doppelte Pflegeelterngeld als Aufwandsentschädigung erhielten, war es im Rahmen der „Bezirkslogik" dennoch nicht möglich, ein überregionales Kontingent an potenziellen Pflegeplätzen für den Bedarfsfall bereitzuhalten.

Daher realisierte das Jugendamt der Stadt Graz ein eigenes Angebot in Zusammenarbeit mit dem Pflegeelternverein Steiermark, der als „freier Jugendwohlfahrtsträger"[6] die Möglichkeit zur Übernahme von Aufgaben der öffentlichen Jugendwohlfahrt hatte. Ab März 1995 war es nunmehr möglich, Kindern aus Graz, die sich in einer krisenhaften Notlage oder in einer schwierigen Übergangssituation befanden, eine familiäre Unterbringungs- und Versorgungsmöglichkeit anzubieten. Bis zur Beendigung dieser Vereinbarung und der Einführung der Krisenunterbringung für die ganze Steiermark wurde dieses Angebot in Graz für über 1.100 Unterbringungen genutzt. Damit konnte auf eine institutionelle Unterbringung, besonders für Kleinkinder, gänzlich verzichtet werden und es war nach vielen Jahren der unbefriedigenden frühkindlichen Heimunterbringung eine familiäre Alternative gegeben.

3.5 Familiäre Unterbringungsformen nach sozialpädagogischen Konzepten

Die zunehmenden Ansprüche an eine sozialpädagogische Rollengestaltung der Pflegepersonen führten schließlich zur Unterscheidung von regulären Pflegeverhältnissen für die klassische Pflegeplatzunterbringung und von Pflegeverhältnissen, denen ein besonderes pädagogisches Arbeitskonzept zugrunde liegt.

---

6 Im Stmk. Jugendwohlfahrtsgesetz 1991 wurde der Status als „freier Jugendwohlfahrtsträger" definiert, der unter bestimmten Voraussetzungen (fachliche Eignung, personelle und finanzielle Ausstattung) mit Aufgaben der öffentlichen Jugendwohlfahrt betraut werden konnte.

Anders als in der regulären Pflegeplatzunterbringung war für Pflegeverhältnisse im Rahmen eines sozialpädagogischen Konzeptes eine Honorierung für Leistungen vorgesehen, die im Unterbringungskonzept definiert waren. Diese Honorierung war in weiterer Folge auch Grundlage für die sozialversicherungsrechtliche Absicherung, die nach der Novelle zur Allgemeinen Sozialversicherungspflicht ab 1986 möglich war. Pflegeeltern bzw. Pflegepersonen, die nach einem sozialpädagogischen Konzept tätig waren, wurden ab diesem Zeitpunkt als FamilienpädagogInnen bezeichnet. Mit der gewählten Begrifflichkeit sollte zum Ausdruck gebracht werden, dass diese Pflegeverhältnisse durch eine Art angewandte Sozialpädagogik im familiendynamischen Kontext charakterisiert sind. Die ersten FamilienpädagogInnen mit Honorierung und Sozialversicherung standen 1987 für die familienbegleitende Pflegeplatzunterbringung zur Verfügung. Voraussetzung für die Tätigkeit als FamilienpädagogIn ist nach Prüfung der persönlichen Eignung im Pflegebewilligungsverfahren der Besuch einer Weiterbildung im Ausmaß von 150 Stunden mit Verpflichtung zu laufender „supervisorischer" Reflexion und Fortbildung.

3.5.1 Die Krisenunterbringung (KUB)

Die **Krisenunterbringung** von Kindern ist noch heute ein wesentliches Angebot im Rahmen familienpädagogischer Unterbringungsmöglichkeiten in der Steiermark. Ziel der Krisenunterbringung von Kindern ist die sichere Versorgung in einer Situation, die ein rasches Eingreifen durch die Jugendwohlfahrtsbehörde erfordert, wodurch zunächst eine Beruhigung oder Stabilisierung ermöglicht werden soll. In weiterer Folge sollen dann die Definition notwendiger Bedingungen für die Zeit nach der Krisenunterbringung und die Planung von Maßnahmen für die weitere Entwicklung des Minderjährigen erfolgen.

Von Pflegepersonen, die in der Krisenpflege arbeiten, werden ein hohes Maß an organisatorischer Flexibilität und viel Sensibilität für Kinder in Ausnahmesituationen verlangt. Sie arbeiten auf Grundlage eines freien Dienstvertrages in einem Kooperationsverhältnis mit einem befugten privaten Träger und im Auftrag der Jugendwohlfahrt, die seit 2013 als Kinder- und Jugendhilfe bezeichnet wird. Der private Träger erhält für seine Leistungen (u. a. Vermittlungshilfe, Unterbringungsmanagement, Beratung und Begleitung der Krisenpflege) und für die Honorierung der Krisenpflegepersonen eine Tagsatzfinanzierung (siehe Leistungsbeschreibung DVO STKJH).

Wie die Darstellung in Grafik 2 zeigt, ist die Zahl der Unterbringungen über die Jahre ziemlich konstant (Tätigkeitsbericht: Pflegeelternverein Stmk. und Folgeorganisationen, unveröffentl.). Allerdings ist es zunehmend schwieriger, im Rahmen der gegenwärtigen Bedingungen Personen für diese anspruchsvolle Aufgabe zu motivieren.

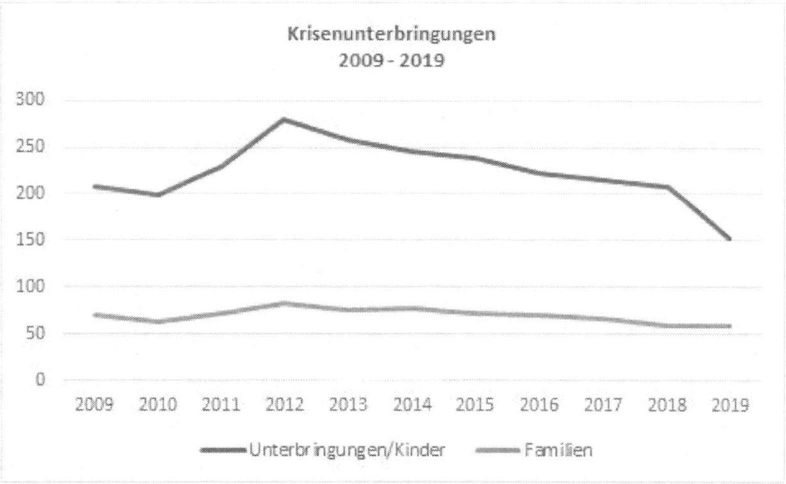

Grafik 2: Krisenunterbringungen 2009–2019.

Die Erfahrungen mit dem Angebot der Krisenunterbringung zeigten, dass in manchen Fällen die vorgesehene Unterbringungsdauer von drei bis maximal sechs Monaten nicht ausreicht, um eine fachlich gut begründete Entscheidung treffen zu können. Insbesondere dann, wenn trotz der Schwierigkeiten, die zur Fremdunterbringung geführt haben, eine schützenswerte Mutter-Kind-Beziehung besteht und wenn eine positive Prognose für die Übernahme der elterlichen Verantwortung nach der Krisensituation getroffen werden kann, bleibt die Rückkehr in die Herkunftsfamilie ein bestimmendes Thema.

3.5.2 Die Familienbegleitende Pflegeplatzunterbringung (FPU)

Für Pflegeplatzunterbringungen, bei denen die Arbeit an der Rückkehr zu den leiblichen Eltern ein wesentliches Ziel der Maßnahme ist, wurde ein eigenes Angebot, die sogenannte **„Familienbegleitende Pflegeplatzunter-**

bringung", konzipiert (Lercher u. Ebensperger, 2013). Von Pflegeeltern, die in diesem Pflegeplatzmodell tätig sind, werden ein gut reflektiertes und subsidiäres Rollenverständnis sowie die Mitwirkung am Ziel der Rückführung durch ein entsprechendes Alltagshandeln verlangt. Auch sie erhalten zusätzlich zum Pflegeelterngeld ein Honorar im Rahmen eines freien Dienstvertrages mit dem privaten Träger. Damit sollen der von ihnen verlangte sozial- bzw. familienpädagogische Mehraufwand und die umfangreichen Kooperationsverpflichtungen abgegolten werden. Der private Träger unterstützt die Pflegepersonen bei der Realisierung des Unterbringungskonzeptes durch fachliche Begleitung, durch Entlastung und durch die Arbeit mit den leiblichen Eltern, die in das Unterbringungskonzept eingebunden sind (Stmk. KJHG DVO, Anlage 1).

Die Darstellung in Grafik 3 zeigt, dass die Familienbegleitende Unterbringung (FPU) in den letzten zehn Jahren stetig abgenommen hat (Tätigkeitsbericht von Pflegeelternverein Stmk. und Folgeorganisationen, unveröffentl.). Ob das darauf zurückzuführen ist, dass andere Angebote wie Krisenunterbringung (KUB) und Familienpädagogische Langzeitunterbringung (LU) verstärkt als Alternative genutzt werden, oder ob die Arbeit mit der Herkunftsfamilie, die im Zusammenhang mit der Rückführungsoption unbedingt erforderlich wäre, derzeit nur schwer leistbar ist, kann nicht eindeutig beantwortet werden.

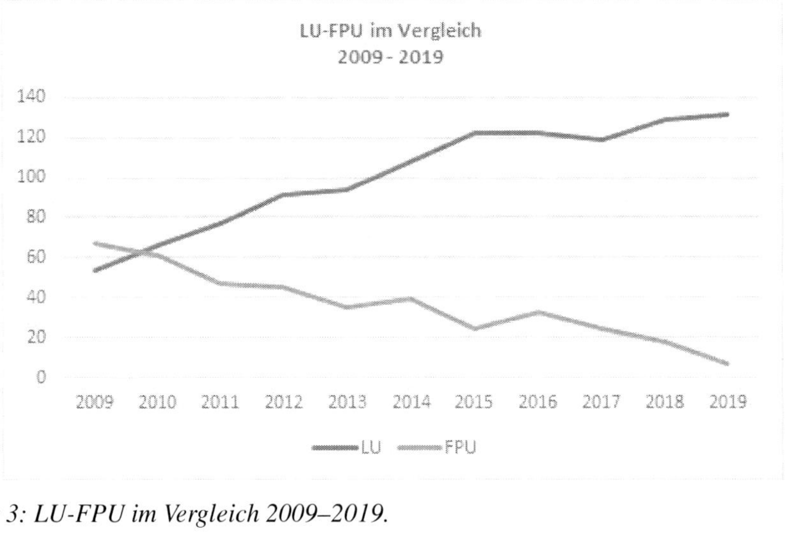

Grafik 3: LU-FPU im Vergleich 2009–2019.

Aus der Arbeit im Zusammenhang mit den familienbegleitenden Pflegeverhältnissen entwickelte sich außerdem die Variante der Mutter-Kind-Unterbringung, die als Pilotprojekt ab 2006 für minderjährige Mütter eingeführt wurde. Durch die Aufnahme einer Mutter mit ihrem Kind entsteht eine Art Drei-Generationen-Modell, wie es in einer großfamiliären Solidargemeinschaft möglich ist. Für die junge Mutter übernehmen die Pflegepersonen Elternfunktionen und für das Kind eine Art Großelternrolle. Das Angebot sollte der jungen Mutter ermöglichen, z. B. eine Ausbildung abzuschließen oder die Selbstversorgungsfähigkeit zu organisieren. Gleichzeitig gibt es einen Rückhalt durch die modellhaft wirkenden Pflegeeltern, um die eigene Mutterrolle zu erproben und zu gestalten.

Obwohl im Verlauf von etwa zehn Jahren nahezu fünfzig Unterbringungen nach diesem Konzept realisiert wurden, konnte dieses familienpädagogische Angebot bis heute nicht durch eine nachhaltige Finanzierungsgrundlage abgesichert werden.

3.5.3 Die sozialpädagogischen Pflegeverhältnisse oder die Familienpädagogische Langzeitunterbringung (LU)

Im steirischen Jugendwohlfahrtsgesetz 1991 war noch eine dritte Form der Pflegeelternschaft, die sogenannten **Sozialpädagogischen Pflegeeltern**, definiert. Sie wurden für die Unterbringung jener Kinder angedacht, von denen man wusste, dass eine große erzieherische Herausforderung zu erwarten war. Daher wurden Sozialpädagogische Pflegeeltern nach einem besonderen Prozedere ausgewählt, sie nahmen an einem eigens gestalteten Weiterbildungskurs teil und sollten durch die Gewährung des eineinhalbfachen Pflegeelterngeldes zu dieser anspruchsvollen Aufgabe motiviert werden.

Nach zwei Weiterbildungskursen für Sozialpädagogische Pflegeeltern in den Jahren 1992 bis 1994 und den Erfahrungen mit schwer vermittelbaren Kindern wurde die Realisierung dieses Angebotes jedoch ausgesetzt. Es war zu beobachten, dass es bei den sozialpädagogischen Pflegeverhältnissen sehr oft zu einer erheblichen Überforderungssituation und in weiterer Folge zur Destabilisierung des Pflegeverhältnisses gekommen war. Ein bedeutender Grund für das häufige Scheitern war wohl, dass zum damaligen Zeitpunkt noch keine systematische Unterstützung durch ein Fachteam, keine Entlastungsangebote für die Pflegefamilien und kein Auffangnetz für verhaltensschwierige oder traumatisierte Kinder und Jugendliche zur Verfügung standen. Erst allmählich konnte ein Mindestmaß an Hilfen bzw. Unterstützungsangeboten für besonders anspruchsvolle Pflegeverhältnisse etabliert werden.

Da der Bedarf an herausfordernden Unterbringungen nach wie vor sehr groß ist, werden nunmehr die im JWG 1991 definierten sozialpädagogischen Pflegeverhältnisse unter neuen Bedingungen und mit der Bezeichnung **Familienpädagogische Langzeitunterbringung** (Stmk. KJHG, DVO, Anlage 1) realisiert. Grafik 3 zeigt, dass die Zahl der Familienpädagogischen Langzeitunterbringungen kontinuierlich steigt, was u. a. wohl darauf zurückzuführen ist, dass in den letzten Jahren sowohl die Ansprüche an die Qualität und „Berechenbarkeit" der Unterbringungen seitens der unterbringenden Behörden als auch die Erwartung der FamilienpädagogInnen nach Unterstützung und Hilfe durch externe Fachdienste gestiegen sind.

4 Aktuelle Entwicklungen und späte Bemerkungen

Im Zusammenhang mit neuen Entwicklungen der Kinder- und Jugendhilfe und insbesondere mit einem Fachkonzept, das sich verstärkt an einer individuellen und fallspezifischen Hilfeplanung, an der Zielarbeit mit den KlientInnen und an der Aktivierung sozialräumlicher Ressourcen orientiert, wurden vom Amt für Jugend und Familie der Stadt Graz auch für das Pflegekinderwesen strukturelle Änderungen vorgenommen. Mit Jahresbeginn 2020 wurde der Pflegekinderdienst als eine eigene organisatorische Einheit in Kooperation mit einem privaten Träger eigerichtet. Beide Kooperationspartner stellen Fachpersonal zur Verfügung, das an einem gemeinsamen Standort an den Herausforderungen rund um eine Pflegeplatzunterbringung arbeitet. Durch diese Kooperation ergeben sich viele neue Perspektiven in der familiären Fremdunterbringung. Dazu zählen etwa die sozialräumliche Organisation und „Bewirtschaftung" von Unterbringungsressourcen, eine besser verschränkte Elternarbeit, eine direktere Unterstützung der Erziehungsbemühungen in der Pflegefamilie und der Arbeit mit den Kindern.

Die Arbeit an einem gemeinsamen Ziel, aber mit unterschiedlichem Arbeitshintergrund ergibt nicht zwangsläufig und immer eine optimale Synergie, vielmehr muss eine gute Kooperation in der praktischen Arbeit gestaltet werden. Durch die ständige Auseinandersetzung mit der Sichtweise des anderen „auf Augenhöhe" bietet dieses Projekt zahlreiche Lernfelder und ermöglicht dadurch neue Erfahrungen, die vielleicht Modellcharakter für die Entwicklung der Kinder- und Jugendhilfe bzw. der Sozialarbeit allgemein haben können.

Eine Frage, die im anspruchsvollen und emotional belastenden Arbeitsfeld „Kindesabnahme, Fremdunterbringung und Pflegeplatzerziehung" immer wieder zu klären ist, lautet: Wie sehen die jeweiligen Berufsgruppen den Stellenwert, die Aufgabe und die Verfasstheit des Angebotes Pflegefamilie? Was erwarten wir von einer Pflegefamilie und wie stellen wir uns vor, dass sie die Erziehungsarbeit erledigen soll? Erwarten wir, dass sie sich wie eine Institution verhalten soll oder können wir akzeptieren, dass Familien als geschlossenes System funktionieren und dass genau darin ihre Stärke liegt? (Wolf, 2014)

Pflegefamilien entfalten ihre pädagogische Wirksamkeit im Rahmen einer persönlichen Beziehungsgestaltung und der jeweiligen familiären Dynamik und sie lösen Probleme eigenverantwortlich vor dem Hintergrund ihrer individuellen Ressourcen. Im Gegensatz zur Arbeitsweise von offenen Systemen sind sie nicht einem arbeitsrechtlichen Regelwerk oder einer weisungsgebundenen Erledigung von Aufträgen verpflichtet. Wenn wir diese wichtigen Unterschiede und die damit verbundenen Vorstellungen über die Arbeit von Pflegefamilien nicht gebührend anerkennen oder reflektieren, kommt es sehr leicht zu Missverständnissen und Kränkungen, die sich auf den öffentlich wahrgenommenen Stellenwert der zivilgesellschaftlichen Institution Pflegefamilie und damit auf die Unterbringungsmöglichkeiten für fremd unterzubringende Kinder negativ auswirken.

Das Pflegekinderwesen hat in den letzten fünfzig Jahren einen langen Weg zurückgelegt, von der naiven Vorstellung, dass man für ein Pflegekind nichts anderes braucht als ausreichend Platz am Mittagstisch, bis hin zum Bewusstsein, dass das Pflegekind nicht nur viele Vorerfahrungen, sondern in gewisser Weise auch die eigene Familie – die Herkunftsfamilie – mitbringt und diese eine wichtige Rolle spielen darf. Etwas hat sich aber nicht geändert: nämlich dass Kinder Menschen brauchen, die sich liebevoll und fürsorglich verhalten und in ihrem Optimismus nicht so schnell entmutigen lassen. Dazu brauchen sie das Wissen über die Dynamik von Entwicklungsprozessen, die Reflexionsbereitschaft bezüglich eigener Grenzen und Vorstellungen, die Großzügigkeit, das Kind mit seiner Geschichte anzunehmen, und das Durchhaltevermögen zur Überwindung von Krisen.

Dazu brauchen Pflegeeltern professionelle Unterstützung, gesellschaftliche Anerkennung, Wertschätzung durch den Auftraggeber der Kinder- und Jugendhilfe sowie einen Arbeitsrahmen, der die individuelle Gestaltung ihres Pflegeverhältnisses wohlwollend unterstützt und kontrolliert.

Literaturverzeichnis

Baumann, H. u. Mittelbach, G. (1980, Oktober). *Heimerziehung-Sozialarbeit. Skizzen einer Reform* [Schriftliche Zusammenfassung eines Seminars des Sozialarbeiterkreises der „Erklärung von Graz für solidarische Entwicklung" im Rahmen der „Urania"]. Graz.

Baumann, H. (1986). Institut für Familienerziehung. *Elternheft,* (16), 3.

Elternheft: Zeitschrift des Pflegeelternvereines Stmk., erscheint mehrmals jährlich ab dem Jahr 1981.

Heiland, A. (1983). *Die Situation von Pflegekindern. Eine Aktenanalyse mit besonderer Berücksichtigung von Pflegschaftsabbrüchen.* [Unveröffentlichte Diplomarbeit]. Karl-Franzens-Universität Graz.

Lercher, G. u. Ebensperger, F. (2013). *Arbeitsplatz Familie – Familienpädagogische Pflegeplätze.* moses online. Abgerufen am 22. Dezember 2020, von https://www.moses-online.de/fachartikel-arbeitsplatz-familie-familienpädagogischepflegeplätze.

Lutter, E. u. Stubenvoll, E. (1998). *Vorbereitungsprogramm für Pflegeeltern und Tagesmütter, ein Angebot der Erwachsenenbildung* (Veröffentlichungen des Bundesverbandes in der „Kleinen Schriftenreihe zum Pflegekinderwesen", Bd. 2, 3. Auflage). Wien.

Nedwied, A. (1978). Der Bezirk der Pflegekinder – 20 Jahre intensive Arbeit mit Pflegekindern im Bezirk Radkersburg. *Sozialarbeit in Österreich,* (38), S. 17–24.

Pöch, H. (1970). *Das verwahrloste Kind* [Protokoll der Diskussionsgruppe der Bundesfürsorgerinnentagung].

Pöch, H. (1988). Die Pflegefamilie. Möglichkeiten und Grenzen des begleitenden Psychologen. In: *Unsere Jugend. Die Zeitschrift für Studium und Praxis der Sozialpädagogik, 40*(8), S. 322–328.

Poschauko, A. u. Peuerböck U. (1981). *Frühkindliche Heimerziehung als Erziehungshilfe am Beispiel des Säuglings- und Kleinkinderheimes Maria-Grün in Graz* [Ergebnisbericht].

Scheipl, J. (2009). Pflegekinderwesen in Österreich. In: C. Meyer, M. Tetzer und K. Rensch (Hrsg.), *Liebe und Freundschaft in der Sozialpädagogik* (S. 225–244). Wiesbaden: VS Verlag.

Statistik Austria (2019). Österreichische Kinder- und Jugendhilfestatistik. Abgerufen am 12. Dezember 2020, von https://www.frauen-familien-jugend.bka.gv.at/dam/jcr.

Steiermärkisches Kinder- und Jugendhilfegesetz, (Stmk. KJHG) DVO https://www.jusline.at/gesetz/stkjhg-dvo/paragraf/anlage1 (12. 12. 2020).

Steirische Jugendwohlfahrtsenquete 1980–1981. Jugendwohlfahrt – bestehende Möglichkeiten und ihre Alternativen. [Zusammenfassung der Ergebnisse der Arbeitsuntergruppe C „Pflegeeltern“], Seite 8 (Hrsg.) Amt der Stmk. Landesregierung, RA 9.

Steirisches Jugendwohlfahrtsgesetz 1957, 35. Gesetz vom 16. Nov. 1957 über die Jugendwohlfahrtspflege in Steiermark.

Verband der SozialarbeiterInnen (1979): Jugendwohlfahrtsgesetz. Wesentliche Änderungen stehen ins Haus. In: *Sozialarbeit in Österreich* (44), S. 23–24.

Wolf, K. (2014). Sind Pflegefamilien Familien oder Organisationen? In: A. Kuhls, J. Glaum u. W. Schröer (Hrsg.), *Pflegekinderhilfe im Aufbruch* (S. 74–91). Weinheim u. Basel: Beltz Juventa Verlag.

Wurzwallner, H. (1980, 6. November). *Jugendwohlfahrt zwischen Handeln und Behandeln* [Vortragsmanuskript, Grundsatzreferat, gehalten bei der Eröffnung der Jugendwohlfahrtsenquete 1980–1981].

XVII Vom Pionierprojekt zur Standardleistung. Zur Entstehungsgeschichte der österreichischen sozialpädagogischen Jugendwohngemeinschaften

Walter Perl und Donat Schöffmann

Gerne haben wir die Einladung der Herausgeber angenommen, über die Entstehungsgeschichte der Wohngemeinschaften in der Kinder- und Jugendhilfe in Österreich zu berichten. Waren wir doch Teil dieser Pionier*innenbewegung, die in den 1970er- und 1980er-Jahren voller innerer Ablehnung der Heimerziehung eine neue Art der sozialpädagogischen Betreuung und Begleitung entwickelte. Unser Ziel war, die öffentliche Fremderziehung mit einem menschenfreundlichen Zugang zu sogenannten verwahrlosten und dissozialen Kindern und Jugendlichen auszustatten.

Gleichzeitig wurde mit den Jahren eine innovative pädagogische Institution, die sozialpädagogische Wohngemeinschaft (WG), geschaffen. Und nachdem diese Wohngemeinschaften immer auch Wirtschaftskörper waren, gehörte ein gerüttelt Maß an Entrepreneurship dazu; so war diese Zeit nicht nur eine pädagogische Wende, sondern auch der Beginn des sozialwirtschaftlichen Denkens und Handelns bei den Akteur*innen. Bei den Recherchearbeiten hatten wir mit vielen ehemaligen Mitstreiter*innen Kontakt und möchten uns bei ihnen für die lebendigen Erinnerungen und die Zusendung von Artikeln, Zeitungsausschnitten und Konzepten bedanken. Jede beantwortete Frage warf drei weitere Fragen auf – eine vollständige Darstellung der WG-Gründerzeit können wir somit nicht liefern, aber zumindest den folgenden Überblick.

In Kapitel 1 referieren wir kurz die Ausgangslage in den 1970er-Jahren und die ersten entscheidenden Aktivitäten der Studentenbewegung. In Kapitel 2 erfolgt eine chronologische Darstellung der Entstehungsgeschichte der WGs in den österreichischen Bundesländern, jeweils mit einem kurzen Ausblick auf die folgende Entwicklung. In Kapitel 3 werden die wesentlichen pädagogischen und strukturellen Grundideen der WG-Bewegung erörtert. Kapitel 4 spannt den Bogen in die Gegenwart, in der WGs zum neuen Standard wurden. In Kapitel 5 fassen wir die Ergebnisse zusammen und versuchen, einen Blick in die Zukunft zu werfen.

1 „Besserungsanstalten" und die 68er-Bewegung

Die ersten sozialpädagogischen Wohngemeinschaften entstanden Ende der 1960er-Jahre – in einer Zeit, in der Heime noch im Wesentlichen im 19. Jahrhundert verhaftet waren. Damals waren Heime „Besserungsanstalten" mit gefängnisähnlichen Regeln, ausgerichtet auf Massenunterbringung und Massenerziehung. Diese geschlossene Unterbringung änderte sich langsam Anfang des 20. Jahrhunderts – zuerst durch Umbenennung in „Fürsorge- oder Erziehungsanstalt", wobei die innere Organisation und Pädagogik sich kaum veränderten. Erst die in den 1920er-Jahren von Wien aus aufkommenden Prinzipien der Heimerziehung unter dem Einfluss der Psychoanalyse (Aichhorn, 1931) führten langsam zu einem Umdenken.

Mit der Machtübernahme der Nationalsozialisten wurden diese Reformbestrebungen in Österreich jäh unterbrochen (Lauermann, 2001, S. 122). Das Erziehungs- und Wohlfahrtswesen wurde auf eine rassenbiologische Grundlage gestellt. Die Einschätzung der NS-Bürokratie gab nunmehr den Ausschlag für die Ermöglichung oder Zerstörung von Lebenschancen bis hin zur Vernichtung (Schreiber, 2010, S. 37; Kinder- und Jugendhilfe Oberösterreich, 2019b, S. 4).

Nach dem Krieg kam es in Österreich weniger zu Rückgriffen auf die Reformansätze der 1920er-, „*sondern eher zu einer Renaissance … von Mustern pädagogischer Vorstellungswelten aus den autoritären und diktatorischen Phasen der 1930er-Jahre, vermischt mit Prägungen, die militärischer Natur waren*" (Binder, John u. Reder 2019, S. 29). Auch arbeiteten noch viele Erzieher*innen, die schon während der Nazizeit tätig waren, in den kirchlichen und öffentlichen Heimen (Kinder- und Jugendhilfe Oberösterreich, 2019a, S. 69).

Die Studentenbewegung der 68er, die sich auf allen Ebenen gegen autoritäre Strukturen auflehnten, fand somit auch in den Jugendheimen eine repressive, teilweise menschenverachtende Pädagogik vor: „*Bis in die späten sechziger Jahre gehörten geschlossene, oft mit hohen Zäunen und martialischen Stacheldrähten bewehrte Heime zum Normalbild öffentlicher Erziehung*“ (Wolffersdorff, 2001, S. 57).

Erste Protestaktionen gegen diese Form der Heimziehung begannen 1968/69. Bekannt geworden ist in Deutschland die Staffelbergkampagne: Am 28. Juni 1969 trafen sich 250 Lehrlinge, Schüler*innen, Zöglinge, aber auch die Erzieher*innen, der Direktor und der Landrat, bewacht von 80 Polizisten, auf einer Wiese vor dem Heim Staffelberg zum Diskutieren. Die Forderungen der Studierenden lauteten: Abschaffung der Heime auf lange Sicht, freie Berufswahl und tarifgerechte Entlohnung und Einrichtung von Kollektiven in Frankfurt für die „Heimbefreiten“ (Schölzel-Klamp u. Köhler-Saretzki, 2010, S. 60–65).

In Österreich wurde 1970 die Spartakusbewegung im Rahmen eines internationalen Lehrlingslagers in Mürzzuschlag in der Steiermark gegründet, Aktionen fanden vor allem in Wien und Linz statt. Etwa bei der Wiener Heim-Enquete am 20. und 21. Jänner 1971 im Wiener Rathaus, was zum ersten Mal zu einer größeren Öffentlichkeit führte.[1] Hier richtete sich der Protest vor allem gegen die „strengen“ Heime, wie etwa Kaiserebersdorf. Michael Genner führte 1970 unter Lehrlingen der größten Wiener Berufsschule in der Mollardgasse eine Umfrage durch, bei der als größte Angst die vor einer Heimeinweisung genannt wurde. Offensichtlich war dies nicht unbegründet: Jedenfalls gehörte in Kaiserebersdorf das Tragen einer Glatze zur Hausordnung und Einzelzelle („Karzer“) und auch Handschellen waren üblich.[2]

---

1 Als die Zöglinge den Aufstand übten. Der Beginn der Befreiung aus den Heimen (Interview mit Kathi Hahn). In: Augustin. Erste österreichische Boulevardzeitung vom 11. November 2015. www.augustin.or.at/als-die-zoeglinge-den-aufstand-uebten, Download am 6. März 2021.

2 „Kindergefängnisse“ und Flüchtlingsabwehr. Wird es beim skandalösen Umgang mit Flüchtlingen auch 40 Jahre dauern, bis wir darüber sprechen? 5. November 2011, 16:20. https://www.derstandard.at/story/1319182067540/brickners-blog-kinder gefaengnisse-und-fluechtlingsabwehr. Download am 23. März 2021.

Gut dokumentiert sind die Aktivitäten der Gruppe *Spartakus* rund um das Heim in Linz-Wegscheid. Die Aktivist*innen drangen dort mehrmals auf das Heimgelände vor. Sie erhielten hochrangige Unterstützung: Der Journalist DDr. Günther Nenning, Rudolf Siegrist, der Leiter des Zentrums Spattstraße, und auch Weihbischof Dr. Franz Dietl sympathisierten mit der Bewegung (Binder et al., 2019, S. 486–493). Letztendlich führten diese Aktivitäten 1971 zur Gründung einer WG mit dem Namen „Rote Lokomotive". In dieser lebten anfangs zwei Mädchen, fünf Burschen und die Student*innen (ebd., S. 489).

2 Die Entwicklung in den Bundesländern

In dieser Aufbruchsstimmung entstanden die ersten WGs in Österreich, meist durch die Aktivität engagierter Einzelpersonen und anfangs oft mit sehr geringer Finanzierung: 1972 in Vorarlberg (IfS/Hedwig Gmeiner) und 1974 in Wien (Harald Picker) und in Salzburg (Pongauer Jugendhilfe). Als Vorboten sind die 1966 gegründeten Wohngruppen in Innsbruck (SOS-Mädchenwohngruppe) bzw. Linz (Schubertstraße/Spattstraße) einzustufen. Dabei ergibt sich auch die Frage der Definition einer Wohngemeinschaft, insbesondere in Abgrenzung zu kleinen Heimen und Pflegefamilien. Da in den Anfangsjahren noch kein WG-Standard existierte und die WGs auf dem Hintergrund ihrer Entwicklungsgeschichte sehr unterschiedlich waren, wird der Begriff WG in diesem Artikel weit gefasst, sowohl was die Struktur und Arbeitsweise der WG als auch was die Symptomatik und das Alter der Kinder bzw. Jugendlichen betrifft.

Das **Burgenland** verfügte über kein Landeserziehungsheim und kaufte Platzkontingente in anderen Bundesländern zu (u. a. in den Landesjugendheimen Hollabrunn, Rosenhof und Blümelhof in Graz und im Kinderheim Schloss Judenau).[3] Auf der anderen Seite gab es eine Reihe von Pflegeeltern, manche von ihnen begannen ab den 1980er-Jahren, die Pflegestelle zu einer WG zu erweitern, bzw. wurden in vielen Fällen vom Jugendamt dazu ermutigt.[4] Eine exakte Abgrenzung von Wohngemeinschaften zu (erwei-

[3] Interview mit Johanna Misik (Gründerin der WG Allhau) am 16. April 2021.

[4] Interview am 16. April 2021 mit Barbara Vogelmann, die mit ihrem Mann 1992 in Großwarasdorf eine Pflegestelle eröffnete, die 1993 in eine WG umgewandelt wurde.

terten) Pflegestellen, oft „Pflegenester" genannt, ist daher im Burgenland schwierig.

Als erste WG gilt die sozialtherapeutische Wohngemeinschaft Pronegg in Kotezicken, die 1980 von Fritz und Annemarie Pronegg gegründet wurde – beide waren zuvor in Oberösterreich im Landesjugendheim Steyr-Gleink tätig und wollten die dortigen Methoden der Heimerziehung nicht mehr mittragen. Ihre Grundidee: *„Kinder und Jugendliche, die in anderen damaligen Betreuungsformen nicht gehalten werden konnten, sollten in einem kleinen, überschaubaren, privat geführten Projekt die Chance auf stabiles Beziehungsangebot haben."*[5] Zuvor gab es bereits das *Pflegenest Spitzzicken* der Familie Weiss, gegründet im Jahr 1977 und laut Homepage *„die Urform der sozialpädagogischen Wohngemeinschaften im Burgenland*".[6] 1982 folgte die *WG Sladek*, die aber 1985 wieder geschlossen werden musste. 1986 wurde die WG in Markt Allhau gegründet, ebenfalls von zuvor angestellten Erzieher*innen, die eine alternative Form der Fremdunterbringung realisieren wollten. Die WG der Familie Vogelmann folgte 1992 als „Pflegenest" und 1993 als WG. In den folgenden Jahren wurden weitere WGs gegründet, sodass es im Jahr 2000 elf WGs waren und rund 35 WGs im Jahr 2020.[7]

In **Kärnten** entstand die erste WG 1972 am Viktoriaweg in Klagenfurt in Form einer Außenwohngruppe der SOS-Einrichtung Moosburg. Die Älteren konnten so das Leben in der Stadt erproben und sich einen Lehrplatz bzw. eine Arbeit suchen. Zuerst lebte dort das Ehepaar Margarethe und Georg Reikerstorfer mit fünf männlichen Jugendlichen (später acht). Im Jahr darauf kam eine Praktikantin hinzu, später weitere Erzieher*innen. 1978 übersiedelte diese WG in den Waldhofweg in Klagenfurt und der Viktoriaweg wurde eine WG für Mädchen. Koedukativ geführt wurden diese WGs

---

5 Mitteilung am 16. April 2021 von Mag. Katrin Pronegg, Tochter des Gründerehepaares. Siehe auch: Über uns – Sozialtherapeutische Wohngemeinschaft Pronegg GmbH. www.wg-pronegg.at/de/ueber-uns/die-enstehungsgeschichte.

6 http://www.kids-wohngemeinschaften.at/ueber-uns, abgerufen am 16. März 2021.

7 Einrichtungen im Jahr 2000: SOS-Kinderdorf Pinkafeld, GÖK Pöttsching, Weiss, Vogelmann, Pronegg, Tandem, Tschirk, Allhau, Herrowitsch-Trinkl. Interview mit Gerald Herowitsch-Trinkl von der gleichnamigen WG, Vorsitzender des Dachverbandes des Österreichischer Kinder- und Jugendhilfeeinrichtungen, am 17.03.2021.

erst ab 2007.[8] Eine weitere WG entstand in den 1980er-Jahren in Krumpendorf.

Aus dem „Verzeichnis der Einrichtungen zur Unterbringung von Kindern und Jugendlichen in Kärnten – Stand 1983“ wird ein Bestand von fünf Wohngruppen und acht Heimen mit insgesamt 449 Plätzen berichtet (Knapp u. Ottomeyer, 1985, S. 164 bzw. S. 20). Die Vertreter*innen der Fachtagung „Heimerziehung und Alternativen in Kärnten“ (Klagenfurt, 23. bis 25. März 1984) waren sich einig darüber, dass „*kleine Einrichtungen, insbesondere sozialpädagogisch betreute Wohngemeinschaften gegenüber großen Heimen, deren Struktur Sozialisationsdefizite unvermeidlich mit sich bringt, zu bevorzugen seien*“ (ebd., S. 200).

2001 werden für Kärnten neun WGs berichtet (Scheipl, 2001, S. 108), 2020 weist die Einrichtungsliste des Landes Kärnten mehr als 30 WGs aus.[9]

In **Niederösterreich** wurde 1975 die erste WG in Form einer Außenwohngruppe des Kinderheimes Schloss Judenau von Rettet das Kind eröffnet, anfangs mit einem Ehepaar und einer „Wirtschafterin“, wobei die Ehefrau und die Wirtschafterin beim Trägerverein angestellt waren. Die Gruppengröße war mit maximal acht Kindern und Jugendlichen festgelegt.[10]

Bereits im Jahr darauf folgte eine weitere WG in Emmersdorf bei Neulengbach, 1978 eine WG in Hankenfeld. In den nächsten Jahren wurde beinahe jährlich eine weitere Gruppe eröffnet, sodass 1991 zehn Außenwohngruppen bestanden. Jede dieser kleinen, familiär geführten Einheiten war in einem eigenen Haus untergebracht und weitestgehend unabhängig vom Haupthaus in Judenau organisiert.[11]

2001 gab es 37 WGs mit 311 Plätzen, der Heimanteil war mit 955 Plätzen bzw. 69 Prozent zu diesem Zeitpunkt der weitaus höchste in Österreich (Scheipl, 2001, S. 107–108).

In **Oberösterreich** herrschten wie überall sonst in den 1960er-Jahren auch veraltete Erziehungsmethoden. Im Bericht zum 100-jährigen Jubiläum der oö. Jugendhilfe wird darauf verwiesen, dass ein großer Teil der Fürsor-

8 Interview mit Margarethe Reikerstorfer am 26.03.2021.

9 http://www.ktn.gv.at, abgerufen am 27.03.2021.

10 Interview mit Dr. Wolfgang Apfelthaler am 12.03.2021, ab 1974 Mitarbeiter und von 1991 bis 2015 Geschäftsführer von Rettet das Kind Niederösterreich.

11 Festschrift 1992: 35 Jahre „Rettet das Kind“ Niederösterreich, S. 33.

ger*innen und Erzieher*innen schon im Dritten Reich in der Jugendwohlfahrt tätig war. „*Elterliches (Fehl-)verhalten als Ursache wurde zwar gesehen, die Maßnahmen der Jugendwohlfahrt waren aber überwiegend darauf ausgerichtet, den Kindern und Jugendlichen die Folgen mit einer strengen Erziehung auszutreiben.*" Druck, Mangel an Zuwendung und demütigende Erziehungsmittel waren üblich (Kinder- und Jugendhilfe Oberösterreich, 2019a, S. 69).

Das war möglicherweise zumindest einer der Gründe, warum in OÖ relativ früh, in der ersten Protestphase der 1970er, die erste WG in Linz/Schubertstraße vom Jugendheim Spattstraße gegründet wurde (seit 1966 befand sich dort bereits eine „Entlass-WG"[12]). Eine umfassende Recherche und Exkursionen zu Wohngemeinschaften in Deutschland (in Österreich gab es zu dieser Zeit noch keine WGs) durch Emma Siegrist bildeten die fachliche Grundlage für diese WG, in der Studierende mit den Jugendlichen zusammenwohnten. Richard Picker, der Bruder von Harald Picker, der 1972 in Wien eine psychoanalytisch orientierte Wohngemeinschaft gründete, war als Berater und Mitarbeiter tätig. Eine weitere WG folgte 1976 in der Dophinstraße in Linz, ebenfalls gegründet von der Spattstraße.[13] Knapp zehn Jahre später (1983) erfolgte mit dem ersten Segelturn auf dem Schiff Noah der Einstieg in die Erlebnispädagogik, umfassend dargestellt in den „Dokumenten einer therapeutischen Reise" (Kreszmeier, 1994).

2001 gab es mit knapp 300 etwa gleich viele Plätze in den sieben Heimen und 28 WGs, 2011 waren es fast doppelt so viele WG- wie Heimplätze. Der Anteil der Heimplätze sank von 43 Prozent auf 25 Prozent (Scheipl, 2001, S. 107–108 bzw. Pieber, 2012, S. 248). 2020 berichtet Soziallandesrätin Birgit Gerstorfer von 700 Plätzen in sozialpädagogischen Wohngruppen.[14]

In **Salzburg** legte im Februar 1974 ein Gründungskomitee, dem u. a. Caspar Einem angehörte (der spätere Politiker und damalige Leiter der Bewäh-

[12] http://www.spattstrasse.at/wir-ueber-uns/geschichte, abgerufen am 18. März 2021.

[13] Interview mit Herbert Siegrist am 04.03.2021. H. Siegrist, Sohn des Gründerehepaares Emily und Rudolf Siegrist, arbeitete bis 2006 in der Spattstraße und war Leiter der ARGE Noah.

[14] Pressekonferenz am 22. Juli 2020 zum Thema „Stay strong! – Moverz, der Beteiligungsprozess der Kinder- und Jugendhilfe Oberösterreich". http://www.land-oberoesterreich.gv.at/Mediendateien/LK/PKLRinGerstofer22072020Internet.pdf, abgerufen am 5. März 2021.

rungshilfe in Bischofshofen), die Statuten für den Verein Pongauer Jugendhilfe und gleichzeitig ein Konzept für eine WG vor. Mit 1. September 1974 konnten die Jugendlichen in die angemietete Wohnung einziehen. In diesen Anfangszeiten war lediglich ein Ehepaar für die Betreuung zuständig – aber es gab sehr viel Unterstützung seitens des Vereins, zivilgesellschaftliches Engagement und Praktikant*innen vom Psychologischen Institut der Universität Salzburg, wo Igor Caruso tätig war (Bauer, Hoffmann u. Kubek, 2013, S. 310–313).

Am 6. April 1978 wurde eine weitere WG in der Hermann-Bahr-Promenade in Salzburg eröffnet. Bis 1981 fungierte die Pongauer Jugendhilfe als Träger, ab 1981 sodann die 1979 gegründete Salzburger Jugendhilfe (ebd., S. 344). 1982 eröffnete die Mädchen-WG Wüstenrotstraße, 1984 eine Übergangswohngemeinschaft, 1985 eine therapeutische WG (GÖK, Gesellschaft Österreichischer Kinderdörfer) und 1988 erstmals eine WG für Kinder (Pro Juventute).[15]

Zuvor gab es noch eine Auseinandersetzung bezüglich der Errichtung eines Großheims in Neumarkt am Wallersee. Verhindert worden sei das Heim aber *„nicht zuletzt wegen des Widerstandes anerkannter Professoren, wie etwa Sepp Schindler … oder Heimo Gastager“*[16] (ausführlich dargestellt in Bauer et al., 2013, S. 325–334).

In der **Steiermark** wurden in der zweiten Hälfte der 1970er-Jahre erste Vorstöße unternommen, eine sozialpädagogische Wohngemeinschaft einzurichten, aber weder die öffentliche Hand noch eine der privaten Einrichtungen wollte sich dafür engagieren (Perl u. Schöffmann, 1988, S. 7). Ende der 1970er-Jahre gründete sich eine Arbeitsgruppe, bestehend aus Sozialarbeiter*innen der Jugendämter und engagierten Privatpersonen, die sich die Errichtung einer WG zum Ziel gesetzt hatte.

Anlässlich der Jugendwohlfahrtsenquete im Juni 1981 sagte der zuständige Soziallandesrat Josef Gruber schließlich die Gründung einer sozialpädagogischen Wohngemeinschaft zu. Die Arbeitsgruppe konnte in den darauffolgenden Monaten Konzept, Gebäude, Team und Finanzierung klären, und am 16. August 1982 nahm die WG unter der Trägerschaft von Jugend

15 Interview mit DSA Bernhard Lobensommer, GF der Salzburger Jugendhilfe am 17.03.2021.

16 Salzburger Nachrichten vom 26.01.2013.

am Werk Steiermark ihren Betrieb auf. Hohe Aufmerksamkeit erhielt diese WG, weil sie damals als eine von wenigen koedukativ geführt wurde.

Eine weitere WG wurde 1986 von der Stadt Graz durch Umzug und Neuorganisation des Pestalozziheimes gegründet. Dabei waren einige Startschwierigkeiten zu bewältigen, die sich aufgrund der Transformation eines Jugendheimes in eine WG ergaben. Geklärt werden musste etwa, ob männliche wie weibliche Erzieher*innen die gleichen Rechte und Pflichten haben sollten – was z. B. bedeutete, dass auch Frauen zu Nachtdiensten herangezogen wurden. Peter Engel, der Leiter der WG, berichtet von erstaunlichen Veränderungen bei den jugendlichen Bewohner*innen: *„Signifikante Reduktion der Aggressionen unter den Jugendlichen … Alkoholmißbrauch kann kaum mehr diagnostiziert werden … Verselbständigung ist bei den meisten Burschen schon relativ weit fortgeschritten … lediglich beim Thema Beziehungen sind uns die Hände gebunden, solange es nicht möglich ist, koedukativ zu arbeiten“.*[17]

1992 – zehn Jahre nach Gründung der ersten WG – gab es in der Steiermark insgesamt fünf WGs, 2001 werden 18 WGs gezählt (Scheipl, 2001, S. 108), 2012 bereits 44 WGs (Pieber, 2012, S. 248).[18]

In **Tirol** gab es eine Reihe von Heimen, in denen auch Kinder aus anderen Bundesländern (insbesondere Vorarlberg und Salzburg) untergebracht waren. Die zuständigen Abteilungsleiter des Landes Tirol hielten diese Heimstruktur lange aufrecht – die beiden Fürsorgeerziehungsheime des Landes Tirol (Kleinvolderberg und St. Martin in Schwaz) wurden erst 1990/91 geschlossen (Sommerauer u. Schlosser, 2020, S. 67).

Aber es entstanden auch Alternativen: Bereits 1966 wurde ein erstes SOS-Mädchenwohnhaus in der Blasius-Hueber-Straße 16 in Innsbruck gegründet.[19] *„Mit dem SOS-Kinderdorf wollten Hermann Gmeiner und seine Mitbegründer*innen der anonymen Massenerziehung von Waisenkindern in*

---

17 Vom Pestalozziheim zur Jugendwohngemeinschaft. 1. Tätigkeitsbericht über das Jahr 1986. Erstellt von Peter Engel. Graz, 1986.

18 2005 sah die Verordnung zum Kinder- und Jugendhilfegesetz kein „Heim“ mehr vor. Vgl. Kap. 4.

19 „INNSBRUCK INFORMIERT“, März 2010, Seite 10 (https://issuu.com/phex/docs/magazin_maerz_2010/37, abgerufen am 25. März 2021).

Großheimen und Erziehungsanstalten etwas Neues entgegensetzen und ihnen ein Aufwachsen unter familienähnlichen Bedingungen ermöglichen.“[20]

1972 vergab das Land Tirol zwei Forschungsaufträge bezüglich Heimerziehung (Sommerauer u. Schlosser, 2020, S. 67) und begann gleichzeitig mit den Vorbereitungsarbeiten für eine sogenannte Offene Wohngemeinschaft in der Cranachstraße in Innsbruck. Diese WG für männliche Jugendliche wurde 1975 von Elisabeth und Walter Ringer eröffnet. Bereits 1976 erließ das Land Tirol eine „Wohngruppenordnung“, in der sowohl der strukturelle Rahmen (z. B. Lage der Wohnung, räumliche Verhältnisse) als auch die pädagogischen Ziele (z. B. mehr Lebenspraxis, eigenständige Haushaltsführung) festgelegt waren (ebd., S. 109).

1977 folgte das Pflegenest Kranebitten (ebd., S. 115), etwa zur gleichen Zeit wurde die Wohngemeinschaft R19 des Seraphischen Liebeswerks (einer Sozialeinrichtung des Kapuzinerordens) eröffnet, 1983 wurde eine offene Wohngemeinschaft für Mädchen gegründet (Ralser et al., 2015, S. 236–237). Ende der 1980er-Jahre bestanden insgesamt sieben WGs (Sommerauer u. Schlosser, 2020, S. 110).

2001 bestanden zehn WGs (Scheipl, 2001, S. 108), 2012 15 WGs (Pieber, 2012, S. 248) und 2021 waren es 28 WGs[21].

In **Vorarlberg** gab es für männliche Jugendliche ein Fürsorgeheim, für Mädchen gab es nur Lehrlingsheime. Die „Schwierigen“ unter den Bewohnerinnen mussten das Land verlassen und wurden meist in Einrichtungen in Kramsach und Schwaz in Tirol untergebracht (IfS, 2007, S. 55).

1971 stellte die Leiterin eines Mädchenwohnheims, Hedwig Gmeiner, der Vorarlberger Landesregierung das *„Experiment einer ‚Offenen Wohnung‘ vor: Eine „Wohngemeinschaft von 7 Mädchen, denen mit Hilfe der Gruppe und der in ihr lebenden Erzieherin die Möglichkeit zur Überwindung der Krisen geboten werden soll*“ (ebd., S 57). Am 25.11.1972 wurde in Bregenz die erste Offene Wohnung eröffnet. Da die Erzieher*innen im selben Haushalt wohnten und es auch Unterstützung durch ehrenamtliche Mitarbeiter*innen gab – vor allem bei der Freizeitgestaltung – konnten die Kos-

---

20 https://www.sos-kinderdorf.at/aktuelles/dem-schweigen-verpflichtet, abgerufen am 27.03.2021.

21 Einrichtungsliste des Landes Tirol (http://www.tirol.gv.at/gesellschaft-soziales/kinder-jugendhilfe/stationaere-kinder-und-jugendhilfeeinrichtungen, abgerufen am 2. April 2021.

ten in diesen Anfangsjahren gering gehalten werden (Köpf, 2018, S. 17). Obwohl aus einem Lehrlingsheim entstanden, weist die Zielgruppenbeschreibung (Abgängigkeiten, Drogengefährdung, Unterbringung nach Gefängnis und Erziehungsanstalt usf.) (IfS, 2007, S. 58) diese Offene Wohnung sehr klar als öffentliche Fremderziehung aus. Hedwig Gmeiner prägte auch den Begriff der „Beheimatung“: Den Mädchen soll angeboten werden, in familiärer Atmosphäre zu wohnen und neue Lebensziele zu suchen (Köpf, 2018, S. 16).

1975 wurde eine weitere WG in Dornbirn gegründet, im September 1979 folgte die erste für Burschen in Hard, 1984 erstmals eine im Oberland, in Bludenz. 1985 folgte ein Mädchenwohngemeinschaft in Feldkirch und der Bauernhof Le Bür in Alberschwende für *„besonders schwierige Mädchen und Burschen“* – der allerdings nach fünfzehn Monaten wieder geschlossen wurde, weil das Betreiben einer Landwirtschaft mit dieser Zielgruppe nicht machbar war (ebd., S. 24).

In der Evaluierung „10 Jahre Offene Wohnung“ (1972–1982) wurde resümierend festgehalten, dass *„kein Kind oder Jugendlicher außerhalb des Landes untergebracht werden“* sollte. Diese sollten in ihrer Heimatgemeinde in *„kleinen, überschaubaren Einheiten, mitten im Alltagsleben, in der normalen Arbeitswelt, in den öffentlichen Schulen usw. …“* nachholen und leben dürfen (ebd., S. 21). 1981 bestanden fünf Wohngruppen (Kiehn, 1982, S. 24).

In **Wien** formierte sich 1970 eine politische Protestbewegung, an der Jugendliche, Erzieher*innen und Sozialarbeiter*innen gleichermaßen beteiligt waren. Die öffentliche Kritik führte im Jänner 1971 zu einer Enquete des Wiener Jugendamtes im Rathaus zum Thema *„Aktuelle Fragen der Heimerziehung“*. Im Anschluss wurde die *„Wiener Heimkommission“* gegründet, die eine erste Liberalisierung der Heimerziehung zur Folge hatte: Ausgangszeiten wurden erhöht, Gruppengrößen verkleinert und ab 1973 gab es auch Taschengeld (Wolfgruber, 2013, S. 153).

Unter diesen Rahmenbedingungen kam es auch zur Gründung der ersten Wohngemeinschaft. Harald Picker, Mitglied der *„Wiener Schule der psychoanalytisch orientierten SOZIALTHERAPIE [Hervorhebung im Original]“* (gegründet 1972), fußte auf den Grundlagen der 68er-Studentenbewegung. In der Psychoanalyse wurde dabei eine intellektuelle Möglichkeit gesehen, *„gesellschaftskritisch zu argumentieren und vor allem in der*

Rechtfertigung für die Änderung konservativer gesellschaftlicher Normen" zu begründen (Picker, 2019). Antiautoritäre Erziehung wurde für viele zur Leitvorstellung, konservative Pädagogik als „schwarze Pädagogik" bezeichnet. Gemeinsam mit Klaus Rückert und Max Kompein bildete Harald Picker eine Untergruppe „Soziale Probleme" mit dem Anspruch, in der Folge praktisch verändernd tätig zu werden.

Diese Gelegenheit kam sehr rasch auf Picker zu, da sich zwei ehemalige Schüler (Picker war Lehrer) an ihn wandten. Diese waren aus dem Jugendheim Kaiserebersdorf entwichen. Ergebnis des Gespräches war, dass Picker ihnen vorschlug, in seiner Wohnung eine WG zu gründen. Am 16. September 1972 wurde diese WG offiziell gegründet und erhielt die Bezeichnung „Psychoanalytisch-therapeutisch orientierte WG für dissoziale Jugendliche" (ebd.).

In der sogenannten „Verfassung" der WG gab es ein Bleiberecht. Aus disziplinären Gründen durfte niemand ausgeschlossen werden. Die Psychotherapie war als Hauptaufgabe definiert, zweimal pro Woche gab es psychoanalytische Gruppenabende. Die Grundversorgung an Essen wurde bereitgestellt. Es bestand keine Verpflichtung zur Arbeit. In einer sehenswerten filmischen Dokumentation kommen sowohl Picker als auch die Jugendlichen und deren Eltern ausführlich zu Wort.

> Picker: „Wir haben von vorneherein uns eigentlich klar entschlossen gehabt, hier in dieser Wohngemeinschaft so wenig wie möglich Zwang einzuführen oder Zwang als Erziehungsmittel oder als Hilfe des Zusammenlebens überhaupt zu akzeptieren, sondern haben uns vorgenommen, unsere Probleme, die entstehen, mit Gesprächen, mit Auseinandersetzungen im Sinne von tiefenpsychologischen Gesprächen zu lösen und nicht mit Gewalt oder nicht mit irgendwelchen Drohungen oder Sanktionen und das ist die besondere Art dieses Zusammenlebens …" (Picker, 1974, Minute 4:33 bis 5:24)[22]

Die Initiative Heim 2000 brachte 1995 die Schließung aller Großanstalten auf den Weg. In den Folgejahren wurden in ganz Wien Großheime geschlossen und WGs und Krisenzentren errichtet. Mit der Schließung des Lindenhofes 2013 fand diese Reform ihren Abschluss (MAG ELF, 2017, S. 74).

---

22 Film: „Sozialtherapeutische WG 1974 Harald Picker" (28:52 Min.), http://www.youtube.com/watch?v=VAGPoW4xats, abgerufen am 12. März 2021.

3 Wegweisende Merkmale der WGs in der Pionierphase

Die Ablehnung der von Repression, Gewalt und Hierarchie gekennzeichneten Erziehung in Heimen vieler öffentlicher und kirchlicher Träger mit gravierenden und, wie wir mittlerweile wissen, auch nachhaltig negativen Folgen für die betroffenen Kinder und Jugendlichen (vgl. Schreiber, 2010; Ralser et al., 2017) war wohl die wichtigste Triebfeder zur Gründung der ersten österreichischen sozialpädagogischen WGs. Die Gründer*innen wollten eine absolute Alternative zur herkömmlichen Form der Fremderziehung schaffen. Dies betraf einerseits die Art der Beziehung und den Zugang der Erwachsenen zu den Kindern und Jugendlichen mit einem völlig geänderten Verständnis für ihre Verhaltensweisen und Probleme und deren Genese, andererseits die bewusste Herstellung von Lebensbedingungen, die weitgehend normalisiert sein sollten. Viele der Gründer*innen von WGs in den 1970er- und 1980er-Jahren waren charismatische Menschen, die beseelt waren, vernachlässigten und benachteiligten Kindern und Jugendlichen eine Chance auf persönliche Entwicklung, selbstverantwortliches Leben und gesellschaftliche Integration zu geben. Ihr späteres Leben als Erwachsene sollte außerhalb von Psychiatrie und Gefängnis und ohne dauernde Abhängigkeit vom Bezug von Sozial- und Notstandshilfe möglich sein. Das Rad der Weitergabe von Armut, Vernachlässigung, Missbrauch und Gewalt an zukünftige eigene Kinder sollte unterbrochen werden.

Eingebettet waren diese Pionierprojekte in eine allgemeine gesellschaftliche Entwicklung, für Österreich von Historiker*innen gerne auch als „Ära Kreisky“ (Bruno Kreisky war von 1970 bis 1983 Bundeskanzler) bezeichnet: Familienrechtsreform, Gleichberechtigung von Mann und Frau, Fristenlösung, Strafrechtsreform, Schulreform, Universitätsreform. Große gesellschaftliche Veränderungen wurden damit in Gang gesetzt. Die WG als gemeinsame Lebensform von Menschen, die nicht miteinander verwandt sind, kam auch nicht aus dem Sozialbereich, sondern von den politisch und ideologisch geprägten Kommunen der 1960er-Jahre, der Hippiebewegung und aus dem studentischen Bereich. Mit der Gründung von WGs war daher nicht nur die Ablehnung der Heimerziehung, sondern auch die Kritik und Ablehnung einer patriarchalischen, repressiven, kleinbürgerlich-spießigen Erziehung innerhalb der Familie verbunden. Viele der in den WGs tätigen Pädagog*innen, Sozialarbeiter*innen und Psycholog*innen hatten selbst eine autoritäre Erziehung in ihren Familien erfahren. Die Bearbeitung der eigenen Familien- und Erziehungsgeschichte (Biografiearbeit) im Rahmen der Supervision und die Suche nach alternativen Formen der Beziehungsgestaltung und des Zusammenlebens waren daher oft mit der Arbeit als WG-Erzieher*in verbunden. Beträchtlichen Einfluss hatten in diesem Zusammenhang auch therapeutische Konzepte aus der Psychoanalyse, Individualpsychologie, Gesprächstherapie, Gestalttherapie, Familientherapie, Psychodrama und Gruppendynamik. Betreuer*innen absolvierten häufig therapeutische Zusatzausbildungen und gestalteten das Leben in der Wohngemeinschaft als therapeutisch wirkendes Milieu. Bücher zur antiautoritären Erziehung, zur Schwarzen Pädagogik, zu den Erziehungsstilen und zu den Folgen von Deprivation und Hospitalisierung bildeten den Hintergrund und gaben Orientierung für das pädagogische Handeln in den WGs. Großen Einfluss auf die Entwicklung der WG-Pädagogik hatten in den späteren Jahren die Bindungstheorie, die Traumapsychologie und Traumapädagogik, Konzepte der Sozialraum- und Lebensweltorientierung, der feministischen Mädchenarbeit, der neuen Autorität und die Integrations- und Inklusionspädagogik.

Möchte man die Anfänge der sozialpädagogischen Wohngemeinschaften nachvollziehen, zeigt sich eine eher bescheidene Datenlage. Wissenschaftlich wurde die Entwicklung der WGs kaum begleitet, ausführliche WG-Konzepte gibt es in Österreich erst seit etwa 1990, als die WGs nach den neuen Jugendwohlfahrtsgesetzen der Länder genehmigt werden mussten (vgl. Jugend am Werk Steiermark, 1990). Unser heutiges Wissen ist vor allem dem deutschen Pädagogen Erich Kiehn zu verdanken, der die Entwicklung der Wohngemeinschaften und des sozialpädagogisch begleiteten Jugendwohnens im deutschen Sprachraum akribisch beobachtete und nach seiner Pensionierung die Ergebnisse seiner Recherchen, hauptsächlich Interviews und Korrespondenzen mit vielen Projekten, in seinem Buch „Sozialpädagogische Jugendwohngemeinschaften" veröffentlichte (Kiehn, 1982). Dort findet sich bereits ein Leitfaden mit allen wesentlichen Punkten, die bei der Gründung einer Wohngemeinschaft zu berücksichtigen seien (ebd., S. 60–72), und er erörtert detailliert Fragen der Aufnahme, des pädagogischen Konzepts, der Mitarbeiter*innen, der Kooperation mit dem Umfeld, der nachgehenden Hilfen und der Finanzierung. Die Situation in Österreich fasst Kiehn so zusammen: *„Aus den Konzeptionen der Wohnge-*

meinschaften in Österreich erkennt man, daß sie noch sehr offen und recht allgemein abgefaßt sind. Dies ist, wie aus Gesprächen mit den Verantwortlichen hervorgeht, ganz bewusst so gehalten, weil man das Erprobungsstadium noch nicht abbrechen will. Aus diesem Grunde sind auch noch keine verbindlichen Richtlinien erstellt worden" (ebd., S. 213). 1993 erschien sodann die 2. Auflage dieses Buches unter dem Titel „Sozialpädagogisch betreutes Jugendwohnen" (Kiehn, 1993). Hier werden das Wachstum und die Ausdifferenzierung der Angebote der WGs für verschiedene Zielgruppen in den 1980er-Jahren analysiert und über die ersten Erfahrungen mit sozialpädagogisch begleitetem Einzelwohnen berichtet (ebd., S. 72–100).

Über die Arbeit in den frühen sozialpädagogischen Wohngemeinschaften in Österreich gibt weiters der fachkundige Bericht einer „Arbeitsgruppe Wohngemeinschaften" der ersten steirischen Jugendwohlfahrtsenquete Auskunft (Mittelbach u. Baumann, 1981). Da die Steiermark 1981 das einzige Bundesland war, in dem es noch keine WGs gab, forderte die Arbeitsgruppe den raschen Aufbau von WGs in der Stadt Graz und in den Bezirken. Ausgangspunkt war hier noch immer die massive Kritik und Ablehnung der herrschenden Praxis in den steirischen Jugendheimen: *„Die zwangsweise Entfernung aus dem familiären Milieu, Aussonderung aus der normalen Umwelt, gerichtliche Maßnahmen erzeugen, wie die Praxis zeigt, nur neue Außenseiter, verewigen dissoziales Verhalten über Generationen. Disziplinierungs- und Kontrollmaßnahmen enthalten Aggressionen der Umwelt gegen abweichendes Verhalten. Sie gehen aber völlig am Verständnis für das Wesen der Verwahrlosung vorbei und bleiben daher, auf Dauer gesehen, wirkungslos"* (ebd., S. 3). Die Arbeitsgruppe hatte 13 der 16 damals in Österreich existierenden WGs besucht und arbeitete vor allem jene strukturellen und pädagogischen Merkmale heraus, welche sich in den Pionierprojekten bewährt hatten. *„Gerade bei der Umsetzung pädagogisch-psychologischer Erkenntnisse in die Praxis ist es wichtig, sich auf die Erfahrungen von Erziehern in bereits bestehenden Einrichtungen zu stützen, anstatt diese Erfahrungen auf Kosten der anvertrauten Kinder erst in einem Lernprozess zu erarbeiten. Dieses Vorgehen steht nur den Pionieren einer neuen Methode zu"* (ebd., S. 27). Aus Sicht der Arbeitsgruppe hatte sich also 1981 bereits ein österreichischer WG-Standard herausgebildet, welcher der Gründung der ersten steirischen Wohngemeinschaft zugrunde gelegt werden sollte.

Die wichtigsten Merkmale der WGs werden in der Folge kompakt dargestellt. In den einzelnen österreichischen WGs waren sie jedoch durchaus unterschiedlich ausgeprägt, weil jede WG ihren eigenen Entstehungskontext, ein individuell zusammengesetztes Team und ein auf die aktuelle Situation hin angepasstes „lebendiges Konzept“ hatte. Auch die jeweiligen Trägervereine, die Landespolitik und die Landes- und Bezirksbehörden agierten durchaus unterschiedlich.

Die WG versteht sich als eine **sozialpädagogisch begleitete Lebensform** für Kinder und Jugendliche, die aus unterschiedlichsten Gründen nicht mehr bei ihren Eltern leben können. Die Probleme in den Herkunftsfamilien sind dabei vielfältig und die Kinder und Jugendlichen können dort nicht weiter bleiben. Viele von ihnen haben prägende Erfahrungen mit Gewalt, Misshandlungen, Vernachlässigung, sexuellem Missbrauch, schwerer Krankheit und Drogenabhängigkeit ihrer Eltern oder mit traumatisierenden Trennungen. Aufgrund von Entwicklungsverzögerungen, sozialen Verhaltensauffälligkeiten, psychischen Beeinträchtigungen oder kriminellen Delikten haben sie zum Zeitpunkt der Aufnahme schon häufig eine belastende und stigmatisierende Laufbahn hinter sich. Viele haben auch schon Erfahrungen mit Pflegefamilien, Kinderheimen und Erziehungsanstalten oder psychiatrischen Einrichtungen gemacht.

Der **Einzug in die WG** sollte seitens der Jugendlichen immer freiwillig erfolgen. Gleichzeitig setzt die Aufnahme aber auch die Zustimmung aller Sozialpädagog*innen und der Bewohner*innen voraus. Dabei werden bei der Aufnahme die Zusammensetzung der Wohngruppe in Bezug auf Alter, Symptomatik und Problemstellung sowie die Dynamik der Gruppe beachtet. Auch sollten immer zwei Erzieher*innen bereit sein, mit dem/der neuen Bewohner*in ein Bezugsbetreuungsverhältnis einzugehen. Der Druck, neue Jugendliche aufzunehmen, sei es aus wirtschaftlichen Gründen oder wegen der hohen Dringlichkeit einer Aufnahme, relativierte diese Prinzipien in der tatsächlichen Praxis.

Die **Leitziele der WGs** sind immer, die Jugendlichen zu einem selbstständigen und selbstbestimmten Leben zu befähigen und sie beim Erwerb der notwendigen Ressourcen für eine gute Lebensführung zu unterstützen. Beziehungs- und Arbeitsfähigkeit waren zentrale Leitziele. Die Jugendlichen sollten lernen, ihr Leben selbstverantwortlich zu gestalten, und sich gesellschaftlich integrieren.

Die WG hat im Gegensatz zum Heim einen **privaten Charakter**. Sie ist für die Kinder und Jugendlichen ihr Zuhause, ein sicherer Ort zum Leben mit zuverlässigen Beziehungen. Auf den Schutz der Privatsphäre der Bewohner*innen wird in allen WGs höchster Wert gelegt. Wenn räumlich möglich verfügen alle Bewohner*innen über ein Einzelzimmer, ihren privaten Raum. Darüber hinaus gibt es einen von allen genutzten Bereich mit Küche, Essbereich, Wohnzimmer sowie Sanitärbereiche, Nebenräume und in vielen Fällen auch einen Garten.

WGs folgen den Prinzipien der **Normalisierung der Lebenssituation** der Kinder und Jugendlichen. Um einer Exklusion und Etikettierung der Kinder und Jugendlichen entgegenzuwirken und sozialräumliches Andocken zu ermöglichen, werden WGs immer in Wohnungen oder Wohnhäusern in typischen Wohngegenden angesiedelt. Für das tägliche Leben werden die umliegenden Geschäfte und Dienstleister*innen, Ärzt*innen und Freizeiteinrichtungen genutzt und die entsprechenden Schulen besucht.

Eine **überschaubare Gruppengröße** soll intensive soziale Beziehungen ermöglichen und Bindungen entstehen lassen. Meistens leben acht bis zehn Jugendliche[23] im Alter von 13 bis 19 Jahren in der WG zusammen. Koedukative WGs setzen sich nur langsam durch, zu groß sind die Bedenken der Erzieher*innen und Behörden. Die WG Am Dammweg in Graz ging als Erste offensiv mit diesem Thema um und veröffentliche auch ihre Erfahrungen (Fritz-Trappel, 1988).

Die wesentlichen pädagogischen Wirkungen der sozialpädagogischen Wohngemeinschaften sind Folge der *„besonderen persönlichen Beziehungen, die sich zwischen den Erwachsenen und den jungen Bewohnern ergeben; der vollen Verantwortung des Erzieherteams für die ihm Anvertrauten, ohne Rückendeckung durch andere Autoritäten"* (Kiehn, 1993, S. 156). Viele WGs eröffnen den Kindern und Jugendlichen die Möglichkeit, Sozialisationsprozesse nachzuholen und **positive Bindungserfahrungen** zu machen. Regressive Phasen werden zugelassen und es wird kein Druck und

---

[23] Bei einer Wohngemeinschaft mit acht bis zehn Jugendlichen handelt es sich noch immer um eine relativ große Gruppe. Hauptsächlich ist diese Zahl den ökonomischen Rahmenbedingungen der Finanzierung über Tag- bzw. Pflegesätze geschuldet, da sich bei dieser Gruppengröße ein Preis ergibt, den die öffentliche Hand zu zahlen bereit war. Im Alltag der Wohngemeinschaft führte dies dazu, dass fast immer nur eine Erzieher*in der WG anwesend war. Außerdem sahen sich viele Wohngemeinschaften genötigt, frei gewordene Plätze sehr rasch nachzubesetzen.

Zwang zur raschen Anpassung an die Gesellschaft ausgeübt. Kinder und Jugendliche werden (aus)gehalten, Krisen und Rückschläge werden gemeinsam durchgestanden, Betreuungsverhältnisse nicht aufgekündigt. Die nachhaltigste therapeutische Wirkung soll durch die Erfahrung von zuverlässigen Beziehungen zwischen den Jugendlichen und den Erzieher*innen erzielt werden. Die Bildungs- und Arbeitsfähigkeit entwickelt sich mit der positiven sozialen und psychischen Entwicklung. Erziehung und Erwachsenwerden in einer WG ist als langfristiger Prozess angelegt. Insofern bevorzugen einige am Familienmodell orientierte WGs altersheterogene Gruppen mit jüngeren Kindern und Jugendlichen.[24]

Das **alltägliche Zusammenleben** in einer Gruppe ist das zweite wesentliche Element der Wohngemeinschaftspädagogik. Alle Bewohner*innen sind gleichberechtigte Mitglieder der Gruppe, bei aller Verschiedenheit der einzelnen Kinder und Jugendlichen, ihrer Persönlichkeiten, Lebensläufe, aktuellen Entwicklungsaufgaben und Zukunftspläne.

> „Für den Jugendlichen ist die Gruppe der Gleichaltrigen der Ort, an dem er sich sozial daheim fühlen kann. Hier erfährt er Geborgenheit, Sicherheit und Bestätigung, schließt Freundschaften, erlebt Rivalitäten und führt Auseinandersetzungen. In der Gruppe kann der Jugendliche Verhaltensweisen erproben, er lernt, sich mit anderen zu solidarisieren, andere zu akzeptieren und zu respektieren, wenn nötig, sich aber auch von der Gruppe oder einer kleineren Subgruppe zurückzuziehen. Das Zusammenleben mit Gleichaltrigen bedeutet für den Jugendlichen einen ständigen sozialen Lernprozess". (Jugend am Werk Steiermark, 1990, S. 6)

Darüber hinaus ist jede WG auch eine **Haushaltsgemeinschaft** und alle müssen sich an den Haushaltsarbeiten beteiligen. So erlernen die Kinder und Jugendlichen die Fertigkeiten zur Selbstversorgung und gleichzeitig ist die gemeinsame Haushaltsführung auch ein wertvolles soziales Lernfeld. Die Regeln für das Zusammenwohnen werden in einer Hausordnung gemeinsam mit den Bewohner*innen festgelegt. Nicht verhandelbar ist das Verbot von körperlicher Gewalt, Waffen und Drogen in den WGs und es wird auf eine möglichst gewaltarme Kommunikation geachtet.

Während die ersten sozialpädagogischen Wohnprojekte nur über wenig Personal verfügten, weil es sich hier um erweiterte Pflegefamilien handelte, übernahmen bei den späteren WGs **professionelle Teams** von vier bis fünf Erzieher*innen die Verantwortung für Erziehung und Begleitung.

[24] Interview Dr. Wolfgang Apfelthaler am 12.03.2021.

Damit kam es aber auch zur Einführung von Dienstplänen mit Schichtdiensten, zur 40-Stunden-Woche mit zusätzlichen Nachtdiensten, zu Vertretungsregelungen bei Krankheit und Urlaub. Es entstand das typische Spannungsfeld zwischen den Ansprüchen professioneller pädagogischer Dienstleistung und dem persönlichen Charakter von pädagogischen Beziehungen. Die Erzieher*innen verfügten über einschlägige Ausbildungen aus den Bereichen Sozialpädagogik, Psychologie, Sozialarbeit und reflektierten ihre Arbeit mit selbst gewählten Supervisor*innen. Neben dem großen Engagement waren auch psychische Stabilität, viel Geduld und eine hohe Frustrationstoleranz notwendig. Die Grenzen der Belastbarkeit der Sozialpädagog*innen markieren die Grenzen der pädagogischen Leistungsfähigkeit der jeweiligen Wohngemeinschaft.

Im Gegensatz zu den streng hierarchisch geführten Heimen forderten die WG-Teams der Anfangsjahre **pädagogische und finanzielle Autonomie** ein. Fremdbestimmung wurde durch Selbstbestimmung, Gehorsam durch Verantwortung ersetzt. Einige Wohngemeinschaften arbeiteten als leiter*innenloses Team. Gemeinsam trug man die gesamte Verantwortung, wichtige Entscheidungen wurden im Konsens getroffen, in vielen Fragen auch gemeinsam mit den Kindern und Jugendlichen. Wenn Leitungen installiert wurden, beschränkte sich deren Aufgabe oft auf die Rolle der Vertretung der Einrichtung nach außen und gegenüber dem Träger. Die Träger von WGs hatten die Autonomie der WGs sicherzustellen und die Teams und die Bewohner*innen bei Bedarf auch bei öffentlichen Angriffen zu verteidigen.

Wirtschaftlich waren die österreichischen WGs meistens weitgehend autonom, entweder als eigenständiger wirtschaftlicher Teil eines Vereins oder als Betrieb der öffentlichen Hand (Land, Stadt oder Gemeinde) mit eigenem Budgetvoranschlag. Die privat geführten WGs verrechneten ihre Kosten über kostendeckende Tagsätze mit den zuständigen Behörden. Die damit verbundenen Probleme der Auslastung wirkten sich immer wieder nachteilig auf die Führung der WGs aus. Es entstand der Druck, rasch neue Jugendliche aufzunehmen, wenn Plätze frei waren.

Betrachtet man die wesentlichen Merkmale der frühen WGs, ist bemerkenswert, dass die damals formulierten Grundhaltungen, Ziele, Strukturmerkmale und Regeln bis heute die konstitutiven Elemente in Konzepten und Produktbeschreibungen für das Zusammenleben und die sozialpädagogische Begleitung in WGs darstellen, zum Teil mit neuem Wording.[25] Ein gutes Beispiel dafür sind die *Qualitätsstandards für die stationäre Kinder- und Jugendhilfe* (FICE Austria, 2019). Hier werden sowohl die Kontinuität beim Primat der Beziehung zwischen Sozialpädagog*innen und Kindern und Jugendlichen, bei der Beteiligung der Kinder- und Jugendlichen, bei der Alltagsorientierung oder bei der Kooperation mit dem Umfeld als auch die Weiterentwicklungen im rechtlichen Bereich, beim Umgang mit Schutz und Gefährdung oder bei der Integration der Traumapädagogik deutlich.

4 Vom Experiment zum neuen Standard

Die entstehenden Wohngemeinschaften wurden von der Heimszene anfangs sehr kritisch gesehen, aber bereits 1970 fasste in Deutschland die Bundesarbeitsgemeinschaft der Landesjugendämter den Beschluss, die Schaffung von Wohngemeinschaften als einen weiteren Versuch zur Durchführung der öffentlichen Erziehung zu begrüßen (Kiehn, 1982, S. 15). In den Folgejahren wurden zunehmend WGs gegründet und bereits Mitte der 1970er-Jahre waren diese in vielen Regionen Deutschlands ein integraler Bestandteil der öffentlichen Erziehung (Berg, Boden, Westphal u. Klein, 1987, S. 20).

Der anfangs scharfe Gegensatz zwischen Heim und WG kam bald ins Wanken: Heime näherten sich durch flexiblere Strukturen und Erziehungsmethoden den WGs an. Diese wiederum mussten sich darum bemühen, sich mehr Struktur zu geben. Anfang der 1980er-Jahre machten (in Deutschland) *„erste spitze Bemerkungen darauf aufmerksam, dass sich Jugend-*

[25] Bei der Entwicklung der unterschiedlichen Formen von Fremderziehung in Österreich ist es wichtig zu sehen, dass viele Merkmale der frühen sozialpädagogischen Wohngemeinschaften auch bei der Reform von Heimen und der Heimerziehung berücksichtigt wurden: Die Einführung von Wohngruppen mit privaten Einzelzimmern, gemeinsame Haushaltsführung statt zentraler Küche, die Gründung von Außenwohngruppen, eigene Wohngruppen für Jugendliche in Krisen, die Entwicklung von Verbundsystemen, der Besuch von externen Schulen und der Rückbau von einrichtungseigenen Werkstätten, die Individualisierung der Erziehungsplanung, pädagogische Diagnostik und therapeutische Interventionen, die Verflachung von Hierarchien und die Übernahme von mehr Verantwortung und Entscheidungskompetenz durch die Erzieher*innen bis hin zur Entwicklung von regionalen sozialpädagogisch und sozialtherapeutisch ausgerichteten Verbundsystemen (sozialpädagogische Zentren) waren wesentliche Bestandteile der Heimreformen.

wohngemeinschaftsstrukturen an (jetzt veränderte) Heimstrukturen angeglichen hatten" (ebd., S 21).

In Österreich verlief dieser Prozess langsamer, WGs waren in den 1970er-Jahren ein Randgruppenthema. Aber auch hier fanden WGs bereits amtliche Anerkennung, etwa durch die Anstellung Pickers in Wien (1974) oder durch die Wohngruppenordnung des Landes Tirol (1976; Sommerauer u. Schlosser, 2020, S. 109).

1981 bestanden erst 16 WGs in Österreich (Mittelbach u. Baumann, 1981). Zwölf Jahre später waren es aber bereits 82 WGs (Perl, 1993) und 2001 werden 196 WGs berichtet (Scheipl, 2001, S. 108). 2001 beträgt der Anteil der Plätze in Heimen noch 45 Prozent, jener der WGs 33 Prozent (siehe Tabelle 1). Rund zehn Jahre später ändert sich das Bild (Pieber, 2012, S. 248): In den berichteten fünf Bundesländern (Burgenland, Oberösterreich, Salzburg, Steiermark, Tirol) haben die WGs die Heime bei Weitem überholt: Nun stehen in diesen Bundesländern 17 Prozent an Heimplätzen 48 Prozent WG-Plätzen gegenüber.[26] Diese Werte entsprechen der erwarteten Entwicklung. Überraschend stark zugenommen haben aber die Plätze beim Betreuten Wohnen um 144 Prozent und jene der Krisenplätze um 124 Prozent. Bei diesen Angeboten scheint es sehr großen Nachholbedarf gegeben zu haben (vgl. Tabelle 1). Bei diesen Darstellungen ist zu beachten, dass diese Zahlen keine Pflegekinderplätze enthalten, die 2012 ca. 40 Prozent der stationären Plätze ausmachten (Pieber, 2012, S. 70).

Für die nächste Dekade (2012 bis 2021) liegen noch keine Daten vor, nun ist aber die bisherige Unterscheidung zwischen Heim und WG nicht mehr möglich. So etwa kennt die Verordnung zum Steiermärkischen Kinder- und Jugendhilfegesetz von 2005 zwar ein differenziertes Angebot von zwölf stationären Einrichtungsformen (WGs, Betreutes Wohnen, Kriseneinrichtung usf.) – ein „Heim" kommt darin nicht mehr vor.[27] Nicht einmal in der Einrichtungsliste von Niederösterreich, dem Bundesland mit dem größten Anteil an Heimplätzen, kommt der Begriff „Heim" vor.[28] Eine ähnliche

[26] Leider werden in dieser Arbeit nur fünf Bundesländer berichtet, es fehlt etwa NÖ mit einem großen Heimanteil – aber auch wenn dieser hinzugerechnet wird, ändert dies an den Prozentwerten nur wenig.

[27] Anlage 1 der Durchführungsverordnung zum Steiermärkischen Kinder- und Jugendhilfegesetz mit den Leistungsbeschreibungen: www.ris.bka.gv.at/Dokumente/Landesnormen/LST40027665/9270.02-01_Anl1.pdf, abgerufen am 25.03.2021.

[28] https://sozialinfo.noe.gv.at, abgerufen am 04.04.2021.

	Scheipl (2001, S. 107–108)						Pieber (2012, S. 248)[27]						2001	2012
Bundesland	Heime	Kinderdorf	WGs	Wohnen	Krisenplätze	Gesamt	WG im Heim	Kinderdorf	WGs	Wohnen	Krisenplätze	Gesamt	Heim-% Scheipl	Heim-% Pieber
Burgenland	63	60	175	11	0	309	87	70	235	17	2	411	20 %	21 %
Kärnten	178	64	95	67	0	404						0	44 %	
NÖ	955	103	311	22	0	1391						0	69 %	
OÖ	287	75	274	33	6	675	212	112	372	110	36	842	43 %	25 %
Salzburg	0	80	185	70	27	362	0	55	199	60	33	347	0 %	0 %
Steiermark	248	61	168	98	8	583	56[2)]	56	488[2)]	306	23	929	43 %	6 %
Tirol	160	115	125	24	13	437	141	82	129	84	27	463	37 %	30 %
VLBG	115	72	53	22	0	262						0	44 %	
Wien	535	0	465	100	120	1220						0	44 %	
Gesamt 5[1)]	**758**	**391**	**927**	**236**	**54**	**2336**	**496**	**375**	**1423**	**577**	**121**	**2992**	**32 %**	**17 %**
Veränd abs							-14	45	664	439	75	717		
Veränd %							-3 %	14 %	87 %	318 %	163 %	68 %		
Gesamt Ö	**2541**	**630**	**1851**	**447**	**174**	**5643**							**45 %**	
Plätze-%	45 %	11 %	33 %	8 %	3 %	100 %	17 %	13 %	48 %	19 %	4 %	100 %	45 %	17 %

1) Zahlen für fünf Bundesländer (B, OÖ, Sbg, Stmk, Tirol).
2) Zahlen auf Basis der Einzelergebnisse: Kinder-WGs (222 Plätze, S. 177), sozialpädagogische WGs (196, S. 179), Familien-WGs (58, S. 180), Wohn-, Lebens-, Arbeitstraining (56 Heim, 12 WG, S. 182) (Pieber 2012, S. 177–182).

Entwicklung lässt sich für andere Bundesländer berichten: Die Liste des Landes Kärnten der KJH-Angebote enthält 27-mal den Begriff Wohngemeinschaft/Wohngruppe/WG und nur dreimal den Begriff „Heim".[29]

Auch in Wien wurden im Rahmen des Programms „Heim 2000" alle Großheime geschlossen und weitere WGs eröffnet.[30] Die Sozialpädagogin Eveline Eichmann fasst diesen Schritt in „100 Jahre Wiener Jugendamt" so zusammen (MAG ELF, 2017, S. 73):

29 www.ktn.gv.at/, abgerufen am 27.03.2021.

30 Der Jahresbericht 2019 (Stadt Wien, 2020, S. 25) weist nur mehr die Kategorie „Wohngemeinschaften u. Ä." mit einem Stand von 1850 Kindern und Jugendlichen am 31.12.2019 aus – woraus sich eine Anzahl von ca. 200 WGs abschätzen lässt.

„Heute dürfen wir den von Julius Tandler kreierten Satz ‚Wer Kindern Paläste baut, reißt Kerkermauern nieder' ein bisschen modifizieren und sagen, ‚Wer Kindern Wohngemeinschaften und Krisenzentren baut, reißt Heimmauern nieder'."

Diese Entwicklung spiegelt sich auch im Verschwinden des Begriffs „Heimerziehung" in den einschlägigen Handbüchern wider – dort wird nun meist von „Stationären Hilfen" oder „Stationären Formen der Hilfen zur Erziehung" gesprochen (vgl. Otto, Thiersch, Treptow u. Ziegler, 2018; Graßhoff, Renker u. Schröer, 2018).

5 Fazit und Ausblick

Anfang der 1970er-Jahre haben engagierte Personen damit begonnen, den großen Heimen kleine, familienähnlich geführte Wohngemeinschaften entgegenzusetzen. Diese hatten manchmal einen schwierigen Start, entwickelten sich jedoch zur allseits akzeptierten Alternative zur Heimerziehung und begannen, diese zu ersetzen. Die Erfolge der sozialpädagogischen Wohngemeinschaften führten seit den 1970er-Jahren dazu, dass sich diese Form der Fremderziehung von Kindern und Jugendlichen gegenüber klassischen Formen der Heimerziehung in Österreich durchgesetzt hat.[31] Heute (2021) erfolgt Fremderziehung fast ausschließlich in Wohngemeinschaften, Wohngruppen, Außen- und Innenwohngruppen und Betreutem Einzel- und Gruppenwohnen.[32]

Sowohl die Ziele als auch die strukturellen Merkmale, welche zwischen 1970 und 1990 von den Pionier*innen erprobt wurden, finden sich heute fast unverändert in den Konzepten von Hunderten sozialpädagogischen Wohngemeinschaften in Österreich. Die Strukturen sind klein und überschaubar, die Einrichtungen liegen in normalen Wohngegenden, das Per-

31 Zu beachten ist, dass damit nur die ca. 60 Prozent an „institutionellen" Unterbringungen gemeint sind, ca. 40 Prozent der Minderjährigen sind bei Pflegeeltern untergebracht.

32 Obwohl WGs heute die häufigste Form der Fremderziehung sind, sind sie wiederum nur Teil eines umfassenden und differenzierten Systems der Kinder- und Jugendhilfe. Im Sinne einer Flexibilisierung der Hilfen, entsprechend den regionalen Bedarfen und individuellen Bedürfnissen der Zielgruppe, überwiegen familienunterstützende, mobile und ambulante Beratung, Begleitung und Betreuung sowie bei den stationären Hilfen familienersetzende Pflegefamilien mit sozialpädagogischen Kompetenzen sowie sozialpädagogisch begleitetes Einzelwohnen von Jugendlichen.

sonal ist bestens qualifiziert und arbeitet unter Supervision, die Heimstrukturen mit Köch*innen, Gärtner*innen, Hausmeister*innen und einem/r mächtigen Heimleiter*in gibt es nicht mehr.

Auch die Privatisierung der öffentlichen Erziehung, d. h. die Erbringung von pädagogischen Leistungen durch private Träger, hat sich durchgesetzt. Aus der sozialpädagogischen Wohngemeinschaft ist ein Dienstleistungsprodukt der Sozialwirtschaft geworden, welches sich am Markt bewähren muss und öffentlich ausgeschrieben und vergeben wird.[33]

So schnell passiert Geschichte? Darüber wundern sich die beiden Autoren dieses Beitrages, die 1982 die erste WG in der Steiermark gegründet haben. Und erinnern sich auch daran, dass ihre Berliner Supervisorin immer wieder davor warnte, dass diese WG ein „Kleinheim“ werden könnte, mit zu viel Dienstplan, hohem Anpassungsdruck bei Schule und Beruf und mit Rundumversorgung durch die Erzieher*innen. Diese Warnung weist auf einige schwierige Begleitphänomene von WGs hin: wechselnde Bezugspersonen durch jederzeit kündbare Anstellungsverhältnisse; einengende Arbeitszeitregelungen bei der täglichen und wöchentlichen maximalen Arbeitszeit und den Vorschriften für Ruhezeiten; Schichtdienste, die dazu führen, dass die Bewohner*innen auf ihre Bezugsbetreuer*innen oft lange warten müssen und notwendige Beziehungs- und Begleitarbeit von Dienst zu Dienst „übergeben“ wird. Die Gruppengröße von acht Personen ist zwar überschaubar, führt aber zu einer Anhäufung von Symptomen und zu einer hohen psychischen Beanspruchung bei den Kindern, Jugendlichen und Sozialpädagog*innen. Auch der wirtschaftliche Druck durch ein Kostendeckungsprinzip mit hohen durchschnittlichen Auslastungsvorgaben und dem damit verbundenen Aufnahmedruck führt leicht zu einer schwierigen Zusammensetzung der WGs. Diese Problemstellungen belasten die Führung von WGs und den pädagogischen WG-Alltag von Anfang an.

Wohin sollen die nächsten Entwicklungen führen? Kleinere Gruppen? Mehr Spezialisierung? Oder Entspezialisierung? Mehr Erlebnispädagogik? Ein stärker therapeutisch orientierter Zugang? Mehr mobile und nachgehende Angebote? Ein früheres Eingreifen, um Fehlentwicklungen zu verhindern?

---

33 Besonders die Steiermark hat im Sozialbereich eine Vorreiterrolle hinsichtlich der Vergabe per Ausschreibung eingenommen.

Einiges davon macht sicher Sinn, berührt aber nicht die grundsätzliche Frage, in welcher Form Fremderziehung am besten stattfindet. Die Reduktion von Heimplätzen in den letzten 30 bis 50 Jahren war eine erfolgreiche Deinstitutionalisierung. Diese Entwicklung findet nicht nur in der Jugendhilfe, sondern etwa auch in der Behindertenhilfe und im Pflegebereich statt. Auf diese Bereiche beziehen sich Grundrechtspapiere der Deinstitutionalisierung üblicherweise. Die Europäische Kommission hat dieses Prinzip der Deinstitutionalisierung richtigerweise auch auf Kinder und Jugendliche angewandt und kommt zu folgendem möglicherweise etwas irritierendem Resultat:

> „Alle Kinder[34] haben ein Recht auf Familienleben, sei es in ihrer eigenen Familie oder in einer Pflegefamilie (wenn sie keine Familie haben oder in ihrer eigenen Familie gefährdet sind). Diese Rechte sind in einschlägigen internationalen (UN) und europäischen Menschenrechtsverträgen festgelegt, darunter die Konvention über die Rechte von Menschen mit Behinderungen[a)], die Konvention über die Rechte des Kindes, die überarbeitete Fassung der Europäischen Sozialcharta[b)] und die Charta der Grundrechte der Europäischen Union." (Europäische Kommission, 2009, S. 8)
>
> a) Siehe insbesondere Artikel 12, 14, 15, 16, 17, 19, 23, 25, 26, 28
>
> b) Siehe insbesondere Artikel 15, 17, 23

Die Gründungsgeschichte fast aller frühen österreichischen WGs begann tatsächlich mit sehr familienähnlichen Strukturen bzw. mit Ehepaaren, die als Pflegewohngemeinschaftseltern nach und nach Unterstützung durch angestelltes Personal erhielten und dadurch professionalisiert wurden. Heute gibt es überwiegend sozialpädagogische Teams, die nicht mit den Kindern und Jugendlichen zusammenwohnen. Aber wurde damit nicht die Grundidee der Familienähnlichkeit im Spannungsfeld zwischen Pädagogik, Machbarkeit, Arbeitsrecht und Finanzierung zerrieben? Sollen wir bei der zukünftigen Entwicklung die Ideen der familienähnlichen Struktur wieder stärker berücksichtigen, z. B. den Blick auf die im Trend liegenden „Familienanalogen Wohngruppen" richten?

Astrid Habiba Kreszmeier, die 1992/93 als Lehrerin und Therapeutin an einer erlebnispädagogischen Reise einer WG teilgenommen und diese im

---

[34] Als Kinder werden laut UN-Konvention alle Personen bis 18 Jahre bezeichnet.

Buch *„Das Schiff Noah"* dokumentiert hat, formulierte es dort im Kapitel *„Die Ware Beziehung und ihr Preis"* folgendermaßen:

„Das, was die Noah als ihre kostbarste Ware zu bieten hat, ist Beziehung. … Sie hat ihren Preis, und den bezahlt nicht nur die öffentliche Hand in finanzieller Form, sondern alle, die daran mitarbeiten, Erwachsene wie Jugendliche. Wer Beziehung anbietet, sei sie noch so professionell und begrenzt, sagt ja zu einem Veränderungs- und Wachstumsprozess, bei dem Gewinn und Verzicht sich die Waage halten". (Kreszmeier, 1994, S. 24–26)

So lautet die entscheidende Frage für die Zukunft: Unter welchen Rahmenbedingungen kann die Lebendigkeit dieser besonderen Beziehungen zwischen Kindern und Erwachsenen am erfolgversprechendsten gewährleistet werden?

Literaturverzeichnis

Aichhorn, A. (1931/Nachdruck 2018). *Verwahrloste Jugend. Die Psychoanalyse in der Fürsorgeerziehung*. Zehn Vorträge zur ersten Einführung. Wien: Internationaler Psychoanalytischer Verlag.

Bauer, I., Hoffmann, R. u. Kubek C. (2013). *Abgestempelt und ausgeliefert. Fürsorgeerziehung und Fremdunterbringung in Salzburg nach 1945*. Innsbruck: Studienverlag.

Berg, R., Bodden, G., Westphal, C.-M. u. Klein, W.-D. (Hrsg.) (1987). *Jugendwohngemeinschaften. Eine Standortbestimmung*. München: AG-Spak-Publ.

Binder, D.-A., John, M. u. Reder, W. (2019). *Heimerziehung in Oberösterreich. Herausgegeben vom Oberösterreichischen Landesarchiv*. Linz: Trauner Druck.

Europäische Kommission. *Generaldirektion für Beschäftigung, Soziale Angelegenheiten und Chancengleichheit (2009). Bericht der Ad-Hoc-Expertengruppe zum Übergang von der Heimpflege zur gemeindenahen Pflege*, www.yumpu.com/de/document/view/36711887/bericht-der-ad-hoc-expertengruppe-zum-integration-tirol, abgerufen am 13. März 2021.

FICE Austria (Hrsg.) (2019). *Qualitätsstandards für die stationäre Kinder- und Jugendhilfe*. Verlag Plöchl.

Fritz-Trappel, I. (1988). Sexualität im Alltagsleben einer koedukativen WG. Über Alltagserotik; Liebesbeziehungen und ihre Krisen. *erziehung heute 2/1988*.

Graßhoff, G., Renker, A. u. Schröer, W. (Hrsg.) (2018). *Soziale Arbeit: Eine elementare Einführung*. Wiesbaden: Springer.

IfS – Institut für Sozialdienste Vorarlberg u. Rheticus-Gesellschaft (2007). *Die Geschichte des IfS-Vorarlberg. Von der Bürgerinitiative zum sozialen Dienstleistungsunternehmen.* Feldkirch: Rheticus.

Jugend am Werk Steiermark. Sozialpädagogische Wohngemeinschaft (1990). *Konzept.* Graz: Eigenverlag.

Kaßel, T. (2013). *Heimerziehung im Wandel – Hin zu mehr Qualität?* Alpen-Adria-Universität Klagenfurt. Diplomarbeit.

Kiehn, E. (1993). *Sozialpädagogisch betreutes Jugendwohnen.* Freiburg im Breisgau: Lambertus.

Kiehn, E. (1982). *Sozialpädagogische Wohngemeinschaften. Neue Möglichkeiten zur Selbstentfaltung junger Menschen.* Freiburg im Breisgau: Lambertus.

Kinder- und Jugendhilfe Oberösterreich (Hrsg.) (2019a). *Unser Kindl. 100 Jahre Kinder und Jugendhilfe OÖ. Soziale Fürsorge und Kinderschutz im Wandel der Zeiten.* Linz: Amt der Oö. Landesregierung.

Kinder- und Jugendhilfe Oberösterreich (Hrsg.) (2019b). *Unser Kindl. 100 Jahre Kinder und Jugendhilfe OÖ.* Dokumentation der Wanderausstellung. Linz: Amt der Oö. Landesregierung. https://www.kinder-jugendhilfe-ooe.at/Medi endateien/dl_100jahre_wanderausstellung.pdf, abgerufen am 15. März 2021.

Knapp, G. (2001). *Heimreform in Österreich zwischen Anstaltserziehung und lebensweltorientierter Sozialpädagogik.* In: Knapp, G. u. Scheipl, J. (2001), S. 71–104.

Knapp, G. u. Ottomeyer, K. (1985). *Heimerziehung und Alternativen in Kärnten.* Klagenfurt: Hermagoras Druckerei.

Knapp, G. u. Scheipl, J. (2001). *Jugendwohlfahrt in Bewegung. Reformansätze in Österreich.* Klagenfurt/Celovec – Ljubljana/Laibach – Wien/Dunaj: Hermagoras/Mohorjeva.

Köpf, H. (Institut für Sozialdienste Vorarlberg, 2018). *Die Entwicklung der Fachgruppe IfS Sozialpädagogik von 1972 bis 2018.* Röthis: IfS Vorarlberg – Institut für Sozialdienste.

Kreszmeier, A. H. (Hrsg. von Neuhauser, J.) (1994). *Das Schiff Noah. Dokumente einer therapeutischen Reise.* Weitra: Bibliothek der Provinz.

Lauermann, K. (2001). *Reformbestrebungen der Heimerziehung in Österreich seit 1945: Eine historische Rückblende.* In: Knapp, G. u. Scheipl, J. (2001), S. 120–133.

MAG ELF (2017). *Ideale und Realitäten. 100 Jahre Wiener Jugendamt.* Von Dr.in Gudrun Wolfgruber und DSA Gabriele Ziering. Wien.

MAG ELF (2007). *90 Jahre Jugendamt Ottakring 1913 bis 2003. Von der Berufsvormundschaft zur Jugendwohlfahrt der MAG ELF.* Von DSA Gabriele Ziering. Wien.

Mittelbach, G. u. Baumann, H. (1981). *Wohngemeinschaften. Bericht der Arbeitsgruppe Wohngemeinschaften unter der Leitung von Lotte Katzensteiner auf der 1. Steirischen Jugendwohlfahrtsenquete.* Graz 1981.

Otto, H.-U., Thiersch H., Treptow, R. u. Ziegler, H. (2018). *Handbuch Soziale Arbeit. Grundlagen der Sozialarbeit und Sozialpädagogik.* München: Ernst-Reinhardt-Verlag.

Perl, W. (1993). *Sozialpädagogische Wohngemeinschaften in Österreich. Daten und Fakten. Tagungsbericht der Interessengemeinschaft Sozialpädagogischer Wohngemeinschaften* („IGSWG-Tagung") 1993 in Salzburg.

Perl, W. u. Schöffmann, D. (1988). Geschichte. fünf jahre sozialpädagogische wohngemeinschaft „jugend am werk". *erziehung heute 2/1988.*

Picker H. (2019). *Wiener Schule der psychoanalytisch orientierten SOZIALTHERAPIE.* Vortrag von Harald Picker am 29.10.2019 in der ARGE Bildungsmanagement, Wien. www.bildungsmanagement.ac.at/arge-im-ueberblick/ueber-uns/kreatives-wissen/die-wiener-schule-der-psychoanalytisch-orientierten-sozialtherapie-gegr1972.html, abgerufen am 13. März 2021.

Pieber, E. (2012). *Leistungen der Jugendwohlfahrt – Eine Übersicht zu den „Hilfen zur Erziehung" in den österreichischen Bundesländern.* (Masterarbeit, Univ. Graz).

Ralser, M., Bischoff, N., Guerrini, F., Jost, C., Leitner, U. u. Reiterer, M. (2017). *Heimkindheiten. Geschichte der Jugendfürsorge um Heimerziehung in Tirol und Vorarlberg.* Innsbruck – Wien – Bozen: Studienverlag.

Ralser, M., Bischoff, N., Guerrini, F., Jost, C., Leitner, U. u. Reiterer, M. (2015). *Das System Fürsorgeerziehung. Zur Genese, Transformation und Praxis der Jugendfürsorge und der Landeserziehungsheime in Tirol und Vorarlberg.* Forschungsbericht. Innsbruck: Institut für Erziehungswissenschaft der Leopold-Franzens-Universität Innsbruck.

Scheipl, J. (2001). *Die stationäre Betreuung in der Jugendwohlfahrt: Eine aktuelle Übersicht.* In: Knapp, G. und Scheipl, J (2001), S. 71–104.

Schölzel-Klamp, M. u. Köhler-Saretzki, Th. (2010). *Das blinde Auge des Staates. Die Heimkampagne von 1969 und die Forderungen der ehemaligen Heimkinder.* Bad Heilbrunn: Klinkhardt.

Schreiber, H. (2010). *Im Namen der Ordnung. Heimerziehung in Tirol.* Innsbruck: Studienverlag.

Sommerauer, A. u. Schlosser, H. (2020). *Gründerzeiten. Soziale Angebote für Jugendliche in Innsbruck 1970–1990.* Innsbruck: Universitätsverlag Wagner.

Stadt Wien. Kinder und Jugendhilfe (2020). *Jahresbericht 2019. Wiener Kinder und Jugendhilfe.* Wien: Magistrat der Stadt Wien.

Wolffersdorff, C. (2001). *Helfen, Disziplinieren, Überwachen: Konzepte offener und geschlossener Heimerziehung im Wandel der Epochen*. In: Knapp, G. u. Scheipl, J. (2001), S. 38–70.

Wolfgruber, G. (2013). Von der Fürsorge zur Sozialarbeit. Wiener Jugendwohlfahrt im 20. Jahrhundert. Wien: Löcker. In: Fallend, K. u. Posch, K., *Schriftenreihe zur Geschichte der Sozialarbeit und Sozialarbeitsforschung*, Band 5.

XVIII „Jetzt einmal raus!“ – „Für immer?“ Kriseneinrichtungen und familiäre Krisenunterbringung im Rahmen der Kinder- und Jugendhilfe in Österreich

Regina Enzenhofer

1 Einleitung[1]

Das Jugendwohlfahrtsgesetz (JWG) 1989 und in Weiterentwicklung das Bundes-Kinder- und Jugendhilfegesetz (B-KJHG) 2013 sehen Möglichkeiten der Unterstützung und Begleitung von Kindern, Jugendlichen, Eltern und Familien vor. Die Ausgestaltung und Konkretisierung der Grundlagen und Vorgaben erfolgte durch die Länder als jeweiliger Kinder- und Jugendhilfeträger. Mit der Vereinbarung gemäß Artikel 15a B-VG über die Kinder- und Jugendhilfe wurde ab 2020 die Kompetenz zur Gesetzgebung und Vollziehung in beinahe allen Angelegenheiten an diese überstellt; das B-KJHG 2013 gibt die verpflichtenden Grundsätze vor.

Das zur Verfügung stehende Netz an Hilfemöglichkeiten inkludiert mittlerweile in jedem Bundesland zumindest eine Kriseneinrichtung. Diese haben den Auftrag für die stationäre Betreuung von Kindern und Jugendlichen sowie teilweise ambulante Beratung und Krisenintervention. Zudem sehen fast alle Länder die Möglichkeit der Krisenunterbringung bei Pflegepersonen in der Zuständigkeit einer Kinder- und Jugendhilfeeinrichtung vor.

---

[1] Umfangreichere Informationen zu diesen Angeboten der Krisenbetreuung und -begleitung werden in meiner Dissertation (Karl-Franzens-Universität Graz) nachlesbar sein.

Aus dem Blickwinkel von knapp drei Jahrzehnten Erfahrung in der Krisenarbeit fokussiert dieser Beitrag die Entwicklungen hin zu einem offensichtlich sehr bedeutsamen Angebotsstandard. Wesentliche Konzeptmerkmale und strukturelle Aspekte werden mit Bezug auf relevante Vorgaben in einer kompakten Zusammenschau skizziert und markante Unterschiede zwischen Bundesländern gelistet. Abschließend werden künftig als wichtig erachtete Erweiterungen sowie Empfehlungen angeführt.

1.1 Recherchen und Limitation

Die Ausführungen basieren zum einen auf den gesetzlichen Grundlagen des Bundes und der Länder sowie den darauf aufbauenden Vorgaben. Zum anderen erfolgte im Herbst/Winter 2020/2021 eine Erhebung bei den Leiter*innen[2] der Einrichtungen mittels Telefonaten, Mailverkehr und eines Online-Tools. Weiters wurden einschlägige Forschungsberichte und Hochschulschriften sowie öffentlich verfügbare Statistiken gesichtet.

Andere Möglichkeiten für stationäre Krisenbetreuungen, die Notschlafstellen für Jugendliche sowie ambulante und mobile Formen der Krisenbegleitung konnten aus zeitlichen Gründen nicht in die Erhebung einbezogen werden. Ebenso erfolgte keine Rückkoppelung mit den Kinder- und Jugendhilfeträgern (Landesverwaltungen).

2 Problem-, Not- und Krisensituationen von Kindern und Jugendlichen, Eltern und Familien

Anlass und Auslöser für das Entstehen von Problem-, Not- und Krisensituationen sind „Ereignisse“, die auch „multidimensional“ sein können (vgl. Belardi, 2007, S. 95). In den Erläuterungen zu § 16 B-KJHG 2013 werden vom Gesetzgeber beispielhaft aufgezählt: physische, psychische oder sonstige Überlastung, Überforderung oder unangemessenes Erziehungsverhalten der Eltern, Ausfall der Betreuungspersonen, Gewalt in verschiedener

[2] Mein besonderer Dank gilt allen Leiter*innen und Mitarbeiter*innen der Kriseneinrichtungen und der Einrichtung mit der Zuständigkeit für familiäre Krisenunterbringung, die sich trotz der zusätzlichen Herausforderungen im Alltag aufgrund der Corona-Pandemie die Zeit genommen haben, mich bei meinen Recherchen durch ausführliche Infoweitergaben und oft auch einen fachlichen Austausch zu unterstützen.

Form, Vernachlässigung und sonstige Kindeswohlgefährdungen, Erkrankung oder Tod eines Elternteils, Geburt eines behinderten Kindes.

Von besonderer Bedeutung bei der Konfrontation mit solch kritischen Lebensumständen, Ereignissen oder Entwicklungen ist, wenn diese „von der Art und vom Ausmaß her" die „durch frühere Erfahrungen erworbenen Fähigkeiten und erprobten Hilfsmittel zur Erreichung wichtiger Lebensziele oder zur Bewältigung [...] überfordern". Der „Verlust des seelischen Gleichgewichts" wird verspürt, eine „psychosoziale Krise" entsteht (Sonneck, 2016, S. 32). Solche „Labilisierungen von psychosozialen Systemen einzelner und/oder Bezugsgruppen" sind an sich aber als „lebensnotwendige Prozesse und notwendige Grundlage für einen Neuanfang" zu sehen (Belardi, 2007, S. 94).

In Abhängigkeit vom zugrunde liegenden Anlass werden „traumatische Krisen" (Cullberg, 1978) und „Veränderungskrisen" (Caplan, 1964) unterschieden (vgl. Belardi, 2007, S. 16 ff.). Hierbei beeinflussen „Ressourcen und Defizite des Kindes [bzw. Jugendlichen; Einf. d. Verf.], der Systeme Familie und Schule insgesamt [...] zu einem hohen Ausmaß, welchen Ausgang dieses Ereignis nimmt" (Ellmer et al., 2015, S. 16). Als weitere Ausprägungsformen von psychosozialen Krisen sind „Familienkrisen" (Charwath-Klinger, 2018, S. 26) sowie „pädagogische Krisen" (Burchard, o. J.) zu sehen. Psychosoziale Krisen können sich bei fortsetzender Entsteuerung zu einer „psychiatrischen Krise" (ebd.) entwickeln; bei „psychosomatischen Krisen" steht zuerst eine körperliche Akuterkrankung im Vordergrund (Charwath-Klinger, 2018, S. 27–28). „Chronisch protrahierte Krisen" entwickeln sich, wenn Anforderungen aufgrund von Veränderungen nicht ausreichend bewältigt oder Traumatisierungen nicht bearbeitet werden (Sonneck, 2016, S. 38).

2.1 Hilfen und Interventionen im Rahmen der Kinder- und Jugendhilfe

Die Grundprinzipien der Hilfestellungen bei Problem-, Not- und Krisensituationen sind in der Kinder- und Jugendhilfe ähnlich jenen in den anderen psychosozialen Tätigkeitsbereichen. Jedoch sind die gesetzlichen Grundlagen aus dem ABGB hinsichtlich der Obsorge von Minderjährigen sowie dem B-KJHG 2013 (zuvor JWG 1989) zusätzlich handlungsrelevant. Die vorgesehenen Interventionen und der Gesamtprozess umfassen im hier behandelten Zusammenhang im Wesentlichen drei Bereiche:

- *Beratung und Krisenintervention durch ambulante und stationäre „soziale Dienste“:* Diese können von Eltern, Familien, Kindern und Jugendlichen nach ihrem eigenen Ermessen in Anspruch genommen werden, sie haben wesentlich präventive Funktion (vgl. § 16 B-KJHG und Erläuterungen).
- *Gefährdungsabklärung durch Fachkräfte der Kinder- und Jugendhilfe:* Bei Verdacht einer Kindeswohlgefährdung muss das Gefährdungsrisiko eingeschätzt werden; eine Beteiligung der Betroffenen sowie der Eltern oder sonstiger mit Pflege und Erziehung betrauten Personen ist grundsätzlich vorgesehen. Im Vordergrund des Handelns steht wesentlich die Schutzfunktion (vgl. §§ 22, 24 und 37 B-KJHG und Erläuterungen).
- *Betreuung und Begleitung durch Erziehungshilfen bei Gefährdung:* Um den nötigen Schutz gewährleisten zu können, wird oftmals kurzfristig die Unterbringung, meist als „Volle Erziehung“, in einer „sozialpädagogischen Einrichtung“ oder bei „Pflegepersonen“ (vgl. §§ 1, 17, 18, 23, 26 ebd.) veranlasst; als gelinderes Mittel reicht teilweise ambulante „Unterstützung der Erziehung“. Vorgesehen ist, dass diese Hilfen mit den Obsorgeträgern schriftlich vereinbart werden, alternativ bedarf es einer gerichtlichen Verfügung. Bei Gefahr im Verzug ist unverzüglich die erforderliche Erziehungshilfe zu gewähren und der notwendige Antrag bei Gericht zu stellen (vgl. §§ 27 und 28 ebd.).

3 Ein Blick auf die Entwicklungen bis 1989

Die Geschichte des Fürsorgewesens war bis zum Ende des 19. Jahrhunderts wesentlich eine der Waisen- und Armenfürsorge, umgesetzt durch die private bzw. freie Wohlfahrtspflege. Aufgrund der katastrophalen Versorgungslage im und nach dem Ersten Weltkrieg entstanden die ersten Einrichtungen der öffentlichen Fürsorge. Beispielsweise nahmen in Wien 1916 das Städtische Jugendamt (MA XIIa) sowie 1925 die Kinderübernahmestelle (vgl. Wolfgruber, 2017, S. 13 und S. 25), 1917 das Jugendschutzamt in Graz (vgl. Goll, 2017, S. 19) und 1919 das Landesjugendamt in Oberösterreich (vgl. Graf, 2019, S. 28) ihre Arbeit auf. Bis zum ersten Jugendwohlfahrtsgesetz in Österreich hatte es dann aber noch bis 1954 gedauert; der Beschlussfassung war ein „lange[r] Weg“ der „Initiativen und Hindernisse […] zum Schutze der österreichischen Jugend“ (Neuninger, 2011, S. 1) vorangegangen.

Dieses sah die Gewährung von Erziehungshilfen vor, wenn es an der nötigen Erziehung fehlte; Fürsorgeerziehung wurde angeordnet, wenn dies zur Beseitigung von Verwahrlosung (ausgenommen körperliche) notwendig und die Entfernung aus der bisherigen Umgebung erforderlich war (vgl. §§ 9 und 29 JWG 1954). Erziehungsberatung und -fürsorge, kurzfristig notwendige Kindesabnahmen sowie die amtliche Unterbringung von Kindern und Jugendlichen in Heimen, Pflegefamilien, Kinderdörfern usf. waren institutionalisiert, ab den späten 1960er-Jahren in vielerlei Hinsicht allerdings massiv kritisiert worden. Neue Konzepte in Form von familienergänzenden sowie unterstützenden präventiven Hilfen, neue Methoden der Sozialarbeit, Erzieher*innen mit sozialpädagogischen Grundlagen sowie politisch engagierte Student*innen gaben wesentliche Impulse für die Weiterentwicklung der Sozialen Arbeit (vgl. Harrich, 1981, S. 17–23; Heiland, 1984, S. 102–105; Enzenhofer, 1987, S. 47–50; Pelikan u. Pilgram, 1994, S. 300–301; Lauermann, 2001, S. 123–129; Goll, 2017, S. 62–65; Wolfgruber, 2017, S. 61–65).

In mehreren Bundesländern formierten sich jugend- und sozialpolitische Initiativen, die stationäre Kriseneinrichtungen o. Ä. für Jugendliche und junge Erwachsene forderten (vgl. Perl et al., 1991, S. 5; Wisiol, 2017, S. 17). Solange organisierte Schlafplätze fehlten, wurden Jugendliche immer wieder von Mitarbeiter*innen, insbesondere der offenen Jugendarbeit, privat versorgt (vgl. Verein zur Förderung des DOWAS, 2016, S. 113) oder konnten im Jugendzentrum schlafen (Mitarbeiterin eines Grazer Jugendzentrums). Auch vonseiten der Politik, der öffentlichen Verwaltung und der Polizei wurde der dringende Bedarf an akzeptablen Unterbringungsmöglichkeiten mit Krisenbegleitung gesehen. 1981 eröffnete in Wien eine ganztägig betreute Notschlafstelle; in Salzburg startete1982 (nach Schließung der dortigen „Jugendauffangstelle“ 1970) die „Krisenstelle für Ju gendliche“ (vgl. Bauer et al., 2013, S. 224–226; Voitle, 1991, S. 76 und 82).

Nach wie vor gab es aber „klassische“ Heime, mittlerweile mit familienähnlich geführten Gruppen, die (auch) mit der kurzfristig notwendigen (bzw. angeordneten) Unterbringung von Kindern und Jugendlichen beauftragt waren, beispielsweise in Wien das Julius-Tandler-Familienzentrum (vormals Kinderübernahmestelle bzw. Julius-Tandler-Heim) (vgl. Wien Geschichte Wiki, 2021). Das Landeskinderheim Axams in Tirol änderte um das Jahr 1980 die Betreuungskonzeption für Säuglinge und Kleinkinder; u. a. wurden in der Folge in jedem Fall die möglichen Zukunftsperspektiven abgeklärt (vgl. Sturm, 1981, zit. n. Riedl, 2020, S. 41). Das Vorarlberger Kinderdorf entschied 1984, in Vereinbarung mit der zuständigen Abteilung des Landes eine „Auffanggruppe“ für Kinder, bei Bedarf auch für deren Mütter, zu betreiben (eigene Erhebung).

4 Kriseneinrichtungen und familiäre Krisenunterbringung – ein Angebotsstandard der Kinder- und Jugendhilfe im Jahr 2020

Das JWG 1989 berücksichtigte die gesellschaftlichen und familienrechtlichen Entwicklungen seit den 1970er-Jahren und brachte einen Paradigmenwechsel: Unterstützungsmöglichkeiten für Kinder, Jugendliche und Familien wurden in den Vordergrund gestellt, diese sollten eher als Dienstleistung, Beratung und Hilfestellung in Anspruch genommen werden können (vgl. Stockart-Bernkopf, 1989, S. 55; Pelikan u. Pilgram, 1994, S. 302). In Verbindung mit dem Kindschaftsrechts-Änderungsgesetz regelte es aber auch, dass und durch welche Maßnahmen Minderjährige zu schützen sind; ausdrücklich vorgesehen wurde, dass jeweils die gelindeste noch zum Ziel führende Maßnahme zu treffen ist. Die Unterbringung vor allem von Säuglingen und Kleinkindern sollte bevorzugt in einer Pflegefamilie erfolgen (vgl. §§ 2 und 26–31 JWG 1989). In den Ausführungsgesetzen von Oberösterreich, Salzburg, der Steiermark und Vorarlberg waren kurzfristige Unterbringungsmöglichkeiten von Minderjährigen dezidiert erwähnt. Soziale Dienste, die auch Beratungsmöglichkeiten bei Not- und Krisensituationen, zum Schutz vor Gewalt u. Ä. zur Verfügung stellen sollten, waren in jedem Bundesland vorgesehen.

Mit dem Kinder- und Jugendhilfegesetz 2013 (B-KJHG 2013) intendierte der Bund die Präzisierung der Aufgabenstellungen und auch eine Feststellung von Mindeststandards der Leistungserbringung; hierbei war das zentrale Ziel die professionelle Überprüfung von Verdachtsfällen der Kindeswohlgefährdung sowie die fachlich fundierte Auswahl von Hilfen (vgl. Erläuterungen zum B-KJHG 2013, S. 3). In der Folge führen alle Länder in ihrem Kinder- und Jugendhilfegesetz soziale Dienste und/oder sozialpädagogische Betreuungseinrichtungen für Kinder und Jugendliche in Problem-, Not- und Krisensituationen an, in denen (auch) eine kurzfristige Unterbringungsmöglichkeit vorgesehen ist. Weiters ist die familiäre Krisenunterbringung (mit unterschiedlicher Wortwahl) meist ausdrücklich angeführt.

Seit 2020 gibt es in jedem Bundesland eine oder mehrere stationäre Kriseneinrichtungen für Kinder und/oder Jugendliche; zusätzlich, ausgenommen das Burgenland, auch jeweils eine Einrichtung mit Zuständigkeiten bei der familiären Krisenunterbringung.

Insgesamt stehen laut vorliegender Erhebung rund 580 Krisenplätze (ohne Notbetten bzw. Überbelegsplätze) in stationären Einrichtungen (ca. 72 %) und bei Pflegepersonen (ca. 28 %) zur Verfügung. Die mehr als 60 Einrichtungen bzw. Gruppen werden von über 30 (Teil-)Organisationen geführt. Diese Hilfeformen sind innerhalb der letzten drei Jahrzehnte zu einem Angebotsstandard der Kinder- und Jugendhilfe im gesamten Bundesgebiet geworden.

4.1 *Die Einrichtungen im Überblick: Historie der Eröffnungen und Eckdaten*

Die Entstehungsgeschichte der Einrichtungen, die zugrunde liegenden Regelungen und Entscheidungen sowie die konkrete Beauftragung sind in jedem Fall Teil eines Puzzles der österreichischen Kinder- und Jugendhilfe; durch die Beteiligung der verschiedenen Zuständigkeitsebenen und engagierter Einzelkämpfer oder Gruppierungen konnten viele Initiativen umgesetzt werden. In ungefähre Jahrzehnte gebündelt, lässt sich eine vierteilige Kategorisierung der Historie vornehmen. Die zugehörigen Tabellen, mit Eckdaten angereichert, zeigen gesamt einen bunten Bildausschnitt der Hilfeangebote für Kinder, Jugendliche und Eltern bei Problem-, Not- und Krisensituationen.

4.1.1 „Vorreiter" (s. Tab. 1)

Wie in Kapitel 3 erläutert, wurden mehrere Kriseneinrichtungen bereits im Rahmen des JWG 1954 eröffnet. Einige sind nach wie vor in Betrieb.

Tab. 1: Kriseneinrichtungen und familiäre Krisenunterbringung in Österreich (Stand Dezember 2020) – Eröffnung bis 1989

Bundesland	Einrichtung/ Krisenpflege	Betreiber	Eröffnung bzw. Start (Jahr)	Altersgruppe* (Jahre)	Plätze** bzw. Pflegefamilien/ -personen	Aufenthaltsdauer max. + Verlängerung (lt. Konzept)	Konzeptfokus
T	Villa Kunterbunt, Kinderkrisengruppe, Axams	Landeskinderheim Axams/ Land Tirol	ca. 1980	1–6	6	6 Monate	KU
T	Regenbogengruppe, Kinderkrisengruppe, Axams	Landeskinderheim Axams/ Land Tirol	ca. 1980	1–6	6	6 Monate	KU
S	Krisenstelle für Jugendliche, Salzburg	KOKO Kontakt- und Kommunikationszentrum für Kinder gem. GmbH	1982	14–18 (vorm. ab 13)	9 (vorm. 3+2)	3 Monate (vorm. 10 Tage)	KU
V	Auffanggruppe, Bregenz	Vorarlberger Kinderdorf gGmbH	1984	5–14	11	3 Monate	KU

[**Quelle:** Eigene Erhebungen] * bis/ab 6 Jahre = Schuleintritt; bis 18 Jahre = Vollendung 17. Lebensjahr; ** Anzahl Plätze + Notbetten/Überbelegsplätze; vorm. = vormals

4.1.2 Aufbruchstimmung (s. Tab. 2)

Nach Beschluss des JWG 1989 bzw. der Landesausführungsgesetze wurden die Planungen der zuständigen Abteilungen, der politischen Ressorts und auch die Aktivitäten von Fachkräften verschiedener Organisationen intensiviert. Beispielsweise gab es in Wien 1989 eine „Zukunftswerkstatt" (vgl. Ziering, 2002, S. 46), in Innsbruck und Graz traf man sich in Arbeitskreisen (vgl. Kap. 3). Für die Steiermark wurde 1990 der „Landesplan zur Einführung sozialer Dienste" beschlossen (vgl. Enzenhofer, 1991, S. 95–100), Mitte der 1990er-Jahre entschied Wien mit „Heim 2000" die grundlegende Änderung der Ausrichtung der Fremdunterbringung (vgl. Ziering, 2002, S. 47–48; Wien Geschichte Wiki, 2021). So wurden sukzessiv (zusätzliche) Kriseneinrichtungen eröffnet bzw. (private) Einrichtungen mit einer Zuständigkeit für familiäre Krisenunterbringung beauftragt. Dadurch konnten entsprechende Heimgruppen, beispielsweise in Wien im Julius-Tandler-Familienzentrum, geschlossen werden (vgl. ebd.).

Tab. 2: Kriseneinrichtungen und familiäre Krisenunterbringung in Österreich (Stand Dezember 2020) – Eröffnung bzw. Start 1990–2000

Bundesland	Einrichtung/ Krisenpflege	Betreiber	Eröffnung bzw. Start (Jahr)	Altersgruppe* (Jahre)	Plätze** bzw. Pflegefamilien/ -personen	Aufenthaltsdauer max. + Verlängerung (lt. Konzept)	Konzeptfokus
OÖ	Mogli, Stationäre Krisenbetreuung – Kindergruppe, Leonding	Plan B gem. GmbH	1990	5–12	8+2 (vorm. 5)	3 Monate	KU
S	Krisenstelle für Kleinkinder Mu:Ki, Salzburg	Mutter – Kind: Krisen- und Interventionsinstitut/Land Salzburg	1990	(0)1–6	8+2	3 Monate	KU
W	Drehscheibe, Überregionales Krisenzentrum – KRIZ *für unbegleitete Minderjährige*, Ruckergasse, Wien	Stadt Wien – Kinder- und Jugendhilfe	ca. 1990	3–18	12	nach Notwendigkeit	KI/B tw. + KU
OÖ	Familiäre Krisenbetreuung (Leonding, Vöcklabruck)	Plan B gem. GmbH	1992 A: 1990er	0–5	ca. 30***	3 Monate	F-KU
T	KIZ – Kriseninterventionszentrum für Kinder und Jugendliche, Innsbruck	Verein KIZ – Kriseninterventions- zentrum	1992	12–18	6+1 (vorm. 3+1)	2+6 Wochen (vorm. 1 Woche)	KI/B + KU
OÖ	Wàki, Zufluchtsort für Jugendliche in Krisen, Linz	Diakonie Zentrum Spattstraße gGmbH	1994	12–18	6+1	4 Monate	KU
St	tartaruga, Kriseninterventionsstelle für Jugendliche, Graz	Jugend am Werk Steiermark GmbH	1994	13–18	6+2	12 Wochen	KI/B + KU
S	Kinderkrisenstelle, Salzburg	KOKO Kontakt- und Kommunikationszentrum für Kinder gem. GmbH	1994	6–10 (vorm. bis 12)	5	3 Monate	KU
W	Regionales Krisenzentrum – KRIZ Moselgasse (vorm. Columbusgasse), 10. Bez., Wien	Stadt Wien – Kinder- und Jugendhilfe	1994	3–15 (vorm. ab 2)	8	6 Wochen	KI/B tw. + KU
OÖ	KriWG Simba, Altmünster	Verein SOS-Kinderdorf (Österreich)	1997	4–13	9+2 (vorm. 11)	4 Monate	KU
T	Bereitschaftsfamilien (Axams)	Landeskinderheim Axams/Land Tirol	1997 FDN: 2011	0–3	18 (vorm. 3) (à bis 2 Plätze)	6 Monate	F-KU
St	Familienpädagogische Krisenpflegeplatzunterbringung (vorm. Passagere Pflegeeltern) (Graz)	affido pflegefamilien |kinderdörfer |familienarbeit GmbH	ca. 1998 FDN: 2012	0–18	ca. 50 (à bis 2 Plätze)	6 Monate	F-KU
W	Regionales Krisenzentrum – KRIZ Engerthstraße, 2. Bez., Wien	Stadt Wien – Kinder- und Jugendhilfe	2. Hälfte 1990er	3–15 (vorm. ab 2)	8	6 Wochen	KI/B tw. + KU
W	Regionales Krisenzentrum – KRIZ Trunnerstraße, 2. Bez., Wien	Stadt Wien – Kinder- und Jugendhilfe	2. Hälfte 1990er	3–15 (vorm. ab 2)	8	6 Wochen	KI/B tw. + KU

W	Regionales Krisenzentrum – KRIZ Simmeringer Hauptstraße, 11. Bez., Wien	Stadt Wien – Kinder- und Jugendhilfe	2. Hälfte 1990er	3–15 (vorm. ab 2)	8	6 Wochen	KI/B tw. + KU
W	Regionales Krisenzentrum – KRIZ Längenfeldgasse, 12. Bez., Wien	Stadt Wien – Kinder- und Jugendhilfe	2. Hälfte 1990er	3–15 (vorm. ab 2)	8	6 Wochen	KI/B tw. + KU
W	Regionales Krisenzentrum – KRIZ Mariahilfer Straße, 15. Bez., Wien	Stadt Wien – Kinder- und Jugendhilfe	2. Hälfte 1990er	3–15 (vorm. ab 2)	8	6 Wochen	KI/B tw. + KU
W	Regionales Krisenzentrum – KRIZ Comeniusgasse, 17. Bez., Wien	Stadt Wien – Kinder- und Jugendhilfe	2. Hälfte 1990er	3–15 (vorm. ab 2)	8	6 Wochen	KI/B tw. + KU
W	Regionales Krisenzentrum – KRIZ Lobenhauerngasse, 17. Bez., Wien	Stadt Wien – Kinder- und Jugendhilfe	2. Hälfte 1990er	3–15 (vorm. ab 2)	8	6 Wochen	KI/B tw. + KU
W	Regionales Krisenzentrum – KRIZ Wasnergasse, 20. Bez., Wien	Stadt Wien – Kinder- und Jugendhilfe	2. Hälfte 1990er	3–15 (vorm. ab 2)	8	6 Wochen	KI/B tw. + KU
W	Regionales Krisenzentrum – KRIZ Prandaugasse, 22. Bez., Wien	Stadt Wien – Kinder- und Jugendhilfe	2. Hälfte 1990er	3–15 (vorm. ab 2)	8	6 Wochen	KI/B tw. + KU
W	Regionales Krisenzentrum – KRIZ Lavaterstraße, 22. Bez., Wien	Stadt Wien – Kinder- und Jugendhilfe	2. Hälfte 1990er	3–15 (vorm. ab 2)	8	6 Wochen	KI/B tw. + KU
W	Regionales Krisenzentrum – KRIZ Rößlergasse, 23. Bez., Wien	Stadt Wien – Kinder- und Jugendhilfe	2. Hälfte 1990er	3–15 (vorm. ab 2)	8	6 Wochen	KI/B tw. + KU
W	Überregionales Krisenzentrum – KRIZ *für Mädchen*, Hammerschmidtgasse, Wien	Stadt Wien – Kinder- und Jugendhilfe	1998	15–18	2 Gruppen: 8/8	6 Wochen	KI/B tw. + KU
W	Überregionales Krisenzentrum – KRIZ *für Burschen*, Pleischlgasse (vorm. Wasnergasse), Wien	Stadt Wien – Kinder- und Jugendhilfe	2011 (vorm. ca. 1998)	15–18	10 (vorm. 2 Gruppen)	6 Wochen	KI/B tw. + KU
T	chillout Anlaufstelle, Beratungsstelle, Übergangswohnbereich, Innsbruck	Verein zur Förderung des DOWAS	1999	14–18/21	10	3 Monate	KI/B tw. + ASt tw. + KU
K	KIZ Klagenfurt	pro mente: kinder jugend familie GmbH	2000	4–18	5 (Clearing/ Behandlung)+3 (Krise)+2	8 Wochen	KI/B + KU + D
V	Private Krisenpflege (Bregenz)	Vorarlberger Kinderdorf gGmbH	2000	0–5	ca. 10 (wenige à 2 Plätze)	3 Monate	F-KU

[**Quelle:** Eigene Erhebungen] * bis/ab 6 Jahre = Schuleintritt; bis 18 Jahre = Vollendung 17. Lebensjahr; ** Anzahl Plätze + Notbetten/Überbelegsplätze; *** Anzahl der Plätze unterschiedlich; A = Anstellung, FDN = Freie*r Dienstnehmer*in; vorm. = vormals

Zudem hatte es in diesem Zeitraum jeweils für einige Jahre u. a. folgende Einrichtungen gegeben: Von der Stadt Wien wurden die Krisenzentren „Biwak“ (1990–?) und „Fiduz“ (1990–?) sowie eine Krisenwohngruppe für Burschen (1993–?) betrieben (vgl. Voitle, 1991, S. 88; Ziering, 2002, S. 47); in Graz gab es in den beiden Landesjugendheimen eine Kriseninterventionsgruppe für Mädchen sowie eine für Burschen (1991– ca. 1995) (vgl. Enzenhofer, 1991, S. 98). Manche der entwickelten Konzepte waren jedoch nicht, z. B. in Graz 1994 (Enzenhofer u. Fink), eine „Wohngruppe für Kinder in Notsituationen“ bzw. wurden in abgeänderter Form erst viele Jahre später (z. B. in Wiener Neustadt eine „Krisen- und Notschlafstelle für Kinder und Jugendliche“ (Thoma, 2000); vgl. Tab. 4) umgesetzt.

4.1.3 Regionaler Ausbau und Ausdifferenzierung sowie „Nachzügler“ (s. Tab. 3)

In diesen Zeitraum fällt die Eröffnung der ersten Kriseneinrichtungen in Niederösterreich. Durch den Ausbau der Krisenplätze auch für bisher noch nicht abgedeckte Altersgruppen gab es rund zwei Jahrzehnte nach Beschluss des JWG 1989 in sechs Bundesländern die Möglichkeit, sowohl Säuglinge und Kleinkinder als auch Schulkinder und Jugendliche vorübergehend in eigens dafür vorgesehenen stationären Einrichtungen oder in familiärer Krisenunterbringung mit Einrichtungszuständigkeit zu betreuen.

Tab. 3: Kriseneinrichtungen und familiäre Krisenunterbringung in Österreich (Stand Dezember 2020) – Eröffnung bzw. Start 2001–2010

Bundesland	**Einrichtung/ Krisenpflege**	**Betreiber**	**Eröffnung bzw. Start (Jahr)**	**Altersgruppe* (Jahre)**	**Plätze** bzw. Pflegefamilien/ -personen**	**Aufenthaltsdauer max. + Verlängerung (lt. Konzept)**	**Konzeptfokus**
T	Krisenhaus (vorm. „Haus Espenau“), Imst	Verein SOS-Kinderdorf (Österreich)	2018 (vorm. 2001)	0–18 (vorm. 6–12)	5 (vorm. 8)	4 Monate	KU
W	Krisenpflegeeltern (Wien)	Verein Eltern für Kinder Österreich (EFKÖ)	2003 A: 2003	0–3	25 (à 1 bzw. 2 Plätze)	6 Wochen	F-KU
K	KIZ Spittal/Drau	pro mente: kinder jugend familie GmbH	2006	4–18	5 (Clearing/ Behandlung) +3 (Krise)+2	8 Wochen	KI/B + KU + D
OÖ	Krisengruppe Muskat, Geinberg	Schloss Neuhaus/Land OÖ	2006	5–12	7+2	3 Monate	KU
St	KRISUN, Krisenunterbringungs- stelle, Kapfenberg	Verein Kolping Österreich	2006	13–18	6+2	12 Wochen	KI/B + KU

St	MOB-Krise – Betreutes Wohnen in Krisensituationen, Graz und Bezirke Leibnitz, Weiz, Hartberg-Fürstenfeld, Südoststeiermark	AIS-Jugendservice gem. GmbH	2006	15–18	4	3 Monate	MOB-KU
St	MOB-Krise – Betreutes Wohnen in Krisensituationen, Bezirke Bruck-Mürzzuschlag, Murtal	Therapeutische Gemeinschaft Betriebs GmbH	2006	15–18	2	3 Monate	MOB-KU
St	MOB-Krise – Betreutes Wohnen in Krisensituationen, Graz	Verein SOS-Kinderdorf (Österreich)	2007	15–18	2	3 Monate	MOB-KU
NÖ	Krisenzentrum Amstetten	Kidsnest GmbH/Kinderfreunde Niederösterreich	2007	13–18	8+1	3 Monate	KU
NÖ	Die Brücke Hinterbrühl, Zentrum für Krisenintervention und Klärung in der stationären Kinder- und Jugendhilfe	Sozialpädagogisches Betreuungs- zentrum Hinterbrühl/Land NÖ	2008	6–14	8+2	3 Monate	KU
NÖ	Die Brücke Hollabrunn, Zentrum für Krisenintervention und Klärung in der stationären Kinder- und Jugendhilfe	Sozialpädagogisches Betreuungs- zentrum Hollabrunn/Land NÖ	2008	6–14	8+2	3 Monate	KU
K	Barbakus, Sozialpädagogisch-therapeutische Wohngruppe für Kinder in Krisensituationen, Moosburg	Verein SOS-Kinderdorf (Österreich)	2009	3–12	2 Gruppen (Diagnose/ Heilpädagogisch): 7/7+1	Diagnose: 4+2 Monate Heilpädagogisch: 1+1 Jahr	KU + D + PB
K	Krisenpflegeplätze (Moosburg)	Verein SOS-Kinderdorf (Österreich)	2010 A: 2010	0–10	8 (à bis 3 Plätze)	8+4 Wochen	F-KU
NÖ	Die Brücke Allentsteig, Zentrum für Krisenintervention und Klärung in der stationären Kinder- und Jugendhilfe	Sozialpädagogisches Betreuungs- zentrum Allentsteig/Land NÖ	2010	6–14	8+2	3 Monate	KU

[**Quelle:** Eigene Erhebungen] * bis/ab 6 Jahre = Schuleintritt; bis 18 Jahre = Vollendung 17. Lebensjahr; ** Anzahl Plätze + Notbetten/Überbelegsplätze; A = Anstellung, FDN = Freie*r Dienstnehmer*in; vorm. = vormals

Eine Kriseneinrichtung für Jugendliche, „DIE BURG“ in Fürstenfeld (Betreiber: Hilfswerk Steiermark GmbH), wurde ebenfalls in diesem Zeitraum (2008) eröffnet, acht Jahre später jedoch geschlossen.

4.1.4 Weitere Bedarfsabdeckung und „Nachzügler“ (s. Tab. 4)

Bis zum Inkrafttreten des B-KJHG 2013 gab es in allen Bundesländern, ausgenommen Burgenland, Krisenplätze in Einrichtungen und/oder bei Pflegepersonen in der Zuständigkeit von Einrichtungen für alle Altersstufen.

Im Burgenland wurde letztendlich Anfang 2020 die erste Krisenwohngruppe für Kinder und Jugendliche eröffnet. Eine Erweiterung der Platzkapazitäten erfolgte in diesen zehn Jahren in allen Bundesländern außer der Steiermark.

Tab. 4: Kriseneinrichtungen und familiäre Krisenunterbringung in Österreich (Stand Dezember 2020) – Eröffnung bzw. Start 2011–2020

Bundesland	**Einrichtung/ Krisenpflege**	**Betreiber**	**Eröffnung bzw. Start (Jahr)**	**Altersgruppe* (Jahre)**	**Plätze** bzw. Pflegefamilien/ -personen**	**Aufenthaltsdauer max. + Verlängerung (lt. Konzept)**	**Konzeptfokus**
NÖ	Die Brücke St. Pölten, Zentrum für Krisenintervention und Klärung in der stationären Kinder- und Jugendhilfe	Sozialpädagogisches Betreuungs- zentrum Schauboden/Land NÖ	2011	6–14	8+2	3 Monate	KU
NÖ	Krisenzentrum Wiener Neustadt	Kidsnest GmbH/Kinderfreunde Niederösterreich	2011	13–18	8+1	3 Monate	KU
St	MOB-Krise – Betreutes Wohnen in Krisensituationen, Bezirk Voitsberg, Graz	Jugend am Werk Steiermark GmbH	2011/ 2016	15–18	2	3 Monate	MOB-KU
V	ifs Krisenwohngruppe Kompass, Feldkirch	Institut für Sozialdienste gGmbh	2011	14–18	8	6+2(+8) Wochen	KU
NÖ	Kurzfristige Pflegeeltern (Tulln)	Peter PAN Pflege und Adoption in NÖ G.m.b.H.	2012 A: 2012	0–5	ca. 16 (dzt. à bis 2 Plätze)	6 Monate	F-KU
OÖ	change, Stationäre Krisenbetreuung – Jugendgruppe, Leonding	Plan B gem. GmbH	2012	12–18	7+1	3 Monate	KU
S	Alterserweiterte Krisenstelle, Salzburg	KOKO Kontakt- und Kommunikationszentrum für Kinder gem. GmbH	2013	10–14	8	3 Monate	KU
T	Turntable, Kufstein	Tiroler Kinder und Jugend GmbH, 100%ige Tochter des Landes Tirol	2013	12–18	5	3 Monate	KI/B tw. + KU
OÖ	SKIP Kindergruppe, Leonstein	Schloss Leonstein/Land OÖ	2014	5–12	8+2	16 Wochen	KU
OÖ	SKIP Jugendgruppe, Leonstein	Schloss Leonstein/Land OÖ	2015	12–18	6+2	16 Wochen	KU
NÖ	Kleinkindkrisengruppe, Pottenstein	Sozialpädagogisches Betreuungs- zentrum Pottenstein/Land NÖ	2016	0–6	8	1 Jahr	KU
W	Überregionales Krisenzentrum – KRIZ *für Burschen*, Hockegasse, Wien	Stadt Wien – Kinder- und Jugendhilfe	2016	15–18	8	6 Wochen	KI/B tw. + KU
T	KurzzeitWG neMo, Schwaz	Tiroler Kinder und Jugend GmbH, 100%ige Tochter des Landes Tirol	2017	6–14	8 (davon 2 für aufgegriffene UMF)	3 Monate	KU

W	Kleinkinder-Krisengruppe, Wien	Malteser Care GmbH	2019	0–3	4	Übergangszeit bis Krisen-pflege-platz	KU
B	Krisenwohngruppe mit Krisenplätzen, Pinkafeld	Verein SOS-Kinderdorf (Österreich)	2020	6–18	4+2 „Krise light" (+ dzt. 2 soz.päd. Plätze)	3 Monate (bei Kri-senplatz)	KU
S	Bereitschaftspflegeeltern (Seekirchen)	Verein SOS-Kinderdorf (Österreich)	2020 A: 2020	0-xx (Kinder)	6 ***	wenige Monate	F-KU
K	Contraste KIZ St. Stefan im Lavanttal	Contraste Kinder- und Jugendwohn- gemeinschaften GmbH	2020	6–18	10	8 Wochen	KI/B + KU + D + PT

[**Quelle:** Eigene Erhebungen] * bis/ab 6 Jahre = Schuleintritt; bis 18 Jahre = Vollendung 17. Lebensjahr; ** Anzahl Plätze + Notbetten/Überbelegsplätze; *** Anzahl der Plätze unterschiedlich; A = Anstellung, FDN = Freie*r Dienstnehmer*in; vorm. = vormals

4.2 Konzeptuelle Merkmale

Die Analyse der Einrichtungskonzeptionen zeigt als gemeinsamen Nenner die Möglichkeit der ganztägig stationären Krisenbetreuung und -begleitung für kurz- bis mittelfristige Dauer. Es gibt aber einige wesentliche Unterschiede, verschiedene Einrichtungstypen können herausgefiltert werden (Einzelzuordnung s. Tab. 1–4):

- **B/KI+KU:** zusätzlich zur Krisenunterbringung (KU) in einer Einrichtung auch Angebot der telefonischen und ambulanten Beratung (B) bzw. ggf. Krisenintervention (KI), manche auch per E-Mail sowie bei Bedarf Nachbetreuung; einige davon zu eingeschränkten Zeiten (tw.)
  - **B/KI+ASt+KU:** zusätzlich Anlaufstelle (ASt)
  - **B/KI+KU+D:** zusätzlich klinisch-psychologische Diagnostik (D)
  - **B/KI+KU+D+PT:** zusätzlich psychotherapeutisches Angebot (PT)
- **KU:** Krisenunterbringung in einer Einrichtung
  - **KU+D+PB:** zusätzlich psychiatrisch-pädiatrische Untersuchung und klinisch-psychologische Diagnostik (D) sowie psychologisch/therapeutisches Einzel- und Gruppenangebot (PB)
- **F-KU:** familiäre Krisenunterbringung bei Pflegeperson(en)
- **MOB-KU:** mobil betreute Krisenunterbringung von Jugendlichen in einer Wohnung; täglich durchschnittlich zwei Stunden Betreuungszeit sowie Rund-um-die-Uhr-Erreichbarkeit durch Rufbereitschaft

Hinsichtlich der Zielgruppe gibt es ebenso mehrere Varianten. Es sind dies Kriseneinrichtungen bzw. -gruppen und familiäre Krisenunterbringung für Säuglinge und Kleinkinder, (Klein-)Kinder, Jugendliche sowie für gemischte Altersgruppen (Einzelzuordnung s. Tab. 1–4). Meist ist bezüglich der Altersgrenzen eine Ausnahme, v. a. bei Geschwistern, möglich. Einrichtungen mit ambulanter Beratungsmöglichkeit stehen in der Regel auch als Ansprechstelle für Erwachsene im Zusammenhang mit Problem-, Not- und Krisensituationen von Minderjährigen zur Verfügung. Ein Teil der Kriseneinrichtungen führt Notbetten bzw. Überbelegsplätze (ebd.) mit einer Aufenthaltsdauer zwischen einem Tag und wenigen Wochen.

Der Blick auf die *historische Entwicklung der Einrichtungskonzeptionen* zeigt, dass im Rahmen der Erhöhung der Platzkapazitäten die Ausdifferenzierung der Möglichkeiten für alle Altersstufen erfolgte. Bezüglich der zugrunde liegenden sozial- und familienpädagogischen sowie auch professionsbezogenen und gesellschaftspolitischen Grundhaltungen und Konzeptionen werden seit den 1990er-Jahren insbesondere die Krisenintervention und Deeskalation, systemische und lösungsorientierte Arbeitsweise, Sensibilität hinsichtlich (indirekter) Gewalt und Geschlechterstereotypen, aber auch Einflussfaktoren bei Migrationshintergrund fokussiert, wenngleich das Methodenrepertoire immer wieder weiterentwickelt wird. Spätestens seit den 2010er-Jahren haben vor allem die Neue Autorität, Traumapädagogik bzw. traumasensible Haltung, Partizipation, Diversität und passgenaue Lösungen sowie Gelingensfaktoren von Kooperationen an Bedeutung gewonnen. Dies bedingt einen gewissen Veränderungsprozess in der alltäglichen Arbeit mit den Kindern und Jugendlichen, mehr Variationen der Krisenbetreuungen sowie zielorientiertere Zusammenarbeit aller Beteiligten.

4.3 Strukturelle Rahmenbedingungen und sonstige Gegebenheiten

Die *Historie der (Weiter-)Entwicklung* der Rahmenbedingungen der Einrichtungen spiegelt insbesondere jene der Vorgaben der Kinder- und Jugendhilfeträger in den letzten drei Jahrzehnten wider; wenn vorhanden wurden diese in Ergänzung zum jeweiligen Landesgesetz, formal meist nach mehr oder weniger vielen Betriebsjahren einzelner (privater) Einrichtungen beschlossen (z. B. in der Steiermark die StJWG-DVO 2005 i. d. g. Fen. bis 2013 bzw. StKJHG-DVO 2014 i. d. g. F.; in Niederösterreich die NÖ KJHEV 2020 sowie die NÖ Pflegekindergeld-Verordnung 2014 i. d. g. F., in Salzburg die Jugendwohlfahrts- bzw. ab 2015 Kinder- und Jugendhilfe-Wohnformen-Verordnung 2000 i. d. g. F.; vgl. Tab. 1–4).

Unabhängig vom Vorliegen solcher Regelungen wurde die Finanzierungsform der Kriseneinrichtungen nach der einmal getroffenen Grundsatzentscheidung des jeweiligen Landes beibehalten. Teilweise (mehrfache) Veränderungen gab es bei den finanziellen Regelungen der familiären Krisenpflege, großteils kam es zu Verbesserungen im Rahmen sozialrechtlicher Absicherung (vgl. Geserick et al., 2015; Tab. 2–4). Eine geänderte Regelung des Bundes hinsichtlich des Anspruchs auf Kinderbetreuungsgeld hatte ab Anfang 2019 allerdings eine Verschlechterung zur Folge (vgl. Die Presse, 29.01.2019; Der Standard, 22.07.2019).

Die Qualifikationsvorgaben für die Mitarbeiter*innen der Kriseneinrichtungen sind mittlerweile in den meisten Bundesländern formell geregelt und sollten somit der fachlichen Ausrichtung der Fachkräfte im Sinne des § 12 B-KJHG 2013 entsprechen. Sie wurden seit den 1990er-Jahren (teilweise mehrfach) angehoben. Eine abgeschlossene facheinschlägige Ausbildung, aber in unterschiedlichem Umfang ist vorgegeben, teilweise auch berufliche sowie Supervisionserfahrung und ein Mindestalter. Im Bereich der familiären Krisenunterbringung wurde die sozialrechtliche Absicherung der Pflegepersonen (vgl. Tab. 2–4) mit der Verpflichtung verbunden, sozialpädagogischen Mehraufwand zu leisten (z. B. im Rahmen des Besuchsrechts der leiblichen Eltern) und/oder an qualitätssichernden Maßnahmen (z. B. Teambesprechungen, Supervisionen, Weiterbildungen) teilzunehmen sowie regelmäßige Dokumentationen umzusetzen (vgl. Geserick et al., 2015, S. 30–39 und S. 106–108; eigene Erhebungen). Fachkräfte der jeweiligen Einrichtung sind beauftragt, diese Maßnahmen und/oder den Prozess der Krisenabklärung und -betreuung zu begleiten.

Weitere wesentliche Rahmenaspekte sind die Anzahl der Mitarbeiter*innen (diesbezüglich gab es beispielsweise in der Steiermark mehrfach eine Änderung), die Räumlichkeiten und Lage der Einrichtung sowie die Organisationsstruktur der Betreiber. Zudem haben die Angebotslandschaft der Hilfesysteme sowie interdisziplinäre und interinstitutionelle Kooperationsstrukturen und fachliche Netzwerke große Relevanz für zielführende

Krisenarbeit; diese werden von langjährig bestehenden Einrichtungen als strukturierter und professioneller beschrieben bzw. wahrgenommen als in früheren Jahren.

4.4 Mehrere markante Unterschiede zwischen Bundesländern

In der Zusammenschau der Standards und Merkmale der Kriseneinrichtungen und familiären Krisenunterbringung, der Vorgaben der neun Kinder- und Jugendhilfeträger sowie der vorgesehenen Zusammenarbeit mit dem Gesundheitswesen wird offensichtlich, dass die grundlegenden Entscheidungen jeweils bundeslandspezifisch getroffen wurden. Die wesentlichsten Unterschiede sind bei den folgenden Aspekten erkennbar:

- *Bewilligung der Kriseneinrichtungen:* als sozialer Dienst (großteils in Tirol) oder als sozialpädagogische Einrichtung.
- *Angebot/Beauftragung:* Krisenunterbringung, auch mobil betreut; zusätzlich Diagnostik und/oder Therapie; auch ambulante Beratung, weiters auch Anlaufstelle (s. Tab. 1–4).
- *Zielgruppe:* Altersgruppen und Geschlecht in den Kriseneinrichtungen sowie in der familiären Krisenunterbringung (s. Tab. 1–4).
- *Beauftragung und rechtlicher Rahmen der Krisenunterbringung:* schriftliche Vereinbarung durch die behördliche Kinder- und Jugendhilfe mit den Eltern, Übertragung der Ausübung der Pflege und Erziehung; mündliche/schriftliche Vereinbarung der Einrichtung mit den Eltern (für begrenzten Zeitraum oder gesamte Betreuungsdauer) bzw. Information an diese bei älteren Jugendlichen.
- *Kosten für Inanspruchnahme der Krisenunterbringung:* Tagsatzverrechnung an zuständige Bezirksverwaltungsbehörde (nie, anonymisiert, immer); Unterhaltsvorschreibung/Regressforderung an Obsorgeträger (nie, ab Beginn, nach einer bestimmten Aufenthaltsdauer).
- *Verordnungen und Richtlinien:* Fokus, Detailliertheit; in Kärnten und Vorarlberg keine für Kriseneinrichtungen.
- Strukturstandard *Fachkräfte:* Mindestqualifikationen (Ausbildung, Berufserfahrung u. a.); Mindestalter (ja, nein); Vollzeitäquivalente gesamt sowie Psychologie und Sozialarbeit.

- Prozessstandard *qualitätssichernde Maßnahmen:* Mindestausmaß Teamsitzungen, Supervisionen, Weiterbildungen.
- *Arbeits- und sozialrechtliche Regelung für Pflegepersonen* in der familiären Krisenunterbringung (s. Tab. 2–4).
- *Betreiber der Einrichtungen:* ausschließlich privat, vorwiegend Kinder- und Jugendhilfeträger (s. Tab. 1–4).
- *Finanzierung der Kriseneinrichtungen:* Jahresbudget oder Tagsätze (teilweise Beratungsangebot eingerechnet).
- *Kooperationen mit Kinder- und Jugendpsychiatrie* konkretisiert: Niederösterreich (vgl. Plattform Kindernetzwerk Industrieviertel, 2018), Oberösterreich (vgl. Rampler et al., 2015), Salzburg (vgl. Ellmer et al., 2015), Wien (vgl. Kern u. Sagerschnig, 2017, S. 21).

5 Hinein in die Zukunft: Bedarfe, Planungen und Empfehlungen

Einen *Zugang* von sechs Krisenplätzen (plus zwei Notbetten) für Kinder und Jugendliche gibt es seit April 2021 über die ARGE 4Raum in Graz. Planungen für die Schaffung weiterer Plätze und ambulanter Angebote für Beratung und Krisenarbeit liegen im Land Burgenland (2020, S. 40), für den Lungau (vgl. ORF, 2020), in Wien (vgl. Sedlak, 2020, S. 39) und bei neMo in Schwaz in Tirol (eigene Erhebung) vor.

Medienberichten der letzten Jahre ist zu entnehmen, dass vielerorts Krisenpflegeeltern gesucht werden. Auch die befragten Einrichtungen (vgl. Tab. 1–4) nehmen einen *Mangel an Krisenplätzen* wahr, Prüfberichte des Stadtrechnungshofs Wien (vgl. Sedlak, 2020, S. 39–40) und der Volksanwaltschaft (2017, S. 72 und 179) erläutern diesen. Zum einen fehlen Plätze für sogenannte „Systemsprenger“, für Kinder und Jugendliche mit Suchterkrankungen oder anderen (psychiatrischen) Auffälligkeiten sowie für jene mit einer (gravierenden) Beeinträchtigung, zum anderen weil ein Auszug innerhalb der vorgesehenen Aufenthaltsdauer wegen langer Abklärungsdauer, Wartezeit auf einen freien (Spezial-)Platz oder des Fehlens (intensiv)ambulanter bzw. -mobiler familienstützender Krisendienste nicht möglich ist und somit Plätze übermäßig lange belegt bleiben. Weiters mangelt es an Möglichkeiten für teilstationäre Krisenunterstützung sowie für Aufnahmen gemeinsam mit Eltern(teilen). Längere Zeiträume zur Stabilisierung bei chronifizierten Krisen stehen wie auch Angebote zur Krisenunterbringung in der Region teilweise nicht zur Verfügung. Zudem ist familiäre Krisenunterbringung von Kindern ab ca. zehn Jahren oftmals für beide Seiten nicht mehr passend, adäquate Alternativen fehlen.

Mit dem Blick auf die Herausforderungen im Handlungsalltag erachten die Einrichtungen *Weiterentwicklungen* in folgenden Bereichen als wesentlich:

- *Konzeptfokus:* Ausdifferenzierung von (individuellen) Betreuungsschwerpunkten, Berücksichtigung von Inklusion und Diversität, intensive(re) begleitende Krisenarbeit mit den Eltern, Regelung der Möglichkeiten für Auszeiten aus sozialpädagogischen Einrichtungen und Pflegefamilien sowie mobile Krisenintervention in diesen durch externe Dienste, längerfristige Stabilisierungsplätze bei chronifizierten Krisen.
- *Methodenebene:* Arbeit an den (fachlichen) Grundhaltungen und Vereinbarung von verbindlichen Kooperationsstrukturen auf interdisziplinärer sowie interinstitutioneller Ebene, Nutzung von Social-Media-Plattformen und anderen Technologien.
- *Angebotsebene:* multiprofessionelle und methodenpluralistische Angebote, Ausbau von niederschwelligen Beratungsangeboten, betreute (Krisen-)Wohnmöglichkeiten für junge Erwachsene auch im Rahmen der Kinder- und Jugendhilfe.
- *Strukturelle Ebene:* Rahmenbedingungen für stabile(re) Teams, österreichweite Angleichung der arbeits- und sozialrechtlichen sowie finanziellen Regelungen für die familiäre Krisenpflege, angemessene, stabile Finanzierungsformen.

Ergänzend sieht die Verfasserin weitere *Empfehlungen* als bedeutsam, um den Weg der fachlichen Ausrichtung sowie Umsetzung und Weiterentwicklung der Standards auch bei diesen speziellen Angebotsformen der Kinder- und Jugendhilfe einheitlich(er) weiterzugehen (vgl. §§ 12–15 B-KJHG 2013 sowie Vereinbarung gemäß Artikel 15a B-VG):

- *Konkretisierung österreichweit gemeinsamer Mindeststandards* für Krisenunterbringungen sowie für die ambulante (und mobile) Krisenintervention und -begleitung durch Kriseneinrichtungen,
- *Überprüfung* der rechtlichen *Einordnung und Bewilligung der Kriseneinrichtungen*, der Zweckmäßigkeit der Tagsatzfinanzierung sowie einer Vereinfachung des rechtlichen Rahmens von Krisenunterbringungen,

- *Erweiterung der Kinder- und Jugendhilfestatistik* durch die Berücksichtigung aller Krisenunterbringungen, die Ausweisung in eigenen Kategorien und Einbezug der ambulanten Beratungen der Kriseneinrichtungen,
- *Fokussierung regionaler Netzwerke* der kurz- bis mittelfristigen Hilfemöglichkeiten der Kinder- und Jugendhilfe sowie der angrenzenden Zuständigkeitsbereiche,
- *Setzung von Forschungsschwerpunkten* zu den Besonderheiten, Möglichkeiten und Problemstellungen der Kriseneinrichtungen und familiären Krisenunterbringung,
- *österreichweite bzw. bundesländerübergreifende Vernetzung* der Kriseneinrichtungen und/oder der Einrichtungen in der Zuständigkeit für die familiäre Krisenunterbringung.

Literaturverzeichnis

Bauer, I., Hoffmann, R., Kubek, Ch. (2013). Abgestempelt und ausgeliefert. Fürsorgeerziehung und Fremdunterbringung in Salzburg nach 1945. Mit einem Ausblick auf die Wende hin zur Sozialen Kinder- und Jugendarbeit von heute. Innsbruck: Studienverlag.

Belardi, N., Akgün, L., Gregor, B., Neef, R., Pütz, T., Sonnen, F. R. (2007). Beratung. Eine sozialpädagogische Einführung (5. überarb. Aufl.). Weinheim und Basel: Beltz/Juventa-Verlag.

B-KJHG 2013 (Bundes-Kinder- und Jugendhilfegesetz 2013). BGBl. 69/2013 idgF. Download: https://www.ris.bka.gv.at/GeltendeFassung.wxe?Abfrage=Bundesnormen&Gesetzesnummer=20008375&FassungVom=2019-12-31 [04.02.2021].

Bundesministerium für Arbeit, Familie und Jugend: Kinder- und Jugendhilfestatistik 2019. Wien. 2020. Download: https://www.frauen-familien-jugend.bka.gv.at/dam/jcr:751ba8f7-6128-45fd-b6cb-97410c99af53/Kinder-%20und%20Jugendhilfestatistik%202019.pdf [12.02.2021].

Burchard, F. (o. J.): Jugendpsychiatrie und stationäre Jugendhilfe – eine lohnende Schnittstelle. Download: https://www.lwl.org/klinik_marsberg/pdf/Dr_F_Burchard.pdf [09.06.2016].

Charwath-Klinger, U. (2018). Krisendefinition. Ein Versuch, verschiedene Arten von Krisen zu unterscheiden und definieren. In: Plattform Kindernetzwerk Industrieviertel (S. 26–28).

Die Presse (2019). Innenpolitik. Kindergeld für „Noteltern“ erst ab drei Monaten der Betreuung? 29.01.2019. Download: https://www.diepresse.com/5570572/kindergeld-fur-noteltern-erst-ab-drei-monaten-der-betreuung [06.04.2021].

Der Standard (2019). Familienpolitik. Geld. Familienministerin will einheitliche Leistungen für Krisenpflegeeltern. 22.07.2019. Download: https://www.derstandard.at/story/2000106537968/familienministerin-will-einheitliche-leistungen-fuer-krisenpflegeeltern [06.04.2021].

Ellmer, R., Thun-Hohenstein, L., Wankerl, C., Enzinger, V., Wieder, R., Grundnig, I., Goetz, E., Lackner, K., Köppl-Lindorfer, S., Kohl, M. u. Mühlbacher, A. (2015). „Krise als Chance“. Handlungsleitfaden für die Krisenarbeit mit Kindern und Jugendlichen im Bundesland Salzburg. Kooperation von Land Salzburg, Christian-Doppler-Klinik Salzburg – Universitätsklinik, KOKO, Rettet das Kind Salzburg, SOS Kinderdorf. Salzburg: UK für Kinder- und Jugendpsychiatrie, Copy Shop CDK. Download: https://www.salzburg.gv.at/soziales_/Documents/HANDLUNGSLEITFADEN%20extern%20LETZTFASSUNG%2019.3.19%20Letztfassung%20Druckversion%20(002).pdf [13.03.2021].

Enzenhofer, R. (1987). Kontakte zwischen Pflegefamilie, Pflegekind und Herkunftsfamilie. Eine Untersuchung über deren Verlauf und damit in Zusammenhang stehende Faktoren mittels Aktenanalyse. Graz: Diplomarbeit Karl-Franzens-Universität.

Enzenhofer, R. (1991). Bedarfssituation. In: R. Enzenhofer, W. Perl u. J. Voitle (S. 94–124).

Enzenhofer, R., Perl, W. u. Voitle, J. (1991). Kriseninterventionsstelle für Jugendliche. Theorie, Modelleinrichtungen, Bedarfsanalyse, Konzept. Graz: Projektbüro Jugend am Werk Steiermark.

Enzenhofer, R. u. Fink, F. (1994). Kinderwohngruppe für Kinder in Notsituationen. Rahmenkonzeption. 1. Entwurf. Graz: Projektbüro Jugend am Werk Steiermark u. Kinderschutzzentrum Graz.

Erläuterungen zum B-KJHG 2013. 2191 der Beilagen XXIV. GP – Regierungsvorlage – Erläuterungen mit WFA. Download: https://www.parlament.gv.at/PAKT/VHG/XXIV/I/I_02191/fname_291503.pdf [04.02.2021].

Geserick, Ch., Mazal, W. u. Petric, E. (2015). Die rechtliche und soziale Situation von Pflegeeltern in Österreich. Juristische Expertise und empirische Erhebung. ÖIF Forschungsbericht Nr. 16. Wien: Österreichisches Institut für Familienforschung. Download: https://uscholar.univie.ac.at/detail/o:528706 [09.02.2021].

Graf, H. (2019). Unser Kindl! 100 Jahre Kinder- und Jugendhilfe OÖ. Soziale Fürsorge und Kinderschutz im Wandel der Zeiten. Linz: Amt der Oö. Landesregierung, Abteilung Kinder- und Jugendhilfe. Download: https://www.kinder-jugendhilfe-ooe.at/Mediendateien/dl_100jahrekjhooe_buch.pdf [26.03.2021].

Goll, N.-M. (2017). Ein Rückblick auf die 100-jährige Geschichte des Amtes für Jugend und Familie. Graz: Stadt Graz, Amt für Jugend und Familie. Download: https://docplayer.org/68391442-Ein-rueckblick-auf-die-100-jaehrige-geschichte-des-amtes-fuer-jugend-und-familie.html [17.12.2020].

Harrich, G. (1981). Die Entwicklung der Fürsorgeerziehung in der Steiermark. Graz: Inauguraldissertation zur Erlangung des Doktorgrades an der Geisteswissenschaftlichen Fakultät der Karl-Franzens-Universität.

Heiland, A. (1984). Die Situation von Pflegekindern. In: H. Wurzwallner (Hrsg.), *Sozialarbeit in der Steiermark. Problemfelder – Perspektiven – Modelle* (S. 68–105). Graz: Forschungsbericht des Instituts für Erziehungswissenschaften der Karl-Franzens-Universität.

JWG 1989 (Jugendwohlfahrtsgesetz 1989). BGBl. Nr. 161/1989. Download: https://www.ris.bka.gv.at/Dokumente/BgblPdf/1989_161_0/1989_161_0.pdf [04.02.2021].

Kern, D. u. Sagerschnig, S. (2017). Integrierte psychosoziale Versorgung von Kindern und Jugendlichen. Abschlussbericht. Wien: Gesundheit Österreich. Download: https://www.sozialministerium.at/dam/jcr:09fb2747-fb26-4d81-a831-3b752f03947e/integrierte_psychosoziale_versorgung_von_kindern_und_jugendlichen_-_abschlussbericht%202016.pdf [10.12.2020].

Land Burgenland (2020). Zukunftsplan Burgenland. Arbeitsprogramm der Burgenländischen Landesregierung für die XXII. Gesetzgebungsperiode. Eisenstadt. Download: https://www.burgenland.at/fileadmin/user_upload/Downloads/Landesregierung/Zukunftsplan_Burgenland_final.pdf [23.10.2020].

Lauermann, K. (2001). Reformbestrebungen der Heimerziehung in Österreich seit 1945: Eine historische Rückblende. In: G. Knapp u. J. Scheipl (Hrsg.), *Jugendwohlfahrt in Bewegung. Reformansätze in Österreich* (S. 120–133). Klagenfurt – Laibach – Wien: Hermagoras.

Neuninger, H. (2011). Der lange Weg zum ersten Jugendwohlfahrtsgesetz in Österreich. Initiativen und Hindernisse um die Einführung eines Gesetzes zum Schutze der österreichischen Jugend. Graz: Dissertation Karl-Franzens-Universität Graz.

NÖ KJHEV 2020 (NÖ Kinder- und Jugendhilfeeinrichtungsverordnung). Download: https://www.ris.bka.gv.at/GeltendeFassung.wxe?Abfrage=LrNO&Gesetzesnummer=20001076&FassungVom=2021-03-11 [11.03.2021].

NÖ Pflegekindergeld-Verordnung 2014. Download: https://www.ris.bka.gv.at/GeltendeFassung.wxe?Abfrage=LrNO&Gesetzesnummer=20001014&FassungVom=2021-03-11 [11.03.2021].

Plattform Kindernetzwerk Industrieviertel (Hrsg.) (2018). Krisenmanual für Kinder und Jugendliche im Industrieviertel (3. akt. Aufl.). Hinterbrühl: Karl Landsteiner Gesellschaft. Download: https://www.kindernetzwerk.at/wp-content/uploads/2020/06/Krisenmanual_3.-Auflage.pdf [07.08.2020].

Pelikan, Ch. u. Pilgram, A. (1994). Öffentliche Erziehung ohne Zwang? Zu den Intentionen und Konsequenzen des Jugendwohlfahrtsgesetzes 1989 und des Jugendgerichtsgesetzes 1988. In: H. Janig u. B. Rathmayr (Hrsg.), *Wartezeit. Studien zu den Lebensverhältnissen Jugendlicher in Österreich* (S. 297–322). Innsbruck: Österreichischer StudienVerlag.

Perl, W., Enzenhofer, R. u. Voitle, J. (1991). Einleitung. In: R. Enzenhofer, W. Perl u. J. Voitle (S. 5–7).

Rampler, R., Spalt, I. u. Vovsik, K. (2015). Rahmenrichtlinie Stationäre Krisenbetreuung (2. akt. Aufl.). Linz: Amt der Oö. Landesregierung, Abteilung Kinder- und Jugendhilfe. Download: https://www.kinder-jugendhilfe-ooe.at/Mediendateien/dl_fachinfo_rl_krisenbetreuung.pdf [01.02.2021].

ORF, red Salzburg (2020). Lungau erhält Wohngemeinschaft für Kinder. https://salzburg.orf.at/stories/3082371/ [22.01.2021].

Riedl, M. (2020). Historische Rekonstruktion des Landeskinderheims Axams anhand von Aufnahmebüchern und Kinderakten. Quantitative Studie der Unterbringungsbedingungen von 1950–1980. Innsbruck: Masterarbeit Leopold-Franzens-Universität.

Jugendwohlfahrts- bzw. Kinder- und Jugendhilfe-Wohnformen-Verordnung 2000. Download: https://www.ris.bka.gv.at/GeltendeFassung.wxe?Abfrage=LrSbg&Gesetzesnummer=20000048&FassungVom=2021-03-11 [11.03.2021].

Sedlak, W. (2020). MA 11, Prüfung der Krisenzentren; Nachprüfung. StRH II – 35/19. Stadtrechnungshof Wien. Download: https://stadtrechnungshof.wien.at/ausschuss/01/01-01-StRH-II-35-19.pdf [26.02.2021].

Sonneck, G. (2016). Krisenintervention und Suizidverhütung (3. akt. Aufl.). Wien: Facultas Universitätsverlag.

StKJHG-DVO 2014 (Stmk. Kinder- und Jugendhilfegesetz-Durchführungsverordnung 2014). Download: https://www.ris.bka.gv.at/GeltendeFassung.wxe?Abfrage=LrStmk&Gesetzesnummer=20001133&FassungVom=2021-02-04 [04.02.2021].

StJWG-DVO 2005 (Stmk. Jugendwohlfahrtsgesetz-Durchführungsverordnung 2005). Download: https://www.ris.bka.gv.at/GeltendeFassung.wxe?Abfrage=LrStmk&Gesetzesnummer=20000400&FassungVom=2013-12-31 [04.02.2021].

Statistik Austria (o. J.). Handbuch zur Kinder- und Jugendhilfestatistik 2020. Download: http://www.statistik.at/wcm/idc/idcplg?IdcService=GET_PDF_FILE&dDocName=107043 [12.02.2021].

Stockart-Bernkopf, E. (1989). Jugendwohlfahrtsgesetz 1989. In: *Der österreichische Amtsvormund. Fachzeitschrift für Vormundschaftswesen und Jugendwohlfahrt. Mitteilungsblatt des Vereines der Amtsvormünder Österreichs.* Heft Nr. 3. S. 55–71. Klosterneuburg: Verein der Amtsvormünder Österreichs.

Thoma, Ch. (2000). Konzept: „Krisen- und Notschlafstelle für Kinder und Jugendliche" Wiener Neustadt. St. Pölten: Kinderfreunde Niederösterreich.

Verein zur Förderung des DOWAS (2016). „Mieten essen Leben auf". 40 Jahre DOWAS. Festschrift. Innsbruck: Verein zur Förderung des DOWAS. Download: https://www.dowas.org/images/festschrift16/DOWAS-Festschrift-2016.pdf [16.03.2021].

Vereinbarung gemäß Artikel 15a B-VB über die Kinder- und Jugendhilfe. BGBl. I Nr. 106/2019. Download: https://www.ris.bka.gv.at/GeltendeFassung.wxe?Abfrage=Bundesnormen&Gesetzesnummer=20010830 [04.02.2021].

Voitle, J. (1991). Modelleinrichtungen. In: R. Enzenhofer, W. Perl u. J. Voitle (S. 33–93).

Volksanwaltschaft (2017). Bericht der Volksanwaltschaft an den Nationalrat und Bundesrat 2016. Band Präventive Menschenrechtskontrolle. Wien: Volksanwaltschaft. Download: https://www.oegern.at/wp/wp-content/uploads/Bericht-VA-2016-Präventive-Menschenrechtskontrolle.pdf [16.03.2021].

Wien Geschichte Wiki (2021). Kinderübernahmestelle. Download: https://www.geschichtewiki.wien.gv.at/Kinder%C3%BCbernahmestelle [16.03.2021].

Wisiol, F. (2017). Risikofaktoren, Wirkfaktoren und Erfolgserleben in der Krisenintervention mit Jugendlichen am Beispiel des KIZ-Kriseninterventionszentrum für Kinder und Jugendliche. Innsbruck: Dissertation Leopold-Franzens-Universität.

Wolfgruber, G. (2017). Von der städtischen Jugendfürsorge zur Kinder- und Jugendhilfe. Ideale und Realitäten. 100 Jahre Wiener Jugendamt. Wien: Magistrat der Stadt Wien, MAG ELF – Amt für Jugend und Familie (Hrsg.). Download: https://www.digital.wienbibliothek.at/wbrup/download/pdf/3043099?originalFilename=true [28.01.2021].

Ziering, G. (2002). 90 Jahre Jugendamt Ottakring. 1913 bis 2003. Von der Berufsvormundschaft zur Jugendwohlfahrt der MAG ELF. Wien: Stadt Wien – Amt für Jugend und Familie (Hrsg.). Download: https://www.digital.wienbibliothek.at/wbrup/download/pdf/3043102?originalFilename=true [23.02.2021].

XIX Einsätze ins kollektive Gedächtnis. Zur Geschichte institutionalisierter Gewalt in der Heimerziehung im Zeichen gesellschaftlicher Aufarbeitung

Michaela Ralser

Bis in die jüngste Vergangenheit war der Öffentlichkeit kaum bekannt, dass in den ersten Jahrzehnten nach 1945 viele Zehntausende Kinder in öffentlichen und privaten Erziehungsheimen Österreichs lebten. Noch weniger bekannt war, dass sie diesen Erziehungsanstalten auf eine Weise ausgeliefert waren, die heute kaum noch vorstellbar ist. Dass wir darüber und über die Gewalt, die ihnen widerfahren ist, in Ansätzen wissen, verdanken wir einer neuen Aufmerksamkeit und einem neuen Mut zur Aussage. Nach einer kurzen Welle der Aufmerksamkeit in den 1970er-Jahren beginnt eine breite öffentliche und in der Folge auch wissenschaftliche Auseinandersetzung mit der gewaltvollen Geschichte der österreichischen Heimerziehung wesentlich erst in den 2010er-Jahren. Der vorliegende Beitrag beginnt mit einem Überblick. Darin wird strukturgeschichtlich die hundertjährige Geschichte der Jugendwohlfahrt in knappen Zügen rekonstruiert: von ihren Anfängen im ausgehenden 19. Jahrhundert bis zu ihrer Wandlung in die reformierte Kinder- und Jugendhilfe in den späten 1980er-Jahren. Ein Schwerpunkt liegt auf den Entwicklungen in Westösterreich. Der zweite Abschnitt des Beitrags liefert ein erstes Panorama der in der vergangenen Dekade entstandenen Studien zur Geschichte der institutionalisierten Gewalt in der österreichischen Heim- und Heilerziehung, ordnet diese ein und diskutiert deren Bedingung und Wirkung. Die meisten der entstandenen Arbeiten firmieren unter der Chiffre wissenschaftliche Aufarbeitung und sind damit Bedingung ebenso wie Folge einer breiteren gesellschaftlichen Auseinandersetzung. Sie alle verdanken sich einer seit den 2000er-Jahren unüberhörbaren und lange ungehörten Stimme der von dieser Gewalt Betroffenen. Zwischen Wissenschaft und Intervention sind sie aber auch wichtige Einsätze ins kollektive Gedächtnis der Region. Diese diskutiert der letzte Abschnitt des Beitrages. Er befasst sich mit ZeitzeugInnenschaft, Erinnerungskultur und der Rolle der Wissenschaften darin. Noch ist ungewiss, ob diese Einsätze vorübergehende Ereignisse bleiben oder ob die als systematisch erkannte Gewalt in der österreichischen Fürsorgeerziehungslandschaft auch zu einer Neubewertung des Erfolgsnarrativs der Nachkriegsgeschichte führen wird.

1 Die Entwicklung der Fürsorgeerziehung in (West-) Österreich: ein Jahrhundert Jugendwohlfahrt[1]

Erstmals in der zweiten Hälfte des 19. Jahrhunderts wurden nicht allein elternlose, verlassene oder abgegebene Kinder – wie dies noch bei den Wai-

1 Abschnitt 1 des vorliegenden Beitrags liegen mehrere Forschungen zugrunde. Im Kontext der Aufarbeitungsstudien sind vier – von den Ländern Tirol/Vorarlberg, dem Land Tirol bzw. den Tirol Kliniken, dem Land Tirol, der Universität Innsbruck sowie der Medizinischen Universität geförderte – Projekte zu nennen. Sie wurden in der Zeit von 2012 bis 2016/17 realisiert: (1) die gemeinsam mit den Mitarbeiterinnen Anneliese Bechter und Flavia Guerrini im Jahr 2012 erarbeitete Vorstudie zur Geschichte der Tiroler und Vorarlberger Erziehungsheime und Fürsorgeerziehungssysteme der Zweiten Republik (Publikation: Regime der Fürsorge, 2014); (2) die zwischen 2013 und 2015 gemeinsam mit den MitarbeiterInnen Nora Bischoff, Flavia Guerrini, Christine Jost, Ulrich Leitner und Martina Reiterer (unter kürzerer Mitwirkung von Matthias Rangger) realisierte Studie zur „Geschichte der regionalen Jugendwohlfahrt in Tirol/Vorarlberg im Panorama ihrer öffentlichen Erziehungsheime“ sowie unter geschlechtertheoretischer Perspektive (3) die Untersuchung der „Erziehungsanstalt St. Martin für schulentlassene Mädchen in Schwaz (Publikation: Heimkindheiten, 2017), alle unter Leitung von Michaela Ralser; schließlich (4) das zwischen 2014 und 2016/17 infolge einer Empfehlung der Medizin-Historischen ExpertInnenkommission (Vorsitz: Günther Sperk) durchgeführte – interdisziplinär ausgerichtete – Projekt zum „System der Innsbrucker Kinderbeobachtungsstation von Maria Nowak-Vogl“, das gemeinsam mit den MitarbeiterInnen Ina Friedmann, Christine Hartig, Friedrich Stepanek und Alexandra Weiss unter Leitung von Elisabeth Dietrich-Daum, Michaela Ralser und Dirk Rupnow ebenfalls an der Universität Innsbruck entstanden ist (Publikation: Psychiatrisierte Kindheiten, 2020).

sen- und Findelhäusern der Fall war – in Anstalten untergebracht, sondern auch jene, die das in einer Mischung aus aufgeklärter Wohltätigkeit, ordnungspolitischem Anliegen und christlicher Morallehre vorgetragene Erziehungsziel zur bürgerlichen Brauchbarkeit und industriösen Nützlichkeit verfehlten (Ralser et al., 2017, S. 560). Nirgendwo im Feld der öffentlichen Erziehung erlangte dies umfassender Geltung als in der sogenannten Fürsorgeerziehung. Nicht nur weil in der in Sonderanstalten institutionalisierten Ersatzerziehung Zwang und Gewalt strukturell und nahezu alternativlos zum Einsatz kamen, sondern auch weil mit der Konsolidierung der frühen Jugendfürsorge im ausgehenden 19. und beginnenden 20. Jahrhundert ein absoluter pädagogischer Geltungsanspruch einsetzt. Seine „zivilisatorische Mission" betraf die ungenügend erzogenen Kinder der unteren Klassen mit einer derartigen Wucht, dass für diese „jenseits der Grenzen der pädagogischen Provinz" kaum noch ein „Lebensrecht" (Peukert, 1986, S. 307) bestand. Es ist demnach nicht nur die bekannte und viel besprochene Konstellation der Fürsorge, die immer schon unter dem Verdikt stand, mit zunehmenden Hilfen auch ein Mehr an Kontrolle einzuleiten, sondern es ist eben auch diese Totalität des Erziehungsanspruchs. Diese verdankt sich unter anderem der Vorstellung der Perfektibilität, der Vervollkommnungsfähigkeit und -notwendigkeit des Menschen (Krüger, 1995) im Zuge und in Folge der Aufklärung. Es ist ein ganzes Set moderner Strategien, die mit der psychiatrischen Degenerationslehre ab der Mitte des 19. Jahrhunderts beginnen und über politische Systemwechsel hinweg die Gewaltstrukturen in Erziehungsheimen mitverursachen. Ihre Durchschlagskraft und Anschlussfähigkeit gewinnen sie aus der Verwissenschaftlichung der christlichen Normierung des „sündigen Lebenswandels" (Bergmann, 2014, S. 82–116). Ihre Bedeutung für die Fürsorgeerziehung erlangen sie durch die Wandlung der alten sozialen Frage in soziale Pathologie (Ralser et al., 2010, S. 287–297). Als milieuspezifische Soziopathien bilden sie das Passepartout für den Rechtsbegriff der Verwahrlosung. An der Schwelle zum 20. Jahrhundert wird die Fürsorgeerziehung durch die nun arbeitsteilige edukative Anstrengung von Pädagogik, Fürsorge, Medizin und Psychiatrie als einflussreiche Diskurskonstellation ebenso wie als das erziehungsschwierige Kind und den verhaltensauffälligen Jugendlichen machtvoll umklammernde Praxis etabliert (Ralser et al., 2010, S. 298–310). Die Orientierung der frühen Heilpädagogik an den Modellen der Psychiatrie wie umgekehrt die Adaptierung der moralischen Erziehung durch Medizin und

Psychiatrie haben die beiden Wissens- und Handlungskonzepte eng zueinandergeführt, auch im historischen Tirol. Nicht nur wurden Kinder im ausgehenden 19. Jahrhundert erstmals den damals neu entstandenen psychiatrischen Kliniken zugeführt, längst bevor es für diese eigene Abteilungen gab. Der Psychiater hatte ab nun auch über die Aufnahmebedürftigkeit des Zöglings in eine Spezialerziehungsanstalt oder über die Stellung unter Vormundschaft gutachterlich zu befinden (Ralser et al., 2014, S. 128–155). Das Kind vor der Mutter, den Eltern und seiner (nicht bürgerlichen) Klasse zu schützen wird zu einem gemeinsamen Projekt von Medizin und Pädagogik. Seit den Anfängen der Kinder- und Jugendfürsorge stehen die marginalisierten Klassen unter besonderem Verdacht, nicht ausreichend erzogene und zuverlässige Gesellschaftsmitglieder hervorzubringen (Bechter/Guerrini u. Ralser, 2013, S. 132). Insbesondere seit den 1850er-Jahren wurden in verschiedenen Teilen der Habsburgermonarchie Erziehungsanstalten für eben diese Gruppe von Kindern und Jugendlichen eingerichtet. Viele der Anstalten, vor allem jene, die dem Typus der Rettungshäuser zuzurechnen sind, wurden von privaten, meist konfessionell gebundenen Wohlfahrtsverbänden geführt, andere waren hervorgegangen aus den ehemaligen Gefängnissen, Arbeitshäusern und Korrigendenabteilungen, Letztere befanden sich meist in staatlicher Trägerschaft. Die epochale Gründungswelle erfasste auch den Westen Österreichs, also die Wohlfahrtsregion Tirol-Vorarlberg (Ralser et al., 2017, S. 28; Ralser/Bechter u. Guerrini, 2014, S. 28–29). Von 1897 bis 1912 entstehen im historischen Tirol drei Landesbesserungsanstalten: die 1897 eröffnete Korrigendenabteilung in der Zwangsarbeitsanstalt in Schwaz, die 1908 in Betrieb genommene landwirtschaftliche Erziehungsanstalt Stadelhof bei Pfatten/Vadena sowie die 1912 in San Illario bei Rovereto eingerichtete Knabenerziehungsanstalt. Hinzu kommen von 1886 bis 1927 fünf konfessionelle Erziehungsheime und ein städtisches: die Rettungsanstalt Jagdberg bei Schlins 1886, das Mädchenerziehungsheim Scharnitz 1897, das Bubenheim Martinsbühel 1895, das Asyl für verwahrloste Knaben bei Kleinvolderberg 1889, das konfessionelle Knabenheim (später: Bubenburg) 1926 in Fügen sowie das Kinderheim Mariahilf 1923 in Innsbruck. Die Wohlfahrtsregion Tirol-Vorarlberg zeichnet sich demnach durch eine besondere Dichte an frühen Fürsorgeerziehungsanstalten aus – zwei weitere Heime kommen noch in der Zeit des Nationalsozialismus hinzu (Holzham-Westerndorf und Kramsach-Mariatal). Nahezu alle Erziehungsheime der Zweiten Republik haben im ausgehenden 19. Jahrhundert ihren Ursprung. Sie verdanken sich wie andernorts auch einer mächtigen Kinderschutz- und Kinderrettungsbewegung, die sich in der zweiten Hälfte des 19. Jahrhunderts in der Habsburgermonarchie zu formieren begann und Geistliche, Lehrer, Ärzte, Juristen vorerst noch lose verband, um die Erziehung der Kinder des Volkes – so deren Anpassung an christlich-bürgerliche Normvorstellungen zu misslingen drohte oder misslang – an Eltern statt zu übernehmen.

Zum Schlüssel für den Eingriff in die elterliche Erziehungsgewalt avancierte der unbestimmte Rechtsbegriff der „drohenden oder eingetretenen Verwahrlosung" (Bergmann, 2014; Kuhlmann, 2008; Ralser et al., 2017). Mehr als ein Jahrhundert lang wird das Verwahrlosungskonzept – ähnlich wie im deutschen wird es auch im österreichischen Jugendwohlfahrtsgesetz erst Ende der 1980er-Jahre getilgt – die Voraussetzung für das Eingreifen des Staates in elterliche Erziehung und für die zwangsweise Fremdunterbringung von Kindern in Ersatzerziehungseinrichtungen bilden. In den allermeisten Fällen fand die frühe Ersatzerziehung in Form der geschlossenen Fürsorge(heim)erziehung statt. Dies trifft zumindest für Westösterreich in vollem Umfang zu. Die absondernde Anstaltserziehung vereinte bekanntlich alle Machtquellen und strukturellen Gewaltbedingungen, die eine totale Erziehungsinstitution kennzeichnen: Isolierung, Entindividualisierung, asymmetrische Abhängigkeit und nahezu schutzloses Ausgeliefertsein der ihr anvertrauten Kinder und Jugendlichen. Fast überall trat die sittlich-religiöse Erziehung der frühen (Rettungs-)Häuser in den ersten Jahrzehnten des 20. Jahrhunderts hinter eine militärisch-autoritäre, bald ständestaatliche Anstaltspädagogik konfessionell-patriarchaler Prägung zurück (Ralser/Leitner u. Reiterer, 2015, S. 182). Im Unterschied zu einigen wenigen Ausnahmeeinrichtungen im „Roten Wien" der 1920er-Jahre, etwa jenen in Ober-Hollabrunn und St. Andrä an der Traisen, die durch eine möglichst gewaltfreie Nacherziehung der als verwahrlost geltenden Kinder durch den Psychoanalytiker und Pädagogen August Aichhorn (1878–1949) gekennzeichnet waren (Aichhorn, 1925), etablierten sich im übrigen Österreich keine reformorientierten Projekte der frühen Kinder- und Jugendhilfe. Die 1930er-Jahre bewirkten, vergleichbar den Notverordnungen zum Reichsjugendwohlfahrtsgesetz (1932) in Deutschland (Peukert, 1986), auch in Österreich einen Abbau der Ressourcen gerade im Fürsorgebereich. In den allermeisten Erziehungsanstalten kam es zu großen Versorgungslücken (Ralser et al., 2017, S. 125–129).

Die Machtübernahme der Nationalsozialisten 1938 verschob erneut die Gewichtungen im Bereich der Jugendhilfe (Ralser et al. 2017, S. 131–186) und wandelte die Sorge um das als verwahrlost geltende Kind der marginalisierten Klassen in ein rassenbiologisches und biopolitisches Programm ihrer als „gesund, erziehungsfähig und rassetauglich" geltenden Mitglieder (ebd.). Die Jugendwohlfahrt wird in ein gestuft exklusives System verwandelt: Die verschiedenen NS-Organisationen besorgten vor allem die offene Jugendhilfe, nun unter dem Schlagwort der Volkspflege. Die übrigen Segmente der Kinder- und Jugendhilfe, vor allem die hoheitlichen Bereiche des Fürsorgeerziehungs- und Vormundschaftswesens, besorgte die Nationalsozialistische Volkswohlfahrt (NSV). Auch in Westösterreich wurde die jugendfürsorgerische Verbandslandschaft weitgehend umgebaut, die bisherigen Trägerorganisationen wurden aufgelöst, alle Erziehungsheime zu Gauerziehungsheimen umgewandelt und unter Leitung der NSV gestellt. Erstmals wird in Österreich die Jugendhilfe vereinheitlicht und einem einzigen Gesetz unterstellt, Landes- und Bezirksjugendämter werden eingerichtet. Die 1940 verabschiedete Jugendwohlfahrtsverordnung bleibt mit sprachlicher Anpassung bis in die 1950er-Jahre bestehen.

Wie schon die Kriegsfolgen des Ersten Weltkriegs fungierten auch die des Zweiten Weltkriegs als enorme Katalysatoren der Jugendwohlfahrt (Ralser et al., 2017, S. 189–279). Die ökonomischen und sozialen Nachkriegsbedingungen, die Nachwirkungen von Kriegsgewalt, Vertreibung und Zerstörung vermehrten die Aufgaben der Jugendwohlfahrt und überforderten deren Systeme im Auf- und Wiederaufbau nach 1945. Schon bald aber – ab etwa 1949 – geriet erneut die zeitspezifisch ausbuchstabierte vermeintliche „Erziehungsschwäche" der als gefährdet und gefährlich geltenden Familien der unteren sozialen Schichten ins Zentrum der Fürsorgepolitik und Fremdunterbringungsanordnung. Unter dem Diktum „Jugend in Not" versammelten sich die Jugendschutzbewegungen in den frühen 1950er-Jahren – wie schon zu Beginn des 20. Jahrhunderts – auf großen österreichweiten Kongressen (Ralser et al., 2017, S. 217). Im Westen Österreichs setzten neun Großheime ihre Arbeit fort oder begründeten sie neu. Die breit geführte Debatte über den „Erziehungsnotstand der Jugend", gepaart mit mangelndem sozialem Ausgleich einer die 1950er-Jahre kennzeichnenden restaurativen Familien- und Geschlechterpolitik vor dem Hintergrund eines autoritären Generationenverhältnisses, führte dazu, dass die ersten drei Nachkriegsjahrzehnte zu jenen zählten, in denen Kinder und Jugendliche auffallend häufig (mehr denn je und so viele wie nie wieder) in Fürsorgeeinrichtungen der Region untergebracht waren. Ohne Ausnahme weisen alle Erziehungsheime ihre höchsten Belegzahlen in den 1950er- und 1960er-Jahren auf. Von Wien abgesehen, verfügt Westösterreich nicht nur über die österreichweit höchste Dichte an Erziehungsheimen, diese hielten sich in der West-Region auch vergleichsweise lange: Die meisten Heime schließen erst um 1990. Ein Innsbrucker Forschungsteam hat die Zahl der befürsorgten und in Heimen untergebrachten Kinder für die Zweite Republik erstmals aus diversen Quellen für die Zeit von 1945 bis 1990 rekonstruiert: Es sind für die vergleichsweise kleine Wohlfahrtsregion Tirol und Vorarlberg mehr als 12.000 (Ralser et al., 2017, S. 12).

Die Intensivierung der Fürsorgeerziehung in Österreichs ersten Nachkriegsjahrzehnten wird flankiert durch einen ganzen Archipel nahezu zeitgleich entstehender psychiatrisch-pädiatrisch informierter, medikal orientierter heilpädagogischer Kinderbeobachtungsstationen (Ralser et al., 2020, S. 21–35). Ihre Aufgabe war es, „der gesamten behördlichen Jugendfürsorge, den Schulen und den Eltern schwieriger Kinder zur Beobachtung, Diagnose, Prognose und heilpädagogische[n] Therapie zur Verfügung zu stehen“ (Beschluss der Tiroler Landesregierung, 1953). Mit zwei Ausnahmen, einer Frühgründung in Wien (1911) und einer Spätgründung in Vorarlberg (1977/1981), konzentriert sich die österreichische Geschichte dieser spezifischen heilpädagogischen Institutionenbildung auf die langen 1950er-Jahre. Über Jahrzehnte werden die Gutachten, die in diesen heilpädagogischen Einrichtungen erstellt werden, über die Fremdunterbringung Tausender Kinder in Österreich entscheiden. Die 1954 als eigenständige Kinderbeobachtungsstation gegründete und von der Nervenärztin und späteren Heilpädagogin Maria Nowak-Vogl über 30 Jahre geführte Innsbrucker Einrichtung war die Erste ihrer Art in der Zweiten Republik. Es folgten im selben Jahr die „Heilpädagogische Ambulanz und Beobachtungsstation“ im Landeskinderheim Salzburg Taxheim (Leitung: Ingeborg Judtmann), 1955 die „Heilpädagogische Station“ des Landes Niederösterreich in Mödling, später in Hinterbrühl (Leitung: Erwin Schmuttermeier bzw. Hans Asperger), 1962 die „Heilpädagogische Station“ des Landes

Steiermark in Graz (Leitung: Irene Plaß) und schließlich 1969 die „Heilpädagogische Abteilung“ des Landeskrankenhauses Klagenfurt (Leitung: Franz Wurst). Sie alle gewinnen eine regionale Monopolstellung innerhalb des Systems der Jugendfürsorge (Friedmann, Hartig u. Stepanek, 2020, S. 39–84), liefern den Jugendamtsbehörden und Vormundschaftsgerichten die ärztliche Diagnose zur Fremdunterbringung, wirken aber weit über das unmittelbar heilerzieherische, psychiatrisch-pädiatrische Feld hinaus: Ihre maßgeblichen ProtagonistInnen fungierten als akademisch Lehrende, als Vortragende vor breitem Publikum, als KonsiliarärztInnen der Erziehungsheime, BeraterInnen der HeimleiterInner und als AusbildnerInnen ganzer Generationen von HeimerzieherInnen, SonderschullehrerInnen und KindergärtnerInnen. Die medikal inspirierte österreichische Heilpädagogik stützte das System der Fürsorgeerziehung, führte ihm beständig neue Kinder zu, trug kraft der medizinisch-akademisch professionellen Autorität ihrer ProtagonistInnen zu Erhalt und Legitimation der Heimerziehung bei, zu einem Zeitpunkt, als längst massive Kritik an ihr geäußert wurde. Sie nahm über zumindest drei Nachkriegsjahrzehnte Einfluss auf die gesellschaftliche Konzeption von Normalität und den Umgang mit davon abweichenden Kindern und Jugendlichen (Dietrich-Daum/Ralser u. Rupnow, 2020).

Allerdings ist auch für die Heimerziehung die Hypothese der stillgestellten Zeit nicht zutreffend. Selbstverständlich wandelten sich Erziehungsmittel und -ziele auch an eben diesen Orten institutionalisierter Ersatzerziehung im Laufe der Zeit. Zivilgesellschaftlicher Protest, heimkritische Interventionen sozialpädagogischer Fachdiskurse ebenso wie die modifizierten Praxen der von der Fürsorgerin zur SozialarbeiterIn gewandelten Fachkräfte sowie politische Reformenqueten, ausgehend vor allem, aber nicht nur von der Bundeshauptstadt Wien, stießen Veränderungen an: mit regional sehr unterschiedlicher Wirkung. Vielfach erschöpfte sie sich bis zur einschneidenden Novelle des Jugendwohlfahrts- und Kindschaftsrechtsänderungsgesetzes 1989 in rhetorischer Modernisierung oder bloß baulicher Anpassung – überall aber sanken die Belegzahlen. In Westösterreich schließen die Erziehungsheime alter Prägung vergleichsweise spät: mit einer frühen Ausnahme 1970, mehrheitlich 1990 und einer späten Ausnahme, dem Vorarlberger Jagdberg 2000 (Ralser et al., 2017).

2 Späte öffentliche Aufmerksamkeit: ein Panorama der wissenschaftlichen Studien 2010 bis 2020

Im internationalen Vergleich hat eine breite öffentliche Aufmerksamkeit für die institutionelle Gewalt in Erziehungsheimen in Österreich erst spät eingesetzt. In Kanada, Australien und Neuseeland (hier insbesondere bezogen auf die Gewalt gegenüber den Kindern indigener Bevölkerungen), in Irland, Großbritannien, den USA und den Niederlanden begannen weitreichende Debatten, staatliche Programme zur Aufarbeitung der Geschehnisse und Entschädigung der Opfer bereits in den 1990er-Jahren (Lengwiler, 2018, S. 159), in Deutschland zu Beginn, in der Schweiz gegen Ende der 2000er-Jahre. In Österreich beginnt die Auseinandersetzung merklich erst in den 2010er-Jahren: Angestoßen von den Berichten über sexuelle Gewalt am Canisius-Kolleg in Berlin, dem Aloisius-Kolleg in Bonn und an der Odenwaldschule in Hessen, betrifft sie zunächst kirchliche Institutionen wie die Stiftsgymnasien und Internate von Kremsmünster bis Wilhering und Mehrerau (Ralser/Bechter u. Guerrini, 2014, S. 116–124). Erst in einem zweiten Moment geraten die Fremdunterbringungseinrichtungen der Kinder- und Jugendfürsorge in den Blick – zuerst die konfessionellen Heime, dann die öffentlichen und mit ihnen auch die Kinderbeobachtungsstationen und heilpädagogischen Abteilungen der Länder. Mit beeindruckender Zivilcourage haben sich ehemalige Heimkinder, psychiatrische KinderpatientInnen oder kirchliche Internatszöglinge dem Druck des sogenannten „komplizitären Schweigens“ (Assmann, 2018, S. 57) widersetzt. Sie gaben den Anstoß für alles, was dann folgte, auch für die Forschungen, die seither nicht mehr ohne diese Stimmen auskommen wollen und auch nicht können.

Mit Ausnahme der ersten diesbezüglichen Publikation, „Im Namen der Ordnung. Heimerziehung in Tirol“, des Zeithistorikers Horst Schreiber, die schon Anfang 2010 erschienen ist und gemeinsam mit der Ausstellungsdokumentation zum oberösterreichischen „Wegscheid“ ein paar Jahre zuvor (John u. Reder, 2006) als publizistischer Ausgangspunkt und Anstoß der Debatte gelten kann, waren alle folgenden Arbeiten bereits Ergebnis einer ersten öffentlichen Aufmerksamkeit für das Thema. Kommunen, Länder und die Einrichtungen selbst sahen sich durch AktivistInnen, Medien und auch intervenierende WissenschaftlerInnen gedrängt, eigene Aufarbeitungsstudien in Auftrag zu geben, zuzulassen oder zumindest – oft begrenzte – finanzielle Mittel dafür bereitzustellen. Es wurden in den meisten österreichischen Bundesländern regionale Opferschutzstellen, vielfach angeschlossen an die Kinder- und Jugendanwaltschaften, und auch eine Reihe von lokalen historischen ExpertInnenkommissionen unterschiedlichen Zuschnitts installiert, die entweder selbst Forschungen betrieben oder auch solche anregten, es wurden Forschungskooperationen mit einzelnen Universitätsinstituten oder auch mit einzelnen ForscherInnen, insbesondere aus den Geschichts- und Erziehungswissenschaften, geknüpft. Auch in Österreich gab es eine Reihe von Bottom-up-Initiativen aus Selbstvertretungskontexten: Erzählcafés, kleine Ausstellungen, Filmdokumentationen, die meist – auch aufgrund geringer Unterstützung – den langen Atem bis zum sichtbaren Ergebnis nicht aufbringen konnten. Exemplarisch sei ein solches Projekt, das bis an sein Ende gekommen ist, genannt: die Filmdokumentation „Jetzt reden wir! Ehemalige Heimkinder erzählen" (Kuen/Schreiber, 2015).

Dem nun folgenden knappen Überblick der im Zuge des Aufarbeitungsprozesses entstandenen Forschungsarbeiten sei vorausgeschickt: In Österreich hat es niemals und bis heute keine bundesländerübergreifende, politisch-parlamentarische Befassung mit dem Gegenstand gegeben – vergleichbar etwa mit dem runden Tisch „Heimerziehung" in Deutschland (2008) oder jenem zu den „Fürsorgerischen Zwangsmaßnahmen" in der Schweiz (2013). Mit Ausnahme der bundesweit tätigen Opferschutzanwaltschaft für Gewaltbetroffene der Kirche (2010), einer einmaligen nationalen „Geste der Verantwortung" 2016 im Parlament der Republik Österreich und dem Beschluss der Heimopferrente 2017 im Nationalrat blieben alle anderen Initiativen regional. Im Unterschied zur Schweiz, etwa mit ihrem kantoneübergreifenden Forschungsprogramm Fürsorge und Zwang (FNP 76), gab es in Österreich auch keine nationale Forschungsstrategie zur Aufarbeitung der institutionellen Gewalt in den Heimen. So blieben auch die vergleichsweise zahlreichen Forschungsunternehmungen regional, schwach institutionalisiert, von Ländern oder lokalen Körperschaften gefördert und ohne Anbindung an die großen nationalen oder transnationalen Forschungsfonds – mit einer etwas zurückliegenden und einer rezenteren Ausnahme.[2]

[2] Als erstes Projekt in diesem Rahmen ist das von der Psychologin Brigitte Lueger-Schuster in den Jahren 2014 bis 2017 an der Universität Wien betreute FWF-Projekt (P

Häufig war es besonders günstigen Konstellationen geschuldet, dass die Ergebnisse auch systematisch Eingang in die akademische Wissenschaft und Lehre gefunden haben.

Es lassen sich grob vier Kategorien von wissenschaftlichen Arbeiten der letzten Dekade unterscheiden:

(1) Die sogenannten – meist umfassenden – Länderstudien, die eine spezifische Wohlfahrtsregion oder auch städtische Realität in den Blick nehmen und die historische Heimlandschaft auf der Grundlage zahlreicher bislang nicht berücksichtigter schriftlicher und mündlicher Quellen rekonstruieren, exemplarisch hier: „Der Kindheit beraubt. Gewalt in den Erziehungsheimen der Stadt Wien" von Reinhard Sieder und Andrea Smioski, 2012, und „Abgestempelt und ausgeliefert. Fürsorgeerziehung und Fremdunterbringung in Salzburg" von Ingrid Bauer, Robert Hoffmann und Christine Kubek, 2013, oder auch die zwischen 2012 und 2015 in Tirol entstandenen Studien „Regime der Fürsorge" (Ralser/Bechter und Guerrini, 2014) und „Heimkindheiten. Geschichte der Jugendfürsorge und Heimerziehung in Tirol und Vorarlberg" (Ralser et al., 2017) sowie die die Heime der Stadt Innsbruck betreffende Publikation „Restitution von Würde" von Horst Schreiber (2015) und schließlich die umfassende von Dieter A. Binder und Michael John unter Mitarbeit von Wolfgang Reder erstellte Arbeit „Heimerziehung in Oberösterreich" aus dem Jahr 2018.

(2) Untersuchungen von größeren und kleineren ExpertInnenkommissionen, die meist nach medialer Berichterstattung über das Bekanntwerden von einzelnen Gewalttaten und -kontexten eingerichtet wurden: etwa beispielhaft der umfassende Bericht der Kommission Wilhelminenberg, 2013, oder Berichte von Opferschutzkommissionen, etwa beispielhaft Waltraud

26584) zu den „Langzeitfolgen von Gewalt und Missbrauch in Institutionen der Wiener Jugendwohlfahrt", auch als „Wiener Heimstudie" firmierend, zu nennen (https://heimstudie.univie.ac.at), als zweites in diesem Kontext das vor Kurzem bewilligte D-A-CH-Projekt (Lead und Hauptantragstellerin Michaela Ralser, Co-AutorInnen: Flavia Guerrini und Ulrich Leitner) „Negotiating Educational Spaces in Residential Child-Care 1970–1990. An Interdisciplinary Comparison of Transformation Processes in Austria, Germany and Switzerland" (I 5030), das gemeinsam mit den KollegInnen aus Kassel (Mechthild Bereswill) und Olten (Gisela Hauss) im September 2021 seine Arbeit aufnehmen wird.

Klasnic (2013) und Klasnic und Hösele (2020), oder auch von Opferschutzverbänden, wie etwa der Endbericht des Weißen Rings, 2019.

(3) Die Forschungen, die über einzelne meist kirchliche oder kirchennahe Institutionen durch deren Beauftragung entstanden sind, wie etwa jene des „Instituts für Praxisforschung“ um Heiner Keupp zum Benediktinerstift Kremsmünster aus dem Jahr 2015, publiziert 2017, über Großeinrichtungen der Caritas der Erzdiözese Wien von Tanja Kraushofer unter Begleitung durch einen Präventionsbeirat, 2015, oder auch – etwas anders gelagert – zum System des SOS-Kinderdorfes Österreich: „Dem Schweigen verpflichtet“ von Horst Schreiber, 2014.

Schließlich (4) – ein eher österreichisches Spezifikum – die Arbeiten, die sich mit der Rolle der Kinderpsychiatrie und der medikal orientierten Heilpädagogik in der gewaltvollen Heimerziehung befassen: beispielhaft die im Erscheinen begriffene Arbeit „Im Namen von Wissenschaft und Kindeswohl“ über den Pädiater Franz Wurst in Klagenfurt von Ulrike Loch und Team, 2021, oder die zur Psychiaterin Maria Nowak-Vogl und dem heilpädagogischen Komplex in Österreich eines Innsbrucker Forscherinnenteams, publiziert unter dem Titel „Psychiatrisierte Kindheiten“, herausgegeben von Elisabeth Dietrich-Daum, Michaela Ralser und Dirk Rupnow, 2020.[3] Diesem Kontext zuordenbar sind auch die Arbeiten des Wiener Instituts für Rechts- und Kriminalsoziologie (seit 2021: Universität Innsbruck), die sich mit der stationären psychiatrischen Unterbringung von Kindern und Jugendlichen mit Behinderungen am Psychiatrischen Krankenhaus Steinhof und dem Neurologischen Krankenhaus Rosenhügel in der Zweiten Republik befassen, herausgegeben von Hemma Mayrhofer, Gudrun Wolfgruber, Katia Geiger et al. im Jahr 2017.[4]

---

3 In diesem Zusammenhang ist eine weitere Arbeit zu nennen, die derzeit zur Publikation vorbereitet wird: die Dissertation von Ina Friedmann: „[…] ist ohne lückenlose Führung gefährlich und auch selbst gefährdet.“ Die Heilpädagogische Abteilung der Wiener Universitäts-Kinderklinik von 1911 bis 1949. Konzepte und Kontinuitäten, Wien, 2020.

4 Einer solchen Übersicht entgehen möglicherweise Arbeiten, die nicht in das Blickfeld der Autorin gerückt sind. Dafür möchte ich mich ausdrücklich entschuldigen. Mit Sicherheit sind zurzeit noch weitere historische Arbeiten, die unter die Chiffre Aufarbeitungsstudien fallen, im Gange. Zwei der Autorin bekannte seien hier exemplarisch genannt: An der Universität Salzburg läuft noch bis 2022 das von Birgit Bütow geleitete Projekt „Entwicklungen der Kinder- und Jugendwohlfahrt bzw. Kinder- und

Zu nennen sind darüber hinaus die nicht explizit unter die Chiffre Aufarbeitungsstudien subsumierbaren, aber für die Wahrnehmung in der Scientific Community wesentlichen weiteren wissenschaftlichen Auseinandersetzungen, die ihren Niederschlag in Zeitschriftenprojekten fanden: so die Doppelnummer der Österreichischen Zeitschrift für Geschichtswissenschaften zum Thema „Die Kinder des Staates", 2014 (25/1+2), das Heft „Jugendfürsorge und Heimgeschichte in Österreich" der Zeitschrift „zeitgeschichte", 2015 (42/3), der Band „Medikalisierte Kindheiten. Die neue Sorge um das Kind vom ausgehenden 19. bis ins späte 20. Jahrhundert" des „Virus. Beiträge zur Sozialgeschichte der Medizin", 17/ 2018, und schließlich auch der Schwerpunkt „Konsequenzen der Kinder- und Jugendhilfe" in der Gründungsnummer des Österreichischen Jahrbuchs für Soziale Arbeit aus 2019(1). Nicht unerwähnt soll hier auch bleiben, dass sich zahlreiche Studierende in ihren Qualifikationsarbeiten ebenfalls mit den diversen Dimensionen der Gewalt in Österreichs Erziehungsheimen und kinderpsychiatrisch-heilpädagogischen Einrichtungen befassten. Rund vierzig einschlägige Arbeiten listet der Österreichische Verbundkatalog im Jahrzehnt 2010 bis 2020.

Insgesamt sind die Arbeiten also zahlreich. Ihre sehr unterschiedlichen Ausgangs-, Kontext- und Förderbedingungen führen zu sehr unterschiedlichen Gegenstandsbestimmungen hinsichtlich des untersuchten Zeitraums (etwa ist die späte Zeit zwischen 1970 und 1990 noch ungenügend berücksichtigt), der in den Blick genommenen Institutionen und Organisationen sowie der zum Einsatz gelangenden theoretischen Rahmenkonzepte. Naturgemäß bringen sie Ergebnisse unterschiedlicher Reichweite hervor und zeichnen sich auch durch unterschiedliche methodologische Reflexivität aus. Längst sind nicht alle Opfergruppen institutionalisierter Fürsorgegewalt gleichermaßen berücksichtigt. Vergleichende Arbeiten stehen noch aus, sowohl innerhalb Österreichs als auch darüber hinaus. Zwei Dinge aber sind allen gemeinsam: Sie kommen erstens alle – wenn auch je unterschiedlich gewichtet – zum Ergebnis, dass die jeweils untersuchten Fürsorgeerziehungseinrichtungen und -organe der Zweiten Republik

Jugendhilfe im (Spannungs-)Verhältnis zur Heilpädagogik und zur Kinder- und Jugendpsychiatrie im Land Salzburg. – Historische Rekonstruktion des Zeitraums 1945 bis 1975", an der Universität Innsbruck arbeiten Ina Friedmann und Friedrich Stepanek (unter Leitung von Dirk Rupnow) ebenfalls noch bis 2022 an der „Studie zu Martinsbühel. Fremdunterbringung in konfessionellen Heimen in Tirol nach 1945".

über Jahrzehnte vielförmige körperliche, psychische und sexualisierte Gewalt erzeugt und toleriert haben und/oder zu ihrer Verhinderung nicht willens oder nicht imstande waren, dass die nachweislichen Gewalthandlungen nicht bloß interpersonale Geschehen zwischen einzelnen ErzieherInnen und Zöglingen waren, sondern struktureller und systemhafter Natur und schließlich nicht bloß Ausfluss ungenügender Praxis, sondern auch instruiert durch zeitgenössische Fachdiskurse. Die entstandenen wissenschaftlichen Arbeiten sind zweitens alle nicht nur Folge der öffentlichen Aufmerksamkeit und gesellschaftlichen Auseinandersetzung, sondern ihrerseits auch Einsätze in die Aufarbeitungs-, Entschädigungs- und Anerkennungsprozesse, mithin ins öffentliche Gedächtnis des Landes.

3 ZeitzeugInnenschaft und die Rolle der Wissenschaft als Teil der Erinnerungskultur

Ein größerer Teil der Forschungen fand also im Zeitstrom erhöhter medialer Aufmerksamkeit, inmitten noch anhaltender Deutungskämpfe um das vergangene Unrecht und parallel zu politischen Aushandlungsvorgängen im Umgang mit eben diesem Unrechtsgeschehen statt. Wie für wissenschaftliche Auseinandersetzungen „im Zeichen gesellschaftspolitischer Aufarbeitung“ (Seglias, 2018, S. 21) nicht unüblich, waren sowohl die Chancen als auch die Herausforderungen für die Wissenschaften groß. ForscherInnen sahen sich gefordert, verlässliche Ergebnisse in kurzer Frist zu liefern und sie der Öffentlichkeit vorzustellen: im Wissen, dass diese nicht nur wissenschaftliche Ergebnisse im intersubjektiven Austausch mit anderen wissenschaftlichen Ergebnissen sind, sondern eben auch unmittelbare politische Interventionen ins Feld, argumentative Einsätze in die Rehabilitationsbemühungen der Opfer ebenso wie – noch umfassender – schon Einsätze ins öffentliche Gedächtnis, zu dem ritualisierte und hochgradig gestiftete Gelegenheiten des Erinnerns ebenso gehören wie die Geschichtsschreibung selbst.

Alle Erinnerung – könnte gesagt werden – ist diskursiv und re-konstruktiv: Sie bedarf der Erzählung der sich Erinnernden und sie bedarf der Analyse und Dokumentation des aufbereiteten Materials und der historischen Einordnung, an der entlang sich erst ein kulturelles Erinnern organisieren kann. Denn: „Erinnerungen existieren nicht in isolierter Streuung und Anhäufung. (…) Solange es für Geschichten und Erinnerungen keinen Gedächtnisrahmen gibt, verhallen diese ungehört. Ihnen wird weder Aufmerksamkeit noch Bedeutung geschenkt …" (Halbwachs, paraphrasiert in Assmann, 2018, S. 47–48). So ging es vielen Opfern systematischer Kollektivverbrechen, auch den Opfern ehemaliger institutionalisierter Gewalt in pädagogischen Institutionen, dass sie lange vergeblich um Anerkennung in der Öffentlichkeit gerungen haben. Es zeigt die Erfahrung: „Solange es nur die Opfer sind, die bereit sind ihr Schweigen zu brechen und ihre Rechte einzuklagen, bleibt die Wirkung vielfach gering. Es muss der Wille der Gesellschaft hinzukommen, diesen Opfern ihr Recht zu verschaffen. Erst dann wird das Wort der Opfer öffentlich durch die Medien verstärkt" (Assmann, 2018, S. 57). Dass die Wissenschaften, insbesondere die Geschichts- und Sozialwissenschaften, darin eine wichtige Rolle spielen, leuchtet unmittelbar ein. Zwei Entwicklungen, so denke ich, kamen dem Anstoß, der von den Betroffenen der Heimerziehung ausging, entgegen: die internationalen Apology Movements (Marc Gibney, 2008) mit ihren „modellhafte(n) Beispiele(n)" der „Wahrheitskommissionen Südafrikas und Lateinamerikas oder vergleichbare(r) Instrumente der postkommunistischen Regierungen" (Lengwiler, 2018, S. 162) einerseits und eine europaweit sich verändernde Erinnerungspolitik, die seit den 1990ern nicht mehr nur „den Stolz oder die Erinnerung an eigenes Leiden" als Bestandteil des nationalen Gedächtnisses kennt, sondern zusehends auch „das öffentliche Bekenntnis von Schuld" (Assmann, 2018, S. 48) darin zu integrieren beginnt. Eine solche Gedächtnispolitik ermöglicht dann auch Ereignisse wie etwa die weiter oben genannten „Gesten der Verantwortung", in denen von öffentlichen VertreterInnen (RepräsentantInnen des Staates, der Länder und Kirchen) „vergangenes Unrecht" eingestanden, die „Illegitimität der Gewaltanwendung", hier in den Institutionen öffentlicher oder auch subsidiär privater Fürsorgeerziehung, herausgestellt und den Betroffenen Gefühle wie Trauer, Wut und Groll zuerkannt werden.

„Schon über das ganze 20. Jahrhundert war ein wesentlicher Teil der Heim- und Anstaltskritik von den ehemaligen HeimbewohnerInnen gekommen" (Lengwiler, 2018, S. 163). Mit Ausnahme einer kurzen Zeit in den frühen 1970er-Jahren und rezenter Beispiele sozialwissenschaftlich orientierter, partizipativer Care-Leaver-Forschung kam ihnen in der historischen Auseinandersetzung bislang nicht allzu viel Bedeutung zu. Ein größerer Teil der unter der Chiffre Aufarbeitung entstandenen Forschungen der letzten Dekade zieht ihre Aussagen aber als wichtige Erkenntnismittel heran und erzählt die Geschichte der Fürsorgeerziehung mit „aufgeklärter Bezugnahme auf die Betroffenen“, die „subjektiver Teil“ (Sieder, 2012, S. 10) eben dieser Geschichte geworden sind. Insbesondere die umfangreicheren Länderstudien verbinden vertieftes Aktenstudium mit biografischen Interviews. Die unterschiedlichen Daten, die aus den ZeitzeugInneninterviews gewonnenen auf der einen und die aus der historischen Aktenanalyse rekonstruierten auf der anderen Seite, validieren sich nicht umstandslos wechselseitig. Sie erzeugen letztlich Erkenntnisse im je eigenen Recht, sodass von einem doppelten Vetorecht dieser beiden Quellensorten gesprochen werden kann: dem Vetorecht der mündlichen Quelle und dem Vetorecht der Akte gegenüber dem tradierten kollektiven Gedächtnis einerseits und von doppelter Geschichts- und Wahrheitsproduktion andererseits (Ralser et al. 2017, S. 63). Akten und Interviews erzählen unterschiedliche Geschichten. Der Quellenkritik bedürfen beide. Aus historischen Fallakten der Fürsorgeerziehung etwa kann der herrschaftskonstituierende Blick auf vermeintlich verwahrloste Kindheiten rekonstruiert werden, aus den Interviews das subjektive Erleben der Heimerziehung vor dem biografischen Hintergrund der ZeitzeugInnen und in Relation zu ihrer individuellen wie kollektiven Gegenwart. Das Wissen um die jeweils andere Erzählung orientiert und bedingt die spezifische Lesbarkeit der Quellen durch die Wissenschaft, aber auch durch die Betroffenen selbst (viele von ihnen heben zurzeit die über sie verfassten Akten aus). Gerade jene Menschen, die einen größeren Teil ihrer Kindheit und Jugend in Fremdunterbringungsinstitutionen verbracht haben, sind in ihrer Erinnerungsfähigkeit auf besondere Weise davon abhängig, sich als Erwachsene ein kohärentes Bild über sich als Kinder und Jugendliche zu machen, zumal ihre spezifische biografische Konstellation, das Aufwachsen außerhalb elterlicher oder familialer Strukturen, sie vom generationalen Gedächtnis ebenso abschließt wie von den vielfältigen Erinnerungsstützen, die Eltern ihren Kindern durch Erzählung zur Verfügung stellen.

Erst seit kurzer Zeit werden ehemalige Heimkinder als ZeitzeugInnen ihrer Geschichte anerkannt. Ihre ZeitzeugInnenschaft ist demnach noch prekär. Wie alle Erinnernden nehmen sie von der Vergangenheit die Erinnerung, von der Gegenwart aber die Wertmaßstäbe, das kulturelle Rahmenformat, in dem das Vergangene memoriert und zugleich aktualisiert wird (Sabrow et al., 2007). Hinzu kommt noch ein weiteres Spezifikum, zumindest für einige der ZeitzeugInnen der Heimgeschichte, nämlich dass ihre Sprechakte von der in die Gegenwart fortdauernden schmerzlichen Präsenz der Vergangenheit unterbrochen und aus dem Takt gebracht werden (Brunner, 2012), dass das Fragmentarische, Episodische und Unzuverlässige, das jedes Erinnern kennzeichnet, noch deutlicher hervortritt und eine kohärente Erzählung erschwert. In beiderlei Hinsicht ist die Verantwortung der Wissenschaft groß. Zum einen spielen die Wissenschaften eine entscheidende Rolle in der Zurverfügungstellung des kulturellen Rahmenformats, zu dem auch die historische Einordnung der gemachten Erfahrung der Betroffenen gehört, zum anderen ist ihre Sensibilität im Feld gefordert, einschließlich des Wissens, dass die Erzählung auch Vulnerabilitäten hervorbringen kann (Bombach/Gabriel u. Keller, 2018, S. 108), welche die Selbstwirksamkeitserfahrung der ehemaligen Heimkinder in ihrer Rolle als ZeitzeugInnen beeinträchtigen. Die Frage, wie Betroffene angemessen in die Forschungspraxis eingebunden werden können und wie dies unsere wissenschaftliche Arbeit auch methodisch und methodologisch verändert bzw. verändern muss (Leitner, 2020), bleibt noch zu beantworten. Soweit ich sehe, fehlen hierfür noch weitgehend Beispiele, an denen sich Forschende orientieren können.

Die Wissenschaften haben jedenfalls eine wichtige Aufgabe dahingehend, wie zukünftig über fürsorgerische Maßnahmen und Heimerziehung gesprochen werden wird (Seglias, 2018, S. 30–31) und wie dieses Sprechen eine „reflexive Historiografie" (Hauss, 2018, S. 216) der eigenen Disziplin, der Sozialpädagogik und Sozialen Arbeit einschließlich der diesbezüglichen akademischen Lehre orientieren wird. Im Zeichen gesellschaftspolitischer Aufarbeitung allerdings spielt Forschung nur eine Rolle unter vielen: als Teil eines weitgefächerten Aufarbeitungsprogramms, an dem Wissenschaft, Politik und Recht, Kunst und Öffentlichkeit zusammen mit Betroffenen gemeinsame und neue Formen des Erinnerns und Sprechens, des Zuhörens, Anerkennens und Betrauerns, der Wissensgenerierung sowie der Darstellung und Vermittlung entwickeln können und müssen.

Literaturverzeichnis

Aichhorn, A. (1925). *Die Psychoanalyse in der Fürsorgeerziehung*. Wien: Internationaler Psychoanalytischer Verlag.

Assmann, A. (2018). *Formen des Vergessens* (4. Auflage). Göttingen: Wallstein Verlag.

Bauer, I., Hoffmann, R., Kubek, C. (2013). *Abgestempelt und ausgeliefert. Fürsorgeerziehung und Fremdunterbringung in Salzburg nach 1945*. Innsbruck: Studienverlag.

Bechter, A., Guerrini, F. u. Ralser, M. (2013). Das proletarische Kind und seine uneheliche Mutter als Objekte öffentlicher Erziehung. Zum Fürsorgeerziehungsregime im Tirol der 1960er- und beginnenden 1970er-Jahre. In: Wolf, M./Dietrich-Daum, E./Fleischer, E./Heidegger, M. (Hrsg.), *Child Care. Kulturen, Konzepte und Politiken der Fremdbetreuung von Kindern* (S. 132–146). Weinheim/Basel: Beltz Juventa.

Bergmann, A. (2014). Genealogien von Gewaltstrukturen in Kinderheimen. *Österreichische Zeitschrift für Geschichtswissenschaften* 25/1+2, S. 82–116.

Bombach, C., Gabriel, T., Keller, S. (2018). Vulnerabilität und Anerkennung. Erzählte Biografie nach Heimplatzierungen zwischen 1950 und 1990. In: Ziegler, B./Hauss, G. u. Lengwiler, M. (Hrsg.), *Zwischen Erinnerung und Aufarbeitung* (S. 83–109). Zürich: Chronos Verlag.

Böhler, I., Weber, W. (Hrsg.). Jugendfürsorge und Heimerziehung in Österreich. Themenheft der Zeitschrift *zeitgeschichte*. 3/2015. Innsbruck: Studienverlag.

Brunner, J. (2012). Medikalisierte Zeugenschaft. In: M. Sabrow/N. Frei (Hrsg.), *Die Geburt des Zeitzeugen nach 1945* (S. 93–110). Göttingen: Wallstein.

Bütow, B., Loch, U., Raithelhuber, E., Reicher, H., Sting, S., Brandstetter, M. (Hrsg.) (2019). *Österreichisches Jahrbuch für Soziale Arbeit, Nr. 1*/2019, Schwerpunkt: *Konsequenzen der Kinder- und Jugendhilfe*. Weinheim: Beltz Juventa.

Dietrich-Daum, E., Ralser, M., Lobenwein, E. (Hrsg.) (2018). Medikalisierte Kindheiten. Die neue Sorge um das Kind vom ausgehenden 19. bis ins späte 20. Jahrhundert. *Virus. Beiträge zur Sozialgeschichte der Medizin 17*. Wien: Leipziger Universitätsverlag.

Dietrich-Daum, E., Ralser, M., Rupnow, D. (Hrsg.) (2020). *Psychiatrisierte Kindheiten. Die Innsbrucker Kinderbeobachtungstation von Maria Nowak-Vogl, 1954–1987*. Innsbruck: Studienverlag.

Friedmann, I., Hartig, C., Stepanek, F. (2020). Das Panorama der Heilpädagogischen Beobachtungsstationen Österreichs im Überblick. In: E. Dietrich-Daum/M. Ralser u. D. Rupnow (Hrsg.), Psychiatrisierte Kindheiten. Die

Innsbrucker Kinderbeobachtungstation von Maria Nowak-Vogl, 1954–1987 (S. 39–85). Innsbruck: Studienverlag.

Gibney, M., Howard-Hassmann, R.-E., Coicaud, J-M., Steiner, M. (Hrsg.) (2009). The Age of Apology. Facing up to the Past. Philadelphia: University of Pennsylvania Press.

Halbwachs, M. (1985/1925). *Das Gedächtnis und seine sozialen Bedingungen.* Frankfurt am Main: Suhrkamp.

Hauss, G. (2018). Geschichten und Gegengeschichten. Die Hochschule als Ort einer reflexiven Historiografie. In: Ziegler, B./Hauss, G. u. Lengwiler, M. (Hrsg.), *Zwischen Erinnerung und Aufarbeitung* (S. 213–232). Zürich: Chronos Verlag.

Helige, B., John, M., Schmucker, H., Wörgötter, G. (2013). *Endbericht der Kommission Wilhelminenberg.*

John, M., Reder, W. (2006). *Wegscheid. Von der Korrektionsbaracke zur sozialpädagogischen Institution.* Linz: Sozialpädagogisches Jugendheim Wegscheid.

John., M., Binder, D.-A., Reder, W. (2018). *Heimerziehung in Oberösterreich.* Linz: Oberösterreichisches Landesarchiv.

Keupp, H., Straus, F., Mosser., P., Gmür, W., Hackenschmied, G. (2017). *Schweigen – Aufdeckung – Aufarbeitung. Sexualisierte, psychische und physische Gewalt im Benediktinerstift Kremsmünster.* Wiesbaden: Springer VS.

Klasnic, W. (Hrsg) (2013). *Missbrauch und Gewalt: Erschütternde Erfahrungen und notwendige Konsequenzen.* Graz: Leykam.

Klasnic, W., Hösele, H. (2020). Verantwortung! Es kann und darf keinen Schlussstrich geben! 10 Jahre Unabhängige Opferschutzkommission. Zwischenbilanz und Ausblick. Graz: Leykam.

Kraushofer, T. (2015). *Erinnern hilft vorbeugen.* Aufarbeitung der Vergangenheit und Prävention für die Zukunft: Zur Erfahrung mit Gewalt in Großeinrichtungen der Caritas der Erzdiözese Wien. Wien: Caritas.

Krüger, H.-H. (1995). Erziehungswissenschaft in den Antinomien der Moderne. In: H.-H. Krüger/W. Helsper (Hrsg.): *Einführung in die Grundbegriffe und Grundfragen der Erziehungswissenschaft* (S. 319–327). Opladen: Verlag Barbara Budrich UTB.

Kuhlmann, C. (2008). *„So erzieht man keinen Menschen!" Lebens- und Berufserinnerungen aus der Heimerziehung der 50er und 60er Jahre.* Wiesbaden: VS Verlag für Sozialwissenschaften.

Leitner, U. (mit Guerrini, F., Ralser, M.) (2020). Jugendfürsorge und Heimerziehung in der Wohlfahrtsregion Tirol/Vorarlberg der Zweiten Republik. Vortrag beim Symposium „Gewalt an Kindern und Jugendlichen in Institutionen in Klagenfurt“, Universität Klagenfurt, 31.01.2020.

Lengwiler, M. (2018). Aufarbeitung und Entschädigung traumatisierender Fremdplatzierungen. Die Schweiz im internationalen Vergleich. In: Ziegler, B./Hauss, G. u. Lengwiler, M. (Hrsg.), *Zwischen Erinnerung und Aufarbeitung* (S. 159–176). Zürich: Chronos Verlag.

Loch, U., Lippitz, I., Imširović, E., Arztmann, J. (In Herstellung). Im Namen von Wissenschaft und Kindeswohl. Gewalt an Kindern und Jugendlichen in heilpädagogischen Institutionen der Jugendwohlfahrt und des Gesundheitswesens in Kärnten zwischen 1905 und 2000. Innsbruck: Studienverlag.

Mayrhofer, H., Wolfgruber, G., Geiger, K., Hammerschick, W., Reidinger, V. (2017). *Kinder und Jugendliche mit Behinderungen in der Wiener Psychiatrie von 1945 bis 1989.* Stationäre Unterbringung am Steinhof und Rosenhügel. Münster: Lit Verlag.

Peukert, D. (1986). *Grenzen der Sozialdisziplinierung. Aufstieg und Krise der deutschen Jugendfürsorge 1878 bis 1932.* Köln: Bund.

Ralser, M. (2010). *Das Subjekt der Normalität. Das Wissensarchiv der Psychiatrie: Kulturen der Krankheit um 1900.* München: Wilhelm Fink.

Ralser, M. (2014). Psychiatrisierte Kindheit – Expansive Kulturen der Krankheit. Machtvolle Allianzen zwischen Psychiatrie und Fürsorgeerziehung. *Österreichische Zeitschrift für Geschichtswissenschaften 25*/1+2, S. 128–156.

Ralser, M. (2017). Die Sorge um das erziehungsschwierige Kind. Zur Rationalität der Arbeitsteilung zwischen Psychiatrie und Fürsorgeerziehung am Beispiel der Innsbrucker Kinderbeobachtungsstation. In: H. Fangerau/S. Topp/K. Schepker (Hrsg.) (2017): *Kinder- und Jugendpsychiatrie im Nationalsozialismus und in der Nachkriegszeit* (S. 557–578). Berlin: Springer Nature.

Ralser, M. (2020). Die epochale Gründungswelle von Kinderbeobachtungen im Österreich der langen 1950er Jahre. In: E. Dietrich-Daum/M. Ralser u. D. Rupnow (Hrsg), Psychiatrisierte Kindheiten. Die Innsbrucker Kinderbeobachtungstation von Maria Nowak-Vogl, 1954–1987 (S. 21–39). Innsbruck: Studienverlag.

Ralser, M., Bechter, A. u. Guerrini, F. (2014). *Regime der Fürsorge. Eine Vorstudie zur Geschichte der Tiroler und Vorarlberger Erziehungsheime und Fürsorgeerziehungssysteme der Zweiten Republik.* Innsbruck: innsbruck university press.

Ralser, M., Bischoff, N., Guerrini, F., Jost, C., Leitner, U. u. Reiterer, M. (2017). *Heimkindheiten. Geschichte der Jugendfürsorge und Heimerziehung in Tirol und Vorarlberg*. Innsbruck et al.: Studienverlag.

Ralser, M., Leitner, U. u. Reiterer M. (2015). Die Anstalt als pädagogischer Sonderort. Das Vorarlberger Landesheim am Jagdberg, *zeitgeschichte*, 42/3, S. 179–195.

Ralser, M., Sieder, R. (Hrsg.) (2014). Die Kinder des Staates/Children of the State. Themenheft der *Österreichischen Zeitschrift für Geschichtswissenschaft* 25, 1 + 2. Innsbruck: Studienverlag.

Runder Tisch *„Heimerziehung in den 50er und 60er Jahren"*, Abschlussbericht (2010). Berlin: Eigenverlag.

Sabrow, M., Eckert, R., Flacke, M., Henke K.-D., Jahn, R. (Hrsg.) (2007). *Wohin treibt die DDR-Erinnerung? Dokumentation einer Debatte.* Göttingen Vandenhoeck & Ruprecht.

Sabrow, M. Der Zeitzeuge als Wanderer zwischen zwei Welten. In: M. Sabrow/N. Frei (Hrsg) (2012). *Die Geburt des Zeitzeugen nach 1945* (S. 11–32). Göttingen: Wallstein.

Schreiber, H. (2010). *Im Namen der Ordnung. Heimerziehung in Tirol.* Innsbruck: Studienverlag.

Schreiber, H. (2014). *Dem Schweigen verpflichtet. Erfahrungen mit SOS-Kinderdorf.* Innsbruck: Studienverlag.

Schreiber, H. (2015). *Restitution von Würde. Kindheit und Gewalt in Heimen der Stadt Innsbruck*. Innsbruck: Studienverlag.

Seglias, L. (2018). Fürsorgerische Zwangsmaßnahmen und Fremdplatzierungen im Zeichen gesellschaftlicher Aufarbeitungen. In: Ziegler, B./Hauss, G. u. Lengwiler M. (Hrsg.), *Zwischen Erinnerung und Aufarbeitung* (S. 21–31). Zürich: Chronos Verlag.

Sieder, R., Smioski, A. (2012). *Der Kindheit beraubt. Gewalt in den Erziehungsheimen der Stadt Wien*. Innsbruck: Studienverlag.

Weisser Ring (Hrsg.) (2019). *Hilfe für Opfer von Gewalt in Einrichtungen der Wiener Jugendwohlfahrt.* Abschlussbericht. Projektzeitraum 2010–2019. Wien.

Ziegler, B., Hauss, G., Lengwiler, M. (Hrsg.) (2018). *Zwischen Erinnerung und Aufarbeitung. Fürsorgerische Zwangsmaßnahmen an Minderjährigen in der Schweiz im 20. Jahrhundert,* Zürich: Chronos Verlag.

Entwicklungen in der Jugendarbeit

XX Geschichte der Verbandlichen Jugendarbeit: Angebote und Orientierungen der Jugendverbände zwischen Pädagogik und Politik

Natalia Wächter

1 Einleitung

Dieser Beitrag möchte einen Überblick über die Geschichte der Verbandlichen Jugendarbeit in Österreich geben und legt dabei das Hauptaugenmerk auf die Verflechtungen von pädagogischen Ideen und Angeboten mit politischen und ideologischen Strömungen. Die Betrachtungen in diesem Kapitel umfassen den Zeitraum vom Ende des 19. Jahrhunderts (Gründung der Arbeiterjugendbewegung) bis zu den 1960er-Jahren, also jene Zeitspanne, in der die Verbandliche Jugendarbeit eine besondere politische und soziale Bedeutung in der österreichischen Geschichte einnahm. Der Beitrag bezieht sich vielfach auf Wien. Das ist zum einen der allgemeinen Literaturlage sowie meiner vergangenen Auseinandersetzung mit der Thematik (Wächter, 2006) geschuldet, zum anderen steht Wien exemplarisch für die generell fortschrittliche Entwicklung in den Städten dieser Zeit.

Unter Verbandlicher Jugendarbeit wird hier die Jugendarbeit verstanden, die von vorrangig politischen und konfessionellen Jugendverbänden für ihre Mitglieder angeboten wird. Der Grad der Unabhängigkeit der Jugendverbände von ihren Mutterorganisationen variiert in der Geschichte und nach Organisation, was die Jugendverbände jedoch gemeinsam haben, ist, dass ihre Jugendarbeit vorrangig von Jugendlichen und jungen Erwachsenen des eigenen Jugendverbandes und mehrheitlich ehrenamtlich geleistet wird. Die Gründung von Jugendverbänden geht vielmals auf das Engagement von Jugendlichen zurück und folgt oft den Grundprinzipien der Selbstverwaltung und der Selbsterziehung von Jugend. Damit kann auch eine Abgrenzung zur Offenen Jugendarbeit und Jugendhilfe vorgenommen werden.

Der Beitrag stellt die Verbandliche Jugendarbeit in chronologischer Abfolge im Rahmen von drei Betrachtungszeiträumen dar. Zu jedem dieser Zeiträume wird zuerst ein kurzer Überblick über die wesentlichen Entwicklungen gegeben und anschließend werden die je bedeutendsten Verbände im Zusammenhang mit dem Verhältnis von Pädagogik und Politik skizziert. Der erste Betrachtungszeitraum behandelt die Anfänge der Verbandlichen Jugendarbeit bis zum Ende der Monarchie (1918). Der zweite Betrachtungszeitraum befasst sich mit der politischen Vereinnahmung und Militarisierung der Jugendverbände im Zeitraum von der Gründung der Ersten Republik (1918) bis zum Ende des Zweiten Weltkriegs (1945). Der dritte Betrachtungszeitraum beschreibt den Wiederaufbau und die große Verbreitung der Verbandlichen Jugendarbeit in der Nachkriegszeit bis in die 1960er-Jahre. Was sich durch die Geschichte zieht, ist die informelle Zugehörigkeit der Verbände zu einem der beiden politischen „Lager“, von denen eines die Arbeiterjugendlichen und das andere christlich-bürgerlich orientierte Jugendliche umfasste.

2 Beginn der Verbandlichen Jugendarbeit: Verband jugendlicher Arbeiter und die Katholische Jugend (1894–1918)

Jugendarbeit, wie sie heute von verschiedenen privaten und öffentlichen Trägern und in verschiedener Ausrichtung (Verbandliche Jugendarbeit, Offene Jugendarbeit und Jugendhilfe) angeboten wird, geht im Grunde auf zwei Strömungen rund um die vergangene Jahrhundertwende 1900 zurück. Auf der einen Seite gab es Autonomiebestrebungen von den bürgerlichen Jugendlichen der „Jugendbewegung“, die ein Recht auf Selbstbestimmung und ein Erleben von „Jugend“ einforderten. Sie waren Romantiker*innen und distanzierten sich von der politischen Realität, wie in der

Wandervogelbewegung gut sichtbar wird. Die Ideen und Grundprinzipien der Jugendbewegung, die in Österreich maßgeblich von Siegfried Bernfeld[1] (1915) geprägt worden waren, beeinflussten auch das Selbstverständnis weiterer Jugendverbände dieser Zeit. So gab es auch „jugendbewegte" katholische Jugendverbände, die die Erwachsenenwelt ablehnten und sich auf die Eigenverantwortlichkeit von Jugend beriefen (Wächter, 2006).

Auf der anderen Seite begannen sich jugendliche Arbeiter*innen mit politischen Zielsetzungen zusammenzuschließen. Zugleich gab es von mehreren Seiten Bemühungen, proletarische Jugendliche, die sich ihre Freiräume auf der Straße, in Tanzlokalen oder in den neuen Kinematografentheatern genommen hatten, zu kontrollieren. In den wachsenden Großstädten jener Zeit war ihre Anzahl überproportional angewachsen und als Arbeiter*innen hatten sie auch das Geld, um sich von ihren Eltern zu emanzipieren und sich mit ihren Freund*innen in der Stadt herumzutreiben (vgl. Böhnisch, 2015 und 2015a). Die Jugendpflege hatte den dementsprechenden Auftrag, die damals erstmals als „Halbstarke" bezeichneten Jugendlichen von der Straße zu holen und zu disziplinieren. Auch dieser bewahrpädagogische Grundgedanke floss nachhaltig in die Verbandliche Jugendarbeit ein.

Als Geburtsstätte der Verbandlichen Jugendarbeit in Österreich kann die Gründung der ersten sozialistischen und katholischen Jugendorganisationen verstanden werden. Auf der sozialistischen Seite war dies der 1894 von Lehrlingen in Wien gegründete *Verband jugendlicher Arbeiter Österreichs*, auf der katholischen Seite der von Anton Orel 1905 gegründete *Bund der Arbeiterjugend Österreichs.* Auch Letzterer setzte sich aufgrund der damals vorherrschenden Arbeitsbedingungen insbesondere für Lehrlinge ein und war im Gegensatz zu früheren katholischen Jugendvereinen wie dem von Leopold Kunschak 1897 gegründeten *Christlichen Verein jugendlicher Arbeiter* weniger an der katholischen Kirche und mehr an der Jugendbewegung orientiert (Reichhold, 1990; Schultes, 1967). Der 1909 gegründete *Reichsbund der christlichen Arbeiterjugend Österreichs* stand ebenfalls unter der Leitung Kunschaks und in enger Verbindung zur Christlichsozialen Partei. Die genannten Verbände erfuhren im Laufe der Zeit

[1] Siegfried Bernfeld legte mit den Arbeiten, die am Jüdischen Institut für Jugendforschung und Erziehung entstanden waren, auch einen Grundstein für die (empirische) Jugendforschung (siehe z. B. Bernfeld, 1922).

verschiedene Entwicklungen und eine große Ausdifferenzierung in Unterorganisationen, wie in diesem Kapitel im Folgenden sowie in Kapitel 3 noch ausführlicher dargestellt wird. Sie legten aber damals schon den Grundstein für die Dachverbände der Sozialistischen Jugend und der Katholischen Jugend, die bis heute zu den zentralen Akteuren der Verbandlichen Jugendarbeit gehören.

2.1 Der Verband jugendlicher Arbeiter

Der österreichische Verband der Sozialistischen Jugend hat seinen Ursprung in Wien Anfang der 1890er-Jahre. Zuerst trafen sich Lehrlinge in losen Zusammenkünften in Ottakring und Hernals, um schließlich 1894 den *Verein der jugendlichen Arbeiter Wiens* zu gründen. Nach Ginner (2011, o. S.) wurde die Notwendigkeit eines eigenen Lehrlingsvereins im Gründungsflugblatt unter anderem folgendermaßen argumentiert:

> „Jedes Tier hat seinen Beschützer, das sind die Tierschutzvereine, die dafür sorgen, dass das Pferd nicht unnötigerweise vom Kutscher geschlagen wird; die Vögel haben ihre Beschützer, die dafür sorgen, dass sie im Winter ihr Futter finden; und existiert für den Lehrling etwa ein Verein, der dafür sorgt, dass er nicht unmenschlich behandelt wird? Nein!“

Wien war gekennzeichnet von Industrialisierung und einem großen Bevölkerungswachstum. Der Großteil der Männer und Frauen war in Fabriken beschäftigt und fristete ein karges Dasein. Viele aus anderen Regionen der Monarchie stammende Arbeiter*innen konnten sich gerade nur ein Bett zum Schlafen leisten, was für die ansässigen Arbeiterfamilien, die in ihrem (ohnehin engen) Wohnraum ein Bett an die „Bettgeher“ vermieteten, ein kleines, notwendiges Zubrot bedeutete. Die Arbeiter*innenbewegung war noch jung, und die Schutzbestimmungen für Jugendliche waren dürftig. In der Gewerbeordnungsnovelle von 1885 war die Fabrikarbeit von Kindern unter 14 Jahren bereits verboten worden und „jugendliche Hilfsarbeiter“ unter 16 Jahren durften nur noch „zu leichteren Arbeiten verwendet werden“ (Reichsgesetzblatt 1885, § 96 b). Die gesetzlichen Regelungen griffen aber langsam, und auch um 1900 waren noch fast 30 Prozent der Fabrikarbeiter*innen zwischen elf und zwanzig Jahre alt (Neugebauer, 1975).

Ziel des *Verbands jugendlicher Arbeiter* war dementsprechend, sich für die Rechte von Lehrlingen und jugendlichen (Hilfs-)Arbeiter*innen einzusetzen, aber auch Bildungsangebote und Sportangebote für Jugendliche bereitzustellen. Als erstes Vereinslokal diente ein Gasthaus in der Neulerchenfelderstraße in Wien-Ottakring (Neugebauer, 1975). Die Bildung der jungen Arbeiterschaft dürfte in der Jugendarbeit des Verbands einen zentralen Stellenwert eingenommen haben, da auch das Verbandsmotto „Bildung macht frei“ lautete (ebd.). Der Verband war damit gleichzeitig politische Interessenvertretung, Freizeit- und Weiterbildungsanbieter.

1902 gründete der Verband die Zeitschrift *Der jugendliche Arbeiter* als zentrales Organ, und im Jahr 1903 schlossen sich die in der Zwischenzeit entstandenen Ortsgruppen zum *Reichsverband der jugendlichen Arbeiter Österreichs* zusammen. Immer mehr Jugendliche – Lehrlinge und Hilfsarbeiter*innen – vereinten sich im Verband, der damit zur größten Jugendorganisation in der Monarchie anwachsen konnte. Für das Jahr 1913 sind 14.000 Mitglieder dokumentiert (Charwath, 1999). Die Mitgliederstruktur hatte sich durch die Vergrößerung verändert. Während es zu Beginn eher Lehrlinge waren, kam vor allem durch böhmische Gruppen eine große Anzahl Hilfsarbeiter*innen dazu. Da sich unter den Hilfsarbeiter*innen mehr Mädchen als unter den Lehrlingen befanden, wurden schließlich auch Mädchen als Mitglieder akzeptiert (Neugebauer, 1975). Es gab aber auch Abspaltungen und weitere jugendliche sozialistische Jugendorganisationen, zum Beispiel von der *Tschechoslowakischen Sozialdemokratie* („Separatisten“).

Erst 1907 bekannten sich die SDAP (Sozialdemokratische Arbeiterpartei) und die Gewerkschaft zum Verband und seiner Jugendarbeit, was sich unter anderem in Subventionen ausdrückte (Neugebauer, 1975). Einerseits blieb der Verband offiziell unabhängig und selbstständig, andererseits versuchte die Partei doch einen Einfluss auszuüben, indem sie etwa Jugendfunktionäre von der Partei anstellte. Eine ausdrückliche politische Betätigung war dem *Verband jugendlicher Arbeiter* von gesetzlicher Seite in der Monarchie zwar nicht erlaubt, er war aber doch bei wichtigen politischen Auseinandersetzungen und Veranstaltungen dieser Zeit beteiligt, zum Beispiel beim Kampf um das Wahlrecht oder bei den Maikundgebungen (ebd.). Jugendspezifisch setzte sich der Verband unter anderem dafür ein, dass der Abend- und Sonntagsunterricht in den Berufsschulen abgeschafft werden sollte.

Ziel der jugendlichen Arbeiterbewegung war die Verbesserung der Arbeitsbedingungen und der Existenzgrundlage der jugendlichen Arbeiter*innen (Krafeld, 1984). Es wurde versucht, die jungen Arbeiter*innen zu stärken, indem mit Bildungsprogrammen das Bildungsniveau der Mitglieder gehoben werden sollte. Im Rahmen dieser Bildungsprogramme wurde auch auf eine ideologische und politische Schulung im Sinne der sozialdemokratischen Bewegung Wert gelegt. Auch Angebote für sportliche Aktivitäten sollten zur Stärkung und zum Kampf gegen den verbreiteten Alkoholismus beitragen (Neugebauer, 1975).Während in späteren Jahren jugendliche Arbeiter*innen mit Sportangeboten für militärische Auseinandersetzungen trainiert werden sollten, war der Verband vor Ausbruch des Ersten Weltkriegs antimilitaristisch eingestellt. Kurz vor Kriegsbeginn schloss er sich der Parteilinie der SDAP an, die den Krieg rechtfertige, änderte aber diese Einstellung wieder, als sich Not und Leiden im Krieg vergrößerten (ebd.).

Ähnlich dem *Verband jugendlicher Arbeiter* hatten auch die *Kinderfreunde* (und die später gegründeten *Roten Falken*) zugleich eine politische und pädagogische Orientierung. Schon bei den jüngeren *Kinderfreunden* sollte sozialistische Erziehungsarbeit geleistet werden. 1908 gründete Anton Afritsch den „Arbeiterverein Kinderfreunde" in Graz, und in Wien (Floridsdorf) wurde der erste Kinderfreunde-Verein 1910 von Alois Appelt eingerichtet (Uitz, 1975).[2] Afritsch (vgl. 1921) etablierte die Selbsthilfe im Fürsorgebereich, indem anstelle der Kindesabnahme die Kinder im Familienverband belassen und Eltern in ihrem erzieherischen Handeln gestärkt wurden. Zu den zentralen intellektuellen Köpfen bzw. Erziehungstheoretiker*innen der Kinderfreunde-Bewegung gehörte vor allem Otto Felix Kanitz (vgl. 1925), der für deren konzeptionelle Entwicklung und für den Erfolg in Wien wesentlich verantwortlich war. Mit den zentralen Angeboten wie den Sonntagswanderungen, mehrtägigen Ausflügen und Bildungsangeboten (z. B. Kinderbibliotheken, Elternbildung) sollten die Erziehungskompetenzen der Eltern gefördert sowie die sonst dürftigen Möglichkeiten (u. a. aufgrund des beengten Wohnraumes) der Arbeiterkinder zur Freizeitgestaltung und Bildung erweitert werden (Steiner, 2015). Dahinter standen politische Zielsetzungen: Mit den Freizeitangeboten sollte die soziale Be-

[2] Daneben wurde 1905 von liberalen Schulreformern wie Otto Glöckel die „Freie Schule", ein sozialdemokratischer Schulverein, ins Leben gerufen (Uitz, 1975).

nachteiligung der Kinder und Jugendlichen abgefangen und durch das Bildungsangebot die Emanzipation der Arbeiterklasse ermöglicht werden. In pädagogischer Hinsicht wurden die Ideen der *Jugendbewegung* (Selbstverwaltung und Selbsterziehung) sowie der Reformpädagogik weiter umgesetzt. So betont Otto F. Kanitz etwa in seinem Buch „Das proletarische Kind in der bürgerlichen Gesellschaft“, dass Kinder von den Erwachsenen als „Gleichberechtigte“ angesehen werden sollten: „Behandelt Kinder in den Umgangsformen wie Erwachsene!“ (Kanitz, 1925, S. 90). Indem die Eltern lernten, ihre Kinder nicht mehr zu unterdrücken, sollte eine sozialistische, herrschaftsfreie Gesellschaft vorbereitet werden. Zusätzlich sollte den Kindern in der Kinderfreunde-Bewegung eine sozialistische Weltanschauung vermittelt werden. Diese Aufgaben der Schulung der Kinder und der Eltern wurden von den in der SAJ aktiven und politisch geschulten „Kinderfreunde-Helfern“ wahrgenommen, die „um 1930 die wahrscheinlich größte Laienpädagogen-Bewegung außerhalb der Kirchen in Mitteleuropa“ darstellten (Müller, 1982, S. 184).

2.2 *Die Katholische Jugend*

Die katholische Jugendbewegung knüpfte an zwei bereits bestehende Bewegungen an, zum einen an die bürgerliche Wandervogelbewegung und zum anderen an die Arbeiterjugendbewegung. Nach dem Vorbild der sozialistischen Jugendorganisationen sollten jugendliche Lehrlinge und Arbeiter*innen auch in einer katholischen Vereinigung zusammengefasst werden, wie es von Anton Orel 1905 mit der Gründung des *Bundes der Arbeiterjugend Österreichs* verwirklicht wurde. Ziel war auch hier, die Arbeitsbedingungen und die soziale Lage der Jugendlichen zu verbessern, zum Beispiel konnten 1907 (zumindest vorübergehend) die Abschaffung des Sonntags- und Abendunterrichts und die Errichtung einer eigenen Gewerbeschule in Wien (an der Linken Wienzeile) erreicht werden (Reichhold, 1990). Es ging Orel aber auch darum, jugendbewegte Prinzipien fortzuführen, vor allem die Prinzipien der Selbstführung (keine Leitung durch Erwachsene), der Eigenständigkeit (Unabhängigkeit von kirchlichen Obrigkeiten sowie von der Christlichsozialen Partei) und der Selbsterziehung (ebd.). Nach seinem Gründer und Anführer wurden die Mitglieder und Anhänger dieser katholischen Jugendbewegung auch als *Orelianer* bezeichnet. Auch die *Laienbewegung* Josef Germs, der in Wien ansässige *Christ-*

liche Jugendbund Alsergrund, trat diesem Bund bei (Seewann, 1971a). Die *Orelianer* versuchten zwar nicht wie die Wandervögel aus dem Alltag auszubrechen, wiesen aber doch viele Gemeinsamkeiten mit ihnen auf, „insbesondere die Aufbruchsstimmung eines Neuanfangs, die Abstinenz, die Ablehnung der Erwachsenenwelt und des Kapitalismus, Vertrauen in den Idealismus, Hinwendung zur Romantik und die Eigenverantwortlichkeit der Jugend“ (Wächter, 2006). Als ihre Hauptideen werden Antikapitalismus und Antisemitismus (in der Gleichsetzung von Großkapitalismus mit Judentum), Großösterreich und Sozialreform beschrieben (Seewann, 1971a).

Die gesetzliche Wiedereinführung des Sonntagsunterrichts und des Abendunterrichts bis 20 Uhr im Jahr 1909 war nicht nur folgenreich für die betroffenen Lehrlinge, sondern auch für die katholische Jugendbewegung. Orel distanzierte sich nachhaltig von der Christlichsozialen Partei und von Kunschak, der seine Partei nicht von der Beibehaltung der Abschaffung des Sonntags- und Abendunterrichts hatte überzeugen können. Das führte schließlich zu einer Spaltung der katholischen Jugendbewegung, und Kunschak gründete 1909 den eigenen *Reichsbund der christlichen Arbeiterjugend Österreichs*, der auch weiterhin in enger Verbindung mit der Christlichsozialen Partei und der katholischen Kirche stand (Reichhold, 1990). Jahrelange Bemühungen um eine Vereinigung blieben erfolglos. 1917 legten die kirchlichen Bischöfe in einer Deklaration fest, dass katholische Jugendverbände der Autorität der Diözesanbischöfe unterstehen, und gründeten 1918 den *Reichsbund der katholischen deutschen Jugend Österreichs*, dem sich auch Kunschaks Bund anschloss (ebd.). Im neuen Bund waren neben Lehrlingen und jungen Arbeiter*innen auch zunehmend bäuerliche Jugendliche vertreten, und er konnte sich in der Zwischenkriegszeit zu einer „Massenorganisation“ entwickeln (ebd., S. 25).

3 Politische Vereinnahmung und Militarisierung (1918–1945)

Die Erste Republik (1918–1933) war von einer stark zunehmenden gesellschaftlichen und politischen Polarisierung in zwei Lager und vom aufkommenden Faschismus zu Beginn der Dreißigerjahre bestimmt. Auf der einen Seite standen die sozialistische Arbeiterschaft und die Sozialdemokrat*innen und auf der andere Seite das konservative Bürgertum, vertreten durch die Christlichsozialen. Diese Polarisierung spiegelte sich auch in den Jugendverbänden wider, die durch eine starke Lagergebundenheit gekennzeichnet waren (vgl. Gehmacher, 1995). Sozialistische und kommunistische Jugendverbände standen bündischen, deutsch-nationalen und konservativ-katholischen Jugendverbänden gegenüber. Auf beiden Seiten gab es zuerst eine Ausdifferenzierung in eine Vielzahl an Verbänden, die verschiedene Alters- und Interessengruppen sowie auch verschiedene konfessionelle Zugehörigkeiten repräsentierten, zum Beispiel Schüler*innen- und Studierendenverbände oder katholische und jüdische Verbände. Während die katholischen Verbände zwar am meisten Mitglieder hatten, waren sie im Vergleich zu den sozialistischen und deutsch-nationalen Jugendverbänden weitaus weniger (politisch) aktiv (Pammer, 2011). Jugend stand im Zeitgeist für Fortschritt und Zukunft, und dementsprechend wollten beide politischen Lager die Jugend für sich gewinnen und vereinnahmen. Neben der Polarisierung wurden die Jugendverbände spätestens beim Brand des Justizpalastes im Jahr 1927, im Zuge dessen bei Kampfhandlungen ca. 90 Menschen umkamen (darunter mehrheitlich sozialdemokratische Demonstrant*innen, aber auch mehrere Polizeibeamte) (Ableitinger, 2017, S. 25), zudem von einer zunehmenden Radikalisierung und Militarisierung erfasst.

Nach der Machtergreifung von Engelbert Dollfuß 1933 wurde zur Absicherung des diktatorisch geführten österreichischen „Ständestaates" ein Hauptaugenmerk auf die ideologische Vereinnahmung der Jugendlichen gelegt, und die Regierung überlegte die Gründung einer eigenen Staatsjugend als Herrschaftsinstrument und Legitimationsstrategie (vgl. Pammer, 2011). Aufgrund der politisch oppositionellen Haltung wurde die Hitler-Jugend bereits 1933 verboten, und das Verbot der sozialistischen Jugendverbände folgte nach den Februarkämpfen 1934. 1936 konnte sich die Idee einer österreichischen Staatsjugend durchsetzen und das *Österreichische Jungvolk* (ÖJV) wurde gegründet. Bestehen bleiben durfte nur das bündische und katholische Jugendvereinswesen. Bis zu seiner Auflösung im Jahr 1938 umfasste die „Staatsjugend" des ÖJV inklusive der inkorporierten katholischen Verbände und weiterer Vereine ca. 350.000 Mitglieder, was fast 30 Prozent der damaligen Bevölkerung zwischen sechs und 18 Jahren entspricht (ebd.).[3] Das ÖJV wurde „von bekennenden Faschisten nach faschistischen Erziehungsprinzipien" wie Führerschaft, Unterordnung und Chauvinismus geführt, um die Heranwachsenden in eine faschistische Gesellschaftsordnung zu sozialisieren (ebd., S. 172). Es sollte dabei auch die nationalsozialistische Bewegung, die für viele Jugendliche attraktiv war, geschwächt und überflüssig gemacht werden, was aber scheitern sollte. Tatsächlich scheint das ÖJV die Jugendlichen für den Nationalsozialismus vorbereitet zu haben.

Nach dem Anschluss Österreichs an das nationalsozialistische Deutschland 1938 wurden alle Jugendverbände außer der *Hitler-Jugend* verboten und auch das *Österreichische Jungvolk* wurde wieder aufgelöst. Viele Verbände stellten aber weiterhin wichtige Akteure im politischen Widerstand gegen das nationalsozialistische Regime dar. Im Allgemeinen setzte sich der Widerstand aus einem breiten Spektrum von Ausrichtungen zusammen und umfasste sozialistische und kommunistische Gruppen genauso wie katholische Gruppen und Monarchist*innen (Gehmacher, 1994). Im Rahmen der ehemaligen Jugendverbände war der Anteil an aktiven Widerstandskämpfer*innen besonders hoch, vor allem was kommunistische und katholische Gruppen betrifft (Rathkolb, 1988). Widerstand wurde aber auch von informellen „Straßenbanden" (Gehmacher, 1994, S. 294) und den jugendkulturellen „Schlurfs" (Wächter, 2015, 2006) geleistet.

Im Folgenden werden auf der einen Seite sozialistische Jugendverbände und auf der anderen Seite bündische Jugendorganisationen mit ihren Ideen, Aktivitäten und Orientierungen in der Ersten Republik beziehungsweise in der Zwischenkriegszeit dargestellt. Anschließend werden Grundprinzipien der ideologischen und pädagogischen Jugendarbeit der Hitler-Jugend skizziert.

3.1 Sozialistische Jugendverbände

In den 1920er-Jahren strömten die jugendlichen Arbeiter*innen geradezu in die sozialistischen Verbände, die altersspezifisch strukturiert waren. Alleine bei den Wiener *Kinderfreunden* gab es um 1929 rund 100.000

[3] Pammer (2011, S. 73) kommt in seiner Analyse zu dem Schluss, dass das „Stamm-ÖJV" (ohne die inkorporierten katholischen Verbände) allerdings nur einen Anteil von elf Prozent an der jugendlichen Bevölkerung gehabt haben dürfte.

Mitglieder (Böhnisch, 2015), und für den *Verband jugendlicher Arbeiter*, 1919 in den *Verband der sozialistischen Arbeiterjugend Deutschösterreichs* (SAJ) umbenannt, sind für Wien 1922 ca. 14.000 Mitglieder dokumentiert (Neugebauer 1975, S. 136). Den Vorsitz der SAJ hat 1919 Leopold Thaller eingenommen, der auch in der internationalen sozialistischen Jugendbewegung intellektuell und organisatorisch leitend mitgewirkt hat (siehe Thaller, 1921). Die SAJ war in den ersten Jahren ein wichtiger politischer Akteur und wirkte in gesetzgebenden und exekutiven Körperschaften mit. 1920 konnte sie zum Beispiel das Verbot von Sonntagsarbeit und die Abendfreizeit für Jugendliche durchsetzen (Neugebauer, 1975). Später konnte die jugendbewegte Fraktion, die auf kulturelle und erzieherische Angebote im Gegensatz zu einer politischen Ausrichtung des Verbandes setzte, die Oberhand gewinnen. Dementsprechend spalteten sich die innerhalb der SAJ organisierten gewerkschaftlichen Jugendgruppen 1923 bis 1925 ab, und die Gewerkschaftsjugend konnte sich als Lehrlingsorganisation etablieren. Im Zuge der allgemeinen gesellschaftlich-politischen Entwicklungen und Ereignisse folgte Anfang der Dreißigerjahre auch wieder eine Repolitisierung der SAJ. Um dem Aufschwung der reaktionären und faschistischen Kräfte entgegenzuwirken, radikalisierte sich die SAJ und fokussierte auf paramilitärische Aktivitäten. Es wurden Jugendordnergruppen eingerichtet, in denen die jugendlichen Mitglieder in Wehrsport und militärischen Übungen unterrichtet wurden. Diese Organisationseinheiten standen in enger Verbindung mit den militärischen Einheiten des Republikanischen Schutzbundes, der bewaffneten Arbeiterwehr der Sozialdemokrat*innen (ebd.). Mit dem Ende der Ersten Republik beziehungsweise der Etablierung des antidemokratischen, nationalistischen Regimes des Austrofaschismus wurde eine Reihe demokratischer Einrichtungen und Errungenschaften zu Grabe getragen sowie auch die SAJ verboten und aufgelöst.

Die *Roten Falken* wurden 1925 von Anton Tesarek für Kinder und Jugendliche im Alter von zwölf bis 16 Jahren gegründet, um die Alterslücke zwischen den *Kinderfreunden* und der SAJ zu schließen und für Nachwuchs in der SAJ zu sorgen. In den Anfangsjahren waren die pädagogischen Ideen der Jugendbewegung wie Eigenverantwortung und Selbstbestimmung leitend. Auch das moderne, sozialistische Erziehungsprinzip der Koedukation fand Anwendung in der heterogenen Gruppenstruktur (Steiner, 2015). Die Jungen und Mädchen waren in zehn- oder zwölfköpfigen Gruppen zusammengefasst und unternahmen Aktivitäten wie Wanderungen, Lager, Spiele, Sport und Geländeübungen. Für die Älteren gab es Weiterbildungsangebote (Schulungen, Kurse und Prüfungen), um sie zu Gruppenführer*innen auszubilden. Um als Gruppenführer*in tätig zu werden, musste man etwas älter als die Gruppenmitglieder sein, auch der SAJ angehören und schließlich gewählt werden (vgl. Hirschegger, 1988; Uitz, 1975). Die Durchführung von Ferienlagern, die selbstverwaltet waren und bei denen Regeln nach demokratischen Abläufen verhandelt wurden, war ein wichtiges Aufgabenfeld der *Roten Falken*. Zunehmend wurde aber die Selbstbestimmung von Regeln und Geboten abgelöst und alle Aktivitäten unterlagen einem mehr oder weniger strengen Reglement. Die Gruppenführer waren zudem auch oft Mitglieder im Republikanischen Schutzbund und in Wehrsportverbänden (Uitz, 1975). Auch die *Roten Falken* konnten sich dem Trend der Militarisierung nicht entziehen, „oder sie würden Massen an Jugendlichen verlieren, die unabwendbar von dem neuen gesellschaftlichen Militarismus in ihren Bann gezogen wurden“ (Steiner, 2015, S. 66).

In pädagogischer Hinsicht gab es in den 1920er-Jahren noch zwei weitere wesentliche Strömungen, die hier kurz angeführt werden sollen. Zum einen wurden die „Ferienkolonien“ der Grazer Kinderfreunde ausgebaut (z. B. nationale Ferienkolonie Gmünd), und das Erziehungskonzept der selbstverwalteten Kinderkolonie wurde zum Vorbild der späteren „Kinderrepubliken“ (Steiner, 2015). Zum anderen wurden Ideen der Jugendbewegung und der Kinderfreunde-Bewegung im Ausbildungsprojekt der „Schönbrunner Schule“ verwirklicht. Neben der Schule, die von Otto Felix Kanitz geleitet wurde, waren im Schloss Schönbrunn auch ein Kinderheim (geleitet von Anton Tesarek) und ein zwei- bis dreijähriges Ausbildungsprogramm zum/zur Erzieher*in angesiedelt (ebd.). Kanitz konnte als Schulleiter daran arbeiten, seine theoretischen Ideen und Forderungen – Selbstverwaltung sowie Erziehung zur Selbstständigkeit, Kollektivismus und Solidarität – in die Praxis umzusetzen.

3.2 Bündische und deutschnationale Jugendorganisationen

Jugendliche aus der städtischen Mittelschicht organisierten sich in vielen deutschnationalen und völkisch orientierten Organisationen, die sich 1919 im *Deutsch-Österreichischen Jugendbund* versammelten. Er verstand sich zuerst als unparteiliche Dachorganisation verschiedenster Jugendverbände und als Interessenvertretung aller Jugendlichen. Zum Beispiel setzte er sich für Fürsorgeaktionen oder eine Fahrpreisermäßigung für Jugendliche ein (Gehmacher, 1995). Nach dem Austritt des *Reichsbunds der katholischen deutschen Jugend Österreichs* im Jahr 1926 bestand der Dachverband aber vorrangig aus bündischen Organisationen, die das deutsche Volkstum fördern wollten. Die einzelnen Bünde wiesen im Vergleich zu den sozialistischen Jugendverbänden eine geringe Mitgliederzahl auf. Zu den bedeutendsten gehörten der *Österreichische Wandervogel*, die *Deutsche Freischar* oder der *Bund Neuland* (ebd.). Auch in diesen Verbänden waren die in der ersten Jugendbewegung entwickelten Prinzipien der Selbstbestimmung der Jugendlichen und der Selbstorganisation von Fahrten und Feiern grundlegend (Breyvogel, 2005). Während aber die Jungen und Mädchen in der ersten Jugendbewegung gemeinsam auf Zeltlager fuhren, waren die Bünde nun geschlechtlich getrennt strukturiert beziehungsweise rein männlich besetzt (Gehmacher, 1995). Auch die bündischen Jugendlichen wurden von der politischen Radikalisierung und Militarisierung erfasst und viele konzentrierten ihre Aktivitäten bald auf militärische Übungen. Ideologisch waren sie wesentlich von Antisemitismus gekennzeichnet; es gab aber auch jüdische Jugendorganisationen, wie den Haschomer Hazair, dessen Zielsetzung in der Schaffung eines jüdischen Staates lag. Diese politische Idee und die Auswanderungsbestrebungen der ansässigen Juden und Jüdinnen wurden zuerst vom nationalsozialistischen Regime unterstützt (Seewann, 1990), bis auch die Mitglieder der jüdischen Jugendbewegung mehrheitlich deportiert und ermordet wurden (Jensen, 1995).

Die Christlichsozialen hatten im Gegensatz zu den Sozialdemokrat*innen keine eigenen Parteijugendorganisationen, allerdings konnte vor allem der mitgliederreiche *Reichsbund der katholischen deutschen Jugend Österreichs* als Parteijugend und Reservoir an Nachwuchskräften und zukünftigen Parteifunktionären dienen (Reichhold, 1990). Die Jugendlichen, die diesem 1918 gegründeten *Reichsbund* angehörten, kämpften erfolglos um das Jugendbewegungsprinzip der Selbstführung. Verwirklichung fanden die Ideen der Jugendbewegung, wie sie in der katholischen Jugendbewegung von Anton Orel verfochten worden waren, nun in der katholischen Mittelschülerbewegung, die vor allem vom *Christlichdeutschen Studentenbund Jungösterreich* und dem daraus hervorgehenden und von den Jugendlichen selbst initiierten *Bund Neuland*[4] getragen war (Seewann, 1971a). In der katholischen Mittelschülerbewegung waren auch der Pastoraltheologe Michael Pfliegler (siehe z. B. Pfliegler, 1932) und Karl Rudolf, Gründer des „Wiener Seelsorgeinstitutes", aktiv beteiligt und förderten die Idee der „Erneuerung" der Kirche.

Zuerst stand der *Bund Neuland* in der Tradition der Jugendbewegung und ihrer Ideen von jugendlicher Gemeinschaft und jugendlichem Erleben. Zunehmend gewannen aber Ideologie und Politik an Bedeutung, während die romantischen Ideen und Fragen der persönlichen Lebensführung weiter in den Hintergrund gerückt wurden. Die „Führer" der einzelnen Gruppen stellten nun Autoritäten dar, denen gefolgt werden musste, und die romantischen Wanderungen waren Kriegsspielen gewichen (Seewann, 1971b). Ideologisch fühlte sich der *Bund Neuland* dem Nationalsozialismus schnell verbunden, da Christentum mit Germanentum gleichgesetzt wurde.

3.3 Hitler-Jugend und Bund Deutscher Mädel

Die erste nationalsozialistische Jugendorganisation in Österreich war die 1923 in Wien gegründete *Nationalsozialistische Jugend* (NSJ), eine spezifisch österreichische Organisation, aus der 1926 die österreichische *Hitler-Jugend* (HJ) hervorging. Die HJ hatte von Anfang an das Ziel der Machtübernahme, sie lehnte den bestehenden Staat gänzlich ab und war militaristisch und nach dem Führerprinzip aufgebaut. Die nationalsozialistische Bewegung dieser Zeit war in Österreich von der HJ getragen (Gehmacher, 1994). Nach den Jahren in der Illegalität (ab 1933) wurde sie mit dem Anschluss Österreichs an das nationalsozialistische Deutschland 1938 zur Staatsjugend, während alle anderen Jugendorganisationen verboten wurden. 1939 begann die Pflichtmitgliedschaft für alle zehn- bis 18-jährigen Jungen und Mädchen in der HJ. Der *Bund Deutscher Mädel* (BDM) war als vergleichsweise machtlose Unterorganisation der Hitler-Jugend organisiert. Im BDM wurden die Mädchen mit Schulungen, Gymnastik und Sport auf ihre Reproduktionspflicht und auf soziale Einsatzbereitschaft vorberei-

[4] In Wien gibt es heute drei „Neulandschulen", die auf den Bund Neuland und die Initiative von Anna Ehm zurückgehen. Diese katholischen Privatschulen, die sich in Döbling und Favoriten befinden, vereinen je mehrere Schultypen (z. B. Kindergarten, Volksschule, Mittelschule und Gymnasium). Siehe https://www.nls.at.

tet. In den wöchentlichen Heimabenden übten sich die Mädchen in der Pflege von „Volkskultur" mit Singen, Musizieren und Basteln (Achs u. Tesar, 1988).

HJ und BDM setzten am Prinzip der Selbstbestimmung der Jugendbewegung an und propagierten eine Loslösung von der Elterngeneration. In der nationalsozialistischen Interpretation der Selbstbestimmung wurde die Autorität der Eltern durch das Führerprinzip der HJ ersetzt, wobei Jugendliche sogar zur Denunziation der eigenen Eltern getrieben wurden (Bierhoff, 1984). Neben den Heimabenden zählten Lager und Fahrten (Wanderungen) zu den wichtigsten Angeboten und Aktivitäten. Lager bedeutete eine strenge Ordnung, eine spartanische Lebensweise mit standardisierten Tagesabläufen und die Verabschiedung von jeglicher Individualität. In den letzten Kriegsjahren leisteten sie soziale Einsätze wie die Verpflegung von Ausgebombten, bildeten Schutträumkommandos (Borth, 1988), organisierten die Kinderlandverschickung und wurden als „Flakhelfer" zur Luftabwehr und als Helfer der Frontsoldaten eingesetzt (Giesecke, 1981).

4 Wiederaufbau der Verbandlichen Jugendarbeit (1945–1965)

Zum Wiederaufbau der Nachkriegszeit gehörte auch die schnelle Wiedereinrichtung der großen Jugendorganisationen der Ersten Republik – der *Sozialistischen Jugend* (SJ) und der *Katholischen Jugend* (KJ). Beide Organisationen hatten einen sehr starken Zulauf mit wachsenden Mitgliederzahlen; in der *Katholischen Jugend* (KJ) waren 1948 über 100.000 Mädchen und Burschen über 14 Jahren organisiert (Richter, 1983, S. 11). Die KJ war auch in der Öffentlichkeit sichtbar, zum Beispiel nahmen 1952 am Katholikentag in Wien 60.000 Jugendliche teil (Prieler, 1997, S. 55). Während die SJ eher eine städtische Organisation war, konnte die KJ Kinder und Jugendliche besonders im ländlichen Raum gewinnen. In einer Zeit, in der es an allem mangelte, konnten vor allem die Jugendverbände mit ihren Angeboten den Jungen und Mädchen bieten, was im Teenageralter am wichtigsten ist: gemeinsame Freizeitaktivitäten mit anderen Jugendlichen in wöchentlichen Heimabenden, Ausflügen oder Ferienlagern zu unternehmen und damit Jugend zu erleben.

Jugendarbeit wurde aber zuerst nicht nur von den Jugendverbänden, sondern auch von den Alliierten geleistet; vor allem die Amerikaner nahmen sich im Zuge der Propagierung ihres Systems und ihrer Bestrebungen, Österreich zu demokratisieren (und von kommunistischen Ideen abzuhalten), der Jugend an. Im Rahmen der *Austrian Youth Activities* (AYA) wurden amerikanische Jugendoffiziere zur „Reeducation" eingesetzt, die den Jugendlichen jugendspezifische kulturelle und soziale Angebote zur Verfügung stellten. Die soziale Not war groß, und dementsprechend kamen vor allem materielle Angebote wie Essen, Kleidung und die Möglichkeit für Tauschgeschäfte gut an, aber die Jugendlichen nutzten auch gerne Freizeit- und Sportangebote wie Volleyball, Softball oder Baseball und waren froh, in einem *Austrian Youth Center* einen Raum zur eigenen freien Verfügung zu bekommen (Glaser, 2015). Im Gegensatz zur Verbandlichen Jugendarbeit waren die einzelnen Jugendheime des Reeducation-Programms nicht zentral koordiniert (Böhnisch, 1984). Das war nicht der einzige Grund, warum die Jugendheime nicht gut angesehen waren, sondern es wurde auch der pädagogische Wert der Angebote bezweifelt und Essensausgaben und Schwarzmarktaktivitäten misstrauisch beäugt (Glaser, 2015). Da viele Familienväter im Krieg umgekommen waren, waren die Jugendlichen aber gefordert, zum Familieneinkommen, unter anderem mit Schwarzmarkthandel, beizutragen.

4.1 Sozialistische Jugend

Die ersten Funktionäre waren bei der Wiedergründung der *Sozialistischen Jugend* zwar von der Parteileitung eingesetzt worden, wurden dann aber demokratisch von der Basis gewählt (Keller, 1985). Bei den pädagogischen Leitlinien wurde an der Reformpädagogik der Zwanzigerjahre angeknüpft, und Selbstverwaltung, Selbstbestimmung und Selbsterziehung der Jugend gehörten wieder zu den Grundprinzipien. Die Beziehung der Gruppenleiter*innen zu den betreuten Kindern und Jugendlichen war von einem nicht autoritären Verhältnis geprägt, und die jugendlichen Gruppenleiter*innen verkörperten das Prinzip der Eigenständigkeit der Jugend (Wächter, 2015). Mit Heimabenden, Ausflügen und Ferienlagern wurde weiterhin auf eine erlebnisorientierte Pädagogik gesetzt. Für die Jugendlichen waren die Angebote in der kargen Nachkriegszeit attraktiv, denn ihre Lebenswelten boten wenige Möglichkeiten für die persönliche Entwicklung. Die sozialistischen Jugendeinrichtungen ermöglichten, Gleichaltrige zu treffen, Gemeinschaft mit anderen Jugendlichen zu erfahren und ihre Jugend zu leben. 1949 fand das erste Bundessommerlager der Roten Falken in Döbriach am Millstättersee[5] statt, und 1950 wurde dort das erste internationale Ferienlager[6] abgehalten, an dem insgesamt 7.000 Rote Falken teilnahmen (Steiner u. Wächter, 2015). Die Tätigkeiten der jugendlichen Gruppenleiter*innen wurden als verantwortungsvoll und sinnstiftend erlebt, und sie konnten die durch Jugendarbeitslosigkeit, politische Desillusionierung und fehlende Zukunftsperspektiven entstandenen Defizite ein Stück weit ausgleichen und zur individuellen persönlichen Entwicklung im Jugendalter beitragen (Wächter, 2015). Politische Auseinandersetzungen und die sozialistische Erziehung waren bei der Jugendarbeit in den Hintergrund gerückt, was zwar von Erwachsenen kritisiert, von den Jugendlichen aber wohl kaum vermisst wurde. Zum Teil hatten sie selbst erlebt, wie sie als Kinder und Jugendliche im Nationalsozialismus instrumentalisiert und verbraucht worden waren, und viele hatten mitangesehen, wie die Erwachsenen politische Überzeugungen von einem Tag auf den anderen gewechselt hatten. Sogar in Gruppen der *Österreichischen Gewerkschaftsjugend*, die sich für eine Verbesserung der arbeitsrechtlichen Situation von Jugendlichen einsetzte, gab es vor allem Sing-, Spiel- und Filmabende sowie Wanderungen, Exkursionen und sportliche Wettbewerbe und nur in geringem Ausmaß auch Vortrags- und Diskussionsabende (Keller, 1985). Ein wichtiger Inhalt der Jugendarbeit waren aber dennoch Bildungsprogramme für die Arbeiterkinder und -jugendlichen, die zur Emanzipation der Arbeiterklasse beitragen und der kapitalistischen Konsum- und Filmindustrie entgegenwirken sollten. Dabei war man eher am bürgerlichen Bildungsideal orientiert, wie der 1957 gegründete „Beethoven-Club“ veranschaulichen kann (ebd.).

Grundlegend waren auch die pädagogische Bemühungen der sozialistischen Jugendarbeit, jugendliche „Halbstarke“, die sich in losen Gruppen („Platten“) an Straßenecken zusammenfanden („Eckensteher“) oder im Wiener Prater „herumlungerten“, von der Straße zu holen. Dahinter stehen weniger Bildungsbemühungen, sondern das Verständnis eines (sozialistischen) Kollektivismus, dem der individuelle Charakter der subkulturellen

5 Heute: Falkencamp Döbriach, siehe https://feriencamp-doebriach.at.
6 Heute: IFM-Camp (International Falcon Movement), siehe https://ifm-sei.org.

Jugendlichen auf der Straße, die „selbständig ihre Frei- und Entwicklungsräume suchten" (Glaser, 2015), entgegenstand.

4.2 Katholische Jugend

Im Gegensatz zur *Sozialistischen Jugend* unterteilte die *Katholische Jugend* ihre Mitglieder nicht nur nach Alter, sondern auch nach Geschlecht. Neben der *Jungschar* für Acht- bis 13-Jährige bestand sie aus dem *Jungvolk* und den *Jungmädchen* für 14- bis 17-Jährige und der *Jungmannschaft* (Burschenschaft und Mädchenschaft) für 18- bis 25-Jährige. Zudem gab es auch schichtspezifische Organisationen wie die *Katholische Arbeiterjugend* (KAJ) und die *Mittelschuljugend* (unterteilt in KMJ und *Studentenring*) sowie die zahlenmäßig bedeutende *Katholische Landjugend* (KLJ). Die Geschlechtertrennung folgte einem Verständnis geschlechtsspezifischer sozialer Rollen und unterschiedlicher „natürlicher" Neigungen, und dementsprechend sollten Jungen und Mädchen für ihre unterschiedlichen gesellschaftlichen Aufgaben vorbereitet werden.

Auch die *Katholische Jugend* hatte sich von der Politik abgewandt und setzte die Traditionen ihrer jugendbewegten Wurzeln in erlebnispädagogischen Angeboten fort. Die Gruppe müsse „dem Erlebnishunger Rechnung tragen", hieß es im damaligen Bildungsplan der KJ (Richter, 1988). Die KJ wollte möglichst das gesamte Freizeitleben der Jugendlichen umfassen und stellte mit dem Ziel, die Teilnahme an anderen Vereinen obsolet zu machen, viele Angebote für Sport und Kultur bereit (Richter, 1983). Die kulturellen Angebote konzentrierten sich auf die Pflege von Brauchtum und Volkstum, denn Heimatliebe und die Erneuerung der Heimat waren gemeinsam mit Sittlichkeit und Sauberkeit die zentralen Werte, die in der Jugendarbeit vermittelt werden sollten (Richter, 1985). Dementsprechend waren die „Halbstarken" auch der *Katholischen Jugend* ein Dorn im Auge. Auch die religiöse christliche Erziehung spielte eine sehr große Rolle, und neben Heimstunden gehörten Jugendgottesdienste und Glaubensstunden zu den wichtigsten Angeboten.

Die KJ war um politische Unabhängigkeit bemüht, trotzdem bestand ein Naheverhältnis zur ÖVP, das sich zum Beispiel darin spiegelte, dass viele ÖVP-Politiker*innen ehemalige Mitglieder der KJ waren – eine gleichzeitige Funktion war allerdings ausgeschlossen (Wächter, 2006). Als zahlenmäßig größter Jugendverband bildete die KJ den Vorsitz des *Bundesjugendrings*, der 1953 von der KJ, der *Sozialistischen Jugend*, *Gewerkschaftsjugend*, *Evangelischen Jugend*, *Österreichischer Jugendbewegung* und den *Pfadfindern* als Interessenvertretung aller Jugendlichen in Österreich gegründet wurde.

5 Ausblick

Dieser Beitrag endet mit den 1960er-Jahren, als die Verbandliche Jugendarbeit aufgrund von politischen, ökonomischen und sozialen Veränderungen einen Bedeutungsverlust erfahren hatte. Es war nicht mehr zeitgemäß, Uniformen und Flaggen zu tragen und alte Lieder zu singen, zudem war die Jugend weniger auf Räume und Veranstaltungen der Jugendverbände angewiesen, sondern hatte sich den Angeboten der Konsum- und Freizeitindustrie zugewandt. In Wien entstanden bereits die ersten Szene-Klubs, in denen sich Jugendliche und junge Erwachsene wie heute zum Konzertbesuch von Bands, Musikhören und Tanzen oder einfach zum Trinken, Unterhalten und Kennenlernen treffen konnten. Zu den wichtigsten frühen Klubs mit DJ-Musik gehörten das *San Remo*, die spätere *Camera*, in der Neubaugasse im siebten Gemeindebezirk oder ab 1968 das *Voom Voom*, das spätere *Move* bzw. *Vibrations*, in der Daungasse im achten Bezirk. Bands spielten in den 1960er-Jahren vor allem im *Star Club*, dem ehemaligen *5-Uhr-Tee der Jungen Generation Ottakring,* im Albert-Sever-Saal der SPÖ, im *HVZ*, dem späteren *Metropol*, im *Chattanooga* am Graben sowie im *Flamingo Dancing* am Bauernmarkt (vgl. Gröbchen et al., 2013). Während Jugendzentren und Räumlichkeiten von Jugendorganisationen immer noch Jugendtreffpunkte waren und Bands Auftrittsmöglichkeiten boten, hatten doch kommerzielle Klubs zunehmend an Relevanz gewonnen.

Es hatte sich aber nicht nur die ökonomische Lage für die Jugendlichen und für Familien verändert, sondern auch die politische und soziale Situation befand sich ab Mitte der 1960er-Jahre im Wandel. Die traditionellen konservativen gesellschaftlichen Normen schienen überholt, und die Jugend war aufrührerisch geworden gegenüber dem rigiden Erziehungs- und Bildungssystem, das Gepflogenheiten aus der Monarchie und dem Nationalsozialismus nie abgelegt hatte. Die *Studentenbewegung* hat große gesellschaftliche Umwälzungen dieser Zeit eingeleitet und weitere Bewegungen wie die Frauen- oder Umweltbewegung vorbereitet. Gleichzeitig konnte sich die Offene Jugendarbeit etablieren, wie sie in manchen Grundzügen (z. B. Räume für Jugendliche zur freien Verwendung) bereits im Rahmen der *Austrian Youth Activities*, dem US-amerikanischen *Reeducation*-Programm in der Besatzungszeit, initiiert worden war. Frühe Einrichtungen der Offenen Jugendarbeit in den 1960er-Jahren waren das Haus der Jugend in der Zeltgasse im achten Wiener Gemeindebezirk, das Jugendzentrum Erdberg im dritten Bezirk sowie das Jugendhaus in der Grünwaldgasse im fünften Bezirk (Kratzer, 2015). Der Verein Wiener Jugendzentren, der heute ca. 40 Einrichtungen und Projekte betreibt, wurde erst 1978 gegründet.

Folglich ist die Verbandliche Jugendarbeit heute nicht mehr der herausragende Akteur in der Jugendarbeit, sondern einer von mehreren wichtigen Akteuren. Im Einklang mit den sozialen und politischen Veränderungen ist die Verbandliche Jugendarbeit auch nicht mehr auf zwei große Organisationen, die den zwei (politischen) „Lagern“ zuordenbar sind, konzentriert, sondern hat sich ebenfalls diversifiziert. In der aus dem Bundesjugendring hervorgegangenen *Österreichischen Bundesjugendvertretung* sind derzeit über 50 Jugendverbände vereinigt, die eine entsprechend große Anzahl und Diversität an Jugendlichen repräsentieren.

Bei der Verfassung dieses Beitrages wurde vorwiegend mit bestehender sozial- und geschichtswissenschaftlicher Literatur, die sich ihrerseits auf Primärquellen stützt, gearbeitet. Während zum Beispiel Verbandsgründungen und sogar Mitgliederzahlen zum Teil gut dokumentiert sind, fehlen vielfach qualitative Beschreibungen über die alltäglichen Aktivitäten, Diskussionen und Auseinandersetzungen in den Jugendverbänden. Auffallend ist auch, dass es mit der bestehenden Literatur schwer nachvollziehbar ist, wie sich die Teilnahme von Mädchen in den österreichischen Jugendverbänden gestaltet hat, besonders was den ersten Betrachtungszeitraum betrifft. Für eine weitere geschichtswissenschaftliche Auseinandersetzung mit Primärquellen gibt es somit noch viele Anknüpfungspunkte.

Literaturverzeichnis

Ableitinger, A. (2017). Politik in Österreich 1918 bis 1933. In: S. Karner (Hrsg.), *Die umkämpfte Republik: Österreich von 1918–1938* (S. 17–48). Innsbruck: Studienverlag.

Achs, O. u. Tesar, E. (Hrsg.) (1988). *Jugend unterm Hakenkreuz. Erziehung und Schule im Faschismus.* Wien: Jugend und Volk.

Afritsch, A. (1921). Vor vierzehn Jahren. *Die Sozialistische Erziehung 1* (1), S. 13–16.

Bernfeld, S. (1915). *Über den Begriff der Jugend.* Dissertation. Wien: Universität Wien.

Bernfeld, S. (Hrsg.) (1922). *Vom Gemeinschaftsleben der Jugend. Beiträge zur Jugendforschung.* Wien: Internationaler Psychoanalytischer Verlag.

Bierhoff, B. (1984). *Außerschulische Jugendarbeit. Orientierungen zur Geschichte – Theorie und Praxis eines sozialpädagogischen Handlungsfeldes.* Essen: Die Blaue Eule.

Böhnisch, L. (2015). Zur Vorgeschichte der offenen Jugendarbeit. In: L. Böhnisch, L. Plakholm u. N. Wächter (Hrsg.), *Jugend ermöglichen. Zur Geschichte der Jugendarbeit in Wien* (S. 137–141). Wien: Mandelbaum Verlag.

Böhnisch, L. (2015a). Jugendbilder und Jugenddiskurse des 20. Jahrhunderts bis heute. In: L. Böhnisch, L. Plakholm u. N. Wächter (Hrsg.), *Jugend ermöglichen. Zur Geschichte der Jugendarbeit in Wien* (S. 11–35). Wien: Mandelbaum Verlag.

Böhnisch, L. (1984). Historische Skizzen zur offenen Jugendarbeit (I). In: *Deutsche Jugend 32* (10), S. 460–470.

Borth, F. (1988). *Nicht zu jung zum Sterben. Die „Hitler-Jugend" im Kampf um Wien 1945.* Wien: Amalthea.

Breyvogel, W. (Hrsg.) (2005). *Eine Einführung in Jugendkulturen. Veganismus und Tattoos.* Wiesbaden: VS Verlag für Sozialwissenschaften.

Charwath, P. (1999). *Politisierung und Radikalisierung bei österreichischen Jugendgruppen in der Zwischenkriegszeit, dargestellt am Beispiel der Pfadfinder und der Sozialistischen Arbeiterjugend.* Diplomarbeit. Wien: Universität Wien.

Gehmacher, J. (1995). Jugendbewegung und Jugendorganisationen in der Ersten Republik. In: E. Tálos, H. Dachs, E. Hanisch u. A. Staudinger (Hrsg.), *Handbuch des politischen Systems Österreich. Erste Republik 1918–1933* (S. 292–303). Wien: Manz'sche Verlags- und Universitätsbuchhandlung.

Gehmacher, J. (1994). *Jugend ohne Zukunft. Hitler-Jugend und Bund Deutscher Mädel in Österreich vor 1938.* Wien: Picus.

Giesecke, H. (1981). *Vom Wandervogel bis zur Hitlerjugend. Jugendarbeit zwischen Politik und Pädagogik.* München: Juventa.

Ginner, Boris (2011). *Geschichte der Sozialistischen Jugend (SJÖ). Vom Verein jugendlicher Arbeiter zur Sozialistischen Jugend Österreich.* Online unter https://rotbewegt.at/epoche/1918-1933/artikel/geschichte-der-sozialistischen-jugend-sjo.

Glaser, G. (2015). Kleine Geschichte der Offenen Jugendarbeit. In: L. Böhnisch, L. Plakholm u. N. Wächter (Hrsg.), *Jugend ermöglichen. Zur Geschichte der Jugendarbeit in Wien* (S. 142–155). Wien: Mandelbaum Verlag.

Gröbchen, W., Miessgang, T., Obkircher, F. u. Stöger, G. (2013). *Wien Pop. Fünf Jahrzehnte Musikgeschichte erzählt von 130 Protagonisten.* Wien: Falter Verlag.

Hirschegger, R. (1988). *Lass die roten Fahnen wehn'n. Die Geschichte der Roten Falken.* Axams: Eigenverlag der Tiroler Kinderfreunde.

Kanitz, O. F. (1925). *Das proletarische Kind in der bürgerlichen Gesellschaft.* Jena: Urania.

Keller, F. (1985). *Ein neuer Frühling? Sozialistische Jugendorganisationen 1945 bis 1965.* Wien: Europaverlag.

Krafeld, F.J. (1984). *Geschichte der Jugendarbeit. Von den Anfängen bis zur Gegenwart.* Weinheim: Beltz.

Kratzer, F. (2015). Kleine Geschichte der offenen Jugendarbeit. Folge 2. In: L. Böhnisch, L. Plakholm u. N. Wächter (Hrsg.), *Jugend ermöglichen. Zur Geschichte der Jugendarbeit in Wien* (S. 171–181). Wien: Mandelbaum Verlag.

Müller, C. W. (1982). *Wie Helfen zum Beruf wurde. Eine Methodengeschichte der Sozialarbeit.* Weinheim: Beltz.

Neugebauer, W. (1975). *Bauvolk der kommenden Welt. Geschichte der sozialistischen Jugendbewegung in Österreich.* Wien: Europaverlag.

Pammer, T. (2011). *V.F.-Werk „Österreichisches Jungvolk“. Geschichte und Aspekte der staatlichen Organisierung der Jugend im Dollfuß-Schuschnigg-Regime 1933–1938.* Diplomarbeit. Wien: Universität Wien.

Pfliegler, M. (1932). *Die pädagogische Situation. Gedanken zur gegenwärtigen Lage religiöser Erziehung.* Innsbruck: Tyrolia.

Prieler, G. (1997). Ein Aufbruch in vielen Facetten und das Ende der „klassischen“ Jugendbewegung. In: F. Csoklich (Hrsg.): *Katholische Jugend. Sauerteig für Österreich.* Graz: Leykam.

Rathkolb, O. (1988). *Es ist schwer jung zu sein. Jugend und Demokratie in Österreich 1918–1988.* Wien: Jugend und Volk.

Reichhold, L. (1990). *Anton Orel. Der Kampf um die österreichische Jugend.* Herausgegeben von Vogelsang-Institut und Politische Akademie. Wien.

Richter, R. (1988). *Führung und Erziehung in der Katholischen Jugend.* Wien: Geyer-Edition.

Richter, R. (1985). *Katholische Jugend und Politik.* Wien: Geyer-Edition.

Richter, R. (1983). *Die „Katholische Jugend" nach 1946 und ihr Verhältnis zu anderen katholischen Jugendorganisationen.* Wien: Katholisches Jugendwerk Österreich.

Schultes, G. (1967). *Der Reichsbund der katholischen deutschen Jugend Österreichs. Entstehung und Geschichte.* Wien: Wiener Dom-Verlag.

Seewann, G. (1971a). *Österreichische Jugendbewegung 1900 bis 1938. Die Entstehung der Deutschen Jugendbewegung in Österreich-Ungarn 1900 bis 1914 und die Fortsetzung in ihrem katholischen Zweig „Bund Neuland" von 1918 bis 1938.* Band 1. Frankfurt am Main: dipa-Verlag.

Seewann, G. (1971b). *Österreichische Jugendbewegung 1900 bis 1938. Die Entstehung der Deutschen Jugendbewegung in Österreich-Ungarn 1900 bis 1914 und die Fortsetzung in ihrem katholischen Zweig „Bund Neuland" von 1918 bis 1938.* Band 2. Frankfurt am Main: dipa-Verlag.

Seewann, H. (1990). *Zirkel und Zionsstern. Bilder und Dokumente aus der versunkenen Welt des jüdisch-nationalen Korporationsstudententums. Ein Beitrag zur Geschichte des Zionismus auf akademischem Boden.* Band 1. Graz: Eigenverlag.

Steiner, K. (2015). Die Wiener Kinderfreunde 1910–1934. Demokratische Impulse für die Offene Jugendarbeit. In: L. Böhnisch, L. Plakholm u. N. Wächter (Hrsg.), *Jugend ermöglichen. Zur Geschichte der Jugendarbeit in Wien* (S. 49–71). Wien: Mandelbaum Verlag.

Steiner, K. u. Wächter, N. (2015). Krisen und Konjunkturen in der verbandlichen Jugendarbeit am Beispiel der Roten Falken. In: L. Böhnisch, L. Plakholm u. N. Waechter (Hrsg.), *Jugend ermöglichen. Zur Geschichte der Jugendarbeit in Wien* (S. 209–211). Wien: Mandelbaum Verlag.

Thaller, L. (1921). *Die internationale sozialistische Jugendbewegung.* Wien: Verlag des Verbandes der sozialistischen Arbeiterjugend Deutschösterreichs.

Uitz, H. (1975). *Die österreichischen Kinderfreunde und roten Falken 1908–1938.* Beiträge zur sozialistischen Erziehung. Wien: Geyer-Edition.

Wächter, N. (2015). Nachkriegsjugend und verbandliche Jugendarbeit von 1945 bis 1960. In: L. Böhnisch, L. Plakholm u. N. Waechter (Hrsg.), *Jugend ermöglichen. Zur Geschichte der Jugendarbeit in Wien* (S. 158–170). Wien: Mandelbaum Verlag.

Wächter, N. (2006). *Wunderbare Jahre? Jugendkultur in Wien. Geschichte und Gegenwart.* Weitra: Bibliothek der Provinz.

XXI Zwischen Autonomie und obrigkeitlicher Verwaltung. Offene Jugendarbeit in Vorarlberg von 1970 bis heute

Eva Häfele

Der Beginn der Jugendarbeit außerhalb der traditionellen Organisationen in Vorarlberg ist eng mit der kritisch-alternativen Kulturbewegung verbunden, die ab dem Ende der 1960er-Jahre auch in diesem Bundesland langsam Fuß fasste. Um diese Entwicklungen nachzuvollziehen, ist es sinnvoll, die Perspektiven abzustecken, unter denen sich die Jugend- und Kulturbewegung in Vorarlberg zu entfalten begann.

1 1960er- und 1970er-Jahre: Verbote statt Selbstbestimmung

In Vorarlberg war ein konservativ-autoritäres Verständnis von Kultur und Religion ab dem letzten Drittel des 19. Jahrhunderts zusammen mit dem sich entfaltenden modernen Parteiensystem ein entscheidender Faktor für die Gestaltung des öffentlichen Lebens. Nach 1945 fand dieses Kultur- und Religionsverständnis seine Fortsetzung in der sogenannten „Alemannenideologie“, die eine Sonderstellung für die angeblich schon immer bestehende soziokulturelle Einheit Vorarlbergs und die angeblich unverwechselbaren Charaktereigenschaften seiner Bewohner beanspruchte, bis sich ab dem Ende der 1960er-Jahre deutliche und zunehmende Gegenstimmen zu dieser Ideologie in der Öffentlichkeit erhoben. Der Vorarlberger Historiker und Journalist Leo Haffner hat diesen Prozess mit einer Fülle von Material im Detail nachgezeichnet (Haffner, 2000; 2009).

Die 1960er-Jahre waren vonseiten der regionalen Eliten – nicht zuletzt der Regierenden – noch von kulturellen Verboten und Bevormundungen, wie etwa der Filmzensur und anderen kulturellen Einschränkungen, gekennzeichnet (Sozialistische Fraktion, 1984). Legendär ist in diesem Zusammenhang das „Twist-Verbot", das 1962 von den Bezirkshauptmannschaften erlassen wurde.

Das 1964 beschlossene Vorarlberger Jugendschutzgesetz fügte sich diesem Kultur- und Gesellschaftsverständnis ein. Statt emanzipatorischer Ansätze in der Jugendförderung wurden Verbote ausgesprochen. Die Ausweitung der Jugendschutzbestimmungen auf 18- bis 21-Jährige war einmalig in Österreich (Wanner, 26. Januar 1981, S. 7).

Junge Menschen in Vorarlberg hatten also allen Grund, das soziale und kulturelle Leben als einschränkend und bedrückend zu empfinden. Dazu kamen jene, die nach einer Ausbildung oder einem Studium außerhalb Vorarlbergs mit neuen, unkonventionellen Ideen und politisch antiautoritär sozialisiert ins Land zurückkehrten. Sie waren die Basis für eine nun beginnende Bewegung mit dem Ziel größerer Selbstbestimmung und kultureller Emanzipation.

In den 1970er-Jahren manifestierten sich neue Trends im Sozialbereich: ein systemischer Blick und damit eine weitere Sicht auf soziale Fragen, eine Orientierung zu Mitbestimmung der betroffenen Menschen sowie eine Demokratisierung und Öffnung von geschlossenen Einrichtungen (Allgäuer-Hackl, Denz, Greussing u. Matt, 2006, S. 31). Diese schrittweise Neuorientierung der sozialen Arbeit war ebenfalls ein Teil des gesellschaftlichen und kulturellen Aufbruchs, der statt obrigkeitlicher Lenkung individuelle Verantwortung und Selbstbestimmung forderte. Gleichzeitig kam es auch zu einer De-facto-Zurückdrängung des kirchlichen Einflusses auf die soziale Arbeit.

Soziale Dienstleistungen wurden gemeindenah in Sozialsprengeln mit Konzepten der Professionalisierung, der Subsidiarität und der Bürgernähe organisiert, Ehrenamtlichkeit und Nachbarschaftshilfe galten als wichtige weitere Säulen, kamen aber nicht recht vom Fleck (Allgäuer-Hackl, Denz, Greussing u. Matt, 2006, S. 55). Auch Offene Jugendarbeit wird beispielsweise bis heute zum Teil auf Basis der Sozialsprengel organisiert (Hard, Leiblachtal, Vorderland).

Maßgeblich für die Professionalisierung des Feldes der sozialen Arbeit war die Gründung der Sozialakademie in Bregenz 1976. Sie leistete auch einen wesentlichen Beitrag zur Professionalisierung der Offenen Jugendarbeit.

In Vorarlberg gibt es kein eindeutiges politisches und gesellschaftliches Machtzentrum, sondern eine Verteilung der politischen und sozialen Akteure und der entsprechenden Institutionen auf Kleinstädte, Gemeinden und Talschaften. Diese soziotopografische Besonderheit war auch für die Entwicklung der Offenen Jugendarbeit prägend. Denn diese entstand an mehreren Orten nicht auf der Grundlage eines zentralen Systems, sondern einer beträchtlichen Zahl lokaler Initiativen. Das schuf unterschiedliche Organisationsformen und Inhalte, je nach der sozialen Verfassung der Jugendlichen, den regionalen Ressourcen sowie den unterschiedlichen politischen Spielräumen.

Diese Topografie lässt sich grob mit den fünf Städten und den Gemeinden im Rheintal und im Walgau sowie mit den ländlichen Regionen Bregenzerwald, Montafon, Großes Walsertal und Klostertal sowie dem Leiblachtal umreißen. Sie alle bieten unterschiedliche Voraussetzungen für Offene Jugendarbeit und deren Einrichtungen.

2 1970er-Jahre: Anfänge der Jugendhausbewegung

Kennzeichnend für die späten 1960er- und 1970er-Jahre ist, dass die Aktivistinnen und Aktivisten, die unter anderem autonom verwaltete Jugendhäuser forderten, sowohl jugendkulturelle und politische als auch sozialpolitische Interessen und Aktivitäten miteinander verbanden. Es ging also um jugendkulturelle Aktivitäten mit einem gesellschafts- und sozialpolitischen Anspruch, der auch die Freizeit bestimmen sollte.

Jugendliche und junge Erwachsene drängten darauf, ihre kulturellen Ausdrucksformen selbstbestimmt und selbstorganisiert zu leben: Musik, Theater, Literatur, Film sowie kritische Vorträge zu gesellschafts- und sozialpolitischen Themen. Es handelte sich also im weitesten Sinne um jugendkulturelle Aktivitäten, die sich gegen das enge kulturelle und politische Klima in Vorarlberg richteten.

Der zündende Funke einer breiteren Jugendkulturbewegung war das erste „Pop and Lyric Festival“, das unter dem Namen „Flint“ am 4. und 5. Juli 1970 in die Vorarlberger Regionalgeschichte einging. Es richtete sich nicht an eine bestimmte Gruppe, sondern sollte offen für alle Jugendlichen sein (Schall, 2007, S. 31–38). 1991 erinnert sich Benny Gleeson, einer der Aktivisten: „Es war wahrscheinlich nach der Überwindung des politischen Faschismus die Überwindung des kulturellen Faschismus, und wir waren, ohne das überhaupt zu wissen, so etwas wie eine Speerspitze dieser Emanzipationsbewegung“ (Füßl, 1991, S. 6).

Während das erste Flint-Festival von den Behörden geduldet wurde, fiel das geplante zweite Festival vom 9. bis 11. Juli 1971 de facto unter ein behördliches Verbot, indem das Festivalgelände kurzerhand unter Naturschutz gestellt wurde. Das löste eine Protestbewegung aus, die weit über den eigentlichen Anlassfall hinaus andauerte. Die dadurch entstandene Dynamik trieb auch die Jugendhausbewegung an, da die Jugendlichen nun autonome Treffpunkte forderten (Füßl, 1991, S. 8).

Das Jahr 1972 kann mit Recht als das Geburtsjahr der Offenen Jugendarbeit in Vorarlberg bezeichnet werden. Denn im April jenes Jahres wandte sich ein „Aktionskomitee offene Diskussion“, in dem formal nicht organisierte Jugendliche versammelt waren, an den damaligen Landeshauptmann und zuständigen Jugendreferenten der Landesregierung, Herbert Keßler, mit der Forderung nach einem autonomen „offenen Haus“, in welchem Jugendliche unabhängig von einer Vereinszugehörigkeit ihre Freizeit selbst organisieren können. Weitere Themen dieser Unterredung waren das Filmgesetz und das untersagte Flint-Festival (Wanner, 2. Februar 1981, S. 6).

Der Landeshauptmann war den Wünschen gegenüber nicht von vornherein abgeneigt und verwies auf Diskussionen über Jugend- und Freizeitzentren im Landesjugendbeirat, in dem alle Jugendorganisationen der Verbandlichen Jugendarbeit vertreten waren. Bei den drei im Landtag vertretenen Parteien ÖVP, SPÖ und FPÖ herrschte ein vager Konsens, dass selbstverwaltete Jugendhäuser in der einen oder anderen Form möglich sein sollten (Wanner, 2. Februar 1981, S. 6).

Die Auswirkungen informeller und nicht institutionalisierter Jugendaktivitäten zeigten sich 1974 in den Plänen und Tätigkeiten des Jugendbeirates: Die Gewerkschaftsjugend forderte eine Novellierung des Jugendschutzgesetzes von 1964. Im Sinne einer „offenen Jugendarbeit“ wurden eine Änderung des finanziellen Verteilerschlüssels, die Förderung der Aktivitäten nicht organisierter Jugendlicher und das Konzept eines „Landesjugendplanes“ mit dem Ziel, neben dem Landesjugendreferat eine „Servicestelle für Jugendarbeit“ einzurichten, gefordert (Wanner, 9. Februar 1981, S. 4). Damals wie heute war die Ausgestaltung des finanziellen Förderwesens für die Verbandliche und für die Offene Jugendarbeit eine Konfliktlinie.

Drei Jahre später, im Jahr 1977, erfolgte eine Erweiterung des Jugendschutzgesetzes mit den Schwerpunkten Jugendförderung und Jugendschutz. Es wurden Förderungskriterien für die Vergabe finanzieller Mittel für Jugendhäuser formuliert und eine Aufgabenbestimmung für Jugendzentren definiert. Auch der seit 1949 bestehende Landesjugendbeirat wurde nun im Jugendschutzgesetz formell verankert. Im selben Jahr wurde das Landesjugendreferat gegründet, als dessen erster Leiter Roland Marent installiert wurde. Neben der Verbandlichen hatte nun auch die Offene Jugendarbeit einen Ansprechpartner und, wie sich erweisen sollte, einen engagierten Fürsprecher in der gesamten Landes- und Gemeindeverwaltung.

1979 beschloss der Landesjugendbeirat eine Erhöhung der Budgetmittel für Jugendarbeit. Für die Betriebskosten der Jugendzentren wurden nun ATS 600.000 (ca. EUR 44.000) budgetiert. Zugleich wurden Überlegungen angestellt, wie auch Personalkosten in den Jugendhäusern zukünftig finanziert werden können (Unterthurner, 2003, S. 42).

Der politischen Verfestigung der Jugendhausbewegung auf der Ebene der Landesverwaltung entsprachen zahlreiche Initiativen, die in den einzelnen Städten und Gemeinden zur Einrichtung von Jugendzentren führten. Dem entsprach die Gründung eines „Dachverbandes der Jugendzentren“ im Jahr 1977. Ihr waren im Jahr zuvor erste Gespräche von Vertretern und Vertreterinnen der Jugendzentren in Hard, Feldkirch, Bregenz und Lustenau vorangegangen.

Auf der Gründungsversammlung des Dachverbandes am 3. Oktober 1977 wurden die folgenden Forderungen an die Vorarlberger Landesregierung gerichtet: jeweils drei hauptamtliche Mitarbeitende in den Jugendzentren, eine Mitarbeitende für den Dachverband und finanzielle Unterstützung der Jugendzentren. Der Dachverband sah den Schwerpunkt seiner Tätigkeit in der „Sicherung der Unabhängigkeit der Jugendzentren, der Selbstbestimmung, Autonomie und Offenheit“ (Unterthurner, 2003, S. 136–137).

Nach Aufnahme weiterer Jugendzentren in den Dachverband in den Jahren 1978 und 1979 gehörten diesem bis 1981 schließlich sechs Jugendzentren und vier Jugendhausinitiativen an. Der Dachverband hat zum einen bis heute die Offene Jugendarbeit nach außen vertreten, nicht zuletzt gegenüber der Landesverwaltung in budgetären und inhaltlichen Belangen, zum anderen aber nach innen zahlreiche Initiativen zur Professionalisierung der Offenen Jugendarbeit gesetzt. 1994 fand eine Erweiterung des bisherigen Dachverbandes zum „Dachverband der Vorarlberger Kommunikations- und Freizeitzentren" statt.

3 1970er- und 1980er-Jahre: Schritte in die Praxis

Im Folgenden wird die Geschichte einiger Jugendzentren skizziert, weil daraus ersichtlich wird, von welchen unterschiedlichen Akteurinnen und Akteuren die Prozesse getragen waren, wie unterschiedlich lange sie dauerten und welchen Einfluss die jeweiligen Rahmenbedingungen hatten.

Als früheste Gründung eines Jugendhauses in Vorarlberg gilt das „Graf Hugo" in Feldkirch, das im März 1974 in einem ehemaligen Gasthaus eröffnet wurde. Diese Einrichtung hatte eine wechselhafte Geschichte, die bis in das Jahr 2020 andauerte: 1976 kam es zu einer ersten Schließung des „Graf Hugo", da einige Mitglieder der Basisgruppe ihre Mitarbeit aus beruflichen Gründen beendeten. Im Jahr darauf (1977) erfolgte ein Neustart mit der Gründung des Vereins „Jugendhaus Graf Hugo", dem auch die Stadt Feldkirch beitrat. Das Jugendzentrum hatte nun eine stabilere organisatorische Gestalt. Allerdings gab es immer wieder Probleme mit Alkohol und Drogen, Gewalt und Vandalismus sowie zeitweilig dominant auftretenden Gruppen von Punks und Rockern.

1980 kam es aufgrund einer negativen Medienkampagne und der nachfolgenden Schließung des Jugendhauses zu Demonstrationen von Jugendlichen (Unterthurner, 2003, S. 151–152). Team, Leitung und Vorstand wurden immer wieder neu besetzt, da ganz unterschiedliche Konflikte auftraten. 2002 fand aufgrund von Platzmangel und Konflikten zwischen Benutzergruppen die Gründung eines zweiten Jugendzentrums, „Twogether", statt, das hauptsächlich von türkischstämmigen Jugendlichen frequentiert wurde und über zweisprachige Jugendarbeiterinnen und -arbeiter verfügte.

Im Januar 2019 erfolgten die Übersiedlung an einen neuen Standort und die Schließung der bisherigen beiden Häuser. Der Name „Graf Hugo" wurde beibehalten. Ein Paukenschlag war der Beschluss einer neuen Jugendstrategie durch die Feldkircher Stadtvertretung im Juli 2020. Denn die Offene Jugendarbeit in Feldkirch verlor nun ihre organisatorische und inhaltliche Autonomie, indem die Mitarbeitenden zu Stadtangestellten gemacht werden sollten. Das geschah trotz zahlreicher Interventionen und Proteste, die jedoch nichts fruchteten, zumal es auch länger dauernde Spannungen zwischen dem Trägerverein und der Stadtverwaltung gegeben hatte.

Resümee: In Feldkirch nahm die Jugendhausbewegung einen fast „normalen" Verlauf, indem sie durch zahlreiche Konflikte mit Subventionsgebern, der Erarbeitung neuer Konzepte und oft raschem personellem Wandel hindurchging. Nachdem die Offene Jugendarbeit in den vergangenen Jahren in eher ruhigeres Fahrwasser gekommen war, hielt die städtische Verwaltung zusammen mit der Stadtvertretung Mitte 2020 eine Überraschung für die gesamte Landschaft der Offenen Jugendarbeit parat: die direkte Unterstellung des Jugendhauses „Graf Hugo" unter die städtische Verwaltung. Diese „Verstaatlichung" der Offenen Jugendarbeit ist auch von weitertragender Bedeutung, da durch diese Vorgangsweise andere Städte und Gemeinden angeregt werden könnten, die „Steuerungsfähigkeit" über die Agenden der Offenen Jugendarbeit zu erlangen.

Anders verlief die Geschichte der Jugendhausbewegung in der Landeshauptstadt Bregenz. Im September 1976 konstituierte sich der Verein „Zündschnur" als Initiativgruppe für ein selbstverwaltetes Jugendzentrum. Um ihr Anliegen zu untermauern, veranstaltete die Initiativgruppe im November 1976 das „Zündschnur-Fest" mit über 500 Jugendlichen. Der sozialdemokratische Bürgermeister Fritz Mayer stand dem Anliegen grundsätzlich positiv gegenüber. Die Stadt Bregenz sollte der Träger sein, und die JugendarbeiterInnen waren städtische Angestellte. Im Juni 1977 wurde das Jugendhaus „Gaswerk" eröffnet, das auch auf Jugendliche aus den umliegenden Gemeinden eine große Anziehungskraft hatte. Erste Konflikte zeichneten sich nach der Eröffnung des Jugendhauses ab: Vertreter der Verbandlichen Jugendarbeit forderten ein Mitspracherecht und kritisierten den Führungsanspruch des Vereins „Zündschnur" und dessen vermutete Bevorzugung durch die Stadt. Der Vorstand des Jugendhauses sollte sich aus Vertretern sowohl der organisierten als auch der nicht organisierten Jugendarbeit zusammensetzen.

Die darauffolgenden Jahre wurden vom Streit um die Selbstverwaltung des Jugendhauses dominiert. Dazu kamen Vandalismus, Drogenkonflikte und sogenannte „Problemjugendliche". Ein mehrjähriger Konflikt mit den „Vorarlberger Nachrichten", die im Printbereich de facto ein Monopol innehatten, löste Jugendproteste und Demonstrationen aus. Das Jugendhaus wurde zum Ausgangsort zahlreicher Initiativen, zum Beispiel autonomer Frauen- und Mädchengruppen, der Friedensbewegung und von Initiativgruppen zu Themen wie Lehrlingsarbeit, Schulunterrichtsgesetz und Zivildienst (Schall, 2007, S. 67–85).

1985 wurde mit der Errichtung des Vereins „Jugendhaus Between" eine von der Stadt unabhängige Trägerschaft geschaffen, in der die Stadt Bregenz aber weiterhin eine Vertretung hatte. Es war dies ein Schritt zu größerer Unabhängigkeit, zumal die Jugendarbeiterinnen und -arbeiter nun keine städtischen Bediensteten mehr waren (Unterthurner, 2003, S. 155–159; Schall, 2007, S. 85–89).

2019 wurden die beiden Jugendhäuser „Between" und „Westend" unter dem Dach der Offenen Jugend- und Kulturarbeit Bregenz zusammengeführt. Dies geschah auf Wunsch der Stadt Bregenz, die auf diese Weise die Steuerungskompetenz für die Offene Jugendarbeit wieder stärker an sich zog.

Resümee: Am Beispiel des Jugendhauses in Bregenz und anderer Jugendhäuser wurde die Spannung deutlich, die zwischen dem Anspruch auf organisatorische und inhaltliche Autonomie von Jugendzentren einerseits und deren finanzieller Abhängigkeit von der öffentlichen Hand andererseits besteht. Die Stadt Bregenz stand zwar der Jugendhausidee grundsätzlich positiv gegenüber, hatte aber im Wesentlichen eine erzieherische und sozialpädagogische Vision der Jugendarbeit. Den Akteuren der Jugendhausbewegung hingegen ging es um Freiräume und deren Selbstgestaltung, was eine kritische bis oppositionelle Haltung gegenüber staatlichen Autoritäten oft einschloss. Diese Widersprüche zwischen Geldgebern und Akteuren äußerten sich in ganz unterschiedlichen Bereichen. Der grundlegende Konflikt war jedoch zum einen der Wunsch der Stadt, die Offene Jugendarbeit dem städtischen Verwaltungshandeln einzugliedern, und zum anderen die Vision der Jugendhausakteure von selbst gestalteten und selbst verwalteten Freiräumen für die Jugendlichen.

In der bevölkerungsreichsten Stadt Vorarlbergs, Dornbirn, hat die Jugendhausbewegung wiederum eine eigene Entwicklung genommen. Bereits 1972 forderte die Initiativgruppe „Offenes Haus“, die stark von der ersten Wohngemeinschaft Vorarlbergs geprägt war, ein autonomes, selbstverwaltetes Jugendzentrum. Die Initiativgruppe und der sich dann konstituierende Verein „Offenes Haus“ gab schon 1973 die Zeitschrift „SUBr“ heraus, die sich in ihrer ersten Ausgabe mit Jugendhausfragen und der „Gastarbeiter“-Problematik in Vorarlberg auseinandersetzte (Unterthurner, 2003, S. 19–21). Der Zeitschriftentitel ist eine Anspielung an Wortprägungen wie Subkultur und an das Dialektwort für „sauber“, das als angebliche Charaktereigenschaft der Vorarlberger bis heute hoch im Kurs steht.

Die Forderung der Landesregierung als potenzieller Subventionsgeberin nach einer breiten Trägerschaft des zukünftigen Jugendzentrums in Dornbirn führte zur Gründung einer offiziellen Trägerorganisation, „Haus der Offenen Tür Dornbirn“, in welcher Vertreter von parteinahen Jugendorganisationen, Gewerkschaftsbund, Kirchen und der Gemeinde Dornbirn zu finden waren. Auch der Initiativverein Offenes Haus wurde notgedrungen Mitglied. Trotz aller Bemühungen wurde kein passendes Haus für die Jugendlichen gefunden und der Verein stellte daher 1975 seine Tätigkeit vorübergehend ein (Schall, 2007, S. 56–57). Drei Jahre später engagierten sich Jugendliche für die Reaktivierung, indem sie wie schon die frühere Initiativgruppe eine rege Veranstaltungstätigkeit entfalteten. Sie engagierten sich unter anderem für Amnesty International und die Friedensbewegung (Schall, 2007, S. 58).

Die öffentliche Auseinandersetzung um ein Jugendhaus in Dornbirn erreichte 1981 einen Höhepunkt, nachdem die Stadt für das neu zu errichtende Kulturhaus Dornbirn rund 111 Millionen Schilling ausgeben wollte, aber für ein Jugendhaus angeblich kein Geld da war. Am 18. Januar 1981 fand eine Jugendhausdemonstration in Dornbirn statt, in deren Verlauf es zum ersten Mal zu handgreiflichen Auseinandersetzungen von Jugendlichen mit der Polizei kam. Diese Auseinandersetzung erhielt unter anderem deswegen mediale Prominenz, weil es auch im nahe gelegenen Zürich (Schweiz) gewalttätige Auseinandersetzungen zwischen Jugendlichen, die für ein autonomes Jugendzentrum kämpften, und der Polizei gab (Schall, 2007, S. 60–61).

Nachdem sich der Verein „Offenes Haus" im Februar 1983 aufgelöst hatte, wurde ein Jahr später der Jugendtreff „d'Hock" eröffnet, der aber weder von der räumlichen Ausstattung noch von den Aktivitäten her den Ansprüchen eines autonomen Jugendhauses genügte. Der Nachfolgetreff „Cactus" wurde nach einem Konflikt mit der Stadt 1990/1991 zugesperrt.

Die Gründung des Vereins „Offene Jugendarbeit Dornbirn" im Jahr 1992 erfolgte mit städtischer Teilnahme und bildet seit diesem Jahr die Basis für alle Angebote und Aktivitäten der Offenen Jugendarbeit in der Stadt. Erst im März 1998 wurde das bis heute bestehende Jugendzentrum „Vis.M.u.T – Vision Menschenwürde und Toleranz" eröffnet. 1999 folgte der Jugendtreff „Arena", der zum damaligen Zeitpunkt für Jugendliche mit Migrationshintergrund geplant war (Schoibl, 2017).

Resümee: So schwierig sich die Anfänge der Jugendhausbewegung in Dornbirn gestalteten und so wenig Interesse vonseiten der Stadt und des Landes Vorarlberg anfänglich an einer selbstverwalteten Jugendhausszene in der Stadt bestand, so breit ist heute das Angebot der Offenen Jugendarbeit Dornbirn. Sie bietet diesbezüglich die am weitesten gefächerte und diverseste Palette an Aktivitäten aller Vorarlberger Vereine der Offenen Jugendarbeit – von klassischer Jugendarbeit, jugendkulturellen Angeboten mit Schwerpunkt Musik über Jugendarbeitsprojekte bis zur Jugendsozialarbeit und vieles mehr (Schoibl, 2017).

In Lustenau, der einwohnerreichsten Marktgemeinde Österreichs, wurde „s'Huus" (d. h. das Haus) als zweitältestes Jugendhaus in Vorarlberg 1976 eröffnet. Für die Führung des Hauses hatte die Gemeinde Lustenau die Gründung eines Trägervereins verlangt. Das kulturelle Engagement zahlreicher Jugendlicher war schon vor der Eröffnung gegeben, sodass der nunmehrige Trägerverein „Chamäleon" mit einem dichten Konzert- und Filmprogramm starten konnte. Ein weiterer Schwerpunkt war die Beratung zum Zivildienst, der ab 1975 aus Gewissensgründen anstelle des Wehrdienstes geleistet werden konnte. Im Winter 1980/1981 gab es ähnlich wie in anderen Jugendhäusern auch Probleme mit Jungrockergruppen, Alkohol und Gewalt (Unterthurner, 2003, S. 153–155). Das Jugendzentrum „s'Huus" veröffentlichte ab 1980 auch eine Zeitschrift mit dem Titel „Alphorn".

1993 wurde der Jugendtreff „Multikulti“ in einem ehemaligen Hotel, das sich in einem sehr schlechten baulichen Zustand befand, eingerichtet. Heute betreibt der Verein „Culture FactorY“, der 1998 gegründet wurde, das Jugendhaus in einem ehemaligen Fabriksgebäude. Der zweite Jugendverein „Full House“, der ebenfalls 1998 entstand, betrieb über viele Jahre einen eigenen Jugendtreff und verschmolz 2011 mit dem Verein „Culture FactorY“. In diesem Jahr entstand durch aktive Jugendbeteiligung auch das interkulturelle Mädchencafé in Lustenau.

Resümee: Auch in Lustenau gab es eine aktivistische Jugendszene, die im Großen und Ganzen das Wohlwollen der FPÖ-geführten Gemeinde fand. Nach mehreren Gründungsphasen sorgte der Verein „Culture FactorY“ seit 1998 schließlich für Kontinuität in der Offenen Jugendarbeit; er steht in Vorarlberg für innovative Jugendkultur- und Jugendsozialarbeit.

In der Aufbauphase des Jugendhauses „Krone“ in der Gemeinde Götzis hatte die Pfarre eine wichtige Rolle inne. Der Verein „Jugendhaus Krone“ als Träger wollte in erster Linie ein Jugendhaus für die Offene Jugendarbeit, Bildung und Freizeitgestaltung der Jugendlichen in Götzis anbieten. Die Pfarrgemeinde stellte dafür den Kellerraum des ehemaligen Gasthauses Krone zur Verfügung. Der Umbau wurde mit Unterstützung zahlreicher Jugendlicher bewältigt, und das Jugendhaus ging Anfang 1980 in Betrieb. Im Haus waren verschiedene Projektgruppen angesiedelt, unter anderem ein Musikteam, ein Filmteam und ein Literaturteam. Das Verhältnis zur Pfarre verschlechterte sich zunehmend, da Ziele und Inhalte kirchlicher und Offener Jugendarbeit miteinander in Konflikt gerieten. Dies führte schließlich zur Kündigung des Mietverhältnisses durch den Jugendausschuss des Pfarrgemeinderates im Jahr 1983 und zum Ausstieg der Gemeinde aus dem Trägerverein. Die Gründe für die Kündigung wurden nie öffentlich gemacht. Dieses Vorgehen der Pfarrgemeinde wurde vom Dachverband der Jugendzentren stark kritisiert (Unterthurner, 2003, S. 159–160). Drei Jahre später wurde das Jugendhaus „s'Gwölb“ wieder im Kronehaus eröffnet. Doch nach dem Verkauf des Hauses durch die Pfarre musste das Jugendhaus 1998 geschlossen werden. Heute ist die Offene Jugendarbeit Götzis in die Sozialdienste der Gemeinde integriert, der 1998 gegründete Verein „Offene Jugendarbeit Götzis“ blieb als nomineller Trägerverein erhalten.

Resümee: Die enge räumliche Verflechtung von Offener und kirchlicher Jugendarbeit in Götzis ermöglichte zwar den Start eines Jugendhausprojekts, erwies sich aber nicht als tragfähig. Die Jugendarbeit wurde vermehrt zu einem Anliegen der Gemeinde selbst, indem diese die Offene Jugendarbeit ab 2004 zu einem Bereich der kommunalen Sozialdienste machte.

Die hier vorgestellte Organisationsgeschichte der Jugendhausbewegung ist keineswegs vollständig, sondern will exemplarisch die Wege zeigen, auf denen sich die Jugendhausinitiativen organisatorisch formierten und etablierten. Sie positionierten sich als gesellschaftlich progressive Kräfte, indem sie soziale und politische Anliegen aufnahmen und gesellschaftspolitische Themen behandelten, die über die Offene Jugendarbeit im engeren Sinne hinausreichten – und oft für Konfliktstoff mit den Gemeindeverwaltungen und den politischen Eliten sorgten: Zivildienst, Friedensarbeit, Anti-AKW, Dritte Welt, Drogen und Drogenprävention, Randgruppen, Frauenbewegung, Wohnungs- und Arbeitslosigkeit sowie Sexualaufklärung.

Relevant in diesem Zusammenhang war der fachliche Austausch mit der Jugend- und Sozialarbeitsszene der benachbarten Schweiz, wo die Offene Jugendarbeit nicht nur durch eine dynamische Jugendbewegung, sondern auch durch progressive Konzepte und Methoden wie die soziokulturelle Animation und die Drogenprävention an Gewicht gewonnen hatte. Diese Kontakte werden bis heute gepflegt, unter anderem auf der Ebene der Dachverbände und durch Fachexkursionen in die Schweiz.

Daneben und darüber hinaus existierten im informellen Raum weitere Jugendinitiativen, die sich vor allem um Zeitschriftenprojekte gruppierten. Umgekehrt waren einzelne Jugendhäuser mit ihren eigenen Zeitschriften aktiv, mit denen sie vor allem Schülerinnen und Schüler erreichen wollten. Zu diesen zählten die bereits erwähnten Zeitschriften „SUBr“ und „Alphorn“ sowie die Schülerzeitungen „Pro Contra Progressio“, „Rübe“ oder „Morgenthau“ (Unterthurner, 2003, S. 26–35).

4 1980er-Jahre: Jugendhausbewegung zwischen Autonomieanspruch und Entpolitisierung

In den 1980er-Jahren entstand in Vorarlberg ein gesellschaftlich offeneres Klima. An den allgemeinbildenden und an den berufsbildenden höheren Schulen stieg die Zahlen der SchülerInnen ebenso wie der Lehrenden beträchtlich. Aus ihnen und aus anderen gesellschaftlichen Gruppen einer neuen Mittelschicht rekrutierten sich die „neuen sozialen Bewegungen“: die Friedensgruppen gegen atomare Aufrüstung und das Bundesheer, eine Dritte-Welt-Bewegung, die sich in der Entwicklungshilfe und in sogenannten Dritte-Welt-Geschäften engagierte, die Produkte aus den Ländern des Südens verkauften, und nicht zuletzt die autonome Frauenbewegung, die in Vorarlberg für ein Frauenhaus kämpfte (Barnay, 2011, S. 118).

Die beiden Jahre 1980 und 1981 markieren den Höhepunkt der autonomen Jugendhausbewegung in Vorarlberg. Zahlreiche Jugendliche setzten sich für die Schaffung von Jugendhäusern ein, ein Begehren, dem sie in größeren Demonstrationen Ausdruck verliehen: etwa einer Demonstration, organisiert vom Dachverband der Vorarlberger Jugendhäuser im März 1980, gegen die Berichterstattung über das Jugendhaus „Graf Hugo“ in Feldkirch durch die führende Tageszeitung „Vorarlberger Nachrichten“ oder einer Demonstration in Dornbirn im Januar 1981 anlässlich des bis dahin erfolglosen Agierens des Vereins „Offenes Haus“ (Amann, 1987, S. 4).

Eine Petition des Dachverbandes an die Vorarlberger Landesregierung forderte eine höhere finanzielle Unterstützung der Jugendhäuser, bessere personelle Ausstattung sowie die Schaffung eines Ausbildungsganges Freizeitpädagogik an der Pädagogischen Akademie in Feldkirch und an der Sozialakademie in Bregenz (Unterthurner, 2003, S. 47).

Auch in der zweiten Hälfte der 1980er-Jahre gab es nach wie vor in den Regionen und Gemeinden Initiativgruppen für die Schaffung von Jugendzentren, wenngleich nicht alle Anstrengungen von Erfolg gekrönt waren. Dazu zählten Vereine und Interessengruppen in Dornbirn, Lauterach, Nenzing, im Montafon und im Bregenzerwald, wobei auch bereits bestehende Jugendzentren – beispielsweise in Bludenz – durchaus umstritten waren, wie aus einem Interview mit Bernhard Amann, damals Obmann der ARGE Österreichischer Jugendzentren und Initiativgruppen, im Jahr 1987 hervorgeht (Amann, 1987, S. 4–7).

In einem weiteren Interview kritisierte Bernhard Amann als Obmann des Dachverbandes eine zunehmende Entpolitisierung der Offenen Jugendarbeit und den wachsenden Einfluss der Kommunalpolitik. So existierten zu diesem Zeitpunkt (1988) von zwölf Jugendzentren und Initiativgruppen noch fünf, wobei Bludenz inzwischen als städtisches Jugendhaus geführt wurde. Die Aufgabe der Jugendzentren sei, die Auseinandersetzung mit benachteiligten Gruppen und die Emanzipation der Jugendlichen zu fördern, deren Beteiligung am politischen Leben zu ermöglichen, statt „neckermannähnlich Animationsverdichtungen“ Raum zu geben (Amann, 1988, S. 5).

Der Anspruch auf Autonomie und Selbstverwaltung war ein wesentliches Charakteristikum der Jugendhausbewegung bis in die 1980er-Jahre. Demgegenüber standen Forderungen der finanzierenden Institutionen der öffentlichen Hand wie Land und Gemeinden nach der Gründung von verantwortlichen Trägervereinen, Mitbestimmung durch direkte Vertretungen und inhaltliche Orientierung am Dienstleistungsbedarf der Gemeinde. Dieser Autonomieanspruch führte jedoch aufgrund der Abhängigkeit von öffentlichen Förderungen zu einem systemischen Widerspruch. Dessen Auflösung wäre nur durch bürgerschaftsfinanzierte Non-Profit-Organisationen möglich, wie sie beispielsweise im angelsächsischen Raum existieren, eine Tradition, die in Österreich bis heute keinen Widerhall gefunden hat.

Die beschriebene Abhängigkeit bringt auch die objektiv feststellbare Entpolitisierung der Offenen Jugendarbeit mit sich, da sich deren Inhalte eher am Dienstleistungsmodell der Kommunen und dem Bedürfnis nach Konfliktvermeidung und weniger an den sozialpolitischen Vorstellungen der Initiativgruppen orientieren.

5 1990er-Jahre: Zunehmende Anerkennung und Professionalisierung der Offenen Jugendarbeit

Der in der zweiten Hälfte der 1980er-Jahre erkennbare Trend einer stärkeren kommunalen Anbindung der Jugendhausszene manifestiert sich in den 1990er-Jahren in der wachsenden öffentlichen Anerkennung der Offenen Jugendarbeit und deren Professionalisierung durch fachlich qualifizierte Mitarbeitende. Diese Professionalisierung wird auch in einer zunehmenden Erweiterung der Angebote deutlich. Auch die Bezeichnung „Offene Jugendarbeit“ wird in diesem Jahrzehnt als allgemein anerkannter Begriff für das Handlungsfeld etabliert.

Diese Entwicklung stieß weder bei den Engagierten der Jugendhausszene selbst noch bei den zuständigen Gemeindepolitikerinnen und -politikern auf ungeteilte Zustimmung. Erstere kritisierten den Umstand, dass den Jugendhäusern der „fundamentaloppositionelle Charakter“ genommen wurde und stattdessen teilweise realitätsfremde Konzepte zu Strategien und Methoden die Grundlage der Arbeit bildeten (Amann, 1993, S. 8–9). Letztere wiederum waren sich selbst bei grundsätzlicher Akzeptanz nicht darüber im Klaren, in welchem Ausmaß Jugendhäuser in der Programm- und Angebotsgestaltung autonom und auf die unterschiedlichen Bedürfnisse der jugendlichen Zielgruppen orientiert sein sollten.

In zwei groß angelegten Jugendstudien im Auftrag der Vorarlberger Landesregierung wurden 1985 und 1990 unter anderem auch die Präferenzen und Organisationen, die eine Rolle in der Freizeit der Jugendlichen spielen, unter die Lupe genommen. In der ersten Jugendstudie 1985 spielten Jugendzentren und Jugendtreffs noch eine geringe Rolle für außerhäusliche Freizeitaktivitäten – für vier Prozent der Jungen und sechs Prozent der Mädchen war es der bevorzugte Ort in der Freizeit, wenn sie außer Haus gingen (Pölz u. Brunmayr, 1985, S. 35). Auf die Frage hingegen, wer Veranstaltungen und Betätigungsmöglichkeiten für Jugendliche anbiete, nannten 28 Prozent das Jugendzentrum oder den Jugendtreff als „häufigen“ Anbieter, übertroffen nur von Sportvereinen mit 35 Prozent (Pölz u. Brunmayr, 1985, S. 40).

Die Vereinsmitgliedschaft bei traditionellen Jugendorganisationen von Jungen und Mädchen hat sich im Zeitraum der beiden Erhebungen faktisch nicht verändert; Mädchen liegen 1990 bei 49 Prozent (1985: 48 %), Jungen bei 64 Prozent (1985: 66 %) (Vorarlberger Landesregierung, 1990, S. 51).

Mädchen sind mit Angeboten in ihrer Gemeinde weniger zufrieden als Jungen. Die Aussage „Für mich als Jugendlicher ist fast gar nichts da“ bejahten 19 Prozent der Jungen, aber 33 Prozent der Mädchen. Der Aussage „In meiner Wohnregion gibt es genug“ stimmten 28 Prozent der Jungen und nur 13 Prozent der Mädchen zu (Pölz u. Brunmayr, 1985, S. 33). Diese Verhältnisse haben sich auch fünf Jahre später wenig geändert. Was den

Jugendlichen fehlt, sind „Jugendtreffs"; Möglichkeiten, sich zu treffen sowie Freunde und Freundinnen kennenzulernen, hatten in der Jugendstudie 1990 mit 24 Prozent den höchsten Zuspruch (Vorarlberger Landesregierung, 1990, S. 14).

Aus der Studie von 1990 geht hervor, dass die Jugendzentren im Vergleich mit den etablierten Jugendorganisationen keine schlechteren Bekanntheitswerte aufweisen: So brachten es die Jugendzentren Bregenz, Dornbirn, Feldkirch auf Bekanntheitswerte von über 30 Prozent, Bludenz kam auf 27 Prozent. Die Studienautoren halten fest, dass die Frequentierung der mit hauptamtlichen Mitarbeitenden ausgestatteten Jugendzentren (Bregenz, Dornbirn, Feldkirch und Bludenz) die öffentliche finanzielle Förderung durchaus rechtfertigt. Gleichzeitig wird empfohlen, neue Jugendzentren oder Treffpunkte in jenen Regionen zu schaffen, die diesbezüglich noch schlecht ausgestattet sind (Vorarlberger Landesregierung, 1990, S. 55–57).

Generell sind in den 1990er-Jahren zwei Orientierungen in der Offenen Jugendarbeit sichtbar: In den Jugendzentren der Städte herrschte trotz der Entpolitisierungstendenzen ein Verständnis von Jugendarbeit und vor allem von Jugendkultur als Opposition zur lediglich auf Konsum ausgerichteten Erwachsenenwelt. In den Gemeinden hingegen und im ländlichen Raum wurde die Offene Jugendarbeit als kommunales Angebot und Bereitstellung von sozialer Infrastruktur verstanden, die mit dem Wunsch nach Vermeidung von Konflikten unter verschiedenen Jugendgruppen als auch zwischen Jugendlichen und Erwachsenen einherging (Schall, 2008, S. 227).

Trotz unterschiedlicher Ideen der Ausrichtung der Offenen Jugendarbeit bestand ein gemeinsames Interesse an deren Professionalisierung und wissenschaftlicher Begleitung. 1993 formierte sich eine erste Initiative für die wissenschaftliche Analyse des Standes der Offenen Jugendarbeit in Vorarlberg. In einem weiteren Schritt wurde eine Studie im Auftrag des Dachverbandes der Vorarlberger Kommunikations- und Freizeitzentren mit finanzieller Unterstützung des Landes Vorarlberg und des Bundes begonnen. Die Studienergebnisse wurden 1997 präsentiert und waren die zentrale Grundlage für Land und Gemeinden zur Weiterentwicklung der Offenen Jugendarbeit in Vorarlberg (Repp u. Schoibl, 1997).

Im ersten Teil wird eine Erhebung zur Lebenslage Jugendlicher in Vorarlberg vorgenommen. Dabei werden wesentliche Aspekte der Modernisierung genannt: Der Stellenwert von schulischer und beruflicher Bildung wächst, die berufliche und private Mobilität nimmt zu, die Orientierung der Jugendlichen erfolgt in Richtung überregionaler und internationaler Vorbilder. Die Vielfalt in den sozialen Nahräumen nimmt ab, Freiräume von Jugendlichen für die Freizeitgestaltung werden knapper, soziale und Versorgungssicherheit werden geringer, Jugendliche geraten verstärkt in das soziale Abseits. Aus diesen Parametern entwickeln die beiden Studienautoren den folgenden Befund: Die Einrichtungen der sozialen Infrastruktur sind auf diese Herausforderungen und Veränderungen nicht vorbereitet und für die sich verändernden Bedürfnisse der Jugendlichen nicht ausreichend gerüstet. Hilfs- und Versorgungseinrichtungen erreichen die Jugendlichen nicht mehr (Repp u. Schoibl, 1997, S. 2–3).

Es wurde auch die Befindlichkeit der Jugendlichen in Vorarlberg erhoben: steigende Unzufriedenheit mit der Lebenssituation, skeptische Einschätzung der Jugendfreundlichkeit der Gemeinden, größere Unzufriedenheit bei jungen Frauen, bei Lehrlingen, bei Erwerbstätigen und bei den Arbeitslosen, steigende Schuldenbelastung (17 Prozent haben private oder Bankschulden). Jugendliche sind gut über Angebote der psychosozialen Dienste informiert; die Einrichtungen der Offenen Jugendarbeit haben einen hohen Bekanntheitsgrad, und deren Beratung genießt eine hohe Akzeptanz (Repp u. Schoibl, 1997, S. 4–7).

Ein weiterer Teil der Studie befasst sich mit Praxis und Wirkung der Offenen Jugendarbeit in Vorarlberg: Der offene Betrieb ermöglicht einen sehr niederschwelligen Zugang mit einem vielfältigen freizeitbezogenen Angebot; ergänzend erfolgen Beratung und Begleitung (Einzelfallhilfe, Begleitung, Krisenintervention, Vermittlung in andere Einrichtungen).

Die Studie verweist auf eine große Heterogenität der Benutzergruppen, die sich auf die Angebotsgestaltung und die benötigten Räumlichkeiten auswirkt. Einzelne Jugendhäuser werden vorwiegend von ethnischen oder jugendkulturellen Gruppen besucht, sind daher tendenziell nicht segregiert. Die Integration unterschiedlicher Subgruppen ist aber ein laufendes Thema der Leitungen in den Jugendhäusern. Die Einrichtungen der Offenen Jugendarbeit nehmen eine Ersatzfunktion für knappe Freiräume und fehlende informelle Treffpunkte im sozialen Nahraum ein.

Trotz vielfältiger Aufgaben verfügen die Jugendzentren nur über unzureichende Ressourcen: Es herrschen Raum- und Personalnot. Die Mitarbeitenden verfügen über eine breite Qualifikationsstreuung, es gibt nur wenige einschlägig Ausgebildete, Angelernte und Ehrenamtliche sind die Mehrheit (Repp u. Schoibl, 1997, S. 12–15).

Die Fachtagung „Offene Jugendarbeit zum Anfassen" am 29. Januar 1999 schloss an die Präsentation der Studie vor 44 Bürgermeistern (von insgesamt 96 Gemeinden) an. Im Anschluss an die öffentliche Präsentation der Studie beauftragte das Land Vorarlberg eine bereichsübergreifende Arbeitsgruppe zur Erarbeitung von Leitlinien und zur Koordination von Umsetzungsmaßnahmen in der Offenen Jugendarbeit (Hagen, Marent u. Schoibl, 2000, S. 192).

Rückblickend waren die Studie und die Fachtagung eine Weichenstellung zu einer durchgehenden Professionalisierung der Offenen Jugendarbeit in Vorarlberg. In Kooperation mit dem Dachverband wurden beispielsweise Vorschläge zu arbeits- und sozialrechtlichen Standards entwickelt, die in weiterer Folge auch mit den Gemeinden und den Trägervereinen diskutiert und implementiert wurden (Hagen et al., 2000, S. 9–10).

Ein weiterer wichtiger Schritt war die Förderung der beruflichen Ausbildung der JugendarbeiterInnen. Diese erfolgte vor allem durch den Universitätslehrgang „Sozialpädagogische Arbeit und Soziokulturelle Animation in offenen Handlungsfeldern" am Institut für Erziehungs- und Bildungswissenschaften der Karl-Franzens-Universität Graz ab 1996. Er wurde gemeinsam mit der „Arbeitsgemeinschaft österreichischer Jugendzentren und Initiativgruppen" entwickelt. Die zahlreichen TeilnehmerInnen aus Vorarlberg erhielten vom Jugendreferat des Landes finanzielle Unterstützung. Das Land Vorarlberg leistete im Vergleich zu den anderen Bundesländern einen überproportional großen Beitrag zu dieser Ausbildung und damit zur Professionalisierung der Offenen Jugendarbeit (vgl. Scheipl, 2002).

Eine Folge all dieser Schritte waren eine Verfestigung und Differenzierung der Offenen Jugendarbeit. So erfolgte 1995 die Gründung der AG Feministische Mädchenarbeit, aus der drei Jahre später das erste Vorarlberger Mädchenzentrum Amazone hervorging.

In Dornbirn einigte sich die Stadtvertretung 1992 auf ein Jugendkonzept, das von allen Fraktionen einstimmig verabschiedet wurde und die Grundlage für das Jugendhaus und die Offene Jugendarbeit Dornbirn als Träger bildete (Hagen et al., 2000, S. 133).

Ein zentraler Umsetzungsschritt war die Einrichtung und öffentliche Finanzierung einer Dienststelle, die seit September 1999 unter dem Namen „koje – Koordinationsbüro für Offene Jugendarbeit und Entwicklung“ als Service- und Fachstelle für alle Einrichtungen der Offenen Jugendarbeit zuständig ist (koje, 2008).

6 2000er-Jahre: Diversifizierung und Erweiterung

Charakteristisch für die 2000er-Jahre und darüber hinaus ist, dass die Offene Jugendarbeit von den Gemeinden, den Städten und dem Land Vorarlberg nicht mehr infrage gestellt, sondern als unverzichtbarer Bestandteil von Jugend- und Sozialpolitik gesehen wurde und wird. Ein zukunftsweisender Beitrag zu dieser Entwicklung war die Vorarlberger Erklärung zur Jugendarbeit. „Die Jugendlichen von heute sind die BürgerInnen von morgen“, so lautete der Titel dieser Erklärung. Redaktionell verantwortlich waren Heinz Schoibl (Helix – Forschung und Beratung, Salzburg) und Martin Hagen (Offene Jugendarbeit Dornbirn). In der Erklärung wurden die zentralen Leitlinien für eine qualitätsorientierte Weiterentwicklung der Offenen Jugendarbeit und eine zukunftsgerichtete Perspektive formuliert. Das Recht auf Bildung, Arbeit, Einkommen und soziale Sicherheit, geschlechtssensible und interkulturelle Jugendarbeit, der Nahraumbezug der außerschulischen Jugendarbeit sowie der Dialog der Generationen fanden ebenso Raum wie die Forderung nach aktiver Beteiligung der Jugendlichen, die Jugendkultur als selbstgewählte und selbstgestaltete Ausdrucksform, die Jugendsozialarbeit, die Befassung mit politischen Themen sowie der Zugang von Jugendlichen zu politischen Entscheidungsprozessen. Gefordert wurden Standards und Kriterien für die Grundausstattung der Offenen Jugendarbeit in Hinblick auf Räume und Ressourcen und für einen flächendeckenden Ausbau der Einrichtungen der Offenen Jugendarbeit in Vorarlberg (Offene Jugendarbeit in Vorarlberg, 2000, S. 2–8).

Auf kommunaler Ebene wurden die Einrichtung eines Jugendausschusses in mittleren und größeren Gemeinden sowie ein ausgewiesenes Jugendbudget und Strukturen für die Beteiligung von Jungen und Mädchen gefordert (Offene Jugendarbeit in Vorarlberg, 2000, S. 9).

Die Weiterbildung von ehrenamtlichen und hauptamtlich tätigen JugendarbeiterInnen sollte den festgestellten „Bildungsnotstand in der Offenen Jugendarbeit" beheben (Offene Jugendarbeit in Vorarlberg, 2000, S. 11). Dazu kam ein umfangreicher Katalog zu arbeits- und sozialrechtlichen Standards. Der letzte von 20 Abschnitten war der zielgruppenorientierten Jugendarbeit gewidmet: Mädchenarbeit, MigrantInnenarbeit, Jugendkulturarbeit mit Szenen, Kids und Teens, SchülerInnen und Lehrlingen (Offene Jugendarbeit in Vorarlberg, 2000, S. 13).

Diese konkreten Maßnahmenempfehlungen sollten die Offene Jugendarbeit der kommenden Jahrzehnte maßgeblich bestimmen. Unter anderem wurden aufgrund dieser Erklärung in den folgenden Jahren die nachstehenden Bereiche entwickelt: professionelle Ausbildung zur Jugendarbeit mit dem Grundkurs „Außerschulische Jugendarbeit" und dem Aufbaukurs „Offene Jugendarbeit"; die Fokussierung auf den Sozialraum der Jugendlichen und damit die Zusammenarbeit mit allen anderen relevanten SystempartnerInnen; die interkulturelle Jugendarbeit mit Jugendlichen mit Migrationsgeschichte (koje, okay. zusammen leben, 2007); die Unterstützung und Begleitung in der Berufsorientierung sowie Jugendarbeitsprojekte; mobile und nachgehende Jugendarbeit; seit 2007 werden in den Einrichtungen der Offenen Jugendarbeit gewaltpräventive Projekte der Jugendsozialarbeit umgesetzt (koje, 2017).

Als Koordinations-, Fach- und Servicestelle hat sich „koje – Koordinationsbüro für Offene Jugendarbeit und Entwicklung" (Dachverband für Offene Jugendarbeit) zu einem unverzichtbaren Akteur mit einem breiten Leistungsspektrum – von Fachtagungen, Weiterbildungen, Fachpublikationen bis zu konkreten Angeboten wie der Eventbegleitung oder dem SpringerInnen-Pool – in der Vorarlberger Landschaft der Offenen Jugendarbeit entwickelt und etabliert.

7 Fazit

Aktuell (November 2020) zählt koje 39 Mitgliedseinrichtungen, 67 Jugendtreffs und 170 Fachkräfte der Offenen Jugendarbeit in Vorarlberg (www.koje.at). Das vermittelt einen Eindruck von der Dynamik des Handlungsfeldes Offene Jugendarbeit seit Anfang der 1980er-Jahre, als man zeitweilig nur sechs aktive Einrichtungen vorfand.

Der Großteil der Offenen Jugendarbeit in Vorarlberg wird von privaten Vereinen, die Leistungsvereinbarungen mit den finanzierenden Institutionen abgeschlossen haben, getragen. In einigen Gemeinden wie Rankweil, Götzis oder Altach treten die Kommunen, also öffentliche Einrichtungen, als Träger auf. Auch die Sozialsprengel Leiblachtal, Hard und Vorderland haben als Träger ihre eigene Offene Jugendarbeit.

Das Spannungsfeld zwischen Autonomieanspruch und obrigkeitlicher Lenkung scheint inzwischen im Wesentlichen ruhiggestellt zu sein, doch können entsprechende Konflikte immer wieder aufbrechen, wie das jüngste Beispiel in Feldkirch mit dem Jugendhaus „Graf Hugo“ gezeigt hat. Freilich können Spannungen und Konflikte gleichzeitig eine Quelle von Innovation und damit einer produktiven Weiterentwicklung der Offenen Jugendarbeit sein.

Literaturverzeichnis

Allgäuer-Hackl, H., Denz, H., Greussing, K. u. Matt, H. (2006). *Sozialpolitik und Sozialarbeit in Vorarlberg 1970–2010. Ein multimediales Projekt* (Institut für sozialwissenschaftliche Regionalforschung /Veröffentlichungen, Band 3). Regensburg: Roderer Verlag.

Amann, B. (1987, März). Interview Bernhard Amann zur Jugendhaus-Szene. *Kultur. Zeitschrift für Kultur und Gesellschaft, 2*(2), S. 4–7.

Amann, B. (1993, Mai). Jugendhaus-Szene in der Identitätskrise? *Kultur. Zeitschrift für Kultur und Gesellschaft, 8.* (4), S. 8–9.

Amann, B., Bischof, J., Haim, A. u. Steger, M. (1988, Mai). Gedanken zur Jugendhausarbeit. *Kultur. Zeitschrift für Kultur und Gesellschaft, 3*(4), S. 4–5.

Barnay, M. (2011). *Vorarlberg. Vom Ersten Weltkrieg bis zur Gegenwart.* Innsbruck-Wien: Haymon Taschenbuch.

Barnay, M. (2019). Mittendrin statt nur dabei. Nolde Luger und der kulturelle Aufbruch in Vorarlberg in den 70er-Jahren. In: T. Anwander u. T. Feurstein (Hrsg.), *Reinhold Luger. Grafische Provokation* (S. 119–136). Basel: Birkhäuser Verlag.

Füßl, P. (1991, September). 20 Jahre Flint. Von Beatles, Schlurfs und Gammlern. *Kultur. Zeitschrift für Kultur und Gesellschaft, 6*(7), S. 4–8.

Haffner, L. (2000). Kultur und Religion als Machtfaktor. Ein Beitrag zur Ideologiegeschichte Vorarlbergs. In: F. Mathis u. W. Weber (Hrsg.), *Vorarlberg. Zwischen Fußach und Flint, Alemannentum und Weltoffenheit* (S. 346–408). Wien-Köln-Weimar: Böhlau Verlag.

Haffner, L. (2009). *Ein besessener Vorarlberger. Elmar Grabherr und die Ablehnung der Aufklärung.* Hohenems. Bucher Verlag.

Hagen, M. (Hrsg.) (2017). *25 Jahre Offene Jugendarbeit Dornbirn. Rückblick.* Dornbirn: Offene Jugendarbeit Dornbirn.

Hagen, M., Marent, R. u. Schoibl, H. (Hrsg.) (2000). *Offene Jugendarbeit zum Anfassen. Referate, Diskussionsbeiträge, Materialien Reader zur Fachtagung vom 29. Jänner 1999 Jugendhaus Vis-m.u.t./Dornbirn* (Beiträge zur Jugendforschung, Band 8). Graz-Wien: Verlag Zeitpunkt.

Kemmerling-Unterthurner, U. (2000). Familie, Frau, Jugend. In: F. Mathis u. W. Weber (Hrsg.), *Vorarlberg. Zwischen Fußach und Flint, Alemannentum und Weltoffenheit* (S. 274–304). Wien-Köln-Weimar: Böhlau Verlag.

koje – Koordinationsbüro für Offene Jugendarbeit und Entwicklung (Hrsg.) (2008). *Das ist Offene Jugendarbeit. Offene Jugendarbeit in Vorarlberg hat Qualität – jetzt und in Zukunft.* Hohenems: Bucher Verlag.

koje – Koordinationsbüro für Offene Jugendarbeit und Entwicklung (2017). *156 starke Impulse. Zehn Jahre Jugendsozialarbeit im Handlungsfeld der Offenen Jugendarbeit in Vorarlberg.* Bregenz: Eigenverlag.

koje – Koordinationsbüro für Offene Jugendarbeit und Entwicklung, okay. zusammen leben. Projektstelle für Zuwanderung und Integration (Hrsg.) (2007). *2gethere. Interkulturelle Jugendarbeit in Vorarlberg.* Hohenems: Bucher Verlag.

Offene Jugendarbeit in Vorarlberg / Arbeitsgruppe „Umsetzung“ und „Häuser“; Fachgruppe feministische Mädchenarbeit (2000). *Die Jugendlichen von heute sind die BürgerInnen von morgen: Vorarlberger Erklärung zur Jugendarbeit.* Salzburg: La Linea.

Pölz, W. u. Brunmayr, E. (1985). *Jugend in Vorarlberg* (Durchgeführt im Auftrag des Jugendreferates der Vorarlberger Landesregierung von Marktforschung Dr. Brunmayr). Gmunden: Eigenverlag.

Repp, G. u. Schoibl, H. (1997). *No Risk no Fun – Offene Jugendarbeit in Vorarlberg: Angebotsstrukturen, Nutzungsformen, Wirkung; eine explorative Untersuchung.* Salzburg: La Linea.

Repp, G. u. Schoibl, H. (2000). Offene Jugendarbeit in Vorarlberg. In: M. Hagen, R. Marent u. H. Schoibl (Hrsg.), *Offene Jugendarbeit zum Anfassen. Referate, Diskussionsbeiträge, Materialien Reader zur Fachtagung vom 29. Jänner*

1999 Jugendhaus Vis-m.u.t./Dornbirn (Beiträge zur Jugendforschung, Band 8) (S. 177–189). Graz-Wien: Verlag Zeitpunkt.

Schall, K. (2007). *Feuersteine. Jugendprotest und kultureller Aufbruch in Vorarlberg nach 1970.* Bregenz: Vorarlberger Autorengesellschaft.

Schall, K. (2008). Offene Jugendarbeit in Vorarlberg – vom Feindbild zum Leitbild. In: koje – Koordinationsbüro für Offene Jugendarbeit und Entwicklung (Hrsg.), *Das ist Offene Jugendarbeit. Offene Jugendarbeit in Vorarlberg hat Qualität – jetzt und in Zukunft* (S. 222–229). Hohenems: Bucher Verlag.

Scheipl, J. (2002). Universitätslehrgang „Sozialpädagogische Arbeit und Soziokulturelle Animation in offenen Handlungsfeldern". In: G. Knapp (Hrsg.), *Wissenschaftliche Weiterbildung im Aufbruch* (S. 182–201). Klagenfurt: Hermagoras.

Schoibl, H. (2017). *25 Jahre Offene Jugendarbeit Dornbirn. Rückblick.* Dornbirn: Offene Jugendarbeit Dornbirn.

Sozialistische Fraktion im Vorarlberger Landtag (Hrsg.) (1984). *Zensur in Vorarlberg.* Dornbirn: Arge Vorarlberg Information.

Unterthurner, U. (2003). *Die Jugendhausbewegung in Vorarlberg von 1968 bis 1984. Dargestellt am Beispiel des Vereins „Offenes Haus" in Dornbirn* (Veröffentlichungen des Ludwig Boltzmann Instituts für sozialwissenschaftliche Regionalforschung, Band 2). Regensburg: Roderer Verlag.

Vorarlberger Landesregierung, Jugend- und Familienreferat (Hrsg.) (1990). *Vorarlberger Jugendstudie 1990: die Situation Jugendlicher in Vorarlberg* (Durchgeführt vom Institut für Kommunikations-Planung GmbH, Salzburg). Bregenz: Vorarlberger Landesregierung.

Wanner, G. (1981). Das Streben der Vorarlberger Jugend nach Selbstbestimmung (1945–1974). 14-teilige Artikelserie in den *Vorarlberger Nachrichten, 24. Januar 1981 bis 9. Februar 1981.* Bregenz.

XXII Die Geschichte von bOJA: Seismograf für die Entwicklung der Offenen Jugendarbeit in Österreich

Stephanie Deimel-Scherzer und Lukas Trentini

1 Einleitung

Offene Jugendarbeit (OJA) ist in Österreich ein Handlungsfeld der Sozialen Arbeit. Es werden sowohl Arbeitsprinzipien und Methoden der Sozialarbeit als auch der Sozialpädagogik verwendet. Historisch aus der sozialpädagogischen Tradition stammend, entwickelte sich Offene Jugendarbeit weiter und bietet jungen Menschen mittlerweile auch Hilfe und Unterstützung in verschiedenen Problemlagen. Neben der standortbezogenen Offenen Jugendarbeit in Jugendzentren und -treffs kommt der herausreichenden und der mobilen Jugendarbeit im öffentlichen und halböffentlichen Raum – in Parks, Bahnhöfen, Einkaufszentren und auf Plätzen – eine ebenso große Bedeutung zu. Offene Jugendarbeit schafft Begegnungsorte und Möglichkeiten zur Teilhabe sowie Angebote frei von Konsumzwängen und kommerziellen Zielen. An bundesweit aktuell 638 Standorten begleiten und fördern derzeit rund 2.000 Fachkräfte Jugendliche auf ihrem Weg in die erwachsene Selbstständigkeit und Mündigkeit (vgl. bOJA, 2021).

Dieses hier skizzierte professionelle Selbstverständnis des Arbeitsfeldes ist noch relativ jung. So lässt sich der Weg der zunehmenden Professionalisierung zumindest zeitlich gut überblicken. Inhaltlich ist ein österreichweiter Überblick mit neun verschiedenen Bundesländern weniger leicht zu bekommen, weil diese die Jugendarbeit sehr unterschiedlich fördern und steuern. Zusätzlich bedingen die zahlreichen Standortgemeinden, denen die Zuständigkeit für die Umsetzung der Offenen Jugendarbeit obliegt, große strukturelle Unterschiede.

Anfang der 2000er-Jahre existierten österreichweit weder eine Übersicht über alle Träger und Einrichtungen der Offenen Jugendarbeit noch ein bundesweites Qualifikationsprofil der Fachkräfte. Im Rahmen einer parlamentarischen Anfrage im Jahr 2010 wurden erstmals österreichweite Zahlen (571 Einrichtungen der OJA) durch das bundesweite Netzwerk Offene Jugendarbeit (bOJA) bereitgestellt, wobei die Erhebung immer noch durch fehlende Zahlen aus den Bundesländern erschwert war (vgl. Anfrage 4780, 2010; Beantwortung 4688, 2010). Wie Offene Jugendarbeit zu dem professionellen Handlungsfeld geworden ist, wie wir es heute kennen, welche Rolle die Vernetzung des Feldes und dabei besonders bOJA gespielt haben und wohin die Reise geht – diesen Fragen widmen sich die folgenden Seiten.

2 Der Anfang von bOJA

bOJA ist das bundesweite Netzwerk Offene Jugendarbeit, das seine Anfänge bereits in den 80er-Jahren des letzten Jahrhunderts genommen hat. Der aktuelle Name und das erste bOJA-Logo, das heute noch in ähnlicher Form existiert, wurden im Februar 2009 entwickelt. Die Schreibweise von bOJA mit dem kleinen b am Anfang lässt das Akronym OJA im Namen durchgängig erscheinen und betont ein zentrales Anliegen von bOJA, nämlich die vermehrte Sichtbarkeit für das junge Arbeitsfeld der Offenen Jugendarbeit. bOJA ist in ganz Österreich in allen Bundesländern aktiv, wobei die Tätigkeiten sich auch über das Bundesgebiet hinaus, vor allem auf die EU-Ebene, erstrecken. Im Protokoll einer Vorstandssitzung im Mai 2009, die den Übergang der bisherigen bundesweiten Vernetzung zu bOJA zum Inhalt hatte, findet sich unter anderem folgendes Sinnbild für die damalige Situation: eine weiße Tür, die ohne Mauern inmitten eines Ackers steht. Der Acker symbolisiert die bereits geleistete Vorarbeit, die der zukünftigen Struktur einen fruchtbaren Boden bereitet hat und auf dem bereits einiges gewachsen ist. Doch die Grundmauern des neuen Projekts galt es noch zu bauen (vgl. bOJA, 2009).

Der zentrale Zweck des gemeinnützigen Vereins ist in den Statuten wie folgt grundgelegt:

Der Verein versteht sich als das Kompetenzzentrum und Wissenszentrum für Offene Jugendarbeit in Österreich und stiftet mit seinen Tätigkeiten dem Handlungsfeld Offene Jugendarbeit und daraus resultierend den jungen Menschen als Zielgruppe der Offenen Jugendarbeit Nutzen und trägt zur Volksbildung rund um das Thema „Jugend“ bei. (§ 2 Abs. 1, bOJA, 2019)

Davon abgeleitet können drei wichtige Grundausrichtungen von bOJA beschrieben werden: *erstens* die Förderung von Kooperation und Vernetzung im Arbeitsfeld, *zweitens* die Positionierung der Offenen Jugendarbeit nach außen, indem sie als wichtiges und wirksames Handlungsfeld vertreten wird und die Themen, Blickwinkel und Bedürfnisse von Jugendlichen in öffentlichen Diskursen Beachtung finden. *Drittens* verfolgt bOJA nach innen das Ziel, die Qualität des Handlungsfeldes zu reflektieren und weiterzuentwickeln und damit die Professionalisierung zu fördern.

„Bundesweite Standards in der Offenen Jugendarbeit wären schon wichtig, aber wie soll das gehen?“

Die Übereinkunft über den Vereinszweck und die zentralen Zielsetzungen und Definitionen sind das Ergebnis eines aufwendigen und langjährigen Prozesses, der unter breiter Einbindung von Politik, Verwaltung und Fachkräften aller Ebenen (Bund, Länder, Gemeinden) betrieben wurde. Der Entwicklungsprozess wurde vom Vorarlberger Dachverband koje und dessen damaliger Geschäftsführerin Sabine Liebentritt im Jahr 2006 angestoßen (vgl. koje, 2006). Der Vorarlberger Landesjugendreferent Roland Marent und Elisabeth Ziegler, die Leiterin der Abteilung Jugendpolitik im zuständigen Ministerium in Wien, unterstützten die Entwicklung einer starken, neu konzipierten Vernetzungsstruktur der Offenen Jugendarbeit und ermöglichten eine Projektfinanzierung. Der Name des Projekts lautete „Offene Jugendarbeit in Österreich bundesweit vernetzt“. Der Entwicklungsprozess wurde als Bottom-up-Prozess angelegt, indem eine Iststand-Analyse der Offenen Jugendarbeit in allen Bundesländern erstellt wurde (vgl. koje, 2007). Diese bildete den Ausgangspunkt und die Grundlage für die Struktur von bOJA.

Um ein gemeinsames Verständnis des Handlungsfeldes zu schaffen, erfolgte zunächst eine erste Begriffsklärung seitens der Fachgruppe Offene Jugendarbeit (Fachkräfte aus jedem Bundesland und spätere Vorstandsmitglieder von bOJA), der ARGE Offene Jugendarbeit (Vertreter_innen aller Landesjugendreferate) und der Abteilung Jugendpolitik im Ministerium. Darin fand eine Annäherung an grundlegende Prinzipien des Handlungsfeldes statt: „Flexibilität, Prozessorientierung und Kontinuität sind die Qualitätsmerkmale der Angebote und Methoden der Offenen Jugendarbeit – sind diese Merkmale nicht gegeben, handelt es sich nicht um Angebote der Offenen Jugendarbeit“ (koje, 2008, S. 5). Das achtseitige Dokument umfasste im Allgemeinen eine Verständigung über Nutzen und Wirkung der OJA und fachliche Grundlagen und Handlungsprinzipien des Arbeitsfeldes. Organisatorische, strukturelle und finanztechnische Grundlagen wurden zu dem Zeitpunkt aufgrund der Verschiedenartigkeit der jugendpolitischen Voraussetzungen in den Bundesländern noch ausgespart (vgl. ebd.). Der damalige Ausblick am Ende des Dokuments kann aus heutiger Sicht bestätigt werden: „Die Begriffsklärung bildet im Sinne eines dynamischen Begriffsverständnisses die Grundlage für den Aufbau einer Vernetzung von Offener Jugendarbeit, fördert Fachlichkeit, wechselseitiges Verständnis und die Vielfalt“ (ebd., S. 8).

Im Rahmen von extern moderierten Diskursgesprächen in den Bundesländern wurde diese Begriffsklärung mit Praktiker_innen diskutiert und adaptiert. Der Einladungstitel zu den Vernetzungstreffen lautete: „Bundesweite Standards in der Offenen Jugendarbeit wären schon wichtig, aber wie soll das gehen?“ Die breite Einbindung von Vertreter_innen der Landesjugendreferate, erfahrenen Fachkräften, die in ihren Ländern gut vernetzt waren, sowie der Beamt_innen des zuständigen Ministeriums machten es möglich, dass im Herbst 2008 die Entscheidung für eine Dachverbandsstruktur erzielt werden konnte, die tragfähig erschien und vom Bund ab 2009 finanziert wurde.

Die im Frühjahr 2008 vollzogene und von allen Beteiligten als gelungen wahrgenommene Übergabe des Vorläufers Arge JUZI an die damalige Fachgruppe wird noch weiter unten beleuchtet. Wichtige Diskussionspunkte bei der Entscheidungssitzung im Herbst 2008 waren insbesondere die Frage nach den Voraussetzungen und Rahmenbedingungen für die Nominierung von Vorstandsmitgliedern aus den Bundesländern, die Formulierung des Vereinszwecks und die Frage nach der Besetzung der Funktion der vorsitzenden Person im Sinne einer fairen Machtverteilung, die zu einem Rotationsprinzip führte.

Diese komplexe Entwicklungsarbeit baute auf einer heterogen entwickelten Offenen Jugendarbeit in den Bundesländern auf, deren Anfänge in die 1970er-Jahre zurückreichen.

3 Entwicklung der OJA in Österreich

Damals etablierten sich selbstverwaltete Jugendhäuser und Jugendkulturzentren sowie „Häuser der offenen Tür“ (Aigner, 1975, S. 2), die als Vorläufer der heutigen Jugendzentren betrachtet werden können. Diese Häuser waren grundsätzlich für alle Jugendlichen ohne Anmeldung und ohne Angabe ihrer Identität offen und boten verschiedene Möglichkeiten der Teilhabe und des Engagements. Bereits in ihren Ursprüngen war Offene Jugendarbeit als ergänzendes demokratischeres Angebot zu den weltanschaulich oder politisch gebundenen Verbänden gedacht, als Anknüpfungspunkt „an Gefährdungsstellen sozialer und personaler Integration“ (Springer, 1985, S. 29).

Auch das erste Jugend-Streetwork-Projekt Österreichs entwickelte sich in den späten 70er-Jahren in Wien. Inspiriert war das Projekt von Studienreisen nach Deutschland, wo bereits in manchen Städten Streetwork-Angebote existierten. Von Wien aus breitete sich die niederschwellige Straßensozialarbeit auf andere Städte und den ländlichen Raum aus und wurde in den 1980er-Jahren zunehmend ausgebaut (vgl. Etl, 1997, S. 329 ff.). In ihren Anfängen lag der Fokus noch auf problembelasteten Gruppen, doch die Definition der Adressat_innen wurde im Laufe der Zeit offener, die Methoden vielfältiger und mobile Jugendarbeit entwickelte sich. Heute existieren über 80 Einrichtungen der mobilen Jugendarbeit in ganz Österreich.

Offene Jugendarbeit orientiert sich seit ihren Anfängen an den Bedürfnissen sowie Lebenswelten junger Menschen und arbeitet parteilich für sie, unabhängig von Geschlecht, politischer oder religiöser Überzeugung, Bildungsgrad oder sozialem Status. Neben Schule, Familie und Peergroups ist Offene Jugendarbeit für viele junge Menschen zu einem bedeutsamen Sozialisationsort geworden und bildet „ein wichtiges Bindeglied zwischen den unterschiedlichen Lebenswelten von Kindern und Jugendlichen, das andere und neue soziale Beziehungen ermöglicht“ (Deinet u. Müller, 2013, S. 22).

4 Bundesweite Netzwerke entstehen

Im Jahr 1984 gab es ein erstes Treffen von engagierten Jugendarbeiter_innen aus fast allen Bundesländern, um sich zu verbünden und über Inhalte auszutauschen. Die Einrichtungen und Initiativen waren damals vielfältig: Neben den „professionellen“ und autonomen Jugendzentren gab es Jugend-Streetwork, gewerkschaftliche Jugendklubs, kirchliche Jugendzentren und einige, die überhaupt nur ehrenamtliche Projekte waren. Fast 150 Einrichtungen und Initiativen in ganz Österreich wurden gelistet. Ein Jahr später, im Jänner 1985, wurde dann der Verein Arge JUZI bei einem Treffen in Klagenfurt gegründet, die „Arbeitsgemeinschaft österreichischer Jugendzentren, soziokultureller Einrichtungen und Initiativgruppen“. Deren langjähriger Sprecher und späteres Ehrenmitglied von bOJA, Bernhard Amann, beschreibt den damaligen Zweck wie folgt: „Der Verein strebt an, dass die in ihm vereinten Jugendzentren und Initiativgruppen nach den Grundsätzen einer möglichst großen Autonomie und Selbstverwaltung und in Richtung auf eine emanzipatorische Erziehung tätig sind“ (Amann, 1985, S. 19). Die Arge JUZI hatte sich vorbehaltlos hinter die Anliegen und Probleme der Jugendlichen und der verschiedenen Mitgliedseinrichtungen gestellt und sparte auch nicht mit Kritik.

Diese Ausrichtung sowie der stagnierende Vernetzungseffekt führten dazu, dass der Verein im Jahr 2004 keine weiteren Subventionen mehr vom zuständigen Ministerium erhielt. Und dennoch sollte es weiterhin eine österreichweite Vernetzung geben, nur war unklar, wer diese neu gestalten könnte.

Kurz darauf wurde das Ministerium auf die Tätigkeit des Vorarlberger Dachverbands für Offene Jugendarbeit (koje) aufmerksam und beauftragte diesen mit der damaligen Geschäftsführerin Sabine Liebentritt, ein Konzept für eine bundesweite Vernetzungsstruktur zu entwickeln. Dank ihrem hohen Engagement und ihrer beharrlichen und fachlichen Brillanz gelang es ihr, die oben genannte bundesweite Fachgruppe Offene Jugendarbeit zusammenzustellen, deren Mitglieder in ihren Bundesländern bereits gut vernetzt waren und Kontakt zur Basis gewährleisten konnten. Andererseits baute sie einen partnerschaftlichen Kontakt zu den Vertreter_innen und Vorstandsmitgliedern der Arge JUZI auf. So konnte nach gut zwei Jahren Vorarbeit die Arge JUZI in das neu geschaffene Netzwerk bOJA überführt werden, und dies zum Stolz und zur Zufriedenheit aller Beteiligten. Am Ende der entscheidenden Generalversammlung im Mai 2008 in Salzburg fasste Peter Dvorsky, langjähriges Vorstandsmitglied der Arge JUZI seine Stimmung mit folgenden Worten zusammen: „Der Abschied ist ausgewogen im Gefühl: ich bin froh, dass ich den Krempl los bin und zugleich bin ich wehmütig" (Arge JUZI, 2008, S. 3). Und Bernhard Amann verabschiedete sich aus der Vorstandstätigkeit mit seinem legendären und vielfach zitierten Satz und Wunsch an die neuen Akteur_innen: „Arsch hoch! Liebe und Kraft und keine sonstigen Verdichtungen!" (ebd., S. 4). Im Herbst 2008 trafen Bund und Länder dann gemeinsam die Entscheidung, den Verein zur Vernetzung, Qualitätsentwicklung und Sichtbarmachung der Offenen Jugendarbeit in Österreich weiterzubetreiben und mit entsprechender Förderung des Bundes auszustatten. Im März 2009 konnten erstmals zwei Personen beim Verein bOJA angestellt werden.

Der Übergang von der Arge JUZI, deren kämpferische Anliegen Empowerment, Selbstverwaltung und Selbstorganisation waren, hin zu bOJA, deren Kerninhalte die fachliche Weiterentwicklung des Handlungsfeldes sowie die Auseinandersetzung mit Qualität sind, war fordernd und gelang zum Schluss dennoch. Für bOJA sind die Wurzeln der Vernetzung ein wichtiger Teil der Geschichte, ein Erbe, das zugleich einen Paradigmenwechsel markiert. Zwei für bOJA heute noch bedeutsame Bereiche wurden bereits von der Arge JUZI grundgelegt: Einmal die europaweite Vernetzung; damals noch ohne EU-Mitgliedschaft Österreichs. So trat die Arge JUZI bereits im Jahr 1987 im Rahmen eines Meetings in Belgien der europäischen ECYC (European Confederation of Youth Clubs) bei (vgl. Füssl, 1987, S. 4 ff.). bOJA arbeitet heute intensiv mit europäischen Netzwerken zusammen und war maßgeblich an der Gründung von POYWE (Professional Open Youth Work in Europe) beteiligt. Zweitens gelang es der Arge JUZI in Kooperation mit dem Institut für Erziehungs- und Bildungswissenschaft, Arbeitsbereich Sozialpädagogik, der Universität Graz unter der wissenschaftlichen Leitung von Josef Scheipl, einen Universitätslehrgang für „Sozialpädagogische Arbeit und Soziokulturelle Animation in offenen Handlungsfeldern" zu initiieren (vgl. Scheipl, 2002; Liebentritt, 2015, S. 379–380). Damit stieg die Arge JUZI in den Diskurs zur Qualifikation von Jugendarbeiter_innen und Fachkräften der Offenen Jugendarbeit ein, der seitdem weitergeführt wird.

Im Streetwork-Bereich entwickelte sich auf Bundesebene im Jahr 1993 die Bundesarbeitsgemeinschaft Straßensozialarbeit (BAST). Zu deren Aufgaben zählten ähnlich wie bei bOJA die Vernetzung der Fachkräfte, die Qualitätsentwicklung und die Interessenvertretung von Menschen, für die die Straße der zentrale Sozialisationsort und Lebensmittelpunkt ist. Die BAST löste sich im Jahr 2013 aufgrund mangelnder Ressourcen auf. Da sich bOJA von Anfang an als Netzwerk der standortbezogenen und mobilen Jugendarbeit verstand, wurden ehemalige Mitgliedsorganisationen der BAST, die im Bereich der mobilen Jugendarbeit mit Jugendlichen arbeiteten, eingeladen, bOJA beizutreten.

5 bOJA-Kernaufgaben: Kontakte knüpfen und Netzwerkarbeit leisten

Die Welt ist heutzutage vernetzter denn je zuvor. Netzwerke durchziehen alle gesellschaftlichen Systeme und können unterschiedliche Dimensionen erlangen. Auf politischer Ebene oft als Union bezeichnet, wirtschaftlich Allianz oder Partnerschaft genannt, können sie, auf den Bereich des Sozialen bezogen, beispielsweise in Form von Vereinen, Genossenschaften, Bewegungen, Plattformen oder auch (Selbst-)Vertretungen in Erscheinung treten. Eines der meistdiskutierten Netzwerke der letzten Jahrzehnte ist wohl das Internet, welches neben einer enormen Menge an Daten wiederum soziale Netzwerke und neue Kommunikationsformen hervorgebracht hat.

Netzwerke ermöglichen Informationsgewinn, die Entwicklung und Vertretung von Standpunkten und letztendlich die Beeinflussung politischer Prozesse. Doch in der Qualität und im Aufbau von Netzwerken bestehen große Unterschiede. Von Pierre Bourdieu als „soziales Kapital“ (Bourdieu, 1992, S. 63–64) bezeichnet, sind es die Zugänge und in weiterer Folge die soziale Zugehörigkeit zu Gruppen und Netzwerken, die eine wichtige personale Ressource darstellen und als solche die Selbstwirksamkeit erhöhen. Soziales Kapital fußt auf materiellen und symbolischen Tauschbeziehungen. Abhängig von der Anzahl mobilisierbarer sozialer Beziehungen und deren Status bemisst sich das Ausmaß des sozialen Kapitals (vgl. ebd.). Während Bourdieu zwar belegt, dass Kapital immer ungleich verteilt ist und sich dieses Ungleichgewicht reproduziert, gibt es Wege, durch Vernetzung und Organisierung (zivil-)gesellschaftlichen Einfluss auszuüben.

Angesichts der wachsenden Anforderungen und der multiplen Problemlagen, mit denen sich Fachkräfte in der Praxis konfrontiert sehen, erscheinen Vernetzungsstrategien verschiedener Handlungsfelder der Sozialen Arbeit unverzichtbar. Fachkräfte können im Rahmen sozialräumlicher Netzwerk- und Gemeinwesenarbeit in einen „formalisierten" Austausch treten, wie dies beispielsweise im Rahmen multiprofessioneller Netzwerktreffen üblich ist. Dort werden Anliegen und Erfahrungen aus verschiedenen Blickwinkeln ausgetauscht und das gebündelte Wissen als Ressource genutzt. Ergänzend dazu gibt es die „informelle" Vernetzung im Sozialraum, die darauf abzielt herauszufinden, welche Einrichtung oder Institution für welche Anliegen und Problemlagen der/die richtige Ansprechpartner_in ist, um eine bestmögliche Weitervermittlung zu garantieren. Auf der Ebene der Jugendlichen wird subjektspezifische Netzwerkarbeit im Kontext der Einzelfallarbeit praktiziert, wo mit Methoden der Netzwerkanalyse individuelle Ressourcen ermittelt werden (vgl. Wendt, 2008, S. 165 ff.).

Netzwerkarbeit im Rahmen der Offenen Jugendarbeit steht immer wieder vor Herausforderungen. Zwei zentrale Themen sind die *hohe Fluktuation* innerhalb des Handlungsfeldes sowie die teils mangelhafte *Augenhöhe* in der Vernetzung mit Akteur_innen aus anderen Feldern. An manchen Standorten wechseln die Teams von Einrichtungen innerhalb von wenigen Jahren komplett durch. Das bedeutet, dass damit auch soziale Beziehungen verloren gehen und wieder neu aufgebaut werden müssen. Für eine Begegnung auf Augenhöhe braucht es Vertrauen und dieses wächst mit der Zeit und dem Austausch.

Netzwerkarbeit ist für bOJA eine systemimmanente Kernaufgabe. Nur durch kontinuierliche und beharrliche Vernetzung können die Ziele von bOJA erreicht werden. bOJA unterstützt, fördert und plädiert daher auch für die Vernetzung der Offenen Jugendarbeit auf Regional- und Länderebene sowie international. Die Netzwerke bzw. Dachverbände Offener Jugendarbeit in den Bundesländern sind wichtige Partner von bOJA, wobei sich deren Ausgestaltung hinsichtlich ihrer Struktur, Finanzierung, Verankerung, Bedeutung und Geschichte stark unterscheidet. Die Wirksamkeit der Arbeit von bOJA, für die Belange der Offenen Jugendarbeit einzustehen und die Qualitätsentwicklung zu fördern, kann nur gut vernetzt und in enger Zusammenarbeit mit den Partner_innen auf Bundesebene sowie den lokal verankerten Strukturen in den Bundesländern gelingen.

Für bOJA ist es daher von großer Bedeutung, die Strukturen der OJA sowie die Netzwerke und Dachverbände in den Bundesländern zu stärken. Diese Tatsache führte im Jahr 2014 zum Beschluss, dass bOJA neben der fachlichen Lobbyingarbeit auch finanzielle Zuschüsse für die Koordination von Vernetzungsaktivitäten bzw. für den Aufbau und Erhalt von Netzwerken der Offenen Jugendarbeit zur Verfügung stellt. So konnten in den vergangenen Jahren in allen Bundesländern Netzwerke der OJA bzw. Dachverbände etabliert werden.

Für bOJA können zusammenfassend drei Wirkungsebenen der Vernetzungsarbeit als besonders bedeutsam beschrieben werden: die *Wissensebene*, die *Kooperationsebene* und die *Positionierungsebene*. Zunächst die Wirkung auf der Wissensebene: Durch Herstellung, Aufbereitung, Zusammenführung, Reflexion und Zurverfügungstellung von Wissen durch bOJA wird eine Grundlage für Fachkräfte geschaffen, auf deren Basis Weiterentwicklung und Veränderung im Arbeitsfeld und gemeinsames Lernen möglich werden.

Auf der Kooperationsebene stehen der Know-how-Transfer, die wechselseitige Unterstützung und Hilfe als Nutzen im Vordergrund. bOJA fördert die Vernetzung auf verschiedenen Ebenen und legt dadurch die Grundlagen für tragfähige Kooperationen auf Augenhöhe. bOJA ist als Kooperationspartnerin aktiv, wie die Zusammenarbeit mit unterschiedlichen Partner_innen im Rahmen von Gremienarbeit sowie zahlreiche Projekte seit dem Bestehen von bOJA zeigen.

Auf der Positionierungsebene ist bOJA aufgrund der Heterogenität des Arbeitsfeldes und der föderalistisch ausgeprägten Verwaltungsstrukturen in Österreich gefordert. Der Spagat zwischen den Eigenheiten der Länder und einer bundesweiten Positionierung gelingt dennoch. Das ist der Überzeugung geschuldet, dass das Arbeitsfeld gemeinsam stärker auftreten kann und auf diese Weise mehr Gehör findet. Die aufwendigen Abstimmungs- und Meinungsbildungsprozesse sind ein Teil der Kernarbeit von bOJA und verlangen von allen Teilen des Vereins viel Geduld, Strapazierfähigkeit, Beharrlichkeit und einen langen Atem (vgl. Liebentritt, 2008).

5.1 Ausgewählte Faktoren für erfolgreiche Netzwerkarbeit bei bOJA

Einige Faktoren für erfolgreiche Netzwerkarbeit auf allen drei Wirkungsebenen sind zu Beginn bei bOJA eingeführt worden. Diese wurden immer wieder diskutiert, blieben aber bis heute erhalten, nicht zuletzt aufgrund ihrer Sinnhaftigkeit und Funktionalität.

5.1.1 Nominierung von Vorstandsmitgliedern

Die oben beschriebene Notwendigkeit von guter und erfolgreicher Vernetzungsarbeit von bOJA wirkte sich auf die umfangreiche Festschreibung der Anforderungen an Personen für den Vorstand im Rahmen der Statuten aus. Dabei wird die Legitimation der Vertretung im Idealfall mittels Wahl im Arbeitsfeld des betreffenden Bundeslands vorausgesetzt, um eine demokratische Vertretung des Arbeitsfeldes zu erwirken. Die weiteren Anforderungen:

- … sie kennen die Offene Jugendarbeit in dem Bundesland und arbeiten vernetzt,
- sie können die Offene Jugendarbeit repräsentieren und Interessen des Bundeslandes in die Vereinstätigkeit einbringen,
- sie haben Erfahrung in der Kooperation mit dem jeweiligen Landesjugendreferat bzw. dem Fachbereich Jugend des Landes,
- und sie bringen die Bereitschaft und Fähigkeit zur transparenten und konstruktiven Schnittstellenarbeit mit dem Landesjugendreferat bzw. dem Fachbereich Jugend des Landes, Einrichtungen der Offenen Jugendarbeit im Bundesland und anderen Systempartner_innen mit (§ 11 Abs. 1c, bOJA, 2019).

Dadurch wird großes Augenmerk auf ein solides Rollenbewusstsein gelegt, gilt es doch, das eigene Bundesland zu vertreten und gleichzeitig für die Offene Jugendarbeit in Österreich mitzuwirken. Darüber hinaus erfordert eine gültige Nominierung ein hohes Maß an Kenntnis über das Arbeitsfeld im eigenen Bundesland und damit verbunden eine berufliche Kontinuität in einem durch hohe Fluktuation geprägten Arbeitsfeld. Der Kreis der infrage kommenden Personen ist dadurch überschaubar.

5.1.2 Entscheidungen im Vorstand

Der bOJA-Vorstand besteht aus je zwei Vertreter_innen pro Bundesland, also in Vollbesetzung insgesamt 18 Personen. Um eine praktikable Entscheidungsfindung zu erreichen, wurden zwei Arten des Arbeitens in der Geschäftsordnung von bOJA festgeschrieben: Einmal das Kollegialprinzip, nach dem der Vorstand arbeitet. Dieses Prinzip bindet die Mitglieder des Vorstands nach innen und außen, die Beschlüsse des Vorstands zu vertreten, auch bei einer davon abweichenden persönlichen Meinung. Damit kann bOJA auch ohne einen erreichten Konsens geschlossen auftreten und die Beschlüsse umsetzen. Zusätzlich wurde die Stimmberechtigung so geregelt, dass jedes Bundesland über eine Stimme verfügt und sich die beiden Vertreter_innen zu einer gemeinsamen Position durchringen müssen. Bei Nicht-Einigung wird deren Stimmabgabe nicht gezählt (vgl. bOJA Geschäftsordnung, S. 8–9).

5.1.3 Rotationsprinzip im Vorsitz

Im Sinne der föderalen Strukturen in Österreich wurde ebenfalls zu Beginn von bOJA das Rotationsprinzip für den Vorsitz eingeführt und in den Statuten festgehalten. Damit kann jedes Bundesland einmal binnen neun Jahren den_die Vorsitzende_n nominieren (vgl. § 13 Abs. 2, bOJA, 2019). Diese Rotation wurde seit 2008 eingehalten und hat sich über weite Strecken bewährt, wobei der schnelle Wechsel für die Geschäftsführung ein hohes Maß an Adaption im Modus der Zusammenarbeit bedeutet, da jede Person die Aufgabe unterschiedlich gestaltet. Und dennoch ist es sinnvoll, dass jedes Bundesland für ein Jahr den Vorsitz innehat und dadurch mehr Nähe zwischen dem bOJA-Büro und dem jeweiligen Bundesland besteht. Das bringt oftmals auch Entwicklungsschübe mit sich. Denn entscheidend ist, dass mit dem Vorsitz-Bundesland auch der Austragungsort der jährlichen bOJA-Fachtagung verknüpft ist, die viele Impulse für die Offene Jugendarbeit gibt.

5.2 Jugendpolitische Vernetzung

Offene Jugendarbeit ist neben der Verbandlichen Jugendarbeit, der Jugendinformation sowie dem Feld der internationalen Jugendarbeit eine zentrale Säule der Jugendpolitik in Österreich. Die Zuständigkeit für die Jugendpolitik liegt bei dem Ministerium, das mit den jeweiligen Jugendagenden betraut ist, und folgt dem Prinzip des Föderalismus. Im Bundesgesetz über die Förderung der außerschulischen Jugenderziehung und Jugendarbeit (Bundes-Jugendförderungsgesetz) ist der gesetzliche Auftrag der außerschulischen Jugendarbeit folgendermaßen formuliert:

> § 2 (3) Außerschulische Jugenderziehung und Jugendarbeit im Sinne dieses Bundesgesetzes, in Folge zusammenfassend als Jugendarbeit bezeichnet, beinhaltet alle geeigneten *jugenderzieherischen und -bildenden Maßnahmen*, die die familiäre Erziehung oder die im sonstigen privaten Lebensbereich von Jugendlichen stattfindende Sozialisation ergänzen, jedoch außerhalb des formellen schulischen Bildungssystems oder der durch die öffentliche Jugendwohlfahrt bereitgestellten Dienste erbracht werden. (BGBl. I Nr. 126/2000 Bundes-Jugendförderungsgesetz)

Neben dem Bundes-Jugendförderungsgesetz existiert auf Bundesebene die Österreichische Jugendstrategie, die den jugendpolitischen Rahmen vorgibt. Sie wird laufend vom Kompetenzzentrum Jugend des Jugendministeriums in Zusammenarbeit mit der Bundesjugendvertretung (BJV) und den bundesweiten Netzwerken der Offenen Jugendarbeit (bOJA) sowie der Jugendinformation (BÖJI) weiterentwickelt. In der aktuellen Strategie sind vier prioritäre Handlungsfelder definiert, die das Grundgerüst der jugendpolitischen Ausrichtung des Bundes darstellen: Bildung und Beschäftigung, Beteiligung und Engagement, Lebensqualität und Miteinander sowie Medien und Information (vgl. BKA, o. J.). Auf europäischer Ebene wurde mit der EU-Jugendstrategie 2019–2027, der europäischen Agenda für Jugendarbeit 2020, zahlreichen Ratsschlussfolgerungen etc. ein Rahmen für eine gemeinsame Jugendpolitik geschaffen, der laufend weiterentwickelt wird.

bOJA beeinflusst diese Prozesse hauptsächlich durch die Mitarbeit in den internationalen Netzwerken „Professional Open Youth Work in Europe“ (POYWE) und „European Confederation of Youth Clubs“ (ECYC) sowie durch den Austausch mit der internationalen Abteilung des Jugendministeriums.

Auf Bundesländerebene sind die neun Landesjugendreferate bzw. die mit den Jugendagenden betrauten Fachbereiche für Offene Jugendarbeit zuständig. Die Bestimmungen in den jeweiligen Bundesländern sind sehr heterogen. Während in einigen Jugendgesetzen Offene Jugendarbeit definiert wird und Förderungen Qualitätsbestimmungen unterliegen, scheint

Offene Jugendarbeit in anderen Bundesländergesetzen (noch) nicht auf. Manche Bundesländer verfügen über eigene Jugendstrategien, die Offene Jugendarbeit auf Länderebene strategisch ausrichten. Die Landesdachverbände bzw. -netzwerke der Offenen Jugendarbeit sind in solche Prozesse großteils eingebunden und gestalten die Jugendpolitik auf Landesebene mit. Die jeweiligen Gemeinden und die dort zuständigen jugendpolitisch Verantwortlichen und/oder die für Jugendagenden Zuständigen in der Verwaltung nehmen als Schnittstelle zwischen kommunaler (Jugend-)Politik und den Trägern, Vereinen und Organisationen Offener Jugendarbeit eine zentrale Rolle ein. Die Einrichtungen und Angebote Offener Jugendarbeit in Österreich werden großteils über die Gemeinden finanziert und durch Landesförderungen kofinanziert.

Dass Offene Jugendarbeit mittlerweile auf allen politischen Ebenen vorkommt, als Partnerin fungiert und politische Bedeutung erlangt hat, ist vor allem zwei Entwicklungen geschuldet.

Erstens hat die Vernetzung von Praktiker_innen bzw. die Organisierung des Handlungsfeldes dazu geführt, dass sich die Qualität laufend weiterentwickeln konnte und neben dem inhaltlichen Austausch der Fachkräfte Ressourcen für die Positionierung und Vertretung des Handlungsfeldes nach außen verfügbar gemacht werden konnten.

Zweitens liegt es an unterschiedlichen gesellschaftlichen Entwicklungen, dass die Nachfrage der Nutzer_innen nach den Angeboten Offener Jugendarbeit eher zu- als abnimmt. Dazu zählen zunehmend prekäre Lebensverhältnisse, steigender Druck in Bildungs- und Arbeitswelt sowie die Auswirkungen der Digitalisierung, die Bildungs- sowie Beteiligungsungleichheiten fortschreibt (vgl. Kutscher, 2013, S. 193).

6 Meilensteine und Erfolge von bOJA

6.1 Die bOJA-Fachtagung

Das zentrale Forum der Offenen Jugendarbeit in Österreich ist die alljährlich stattfindende bOJA-Fachtagung. Sie ist der Moment, wo sich Vertreter_innen aller Ebenen begegnen, Praktiker_innen auf politische Entscheidungsträger_innen, Wissenschaftler_innen oder Mitarbeiter_innen des bOJA-Büros treffen. Im Vorfeld der dreitägigen Tagung findet traditionell die bOJA-Generalversammlung statt, in welcher der bOJA-Vorstand gewählt wird. In den Anfängen verwendeten einige Basis-Mitarbeiter_innen „bOJA" als Synonym für die bOJA-Fachtagung – so stark war sie mit dem bundesweiten Netzwerk assoziiert. Daher verwundert es nicht, dass am Beginn der bOJA-Tätigkeiten eine Tagung stand. Im Jahr 2007 fand die erste bundesweite Tagung in Wien statt, ihr Titel: „Quo vadis Offene Jugendarbeit?" Was in den Anfängen noch im kleineren Rahmen und mit weitaus mehr Selbstorganisation und Improvisation stattfand, führte parallel zur Professionalisierung von bOJA und des gesamten Handlungsfeldes zu Tagungen, wie sie 2019 mit mehr als 300 Teilnehmer_innen im prestigeträchtigen Kongresszentrum Alpbach in Tirol über die Bühne ging.

6.2 Handbuch Offene Jugendarbeit 2011–2021

Schon vor der Gründung von bOJA fanden grundlegende Auseinandersetzungen über Begriffe und Definitionen des Handlungsfeldes statt. Ziel war, das „größte gemeinsame Vielfache" zu definieren. Ein großer Meilenstein war die erste Auflage des Grundlagenwerks der bundesweiten Offenen Jugendarbeit, des „bOJA-Qualitätshandbuchs", im Jahr 2011. Die 59-seitige Publikation legte erstmals Standards zu den Kernprozessen, Ergebnissen, Support- und Managementprozessen sowie Strukturen des Feldes dar und schuf damit eine Basis für die Qualitätsentwicklung und Professionalisierung des Handlungsfeldes. In den darauffolgenden Jahren wurde das Handbuch immer wieder um einzelne Unterkapitel, beispielsweise zum Qualitätsdialog oder den Wirkungsdimensionen der OJA, ergänzt und mehrfach neu aufgelegt. Im Jahr 2018 beschloss der bOJA-Vorstand eine gänzliche Neufassung des Handbuchs mit dem Ziel, die Offene Jugendarbeit stärker als Teil der Sozialen Arbeit zu beschreiben und an deren fachliche Diskurse anzuknüpfen. Die aktuelle Auflage des Handbuchs erschien Anfang 2021 unter dem Titel „Offene Jugendarbeit in Österreich" im Mandelbaum-Verlag und umfasst 151 Seiten. Die Sprache der Publikation unterscheidet sich maßgeblich von der „betriebswirtschaftlich" geprägten Erzählung des ursprünglichen Handbuchs und den fachlichen Grundlagen wurde viel Raum gegeben. Christian Fischer, Mitarbeiter am ifp – institut für freizeitpädagogik in Wien, fasste die Qualität der Neufassung im Rahmen der

Buchvorstellung zusammen: „Das Werk hat das Zeug, ein Standardwerk zu werden. Ihr, die Autor_innen, habt dem Buch nun eine Seele eingehaucht.“

6.3 Qualifizierung und Professionalisierung der OJA

In sozialen Arbeitsfeldern wie der Offenen Jugendarbeit sind die handelnden Personen und deren persönliche Eignung und Qualifikationen von großer Bedeutung. Die Fachkräfte sind maßgeblich für die Qualität und den Erfolg der Arbeit mit den jugendlichen Zielgruppen verantwortlich und entscheidend. Diese Tatsache führte bereits in Zeiten der Arge JUZI zu intensiven Bemühungen, geeignete Qualifizierungsmaßnahmen für Jugendarbeiter_innen in Österreich zu entwickeln und Personalanforderungen und -standards zu diskutieren. Diese Bemühungen wurden von bOJA fortgesetzt und konkretisiert.

So setzte sich bOJA im Zuge des Lobbyings für Personalstandards und transparente Entlohnung auch für eine Verankerung der „Fachkraft Offene Jugendarbeit“ im Kollektivvertrag der SWÖ (Sozialwirtschaft Österreich) ein, die im Rahmen der Kollektivvertragsverhandlungen 2017 gelang. bOJA lobbyierte dieses Anliegen für mehrere Jahre und erntete nach dem Erfolg nicht ausschließlich Dank. Nach einigen Jahren ist die Verankerung im SWÖ-KV für die Akteur_innen im Arbeitsfeld eine Selbstverständlichkeit, die zu einer Verbesserung der Rahmenbedingungen in der OJA führte. Die gesellschaftspolitische Bedeutung von Offener Jugendarbeit wurde an dieser Stelle deutlich und sichtbar markiert. Auch wenn der SWÖ-KV für Gebietskörperschaften wie Gemeinden bzw. Kommunen nicht rechtsgültig ist, so bietet dieser doch einen unübersehbaren Mindeststandard, auf den jederzeit verwiesen werden kann. Konkret wurden die_der Betreuer_in in der Offenen Jugendarbeit in der Verwendungsgruppe 6 und die Fachkraft Offene Jugendarbeit in den Verwendungsgruppen 7 und 8 verankert (vgl. SWÖ, 2020).

Für die Ausbildung zu Fachkräften der Offenen Jugendarbeit besteht bis heute keine standardisierte und österreichweite Ausbildung, die explizit zur Tätigkeit in der Offenen Jugendarbeit qualifiziert. Hingegen gibt es viele unterschiedliche facheinschlägige Ausbildungen, die es ermöglichen, in der OJA tätig zu werden. Je nach Auftrag und Konzeption der Einrichtung kann eine Ausbildung im tertiären Sektor vorausgesetzt werden (z. B.

Bachelor/Master für Sozialpädagogik, Bachelor/Master für Soziale Arbeit, Absolvent_innen fachlich verwandter Ausbildungen des tertiären Sektors aus dem psychosozialen und pädagogischen Bereich). bOJA ist gemeinsam mit den Landesnetzwerken bemüht, das Arbeitsfeld der OJA in den betreffenden Curricula tertiärer und postsekundärer Ausbildungen zu verankern und zunehmend mehr Raum in Form von Lehrveranstaltungen zu erhalten. Die kontinuierlichen Anstrengungen fruchten und so finden an verschiedenen Instituten und Hochschulen bereits theoriegeleitete und praxisbezogene Einführungen in das Arbeitsfeld der Offenen Jugendarbeit statt.

6.4 Beratungsstelle Extremismus

Im Jahr 2014 wurden die Pläne der Bundesregierung für eine Anlaufstelle für Angehörige von Jugendlichen und jungen Erwachsenen, die mit extremistischem Gedankengut und/oder Ideen sympathisieren, immer konkreter. Dabei standen – wie im benachbarten Deutschland – die Beratung und Begleitung des Umfelds von radikalisierten Personen, die Koordination von Maßnahmen und die Prävention von religiös begründetem Extremismus im Fokus. Offene Jugendarbeit hat durch ihre niederschwellige und lebensweltorientierte Herangehensweise seit jeher mit diversen Phänomenen von Radikalisierungsprozessen Erfahrung und sozialpädagogische Herangehensweisen entwickelt, mit denen sie Jugendlichen und jungen Erwachsenen zur Seite steht. So war es auch nicht überraschend, dass bOJA auf Initiative von Back Bone – Mobile Jugendarbeit im 20. Bezirk im Mai 2014 gemeinsam mit anderen Partnerorganisationen eine Stellungnahme zu den Plänen der Bundesregierung verfasste, welche vorsahen, eine Beratungsstelle zum Thema Radikalisierung im Innenministerium anzusiedeln. bOJA plädierte für eine Verortung der Anlaufstelle außerhalb des Ministeriums, günstigstenfalls in einer NGO im Sozialbereich. Nach einer gemeinsamen Phase der Konzeptentwicklung mit den zuständigen Personen in den Ministerien wurde bOJA Ende September 2014 angefragt, die Trägerschaft der Anlaufstelle zu übernehmen. Diese Anfrage wurde im Rahmen der Herbstklausur des bOJA-Vorstands am 29. September 2014 besprochen und einstimmig positiv aufgenommen (vgl. bOJA, 2014). Mit dem Jugendministerium wurde ein Fördergeber gefunden und die Telefone der Helpline der Beratungsstelle Extremismus läuteten das erste Mal am 1. Dezember 2014.

Die Beratungsstelle Extremismus ist erste Anlaufstelle für alle Formen von Extremismen und bietet Unterstützung für Angehörige und andere Bezugspersonen, aber auch für Jugendliche und junge Erwachsene, die mit extremistischen Ideen und/oder Gruppierungen sympathisieren. Außerdem hat sie ein breites Fort- und Weiterbildungsangebot entwickelt und bringt ihre Expertise in unterschiedlichen Forschungsprojekten auf nationaler und internationaler Ebene ein.

Durch die Ansiedelung innerhalb von bOJA ist die Beratungsstelle Extremismus eng an das Arbeitsfeld der OJA angebunden und kann damit einerseits aktuelle Entwicklungen und Erfahrungen in den Einrichtungen der OJA aufgreifen und andererseits auf die Expertise der OJA zurückgreifen.

Das Team der Beratungsstelle Extremismus beobachtet aktuelle Entwicklungen und passt die Präventionsangebote laufend an. So standen im Jahr 2020 die Themen Verschwörungserzählungen sowie der pädagogische Umgang mit Anschlägen wie jenem am 2. November in Wien im Vordergrund.

7 Ausblick

bOJA hat seit Beginn das Handlungsfeld der Offenen Jugendarbeit unterstützt und dabei die Bedarfe wahrgenommen und begleitet. Gerade auch seit dem Ausbruch der Pandemie im Frühjahr 2020 hat bOJA für die OJA und insbesondere die jugendlichen Zielgruppen Wesentliches erreicht: eigene Ausnahmeregelungen für die Angebote der Offenen Jugendarbeit, um einen zumindest reduzierten Betrieb auch während der Lockdown-Zeiten zu ermöglichen. Dieser Erfolg baut ganz besonders auf der zentralen Aufgabe von bOJA auf – dem Netzwerken. So bleibt es unbestritten, dass Dachverbände und Netzwerke für das Arbeitsfeld unerlässlich sind, um für die Anliegen der Basis erfolgreich zu lobbyieren. bOJA wird demnach weiterhin das Arbeitsfeld der Offenen Jugendarbeit in Österreich vertreten und die Brückenfunktion zwischen den Stakeholdern des Arbeitsfeldes pflegen und hegen.

Als Seismograf für die Entwicklungen der Offenen Jugendarbeit wird bOJA auch in Zukunft dienen. In den letzten Monaten hat die massiv zunehmende Virtualisierung des Alltags von Jugendlichen auch zu einer Intensivierung der digitalen Jugendarbeit geführt. Diese Entwicklung hat bOJA stark mitgetragen und passend dazu diverse Formate und Inhalte bereitgestellt und koordiniert. So gibt es neben einem Online-Vernetzungs- und Fortbildungsangebot seit Feber 2021 unter anderem einen bundesweiten Leitfaden für digitale Jugendarbeit, der jeder Fachkraft als Orientierung dienen kann. Die zeitnahe Reaktion auf gesellschaftliche und lebensweltliche Veränderungen bei Jugendlichen ist die Stärke von bOJA und wird mit Sicherheit in Zukunft von großer Wichtigkeit bleiben: für die Fachkräfte, die Trägerorganisationen, die Fördergeber_innen, die Entscheidungsträger_innen und nicht zuletzt für die Jugendlichen.

Literaturverzeichnis

Aigner, J. A. (1975). Offene Jugendarbeit. Chancen und Probleme. *Die Jugend, 17*(10), S. 1–6.

Amann, B. (1985). Gemeinsam sind wir stärker. *schulheft*, (39), S. 18–22.

Arge JUZI (2008). Protokoll der Generalversammlung am 25.05.2008, Salzburg.

Beantwortung der parlamentarischen Anfrage 4780/J XXIV. GP. (2010, 29. April). Abgerufen am 25. Januar 2021, von https://www.parlament.gv.at/PAKT/VHG/XXIV/J/J_04780/index.shtml.

BKA: Bundeskanzleramt Österreich (o. J.). *Handlungsfelder*. Abgerufen am 07. Januar 2021, von https://www.frauen-familien-jugend.bka.gv.at/jugend/jugendstrategie/handlungsfelder.html

bOJA (2008). Protokoll Entscheidungssitzung mit Fachgruppe, ARGE OJA und Vertreter_innen des Ministeriums am 30.09.2008, Wien.

bOJA (2009). Protokoll Vorstandssitzung am 24.-25.05.2009, Salzburg.

bOJA (2014). Konzeptpapier: Kompetenzzentrum für Demokratiebewußtsein und gegen Extremismus, Wien.

bOJA (2019). Statuten des Vereins bundesweites Netzwerk Offene Jugendarbeit. Aktuelle Fassung (11/2019).

bOJA (2021). *Offene Jugendarbeit in Österreich. Ein Handbuch*. Wien: Mandelbaum Verlag.

Bourdieu, P. (1992). Die verborgenen Mechanismen der Macht enthüllen. In: M. Steinrücke (Hrsg.), *Schriften zu Politik & Kultur* (S. 81–86). Hamburg: VSA-Verlag.

Bundesgesetz über die Förderung der außerschulischen Jugenderziehung und Jugendarbeit (Bundes-Jugendförderungsgesetz) idF vom 29. Dezember 2000

(BGBl. I Nr. 126/2000). Abgerufen am 05. Januar 2021, von https://www.ris.bka.gv.at/GeltendeFassung.wxe?Abfrage=Bundesnormen&Gesetzesnummer=20001058.

Deinet, U. u. Müller, K. (2013). Die Offene Kinder- und Jugendarbeit vor großen Herausforderungen. In: U. Deinet (Hrsg.), *Innovative Offene Jugendarbeit. Bausteine und Perspektiven einer sozialräumlichen Offenen Kinder- und Jugendarbeit* (S. 12–24). Berlin u. Toronto: Budrich Verlag.

Etl, S. (1997). Streetwork in Österreich. In: A. Klose u. W. Steffan (Hrsg.), *Streetwork und Mobile Jugendarbeit in Europa. Europäische Streetwork-Explorationsstudie* (S. 322–343). Münster: Votum Verlag.

Füssl, P. (1987). Bernhard Amann zur Jugendhaus Szene. *Zeitschrift für Kultur und Gesellschaft*, *2*(2), S. 4–7.

koje (2006). Konzept: Stellenwert und Image der Offenen Jugendarbeit in Österreich.

koje (2007). IST-Stand-Analyse der Offenen Jugendarbeit.

koje (2008). Offene Jugendarbeit in Österreich: Eine erste Begriffsklärung als Grundlage für eine bundesweite Vernetzung.

Kutscher, N. (2013). Internet und Soziale Netzwerke. In: U. Deinet u. B. Sturzenhecker (Hrsg.), *Handbuch Offene Kinder- und Jugendarbeit* (S. 193–196). Wiesbaden: Springer VS.

Liebentritt, S. (2008). Offene Jugendarbeit – stark vernetzt! In: koje – Koordinationsbüro für Offene Jugendarbeit und Entwicklung (Hrsg.), *Das ist Offene Jugendarbeit* (S. 148–161). Hohenems: Bucher Verlag.

Liebentritt, S. (2015). Interview über die Arge JUZI und bOJA mit Bernhard Amann. In: L. Böhnisch, L. Plakholm u. N. Wächter (Hrsg.), *Jugend ermöglichen – Zur Geschichte der Jugendarbeit in Wien* (S. 379–381). Wien: Mandelbaum Verlag.

Parlamentarische Anfrage 4780/J XXIV. GP. (2010, 03. März). Abgerufen am 25. Januar 2021, von https://www.parlament.gv.at/PAKT/VHG/XXIV/J/J_04780/index.shtml.

Scheipl, J. (2002). Universitätslehrgang „Sozialpädagogische Arbeit und Soziokulturelle Animation in offenen Handlungsfeldern“. In: G. Knapp (Hrsg.), *Wissenschaftliche Weiterbildung im Aufbruch* (S. 182–201). Klagenfurt: Hermagoras.

Springer, A. (1985). Jugendarbeit im Wandel der Zeiten. In: Österreichisches Institut für Jugendkunde (Hrsg.), *Österreichischer Jugendbericht 3. Jugend in Verbänden und offenen Gruppen* (S. 8–36). Jugend und Volk, Wien u. München.

SWÖ (2020). *Kollektivvertrag der Sozialwirtschaft Österreich.* Abgerufen am 15.10.2021, von http://www.sozialwirtschaft-oesterreich.at/folder/1105/SWOE-KV.2020_pdf_IV.verlinkt.pdf.

Wendt, P.-U. (2017). *Lehrbuch Methoden der Sozialen Arbeit* (2. überarbeitete Auflage). Weinheim u. Basel: Beltz Juventa.

Klinische, sozialpsychiatrische und drogenbezogene Entwicklungen

XXIII Ursprung, Exil und Innovation – der Weg des Klinischen in Österreichs Sozialer Arbeit

Heinz Wilfing

1 Wohin und zurück – historischer Kontext und tiefenpsychologische Wurzeln

Die Klinische Sozialarbeit, auch in ihrer Form als Clinical Social Work in den USA, hat ihren Ursprung weitestgehend von der damaligen österreichisch-ungarischen Monarchie und letztlich von Wien aus genommen, wenn auch nicht immer unter eben dieser Benennung. Bei der Suche nach den Anfängen findet sich schon nach Kurzem – wie sollte es auch anders sein – ein Bezug zu Sigmund Freud: „Vielleicht kommt noch einmal ein Amerikaner auf den Einfall, es sich ein Stück Geld kosten zu lassen, um die social worker seines Landes analytisch zu schulen und eine Hilfstruppe zur Bekämpfung der kulturellen Neurosen aus ihnen zu machen" (Freud, 1926/1982, S. 340). Wohl eine im Rahmen eines fiktiv geführten Diskurses so nebenbei und vielleicht sogar augenzwinkernd hingeworfene Anmerkung – spekulativ wie vieles in Freuds Werk, aber eben genial spekulativ und doch ein Signal für eine Entwicklung, die Jahrzehnte und viele der bekannten schwersten Unterbrechungen überdauern und bis in die Gegenwart ihre Auswirkungen zeigen sollte. Der in dieser Publikation fiktive Gesprächspartner – schon auch Freuds in Fragen der Laienanalyse ambivalentes Alter Ego – reagiert zunächst auch ironisch: „Aha, eine neue Art von Heilsarmee" … um ein „Warum nicht" als Antwort zu hören.

Verbindungen der Psychoanalyse zur Sozialen Arbeit wurden schon früh aus den USA nach Österreich gleichsam rückimportiert: so etwa von Caroline Newton, einer Analysandin Otto Ranks, die als Sozialarbeiterin der Quäker in das notleidende Wien der Zeit nach dem Ersten Weltkrieg gekommen war und in den USA mit Mary Richmond in Verbindung stand. Sie empfahl eine Anwendung der Psychoanalyse auf die Fürsorge und trug dies schon 1924 der Wiener Psychoanalytischen Vereinigung vor. Auf psychoanalytischer Basis übertrug sie Diagnose, Therapie und Erziehung auf die Soziale Arbeit: Sie definierte schon zu diesem Zeitpunkt eine „Soziale Behandlung" (Fallend, 2012, S. 23), nahm insoferne eine Begrifflichkeit vorweg, die wir noch heute als eines der nachgerade zentralen definitorischen Merkmale einer Klinischen Sozialen Arbeit bezeichnen und wahrnehmen.

In den USA gilt Mary Richmond als Begründerin einer professionellen Sozialen Arbeit, ihr Standardwerk „Social Diagnosis" enthielt bereits bis heute in Verwendung stehende Begriffe wie „Person in environment" oder auch eine die gegenwärtige „Soziale Behandlung" vorwegnehmende Anleitung zum „right treatment". In Deutschland trat Alice Salomon mit ihrer „Sozialen Diagnose" an die Öffentlichkeit, die auch schon Ansätze eines klinischen Handelns erkennen ließ, wohl von Richmond inspiriert, aber den damaligen Bedingungen einer Sozialen Arbeit in Deutschland angepasst. In Österreich war es Ilse Arlt, die mit den „Fachkursen für Volkspflege" 1912 eine erste strukturierte Ausbildung initiierte. Von diesen Pionierinnen ging eine Professionalisierung der Sozialen Arbeit aus, die in den USA eine stetigere Entwicklung zu einer Form von „Clinical Social Work" in Gang setzen konnte, in Deutschland und Österreich aber den Schwerpunkt zunächst auf die massiven soziomateriellen Notstände dieser Zeit und somit auf eine grundlegende existenzielle Versorgung zu richten hatte, sohin eine eher generelle und noch nicht spezifizierte Lehre und Praxis der Sozialen Arbeit begründete.

Otto Rank, Sekretär der Psychoanalytischen Vereinigung und früher Anhänger und Wegbegleiter Freuds (in der Folge kam es zum Bruch – wie mit vielen seiner frühen Begleiter), betonte später in den USA die Bedeutung des in der Analyse sonst eher kritisch bewerteten „Agierens" (Titscher, 1994, S. 83), was in heutiger Terminologie auch ein intervenierendes Handeln bedeuten kann, und dieses ausdrücklich auch durch nicht ärztliche

Professionen, was auch Ranks eigener Biografie entsprach. Der gelernte Kaufmann studierte im zweiten Bildungsweg Philosophie und Psychologie, er war somit kein Arzt, aber auch kein Sozialarbeiter im Sinne einer spezifisch professionellen Ausbildung, wie sie als „Akademie für Soziale Verwaltung" schon damals in Wien existierte. Auch viele seiner späteren Gefolgsleute wiesen andere akademische Vorbildungen auf, ehe sie Konzepte einer (klinischen) sozialen Arbeit zu entwickeln begannen. Rank befasste sich etwa mit Mythenforschung und Geburtstrauma, therapeutische Konzepte im Rahmen von Rebirthing gehen auf ihn zurück.

Rank war schon 1926 nach Paris und 1934 nach Philadelphia gegangen, hatte an der School of Social Work der Universität von Pennsylvania unterrichtet und dort einigen Einfluss auf die „functional school" des amerikanischen Social Case Work genommen, die in Auseinandersetzung mit der zur selben Zeit entstandenen „Diagnostic School" mit ihrer stärker tiefenpsychologischen Orientierung stand. Rank hatte sich zu diesem Zeitpunkt von der Psychoanalyse schon weitgehend distanziert (Heekerens, 2016, S. 21), für einen klinischen Ansatz von Sozialer Arbeit gingen aber von ihm und damit von den Wiener Initiativen im Kreis um Freud doch die entscheidenden Impulse aus.

Die historische Entwicklung Klinischer Sozialer Arbeit zeigt sohin eine gewisse paradoxe Tendenz: Sie geschah zum Teil unbeabsichtigt und entwickelte sich aus einer Notlage heraus – nicht so ganz untypisch für die Soziale Arbeit schlechthin.

In das amerikanische Exil gezwungene psychosoziale ExpertInnen konnten ihre in Österreich erworbenen medizinischen, psychologischen oder psychotherapeutischen Qualifikationen in den USA nicht unmittelbar einsetzen bzw. wurden diese über längere Zeit nicht anerkannt. Ein in den USA schon damals auf universitärer Ebene gepflegtes Studium von social work bot sich an. Ein solches war in dieser Zeit auch für materiell nicht zur Gänze abgesicherte Personen leistbar und versprach auch für MigrantInnen konkrete Beschäftigungschancen.

Im Roten Wien der Zwischenkriegszeit war Julius Tandler Stadtrat für das Sozial- und Gesundheitswesen. Er setzte speziell im sozialmedizinischen Bereich wichtige Maßnahmen und verband diese mit einem umfassenden Ansatz von Jugend- und Erwachsenenfürsorge. Im Rahmen dieses sozial- und gesundheitspolitischen Reformwerks konnte Alfred Adler, Begründer

der Individualpsychologie, erheblichen Einfluss auf die Soziale Arbeit und speziell auf die Sozialpädagogik gewinnen.

Julius Tandler stand persönlich einer Professionalisierung der Sozialarbeit eher skeptisch gegenüber – er führte eine diesbezüglich wenig hilfreiche Unterscheidung von „Haupt- und Hilfsfürsorgerinnen" ein – er ließ aber den psychosozialen ExpertInnen und somit auch dem Kreis um Alfred Adler freie Hand und ermöglichte und förderte so eine klinische Orientierung der SozialarbeiterInnen – auch wieder eines der in der Geschichte der Sozialen Arbeit so häufig aufgetretenen Paradoxa.

Tandlers kommunalpolitische und sozial- wie gesundheitsreformatorische Verdienste sind unbestritten, in einigen seiner Publikationen hat er allerdings auch tendenziell eugenische Positionen vertreten, derentwegen er heute in der politischen Bewertung kritischer wahrgenommen wird (Schwarz, 2017, S. 32–37).

All diese Entwicklungen wurden bekanntlich schon durch die „Parlamentsausschaltung" 1933, durch den Bürgerkrieg und den folgenden autoritären „Ständestaat" 1934 beendet und in der Folge in unvergleichbar brutalster Weise durch den „Anschluss" 1938 mit der nationalsozialistischen Machtübernahme. Tandler verstarb bereits 1936 in Moskau, Adler 1937 in Aberdeen, die äußerste Pervertierung der Sozialen Arbeit zu einem mörderischen Selektionssystem erlebten beide nicht mehr.

Unter anderen hatte sich in Österreichs Erster Republik um Anna Freud, Siegfried Bernfeld und August Aichhorn ein Kreis gebildet, der psychoanalytische Aspekte in die Pädagogik und in die (damals noch als Fürsorge bezeichnete) Soziale Arbeit einzubringen gedachte, darunter auch später bekannt gewordene Analytiker wie Fritz Redl, Bruno Bettelheim, Ernst Federn oder Rudolf Ekstein (Günter, Bruns, 2010, S. 41). Bruno Bettelheim und Ernst Federn überlebten knapp das Konzentrationslager. Federn lernte im amerikanischen Exil eine Soziale Arbeit kennen, die weitestgehend privat von Vereinen, Konfessionen und Unternehmen getragen und von der öffentlichen Hand allenfalls unterstützt wurde. Diese Abkehr von einer primär im öffentlichen Dienst verorteten Sozialen Arbeit erreichte Österreich wohl erst um Jahrzehnte später, ist aber nun auch schon seit Längerem angekommen. Die öffentliche Hand subventioniert und schließt Leistungsverträge, die Betreuungsfunktion selbst obliegt aber Vereinen, Fonds, GmbHs und anderen „For Profit"- oder „Non Profit"-Organisationen. Im öffentlichen Bereich findet Soziale Arbeit nur noch in solchen Institutionen statt, denen auch Aufgaben im Bereich der Hoheitsverwaltung zukommen, wie etwa in der Kinder- und Jugendhilfe, den vormaligen Jugendämtern. Federn übernahm auch eine Fokussierung auf „social case work", in die eine „psychoanalytische Orientierung eingeflossen war" (Kuschey, 2012, S. 8). Sohin reimportierte er gleichsam eine betont klinische – teilweise milieutherapeutische – Methodik zurück nach Deutschland und dann auch wieder nach Österreich. Redl war bereits 1936 in die USA gegangen und lehrte nach kürzerem Aufenthalt in Detroit eine damals auch schon terminologisch so benannte Klinische Soziale Arbeit. Ekstein hatte sich bereits in Wien mit Psychologie und Philosophie befasst, unter anderem als Assistent von Martin Buber. Im amerikanischen Exil fand er die Möglichkeit, an einer „social work school" in Boston und an der Menninger Foundation in Kansas zu studieren. Er entwickelte eine Form von psychoanalytischer Sozialpädagogik und brachte diese dann Jahrzehnte später bei wiederholten Auftritten in Wien, unter anderem an der Universität (Sonder- und Heilpädagogik) und an der damaligen Akademie für Sozialarbeit, in die Lehre ein. An diesen beiden Institutionen konnte der Autor dieses Beitrags mit ihm Seminare moderieren und so eindrucksvolle Begegnungen erleben. Ekstein als einem auch im formalen Sinne diplomierten Sozialarbeiter kommt sohin in Österreich eine zentrale Rolle als Initiator einer klinisch orientierten Sozialen Arbeit wie auch als Supervisor und Counselor zu.

2 Frühe Quellen und persönliche Impulse – die Ansätze werden weiterentwickelt

Einen wesentlichen Schritt in der österreichischen Entwicklung einer klinischen Perspektive Sozialer Arbeit erbrachte der „Fachkurs für vertiefte Einzelfallhilfe und psychiatrische Fürsorge", der im Zeitraum ab 1975 bis 1985 von der „Österreichischen Gesellschaft für psychische Hygiene" explizit für SozialarbeiterInnen angeboten wurde. Vorstandsmitglieder dieser Gesellschaft und damit einflussreiche Förderer einer klinisch ausgerichteten Sozialen Arbeit waren damals unter anderen Hans Asperger und Hans Strotzka, der zu dieser Zeit als zentrale Instanz einer wissenschaftlich fundierten Psychotherapie in Österreich angesehen wurde und diese Ausbildung initiiert hatte. Asperger hatte sich 1944 mit der Beschreibung des später nach ihm benannten Syndroms habilitiert, weswegen ihm in einer kürzlich erschienenen Publikation eine Nähe zur NS-Ideologie zugeschrieben wurde (Sheffer, 2018), wofür aber letztlich keine schlüssigen Belege erbracht werden konnten. Die Heilpädagogische Gesellschaft Österreich zitiert auch Berichte, dass er „durch klug geplante Handlungen an der Rettung von Kindern beteiligt war“ (Heilpädagogische Gesellschaft, 2020, S. 15).

Der etwa halbjährige Kurs vermittelte ein Spektrum klinisch orientierter Methoden und befähigte zu einer therapienahen, tiefenpsychologisch orientierten Praxis von „clinical case work“. Wohl noch überwiegend monokausal am „medizinischen Modell“ orientiert und auch noch nicht im heutigen Sinne evidenzbasiert ausgerichtet, war damit aber vorausschauend eine Form klinischer Fachsozialarbeit auf qualifiziertem Niveau etabliert worden, lange vor der dann viele Jahre später erfolgten Gründung von Hochschulen und der damit verbundenen klinisch-sozialen Akademisierung.

Unmittelbar verbunden mit klinisch-sozialen Ansätzen erscheint (nicht nur) im deutschsprachigen Raum die Entwicklung der Familientherapie. „Deshalb begrüßte die Soziale Arbeit diesseits wie jenseits des Atlantiks die ganz überwiegend nicht von Sozialen ArbeiterInnen entwickelten familientherapeutischen Konzepte und Modelle mit großer Begeisterung“ (Heekerens, 2016, S. 96). Verschiedene AutorInnen hatten die Wurzeln der Familientherapie unter anderem im Praxisfeld der Sozialen Arbeit verortet. Hans Strotzka hatte schon 1971 in seiner Antrittsvorlesung am Institut für Tiefenpsychologie der Wiener Universitätsklinik das Thema der „Sozialen Verantwortung des Psychotherapeuten“ gewählt, er ordnete schon damals der Sozialen Arbeit ausdrücklich therapeutische Interventionen zu. Gemeinsam mit Strotzka hatten Horst Eberhard Richter und Jürg Willi die „Arbeitsgemeinschaft für Familienforschung und Familientherapie, AGF“ in Deutschland, Österreich und der Schweiz initiiert, von welcher aus eine ursprünglich analytische, später zum systemischen Ansatz hin orientierte Familientherapie ihre Verbreitung im deutschsprachigen Raum genommen und ausdrücklich auch die Soziale Arbeit in die Entwicklung miteinbezogen hat. Der Autor des vorliegenden Beitrags konnte als Sozialarbeiter über mehrere Jahre an der AGF teilnehmen und damit auch eine Perspektive klinisch-sozialer Arbeit in deren Entwicklungen miteinbringen (Wilfing, 1976, S. 111–122). In späterer Folge entwickelte sich die ursprünglich nur wenige ExpertInnen umfassende AGF gleichsam exponentiell zu einer breiten „Deutschen Arbeitsgemeinschaft für Familientherapie DAF“, bei deren Fachtagungen (z. B. „Analytische Familientherapie und Gesellschaft“, Mai 1978, Lahn-Gießen, D) im Besonderen von österreichischer Seite auf eine klinische Orientierung der Sozialen Arbeit hingewiesen wurde und dass in diesem Sinne die „Rolle von jungen Sozialarbeitern und Sozialpädagogen innerhalb des therapeutischen Teams in Veränderung begriffen sei“ (Wilfing, 1980, S. 142).

In der Folge kam es dann in Österreich und Deutschland zu unterschiedlichen Tendenzen, nicht zuletzt beeinflusst durch Hans Strotzka und Horst Eberhard Richter als damals maßgebende psychotherapeutische Entscheidungsträger ihrer beiden Länder. Einerseits verlegte Richter den Schwerpunkt seiner Interessen auf umfassendere friedenspolitische Aktivitäten, wählte sohin einen makrosozialen Aspekt und rückte von einer in mikrobis mesosozialer Perspektive verorteten Sozialen Arbeit wieder ab, andererseits distanzierte er sich von einer therapienahen Rolle von SozialarbeiterInnen auch in seiner Funktion als nachmaliger Direktor des Frankfurter Freud-Instituts. Auch die (nicht nur) bei SozialarbeiterInnen bestehende Ablösetendenz von analytischen und die Hinwendung zu systemischen Konzepten mochte er nicht mitzuvollziehen, immerhin hatte er ja die explizit analytische Familientherapie im deutschen Sprachraum zu verbreiten unternommen.

In Österreich hielt Hans Strotzka hingegen an einer klinischen Funktion und Relevanz der Sozialen Arbeit fest. Wiewohl als Arzt und Psychoanalytiker gegenüber einer Öffnung therapienaher Funktionen durch SozialarbeiterInnen – aus medizinischer Sicht also „Laien“ – nicht ohne Ambivalenz (auch er warnte vor Scharlatanerie), setzte er 1982 als Gründungsobmann eines Dachverbands psychotherapeutischer Vereinigungen und als Initiator des 1990 beschlossenen Psychotherapiegesetzes unter anderem die Soziale Arbeit als expliziten Quellenberuf für die psychotherapeutische Ausbildung und Anerkennung durch. Dabei befand er spezielle methodische Konzepte der Sozialen Arbeit, case work und group work, als „eigentlich nur aus standespolitischen Gründen von der Psychotherapie abzugrenzen. (…) eine zukünftige Versorgung wird sich dieser Berufsgruppe vermehrt bedienen müssen“ (Strotzka, 1983, S. 106). Auch das war in Österreich ein deutlicher Hinweis auf klinische Kompetenzen innerhalb der Sozialen Arbeit – zumal in Deutschland über lange Jahre die Psychotherapie erwachsener PatientInnen nur ÄrztInnen und PsychologInnen vorbehalten war. Seit Kurzem ist auch in Deutschland eine vom Quellenberuf unabhängige psychotherapeutische Ausbildung gesetzlich definiert und wird angeboten.

Schon Hans Hoff, der in der Nachkriegszeit legendäre Leiter der Wiener Psychiatrischen Universitätsklinik, ordnete der Sozialarbeit klinische Kompetenzen zu und bestand darauf, dass SozialarbeiterInnen an den Visiten teilnahmen. Strotzka hat diese Einschätzung weiter fortgeführt und noch wesentlich umfassender interpretiert und vertreten. Erfahrungen im United Kingdom, wo Klinische Sozialarbeit schon vielfach etabliert erschien, bestärkten ihn darin, er engagierte sich schon in den Fünfzigerjahren in der Ausbildung an der damaligen Fürsorgeschule und behielt diese Wertschätzung publizistisch und in der praktischen Förderung einer klinischen Spezialisierung der SozialarbeiterInnen bei, initiierte auch Supervision und Psychohygiene und sprach dabei bereits das möglicherweise konflikthafte „Doppelmandat" der Sozialen Arbeit auch in einem klinischen Kontext an (Hauer, 2000, S. 117).

Eine größere Zahl von SozialarbeiterInnen in Österreich verfügt auch über eine entsprechende Ausbildung und Anerkennung der Psychotherapie, was sowohl einen Bonus für eine institutionelle Tätigkeit in gesundheitsbezogenen psychosozialen Handlungsfeldern ergibt als ihnen auch eine selbstständige Berufsausübung ermöglicht. Wiewohl derart qualifizierte SozialarbeiterInnen mit einiger Berechtigung als klinisch orientiert bezeichnet werden können, handelt es sich dabei aber oftmals dann doch um ein Verlassen des ursprünglichen sozialarbeiterischen Berufsprofils und um einen Umstieg in eine andere professionelle Identität.

Dennoch ging von dieser Anerkennung ein Impuls zur Begründung eines speziellen Berufsbilds aus, welches zum einen eine Zielorientierung in Richtung gesundheitsbezogene Soziale Arbeit, zum anderen auch den Schnittstellenbereich von sozioökonomischen, medizinischen und psychologischen Bedarfslagen zum Ausdruck bringen sollte. Zunächst galt es, die Begrifflichkeit des Klinisch-Sozialen in ihrem weitesten Sinne breit zu streuen und verständlich zu machen: Klinische Sozialarbeit meint auch, aber keineswegs nur die Arbeit in der Klinik, soll heißen in einem Krankenhaus, wie es sie schon vor der formellen Etablierung dieses neu umschriebenen Berufsbilds gegeben hat.

Wichtige Impulse für eine Etablierung von „Clinical Social Work“ in Österreich waren durch wiederholte Besuche von Sophie Freud an Wiener Bildungsstätten für Soziale Arbeit gegeben. Über Vermittlung seiner Vorgängerin in der Direktion der damaligen Akademie für Sozialarbeit, Maria D. Simon, die mit Sophie Freud im Rahmen persönlicher Bekanntschaft vielfachen Austausch zu pflegen gewohnt war, konnte der Autor der hier vorgelegten fachhistorischen Abhandlung Sophie für mehrmalige Seminare an der Akademie gewinnen, später trat sie auch mit Gastvorträgen an der Fachhochschule FH Campus Wien in Erscheinung. Sophie, eine Tochter von Freuds Sohn Martin, hatte sich zwar auch durch feministische Kritik an ihrem Großvater profiliert, auf den berühmten Namen legte sie aber nichtsdestoweniger Wert, sie hatte ihn nach einer Scheidung auch rasch wieder angenommen.

Sophie Freud hatte am Simmons College in Boston studiert und einen Masterabschluss in „social work“ erworben, später auch noch in Soziologie promoviert und dann auch an ihrer Heimatuniversität über drei Jahrzehnte an der school of social work unterrichtet. Ihre Expertise als selbst auch formal ausgebildete, praktizierende und lehrende klinische Sozialarbeiterin fand mit einer Reihe von Anregungen Eingang in den ersten Akkreditierungsantrag für das MA-Studium der Klinischen Sozialen Arbeit in Wien. Sie wies durchaus auch auf die bestehenden und daher stets zu bedenkenden soziokulturell unterschiedlichen Rahmenbedingungen des amerikanischen „clinical social work“ hin. Ihre Erfahrungsberichte und viele von ihr geschilderte Fallvignetten erwiesen sich aber in hohem Maße als motivierend und trugen daher entscheidend dazu bei, den in Österreich ersten Antrag auf Genehmigung eines klinisch spezialisierten Masterstudiums einzubringen. Es kann vermutet werden, dass neben ihren profunden inhaltlichen Aspekten der prominente Name dieser Expertin bei der damals zuständigen Akkreditierungsbehörde zumindest nicht geschadet hat.

Das „European Centre for Clinical Social Work, ECCSW“ (www.eccsw.eu), eine Initiative von Kolleginnen und Kollegen aus Deutschland, der Schweiz und Österreich, hat wesentlich zur Entwicklung der klinisch-sozialen Disziplin als spezialisierte Fachsozialarbeit beigetragen. Erster Obmann und auch zentraler Initiator von ECCSW war der psychoanalytisch orientierte Sozialpädagoge Uwe Klein, tätig an den St. Hedwigs Kliniken Berlin, zu den österreichischen Mitgliedern des Gründungsvorstands zählte auch der Autor des vorliegenden Beitrags.

3 Identität der Disziplin, Überschneidung und Abgrenzung – die Ebene der Hochschulen

Die Initiative zur Etablierung von spezialisierten Fachhochschul-Studiengängen ging zunächst doch von Deutschland aus, wo seit etwa 1995 in Anregungen, Symposien und „Plädoyers" für eine akademische Etablierung der Klinischen Sozialarbeit in der Fachöffentlichkeit geworben wurde. 2001 startete ein Masterstudiengang an der Fachhochschule Coburg, 2005 dann erweitert in Kooperation mit der Alice Salomon Fachhochschule ASFH in Berlin, wobei in diesem Kontext primär Helmut Pauls, Brigitte Geißler-Piltz und Silke Brigitta Gahleitner als federführende Gründerpersönlichkeiten zu nennen sind. In Berlin bietet nunmehr auch die Katholische Hochschule einen M.A. in Klinischer Sozialarbeit an.

So bezogen sich zum einen die deutschen klinisch-sozialen Studieninitiativen zwar auf die Vorbilder der amerikanischen „clinical social work masters", zum anderen waren diese aber wiederum wesentlich auf ihre österreichischen Wurzeln zurückzuführen. Eine gemeinsam veranstaltete Tagung in Coburg bildete 2005 einen Ausgangspunkt für die dann folgenden österreichischen Master-Studiengänge für Klinische Sozialarbeit, wobei diese zwar zeitlich hinter den deutschen ihren Anfang fanden, keinesfalls aber als nachahmend konzipiert erschienen, sondern vielmehr methodisch aktualisiert und auch auf die Spezifika des österreichischen Sozial- und Gesundheitswesens hin ausgerichtet wurden.

Die beim ECCSW abrufbare Expertise begünstigte und beeinflusste so wesentlich die Gründung von Master-Studiengängen für Klinische Soziale Arbeit auch an den österreichischen Fachhochschulen FH Campus Wien und FH Vorarlberg. Österreichische Kolleginnen und Kollegen sind auch weiterhin repräsentativ im ECCSW vertreten.

Klinische Soziale Arbeit repräsentiert neben Medizin und Psychologie die soziale Dimension als dritte Säule der Gesundheit im Sinne der erweiterten Definition der World Health Organisation, WHO – Ottawa Charta, basierend auf biopsychosozialen, humanökologischen und salutogenetischen Konzepten.

Tätigkeitsfelder der Klinischen Sozialarbeit sind Einrichtungen, die Gesundheit im weitesten Sinne fördern, präventiv erhalten oder zu ihrer Wiedererlangung kurativ beitragen.

Eine spezielle Herausforderung in Ausbildung und Studium der vertiefenden Fachdisziplin Klinische Soziale Arbeit besteht darin, dass die diesbezüglichen Masterprogramme der Fachhochschulen in hohem Maße auch von solchen Studierenden frequentiert werden, die im Sinne des Bologna-Systems einen BA-Abschluss zunächst in einer anderen Studienrichtung erworben hatten. Diese Heterogenität an Vorbildungen erschwert zunächst wohl eine Vergleichbarkeit der akademischen Lehre im Spannungsfeld von Redundanz und Überforderung, sie wird aber von den Studierenden als Chance zu interdisziplinärem Austausch und somit doch auch als deutlicher Mehrwert erlebt.

„Klinische Sozialarbeit als integrierter professioneller Ansatz zur Verbesserung der psychosozialen Passung zwischen Klient bzw. Klientensystem und Umwelt (…) ist beratende und behandelnde Soziale Arbeit in den Feldern des Sozial- und Gesundheitswesens“ (Pauls, 2013, S. 17). Dies stellt in Überschneidung und Abgrenzung zu anderen behandelnden Disziplinen wie Medizin, Psychotherapie und klinischer Psychologie einen spezifischen Ansatz und ein Alleinstellungsmerkmal dar. Die Entwicklung der letzten Jahre mit einer Schärfung des Ausbildungsprofils von klinischen SozialarbeiterInnen weist in Richtung Sozialtherapie als „Behandlungsansatz, der die verschiedenen Formen sozialer und psychosozialer Interventionen (einschließlich der sozialen Rehabilitation) einer breit angelegten beratend-begleitend-intervenierenden Methodologie in unterschiedlichen Arbeitsfeldern zuordnet“ (Lammel u. Pauls, 2017, S. 8). Allerdings besteht dabei noch weiterhin ein Diskurs: „Es ist keinesfalls so, dass eine disziplinäre Zuordnung der Sozialtherapie zur Fachdisziplin der Klinischen Sozialen Arbeit als selbstverständlich gesichert oder auch nur unumstritten gelten kann“ (Ehrhardt u. Steiner, 2021, S. 66).

Das Bemühen um ein sozialtherapeutisches Konzept Sozialer Arbeit und damit um eine Annäherung an andere helfende und heilende Disziplinen bedeutet allerdings kein gänzlich neues Phänomen. In den 70er- und 80er-Jahren des vergangenen Jahrhunderts war eine gewisse Tendenz zur

„Therapeutisierung“ der Sozialarbeit schon zu beobachten. Es wurde in dieser Zeit ein Mangel an spezifischen der Disziplin Sozialer Arbeit eigenen innovativen Methodenzugängen konstatiert. Die klassischen Methoden deckten den veränderten Bedarf nicht mehr ab, von theoretisch-sozialwissenschaftlichen Disziplinen – im Speziellen der Soziologie – wurden gegenüber der Praxis Sozialer Arbeit deutlich kritische Positionen mit dem Vorwurf einer nur vordergründigen Anpassungsideologie zum Ausdruck gebracht. Es entstanden Zweifel, „... über akzeptierte, zielsichere und problemadäquate Handlungsinstrumente wie professionsspezifische Methoden und Techniken zu verfügen“ (Galuske, 2007, S. 132). Innerhalb der Berufsgruppe von SozialarbeiterInnen hatten sich in Deutschland erkennbar vielfältige Weiterbildungsangebote der klientenzentrierten, humanistischen („Gestalt“ hatte nachgerade dominierenden Einfluss), tiefenpsychologischen und wohl auch schon systemisch wie kommunikationstheoretisch orientierten Psychotherapien „... nicht immer als sinnvolle Ergänzung und Erweiterung klassischer Konzepte vertiefter Einzelfallhilfe erwiesen, weil sie auf Voraussetzungen beruhten, die nur bedingt auf die Praxis der Sozialen Arbeit zu übertragen waren. Diese erst in den späten 1980er Jahren auslaufende ‚Therapiebewegung‘ hat ohne Zweifel die Entwicklung der klinischen Sozialarbeit in Deutschland stark verzögert“ (Geißler-Piltz, 2005, S. 25).

In Österreich hat sich die im Vergleich zu Deutschland wie auch gegenüber anderen europäischen Ländern doch deutlich langsamere Entwicklung – wie sie auch für manche andere Bereiche immer wieder wahrnehmbar erscheint – in diesem besonderen Fall der sozialberuflichen Akademisierung eher günstig ausgewirkt: In Deutschland wurden bereits in den 1970er-Jahren Fachhochschulen etabliert, damit auch schon eine akademisierte Soziale Arbeit begründet. In Österreich setzte diese Entwicklung erst ab der Jahrtausendwende ein. Dazu kam, dass zunächst vierjährige Diplomstudien eingeführt wurden („Magister/Magistra“-Studien), denen eine nur kurze Existenz beschieden war, da sie nach wenigen Durchgängen vom Bologna-System und den darauf aufbauenden Bachelor- und Master-Studien abgelöst wurden.

Darüber hinaus erfolgte auch wieder ein Rückgriff auf die beschriebene zeitlich nun schon länger zurückliegende österreichische sozialklinische Tradition mit ihren von Wien ausgehenden fachhistorischen Wurzeln, zum anderen konnte die schon rund 30 Jahre länger bestehende deutsche Hochschultradition auch im Bereich der Sozialen Arbeit beobachtet und evaluiert werden. Wesentliche Erfahrungen konnten aufgegriffen, aber auf die Bedingungen des 21. Jahrhunderts hin aktualisiert und modifiziert werden. Einige eher problematische Entwicklungen konnten so beobachtet und in der österreichischen Konzeptentwicklung zumindest in den wesentlichen Bereichen hintangehalten werden – unter anderem die erwähnte damals ziemlich ausgeprägte „Therapielastigkeit" vieler deutscher Curricula der Sozialen Arbeit, die in beträchtlichem Maße durch eine unkritische Übernahme von weitgehend unverändert vermittelten psychotherapeutischen Methodiken gekennzeichnet erschien. Dabei mag auch eine Rolle gespielt haben, dass sich der akademische „teacher staff" an deutschen Fachhochschulen in den ersten Jahren fast ausschließlich aus DozentInnen mit Quellenberufen außerhalb der Sozialen Arbeit zusammensetzte.

In Österreich hingegen gab es zu dem doch deutlich späteren Zeitpunkt der Begründung von Fachhochschulen bereits eine Reihe von ExpertInnen mit genuiner Ausbildung und Praxiserfahrung der Sozialen Arbeit, die zusätzlich in einer anderen Disziplin akademische Qualifikationen erworben hatten und so auch über die formalen Voraussetzungen einer Hochschullehre verfügten. Sie konnten in dieser Weise eine wohl klinisch orientierte, weiterhin aber sozialarbeitsspezifische Praxeologie entwickeln und in die Lehre einbringen. Etwa zeitgleich vollzog sich eine ähnliche Entwicklung in der Schweiz, wenngleich ein klinisch-methodischer Schwerpunkt dort weiterhin in genuin-generelle Studien integriert erscheint und nicht explizit als Hochspezialisierung ausgewiesen wird. Die früheren deutschen Fachhochschulen haben das „Fach" inzwischen abgelegt und bezeichnen sich nunmehr einheitlich als Hochschulen, was in Österreich eher an frühere Bezeichnungen von nunmehrigen Universitäten erinnert. Der Nomenklatur kommt zwar auch ein gewisser Aussagewert zu, doch stellt er für eine inhaltliche Entwicklung kein wirklich relevantes Kriterium dar.

4 Praxeologie – Verortung in Praxis und Wissenschaft

Psychologische und psychotherapeutische Konzepte haben so durchaus auch in Österreich Eingang in das methodische Inventar der Klinischen Sozialen Arbeit gefunden: Tiefenpsychologisch-psychodynamische, kognitiv-behaviorale, humanistische und in steigendem Ausmaß systemische Ansätze unterstützen die Handlungsvollzüge der Sozialen Arbeit. Es werden aber solche Konzepte keineswegs unverändert übernommen. Vielmehr werden sie sowohl inhaltlich wie in ihrer Anwendungspraxis vom Setting her teilweise tiefgehend modifiziert. Dies bedeutet ein Praktizieren auch außerhalb des geschützten Raumes von Kliniken, Praxen oder Ambulanzen und damit ein Agieren im Lebensraum der KlientInnen sowie auch einen Verzicht auf hochstrukturierte Behandlungszeiten, Terminvergaben oder Kostenregelungen. Dieses den Lebensraum definierende Merkmal einer niederschwelligen Klinischen Sozialen Arbeit bedingt auch ein weiteres Spezifikum in der diesbezüglichen österreichischen Studienarchitektur: An der Wiener Fachhochschule FH Campus Wien wird seit Beginn an ein Masterstudium der „Klinischen" in Verbindung mit einer „Sozialraum-orientierten" Sozialen Arbeit angeboten (www.fh-campuswien.ac.at) und damit ein Signal auch eines lebensweltlichen Ansatzes zum Ausdruck gebracht. An der Fachhochschule Vorarlberg besteht derzeit die Kombination mit einem interkulturellen Konzept, eine Studienstruktur, die einen ebenso sozialräumlichen Aspekt mit der Klinischen Sozialen Arbeit in Verbindung bringen wird, befindet sich in aktueller Entwicklung.

In der Klinischen Sozialen Arbeit findet sich kein puristisches Methodenverständnis, vielmehr kommt flexibel eine eklektische oder auch collagenhafte Anwendung methodischer Interventionen zum Einsatz – jeweils individuell auf die Persönlichkeit des Klienten oder der Klientin ausgerichtet und von deren Akzeptanz und von der erwarteten Wirksamkeit her bestimmt, es besteht ein „tailored clinical social work approach".

Darüber hinaus bleibt auch im klinischen Ansatz der genuine soziomaterielle Aspekt weiterhin relevanter Teil des Handlungsspektrums der Sozialen Arbeit. Ein wegen Zinsrückstands oder unleidlichen Verhaltens des Klienten bzw. der Klientin drohender Wohnraumverlust wird auch im klinisch-sozialen Kontext nicht ausschließlich zur Reflexion seiner oder ihrer dadurch ausgelösten intrapsychischen Befindlichkeiten führen, sondern vielmehr ein proaktiv-intervenierendes Handeln der Sozialarbeiterin oder des Sozialarbeiters als Folge nach sich ziehen. Telefonische, persönliche oder andere medial gestützte Kontakte mit der Hausverwaltung oder auch schon mit behördlichen bzw. gerichtlichen Instanzen werden entweder zunächst von der Fachkraft in alleiniger Entscheidung (oftmals drohender Terminverlust) oder wenn möglich gemeinsam mit den betroffenen KlientInnen wahrgenommen, finanziell unterstützende Ressourcen werden angesprochen und eine Abwendung eines solchen Verlustes in die Wege geleitet, was in manchen eher „alltagsfernen" Formen der Psychotherapie ein nahezu pönalisiertes „Agieren" darstellen würde. Dieses Handeln erfolgt aber auch in der Klinischen Sozialarbeit stets in Kombination mit einer sozialtherapeutischen Initiative: Je nach eingeschätztem Grad an Autonomie wird zunächst mit den KlientInnen gemeinsam interveniert, in der Folge dann aber auf deren zukünftiges Verhalten verändernd und ihre eigene Capability fördernd eingewirkt – dazu wird dann wieder ein therapienahes Behandlungsrepertoire zur Anwendung gebracht (vgl. Steiner u. Wilfing, 2021, S. 11–21).

Das Konzept einer systemisch orientierten Sozialen Arbeit wird in Österreich intensiv beforscht (Arbeitsgemeinschaft Systemische Sozialarbeit, ASYS) und findet breiten Eingang in die Praxis. „Our experiences have reinforced to us that there is a powerful fit between social work and systemic approaches and that the integration of these approaches offers enhanced possibilities for supporting children and their families" (Koglek u. Wright, 2013, S. 71).

In der Klinischen Sozialen Arbeit werden KlientInnen in den Fokus genommen, deren Gesundheitsprobleme eng mit sozialen und persönlichen Verhältnissen verknüpft sind. Im Besonderen sind dies PatientInnen mit chronischen Erkrankungen, onkologischen, neurologischen, z. B. demenziellen Erkrankungen, nachhaltig belastenden Unfallfolgen oder Formen der Dependenz. Letztlich stellt auch das Thema von „End-of-Life-Care" einen zentralen Aspekt der Klinischen Sozialen Arbeit dar. „Allerdings wird in Österreich Soziale Arbeit als eigenständige Profession im Hospizbereich noch kaum erforscht", dabei wäre aber „... die im deutschsprachigen Raum noch junge Fachdisziplin Klinische Soziale Arbeit von ihrem Profil her für Hospiz und Palliative Care wie geschaffen" (Hefel, 2019, S. 138, 145). Dies stellt ein Beispiel für einen klinisch relevanten Lebensbereich dar, den es als ein wesentliches Thema Klinischer Sozialarbeit noch zu entwickeln gilt und der wohl zuvorderst an der Fachhochschule Vorarlberg entsprechend etabliert werden wird.

Auch weitere Anwendungsbereiche haben sich in letzter Zeit neu erschlossen: so etwa ein Einsatz klinisch orientierter SozialarbeiterInnen im Bereich von Arbeitsmarktpolitik und beruflicher Reintegration, speziell bei jenen Menschen, die psychisch und/oder somatisch an der Teilhabe im Erwerbsleben eine Behinderung erfahren (Wilfing, 2018, S. 88–98).

Tätigkeitsfelder, Institutionen und Einrichtungen, in denen bereits jetzt klinische SozialarbeiterInnen wirken und mit klassisch sozialarbeiterischen wie auch mit therapienahen Aufgaben konfrontiert sind bzw. in Zukunft noch befasst werden könnten, sind u. a. ambulante sozialpsychiatrische Dienste, Beratungs- und Serviceeinrichtungen im gesundheitlichen Bereich, künftige „primary health care centres", Schulen, Justizanstalten, Kriseninterventionsstellen und Rehabilitationszentren. Hier wird die Klinische Soziale Arbeit in direkter Beziehungsarbeit als eine Form Sozialer Therapie aktiv, welche sich am biopsychosozialen Paradigma und einem salutogenetischen Konzept orientiert. Zusätzlich zu bereits etablierten Branchen und Feldern Klinischer Sozialer Arbeit werden weitere erschlossen und hinzugefügt werden, wie etwa der Kinderschutz, Frauenhäuser, psychosoziale StudentInnenberatung, MigrantInnenberatung mit häufig bestehendem traumapädagogischem Interventionsbedarf und in steigendem Ausmaß die Arbeit mit der älteren Generation (Steiner u. Wilfing, 2013, S. 13–16).

„Wir sind aber nicht allein auf dem Feld"! – In Österreich werden sich immer wieder geplante Anwendungsbereiche Klinischer Sozialarbeit auch nicht im erwarteten Ausmaß realisieren: Das „Entlassungsmanagement" in Krankenanstalten etwa – als spezifisches Handlungsfeld gedacht – wird in der Praxis weitgehend von Pflegekräften auf Basis von kurzfristig vermittelten Case-Management-Konzepten wahrgenommen. Der Autor hat selbst in einem Gremium zur qualitätsgesicherten Implementierung des Entlassungsmanagements am Wiener Allgemeinen Krankenhaus und weiteren städtischen Spitälern mitgewirkt und es war gelungen, die Klinische Sozialarbeit in den entsprechenden fachlichen Richtlinien zu verankern – dort stehen sie nach wie vor (Krajic, 2007), es ist jedoch bei der Verschriftlichung geblieben. Ein diesbezüglicher Einsatz klinischer SozialarbeiterInnen wurde zumindest in Wien nur sehr vereinzelt umgesetzt. Im Handlungsfeld „Kinder, Jugend und Familie", der früheren Jugend- und Familienwohlfahrt, werden durch eine nunmehr bestehende Ausbildung auf Masterniveau an der FH Campus Wien künftig vorwiegend kinder- und familienzentrierte SozialtherapeutInnen zum Einsatz kommen, woran auch innerhalb klinischer Ansätze ein stetig noch weiter ausdifferenzierender Spezialisierungstrend zu erkennen ist.

Auch in Österreich gibt es den Entwurf der Etablierung von Community Nurses, deren Aufgabe eine regional nahe Gesundheitsförderung, Prävention und eine „Unterstützung von Menschen in jeder Lebenslage“ sein sollten (https://awblog.at/community-nursing). Dieses Berufsprofil soll durch eine Kombination von Sozialbetreuung, Sozial- und Gesundheitsmanagement und eben Gesundheits- und Krankenpflege charakterisiert erscheinen. Mit diesem Konzept werden sich in vielfacher Weise Querschnittsmaterien mit klinisch-sozialen Ansätzen ergeben, so dass sich ein einmal eingeführtes System der Community Nurse durchaus als eine sozialwirtschaftliche Mitbewerbung gegenüber einer Klinischen Sozialen Arbeit erweisen wird.

Letztlich sind vermehrt auch Menschen ohne einschlägig fachlichen Bildungsweg in sozialen Handlungsfeldern generell und so auch in gesundheitsbezogenen klinischen Bereichen aktiv – mitunter auch mit durchaus nachhaltigen Initiativen. So können etwa AbsolventInnen von geistes- und auch sozialwissenschaftlichen Studien nicht flächendeckend in der Scientific Community im engeren Sinne adäquate Beschäftigung finden und streben daher eine Funktion innerhalb von psychosozialen Versorgungssystemen an. Ein gesetzlich definierter Berufsschutz Sozialer Arbeit besteht generell und auch für eine klinische Spezifizierung noch nicht, ein Berufsgesetz ist seit vielen Jahren auf seinem sehr langen Weg.

Eine steigende Anzahl von BewerberInnen für das klinisch-soziale Studium ist an den beiden Fachhochschulen Campus Wien und Vorarlberg zu verzeichnen. Die Positionierung im Feld geht aber doch recht zügig voran und schlägt sich auch darin nieder, dass bei einzelnen Stellenausschreibungen bereits ausdrücklich der Abschluss in Klinischer Sozialer Arbeit auf Masterniveau gefordert wird. Ein Anstieg von AbsolventInnen der klinischen Masterstudiengänge in leitenden und lehrenden Positionen ist wahrzunehmen. Auch die zumindest leicht erhöhte finanzielle Anerkennung einer derartigen akademischen Qualifikation wird als vorteilhafte Entwicklung erlebt und lässt sich durch die höhere fachliche Expertise auch schlüssig argumentieren.

Ein wichtiger Schritt für die Positionierung der Klinischen Sozialen Arbeit im wissenschaftlichen Kontext wurde durch die Gründung der Arbeitsgemeinschaft „Klinische Soziale Arbeit“ im Rahmen der „Österreichischen

Gesellschaft für Soziale Arbeit“ im Jahre 2012 getätigt (www.ogsa.at). Innerhalb dieser Arbeitsgemeinschaft geht eine Gruppe „Körper – Leib & Soziale Arbeit“ noch einen Schritt weiter und bezieht im biopsychosozialen Sinn auch eine Körperarbeit mit ein. „Reden reicht nicht!?“, setzt sich als Thema eines multisensorisch intervenierenden und wirkenden klinischen Ansatzes zunehmend durch (Bohne et al., 2016, S. 8), der „body turn“ und die Wahrnehmung des Körpers als „Ressource in der Sozialen Arbeit“ wie auch als „Ort der Sozialen Veränderung“ stellen eine noch weiter zu entwickelnde Aufgabe einer klinisch-sozialen Arbeit dar (Wendler u. Huster, 2015, S. 42).

Um sich in der interdisziplinären Fachlandschaft zu bewegen und auch zu behaupten, muss die Forschung mit ihren sozialarbeitsspezifischen Zugängen weiterentwickelt werden. „Dabei sollte es zum Standard werden, jede Intervention begleitend zu evaluieren und schrittweise zu entwickeln, bevor diese abschließend auf ihre Wirkung geprüft wird“ (Steiner, 2019, S. 91). Die Klinische Soziale Arbeit wird sich in Österreich nur dann weiterentwickeln können, wenn der „klinische Habitus“ bei den PraktikerInnen auch vermehrt durch Rezeption und Implementation von Forschungsergebnissen sowie durch ein eigenständiges Anstreben einer steten Evidenzbasierung ihrer Konzepte, Methoden und Interventionen ergänzt und erweitert werden wird.

Literaturverzeichnis

Bohne, M., Ohle, M., Schmidt, G. u. Trenkle, B. (Hrsg.) (2016). *Reden reicht nicht!? Bifokal-multisensorische Interventionsstrategien für Therapie und Beratung.* Heidelberg: Carl-Auer Verlag.

Ehrhardt, S., Steiner, E. (2021). Sozialtherapie als Behandlungsansatz in der Klinischen Sozialen Arbeit. In: E. Steiner u. S. Ehrhardt (Hrsg.), *Klinische Soziale Arbeit in Österreich,* (S. 66–77). Wien: Facultas Verlag.

Fallend, K. (2012). *Caroline Newton, Jessie Taft, Virginia Robinson. Spurensuche in der Geschichte der Psychoanalyse und Sozialarbeit.* Wien: Löcker Verlag.

Freud S. (1926/1982). *Die Frage der Laienanalyse.* G.W., Bd. 14, S. 207, Fischer Studienausgabe, Ergänzungsband, Frankfurt/M.: Fischer Verlag.

Galuske M. (2007). *Methoden der Sozialen Arbeit. Eine Einführung.* 7. ergänzte Auflage. Weinheim und München: Beltz Juventa Verlag.

Geißler-Piltz, B. (2005). Die Entwicklung der Klinischen Sozialarbeit – eine Historie mit vielen Brüchen. *Psychosozial, 28. Jg., Nr. 101, Heft III*, S. 17–29.

Günter, M. u. Bruns, G. (2010). *Psychoanalytische Sozialarbeit.* Stuttgart: Klett-Cotta Verlag.

Hauer, N. (2000). *Hans Strotzka, eine Biographie.* Wien: Holzhausen Verlag.

Heekerens, H.-P. (2016). *Psychotherapie und Soziale Arbeit.* Coburg: ZKS Verlag.

Hefel, J. (2019). *Verlust, Sterben und Tod über die Lebensspanne. Kernthemen Sozialer Arbeit am Beispiel österreichischer Fachhochschulen.* Opladen: Budrich UniPress Verlag.

Heilpädagogische Gesellschaft Österreich (2020). Stellungnahme der Heilpädagogischen Gesellschaft Österreich „Dr. Hans Asperger". *heilpädagogik, 63. Jahrgang, Heft 4,* S. 15.

Koglek, R. u. Wright, S. (2013). Hackney – Systemic Approaches to Social Work Practice. In: W. Milowiz u. M. Judy (eds.), *STEP Systemic Social Work Throughout Europe. Insights. Lifelong Learning Programme, European Commission.* www.asys.ac.at/step/ S. 65–71, Zugriff 02.12.2020.

Krajic, K. (2007). *Indirektes Entlassungsmanagement.* Wien: Ludwig Boltzmann Institut für Medizin und Gesundheitssoziologie.

Kuschey, B. (2012). *Ernst Federn – Sozialismus, KZ, Psychoanalyse und Sozialarbeit.* Wien: Löcker Verlag.

Lammel U. A. u. Pauls H. (Hrsg.) (2017*). Sozialtherapie. Sozialtherapeutische Interventionen als dritte Säule der Gesundheitsversorgung.* Dortmund: Verlag modernes lernen.

Pauls H. (2013). *Klinische Sozialarbeit. Grundlagen und Methoden psychosozialer Behandlung.* 3. Auflage. Weinheim und Basel: Beltz Juventa Verlag.

Schwarz, P. (2017). *Julius Tandler. Zwischen Humanismus und Eugenik.* Wien: Edition Steinbauer.

Sheffer, E. (2018). *Aspergers Kinder.* Frankfurt/M.: Campus Verlag.

Steiner, E. (2019). Forschungsperspektiven in der gesundheitsbezogenen Sozialen Arbeit. In: St. Dettmers u. J. Bischkopf (Hrsg.), *Handbuch gesundheitsbezogene Soziale Arbeit* (S. 87–93). München: Ernst Reinhardt Verlag.

Steiner, E. u. Wilfing, H. (2019). Der österreichische Blick auf die Klinische Soziale Arbeit. Klinische Sozialarbeit. *Zeitschrift für psychosoziale Praxis und Forschung, 15*, S. 13–16.

Steiner, E. u. Wilfing, H. (2021). Klinische Soziale Arbeit als Disziplin und Profession. In: E. Steiner u. S. Ehrhardt (Hrsg.), *Klinische Soziale Arbeit in Österreich*, (S. 11–21). Wien: Facultas Verlag.

Strotzka, H. (1983). *Fairness, Verantwortung, Fantasie. Eine psychoanalytische Alltagsethik.* Wien: Deuticke Verlagsgesellschaft.

Titscher G. (1994). Otto Rank. In: O. Frischenschlager (Hrsg.), *Wien, wo sonst. Die Entstehung der Psychoanalyse und ihrer Schulen* (S. 79–83). Wien: Böhlau Verlag.

Wendler, M. u. Huster, E. U. (2015). *Der Körper als Ressource in der Sozialen Arbeit.* Wiesbaden: Springer Verlag.

Wilfing, H. (1976). Über familientherapeutische Orientierung vom Standpunkt des Sozialarbeiters. In: H. E. Richter, H. Strotzka u. J. Willi (Hrsg.), *Familie und seelische Krankheit,* (S. 111–122). Reinbek: Rowohlt Verlag.

Wilfing, H. (1980). Familientherapie in interdisziplinärer Teamarbeit. In: W. Dierking (Hrsg.), *Analytische Familientherapie und Gesellschaft* (S. 139–143). Weinheim und Basel: Beltz Verlag.

Wilfing, H. (2018). Integration von Jugendlichen ins Arbeitsleben – Perspektiven von Medizin, Sozialarbeit und Politik. In: P. Filzmayer, Ch. Hainzl, E. Krcal u. P. Plaikner (Hrsg.), *Politik und Sozialmedizinische Versorgung* (S. 88–98). Wien: Facultas Verlag.

XXIV Internationale Entwicklungen in der Sozialpsychiatrie mit Bezugnahmen zu Österreich

Barbara Kerschbaumer und Sandra Buchgraber

Die Sozialpsychiatrie ist nach Luc Ciompi (2010, S. 4) „diejenige Unterdisziplin der Psychiatrie, deren Ziel es ist, Menschen mit psychischen Störungen und Erkrankungen in ihren Wechselwirkungen mit der sozialen Umwelt zu behandeln und zu verstehen". Vor dem Verständnis der „mehrdimensionalen Determinierung psychischer Störungen" erfordert die sozialpsychiatrische Interventions- und Organisationsebene multiprofessionelle Zusammenarbeit, bei der sich die Soziale Arbeit in den interdisziplinären Reigen einreiht (Sommerfeld u. Hierlemann, 2004, S. 326). Nachfolgend werden sozialpsychiatrische Orientierungen im Umgang mit psychisch kranken Menschen in Österreich überblicksmäßig und fragmentarisch dargestellt, vor allem aber die Historizität und Entwicklungsbedingungen gezeichnet sowie aktuelle Trends der Sozialpsychiatrie kritisch beleuchtet.

1 Von Narren und teuflischen Handlangern

Seit Jahrtausenden werden sozialpsychiatrische Themen diskutiert. Bereits im ersten Jahrhundert n. Chr. beschäftigt sich der römische Autor Aulus Cornelius Celsus mit psychischer Beeinträchtigung. Er hebt hervor, wie förderlich wertschätzende Gespräche und empathische Zuwendungen für den Verlauf der Erkrankung sind (Leuprecht, 2010, S. 13). Später, vor Beginn der Frühen Neuzeit, werden mit der Einsicht über festgesetzte Strukturen und eine sinnhafte, umfassende Ordnung Beeinträchtigte und „Verrückte“ hinter Klostermauern oder von der innerfamiliären Lebensgemeinschaft versorgt. Auch durch „Narrenfeste“ erhält die Narrheit ihre Daseinsberechtigung, mit Dorfnarren ist der umfassenden sozialen Ordnung gedient (Waldschmidt, 2012, S. 33–35; Dörner, 2019, S. 691). „Irre“, die im ausgehenden Mittelalter als Hexen oder Handlanger des Teufels verfolgt und hingerichtet werden (Dörner, 2019, S. 691–692), treffen mitunter auch auf eine mitfühlende Haltung, wo psychisch Beeinträchtigten mit Wissen über seelisches Leid gegenübergetreten und ein Zusammenhang zwischen Verhalten und innerer Verfassung hergestellt wird. Die Medizin verordnet zur Stabilisierung Zerstreuung, Lebensfreude und Vergnügen (Schubert, 2002, S. 219). Davon unabhängig sind Betroffene mit ihren Familien sozial isoliert, leben in Armut und in Angst vor Bestrafung (von Kardorff, 2008, S. 297).

Einen Umschwung für den Welt- und Selbstbezug bringen das 15. und 16. Jahrhundert, das Zeitalter der Renaissance. Der Mensch mit eigenständigem Denken und Verstand sowie auf der Suche und Ausbildung der eigenen Identität rückt in den Vordergrund. Individuelles und solidarisches Lebensverständnis kollidieren, gesundheitlich Eingeschränkte verlieren ihre Plätze und Aufgaben (Waldschmidt, 2012, S. 35–36). Körperlich Kranke werden in den eigens errichteten Stadtkrankenhäusern versorgt, psychisch Kranke und sozial Bedürftige werden verstoßen und in Narrenkisten gesperrt (Dörner, 2019, S. 692).

Im 17. und 18. Jahrhundert, dem Zeitalter der Aufklärung, veranlasst die absolutistische Macht unter der Leitfigur der Vernunft die Errichtung von Arbeits-, Versorgungs- und Verwahrungshäusern, die „Vorform der heutigen Zwangseinweisung“, um Störende, Bedürftige, Gefährliche und Unvernünftige undifferenziert zu verwahren, weniger um sie zu heilen, sondern um sie zur Vernunft zu bringen, zur Arbeit anzuleiten oder um sie unsichtbar zu machen (Dörner, 2019, S. 693–694; Waldschmidt, 2012, S. 37).

Watzka (2007) sieht auch Gegenbewegungen zu den Internierungsmaßnahmen. Ordenskrankenhäuser und Anstalten bemühen sich im katholisch geprägten Teil Europas seit dem 16. und 17. Jahrhundert mitunter um Versorgung und Behandlung von psychisch Kranken. In der frühneuzeitlichen Steiermark zeigt sich mit „Narrenhäuschen“ eine erste „existente Methode der institutionalisierten Unterbringung“. Je nach Arbeitsfähigkeit und

Gesundheitszustand sind die Insassen der Anstalten auch zur Arbeit oder zu religiösen Handlungen angehalten. Zwischen 1780 und 1850 erfolgen die Reformierung des öffentlichen Gesundheitswesens und die Einführung von staatlichen Krankenhäusern. Vor diesem Hintergrund entstehen die ersten psychiatrischen Anstalten in Österreich (Watzka, 2009, S. 359). Auch im Narrenturm, 1784 am Gelände des Wiener Allgemeinen Krankenhauses errichtet, werden psychisch Beeinträchtigte aufgenommen. Er gilt als erste „psychiatrische Abteilung", die Ausstattung der Kammern, wie beispielsweise Kettenringe und Zellentüren, deuten aber eher auf ein Kasernieren der Insassen hin (Leuprecht, 2010, S. 15).

2 Erste Keimformen der Sozialen Arbeit

Im Übergang vom 18. auf das 19. Jahrhundert entwickelt sich ein differenziertes „medizinisches und pädagogisches Anstaltswesen". Die Zuchthäuser öffnen ihre Türen, die industrielle Revolution mit dem Ziel von Produktivitätsmaximierung verlangt nach disziplinierten und vernünftigen Arbeitskräften. Die nicht arbeitsfähigen „Unvernünftigen" werden in Heil- und Besserungsanstalten eingeschlossen, zur Behandlung und Erziehung (Waldschmidt, 2012, S. 38–40; Dörner, 2019, S. 695–696), „Irrsein" gilt nun als Krankheitskriterium (Castel, 1979, S. 52). Die Versorgung in den Einrichtungen erfolgt durch Ärzte, Verwalter und Pflegekräfte, eine „patriarchale Pädagogik" herrscht vor (Brückner, 2015, S. 22), es gibt zu viele Aufgenommene, zu ungeschultes Pflegepersonal (Krumm u. Becker, 2012, S. 42) und es wird separiert in Arm und Reich. Psychisch Kranke aus angesehenen Familien erholen sich auf Bäderreisen, in Sanatorien und unter der Obhut von Hausärzten (Dörner, 2019, S. 697).

Im Unterschied zur bisherigen „Irrenpflege" entwickeln sich europaweit neue Formen der Behandlung. Philippe Pinel (1745–1826) beeinflusst mit seiner Idee vom „traitement moral" die Entwicklung der Psychiatrie, indem er auf Strenge und diätetische Anwendungen setzt, dabei aber eine humanere, therapeutische Behandlung verfolgt und Ankettung ablehnt. Sein Schüler Jean-Etienne Esquirol (1772–1840) forscht zu Ursachen und Therapie von psychischen Erkrankungen und erweitert patientInnenorientiert das Behandlungsangebot (z. B. Angehörigenarbeit, Arbeitstherapie). Als weiterer Motor für reformpsychiatrische Ansätze gilt der deutsche Psychiater Wilhelm Griesinger (1817–1868). Sein Augenmerk legt er auf eine gemeindenahe Therapie, eine Behandlung auf landwirtschaftlichen Höfen und familiale Pflege (Schott u. Tölle, 2006, S. 59–78). Brückner (2015, S. 21) sieht in den Unterstützungsformen Familienpflege, psychiatrische Hilfsvereine sowie landwirtschaftliche Kolonien „Keimformen Sozialer Arbeit in der Psychiatrie". Auch Ciompi (2010) bezeichnet Familienpflege und moral treatment als sozialpsychiatrische Vorläufer. In Österreich wird die neue humane Behandlung zuerst in der Heilanstalt in Hall in Tirol (Dietrich-Daum u. Ralser, 2011, S. 24) und anschließend in Mauer-Öhling bei Amstetten umgesetzt. In der Folge wird in den niederösterreichischen psychiatrischen Anstalten 1870 die Behandlung ohne mechanische Zwangsmittel, die „freie Irrenbehandlung", verbindlich eingeführt. Zudem wird 1871 der Narrenturm in seiner Funktion als Bewahranstalt geschlossen (Gerenyi, 1901, S. 81–82).

Einen wichtigen Beitrag zur Humanisierung und Liberalisierung im Umgang mit psychisch kranken Menschen leistet der Grazer/Wiener Universitätsprofessor für Psychiatrie Richard von Krafft-Ebing (1840–1902). Er wird 1873 mit der Leitung der neu errichteten Landesirrenanstalt Feldhof bei Graz/Steiermark betraut und führt multimodale Therapiekonzepte in der Behandlung ein. Er gilt als Begründer der Degenerationslehre[1] und der davon inspirierten Forensischen Psychiatrie und wird ganz besonders in seiner wichtigen Pionierfunktion zur Etablierung einer modernen Sexualwissenschaft anerkannt (Kapfhammer, 2015, S. 110–118). Elementare Impulse setzt er mit seiner berühmten klinisch-forensischen Studie „Psychopathia Sexualis"; dieser zufolge „bildet das Geschlechtsleben einen gewaltigen Factor im individuellen und socialen Dasein" (Krafft-Ebing, 1886, S. 1).

---

1 Im Verständnis der Degenerationslehre sind – wie in seiner Monografie *Psychopathia Sexualis* (1886) ausgeführt – sexuelle Abweichungen und Perversionen pathogene Veränderungen der Gehirnfunktionalität, die vererbbar sind und sich progressiv in den nachfolgenden Generationen verdichten. Hierdurch erfolgt z. B. eine Pathologisierung von Homosexualität im Sinne einer „angeborenen, unverschuldeten Anomalie", die viele Betroffene stigmatisiert und sozial exkludiert. Aus heutiger wissenschaftlicher Sicht sind seine theoretischen Positionen durchaus als bedenklich zu bewerten, eine Reihe von persönlichen Leistungen können trotz alledem aus gesamthistorischer Sicht gewürdigt werden (Kapfhammer, 2015, S. 112–116).

Ein Fundament für die Soziale Arbeit entwickelt sich zwischen 1890 und dem Ersten Weltkrieg. Eine Wegbereiterin dafür ist Alice Salomon, sie gilt als Pionierin der Sozialen Arbeit, auf sie geht die erste Soziale Frauenschule in Berlin zurück (Brückner, 2015, S. 23). In Wien zeichnet Ilse Arlt verantwortlich für die 1912 gegründete erste Fürsorgerinnenschule „Vereinigte Fachkurse für Volkspflege" in der österreichisch-ungarischen Monarchie, die einerseits Frauen zu Wohlfahrtspflegerinnen ausbildet und sich andererseits wissenschaftlich mit professioneller Fürsorge beschäftigt (Maiss u. Pantucek, 2008). Gemeinsam mit kirchlichen Einrichtungen, bürgerschaftlichen Zusammenschlüssen (aus der Arbeiter- und Jugendbewegung), kommunaler Verwaltung und anstaltsförmigem Armenwesen engagieren sich weibliche Protagonistinnen für die Wohlfahrtspflege (Brückner, 2015, S. 23; Wendt, 2020, S. 19–26; Schilling u. Klus, 2018, S. 31–39).

Trotz dieser Entwicklungen und der einzelnen Bemühungen, die Behandlung und Unterbringung psychisch Beeinträchtigter zu reformieren, werden weitere Anstalten bis zum Ersten Weltkrieg errichtet und bestehende ausgebaut; die Bettenanzahl wird erhoht, die Versorgung ist schlecht, es fehlt an ÄrztInnen und qualifiziertem Pflegepersonal (Krumm u. Becker, 2012, S. 47; Schott u. Tölle, 2006, S. 298–303), die Behandlung erfolgt medikamentös und mittels Dauerbädern (Brückner, 2015, S. 24). Mit der Entscheidung der Reichsregierung zur „stillen Euthanasie" kommt es schließlich bis zum Ende des Ersten Weltkriegs zu einer Übersterblichkeit von 70.000 AnstaltsbewohnerInnen (Dörner, 2007, S. 4).

Mit Sigmund Freud (1856–1939) und Alfred Adler (1870–1937) finden sich zu dieser Zeit zwei österreichische Pioniere der Tiefenpsychologie. Freud gilt als Gründervater der Psychoanalyse, seine Theorien entwickelt er aus Selbstanalyse, Selbstbeobachtung und PatientInnenarbeit, sie werden zur Diskussions- und Anwendungsgrundlage (Lohmann, 1998; Tögel, 2019; List, 2014, S. 27). Der Kern der Freud'schen Theorie fokussiert auf die ätiologische Bedeutung von frühkindlichen sexuellen Traumata als Folge für sogenannte „Psychoneurosen". Freud erkennt, dass „Momente aus dem Sexualleben die nächsten und praktisch bedeutsamsten Ursachen eines jeden Falles von neurotischer Erkrankung darstellen" (Freud, 1898, S. 491), und entschlüsselt psychodynamische Wirkungsmechanismen, die auch aus heutiger Perspektive für die moderne Psychiatrie bedeutsam sind (Kapfhammer, 2015, S. 120–127). Adler, zunächst noch Teilnehmer der

Freud'schen Mittwochsdiskussionsabende, erarbeitet als Alternative zur Psychoanalyse die Individualpsychologie; er fokussiert die Einzelnen im Zusammenhang mit den gesellschaftlichen Zuständen, bemüht sich um die Neurosenprophylaxe und akzeptiert seine PatientInnen als gleichwertig (Rattner, 1997). Auch wenn Freud mit seinen psychoanalytischen Theorien Motor für die Weiterentwicklung der Psychiatrie ist (Leuprecht, 2010, S. 16), entwickelt sich die Anstaltspsychiatrie nach dem Ersten Weltkrieg zunehmend arzt- und pflegezentriert ohne Einbindung der praktischen Sozialen Arbeit (Brückner, 2015, S. 26–27). Schließlich legitimieren und realisieren die Nationalsozialisten auf Basis des „Gesetzes zur Verhütung erbkranken Nachwuchses" (Schott u. Tölle, 2006, S. 166) die Idee von Rassenhygiene und Eugenik, die bereits während der Weimarer Republik diskutiert wird (Weingart, Kroll u. Bayertz, 1992, S. 232–246). Euthanasieprogramme, Zwangssterilisation, Unterernährung und Infektionskrankheiten erhöhen die Sterberate von psychisch beeinträchtigen Personen in den psychiatrischen Anstalten bis 1945 massiv (Schott u. Tölle, 2006, S. 166–175).

3 Wendepunkt Psychiatriereform – eine Institution in der Kritik

Ab den 1950er-Jahren wird die Sozialpsychiatrie zum Gegenstand psychiatrischer Arbeit (Schott u. Tölle, 2006, S. 200). Zunächst jedoch veranlasst in den 1950er- und 1960er-Jahren das Bedürfnis nach Stabilität und sozialer Ordnung dazu, Beeinträchtigte abermals in großen Anstalten aufzunehmen, zu selektieren und zu behandeln (Waldschmidt, 2012, S. 44); der Personalschlüssel ist wieder ungünstig, das Personal schlecht geschult (Krumm u. Becker, 2012, S. 51), zahlreiche Behandlungen erfolgen auf Zwang (Schott u. Tölle, 2006, S. 243) und psychiatrische Krankenhaus-Fürsorgerinnen gibt es kaum (Brückner, 2015, S. 27). Ein antipsychiatrisches Verständnis und Reformideen zur Behandlung und Unterbringungssituation entwickeln sich schließlich vor dem Hintergrund des Zeitgeistes des 1968er-Jahres. Gefordert wird die Auflösung der großen Anstalten (Waldschmidt, 2012, S. 44–45), ein Vertreter davon ist der italienische Psychiater Franco Basaglia (1924–1980) (Becker, Hoffmann, Puschner u. Weinmann, 2008, S. 43). Auch wenn die Programme der Antipsychiatrie-

Bewegung eher theoretisch und politisch konzipiert sind, sind sie der Impuls für neue Sichtweisen und zahlreiche Reformen (Schott u. Tölle, 2006, S. 213). Es kommt zu baulichen und personellen Besserungen (Steinhart, 2011, S. 53), soziale Dienste werden gegründet, Vor- und Nachsorge bekommen Bedeutung (Waldschmidt, 2012, S. 45). Um das Verhältnis von psychischer Beeinträchtigung zur sozialen Umwelt näher zu erforschen (Ciompi, 2010) und getragen von Integrationsbemühungen, entstehen Tageskliniken und -zentren, Teilzeiteinrichtungen, Wohn- und Beschäftigungsmöglichkeiten im geschützten Rahmen, Kriseninterventionszentren etc. (Dörr, 2015, S. 2); eine Angebotsstruktur, die von der Psychiatrie-Enquete von 1975 gefordert wird und die auch einen eklatanten Mangel an SozialarbeiterInnen[2] kritisiert und nach einer multiprofessionellen Kooperation sowie einer Ausbildungsreform verlangt (Brückner, 2015, S. 28).

Als Brückenbauer zwischen Sozialpsychiatrie und Psychotherapie gilt der Wiener Psychiater und Psychoanalytiker Hans Strotzka (1917–1994). Er setzt sich bereits in den 1970er-Jahren für eine kassenfinanzierte Psychotherapie ein, begründet einige psychotherapeutische und psychosoziale Institutionen[3] in Österreich und ist der Sozialen Arbeit immer eng verbunden (Pritz, 1994, S. 5). Seiner Anschauung nach steht – im Sinne der Sozialpsychiatrie – nicht allein die Behandlung des Einzelnen im Vordergrund, sondern bedeutsam ist, jenen als Teil einer sozialen Gruppe wahrzunehmen: „Die seelische Gesundheit ist ja nicht nur als Arbeits- und Glücksfähigkeit zu definieren (FREUD), sondern auch als die Fähigkeit zu einer sozialen Integration, wenn gewisse Bedingungen gegeben sind“ (Strotzka, 1958, S. 4).

Eine weitere kreative Macht innerhalb der österreichischen Psychiatrie ist der Psychiater, Psychotherapeut und Neurologe Erwin Ringel (1921–

---

[2] Der Begriff Sozialarbeit löste 1975 den Begriff Fürsorge ab und es breiteten sich in verschiedenen Bundesländern Österreichs Akademien für Sozialarbeit aus (Scheipl, 2012, S. 425; Scheipl u. Heimgartner, 2004, S. 117)

[3] Nach seiner Leitungstätigkeit am Psychotherapeutischen Ambulatorium der Wiener Gebietskrankenkasse von 1950 bis 1971 und seiner Berufung auf den Lehrstuhl für Tiefenpsychologie und Psychotherapie an der Medizinischen Fakultät der Universität Wien begründet Strotzka 1976 das Institut für Ehe- und Familientherapie in Wien. 1981 gründet er den Dachverband für psychotherapeutische Vereinigungen, der 1991 zur historischen Verbindung einzelner Therapieschulen führt und schließlich in einem Psychotherapiegesetz gipfelt (Jandl-Jager, 1994, S. 6).

1994), der zwischen 1984 und 1994 Obmann des Vereins für Bewährungshilfe und Sozialarbeit ist. Ringel legt Schwerpunkte seiner Arbeit einerseits auf die psychosomatische Medizin und andererseits auf die Suizidforschung. Als Gründer der ersten psychosomatischen Station in Österreich an der Universitätsklinik in Wien engagiert sich der Individualpsychologe für die Akzeptanz der Psychosomatik. Ringel führt den Begriff des „präsuizidalen Syndroms“ als „einen gemeinsamen Nenner der Suizidtendenz (…), einen echten Indikator bestehender Selbstmordgefahr“ (Ringel, 1989, S. 71) ein und etabliert die „Internationale Vereinigung für Selbstmordverhütung“ (Ringel-Ferdinandy, 2000).

Die Sozialpsychiatrie kommt langsam in Schwung und orientiert sich an theoretischen bzw. normativen Konzepten wie Empowerment, Ausbau gemeindenaher/ambulanter Versorgung und Inklusion (Gruber u. Böhm, 2012, S. 23–24). Das „Großanstaltendenken“ verändert sich seit den 1970er-Jahren, im Fokus stehen Enthospitalisierung, kürzere Aufenthaltsdauer und Ausbau der Persönlichkeitsrechte (Freisleben, 2019, S. 10). 1971/72 werden z. B. der Psychohygienische Dienst in Wien und der Psychosoziale Dienst der Caritas St. Pölten gegründet (Katschnig, 2019), 1973 bemüht sich dort erstmals ein Sozialarbeiter um die Anliegen von psychisch Beeinträchtigten innerhalb des Zuständigkeitsbereichs der Diözese St. Pölten sowie der Gerichtsbezirke Ravelsbach, Hollabrunn und Kirchberg/Wagram (Karner, 2017), 1976 erfolgt die Gründung des Dachverbandes „pro mente Austria“ (Leuprecht, 2010, S. 17).

> Die Versorgungslage war desolat. Es gab keinerlei ambulante Versorgung, die 9 psychiatrischen Großkrankenhäuser lagen/liegen jeweils an der Peripherie der Stadt, wo auch Schlachthof, Friedhof und Gefängnis angesiedelt sind. Halbe Tagessätze, Bettensäle … das Personal therapeutisch nihilistisch, überfordert, schlecht bezahlt (…). (Lyon, 2014, S. 4)

Vor diesem Hintergrund startet 1978 als erste extramurale Einrichtung in der Steiermark das Beratungszentrum für psychische und soziale Fragen in Graz mit seiner Arbeit. Zu den Kernaufgaben zählen ambulante Sozialpsychiatrie mit Beratung und Therapie (medikamentös, psychotherapeutisch, soziotherapeutisch), Tagesklinik, Krisenintervention, Kooperation und Vernetzung mit anderen psychosozialen Einrichtungen, Organisation von Selbsthilfegruppen sowie Öffentlichkeitsarbeit (Copony, 1991; Lyon, 1998). Im Fokus der gesundheits- und sozialpolitischen Arbeit steht dabei „eine umfassende, demokratische, an den Interessen der BenützerInnen orientierte Psychiatriereform“ (Lyon, 2014, S. 5–9). Insgesamt implementieren Trägervereine in der Steiermark zunehmend sozialpsychiatrische Leistungen in ihr Angebot, um Betroffenen gemeindenah ein Leben zu ermöglichen, das den persönlichen Bedürfnissen entspricht. Seit 1980 engagiert sich der Verein für psychische und soziale Lebensberatung mit Sitz in Judenburg, im Jahr 1985 wird der Verein Steirische Wohnplattform gegründet. Bald danach, ab den 1990er-Jahren, folgt die Gesellschaft zur Förderung seelischer Gesundheit, die gemeinsam mit weiteren Organisationen (z. B. Rettet das Kind, pro mente, Hilfswerk Steiermark, Pro Juventute) die psychosoziale Versorgung in verschiedensten Bereichen (Beratung, Wohnen, Arbeit) ausbaut (Krainz, 2004, S. 12–13).

Einen weiteren sozialpsychiatrischen Meilenstein stellt bundesweit die Gründung von zahlreichen Selbsthilfeverbänden dar, wie etwa die Angehörigenbewegung, die seit 1977 aktiv ist, der Verein „Hilfe für psychisch Erkrankte (HPE)“, den es seit 1978 gibt (Ladinser, 2008, S. 55), die Selbsthilfegruppe betroffener PsychosepatientInnen, die sich seit 1989 engagiert, oder beispielsweise der Wiener Trialog, der seit 1994 tätig ist (Horvath, 2008, S. 61–62).

4 Sozialpsychiatrie heute und morgen

Sowohl die Psychiatrie als auch die Sozialpsychiatrie haben sich in den letzten Jahren und Jahrzehnten im Hinblick auf ihre Ziele, ihre Zielgruppen, ihre Versorgungsstruktur sowie auf die Forschung und Evaluation maßgeblich verändert. Hierbei scheinen die alten Themen und Entwicklungsaufgaben wohl auch die neuen zu sein: Dezentralisierung von Angeboten und Einrichtungen, Verkleinerung von Großkrankenhäusern und Aufbau von psychiatrischen Abteilungen in Allgemeinkrankenhäusern, Vernetzung von ambulanten Diensten sowie die partnerschaftliche und trialogische Einbeziehung von Betroffenen und Angehörigen (Stange, 2015, S. 47). Nach Dörner ist es bislang aufgrund von gewachsenen Traditionen nie ausreichend gelungen, die Kluft zwischen stationären und ambulanten Systemen sowie medizinisch orientierten und sozialen Versorgungselementen zu schließen und eine anthropologische, trialogische Ausrichtung im Sinne einer „Inklusionspsychiatrie“ herzustellen (Dörner, 2019, S. 706–714).

Die Soziale Arbeit als Teil der sozialpsychiatrischen Familie basiert auf einem alltagsrelevanten, lebensweltorientierten Verständnis. Dies inkludiert Biografiearbeit, alltagspraktische und sozialanwältliche Tätigkeiten, Beratung, Arbeit mit dem sozialen Umfeld, fallunspezifische Arbeit sowie sozialpolitisches Engagement. Eine zentrale Maxime ist zudem, die Betroffenen in ihrer Lebenswelt durch konsequente Subjekt- und Beziehungsorientierung in den Fokus zu stellen und die Akzeptanz des Eigensinns, die Anerkennung der Würde des Gegenübers in seiner Lebenswelt und die Förderung der Selbsthilfe in einem partnerschaftlichen, dialogischen Aushandlungsprozess voranzutreiben. Zunehmend ist zu beobachten, dass sich die Soziale Arbeit als Profession in den letzten Jahren anderen Konzepten angenähert hat, was mit einer Entfernung von den alltags- und lebensweltorientierten Wurzeln und einer Therapeutisierung einhergeht. Nicht zuletzt ist diese Entwicklung dem Versuch geschuldet, als Berufsgruppe und Disziplin aufgewertet und anerkannt zu werden (Obert, 2015, S. 50–61). Im Folgenden wird nun der Bogen gespannt zwischen historischen Entwicklungslinien und aktuellen Trends in der sozialpsychiatrischen Versorgung, die insbesondere auch die Soziale Arbeit, die nach den PsychologInnen die zweitgrößte Professionsgruppe im sozialpsychiatrischen Handlungsfeld[4] darstellt, vor neue Herausforderungen stellen.

5 „Alles Neuro?"

Im Verlauf der letzten Jahrzehnte scheinen erneut dominante biologisch-psychiatrische Denk-, Handlungs- und Beziehungsmuster, die schon im Zuge der Protestbewegung der 1960er-Jahre angeprangert wurden, stär-

[4] In Kärnten, Salzburg und der Steiermark sind in den psychosozialen Diensten großteils PsychologInnen tätig, in Niederösterreich überwiegend SozialarbeiterInnen, die Bundesländer Tirol und Wien arbeiten vielfach mit psychiatrischen Pflegekräften, und in Wien sind auch verhältnismäßig viele FachärztInnen in der PSD-Versorgung im Einsatz (Griebler, Winkler, Gaiswinkler, Delcour, Juraszovich, Nowotny, Pochobradsky, Schleicher u. Schmutterer, 2017, S. 207). Nach Rückfrage bei der Gesundheit Österreich GmbH (GÖG) gibt es keine einheitlichen Datengrundlagen für diesen Bereich. Es wird zwar periodisch die extramurale psychosoziale Versorgungssituation inklusive der Personalausstattung erhoben; der letzte Bericht hierzu stammt jedoch aus dem Jahr 2016, da die Personalausstattung von vielen Einrichtungen nicht ausgefüllt wurde und die Datenbasis diesbezüglich sehr lückenhaft ist.

ker Fuß zu fassen und eine seit 1970 etablierte bio-psychosoziale Grundhaltung zu untergraben. Im Kanon mit der Pharma-Industrie, die leicht handelbare Instrumente zur Beseitigung oder Unterdrückung von störenden Verhaltensweisen liefert, wird hiermit eine scheinbar konkurrenzlose Grundlage zur Erforschung und Behandlung psychischer Erkrankungen untermauert. Die Sozialpsychiatrie regrediert hierdurch zu einem geduldeten Anhängsel der neurobiologischen Lehre (Dörr, 2015, S. 1–3). Kritische Stimmen lassen anklingen, dass die Tendenz zur Biologisierung in der Psychiatrie zunehmend zu einer erschreckenden Simplifizierung der Konzepte führt. Mit der Vorherrschaft biologisch-psychiatrischer Konzepte werden Psychosen oder Depressionen auf Stoffwechselstörungen reduziert oder als Dopamin- und Serotonin-Mangelsyndrome gedacht (Lyon, 2014, S. 3). Hierdurch werden wesentliche Dimensionen, die zur Entstehung von psychischen Erkrankungen beitragen können, aus dem wissenschaftlichen Diskurs verbannt. Das Kranksein von Einzelnen wird unabhängig von sozialen Bezügen und sozialen Problemlagen in den jeweiligen Lebenswelten betrachtet (Dörr, 2015, S. 4–5). Als Indikator kann beispielsweise die Zunahme von einseitigen psychoedukativen Interventionen zumeist auf kognitiv-verhaltenstherapeutischer Basis im ambulanten und teilstationären Bereich geortet werden, die Soziotherapie auf ein individuelles, kassenfinanziertes Behandlungspaket minimieren (Lütjen, 2015, S. 102). Ciompi (2010) sieht die Zukunft in einer modernen „Neuro-Soziopsychiatrie“, die neue Befunde zur Neuroplastizität und Epigenese, zur Psychoimmunologie sowie Stress- und Oxytocinforschung mit den klinisch erprobten Erfahrungen der Sozialpsychiatrie in Einklang zu bringen vermag. Angesichts der traditionellen Theoriearmut erscheint der Anschluss an attraktive Forschungsfelder notwendig und daher auch ein Bündnis mit den Neurowissenschaften („soziales Gehirn“) interessant (Brückner, 2012, S. 12).

6 Psychische Erkrankung als Privatsache

Das Individuum in der westlichen Gesellschaft wird als Zentrum seines eigenen Lebensskripts zunehmend zur Verantwortung gezogen, ohne jedoch sozialstrukturelle, kulturelle, milieuspezifische oder individuelle Rahmenbedingungen zur Ermöglichung von Selbstbestimmung zur Verfügung gestellt zu bekommen (Dörr, 2015, S. 5–6). Dies bewirkt zum einen die Auflösung von sozialen Beziehungen und das Brüchigwerden von sozialen Kategorien wie Stand, Klasse, Geschlechtsrollen oder Familienform; zum anderen den Zusammenbruch staatlich verordneter Normalbiografien, Leitbilder sowie Orientierungsrahmen (Beck u. Beck-Gernsheim 1994/2012, S. 10).

Besonders Menschen, die aufgrund ihrer sozialen Herkunft, ihrer mangelnden materiellen Ausstattung, aufgrund belasteter familiärer Verhältnisse, sozialer Marginalisierung, aufgrund Ausgrenzungs- und Diskriminierungserfahrungen oder infolge von Krankheit, Alter oder Armut beeinträchtigt sind, können nicht leicht auf psychische Kompetenzen wie eine gut ausgeprägte Fähigkeit der Selbstregulation und Selbstwirksamkeit zurückgreifen und haben erhebliche Probleme, die Forderung nach eigeninitiativem Handeln und Einsatz der eigenen Fähigkeiten zu erfüllen (Günther, 2002, S. 119). Nicht zuletzt durch neoliberale Entwicklungen im deutschsprachigen Raum, wie z. B. in der aktuellen Arbeits- und Sozialpolitik, laufen vor allem chronisch psychisch kranke Menschen Gefahr, auf verschiedenen Ebenen Spielräume zu verlieren, wo sie Platz zum „Verrückt-Sein“ finden und ihre Eigenheiten leben, ohne dass sogleich (sozial)pädagogisch/therapeutisch interveniert und reguliert wird (Dörr, 2015, S. 6). Es scheint daher geboten, Zusammenhänge von psychosozialer Not und individuellem Leid aufzuzeigen, die Krankheit des Einzelnen immer auch in Verbindung mit gesellschaftlichen Prozessen zu verstehen (Lyon, 2014, S. 7–8). Die Soziale Arbeit ist gefordert, sich den bestehenden Herrschafts- und Machtverhältnissen nicht einfach unterzuordnen, sondern durchaus auch Widerstand zu erzeugen (Staub-Bernasconi, 2005, S. 19). Zu diesem Zweck ist sie aufgerufen, sich eingehend mit ihren eigenen Professionalisierungsmöglichkeiten zu beschäftigen, Handlungsspielräume konsequent zu stärken und forschungsbasiert weiter auszubauen (Stange, 2015, S. 47).

7 Fachlichkeit im Griff von Marktlogik und Quantifizierung

Seit Anfang der 1990er-Jahre werden in Österreich soziale Dienstleistungen im Sozial- und Gesundheitsbereich mittels Leistungsverträgen an verschiedene Non-Profit- bzw. Sozial-Profit-Organisationen vergeben. Hierdurch ist eine gesteigerte Konkurrenz zwischen den Trägerorganisationen und eine (Quasi-)Vermarktlichung bzw. Ökonomisierung des Dritten Sektors zu beobachten (Gruber, Böhm, Wallner u. Koren, 2018, S. 231–233). Dieser Prozess im Dienstleistungssektor, unter den auch in der Regel sozialpsychiatrische Angebote fallen, ist gekennzeichnet von Prinzipien des freien Marktes, von Privatisierung bzw. betriebswirtschaftlicher Orientierung (Bakic, Diebäcker u. Hammer, 2007, S. 1).

Von der vermehrten Konkurrenz und den vorgegebenen Rahmenbedingungen für die zu erbringenden Leistungen, die zumeist von den FörderungsgeberInnen bestimmt werden, erhofft man sich eine Optimierung des Angebots, eine Verbesserung der Qualitätssicherung, mehr Transparenz im Kontext von Outcomes der Leistungen und eine Steigerung der Effizienz von organisatorischen Abläufen. Die zunehmende Liberalisierung des Gesundheitssektors kann sich jedoch auch nachteilig auf sozialpsychiatrische Rahmenbedingungen und die psychosoziale Praxis auswirken. Ein erhöhter Kosten- und Preisdruck kann Senkungen des Gehalts, des Personalschlüssels sowie eine Verringerung des Leistungsangebots für KlientInnen bewirken (Gruber et al., 2018, S. 233). Zudem kann der Schluss gezogen werden, dass eine zunehmende Ökonomisierung die Verknappung von zeitlichen Ressourcen forciert und eine Arbeitsverdichtung und -anreicherung bedingt. In der Sozialpsychiatrie Tätige verorten, dass ein kollegialer Austausch immer seltener, wenn dann nur in geschützten Räumen wie Supervision oder Intervision stattfindet, und Einschulung neuer MitarbeiterInnen und Vertretungen nicht ausreichend Ressourcen finden (Achberger, 2010, S. 23).

Im Hinblick auf die abnehmenden Zeitressourcen und sich verschlechternde Arbeitsbedingungen begünstigen bürokratisierte, standardisierte und formalisierte Handlungsabläufe und -interventionen eine möglichst schnelle Kategorisierung in z. B. „passgenaue“ und „erfolgsversprechende“ KlientInnen oder separieren Zielgruppen mit einem hohen „Störungspotenzial“ und hochfrequenten Behandlungsbedarf („Heavy User“, „Systemsprenger“). Es ist davon auszugehen, dass sich in der Sozialen Arbeit Tätige in der Interaktion mit KlientInnen stärker auf ökonomisierte Systeme zur Bewertung von Merkmalen und Handlungen von Betroffenen beziehen, um den Vorgaben der Financiers sozialer Dienstleistungen zu entsprechen und die Legitimation Sozialer Arbeit sicherzustellen. Zudem liegt der Schluss nahe, dass aktuelle Ökonomisierungsstrategien zu einer De-Politisierung der Sozialen Arbeit beitragen (Diebäcker u. Hammer, 2009, S. 16; Diebäcker, Ranftler, Strahner u. Wolfgruber, 2009, S. 2). Folglich besteht die Aufgabe für die Soziale Arbeit als „Ort sozialer Auseinandersetzungen" auch darin, die eigenen Widersprüche und Verstrickungen in Ökonomisierungsprozesse kritisch zu reflektieren (Diebäcker et al., 2009, S. 14).

8 Soziale Arbeit meets Cloud

Die Digitalisierung und die zunehmenden Angebote in der psychosozialen Versorgungslandschaft im Speziellen folgen einem allgemeinen gesellschaftlichen Trend. Die Ausläufer der Digitalisierung und Technisierung reichen von Falldokumentation und -planung anhand digitaler Datenbanken, Zugehen auf KlientInnen in digitalen Räumen (Social Media, Foren …), Sozialer Diagnostik (Netzwerkkarte, Inklusionschart, GAF-Scale, Black-Box-Diagnostik …) bis hin zur psychosozialen Online-Beratung per Chat, E-Mail oder Smartphone-Kommunikation. Die Vor- und Nachteile von internetgestützten Beratungsleistungen werden in der Literatur sehr kontrovers diskutiert. Positiv zu bewerten ist, dass digitalisierte Angebote niederschwellig und zumeist unabhängig von zeitlichen und räumlichen Faktoren für breite Bevölkerungsteile sowie auch für spezielle Zielgruppen zugänglich sind. Zudem wirken sie der Angst vor Stigmatisierung von Betroffenen entgegen. Kritische Einwände beziehen sich auf die Gewährleistung des Datenschutzes, mangelnde Qualitätssicherung und das Risiko von frühzeitigem Abbruch der Hilfebeziehung aufgrund von geringer Adhärenz (Gruber et al., 2018, S. 226–230). Zudem gilt es kritisch zu hinterfragen, welche Personengruppen tatsächlich über Möglichkeiten digitaler Kommunikation verfügen, welche aufgrund von z. B. sprachlichen oder kulturellen Barrieren nicht oder nur in eingeschränktem Maße. Im Allgemeinen kann subsumiert werden, dass digitalisierte Verfahren und Standards in Ergänzung zu Face-to-face-Kontakten im Kontext von psychosozialer Beratung hilfreich sein können, aber gerade in (sozial)psychiatrischen und sozialberaterischen Kontexten professionelle Entscheidungsautonomie nicht ersetzen dürfen (Kessl, 2018, S. 5–6).

9 Unterstützung durch ExpertInnen aus Erfahrung

Es gibt zuletzt auch durchaus Entwicklungen, die im Einklang mit den klassischen Leitideen der Sozialpsychiatrie wie Empowerment, Inklusion und Recovery positiv zu bewerten sind – wie beispielsweise hin zu mehr Entscheidungsteilhabe und Peer-Support. Peer-Support oder auch „Unterstützung durch Gleiche" hat im Gesundheits- und Sozialwesen eine lange Tradition; die Wurzeln sind in der Selbsthilfe- und Betroffenenbewegung der 1970er-Jahre verortet (Utschakowski, 2013, S. 14). Die Unterstützung durch Peers nützt nicht nur psychiatrie- und psychoseerfahrenen Menschen, auch sozialpsychiatrisch Tätige können von den Zugängen, Aktivitäten und Perspektiven profitieren. Der ressourcenorientierte Blick von Peers gibt Hinweise auf den möglichen Einsatz neuer Methoden und auf die Realisierung weiterer Settings und Beziehungsformen (Amering, 2013, S. 65). Betroffene können auf verschiedenen Ebenen involviert werden: auf der direkten KlientInnen-ProfessionistInnen-Ebene (in Form von Share-Decision-Making, Behandlungsvereinbarung); bei der Planung, Implementierung und Evaluierung sozialpsychiatrischer Leistungen (Mitarbeit auf der Grundlage von erfahrungsbasierter Expertise); auf politischer Ebene (politische Gremien, Selbstvertretungsorganisationen) oder auf der Ebene der (Versorgungs-)Forschung bei der Konzeption und Realisierung von sozialpsychiatrischen Forschungsprojekten. Es ist jedoch Vorsicht geboten, dass die Partizipation von Betroffenen nicht ausschließlich aus Gründen der Kostenreduktion erfolgt und Peer-BeraterInnen ausschließlich für nicht fachliche Bedarfe instrumentalisiert werden (Gruber et al., 2018, S. 247).

Literaturverzeichnis

Achberger, C. (2010). Psychische Belastungen in psychiatrischen Arbeitsfeldern. Veränderte Rahmenbedingungen wirken sich aus. *Sozialpsychiatrische Informationen*, *40*(2), S. 23–25.

Amering, M. (2013). Kunst ist schön, aber macht viel Arbeit. Hindernisse und Widerstände gegen die Peer-Arbeit. In: J. Utschakowski, G. Sielaff u. T. Bock (Hrsg.), *Vom Erfahrenen zum Experten. Wie Peers die Psychiatrie verändern* (S. 58–69). Köln: Psychiatrie Verlag.

Bakic, J., Diebäcker, M. u. Hammer, E. (2007). *Wiener Erklärung zur Ökonomisierung und Fachlichkeit in der Sozialen Arbeit*. Wien.

Beck, U. u. Beck-Gernsheim, E. (Hrsg.) (2012). *Riskante Freiheiten* (8. Auflage). Frankfurt a. M.: Suhrkamp.

Becker, T., Hoffmann, H., Puschner, B. u. Weinmann, S. (2008). Kontext für Versorgungsmodelle in Psychiatrie und Psychotherapie. *Konzepte und Methoden der Klinischen Psychiatrie*. Stuttgart: Kohlhammer Verlag.

Brückner, B. (2012). Zur Ambivalenz zwischen Sozial- und Gemeindepsychiatrie. *Sozialpsychiatrische Informationen, 42*(4), S. 11–12.

Brückner, B. (2015). Geschichte der psychiatrischen Sozialarbeit in Deutschland im 20. Jahrhundert – ein Überblick. In: M. Dörr (Hrsg.), *Sozialpsychiatrie im Fokus Sozialer Arbeit* (S. 21–32). Baltmannsweiler: Schneider.

Castel, R. (1979). *Die psychiatrische Ordnung. Das Goldene Zeitalter des Irrenwesens*. Frankfurt a. M.: Suhrkamp.

Ciompi, L. (2010). Sozialpsychiatrie gestern, heute und morgen. Auf dem Weg zu einer modernen Neuro-Soziopsychiatrie. *Bulletin Psy & Psy*. Offizielles Organ der Schweizerischen Gesellschaft für Psychiatrie und Psychotherapie (SGPP), (1), S. 4–6.

Copony, M. (1991). *Die Tagesklinik als integraler Bestandteil einer gemeindepsychiatrischen Einrichtung* [Unveröffentlichtes Manuskript]. Graz.

Diebäcker, M. u. Hammer, E. (2009). *Zur Rolle von Sozialer Arbeit im Staat. Skizzen aus regulationstheoretischer und Foucault'scher Perspektive*. Abgerufen am 10. Oktober 2020, von http://www.armutskonferenz.at/files/diebaecker_hammer_staat_soziale_arbeit-2009.pdf.

Diebäcker, M., Ranftler, J., Strahner, T. u. Wolfgruber, G. (2009). Neoliberale Strategien und die Regulierung sozialer Organisationen im lokalen Staat. Von der Ökonomisierung des Politischen zur Depolitisierung und Deprofessionalisierung der Sozialen Arbeit – Teil I. *soziales_kapital,* (3).

Dietrich-Daum, E. u. Ralser, M. (2011). Die „Psychiatrische Landschaft" des „historischen Tirol" von 1830 bis zur Gegenwart – Ein Überblick. In: E. Dietrich-Daum, H. J. W. Kuprian, S. Clementi, M. Heidegger u. M. Ralser (Hrsg.), *Psychiatrische Landschaften: Die Psychiatrie und ihre Patientinnen und Patienten im historischen Raum Tirol seit 1830* (S. 17–41). Innsbruck: university press.

Dörner, K. (2007, 27. November). *De-Institutionalisierung im Lichte von Selbstbestimmung und Selbstüberlassung – Absichten, Einsichten und Aussichten entlang der Sozialen Frage* [Vortrag im Rahmen der Ringvorlesung „Behinderung ohne Behinderte!? Perspektiven der Disability Studies]. Universität

Hamburg. Abgerufen am 20. Oktober 2020, von http://www.zedis-ev-hochschule-hh.de/files/dorner_deinstitutionalisierung.pdf.

Dörner, K. (2019). Wege der Psychiatrie (Psychiatriegeschichte). In: K. Dörner, U. Plog, T. Bock, P. Brieger, A. Heinz u. F. Wendt (Hrsg.), *Irren ist menschlich. Lehrbuch der Psychiatrie und Psychotherapie* (25. Auflage) (S. 689–714). Köln: Psychiatrie Verlag.

Dörr, M. (Hrsg.) (2015). *Sozialpsychiatrie im Fokus Sozialer Arbeit*. Baltmannsweiler: Schneider.

Freisleben, C. (2019). Aufgebrochene Psychiatrie. Eine Spurensuche zu den vor 50 Jahren begonnenen Reformbewegungen in Österreich. *Das österreichische Gesundheitswesen – ÖKZ, 60*(6–7). Abgerufen am 25. November 2020, von http://www.schaffler-verlag.com/pdf-download?pdf=32690.

Freud, S. (1898). *Die Sexualität in der Ätiologie der Neurosen* (GW, Bd. I). Frankfurt a. M.: Fischer, S. 489–516.

Gerenyi, F. (1901/02). Der gegenwärtige Stand der Irren-, Trinker- und Idiotenversorgung in NiederOesterreich. *Psychiatrische Wochenschrift, 3, S. 81–84*. Abgerufen am 12. Dezember 2020, von https://archive.org/stream/psychiatrischew00unkngoog/psychiatrischew00unkngoog_djvu.txt.

Griebler, R., Winkler, P., Gaiswinkler, S., Delcour, J., Juraszovich, B., Nowotny, M., Pochobradsky, E., Schleicher, B. u. Schmutterer, I. (2017). *Österreichischer Gesundheitsbericht 2016. Berichtszeitraum 2005–2014/2015*. Wien: Bundesministerium für Gesundheit und Frauen.

Gruber, D. u. Böhm, M. (2012). Pierre Bourdieus Soziologie: Ein Wegweiser für die Sozialpsychiatrie? *SWS-Rundschau, 52*(1), S. 19–37.

Gruber, D., Böhm, M., Wallner, M. u. Koren, G. (2018). Sozialpsychiatrie als soziologische Disziplin. In: W. Schöny (Hrsg.), *Sozialpsychiatrie – theoretische Grundlagen und praktische Einblicke* (S. 182–220). Berlin, Heidelberg: Springer.

Günther, K. (2002). *Zwischen Ermächtigung und Disziplinierung. Verantwortung im gegenwärtigen Kapitalismus*. Frankfurt a. M.: Suhrkamp.

Horvath, C. (2008). Die Betroffenenbewegung. In: Bundesministerium für Gesundheit, Familie und Jugend (Hrsg.), *Österreichischer Schizophreniebericht 2008* (S. 61–64). Wien: Bundesministerium für Gesundheit. Abgerufen am 22. November 2020, von https://goeg.at/sites/goeg.at/files/2017-07/schizophrenie_2008.pdf.

Jandl-Jager, E. (1994). Prof. Dr. Hans Strotzka. *WLP Nachrichten – Mitgliederzeitschrift des Wiener Landesverbandes für Psychotherapie,* (7). Abgerufen am 13. Februar 2021, von https://www.psychotherapie-wlp.at/sites/default/files/wlp-news/WLP-Nachrichten-7-1994.pdf.

Kapfhammer, H.-P. (2015). Konzepte der Perversion bei Richard von Krafft-Ebing und Sigmund Freud – Diskurs über die „Normalität“ von Sexualität im ausgehenden 19. und beginnenden 20. Jahrhundert. In: D. Sollberger u. H.-P. Kapfhammer u. E. Boehlke u. T. Stompe (Hrsg.), *Eros und Sexus* (S. 99–133). Berlin: Frank und Timme GmbH Verlag für wissenschaftliche Literatur.

Kardorff, E. von (2008). Kein Ende der Ausgrenzung: Ver-rückter in Sicht? In: R. Anhorn, F. Bettinger u. J. Stehr (Hrsg.), *Positionsbestimmungen einer kritischen Theorie und Praxis Sozialer Arbeit* (2., überarbeitete und erweiterte Auflage) (S. 291–317). Wiesbaden: VS.

Karner, S. (2017). *Zeittafel psychosozialer Dienste der Caritas der Diözese St. Pölten*. Abgerufen am 12. Dezember 2020, von https://www.caritas-stpoelten.at/fileadmin/storage/stpoelten/ELDI/Menschen_mit_psychischen_Erkankungen/PSE_allgem/Zeittafel_PSE_2017.pdf.

Katschnig, H. (2019, 21.–23. Februar). *Krankenkassen? Kranke Kassen? Keine Kassen? Das fragmentierte Finanzierungsnetz der psychiatrischen Versorgung (in Österreich)* [XXI. Tagung „Die subjektive Seite der Schizophrenie“]. Wien.

Kessl, F. (2018). Zukunft der Sozialpsychiatrie im Licht der gesellschaftlichen Megatrends. Unsere Wahrnehmungen und Herausforderungen. *Kerbe*, (1), S. 4–8.

Krafft-Ebing, Rv. (1886). *Psychopathia sexualis. Eine klinisch-forensische Studie*. Stuttgart: Ferdinand von Enke.

Krainz, S. (2004). *Psychiatriebericht Steiermark 2003*. Amt der Steiermärkischen Landesregierung – FA8B Gesundheitswesen – Sanitätsdirektion. Abgerufen am 07. Juli 2020, von https://www.gesundheitsfonds-steiermark.at.

Krumm, S. u. Becker, T. (2012). Historische Aspekte und Konzepte der Sozialpsychiatrie. In: M. Schmid, M. Tetzer, K. Rensch u. S. Schlüter-Müller (Hrsg.), *Handbuch Psychiatriebezogene Sozialpädagogik* (S. 40–57). Göttingen: Vandenhoeck & Ruprecht.

Ladinser, E. (2008). Die Angehörigenbewegung. In: Bundesministerium für Gesundheit, Familie und Jugend (Hrsg.), *Österreichischer Schizophreniebericht 2008* (S. 55–60). Wien: Bundesministerium für Gesundheit. Abgerufen am 28. November 2020, von https://goeg.at/sites/goeg.at/files/2017-07/schizophrenie_2008.pdf.

Leuprecht, G. (2010). *Meilensteine – die Entwicklung der Sozialpsychiatrie in Vorarlberg*. Abgerufen am 04. Dezember 2020, von https://www.promente-v.at/information/downloads/jahresberichte/promentevbg_jb2009.pdf.

List, E. (2014). *Psychoanalyse* (2. Auflage). Wien: Facultas.wuv.

Lohmann, H.-M. (1998). *Sigmund Freud.* Reinbeck/Hamburg: Rowohlt.

Lütjen R. (2015). Soziotherapie: individualisiert und ration(alis)iert. In: M. Dörr (Hrsg.), *Sozialpsychiatrie im Fokus Sozialer Arbeit* (S. 98–109). Baltmannsweiler: Schneider.

Lyon, G. (1998). *Eine kurze Beschreibung des Beratungszentrums für psychische und soziale Fragen* [Unveröffentlichtes Manuskript]. Graz.

Lyon, G. (2014). *Zum Verhältnis von (Sozial-)Psychiatrie & Psychoanalyse, am Beispiel des Beratungszentrums Graz, Griesplatz* [Vortragsmanuskript zum öffentlichen Vortrag vom 16.05.2014]. Abgerufen am 06. Dezember 2020, von http://www.psychoanalyse-graz.at/upload/fck/Lyon_PA_Pl.pdf.

Maiss, M. u. Pantucek, P. (2008). Theorie mit Leidenschaft. Ilse Arlt und aktuelle Fragen der Sozialen Arbeit. In: *Soziale Arbeit – Zeitschrift für Soziale und sozialverwandte Gebiete*, (6), S. 202–211. Abgerufen am 01. Dezember 2020, von http://www.pantucek.com/texte/200807arlt_sozialearbeit/arlt.html#_ftn1.

Obert, K. (2015). Alltags- und Lebenswelt orientiertes Sozialpsychiatrisches Handeln aus Sicht der Sozialen Arbeit. In: M. Dörr (Hrsg.), *Sozialpsychiatrie im Fokus Sozialer Arbeit* (S. 49–64). Baltmannsweiler: Schneider.

Pritz, A. (1994). August Strotzka – Ein Nachruf. *WLP Nachrichten – Mitgliederzeitschrift des Wiener Landesverbandes für Psychotherapie,* (7), 5–6. Abgerufen am 12. Februar 2021, von https://www.psychotherapie-wlp.at/sites/default/files/wlp-news/WLP-Nachrichten-7-1994.pdf.

Rattner, J. (1997). *Alfred Adler* (10. Auflage). Reinbeck/Hamburg: Rowohlt.

Ringel, E. (1989). Die Beurteilung der Suizidalität. In: W. Pöldinger u. W. Wagner (Hrsg.), *Aggression, Selbstaggression, Familie und Gesellschaft* (S. 71–79). Berlin, Heidelberg: Springer.

Ringel-Ferdinandy, A. (2000). *Biographisches zu Erwin Ringel.* Website der Erwin-Ringel-Stiftung. Abgerufen am 15. Februar 2021, von http://www.erwin-ringel-stiftung.de/biographisches-zu-erwin-ringel.html.

Scheipl, J. u. Heimgartner, A. (2004). Ausbildung für Soziale Berufe in Österreich. In: F. Hamburger, F. u. S. Hirschler, G. Sander u. M. Wöbcke (Hrsg.), *Ausbildung für soziale Berufe in Europa* (S. 114–139). Frankfurt: Pontifex.

Scheipl, J. (2012). Soziale Arbeit in Österreich. Stand in Theorie und Praxis. In: W. Thole (Hrsg.), *Grundriss Soziale Arbeit. Ein einführendes Handbuch* (4. Auflage) (S. 425–434). Wiesbaden: VS.

Schilling, J. u. Klus, S. (2018). *Soziale Arbeit. Geschichte – Theorie – Profession* (7. Auflage). München: Reinhardt.

Schott, H. u. Tölle, R. (2006). *Geschichte der Psychiatrie. Krankheitslehren. Irrwege. Behandlungsformen.* München: C. H. Beck Verlag.

Schubert, E. (2002). *Alltag im Mittelalter. Natürliches Lebensumfeld und menschliches Miteinander*. Darmstadt: Wissenschaftliche Buchgesellschaft.

Sommerfeld, P. u. Hierlemann, F. (2004). Soziale Arbeit in der Psychiatrie und im Rehabilitationsprozess. In: W. Rössler (Hrsg.), *Psychiatrische Rehabilitation* (S. 326–332). Berlin, Heidelberg, New York: Springer.

Stange, K. H. (2015). Sozialpsychiatrie Heute und die Entwicklung der Sozialen Arbeit. In: M. Dörr (Hrsg.), *Sozialpsychiatrie im Fokus Sozialer Arbeit* (S. 33–48). Baltmannsweiler: Schneider.

Staub-Bernasconi, S. (2005). *Deprofessionalisierung und Professionalisierung der Sozialen Arbeit – gegenläufige Antworten auf die Finanzkrise des Sozialstaates oder das Selbstabschaffungsprogramm der Sozialen Arbeit.* Abgerufen am 18. Oktober 2020, von https://w3mediapool.hm.edu/.

Steinhart, I. (2011). Teilhabe für alle im Quartier. Herausforderungen für die Sozialpsychiatrie. In: Aktion Psychisch Kranke (Hrsg.), *Psychiatriereform 2011 … der Mensch im Sozialraum* (S. 52–68). Bonn: Psychiatrie Verlag. Abgerufen am 25. November 2020, von http://www.apk-ev.de/fileadmin/downloads/Band_38.pdf.

Strotzka, H. (1958). *Sozialpsychiatrische Untersuchungen. Beiträge zu einer Soziatrie.* Wien: Springer.

Tögel, C. (2019). *Alles über Freud.* Berlin: Aufbau.

Utschakowski, J. (2013). Peer-Support: Gründe, Wirkungen, Ambitionen. In: J. Utschakowski, G. Sielaff u. T. Bock (Hrsg.), *Vom Erfahrenen zum Experten. Wie Peers die Psychiatrie verändern* (S. 14–21). Köln: Psychiatrie Verlag.

Waldschmidt, A. (2012). *Selbstbestimmung als Konstruktion. Alltagstheorien behinderter Frauen und Männer* (2., korrigierte Auflage). Wiesbaden: VS.

Watzka, C. (2007). *Arme, Kranke, Verrückte. Hospitäler und Krankenhäuser in der Steiermark vom 16. bis zum 18. Jahrhundert und ihre Bedeutung für den Umgang mit psychisch Kranken* (S. 1–138). Graz: FAID Landesarchiv.

Watzka, C. (2009). Psychiatrische Anstalten in Österreich 1780–1850. Eine Übersicht aus wissenschaftsgeschichtlicher und soziologischer Perspektive. *Österreich in Geschichte und Literatur, 53*(4), S. 356–372.

Weingart, P., Kroll, J. u. Bayertz, K. (1992). *Rasse, Blut und Gene. Geschichte der Eugenik in Deutschland.* Frankfurt am Main: Suhrkamp.

Wendt, W. R. (2020). *Kurze Geschichte der Sozialen Arbeit.* Wiesbaden: Springer VS.

XXV Vom Müssen zum Wollen: Die Geschichte der Drogenberatung in der Steiermark

Martin Riesenhuber und Renate Hutter

1 Einleitung

Die Drogenberatung des Landes Steiermark wird 2023 ihren 50. Geburtstag feiern. Damit zählt sie in Österreich zu den traditionellen ambulanten Suchthilfeeinrichtungen. Ein passender Moment, ein zusammenfassendes Resümee zu ziehen. Auch wenn die Drogenberatung mit der Landeshauptstadt Graz nur einen Standort bedient, begleitet sie mit ihrem multiprofessionellen Team jährlich über 1.300 Betroffene und Angehörige kurz- und langfristig in der Steiermark. Zusätzlich finden viele Fachkräfte der Kinder- und Jugendhilfe sowie der schulischen und außerschulischen Kinder- und Jugendarbeit in der Drogenberatung Unterstützung in ihren Fragestellungen zu konsumierenden Jugendlichen und suchtbelasteten Familien.

Der vorliegende Beitrag beginnt mit dem Versuch einer Skizzierung der historischen Entwicklung des Drogenkonsums in Österreich mit einer knappen Darstellung des Konsumverhaltens in wenigen Aspekten. Darauf folgen eine Rückschau auf die unterschiedliche Darstellung von Drogen und Sucht in den sieben herausgegebenen österreichischen Jugendberichten sowie ein Blick auf die Entstehung der Suchthilfe und Suchtprävention. Dieser mündet in die ausführlichere Geschichte zur Gründung und Entwicklung der Drogenberatung in der Steiermark und endet dann mit der aktuellen Ausrichtung, in welcher die Leistungen und neueren Projekte abgebildet werden. Der Artikel schließt mit einem Fazit, das grundlegende Leitgedanken und Prinzipien der Drogenberatung des Landes Steiermark ins Licht rückt, welche die Haltung und Stellung der Beratungsstelle sehr gut widerspiegeln.

2 Historische Entwicklung des Drogenkonsums in Österreich

Aufgrund fehlender wissenschaftlicher Aussagen ist eine geschichtliche Darstellung des Drogenkonsums in Österreich schwierig. Ab Mitte der 1970er-Jahre geben wenig vergleichbare Routineerhebungen (v. a. von Polizeidaten) kaum aufschlussreiche Einblicke. Vorhandene Daten gründen sich auf Einschätzungen der damaligen Expertinnen und Experten. Aus dem heraus ist das Auftreten des „modernen Drogenproblems" in Österreich ab Mitte der 1960er-Jahre festgesetzt, wo immer mehr junge Menschen Haschisch, Medikamente, LSD und auch Opium zu konsumieren begannen. Um 1970 rechneten die Expertinnen und Experten etwa mit 10.000 zum „harten Kern" zählenden Drogenkonsumentinnen und Drogenkonsumenten, wovon der Großteil Cannabisprodukte und Halluzinogene konsumierte und, abgegrenzt von diesen, etwa 500 Heroinabhängige die Fixerszene bildeten. Von da an kam es im Laufe der Zeit zu einem Anstieg von Drogenkonsumierenden, denn zu Beginn der 1980er-Jahre waren bereits 5.000 Heroin-User polizeibekannt, mit Einrechnung der Dunkelziffer waren es geschätzt bis zu 10.000. In diesen Jahren zeigen regionale Konsumstudien etwa drei bis fünf Prozent Konsumerfahrung illegaler Drogen bei Jugendlichen (vgl. Busch u. Haas, 2004, S. 76).

Mitte der 1990er-Jahre wurde im Auftrag der Stadt Graz und des Landes Steiermark von Gasser-Steiner (Institut für Soziologie) und Stigler (Institut für Erziehungs- und Bildungswissenschaft, Arbeitsbereich Sozialpädagogik) der Universität Graz eine umfassende repräsentative Querschnittsstudie zum jugendlichen Drogenkonsum in der Steiermark durchgeführt. 5.128 Zwölf- bis 20-Jährige wurden mittels Fragebogen zum Konsumverhalten befragt. 44 Prozent rauchten hier mehrmals pro Monat Zigaretten, 25 Prozent bereits täglich. Über ein Drittel trank mehrmals pro Monat leichte Alkoholika, ein Viertel sogar harte (vgl. Gasser-Steiner u. Stigler, 1996, S. 22). 14,2 Prozent der 14-Jährigen hatten Erfahrungen mit Schnüffelstoffen (vgl. ebd., S. 109). Etwa elf Prozent der befragten Jugendlichen zeigten, mit dem Alter zunehmend, Interesse für illegale Drogen. Dabei hatten 12,1 Prozent bereits Konsumerfahrungen mit Cannabis, die bei 18-Jährigen fast 25 Prozent betrugen (vgl. ebd., S. 108). 2,6 Prozent der gesamten Stichprobe wiesen Erfahrungen mit harten Drogen auf; bei den 18- bis 20-Jährigen waren es 4,5 Prozent (vgl. ebd., S. 126–128).

Im Jahr 2003 finden sich in Österreich etwa „330.000 Alkoholabhängige, 110.000 Arzneimittelabhängige und etwa 20.000 Menschen mit ‚problematischem' Opiatkonsum" (vgl. Beubler, Haltmayer u. Springer, 2003, S. V), wobei die jeweiligen Dunkelziffern hier nicht berücksichtigt sind. Aktuellen Schätzungen zufolge pflegen in Österreich bis zu 38.000 Menschen einen risikoreichen Opioidgebrauch, oft in Kombination mit anderen Suchtmitteln, wobei sich der Anteil der unter 25-Jährigen rückläufig gestaltet (vgl. Anzenberger et al., 2019, S. III). Im aktuellen „Bericht zur Drogensituation 2020" bestätigt sich der Trend weiter, dass immer weniger junge Menschen in problematischen polytoxikomanen Opioidkonsum einsteigen (vgl. Horvath et al., 2020, S. IV). Demgegenüber betreiben über 1,25 Millionen Menschen gesundheitsgefährdenden Alkoholkonsum. Bei den Jugendlichen ist auch hier ein Rückgang in unserem Land zu beobachten (vgl. Anzenberger et al., 2019, S. III).

In den letzten zehn Jahren bewegte sich die Anzahl der drogenbezogenen Todesfälle in Österreich mit zuletzt steigender Tendenz zwischen 122 und 201 und in der Steiermark zwischen sechs und 16 (vgl. Anzenberger et al., 2020, S. 72). Zu den Auswirkungen der Covid-19-Pandemie gibt es noch keine gesicherten Daten hinsichtlich eines vermuteten häufigeren und zunehmenden Konsums von psychoaktiven Substanzen (vgl. Horvath et al., 2020, S. IV).

Im Bundesland Steiermark lebten mit Jahresbeginn 2020 knapp 1.250.000 Menschen (Statistik Austria, 2020). Die Beobachtung des Drogenkonsumverhaltens in der Bevölkerung im letzten Jahrzehnt zeigt in beide Richtungen wenig Bewegung. Zum Zeitpunkt der Publikation „Die neue steirische Suchtpolitik" (2011) waren in Bezug auf Alkohol zum einen circa 125.000 Menschen von problematischem Konsum- bzw. Suchtverhalten betroffen und zum anderen etwa 52.000 abhängigkeitserkrankt. Ungefähr 21.000 Menschen sind abhängig von Medikamenten. Im Bereich der illegalen Drogen betreiben rund 24.000 Menschen einen problematischen oder süchtigen Cannabisgebrauch, 4.000 sind abhängig von Opioiden (vgl. Amt der Steiermärkischen Landesregierung, 2011, S. 7). Die meisten Zahlen decken sich in etwa mit dem „Suchtbericht Steiermark 2017“ (2018), welcher unter den über 15-Jährigen 13 Prozent problematisch Alkoholkonsumierende, etwa ein Drittel mit Cannabiskonsumerfahrung und zwei Prozent mit regelmäßigem Cannabiskonsum ausweist. Lediglich der Opioidkonsum wird in den letzten 20 Jahren (Gipfel um 2000) als stetig sinkend beschrieben. Bis zu 2.850 Personen werden hier mit risikoreichem Opioidkonsum (meist in Kombination mit Konsum von Kokain, Stimulanzien und Cannabis) ausgewiesen (vgl. Horvath et al., 2018, S. 6–13). 1.535 weitere opioidabhängige Menschen befinden sich in der Steiermark mit Ende 2019 im stabilisierenden Substitutionsprogramm (vgl. Horvath et al., 2020, S. 141).

3 Das Thema Drogengebrauch in den Berichten zur Lage der Jugend in Österreich

An dieser Stelle wird nicht auf erhobene Konsumzahlen Jugendlicher eingegangen, sondern auf die jeweilige Themensetzung im Rahmen der Berichte zur Lage der Jugend in Österreich. Ab 1987 erschienen bis heute sieben Jugendberichte unterschiedlicher Forschungsinstitutionen und Praxiseinrichtungen, welche die Lebenssituation und die Lebensthemen der Jugendlichen aus verschiedenen Bereichen differenziert abzubilden versuchten. Im ersten österreichischen Jugendbericht „Schöner Vogel Jugend“ (1987) setzte sich mit Irmgard Eisenbach-Stangl eine führende Suchtforscherin mit dem jugendlichen Konsum von Alkohol, Zigaretten, Medikamenten und illegalen Drogen im gesellschaftlichen Kontext, den daraus resultierenden Problemen und gesetzten Maßnahmen auf qualitativer Ebene auseinander (vgl. Eisenbach-Stangl, 1987, S. 571–599). Auch im zweiten Bericht zur Lage der Jugend in Österreich, „Wartezeit“ (1994), thematisierte Eisenbach-Stangl das jugendliche Alkohol- und Drogenkonsumverhalten im Vergleich zu Deutschland und der Schweiz, indem sie Entwicklungen, geschlechtsspezifische Aspekte, Drogenwissen, emotionale Haltungen, Absichten und subjektive Griffnähe umfassend beleuchtete (vgl. Eisenbach-Stangl, 1994, S. 189–216). Der dritte Jugendbericht widmete sich dem Substanzgebrauchsverhalten quantitativ in einem Themenauszug: „Ausmaß und Entwicklung jugendlichen Drogenkonsums unter besonderer Berücksichtigung von Ecstasy“ (vgl. Österreichisches Institut für

Jugendforschung, 1999, S. 1–25.). Der vierte Bericht beschäftigte sich im zehnten Kapitel mit dem jugendlichen Gebrauch von legalen und illegalen Drogen und ihrem Gefährdungspotenzial (vgl. Zentner u. Großegger, 2003, S. 229). Einen aussagekräftigen Beitrag im Rahmen der Jugendberichte lieferte Stephan Sting mit seiner differenzierten und reflexiven Analyse, da sein Artikel nicht nur quantitativ, sondern auch qualitativ-funktional, die Entwicklungsaufgaben betreffend, ausgerichtet ist. Neben den Aspekten zu Substanzkonsum und Suchtproblemen wurden an dieser Stelle auch die Themen Rausch, Sucht und Abhängigkeit, suchtpräventive Angebote für Jugendliche und junge Erwachsenen sowie entsprechende Empfehlungen dargestellt (vgl. Sting, 2011, S. 309–322). Schließlich fasste der siebente und bislang letzte österreichische Jugendbericht im Kapitel Jugend und Gesundheit unter Bezugnahme auf den „Health Behaviour in School-aged Children Survey" (HBSC-Studie, 2014) den Alkohol-, Nikotin- und Cannabiskonsum von Schülerinnen und Schülern recht knapp und einseitig zusammen (vgl. Biffl et al., 2015, S. 71–79).

Abschließend ist hier anzumerken, dass jugendliches (Prävention) und erwachsenes Substanzkonsumverhalten sehr differenziert betrachtet werden muss, da Abhängigkeit und Sucht im Wesentlichen ein Problem der Erwachsenen (Rehabilitation) darstellen. Das ist deshalb maßgeblich, um etwaigen Stigmatisierungs- und Etikettierungsprozessen vorzubeugen (vgl. Sting, 2018, S. 1688–1691; Riesenhuber, 2013, S. 147–148). Seit Mitte der 1990er-Jahre trägt die Drogenberatung des Landes Steiermark diesem Umstand Rechnung, indem sie als einzige ambulante Suchtberatungsstelle im Bundesland dezidiert jugendadäquate Angebote zur Verfügung stellt.

4 Entstehung der Suchthilfe bzw. -prävention in Österreich – ein kurzer Abriss

In der österreichisch-ungarischen Monarchie gab es nur eine einzige regionale alkoholpräventive Maßnahme. Diese bezog sich auf Galizien und angrenzende Kronländer und diente der „Hintanhaltung der Trunkenheit". Die ersten Alkoholpräventions- bzw. Alkoholbehandlungsprogramme finden sich dann im Roten Wien in der Zeit der Ersten Republik. Dazu zählten der „Arbeiter-Abstinentenbund", welcher Trunksucht bereits als Krankheit definierte, eine ärztlich geleitete Trinkerheilstätte als erstes professionelles

Behandlungssystem für Alkoholkranke, der Selbsthilfeverein „Zukunft“ für erfolgreich behandelte Betroffene und deren Angehörige und eine ambulante „Trinkerfürsorge“ des Gesundheitsamtes für Beratung und Begleitung mit „Betreuung statt Strafe“ durch die Polizei. In den Bundesländern gab es lokale Abstinenzvereine unterschiedlicher politisch-kirchlicher Prägung (vgl. Eisenbach-Stangl u. Schroers, 2017, S. 13).

Nach dem Zweiten Weltkrieg begann die psychiatrische Klinik der Universitätsklinik Wien, die Alkoholismus als Krankheit anerkannte, unterstützt durch die Krankenkassen, mit professioneller Suchtbehandlung, die 1961 in der Eröffnung von Wien-Kalksburg gipfelte und in den folgenden Jahren ausgebaut wurde. Sie war schließlich Modell weiterer Anstalten in den Bundesländern (vgl. ebd.).

Um 1970 war die eingeführte Suchthilfe im Bereich illegaler Drogen stark verschränkt mit politischem Kalkül und behördlicher Kontrolle und im Wesentlichen repressiv sanktionierend hinsichtlich Konsum und Weitergabe (vgl. Eisenbach-Stangl u. Schroers, 2017, S. 14). Diesen Umstand bestätigen auch rückblickende Ausführungen des ersten Sozialarbeiters Erwin Fasching (vgl. 2004, S. 25) in der Drogenberatung des Landes Steiermark. Dabei hielt mit der Novelle des Suchtgiftgesetzes 1971 die „Therapie statt Strafe“ Einzug (vgl. Eisenbach-Stangl u. Schroers, 2017, S. 14). In diese Zeit fiel dann mit 1973 auch die Gründung der Drogenberatung in Graz (vgl. Edlinger-Ploder, 2013, S. 6). Die Etablierung und Entwicklung dieser Einrichtung wird anschließend im Weiteren skizziert. Mit einer Novelle 1980 förderte die Bundesregierung mit der Anerkennung und damit einhergehenden monetären Bezuschussung den notwendigen Ausbau von Suchthilfeeinrichtungen. In der Folge entwickelte sich ein Repertoire an multiprofessionellen Methoden in Beratung und Therapie mit stärker werdender medizinischer Ausrichtung. 1987 erfolgte der Erlass zur ärztlich anerkannten Methode der Substitutions- bzw. Ersatzdrogenbehandlung (vgl. Eisenbach-Stangl u. Schroers, 2017, S. 14).

In der zweiten Hälfte der 1990er-Jahre gründeten sich in den Bundesländern mit dem Ruf nach Professionalisierung „Fachstellen für Suchtprävention“, die gegenwärtig unter dem Dach der „Österreichischen ARGE Suchtvorbeugung“ fachlich und inhaltlich sehr gut vernetzt sind. Diese sind vor allem primär bzw. universell präventiv ausgerichtet und unterliegen stark bundesländerorientierten gesetzlichen Aufträgen. Eine österreichweit einheitliche gesetzliche Grundlage bildet das Suchtmittelgesetz (SMG) 1998 (davor Suchtgiftgesetz) (vgl. ebd. und BGBl. I Nr. 112/1997).

Aktuell umfasst die Suchthilfe in Österreich 200 spezialisierte Einrichtungen, die in der Mehrzahl ambulant (nieder- bis hochschwellig) und in einem geringeren Maß stationär ausgerichtet sind (vgl. ebd., S. 16). Teilstationäre Angebote – wie etwa die mobile sozialpsychiatrische Begleitung im Rahmen der extramuralen Psychiatrie (Substanzabhängigkeit ist Ausschließungsgrund) – fehlen im Rahmen der Suchthilfe trotz besseren Wissens nach wie vor, obwohl unter den Fachleuten Konsens über die Notwendigkeit herrscht.

5 Die Drogenberatung in der Steiermark

5.1 Gründung und Entwicklung

„In den 70er Jahren des letzten Jahrhunderts war Graz – ebenso wie viele andere westeuropäische Städte von diversen Entwicklungen der Jugendkultur betroffen – und somit auch von der Tatsache, dass junge Menschen mit sogenannten ‚illegalen Substanzen' experimentierten" (Hutter, 2013, S. 9).

Aufgrund der in diesem Zitat und zuvor beschriebenen wachsenden Entwicklung des Drogenkonsums mit seinen dazugehörigen Problematiken wurde im Jahr 1973 auf Initiative der Steiermärkischen Landesregierung durch die Fachabteilung für das Gesundheitswesen (heute Abteilung 8 Gesundheit, Pflege und Wissenschaft) als Teil der Landessanitätsdirektion eine Beratungseinrichtung für drogensuchtgefährdete Menschen gegründet. Diese erste Drogenberatungseinrichtung in der Steiermark befand sich am Joanneumring in Graz in den Räumlichkeiten der Fachabteilung für Gesundheitswesen und war einmal wöchentlich für zwei Stunden mit zwei Mitarbeitern – einem Facharzt für Psychiatrie und einem diplomierten Sozialarbeiter – besetzt. Auf Wunsch der Fachabteilung oblag die medizinische Fachaufsicht dem circa sechs Kilometer entfernten Psychiatrischen Krankenhaus mit der damals einzigen Entzugsmöglichkeit im Bundesland (vgl. Fasching, 2004, S. 25; Drogenberatung, o. J.). Alle sechs Wochen gab es einen „Suchtgiftgipfel", bei welchem Vertreter der Fachabteilung, des Psychiatrischen Krankenhauses, der Kriminalpolizei, der Gerichte, des

Zolls und der Drogenberatung (durch den Sozialarbeiter) an einen Tisch kamen. Diese heterogene Zusammensetzung war geprägt von unterschiedlichen Interessen, Erwartungen und Aufträgen zwischen strafrechtlicher Repression und akzeptierender Hilfe (vgl. Fasching, 2004, S. 25).

Renate Hutter (Sozialarbeiterin und Psychotherapeutin, bis Ende 2020 Leiterin der Beratungsstelle) wurde ab dem Jahr 1976 Teil der Drogenberatung, wobei sie diese Herausforderung gerne angenommen hat, wie sie später zum 30. Jahrestag der Einrichtung berichtete: „… und habe … die Herausforderung angenommen – in dieser Beratungsstelle mitzuarbeiten und diese auch im Rahmen von kollegialer Führung zu leiten [ab 2003/04], Höhen und Tiefen zu erleben und vor allem auch zum Erfolg und zur Weiterentwicklung dieser Einrichtung beizutragen“ (Hutter, 2013, S. 9). Der Beginn ihrer Tätigkeit gestaltete sich folgendermaßen:

> Also: Zwei Stunden, ein Mal die Woche und das von Renate [Hutter] und mir begrenzt durchgeführte Streetwork. Wir hatten keinen Groschen Geld natürlich für irgendwas – schließlich gab's für die ‚Giftler' ja noch keine Antragsformulare, aber eine große Portion Idealismus, der wohl heute [2003] die Grundlage für eure prächtige Beratungsstelle geworden ist. (Fasching, 2004, S. 25)

Im Jahr 1979 übersiedelte die Drogenberatung des Landes Steiermark in die Paulustorgasse und wurde dabei personell wesentlich aufgestockt. Damit erfolgten ein Ausbau der Beratungstage und eine Erweiterung der sozialarbeiterischen und therapeutischen Angebote für Betroffene, daneben entstanden unterstützende Elterngruppen. Auch in dieser Phase war die Beratungsstelle weiterhin in den Räumen der Landessanitätsdirektion untergebracht (vgl. Fasching, 2004, S. 25; Drogenberatung, o. J.). Die äußerst unbefriedigende räumliche Situation und die wenig anziehende Örtlichkeit (neben der Polizeidirektion) führten zur Idee, zusätzlich nachgehend und niederschwellig als Streetworker tätig zu werden und die Zielgruppe aufzusuchen (vgl. Fasching, 2004, S. 25).

Im Jahr 1983 – zum zehnten Jahrestag – war es dann endlich so weit, die Drogenberatung des Landes Steiermark übersiedelte in eigene Räumlichkeiten am Standort Reiterkaserne in der Leonhardstraße. Hier stand der zweite Stock mit fünf Beratungs- und Therapiezimmern, einem Journaldienstzimmer und einem Gruppenraum zur Gänze zur Verfügung. Mit dieser strukturellen Verbesserung erfolgte sukzessive auch eine wesentliche Erweiterung des Beratungs- und (Psycho-)Therapieangebotes auf die gesamte Bandbreite von Suchterkrankungen. Unter diesem umfassenden Suchtverständnis fanden u. a. das Glücksspiel, die unterschiedlichen Formen der Essstörungen und die Co-Abhängigkeit Eingang in das Beratungsangebot der Einrichtung. Neben dieser Verbreiterung für Betroffene und (deren) Angehörige wurde Beratung, Begleitung und Psychotherapie im Einzel-, Familien- und Gruppensetting möglich. Zusätzlich wurden dann mit der Zeit auch unterschiedliche Informations- und Fortbildungsangebote für Fachkräfte aus dem psychosozialen Feld (v. a. der Jugendwohlfahrt) entwickelt (vgl. Drogenberatung, o. J.). An diese Entwicklung der Suchtberatungsstelle erinnerte sich Renate Hutter (2013, S. 9–10) in der Rückschau und schlussfolgerte:

> Der Gedanke der *Multiprofessionalität* ergab sich quasi von selbst. Das Team wuchs und wurde erweitert und bald bereicherte uns die Anwesenheit von PsychologInnen, weiteren SozialarbeiterInnen und auch erste SozialpädagogInnen kamen dazu. (…). Unmerklich – fast von ‚selbst' führten wir ein, was in der Zwischenzeit in der Fachwelt als Standard definiert wurde – den *‚bio-psycho-sozialen Ansatz'* in unserer Herangehensweise an unsere KlientInnen.

Den wachsenden Herausforderungen stand eben – wie beschrieben – ein multiprofessionelles Team, bestehend aus einem Facharzt, Psychotherapeut*innen, klinischen Psycholog*innen und Sozialarbeiter*innen, gegenüber, das hinreichend mit dem Thema Sucht vertraut war, womit die Voraussetzungen für eine durch das Bundesministerium anerkannte Suchthilfeeinrichtung gegeben waren. Diese Anerkennung nach § 15 Suchtmittelgesetz (SMG) (BGBl. I Nr. 112/1997 zuletzt geändert durch BGBl. I Nr. 144/2015) berechtigt zur Durchführung gesundheitsbezogener Maßnahmen nach § 11 SMG (BGBl. I Nr. 112/1997). Unter den gesundheitsbezogenen Maßnahmen – besser bekannt unter „Therapie statt Strafe" – sind jene Maßnahmen zu verstehen, die fachärztlich, psychotherapeutisch, psychologisch und/oder psychosozial vom Gericht angeordnet bzw. von der Einrichtung angeboten und durchgeführt werden.

Im Jahr 1993, dem 20-jährigen Bestehen, umfasste das multiprofessionelle Team sieben Mitglieder. Zwei „Ex-User" waren zusätzlich „im Bereich der schulischen Suchtprophylaxe" engagiert (Drogenberatungsstelle des Landes Steiermark, 1993, S. 9). In diesem Berichtsjahr wurden 153 Suchtkranke und 103 Angehörige im Einzelsetting begleitet (vgl. ebd., S. 3). Neben den Beratungs- und Therapiegesprächen wurden präventive Tätigkeiten angeboten, und zwar 43 „Gruppengespräche mit Schülern und Lehrern“ mit 951 Teilnehmerinnen und Teilnehmern, zwei „Gruppengespräche mit Lehrern“ mit 34 Teilnehmenden, 87 „Einzelinformationsgespräche“ für Lehrerinnen und Lehrer und drei „Lehrerfortbildungsseminare“ mit 74 Teilnehmenden (vgl. ebd., S. 8).

Ein Wunschziel der damaligen ärztlichen Leitung der Drogenberatung des Landes Steiermark war, primäre, sekundäre und tertiäre Suchtprävention unter einem Dach zu vereinen. Dieses Anliegen, umfassend aufgestellt zu sein, fand im Jahr 1997 ein Ende. Aus der Drogenberatung ging die Präventionseinrichtung VIVID hervor, diese erhielt eigene Räumlichkeiten und einen selbstständigen Wirkungsbereich (vgl. Drogenberatung, o. J.). „VIVID – Fachstelle für Suchtprävention“, getragen von einem privaten Rechtsträger, arbeitete von da an bis heute im Rahmen der primären bzw. universellen Suchtprävention (https://www.vivid.at), die Drogenberatung des Landes Steiermark in der sekundären und tertiären bzw. selektiven und indizierten Suchtprävention und Suchtbehandlung. Diese wechselseitige Abgrenzung wurde damals vereinbart und gilt bis heute, wobei der professionelle Umgang mit substanzkonsumierenden Jugendlichen stets ein sich überschneidendes Betätigungsfeld blieb, welches von sehr guter Kooperation und Zusammenarbeit getragen ist. Das betrifft im Rahmen der Sekundärprävention bzw. selektiven Prävention vor allem den § 13 SMG, welcher den schulinternen Umgang mit Schülerinnen und Schülern bei erkanntem Konsum illegaler Drogen regelt (BGBl. I Nr. 112/1997 zuletzt geändert durch BGBl. I Nr. 144/2015). Hier wurden und werden gemeinsam mit Schulen Handlungsleitfäden zum Umgang mit Verdachtsfällen bei Schülerinnen und Schülern bis zur gesundheitsbezogenen Maßnahme, die jeweils von der Schulleitung sichergestellt werden muss, erarbeitet und entwickelt.

Mit Beginn des zweiten Quartals 1999 verlor das niedrigschwellige Drogenstreetwork in Graz in der Orpheumgasse die Trägereinrichtung aufgrund interner Turbulenzen. Der damals zuständige Stadtrat für Gesundheit entzog der bisherigen Trägereinrichtung das Vertrauen. Die hochschwellig ausgerichtete Drogenberatung des Landes Steiermark wurde mit der Fachaufsicht des plötzlich trägerlosen Drogenstreetworks betraut (vgl. Drogenberatung, o. J.). Mit April 1999 blieb nur noch eine Sozialarbeiterin vom ursprünglich vierköpfigen Team für dieses trägerlose Streetwork übrig. Damit ein Mindestbetrieb aufrechtbleiben konnte, wurde dem Drogenstreetwork ein Mitarbeiter der Drogenberatung – ein Sozialpädagoge – an jedem Mittwoch zur Verfügung gestellt. Damit konnte die Kontaktstelle einmal wöchentlich öffnen, und die übrig gebliebene Sozialarbeiterin erledigte zu dieser Öffnungszeit den Spritzentausch und einzelne Beratungsgespräche. Der zur Verfügung gestellte Sozialpädagoge versorgte den Begegnungsbereich, wo es Kaffee, Essen und Unterhaltung gab. Diese Aushilfe dauerte etwa ein Jahr, denn dann wurde ein zweiter Sozialarbeiter angestellt; bald darauf stand wieder ein vierköpfiges Team zur Verfügung.

Schließlich konnte die ärztliche Leitung der Drogenberatung des Landes Steiermark mit der Caritas einen neuen Träger für das Drogenstreetwork akquirieren. Die vom neuen Träger gewünschte aufrechtgebliebene Fachaufsicht der Drogenberatung endete im Jahr 2002. Ab diesem Zeitpunkt war das Streetwork im Drogenbereich wieder stabil und eigenständig verankert (vgl. ebd.).

Das 30-jährige Bestehen der Drogenberatung des Landes Steiermark im Jahr 2003 wurde mit ehemaligen Mitarbeiterinnen und Mitarbeitern sowie den begleitenden und unterstützenden Personen der damaligen Fachabteilung 8B (Landessanitätsdirektion) des Amtes der Steiermärkischen Landesregierung gefeiert (vgl. ebd.). Zu diesem Anlass fand der erste Sozialarbeiter und Mitbegründer der Drogenberatung folgende resümierenden Worte, die als lohnende Bestätigung und durchaus auch als Anerkennung zu verstehen sind:

> 13 Jahre war ich aktiv und ich möchte Euch sagen, dass es mir heute schon sehr gut tut, wenn ich sehe, was ihr aus unserer Basisarbeit gemacht habt. Freilich ist das Bewusstsein zu unserer Arbeit auch ein anderes geworden, aber es müssen Menschen da sein, die etwas bewegen wollen. Das treibende Element war letztlich doch die Hartnäckigkeit über die wir verfügten – auch um manche völlig unsinnige Projekte zu verhindern. Es ist schön, jetzt in meiner persönlichen und beruflichen Rückschau sagen zu können: Wir haben damals was inszeniert, und Ihr habt es professionell und herzeigbar weitergetragen (...). (Fasching, 2004, S. 26)

Bald darauf wurde mit der dienstältesten Mitarbeiterin (Renate Hutter) und der ärztlichen Leitung eine duale Führung in der Drogenberatung des Landes Steiermark installiert. Dies wurde insofern notwendig, da das multiprofessionelle Team beständig wuchs und die Beratungsstelle strukturell solider wurde.

Im Jahr 2007 fand ein nächster sehr bedeutsamer Schritt für die Suchtberatungsstelle statt. Bis zu dieser Zeit stand der Drogenberatung nur ein Vollzeitäquivalent (40 Stunden pro Woche) im „normalen" Anstellungsverhältnis zur Verfügung, der Rest des Teams war auf Basis von freien Dienstverträgen (sogenannte „prekäre Anstellungsverhältnisse") für Beratungs- und Therapietätigkeit zugekauft. Mit Jahresbeginn wurden erfreulicherweise einige freie Dienstnehmerinnen und Dienstnehmer zu angestellten Landesbediensteten im Ausmaß von fünf Vollzeitäquivalenten inklusive Bürokraft, was die Drogenberatung des Landes Steiermark in ihrem Bestehen wesentlich stärkte. Zusätzlich wurde die Beratungsstelle ein eigenständiges Referat der Landessanitätsdirektion mit daraus resultierender Aufwertung einer Gesamtleitung.

Im Herbst des Jahres 2008 erfolgte die nächste Übersiedelung an den heutigen Standort in der Friedrichgasse zum Haus der Gesundheit, deren Teil die Beratungsstelle ist. Hier steht der Drogenberatung des Landes Steiermark ein eigenes Haus mit acht Beratungs- und Therapiezimmern, einem Journaldienstraum, einem Gruppenraum und einem Sozialraum zur Verfügung (vgl. Drogenberatung, o. J.).

Im Rahmen der Verwaltungsreform 2011 wurde der Drogenberatung der Referatsstatus wieder aberkannt und sie wurde in Form eines Fachteams dem Referat Sanitätsdirektion untergeordnet. Die Referatsleitung wurde zur Fachteamleitung im Sinne einer *„kollegialen Führung"* (Hutter, 2013, S. 9), welche zwar formal leitete, aber trotzdem auf der gleichen Hierarchieebene wie alle übrigen Teammitglieder der Drogenberatung stand.

Zum *40. Jahrestag* im Jahr 2013 bekam die Drogenberatung des Landes Steiermark die Möglichkeit, eine kleine wissenschaftliche Publikation mit dem Titel *„Intuition – 40 Jahre Best Practice in der Drogenberatung des Landes Steiermark"* zu verfassen und herauszugeben. Titel und Inhalt des Sammelwerkes sollten an dieser Stelle die Entwicklung der fachlichen Herangehensweise und des professionellen Handelns – wie folgt – verdeutlichen: „Intuition als kreativer und erfahrungsbasierter Prozess des ahnenden Erfassens der Bedürfnisse von Menschen im Suchtsystem spiegelt unsere Arbeit der letzten 40 Jahre wider" (Drogenberatung, o. J.). Darin resümiert die Leiterin zusammenfassend aus ihren langjährigen Erfahrungen heraus: „Meine heutige Bewertung dieser intuitiven Prozesse in uns – und damit meine ich alle MitarbeiterInnen …, beruhen auf mehreren Faktoren, die ich immer wieder zu diesen beschriebenen Arbeitsprozessen erlebe“ (Hutter, 2013, S. 10). Diese Erfolgsgeschichte sieht sie vor allem in folgenden Punkten verwirklicht:

- *Im humanistischen Ansatz:* Dieser liegt in der Art und Weise der Begegnung mit den Menschen, die in die Drogenberatung kommen, und ist von einem Menschenbild mit der Überzeugung geprägt, dass suchtkranke Menschen nicht diskriminiert werden dürfen und ein Recht auf Behandlung und Begleitung in ihrem Genesungs- bzw. Krankheitsprozess haben.
- *Im großen Engagement:* Hier folgt die grundlegende Einstellung und Gewissheit, dass auch bei sehr beeinträchtigten, in der Lebensgeschichte benachteiligten und leidenden Menschen, deren Situation sehr aussichtslos erscheint, Veränderungsprozesse möglich sind.
- *In der Konflikt- und Konfrontationsfreudigkeit:* Diese Form des Zurverfügungstehens wird an dieser Stelle als Möglichkeit der Orientierung und Veränderung gesehen und *nicht* als strafender und abwertender Faktor.
- *In der systemischen Herangehensweise:* Systemische Ansätze sind im Rahmen der Suchtberatung deshalb essenziell, da im Laufe der Jahre klar wurde, dass Abhängigkeitserkrankungen und die Behandlung derselben oft nur mit systemischer Herangehensweise positiv beeinflusst werden können. Aus dem heraus haben sich vor allem auch die Angebote für Angehörige wie Eltern und Kinder von Betroffenen entwickelt.
- *In der Unterstützung von Multiplikatorinnen und Multiplikatoren:* Die Arbeit mit Fachkräften aus anderen psychosozialen Einrichtungen (an erster Stelle der Kinder- und Jugendhilfe) hat ergeben, dass Fortbildung, Supervision, Coaching und kollegiale Beratung sowie der regelmäßige Austausch von Fachkräften in den angebotenen „Kompetenzgruppen“ effektive Angebote der Drogenberatung darstellen.
- *Im wechselseitigen Lernen:* Dieser letzte, aber zentrale Punkt legt mit Überzeugung dar, dass Fachkräfte und Hilfesuchende voneinander lernen und gleichzeitig auch in ihrer Entwicklung voneinander abhängig sind. Das heißt, dass erfolgreiche Arbeit in beide Richtungen wirkt! In diesem Sinne wirken Selbstwert und Kompetenz bei Klientinnen und

Klienten auch auf den Selbstwert und die Kompetenzerweiterung der Mitarbeiterinnen und Mitarbeiter (vgl. ebd.).

Diese zugrunde liegenden Erkenntnisse aus dem langen Wirken der Drogenberatung schließt Renate Hutter (2013, S. 11) mit nachstehendem Statement ab:

> Die genannten Prämissen in unserer Arbeit sind jedoch nur ein Teil des Gesamtkonzepts, die zum „Erfolgsmodell" dieser Beratungsstelle führten. Die wichtigsten BotschafterInnen sind die Menschen, die zu uns kommen und von ihrem Erleben dieser Beratungsstelle berichten und es sind jene Menschen, die diese Arbeit verrichten!

In der ersten Jahreshälfte 2019 kam es wieder zu einer strukturellen und formalen Veränderung, die sich sehr positiv in Bezug auf die Stellung der Beratungsstelle auswirkte. Die Drogenberatung des Landes Steiermark wurde vom „Fachteam Drogenberatung" zum eigenen „Fachbereich Drogenberatung" des Referats „Sanitätsdirektion – Gesundheitswesen". Dieser neue Umstand stellt insofern eine Würdigung und Aufwertung dar, weil mit dieser übertragenen Bereichsleitung der inhaltlichen Eigenständigkeit und strukturellen Geschlossenheit der Einrichtung Rechnung getragen und diese betont wird. Neben den elf unten angeführten fix angestellten Fachkräften verfügt die Suchtberatungsstelle über ein eigenes jährliches Budget, mit welchem vor allem circa 2.500 zusätzliche Beratungs- und Therapiestunden plus Dokumentation durch Personalzukauf (s. u.) ermöglicht, aber u. a. auch Intervisionen und Supervisionen, Fort- und Weiterbildungen sowie Fachliteratur bezahlt werden.

Die beiden letzten Kapitel zeigen zum Abschluss die aktuelle inhaltliche Ausrichtung auf qualitativer wie quantitativer Ebene.

5.2 *Status quo – Leistungen und spezielle Projekte der Drogenberatung des Landes Steiermark*

Aktuell sind in der Drogenberatung elf Dienstnehmerinnen und Dienstnehmer im Rahmen von 5,5 Vollzeitäquivalenten in den Bereichen Soziale Arbeit, Psychologie, Psychotherapie und Sekretariat angestellt. Weiters gibt es fünfzehn freie Mitarbeiterinnen und Mitarbeiter („zugekaufte Personalleistungen") im Ausmaß von 2,5 Vollzeitäquivalenten in den Bereichen Psychiatrie und psychotherapeutische Medizin, Psychotherapie, Psychologie und Soziale Arbeit. Darunter findet sich auch eine Juristin, die für rechtliche Beratungsgespräche bzw. Fragestellungen zur Verfügung steht.

Die Drogenberatung stellt heute eine zentrale Anlaufstelle für alle Suchtfragen dar. Sie bietet in erster Linie Beratungs- und Therapieangebote an, dient aber auch als Drehscheibe zu anderen Suchthilfeeinrichtungen und psychosozialen Organisationen. Zur Versorgung von Betroffenen und Angehörigen aller Abhängigkeitsformen verfolgt die Beratungsstelle auch spezielle Angebote. Ein wichtiges Angebot ist jenes für Jugendliche und junge Erwachsene; hier braucht und gibt es – im Gegensatz zu betroffenen Erwachsenen – eigene Ansätze in der Einschätzung und im weiteren professionellen Umgang (vgl. Riesenhuber, 2013). Zusätzlich werden hier auch Sozialpädagoginnen und Sozialpädagogen, die substanzkonsumierende Jugendliche begleiten, in ihrer wertvollen Beziehungsarbeit fachlich gecoacht und gestärkt.

Ein weiteres Angebot konzentriert sich auf die Begleitung von Familien, da Suchterkrankungen nicht nur den Einzelnen betreffen, sondern auch das nahe Familienumfeld. Hier gibt es Angebote für „Kinder und Jugendliche aus suchtbelasteten Familien“ und ihre professionellen Helferinnen und Helfer im Rahmen der Kinder- und Jugendhilfe (Sensibilisierung von Fachkräften in der aufsuchenden Familienarbeit) (vgl. Hutter u. Riesenhuber, 2020, S. 26–27).

Schließlich gibt es noch die bereits erwähnte „Kompetenzgruppe Sucht“ für Fachkräfte aus der Kinder- und Jugendhilfe, der Kinder- und Jugendarbeit, der Suchthilfe und anderen psychosozialen Einrichtungen. Diese Kompetenzgruppe wird offen geführt und soll in erster Linie die Möglichkeit zu anonymisierten Fallbesprechungen bieten. In zweiter Linie werden aber auch aktuelle suchtspezifische Schwerpunktthemen – die „Szenen“ betreffend – behandelt. Die Vielfalt, welche durch die vertretenen Professionen und Arbeitsbereiche entsteht, ermöglicht einerseits eine reichhaltige Mischung aus differenzierten Blickwinkeln im Austausch und in der Reflexion, andererseits kreative Lösungsansätze und neue Ideen im professionellen Alltag (vgl. www.drogenberatung.steiermark.at).

Bis zu 1.300 Menschen nutzen pro Kalenderjahr die Beratungs- und Therapieangebote kurz- und langfristig. Davon sind etwa 450 von illegalem Drogenkonsum betroffen, um die 350 sind alkoholkrank und ungefähr 250 sind Angehörige von abhängigkeitserkrankten Menschen. Neben diesen drei großen Gruppen spielen aber noch die Essstörungen und das Glücksspiel eine nennenswerte Rolle. Unter diesen 1.300 finden sich auch circa 150 Jugendliche (bis zum vollendeten 18. Lebensjahr) und circa 200 junge Erwachsene (bis zum 25. Lebensjahr). Zusätzlich nehmen, wie bereits angeführt, etwa 250 Fachkräfte (v. a. Multiplikatorinnen und Multiplikatoren der Kinder- und Jugendhilfe) kollegiale Beratung, Coaching und/oder die Kompetenzgruppe in Anspruch (vgl. Drogenberatung, o. J.).

Neben den Leistungen für die Betroffenen, (deren) Angehörige und für die Fachkräfte im sozialpädagogischen und psychosozialen Feld ist die Drogenberatung des Landes Steiermark sehr gut vernetzt mit den anderen Suchthilfeeinrichtungen in der Steiermark. Das sind stationäre Suchthilfeeinrichtungen für Entzüge und Entwöhnungen im Rahmen von Kurz- und Langzeittherapien und ambulante Einrichtungen mit nieder- bis hochschwelligen Ansätzen. Dabei schließen sich inzwischen akzeptanzorientierte und abstinenzorientierte Ansätze nicht mehr automatisch aus. Demgemäß zeigt sich die aktuelle Suchthilfelandschaft der Steiermark breit gefächert und immer weniger ideologiegeleitet.

6 Grundlegende Leitgedanken der Drogenberatung des Landes Steiermark – ein Fazit

Die Drogenberatung sieht Suchtphänomene als Symptom und in weiterer Folge als Lösungs- und Bewältigungsstrategie von Menschen, die von krisenhaften Entwicklungen betroffen sind. Diesen Menschen begegnet sie in ihrer Arbeit nachhaltig auf bio-psychosozialer Ebene. Der hilfesuchende Mensch in seiner Vielfalt und Individualität steht im Mittelpunkt des Arbeitsprozesses. Das Angebot sowie die Antwort der Drogenberatung bei Suchtfragen lauten: durch Beziehung und Information Entwicklung zu fördern. Das erfüllt sie, indem sie die Menschen, die sich ihr anvertrauen, hält, loslässt und in der Nähe bleibt, bis ein neuer Entwicklungsschritt, eine Transformation des süchtigen Verhaltens, gelungen ist. Von kurzfristigen Beratungen bis hin zu längerfristigen Begleitprozessen reicht die Angebotspalette. Der Blick ist dabei auf die Selbstwirksamkeit, auf die Ausweitung der eigenen Handlungskompetenz und auf vorhandene Ressourcen der Klient*innen, deren Angehörigen und deren Umfeld gerichtet. Das Reagieren auf das Leid eines Süchtigen, anstatt sich die Beseitigung seines

Leidens zur Aufgabe zu machen, bringt das Vertrauen in die Zuverlässigkeit von Entwicklungsprozessen zum Ausdruck. Ein guter „Gastgeber" zu sein heißt, unserem Gegenüber Aufmerksamkeit, Anerkennung, Bestätigung und Beistand bei seinen Erfahrungen zu gewähren, ohne dabei eine Abhängigkeit vom „Gastgeber" zu schaffen. Die Fähigkeit, beim anderen zu bleiben, wenn er Angst erlebt, seine Ängste und unsere Ohnmacht zu erkennen und zu akzeptieren, ohne dabei selbst ängstlich zu werden oder sofort zu versuchen, die Angst abzustellen, sieht die Drogenberatung als kompetente, professionelle Hilfe an. *„Wir trauen süchtigen Menschen auch ein abstinentes Leben zu. Wir verlangen dieses aber nicht von ihnen."*

Die Basis für sämtliche Planungs- und Betreuungstätigkeiten stellen das multiprofessionelle Team der Drogenberatung und das daraus resultierende Fachwissen dar, welches durch ständige Fort- und Weiterbildung sowie durch interdisziplinären Austausch weiterentwickelt wird. Die Drogenberatung des Landes Steiermark nimmt die an sie gestellten Aufgaben innovativ und entwicklungsorientiert, kooperativ und vielfältig wahr. Ihr besonderes Augenmerk gilt der kritischen Reflexion von gesellschaftlichen Suchtentwicklungsprozessen (in der Steiermark), den möglichen Antworten darauf und der Bewusstmachung daraus resultierender Auswirkungen.

Literaturverzeichnis

Amt der Steiermärkischen Landesregierung, FA8B Gesundheitswesen – Sanitätsdirektion (Hrsg.) (2011). *Die neue steirische Suchtpolitik*. Graz.

Amt der Steiermärkischen Landesregierung, Drogenberatung des Landes Steiermark (Hrsg.) (2013). *Intuition. 40 Jahre Best Practice der Drogenberatung des Landes Steiermark*. Graz.

Anzenberger, J., Busch, M., Gaiswinkler, S., Grabenhofer-Eggerth, A., Klein, C., Schmutterer, I., Schwarz, T. u. Strizek, J. (2020). *Epidemiologiebericht Sucht 2020. Illegale Drogen, Alkohol und Tabak – Annex*. Wien: Gesundheit Österreich.

Anzenberger, J., Busch, M., Grabenhofer-Eggerth, A., Hojni, M., Klein, C., Schmutterer, I., Strizek, J. u. Tanios, A. (2019). *Epidemiologiebericht Sucht 2019. Illegale Drogen, Alkohol und Tabak*. Wien: Gesundheit Österreich.

Beubler, E., Haltmayer, H. u. Springer, A. (Hrsg.) (2003). *Opiatabhängigkeit. Interdisziplinäre Aspekte für die Praxis*. Wien, New York: Springer-Verlag.

Biffl, G., Zentner, M., Gärtner, K., Til, M. u. Eiffe, F. (2015). *7. Bericht zur Lage der Jugend in Österreich. Teil A: Wissen um junge Menschen in Österreich.* Wien: Bundesministerium für Familie und Jugend.

Busch, M. u. Haas, S. (2004). Illegale Drogen in Österreich: Epidemiologische Situation und aktuelle Trends. In: R. Brosch u. R. Mader (Hrsg.), *Sucht und Suchtbehandlung. Problematik und Therapie in Österreich* (S. 75–102). Wien: LexisNexis Verlag ARD ORAC.

Caritas der Diözese Graz-Seckau (o. J.). *Kontaktladen und Streetwork im Drogenbereich.* Abgerufen am 05. Dezember 2020, von https://www.caritas-steiermark.at/hilfe-angebote/menschen-in-not/gesundheit/drogen-und-alkoholsucht/kontaktladen-streetwork-im-drogenbereich.

Drogenberatung des Landes Steiermark (o. J.a). *Titel der Unterseite der Website.* Abgerufen am 05. Dezember 2020, von https://www.drogenberatung.steiermark.at.

Drogenberatung des Landes Steiermark (o. J.b). *Geschichte und Statistiken.* Unveröffentlichte Aufzeichnungen. Graz.

Drogenberatungsstelle des Landes Steiermark (1993). *Jahresbericht 1993.* Graz.

Edlinger-Ploder, K. (2013). 40 Jahre Drogenberatung des Landes Steiermark. In: Amt der Steiermärkischen Landesregierung, Drogenberatung des Landes Steiermark (Hrsg.), *Intuition. 40 Jahre Best Practice der Drogenberatung des Landes Steiermark* (S. 6–7). Graz.

Eisenbach-Stangl, I. u. Schroers, A. (2017). Suchthilfe in Österreich: Geschichte, aktuelle Gestaltung und Perspektiven. *Suchtmagazin, 43*(2/3), S. 13–19.

Eisenbach-Stangl, I. (1994). Die neue Nüchternheit. Epidemiologie legalen und illegalen Drogengenrauchs von Jugendlichen und jungen Erwachsenen in Österreich. In: H. Janig u. B. Rathmayr (Hrsg.), *Wartezeit. Studien zu den Lebensverhältnissen Jugendlicher in Österreich* (S. 189–216). Innsbruck: Österreichischer Studien-Verlag.

Eisenbach-Stangl, I. (1987). Einübung in Drogengebrauch. Legaler und illegaler Drogenkonsum und drogenbezogene Probleme. In: H. Janig, P. C. Hexel, K. Luger u. B. Rathmayr (Hrsg.), *Schöner Vogel Jugend. Analysen zur Lebenssituation Jugendlicher* (S. 571–599). Linz: Universitätsverlag Rudolf Trauner.

Fasching, E. (2004). Ein Rückblick von Erwin Fasching – einer der Begründer der Drogenberatung erinnert sich. In: Drogenberatung des Landes Steiermark (Hrsg.), *Jahresbericht 2003* (S. 25–26). Graz.

Gasser-Steiner, P. u. Stigler, H. (1996). *Jugendlicher Drogenkonsum. Epidemiologische Befunde – Sozialwissenschaftliche Modelle. Zur Verbreitung des Konsums legaler und illegaler Drogen in der Steiermark.* Jugend 95. Unveröffentlichte Ausgabe. Universität Graz.

Horvath, I., Anzenberger, J., Busch, M., Gaiswinkler, S., Schmutterer, I. u. Schwarz, T. (2020). *Bericht zur Drogensituation 2020*. Wien: Gesundheit Österreich.

Horvath, I., Anzenberger, J., Busch, M., Puhm, A., Schmutterer, I., Strizek, J. u. Tanios, A. (2018). *Suchtbericht Steiermark 2017*. Kurzfassung inkl. Erläuterungen. Wien: Gesundheit Österreich Forschungs- und Planungs GmbH.

Hutter, R. u. Riesenhuber, M. (2020). Kinder und Jugendliche aus suchtbelasteten Familien. Risiken präventiv erkennen und förderlich umlenken. In: Gesundheitsfonds Steiermark (Hrsg.), *Sucht. Daten, Fakten, Fachbeiträge, Statements, Hilfsangebote* (S. 26–27). Graz.

Hutter, R. (2013). Intuition – Best Practice – Lernen am Erfolg – Eine Geschichte der Drogenberatung des Landes Steiermark. In: Amt der Steiermärkischen Landesregierung; Drogenberatung des Landes Steiermark (Hrsg.), *Intuition. 40 Jahre Best Practice der Drogenberatung des Landes Steiermark* (S. 9–11). Graz.

Österreichisches Institut für Jugendforschung (1999). Ausmaß und Entwicklung jugendlichen Drogenkonsums unter besonderer Berücksichtigung von Ecstasy. In: Bundesministerium für Soziale Sicherheit und Generationen (Hrsg.), *3. Bericht zur Lage der Jugend in Österreich* (25 Seiten). Wien.

Riesenhuber, M. (2013). *Drogengebrauch bei Jugendlichen von „normalem" zu „riskantem" Konsum. Schritte einer Diagnostik auf sozialpädagogischer Ebene*. Wien, Berlin: Lit Verlag.

Suchtmittelgesetz (SMG) idF vom 05.09.1997 (BGBl. I Nr. 112/1997). Abgerufen am 05. Dezember 2020, von https://www.ris.bka.gv.at/GeltendeFassung.wxe?Abfrage=Bundesnormen&Gesetzesnummer=10011040.

Suchtmittelgesetz (SMG) idF vom 05.09.1997 (BGBl. I Nr. 112/1997) zuletzt geändert durch die Kundmachung vom 14. Dezember 2015 (BGBl. I Nr. 144/2015). Abgerufen am 05. Dezember 2020, von https://www.ris.bka.gv.at/GeltendeFassung.wxe?Abfrage=Bundesnormen&Gesetzesnummer=10011040.

Statistik Austria (2020). *Statistik des Bevölkerungsstandes*. Erstellt am 06.07.2020. Abgerufen am 05. Dezember 2020, von www.statistik.at.

Sting, S. (2018). Sucht und Rausch. In: H.-U. Otto, H. Thiersch, R. Treptow u. H. Ziegler (Hrsg.), *Handbuch Soziale Arbeit* (6., überarbeitete Auflage, S. 1684–1692). München: Ernst Reinhardt Verlag.

Sting, S. (2011). Sucht. In: Bundesministerium für Wirtschaft, Familie und Jugend (Hrsg.), *6. Bericht zur Lage der Jugend in Österreich. Jugend aus Sicht der – Wissenschaft (Teil A) – Jugendarbeit (Teil B)* (S. 309–322). Wien.

VIVID (2021). Fachstelle für Suchtprävention. Abgerufen am 05. Dezember 2021, von unter www.vivid.at.

Zentner, M. u. Großegger, B. (2003). Kapitel 10. Legale und illegale Drogen. In: Spectra Marktforschungsges.m.b.H. & Institut für Jugendkulturforschung und Kulturvermittlung (Hrsg.), *4. Bericht zur Lage der Jugend in Österreich. Teil A: Jugendradar 2003* (S. 229–251). Wien.

Entwicklungen hin zur Inklusion

XXVI Menschen mit Behinderung

Hannelore Reicher

Menschen mit Behinderung wird heute das „Recht der ungehinderten Teilhabe an einer inklusiven Gesellschaft" (BMSGPK, 2016, S. 8) zugesprochen. Dies ist ein zentraler Grundsatz der UN-Behindertenrechtskonvention UN-BRK, die 2008 in Österreich in Kraft getreten ist. Die UN-BRK stellt einen wichtigen Meilenstein für die Rechte von Menschen mit Behinderung dar, diese Konvention hat weitreichende Auswirkungen auf nationale Gesetzgebung, gesellschaftliche Initiativen und soziale Dienste.

Ein Blick in die Geschichte zeigt, dass sich in den letzten 70 bis 80 Jahren die rechtlichen Rahmenbedingungen für Menschen mit Behinderung kontinuierlich verbessert haben. Damit einhergehend haben sich auch die angebotenen Förder-, Betreuungs- und Unterstützungsangebote erweitert und die fachlichen Leitprinzipien verändert, die heute von Normalisierung, Selbstbestimmung/Selbstvertretung, Empowerment und Partizipation geprägt sind. Parallel dazu haben sich das gesellschaftliche Bild von Menschen mit Behinderung und der gesellschaftliche Umgang mit ihnen radikal verändert: Menschen mit Behinderung sind nicht mehr Almosenempfänger*innen, die ausgesondert, abgewertet und in Heimen verwahrt werden, sondern in den heutigen Assistenzmodellen werden Menschen mit Behinderung als Expert*innen in eigener Sache gesehen.

Der vorliegende Beitrag zeichnet mit einem zeitlichen Schwerpunkt vom Zweiten Weltkrieg bis heute diese wichtigsten Entwicklungslinien aus rechtlicher und fachlicher Perspektive nach. Dies passiert vor dem Hintergrund von internationalen, nationalen und regionalen Entwicklungen. Da in Österreich das „Behindertenwesen" föderal strukturiert, d. h. Ländersache, ist, sehen die konkrete soziale Angebotslandschaft und deren

Entstehung in den einzelnen österreichischen Bundesländern anders aus. In manchen Passagen wird daher schwerpunktmäßig auf die historische Entwicklung im Bundesland Steiermark eingegangen.

1 Definitionen und Modelle von Behinderung

Heute sprechen wir von Menschen mit Behinderung. In den letzten 100 Jahren kann eine gravierende Veränderung im Sprachgebrauch und in den Bezeichnungen konstatiert werden. 1920 ist auch in der Selbstbezeichnung noch von „Krüppeln" die Rede (z. B. Krüppelarbeitsgemeinschaft / Vereinigung der Körperbehinderten Österreichs). Während noch sehr lange von „cerebral gestörten Kindern" oder „geistig Behinderten" gesprochen wurde, wird heute die Bezeichnung „Menschen mit Lernschwierigkeiten" – auch von den Betroffenen selbst – präferiert. Sprache konstituiert Realität und spiegelt auch Machtverhältnisse wider. Im folgenden Text werden daher die ursprünglichen Begriffe aus der Originalliteratur verwendet, auch wenn sie nicht mehr zeitgemäß sind und heute diskriminierend wirken. Mit diesen Originalbezeichnungen soll ein authentischer Eindruck des gesellschaftlichen Bildes von Menschen mit Behinderung vermittelt werden.

Auch im wissenschaftlichen Kontext haben sich Modelle von Behinderung und Definitionen stark verändert. Lange Zeit war in den relevanten Fachdisziplinen das medizinische Modell vorherrschend: Menschen sind behindert; sie tragen dieses Merkmal quasi wie eine Eigenschaft und zeichnen sich durch Zuschreibungen des Nichtfunktionierens aus. Noch 1975 fand sich in der Deklaration der Rechte behinderter Menschen folgende Definition: „Der Begriff behinderter Menschen umfasst jene Personen, die infolge einer angeborenen oder erworbenen körperlichen oder geistigen Schädigung die Bedürfnisse eines normalen persönlichen und/oder gesellschaftlichen Lebens ganz oder teilweise nicht selbst sicherstellen können" (Steingruber, 2000, o. S.). 1980 entwickelte die WHO die „International Classification of Impairments, Disabilities and Handicaps" (ICIDH): Behinderung wird hier noch als individuelles Problem gesehen, soziale Prozesse und Umweltfaktoren fanden keine Berücksichtigung.

Erst 2001 wurde die heute in vielen Ländern gültige Internationale Klassifikation der Funktionsfähigkeit und Behinderung ICF publiziert (WHO, 2001; 2005). Die ICF integriert das medizinische Paradigma (Behinderung wird als individuelles Problem infolge von Krankheit, angeborener oder erworbener Schädigung gesehen) und das soziale Paradigma (Behinderung ist das Ergebnis gesellschaftlicher Mechanismen im Umgang mit Menschen mit Behinderung). Dieses Modell legt den Fokus auf die Wechselwirkung von gesundheitlicher Beeinträchtigung und Barrieren, Aktivitäten und Teilhabe. Menschen können unabhängig von individuellen Einschränkungen eine Beschränkung ihrer Partizipationschancen erfahren, weil ihre Umwelt keine Möglichkeiten bietet oder diese Möglichkeiten stark beeinträchtigt. Diesen Blickwinkel findet man auch in der UN-BRK, die Behinderung in Artikel 1 wie folgt definiert: „Menschen, die langfristige körperliche, seelische, geistige oder Sinnesbeeinträchtigungen haben, welche sie in Wechselwirkung mit verschiedenen Barrieren an der vollen, wirksamen und gleichberechtigten Teilhabe an der Gesellschaft hindern können" (BMSGPK, 2016, S. 6).

Ähnlich lautet die aktuelle Definition von Behinderung in den relevanten österreichischen Gesetzen, im Bundesbehindertengesetz (§ 1 Abs. 2), im Bundes-Behindertengleichstellungsgesetz (§ 3) und im Bundes-Behinderteneinstellungsgesetzes (§ 3): Behinderung ist die Auswirkung einer nicht nur vorübergehenden körperlichen, geistigen oder psychischen Funktionsbeeinträchtigung oder Beeinträchtigung der Sinnesfunktionen, die geeignet ist, die Teilhabe am gesellschaftlichen Leben bzw. am Arbeitsleben zu erschweren. Als nicht nur vorübergehend gilt ein Zeitraum von voraussichtlich mehr als sechs Monaten.

Die Novelle zum Steiermärkischen Behindertengesetz (StBHG, LGBl. Nr. 94/2014) verwendet einen an den Bund angelehnten Behindertenbegriff, der nicht nur medizinische, sondern auch soziale Gesichtspunkte berücksichtigt und die Teilhabe am Leben in den Mittelpunkt stellt.

Die in § 1a StBHG verwendete Definition von ‚Menschen mit Behinderung' kann als Kombination aus medizinischem Modell und dem soziologisch-interaktionistischen Paradigma betrachtet werden. Diese Definition hat sich außerdem in der praktischen Anwendung des StBHG als zielführend erwiesen, da sowohl die medizinische als auch die soziale Komponente von ‚Behinderung' gewürdigt werden kann. (BMASK, 2017, S. 172)

2 Rechtliche Entwicklungen und soziale Unterstützungsleistungen mit einem Fokus auf die Steiermark

Gesetzliche Rahmenbedingungen – international, national und auf der Bundesländerebene – geben den Rahmen für die Unterstützungsleistungen vor, die Menschen mit Behinderung in Anspruch nehmen können. Die folgenden Ausführungen verzahnen rechtliche Entwicklungen und die damit in Zusammenhang stehenden Unterstützungsangebote für Menschen mit Behinderung. Grundsätzlich gehen die rechtlichen Entwicklungen zu Menschen mit Behinderung in Österreich auf die früheren Fürsorge- und Armengesetze zurück (Steingruber, 2000). Noch bis 1938 fielen Menschen mit Behinderung rechtlich gesehen in die Armenversorgung, zuerst waren die Gemeinden zuständig, dann die Bezirke, erst später die Länder, dazu gab es Landesarmengesetze. 1955 wurden Menschen mit Behinderung in das Opferfürsorgegesetz aufgenommen. Erst Mitte der 1960er-Jahre wurde das erste Behindertengesetz im steirischen Landtag verabschiedet.

Die älteste Einrichtung für Menschen mit psychischer oder kognitiver Beeinträchtigung ist die *Lebenswelt der Barmherzigen Brüder Steiermark* (wurde 2017 so umbenannt; vorher: Johannes-von-Gott-Pflegezentrum Kainbach), die 1880 als Pflegeanstalt eingerichtet wurde. Die Bewohner*innen wurden im Zweiten Weltkrieg Opfer der Euthanasie, nach der Zweckentfremdung als Lazarett und Flüchtlingsheim wurde sie ab 1959 wiedereröffnet (Wögerer, 2006, S. 225). 1996 wurde ein pädagogischer Fachdienst entwickelt; heute werden Normalisierung und dialogische Entwicklungsplanung als zentrale Fachprinzipien angesehen. Neben den Tageswerkstätten gibt es auch Wohneinrichtungen in anderen Orten. 2019 wurde ein Institut für Inklusive Medizin eingerichtet (Konvent der Barmherzigen Brüder, o. J.).

Eine lange Geschichte hat auch der *Odilienverein für blinde Menschen,* der bereits 1881 gegründet, in der NS-Zeit stillgelegt wurde und nach dem Zweiten Weltkrieg die Tätigkeit wiederaufnahm. Wie auf der Homepage ersichtlich ist, werden heute ca. 430 Klient*innen betreut; Individualität und Selbstbestimmung werden als Leitprinzipien genannt (Odilieninstitut Graz, o. J.).

2.1 1939–1945: Die Tötung „lebensunwerten" Lebens in der NS-Zeit

Basierend auf einem biologistisch-nihilistischen Menschenbild wurden Menschen mit Behinderung in der nationalsozialistischen Ideologie, die eugenische Konzepte propagierte, als lebensunwert und minderwertig angesehen. Menschen mit Behinderung sollten „ausgemerzt" werden, um die Erbsubstanz der Population zu verbessern. Im Rahmen der Aktion T4 wurden mehr als 200.000 Menschen mit Behinderung gezielt getötet. In Österreich wurden 20.000 Menschen in Hartheim (Oberösterreich) vergast (Poier, 2001). In der Steiermark fielen mindestens 1.500 Kinder und Erwachsene, die in der „Landesheil- und Pflegeanstalt Am Feldhof" in Graz untergebracht waren, der Euthanasie zum Opfer (Gobiet u. Rudlof, 2006). Seit 1939 mussten Ärzt*innen und Hebammen Neugeborene mit (körperlichen) Behinderungen dem Gesundheitsamt melden, das dann über Leben oder Tod entschied. Eberhard (2016) und auch Oelschläger (2001) beschreiben die problematische Rolle von österreichischen Mediziner*innen als Gutachter*innen, die über Leben und Tod bestimmten. 1941 kam es aufgrund von Protesten seitens der kirchlichen Seite zwar zum Stopp der Aktion T4, dennoch gingen dezentrale Anstaltsmorde und systematische Tötungen (auch durch Verhungern, Vergiftungen mit Barbituraten, Strom) weiter. Für Kinder mit Behinderung wurden eigene „Kinderfachabteilungen" gegründet, beispielsweise in Wien der „Spiegelgrund".

2.2 Nachkriegsjahre bis 1960: Ausgrenzung, Verwahrung, Gewalt

In den Nachkriegsjahren gab es durch die Euthanasie wenige Menschen mit Behinderung. Scham, Furcht und Hilflosigkeit führten dazu, dass Kinder mit Behinderung oft zu Hause versteckt wurden. Menschen mit Behinderung lebten jedoch auch in Heimen und Großinstitutionen. Erst ab 2010 wurden die Lebensbedingungen in diesen Heimen in Studien und Projekten differenziert aufgearbeitet. Wissenschaftliche Aufarbeitungen dieses problematischen Kapitels des Umgangs mit Kindern mit Behinderung für die einzelnen österreichischen Bundesländer liegen seit Kurzem vor (z. B. für die Heilpädagogik und Jugendwohlfahrt in Kärnten von Imsirovic,

Lippitz u. Loch, 2019). Exemplarisch soll hier die Studie von Mayrhofer, Wolfgruber, Geiger, Hammerschick und Reidinger (2017) näher beschrieben werden, die auf mehr als 600 Seiten die Lebenssituation von 700 Kindern und Jugendlichen mit Behinderung in der stationären Psychiatrie *Am Steinhof* und *Rosenhügel* nachzeichnet.

> Die beiden Institutionen bilden gerade in ihrer Unterschiedlichkeit in besonderer Weise das Spektrum an Abwertungen, Ausgrenzungen, Entrechtlichungen und Vernachlässigungen, aber auch an vorrangig paternalistisch geprägtem Engagement ab, das Menschen mit Behinderungen in der österreichischen Nachkriegsgesellschaft über Jahrzehnte widerfuhr. (Mayrhofer et al., 2017, S. 14)

Im Folgenden sollen Einblicke in die Lebensbedingungen und den damaligen Umgang mit Kindern mit Behinderung in Institutionen gegeben werden.

Bis weit in die 1970er-Jahre hinein lebten am *Steinhof* Kinder mit psychischen oder kognitiven Beeinträchtigungen, die als „bildungsunfähig" oder „schwachsinnig" etikettiert wurden. Deren Unterbringung kann als Verwahrung und Segregation bezeichnet werden, es gab keine pädagogische Förderung und keine therapeutischen Angebote. Das Personal wurde nahtlos ohne weitere ideologische oder professionelle Weiterbildung aus der NS-Zeit übernommen; die Personalausstattung war sehr problematisch, bestand aus Pflegekräften, an die von der einzigen ärztlichen Stelle die Verantwortung delegiert wurde. Auch die Räume waren ohne kindgerechtes Mobiliar nur mit Betten ausgestattet, es gab kein Spielzeug und keine adäquaten Sanitäranlagen. Essen, Körperpflege etc. waren von Gewalt, Herabwürdigung und Demütigung begleitet; die Kinder hatten keine Chance, Fertigkeiten für die eigene Versorgung zu entwickeln. Wenig Anregung, Zuwendung und Lernimpulse, kein Spielzeug, Maßnahmen der Sedierung und Freiheitsberaubung (durch Netzbetten, Zwangsjacken und Fixierung, auch um das Personal zu entlasten) führten zu einem massiven Hospitalisierungssyndrom. Exzessive Verabreichung von Psychopharmaka und kollektive Sedierung waren gängige Praxis, um störendes Verhalten zu reduzieren oder zu kontrollieren. Die damit verbundenen Verhaltensweisen wurden als Teil der Behinderung, als „Abartigkeit", interpretiert. Aus heutiger Sicht können aggressive Verhaltensprobleme der Kinder auf emotionale Deprivation zurückgeführt werden.

Mayrhofer (2019) arbeitet heraus, dass der medizinisch-psychiatrische Deutungsrahmen Kinder mit Behinderung „als bildungsunfähige, empfindungslose Objekte“ (S. 22) wahrnahm, jede Entwicklungsfähigkeit wurde ihnen abgesprochen. Abwertende und diskriminierende Wahrnehmungsschemata trafen auf problematische institutionelle Rahmenbedingungen (keine Ausbildung, Personalknappheit u. a.) im Sinne einer totalen Institution, und inadäquate fachliche Konzepte führten zu Verantwortungsdiffusion. 1959 wurde am *Steinhof* eine Sonderschulklasse für schwerstbehinderte Kinder eingerichtet; erst 1979 kam es zur Gründung eines Sonderkindergartens, der erstmals pädagogisch-therapeutische Angebote etablierte. Es gab keine Gerichts- oder andere Kontrollsysteme. Ab Ende der 1970er-Jahre änderte sich die fachliche Orientierung hin zu Förder- und Rehabilitationsmaßnahmen. Dieses System war dennoch weit entfernt von den fachlichen Standards der damaligen Zeit.

Der Schweizer Pädagoge Urs Haeberlin kommentiert diese Epoche rückblickend kritisch:

> „In der Euphorie, die das Wirtschaftswunder in den Nachkriegsjahren erzeugte, hatten die Menschen weder Zeit noch Lust, sich mit ‚behindertenfeindlichen Tendenzen‘ auseinanderzusetzen: Wir hatten an die Erfolge der Marktwirtschaft geglaubt, nicht nur an den technischen und materiellen, sondern auch an den moralischen Fortschritt. (…) Wir erkannten damals die Gefahren kaum, die darin lauerten, dass die pädagogischen Reformen wieder einmal einseitig auf eine wirksamere Förderung der intellektuellen Leistungsfähigkeit abzielten.“ (Haeberlin, 2000, zit. nach Reithofer-Haidacher, 2015, S. 23)

2.3 1960er-Jahre: Aufbaujahre durch Elterninitiativen

Erst in den 1960er-Jahren kam es auf Initiative von Betroffenen und Eltern mit Kindern mit Behinderung zur Entstehung von Organisationen und Vereinen, die sich für eine Verbesserung der Lebensbedingungen und Angebote engagierten. Erste Dienstleistungen entstanden ab Mitte der 1960er-Jahre. Kinder mit Behinderung wurden damals entweder in den Familien oder in Behindertenheimen betreut. 1960 wurde die *Lebenshilfe* Steiermark gegründet. Eltern aus Österreich informierten sich über die Entwicklungen in Deutschland Ende der 1950er-Jahre, da der Contergan-Skandal dort zur Gründung der Lebenshilfe Deutschland und der Aktion Sorgenkind (heute Aktion Mensch) geführt hatte.

Das erste Steiermärkische Behindertengesetz wurde am 9. Juli 1964 verabschiedet; mit vielen Novellierungen bildete es lange die rechtliche Grundlage für erste Leistungen für Menschen mit Behinderung. Im Vorfeld engagierten sich hier die Vertreter*innen der neu gegründeten Lebenshilfe in Gesprächen mit den Politiker*innen und Abgeordneten. Damals war die *Lebenshilfe* die einzige Organisation, die sich für die Zielgruppe „cerebral gestörte Kinder“oder „geistig Behinderte“ engagierte. Im Gesetz werden erstmals Leistungen wie geschützte Arbeit in Werkstätten oder Betrieben, Beschäftigungstherapie, persönliche Hilfe und Pflegegeld genannt. Es gab darauf zwar keinen Rechtsanspruch, doch es war ein wichtiger Grundstein gelegt, um weitere Angebote für Menschen mit Behinderung zu etablieren (Reithofer-Haidacher, 2015, S. 101). Dass der damalige zuständige Soziallandesrat Josef Gruber (1962–1988) Hinweise auf einen fehlenden Rechtsanspruch auf Hilfeleistungen mit der Bemerkung „Na ja, da kommst halt zu mir“ (ebd., S. 163) quittierte, ist bemerkenswert. Eltern und Betroffene wurden so in eine Bittstellerrolle gedrängt.

1973 wurde von der *Lebenshilfe* das erste Wohnheim für Menschen mit geistiger Behinderung in Söding eingerichtet, in weiterer Folge entstanden in jedem steirischen Bezirk Wohnheime, Tageswerkstätten und andere Therapieeinrichtungen (Wögerer, 2006, S. 224). Derzeit werden von der *Lebenshilfe* in der Steiermark Dienstleistungen für 4.500 Menschen mit intellektueller Behinderung und Lernbehinderung angeboten; 2.200 Mitarbeiter*innen orientieren sich an einem „konsequenten Ja zu einer Inklusiven Gemeinschaft“ (Lebenshilfe Steiermark, o. J.).

Eine weitere wichtige soziale Dienstleistungsorganisation ist *Jugend am Werk.* Hier gab es in den 1960er-Jahren eine Umorientierung Richtung Betreuungsangebote für Menschen mit Behinderung: Nach dem Krieg 1948 gegründet, stand in der Anfangszeit vor allem das Thema Jugendarbeitslosigkeit auf der Agenda, 1950 wird aus der losen Arbeitsgemeinschaft *Jugend am Werk* ein selbstständiger Verein. Die ersten Angebote für Menschen mit Behinderung wurden 1952 etabliert; es entstanden die Berufsvorschule für Behinderte, Beschäftigungsprojekte und 1961 die ersten Werkstätten. Mitte der 1960er-Jahre wurden die ersten Wohnplätze in einem Heim geschaffen. In den 1990er-Jahren wurden dezentrale Wohnverbünde (Vollzeitbetreutes Wohnen, Trainingswohnungen, mobil betreutes Wohnen) in den Regionen eingerichtet, 1994 die Krisenwohnstelle *Tarta-*

ruga etabliert. Seit 2014 gibt es die flexiblen Hilfen als mobile Dienstleistung für Familien in der Steiermark. Das Leitbild auf der Homepage lautet wie folgt: „Wir arbeiten auch heute noch Tag für Tag daran unsere Vision einer inklusiven Gesellschaft wahr zu machen und Menschen mit Behinderung ein eigenständiges Leben zu ermöglichen, in dem sie selbst bestimmen wie sie wo leben. Und das in der Mitte der Gesellschaft". Derzeit gibt es 1.000 Mitarbeiter*innen in 100 Einrichtungen (Jugend am Werk, o. J.).

2.4 1970er-Jahre: Antipsychiatrie und Enthospitalisierung

In den 1970er-Jahren kam zu einer Veränderung von der Anstaltsbetreuung hin zu Bildungsmaßnahmen für Kinder mit Behinderung, es wurden Rehabilitationsmaßnahmen für erwachsene Menschen mit (erworbener) Behinderung entwickelt und etabliert. Die 1970er-Jahre waren pädagogisch gesehen „Niemandsland"; Kinder mit Behinderung wurden „verwahrt" oder „still integriert" (Mosaik, o. J.). Es kam zu einer Abkehr von der Haltung des Schützens, Bewahrens und Pflegens. „Satt, sauber und sicher" (Reithofer-Haidacher, 2015, S. 22) war nun zu wenig. Auch im späteren Erwachsenenalter wurde der Mensch mit Behinderung noch als (ewiges) Kind gesehen. „Die ältesten Bewohner*innen waren rund 45 Jahre alt, wurden aber von ‚Erzieherinnen' betreut, zu denen sie ‚Tante' sagten. Sie selbst wurden als ‚Zöglinge', ‚Kinder' oder ‚Schützlinge' bezeichnet" (ebd., S. 42).

1973 gründeten Eltern und Ärzt*innen der Kinderklinik Graz die Steirische Vereinigung zugunsten behinderter Kinder und Jugendlichen, die 1997 in *Mosaik GmbH* umbenannt wurde. 1978 wurde ein Schulheim im Haus für bewegungsbehinderte Kinder im ehemaligen Hirtenkloster in Graz bezogen (Wögerer, 2006, S. 225). Das auf der Homepage zu findende Leitprinzip lautet: „Wir suchen und ebnen Wege, damit Menschen mit Behinderung am gesellschaftlichen Leben – so wie andere Menschen auch – teilhaben können!" (Mosaik, o. J., o. S.). Derzeit werden Dienstleistungen für 1.200 Menschen mit Behinderung von 500 Mitarbeiter*innen in den Bereichen Ambulatorium, Beratungsstelle „Bunte Rampe", Beschäftigung (Tagesstätten, Werkstätten, Teilhabe an Beschäftigung auf dem ersten Arbeitsmarkt), ein heilpädagogischer Kindergarten sowie mobile Dienste (Familienentlastung, Interdisziplinäre Frühförderung, mobile sozialpsychiatrische Betreuung, Wohnassistenz) und diverse Wohnkonzepte angeboten.

2.5 *1980er- und 1990er-Jahre: Internationale Initiativen gegen Diskriminierung*

1981 war das Internationale Jahr der Behinderten und 1983–1992 die UN-Dekade der behinderten Menschen: Mit diesen Initiativen wollten die Vereinten Nationen Menschen mit Behinderung „die bestmögliche Teilnahme am gesellschaftlichen Leben sowie an der sozialen und wirtschaftlichen Entwicklung" (Gobiet u. Rudlof, 2006, S. 18) ermöglichen. 1993 wurden die UN Standard Rules publiziert; damit verbunden ist die politische und moralische Verpflichtung seitens der Staaten, gezielte Maßnahmen zur Herstellung der Chancengleichheit für Menschen mit Behinderung in die Wege zu leiten. Normalisierung und Integration werden wichtige Leitkonzepte.

1986 wurde die *Chance B* als Sozialhilfeverein von Eltern und Sonderschullehrer*innen in Gleisdorf gegründet. In weiterer Folge wurden wichtige Angebote für die Region entwickelt: Ab 1989 gab es als nachschulisches Angebot die Beschäftigungstherapie, 1990 die erste Frühförderstelle, 1991 wurde die erste Arbeitsassistenzstelle Österreichs eingerichtet (übrigens durch einen Kredit finanziert), 1993 ein Ambulatorium für Kinder und Jugendliche mit Behinderungen (dies war der erste Anbieter für mobile Therapien in der Steiermark). 2001 wurde die erste Tagesförderstelle für Menschen mit schwerer und mehrfacher Behinderung eröffnet (Chance B, o. J.). Heute gehört die *Chance B* zu den innovativen Dienstleistungsorganisationen mit dem Ziel, Unterstützungsangebote für gleiche Chancen aller Menschen in der östlichen Steiermark und gute Lebensqualität für alle zu realisieren. Im Laufe der Zeit wurden mehrere Gesellschaften gegründet, an denen auch Gemeinden beteiligt sind. Derzeit werden Dienstleistungen in den Bereichen Kinder und Familie, Bildung und Arbeit, Wohnen, Gesundheit und Altern angeboten, die sich durch Regionalisierung, Innovation, Flexibilität und Kreativität auszeichnen (z. B. selba – mobile Wohnassistenz; LEBI-Laden; GUT – Produkte aus dem eigenen Biobauernhof; Beschäftigungsprojekt Hausmasters). Die *Chance B*-Gruppe gehört zu den größten regionalen Dienstgebern für Menschen mit Behinderung (Chance

B, o. J.). Der langjährige Geschäftsführer der *Chance B,* Franz Wolfmayr, war zwischen 2008 und 2016 auch auf internationaler Ebene als Präsident der European Association of Service Providers for Persons with Disabilities aktiv. Dieser Dachverband vertritt die Interessen von mehr als 10.000 Dienstleistungsorganisationen in 32 europäischen Staaten mit dem Ziel, Menschenrechte zu verwirklichen (EASPD, 2019).

In Österreich wurde 1990 das Bundesbehindertengesetz erlassen, das wegen der Länderkompetenz für das Behindertenwesen eher „Geringfügiges" (Gobiet u. Rudlof, 2006, S. 20) regelt wie Behindertenpass oder Fahrpreisermäßigung. Ein neues Sachwalterrecht wurde umgesetzt. 1993 wurde das Pflegegeld eingeführt, ebenso gibt es seit 1993 das Elternwahlrecht: Eltern können nun selbst entscheiden, ob sie ihr Kind in eine Regelschule mit integrativer Betreuung oder in eine Sonderschule schicken. In der Steiermark gab es hier mit der Volksschule Kalsdorf eine der ersten Schulen mit Integrationsklassen in Österreich. Zur historischen Entwicklung des Schulwesens von der Sonderschule bis hin zu Integration und Inklusion sei auf Reicher (2006) verwiesen.

1990 wurde von der Lebenshilfe der Familienentlastungsdienst FED gegründet, der zum Ziel hat, Familien in einer besonderen Lebenssituation zu unterstützen. Theresia Rosenkranz legte dazu 1998 eine umfassende Forschungsarbeit mit Eltern von Kindern mit Behinderung vor, in der sie die Bedeutung dieses Unterstützungsangebots für Familien beleuchtet. Die FED umfasst im Sinne des Normalisierungsprinzips lebenswelt-, alltags- und bedürfnisorientierte Maßnahmen. Mit Entlastung ist nicht die Person mit Behinderung per se gemeint, sondern die alltägliche „Last" durch „erschwerende Alltags- und Lebensbedingungen" des Umfeldes und der Gesellschaft. Heute gehören familienentlastende Dienste zum Standardangebot für Familien.

1992 wurde *alpha nova* gegründet. Anlass waren kritische Medienberichte über die katastrophalen Lebensbedingungen von Kindern an der Heilpädagogischen Station am Grazer Landesnervenkrankenhaus Feldhof (Lachner, 2017), später Landesnervenklinik Sigmund Freud, heute LKH Graz II Standort Süd. In weiterer Folge wurden drei Wohnhäuser gebaut, ab 1997 der Dienstleistungssektor ausgebaut. Heute gibt es zwölf Standorte, an denen 40 Mitarbeiter*innen 800 Menschen begleiten. Ein Blick auf die mehr als 40-jährige Geschichte zeigt, dass viele interessante EU-Projekte (z. B.

zur Selbstvertretung) durchgeführt wurden; 2011 wurde persönliche Assistenz als Dienstleistung angeboten, 2012 das Medienbüro, 2015 flexible Hilfen, 2016 persönliche Assistenz für Senior*innen (alpha nova, o. J.).

Auch der Sport wurde zunehmend ein Bereich, der zu Akzeptanz, gegenseitigem Respekt und Inklusion von Menschen mit Behinderung beitrug. In Schladming wurde 1993 der Verein Special Olympics Österreich gegründet, der im selben Jahr auch die ersten Weltwinterspiele außerhalb Nordamerikas organisierte. Begründet wurden die Special Olympics von der Schwester des amerikanischen Präsidenten, Eunice Kennedy Shriver, 1962 als Sommercamps für Menschen mit mentaler Behinderung. Auch in dieser berühmten Familie (in die übrigens der Steirer Arnold Schwarzenegger eingeheiratet hat) war es ein Familienmitglied mit Behinderung, nämlich die Schwester Rosemary, die den Impuls gab, sich für die Belange von Menschen mit Behinderung zu engagieren. Bewegung und körperliche Aktivität sind wichtig für individuelles Wohlbefinden und die Lebensqualität – für alle Menschen, auch für Menschen mit Behinderung. Die mediale Berichterstattung darüber trägt viel zu einem verbesserten gesellschaftlichen Image von Menschen mit Behinderung bei: Diese werden in einer positiv konnotierten leistungsorientierten Rolle dargestellt. 1985 nahmen die ersten drei österreichischen Athlet*innen an den Special Olympics teil. Heute beteiligen sich in Österreich ca. 12.000 Menschen an Trainings und Wettkämpfen, weltweit sind es 4,2 Millionen Menschen aus 170 Ländern. 2017 fungierte die Steiermark als Gastgeberland für die Weltwinterspiele (Special Olympics Österreich, 2021).

2.6 2000er-Jahre: Inklusion und Teilhabe

2003 war das EU-Jahr der Menschen mit Behinderung; in Österreich wurde dies mit dem Fokus auf Diskriminierungsschutz, Gleichberechtigung und Förderung der Chancengleichheit umgesetzt. Es wurden Projekte und Sensibilisierungsmaßnahmen für ein verändertes Bild von Menschen mit Behinderung initiiert und eine Beschäftigungsoffensive mit der „Behindertenmilliarde" finanziert.

Ebenfalls 2003 bildete sich die Plattform Interessenvertretung behinderte Menschen mit dem Ziel, dass sich die betroffenen Menschen selbst vertreten. „Nothing about us, without us" lautete das Motto. Menschen mit Behinderung wollen selbst eine treibende Kraft bei der Weiterentwicklung der Behindertenpolitik und der Angebote (im Sinne von Peerberatung) spielen.

Als soziales Dienstleistungsunternehmen soll hier *atempo – zur Gleichstellung von Menschen* erwähnt werden, ein 2000 gegründeter Verein. 2015 entstand daraus die gemeinnützige *atempo gmbh*, die innovative Entwicklungen umsetzt und begleitet, wie im Bereich von Leichter-Lesen-Versionen und Barrierefreiheit in Gebäuden (*capito*), mit einem Marktplatz zur Vermittlung von Assistenzdienstleistungen (*ava*) oder der Evaluation von sozialen Dienstleistungen durch Selbstvertretung (*nueva*) (atempo, o. J.).

2004 wurde in der Steiermark ein neues Gesetz beschlossen, das zeitgemäße Unterstützungsmaßnahmen anbieten soll: Hier wird der Fokus auf Selbstbestimmung und selbstständige Lebensführung gelegt. „Die Prinzipien ‚Mobil vor stationär' und ‚Rechte statt Almosen' fanden Eingang in das neue Gesetz und läuteten auf dieser Ebene einen Paradigmenwechsel ein" (Gobiet u. Rudlof, 2006, S. 26). Basierend auf dem Individueller-Hilfeplan-Verfahren, wird von Gutachter*innen der Hilfebedarf erhoben, ein Bescheid wird ausgefolgt, der auch bei der Bezirksverwaltungsbehörde beeinsprucht werden kann. Dieses Behindertengesetz 2004 bringt neue Angebote wie persönliche Assistenz beim Wohnen, Freizeitassistenz, Hilfe zum Lebensunterhalt und Familienentlastung. Die Behindertenanwaltschaft wird etabliert. Kritisch wird von Betroffenen und Expert*innen die Tatsache gesehen, dass Selbstbehalte für mobile Dienste und Hilfsmittel eingeführt wurden. Zur Umsetzung des Gesetzes dient die LEVO (Leistungs- und Entgeltverordnung); hier werden die Leistungen laut Behindertengesetz und auch die Preise festgelegt. Daran gab es einige Kritikpunkte wie unklare Formulierungen, keine Kostendeckung und dass Assistenzkosten nicht enthalten sind.

2006 wurde vom Nationalrat das Behindertengleichstellungsgesetz beschlossen. Die rechtlichen Rahmenbedingungen lenken den Blick auf diskriminierende Verhaltensweisen und Barrieren, die Menschen mit Behinderung an der Teilhabe an der Gesellschaft hindern.

2008 unterzeichnete Österreich die UN-BRK. Damit verbunden ist eine Reihe von Maßnahmen: Es gibt einen jährlichen Bericht zur Lage der Menschen mit Behinderung in Österreich. Die Umsetzung wird im unabhängigen Monitoring-Ausschuss gefördert und auch überwacht; auf Bundesländerebene sind dies die Antidiskriminierungsstellen. Inklusive Modellregionen werden eingerichtet. Im Nationalen Aktionsplan Behinderung 2012–2020 werden als Ziele und Leitlinien der österreichischen Behindertenpolitik Menschenrechte, Gleichstellung, Nichtdiskriminierung, Barrierefreiheit, Respekt und Menschenwürde sowie finanzielle Absicherung genannt. Ein erster Evaluationsbericht des Nationalen Aktionsplans liegt vor, der 23 Maßnahmen für den neuen Aktionsplan vorschlägt (BMSGPK, 2020a).

2011 kam es zu einschneidenden Sparmaßnahmen in der Behindertenhilfe und der Jugendwohlfahrt; ca. 72 Millionen Euro sollten eingespart werden. Angebote wie die Entwicklungsförderung wurden eingestellt, auch die Personalschlüssel, die Subventionen für geförderte Projekte und die Tag- und Stundensätze für Assistenzleistungen wurden um bis zu 30 Prozent gekürzt. Dies führte zu massiven öffentlichen Protesten seitens der betroffenen Familien und der sozialen Dienstleistungsorganisationen.

3 Veränderung in den Fachkulturen und Leitprinzipien

Wie hat sich der fachliche Blick auf Menschen mit Behinderung verändert? Was sind wichtige Phasen in diesem Veränderungsprozess vom pflegebedürftigen Schützling hin zum „Experten in eigener Sache“ (Wögerer, 2006, S. 225)? Auf Initiative der betroffenen Personen wurden, ausgehend vom Selbstbestimmungsdiskurs, Alternativen zu den bestehenden Institutionen gesucht. Mit dem Konzept der persönlichen Assistenz kommt es zu einem Paradigmenwandel, zu einer Änderung der Rolle der Betreuungspersonen als Assistenznehmer*innen, Menschen mit Behinderung werden zu Expert*innen in eigener Sache. Neue Konzepte sind handlungsleitend: Normalisierung und Selbstbestimmung/Selbstvertretung. Auf diese beiden Leitideen wird im folgenden Teil mit einer historischen Perspektive eingegangen.

3.1 Das Normalisierungskonzept

Franz und Beck (2016, S. 102) bezeichnen dieses Konzept „als eines der einflussreichsten Reformkonzepte der Hilfen für behinderte Menschen weltweit“. Allen benachteiligten Menschen soll die Möglichkeit gegeben werden, „ein Leben so normal wie möglich zu führen“ (ebd.); dies bezieht sich auf alle Lebensbereiche (Bildung, Wohnen, Arbeit, Freizeit, öffentliches Leben, soziale Beziehungen) und soll wegführen von segregierenden und defizitorientierten Strukturen hin zur „Ermöglichung von guten Entwicklungsbedingungen" (ebd.). Die Anfänge liegen in der Sozialgesetzgebung in Dänemark Ende der 1950er-Jahre und sind mit dem Namen Bank-Mikkelsen verbunden (Bank-Mikkelsen, 1979/2008); es geht um eine Abkehr vom Konzept des biologistischen Menschenbilds, der zentralistischen Anstaltsunterbringung, der Diskriminierung und der Belastung von Eltern und Angehörigen. Vom Schweden Bengt Nirje (1994) stammte die fachliche Konzeptualisierung, die auf acht Elementen beruht: ein normaler Tages-, Wochen-, Jahresrhythmus, normale (altersangemessene) Erfahrungen im Lebenszyklus, Respektierung individueller Bedürfnisse, Recht auf Sexualität und normale sexuelle Lebensmuster, normale ökonomische Lebensmuster und wirtschaftliche Standards sowie anerkannte Standards in den Einrichtungen (Wögerer, 2006; Franz u. Beck, 2016). In den 1970er-Jahren wurde dieses Prinzip in den USA und Kanada zu einer komplexen Theorie weiterentwickelt (Wolfensberger, 1986). Von Thimm (2005) stammt eine Konzeption des Normalisierungsgedankens auf drei Ebenen:

1.) Auf der Organisationsebene geht es um eine Ausrichtung an der individuellen Lebenslage und der Förderung der sozialen Netzwerke (Lebenswelt- und Alltagsorientierung).

2.) Auf der sozialpolitischen Ebene geht es um eine Gemeinwesenorientierung, geprägt von Dezentralisierung und Regionalisierung.

3.) Auf der Handlungsebene geht es um Selbst- und Mitbestimmung, Selbsthilfe und Rechte.

Ab 1981, im Internationalen Jahr der Behinderten, wurde die Umsetzung des Normalisierungsprinzips auch von den Betroffenen und Elterninitiativen offensiv eingefordert (Wögerer, 2006). Das Normalisierungsprinzip hat international und auch in Österreich weitreichende Reformen initiiert: De-Institutionalisierung, Enthospitalisierung, gemeindenahes Wohnen und Arbeiten, offene Hilfen, familienentlastende Dienste u. a. Franz und Beck (2016, S. 106) thematisieren als aktuelle wichtige Frage vor dem Hintergrund von gesellschaftlichen Umbrüchen und Modernisierungsprozessen (Individualisierung, Globalisierung), Normalitätskonstruktionen zu reflektieren und zu hinterfragen, wie unter den aktuellen Bedingungen Lebenslagen verbessert und Handlungsspielräume vergrößert werden können.

3.2 Selbstbestimmung und Selbstvertretung

Die Independent-Living-Bewegung nahm ihren Ausgang in den 1960ern an der Universität Berkeley in Kalifornien, wo sich mehrere Studierende mit Körperbehinderung zusammenschlossen, um ein autonomes Wohnkonzept in der Gemeinde zu entwickeln. Es entstand das erste Center for Independent Living; in Deutschland wurde 1986 die Selbstbestimmt-Leben-Bewegung gegründet; in Österreich gibt es 1994 eine Selbstbestimmt-Leben-Initiative, 1996 wurde Selbstbestimmt Leben Tirol gegründet (Selbstbestimmt Leben, o. J.). Heute gilt es als wichtiges Prinzip, dass „Menschen mit Behinderungserfahrungen einen Anspruch auf Entwicklung in größtmöglicher Unabhängigkeit von Fremdbestimmung [haben]. Unterstützung und Assistenz sind somit unter dem Anspruch eines individuellen Höchstmaßes an Selbstvertretung und Autonomie zu ermöglichen" (Schuppener, 2016, S. 108).

Das Thema der Selbstvertretung war ab den 1960er- und 1970er-Jahren zentral in der *Self Advocacy*-Bewegung in Schweden, Großbritannien und den USA. Ziele waren die De-Institutionalisierung und die Forcierung des Selbstbestimmungs- und Selbstvertretungsgedankens, wie es die *People First*-Bewegung forciert. Menschen mit Behinderung sollen nicht als Mitleids- und Fürsorgeempfänger*innen gesehen werden, sondern als Menschen mit Unterstützungsbedarf, die ein Recht auf ein selbstbestimmtes Leben haben und die Expert*innen in eigener Sache sind. Mit dem Paradigma der Selbstbestimmung wurde eine „pädagogische und soziale Wende" (Schuppener, 2016, S. 109) eingeleitet. Dies führte zu einer weitreichenden Veränderung, weg vom therapie- und förderzentrierten Betreuungskonzept, hin zu einem Modell von Assistenz und Begleitung. „Im Fokus steht die Übertragung der *Regiekompetenz* über das eigene Leben an die Person mit Assistenzbedarf" (Schuppener, 2016, S. 109). Dies erfordert eine tiefgreifende Veränderung im professionellen Selbstverständnis: Der Mensch mit Assistenzbedarf darf die von ihm gewünschte Form der Alltagsbewältigung in einem individuellen Lebensstil ausdrücken. Wichtige Kompetenzen der Assistent*innen sind Begleitung in der Entwicklung von

Lebensbewältigungskompetenzen, Beratungskompetenz sowie eine Individualisierungsorientierung. Offenheit, Sensibilität und Transparenz im Miteinander sind wesentlich (Niehoff, 1998). Besonders wichtig sind Reflexionsprozesse von Machtgefällen zwischen Assistent*innen und Menschen mit Behinderung, vor allem in intensiver Abhängigkeit und in institutionalisierten Kontexten.

Bedeutsam ist hier auch das Empowerment-Konzept, übersetzt mit „Selbstbemächtigung" (Herriger, 2014): Dieses Konzept stammt aus der amerikanischen Gemeindepsychologie und hat die Stärkung von Menschen, die sich in einer machtlosen Situation befinden, zum Ziel. Dabei geht der Blick weg von der Defizitorientierung hin zur Ressourcenorientierung. Ressourcen sind individuelle Stärken, Fähigkeiten und Fertigkeiten, die gezielt entwickelt werden, um Menschen zu ermöglichen, selbst über das eigene Leben bestimmen zu können. Das verändert auch die Rolle der professionellen Helfer*innen: Diese sorgen und betreuen nun nicht mehr, sondern nehmen eine Assistenzrolle als kooperative professionelle Unterstützung ein und ermöglichen Selbstbemächtigung.

Seit 2011 gibt es in der Steiermark die Leistung „Persönliches Budget". Zielgruppe sind Menschen mit Sinnesbeeinträchtigung und/oder erheblicher Bewegungsbehinderung ab dem vollendeten 18. Lebensjahr, die über die Fähigkeiten verfügen, diese Assistenzdienstleistung selbst zu organisieren. Die Leistung „Persönliches Budget" steht Menschen mit intellektuellen und/oder psychosozialen Behinderungen nicht zur Verfügung (BMASK, 2017, S. 134). Während der Bund zuständig ist für persönliche Assistenz am Arbeitsplatz, in Bundesschulen und beim Studium, sind die Länder für Assistenz in anderen Lebensbereichen verantwortlich. Persönliche Assistenz wird nur für Menschen mit Sinnes- und Körperbeeinträchtigungen gefördert, in Vorarlberg können auch Menschen mit psychischen und geistigen Beeinträchtigungen persönliche Assistenz in Anspruch nehmen (BMASK, 2017, S. 119).

4 Leben und Wohnen – wie andere auch

Die Umsetzung der UN-Behindertenrechtskonvention sieht vor, Menschen mit Behinderung die Wahl zu ermöglichen, wo sie leben wollen (BMSGPK, 2020a). In den letzten 20 Jahren wurden Geld- und Sachleistungen geschaffen, die dies ermöglichen sollten, z. B. Pflegegeld, persönliche Assistenz, verschiedene soziale Dienstleistungen. Daten aus 2010 zeigen, dass ca. 13.000 Menschen mit Behinderung in Wohn- und Pflegeeinrichtungen ohne Möglichkeit zur Selbstvertretung leben (BMASK, 2017, S. 118). Dass Wohnform und soziale Dienstleistungen miteinander verflochten sind, widerspricht aber dem Prinzip der Selbstbestimmung. Das Recht auf Mitsprache und Selbstbestimmung (Selbstvertretung) ist derzeit insbesondere für Menschen mit Lernbehinderung unzureichend realisiert. Im Bereich der Wohnformen werden umfassende Maßnahmen der De-Institutionalisierung notwendig sein, in denen Konzepte für ein selbstbestimmtes Leben in der eigenen Wohnung Vorrang haben sollten (BMASK, 2017, S. 117).

Die Umsetzung von gewaltpräventiven Konzepten ist angesichts der nach wie vor relativ hohen Prävalenzwerte für strukturelle, physische, psychische und sexuelle Gewalt, von der Menschen mit Lernschwierigkeiten berichten, auch gegenwärtig ein wichtiges Anliegen (BMASGK, 2019). Dabei gilt es, institutionelle Risikostrukturen und Organisationskulturen in den Blick zu nehmen, um personenzentrierte Unterstützung anbieten zu können, Partizipationsmöglichkeiten zu etablieren und Selbstbestimmungsinitiativen zu stärken.

5 Teilhabe an Arbeit und Beschäftigung

Menschen, die nicht mindestens 50 Prozent einer normalen Arbeitskraft leisten können, haben wenig Chancen auf einen Arbeitsplatz oder andere Fördermöglichkeiten; sie können in einer Tageseinrichtung (z. B. Werkstätte) betreut werden und erhalten dafür ein Taschengeld ohne sozialversicherungsrechtliche Absicherung (z. B. keine Pension). In den Maßnahmen der tagesstrukturierenden Einrichtungen steht nicht der arbeitsrechtliche, sondern der therapeutische Zweck im Vordergrund. So erhalten ca. 23.000 Menschen nur ein Taschengeld, das eine geringe „Leistungskomponente“ aufweist. Diese Tatsache wird von Behindertenvertreter*innen und auch dem UN-Ausschuss für die Rechte von Menschen mit Behinderung stark kritisiert (BMASK, 2017; S. 110–112). Seit 2011 sind Menschen mit Behinderung in tagesstrukturierenden Einrichtungen zumindest gesetzlich unfallversichert. 2014 führte eine Novelle zum Steiermärkischen Behindertengesetz zu umfangreichen Änderungen im Bereich der „beruflichen Eingliederung": Menschen mit leichtem oder mittlerem Grad der Beeinträchtigung sollen nicht mehr in Tageswerkstätten, sondern in einem betrieblichen Umfeld betreut und begleitet werden.

Integrative Betriebe bieten jenen Personen eine Beschäftigung, die aufgrund der Art und Schwere ihrer Behinderung nicht am allgemeinen Arbeitsmarkt tätig sein können. Globalisierung erhöht auch auf die integrativen Betriebe den Druck zur Kostensenkung und Produktivitätssteigerung (BMSGPK, 2020b).

In den letzten Jahren kam es generell zu einem deutlichen Anstieg bei der Arbeitslosigkeit von Menschen mit Behinderung („Personen mit gesundheitlichen Vermittlungseinschränkungen" in der Diktion des AMS). Unterstützungsangebote für den Arbeitsbereich finden sich in den Bereichen Beratung, Berufsorientierung/Berufsvorbereitung (Arbeitsassistenz, Jobcoaching) und Beschäftigung (Tagesförderbereich, Beschäftigungstherapien oder Beschäftigungsprojekte, z. B. sozialökonomische Betriebe). Es besteht hier noch massiver Ausbaubedarf, um Teilhabe an einem wichtigen gesellschaftlichen Bereich zu ermöglichen. Zur Unterstützung von jungen Menschen mit Behinderung sowie ausgegrenzten und von Ausgrenzung gefährdeten Jugendlichen am Übergang von Schule zu Beruf gibt es das Netzwerk Berufliche Assistenz (NEBA) des Sozialministeriums. Hier sind Konzepte und Angebote wie Jugendcoaching, Produktionsschulen, Berufsausbildungsassistenz, Arbeitsassistenz und Jobcoaching zu nennen (BMSAK, 2017, S. 98).

6 Tertiäre Ausbildung an den Universitäten und inklusive Forschung

Deutliche Veränderungen finden sich in der tertiären Ausbildungslandschaft an den Universitäten (Brezinka, 2003; Scheipl, 2004): Hier bildet sich der Paradigmenwandel von der Sonderpädagogik hin zur Inklusion deutlich ab (Reicher, 2006). An der Universität Graz gab es ab 1983 im Studium der Pädagogik einen Schwerpunkt in Sonder- und Heilpädagogik. 1997 wurde der Arbeitsbereich Pädagogische Psychologie auf Integrationspädagogik und Heilpädagogische Psychologie umbenannt. Von 2008 bis 2011 wurde im Masterstudium Sozialpädagogik ein Spezialisierungsmodul in Inklusiver Pädagogik angeboten. Seit 2011 gibt es an der Universität Graz ein eigenes Masterstudium Inclusive Education. 2020 wurde an der Universität Graz das Forschungszentrum für Inklusive Bildung eingerichtet, ein Kooperationsprojekt mit der Kirchlichen Pädagogischen Hochschule Graz und der Pädagogischen Hochschule Steiermark.

Auch in den forschungsmethodischen Zugängen wird eine massive Veränderung sichtbar: In den letzten Jahren hat sich mit partizipativer und inklusiver Forschung ein neuer Forschungsstil entwickelt. Seit 2009 haben sich Menschen mit Behinderung und Wissenschafter*innen in der Plattform Disability Studies Austria vernetzt (DistA, 2018). In den Disability Studies wird Behinderung als soziales, politisches, historisches und kulturelles Phänomen erfasst und es wird nachgezeichnet, wie Behinderung durch die „Mehrheitsgesellschaft" (Waldschmidt, 2003, S. 16) konstruiert wird. Es findet eine radikale Umkehrung der Perspektive statt: Nicht die Abweichung und die Andersartigkeit werden analysiert, sondern es wird erforscht, wie Normalitäten und Abweichungen konstruiert, wie Differenzierungskategorien anhand körperlicher Merkmale etabliert werden und wie gesellschaftliche Praktiken der Ein- und Ausschließung ablaufen (Waldschmidt, 2003, S. 16–17). Schönwiese (2020) thematisiert aus dieser Perspektive aktuelle Brennpunkte der inklusiven und emanzipatorischen Behinderungsforschung. Dabei nimmt er auch die neueren neoliberalen Entwicklungen der Sozialwirtschaft kritisch in den Blick. Interessante partizipative Forschungsarbeiten gemeinsam mit Menschen mit Behinderung wurden u. a. von Flieger (2009) und Sigot (2020) vorgelegt.

7 Ausblick

Der Föderalismus ist ein wichtiges Kennzeichen des österreichischen Sozialsystems. Dies führt dazu, dass die Gesetzgebung und die Angebote für Menschen mit Behinderung in den einzelnen Bundesländern unterschiedlich sind; zudem wird die europäische Gesetzgebung mitunter verzögert implementiert (Ferrares, 2006, S. 283). Unterschiede in den Landesgesetzen liegen darin, ob es neben (teil)stationären Betreuungsleistungen auch mobile Hilfen gibt (Familienentlastung, persönliche Assistenz, flexible Hilfen), auf welche Leistungen ein Rechtsanspruch besteht und welche

Kostenbeiträge gefordert werden. In den einzelnen Bundesländern gibt es aufgrund unterschiedlicher Leistungen unterschiedliche Bedingungen für Menschen mit Behinderung (BMASK, 2017, S. 236).

Seit 2015 wurden in der Steiermark so wie auch in Kärnten und Tirol Inklusive Modellregionen eingerichtet mit dem Ziel, Maßnahmen eines inklusiven Bildungswesens zu erproben (BMBF, 2015). Erste Evaluationsergebnisse liegen vor. Hier haben sozialpädagogische Angebote im professionellen Netzwerk eine wichtige Unterstützungsfunktion (Svecnik, Sixt u. Pieslinger, 2017). Vieles hat sich weiterentwickelt. Dennoch stehen aber auch heute noch Eltern mit Kindern mit Behinderung im Alltag zahlreichen Anforderungen gegenüber, wie Martina Kalcher (2019) in ihrer Dissertation belegt, in der sie 50 problemzentrierte Interviews mit Eltern führt: Eltern fühlen sich schlecht informiert, es gibt nach wie vor zu wenig Beratungs- und Unterstützungsangebote betreffend Barrierefreiheit, Therapieangebote oder adäquate Assistenzleistungen an Schulen. Bürokratische Prozesse werden als besonders herausfordernd wahrgenommen; ebenso werden für die Lebensbereiche Schule, Alltagsbewältigung und finanzielle Situation Verbesserungspotenziale gesehen. Trotz vieler Fortschritte ist es auch heute noch dringend notwendig, diese Erfahrungen von Eltern mit Kindern mit Behinderung für die partizipative Entwicklung von adäquaten Konzepten und Angeboten zu berücksichtigen, damit gleichberechtigte Teilhabe an der Gesellschaft gelingen kann.

Literaturverzeichnis

alpha nova (o. J.). *Geschichte*. Abgerufen am 10. Februar 2021, von https://www.alphanova.at/geschichte.

atempo (o. J.). *Startseite*. Abgerufen am 10. Februar 2021, von https://www.atempo.at.

Bank-Mikkelsen, N. E. (1979/2008). Das Normalisierungsprinzip – eine Rückschau. In: W. Thimm (Hrsg.), *Das Normalisierungsprinzip. Ein Lesebuch zur Geschichte und Gegenwart eines Reformkonzepts* (S. 62–76). Marburg: Lebenshilfe Verlag.

BMASK Bundesministerium für Arbeit, Soziales und Konsumentenschutz (2017). *Bericht der Bundesregierung über die Lage der Menschen mit Behinderungen in Österreich 2016*. Wien: BMASK. Abgerufen am 4. Januar

2020, von https://broschuerenservice.sozialministerium.at/Home/Download?publicationId=428.

BMBF Bundesministerium für Bildung und Forschung (2015). *Verbindliche Richtlinie zur Entwicklung von Inklusiven Modellregionen.* Abgerufen am 10. Januar 2021, von http://www.ph-ooe.at/fileadmin/Daten_PHOOE/Inklusive_Paedagogik_neu/BIZB/Homepage_ab_2016/Richtlinie_zur_Entwicklung_von_Inklusiven_Modellregionen_1_9_2015.pdf.

BMSGPK Bundesministerium für Soziales, Gesundheit, Pflege und Konsumentenschutz (2016). *UN-Behindertenrechtskonvention. Deutsche Übersetzung der Konvention und des Fakultativprotokolls.* Wien: BMSGPK. Abgerufen am 19. Februar 2021, von https://broschuerenservice.sozialministerium.at/Home/Download?publicationId=19.

BMASGK Bundesministerium für Arbeit, Soziales, Gesundheit und Konsumentenschutz (2019). *Erfahrungen und Prävention von Gewalt an Menschen mit Behinderungen.* Wien: BMASGK. Abgerufen am 19. April 2021, von https://broschuerenservice.sozialministerium.at/Home/Download?publicationId=718.

BMSGPK Bundesministerium für Soziales, Gesundheit, Pflege und Konsumentenschutz (2020a). *Evaluierung des Nationalen Aktionsplans Behinderung 2012–2020.* Wien: BMSGPK. Abgerufen am 19. April 2021, von https://broschuerenservice.sozialministerium.at/Home/Download?publicationId=718.

BMSGPK Bundesministerium für Soziales, Gesundheit, Pflege und Konsumentenschutz (2020b). *Studie „Integrative Betriebe 2020+„.* Wien: BMSGPK. Abgerufen am 9. April 2021, von https://www.sozialministerium.at/dam/jcr:245cd95a-962c-4358-8b00-c2894b425519/Studie_Integrative_Betriebe_2020.pdf.

Brezinka, W. (2003). *Pädagogik in Österreich. Die Geschichte des Faches an den Universitäten vom 18. bis zum Ende des 20. Jahrhunderts* (Bd. 2). Wien: Verlag der Österreichischen Akademie der Wissenschaften.

Chance B (o. J.). *Unsere Geschichte.* Abgerufen am 19. März 2021, von www.chanceb-gruppe.at/de/Chance-B-Gruppe/Ueber-uns/Unsere-Geschichte.

DistA Disability Studies Austria (2018). *Diskussionspapier: Behinderungsforschung.* Abgerufen am 31. Januar 2021, von dista.uniability.org/wp-content/uploads/2018/10/Behinderungsforschung-DiskussionstextVersion-02-10-2018.pdf.

EASPD European Association of Service Providers for Disability (2019). Abgerufen am 19. März 2021, von https://www.easpd.eu/sites/default/files/sites/default/files/easpd_leaflet_de.pdf.

Eberhard, G. (2016). NS-Euthanasie in Österreich von 1938–1945 (Teil 1). Die Ereignisse – eine Rekapitulation. *psychopraxis neuropraxis, 19*, S. 21–24. doi: 10.1007/s00739-015-0287-5.

Ferrares, H. (2006). Was die Lebensbedingungen behinderter Menschen bestimmt – Gesetze und sozialpolitische Rahmenbedingungen in Österreich. In: A. Prettenthaler-Ziegerhofer (Hrsg.), *Menschen mit Behinderung. Leben wie andere auch?* (S. 281–288). Graz: Leykam.

Flieger, P. (2009). Partizipatorische Forschung. Wege zur Entgrenzung der Rollen von ForscherInnen und Beforschten. In: J. Jerg, K. Merz-Atalik, R. Thümmler u. H. Tiemann (Hrsg.), *Perspektiven auf Entgrenzung. Erfahrungen und Entwicklungsprozesse im Kontext von Inklusion und Integration* (S. 159–171). Bad Heilbrunn: Klinkhardt.

Franz, D. u. Beck, I. (2016). Normalisierung. In: I. Hedderich, G. Biewer, J. Hollenweger u. R. Markowetz (Hrsg.), *Handbuch Sonderpädagogik und Inklusion* (S. 102–107). Bad Heilbrunn: Julius Klinkhardt.

Gobiet, W. u. Rudlof, P. (2006). Vom Gnadentod zu „Leben wie andere auch". Menschen mit Behinderung in der Steiermark von 1945 bis 2005. In: A. Prettenthaler-Ziegerhofer (Hrsg.), *Menschen mit Behinderung. Leben wie andere auch?* (S. 13–29). Graz: Leykam.

Herriger, N. (2014). *Empowerment in der Sozialen Arbeit* (5. akt. Auflage). Stuttgart: Kohlhammer.

Imsirovic, E., Lippitz, I. u. Loch, U. (2019). Totale Institutionalisierung als Gewalt an Kindern und Jugendlichen. *Österreichisches Jahrbuch für Soziale Arbeit, 1*, S. 49–76. doi: 10.30424/OEJS1901049.

Jugend am Werk Steiermark GmbH (o. J.). *Vielfalt wirkt*. Abgerufen am 3. Februar 2021, von https://jaw.or.at/vielfalt-wirkt.

Kalcher, M. (2019). *Inklusion in der Schule. Eltern in der Steiermark zwischen Inklusion, Schule und Alltagsherausforderungen.* [Unveröffentliche Dissertation]. Karl-Franzens-Universität Graz.

Konvent der Barmherzigen Brüder (o. J.). *Unsere Geschichte*. Abgerufen am 31. Januar 2021, von https://www.barmherzige-brueder.at/site/kainbach/unsereeinrichtung/geschichte.

Lachner, B. (2017). *Geschichte des Wandels der Betreuungsformen für Menschen mit Behinderung in Österreich, unter besonderer Berücksichtigung des Projektes „alpha nova"*. [Unveröffentliche Masterarbeit]. Karl-Franzens-Universität Graz.

Lebenshilfe Steiermark (o. J.). *Lebenshilfe Steiermark*. Abgerufen am 12. Februar 2021, von https://www.lebenshilfe-stmk.at.

Mayrhofer, H. (2019). Stigmatisierende Deutungsrahmen und institutionalisierte Verantwortungslosigkeit. Strukturelle Ermöglichungsbedingungen für Gewalt und Vernachlässigung von Kindern und Jugendlichen in stationärer Unterbringung in der jüngeren Geschichte Wiens. *Österreichisches Jahrbuch für Soziale Arbeit, 1*, S. 22–48. doi: 10.30424/OEJS1901015.

Mayrhofer, H., Wolfgruber, G., Geiger, K., Hammerschick, W. u. Reidinger, V. (Hrsg.) (2017). *Kinder und Jugendliche mit Behinderungen in der Wiener Psychiatrie von 1945 bis 1989: stationäre Unterbringung am Steinhof und Rosenhügel* (Schriften zur Rechts- und Kriminalsoziologie, 8). Wien: Lit Verlag.

Mosaik GmbH (o. J.). *Über uns – Geschichte*. Abgerufen am 12. Februar 2021, von https://www.mosaik-web.org/79/ueber-uns/geschichte.

Niehoff, U. (1998). Grundbegriffe selbstbestimmten Lebens. In: U. Höhner, U. Niehoff, R. Sack u. H. Walther (Hrsg.), *Vom Betreuer zum Begleiter. Eine Neuorientierung unter dem Paradigma der Selbstbestimmung* (2. Auflage, S. 53–64). Marburg: Lebenshilfe Verlag.

Nirje, B. (1994). Das Normalisierungsprinzip – 25 Jahre danach. *Vierteljahresschrift für Heilpädagogik und ihre Nachbargebiete, 63*(1), S. 12–32.

Odilieninstitut Graz (o. J.). *Chronik*. Abgerufen am 2. Februar 2021, von https://odilien.at/odilien-institut/chronik/.

Oelschläger, T. (2001). Zur Geschichte der „Kinderfachabteilung" des „Reichsgau Steiermark". In: W. Freidl, A. Kernabauer, R. N. Noack u. W. Sauer (Hrsg.), *Medizin und Nationalsozialismus in der Steiermark* (S. 119–135). Innsbruck: Studienverlag.

Poier, B. (2001). Vergast im Schloss Hartheim, Die „T4-Patientinnen und Patienten" aus der Grazer Heil- und Pflegeanstalt „Am Feldhof". In: W. Freidl, A. Kernabauer, R. N. Noack u. W. Sauer (Hrsg.), *Medizin und Nationalsozialismus in der Steiermark* (S. 86–118). Innsbruck: Studienverlag.

Reicher, H. (2006). Sonderpädagogik – Integrationspädagogik – Inklusionspädagogik. Historische Entwicklungslinien und aktuelle Perspektiven. In: A. Prettenthaler-Ziegerhofer (Hrsg.), *Menschen mit Behinderung. Leben wie andere auch?* (S. 113–121). Graz: Leykam.

Reithofer-Haidacher, E. (2015). *Ein Bild im Wandel/An image changing 1960–2015: Geschichte, politische Kraft und mediale Resonanz der Lebenshilfe.* [Unveröffentliche Masterarbeit]. Uni for Life und Karl-Franzens-Universität Graz.

Rosenkranz, T. (1998). *Familienentlastung. Dienste für Familien mit behinderten Angehörigen, unter besonderer Berücksichtigung der Lebens- und Alltagssituation der Eltern.* Linz: Edition pro mente.

Scheipl, J. (2004). Das Institut für Erziehungswissenschaft an der Universität Graz: 1904–2004. *Erziehung & Unterricht, 154*(9/10), S. 925–943.

Schönwiese, V. (2020). Partizipativ und emanzipatorisch. Ansprüche an Forschung im Kontext der Disability Studies. In: D. Brehme. P. Fuchs, S. Köbsell u. C. Wesselmann (Hrsg.), *Disability Studies im deutschsprachigen Raum: Zwischen Emanzipation und Vereinnahmung* (S. 114–131). Weinheim: Beltz.

Schuppener, S. (2016). Selbstbestimmung. In: I. Hedderich, G. Biewer, J. Hollenweger u. R. Markowetz (Hrsg.), *Handbuch Sonderpädagogik und Inklusion* (S. 108–112). Bad Heilbrunn: Julius Klinkhardt.

Selbstbestimmt Leben gGmbH (o. J.). *Über Uns |Selbstbestimmt Leben gGmbH*. Abgerufen am 10. Februar 2021, von https://www.selbstbestimmt-leben.at/.

Sigot, M. (2020). Junge Frauen mit Lernschwierigkeiten im Spannungsfeld von Selbst- und Fremdbestimmung. Partizipative Forschung. In: J. Donlic u. I. Straßer (Hrsg.), *Gegenstand und Methoden qualitativer Sozialforschung. Einblicke in die Forschungspraxis* (S. 69–85). Opladen: Verlag Barbara Budrich.

Special Olympics Österreich (2021). *Geschichte*. Abgerufen am 19. März 2021, von https://specialolympics.at/geschichte/.

Steingruber, A. (2000). *Der Behindertenbegriff im österreichischen Recht*. [Diplomarbeit, Karl-Franzens-Universität Graz]. bidok – behinderung inklusion dokumentation. http://bidok.uibk.ac.at/library/steingruber-recht.html?use_alt css=true#page.

Svecnik, E., Sixt, U. u. Pieslinger, C. (2017). *Wissenschaftliche Begleitung der Inklusiven Modellregionen. Einschätzung der Ausgangssituation durch Schulaufsichtsorgane, Schulleiter/innen, Leiter/innen von ZIS/PBZ und regionale Leitungspersonen von (außerschulischen) Unterstützungseinrichtungen*. Graz: Bifie.

Thimm, W. (2005). (Hrsg.). *Das Normalisierungsprinzip. Ein Lesebuch zur Geschichte und Gegenwart eines Reformkonzepts*. Marburg: Lebenshilfe Verlag.

Waldschmidt, A. (2003). Behinderung neu denken. Kulturwissenschaftliche Perspektiven der Disability Studies. In: A. Waldschmidt (Hrsg.), *Kulturwissenschaftliche Perspektiven der Disability Studies. Tagungsdokumentation* (S. 11–22). Kassel: Bifos.

WHO (2001) *International Classification of Functioning, Disability and Health* (ICF).

WHO (2005). *Internationale Klassifikation der Funktionsfähigkeit, Behinderung und Gesundheit* (ICF).

Wögerer, T. (2006). Ein Leben wie andere auch? Was Träger der Behindertenhilfe in der Steiermark dafür tun (oder auch nicht tun). In: A. Prettenthaler-

Ziegerhofer (Hrsg.), *Menschen mit Behinderung. Leben wie andere auch?* (S. 221–234). Graz: Leykam.

Wolfensberger, W. (1986). Die Entwicklung des Normalisierungsgedankens in den USA und Kanada. In: Bundesvereinigung Lebenshilfe für geistig Behinderte e. V. (Hrsg.), *Normalisierung – eine Chance für Menschen mit Behinderung* (S. 45–62). Marburg: Lebenshilfe Verlag.

XXVII Die Selbstbestimmt-Leben-Bewegung und ihre Impulse für die Soziale Arbeit

Ernst Kočnik, Rahel More und Marion Sigot

Der Begriff der Selbstbestimmung gilt als Leitidee einer aufgeklärten Gesellschaft und ist eng mit der Philosophie der Aufklärung verbunden, in welcher der „vernünftige Wille" als Voraussetzung für das rationale Handeln des Menschen verstanden wird (vgl. Fornefeld, 2009, S. 184). Im Zuge der Neuzeit werden „Normen, Werte und Institutionen der eigenen Gesellschaft" (ebd.) zunehmend relativiert und die freie Entfaltung des Menschen wird zum zentralen Anliegen (vgl. ebd.). Mit der Verbindung menschlichen Seins mit Konzepten der Freiheit wird der Begriff der Selbstbestimmung relevant, der mittlerweile „zu den weitgehend unbezweifelten Prämissen der gegenwärtigen Ethik" (Gerhardt, 1999, S. 145) zählt und als „ein Schlüsselbegriff der Gegenwart" (Waldschmidt, 2012, S. 11) eingeschätzt wird. Eine selbstbestimmte Lebensführung gilt als „Grundrecht des Menschen" (ebd.) und wird als Gegenpol zu fremdbestimmenden Strukturen und daraus resultierenden Abhängigkeiten konzeptionalisiert, die vor allem institutionellen Rahmenbedingungen zugeschrieben werden (vgl. ebd.).

Menschenrechtlich verankert ist Selbstbestimmung gegenwärtig in Artikel 3 der UN-Konvention über die Rechte von Menschen mit Behinderungen (UN-BRK), welche Österreich 2008 ratifiziert hat. Dort werden als Grundsätze unter anderem „die Achtung der dem Menschen innewohnenden Würde, seiner individuellen Autonomie, einschließlich der Freiheit, eigene Entscheidungen zu treffen, sowie seiner Selbstbestimmung" explizit angeführt. In der UN-BRK wird darüber hinaus unter anderem auch das Recht auf gesellschaftliche Inklusion, Gleichberechtigung und Teilhabe von Menschen mit Behinderungen in allen Lebensbereichen und Lebensphasen postuliert. Das Recht auf Selbstbestimmung wird in Artikel 19 auch durch die Notwendigkeit von Wahlmöglichkeiten, das Recht auf die Wahl des Aufenthaltsortes sowie den Zugang zu Unterstützung für das Leben in der und die Inklusion in die Gemeinschaft sowie die Verhinderung von Isolation und Segregation präzisiert. Dabei werden persönliche Assistenz und gemeindenahe Dienstleistungen und Einrichtungen explizit als Unterstützungsmöglichkeiten angeführt.

1 Selbstbestimmt-Leben-Initiativen und ihre Forderungen

Die Verankerung der angesprochenen Grundsätze und Rechte ist zum großen Teil auf den jahrzehntelangen Aktivismus von Menschen mit Behinderungen zurückzuführen, denn Organisationen und Interessenvertretungen von Menschen mit Behinderungen trugen maßgeblich zur Erarbeitung der UN-BRK bei (vgl. Degener, 2015, S. 56). Die sogenannte Selbstbestimmt-Leben-Bewegung entwickelte sich, ausgehend von den USA, über die skandinavischen Länder und Deutschland in den 1970er- und 1980er-Jahren und organisierte sich insbesondere gegen Ende des letzten Jahrhunderts auch in Österreich (vgl. Kočnik, 2005, S. 99). Ab dieser Zeit orientierten sich soziale Bewegungen von Menschen mit Behinderungen explizit am Recht auf Selbstbestimmung, aber bereits seit der Zwischenkriegszeit (1918 bis 1938) existierten Vorläufer der Selbstbestimmt-Leben-Bewegung. Die ersten „Selbsthilfebewegungen" von Menschen mit Behinderungen versuchten „zur Existenzsicherung behinderter Menschen soziale Rechte und soziale Sicherungen zu erreichen" (Schönwiese, 2019, S. 72). Da die Aufarbeitung nationaler Entwicklungen diverser Selbstbestimmt-Leben-Initiativen im deutschsprachigen Raum zum Teil mit starkem Bezug aufeinander stattfindet (siehe etwa Köbsell, Hermes, Kuppers, Schönwiese u. Wehrli, 2020; Schönwiese, 2019), erschien uns auch für diesen Beitrag ein breiterer (das heißt nicht ausschließlich auf Österreich reduzierter) Referenzrahmen für Impulse aus der Selbstbestimmt-Leben-Bewegung sinnvoll.

Schönwiese (vgl. ebd.) hebt die politischen Dimensionen in der (laut ihm begrenzten) Umsetzung der Forderungen der Selbstbestimmt-Leben-Bewegung hervor und betont, dass der vehemente Einsatz der Bewegung andauere. Er schlussfolgert:

„Sicher hat die Selbstbestimmt Leben Bewegung einen internationalen Paradigmenwechsel verstärkt, der Selbstbestimmung, Inklusion, De-Institutionalisierung, Partizipation, Barrierefreiheit und Gleichstellung zu leitenden Prinzipien machte. Die UN-Behindertenrechtskonvention ist in diesem Sinne sowohl in ihrem Entstehungsprozess als auch in ihren formulierten Inhalten stark von der internationalen Selbstbestimmt Leben Bewegung behinderter Menschen geprägt". (ebd., S. 82)

Bis zum heutigen Tag ist das Recht auf selbstbestimmtes Leben für Menschen mit Behinderungen zentrale Forderung der Selbstbestimmt-Leben-Bewegungen. Als Grundsätze für ein selbstbestimmtes Leben gelten unter anderem die „Anti-Diskriminierung und Gleichstellung behinderter Menschen", die „Entmedizinisierung von Behinderung", „Nichtaussonderung und größtmögliche Integration in das Leben der Gemeinde", „größtmögliche Kontrolle über die Dienstleistungen für Behinderte durch Behinderte" und „Peer-counseling, Peer support und Empowerment als Schlüssel zur Ermächtigung Behinderter" (Miles-Paul nach Dederich, 2007, S. 25).

Im Zuge der Aktivitäten der Selbstbestimmt-Leben-Bewegungen wurde eine Vielzahl von theoretischen Positionierungen und Praktiken, die innerhalb „spezieller" Pädagogiken (zum Beispiel Sonder-, Heil- und Behindertenpädagogik) entwickelt und umgesetzt wurden, als fremdbestimmend und diskriminierend charakterisiert und über vielfältige Initiativen und Aktivitäten massiv öffentlich kritisiert. Aus dem Aktivismus von Menschen mit Behinderungen resultierten auch Bestrebungen einer gesellschaftskritischen Wissenschaftsrichtung, die in jüngeren Jahren unter der Bezeichnung „Disability Studies" zusammengefasst werden (vgl. Köbsell et al., 2020, S. 27). Die Gesellschafts- und Machtkritik der Disability Studies stellt nicht zuletzt die Mitwirkung anwendungsorientierter Disziplinen wie Medizin, Psychologie, (Sonder-)Pädagogik und Sozialer Arbeit an der „Durchsetzung einer normalisierenden Logik" (Dederich, 2010, S. 179) massiv infrage. In den angewandten Disziplinen herrsche die Tendenz vor, Behinderung zu essenzialisieren und zu individualisieren. Es werde auf „Heilung, Förderung, Kompensation, Eingliederung und Bildung – letztlich die normalisierende Unterstützung und Veränderung des Subjektes durch pädagogische, helfende und begleitende Maßnahmen" abgezielt (ebd., S. 180).

Mit der Gesellschaftskritik der Disability Studies und der sozialen Bewegungen von Menschen mit Behinderungen verbunden sind Forderungen, Entwicklungen und Positionierungen, die weit über die Selbstbestimmt-Leben-Bewegung und die speziellen Pädagogiken hinaus in die allgemeine Pädagogik, aber auch in andere Subdisziplinen wirkten und weiter wirken. Auch Theorie und Praxis der Sozialen Arbeit wurde und wird durch diese kritischen Perspektiven tangiert. Hier ist etwa die defizitorientierte Sichtweise durch das sogenannte medizinische Modell von Behinderung zu nennen, die in Selbstbestimmt-Leben-Bewegungen massiv kritisiert wurde/wird. Auch für die Soziale Arbeit wird die vorherrschende Defizitorientierung durch die Orientierung am „Problemfall" und die damit einhergehende Pathologisierung „des Körpers und der Seele" durch „die medizinische Deutungsfolie" zunehmend kritisch in den Blick genommen (vgl. Herriger, ^{6}2020, S. 68–71). Soziale Arbeit wird vor die Aufgabe gestellt gesehen, sich "den Forderungen der Menschen, die sie unterstützt, begleitet, assistiert oder ermächtigt, ein selbstbestimmtes Leben zu leben" (Dreyer, 2013, S. 94), stellen zu müssen.

In unserem Beitrag fokussieren wir auf zentrale Grundsätze beziehungsweise Paradigmen, die aus den Forderungen der Selbstbestimmt-Leben-Bewegung resultieren und reflektieren deren Impulse für Theorie und Praxis der Sozialpädagogik. In der Folge geht es insbesondere um Selbstvertretung und Empowerment, um Partizipation und Inklusion sowie um Selbstbestimmung und Assistenz anstelle von Betreuung. Anzumerken ist in diesem Kontext, dass entsprechende (Um-)Orientierungen innerhalb der Sozialpädagogik durchaus, aber nicht exklusiv auf Impulsen aus der Selbstbestimmt-Leben-Bewegung beruhen, sondern zum Teil auch, wie etwa im Zusammenhang mit „peer counseling", an Entwicklungen und Dynamiken in der Gesundheitsforschung, insbesondere im Suchtbereich, anknüpfen (vgl. Kleiber, Appel u. Pforr, 1998, S. 3). Erfahrungen und Best-Practice-Beispiele, die auf zentralen Forderungen der Selbstbestimmt-Leben-Bewegung beruhen, werden innerhalb der Sozialen Arbeit jedenfalls als Orientierungspunkte und Anregung für Entwicklungen innerhalb der Disziplin wertschätzend wahrgenommen, wie dies etwa für partizipative Forschung der Fall ist (vgl. unter anderem AGJ, 2020, S. 2).

2 Selbstvertretung und Empowerment

Ein zentrales Moment der Selbstbestimmt-Leben-Initiativen ist die Selbstvertretung von Menschen mit Behinderungen, also der Anspruch, ihre „Probleme selbst [zu] definieren, Lösungen selbst aus[zu]arbeiten und nie die Initiative an andere ab[zu]treten“ (vgl. Kočnik, 2005, S. 102). Selbstvertretungsbewegungen stehen in enger Verbindung mit Prozessen des Empowerments, was übersetzt Selbstbemächtigung oder -ermächtigung bedeutet und für das Aufbegehren marginalisierter gesellschaftlicher Gruppen gegen Unterdrückung und Fremdbestimmung steht. Dies wird mit der Bürgerrechtsbewegung der Afroamerikaner (Civil Rights Movement) in den USA in den 1960er-Jahren in Verbindung gebracht (vgl. Herriger, 2020, S. 23–25). Diese Aktionen führten dazu, dass andere marginalisierte Personengruppen sich organisierten und unter anderem zahlreiche Selbsthilfe- und Selbstvertretungsgruppen wie die Independent-Living-Bewegung und die Self-Advocacy-Bewegung behinderter Menschen gründeten, die „politische Mitsprache, Mitgestaltung und Kontrolle der unmittelbaren Lebensumstände“ (Theunissen, 2001, o. S.) einforderten.

Empowerment-Prozesse werden meist durch das „Erleben von Machtlosigkeit und Fremdbestimmung“ (Herriger, 2020, S. 57) und eine damit einhergehende Wahrnehmung einer „Objekt-Rolle“ ohne die Verfügung „taugliche[r] Werkzeuge für eine eigengesteuerte Konstruktion sozialer Wirklichkeit“ (ebd.) angestoßen. Nach der Reflexion sogenannter „Nullpunkterfahrungen“ können in einem dynamischen Entwicklungsprozess Fähigkeiten entwickelt werden, die als „partizipative Kompetenz“ (Kieffer nach Herriger, 2020, S. 58) beschrieben werden und durch die schrittweise Übernahme von Kontrolle dem Gefühl der Ohnmacht entgegenwirken. Röh (2013, S. 63) nimmt in seinem Konzept der „Daseinsmächtigen Lebensführung“ auf den Empowermentbegriff in Verknüpfung mit jenem des Capability Approach Bezug. Er beschreibt Daseinsmächtigkeit als „Kompetenz des Einzelnen, sich im o.g. Sinne der Lebensführung aktiv an der eigenen Lebensgestaltung zu beteiligen; zum anderen jedoch gleichzeitig auch die Macht, auf die für diese Lebensführung notwendigen Ressourcen Zugriff zu haben“ (ebd.). Aus machtkritischer Perspektive muss dabei jedoch die ungleiche Verteilung der für Empowerment erforderlichen Ressourcen berücksichtigt werden.

In den deutschsprachigen Ländern wurde versucht, Aspekte des Empowerment-Konzeptes in Institutionen der „Behindertenhilfe" für Menschen mit Lernschwierigkeiten und Menschen mit Autismus umzusetzen (vgl. unter anderem Theunissen, 2009). Dabei wird insbesondere die im Empowerment-Konzept zentrale Orientierung an Stärken oder Ressourcen fokussiert (vgl. Herriger, 2020; Theunissen, 2009). Die Etablierung des Empowerment-Ansatzes wird in einem breiteren Kontext (unter anderem Friedensbewegung; Ökologiebewegung) auch mit anderen Konzepten, wie etwa der Individualisierungstheorie des Soziologen Ulrich Beck, in Verbindung gebracht (vgl. Herriger, 2020, S. 39). Für die Soziale Arbeit ist das Empowerment-Konzept unter anderem von Herriger differenziert ausgearbeitet worden[1]. Aktuell wird der Empowerment-Begriff in der Sozialpädagogik als „ein gemeinsamer Nenner einer Fundierung sozialer Arbeit" (Lambers, 2013, S. 317) diskutiert. Der Mensch wird in diesem Zugang, der als „Unterstützung zur Selbstermächtigung und Entfaltung von Selbstwirksamkeitserfahrung" definiert wird, „nicht als ein hilfsbedürftiges Mängelwesen betrachtet, sondern in der Möglichkeit, als kompetenter Akteur seiner eigenen Lebensgestaltung aufzutreten" (Lambers, 2013, S. 318). Sozialer Arbeit kommt aus dieser Perspektive allenfalls eine wegweisende Rolle zu, durch die „Starthilfe" geboten sowie Partizipation gefördert und unterstützt wird (vgl. Lambers, 2013, S. 319).

Nicht nur die Selbstbestimmt-Leben-Bewegung, sondern auch die sogenannte People-First- beziehungsweise Mensch-zuerst-Bewegung von Personen mit Lernschwierigkeiten erlangt als Selbstvertretungsbewegung von Menschen mit Behinderungen zunehmende Bekanntheit. Die Entstehungsgeschichte von People First unterschied sich jedoch in den meisten Ländern von jener der Selbstbestimmt-Leben-Bewegung, nicht nur durch ihre zeitlich versetzte Entwicklung. Die Wurzeln der People-First-Bewegung gehen zurück bis ins Jahr 1968. Damals veranstaltete eine schwedische Elternorganisation eine Tagung für Menschen mit Behinderungen, bei der teilnehmende behinderte Menschen Änderungswünsche an Dienstleistungsanbieter formulierten. In den nächsten Jahren folgten weitere Veranstaltungen, unter anderem in England und Kanada. Eine Gruppe behinderter Menschen aus Oregon, die eine dieser Veranstaltungen besuchte, fand,

1 Das Standardwerk zu „Empowerment in der Sozialen Arbeit" von 2002 liegt aktuell bereits in der 6. Auflage vor.

dass „die Professionellen die Veranstaltung kontrollierten", und veranstaltete eine eigene nur durch Menschen mit Lernschwierigkeiten organisierte Konferenz. Der Name der Bewegung „People First – Mensch zuerst" entstand bei einer Tagung 1974 in Oregon, wo eine Teilnehmerin sagte: „Ich möchte zuerst als Person gesehen werden." (People First, 2004, o. S.).

In Deutschland schlossen sich erst in den 1990er-Jahren Fachkräfte, Menschen mit Lernschwierigkeiten und ihre Eltern zusammen, um bessere Lebensbedingungen einzufordern (vgl. Haake, 2000, S. 85). In Österreich organisierte die erste Tagung von und für Menschen mit Lernschwierigkeiten die Lebenshilfe. Die ersten trägerübergreifenden Initiativen und unabhängigen Beratungseinrichtungen entstanden jedoch erst nach der Jahrtausendwende (vgl. Flieger, 2020, S. 43). Maßgeblich dafür war der Besuch des prominenten US-amerikanischen Selbstvertreters Michael Long in Österreich. Sein Besuch war ein zentraler Anstoß für die Entwicklung der organisierten, sowohl unabhängigen als auch in Organisationen eingebetteten Selbstvertretung von Personen mit Lernschwierigkeiten in Österreich. Wenngleich diese bis heute regional höchst unterschiedlich ausgeprägt ist (vgl. Scheiblauer, Kofler, Rauchberger u. Gritsch, 2009, S. 23–25), existieren in Österreich bereits mehrere trägerübergreifende Mensch-zuerst-Initiativen. Einige davon entstanden durch Impulse der Selbstbestimmt-Leben-Bewegung und sind stark mit dieser verknüpft, etwa WIBS[2] in Tirol, People First Steiermark[3] und Mensch Zuerst Kärnten[4].

Mittlerweile sind Selbstvertretungsbewegungen auch im sozialpädagogischen institutionellen Kontext etabliert, Adressat_innen sprechen und gestalten intern mit und positionieren sich mitunter auch mit ihren Forderungen in der Öffentlichkeit. Ein Beispiel dafür sind die Forderungen von sogenannten Careleaver_innen: „Wir Careleaver sind junge Menschen, die in der stationären Jugendhilfe (Wohngruppen, Heime, Pflegefamilien etc.) aufgewachsen sind. Wir haben uns zu einem Netzwerk zusammengeschlossen, um auf die Rechte von Careleavern aufmerksam zu machen und für unsere Interessen und Belange einzustehen. Kinder und Jugendliche

---

2 http://wibs-tirol.at

3 https://www.sl-stmk.at/de/aktuelles/meldungen/2017-07-11-People-First-Steiermark-Neugruendung-einer-Selbstvertretung-fuer-Menschen-mit-Lernschwierigkeiten.php

4 http://menschzuerst-ktn.at

aus der Jugendhilfe sind nicht schwierig, sondern müssen mit schwierigen Lebensverhältnissen umgehen. Wir wünschen uns Anerkennung für unsere Leistungen: die Vergangenheit zu bewältigen und trotz Unsicherheiten in die Zukunft zu blicken!“ (Careleaver Netzwerk Deutschland, 2020, o. S.) Als zentrale Forderungen der Gruppe werden die rechtliche Stärkung, „die Auflösung der normativen Eltern-Kind-Beziehung“, eine verbesserte finanzielle Lage, Partizipation während der stationären Phase, die Wahrnehmung von Übergängen als kontinuierlicher Prozess und verbesserte Bildungschancen genannt (vgl. ebd.).

Im Kontext der Entwicklung von Selbstvertretungsbewegungen sind auch Peer counseling und Peer support von zentraler Bedeutung. Beide verfolgen das Ziel, Empowerment zu unterstützen beziehungsweise anzuregen. Im Gegensatz zum breiter gefassten Begriff des Peer support ist unter Peer counseling jedoch eine strukturierte Methode zu verstehen (vgl. Hermes, 2006, S. 74). Unter Peer counseling wird „das Anwenden von aktivem Zuhören sowie anderen problemlösenden Techniken, um jeweils gleichartige Betroffene (‚peers‘) zu beraten“ (Bizeps, o. J., o. S.), verstanden. Im Peer counseling erfolgen Austausch und Beratung zwischen Personen mit ähnlichen Lebenssituationen und Erfahrungen im Einzelsetting oder in Gruppen. Im Peer support hingegen erfolgt Unterstützung behinderter Menschen, die ein selbstbestimmtes Leben anstreben, durch selbst behinderte Menschen, die schon über Erfahrung in diesem Bereich verfügen und zum Beispiel Herausforderungen bereits gemeistert haben. Dies kann etwa über die Herstellung von Kontakten zu behinderten Personen erfolgen, die einen bestimmten Grad an Selbstbestimmtheit in ihrem Leben verwirklichen konnten (vgl. Miles-Paul, 2006, S. 39).

Auch in der Sozialen Arbeit wird Peer counseling umgesetzt, Beispiele dafür sind Peer counseling mit (langzeit)arbeitslosen Menschen (vgl. Schweers u. a., 2020), Jugendberatung und Beratung von jungen Erwachsenen (vgl. Schwab, 2020). Die Impulse für die Umsetzung dieses Modells sind nicht nur aus dem Selbstbestimmt-Leben-Kontext, sondern auch in der Gesundheitsförderung und in der Suchtprävention bei Jugendlichen zu orten. Dabei wurden in Orientierung an Peer-Ansätzen in der Gesundheitsförderung und der Drogenprävention in den USA in den 1960er-Jahren in Deutschland unter dem Titel „Peer Involvement“ ebenfalls verschiedene Umsetzungsvarianten im Bereich der Gesundheitsförderung (zum Beispiel

Aids-Prävention) und der Suchtprävention entwickelt (vgl. Kleiber, Appel u. Pforr, 1998, S. 3).

3 Partizipation und Inklusion

Partizipation und Inklusion sind Grundprinzipien der UN-Konvention über die Rechte von Menschen mit Behinderungen und der Selbstbestimmt-Leben-Bewegungen. Scheipl, Rossmann und Heimgartner betonen, dass Partizipations- und Inklusionsprozesse „zwischen der strukturellen Gestaltung der Sozialen Arbeit und der Perspektive des individuellen Lernens" Diversität wahren und auf eine „selbstverantwortete Bewältigung und Gestaltung des Alltags" abzielen (Scheipl, Rossmann u. Heimgartner, 2009, o. S.[5]). Partizipation und Inklusion werden als Voraussetzungen für „Individualität und Selbstverwirklichung, für ein selbstbestimmtes Leben und eine persönliche Entfaltung" (Schwalb u. Theunissen, 2017, S. 8) beschrieben.

Der „häufig gebrauchte[], schillernde[] Begriff" (Sonnleitner, 2012, S. 199) der Partizipation leitet sich etymologisch vom lateinischen Verb participare ab und bedeutet dementsprechend Teilnahme oder Teilhabe (vgl. Sonnleitner, 2012, S. 200). Partizipation gilt „im Sinne von Teilhabe und Teilnahme an Entscheidungsprozessen und der aktiven Einflussnahme als eine wichtige Voraussetzung für die Entwicklung beziehungsweise Stärkung und Aktivierung personaler Ressourcen wie Kontrollüberzeugung, Selbstwirksamkeitserwartung, Widerstandsfähigkeit und Kohärenzgefühl" (Lenz nach Prosetzky, 2009, S. 91). In Selbstbestimmt-Leben-Bewegungen, insbesondere in der People-First-Bewegung, wird mit dem Slogan „Nichts über uns ohne uns" (vgl. Sierck, 2012, S. 35) die zentrale Forderung, nichts ohne die Beteiligung von Menschen mit Behinderungen zu planen und umzusetzen, ausgedrückt. Die Forderungen nach Partizipation und Inklusion haben sowohl Eingang in die Praxis als auch in die Forschung gefunden.

In den Institutionen der „Behindertenarbeit" sowie in der Sozialen Arbeit wurden institutionelle Praktiken entwickelt, durch die Adressat_innen vermehrt in partizipative Prozesse der Lebensgestaltung einbezogen werden.

---

[5] Aus der Kurzbeschreibung der Publikation „Partizipation und Inklusion in der sozialen Arbeit", online: https://www.fachportal-paedagogik.de/literatur/vollanzeige.html?FId=927342#vollanzeige (die Publikation ist vergriffen).

Der Partizipationsbegriff gilt bereits als „omnipräsentes Stichwort“ (Scheu u. Autrata, 2013, S. 7), als „Schlüsselbegriff“ (Wagner, 2017, S. 45) und als „grundlegendes Handlungsprinzip“ (Anastasiadis u. Wrentschur, 2019, S. 9) für die Soziale Arbeit. Das Ausmaß der Partizipation kann dabei allerdings sehr unterschiedlich sein und reicht, etwa entsprechend dem sogenannten Stufenmodell der Partizipation von Wright et al. (2010), das häufig im Kontext partizipativer Forschung zitiert wird, aber auch für institutionelle Kontexte gewinnbringend sein kann, von der Instrumentalisierung über Mitbestimmung bis zur Entscheidungsmacht und darüber hinaus zur Selbstorganisation. In vielen Institutionen beziehungsweise Einrichtungen werden mit Information, Anhörung und Einbeziehung meist Vorstufen der Partizipation praktiziert (vgl. ebd.). Die Stufe der Selbstorganisation wird in der Selbstbestimmt-Leben-Bewegung erreicht.

Selbstvertreter_innen aus der People-First-Bewegung machen im Zusammenhang mit der Vereinnahmung von Partizipation in und durch Institutionen immer wieder auf die Relevanz einer unabhängigen Selbstvertretung von Menschen mit Lernschwierigkeiten aufmerksam (vgl. Föllerer, 2020, S. 8; Netzwerk Selbstvertretung Österreich, 2016, o. S.). Es gehe darum, unabhängig von Einrichtungen zu agieren und „andere Menschen mit Lernschwierigkeiten zu stärken“ (Netzwerk Selbstvertretung Österreich, 2016, o. S.). Selbstvertreter_innen des Netzwerks für Selbstvertretung Österreich betonen: „Wir gehören zu keiner Einrichtung dazu. Es gibt keine Einrichtungs-Leitung und keine BetreuerInnen oder andere, die für uns entscheiden. Wir entscheiden selbst, wer uns bei der Netzwerk-Arbeit unterstützt. Wir entscheiden selbst, in welche Richtung die Arbeit vom Netzwerk geht. Wir entscheiden selbst, welche Ziele wir erreichen wollen.“ (ebd.) Die Hervorhebung der Selbstvertretung, Unabhängigkeit und Selbstbestimmung des Netzwerks verdeutlicht die Selbstorganisation der Mitglieder und repräsentiert damit die höchste Stufe des genannten Stufenmodells der Partizipation.

Organisieren sich Personen jedoch nicht wie das Netzwerk Selbstvertretung unabhängig von Einrichtungen, bleibt oft umstritten und unklar, was Partizipation in den sehr unterschiedlichen Kontexten, etwa Handlungsfeldern und Aufgaben der Sozialen Arbeit, bedeutet und wie sie praktisch umgesetzt werden kann. Der folgende Abschnitt führt in das Verständnis von Partizipation im Kontext der Sozialen Arbeit ein und beleuchtet Theorie und Praxis.

Im akademischen Kontext ist die zunehmende Umsetzung partizipativer Forschungsprojekte, in denen „die Beteiligung von gesellschaftlichen Akteur*innen als Co-Forscher*innen" (von Unger, 2014, S. 1) und „durch Teilhabe an Forschung mehr gesellschaftliche Teilhabe" erfolgen soll (ebd.), ebenfalls auf Forderungen aus den Selbstbestimmt-Leben-Bewegungen zurückzuführen. Diese Forderungen bedeuten übertragen auf wissenschaftliche Forschung, dass das (Erfahrungs-)Wissen der von dem jeweiligen Erkenntnisinteresse betroffenen Menschen als Expertise betrachtet wird, sie von „Objekten" zu „Subjekten" der Forschung werden und eine zentrale Rolle in Forschungsprozessen einnehmen wollen. Mit der Umsetzung partizipativer Forschungsprojekte wird auch im Bereich der Forschung der Forderung aus der emanzipatorischen Behindertenbewegung – „Nichts über uns ohne uns!" – Rechnung getragen (vgl. Flieger, 2007, S. 21).

Die Sozialpädagogen Sting und Heimgartner zählen partizipative Forschungsansätze zu jenen, in denen die Adressat_innen der Forschung, „insbesondere von Marginalisierung bedrohte Zielgruppen, zunehmend in den Prozess der Konzeption und Durchführung einbezogen werden" (Heimgartner u. Sting, 2011, S. 14). Beachtet werden müssten dabei das „Zuerkennen einer Subjektrolle" im Forschungsprozess und das „Vermeiden von Bevormundung". Die damit einhergehende Orientierung an den Adressat_innen der Forschung wird unter anderem in sozialraumorientierten Zugängen, Forschungswerkstätten, hermeneutisch-verstehenden Ansätzen und szenischem Forschen, insbesondere in der Sozialpädagogik und in der inklusiven Pädagogik, verfolgt (ebd., S. 16–17). Allerdings werden „Forschungsprojekte mit einem dezidiert partizipativen Ansatz" nur vereinzelt durchgeführt. Dies wird innerhalb der Sozialpädagogik aktuell von der Arbeitsgemeinschaft für Kinder- und Jugendhilfe (AGJ) für die Kinder- und Jugendhilfe in einem Positionspapier zu partizipativer Forschung kritisch angemerkt und im Zuge dessen werden Akteur_innen in Praxis, Wissenschaft und Forschungsförderung ermutigt, „sich vermehrt auf partizipative Forschungsprozesse einzulassen sowie hinreichende Bedingungen für deren Umsetzung zu schaffen" (AGJ, 2020, S. 1). In diesem Papier wird auch auf die zunehmende Umsetzung von partizipativer Forschung in anderen „Forschungsfeldern“ hingewiesen, „etwa in der Gesundheitsforschung oder der Forschung zur Teilhabe von Menschen mit Beeinträchtigung“, und somit für Zweiteres auch implizit auf Impulse aus den damit verbundenen Wurzeln in der Selbstbestimmt-Leben-Bewegung hingewiesen (ebd., S. 2).

In der „Forcierung partizipativer und verstehender Zugänge“ sehen Heimgartner und Sting auch die Chance, „vorhandene Unterstützungsmaßnahmen wirkungsvoll an die Dynamik sich verändernder Lebenswirklichkeiten anpassen zu können“ (ebd., S. 20). Es gilt jedoch, Machtasymmetrien zwischen unterschiedlichen Akteur_innen zu reflektieren, die auch durch Partizipation (wenn überhaupt) nur ansatzweise entkräftet werden können.

So gibt es für die Umsetzung von Partizipation im institutionellen Kontext und im Hinblick auf partizipative Forschung auch kritische Befunde. Gerade in jenen Bereichen, die „für ‚Bevormundungen‘ und Unzufriedenheiten der Adressaten besonders anfällig“ (Blandow u. a. nach Prosetzky, 2009, S. 89) sind, erfährt Partizipation kaum gesellschaftliche Aufmerksamkeit. Davon betroffen sind insbesondere Kinder, alte Menschen und Menschen mit Behinderung, für deren Lebensgestaltung Partizipation zwar als Schlagwort hochgehalten, konkret aber häufig nur dann ermöglicht wird, wenn sie „von Fachkräften beziehungsweise Entscheidungsträger*innen selbst gewollt, zugelassen oder gewährt wird“ (Hermann nach Prosetzky, 2009, S. 93). Dazu kommt, dass Partizipation zunehmend an Bedingungen und Voraussetzungen geknüpft wird (Prosetzky, 2009, S. 89). Dies erfolgt etwa explizit in der Kinderrechtskonvention, wenn das Recht, sich zu allen sie betreffenden Fragen zu äußern, nur jenen Kindern zugestanden wird, die, ihrem Alter, ihrer „Entwicklung“ entsprechend[6], als fähig eingeschätzt werden, „sich eine eigene Meinung zu bilden“.

Interessant in diesem Zusammenhang ist, dass es in Österreich seit der Ratifizierung der UN-BRK sehr viele Institutionen gibt, die in ihren Leitbildern Selbstbestimmungsrechte für deren Klientel explizit hervorheben. Hierbei handelt es sich oft um einen Etikettenschwindel, da die Möglichkeiten, diese Rechte auch zu beanspruchen, nach wie vor eher gering und zumeist lediglich auf die Möglichkeit der freien Meinungsäußerung beschränkt sind. Sehr häufig werden in Einrichtungen lebende behinderte

6 Siehe Artikel 4, BGBl. I Nr. 4/2011, Bundesverfassungsgesetz über die Rechte von Kindern, Fassung vom 30.12.2020.

Menschen als billige Arbeitskräfte ausgenützt, indem sie zum Beispiel in der Küche oder beim Aufräumen und Reinigen eingesetzt werden und dafür lediglich ein Taschengeld erhalten. Um der UN-BRK und auch den jeweiligen Leitbildern gerecht zu werden, müssten diese Menschen in sozialversicherungsrechtliche Angestelltenverhältnisse übernommen werden.

Eng in Verbindung mit dem Partizipationsbegriff steht auch jener der Inklusion, wobei davon ausgegangen wird, „dass Probleme der Lebensführung in einem Zusammenhang mit gesellschaftlichen Regulierungen sozialer Zugehörigkeit und sozialer Teilnahme stehen“ (Scherr, 2017, S. 36). Die Auseinandersetzung mit der Situation von Menschen mit Behinderungen aus historischer Perspektive macht deutlich, dass deren Leben im Zuge der gesellschaftlichen Wandlungsprozesse, die mit der Entwicklung der Leitidee von Selbstbestimmung einhergingen, von Disziplinierung, Ausschluss, Isolation und Exklusion bedroht war (vgl. Ferdani, 2011, S. 12). Erste Integrationsansätze betrafen die Integration sinnesbeeinträchtigter Kinder in das Schulwesen im 18. Jahrhundert (vgl. Möckel, 2002, S. 81). Die Integration von Menschen mit zugeschriebener „geistiger Behinderung“ begann erst in der Mitte des 19. Jahrhunderts durch die Errichtung von „Heil- und Erziehungsanstalten, Heime[n] mit Schulen, später auch Werkstätten für erwachsene Behinderte“ in mehreren europäischen Staaten (ebd., S. 84). Durch die im Zuge dessen eingerichteten Sonderschulen wurden Schüler_innen mit „kognitiven Beeinträchtigungen“ erstmals überhaupt im Schulwesen integriert (vgl. Möckel, 2002, S. 81). Ein gemeinsamer Unterricht mit nicht beeinträchtigten Kindern war allerdings kein Thema. In der Folge entwickelte sich ein ausdifferenziertes, auf „Behinderungsformen“ fokussiertes Sonderschulsystem (ebd., S. 85), das im Zuge der Entwicklung der Integrationsbewegung und von Selbstbestimmt-Leben-Bewegungen gegen Ende des letzten Jahrhunderts zunehmend kritisch hinterfragt wurde und letztendlich zur Umsetzung der schulischen Integration führte (vgl. Hovorka, 1998, S. 285–286). Auch der Begriff der Integration selbst wurde in der Folge problematisiert, da er den erfolgten Ausschluss deutlich macht und aus dieser Perspektive als „Re-Integration“ von Menschen, die zuvor aus gesellschaftlichen Kontexten exkludiert wurden, eingeschätzt wird (vgl. Schumann, 2000, S. 35). Anders als Integration, worunter „die Eingliederung von bisher ausgesonderten Personen“ (Krög, 2005, S. 4) verstanden wird, will das Konzept der Inklusion „die

Verschiedenheit im Gemeinsamen anerkennen, d.h., der Individualität und den Bedürfnissen aller Menschen Rechnung tragen“ (ebd.). Nicht mehr „besondere Maßnahmen […], die es Menschen mit Behinderungen ermöglichen sollen, wieder am gesellschaftlichen Leben teilzunehmen, von dem sie vorher ausgeschlossen waren“ (Markowetz, 2005, S. 28), stehen im Fokus. Inklusion wird demgegenüber als Grundrecht jedes Menschen und somit als Menschenrecht eingeschätzt, das „selbstverständlich auch und gerade für Menschen mit Behinderungen eigentlich keiner besonderen Begründung bedarf“ (ebd.).

Der Inklusionsbegriff wird mehrperspektivisch gedacht, beschränkt sich also nicht auf Menschen mit Behinderung, sondern nimmt „alle Dimensionen von Heterogenität“ (Markowetz, 2005, S. 29) in den Blick und bezieht sich dabei „auf Prinzipien, Prozesse, Inputs und Ziele im akzeptierenden Umgang mit heterogenen Lernvoraussetzungen“ (Reicher, 2011, S. 162). Als Ziel wird eine allgemeine inklusive Pädagogik angestrebt, die nicht als „Regelpädagogik für ‚normale‘ Menschen“ (Hinz, 2005, S. 78) angelegt sein darf, sondern unterschiedliche Voraussetzungen selbstverständlich miteinbeziehen muss.

Mittlerweile ist – wie bereits einleitend angeführt – Inklusion als Grundsatz in der UN-BRK verankert. In Zusammenschau mit der UN-Konvention über die Rechte des Kindes wird zunehmend auf die erforderliche Beseitigung struktureller Barrieren hingewiesen, die Kinder und Jugendliche mit Behinderungen sowie ihre Familien daran hindern, die Angebote der Jugendhilfe gleichberechtigt in Anspruch zu nehmen (Deutsches Institut für Menschenrechte, 2019, S. 3). Dabei werden auch die sachlichen Zuständigkeiten problematisiert, die für Kinder, Jugendliche und Erwachsene entlang der Zuschreibung „Behinderung“ geteilt sind. Eine inklusive Jugendhilfe wird in Deutschland bereits seit Jahrzehnten debattiert, die praktische Umsetzung erfolgt schrittweise und betraf zunächst nur die Erweiterung der Zuständigkeit der Jugendhilfe für Kinder mit einer „seelischen Behinderung“ (Wiesner, 2014, S. 57).

Die Chance der Inklusion im Kontext der Kinder- und Jugendhilfe wird mit vielfältigen Herausforderungen in Verbindung gebracht. So werden neben sich ergebenden Entwicklungschancen auch Berichte von „KlientInnen von Exklusionserfahrungen in anderen Systemen (z.B. Schulsystem)“ (Buchner u. Leitner, 2016, S. 45) aufgrund der Tatsache, dass „sie eben

KlientInnen der Kinder und Jugendhilfe sind“ (ebd.), thematisiert. Darüber hinaus werden „die Umsetzung ohne Unterstützungsmaßnahmen und ohne ausreichende Ressourcen für Qualifikationen des Personals“ (ebd.) sowie die unzureichende gesellschaftspolitische Diskussion (vgl. Wiesner, 2014) kritisch in den Blick genommen. Soziale Arbeit sieht sich im Kontext mit den aus der Selbstbestimmt-Leben-Bewegung ausgehenden und in der UN-BRK verankerten Forderungen nach Inklusion „als Profession gefordert, auf diese neuen Entwicklungen und gesellschaftlichen Erwartungen eine Antwort zu finden“ (Dreyer, 2013, S. 94 f.).

4 Selbstbestimmung und Assistenz anstelle von Betreuung

Forderungen nach Partizipation und Inklusion gehen mit der zum Teil noch ausstehenden Deinstitutionalisierung von Menschen mit Behinderungen beziehungsweise von Unterstützungsleistungen einher. Aus Perspektive der Selbstbestimmt-Leben-Bewegung sind „traditionelle[n] Konzepte[n] der Behindertenhilfe“ (Markowetz, 2005, S. 31) bevormundend und nicht bedarfsgerecht. Ausgehend vom Befund, dass Menschen mit Behinderungen, die Unterstützung benötigen, von Abhängigkeit, Fremdbestimmung, ja sogar Freiheitsentzug bis hin zur Körperverletzung bedroht sind (vgl. Brozek, 2005, S. 135), streb(t)en Menschen mit Behinderungen eine bedarfsgerechte und selbstorganisierte Strukturierung der notwendigen Unterstützung an. Die Kritik an den abgelehnten vorhandenen Unterstützungsstrukturen, die den Bedürfnissen der betroffenen Menschen häufig nicht entsprechen, führte zum Wunsch, „sich eigene Organisationsstrukturen anstatt der herkömmlichen Pflegeinstitutionen aufzubauen“ (Kaiser, 2006, S. 10). Zentral ist dabei der Wunsch nach Kontrolle über das eigene Leben und die benötigten unterstützenden Dienstleistungen (vgl. Windisch u. Miles-Paul, 1991, S. 22) sowie der Anspruch, „als Subjekte und nicht in herkömmlicher Weise als Objekte von Hilfe oder Versorgung begriffen“ (Windisch u. Miles-Paul, 1991, S. 5) zu werden.

Das im Kontext der Selbstbestimmt-Leben-Bewegung entwickelte Modell der persönlichen Assistenz wird als Möglichkeit für Menschen mit Behinderungen gesehen, die „[…] notwendigen Voraussetzungen zu gleichen Lebensbedingungen […] zu erlangen“ (vgl. Ratzka, 1988). Damit ist es gleichsam auch eine logische Konsequenz der Forderung nach De- beziehungsweise Entinstitutionalisierung, die mit den Ansprüchen einer inklusiven Gesellschaft einhergeht. Die Kritik an der mächtigen Position der „Betreuenden" und die Forderungen nach einem Paradigmenwechsel werden vom bekannten Behindertenrechtsaktivisten Ottmar Miles-Paul auf den Punkt gebracht: „Immer mehr behinderten Menschen wurde […] bewusst, dass viele derjenigen, die nicht müde wurden und immer noch nicht müde werden, vorzugeben, dass sie ‚ja nur das Beste für die Behinderten' wollen, ihre Interessen oft missachten und sogar mit Füßen treten" (Miles-Paul, 2006, S. 33).

Persönliche Assistenz wird als das wichtigste Mittel zur Selbstbestimmung von Menschen mit Behinderungen gesehen (vgl. Zander, 2007, S. 40–41), ist jedoch nach wie vor bestimmten Assistenznehmer_innen, meist Personen mit körperlichen oder Sinnesbehinderungen, vorbehalten (vgl. Waldschmidt u. Schneider, 2007, S. 21). Trotz langjähriger Forderungen der People-First-Bewegung (vgl. Girlek, 2005, o. S.; Mackowitz, 2014, o. S.) sind hingegen Menschen mit Lernschwierigkeiten in Österreich von der Inanspruchnahme persönlicher Assistenz überwiegend ausgeschlossen (vgl. Bruckner, 2019). Diese Diskriminierung von Personen mit Lernschwierigkeiten mag darauf zurückzuführen sein, dass sie laut Zander (2007, S. 42) häufig als unfähig zur für das Beziehen von persönlicher Assistenz erforderlichen Selbstbestimmung erachtet werden. Seitens der für die Finanzierung der persönlichen Assistenz zuständigen Länder, im Falle der persönlichen Assistenz am Arbeitsplatz des Bundes, ist der Ausschließungsgrund häufig auch die Koppelung der Leistung an den Bezug von Pflegegeld, das Menschen mit Lernschwierigkeiten lediglich erhalten, wenn zusätzlich auch eine Körper- und/oder Sinnesbehinderung vorliegt. Vielfach werden für diesen Personenkreis andere Dienstleistungen angeboten, in Kärnten etwa die Freizeitassistenz, die jedoch nicht den von der Selbstbestimmt-Leben-Bewegung zugrunde liegenden Kriterien für persönliche Assistenz entsprechen. In Kärnten sind zudem auch Menschen mit psychischen Behinderungen von persönlicher Assistenz ausgeschlossen (vgl. Anwaltschaft für Menschen mit Behinderung, S. 67), was gemäß Artikel 19 der UN-BRK eine Diskriminierung darstellt.

Der mit dem Konzept der persönlichen Assistenz angesprochene Paradigmenwechsel von Betreuung zur selbstbestimmten Unterstützung ist im sozialpädagogischen Kontext mittlerweile ebenfalls zum Thema geworden, wie etwa die kürzlich veröffentlichten Qualitätsstandards für die stationäre Kinder- und Jugendhilfe verdeutlichen (vgl. Lengauer, Terp u. Posch, 2019). Selbstbestimmung in sozialpädagogischen Einrichtungen wird dabei unmittelbar mit Partizipation beziehungsweise „Beteiligung" sowie der Interessenvertretung (von Kindern und Jugendlichen) in Verbindung gebracht. Dennoch scheint Selbstbestimmung im Kontext der Qualitätsstandards sozialpädagogischer Einrichtungen eher als Ziel diverser Unterstützungsmaßnahmen denn als Werkzeug zur Wahrnehmung von Unterstützungsangeboten für Kinder/Jugendliche gesehen zu werden (vgl. ebd., unter anderem S. 131, 139, 172). Dem widerspricht die Sichtweise der betroffenen jungen Menschen selbst, wie Sting (2019, S. 33 f.) resultierend aus einer Studie zu den Perspektiven von Careleavern betont: „Aus der Sicht der Kinder und Jugendlichen besteht […] der ‚Sinn' von Qualitätsentwicklung u.a. darin, dass Kinder- und Jugendhilfeeinrichtungen zu sozialen Orten werden, […] an denen sie ihr Leben unter der Prämisse von ‚Selbstbestimmung, Autonomie und Eigenverantwortung' gestalten können".

5 Resümee und Ausblick

In Theorie und Praxis der Sozialpädagogik finden sich aktuell Positionen und Konzepte, die in der Selbstbestimmt-Leben-Bewegung seit ihren Anfängen zum Teil als Grundvoraussetzungen für ein selbstbestimmtes Leben wahrgenommen und eingefordert werden. Dabei werden Orientierungen an den Selbstbestimmt-Leben-Konzepten deutlich, allerdings sind auch andere Entwicklungslinien zu orten, wie dies beispielsweise im Kontext von Empowerment zur Gesundheitsforschung und zur Suchtprävention verdeutlicht wurde.

In der Auseinandersetzung mit Zugängen aus der Sozialpädagogik und der Selbstbestimmt-Leben-Bewegung im Zuge der Arbeiten an diesem Beitrag wurde für uns auch sichtbar, dass sich einzelne zentrale Perspektiven und Konzepte schon früh sowohl in der Selbstbestimmt-Leben-Bewegung als auch in den sozialpädagogischen Ansätzen wiederfinden. Dies trifft unter anderem auf Zugänglichkeit im Sinne von Barrierefreiheit sowie das Recht auf Partizipation als von Beginn an zentrale Forderungen aus der Selbstbestimmt-Leben-Bewegung zu, die wenngleich in anderer Form etwa in den Struktur- und Handlungsmaximen der lebensweltorientierten Sozialpädagogik nach Thiersch vorkommen. Darin werden unter anderem Alltagsnähe im Sinne der Präsenz sozialpädagogischer Angebote in der Lebenswelt der Adressat_innen und somit auch „Erreichbarkeit und Niederschwelligkeit" gefordert (Thiersch, Grunwald u. Köngeter, 2011, S. 189). Ebenso wird in diesem Konzept Partizipation als „ein konstitutives Moment Sozialer Arbeit" beschrieben, diese müsse mit „der Institutionalisierung von Einspruchs- und Beschwerderechten" einhergehen (ebd.). Auch in der Orientierung an Ressourcen lassen sich Parallelen feststellen. So wird der lebensweltorientierten Sozialpädagogik zugeschrieben, „den Respekt vor dem Gegebenen mit dem Vertrauen in Potentiale und Entwicklungsmöglichkeiten im Feld" (Thiersch et al., 2011, S. 179) zu verbinden.

Im Zuge der Feststellung diverser Parallelen bedarf es jedoch auch einer grundsätzlichen Differenzierung zwischen den menschenrechtlichen Forderungen und Erfolgen der politisch motivierten Selbstbestimmt-Leben-Initiativen von Menschen mit Behinderungen als Protest gegen Unterdrückung (vgl. Schönwiese, 2019, S. 79 f.) und der sozialpädagogischen Professionalisierungsdebatte (vgl. unter anderem Staub-Bernasconi, 2007; 2012). Während Soziale Arbeit auch als „Reaktion auf die Veränderung der Gesellschaft" beschrieben wird (Deller u. Brake, 2014, S. 18), fordern Selbstvertretungsbewegungen diese Veränderungen vehement ein. Gesellschaftlicher Wandel kann durch Paradigmenwechsel wie jenen von Behinderung als „bearbeitungsbedürftiges Problem" zu einem kollektiven „sich Wehren" (Schönwiese, 2019, S. 79) Veränderungen auch von „[…] sozialpädagogischen Problemstellungen, Handlungsformen und Institutionen" (Heimgartner u. Sting, 2011, S. 11) bewirken. Insofern sind die Orientierung an Forderungen und die Übernahme von Impulsen aus der seit Jahrzehnten sehr aktiven Selbstbestimmt-Leben-Bewegung und der in der Folge auch rechtlich verankerten Grundsätze wie Selbstbestimmung und Inklusion in die Sozialpädagogik naheliegend.

Nicht nur Inklusion und Partizipation erfahren in der Sozialpädagogik hohe Resonanz, auch eine Dienstleistungsorientierung der Sozialen Arbeit wird immer wieder, meist kontrovers, verhandelt. Während die Selbstbestimmt-Leben-Bewegung bereits seit den 1970er-Jahren „selbstorganisierte Hilfen" (Steiner, 1999, o. S.) einfordert, wird die dienstleistungsorientierte(re) Umsetzung sozialpädagogischer Angebote unter anderem im Spannungsfeld von politischer Gerechtigkeitsprofession und der Eigenlegitimierung Sozialer Arbeit debattiert (vgl. Böllert, 2012, S. 629–631; Kessl u. Otto, 2011, S. 395–397). Dementsprechend bieten soziale Bewegungen wie die Selbstbestimmt-Leben-Initiativen unerlässliche Impulse für die Weiterentwicklung sozialpädagogischer Angebote sowie sozialer Dienste im Allgemeinen und müssen nicht zuletzt in der Professionalisierungsdebatte ausreichend Berücksichtigung finden. Wie wir in unserem Beitrag erläutern, stell(t)en zentrale Grundsätze, Paradigmen und Best-Practice-Beispiele aus dem Selbstbestimmt-Leben-Kontext wertvolle Impulse und Orientierungen für Theorie und Praxis der Sozialpädagogik dar.

Literaturverzeichnis

Anastasiadis, M. u. Wrentschur, M. (2019). Forschungsräume öffnen und das Soziale gestalten. Intentionen und Realisierungen partizipativer Forschung in der Sozialen Arbeit. *Österreichische Zeitschrift für Soziologie 44(3)*, S. 9–25. Online: https://doi.org/10.1007/s11614-019-0035/9 (abgerufen am 02.02.2020).

Anwaltschaft für Menschen mit Behinderung (AMB) (2020). *Tätigkeitsbericht für den Zeitraum vom 1.1.2017 bis 31.12.2019.* Klagenfurt: AMB.

Arbeitsgemeinschaft für Kinder- und Jugendhilfe (AGJ) (2020). *Partizipative Forschung – ein Forschungskonzept für die Kinder- und Jugendhilfe? Positionspapier der Arbeitsgemeinschaft für Kinder- und Jugendhilfe – AGJ.* Online: https://www.agj.de/fileadmin/files/positionen/2020/Partizipative_Forschung.pdf (abgerufen am 02.02.2020).

Bizeps (o. J.). *Peer counseling.* Online: https://www.bizeps.or.at/wissenswertes/peer-counseling/ (abgerufen am 03.02.2020).

Böllert, K. (2012). Von der sozialdisziplinierenden Intervention zur partizipativen Dienstleistung. In: W. Thole (Hrsg.), *Grundriss Soziale Arbeit: Ein einführendes Handbuch* (S. 625–633). Wiesbaden: Springer VS.

Brozek, D. (2005). Praxis und Entwicklungsperspektiven von Selbstbestimmt-Leben-Bewegungen. In: H. Kaiser, E. Kočnik u. M. Sigot (Hrsg.), *Vom Objekt zum Subjekt. Inklusive Pädagogik und Selbstbestimmung* (S. 135–144). Klagenfurt: Hermagoras Verlag.

Bruckner, B. (2019). Umsetzung der Konvention über die Rechte von Menschen mit Behinderungen (UN-BRK) in Österreich. In: G. Biewer u. M. Proyer (Hrsg.): *Behinderung und Gesellschaft: Ein universitärer Beitrag zum Gedenkjahr 2018* (S. 163–179). Online: https://www.fachportal-paeda

gogik.de/literatur/vollanzeige.html?FId=1161239#vollanzeige (abgerufen am 02.02.2020).

Buchner, T. u. Leitner, S.: Inklusion in der Kinder- und Jugendhilfe. JuQuest: Trends in der Kinder- und Jugendhilfe. Ergebnisse der ExpertInnenbefragung 2015. Online: https://www.sos-kinderdorf.at/getmedia/07b53b37-d998-4b3a-adfd-d40791dc722e/Bericht-Inklusion-JuQuest-2015_final.pdf (abgerufen am 02.02.2020).

Careleaver Netzwerk Deutschland (2020). Careleaver Unsere Rechte – Unsere Forderungen Zukunftsorientierung statt Defizitblickonline. Online: http://www.careleaver.de/wp-content/uploads/2013/09/Flyer.pdf (abgerufen am 07.12.2020).

Dederich, M. (2007). *Körper, Kultur und Behinderung. Eine Einführung in die Disability Studies.* Bielefeld: transcript Verlag.

Dederich, M. (2010). Behinderung, Norm, Differenz – Die Perspektive der Disability Studies. In: F. Kessl u. M. Plößer (Hrsg.), *Differenzierung, Normalisierung, Andersheit: Soziale Arbeit als Arbeit mit den Anderen* (S. 170–184). Wiesbaden: Springer VS.

Degener, Theresia (2015). Die UN-Behindertenrechtskonvention – ein neues Verständnis von Behinderung. In: T. Degener u. E. Diehl (Hrsg.), *Handbuch Behindertenrechtskonvention. Teilhabe als Menschenrecht – Inklusion als gesellschaftliche Aufgabe* (S. 55–74). Bonn: Bundeszentrale für Politische Bildung.

Deller, U. u. Brake, R. (2014). *Soziale Arbeit. Grundlagen für Theorie und Praxis.* Opladen u. Toronto: Verlag Barbara Budrich.

Dreyer, M. (2013). Anforderungen an die „Soziale Arbeit" vor dem Hintergrund des demografischen Wandels und der Inklusionsdebatte. In: G. Bäcker u. R. Heinze (Hrsg.), *Soziale Gerontologie in gesellschaftlicher Verantwortung.* Springer VS, Wiesbaden. Online: https://doi.org/10.1007/978-3-658-01572-5_6.

Deutsches Institut für Menschenrechte (2019). Jugendhilfe inklusiv gestalten. Online: https://www.institut-fuer-menschenrechte.de/fileadmin/user_upload/Publikationen/POSITION/Position_Jugendhilfe_inklusiv_gestalten.pdf. Berlin: Deutsches Institut für Menschenrechte.

Ferdani, S. (2012). *Behinderung als Missachtungserfahrung – Reflexion der Lebenssituation von behinderten Menschen.* Hamburg: Diplomica Verlag.

Flieger, P. (2007). Der partizipatorische Ansatz des Forschungsprojekts *Das Bildnis eines behinderten Mannes*: Hintergrund – Konzept – Ergebnisse – Empfehlungen. In: P. Flieger u. V. Schönwiese (Hrsg.), *Das Bildnis eines behinderten Mannes. Bildkultur der Behinderung vom 16. bis ins 21. Jahrhundert: wissenschaftlicher Sammelband* (S. 19–42). Neu-Ulm: AG SPAK Bücher.

Flieger, P. (2020). Mensch Zuerst – Selbstvertretung von Frauen und Männern mit Lernschwierigkeiten. In: Stimme. Initiative Minderheiten, S. 40–43.

Föllerer, O. (2020). Der Aufbau des Selbstvertretungs-Zentrums für Menschen mit Lernschwierigkeiten. In: WUK Werkstätten und Kulturhaus/Selbstvertretungs-Zentrum für Menschen mit Lernschwierigkeiten (Hrsg.), *Selbstvertretungs-Zentrum Wien People First. Wir feiern die Erfolge der letzten Jahre!* (S. 17–23). Wien: WUK.

Fornefeld, B. (2009). Selbstbestimmung/Autonomie. In: M. Dederich u. W. Jantzen, W. (Hrsg.), *Behinderung und Anerkennung* (S. 183–187). Stuttgart: Kohlhammer.

Gerhardt, V. (1999). *Selbstbestimmung. Das Prinzip der Individualität.* Stuttgart: Reclam.

Girlek, E. (2015). *Wie soll Persönliche Assistenz für Menschen mit Lernschwierigkeit ausschauen?* Online: http://bidok.uibk.ac.at/library/girlek-assistenz-l.html (abgerufen am 21.10.2019).

Haake, Doris (2000). People First Deutschland – eine Organisation für Menschen mit Lernschwierigkeiten, die auch von Menschen mit Lernschwierigkeiten geleitet wird. In: M. Hans u. A. Ginnold (Hrsg.), *Integration von Menschen mit Behinderungen – Entwicklungen in Europa* (S. 292–298). Neuwied: Luchterhand.

Heimgartner, A. u. Sting, S. (2011). Empirische Forschung zur Sozialen Arbeit in Österreich. In: A. Heimgartner, U. Loch u. S. Sting (Hrsg.), *Empirische Forschung in der Sozialen Arbeit. Methoden und methodologische Herausforderungen* (S. 9–24). Münster: LIT.

Hermes, G. (2006). Peer-Counseling – Beratung von Behinderten für Behinderte als Empowerment-Instrument. In: H. Schnoor (Hrsg.), *Psychosoziale Beratung in der Sozial- und Rehabilitationspädagogik* (S. 74–84). Stuttgart: Kohlhammer.

Herriger, N. (2020). *Empowerment in der Sozialen Arbeit. Eine Einführung.* Stuttgart: Kohlhammer.

Hinz, A. (2005). Zur disziplinären Verortung der Integrationspädagogik – sieben Thesen. In: U. Geiling u. A. Hinz (Hrsg.), *Integrationspädagogik im Diskurs. Auf dem Weg zu einer inklusiven Pädgogik?* (S. 75–78). Bad Heilbrunn: Klinkhardt.

Hovorka, H. (1998). Plädoyer für eine umfeldbezogene Integrationspädagogik. Anmerkungen zur schulischen Integrationsentwicklung in Österreich. In: A. Hildeschmidt u. I. Schnell (Hrsg.): *Integrationspädagogik.* Weinheim und München (S. 277–292). Weinheim u. München: Beltz Juventa.

Kaiser, H. (2006): Die Selbstbestimmt-Leben-Bewegung. Geschichte und Hintergründe. In: H. Kaiser, E. Kočnik u. M. Sigot (Hrsg.), *Stolpersteine auf dem Weg zur Gleichstellung. Das österreichische Bundesbehindertengleichstellungsgesetz* (S. 9–18). Klagenfurt: Hermagoras.

Kessl, F. u. Otto, H.-U. (2011). Soziale Arbeit und soziale Dienste. In: A. Evers, R. G. Heinze u. T. Olk (Hrsg.), *Handbuch Soziale Dienste* (S. 389–403). Wiesbaden: Springer VS.

Kleiber, D., Appel, E. u. Pforr, P. (1998). *Peer Education in der Präventionsarbeit. Entwicklungslinien, Begründungsmuster, Erfahrungen und Entwicklungsanforderungen. Schriftenreihe des Instituts für Prävention und psychosoziale Gesundheitsforschung.* Online: https://www.ewi-psy.fu-berlin.de/ (abgerufen am 02.02.2020).

Köbsell, S., Hermes, G., Kuppers, P., Schönwiese, V. u. Wehrli, P. (2020). Wie war das damals eigentlich? Wie die Disability Studies Deutsch sprechen lernten. In: D. Brehme, P. Fuchs, S. Köbsell u. C. Wesselmann (Hrsg.). *Disability Studies im deutschsprachigen Raum. Zwischen Emanzipation und Vereinnahmung* (S. 24–40). Weinheim: Beltz Juventa.

Kočnik, E. (2005). Krüppel aus dem Sack. Das Beratungs-, Mobilitäts- und Kompetenzzentrum an der Universität Klagenfurt. In: H. Kaiser, E. Kočnik u. M. Sigot (Hrsg.), *Vom Objekt zum Subjekt. Inklusive Pädagogik und Selbstbestimmung* (S. 99–108). Klagenfurt: Hermagoras.

Krög, W. u. Equal – Entwicklungspartnerschaft MiM (2005). Herausforderung Unterstützung. Perspektiven auf dem Weg zur Inklusion. Online: http://bidok.uibk.ac.at/library-mim.broschuere.html (abgerufen am 02.02.2020).

Lambers, H. (2013). *Theorien der Sozialen Arbeit. Ein Kompendium und Vergleich.* Opladen, Berlin u. Toronto: Verlag Barbara Budrich.

Lengauer, M., Terp, B. u. Posch, C. (2019). Qualitätsstandards. In: FICE Austria (Hrsg.), *Qualitätsstandards für die stationäre Kinder- und Jugendhilfe* (S. 46–115). Wien: Pöchl.

Mackowitz, H. (2014). *Brief zum Thema Persönliche Assistenz.* Online: https://www.wibs-tirol.at/userfiles/dateien/Brief_zum_Thema_Persoenliche_Assistenz_September_2014.pdf (abgerufen am 21.10.2019).

Markowetz, R. (2005). Inklusion – Neuer Begriff, neues Konzept, neue Hoffnungen für die Selbstbestimmung und Partizipation von Menschen mit Behinderungen. In: H. Kaiser, E. Kočnik u. M. Sigot (Hrsg.), *Vom Objekt zum Subjekt. Inklusive Pädagogik und Selbstbestimmung* (S. 17–66). Klagenfurt: Hermagoras.

Miles-Paul, O. (2006). Selbstbestimmung behinderter Menschen. Eine Grundlage der Disability Studies. In: G. Hermes u. E. Rohrmann (Hrsg.), *Nichts über uns – ohne uns! Disability Studies als neuer Ansatz emanzipatorischer und interdisziplinärer Forschung über Behinderung* (S. 31–41). Neu Ulm: AG SPAK Bücher.

Möckel, A. (2002). Die Funktion der Sonderschulen und die Forderung der Integration. In: H. Eberwein u. S. Knauer (Hrsg.), *Integrationspädagogik. Kinder mit und ohne Beeinträchtigung lernen gemeinsam* (S. 80–90). Weinheim u. Basel: Beltz.

Netzwerk People First Deutschland e.v. (Hrsg.) (2004). Wörterbuch für leichte Sprache. Kassel: Netzwerk People First.

Netzwerk Selbstvertretung Österreich (2016). *Stellungnahme: Warum wir unabhängige Selbstvertretung fordern!* Online: http://bidok.uibk.ac.at/library/selbstvertretung-unabhaengig-l.html (abgerufen am 30.12.2020).

People First (2004): *Was ist Selbstvertretung?* Online: http://bidok.uibk.ac.at/library/peoplefirst-selbstbestimmung.html (abgerufen am 16.01.2021).

Prosetzky, I. (2009). Isolation und Partizipation. In: M. Dederich u. W. Jantzen (Hrsg.), *Behinderung und Anerkennung* (S. 87–95). Stuttgart: Kohlhammer.

Ratzka, A. (1988). Independent living. Online: http://www.independentliving.org/docs4/ratzka88a.html (abgerufen am 02.02.2020).

Reicher, H. (2011). Sozial-emotionales Lernen im Kontext inklusiver Pädagogik. Potenziale und Perspektiven. Graz: Leykam.

Röh, D. (2013). *Soziale Arbeit, Gerechtigkeit und das gute Leben. Eine Handlungstheorie zur daseinsmächtigen Lebensführung*. Wiesbaden: Springer VS.

Scheiblauer, J., Kofler, J., Rauchberger, M. u. Gritsch, U. (2009). Die Selbstvertretungsbewegung „Mensch zuerst" in Österreich. *Behinderte Menschen* 2(3), S. 13–41.

Scheipl, J., Heimgartner, A. u. Rossmann, P. (2009). *Partizipation und Inklusion in der sozialen Arbeit.* Graz: Leykam.

Scherr, A. (2017). Integration und Ausgrenzung – Inklusion und Exklusion. In: F. Kessl, E. Stövesand u. W. Thole (Hrsg.). *Soziale Arbeit – Kernthemen und Problemfelder* (S. 34–42). Opladen: Verlag Barbara Budrich.

Scheu, B. u. Autrata, O. (2013). *Partizipation und Soziale Arbeit: Einflussnahme auf das subjektiv Ganze*. Wiesbaden: Springer VS.

Schönwiese, V. (2005). Assistenz, Kontrolle über das eigene Leben und das ‚begleitende Ich'. In: U. Geiling u. A. Hinz (Hrsg.): *Integrationspädagogik im Diskurs. Auf dem Weg zu einer inklusiven Pädagogik?* (S. 141–146). Bad Heilbrunn: Klinkhardt.

Schönwiese, V. (2019). Geschichte der Behindertenbewegung. Selbstbestimmt Leben Bewegung in Österreich. In: G. Biewer u. M. Proyer (Hrsg.): *Behinderung und Gesellschaft. Ein universitärer Beitrag zum Gedenkjahr 2018*

(S. 72–84). Online: https://www.fachportal-paedagogik.de/literatur/vollanzeige.html?FId=1161239#vollanzeige (abgerufen am 02.02.2020).

Schumann, Monika (2000). Aktuelle Entwicklungen in Biomedizin und Bioethik – Neue Herausforderungen an die Integrationspädagogik. In: H. Hovorka u. M. Sigot (Hrsg.), *Integration(spädagogik) am Prüfstand. Menschen mit Behinderungen außerhalb von Schule* (S. 33–60). Innsbruck, Wien u. München: Studienverlag.

Schwab, J. (2020). Handlungsfeld und Konzepte Sozialer Arbeit mit Jugendlichen und jungen Erwachsenen. In: M. Becker, C. Kricheldorff u. J. Schwab (Hrsg.), *Handlungsfeldorientierung in der Sozialen Arbeit* (S. 174–203). Stuttgart: Kohlhammer.

Schwalb, H. u. Theunissen, G. (2018). *Inklusion, Partizipation und Empowerment in der Behindertenarbeit.* Stuttgart: Kohlhammer.

Schweers, A., Jana, T. u. Großhaus, E. (2020). Peer Counseling mit (langzeit-) arbeitslosen Menschen. *BdW Blätter der Wohlfahrtspflege, 167* (5), S. 193–195. Online: https://doi.org/10.5771/0340-8574-2020-5-193 (abgerufen am 02.02.2020).

Sierck, U. (2012). Selbstbestimmung statt Bevormundung. Anmerkungen zur Entstehung der Disability Studies. In: K. Rathgeb (Hrsg.), *Disability Studies. Kritische Perspektiven für die Arbeit am Sozialen* (S. 31–38). Wiesbaden: Springer VS.

Sonnleitner, M. (2012): Partizipative Aspekte in der Forschung am Beispiel der Disability Studies. In: H. Stigler u. Reicher, H. (Hrsg.): *Praxisbuch Empirische Sozialforschung in den Erziehungs- und Bildungswissenschaften* (S. 196–204). Innsbruck, Wien u. Graz: Studienverlag.

Staub-Bernasconi, S. (2007). Soziale Arbeit: Dienstleistung oder Menschenrechtsprofession? In: A. Lob-Hüdepohl & W. Lesch (Hrsg.), *Einführung in die Ethik der Sozialen Arbeit* (S. 20–53). Paderborn: utb.

Staub-Bernasconi, S. (2012). Soziale Arbeit und soziale Probleme: Eine disziplin- und professionsbezogene Bestimmung. In: W. Thole (Hrsg.), *Grundrisse Sozialer Arbeit* (S. 267–282). Wiesbaden: Springer VS.

Steiner, G. (1999). Selbstbestimmung und Assistenz. *Gemeinsam leben – Zeitschrift für integrative Erziehung, 99*(3). Online: http://bidok.uibk.ac.at/library/gl3-99-selbstbestimmung.html (abgerufen am 26.01.2021).

Sting, S. (2019). Qualitätsstandards als Medium der Qualitätsentwicklung in stationären Kinder- und Jugendhilfeeinrichtungen in Österreich. In: FICE Austria (Hrsg.), *Qualitätsstandards für die stationäre Kinder- und Jugendhilfe* (S. 30–36). Wien: Pöchl.

Theunissen, G. (2001). Die Independent Living Bewegung: Empowerment-Bewegungen machen mobil (I). *Behinderte in Familie, Schule und Gesellschaft, 3*(4). Online: http://bidok.uibk.ac.at/library/beh3-4-01-theunissen-independent.html (abgerufen am 02.02.2021).

Theunissen, G. (2009). Empowerment und Selbstvertretung autistischer Menschen. Eine neue Bewegung macht mobil. *Behinderte Menschen, Zeitschrift für gemeinsames Leben, Lernen und Arbeiten,* 2009(5), S. 51–61. Online: http://bidok.uibk.ac.at/library/beh-5-09-theunissen-empowerment.html (abgerufen am 02.02.2020).

Thiersch, H., Grunwald, K. u. Köngeter, S. (2011). Lebensweltorientierte Soziale Arbeit. In: W. Thole (Hrsg.), *Grundriss Soziale Arbeit* (S. 175–196). Wiesbaden: Verlag für Sozialwissenschaften.

UN-Konvention (2008). *Übereinkommen über die Rechte von Menschen mit Behinderungen.* BGBl. III – Ausgegeben am 23. Oktober 2008 – Nr. 155.

Unger, H. v. (2014). *Partizipative Forschung. Einführung in die Forschungspraxis.* Wiesbaden: Springer VS.

Wagner, T. (2017). Partizipation. In: F. Kessl, E. Stövesand u. W. Thole (Hrsg.), *Soziale Arbeit – Kernthemen und Problemfelder* (S. 43–52). Opladen: Verlag Barbara Budrich.

Waldschmidt, A. (2012). *Selbstbestimmung als Konstruktion. Alltagstheorien behinderter Männer und Frauen.* Wiesbaden: VS Verlag.

Waldschmidt, A. u. Schneider, W. (2007). Disability Studies und Soziologie der Behinderung. Kultursoziologische Grenzgänge – eine Einführung. In: A. Waldschmidt u. W. Schneider (Hrsg.), *Disability Studies, Kultursoziologie und Soziologie der Behinderung. Erkundungen in einem neuen Forschungsfeld* (S. 9–24). Bielefeld: Transcript.

Wiesner, R. (2014). Die große Lösung als eine Etappe auf dem Weg zur Inklusion. *Soziale Passagen, 6*(1) S. 55–68.

Windisch, M. u. Miles-Paul, O. (1991). *Selbstbestimmung Behinderter. Leitlinien für die Behinderten-Politik und -Arbeit.* Kassel: GhK.

Wright, M. T., Unger, H. v. u. Block, M. (2010). Partizipation der Zielgruppe in der Gesundheitsförderung und Prävention. In: M. T. Wright (Hrsg.), *Partizipative Qualitätsentwicklung in der Gesundheitsförderung und Prävention* (S. 35–52). Bern: Huber.

Zander, Michael (2007). Selbstbestimmung, Behinderung und Persönliche Assistenz – politische und psychologische Fragen. *Forum Kritische Psychologie,* 51, S. 38–52.

XXVIII Die „Wohnplattform Steiermark“: ein Paradigma für die Reform der Wohnungslosenhilfe

Birgit Schörgi, Martin Urban, Teresa Kern, Gerold Wedenig und Klaus Posch

Sozialarbeit mit Personen, die an psychischen Erkrankungen und Wohnungslosigkeit leiden, stellt für ihre Betreuer*innen besondere praktische wie theoretische Anforderungen. Die Zusammenarbeit zwischen Klient*innen, Betreuer*innen und organisatorischen Leiter*innen in der „Wohnplattform Steiermark“ hat sich in den letzten Jahrzehnten stetig weiterentwickelt. Darüber soll in diesem Beitrag selbstkritisch reflektierend berichtet werden.

1 Theorie und Praxis der beziehungsorientierten Wohnungslosenhilfearbeit

Der in diesem Beitrag skizzierte reflektierende Blick auf die Entwicklung der „Wohnplattform Steiermark“ ist ein zweifacher: einerseits ein Blick auf die Geschichte einer Klientin, Frau P., aus der Perspektive unmittelbarer sozialarbeiterischer Betreuung und andererseits ein Blick auf die Dynamik der Entwicklung der Organisation Wohnplattform. Dieses abstrahierende Vorgehen wird an einigen Stellen durch eine Reflexion auf die jeweils andere Perspektive unterbrochen. Damit soll auch aufgezeigt werden, wie beide Dynamiken ineinandergreifen.

Zunächst wird die Klientin mit Biografie und Alltagsleben in einer stationären sozialpsychiatrischen Wohnbetreuungseinrichtung vorgestellt, wo sie mit ihrem Kind einige Zeit lebte.

Frau P. wurde in Österreich geboren und verbrachte hier gemeinsam mit ihren Eltern und ihren älteren Geschwistern – einer Schwester und einem Bruder – die ersten Jahre ihrer Kindheit. Die Familie lebte unter beengten Wohnverhältnissen in einer Zweizimmerwohnung. Die Eltern von Frau P. wurden in Tunesien geboren und migrierten nach Österreich, die Familie blieb mit der in Tunesien lebenden Verwandtschaft eng verbunden. So verließ die Klientin nach Abschluss ihrer Volksschulausbildung gemeinsam mit ihrer Mutter wieder Österreich, um für einige Jahre bei ihrer Verwandtschaft väterlicherseits in einem Dorf im Norden Tunesiens zu leben. Die Kontakte zwischen dem Vater und seinen Kindern beschränkten sich auf Besuche während der Ferien. Nach familiären Konflikten in Tunesien kehrte die Mutter gemeinsam mit ihren Kindern nach Oberösterreich zurück. Als Frau P. 20 Jahre alt war, lernte sie ihren ersten Ehemann kennen. Die beiden bezogen eine separate Wohnung im Elternhaus von Frau P. und verbrachten dort gemeinsam zwei Jahre einer sehr krisenhaften Ehe. Nachdem sich ihr Verdacht bestätigte, dass ihr Ehemann sie nur wegen eines Aufenthaltstitels geheiratet hatte, reichte Frau P. die Scheidung ein. Zeitgleich begann Frau P. eine Störung ihres Essverhaltens zu entwickeln, nach wiederkehrenden impulsiven nächtlichen Essattacken nahm sie stark an Gewicht zu.

Kurz nach der Scheidung lernte Frau P. ihren zweiten Ehemann kennen und gebar den gemeinsamen Sohn C. Die kleine Familie wohnte gemeinsam mit Frau P.s Eltern in einem Mehrgenerationenhaushalt. Frau P. kam allein für das Einkommen der Familie auf, da ihr Ehemann zu dem Zeitpunkt keine gültige Arbeitserlaubnis in Österreich hatte. Er zeigte aber auch kein Interesse an seinem Sohn. Ihre Eltern unterstützten sie durch die Übernahme der Betreuung von C. Frau P.s Ehemann war zu diesem Zeitpunkt spielsüchtig und hatte ein außereheliches Verhältnis. Gegenüber seiner Frau war er verbal gewalttätig bis hin zur Androhung körperlicher Gewalt. 2016 wurde Fr. P. erneut schwanger und brachte eine Tochter zur Welt, die drei Monate nach der Geburt aufgrund eines angeborenen Gendefektes verstarb. Im katamnestischen Interview erzählte Frau P. Folgendes (sämtliche zitierten Passagen sind aus einem Verbatim-Protokoll eines Interviews, welches Teresa Kern im Rahmen eines Forschungsprojekts mit Frau P. im Frühjahr 2021 geführt hat):

„Ich war fertig mit meinen Nerven. Ich wusste nicht, wo ich bin. Ich wusste nicht, was ich tue. (…) Mein Exmann hatte damals noch keinen Job in Österreich, er hat noch nicht gearbeitet. Und damals habe ich zwei Jahre die Familie alleine ernährt. Nur ich und er hat gar nichts gemacht, ich habe alles alleine gemacht.“

Ausgelöst durch das traumatische Erlebnis – den Verlust der Tochter – in Kombination mit den massiven Stressoren innerhalb ihrer Ehe sowie den Abwertungen vonseiten ihrer Familie, der beengten Wohnsituation und der anhaltenden prekären finanziellen Lage der Familie, entwickelte Frau P. eine schwere depressive Episode, allerdings ohne psychotische Symptome. Anfang 2017 begab sie sich von sich aus gemeinsam mit ihrem Sohn für eine mehrwöchige stationäre Behandlung in eine psychiatrische Klinik in Deutschland:

„… mein Kind ist gestorben, es sind zu viele Sachen. Ich halte das einfach nicht mehr aus. Es war mir zu viel. Und dann bin ich halt freiwillig in eine psychiatrische Ambulanz gegangen, weil ich doch Hilfe will. Ich will irgendetwas ändern in meinem Leben. Das geht nicht mehr so weiter.“

Während dieses Aufenthalts wurde Frau P. mithilfe multimodaler Therapien und Unterstützung bei der Herstellung einer Distanz zu ihrer Familie und ihrem Ehemann vorläufig stabilisiert. In dieser Zeit manifestierte sich in ihr ebenfalls der Gedanke, sich entgegen dem Wunsch ihrer Familie von ihrem Ehemann zu trennen. Nach der Heimkehr von ihrem stationären Klinikaufenthalt eskalierte die Konfliktsituation durch die Androhung von Suizid vonseiten ihres Ehemannes. Daraufhin begab sie sich gemeinsam mit ihrem Sohn in die Obhut eines Frauenhauses. Frau P. trennte sich schlussendlich auch von ihrem zweiten Ehemann:

„Aber natürlich kam heraus, dass mein Sohn auch ziemlich sicher Hilfe braucht und dass er damals nicht mehr geredet hat. Er wirklich schockiert war von der ganzen Situation, was in unserer Familie passiert ist. Mit dem Tod seiner Schwester, meiner Depression – er hat gespürt, die Mama ist anders geworden. Es ist nicht mehr die gleiche Mama.“

Die Betreuerinnen der Kinder- und Jugendhilfe nahmen in weiterer Folge Kontakt mit der „Wohnplattform Steiermark“ auf. Nach ersten Clearing-Gesprächen, in denen ihre Symptomatik auf der Grundlage einer psychosozialen und einer operationalisierten psychodynamischen Diagnostik (Arbeitskreis OPD, 2014) erhoben wurde, wurde Frau P. ein „Betreutes Wohnen mit Kind“ zur Verfügung gestellt. Während der nächsten beiden Jahre, in denen Frau P. durch die Wohnplattform betreut wurde, waren die vorrangigen Ziele der Wohnbetreuung die Unterstützung in der Tagesstrukturierung und bei der Versorgung ihres Sohnes sowie die Unterstützung ihrer Autonomiebestrebungen gegenüber ihrer Herkunftsfamilie, welche allesamt im Laufe der Betreuung gut bearbeitet werden konnten. Des Weiteren besuchte Frau P. regelmäßig eine Psychotherapie und war in fachärztlicher Behandlung. Außerdem wurde im Zuge der Wohnbetreuung Frau P.s sich zunehmend verschlechternde Adipositas thematisiert:

„Und ich denke mir nur: Was ist jetzt los? Was mache ich denn hier? Ich bin allein, ich habe zusätzlich 20 kg zugenommen. Ich war sowieso übergewichtig und habe noch 20 kg zugenommen in Graz. Ich habe nur gegessen. Ich habe am Abend nur Schokolade gegessen.“

Das Gefühl der Einsamkeit, die Sehnsucht nach ihrer Familie und andere Rahmenbedingungen, wie z. B. die Verkehrssituation in der Grazer Innenstadt als zusätzlicher Stressor im Alltag, ließen Frau P. nach zwei Jahren den Entschluss fassen, die Wohnbetreuung in Graz zu beenden und mit ihrem Sohn in ihre Heimatgemeinde zurückzukehren, wo sie für einige Monate bei ihren Eltern wohnte. Aktuell lebt sie gemeinsam mit C. in einer eigenen Wohnung und wird von Sozialarbeiter*innen der regionalen Kinder- und Jugendhilfe betreut. Ihr persönlicher Fokus liegt auf der Verbesserung ihrer Gesundheit durch weitere Gewichtsabnahme:

„Dann denke ich, C. ist so ein aktives Kind – mit meinem Übergewicht wird man nur krank und man kann sich gar nicht bewegen – und er braucht das wirklich.“

Über ihren Alltag erzählte sie:

„Ich habe immer so ein schlechtes Gewissen gehabt wegen meinen Entscheidungen – dass mein Sohn so geworden ist, wie er geworden ist, aufgrund meiner falschen Entscheidungen – wegen meiner Depression. Für die Depression kann ich leider nichts. Das ist halt so passiert. Ich wollte auch rausgehen, aber mit einer Depression geht das nicht auf einmal so – klick – und zack und dann bist du nicht mehr depressiv.“

Sie erlebte massive Ängste, dass ihrem Sohn C. etwas passieren könnte, beispielsweise ging sie fast jede Nacht zu seinem Bett, um zu überprüfen, ob er noch atmete oder nicht. Neben der Trauer nach dem Tod ihrer kleinen Tochter kämpfte Frau P. mit Schamgefühlen aufgrund ihres Körpergewichtes:

„Ich wollte nicht rausgehen wegen meinem Gewicht. Und das geht aber nicht. Eine Mama mit einem aktiven Kind, das geht gar nicht, dass ich mich irgendwo verstecken muss. So war halt mein Leben … Weil meine Süßigkeit, meine Schokolade war nicht nachts oder mittags, sie war direkt vor dem Schlaf. Ich habe mir immer eine Serie angeschaut und ich habe gegessen, gegessen, gegessen, bis ich nicht mehr konnte. Warum tue ich mir das an?"

Die zentrale Thematik bei der Wohnbetreuung war die Sicherstellung einer geregelten Versorgung von Frau P. und ihrem Sohn C. Sie umfasste die Organisation und Unterstützung der Vernetzung mit der lokalen Kinder- und Jugendhilfe sowie gemeinsame Hilfekonferenzen und Fallbesprechungen. Bei der Sicherung ihrer Subsistenz ging es unter anderem um die Regelung des Bezugs ihres Reha-Geldes sowie anderer Leistungen aus dem Behindertengesetz (BHG).

Außerdem wurde Frau P. in ihrer Tages- und Zeitstrukturierung mit ihrem Sohn sowie bei Telefonaten unterstützt. Es wurde mit ihr gemeinsam eine fachärztliche Behandlung organisiert, in der ihre Medikation abgeklärt und für sie ein psychotherapeutisches Gespräch veranlasst wurde:

*„Mein Therapeut war mein Liebling wie meine Betreuer*innen in der Wohnplattform. Jede der Betreuer*innen war für mich da und hat es genauso gut mit mir gemeint und gut mit mir geredet wie die anderen."*

Obwohl Frau P. die Wohnbetreuung insgesamt als positiv erachtete, gab es auch Faktoren, die während dieser Zeit als Stressoren auf sie einwirkten. Es war für Frau P. schwer, sich an das Leben in der Stadt zu gewöhnen, da sie die ländlichen Strukturen ihrer Heimatgemeinde gewöhnt war. Die Trennung von ihrer Familie und ihrem gewohnten sozialen Umfeld waren für sie und ihren Sohn eine weitere Herausforderung:

„Das Stadtchaos ist wirklich nicht meins. Wenn ich nur das Auto starte und wegfahren will, habe ich das Stressgefühl wieder. Es ist mir zu viel. Es ist Stau. Es ist viel, viel zu viel. Dieses Leben kann ich nicht führen, ich kann das nicht."

Rückblickend war für Frau P. die Erkenntnis der Bedeutung einer genau definierten Zielabklärung im Kontext einer professionellen Betreuung „lehrreich":

*„Die Sozialarbeiter*innen sind wirklich für dich da – bei jedem Problem. Sie reden mit dir, sie hören zu und sie geben Tipps. Aber ich habe von überall Hilfe bekommen, sodass ich nicht wusste, was richtig und was falsch ist. Eine Sache habe ich jetzt gelernt: Wenn man wirklich Hilfe sucht, muss man konkreter sein, was man genau will. Ist das der richtige Weg oder ist es das andere? Ich hatte wirklich das Gefühl, alle wissen alles besser als ich."*

Auch Frau P. fiel es schwer, Hilfe zu suchen und auf die Hilfeangebote einzugehen und sie in ihr Selbst zu integrieren. Im katamnestischen Interview äußerte sie sich dazu folgendermaßen:

„Da habe ich gedacht: Ich bin alleine und ich brauche wirklich Hilfe … Ich liebe Schwimmen, aber ich war lange Jahre nicht schwimmen wegen meines Gewichts. Es gibt Freunde, die mehr Kilos haben als ich und die gehen schwimmen. Warum? Sind sie besser als ich? Nein! Sie sind mutiger als ich."

Die radikale Aufrechterhaltung der Empathie, der positiven Beachtung der hilfebedürftigen anderen, und das Wahrnehmen der eigenen Kongruenz gehörten aufseiten ihrer Betreuer*innen zu den wiederkehrenden Herausforderungen (Rogers, 1957). Die Bedeutung menschlicher Beziehung ist zwar mittlerweile vielfach erforscht worden, trotzdem läuft dieser Aspekt innerhalb der Sozialen Arbeit in Gefahr, durch Kürzungen von Zeit und materiellen Ressourcen fundamental an Wert zu verlieren oder auch grundsätzlich infrage gestellt zu werden. Dies beträfe speziell Klient*innen in der sozialpsychiatrischen Wohnbetreuung wie Frau P., da sie einerseits vielfache Exklusionsprozesse (Verlust von Arbeit, Stigmatisierung etc.) erleben, andererseits sind durch die Symptomatik der Störung Beziehungen häufiger belastet. Falls Beziehungen zustande kommen, verlaufen sie häufig krisenanfällig. Sehr anschaulich und berührend beschrieb Frau P. die damit verbundenen emotionalen Zustände:

„Und jede Nacht habe ich auf mein Kind geschaut. Jede Nacht bin ich zu seinem Bett gegangen und habe geschaut, ob er atmet oder nicht. Das, also das hat mir wirklich … damals, ich wusste nicht, dass ich wirklich so extrem war, aber das war halt die Sache so."

In einer Krise wissen weder Klient*innen noch Betreuer*innen, wie diese ausgehen wird. Woran liegt es, dass Menschen, die große Belastungen erlebt haben, nicht daran zerbrechen? Warum bewältigen manche Menschen Krisen besser als andere? Warum sind manche Menschen weniger verletzbar als andere? Die Theorien von Resilienz und Vulnerabilität sind bei der Bearbeitung von Krisen für die Betreuer*innen sehr hilfreich, um das weitere Vorgehen bei der Betreuung der Klient*innen in Krisensituationen erfolgversprechend planen zu können. Teamarbeit, Supervision, Intervision und Weiterbildung geben dabei den einzelnen Fachkräften den erforderlichen emotionalen und kognitiven Rückhalt. Das war auch so bei der Betreuung von Frau P.: Bereits in ihrer Kindheit wirkten einige Risikofaktoren kumulativ aufeinander, wie z. B.: der Migrationshintergrund der Familie in Verbindung mit einem niedrigen sozioökonomischen Status und den dauerhaft beengten Wohnverhältnissen sowie häufige Umzüge und Schulwechsel und die dauerhafte Abwesenheit ihres Vaters. Einerseits ist hier eine unsichere Bindungsorganisation hinsichtlich der familiären Verhältnisse festzuhalten. Bedingt durch die örtliche Trennung der Familie, durch den Umzug der beiden Geschwister nach Tunesien, sowie den Nachzug der Mutter mit Frau P. dorthin, musste sie sich bereits in jungen Jahren an die Abwesenheit ihres Vaters und die kulturelle Umstellung infolge des Umzugs in ein fremdes Umfeld gewöhnen. Dies geschah außerdem während einer besonderen Zeit der Vulnerabilität eines Kindes, zu dem der Übergang in eine andere Schule sowie die Pubertät gehören. Des Weiteren ist anzuführen, dass Frau P. während dieser Zeit mit gewalttätigem Verhalten innerhalb ihrer Herkunftsfamilie in Tunesien konfrontiert war und sich in einer chronischen familiären Disharmonie befand, in der sie sich seit ihrer Kindheit mit Abwertungen vonseiten ihrer Mutter auseinandersetzen musste. Zusätzlich ist in diesem Zusammenhang der Migrationshintergrund von Frau P. und der daraus folgende Identitätskonflikt hinsichtlich geschlechterspezifischer Rollenbilder zu erwähnen. Ein weiterer Aspekt der Risikofaktoren im Leben von Frau P. sind die wiederholten Trennungen in ihrer Biografie. Einerseits zählen hierzu die Trennungen von ihren Ehemännern, andererseits auch die Trennungen der innerfamiliären Beziehungen, wie z. B. der Wohnortwechsel in ein anderes Bundesland durch die sozialarbeiterische Wohnbetreuung. Erosionen wie wiederholte Wohnortwechsel oder ein niedriger sozioökonomischer Status ziehen sich durch die Biografie von Frau P. Einen zentralen Risikofaktor stellten der Verlust von Frau P.s Tochter und die damit zusammenhängende Depression dar. Während einer Zeit der Belastung durch den Trauerprozess war Frau P. zusätzlich mit einer prekären Wohnsituation, einer konfliktbehafteten Ehe und dem Druck, allein für das Einkommen der Familie aufkommen zu müssen, konfrontiert:

„Ständig hin und her und ins Krankenhaus und nachts und tags nicht schlafen können. Ich schlief am Tag, am Tag war aber mein Sohn wach. Ich war damals wirklich psychisch angeschlagen. Ich dachte mir plötzlich jeden Abend, lieber Gott, lass mich rauskommen aus dieser Situation, weil irgendwie – meine Kräfte halten das nicht mehr aus.“

Wichtige Schutzfaktoren in Frau P.s Leben beruhten auf der Beziehung zu ihrer Mutter. Trotz mehrfacher Trennungen und fortwährender Abwertungen gegenüber ihren Kindern stellt die Mutter von Frau P. eine für sie wichtige und konstante Bezugsperson dar. Frau P. musste im Laufe ihres Lebens Kritik vonseiten ihrer Mutter bezüglich ihres Gewichts, ihrer Leistungsfähigkeit oder ihrer Beziehungen erleben. Trotzdem sieht sie ihre Mutter als eine wichtige Unterstützung in schwierigen Lebenslagen:

„Ich liebe meine Mama. Und ohne meine Mama – das ist schwierig, wirklich (…) Meine Mama will verstehen, wie es uns geht, sie will, dass wir gesund und glücklich sind.“

Generell scheint Frau P. ein positives Bild der Mutterrolle verinnerlicht zu haben, mit dem ein hohes Maß an Verantwortung und Fürsorge einhergeht. So ist auch für Frau P. ein zentraler Aspekt ihrer Motivation, die Mutterrolle für ihren Sohn C. bestmöglich zu erfüllen und dabei zusätzlich in der herausfordernden Situation einer Alleinerzieherin zu sein:

„Also ich bin praktisch nicht nur deine Mama. Ich bin deine Partnerin zum Rollerfahren. Ich bin deine Partnerin zum Fahrradfahren. Ich bin deine Partnerin für alles. Also mein bester Freund und mein Lieblingsfreund wird jetzt mein Sohn sein (…) Wenn ich sehe, wie er lacht, dann lache ich mit, wir machen unseren eigenen Spaß.“

Diese Schutzfaktoren haben sich im Laufe der Jahre zusehends im Verhalten von Frau P. positiv ausgeprägt:

„Und jetzt weiß ich genau, die Hilfe, die ich geholt habe, war wirklich die beste Entscheidung. Die beste Entscheidung war, Hilfe zu holen. Weil wenn du wirklich nicht mehr kannst – du bist in einem ‚sozialen Loch‘ – dann hol dir die Hilfe, mein Gott, es gibt nichts, wofür man sich schämen muss. Ich hol mir die Hilfe.“

Die Unterstützung, die sie nach wie vor vonseiten der professionellen Helfer*innen der Kinder- und Jugendhilfe bekommt, nimmt sie mittlerweile gerne an und bemüht sich zudem darum, ältere Kontakte zu Bekannten aus ihrem Wohnort wieder aufzunehmen:

„Dann haben sie mir wirklich zwei Sozialarbeiter gegeben von einem Verein und die sind wirklich top. Also wirklich, ich bin dankbar, dass ich die zwei habe. Ich habe jemanden zum Reden und ich habe ein paar Freunde wieder getroffen von früher, von der Arbeit, von meinen Arbeitskollegen (…) Jetzt hole ich wieder meine Kontakte auf.“

Zusammenfassend zeigt der exemplarische Blick anhand der Betreuungsgeschichte von Frau P., die insgesamt zweieinhalb Jahre dauerte, die Entwicklung einer beziehungsorientierten Wohnungslosenhilfe, das Ineinandergreifen der Aktivitäten von Klient*innen und Betreuer*innen und verweist darüber hinaus auf die Bedeutung des Faktors Organisation für die Sozialarbeit.

2 Die Organisation von Wohnungslosenhilfearbeit in der „Wohnplattform Steiermark“

Entwicklungsprozesse von sozialen Organisationen können nicht losgelöst von sozialen, politischen, wissenschaftlichen Veränderungen, in die sie eingebettet sind, betrachtet werden. Die österreichische Geschichte der Psychiatrie in den letzten 80 Jahren ist in besonderem Ausmaß durch die Zeit des Nationalsozialismus geprägt: U. a. wurden Tausende psychisch kranke Menschen ermordet und zahllose psychisch kranke und behinderte Menschen in grausamen und sinnlosen medizinischen Versuchen misshandelt. In der Nachkriegszeit wurde darüber nicht gesprochen und den Opfern keinerlei Wiedergutmachung angeboten. Erst in den 1970er- und 1980er-Jahren wurde einer breiteren Öffentlichkeit bekannt, dass zahlreiche Ärzte, die sich an Verbrechen des Nationalsozialismus beteiligt hatten, in der Nachkriegszeit Karriere im österreichischen Gesundheitswesen gemacht hatten und bis ins hohe Alter unbehelligt als Anstaltsleiter, Psychiater und/oder Gerichtsgutachter tätig waren (Oelschläger, Danzinger u. Benzenhöfer, 2015). Noch zu Beginn der 1980er-Jahre mussten in der Steiermark Menschen mit psychischen Erkrankungen vorwiegend in den drei geschlossenen Großanstalten Landessonderkrankenhaus, Pflegezentrum Barmherzige Brüder Kainbach und Landespflegeheim Schwanberg unter weitgehend menschenunwürdigen Umständen leben. Ab 1985 setzten, gefördert durch Österreichs bevorstehenden EU-Beitritt, die Menschenrechts-Charta und die UN-Behindertenrechtskonvention, Psychiatriereformbewegungen auch in der Steiermark ein – nicht zuletzt dem Rationalisierungs- und Kostensenkungsdruck im öffentlichen Gesundheitswesen geschuldet. Die „Arbeitsgemeinschaft Sozialpsychiatrie“, eine Gruppe von engagierten Psychiatriemitarbeiter*innen und Studierenden, veranstaltete 1977 im Grazer KIZ-Kino im Augarten eine Psychiatrie-Filmwoche, die großen Zulauf fand. Der Film von M. Mrakitsch mit dem Titel „Drinnen, das ist wie draußen, nur anders“ zeigte das Leben in einer totalen Institution, in diesem Fall der psychiatrischen Anstalt. „Draußen“ ist das „normale“ Leben. „Drinnen“ – in der psychiatrischen Anstalt – lebten Anfang der 1980er-Jahre ca. 1.800 Menschen mit einer durchschnittlichen stationären Aufenthaltsdauer von 200 Tagen. Über 90 Prozent der Menschen, die in der psychiatrischen Anstalt lebten, waren zwangsweise dort, auf vielen Stationen gab es Zimmer mit mehr als zehn Betten, zudem kaum Privatkleidung, keinen Privatbereich, keine bürgerlichen Rechte. In der Steiermark wurde erst 2006 der Opfer der Euthanasie auch offiziell durch die Errichtung eines Denkmals am Gelände der damaligen „Landesnervenklinik Sigmund Freud“ in Graz gedacht (Oelschläger, Danzinger u. Benzenhöfer, 2015).

1961 beschrieb der Soziologe Erving Goffman in seinem Buch „Asyle“ die Auswirkungen, die das Leben in „totalen“ Institutionen auf die Bewohner*innen hat. „Total“ bedeutet, dass die Handhabung aller menschlichen Bedürfnisse auf vorgeschriebenen Wegen erfolgt und somit die Lebensräume der Bewohner*innen eingeengt werden. Dass „Hospitalismus“, wie von René A. Spitz seit 1945 in Kinderheimen untersucht, sich unter Anstaltsbedingungen auch bei Erwachsenen entwickelt, wurde in Goffmans Studie nachgewiesen. Bei Patienten*innen, die sich längere Zeit in psychiatrischen Anstalten aufhalten, wird alles Erleben und Verhalten unabhängig von der ursprünglichen Diagnose von einem „Anstaltssyndrom“ überlagert, das durch Antriebs- und Interessenlosigkeit gekennzeichnet ist. Gleichermaßen beeinflusst war die Psychiatriereformbewegung von der „antipsychiatrischen Bewegung“, geführt von den Psychiatern Ronald D. Laing und David Cooper, welche die „therapeutische Gemeinschaft“ entwickelten und Wohngemeinschaften als Alternative zur Anstaltsbehandlung gründeten, sowie von der italienischen Psychiatriebewegung Basaglias in Triest, „La libertà è terapeutica“ – „Freiheit ist therapeutisch“.

1978 wurde in Graz das „Beratungszentrum am Griesplatz" als erste sozialpsychiatrische Einrichtung Österreichs gegründet. Das entwürdigende Entmündigungsgesetz aus dem Jahr 1914 wurde 1984 durch die Einführung des Sachwalterrechts und 1991 durch das Unterbringungsgesetz abgelöst, in deren Folge sich die Patientenrechte entscheidend besserten. Ebenfalls in den 1970er- und 1980er-Jahren entstanden Initiativen gegen Kinder- und Jugendheime der von den Bundesländern weitgehend kontrollierten „Jugendwohlfahrt".

Allerdings wurden, den Intentionen der Psychiatriereformbewegung entgegenstehend, zahllose Menschen aus der psychiatrischen Anstalt in Pflegeheime „umhospitalisiert" und in Ermangelung geeigneter sozialpsychiatrischer Einrichtungen werden auch gegenwärtig noch junge Menschen mit psychischen Erkrankungen in für sie ungeeignete Heime aufgenommen.

Noch Mitte der 1980er-Jahre gab es für die von Wohnungslosigkeit bedrohten Menschen weder Beratung noch Präventionsmaßnahmen. Für bereits wohnungslos Gewordene gab es die Unterbringung in städtischen Obdachlosenasylen oder in (teuren) Fremdenheimen – oder die Obdachlosigkeit. Um diesen untragbaren Zustand zu beseitigen, schlossen sich Vertreter von Grazer Sozialeinrichtungen zusammen, um neue Wohn- und Betreuungsformen zu schaffen – nach dem Motto „Es gibt nichts Gutes, außer: Man tut es" (Erich Kästner). In den Jahren zuvor hatte es verschiedene Anläufe gegeben, betreute Wohnmöglichkeiten für Menschen mit psychischen Erkrankungen zu schaffen. Aus Mangel an politischer Unterstützung musste der Übergangswohnheim-Verein aufgelöst werden, somit gab es für Menschen mit psychischen Erkrankungen weiterhin keine Wohnbetreuung und keine Alternative zum psychiatrischen Krankenhaus. Vertreter dieses Vereines gehörten zu den Initiatoren der Wohnplattform.

Eine breite Plattform sowohl öffentlicher als auch privater steirischer Sozialeinrichtungen engagierte sich Mitte der 1980er-Jahre in der „ARGE Aufschrei gegen Sozialabbau", um gegen die Reduktion des damals ohnehin schon bescheidenen Netzes an Sozialeinrichtungen anzukämpfen. Mit der Gründung des Vereins „Steirische Wohnplattform" 1985 durch Vertreter der Bewährungshilfe, des Beratungszentrums Griesplatz, der Beratungsstelle für Arbeitslose und Nichtsesshafte BAN, der Arge gegen Suchtgefahren und der Sachwalterschaft war endlich die rechtliche Grundlage für eine Kooperation zur Bekämpfung von Wohnungslosigkeit geschaffen.

Der von der Wohnplattform in die sozialpolitische Debatte eingebrachte Slogan „Ein Bett ist keine Wohnung“ baute politischen Druck auf, um ein Bewusstsein für die Notwendigkeit von professioneller Sozialarbeit mit wohnungslosen Personen zu schaffen. Der organisatorische Ausbau und die inhaltliche Weiterentwicklung folgten Schritt für Schritt in den folgenden Jahren über Graz hinausgehend in allen Regionen der Steiermark. Ausführlich dazu: https://wohnplattform.at/images/PDF/WPF_Geschichte_2019.pdf (Zugriff vom 03.06.2021).

Es wurden für verschiedene Handlungsfelder der Wohnungslosenhilfe Konzepte entwickelt, um den unterschiedlichen Formen von Wohnungslosigkeit und den erforderlichen Antworten einer Wohnungslosenhilfe gerecht zu werden:

- Erstinformation, Beratung und Clearing,
- mobile Betreuung in eigener Wohnung: die mobile sozialpsychiatrische Betreuung,
- betreutes Einzelwohnen,
- vollzeitbetreutes Wohnen,
- betreutes Wohnen für Klienten der Straffälligenhilfe,
- betreutes Wohnen für Menschen mit psychischen Erkrankungen,
- Wohngemeinschaften für psychisch kranke Menschen,
- integrierte Wohnbetreuung mit Tagesbeschäftigung in einem Wohnhaus mit tagesstrukturierendem Angebot,
- vollzeitbetreutes Wohnhaus,
- teilzeitbetreutes Wohnhaus,
- teilzeitbetreute Wohngruppe,
- betreutes Wohnen mit Kind: Eineltern-Kind-Wohngruppe.

Die Ausdifferenzierung unterschiedlicher Betreuungsmodelle folgte dem Umstand, dass Wohnungslosigkeit unterschiedliche psychosoziale Ursachen und Verläufe hat. Dem Differenzierungsgebot entsprechend war es umgekehrt aber auch notwendig, Grundsätze für alle Betreuungsmodelle zu definieren, die als „Identitätskern“ der Organisation Wohnplattform Geltung haben:

- Einzelzimmer für alle Bewohner, um Privatsphäre, Rückzugsmöglichkeiten, aber auch das Leben von Beziehungen zu ermöglichen;
- Frauen und Männer wohnen gemeinsam;

- „Schlüsselgewalt“ für die Bewohner; dies bedeutet, einen eigenen Schlüssel für den Briefkasten, die Wohnungs- sowie die Zimmertür zu besitzen;
- keine „Taschengeldregelung“ durch die Sozialhilfe, sondern selbstständiges Wirtschaften mit dem eigenen Einkommen: Bezahlen eines Benützungsbeitrages für die Wohnung (Miete und Betriebskosten), eigenständige Haushaltsführung;
- Betreuung durch die Wohnplattform nur im Bereich des Wohnens; ärztliche und psychologische Behandlung; Arbeit oder sonstige Beschäftigung usw. finden in Kooperation mit zahlreichen psychosozialen Einrichtungen „draußen“ statt;
- gemeinsame Entwicklung einer Betreuungsperspektive; die Wohnbetreuer*innen unterstützen die Bewohner*innen während der Wohnphase bei allen administrativen Angelegenheiten, das Wohnen betreffend.

Diese Grundprinzipien können unter dem Gebot von „Normalisierung“ zusammengefasst werden. In der Umsetzung des Normalisierungsgebots wird auf eine Emergenzorientierung der Hilfeleistungen fokussiert. Aus einem interpersonalen (inkl. Klient*innen wie aller Beteiligten/Betroffenen) und einem interdisziplinären Setting emergieren transprofessionelle, die spezifischen Antworten der einzelnen Professionen und Personen der beruflichen Zusammenarbeit überschreitende Handlungen zu einem Set von rehabilitativen Betreuungs- und Entwicklungspfaden. Wie im ersten Teil exemplarisch ausgeführt, entstanden die konkreten Interventionsentscheidungen in laufend sich entfaltenden, angereicherten Praxis-Theorie-Zyklen. Darin eingebunden waren alle relevanten sozialwissenschaftlichen Disziplinen, die ihre Erkenntnisse in das Konzept der Sozialpsychiatrie als Wissenschaft einbrachten. Das Konzept der Sozialpsychiatrie wurde in einem gut gefügten und integrativ kooperierenden Verbundsystem (stationär, teilstationär, ambulant, mobil und Selbsthilfeangebote von Betroffenen und Angehörigen) umgesetzt. Es erwies sich als notwendig, dass zwischen den Mitarbeiter*innen in Team und Hierarchie laufend selbstreflexiv-kritisch an den Arbeitsbeziehungen gearbeitet wurde, um Kommunikation und Kooperation sicherzustellen. Als weiteres wichtiges Element der organisationellen Sozialarbeit der „Wohnplattform Steiermark“ bildete sich eine spezifische Gremienarbeit heraus: Seit mehr als 20 Jahren besteht in der Steiermark die von der Landesregierung eingerichtete Stelle der „Psychiatriekoordination“. In diesem Gremium diskutieren und vereinbaren die Vertreter*innen der zentralen Träger sozialpsychiatrischer Einrichtungen, der niedergelassenen Ärzteschaft und der stationären Psychiatrie fachliche und Planungsthemen, Ausbauvorhaben und Qualitätskriterien.

Als weiteres Element der organisationellen Sozialarbeit der „Wohnplattform Steiermark“ wurde eine entsprechend den oft komplexen Problemlagen der Klient*innen gestaltete „soziale Wohnungsverwaltung“ (Mietkontenverwaltung, Mahn- und Finanzwesen, Mieteingangsbestätigungen, Ein- und Auszugsformalitäten etc.) entwickelt. In diesem Rahmen haben auch die Bewohner*innen und die Wohnbetreuer*innen die Gelegenheit, gemeinsam die aktuelle Wohnsituation zu reflektieren, um daraus Wohnressourcen zu erarbeiten, zu erneuern und zu erweitern. Nicht zuletzt stellt die „Wohnplattform Steiermark“ den Bewohner*innen einen technischen Service zur Seite, der die Wohnungen adaptiert, Einrichtungsgegenstände beschafft oder erneuert, anstehende Wartungen und Reparaturen organisiert, sich um Versicherungsfälle kümmert und anderes mehr.

Der Verein „Wohnplattform Steiermark“ verknüpft die konkrete Organisation von Sozialarbeit mit wohnungslosen Personen mit der fortlaufenden „politischen Einmischung“ auf der Basis von Praxiserfahrung und struktureller Analyse. Dies betrifft u. a. die Fragen von Wohnungslosigkeit einerseits und Armut, psychische Erkrankungen und Alter andererseits.

Der Verlust von Arbeit aufgrund psychosozialer Probleme und/oder psychischer Erkrankungen ist oft der Grund, dass Menschen armutsgefährdet werden. In der Folge droht dann mitunter der Wohnungsverlust oder die bestehende Wohnform muss aufgegeben werden, da Mieten und Strom nicht mehr finanziert werden können. Für Menschen mit psychischen Erkrankungen stellt dann das Angebot von betreuten Einzelwohnungen eine Notwendigkeit dar: Es ist ein niederschwelliges Angebot und die Kontaktmöglichkeiten sind gleichfalls niedrigschwellig. Die Mietpreisgestaltung der Wohnungen ist den Gegebenheiten angepasst. Eine zusätzliche Sicherheit in Bezug auf die Grundbedürfnisse ist dadurch gegeben, dass nur eine Inklusivmiete zu zahlen ist, d. h., Strom und Heizung sind auf die „Wohnplattform Steiermark“ angemeldet, wodurch es in prekären Situationen zu keinen Problemen mit Anbietern von Strom und Heizung kommt; die Wohnplattform ist Hauptmieter der Wohnungen, was den Eigentümern die notwendige Sicherheit gibt. Die soziale Wohnraumverwaltung durch die Wohnplattform ist Teil des Konzepts; die Wohnungen werden ohne Kaution bezogen und entsprechend möbliert angeboten, sodass keine Einstiegskosten entstehen; ein technischer Service garantiert, dass die Wohnungen stets in einem sicheren und angemessenen Zustand sind. Der gute Zustand der Wohnung wirkt sich unmittelbar günstig auf die Befindlichkeit und die Entwicklungsperspektive aus. Zudem ist sichergestellt, dass die Wohnungen nach Auszug rasch wieder bezugsfertig sind; die Bewohner*innen werden bei der Wiedererlangung ihrer finanziellen Sicherheit (Mindestsicherung, Reha-Geld, AMS-Leistungen, Kontakt zur Schuldnerberatung etc.) unterstützt; die Betreuung zielt auf die persönlichen wie finanziellen Voraussetzungen für langfristig stabiles Wohnen mit eigenem Rechtsverhältnis.

Für psychisch erkrankte Menschen stellen Wohnen und die Sicherung des Lebensunterhalts sowie die Realisierung positiver Lebensperspektiven eine große Herausforderung dar. Noch schwieriger wird die Situation, wenn weitere Faktoren hinzukommen, wie eine Suchterkrankung, soziale Isolation, keine oder schlechte berufliche Qualifizierung, Arbeits- und/oder Wohnungslosigkeit. Diese Gruppen sind in besonderem Ausmaß armutsgefährdet oder leben bereits in Armut.

Der hohe Prozentsatz von psychischer Erkrankung vor und bei Eintritt der Wohnungslosigkeit weist auch auf das Ausmaß der Armutsgefährdung aufgrund psychischer Erkrankung hin. Eine derartige Evidenz dazu findet sich auch im Armutsbericht 2018 der Steiermärkischen Landesregierung, der bei Menschen mit Behinderung ein deutlich erhöhtes Armutsrisiko beschreibt, sowie in der EU-SILC-Erhebung. In der dort untersuchten Gruppe von „aus gesundheitlichen oder sonstigen Gründen“ nicht erwerbsaktiven Personen wurde 2017 eine Armutsgefährdungsquote von 53 Prozent festgestellt.

Die Berücksichtigung des Zusammenhangs von Armut und psychischer Erkrankung wurde zunehmend relevant: Einerseits stellt Wohnen eine wachsende Herausforderung dar, wie beispielsweise die Kennzahlen für soziale Inklusion deutlich zeigen: Im Jahr 2019 waren 33 Prozent der zeitweise und 48 Prozent der dauerhaft armutsgefährdeten Menschen von einem Wohnkostenanteil über 40 Prozent des Einkommens betroffen. 2017 betraf dies 39 Prozent (2016: 32 %) der ausgrenzungsgefährdeten und 45

Prozent (2016: 39 %) der armutsgefährdeten Personen. Wohnungen bei einkommensarmen Haushalten sind häufiger überbelegt, der Kostenanteil für die Wohnung ist überdurchschnittlich, während die Wohnqualität häufig unzureichend ist. Die Anzahl der registrierten wohnungslosen Personen hat sich österreichweit seit 2008 um 28 Prozent erhöht (die Daten werden vom Basisjahr 2008 bis 2014 dargestellt), wobei eine deutliche Verschlechterung bei der Wohnkostenbelastung und registrierten Wohnungslosigkeit feststellbar ist. Im Vergleich zu den Höchstwerten im Jahr 2013 gab es im Jahr 2014 eine leichte Verbesserung. 2018 waren in Österreich 22.741 Personen von Obdach- oder Wohnungslosigkeit betroffen (Statistik Austria, Eingliederungsindikatoren 2018. Kennzahlen für soziale Inklusion Österreich, S. 24). Laut BAWO-Studie zur Wohnungslosigkeit und Wohnungslosenhilfe in Graz (2017) waren in Graz im Oktober 2016 1.810 Personen wohnungslos bzw. hatten dringenden Wohnbedarf.

In diesen Jahren wurde umgekehrt in sozial bedeutsamen Feldern zunehmend eine Einsparungspolitik verfolgt, die vor allem gefährdete Bevölkerungsgruppen traf (vgl. Armutskonferenz, 2016). Sozialleistungen bewirkten eine Reduktion der armutsgefährdeten Personen um 40 Prozent in der Steiermark, in Österreich um 42 Prozent (Stoppacher u. Saurug, 2018, S. 66). Laut EU-SILC 2019 (Statistik Austria, EU-SILC, 2019, Tabellenband, Einkommen, Armut und Lebensbedingungen) waren österreichweit 26 Prozent der Bewohner*innen vor und 13 Prozent nach Sozialleistungen armutsgefährdet. Der Verlust von Arbeit durch psychosoziale Probleme, Erkrankungen oder Straffälligkeit war oft der Grund, dass Menschen armutsgefährdet waren und in der Folge der Wohnungsverlust drohte. Um dem gegenzusteuern, wurden von der Wohnplattform wirkungsorientierte Unterstützungsmaßnahmen etabliert:

- ein möglichst niederschwelliges Angebot an Wohnraum;
- eine möglichst niedrigschwellige Kontaktmöglichkeit mit betreuenden Mitarbeiter*innen;
- eine den Gegebenheiten angepasste Mietpreisgestaltung und ein kautionsfreier Wohnungsbezug;
- eine zusätzliche Subsistenzsicherheit durch Inklusivmiete, sodass es in prekären Situationen zu keinen Problemen mit Anbietern von Strom und Heizung kommt. Der Träger „Wohnplattform Steiermark“ fungiert als Hauptmieter der Wohnungen, was den Eigentümern der Wohnungen

Einkommenssicherheit gibt. So stehen Wohnungen auch Personen zur Verfügung, die aus finanziellen oder habituellen Gründen eine Wohnung nicht anmieten oder erhalten könnten.
- Es werden möblierte Wohnungen angeboten, sodass für die Einrichtung keine Einstiegskosten entstehen.
- Es gibt ein technisches Service, welches garantiert, dass die Wohnungen in einem sicheren Zustand sind.
- Die Mietdauern sind den jeweiligen psychosozialen Problemstellungen angepasst.
- Für die Entwicklung der weitergehenden Wohnperspektive mit dem Ziel, einen eigenen Mietvertrag unterfertigt zu haben, steht eine fachliche Beratung und Betreuung zur Verfügung.

Mit der von der „Wohnplattform Steiermark“ organisierten sozialpsychiatrischen Basisbetreuung erhalten die Bewohner*innen die Möglichkeit, zur Ruhe zu kommen und sich psychosozial zu stabilisieren. In Kooperation mit anderen Helfersystemen (z. B. mobile sozialpsychiatrische Betreuung, Beratungszentren, Tagesstrukturen etc.) wird innerhalb der etwa zweijährigen Wohndauer an Perspektiven sowie Voraussetzungen für das eigenständige Wohnen gearbeitet. In allen Betreuungsbereichen der „Wohnplattform Steiermark“ werden aber auch Menschen betreut, die aufgrund ihres höheren Alters intensivere Betreuungsformen und Pflege benötigen. Einerseits soll den Klient*innen ermöglicht werden, ausreichend lange in der bisherigen Wohnform verbleiben zu können, andererseits auch einen weitgehend krisenfreien Übergang in eine altersspezifische Betreuungsform anzubahnen und für Begleitung und Nachbetreuung zu sorgen.

Abschließend sei auf die nicht zu unterschätzende Bedeutung der Architektur in der Wohnungslosenhilfe hingewiesen. Wie mehrfach angedeutet, hat die Wohnplattform auch die Verantwortung dafür, dass Wohnraum und Wohnumgebung der zur Verfügung stehenden Wohnungen architektonischen Überlegungen folgen. Dies geschieht in einem permanenten Dialog zwischen Sozialarbeit und Architektur auf der Basis der Frage nach der Bedeutung des Wohnens für Menschen, die an psychischen Erkrankungen leiden. Allgemein betrachtet umfasst Wohnen alle physischen, sozialen und psychologischen Transaktionen, über die Menschen ihre Wohnumwelt gestalten, organisieren, mit anderen interagieren, es beinhaltet somit aktives Handeln. Diese Gestaltung bewirkt, dass aus einem „Haus“

ein „Heim“ wird, eine bedeutsame Wohnumwelt, ein „Zuhause“. Wohnen enthält Prozesse der Bewegung, des Sich-Aneignens, der Veränderung sowie des Ausruhens. Es gibt eine Bindung an Orte und an Personen, schafft Kontinuität, ist Teil der eigenen Identität, denn es ist durch Privatheit und Intimität gekennzeichnet. Aus philosophischer Sicht bedeutet Wohnen die sichtbare Seite eines Bedürfnisses, in der Welt heimisch zu werden und die „Fremde“ zu bewohnen. Heidegger (1952, zit. nach Flade, 2006) beschrieb „Wohnen“ einerseits als menschliche „Tätigkeit“, andererseits als „Sein“. Da mit dem Begriff des Wohnens auch jener der Sesshaftigkeit assoziiert wird (aus dem Nomadischen wurde ein Stehen-Bleiben, ein Verweilen), entstanden eine Grenze, ein Innen und ein Außen, das sich nach Funke (2006) auch auf die Psyche überträgt. Das Innen kann als Kontrast zum Außen erlebt werden, beide Zustände können jedoch auch zugleich erlebt und symbolisch (z. B. durch Türen) dargestellt werden. Je mehr sich jedoch der Kontrast zwischen dem Innen und dem Außen, zwischen „Eigenem“ und „Fremdem“, verstärkt, desto mehr kann sich die Tendenz erhöhen, die fremd und bedrohlich wirkenden (unbewussten) Aspekte des Inneren auf äußere Aspekte, auf fremde Personen oder Situationen, zu projizieren. Sloterdijk (1998, zit. nach Funke, 2006) beschrieb Wohnen als ein räumliches „Immunsystem“, als eine Art Verteidigungsmaßnahme, die das subjektive Wohlsein gegen Invasoren abgrenzen soll. Aus psychoanalytischer Sicht erfüllt Wohnen bedeutende Regulationsfunktionen, die mit grenzsetzenden und grenzöffnenden Aspekten einhergehen. Alltagssprachlich gibt es Metaphern, in denen seelische Zustände mit Orten verbunden werden (z. B.: „Ich bin über den Berg“, „Erfahrungsraum“ etc.). Die Innen-Außen-Dimension des Wohnens (Wände, Mauern, Türen) kann analog zur Regulation der Ich-Grenzen gesehen werden. Sie verhindert ein „Überschwemmtwerden“ mit zu vielen Reizen, bedeutet Abgrenzung und Autonomie und reguliert somit Nähe und Distanz. Sie steht deshalb symbolisch auch für den „eigenen Raum“. Dieser Eigenraum kann als sicherer Ort wahrgenommen werden, da Grenzen Schutz bedeuten und sich die Möglichkeit der Begegnung durch das Öffnen oder Überschreiten des Eigenraumes nach außen ergibt (Funke, 2006). Der reale Eigenraum der Wohnung wird so zu einem Symbol des „Innenraums“ des Individuums.

Vor diesem Hintergrund kommt in den organisationellen Überlegungen der „Wohnplattform Steiermark“ der Architektur besondere Bedeutung zu:

Aus den fachlichen Anforderungen an betreute Wohneinrichtungen (Häuser und Wohngemeinschaften) wie struktureller Integration in die Gemeinde, Übergangszonen zwischen Privatheit und Gemeinschaft, Ausstattung von Wohnraum, Eingehen auf persönliche „Wohngewohnheiten“ der Klient*innen, aber auch der Bedeutung der Ästhetik ergab sich die Wichtigkeit des Einbezugs architektonischer Expertise. Die Häuser und Wohnungen wurden inhaltlich als Orte „normalen“ Wohnens konzipiert und architektonisch gestaltet. Die angemieteten Wohnungen wurden saniert, instand gesetzt und eingerichtet und nicht zuletzt laufend gewartet. Die „Wohnplattform Steiermark“ stellt dazu einen eigenen technischen Mitarbeiter zur Verfügung, der die Bewohner*innen auch bezüglich aller technischen Angelegenheiten der Wohnung berät und laufend unterstützt (Heizung, elektrische Anlagen, selbstständige Pflege und Instandhaltung des Wohnraums). Die durchschnittliche Größe der Wohnungen betrug 2020 32,9 m^2, die durchschnittlichen Gesamtkosten inkl. Betriebskosten, Heizung und Strom betrugen € 355,27 (€ 10,80/m^2).

Frau P. und ihrem Sohn C. stand eine größere Wohnung zur Verfügung.

Literaturverzeichnis

Arbeitskreis OPD (2014). *Operationalisierte Psychodynamische Diagnostik OPD-2: das Manual für Diagnostik und Therapieplanung* (3., überarbeitete Auflage.). Bern: Verlag Hans Huber.

Armutskonferenz (2016). *Monetäre Grundsicherungen.* https://www.armutskonferenz.at/themen/mindestsicherung-monetaere-grundsicherung/monetaere-grundsicherung-fuer-ein-leben-in-wuerde.html (Zugriff am 03.09.2021).

Bundesarbeitsgemeinschaft für Wohnungslosenhilfe – BAWO (2017). http://www.bawo.at/fileadmin/user_upload/public/Dokumente/News/News_international/WLErhebung_Graz11_20171214-1.pdf (Zugriff am 03.09.2021).

Flade, A. (2006). *Wohnen psychologisch betrachtet.* Mannheim: Huber.

Funke, D. (2006). *Die dritte Haut. Wohnen psychoanalytisch betrachtet.* Frankfurt/M.: Psychosozial.

Oelschläger, Th., Danzinger, R. u. Benzenhöfer, U. (2015): *Die Ermordung psychiatrischer Patienten aus der Steiermark in der NS-Zeit.* Linz: pro mente edition Sozialpsychiatrie.

Rogers, C. R. (1957). The necessary and sufficient conditions of therapeutic personality change. *Journal of Consulting Psychology*, *21*(2), S. 95–103. https://doi.org/10.1037/h0045357 (Zugriff am 26.04.2021).

Statistik Austria und EU-SILC (2018). *Wohnen 2018.* file:///C:/Users/Klaus/AppData/Local/Temp/tabellenband_wohnen_2018.pdf. (Zugriff am 03.09.2021).

Statistik Austria (2018). *Eingliederungsindikatoren 2018. Kennzahlen für soziale Inklusion Österreich.* file:///C:/Users/Klaus/AppData/Local/Temp/Eingliederungsindikatoren_2018.pdf. (Zugriff am 03.09.2021).

Statistik Austria: EU-SILC (2020). *2019, Tabellenband, Einkommen, Armut und Lebensbedingungen:* file:///C:/Users/Klaus/AppData/Local/Temp/tabellenband_eu-silc_2019_und_bundeslaendertabellen_mit_dreijahresdurchsch.pdf. (Zugriff am 03.09.2021).

Stoppacher, P. u. Saurug, M. (2018). *Armut in der Steiermark*, https://www.soziales.steiermark.at/cms/dokumente/12688727_5339/d6cf0b9e/Armutsbericht%202018.pdf. (Zugriff am 03.09.2021).

Geschlechtsbezogene Entwicklungen

XXIX „Die Soziale Arbeit ist das Amerika der Frau". Möglichkeiten und Grenzen eines „modernen Frauenberufes" am Beispiel von Pionierinnen bei SOS-Kinderdorf

Christina Lienhart

Die schriftliche Überlieferung der Anfänge und Weiterentwicklung von SOS-Kinderdorf hat Tradition. Über Frauen aus der Aufbauphase war allerdings sehr lange wenig bekannt bzw. es wurde ein Geschichtsbild mit Männern als Gründer und Leiter sowie Frauen als Kinderdorfmütter vermittelt. Das änderte sich zu Beginn der 2000er-Jahre, als anknüpfend an die Geschichtsaufarbeitung durch Schreiber und Vyslozil (2001) ein Forschungsprojekt zu Beiträgen von Frauen in der PionierInnenphase von SOS-Kinderdorf in Auftrag gegeben wurde. Die Biografien von Frauen, die abseits der Rolle einer Kinderdorfmutter wesentliche Beiträge im Entstehungsprozess geleistet hatten, vermitteln nicht nur vielfältige weibliche Lebensentwürfe, sondern eröffnen zudem eine weitere Perspektive auf die soziale Wirklichkeit von SOS-Kinderdorf (Hofer u. Lienhart, 2006). Zu Beginn des 20. Jahrhunderts bezeichnete Frieda Duensing Soziale Arbeit als das „Amerika der Frau" und wies damit euphorisch auf „unbegrenzte" Möglichkeiten zur Pionierinnenarbeit, zur Eroberung und Eigengestaltung neuer Arbeitsfelder hin. Im Folgenden soll am Beispiel von vier Frauen skizziert werden, wie sie mit der Aufbauarbeit bei SOS-Kinderdorf an ihrem „Amerika" bauten und dabei eine Etappe mit Handlungsspielräumen sowie Grenzen erlebten. Über organisationsbezogene Aspekte hinaus geben ihre Geschichten Hinweise zu ausgewählten geschlechtsspezifischen

Entwicklungssträngen in der Geschichte Sozialer Arbeit als „moderner Frauenberuf".

Der Beitrag besteht aus Verdichtungen der Porträts sowie der rahmenden Kapitel aus dem Buch von Hofer und Lienhart (2006). Aus Gründen des Quellenumfanges zur SOS-bezogenen Geschichte wird auf Angaben zu allen Interviews sowie den Archivalien verzichtet und stattdessen bei den Kurzporträts auf die jeweiligen Kapitel im Buch verwiesen.

1 Zwei Pionierinnen aus der Gründungsphase von SOS-Kinderdorf

„Viele Frauen und Männer haben zusammengewirkt, um aus der Idee Realität werden zu lassen", so Schreiber und Vyslozil (2001, S. 7). Es war eine Gruppe von sozial engagierten, idealistischen Frauen und Männern, die ab dem Jahr 1946 die Gründung eines Sozialwerkes für Kinder überlegten. Darunter waren vorrangig Hermann Gmeiner, Maria Hofer, Franz Müller, Ludwig Kögl, Werner Gstrein, Paul Beier und Johannes Lex. Am 25. April 1949 fand die Gründungsversammlung des ursprünglich Societas Socialis genannten Vereins statt, bei der Gmeiner zum Vorsitzenden sowie Hofer, Müller, Kögl und Hedwig Weingartner zu Vorstandsmitgliedern gewählt wurden. Zu den Aktivistinnen ab 1949 zählten zudem Helene Didl und Hertha Troger. Im April 1950 wurde die Societas Socialis in den Verein SOS-Kinderdorf überführt, im Dezember 1950 fand die Firstfeier des ersten Kinderdorfhauses in Imst statt und 1951 wurden die ersten Kinderdorffamilien gegründet. Maria Hofer war nicht nur die einzige Frau in der Initiativgruppe, sondern auch die einzige sozialarbeiterische Fachkraft in der Gründungsphase. Hertha Troger involvierte sich im Jahr 1949 eindrücklich.

1.1 Maria Hofer (1913–1997): „Eine Frau mit euphorischer Kraft"[1]

Maria Hofers Weg in die Sozialarbeit war keiner, den sie aus Ermangelung einer standesgemäßen Alternative wählte. 1913 in Innsbruck als Tochter

[1] Verdichtetes Porträt aus: Hofer u. Lienhart, 2006, S. 47–69.

der Geschäftsfrau Maria Hofer geb. Wille und des Militärkapellmeisters Andreas Hofer geboren, sollte sie als „Gscheiteste und Ehrgeizigste“, so ihr Bruder Karl, das Geschäft der Mutter übernehmen. Als ledige Tochter einer alleinerziehenden Köchin hatte Maria Wille „etwas werden wollen“, 1898 in Innsbruck ein Babyausstattungsgeschäft eröffnet und zum Marktführer in Tirol gemacht. Auch als Ehefrau und vierfache Mutter führte sie weiter das Geschäft. Mit Geschäftssinn und finanziellem Geschick ermöglichte Maria Hofers Mutter ihrer Familie ein gut situiertes Leben selbst über den Ersten Weltkrieg hinweg. 1928, als Maria Hofer 15 Jahre alt war, ließen sich ihre Eltern scheiden. Marias Jugendjahre wurden geprägt durch ihre Mitgliedschaft in einer fortschrittlichen und religiös ausgerichteten Jugendbewegung. Nach der Ausbildung an einer privaten Handelsschule und ersten Berufsjahren im Geschäft ihrer Mutter wandte sie sich deshalb um das Jahr 1934 gegen deren Willen der pfarrlich-sozialen Arbeit zu. Ihre ersten Schritte in die Soziale Arbeit fielen in den Beginn des austrofaschistischen Ständestaates und in eine Zeit, in der der Bedarf an Fürsorge durch die Folgen der Weltwirtschaftskrise – Unterernährung, Geldentwertung und Massenarbeitslosigkeit – stark angestiegen war (Frey, 2005, S. 39). Sie stellte bald fest, dass mit einer karitativen Einstellung allein die Not der Menschen nicht zu lindern war, weshalb sie sich von 1935 bis 1938 in der Sozialen Frauenschule in Wien zur Fürsorgerin ausbilden ließ. Während des Zweiten Weltkrieges wurde Maria Hofer zur Büroarbeit in einem Wehrmachtsbetrieb verpflichtet und absolvierte von 1941 bis 1943 das „Theologische Laienjahr“, eine Vorläuferausbildung der PastoralassistentInnen.

1945 kehrte Hofer nach Innsbruck zurück und fand eine Anstellung als Sekretärin in der Dekanatsstelle der Katholischen Jugend. Dort lernte sie 1946 den um sechs Jahre jüngeren Hermann Gmeiner kennen, der eine Pfarrjugendgruppe leitete. „Sie waren sich einig, für die verlassenen Kinder, die durch den Weltkrieg da waren, etwas Neues, Besseres als Waisenheime, Kinderhorte zu schaffen“, so ihr Bruder Karl. Maria Hofer war als einzige sozialarbeiterische Fachkraft in der Gründungsgruppe mit dem Heim- und Pflegekinderwesen vertraut. Sie beschrieb die Situation von Pflegekindern als eine von Arbeitskräften, die mehr Geld einbringen, als sie kosten. Die Situation in den Heimen war nicht besser. Sie waren hoffnungslos überfüllt, hatten zu wenig Personal und erinnerten „eher an mittelalterliche Strafanstalten“. Nach monatelangen, intensiv und kontroversiell geführten Diskussionen (vgl. das Kurzporträt von Hertha Troger) entschied sich die Societas Socialis für die Errichtung eines Kinderdorfes. Maria Hofer brachte dabei nicht nur ihr sozialarbeiterisches und kaufmännisches Fachwissen sowie ihre religiöse Fundierung ein, sondern auch großes Organisationstalent, hilfreiche Kontakte und die finanzielle Grundlage des Vereins. Lange galten in der Literatur die 600 Schilling von Gmeiners Pfarrjugendgruppe als Startkapital. Faktisch ermöglichte der vorzeitig ausgezahlte Erbteil von Maria Hofer in der Höhe von 40.000 bis 60.000 Schilling u. a. den Kauf des Grundstückes in Imst. Das Geld war ihr Jahre später wieder zurückbezahlt worden.

Nachdem im November 1949 der Grundstein für das erste SOS-Kinderdorf gelegt worden war, war seine Schwester, so Karl Hofer „nun im Innsbrucker Büro beschäftigt, zahlende Mitglieder, Freunde mit ihrem Team zu werben, Behördenverhandlungen zu führen, Kinderdorfmütter zu werben, die ersten Kinder in Imst anzusiedeln“. Die Verbindungen zwischen Sozialarbeit, Theologie und betriebswirtschaftlichem Denken, zwischen Praxis und Theorie, intellektueller Auseinandersetzung und handfestem Zupacken charakterisieren Maria Hofer. Spuren ihrer vielfältigen Kompetenzen lassen sich sowohl bei der Gründung als auch der Konsolidierung und Erweiterung von SOS-Kinderdorf finden. Sie war die zweite Angestellte von SOS-Kinderdorf nach Hermann Gmeiner, leitete die Zentralkanzlei und leistete in unterschiedlichen Bereichen des Vereins und der konkreten Umsetzungen Aufbau- und Weiterentwicklungsarbeit, Vorstandstätigkeit, Leitungs- und Zuarbeit. Maria Hofer wird beschrieben als Frau „mit euphorischer Kraft“, „von der Geist ausgeht“, die sich immer „voll und ganz“ auf eine Sache eingelassen habe. Gleichzeitig wurde sie als sehr strenge Frau, als „Lehrmeisterin“, als zurückhaltend, aber nicht konfliktscheu erlebt.

Aus der „Improvisation“ der ersten Jahre, gepaart mit „grenzenlosem Idealismus“ und „echtem Kameradschaftsgeist“, entwickelte sich das erfolgreiche soziale Unternehmen SOS-Kinderdorf mit hierarchischen Strukturen, an dessen Spitze letztlich unangefochten Hermann Gmeiner stand. Die Arbeits- und Freundschaftsbeziehung zwischen Hofer und Gmeiner wurde immer distanzierter. Kurz nachdem Maria Hofer 1956 den Aufbau eines Südtiroler SOS-Kinderdorf-Vereines in Brixen abgeschlossen hatte und zu Aufbauarbeiten nach Kärnten geschickt worden war, beendete sie für Außenstehende völlig unerwartet ihr Engagement bei SOS-Kinderdorf. Weggefährtinnen gab sie Einblick in ihre Beweggründe: Gmeiner firmierte ab Mitte der 1950er-Jahre als alleiniger Gründer von SOS-Kinderdorf und die Leistungen des Gründungsteams verschwanden aus der internen und externen Wahrnehmung. Maria Hofer erlebte darin „eine Kränkung, dass dann nur mehr ein Mensch war, der das Kinderdorf gemacht hat. Aber begonnen hat es in einem größeren Kreis und mit viel Einsatz von denen allen. (...) sie (...) wollte (...) nicht auf einem Gedenkstein stehen. Aber sie wollte (...) klar sagen: ‚Der war nicht allein. Der Gmeiner hat das nicht allein erfunden. Da waren mehrere‘.“ Laut Evamarie Kallir (siehe Kurzporträt) sei SOS-Kinderdorf für Maria Hofer eine zu patriarchale Organisation geworden. Für Karl Hofer war seine Schwester keine Frau, die sich unterordnen konnte und wollte.

Nach einer Phase des Rückzuges richtete Maria Hofer ihr weiteres Leben christlich-pastoral aus. Sie wurde Mitglied eines Säkularinstituts, arbeitete in München bei einer renommierten theologischen Zeitschrift und in der Altenpastoral. In all den Jahren hatte sie sich auch ohne akademisches Studium fundiertes theologisches Wissen angeeignet. Vor allem mit der Bedeutung der Frauen im Alten Testament hatte sie sich beschäftigt. Maria suchte nach Übersetzungsmöglichkeiten für ihre Zeit, ermutigte junge Frauen, sich intellektuell zu bilden und ihre Eigenständigkeit zu bewahren – und verstand nicht, wenn Frauen andere Wege wählten. Ihren Einsatz bei SOS-Kinderdorf hatte sie nie bereut. Mit Hermann Gmeiner gab es in den 1970er-Jahren eine Aussprache. 1989 wurde sie als Mitbegründerin von SOS-Kinderdorf mit der Verdienstmedaille des Landes Tirol gewürdigt. Maria Hofer verstarb 1997 kurz nach ihrem 84. Geburtstag in Wien.

1.2 Hertha Troger (1897–1986): „Schwester Hertha“[2]

Hertha Troger wurde 1897 als drittes Kind in eine gutbürgerliche, ursprünglich aus Tirol stammende Familie in Troppau geboren. Ihr Vater baute dort die freiwillige Rettungsgemeinschaft mit auf und auch Hertha interessierte sich von klein auf für dieses Feld. Sie absolvierte nach der Lyzeal-Matura von 1915 bis 1918 die Ausbildung zur Krankenschwester in Wien. Ihr Vater hatte ursprünglich Vorbehalte, war dies doch noch kei-

---

2 Verdichtetes Porträt aus: Hofer u. Lienhart, 2006, S. 83–99.

ne schickliche Ausbildung für Töchter aus gutem Hause. Das „gute Haus" relativierte sich, als ihr Vater infolge des Ersten Weltkrieges sein Vermögen verlor. Trotz Schwangerschaft verließ sie ihr damaliger Verlobter, weil sie keine entsprechende Mitgift mehr mitbrachte. Aufgrund der nachhaltig sichtbaren Missachtung der damals gültigen Sexualmoral wurde Hertha Troger von ihrer Familie verstoßen. Ihre eigenen Eltern hatten selbst erst drei Monate nach der Geburt des ersten Kindes geheiratet. Nachdem Hertha Trogers Sohn 1919 auf die Welt gekommen war, musste sie allein aus finanziellen Gründen als Krankenschwester arbeiten. Ihre Schwester nahm das Kind in Pflege, wobei sich die Familiendynamiken äußerst konflikthaft entwickelten. Hertha Troger fühlte sich als schwarzes Schaf der Familie behandelt, in ihrem Erleben hatte die Schwester ihr das Kind entfremdet. 1923 und 1932 bekam Hertha Troger zwei weitere Kinder von zwei Vätern. Beide Male war sie mit dem Vater verheiratet bzw. heirateten sie nach der Geburt, beide Male folgte die Scheidung. Beide Ehemänner stammten aus gutbürgerlichem Hause, allerdings war Hertha Troger weiterhin primär für das Familieneinkommen zuständig: Ihr erster Ehemann, ein Germanist, gab mehr aus, als er verdiente. Auch der zweite – ein akademischer Maler – schien nicht hinreichend Einkommen erwirtschaftet zu haben. In der „besseren Gesellschaft" durfte diese Berufstätigkeit als Frau nicht sichtbar werden, weshalb Troger in erster Linie im Ausland in der Privatpflege arbeitete – offiziell hieß es, sie wäre auf Kur. Auch die beiden jüngeren Kinder wurden deshalb zeitweise auf Pflegeplätzen untergebracht. Hertha Troger hat aus existenzsichernden Gründen immer arbeiten müssen, aber auch wollen – weil ihr die Arbeit als Krankenschwester Freude bereitete. Eine Vereinbarkeit von Familie und Beruf schien damals allerdings undenkbar und Trogers Geschichte wurde innerhalb der Familie mit entsprechend normativen Bildern weitererzählt:

„Das kann man nicht vereinbaren. Wenn man im sozialen Dienst steht, dann sollte man nicht heiraten, man sollte keine Kinder haben. Aber die Tante Hertha war ein lebensfroher Mensch. Da haben Kinder auch irgendwie zum Leben dazu gehört. Aber sie sind wahrscheinlich immer etwas zu kurz gekommen. (...) Alle drei sind auf jeden Fall nicht in den normal gut bürgerlichen Verhältnissen aufgewachsen, wie sonst Kinder eben bei der Mutter aufwachsen", so ihr Neffe Fritz Troger.

Aus der Zeit des Zweiten Weltkrieges ist lediglich bekannt, dass Troger als Oberschwester in einem Kriegslazarett in Salzburg eingesetzt war. Im Mai

1949 soll die inzwischen 52-Jährige für das Österreichische Rote Kreuz in der Innsbrucker Hofburg gearbeitet haben, als Hermann Gmeiner auf Empfehlung des Leiters des Landesjugendreferates bei ihr um Unterstützung anfragte. Sie stellte ihr Büro als „Kanzlei“ für die Societas Socialis zur Verfügung, engagierte sich vor allem aber bei der Konzeption und ersten Realisierungsschritten des Vereins, der damals noch ein Mutter-Kind-Heim für berufstätige Mütter als Option diskutierte:

> „Aus eigenen Erlebnissen hatte sie [Troger] die Bitternis der Entfremdung zwischen Mutter und Kindern, die auf Pflegeplätzen aufwuchsen und dadurch der eigenen Mutter entfremdet werden, erfahren. Als unerfüllbar scheinender Traum schwebte ihr daher die Errichtung eines Heimes vor, in dem Kinder allein stehender, berufstätiger Frauen aufgenommen werden, ohne ihren Kindern entfremdet zu werden“. (Neubauer, o. J., S. 26)

Nach der Diskussion unterschiedlichster Ideen mit zunehmend Impulsen aus der Perspektive des Leiters der Mütterberatungsstelle Soppelsa, Gmeiners Kenntnissen über das Pestalozzi-Kinderdorf aus der Literatur und Trogers Wissen um ein vergleichbares Modell in Berlin dürfte die Entscheidung für ein Kinderdorf in einem Gruppenprozess entstanden sein. Neben Waisen sollten ursprünglich auch „Kinder, deren Mütter alleinstehend sind und in einem Beruf arbeiten müssen, um ihr Kind erhalten zu können“, aufgenommen werden.

In der Dynamik der Gründungszeit hatte Troger mit ihren guten Kontakten Türen geöffnet und für die Realisierung geworben. Der erste Brief an die Gemeinde Imst mit der Bitte um ein Grundstück erging im Namen von Troger und Franz Müller, die ersten Verhandlungen mit der Gemeinde sollen Troger, Müller und Maria Hofer geführt haben. Gmeiner war zu der Zeit auf einem Ferienlager, über die Kontakte mit Imst nicht informiert und „nicht erfreut“, dass diese Schritte ohne ihn erfolgt waren. Es ist die Rede davon, dass Troger ihre Kompetenzen überschritten habe, auch wenn die Initiative von Erfolg gekrönt war. Diese Episode markiert zunehmende Konflikte zwischen Gmeiner und der 22 Jahre älteren Troger, die sich auch in unterschiedlichen Vorstellungen um die konkrete Ausgestaltung des Kinderdorfes zeigten. Troger sei beispielsweise skeptisch gewesen, ob eine Frau allein dazu in der Lage sei, eine derart große Gruppe von Kindern zu betreuen, ohne dabei völlig „auszulaugen“. Sie hatte aus eigener Erfahrung die Bedeutung einer heute sogenannten Elternarbeit eingebracht, was in den ersten 30 Jahren von SOS-Kinderdorf sehr kontroversiell diskutierte wurde (Hofer u. Lienhart, 2013, S. 62–63). Die Machtkämpfe der GründerInnenzeit von SOS-Kinderdorf hätten Hertha Troger, die in der heutigen Diktion wohl als „Powerfrau“ beschrieben würde, als Erste getroffen – sie war plötzlich „draußen“. Laut Neubauer hatte Gmeiner „das Zepter seines bestimmenden Einflusses im Verein ergriffen und war nicht mehr bereit, sein Konzept (...) durch Kritik oder störende Einflüsse verwässern zu lassen“ (Neubauer, o. J., S. 39).

Diese Entwicklung belastete Hertha Troger auch aufgrund ihrer prekären finanziellen Situation in Kombination mit einer chronischen Erkrankung. Ihr Engagement war – wie bei so vielen in der Wiederaufbauzeit nach dem Zweiten Weltkrieg – mit der Hoffnung verbunden gewesen, dass auch für sie ein Arbeitsplatz entsteht. Troger blieb im psychosozialen Bereich engagiert, so beim „Goldenen Kreuz“, in dessen Rahmen sie 1956/57 eine Aufnahme von geflüchteten Kindern und Jugendlichen aus Ungarn im SOS-Kinderdorf Imst initiierte. Emese Szabo wurde von Hertha Troger aufgenommen. Es entwickelten sich familiale Bande mit gemeinsamen Interessen, während sich Hertha Trogers Beziehungen zu ihren leiblichen Söhnen nie geklärt hatten. Emese Szabo-Alapy wurde Psychiaterin, Psychotherapeutin, Mitbegründerin und Obfrau des Vereins „Heilpädagogische Familien“ in Innsbruck und erinnert sich wiederum an Trogers Engagement bei der Gründung der „Gesellschaft für Psychische Hygiene Tirol“.

1975 wollte Hermann Gmeiner Hertha Troger als Gründungsmitglied mit dem Goldenen Ehrenzeichen der SOS-Kinderdörfer ehren. Sie zögerte vorerst. Mit dieser späten Anerkennung ihrer Leistungen habe sie letztlich aber mit Gmeiner und SOS-Kinderdorf „Frieden geschlossen“, so Szabo-Alapy.

2 Zwei Pionierinnen in der Weiterentwicklung von SOS-Kinderdorf in den 1950er-Jahren

Noch vor der Besiedlung des ersten Hauses in Imst hatte der Vorstand von SOS-Kinderdorf am 24. November 1950 beschlossen, seine Aktivitäten auf das gesamte Bundesgebiet auszudehnen. 1951 betreuten die ersten vier Kinderdorfmütter 40 Kinder aus allen Teilen Österreichs. Die pädagogische Ausrichtung mit den vier Prinzipien „Mutter – Geschwister – Haus – Dorf“ wurde vom Psychologen Vinzenz Neubauer mitgestaltet. Ausgerichtet am Modell der bürgerlichen Familie, prägte er mit Gmeiner jene geschlechtsspezifisch geteilte Ordnung von SOS-Kinderdorf, wonach ausschließlich Männer in der Funktion des Dorfleiters an der Spitze der mütterzentrierten Kinderdorffamilien standen. In der Rolle des männlichen Familienoberhauptes wurden Dorfleiter als „Väter von Beruf, Autorität in allen Fragen der Erziehung, Leiter der Dorfgemeinschaft und Berater der Mütter“ verstanden. An den Familiengeschichten von Maria Hofer und Hertha Troger zeigten sich bereits Relativität und Konfliktflächen von idealtypischen bürgerlichen Familienmodellen. Bei SOS-Kinderdorf konnten offiziell erst seit den 1990er-Jahren Frauen Dorfleiterin werden. Es finden sich allerdings bereits in der PionierInnenzeit von SOS-Kinderdorf einige Beispiele, die diesem Prinzip schon damals nicht entsprochen hatten. So hatte das weltweit zweite SOS-Kinderdorf in Osttirol mit Albina Ertler eine Frau als Geschäftsführerin und Dorfleiterin. Das Kurzporträt der Kunstpädagogin und Sozialarbeiterin Evamarie Kallir beginnt wiederum mit ihrer Feststellung, aus einer Familie mit feministischer Tradition zu stammen.

2.1 Albina Ertler (1916–1963): „Der Motor und die Seele“[3]

Albina Ertler kam als Tochter eines 61-jährigen steirischen Schaffners und einer 29-jährigen Südtirolerin in Lienz zur Welt. Nach der Handelsschule absolvierte sie eine Schneiderlehre, von 1935 bis 1937 die Ausbildung zur Kinder- und Säuglingsschwester in Graz sowie anschließend jene zur Fürsorgerin. In Graz wurde eine Fürsorgeausbildung erst wieder 1937 in verkürzter, einjähriger Form angeboten, wobei eine vorangegangene Ausbildung als Krankenschwester, Kinderkrankenschwester oder Hebamme eine Zugangsvoraussetzung war (Steinhauser, 1994, S. 164). Bei ihrem Berufseinstieg 1938 war Österreich bereits Teil des Deutschen Reichs. Damit begann auch das dunkelste Kapitel der Kinder- und Jugendhilfe in Österreich. Gemäß der Verordnung über Jugendwohlfahrt in der Ostmark sollten nur „gesunde“ und nach dem Ideal der „deutschen Familie“ lebende BürgerInnen von Unterstützungsleistungen profitieren. Soziale Proble-

[3] Verdichtetes Porträt aus: Hofer u. Lienhart, 2006, S. 135–150.

me wollte man vor dem Hintergrund der eugenisch orientierten Vorstellung, dass diese biologische Ursachen hätten, mit deren „TrägerInnen radikal ausmerzen“ (Lienhart, 2008, S. 19). An der Umsetzung der rassenhygienischen Ausgrenzungs- und Vernichtungsprogramme waren auch Jugendamtsmitarbeiterinnen und Fürsorgerinnen der Nationalsozialistischen Volkswohlfahrt (NSV) mit ihren Erhebungs- und Kontrollverfahren beteiligt. Gemäß dem Zitat „Nicht wir, die Verhältnisse haben sich geändert“ hätte sich die Mehrheit der SozialarbeiterInnen für die Zwecke der nationalsozialistischen Wohlfahrtspolitik instrumentalisieren lassen, so Mitrovic (1987, S. 32–35). Über Albina Ertlers Arbeit für die NSV zwischen 1938 und 1945 gibt nur ihr Lebenslauf in den Personalakten aus dem Tiroler Landesarchiv Auskunft. Unter anderem leitete sie einige Monate die Familienhilfe der Kreisverwaltung Spittal/Drau, vier Jahre die Familienhilfe und die Jugendhilfe der Kreisverwaltung Wolfsberg sowie zwei Jahre die Jugendhilfe der Kreisverwaltung Klagenfurt. Im Zuge dieser Tätigkeit absolvierte sie die Ausbildung in Volkswohlfahrtspflege. 1940 trat Albina Ertler der NSDAP bei, hatte dort keine Funktion inne und es wurde keine Mitgliedsnummer angegeben. Nach Kriegsende wurde sie mit August 1945 zur Leiterin der Jugendfürsorgestelle Lienz bestellt. Am Beispiel von Albina Ertler zeigt sich, dass es mit Ende des NS-Regimes in Österreich (personelle) Kontinuitäten in der Sozialen Arbeit, aber auch der Pädagogik, Medizin, Psychologie, Jurisprudenz gab (Schwarz, Neugebauer u. Czech, 2006, S. 75 f.). Albina Ertler wurde zuerst nach dem Verbots- und Kriegsverbrechergesetz von 1945 und dem Folgegesetz von 1946 als „minderbelastet“ kategorisiert und zählte zu den für den Wiederaufbau benötigten Fachkräften. Nach eigenem Ansuchen, besonderer Prüfung ihres politischen Verhaltens vor dem 27. April 1945 und einer Bescheinigung der Bezirkshauptmannschaft Lienz fiel sie unter das Amnestiegesetz für Minderbelastete und wurde 1948 dort in den Personalstand übernommen.

In ihrer Funktion als Jugendamtsleiterin dürfte sie zeitnah über die Entwicklung eines Kinderdorfes in Imst informiert gewesen sein, da VertreterInnen von SOS zu Werbezwecken in ganz Tirol unterwegs waren. Ertler wollte ab 1952 vor Ort ein eigenes SOS-Kinderdorf errichten, um Osttiroler Kindern in relativer Nähe zu ihrem bisherigen Lebensumfeld eine Fremdunterbringung zu ermöglichen. Sie führte die Verhandlungen mit SOS-Kinderdorf und erledigte die für die Gründung anstehenden Arbeiten, die sie zum Teil während ihrer Dienstzeit am Jugendamt erledigen konnte. Dabei hatte sie die Unterstützung des Bezirkshauptmannes Otto Hosp. Dieser wurde bei der konstituierenden Generalversammlung des SOS-Kinderdorf-Zweigvereins Osttirol am 16. November 1953 zum Obmann gewählt, Albina Ertler zur Obmann-Stellvertreterin sowie zur – nebenberuflichen und ehrenamtlichen – Geschäftsführerin und Dorfleiterin. Ertler war für die Gewinnung der SOS-Kinderdorf-Mütter ebenso verantwortlich wie für die Realisierung des Hausbaues und die Kinderaufnahme. 1955, 1957 und 1958 inszenierte sie die Einweihung der drei Kinderdorfhäuser öffentlichkeitswirksam mit Feldmesse, Festansprachen von Hosp und Gmeiner, Kindern in Tracht und viel Musik. Seit Beginn hatte sie auch beinahe ihre gesamte Freizeit der Tätigkeit im SOS-Kinderdorf gewidmet, darunter die Vertretung von Kinderdorfmüttern in der Kinderbetreuung. Die erste Kinderdorfmutter Hermine Kollnig erinnerte sich, dass Albina Ertler „immer gewusst (hat), wie sie mit einem jeden reden soll. Sie ist einfach korrekt gewesen und auch eine seelengute Frau. (…) Wie wir dann später Männer als Dorfleiter gehabt haben, ist mir immer vorgekommen, die Frau Ertler hat viel besser auf die Mütter und die Kinder eingehen können. Das hat einfach feiner funktioniert. Man hat sich besser getraut, mit einer Frau zu reden. Sie hat mehr Gefühl gehabt.“

In der Gründungsphase von SOS-Kinderdorf Osttirol war sich Albina Ertler ihrer Position am Jugendamt nicht mehr gänzlich sicher, weil zunehmend Juristen eingestellt und sofort zu Jugendamtsleitern wurden. Ertler behielt ihre Position. Laut dem späteren Bezirkshauptmann Doblander hätte sich sonst niemand für die Stelle interessiert. Außerdem sei sie als ausgebildete Fürsorgerin „sicherlich geeignet“ gewesen, „schon von ihrem ganzen Temperament her. Sie war ja nicht immer ganz leicht zu haben.“ Ertler ging ihren Weg zielstrebig und orientierte sich dabei an Hierarchien. Sie wurde vielfach nicht nur als sehr versiert, sondern auch als streng und dominant erlebt – als Frau, die wusste, was sie wollte, sich dafür einsetzte und sich nicht kommentarlos in die zweite Reihe zurückziehen wollte. Albina Ertler wird aber auch als „gestandene Frau, eine echte Sozialarbeiterin in dem Sinne, kinderlieb, im Umgang mit den Menschen herzlich, lustig, freundlich“ beschrieben. Sie konnte auf Menschen zugehen, ihnen bei Bedarf „fürsorglich“ Hilfe leisten oder zukommen lassen.

Elf Jahre nach Beginn ihres Engagements für SOS-Kinderdorf verstarb die damals 47-jährige Albina Ertler an einem Herzinfarkt. Trotz aller Anerkennung ihrer Leistungen veränderte sich dadurch nicht die prinzipielle Haltung Gmeiners in Bezug auf eine geschlechtsspezifische Arbeitsteilung innerhalb der SOS-Kinderdörfer. Nach ihrem Tod stand es außer Frage, dass ein Mann Dorfleiter werden würde. Albina Ertler galt sehr lange nicht als erste Frau in der Position des „Dorfleiters". Begründet wurde das häufig damit, dass sie nicht bei SOS-Kinderdorf angestellt war. Ihre Ehrenamtlichkeit wiederum diente in manch einer Lesart als Kompensation für das Fehlen einer „eigenen Familie". Neben dieser wiederum geschlechtsstereotypen Deutung stellt sich aber auch die Frage, ob diese besondere Erzählung der Geschichte auch den Sinn hatte, die Prinzipien der geschlechtsspezifischen Arbeitsteilung bei SOS-Kinderdorf Österreich für Jahrzehnte nicht infrage stellen zu müssen.

2.2 Evamarie Kallir (geb. 1925): „Etwas aus ganzem Herzen tun."[4]

„Die Familie meiner Mutter ist eine feministische Familie gewesen, irgendwie. Mehrere Generationen zurück waren immer die Frauen eigentlich die, die die Interessanteren waren, die es geschupft haben, die Verbindungen hatten. (...) Vor allem in der Familie meiner Mutter waren viele eigenständige Frauen. Waren eigentlich auch über viele Generationen hinweg geschieden, was damals ungewöhnlich war. (...) Meine Mutter hat gesagt: ‚Bei mir kommt das nicht in Frage'."

Evamarie Kallir kam als zweites Kind von Otto und Fanny Kallir 1925 in Wien auf die Welt. 1938 gelang der damals 13-Jährigen mit ihrer Familie die Flucht über die Schweiz nach Amerika. „Meine Familie ist größtenteils jüdisch, und ich war immer katholisch, aber das hat den Hitler ja nicht interessiert". In New York eröffnete Otto Kallir, der seine Galerie in Wien einer Mitarbeiterin übergeben hatte, die Galerie St. Etienne. Evamarie Kallir absolvierte das College und arbeitete als junge Frau insbesondere als Zeichen- und Kunstlehrerin. Das Interesse an Kunsterziehung und pädagogischer Arbeit mit Kindern war geweckt, allerdings wollte sie individuell mit Kindern arbeiten und nicht mit großen Schulklassen. Zudem verspürte

[4] Verdichtetes Porträt aus: Hofer u. Lienhart, 2006, S. 151–165.

sie zu Beginn der 1950er-Jahre den Wunsch, nach Österreich zurückzukehren.

„Ich wollte irgendwie mit dem Aufbau zu tun haben, mit einem gewissen ‚nie wieder‘, weil ich gedacht habe, wenn man da schon entgangen ist, diesem ganzen Schicksal, dann ist das doch irgendwo ein gewisser Auftrag. Ich hatte auch Heimweh nach Österreich und wollte ein bisschen diese Bitterkeit überbrücken, was ja dann auch geworden ist“, so Kallir.

Von 1952 bis 1954 führte Evamarie Kallir die Galerie ihres Vaters in Wien, die ihm seine Mitarbeiterin nach dem Krieg wieder übergeben hatte. Während dieser Zeit bildete sie sich in Kursen an der Akademie für angewandte Kunst weiter – und erfuhr von SOS-Kinderdorf. Die damals 29-Jährige bewarb sich als Kinderdorfmutter, wurde aber von Gmeiner abgewehrt, worauf sie nach Amerika zurückkehrte. Gmeiner bat sie, sich dort um Spenden zu bemühen. Diesbezüglich war Kallir weniger erfolgreich und nach einer letzten Anfrage bei Gmeiner durfte sie ins SOS-Kinderdorf kommen.

„(…) es war eigentlich alles, was ich mir gewünscht habe, eine wunderschöne Gegend, die Tradition, die Frauen, die Gemeinschaft. Es war eigentlich das österreichische Paradies, wie ich es mir vorgestellt habe. Es war aber auch ein bisschen, das kann man sich jetzt nicht vorstellen, es war noch ein Entwicklungsland.“

Evamarie Kallir wurde nicht als SOS-Kinderdorf-Mutter genommen und musste sich selbst ihr Betätigungsfeld suchen. Sie baute vor allem eine Werkstatt auf, in der sie kreatives Arbeiten mit sozialpädagogischer Begleitung verband. Nach heutigem Verständnis arbeitete sie mit kindertherapeutischen Ansätzen. Laut Kallir hatte es diese heute geläufige Art des Arbeitens damals in ähnlichen Einrichtungen wahrscheinlich nicht gegeben. 1963 schrieb sie darüber, warum Malen, Zeichnen und Werken Raum in pädagogischer Arbeit haben sollten:

„Es gibt eine Auffassung vom Musischen und Künstlerischen als einer ganz netten, aber durchaus unwesentlichen und im Grund unnötigen Randerscheinung; einer Verzierung sozusagen, die dem Leben, und daher auch der pädagogischen Arbeit, nachträglich angeklebt wird. (…) Wenn es nun aber wahr ist, daß ein Mensch aus Geist und Körper besteht und daß beides zusammen (nicht nebeneinander) erst eigentlich den Menschen ausmacht, dann wird ihm eben solange etwas fehlen zum vollen Mensch-Sein, als sich diese Einheit in ihm nicht wenigstens einigermaßen vollziehen kann. Solange er nicht Inneres, Unsichtbares, sichtbar machen – ausdrücken – kann, und umgekehrt im Sichtbaren, Vordergründigen, ein Unsichtbares erahnt. Das aber geschieht im Künstlerischen, im weitesten Sinn.“ (Kallir, 1963, S. 13)

Kallir veranschaulichte das mit einem Beispiel:

„Die fünfjährige Anni (...) zeichnete ihr Daheim: Berge, Wälder, Kühe, Weide (...) – alles sicher und unbekümmert, nichts schien ihr schwierig. Aber dann kam das Hindernis: ‚Mein Haus? Nein, das kann ich nicht.‘ Erstaunlich, denn ein Haus zeichnet ja fast jedes Kind am leichtesten. Anni wurde ermuntert und wagte es doch: ein längliches Etwas, darauf ein paar kleine Kreise, darüber zwei gekreuzte Striche. ‚Dein Haus?‘ – ‚Ja, das ist der Herd, das sind die Knödelpfannen, und da ist der Herrgottswinkel.‘ Welches Erlebnis, welche Abstraktion gehen da in einem fünfjährigen Geist vor sich, daß sich der Begriff ‚Heim‘ zu Herd und Herrgottwinkel verdichtet! (...) Darum also war es dem Kind schwierig erschienen, diesen so inhaltsreichen und erlebnisschweren Begriff zeichnerisch darzustellen. Was aber wäre da unwiederbringlich zerstört worden, wenn man der Anni vorgemacht hätte, wie ‚man‘ ein Haus zeichnet. Sie hätte gemerkt: uninteressant ist also das eigene Empfinden und Erleben, das da nach seinem Ausdruck tastet. Nur auf die fertig übernommenen äußeren Formen kommt es an!“ (ebd., S. 18)

Mit dem „Basteln“ in einem geschützten Rahmen begleitete die Kunstpädagogin Kinder auf dem Weg, zu sich selbst zu finden. „Bedrückende Erfahrungen, mit denen das Kind nicht fertig wird, können oft besser mit Pinsel und Bleistift als mit Worten ausgedrückt und damit gebannt und bewältigt werden“ (ebd., S. 14). Sie selbst beschreibt ihre Arbeit mit den Kindern in Abgrenzung zu „wirklich pädagogischer“ als kunstpädagogische Arbeit, bei der ihr niemand Vorschriften machte – sie begleitete die Kinder in ihrer Freizeit außerhalb von Familie und Schule. Auch wenn sie sich in der Gemeinschaft des SOS-Kinderdorfes Imst wohlfühlte, beendete sie nach elf Jahren ihre Tätigkeit. Sie wollte sich dort einbringen, wo sie nötiger gebraucht wurde. Letztlich ordnete auch sie ihr Aufgabengebiet im SOS-Kinderdorf als „Glasur auf der Torte“ ein und nahm gleichzeitig bedauernd zur Kenntnis, dass dieser Tätigkeitsbereich nicht nachbesetzt wurde.

Im Alter von 42 Jahren ging Kallir 1967 mit offenen Berufsperspektiven nach Wien, arbeitete einige Monate bei der Caritas Socialis und entschied sich, berufsbegleitend die Abendschule der „Lehranstalt für gehobene Sozialberufe“, der seit 1962 österreichweit vereinheitlichten Ausbildung von SozialarbeiterInnen, zu absolvieren. Von Anfang der 1970er-Jahre bis zu ihrer Pensionierung arbeitete sie als Sozialarbeiterin beim „Psychohygienischen Dienst“ der Gemeinde Wien. Während Evamarie Kallir als Sozialarbeiterin in der Nachbetreuung von Menschen nach einem Psychiatrieaufenthalt tätig war, entwickelte sie schon bald Ideen für ein neues Projekt, für das sie sich bereits vor ihrer Pensionierung engagieren sollte: Aus Erfahrungen mit dem „Zentrum 25“ initiierte sie das – 1978 als Verein etablierte – „Regenbogenhaus“, ein Begegnungszentrum für Menschen mit unterschiedlichen Bedürfnissen und psychosozialen Problemen. Für die Realisierung leistete Kallir – wie KollegInnen und BesucherInnen – bezahlte und unbezahlte Aufbauarbeit sowie zwei Jahrzehnte Umsetzungsarbeit sowie Vorstandstätigkeit.

2003, als das Interview mit Evamarie Kallir stattfand, engagierte sie sich bereits ehrenamtlich in der Arbeit mit jungen Geflüchteten. Auch im Zuge der Fluchtbewegungen ab 2015 bezog sie klar zu Verschärfungen im Asylrecht Stellung (vgl. Porträt im Standard, 2016). Sie sieht in diesem Engagement, das konsequent das Gemeinsame über das Trennende stellt, dass sich der Kreis schließt, den sie mit ihrer eigenen Flucht aus Österreich zu zeichnen begann.

3 „(…) das Amerika der Frau“ und seine damaligen Grenzen

Sozialarbeit, verstanden als spezifisch personenbezogene, fachlich qualifizierte und beruflich wahrgenommene soziale Dienstleistung, ist ein Produkt der Moderne. Es waren vor allem Frauen der gemäßigten bürgerlichen Frauenbewegung, die zeitgenössische Konzepte der Sozialreform mit ihrem Emanzipationsprozess verknüpften. Dessen tragende Säule war die Schaffung von Bildungs- und Berufsmöglichkeiten für Frauen vor dem Hintergrund des Konzeptes der „geistigen Mütterlichkeit“: Bildung sollte den „wesensgemäßen“ Eigenschaften von Frauen – wie mitmenschliche Fürsorge und einfühlendes Helfen – entsprechen, Mädchen auf ihre Rolle als Hausfrau und Mutter vorbereiten, „zur Not“ aber auch standesgemäße Berufstätigkeit und somit Unabhängigkeit ermöglichen. Nach dem Lehrerinnenberuf und der Krankenpflege entwickelte sich Soziale Arbeit zur „angewandten, auf die Welt übertragenen Mütterlichkeit“ (Fleßner, 1995, S. 12). „Zur Not“ weist darauf hin, dass die „geistige“ oder „soziale“ Mütterlichkeit zwar als Ersatz für die biologische galt, aber stets zweite Wahl blieb. Auch wenn es für Sozialarbeiterinnen – im Gegensatz zu Lehrerinnen – nie ein Zölibatsgebot gab, schloss in den Augen von Vertreterinnen der bürgerlichen Frauenbewegung und der einstellenden Behörden eine „soziale" Mütterlichkeit eine biologische aus und umgekehrt (ebd., S. 13). Noch im Jahr 2003 verwiesen Zeitzeugen in Interviews zu Albina Ertler und Hertha Troger darauf, dass mit deren Engagement das Fehlen einer eigenen Familie kompensiert worden bzw. eine Vereinbarkeit eines „sozialen Dienstes" mit einer eigenen „gutbürgerlichen" Familie nicht möglich sei. Die „zur Not" alleinstehende Frau wurde weiterhin als Mangelexistenz betrachtet und Ehelosigkeit negativ bewertet, die Möglichkeit eines „Gewinnes" an weiblicher Autonomie tauchte kaum auf. Die Biografien von Maria Hofer, Hertha Troger, Albina Ertler und Evamarie Kallir vermitteln ihren anderen Blick auf Berufstätigkeit – auf deren Bedeutung, die mit ihren biografischen Erfahrungen verwoben war. Sie veranschaulichen die Relativität von bürgerlichen Idealen, aber auch die Reibungsflächen und Konflikte, die sich durch die Aufrechterhaltung und das gleichzeitige Hinterfragen ihres eigenen zielstrebigen Tuns ergaben.

Geschlechterverhältnisse und Familienrealitäten waren während des Zweiten Weltkrieges und in den Nachkriegsjahren in Bewegung geraten. Frauen hatten durch die kriegsbedingte Abwesenheit der Männer das Überleben der Familie gewährleistet, indem sie Arbeit in der Landwirtschaft, im Dienstleistungsbereich und in der Produktion übernommen hatten sowie für die umfangreiche Reproduktionsarbeit zuständig waren. Nach der Rückkehr der Männer sollten die Geschlechterverhältnisse im Sinne der alten patriarchalen Ordnung wieder stabilisiert werden (Rosenberger u. Weiss, 1999, S. 327). Als Kind seiner Zeit leistete auch SOS-Kinderdorf einen Beitrag dazu. „Die dem Geist der 50er-Jahre verpflichteten vier Grundprinzipien sollten (…) das traditionelle Verständnis von Familie und Geschlechterrollen, die durch die Auswirkungen des Krieges ins Wanken geraten waren, wieder stärken", so Schreiber und Vyslozil (2001, S. 158). Die „unbegrenzten Möglichkeiten" aus der PionierInnenzeit von SOS-Kinderdorf sollten in der Folge bald zur Ausnahmesituation werden. Je abgeschlossener die unterschiedlichen Gründungsphasen von SOS-Kinderdorf im In- und Ausland waren, umso mehr wurden traditionelle Geschlechterrollenbilder forciert. Die daraus abgeleiteten segmentierten Arbeitsfelder von Männern und Frauen führten zu einer „konservativen

Normalisierung“ des Geschlechterverhältnisses innerhalb der Organisation mit entsprechenden Machtverteilungen. Diese Etablierung einer hierarchischen Geschlechterordnung in Kombination mit (k)einer Ausbildung in Sozialer Arbeit nach der PionierInnenphase findet sich vielerorts in der Geschichte der Sozialen Arbeit. Diese expandierte zwar als „exklusiver Frauenberuf“, dennoch erreichten nur wenige Frauen eine Leitungsposition. Diese wurden meist mit berufsfremden Männern besetzt (Fleßner, 1995, S. 17). „Soziale Arbeit veränderte sich so von einem Konzept weiblicher Emanzipation zu einem Dienstleistungsberuf unter männlicher Leitung“, so Sachße (2001, S. 262). Eine Erklärung dafür gab Alice Salomon bereits 1932 mit Bezug auf Frieda Duensings Aussage „Die Soziale Arbeit ist das Amerika der Frau“:

> „Wo aber dann dieser Beruf entwickelt ist und an Geltung und Honorierung anziehender wird, werden die Leiter großer Ämter und Organisationen häufig aus Berufen entnommen, die keine unmittelbare Beziehung zu sozialen Aufgaben haben, aus der Verwaltungshierarchie, aus der medizinischen oder juristischen Laufbahn – oder (…) sie werden nach parteipolitischen Gesichtspunkten gewählt.“ (Salomon, 1958, S. 262)

Salomon thematisierte nicht den Geschlechteraspekt, denn Soziale Arbeit als „auf die Welt übertragene, geistige Mütterlichkeit“ bot Frauen keineswegs das radikale Gegenkonzept zur traditionellen Familienrolle, sondern war tief eingelassen in das traditionelle Geschlechterverhältnis und das Paradigma der patriarchalen bürgerlichen Familie (Fleßner, 1995, S. 13). Konnten die bürgerlichen Frauen damit gewissermaßen subversiv ihre (gesellschaftlichen) Handlungsspielräume erweitern? Oder trugen sie durch die damit verbundenen Weiblichkeitsvorstellungen zur Festschreibung ihrer Unterordnung den Männern gegenüber bei? Oder ist das Konzept letztlich eine Mischung aus Anpassung und Widerstand? Mit letzterer Interpretation werden die Leistung hinsichtlich der Erschließung eines ganzen Berufsfeldes, das Hinaustreten der Frauen in die Öffentlichkeit und die Etablierung einer unabhängigen Existenz mit einer eigenen selbstbewussten Deutung ihrer öffentlichen sozialen Rolle benannt. Sie trägt aber auch der Komplexität der zugrunde liegenden sozialen Prozesse Rechnung. Diese waren geprägt durch zeitgeschichtliche soziale Spannungen und Brüche, die auch das Geschlechterverhältnis betrafen (ebd., S. 15). So waren auch Pionierinnen bei SOS-Kinderdorf in Österreich und international innovativ und stabilisierend, idealistisch und wagemutig, anpassungsfähig und widerständig (Hofer u. Lienhart, 2006). Für manche war es ihr „Amerika“, für andere eine Etappe durch das „Land der unbegrenzten und begrenzten Möglichkeiten“, in dem sie weitere Spuren hinterließen. Ihre Wege sollen als Anregung dienen, vielfach noch unsichtbare Spuren von Frauen in der österreichischen Geschichte Sozialer Arbeit aufzudecken.

Literaturverzeichnis

Hofer, B. u. Lienhart, C. (2006). *Idealistisch und wagemutig. Pionierinnen im SOS-Kinderdorf.* Innsbruck: StudienVerlag.

Hofer, B. u. Lienhart, C. (2013). Entwicklungslinien der Pädagogik bei SOS-Kinderdorf zwischen 1949 und 1989. Arbeitspapier mit Textbausteinen. Eingearbeitet in H. Schreiber (2014), *Dem Schweigen verpflichtet. Erfahrungen mit SOS-Kinderdorf.* Innsbruck: StudienVerlag.

Fleßner, H. (1995). Mütterlichkeit als Beruf. Historischer Befund oder aktuelles Strukturmerkmal sozialer Arbeit. *Oldenburger Universitätsreden* Nr. 68, BIS.

Frey, C. (2005). *„Respekt vor der Kreativität der Menschen“ – Ilse Arlt: Werk und Wirkung,* Opladen: Verlag Barbara Budrich.

Kallir, E. (1963). Basteln – Freude – Wirklichkeit. In: B. Hienzsch (Hrsg.), *Der Dorfleiter im SOS-Kinderdorf.* SOS-Kinderdorf Sulzburg/SOS-Kinderdorf Imst, 4, (S. 13–30).

Lienhart, C. (2008). „Nicht wir, die Verhältnisse haben sich geändert ...“. Jugendwohlfahrt im Nationalsozialismus. *SIO – Sozialarbeit in Österreich*, 3, (S. 17–21).

Mitrovic, E. (1987). Fürsorgerinnen im Nationalsozialismus: Hilfe zur Aussonderung. In: A. Ebbinghaus (Hrsg.), *Opfer und Täterinnen. Frauenbiographien des Nationalsozialismus* (S. 14–36). Nördlingen: Hamburger Stiftung für Sozialgeschichte des 20. Jahrhunderts.

Neubauer, V. E. (o. J.). *Hermann Gmeiner. Kinder vieler Völker nennen ihn Vater ... den Mann, den ich als Psychologe 25 Jahre lang begleitete.* Unveröffentlichtes handschriftliches Manuskript.

Rosenberger, S. u. Weiss, A. (1999). Frauen – Eine eigene Geschichte. In: M. Gehler (Hrsg.), *Tirol. „Land im Gebirge“: Zwischen Tradition und Moderne* (S. 315–376). Wien/Köln/Weimar: Böhlau Verlag.

Sachße, C. (2001). Geschichte der Sozialarbeit. In: H. U. Otto u. H. Thiersch (Hrsg.), *Handbuch Sozialarbeit/Sozialpädagogik.* 2. Auflage, (S. 670–704). Neuwied/Kriftel: Luchterhand Verlag.

Salomon, A. (1932). Die Ausbildung leitender Kräfte für die Soziale Arbeit. In: H. Muthesius (1958), *Alice Salomon. Die Begründerin des sozialen Frauenberufs in Deutschland. Ihr Leben und ihr Werk* (S. 262–267). Köln/Berlin: Carl Heymanns Verlag.

Schreiber, H. u. Vyslozil, W. (2001). *Die Dynamik der frühen Jahre. Spurensuche jenseits der Klischees.* Innsbruck/München: SOS-Kinderdorf-Verlag.

Schwarz, P., Neugebauer, W. u. Czech, H. (2006). Ideologie und Verbrechen. Zur Rolle der Medizin im Nationalsozialismus. In: Verein zur Förderung des DOWAS (Hg.), *Aus so krummem Holze, als woraus der Mensch gemacht ist, kann nichts ganz Gerades gezimmert werden. 30 Jahre DOWAS Innsbruck* (S. 61–78). Eigenverlag: Innsbruck.

Steinhauser, W. (1994). *Geschichte der Sozialarbeitsausbildung.* Wien: Österreichisches Komitee für Soziale Arbeit.

Internetquelle:

https://www.derstandard.at/story/2000037349238/die-heimatsuche-der-evamarie-kallir; letzter Zugriff: 29.10.2020.

XXX Männerarbeit und Männerpolitik – ein lange vernachlässigtes Gebiet

Josef Christian Aigner und Josef Hölzl

1 Theoretische und konzeptionelle Grundlagen

1.1 „Dein Mann, das bekannte Unwesen“

Wir erinnern uns an einen alten Witz aus der Zeit, als der gute alte Oswalt Kolle seine Aufklärungsfilme und -bücher höchst erfolgreich verbreitete: Da gab es eine satirische Zeichnung, auf der eine Frau und ein Mann, auf einer Parkbank sitzend, jeweils eine Illustrierte lasen. Auf der Titelseite der Illustrierten des Mannes stand ein damals bekannter Filmtitel Kolles, „Meine Frau, das unbekannte Wesen“, auf der Titelseite, die die Frau dem Betrachter zuwendet, stand dagegen: „Mein Mann, das bekannte Unwesen“.

Der Gag beschreibt recht gut, was in der geschlechterorientierten Sozialen Arbeit lange Zeit als Motto galt, das zumindest zwischen den Zeilen vieler Abhandlungen zu erraten war: Ging es einerseits darum, Rechte, Notlagen und Selbstbestimmungsbedürfnisse der Frauen erst einmal sichtbar zu machen („das unbekannte Wesen“), so schwebte über Männern und den ihnen zugeschriebenen Besonderheiten lange Zeit ein vorweggenommenes Negativ-Urteil: eben „das bekannte Unwesen“. So einfach war und ist es allerdings nicht, schon gar nicht als Pauschaleinschätzung, auch wenn so etwas bis heute immer wieder einmal zu hören ist. Wie es zur weiblichen Emanzipation und Selbstbestimmung einer wissenschaftlichen, politischen und sozialen Reflexion der bisherigen Situation, Sozialisation und

Erziehung von Mädchen bedurfte, um die Ziele emanzipierter weiblicher Sozialisation zu erzielen, so bedürfte es dessen auch aufseiten der Männer. Bei diesen aber war der Einsatz für eine solche Emanzipation von Althergebrachtem aufgrund der scheinbaren und tatsächlichen Bevorteilung im Geschlechterverhältnis allerdings gering bzw. trat erst mit enormer Verspätung ein. Warum auch sollte eine Gruppe der Bevölkerung, die in vielen Belangen tonangebend, mit mehr Macht ausgestattet, ökonomisch bevorteilt usw. ist, an einer „Bewegung" für ihre Rechte und für bessere Lebensbedingungen interessiert sein?

Männer haben also – sowohl hinsichtlich ihrer selbstreflexiven Verortung in Gesellschaft und Privatheit als auch betreffend die wissenschaftliche wie politische Artikulation ihrer Veränderungswünsche – ein gewaltiges Defizit im Vergleich zur Frauenbewegung aufzuweisen. Deshalb wundert es auch nicht weiter (obwohl dringend Abhilfe nötig wäre), dass Männerinitiativen bei der Verteilung von Ressourcen und Positionen zu Genderfragen häufig im Nachteil sind. Das betrifft auch die Männerberatung und andere männerorientierte Initiativen, die es ja erst sehr kurz, wie wir sehen werden, gibt oder die immer noch in zu geringem Ausmaß vorhanden sind, als dass brisante Dinge wie die Gewaltberatung etwa ausreichend wahrgenommen werden könnten.

Auch im Bereich der Forschung weisen männerorientierte Fragestellungen massive Defizite auf. Wenn Christa Rhode-Dachser ihr bahnbrechendes Werk zur Psychoanalyse der Frau einst „Expedition in den dunklen Kontinent" (1991) nannte, so gilt diese Metapher im psychologischen und psychosozialen Sinn bis heute auch oder mittlerweile gar vor allem für Männer. Zwar sind die meisten Entwicklungstheorien (von Freud angefangen) unausgesprochen am Modell Mann ausgerichtet, dennoch bedarf es gerade im gesellschaftlichen und privaten Raum des Zusammenlebens der Geschlechter explizit männerbezogener Forschung, will man hinter den Kulissen stereotyper Voreingenommenheit „dem" Mann im Interesse aller auf die Spur kommen. Langsam dämmert es ja doch auch vielen Männern, dass patriarchale Gepflogenheiten und scheinbare (äußerliche) Vorteile auch für sie selbst von fragwürdiger Qualität sind. Auch hier braucht es mehr Reflexion und Forschung, die in Genderprojekten durch eine Überzahl frauenbezogener Themen und Probleme zu kurz kommen.

1.2 Das Patriarchat frisst seine Kinder

Ein Beispiel für Nachteile der patriarchalen Sozialisation von klein auf sind verschiedene Probleme, die wir heute bei Buben und männlichen Jugendlichen beobachten können. So fällt männlichen Heranwachsenden häufig stereotypes „männliches" Gehabe auf den Kopf, wenn es um Leistung und Lerndisziplin in der Schule geht („Fleiß" etwa ist „uncool" u. a. m.). Der teils deutlich schlechtere Erfolg von Buben im Bereich der schulischen Sozialisation zeigt folglich schon seit einiger Zeit Unterschiede zwischen Jungen und Mädchen, die nicht zu übersehen sind (vgl. Hurrelmann u. Schultz, 2012). Zwar sind die Unterschiede zwischen den Extrempositionen des jeweiligen Geschlechts (also sehr gute vs. sehr schwache Jungen, ähnlich bei Mädchen) teils größer als die durchschnittlichen zwischen den Geschlechtern, aber ein Gender-Gap bei Matura-Abschlüssen von fast 15 Prozent (57,4 % junge Frauen und 42,6 % junge Männer) ist doch eine Sache, die nach Aufklärung ruft. Auch ein Bubenanteil an Sonderschulen von nahe 65 Prozent, in den AHS-Oberstufen jedoch nur von 43 Prozent zeigt, dass sich auf dieser Ebene jedenfalls die Sache mit dem „herrschenden" männlichen Geschlecht erledigt hat (vgl. Statistik Austria, 2020).

Auch an den Universitäten haben sich – mit Ausnahme traditionell „männlicher" Studienrichtungen – die Abschlusszahlen stark zugunsten junger Frauen verändert. 55,4 Prozent der AbsolventInnen an österreichischen Unis waren 2018/19 Frauen, nur 44,6 Prozent Männer (vgl. ebd.). Diese Dinge werden meist mit Hinweis darauf bagatellisiert, dass auf Männer im späteren Berufsleben ohnehin wieder Vorteile warten.

Insgesamt bedarf es unseres Erachtens schon besonderer „Interpretationskünste", hier nur einen bestenfalls zu vernachlässigenden Unterschied zulasten der Jungen/Männer zu verorten. Die Einäugigkeit der Debatten zur Frage der Bildungschancen wird dann deutlich, wenn jenen, die diese Differenz als Nachteil für Männer hinterfragen, eine „moralische Panikmache" unterstellt wird oder dass „die Frauen" (gemeint ist die Frauenbewegung) und die zu umfangreiche Mädchenförderung für diese Nachteile von Jungen verantwortlich seien (vgl. etwa Forster u. Rendtorff, 2011, S. 13). Außer fragwürdigen Männerrechtlern vertritt allerdings niemand Vernünftiger derartige Positionen. Es geht beim Aufzeigen dieses Gender-Gaps auch nicht – wie oft unterstellt wird – „vor allem darum … Überlegenheitspositionen zurückzugewinnen" (ebd., S. 11), sondern einzig darum zu verstehen, was die Gründe und die möglichen Folgen dieser Differenzen in Sozialisation und Lebenslauf männlicher Heranwachsender sind.

Andere Faktoren in Erziehung und Sozialisation, die sich ebenfalls nachteilig für Männer auswirken, sind nach wie vor bestehende Anforderungen im Bereich der Unterdrückung von Gefühlen, der „Härte", der Durchsetzungsfähigkeit usw. Nach wie vor – und das wird gerade in Beratungsprozessen deutlich – tun sich Männer vielfach schwer und haben's offensichtlich nicht oder zu wenig gelernt, selbstreflexive, sich selbst und Bezugspersonen gegenüber sensible Haltungen einzunehmen, Gefühle zu artikulieren und das eigene Innere anzuschauen (vgl. Süfke, 2018). Das behindert wiederum die Aufarbeitung und Prophylaxe von Gewalterfahrungen und -neigungen, weil ein solcher Mangel es letztlich erschwert, Verantwortung für die eigenen Handlungen zu übernehmen – anstatt unreflektierter Wut nachzugeben.

In diesem Zusammenhang wird auch immer wieder das Fehlen oder der Mangel an väterlicher Zuwendung und Möglichkeiten der Identifikation mit Vater-Männern angeführt. Bei fast allen von mir selbst interviewten gewaltgeneigten jungen Männern konnte ein massives Vaterversagen festgestellt werden. Nicht so sehr dass kein Vater da gewesen wäre, sondern die Art, wie diese „fernen Väter" mit ihren Söhnen umsprangen, sie links liegen ließen, enttäuschten, auch schlugen, jedenfalls keinen Anreiz zu Identifikation, sondern zu Hass und Verachtung boten. Dies sind denkbar ungünstige Voraussetzungen für eine sozial verträgliche, liebe- und rücksichtsvolle Männlichkeitsentwicklung (vgl. Aigner, 2013).

1.3 Hegemonie und Männlichkeit im Umbruch

Insgesamt muss heute differenziert werden, inwiefern wir nach wie vor, wie das meist etwas lehrbuchhaft geschieht, ungebrochen von „hegemonialer Männlichkeit" (Connell, 2015) sprechen können. Dieses wichtige soziologische Konzept, das auch für die Entwicklung der Männerarbeit wichtig war und das auf die strukturelle Verankerung von Herrschaftsvorteilen von Männern verweist, muss, will es individuelle Männlichkeitsentwürfe beschreiben, durch entwicklungs- und sozialpsychologische Reflexionen ergänzt werden. Hegemonial-herrschaftliche Männlichkeit erfasst nicht alle Potenziale männlicher Existenz und schafft einen Misstrauensvorschuss, der subjektive Positionierungen und Entwicklungen außer Acht lässt. So etwa kritisiert Helfferich (2012) das Connell'sche Konzept am Beispiel der Entwicklung von Schülern, die sich zunächst – der Hegemonie entsprechend – betont männlich inszenieren und alle sozialstrukturellen Vorteile auszuschöpfen versuchen. Was dabei nicht in den Blick gerät, ist, dass sie sich am Weg zum Erwachsensein mit unterschiedlichen Männlichkeiten auseinandersetzen, wodurch es zur „Transformation von Männlichkeit im Lebenslauf", etwa zum Familienmenschen und durchaus fürsorglichen Vater, kommen kann. Die hegemoniale Männlichkeit decke „nicht alles ab", so Helfferich (2012, S. 78), der „Einbezug anderer Kontexte als Korrektur" sei wichtig.

Ein Kennzeichen dieser Gendertheorien ist, dass ihnen soziologische Sichtweisen und Analysen zugrunde liegen, wobei sozialisationstheoretische und entwicklungspsychologische Aspekte oft zu kurz kommen. Dies führt zu Zuschreibungen an Männer allgemein, die dem Einzelfall, auf den es in Beratung und Therapie ankommt, aber nicht immer gerecht werden. Dieser Blick auf Männlichkeit ist dabei nicht nur pauschalisierend, er ist auch einzig auf negative Aspekte gerichtet. Dabei scheint es ein fast durchgängiges Kennzeichen heutiger Männlichkeitsdiskurse zu sein, dass Männer dabei nur im Sinne des „Defekten", des Mangelhaften und Problematischen erfasst werden.

Der Psychiater und Psychotherapeut Matthias Franz (2015) überspitzt, wenn von ihm der Mann heute „in der medialen Öffentlichkeit als stereotyper Gewalttäter, machtbesessener Unterdrücker, Empathieversager, Modernisierungsverlierer, emotionaler Analphabet, narzisstischer Gockel, gewissenloser Karrierist oder zurückgebliebener, radikalisierungsanfälliger Trottel" geschildert gesehen wird (S. 192). Und er stellt hierzu eine weitere entscheidende Frage, nämlich: „Was empfinden eigentlich kleine Jungen, wenn sie derartige entwertende Dauerbotschaften aus den Medien entgegenzunehmen haben?" (ebd.).

Jedenfalls führen derartige gesellschaftliche Diskurse zu wenig vertrauenserweckenden Haltungen und Bildern von Männern, die nach anderen Lebensweisen für sich suchen. Bertsch und Christandl (2016) haben dagegen aus der Praxis der Männerberatung gezeigt, dass Männer zunächst einmal mitsamt ihren Problemen in gewisser Weise anerkannt werden müssen (ohne natürlich Gewalt zu akzeptieren), bevor man die Bereitschaft hin zu etwas Neuem und zur Veränderung erwarten darf. Ausgeprägte, pauschalierende Negativdiskurse fördern meist nur Abwehr und damit tendenziell das Beharren auf ihrer Rolle sowie die Ursachen- und Schuldsuche bei anderen.

1.4 „Maskuline Defektologie"?

Christoph Kucklick (2008) hat in seinem Buch mit dem Titel „Das unmoralische Geschlecht" für die Analyse männlicher Auffälligkeiten wohl deshalb den Begriff „maskuline Defektologie" geprägt (S. 12). Diese Tendenz bestehe schon seit vor Beginn der Moderne und erkläre Männlichkeitsgebaren quasi von Natur aus „als gewalttätig, egoistisch, asozial, unmoralisch, hypersexuell, triebhaft, gefühlskalt, kommunikationsunfähig und verantwortungslos" (ebd.). Dieser Argwohn gegenüber einer männlichen „Natur" ist heute kraft zurückgedrängter Biologismen nicht mehr explizit vorhanden, besteht aber in Form von schwer veränderbaren Klischees in manchen Kreisen weiter („Männer sind halt einfach so!").

Diese „negative Andrologie" kann auch als immer wiederkehrender Versuch gedeutet werden, fundamentale problematische Entwicklungen von Gesellschaft und Wirtschaft in den letzten Jahrzenten „den Männern" als „herrschendem Geschlecht" (anstatt einer bestimmten herrschenden Klasse) anzulasten (Kucklick, 2008, S. 333). Weiblichkeit hingegen fungiert in dieser kalten Welt als „Sehnsuchtsort, von wo aus sich die Gesellschaft kritisieren lässt" (ebd.). Dies wäre eine Art massenpsychologische, ideologiekritische Erklärung der negativen Einfärbung jener Diskurse, die sich mit Männern und Männlichkeit befassen.

1.5 Der „modularisierte Mann"

Einen neueren, sehr nachvollziehbaren Ansatz, der ein differenziertes Bild auf heutige Männlichkeiten – der Plural ist wichtig – wirft, ist dagegen der von Lothar Böhnisch (2018) in seinem Buch „Der modularisierte Mann". Mit „Es sind eben viele Männer in einem Mann" (Böhnisch, 2018, S. 200) entwirft er sein Bild, wonach Männer heute in unterschiedlichen Situationen unterschiedliche Modulbausteine nutzen, um ihre Männlichkeit zu leben (der Berufsmann, der Privatmann, der Vater, der Partner usw.) und dabei zugleich bestimmte gesellschaftliche und private, ihren psychosozialen Bedürfnissen entsprechende Rollen wahrnehmen. Die dadurch zutage tretenden Strukturierungen sind etwa Bedürftigkeit, Externalisierung, männliche Dividende, Gewalt, Sorge, auch Selbst-Sorge, Vereinbarkeit von Familie und Beruf u. a. m. Böhnisch ist auch einer der wenigen gendertheoretischen Autoren, die bei der Analyse von Männlichkeit und ihrer aktuellen Probleme nicht auf die „Tiefendimension" – also die Ebene der psychischen Verarbeitung sozialer Gegebenheiten und Zuweisungen – verzichten. Dadurch scheint uns dieser bislang noch wenig rezipierte Ansatz auch gut geeignet, auf der Ebene psychosozialer Beratung unterschiedliche Felder der Selbsteinschätzung von Männern bewusst zu machen und die zugehörige psychosoziale Verarbeitung mit den Ratsuchenden zu reflektieren.

1.6 Gewalttätige Männlichkeit

Dennoch führt bei der Betrachtung von Männlichkeit – und erst recht bei der Einschätzung männerorientierter Beratung und Politik – kein Weg daran vorbei, die Gewaltvorkommen in unserer Gesellschaft als mehrheitlich von Männern ausgeübte zu hinterfragen. Wenn man – wovon wir ausgehen – einmal jeglichen Naturalismus und Biologismus hintanstellt, dann muss diese Tatsache immer das Gewordensein von Männern, die Sozialisation von klein auf, die Zuschreibungen, die Buben als Kinder und Heranwachsende ereilen, und die Art, wie sie damit umgehen, in Rechnung stellen (vgl. auch Aigner, 2021, S. 42). Was gern zu wenig gesehen wird, ist dabei, dass Buben – v. a. bis zum 11., 12. Lebensjahr – wesentlich häufiger und „härter" Opfer physischer Gewalt werden als Mädchen. Die wesentlich häufiger von Männern ausgeübte Gewalt trifft außerhalb der Familie (in der auch Mütter häufiger Gewalt an Buben als an Mädchen ausüben) also in großer Mehrheit Kinder des eigenen Geschlechts (vgl. Lenz, 2004). Insgesamt, bei allen Gewaltvorkommen zusammengenommen, sind Männer seit jeher – außer bei Sexualdelikten – in allen Altersgruppen häufiger Opfer von Gewalt (vgl. Böhnisch u. Winter, 1993, S. 128). Dies wird in den meisten Diskussionen um Männergewalt und um die Verletzbarkeit von Männern selbst kaum wahrgenommen (siehe dazu auch Aigner, 2021).

Dazu kommt, dass die vielfach beklagten Defizite von Männern im Bereich von sozialen und Beziehungsangelegenheiten mit zu Gewaltvorkommen beitragen. Aber auch diese Defizite sind keine „Naturgegebenheit", sondern Ausdruck männlichen Gewordenseins. Die „Gefühls-Analphabeten", die dann oft plakativ beklagt werden, haben diese Sprachlosigkeit und Stumpfheit auf emotionalem Gebiet irgendwann auch „gelernt", vielfach auch durch das Fehlen entsprechender Identifikationsmöglichkeiten mit verständnisvollen, präsenten Vätern, männlichen Pädagogen und andererseits durch die Präsenz entsprechend „harter" Männlichkeitsbilder in Medien und Kulturindustrie (vgl. dazu Aigner, 2013; Aigner u. Poscheschnik, 2015).

Jedenfalls bedarf es einer Vorstellung und einer Akzeptanz dieser verbreiteten lebensgeschichtlichen Besonderheiten von Männern, will man ihre Rolle im Rahmen von Gewaltvorkommen gegenüber Schwächeren bzw. der Prophylaxe solcher Vorkommen – was ja ein Hauptaufgabengebiet von Männerberatung ist – erfolgreich und nachhaltig ändern. Ein stark negativistischer Diskurs über Männer – auch wenn er im Zusammenhang mit konkreten Gewalttaten emotional verständlich ist – wird nicht dazu führen, sie verstärkt für eine reflexive Bearbeitung ihrer Rolle und eine vertrauensvolle Zuhilfenahme fachkundiger Beratung zu gewinnen.

1.7 Der leidende Mann – prekäre Situationen

In diesem Zusammenhang wird dann auch klar, dass vieles an männlicher „Souveränität" und „Stärke" oft nur an der Oberfläche existiert, die aufrechterhalten wird, weil Leiden, Verletzlichkeit oder Verletzung und das verbreitete Männerbild schlecht zusammengehen. Der sprichwörtliche „Indianer, der keinen Schmerz kennt", scheint tief in den kulturellen Mustern und Klischees von Männlichkeit verwurzelt zu sein. Damit geraten aber auch geschlechtsspezifische Probleme, Erschwernisse oder Leidensumstände von Männern häufig in Gefahr, weniger ernst genommen oder gar als Versuch einer Verdeckung von Herrschaftszusammenhängen interpretiert zu werden: natürlich gäbe es Gesundheitsprobleme, psychische Probleme, höhere Suizidraten, mehr Suchtkrankheiten, Burnout u. a. m., aber dies geschehe dennoch alles vor dem Hintergrund anhaltender Ungleichverteilung von Macht, Einfluss und Lebenschancen zwischen Männern und Frauen. Und diese Ungleichverteilung würde durch akzentuiertes Achten auf die Probleme von Männern leichter verdeckt. Ein gängiges Beispiel sind etwa die schwerwiegenderen Gesundheitsprobleme von Männern, die auch volkswirtschaftlich relevant sind; dennoch findet man fast nichts an „Männer-Gesundheitszentren", während geschlechtsspezifische Frauen-Gesundheitszentren an vielerlei Orten existieren.

1.8 Krise und Chance

In den letzten Jahrzehnten war ja auch immer wieder von einer Krisenhaftigkeit heutigen Mannseins (vgl. etwa Richter, 2006) oder von zunehmenden Orientierungsschwierigkeiten heranwachsender Männer zu hören. Leider wurde auch diese von durchaus prominenten AutorInnen getroffene Feststellung immer wieder missinterpretiert: als ob „Krise" den Verlust des bisher Gewohnten beklage und die Rede davon auf ein Zurück zu vorher gegebenen patriarchaler Verhältnissen abziele, die noch (traditionsorientierte) Orientierungssicherheit erlaubten. Dass „Krise" auch ein Weggehen von Gewohntem und produktive Aspekte des Abschüttelns alter patriarchaler Besonderheiten bedeuten kann, ging bei dieser Kritik ebenso unter wie die Würdigung einer oft mühsamen Suche nach neuen Mustern und Verhaltensmöglichkeiten (mühsam vor allem dann, wenn den heranwachsenden Männern zu wenig Beispiel und Unterstützung älterer Männer zur Verfügung stehen). „Krisenrhetorik" bedeutet also noch lange nicht, ein „Zurück in die alte Ordnung" zu verfolgen (vgl. Krämer u. Stieglitz, 2011, S. 45), sondern kann auch gerade die Überwindung derselben anstreben.

Die schon erwähnte Connell'sche Theorie der „hegemonialen Männlichkeit" (2015) sieht eben vor allem die Dominanz-Seite von Männlichkeit, wogegen Böhnisch (2018) entlang der Krisenhaftigkeit von Männern auch die „Verfügbarkeit und Verletzlichkeit" – insbesondere in kritischen Lebenssituationen – hervorhebt, die oft mit „Hilflosigkeit" einhergehen. Daraus entstünde eine Spannung zwischen dem Bewältigungsmuster „Starksein" und dieser Hilflosigkeit – der er den Begriff der „Bedürftigkeit" zuordnet: „Damit ist eine innere Befindlichkeit gemeint, in der man sich nach etwas sehnt, dass [sic!] aber gleichzeitig verwehrt ist und die männliches Bewältigungsverhalten besonders aktivieren kann" (Böhnisch, 2018, S. 28). Damit dieses Bewältigungsverhalten nicht in Richtung stereotype, externalisierende Verhaltensweisen tendiert, sei ein „Aufschließen des inneren Mannes“ erforderlich, das in Spannung zum konventionellen Männlichen steht. Damit sind wir bei der gesellschaftlich so wichtigen Arbeit der Männerberatung.

2 Männerberatung in Österreich – Anfänge und Wendepunkte

Männerberatung ist ebenso wie Suchtberatung, Schuldnerberatung, Familienberatung usw. eine Verkürzung im Sprachgebrauch der psychosozialen Beratungslandschaft geworden. Diese Verkürzungen intendieren einerseits eine zielgruppenorientierte Vorgehensweise im Handlungsfeld und skizzieren, wer die Adressaten des Handelns sind. Seit beinahe 40 Jahren gibt es in Österreich Männerberatungsstellen, die erste im deutschsprachigen Raum wurde in Wien (1984) gegründet. Initiiert wurde sie vom Wirtschaftsjournalisten Günther Mohr, dem Journalisten aus der „alternativen Ecke“ Robert Glattau, dem Psychologen Peter Hexel und dem damaligen Psychologiestudenten Ali al Roubaie. Sie war die erste Beratungseinrichtung, die sich zum Ziel setzte, Männer mit psychosozialer Beratung anzusprechen. Daraus entstand letztlich ein verzweigtes Beratungsangebot mit inzwischen vielfältigen Schwerpunkten. Es dauerte mehrere Jahre bis zur Gründung weiterer Beratungsstellen, u. a. die Männerberatung Graz (gegründet 1996 als Verein Männerberatung Graz), Mannsbilder Tirol (seit 1996) oder die Männerberatung des Landes Oberösterreich (gegründet 1997). Für all diese Initiativen und Projekte gilt, dass die Gründung und Entwicklung durch das persönliche Engagement von einzelnen Personen möglich wurden.

„Persönlich geprägt wurden wohl viele Männerberater der ersten Stunde durch die Auseinandersetzung mit Feministinnen (in Wien etwa mit Johanna Dohnal). Aber auch der ‚Frauenüberhang‘ im Studium, in den Sozialakademien und Therapie-Ausbildungen war Grund, weswegen sich die ‚Sprache der Männlichkeit‘ entwickeln musste – Anliegen und Bedürfnisse von Männern, die nicht gleichzeitig in Konkurrenz zu Anliegen von Frauen gestellt werden mussten.“ (Joni Brem, Leiter und Mitbegründer der Männerberatung Wien, März 2021)[1]

---

[1] Alle kursiv gesetzten Original-Zitate sind Antworten sog. Gründungsfiguren von Männerberatungsstellen in Österreich auf folgende Interview-Fragen: *Welche Beweg-*

Durch das Label „Männerberatung" wurden Männer als strukturell bevorzugtes Geschlecht in ihrer Bedürftigkeit wahrgenommen und im Sinne der emanzipatorischen (Frauen-)Bewegung war es an sich ein Anachronismus. Männer in der Gesamtheit als undifferenzierte Gruppe in ihrer Bedürftigkeit wahrzunehmen widersprach – wie oben schon erwähnt – dem gesellschaftlichen Diskurs, der geprägt war von Patriarchatskritik und Bemühungen um Geschlechtergerechtigkeit. In westlichen Gesellschaften waren Emanzipationsbewegungen wesentliche Beiträge, um gesellschaftliche Egalität zwischen den Geschlechtern voranzutreiben. Bei nicht wenigen Männern löste diese Bewegung auch Verunsicherung und Widerstand aus, denn scheinbar mussten Männer etwas hergeben, wenn Frauen (und auch Männer) sogenannte Gleichberechtigung einforderten. Aber es gab auch Männer, die mit diesen Bestrebungen solidarisch waren. Zudem wurde – zumindest gesetzlich – Gleichheit geschaffen, damit einher gingen das Züchtigungsverbot in der Erziehung, das Verbot von Vergewaltigung und Nötigung in der Ehe (beides 1989) und Gewalt von Männern (an Frauen) wurde zunehmend öffentlich gemacht und geächtet. Männerberatung als psychosoziales Angebot war nie von den diversen Strömungen der Männerforschung losgelöst und ist demnach je nach handelnden Personen und Einrichtungen einmal intensiver und dann wieder weniger in den Genderdiskurs verwoben.

Männerarbeit und damit Männerberatung haben schon eine längere Tradition und waren in den Ursprüngen stark konfessionell geprägt. Aus Bildungs- und Gruppenangeboten, angelehnt an vereinsähnliche Strukturen mit Mitgliedschaften, entstanden dann Männerberatungsstellen und Männerbüros. Diese waren unterschiedlichen Trägerschaften zugeordnet beziehungsweise waren und sind sie auch als unabhängige Vereine etabliert. Weiters entstanden freie Initiativen und immer mehr Therapeuten und Trainer entdeckten Männer in ihren spezifischen Lebenslagen als Zielgruppe ihrer Angebote. Zumindest in den Anfangsjahren spielte partiell eine Rolle, welcher inhaltlichen Strömungen sich der konkrete Berater verpflichtet und verbunden fühlte, was wiederum die Konzepte der Beratungsstellen

gründe und persönlichen Erfahrungen spielten damals eine Rolle, sich einer geschlechtsspezifischen Männerarbeit zuzuwenden? Wie hat sich die geschlechtsspezifische Männerarbeit/-beratung verändert bzw. weiterentwickelt? Perspektiven für die Zukunft?

beeinflusste. In den Gründungsjahren von Männerberatung waren vorwiegend drei inhaltliche Strömungen prägend.

Eine populäre Strömung war die „mythopoetische“ Männerbewegung. Kern dieser Idee ist, dass sich Männer in Anlehnung an die Archetypenlehre von C. G. Jung und inspiriert von Robert Blys Buch Eisenhans (1990) ihrer eigenen Kraft, ihrer authentischen (biologisch determinierten?) Männlichkeit wieder bewusst werden. Diese Bewusstwerdung sollte u. a. durch Männergruppen und Initiationsriten erfahrbar werden. Diese „Selbstbewusstwerdung“ zielt nicht darauf ab, das Patriarchat und damit die Geschlechterhierarchie zu stärken, schließt aber nicht aus, dass durch eine starke Bezogenheit auf das eigene Geschlecht eine Bezogenheit Frauen gegenüber in Schieflage geraten kann.

Eine zweite Bewegung war die sogenannte Väterrechtsbewegung. Diese ist entstanden, weil Männer sich in Scheidungsverfahren benachteiligt fühlten, u. a. wenn es um das Kontakt- und Sorgerecht bezüglich der Kinder ging. Diese Gruppe war und ist zahlenmäßig nicht besonders groß, hatte aber eine hohe Aufmerksamkeit in der Öffentlichkeit (vgl. Lehner, 2007, S. 91).

„Ich selber habe mich seit fast sieben Jahren nicht mehr mit der Männerberatungsszene befasst. Was ich so mitbekomme, ist vieles immer noch sehr defizitorientiert. Für viele ist Männerberatung automatisch Gewaltberatung. Heute ist Weltfrauentag, aber wenn ich die Zeitungen und Medien anschaue, fällt mir auf, dass kaum mehr jemand da ist, der nicht gegen die Frauen, aber für die Männer spricht. Das Feld hat man weitgehend einigen manchmal schon etwas rabiaten Scheidungsvätern überlassen. Warum die aber manchmal so rabiat werden, das fragt heute kaum noch jemand.“ (Markus Hofer, Leiter des Männerbüros der Kath. Kirche Vorarlberg von 1996 bis 2014, März 2021)

Die Bewegung „men’s rights movement/fathers‘ rights movement“, wie sie auch genannt wird, hat keine Ansprüche an Veränderung der Geschlechterverhältnisse in Richtung Egalität und steht daher im Widerspruch zur dritten Strömung, der profeministischen Männerbewegung. Ausgehend von den USA und Australien, hat sich daraus eine kritische Männerforschung abgeleitet. Das Ziel dieser Bewegung und dieser Art Männerforschung ist, die herrschenden Machtverhältnisse der Geschlechter zu thematisieren bzw. durch Forschung und Meinungsbildung kritisch zu bearbeiten (vgl. Lehner, 2007, S. 92).

Der Verein für Männer- und Geschlechterthemen Steiermark (gegründet 1996 als Verein Männerberatung Graz) hat diese Erweiterung in sein Gesamtkonzept der Männerberatung integriert und damit seinen Außenauftritt erweitert. Im Format des Vereins sind neben der KlientInnenarbeit auch die Männer- und Geschlechterforschung etablierte Arbeitsschwerpunkte.

Die LGBTIQ+ Bewegung (**L**esbian, **G**ay, **B**i, **T**rans, **I**ntersex und **Q**ueer) hat in den Gründungsjahren wenig bis gar keine Rolle gespielt, erst im Laufe der Jahre wurden, ausgehend von Initiativen wie der Homosexuelleninitiative (HOSI) u. a., die Debatte eröffnet und die Konzepte erweitert.

2.1 Endlich etwas für uns Männer!

*„Es entstand die Idee, für Männer ein eigenes männerspezifisches Angebot zu machen. Zum anderen stellten die Therapeut*innen fest, dass viele Männer im Zuge einer Trennung oder Scheidung oft große persönliche Probleme haben … Es war klar, dass man für diese Männer etwas tun musste. Viele Männer nahmen die damals noch kostenfreien Beratungsangebote wahr und äußerten sich erleichtert, dass sie nun einen adäquaten Gesprächspartner gefunden hatten. (…) Im Rahmen eines Pilot-Projektes, an dem auch Luxemburg und die Stadt Hamburg teilnahmen, wurde bald eine Telefon-Hotline für Täter, die im familiären Bereich körperliche oder sexualisierte Gewalt an Frauen oder Kindern ausgeübt haben, eingerichtet, mittlerweile gibt es seit April 2020 eine weitere österreichweite Hotline für Männer …“ (Eduard Waidhofer, Leiter und Begründer der MB Oberösterreich von 1997 bis 2008, März 2021)*

„Da war diese Sehnsucht nach konkreten anderen Modellen der Männlichkeit, die mit Menschlichkeit in Einklang zu bringen sind. Ein noch undefiniertes Begehren nach Klarheit und Stimmigkeit. Wachgerüttelt von den Erkenntnissen der feministischen Forschung und Irritation über die Diskrepanz zwischen theoretischem und erlebtem Privileg und Unbehagen, die Lücke zwischen den ersten Ansätzen und Vorläufern emanzipatorischer Männerbewegung, die Leerstelle, die weißen Flecken auf der Landkarte – wollten erforscht werden.“ (Harald Burgauner, Mitbegründer von Männerwelten Salzburg, März 2021)

Männer kommen in Krisenzeiten zur Männerberatung, wenn sie mit grundlegenden Lebensfragen konfrontiert werden wie bei Scheidung, schwerer Krankheit, Burnout, Gewalt, aber auch wenn manchen bewusst wird, dass sie an ihren eigenen Bedürfnissen und Wünschen vorbeigelebt bzw. dass sie möglicherweise Familien und Beziehungen aufs Spiel gesetzt haben (vgl. Waidhofer, 2019, S. 139). Für diese Lebenskrisen bieten Männerberatungsstellen unterschiedliche Unterstützungsformate wie psychologische, psychosoziale, auch juristische Beratung sowie Psychotherapie. Zentrale Arbeitsprinzipien von Männerberatung sind die Förderung von Selbstverantwortung, Beziehungsfähigkeit und Wiedergewinnung von Handlungsfähigkeit.

„Ausgangspunkte waren die Jugendarbeit: Unser Initiator, Joachim Voitle, hatte damals (90er) den Eindruck, dass es ein spezielles Angebot für Burschen – und Männer – brauchte (…) und ich interessierte mich für das Thema. Wir klapperten die MÄB Wien, Innsbruck und München ab, um zu erfahren, was deren Erfahrungen und Ausgangspunkte waren. Joachim erhielt Support von einem Freund in Wien, der im Studium mit Connell und ähnlichen Ansätzen in Kontakt gekommen war. Ich würde sagen, wir waren von Anfang an in Richtung dieser Theorien unterwegs: hegemoniale Männlichkeit, kritische Männerforschung usw." (Christian Scambor, Männerberatung Graz, März 2021)

Im Leitbild der Arbeitsgemeinschaft der Männerberatungsstellen und Männerbüros Österreichs (AMÖ) heißt es dazu u. a.:

„Aktive emanzipatorische Männerarbeit strebt die Verwirklichung von ganzheitlichen Männerbildern in den Bereichen Familie und Partnerschaft, Arbeit und Beruf, Sexualität, Gesundheit und Spiritualität an. Männerarbeit soll von Anerkennung und Wertschätzung des Männlichen geprägt sein und nicht an Defiziten, sondern an Ressourcen und Fähigkeiten von Männern orientiert sein. Wir haben Verständnis für die Situation von Männern, lehnen jedoch jede Form von Gewalt ab. Wir wollen, dass Männer Verantwortung für ihr Verhalten übernehmen und bereit sind, Macht mit Frauen zu teilen. Wir unterstützen Männer darin, ihre Beziehungen zu Frauen, Kindern und anderen Männern wertschätzend und partnerschaftlich zu leben." (AMÖ 2021, Punkt 2)

2.2 Täterberatung als Opferschutz

Gewalt ist als Phänomen zwar eine geschlechterübergreifende Realität, wurde und wird dennoch mit bestimmten Formen von Männlichkeit(en) in Verbindung gebracht. Dieser verallgemeinernde Zusammenhang von Männlichkeit und Gewalt fordert von den Handelnden in Männerarbeit und Männerberatung selbst die Fähigkeit zur Differenzierung und Selbstreflexion, um Klienten (und sich selbst) weniger in diesem Vorbehalt zu begegnen.[2] Es stimmt, dass Gewalt in Beziehungen überwiegend von Männern ausgeübt wird und dass dabei nach wie vor meistens Frauen ermordet werden.

„Insgesamt aber – und das ist wichtig – ist die Mehrheit aller Männer gegenüber Frauen und Kindern nicht gewalttätig, was bei den erschreckenden Prozentzahlen ihres relativen Täteranteils oft vergessen wird. Die Mehrheit der Männer schlägt also nicht, missbraucht nicht, vergewaltigt nicht, trägt nicht zur Verrohung unserer Kommunikation bei, sondern garantiert für Kinder, Familien und die Gesellschaft achtens- und anerkennenswerte Leistungen, beruflich und privat." (Aigner, 2016, S. 22)

Männerberatung war von Anfang an dazu aufgefordert, Programme für Täterarbeit zu installieren, und verstand sich als aktiver Beitrag zum Opferschutz. Bestärkt wurde dieser Anspruch durch die Einführung des ersten Gewaltschutzgesetzes (1997).

„Den Anstoß haben damals in Tirol die Frauen gegeben. Insbesondere ‚Frauen helfen Frauen' und das autonome Frauenhaus haben bei der Katholischen Männerbewegung eine Beratung für gewalttätige Männer eingefordert. Konrad Junker, der damalige Sekretär der KMB, hat eine Initiativgruppe eingeladen, wo vor allem Harald Burgauner wichtig geworden ist. Er hat sicher das Hamburger Modell (Joachim Lempert und Burckart Oelemann) nach einem Besuch dort für Tirol forciert. Meine Idee war es als Mitarbeiter des Kinderschutzes, dass wir als Familienberatungsstelle am ehesten eine Finanzierung bekommen (…) und ich habe es forciert, dass wir unabhängig in eigenen Räumen als Beratungsstelle starten. Der klare Schwerpunkt war und ist Beratung von gewaltbereiten Männern." (Martin Christandl, Mitbegründer und Leiter von „Mannsbilder Tirol", März 2021)

Opferschutz-Einrichtungen und parteiliche Einrichtungen der geschlechterspezifischen Frauen- und Mädchenarbeit sahen zunehmend auch die Notwendigkeit und Wirksamkeit von Beratung mit Männern, deren Gewaltausübung Probleme machte. Demgegenüber stand bei einigen Männerarbeitsprojekten die Sorge, dass durch die ausdrückliche Bewerbung von geschlechtsspezifischer Gewaltberatung und Gewaltprävention ein intendierter Zusammenhang von Männlichkeit und Gewalt in der Außensicht wahrgenommen werden könnte. Man wollte durch Bildungs- und Begegnungsprogramme (wie z. B. der Mann als Vater, Männergesundheit, Work-

---

[2] In Aus- und Weiterbildung für „Männer- und Täterarbeit" ist u. a. die therapeutische Selbsterfahrung ein wesentlicher Bestandteil von Professionalisierung geworden.

Life-Balance …) bewusst vermeiden, dass Männerberatung und Männerarbeit den Eindruck eines unabdingbaren Zusammenhangs von Männlichkeit und Gewalt nähren bzw. perpetuieren.

2.3 *Männerberatung im Rahmen der geförderten Familienberatung*

Im Sinne von präventiven Maßnahmen im Kontext der Familienförderung wurden in der Folge Männerberatungsstellen nach und nach als förderungswürdig befunden und erhielten damit den Status der *geförderten Familienberatungsstelle*[3]. Damit waren zwei Kriterien geschaffen: Beratungshonorare konnten über das Ministerium abgerechnet werden, was vielfach wirtschaftlich überlebensnotwendig war, und dadurch wurde ein niederschwelliger und kostenfreier Zugang für psychosoziale Beratung möglich. Zugleich mussten MitarbeiterInnen einem nach dem Familienberatungsförderungsgesetz definierten Ausbildungsstandard entsprechen. Dies wurde für manche Einrichtungen zur personellen Herausforderung, gleichzeitig trug es dazu bei, dass sich Männerberatung als „Marke" mit einem standardisierten Qualitätsanspruch entwickeln konnte. Der Rahmen des Familienberatungsförderungsgesetzes wird für manche Konzepte für Täterarbeit zur Hürde, da aufgrund der Verpflichtung zur Verschwiegenheit und Anonymität (Klienten müssen ihre Identität nicht ausweisen) eine fallbezogene Kooperation mit etwaigen zuweisenden Einrichtungen und Behörden nicht immer möglich ist.

Als die **Männerpolitische Grundsatzabteilung** durch die Regierung (2001–2020) gegründet wurde, war sie die Erste dieser Art in Europa. *Männerberatung* wurde als Beitrag zur modernen Gleichstellungsarbeit anerkannt und ab dem Jahr 2001 als potenzieller Kooperationspartner für Männerfragen und geschlechtsspezifische Projekte wahrgenommen. Durch den Umbau des Bundesministeriums für Soziales, Gesundheit, Pflege und Konsumentenschutz wurden 2020 Männergesundheit und Frauengesundheit in einer neuen Sektion zur Gendergesundheit zusammengeführt. Obwohl es merkwürdigerweise kaum Widerstand gegen die damit einhergehende Auflösung der Männerpolitischen Grundsatzabteilung gab, sehen

---

3 Das Familienberatungs-Förderungsgesetz aus dem Jahr 1974 erlaubte es, dass sogenannte Schwerpunktthemen im Rahmen der Beratung gefördert werden.

manche ExpertInnen darin einen Verlust an Sichtbarkeit männerspezifischer Anliegen. Wie auch Fraueninitiativen immer wieder betont hatten, ist es nicht egal, ob für geschlechtsspezifische Anliegen eine eigene Institution existiert oder ob diese Thematik irgendwo anders untergebracht ist (v. a. auch deshalb, weil „Gender“ in der Praxis weitläufig mit Frauenanliegen assoziiert wird).

Die **Plattform gegen die Gewalt in der Familie** wurde 1993 vom damaligen Familienministerium gegründet. Die Männerberatungsstellen konnten damit ein – wenn auch nicht großes – Budget für Präventionsprojekte lukrieren. Ein weiterer Fördertopf wurde für einige Einrichtungen des sog. „Boysday“ geschaffen, einer Aktion, wo Burschen u. a. mit „männeratypischen“ Berufen durch Projekte in Kontakt kommen sollen. Am 1. Mai 1997 trat das **erste Gewaltschutzgesetz**[4] in Kraft und nicht zufällig entstanden in den darauffolgenden Jahren in allen Bundesländern weitere Beratungsstellen, wo u. a. Gewaltarbeit ein unverzichtbarer Teil des Angebots wurde.

Die Gründung der **AMÖ** (Arbeitsgemeinschaft der Männerbüros und Männerberatungsstellen Österreichs) war eine Reaktion auf die Befürchtung, die damalige Regierung (2002) könnte das Thema „Männerarbeit“ politisch besetzen. Über Nacht entstand ein österreichweites Netzwerk an Männerinitiativen als Bewegung ohne Statut und formale Struktur. Sie war damit als Sprachrohr nach außen nicht gut geeignet – und auch deshalb wurde der Anspruch, einen Dachverband zu schaffen, von mehreren Seiten (wie der Männerpolitischen Grundsatzabteilung) als notwendig erachtet. Die „Formlosigkeit“ der AMÖ wurde beibehalten und erwies sich als Stärke, weil in diesem Rahmen Fachaustausch, Vernetzungsarbeit und die Arbeit an gemeinsam definierten Themen gut möglich wurde.

In Anlehnung an das *Bundesforum Männer* aus Deutschland und den *Dachverband männer.ch* aus der Schweiz wurde 2016 von Vertretern der Männerabteilung im Sozialministerium und den Vertretern der AMÖ die Gründung eines Dachverbandes Männerarbeit in Österreich vorangetrieben. Der **DMÖ** (Dachverband für Männer-, Burschen- und Väterarbeit in Österreich) sieht

[4] Das Gewaltschutzgesetz ermöglicht, dass Opfer von häuslicher Gewalt in der vertrauten Umgebung bleiben können und die gewalttätige Person die gemeinsame Wohnung verlassen muss.

„sich als Sprachrohr für Verletzlichkeiten, Anliegen und Potenziale von Buben, Männern und Vätern – auch für bisher sprachlose; als UnterstützerInnen und KooperationspartnerInnen für Frauen und ihre Rechte, Anliegen und Organisationen und als Engagierte in einer Allianz für Geschlechtervielfalt und soziale Gerechtigkeit“. (DMÖ, 2021, o. S.)

2.4 Aus- und Weiterbildung

Die Fähigkeit zur geschlechtsspezifischen Beratungstätigkeit wie Männerberatung lässt sich am ehesten durch die Praxis definieren und weniger durch Lehrpläne. Fachspezifische Weiterbildungen wurden und werden über die Männerberatungsstellen selbst organisiert und durchgeführt. Meist handelt es sich um Weiterbildungen und Lehrgänge, die auf einer psychosozialen Basisausbildung aufbauen. Als spezielle Fachausbildung für Männerberatung und Gewaltberatung hat sich mittlerweile jene nach Lempert[5] etabliert. Dieser Ausbildungsweg ist das einzige fachspezifische Curriculum, das eine längerfristige Weiterbildung ermöglicht. Leider sind diese Lehrgänge nach wie vor nicht durch das Familienberatungsförderungsgesetz oder die Gewerbeordnung für Lebens- und Sozialberatung anerkannt. Aus Klientensicht ist nach Kraxberger eine fachspezifische Ausbildung allerdings nicht das Hauptkriterium, warum Männerberatung aufgesucht wird. Vielmehr ist anzunehmen, „dass Klienten sich darauf verlassen, dass die Träger der Einrichtungen Menschen mit einer guten Ausbildung beschäftigen und die Qualitätssicherung hinsichtlich der Professionalität der Berater ernst nehmen“ (Kraxberger, 2014, S. 52). Es wäre plausibel, ist aber nicht nachgewiesen, dass Männer grundsätzlich lieber ein psychosoziales Angebot aufsuchen, wo männliche Berater (und Therapeuten) tätig sind. Vielmehr scheint es verständlich zu sein, von einer mehr oder weniger ähnlichen *männlichen* Sozialisationsgeschichte auszugehen, innerhalb deren das Männliche die gemeinsame Folie und Ebene der Verständigung ist. Das war ursprünglich einer der Leitgedanken, warum es sinnvoll erschien, dass in der Männerberatung vor allem Männer als Berater und Therapeuten tätig sein sollten.

---

5 www.lempert.eu

2.5 Die Zukunft ist divers

Männerberatung als Teil der psychosozialen Versorgung ist heute etabliert. Begleitende Forschung und spezifische Beratungsexpertise werden weitgehend vorausgesetzt. Dadurch werden Klienten in ihrer jeweiligen Situation ernst genommen und nur so ist eine öffentliche Anerkennung und gemeinnützige Förderung gewährleistet. Bei der Frage nach dem „Wie" der Täterarbeit hat es in den vergangenen Jahren allerdings Veränderungen und divergierende Entwicklungen[6] gegeben, die sich unter Umständen auch darauf auswirken, welche Täterarbeitsprogramme bzw. Beratungskonzepte zukünftig bevorzugt finanziell gefördert werden.

Letztlich wird es weiterhin darum gehen, dass durch die Arbeit der Männerberatung Männlichkeiten divers, heterogen und geschlechtergerecht gedacht, diskutiert und gelebt werden, dass gewaltfreie Lebenskonzepte eine zentrale Agenda sind und wie es Joni Brem skizziert: *„… es wäre ein Ziel, dass der ideologisierte Diskurs zu Themen wie Gewalt, Mann-Sein, Frau-Sein zwar nicht unpolitischer, aber respektvoll(er) und in Augenhöhe geführt wird"* (Joni Brem, MB Wien, März 2021).

Literaturverzeichnis

Absolventen.at (2014). *Bericht. Daten & Fakten. Der jährliche Überblick*. Eigenverlag: Linz.

Aigner, J. Chr. (2013). *Der ferne Vater. Zur Psychoanalyse von Vatererfahrung, männlicher Entwicklung und negativem Ödipuskomplex* (3. Aufl.). Gießen: Psychosozial.

Aigner, J. Chr. (Hrsg.) (2016). *Der andere Mann. Ein alternativer Blick auf Entwicklung, Lebenslagen und Probleme von Männern heute*. Gießen: Psychosozial.

Aigner, J. Chr. (2021, 8./9. Mai). Der weite Weg zum „sorgenden" Mann. *Der Standard*, 42.

[6] Es ging insbesondere um die Frage, ob Täterarbeit als eine spezifische Form der psychosozialen Arbeit anzusehen sei, die analog zu bekannten Arbeitsweisen (z. B. Beratung, Psychotherapie) erfolgen soll, also mit zentralen Prinzipien wie Vertraulichkeit, Möglichkeit zur Anonymität und Freiwilligkeit, oder ob Täterarbeit auf fallbezogene interventionsbasierte Kooperation mit Opferschutzeinrichtungen und Behörden setzen soll (wie: OTA – „Opferschutzorientierte Täterarbeit").

Aigner, J. Chr. u. Poscheschnik, G. (Hrsg.) (2015). *Kinder brauchen Männer. Psychoanalytische, sozialpädagogische und erziehungswissenschaftliche Perspektiven.* Gießen: Psychosozial.

AMÖ (2021). Der Verein Männerberatung – Unser Leitbild. Online: https://www.maenner.at/ueber-uns/geschichte-der-maennerberatung/ (Download 15.10.2021).

Bertsch, G. u. Christandl, M. (2016). Einfach Männer. Erfahrungen aus der Männerberatung. In: J. Chr. Aigner (Hrsg.), *Der andere Mann. Ein alternativer Blick auf Entwicklung, Lebenslagen und Probleme von Männern heute* (S. 127–137). Gießen: Psychosozial.

Bly, R. (1990). *Eisenhans. Ein Buch über Männer*. Frankfurt a. M.: Rowohlt.

Böhnisch, L. (2018). *Der modularisierte Mann. Eine Sozialtheorie der Männlichkeit*. Bielefeld: transcript.

Böhnisch, L. u. Winter, R. (1993). *Männliche Sozialisation. Bewältigungsprobleme männlicher Geschlechtsidentität im Lebensverlauf*. Weinheim: Juventa.

Connell, R. (2015). Der gemachte Mann (4. durchges. und erw. Aufl.). Wiesbaden: Springer VS.

DMÖ (2021). Dachverband für Männer-, Burschen-, und Väterarbeit in Österreich. Haltung, Mission und Kultur. Online: https://dmoe-info.at/ueber_uns/mission (15.10.2021).

Forster, E. u. Rendttorff, B. (2011). Einleitung: Jungenpädagogik im Widerstreit. In: Dies. u. Mahs, C. (Hrsg.), *Jungenpädagogik im Widerstreit* (S. 7–24). Stuttgart: Kohlhammer.

Franz, M. (2015). Was macht den männlichen Rollenkäfig so stabil? In: Ders. u. Karger, André (Hrsg.), *Angstbeißer, Trauerkloß, Zappelphilipp? Seelische Gesundheit bei Männern und Jungen* (S. 179–206). Göttingen: Vandenhoeck & Ruprecht.

Helfferich, C. (2012). Nicht nur kleine Machos – Männlichkeit und Herstellung von Überlegenheit bei 13- bis 15-jährigen Hauptschülern. In: Fenske, U. u. Schuhen, G. (Hrsg.), *Ambivalente Männlichkeit(en)* (S. 61–81). Opladen/Berlin/Toronto: Budrich.

Hurrelmann, K. u. Schultz, T. (Hrsg.) (2012). *Jungen als Bildungsverlierer. Brauchen wir eine Männerquote in Kitas und Schulen?* Weinheim/Basel: Beltz Juventa Verlag.

Kraxberger, M. (2014). *Mann berät Mann. Besonderheiten, Vorzüge und Qualitäten.* Wien: OLE-Verlag.

Krämer, F. u. Stieglitz, O. (2011). Männlichkeitskrisen und Krisenrhetorik, oder: Ein historischer Blick auf eine besondere Pädagogik für Jungen. In: Forster,

E., Rendttorff, B. u. Mahs, C. (Hrsg.). *Jungenpädagogik im Widerstreit* (S. 45–61). Stuttgart: Kohlhammer.

Kucklick, Chr. (2008). *Das unmoralische Geschlecht. Zur Geburt der Negativen Andrologie*. Frankfurt am Main: Suhrkamp.

Lehner, E. (2007). Perspektiven einer kritischen Männerarbeit. In: Lehner, E. u. Schnabl, C. (Hrsg.), *Gewalt und Männlichkeit* (S. 89–116). Wien: LIT Verlag.

Lenz, H. J. (Hrsg.) (2004). *Männliche Opfererfahrungen. Problemlagen und Hilfeansätze in der Männerberatung*. Weinheim: Beltz.

Richter, H.-E. (2006). *Die Krise der Männlichkeit in der unerwachsenen Gesellschaft*. Gießen: Psychosozial.

Rohde-Dachser, C. (1991). *Expedition in den dunklen Kontinent. Weiblichkeit im Diskurs der Psychoanalyse*. Berlin u. Heidelberg: Springer.

Statistik Austria (2020). *Bildung in Zahlen 2018/19. Schlüsselindikatoren und Analysen*. Wien.

Süfke, B. (2018). *Männer. Was es heute heißt, ein Mann zu sein*. München: Goldmann.

Waidhofer, E., (2016). „Männerleiden anders". Erfahrungen mit Männern in Therapie und Beratung. In: J. Chr. Aigner (Hrsg.), *Der andere Mann. Ein alternativer Blick auf Entwicklung, Lebenslagen und Probleme von Männern heute* (S. 139–164). Gießen: Psychosozial-Verlag.

Erinnerungen und Assoziationen

XXXI Fotografien zu acht historischen Orten der Sozialen Arbeit – persönliche Reflexionen

Arno Heimgartner unterstützt von Simone Babl und Franz Gombocz

1 Museum Marienthal

Die Studie „Die Arbeitslosen von Marienthal" oder kurz auch die Marienthalstudie ist fester Bestandteil meiner Lehre, wenn es um empirische Sozialforschung oder Wissenschaftstheorie geht. Wenn es die Zeit, etwa bei Exkursionen, zulässt, schaue ich mit den Studierenden auch den auf die Studie bezogenen Film „Einstweilen ist es Mittag" von Karin Brandauer an. Stets sind mir dabei die großen Linien und Spannungsmomente der Sozialforschung wichtig. So steht für mich neben der unbekümmerten forschungsmethodischen Kreativität im Film die Szene, in der der Krug zerbricht und ein Forscher den Krug bezahlen will, der andere Forscher diagnostisch die Situation als aggressiven Akt einstuft, für das schwankende Verhältnis von empirischer Forschung zu Angewandtem bzw. zur Praxis. Es stellt sich die Frage, inwieweit der Beitrag von Forschung für gesellschaftliche Praxis abseits von direkten Interventionen wahrnehmbar ist. Ein anderes sehr starkes reflexives Moment steckt in der Szene, in der die Nachricht aufkommt, die Fabrik könnte gerettet werden. Dies löst bei den ForscherInnen Enttäuschung aus und wird in der Folge, als es sich nicht bewahrheitet, entgegen dem Wohl der Menschen erleichtert aufgenommen. Der Konflikt zwischen der Problemakzentuierung der Forschung und der damit verbundenen eigenen Sichtbarkeit des Forschers bzw. der Forscherin wird dadurch deutlich. Mit Josef Scheipl diskutiere ich schließ-

Foto 1: Museum Marienthal in Gramatneusiedl (Foto: Arno Heimgartner)

lich auch gerne darüber, dass Lotte Danziger (so steht ihr Name in der edition suhrkamp von Jahoda, Lazarsfeld, Zeisel, 1973, S. 9), spätere Lotte Schenk-Danzinger, die auch am Institut in Graz gelehrt hat, zwar in der Publikation im Vorwort gedankt wird, sie aber, obwohl sie sechs Wochen lang für die Studie in Marienthal gelebt, organisiert und geforscht hat, nicht als Autorin der Studie aufscheint. Umso mehr freut es mich, dass ich seit Kurzem die Werke „Entwicklungspsychologie" (1970, 2. Aufl. von über 20 Aufl.) sowie „Pädagogische Psychologie" (1972) von Lotte Schenk-Danzinger besitze. Für mich waren die Fahrt nach und der Rundgang in Gramatneusiedl besonders wertvoll, weil ich mit meinem Sohn Silvan diese Forschungsthemen diskutieren konnte. Herausragend für die Studie und den Ort ist die Leistung von Reinhard Müller, ein Museum an der Stelle und mit einem nachgebauten Gebäude des ehemaligen „Consums" zu konzipieren. Das Archiv für die Geschichte der Soziologie in Österreich betreibt auch einen virtuellen Ort mit zahlreichen Detailinformationen zur Studie (agso.uni-graz.at). Aber nicht nur das Museum selbst ist ein Ort der Erinnerung. Auch die umliegenden Gebäude sind vielfach Erinnerungsstücke, so wie der hohe Kamin, die Wohnungen oder das Kraftwerk, teilweise sind es aber auch neue Objekte, die mit den verbliebenen Elementen in ein interessantes Verhältnis treten.

2 Gedenktafel für Ilse Arlt

Ilse Arlt steht in der Ausbildungsgeschichte für Sozialarbeit in Österreich mit ihrer Gründung der „Vereinigten Fachkurse für Volkspflege“ im Jahr 1912 am Beginn. Auch ihr Bedürfniskonzept lässt Vergleiche zu anderen Bedürfniskonzepten und Linien zu Ansätzen wie dem capability approach zu. Umso überraschender ist es, dass ihre Publikationen lange Zeit kaum rezipiert wurden. Maria Maiss, die Zugang zu einem Archiv bekommen und es sich gleichsam zu einem Lebensziel gemacht hat, das Leben und Wirken von Ilse Arlt darzustellen und zu reflektieren, ist zu verdanken, dass die Publikationen „Wege zu einer Fürsorgewissenschaft“ und „Die Grundlagen der Fürsorge“ in der von Maria Maiss und mir begleiteten Serie „Soziale Arbeit/Social Issues“ neu zugänglich sind. Zuletzt ist sogar eine englische Version, „Paths toward a Science of Welfare and Care“, dazu-

Foto 2: Gedenktafel für Ilse Arlt in der Albertgasse in Wien (Foto: Arno Heimgartner)

gekommen. Von Maria Maiss weiß ich auch, dass Ilse Arlt eine universelle Kindheitsforscherin war, die Tragemöglichkeiten für Kinder und Berichte von verunfallten Kindern gesammelt hat. Der darin enthaltene Anspruch, auf die Themenfelder zuzugehen, die das Kindeswohl verbessern könnten, ist vorbildhaft. Das Gebäude in der Albertgasse 38 in Wien, an dem die Gedenktafel auf Initiative von Maria Maiss angebracht wurde, beherbergt heute eine Bundesbildungsanstalt bzw. ein Kolleg für Elementarpädagogik samt Praxiskindergarten. Die Gasse entlang gelangt man in der Albertgasse 4 auch zum ehemaligen Wohnhaus von Ilse Arlt. In die andere Richtung finden sich in dieser Gasse noch die Kinderfreunde mit einer Tafel zur deren Geschichte sowie das Institut für Freizeitpädagogik.

3 Oberhollabrunn: August Aichhorn

August Aichhorns Buch „Verwahrloste Jugend" enthält ausführliche Fallerzählungen. Diese handeln etwa von der destruktiven Wirkung von Schuldgefühlen und den aggressiven Folgen der libidinös gesteuerten, unterdrückten Wut gegen den Vater. Als erzieherische Intervention wird nicht selten die Macht der Rührung sichtbar. Am meisten schult das Werk jedoch in der psychodynamischen „Spekulation" an sich, der vermutenden Analyse komplexer, innerpsychischer Vorgänge, deren methodische Berücksichtigung vor einer oberflächlichen Betrachtung bewahrt. Näheres zum Leben August Aichhorns erläutern auch die von Thomas Aichhorn (1976, 2011) zusammengestellten Biografien. Um das Verständnis zu erweitern, ist ein Besuch des Sigmund-Freud-Museums in der Berggasse 19 in Wien zu empfehlen. Wertvolles findet sich aber insbesondere auch bei Rosa Dworschak, die sich aus dem steirischen Sulmtal nach Wien aufgemacht und mit August Aichhorn zusammengearbeitet und -gedacht hat. In ihrem Buch zur Praxis der Sozialarbeit werden psychoanalytische Denkweisen mit einer strukturierten Analyse auch für die Seite der SozialakteurInnen dargeboten. Um mir die Zeit und die Arbeit August Aichhorns breit vorstellen zu können, mache ich mich in Ergänzung zum Spaziergang entlang der Erziehungsberatungsstellen in Wien nach Oberhollabrunn auf. Dort leitete er in einem ehemaligen Flüchtlings- und Internierungslager des Ersten Weltkrieges von 1918 bis 1921 eine „Erziehungsanstalt für 1.000 verwahrloste Kinder und Jugendliche" (Aichhorn, 1939, zitiert nach Thomas Aichhorn, 2011, S. 18). Ich finde mich gemäß meiner Vorinformation in der Doktor-Kutscher-Gasse ein. Eine Gedenktafel versucht eine Versöhnung mit Trentinern herzustellen, die im Ersten Weltkrieg hier gefangen gehalten wurden. Zunächst scheitere ich mit meinem Anliegen, Spuren zu August Aichhorn zu finden. Beinahe zur Rückkehr bereit, frage ich noch zwei zufällig vorbeikommende Frauen. Zu meiner freudigen Überraschung wissen die beiden Frauen bestens Bescheid und führen mich in die Geschichte der „Gartenstadt" ein. Zudem holt eine der beiden ein Buch von Werner Lamm, das die Geschichte dieses Ortes gründlich beschreibt: Ein Glücksfall! Für die Zeit meines Rundganges bin ich nun im Besitz eines lokalen Planes, der mir die verstreuten bewohnten, vielfach umgebauten Häuser mit den Holzgiebelkonstruktionen der ehemaligen „Erziehungsanstalt" ausweist. Die verteilten Unterkünfte bestätigen meine Vorannahme eines großen Anstaltsgebäudes nicht. Die Unterkünfte vermitteln vielmehr eine dorfähnliche Struktur.

Foto 3: Gartenstadt in Oberhollabrunn (Foto: Arno Heimgartner)

4 Anton-Afritsch-Monument

Wenn ich Studierenden die Biografie zu Anton Afritsch vorstelle, dann stößt eine Geschichte besonders auf Aufmerksamkeit, nämlich die Geschichte, dass das Spielen und Lärmen von Kindern auf einer Wiese vor 1908 zu einer Anzeige geführt hat. Anton Afritsch hat ganz im Sinne einer Parteilichkeit für Kinder, auch im Sinne der heutigen Kinderrechtskonvention, nicht den Rückzug angetreten, sondern beim damaligen Bürgermeister von Graz erwirkt, dass die Wiese als Spielwiese ausgewiesen und anerkannt wurde. Es scheint, als hätten die Studierenden selbst wiederholt vergleichbare Erfahrungen aus ihrer Kindheit und Jugendzeit, weshalb sie diese Erfahrung des Kritisiert-Werdens teilen, das manchmal ohnmächtig entgegengenommen werden muss. Die Gründung der Kinderfreunde lässt sich vor dem Hintergrund der eigenen Kinder verstehen. Anton Afritsch überragt allerdings diesen familiären Kreis im Sinne einer solidarischen Gesinnung, wie die Bezugnahmen seines gleichnamigen Sohnes in dessen Biografie „Erinnerungen" oder die sozialistisch orientierten Ausführungen von Alfred Magaziner verdeutlichen. C. Wolfgang Müller (1982, S. 184) stellt in seinem in vielen Auflagen vorliegenden Buch „Wie Helfen zum Beruf wurde" Kurt Löwenstein als Folge-Gründer der Kinderfreunde in Deutschland vor und erwähnt die Größe der Bewegung: „Die Kinderfreunde-Helfer stellten um 1930 die wahrscheinlich größte Laienpädagogen-Bewegung außerhalb der Kirchen in Mitteleuropa dar." In der Anton-Afritsch-Gasse in Graz befindet sich zunächst am Haus mit der Nummer 35 eine Gedenktafel, die dieses Haus als Wohnhaus von Anton Afritsch ausweist und ihn als großen Kinderfreund tituliert. Spaziert man dann weiter zum angrenzenden Volksgartenpark findet man vor einem Skaterpark ein metallenes Monument, das vermutlich um einen Baum errichtet wurde, heute jedenfalls in der Mitte einen Baumstumpf enthält. Dieses runde Monument beschreibt in sieben Strahlen die Geschichte der Kinderfreunde nach ihrer Gründung im Jahr 1908. Einen Hinweis auf diese Gründung findet man noch einmal beim stadteinwärts an der Gabelsbergerstraße (neben der AVL) gelegenen Abenteuerspielplatz Afritschgarten. Die Gründung der Kinderfreunde soll hier stattgefunden haben. Der dort zu lesende Spruch „Wenn ihr Kind nicht schmutzig nach Hause kommt, geben sie es bitte an uns zurück, denn es hat noch nicht genug gespielt" fasst die Atmosphäre des Abenteuerspielplatzes durch den heutigen Betreiber „Fratz Graz" zusammen.

Foto 4: Monument der Kinderfreunde im Volksgarten in Graz (Foto: Arno Heimgartner)

5 Gebäude der Caritas

Derzeit bin ich im Kontakt mit den engagierten, kompetenten und sehr freundlichen MitarbeiterInnen der Caritas Beate Bauer und Philipp Bader. Sie betreiben das Open Learning Center der Caritas, das bildungsbenachteiligten Personen einen Lernraum zur Verfügung stellt, in dem freiwillig Engagierte beim Lernen weiterhelfen. Verknüpft sind auch Tutorien, in denen angehende LehrerInnen gezielt Wissen vermitteln. In einer Bildungsberatung wird davor nach Ausbildungsmöglichkeiten gesucht. Ein Kennzeichen der Mariengasse in Graz ist, dass verschiedene Leistungen in einem Haus angeboten werden und dadurch viele Menschen miteinander in Kontakt kommen. Die Caritas ist eine Einrichtung, die es versteht, eigene Wege in der Leistungsvielfalt zu gehen. Sie versucht dort Leistungen anzubieten, wo sie selbst den Bedarf sieht. Zudem hat sie stets auch ein Auge und eine helfende Hand für die Armut in der Welt. Vorbei am Kindergarten, wo sich bemalte Räder als Skulpturen drehen, gelangt man zum Marianum. Ein großes, modernes Namensschild, das sich fast über die gesamte Haushöhe erstreckt, ist neben dem traditionellen Wandgemälde angebracht, das die Jahreszahl 1956 ausweist und dem heiligen Vinzenz von Paul gewidmet ist, dessen Wirken als französischer Pfarrer im 17. Jahrhundert für Menschen in Armut und Krankheit, aber auch für verwaiste Kinder, inhaftierte oder vertriebene Menschen Ausgangspunkt und Vorbild geblieben ist. Der Gründer der Vinzenzgemeinschaften Frédéric Ozanam, der im 19. Jahrhundert gelebt hat, beruft sich ebenfalls auf Vinzenz von Paul. Sehr präsent sind in Graz die in seinem Sinne agierenden VinziWerke. Die involvierten Ehrenamtlichen decken Grundbedürfnisse wie Wohnen, Essen und medizinische Versorgung bei Menschen mit vielfältigen Biografien, die sonst ausgegrenzt werden (vgl. Masterarbeit von Kohlroser und Sungi, 2020). Religiöse Sujets und modernes Marketing finden sich bei der Caritas vereint. Geht man um die Ecke in die Kleiststraße, so findet man dort den Eingang zum Marienstüberl und zur Marienambulanz. Letztere wurde einmal in einer von mir betreuten Masterarbeit von Esther Hofmann mit einem ethnografischen Zugang vorgestellt. Die Arbeit überzeugt durch den engagierten Einsatz von letztlich doch wenigen Menschen, die aber jährlich über 3.000 Personen gesundheitlich unterstützen, die aus verschiedenen Gründen keinen Zugang zum hochtechnisierten und bestens ausgebauten Gesundheitssystem und Krankenhauskomplex der Stadt Graz finden bzw. haben. Ohne e-card, ohne gültigen Aufenthaltsstatus und manchmal auch aus bloßer Angst braucht es Menschen, die etwa einem Mann mit offener Halswunde niederschwellig eine Versorgung zukommen lassen. Einrichtungen der Caritas sind vielfach auch an anderen Orten der Stadt zu finden. Ein großes Areal zwischen der Grabenstraße und dem Hasnerplatz nennt sich Paulinum. Dort finden sich in einem modernen Gebäude Carla & Paul. Die beiden Namen stehen für einen piekfeinen Secondhandshop und ein gemütliches Café, das auch die TeilnehmerInnen des angrenzenden Ausbildungszentrums zur Nachbesprechung einlädt. Eine große Geschichte und eine lebendige Gegenwart hat das soziokulturell ausgerichtete Lokalprojekt „Die Brücke", das vis-à-vis platziert ist.

Foto 5: Gebäude der Caritas in der Mariengasse in Graz (Foto: Arno Heimgartner)

6 ISOP-Gebäude in der Dreihackengasse

Das genaue Jahr des Beginns meiner Zusammenarbeit mit ISOP entzieht sich meiner Kenntnis. Aber es muss so um das Jahr 1998 gewesen sein, als in der damaligen Hauptschule St. Andrä als erster Schule in der Steiermark mit diesem Format die Schulsozialarbeit begann und Dagmar Melnitzky und Peter Nikoloff in einer Mischung aus soziokultureller Betreuung, Gruppenarbeit und einzelfallorientierter Beratung auf den Bedarf, der sich durch die sozialen Probleme, aber auch die Wünsche und Interessen der Kinder und Jugendlichen ergab, reagierten. Meine Rolle als Evaluator splittete ich stets in die Aufgaben, die Leistungen der Schulsozialarbeit sichtbar zu machen, die Bewertungen zur Schulsozialarbeit von unterschiedlichen Perspektiven einzuholen und, darauf aufbauend, das Konzept und die Bedingungen zu verbessern. Dazu kam das Bemühen, sich in Österreich zur Schulsozialarbeit nicht nur auszutauschen, sondern deren Relevanz nachzuweisen und damit eine Verbreitung im Sinne der Anerkennung von sozialen Themen zu erwirken. Methodisch sollte daher Schul-

Foto 6: Isop in der Dreihackengasse in Graz (Foto: Arno Heimgartner)

sozialarbeit nicht als Beratung allein verstanden werden. Gruppenarbeit und damit Prävention sowie alltägliche Gespräche sollten ebenfalls Berücksichtigung finden. Erfreulicherweise folgte aus heutiger Sicht dieser Pionierzeit tatsächlich eine Zeit des Ausrollens der Schulsozialarbeit in der Steiermark. Dies ist vielen, aber auf Landesebene besonders dem sozialen Verständnis von Alexandra Nagl zu verdanken. Bei ISOP ist bis heute Sandra Jensen ein Motor nach skandinavischem Vorbild. Extern ist stets Karsten Speck ein wissenschaftlicher Berater. Einige AbsolventInnen des Masterstudiums Sozialpädagogik sind seitdem bei ISOP in der Schulsozialarbeit aktiv. Zu ISOP brachte ich im Jahr 2004 auch eine ganze Gruppe internationaler Tagungsgäste, denn auch heute noch steht ISOP mit Robert Reithofer (und damals auch Brigitte Brand) für einen Dialog zwischen Menschen, der sich in literarischen Abenden genauso wie in Festen manifestiert. Ein solches war der damalige Auftritt der Wissenschaftsschar in der Dreihackengasse 2. Viel ruhiger war ein späteres Forschungsprojekt mit den Jugendlichen in Bad Mitterdorf im Mürztal, das ISOP Streetwork realisierte, noch lange bevor der Begriff citizen science in Österreich angekommen war. Die Anfänge von ISOP finden sich auf einer großen Tafel am

Gebäude ausgehängt. Sie erzählt vom Start in einem Büro im Augartenkino, den Entwicklungen zu Angeboten für MigrantInnen, dem Aufkommen von Streetwork und der Arbeit in der Basisbildung. Auf einer zweiten Tafel findet sich eine persönliche Lebensgeschichte, ganz im Sinne des Verständnisses von ISOP, die Menschen zu Wort kommen zu lassen.

7 Holzstatue von Eugenie Schwarzwald in Payerbach

Enthalten sind im Wirken von Eugenie Schwarzwald, das schul- und sozialpädagogisch verstanden werden kann, eine feministische Perspektive, die sich durch die notwendige Etablierung des Schulwesens für Mädchen, aber auch durch die Erreichung des eigenen Doktortitels in – mangels an Wiener Möglichkeiten – Zürich zeigt, sowie eine ästhetisch-künstlerische Perspektive, wie sie nicht zuletzt durch die Einbeziehung von KünstlerInnen als Lehrende sichtbar wird. Unklar geblieben sind für mich die antisemitischen Vorwürfe und deren Widerlegungen. Ersteres wurde als Begründung des Widerstandes gegen eine Gedenktafel am ehemaligen Wohnhaus in Wien angeführt, Zweiteres wurde dem mit Ärger entgegengehalten. Nachgegangen bin ich einer regional sichtbaren Leistung, die durch die von ihr organisierten Ferienaufenthalte entstanden ist. Kinder und Jugendliche, die in der Großstadt verarmt und traumatisiert waren, fanden am Land im Semmeringgebiet Erholung. Eine der damals bewohnten Villen, nämlich das „Haus in der Sonne“, befindet sich in Küb, einem Ortsteil von Payerbach, der durch ein Nostalgiepostamt bekannt geworden ist. Bemerkenswerterweise hat Eugenie Schwarzwald das Interesse von Schülerinnen der Tourismusschulen Semmering geweckt und diese haben nicht nur eine biografische Diplomarbeit verfasst, sondern auch erreicht, dass durch den Holzkünstler Ernst Sommer eine massive Holzstatue errichtet wurde, die im gepflegten und idyllischen Zentrum von Payerbach nicht unweit der sanft fließenden Schwarza neben allerlei Sitzgelegenheiten aufgestellt wurde. Das „Haus in der Sonne“ mit den vagen verfügbaren Hinweisen zu finden geriet zunächst aussichtslos. Das Fotografieren der schlussendlich gefundenen imposanten Villa mit einer sehr gepflegten Parkanlage erwies sich insofern als neue Erfahrung, als ich, ohne dass mich jemand darauf hingewiesen hätte, beim Fotografieren über den Zaun selbst den Eindruck gewann, als Paparazzo zu arbeiten. Deshalb beschloss ich, die Ruhe des Ortes forthin zu wahren und die Adresse der Villa nicht weiterzugeben.

Foto 7: Holzstatue in Payerbach (Foto: Arno Heimgartner)

8 Gedenktafel Ottakringer Settlement

Als ich in der Lienfeldergasse 60 (Ecke Effingergasse 23) bei der Gedenktafel meine Fotokamera auspacke, geht gleich ein freundlicher Herr auf mich zu und fragt mich, was denn das „Wiener Settlement" sei. Er spricht dies in einem wienerischen Französisch aus, sodass ich gleich gute Laune habe. Auf das „Ottakringer Settlement" (gegründet 1901), wie es im famosen Buch von Elisabeth Malleier (2005) heißt, bin ich über Jane Addams gekommen. Und die beiden haben von den Londoner Settlements gelernt, allen voran vom 1884 gegründeten Toynbee Hall von Samuel und Henrietta Barnett, auch vom Women's University Settlement (1887) oder vom Edwards Passmore Settlement, das 1890 gegründet wurde. Vielerlei ist faszinierend an der Settlement-Idee, vereint sie doch ein forscherisches und ein angewandtes Interesse. Sie verbindet Menschen aus unterschiedlichen Bildungsmilieus und sucht nach kultureller Entwicklung. So wird das realisiert, was das Gemeinwesen gerade braucht. Die Leistungen des Ottakringer Settlements sind dementsprechend vielfältig: Kinderbetreuung, Jugendfürsorge, Mütterberatung, Verleih von Babywäsche und Badewannen, Führung einer Bibliothek, Organisation von Ferien, Musikabende, Theateraufführungen. Es schafft Mütterurlaube, Schwangerenberatung, Trinkerberatung, Vorträge und Exkursionen, Arbeit mit MigrantInnen. Während des Ersten Weltkriegs mutiert das Ottakringer Settlement zur Ausspeisung. Ein Heim für männliche Jugendliche (1931) und ein Heim für Mädchen (1936) entstehen. Auch nach dem Zweiten Weltkrieg gibt es Fortsetzungen, bis schließlich 2003 der zuletzt betriebene Kindergarten schließt. Man könnte sagen, damals hat es die Differenzierung der Leistungen noch nicht gegeben. Man könnte aber auch entgegenhalten, dass diese sozialräumliche Idee, Leistungen vor Ort abzustimmen, „etwas kann". Als Meilenstein am österreichischen Pfad zur Gegenwart der Sozialraumanalyse, der Gemeinwesenarbeit und der sozialraumorientierten Kinder- und Jugendhilfe ist auch das im Jahr 1987 erschienene Buch „Ein Stadtviertel verändert sich" von Hans Hovorka und Leopold Redl zu nennen. Eine Sammlung von Projekten der Gemeinwesenarbeit in Österreich haben Eva Sing, die dazu ihre Masterarbeit verfasst hat, und ich im Jahr 2009 vorgelegt. Mit Michael Wrentschur und seinen sozialen, politischen und stets prospektiven Theateraufführungen mit InterACT ist auch der Ansatz der Soziokultur lebendig. Auf der Gedenktafel in der Lienfeldergasse werden Marie Lang (1858–1934) und Else Federn (1874–1946) als Gründerinnen gewürdigt. Es ist beeindruckend, wie international vernetzt sich die Sozialszene damals schon zeigte und wie ambitioniert ihr Anspruch eines friedlichen Zusammenlebens auf der Welt war. Und es ist stimmig, dass der Park, den man entlang der Effingergasse nicht unweit der Lienfeldergasse erreicht, nach Else Federn benannt wurde.

Foto 8: Gebäude des Ottakringer Settlements in der Lienfeldergasse Ecke Effingergasse in Wien (Foto: Arno Heimgartner)

Literaturverzeichnis

Aichhorn, Th. (1976). Vorbemerkung. In: *Wer war August Aichhorn,* S. 11–12. Wien: Löcker & Wögenstein Verlag.

Aichhorn, Th. (2011). *August Aichhorn – Pionier der psychoanalytischen Sozialarbeit.* Wien: Erhard Löcker Verlag.

Hovorka, H., Redl, L. (1987). *Ein Stadtviertel verändert sich.* Wien: Österreichischer Bundesverlag.

Jahoda, M., Lazarsfeld, P. F., Zeisel, H. (1973). *Die Arbeitslosen von Marienthal. Ein soziographischer Versuch.* Frankfurt am Main: Edition Suhrkamp.

Kohlroser, K. V., Sungi, L. (2020). *Lebenswelt Vinzidorf. Das Wohlbefinden der Bewohner im Fokus.* Masterarbeit an der Universität Graz.

Malleier, E. (2005). *Das Ottakringer Settlement. Zur Geschichte eines frühen internationalen Sozialprojekts.* Wien: Verband Wiener Volksbildung.

Müller, C. W. (1982). *Wie Helfen zum Beruf wurde. Eine Methodengeschichte der Sozialarbeit.* Weinheim und Basel: Beltz Verlag.

Sing, E., Heimgartner, A. (2009). *Gemeinwesenarbeit in Österreich.* Graz: Leykam Verlag.

Autorinnen und Autoren

Aigner, Josef Christian, Univ.-Prof., Dr. phil., Dr. h.c.,

Professor für Psychosoziale Arbeit und Psychoanalytische Pädagogik an der Fakultät für Bildungswissenschaften der Universität Innsbruck bis 2017; Ehrenobmann des Vereins für Gewaltlose Erziehung – Österreichischer Kinderschutzbund. Arbeitsschwerpunkte: Psychoanalytische Kulturkritik und Entwicklungstheorie, Väter- und Männerforschung, interdisziplinäre Sexualwissenschaft (Sexualberatung und -therapie, Sexualanthropologie), Religion und Psychotherapie.

Anastasiadis, Maria, Assoz. Doz., Mag.ª Dr.in,

Assoziierte Professorin im Arbeitsbereich Sozialpädagogik am Institut für Erziehungs- und Bildungswissenschaft der Universität Graz tätig. Arbeitsschwerpunkte: Soziale Organisationen und deren Beiträge zur Partizipation und Sozialen Innovation, wohlfahrtsstaatliche sowie arbeitsgesellschaftliche Wandlungsprozesse, Soziale Arbeit und nachhaltige Entwicklung, partizipative Forschung.

Böhnisch, Lothar, Prof. em., Dr. rer. soz. habil.,

ehem. Mitarbeiter des Deutschen Jugendinstitutes; Professor für Sozialpädagogik und Sozialisation der Lebensalter an der Erziehungswissenschaftlichen Fakultät der TU Dresden von 1991 bis 2009; Professur an der Freien Universität Bozen (Standort Brixen). Arbeitsschwerpunkte: Sozialpädagogik der Lebensalter, Lebensbewältigung, Männerforschung, abweichendes Verhalten.

Buchgraber, Sandra, Dr.in, MA,

Sozialarbeiterin in einer psychosozialen Beratungsstelle der Gesellschaft zur Förderung seelischer Gesundheit (GFSG) in Graz; externe Lektorin im Masterstudium Sozialpädagogik der Universität Graz. Arbeitsschwerpunkte: Beratung und Begleitung von Menschen mit psychosozialen Fragestellungen und psychiatrischen Erkrankungen.

Bütow, Birgit, Univ.-Prof., Dr.in,

Sozialpädagogin und Soziologin; seit 2013 Professorin für Sozialpädagogik, Beratung und Intervention am Fachbereich Erziehungswissenschaft der Paris Lodron Universität Salzburg. Arbeitsschwerpunkte: Theorien und Geschichte der Sozialpädagogik, Jugend- und Jugendhilfe, Biographie- und Genderforschung.

Deimel-Scherzer, Stephanie, Mag.[a], MA,
Mitarbeiterin beim bundesweiten Netzwerk Offene Jugendarbeit sowie externe Lehrbeauftragte an der FH Campus Wien.

Ebensperger, Friedrich, Dr.,
Geschäftsführer Pflegeelternverein Steiermark. Arbeitsschwerpunkte: Kinder- und Jugendpsychologie, Soziale Elternschaft, Pflegekinderwesen, Schulpsychologie.

Enzenhofer, Regina, Mag.[a],
Sozialpädagogin/Erziehungswissenschaft; dzt. Dissertantin im Fach Sozialpädagogik an der Universität Graz; Leitung Kriseninterventionsstelle für Jugendliche (tartaruga/Jugend am Werk Steiermark) von 1994 bis 2019; Erasmus+-Projekt „INCREASE“; Beratungstätigkeit beim Sorgentelefon.

Grimm, Gerald, Mag., Dr. phil. habil., ao. Univ.-Prof. i. R.
Leiter des Arbeitsbereichs Schulpädagogik und Historische Bildungsforschung am Institut für Erziehungswissenschaft und Bildungsforschung bis 2021; Fakultät für Kulturwissenschaften der Universität Klagenfurt. Arbeitsschwerpunkte: Historische Bildungsforschung unter besonderer Berücksichtigung der Schul- und Bildungsgeschichte Österreichs im 18. bis 20. Jahrhundert, Wissenschaftsgeschichte der Pädagogik, Vergleichende Erziehungswissenschaft.

Häfele, Eva, Dr.[in],
Freischaffende Sozialwissenschafterin in Vorarlberg mit den Schwerpunkten Jugend- und Freizeitforschung, Zuwanderung und Integration, Frauenforschung und Arbeitsmarktforschung.

Heimgartner, Arno, Univ.-Prof., Mag. Dr.,
Leiter des Arbeitsbereiches und der Masterstudiums Sozialpädagogik am Institut für Erziehungs- und Bildungswissenschaft der Universität Graz. Lehrtätigkeit in den Studiengängen Soziale Arbeit an der FH Joanneum Graz und an der FH Eisenstadt. Secretary im European Branch des International Consortiums for Social Development. Arbeitsschwerpunkte: Allgemeine Sozialpädagogik, Kinder- und Jugendarbeit, Kin-

der- und Jugendhilfe, Schulsozialarbeit, sozialpädagogische Leistungskonzepte, freiwilliges Engagement und Zeitverteilung.

Hiebl, Josef, Mag.,
Jurist, Sozialpädagoge; stv. Leiter der Wiener Kinder- und Jugendhilfe, seit 2010 Koordinator für die historische Aufarbeitung der Wiener Kinder- und Jugendhilfe; Lehrbeauftragter im Masterstudium Sozialpädagogik an der Universität Graz, Lektor an der FH Burgenland Department Soziales und an der FH Wien Department Soziales. Arbeitsschwerpunkte: Kinderschutzrecht, Familienrecht, Asylrecht.

Hölzl Josef, MSc,
seit 1997 in der Ehe-, Familien- und Lebensberatung; Männerberatung und Gewaltberatung/Tätertherapie in Linz (beziehungleben.at); Lehrtätigkeit an der FH OÖ/Soziale Arbeit.

Hutter, Renate, MSc.,
Diplomierte Sozialarbeiterin und Psychotherapeutin (Systemische Familientherapie); Lehrbeauftragte im Studiengang Soziale Arbeit an der Fachhochschule Joanneum und im Psychotherapeutischen Propädeutikum bei Uni For Life (Universität Graz); Arbeitsschwerpunkte: Suchtbelastete Familien, Essstörungen, Supervision.

Kern, Teresa, BA,
Sozialarbeiterin; Wohnplattform Steiermark; Wohnbetreuung für Menschen mit psychischer Erkrankung.

Kerschbaumer, Barbara, Dr.^{in}, MA,
Sozialarbeiterin in der behördlichen Erwachsenensozialarbeit (Magistrat Graz – Sozialamt); externe Lektorin im Masterstudium Sozialpädagogik der Universität Graz. Arbeitsschwerpunkte: Existenzsicherung in den Bereichen Lebensbedarf, Wohnen, Energieversorgung; lebensweltorientiertes Case Management mit alten und armutsgefährdeten Personen; Beratung und Unterstützung von Menschen in psychosozialen Notlagen.

Kočnik, Ernst,
integrationspädagogischer Fachassistent im Arbeitsbereich Sozialpädagogik und Inklusionsforschung am Institut für Erziehungswissenschaft und Bildungsforschung der Universität Klagenfurt; Vorsitzender des Beratungs-, Mobilitäts- und Kompetenzzentrums (Selbstbestimmt-Leben-Initiative Kärnten) sowie des Monitoringausschusses des Landes Kärnten.

Lauermann, Karin, Prof.in, Mag.a Dr.in,

Direktorin des Bundesinstituts für Sozialpädagogik; Lehrbeauftragte an der Universität Klagenfurt Arbeitsbereich Sozialpädagogik und Inklusionsforschung; Chefredakteurin der Zeitschrift „Sozialpädagogische Impulse"; Vorsitzende der Sektion Sozialpädagogik der ÖFEB und Vorstandsmitglied der ÖFEB, Vizepräsidentin der Internationalen Pädagogischen Werktagung Salzburg. Arbeitsschwerpunkte: Ausbildung, Disziplin und Profession der Sozialpädagogik.

Lienhart, Christina, Mag.a, DSA,

Senior Lecturer am Department Soziale Arbeit am MCI (Management Center Innsbruck). Arbeitsschwerpunkte: Soziale Arbeit mit Kindern, Jugendlichen und Familien; Kooperation, Koproduktion und Netzwerke in der Sozialen Arbeit; Kinder- und Jugendhilfeforschung sowie Adressat*innenforschung.

Maiss, Maria FH-Prof., Mag.a Dr.in,

Professorin für Geschichte, Theorien und Ethik der Sozialen Arbeit an den Studiengängen Soziale Arbeit und Sozialpädagogik der Fachhochschule St. Pölten sowie fallweise als externe Lehrbeauftragte in tertiären Bildungseinrichtungen. Arbeitsschwerpunkte: wissenschaftliche Bearbeitung und Herausgabe des Gesamtwerks von Ilse Arlt sowie des Nachlasses der Arlt-Schule. Archivarische Bearbeitung und Aufbereitung der „Sammlungen Ilse Arlt" für ein digitales Fürsorge-/Sozialmuseum.

Neuninger, Helga, Dr.in,

Doktoratsstudium im Wissenschaftszweig Erziehungswissenschaften; ehrenamtliche Tätigkeit als Lernbetreuerin in der Lernbetreuung des Roten Kreuzes.

More, Rahel, Dr.in phil.,

Universitätsassistentin im Arbeitsbereich Sozialpädagogik und Inklusionsforschung am Institut für Erziehungswissenschaft und Bildungsforschung der Universität Klagenfurt. Arbeitsschwerpunkte: Sozialpädagogik, Dis/Ability Studies, qualitative Forschung, Elternschaft und Behinderung, Intersektionalität.

Perl, Walter, Dr.,

Geschäftsbereichsleiter bei Jugend am Werk Steiermark für die Bereiche Kinder- und Jugendhilfe und Behindertenhilfe; in den 1980er

Jahren langjähriger Mitarbeiter der ersten Sozialpädagogischen Wohngemeinschaft der Steiermark.

Posch, Klaus, FH-Prof., HR i.R., Mag., Dr.,
Bewährungshelfer von 1979 bis 2001 und von 1983 bis 2001 Leiter der Bewährungshilfe Steiermark; von 2001 bis 2015 Leiter des August-Aichhorn-Instituts für Soziale Arbeit an der FH JOANNEUM in Graz; Vorsitzender des Vereins „Steirische Wohnplattform"; Psychoanalytiker und Gruppenpsychotherapeut; Leiter des Arbeitskreises für Psychoanalyse Linz/Graz (APLG). Arbeitsschwerpunkte: Methoden in der Sozialarbeit, klinische Psychologie (Dissozialität), Psychoanalyse und Sozialmanagement.

Ralser, Michaela, Univ-Prof.^{in}, Dr.^{in},
Univ.-Professorin für Erziehungswissenschaft mit dem Schwerpunkt Theorie und Geschichte öffentlicher Erziehung und Epistemologie des Subjekts am Institut für Erziehungswissenschaft der Universität Innsbruck; bis 2021 Dekanin der Innsbrucker Fakultät für Bildungswissenschaft. Arbeitsschwerpunkte: Subjektivierungsvorgänge und sozialer Wandel, Wissenschaftsgeschichte des mediko-pädagogischen Feldes, historische Kindheits- und Jugendforschung sowie aktuelle Konzepte der kritischen Gender- und Migration-Studies.

Reicher, Hannelore, a.o. Univ-Prof.^{in}, Mag.^{a}, Dr.^{in},
Außerordentliche Universitätsprofessorin im Arbeitsbereich Sozialpädagogik, Institut für Erziehungs- und Bildungswissenschaft der Universität Graz. Arbeitsschwerpunkte: Inklusion und soziale Partizipation, Kinder- und Jugendhilfe, Pflegefamilien, Emotionen und Gesundheit in der Sozialen Arbeit.

Riesenhuber, Martin, Mag., Dr. phil.,
Leiter der Drogenberatung des Landes Steiermark; Lehrbeauftragter im Masterstudium Sozialpädagogik an der Universität Graz und im Studiengang Soziale Arbeit an der Fachhochschule Joanneum; Arbeitsschwerpunkte: Sucht- und Drogenberatung, Jugendliche, Eltern und Angehörige.

Scheipl, Josef, Univ-Prof. i. R., Dr.,
bis 2011 Leiter des Arbeitsbereiches Sozialpädagogik am Institut für Erziehungs- und Bildungswissenschaft an der Universität Graz. Lehrbeauftragter an der Fachhochschule Joanneum Graz bis 2018 und an der Universität für Weiterbildung Krems bis 2021. Arbeitsschwerpunk-

te: Theorien und Geschichte der Sozialen Arbeit bzw. Sozialpädagogik, Jugendhilfe, Ganztagsschulforschung, Geschichte des österreichischen Schulwesens.

Schöffmann, Donat,
Geschäftsführer der Lebenshilfe Graz und Umgebung – Voitsberg (1998–2020); Leitung Fachbereich Behindertenhilfe bei Jugend am Werk Steiermark (1991–1998); In den 1980er Jahren Gründung und langjähriger Mitarbeiter der ersten Sozialpädagogischen Wohngemeinschaft in der Steiermark; seit 2020 in Pension. Arbeitsschwerpunkte: Strategie- und Unternehmensentwicklung, Care-Arbeit, Menschenrechte.

Schörgi, Birgit, Mag.ᵃ,
Leiterin eines sozialpsychiatrischen Wohnhauses in Graz, Psychotherapeutin in Ausbildung unter Supervision in eigener Praxis sowie externe Lehrende an der Fachhochschule Joanneum. Arbeitsschwerpunkte: Betreuung und Begleitung von Menschen mit psychischen Erkrankungen sowie von psychisch beeinträchtigten Müttern, Selbstwertthematiken, dysfunktionale Beziehungen sowie der Umgang mit psychischen oder körperlichen Einschränkungen.

Sigot, Marion, Dr.^{in} phil.,
Ao. Univ.-Prof. im Arbeitsbereich Sozialpädagogik und Inklusionsforschung am Institut für Erziehungswissenschaft und Bildungsforschung der Universität Klagenfurt. Arbeitsschwerpunkte: Sozialpädagogik und Inklusionsforschung, Disability Studies, Selbstbestimmung und Inklusion von Menschen mit Lernschwierigkeiten.

Steppan, Markus, Ao. Univ.-Prof. Mag. Dr. iur.,
Leiter des Instituts für Rechtswissenschaftliche Grundlagen und Vizestudiendekan der Rechtswissenschaftlichen Fakultät der Universität Graz. Arbeitsschwerpunkte: Strafrechtsgeschichte des 18. bis 20. Jahrhunderts und die Entwicklung des Zivilrechts, insbesondere des Ehe- und Familienrechts vom 18. Jahrhundert bis zur Gegenwart.

Stipsits, Reinhold, a.o. Univ.-Prof. i. R. Dr.,
vormals Institut für Bildungswissenschaft Universität Wien. Arbeitsschwerpunkte: Humanistische Pädagogik und Sozialpädagogik.

Trentini, Lukas, Mag.,
Mitglied im GF-Team der POJAT, Dachverband Offene Jugendarbeit Tirol; Vorstandsmitglied bei bOJA – bundesweites Netzwerk Offene

Jugendarbeit; Vorsitzender des Tiroler Jugendbeirats. Arbeitsschwerpunkte: Netzwerkarbeit, Weiterbildung, Lobbying, Qualitätsentwicklung in der Offenen Jugendarbeit.

Urban, Martin, DSA,
Bewährungshilfe von 1992 bis 1996; von 1996 bis 1997 Betreuer und Co-Skipper beim erlebnispädagogisches Langzeitprojekt NOAH des Zentrum Spattstraße der Diakonie Oberösterreich; 1997 bis 2007 Magistrat Graz, INFO/ YAP- Jugendzentrum der Stadt, ab 2005 Sozialarbeiter der Kinder- und Jugendhilfe im Amt für Jugend und Familie des Magistrat Graz; ab 2017 Geschäftsführer der Wohnplattform Steiermark; Vorstandsmitglied des Dachverbands der sozialpsychiatrischen Vereine und Gesellschaften der Steiermark; Supervisor (ÖVS).

Wächter, Natalia, Priv.-Doz., Dr.^{in},
Tenure-Track Professorin im Arbeitsbereich Sozialpädagogik am Institut für Erziehungs- und Bildungswissenschaft der Universität Graz; Leiterin des Forschungsteams des EU-Projekts ySKILLS an der Ludwig-Maximilians-Universität München am Lehrstuhl für Allgemeine Pädagogik und Bildungsforschung. Arbeitsschwerpunkte: pädagogische und soziologische Jugendforschung im Zusammenhang mit Digitalisierung, sozialer Ungleichheit, Identität und Diversität sowie international vergleichende quantitative und qualitative Sozialforschung.

Wedenig, Gerold, Dr.,
Wohnbetreuung bei Jugend am Werk Steiermark von 1991 bis 1994; von 1994 bis 1999 Mitarbeit beim Pflegeelternverein Steiermark; Klinischer- und Gesundheitspsychologe; Supervisor und Coach; seit 2010 Mitarbeit beim sozialpsychiatrisch betreuten Wohnen der Wohnplattform Steiermark.

Wilfing, Heinz, Prof. (FH), Dr. phil., DSA,
Sozialarbeiter und Psychologe beim psychosozialen Dienst der Stadt Wien bis 1983; von 1984 bis 2001 Direktor der Akademie für Sozialarbeit der Stadt Wien; von 2002 bis 2013 Studiengangs- und Departmentleiter für Soziales an der FH Campus Wien; aktuell Lehrbeauftragter an der Universität für Weiterbildung Krems und an der Fachhochschule Vorarlberg; Psychotherapeut in Kassenpraxis. Arbeitsschwerpunkte: Sozialberufliches Bildungswesen, Klinische Sozialarbeit, Suchtkrankenhilfe und Systemische Familientherapie.

Winkler, Michael, Univ. Prof. i. R., Dr. phil.habil,
Bis 2018 Lehrstuhl für Allgemeine Pädagogik und Theorie der Sozialpädagogik an der Friedrich-Schiller-Universität Jena, seitdem: u.a. Lehre im Universitätsstudiengang Sozialpädagogik der ARGE Bildungsmanagement in Wien, an der Evangelischen Hochschule in Dresden; freier sozialpädagogischer Schriftsteller. Arbeitsschwerpunkte: Theorie und Geschichte der Pädagogik, Friedrich Schleiermacher, Theorie der Sozialpädagogik, Heimerziehung, Familienerziehung, Inklusion.

Soziale Arbeit – Social Issues

hrsg. von Univ.-Prof. Mag. Dr. Arno Heimgartner (Universität Graz) und FH-Prof. Dr. Maria Maiss (Fachhochschule St. Pölten GmbH)

Florian Arlt; Arno Heimgartner (Hrsg.)
Zeit und Offene Kinder- und Jugendarbeit
Bd. 24, 2022, 184 S., 24,90 €, br., ISBN-AT 978-3-643-51102-7

Sandra Buchgraber; Barbara Kerschbaumer
Selbstbestimmung von psychoseerfahrenen Menschen
Bd. 23, 2020, 634 S., 59,90 €, br., ISBN 978-3-643-50994-9

Martin Auferbauer; Gordana Berc; Arno Heimgartner; Liljana Rihter; Roar Sundby (Eds.)
Social Development
Ways of Understanding Society and Practising Social Work
vol. 22, 2019, 234 pp., 29,90 €, pb., ISBN-CH 978-3-643-91159-9

Ilse Arlt
Paths toward a Science of Welfare and Care
Work edition Ilse Arlt, Vol. 4. Edited and provided with an afterword by Maria Maiss
vol. 21, 2016, 144 pp., 19,90 €, pb., ISBN-CH 978-3-643-90810-0

Roar Sundby; Arno Heimgartner
The Welfare Society – an Aim for Social Development
vol. 20, 2016, 208 pp., 29,90 €, pb., ISBN-CH 978-3-643-90718-9

Arno Heimgartner; Karin Lauermann; Stephan Sting
Fachliche Orientierungen und Realisierungsmöglichkeiten in der Sozialen Arbeit
Bd. 19, 2016, 382 S., 34,90 €, br., ISBN 978-3-643-50724-2

Florian Arlt; Klaus Gregorz; Arno Heimgartner
Raum und Offene Jugendarbeit
Bd. 18, 2014, 200 S., 19,90 €, br., ISBN 978-3-643-50632-0

Arno Heimgartner; Karin Lauermann; Stephan Sting (Hrsg.)
Perspektiven der AkteurInnen in der Sozialen Arbeit
Bd. 17, 2013, 232 S., 29,90 €, br., ISBN 978-3-643-50542-2

Martin Riesenhuber
Drogengebrauch bei Jugendlichen von „normalem“ zu „riskantem“ Konsum
Schritte einer Diagnostik auf sozialpädagogischer Ebene
Bd. 16, 2013, 360 S., 34,90 €, br., ISBN 978-3-643-50454-8

Arno Heimgartner; Ulrike Loch; Stephan Sting (Hrsg.)
Empirische Forschung in der Sozialen Arbeit
Methoden und methodologische Herausforderungen
Bd. 15, 2012, 328 S., 29,90 €, br., ISBN 978-3-643-50359-6

LIT Verlag Berlin – Münster – Wien – Zürich – London
Auslieferung Deutschland / Österreich / Schweiz: siehe Impressumsseite

Sylvia Leitner; Ulrike Loch, Stephan Sting unter Mitarbeit von Rita Schrabeck
Geschwister in der Fremdunterbringung
Fallrekonstruktionen von Geschwisterbeziehungen in SOS-Kinderdörfern aus der Sicht von Kindern und Jugendlichen
Bd. 14, 2011, 216 S., 24,90 €, br., ISBN 978-3-643-50344-2

Maria Anastasiadis; Arno Heimgartner; Helga Kittl-Satran; Michael Wrentschur (Hrsg.)
Sozialpädagogisches Wirken
vol. 13, 2011, 408 pp., 29,90 €, br., ISBN-AT 978-3-643-50342-8

Bettina Messner; Michael Wrentschur (Hrsg.)
Initiative Soziokultur
Diskurse. Konzepte. Praxis
Bd. 12, 2011, 192 S., 19,90 €, br., ISBN 978-3-643-50256-8

Ilse Arlt – (Auto)biographische und werkbezogene Einblicke
Werkausgabe Ilse Arlt, Band 3. Herausgegeben von Maria Maiss und Silvia Ursula Ertl
Bd. 11, 2011, 176 S., 19,90 €, br., ISBN 978-3-643-50254-4

Ilse Arlt
Die Grundlagen der Fürsorge
Werkausgabe Ilse Arlt, Band 1. Herausgegeben und mit einem Nachwort versehen von Maria Maiss
Bd. 10, 2010, 288 S., 19,90 €, br., ISBN 978-3-643-50182-0

Manuela Brandstetter; Marina Schmidberger; Sabine Sommer (Hrsg.)
Die Funktion „verdeckter Kommunikation“
Impulse für eine Technikfolgenabschätzung zur Steganographie
Bd. 9, 2010, 184 S., 19,90 €, br., ISBN 978-3-643-50128-8

Waltraud Gspurning; Arno Heimgartner; Sylvia Leitner; Stephan Sting
Soziale Qualität von Nachmittagsbetreuungen und Horten
Bd. 7, 2010, 232 S., 24,90 €, br., ISBN 978-3-643-50121-9

Bernhard Haupert; Sigrid Schilling
Fall- und Biografiearbeit in der Sozialen Arbeit
Eine Einführung
Bd. 6, 2022, 88 S., 18,90 €, br., ISBN-CH 978-3-643-80037-4

Peter Pantucek; Dieter Röh (Hrsg.)
Perspektiven Sozialer Diagnostik
Über den Stand der Entwicklung von Verfahren und Standards
Bd. 5, 2009, 480 S., 34,90 €, br., ISBN 978-3-643-50074-8

Ilse Arlt
Wege zu einer Fürsorgewissenschaft
Werkausgabe Ilse Arlt, Band 2. Herausgegeben und mit einem Nachwort versehen von Maria Maiss
Bd. 4, 2010, 152 S., 19,90 €, br., ISBN 978-3-643-50059-5

LIT Verlag Berlin – Münster – Wien – Zürich – London
Auslieferung Deutschland / Österreich / Schweiz: siehe Impressumsseite